Shantaram

Shantaram

GREGORY DAVID ROBERTS

Z angielskiego przełożyła

Maciejka Mazan

Świat Książki

Tytuł oryginału
SHANTARAM

Redaktor prowadzący
Ewa Niepokólczycka

Redakcja
Jacek Ring

Redakcja techniczna
Lidia Lamparska

Korekta
Dorota Wojciechowska
Tadeusz Mahrburg

Świat Książki
Warszawa 2008

Bertelsmann Media sp. z o.o.
ul. Rosoła 10
02-786 Warszawa

Skład i łamanie
Akces, Warszawa

Druk i oprawa
Rzeszowskie Zakłady Graficzne S.A.

ISBN 978-83-247-0015-8
Nr 5304

Dla mojej matki

CZĘŚĆ PIERWSZA

ROZDZIAŁ 1

Dużo czasu minęło i wiele się na świecie zmieniło, zanim nauczyłem się tego, co wiem o miłości, przeznaczeniu i ludzkich decyzjach, ale w gruncie rzeczy wszystko to dotarło do mnie w jednej chwili, kiedy zostałem przykuty do muru i zaczęły się tortury. Jakimś sposobem zdałem sobie sprawę – poprzez krzyk w mojej głowie – że choć jestem spętany, bezradny i krwawię, pozostałem wolny; mogłem znienawidzić ludzi, którzy mnie torturowali, albo im wybaczyć. Wiem, nie brzmi to dobrze. Jednak w szarpnięciach i kąsaniu łańcucha, kiedy tylko tyle ci zostało, ta wolność stanowi wszechświat możliwości. A wybór pomiędzy nienawiścią i wybaczeniem może stać się historią twojego życia.

Moja historia jest długa i pełna różnych zwrotów. Byłem rewolucjonistą, który zgubił ideały w heroinie, filozofem, który utracił moralność w zbrodni, i poetą, którego dusza przepadła w więzieniu o zaostrzonym rygorze. Kiedy uciekłem z tego więzienia przez frontowy mur, pomiędzy dwoma wieżyczkami wartowników, stałem się w moim kraju najbardziej poszukiwanym człowiekiem. Szczęście uciekło razem ze mną i wspólnie pofrunęliśmy przez cały kraj aż do Indii, gdzie dołączyłem do bombajskiej mafii. Szmuglowałem broń i inne towary, byłem fałszerzem. Na trzech kontynentach trzymano mnie w kajdanach, bito, dźgano i głodzono. Poszedłem na wojnę. Zdobywałem działa wroga. I przeżyłem, a ludzie wokół mnie zginęli. Byli lepsi ode mnie, prawie wszyscy; lepsi ode mnie ludzie tracili życie przez jeden błąd, jedną fatalną sekundę czyjejś nienawiści, miłości albo obojętności. A ja ich grzebałem, zbyt wielu, opłakiwałem ich życie i historię.

Ale moja opowieść nie zaczyna się wśród nich ani w mafii; sięga do tego pierwszego dnia w Bombaju. To tam los włączył mnie do gry. Szczęście dało mi karty, które doprowadziły mnie do Karli Saaranen. I zacząłem grać tymi kartami od pierwszego spojrzenia w jej zielone oczy. Tak więc ta historia zaczyna się jak wszystkie inne – od kobiety, miasta i odrobiny szczęścia.

Tamtego pierwszego dnia w Bombaju od razu zwróciłem uwagę na inny zapach powietrza. Poznałem ten zapach, zanim jeszcze zobaczyłem i usłyszałem Indie, idąc pępowiną korytarza łączącego samolot z lotniskiem. Podekscytował mnie i zachwycił w tej pierwszej bombajskiej minucie, mnie, wyzwolonego z więzienia nowego przybysza w szerokim świecie, lecz wtedy go nie znałem i nie mogłem znać. Teraz wiem, że to słodka, gorąca woń nadziei, która jest przeciwieństwem nienawiści; i kwaśny, przytłumiony zapach chciwości, która jest przeciwieństwem miłości. To zapach bogów, demonów, imperiów i cywilizacji zmartwychwstających i upadających. To namacalny zapach błękitnego morza, bez względu na to, w którym miejscu miasta się znajdujesz, i metaliczny jak krew zapach maszyn. Zapach ruchu, snu i odchodów sześćdziesięciu milionów zwierząt, z których ponad połowę stanowią ludzie i szczury. Zapach złamanych serc i trudu życia, wielkich upadków i miłości, z których rodzi się nasza odwaga. Zapach dziesięciu tysięcy restauracji, pięciu tysięcy świątyń, kościołów i meczetów, i setek bazarów, na których sprzedaje się wyłącznie perfumy, przyprawy, kadzidła oraz świeże kwiaty. Karla powiedziała kiedyś, że to najbrzydszy ładny zapach świata i oczywiście miała rację, w tym sensie, w jakim zawsze ją miała. Ale za każdym powrotem do Bombaju jest to moje pierwsze doznanie w tym mieście – ten zapach przebijający się ponad wszystko – które wita mnie i mówi, że wróciłem do domu.

Drugim doznaniem był skwar. Stałem w kolejkach na lotnisku, o pięć minut drogi od klimatyzowanego wnętrza samolotu, a ubranie błyskawicznie przesiąkło mi potem. Serce łomotało w odpowiedzi na nowy klimat. Każdy oddech był małym i bolesnym zwycięstwem. Przekonałem się, że to się nigdy nie kończy, ten pot, bo upał, który go wywołuje, jest wilgotny. Dławiąca wilgoć zmienia nas wszystkich w Bombaju w płazy oddychające wodą zawartą w powietrzu; człowiek uczy się z tym żyć – i to żyć z zadowoleniem – albo wyjeżdża.

Byli jeszcze ludzie. Z Asamu, Jatu i Pendżabu; ludzie z Radżasthanu, Bengalu i Tamilnadu; z Puszkaru, Koczinu i Konaraku; z kasty wojowników, braminów i niedotykalnych; hinduiści, muzułmanie, chrześcijanie, buddyści, parsowie, dżiniści, animiści; o skórze jasnej i ciemnej, o oczach zielonych, miodowych i czarnych; o wszelkich możliwych rysach i sylwetkach z bujnej kolekcji – ta nieporównywalna piękność, Indie.

Wszystkie te miliony Bombaju – i jeszcze więcej. Dwaj najlepsi przyjaciele przemytnika to muł i wielbłąd. Muły przenoszą kontrabandę przez kontrolę celną. Wielbłądy to nieświadomi turyści, którzy pomagają przemytnikowi przejść przez granicę. Dla kamuflażu, używając fałszywych paszportów i dokumentów, przemytnicy dobierają sobie towarzyszy podróży – wielbłądy – którzy nieświadomie przeprowadzają ich bezpiecznie, bez wzbudzania podejrzeń przez punkty kontroli na lotnisku lub granicy.

Wtedy tego nie wiedziałem. Sztuki przemytu nauczyłem się dużo później, wiele lat później. Podczas tej pierwszej podróży do Indii działałem instynktownie, a jedynym szmuglowanym towarem byłem ja, moja krucha i zraniona wolność. Miałem fałszywy paszport z Nowej Zelandii, z nowym zdjęciem na miejscu starego. Sam go zrobiłem i nie było to dzieło sztuki. Byłem pewien, że zda egzamin podczas rutynowej kontroli, ale gdybym wzbudził podejrzenia i ktoś sprawdziłby mnie w nowozelandzkiej ambasadzie, podstęp szybko by się wydał. Podczas podróży z Auckland do Indii przeszedłem cały samolot w poszukiwaniu właściwej grupy Nowozelandczyków. Znalazłem paru studentów, którzy jechali na subkontynent po raz drugi. Poprosiłem, żeby podzielili się ze mną doświadczeniem i radami, i nawiązaliśmy znajomość, dzięki której w punkcie kontroli na lotnisku zjawiliśmy się razem. Indyjscy urzędnicy uznali, że podróżuję razem z tą beztroską i dobroduszną grupą, więc sprawdzili mnie tylko pobieżnie.

Ukąszenia słońca na dworze odebrałem już sam, pijany wolnością: kolejny przeskoczony mur, kolejna przekroczona granica, kolejny dzień i noc tułaczki i ukrywania się. Uciekłem z więzienia niespełna dwa lata temu, ale życie zbiega polega na ciągłej ucieczce, co dzień, co noc. I choć nie jest to zupełna wolność, nigdy nią nie będzie, nowość pachnie nadzieją i trwożnym uniesieniem: nowy paszport, nowy kraj, nowe zmarszczki strachu na mojej młodej twarzy, pod szarymi oczami. Stałem na pełnej ludzi ulicy, pod wypaloną niebieską miską bombajskiego nieba, a moje serce było czyste i głodne obietnic jak monsunowy poranek w ogrodach Malabaru.

– Proszę pana! Proszę pana! – zawołał ktoś za moimi plecami.

Ręka chwyciła moje ramię. Zatrzymałem się. Napiąłem w panice mięśnie, zdusiłem strach. Nie uciekaj. Nie panikuj. Odwróciłem się.

Przede mną stał niski człowieczek w brudnym brązowym mundurze. Trzymał moją gitarę. Niski to mało powiedziane, był maleńki, był karłem z wielką głową i odciśniętą w rysach zdumioną niewinnością zespołu Downa. Włożył mi gitarę w ręce.

– To pańska muzyka. To pan zgubił muzykę, prawda?

To faktycznie była moja gitara. Natychmiast uświadomiłem sobie, że zapomniałem ją zabrać spomiędzy bagażu. Nie mam pojęcia, w jaki sposób ten człowieczek odgadł, że to moja własność. Kiedy uśmiechnąłem się z ulgą i zaskoczeniem, człowieczek rozpromienił się z tą idealną szczerością, której się boimy i którą nazywamy prostotą. Podał mi gitarę, a wtedy zauważyłem, że ma błonę między palcami, jak ptak błotny. Wysupłałem z kieszeni parę banknotów i podałem mu, ale cofnął się niezdarnie na krótkich nóżkach.

– Pieniądze nie. My tu pomagamy. Witamy w Indiach – powiedział i uciekł w gąszcz ludzkich ciał.

Kupiłem bilet do miasta w autokarowej sieci Veteran's Bus Service, w której pracują byli żołnierze armii indyjskiej. Mój plecak i torbę podróżną wciągnięto na dach i wrzucono na stertę bagażu z precyzyjną i nonszalancką brutalnością; widziałem to i postanowiłem nie rozstawać się z gitarą. Usiadłem z tyłu autobusu; do mnie dołączyło dwóch długowłosych podróżnych. Autobus szybko wypełnił się Hindusami i obcokrajowcami, przeważnie młodymi i oszczędzającymi na kosztach podróży.

Kiedy mieliśmy już prawie komplet, kierowca odwrócił się, zmierzył nas złowrogim spojrzeniem, splunął przez otwarte drzwi strugą jaskrawej czerwieni betelu i ogłosił zbliżający się odjazd.

– *Thik hain, challo!*

Silnik ryknął, biegi zgrzytnęły i pomknęliśmy z niepokojącą szybkością wśród tłumów tragarzy i pieszych, którzy uskakiwali przed autobusem w ostatniej chwili. Nasz konduktor, siedzący na ostatnim schodku, obrzucał ich z nienawiścią wyszukanymi obelgami.

Podróż z lotniska do miasta rozpoczęliśmy od szerokiej, nowoczesnej drogi obsadzonej z obu stron krzakami i drzewami. Zupełnie jak w schludnym otoczeniu międzynarodowego lotniska w moim rodzinnym Melbourne. To podobieństwo uśpiło moją czujność i wprowadziło w ufny trans, z którego wyrwano mnie tak brutalnie przy pierwszym zwężeniu drogi, jakby kontrast był zamierzony. Pierwszy widok slumsów w miejscu, gdzie liczne pasma autostrady zrosły się w jedno, a drzewa znikły, chwycił moje serce w szpony wstydu.

Akry slumsów ciągnęły się jak brązowe i czarne wydmy wzdłuż drogi i dotykały nieba brudnymi mirażami w rozgrzanym powietrzu. Żałosne schronienia sklecone ze szmat, skrawków plastiku i papieru, trzcinowych mat i bambusa tuliły się razem, połączone ze sobą, a między nimi wiły się wąskie ścieżki. Nic w tej gigantycznej plątaninie nie było wyższe od człowieka.

Wydawało się niemożliwe, że nowoczesne lotnisko, pełne zamożnych i zabieganych podróżnych, znajduje się zaledwie parę kilometrów od tych złamanych, spopielonych marzeń. W pierwszej chwili miałem wrażenie, że tu się wydarzyła jakaś katastrofa, a slumsy to obóz dla ocalonych. Parę miesięcy później dowiedziałem się, że to rzeczywiście ocaleni, ci ludzie ze slumsów; katastrofy, które ich tu rzuciły, to bieda, głód i rozlew krwi. A do miasta co tydzień przybywa pięć tysięcy nowych przybyszy, tydzień za tygodniem, rok za rokiem.

W miarę jak pokonywaliśmy kolejne kilometry, a setki mieszkańców slumsów zmieniały się w tysiące i dziesiątki tysięcy, sumienie zaczęło mi doskwierać. Czułem się zbrukany własnym zdrowiem i pieniędzmi w kieszeni. Te wyrzuty sumienia, jeśli się je w ogóle ma, towarzyszące pierwszej konfrontacji ze skrzywdzonymi tego świata, są okropne. Okradałem banki i handlowałem narkotykami, strażnicy więzienni bili mnie, aż trzaskały kości, otrzymywałem ciosy i sam je zadawałem. Uciekłem od trudnego więziennego życia z trudnymi ludźmi, w trudny sposób – przez frontowy mur. A jednak to pierwsze spotkanie z biedą i rozpaczą slumsów, z tym bólem sięgającym kresu, raniło mi oczy. Przez jakiś czas przyjmowałem cios za ciosem.

Potem z iskier wstydu i wyrzutów sumienia wybuchł pożar gniewu, dławiącej wściekłości na tę niesprawiedliwość: co za rząd, myślałem, co za system pozwala na takie cierpienie?

Ale slumsy ciągnęły się kilometrami, a chwilową ulgę przynosił tylko widok prosperujących sklepów i kruszących się, omszałych domów ludzi stosunkowo zamożnych. Slumsy ciągnęły się nieprzerwanie, a ich jawna wszechobecność stępiła moją wrażliwość przybysza. Ogarnęło mnie coś w rodzaju zdumienia. Przestałem zwracać uwagę na ogrom slumsów, a zacząłem dostrzegać ludzi, którzy w nich mieszkali. Kobieta pochyliła się, by wyszczotkować czarny jedwab włosów. Inna kąpała dziecko, polewając je wodą z miedzianego talerza. Mężczyzna prowadził trzy kozy z czerwonymi wstążeczkami zawiązanymi na obrożach. Inny golił się przed pękniętym lustrem. Wszędzie bawiły się dzieci. Mężczyźni nosili wodę w wiadrach. Naprawiali chaty. I wszędzie, jak okiem sięgnąć, ludzie uśmiechali się i śmiali.

Autobus zatrzymał się w korku, a z chaty od strony mojego okna wyszedł mężczyzna. Był cudzoziemcem, miał skórę równie jasną, jak każdy z nowych przybyszy w autobusie, a jego jedynym ubraniem był zamotany kawał bawełny w hibiskusowy wzór. Przeciągnął się, ziewnął i podrapał bez skrępowania po gołym brzuchu. Jego twarz i sylwetka tchnęły ostentacyjnym i krowim spokojem.

Przyłapałem się na tym, że mu go zazdroszczę, a także powitalnych uśmiechów grupy, która minęła go, idąc w stronę szosy.

Samochód znowu ruszył z szarpnięciem i straciłem mężczyznę z oczu. Jednak jego widok zmienił moje poglądy na slumsy. Widok człowieka tak obcego w tym miejscu jak ja ukazał mi obraz tego świata. To, co z mojego doświadczenia wydawało się niewyobrażalnie dziwne i dalekie, nagle stało się możliwe, zrozumiałe i w końcu – fascynujące.

Wtedy spojrzałem na ludzi i dostrzegłem, jacy są zapracowani – ile trudu i energii wkładają w swoje życie. Wnętrza chat, które odsłaniały się przede mną przelotnie, były pomimo swej nędzy zdumiewająco czyste: podłogi bez jednej plamki i lśniące metalowe garnki ustawione w schludne piramidy. I wreszcie coś, co powinno mi się rzucić w oczy na samym początku – ich uroda. Kobiety w szkarłacie, błękicie i złocie; kobiety idące boso przez nędzę i chaos slumsów, z cierpliwą, ulotną gracją; białozęba, migdałowooka uroda mężczyzn; i czuła serdeczność dzieci o smukłych kończynach: starsze bawiły się z młodszymi, wiele nosiło małych braciszków i siostrzyczki na smukłych biodrach. I tak po półgodzinnej jeździe uśmiechnąłem się po raz pierwszy.

– Ale to ładne – odezwał się młody mężczyzna za moimi plecami, przyglądając się scenie za oknem. Kanadyjczyk, co obwieszczał znaczek z liściem klonu na kurtce; wysoki, tęgi, z jasnymi oczami i ciemnymi włosami do ramion. Jego towarzysz wyglądał jak jego niższa, bardziej zwarta wersja; byli ubrani w identyczne wytarte dżinsy, sandały i cienkie perkalowe kurtki.

– Słucham?

– Pierwszy raz? – spytał w odpowiedzi. Skinąłem głową. – Tak myślałem. Nie przejmuj się, od tej pory będzie trochę lepiej. Mniej slumsów i w ogóle. Ale w Bombaju nigdzie nie jest całkiem dobrze. To najbardziej niechlujne miasto w Indiach, możesz mi wierzyć.

– Święte słowa – zgodził się niższy mężczyzna.

– Ale zaraz zaczną się ładne świątynie i duże brytyjskie budynki, całkiem w porządku – kamienne lwy, mosiężne latarnie i tak dalej. Ale to nie są Indie. Prawdziwe Indie są wyżej, bliżej Himalajów, w Manali albo w świętym mieście Waranasi, albo na wybrzeżu Kerali. Żeby znaleźć prawdziwe Indie, musisz się wydostać z miasta.

– A dokąd wy jedziecie?

– Zamieszkamy w aśramie – oznajmił jego kolega. – W Punie. Prowadzona przez radżnisów. Najlepsza w kraju.

Dwie pary czystych, bladoniebieskich oczu przyglądały mi się z oceniającą, niemal oskarżycielską wyższością tych, którzy wierzą, że znaleźli jedyną słuszną drogę.

– Wynajmujesz?

– Słucham?

– Wynajmiesz pokój czy tylko przejedziesz przez Bombaj?

– Nie wiem – odparłem i znowu odwróciłem się do okna. Tak było; nie wiedziałem, czy chcę zatrzymać się na jakiś czas w Bombaju, czy jechać dalej do... dokądkolwiek. Nie wiedziałem i nie chciałem wiedzieć. W tamtej chwili byłem, jak to nazywa Karla, najbardziej niebezpiecznym i fascynującym zwierzęciem świata: odważnym, twardym mężczyzną bez żadnych planów. – Nic nie zaplanowałem. Ale chyba zatrzymam się na jakiś czas w Bombaju.

– My tam przenocujemy, a rano złapiemy pociąg. Jeśli chcesz, możemy zamieszkać razem. We trzech dużo taniej wyjdzie.

Spojrzałem w te szczere niebieskie oczy. Może lepiej będzie na początek zamieszkać z kimś, pomyślałem. Ich autentyczne dokumenty i uśmiechy zatuszują jakoś mój fałszywy paszport. Może tak będzie bezpieczniej.

– I jest dużo bezpieczniej – dodał Kanadyjczyk.

– No właśnie – powiedział jego kolega.

– Bezpieczniej? – podchwyciłem z nonszalancją, której nie czułem.

Autobus zwolnił, jechał w wąwozach trzy- i czteropiętrowych budynków. Ruch uliczny kipiał z zadziwiającą i tajemniczą skutecznością – taniec autobusów, ciężarówek, rowerów, samochodów, wozów ciągniętych przez woły, skuterów i ludzi. Przez otwarte okna naszego sfatygowanego autobusu buchał aromat przypraw, perfum, spalin i nawozu – duszna, lecz nie przykra mieszanka, a przez fale nieznanej muzyki przebijały się głosy. Na każdym rogu widniały gigantyczne plakaty reklamujące indyjskie filmy. Ich nienaturalne kolory buzowały za opaloną twarzą wysokiego Kanadyjczyka.

– No pewnie, że bezpieczniej. Człowieku, to jest Gotham City. Uliczne dzieciaki znają więcej sposobów na wyciągnięcie ci kasy z kieszeni niż kasyno.

– Jak to w mieście, stary – wyjaśnił niski. – Wszystkie miasta są takie same. Nie tylko te. Tak samo jest w Nowym Jorku, Rio czy Paryżu. Wszystkie są plugawe i szalone. Jak to w mieście, jarzysz? Odwiedź inne części Indii, to się zakochasz. To wielki kraj, ale miasta są naprawdę popieprzone, muszę przyznać.

– I te cholerne hotele – dodał wysoki. – Mogą cię okraść, jak będziesz spokojnie siedział w pokoju i palił trawkę. Mają układy z policją, biorą cię do pierdla i zabierają wszystkie pieniądze. Najbezpieczniej trzymać się razem i podróżować z innymi, uwierz mi.

– I uciekaj z miasta jak najszybciej – dodał niski. – Ja nie mogę! Widziałeś?

Autobus skręcił w szeroki bulwar ogrodzony ogromnymi głazami, który prowadził w stronę turkusowego morza. Na tych kamieniach przysiadła mała kolonia czarnych, rosochatych chat, jak wrak jakiegoś ciemnego i prymitywnego statku, wyrzucony na brzeg morza. Te chaty się paliły.

– Jasna cholera! Patrz! Stary, ten facet się smaży! – Wysoki Kanadyjczyk wskazał człowieka biegnącego do morza. Jego ubranie i włosy stały w ogniu. Pośliznął się, wpadł ciężko między głazy. Kobieta i dziecko dogonili go i zdławili płomienie rękami i własnymi ubraniami. Inni usiłowali ugasić chaty albo tylko stali i patrzyli na pożar swoich symbolicznych schronień. – Widziałeś? Już po nim, mówię ci.

– A jak! – zgodził się niski.

Kierowca zwolnił, tak jak inni, żeby popatrzeć na pożar, ale zaraz przyspieszył. Żaden pojazd na zatłoczonej drodze się nie zatrzymał. Odwróciłem się i wyglądałem przez tylną szybę, aż zwęglone pniaki chat zmieniły się w płatki sadzy, a brązowy dym pożaru był już tylko cieniem zniszczenia.

Na końcu tego długiego nadmorskiego bulwaru skręciliśmy w lewo w szeroką ulicę z nowoczesnymi zabudowaniami. Były to wielkie hotele z odźwiernymi w liberiach, którzy stali pod kolorowymi markizami. W pobliżu znajdowały się ekskluzywne restauracje w girlandach ogrodów. Słońce migotało w polerowanym szkle i mosiądzu fasad linii lotniczych i innych instytucji. Liczne stragany chroniły się pod wielkimi parasolami przed porannym słońcem. Hindusi, którzy tędy przechodzili, byli w twardych półbutach i zachodnich garniturach, kobiety nosiły drogie jedwabie. Wyglądali poważnie i godnie, kiedy tak pędzili z marsowymi minami od jednego wielkiego biurowca do drugiego.

Wszędzie wokół widać było kontrast między zwyczajnym i nadzwyczajnym. Wozy zaprzęgnięte w woły stawały na światłach obok nowoczesnych sportowych samochodów. Jakiś człowiek przykucnął, by sobie ulżyć za dyskretną osłoną talerza satelitarnego. Elektryczny wózek widłowy służył do wyładowywania towarów ze starego wozu o drewnianych kołach. Miało się wrażenie, że człapiąca, niezmordowana i daleka przeszłość wpadła, nienaruszona, przez barierę czasu we własną przyszłość. To mi się podobało.

– Jesteśmy prawie na miejscu – oznajmił mój towarzysz. – Centrum znajduje się parę przecznic dalej. Może nie jest to dokładnie to, co uważamy za centrum. To tylko turystyczna dzielnica, gdzie znajduje się większość tanich hoteli. Ostatni przystanek. Nazywa się Kolaba.

Wyjęli z kieszeni paszporty i czeki podróżne, po czym wepchnęli je za pazuchę. Ten niższy zdjął zegarek i także umieścił wraz z pieniędzmi, paszportem i innymi cennymi rzeczami w slipkach. Podchwycił moje spojrzenie i uśmiechnął się.

– No co. Przezorny zawsze ubezpieczony!

Wstałem i przepchnąłem się na przód. Kiedy samochód się zatrzymał, byłem pierwszy przy wyjściu, ale tłum na chodniku nie pozwolił mi wysiąść. Naganiacze – pracujący na ulicy dla hotelarzy, handlarzy narkotyków i innych miejskich biznesmenów – łamaną angielszczyzną zachwalali tanie pokoje i inne okazje. Pierwszy do drzwi dopadł niewielki człowieczek z dużą, niemal idealnie okrągłą głową. Był ubrany w dżinsową koszulę i spodnie z niebieskiej bawełny. Uciszył swoich towarzyszy i zwrócił się do mnie z najszerszym i najbardziej promiennym uśmiechem świata.

– Powitajcie, wielkie panowie! – zakrzyknął. – Powitajcie w Bombaju! Wam trzeba tanio i wspaniale w hotelu, tak?

Spojrzał mi prosto w oczy, z tym niegasnącym szerokim uśmiechem. W tej tarczy jego uśmiechu było coś – jakby łobuzerska brawura, bardziej szczera i pełna przejęcia niż zwykłe szczęście – co przeszyło mi serce. To była kwestia sekundy, ten kontakt wzrokowy między nami. Na tyle długi, że postanowiłem mu zaufać – temu małemu człowieczkowi o wspaniałym uśmiechu. Wtedy tego nie wiedziałem, ale była to jedna z najlepszych decyzji w moim życiu.

Tłum wysiadających pasażerów zaczął się zmagać z rojem naganiaczy i opędzać przed nimi. Dwaj młodzi Kanadyjczycy szli przez tłum nienapastowani, uśmiechając się szeroko do zabieganych naganiaczy i poirytowanych turystów. Patrząc, jak sobie torują drogę w tłumie, po raz pierwszy zauważyłem, jacy są sprawni, zdrowi i przystojni. W tym momencie postanowiłem przystać na ich propozycję wspólnego wynajęcia pokoju. W ich towarzystwie zbrodnia mojej ucieczki z więzienia, zbrodnia mojej obecności na świecie, stawała się niewidoczna i niepojęta.

Mały przewodnik chwycił mnie za rękaw i odciągnął od rozpraszającej się grupy ku tyłowi autobusu. Konduktor wspiął się na dach z małpią zręcznością i zrzucił mi w ramiona plecak i torbę. Inne bagaże zaczęły uderzać o chodnik przy złowieszczym akompaniamencie grzechotów i trzasków. Pasażerowie rzucili się, by złapać swój dobytek, a przewodnik znowu odprowadził mnie w spokojniejsze miejsce, parę metrów od autobusu.

– Nazywam się Prabaker – oznajmił angielszczyzną o melodyjnym akcencie. – A jakie twoje miano?

– Moje miano Lindsay – skłamałem. Takie nazwisko znajdowało się w moim sfałszowanym paszporcie.

– Jestem Bombaj-przewodnik. Bardzo wspaniały pierwsza klasa Bombaj-przewodnik, tak. Cały Bombaj znam, bardzo dobrze. Chcesz podziwiać wszystko? Ja dokładnie wiem, gdzie można podziwiać prawie całe wszystko. Mogę ci pokazać nawet więcej niż wszystko.

Dwaj młodzi podróżnicy, ścigani przez natarczywą grupę obdartych naganiaczy i przewodników, przystanęli przy nas. Prabaker krzyknął na swoich niesfornych kolegów, którzy cofnęli się o parę kroków, pożerając głodnym wzrokiem naszą kolekcję toreb i plecaków.

– Na razie chcę podziwiać tylko czysty, tani pokój hotelowy.

– Oczywiście! – Prabaker rozpromienił się. – Ja ci pokażę – tani hotel, bardzo tani hotel, za bardzo tani hotel, a nawet taki tani hotel, że żaden normalny by tam nie mieszkał.

– Dobrze, Prabaker, prowadź. Zobaczymy.

– E, czekaj – wtrącił wyższy Kanadyjczyk. – Ty chcesz mu zapłacić? Przecież znam drogę. Bez urazy, bracie, na pewno dobry z ciebie przewodnik i tak dalej, ale cię nie potrzebujemy.

Spojrzałem na Prabakera. Jego wielkie, ciemnobrązowe oczy przyglądały mi się z jawnym rozbawieniem. Nie znam człowieka, który miałby w sobie mniej agresji niż Prabaker Kharre; był niezdolny do podniesienia w gniewie głosu czy ręki; i wyczułem to już wtedy, w tych pierwszych spędzonych z nim minutach.

– Czy ja cię potrzebuję, Prabaker? – spytałem z kpiącą powagą.

– O tak! – zawołał. – Jesteś tak bardzo mnie potrzebujący, że prawie płaczę nad twoją sytuacją! Bóg jeden wie, jakie straszliwości by cię spotykały, jakby moja dobra osobistość nie prowadziła twojej osobistości po Bombaju!

– Zapłacę mu – powiedziałem moim towarzyszom. Wzruszyli ramionami i dźwignęli plecaki. – Dobrze, Prabaker, idziemy.

Sięgnąłem po plecak, ale Prabaker był pierwszy.

– Jestem niosący twój bagaż – powiedział uprzejmie.

– Nie, w porządku, poradzę sobie.

Szeroki uśmiech zmienił się w błagalny grymas.

– Proszę, to mój obowiązek, to moja powinność. Plecy moje są mocarne. Nie problem. Zobaczysz.

Wszystko we mnie protestowało przeciwko tej myśli.

– Nie, naprawdę...

– Proszę, to dla mnie zaszczyt. Spójrz na ludzi.

Prabaker wskazał ruchem zwróconej w górę ręki naganiaczy i przewodników, którzy zdołali pochwycić turystów. Każdy porwał torbę, walizkę lub plecak i truchtał żwawo, z energiczną determinacją prowadząc swoje stadko.

– Tak, no, dobrze... – wymamrotałem, zdając się na niego. Była to pierwsza z moich niezliczonych kapitulacji, które z czasem stały się dominującą cechą naszego układu. Na jego okrągłej twarzy znowu pojawił się uśmiech; chwycił plecak, z moją pomocą zarzucił paski na ramiona. Plecak był ciężki, zmusił go do wyciągnięcia szyi, pochylenia się i dreptania. Idąc większymi krokami, zrównałem się z nim i spojrzałem w jego napiętą twarz. Czułem się jak biały *bwana*, który znalazł sobie zwierzę juczne, i wcale mi się to nie podobało.

Ale on się śmiał, ten mały Hindus. Paplał o Bombaju i zabytkach, które trzeba zobaczyć, wskazywał ciekawe miejsca po drodze. Do Kanadyjczyków zwracał się z pełną szacunku życzliwością. Uśmiechał się i witał ze znajomymi. I był silny, dużo silniejszy, niżby się zdawało; przez piętnastominutową drogę do hotelu ani razu nie zwolnił ani się nie zachwiał.

Cztery strome biegi w ciemnej i omszałej studni klatki schodowej na tyłach wielkiego budynku zwróconego frontonem do morza zawiodły nas do foyer Indyjskiego Domu Gościnnego. Każda kondygnacja nosiła inny szyld – Hotel Apsara, Hotel Gwiazda Azji, Hotel Wybrzeże – co znaczyło, że w tym jednym budynku znajdowały się cztery oddzielne hotele, po jednym na piętrze, z własną obsługą, regulaminem i stylem.

Dwaj młodzi podróżnicy, Prabaker i ja wtaszczyliśmy do małego foyer nasze torby i plecaki. Wysoki muskularny Hindus w oślepiająco białej koszuli i czarnym krawacie siedział za stalowym biurkiem przy korytarzu prowadzącym do pokojów.

– Witajcie – odezwał się z nieznacznym, nieufnym uśmieszkiem, który ukazał dołeczki w policzkach. – Witajcie, młodzi panowie.

– Ale melina – mruknął mój wysoki towarzysz, wodząc wzrokiem po łuszczącej się farbie i ściankach z dykty.

– To pan Anand – wtrącił szybko Prabaker. – Najlepszy kierownik najlepszego hotelu w Kolabie.

– Milcz, Prabaker! – warknął pan Anand.

Prabaker uśmiechnął się szerzej.

– Widzisz, jaki wielki kierownik? – szepnął do mnie, szczerząc zęby. Potem odwrócił się do wielkiego kierownika, a uśmiech nie znikał mu z twarzy. – Oto ci przyprowadzam wspaniałych turystów. Najlepsi turyści dla najlepszego hotelu, tak?

– Mówiłem, żebyś się zamknął! – warknął Anand.

– Ile? – spytał niski Kanadyjczyk.

– Słucham? – mruknął Anand, nadal piorunując Prabakera wzrokiem.

– Trzy osoby, jeden pokój, jedna noc, ile?

– Sto dwadzieścia rupii.

– Co? – wybuchnął niższy. – Pan żartuje?

– To zbyt wiele – dodał jego przyjaciel. – Chodźcie, spadamy.

– Proszę bardzo – warknął Anand. – Możecie iść gdzie indziej.

Zaczęli zbierać bagaże, ale Prabaker powstrzymał ich bolesnym okrzykiem.

– Nie! Nie! To bardzo najpiękniejszy hotel. Proszę, tylko się popatrzcie na pokój! Proszę, panie Lindsay, tylko się popatrz na śliczny pokój! Popatrz się na śliczny pokój!

Nastąpiła chwila wahania. Kanadyjczycy zatrzymali się w drzwiach. Anand studiował księgę gości, nagle zafascynowany odręcznymi wpisami. Prabaker wczepił się w mój rękaw. Trochę mu współczułem i podziwiałem styl Ananda. Nie zamierzał nas prosić ani przekonywać. Jeśli chcieliśmy wynająć pokój, to na jego warunkach. Podniósł głowę znad księgi gości i spojrzał mi w oczy szczerze i uczciwie, jak patrzą na siebie ludzie pewni siebie. Poczułem, że zaczynam go lubić.

– Chciałbym popatrzyć się na śliczny pokój – powiedziałem.

– Tak! – Prabaker się roześmiał.

– Dobrze, no to chodźmy. – Kanadyjczycy westchnęli, uśmiechając się.

– Na końcu korytarza – poinformował nas z uśmiechem Anand, sięgając za siebie po klucz wiszący na tablicy pełnej haczyków. Pchnął go wraz z ciężką mosiężną tabliczką przez biurko w moją stronę. – Ostatni pokój na prawo, przyjacielu.

Pokój był duży, z trzema jednoosobowymi pościelonymi łóżkami, jednym oknem z widokiem na morze i rzędem okien wychodzących na ulicę. Każda ściana była pomalowana na inny odcień jadowitej zieleni. Sufit pokrywała pajęczyna pęknięć. W rogach zwisały papierowe serpentyny farby. Cementowa podłoga, pełna tajemniczych guzów i nieregularnych wykrotów, nachylała się ku oknom od strony ulicy. Jedynymi meblami były trzy małe szafki nocne ze sklejki i zniszczona drewniana toaletka z pękniętym lustrem. Poprzedni lokatorzy zostawili po sobie ślad: świeczkę zatkniętą w butelkę po baileysie, na ścianie kalendarzowy widoczek z neapolitańską uliczką, dwa zapomniane, pomarszczone balony zwisające z wiatraka pod sufitem. W takim pokoju ludzie czują potrzebę zapisania na ścianach swoich imion i innych wiadomości, tak jak w więziennej celi.

– Biorę – zdecydowałem.

– Tak! – krzyknął Prabaker, natychmiast śmigając przez korytarz.

Moi towarzysze podróże spojrzeli na siebie i parsknęli śmiechem.

– Na niego nie ma rady. To świr.

– A jak. – Niższy zachichotał, pochylił się i obwąchał pościel, zanim ostrożnie przysiadł na łóżku.

Prabaker wrócił z Anandem, dźwigającym ciężką księgę gości. Wpisaliśmy się kolejno, a Anand sprawdzał nasze paszporty. Zapłaciłem za tydzień z góry. Anand oddał paszporty Kanadyjczykom, ale nad moim zatrzymał się, w zamyśleniu stukając nim o policzek.

– Nowa Zelandia? – mruknął.

– A co? – Zmarszczyłem brwi. Nie wiedziałem, czy coś dostrzegł albo wyczuł. Byłem najbardziej poszukiwanym człowiekiem w Australii, uciekłem z więzienia, gdzie odsiadywałem dwadzieścia lat za napady z bronią w ręku, a na liście zbiegów Interpolu stanowiłem atrakcyjną nowość. Czego on chce? Ile wie?

– Hmm. W porządku. Nowa Zelandia, Nowa Zelandia, pewnie chcecie czegoś do palenia, czegoś dużego do picia, whisky, pieniędzy, dziewczyn, zabawy. Chcecie coś kupić, powiedzcie mnie, *na*?

Wcisnął mi paszport w rękę i wyszedł, rzuciwszy Prabakerowi złośliwe spojrzenie. Przewodnik trwożliwie ustąpił mu miejsca w drzwiach, jednocześnie kuląc się i uśmiechając radośnie.

– Wielki człowiek. Wielki kierownik! – wybuchnął po jego odejściu.

– Dużo tu przyjezdnych z Nowej Zelandii?

– Niezbyt dużo. O, bardzo wspaniali panowie. Śmieją się, palą, piją, zakochują się z kobietami, wszystko w nocy, a potem znowu śmieją się, piją i palą.

– Mhm. Pewnie nie wiesz, gdzie można dostać haszysz.

– Nieeee problem! Może być jeden tola, jeden kilo, dziesięć kilo, nawet wiem, gdzie jest cały magazyn...

– Niepotrzebny mi magazyn pełen haszu. Chcę tylko zapalić.

– Akurat to złożyło, że mam tu jeden tola, dziesięć gramów, najlepszy afgański *charras*, w mojej kieszeni. Pan kupi?

– Ile?

– Dwieście rupii? – powiedział z nadzieją.

Przypuszczałem, że towar był wart o połowę mniej. Ale dwieście rupii – w owych czasach około dwunastu dolarów amerykańskich – stanowiło jedną dziesiątą ceny w Australii. Rzuciłem mu paczkę tytoniu i bibułek.

– Dobrze. Zrób mi jointa i spróbujemy. Jak mi posmakuje, to kupię.

Moi towarzysze wyciągnęli się na stojących obok siebie łóżkach. Spojrzeli na siebie z podobnymi minami, unosząc brwi i wydymając usta. Prabaker wyjął z kieszeni porcję haszyszu. Przyglądali się z fascynacją i zgrozą małemu przewodnikowi, który ukląkł nad zakurzoną szafką, by zrobić jointa.

– Stary, jesteś pewien?

– No a jak nas chcą uśpić i napaść czy co?

– Prabaker mi się podoba. Nie sądzę, żebyśmy oberwali – powiedziałem, rozkładając swój podróżny koc na łóżku pod rzędem okien. Na parapecie zacząłem rozkładać moje pamiątki, drobiazgi i amulety – czarny kamień, który dostałem od dziecka w Nowej Zelandii, amonit, który znalazł pewien mój przyjaciel, bransoletę z jastrzębich szponów, którą zrobił inny. Byłem uciekinierem. Nie miałem domu ani ojczyzny. W bagażu trzymałem rzeczy, które dostałem od przyjaciół: wielką apteczkę, którą mi kupili za uzbierane pieniądze, rysunki, wiersze, muszle, pióra. Nawet ubrania i buty dostałem od przyjaciół. Każdy przedmiot miał znaczenie; podczas tej tułaczki takie parapety były moim domem, a talizmany narodem.

– Słuchajcie, chłopaki, jeśli nie czujecie się bezpiecznie, idźcie na spacer albo zaczekajcie na dworze. Jak sobie zapalę, przyjdę po was. Po prostu obiecałem przyjaciołom, że jak przyjadę do Indii, w pierwszej kolejności zapalę hasz i pomyślę o nich. I chcę dotrzymać obietnicy. Poza tym kierownik wyraźnie się tym nie przejmuje. Prabaker, tu zabraniają palić jointy?

– Palenie, picie, tańczenie, muzyka, seksowny biznes, tu nie problem – zapewnił nas Prabaker, uśmiechając się radośnie i na chwilę odrywając się od pracy. – Wszystko jest wolno nie problem. Tylko nie bicie. Bicie nie jest dobry zwyczaj w Indyjskim Domu Gościnnym.

– Widzicie? Nie problem.

– I umieranie – dodał Prabaker, w zamyśleniu kiwając okrągłą głową. – Pan Anand nie lubi, jak ludzie tu są umierający.

– Że co? Co on powiedział o umieraniu?

– Co on, kurwa, pieprzy? Kto tu, kurwa, umarł? Jezu!

– Nie ma problemu z umieraniem, *baba* – ułagodził go Prabaker, podając wstrząśniętym Kanadyjczykom schludnie zwiniętego skręta. Wyższy wziął go i zapalił. – Niewiele ludzi umiera w Indyjskim Domu Gościnnym, głównie tylko narkomany, takie chude. Dla was nie problem, wy takie piękne, wielkie, tłuste.

Jego uśmiech był rozbrajający. Podał mi jointa. Kiedy mu go oddałem, zaciągnął się z jawną przyjemnością i znowu przekazał Kanadyjczykom.

– Dobry *charras*, tak?

– Bardzo dobry – powiedział wyższy. Uśmiech miał ciepły i łaskawy – ten szeroki, serdeczny uśmiech, który od dawna nauczył mnie zaufania do Kanady i Kanadyjczyków.

– Biorę – powiedziałem. Prabaker podał mi dziesięciogramową grudkę, a ja rozkruszyłem ją na dwie części, jedną rzuciwszy moim towarzyszom. – Macie. To na jutrzejszą podróż do Puny.

– Dzięki, stary – powiedział Kanadyjczyk, pokazując grudkę koledze. – Jesteś w porządku. Świr, ale w porządku.

Wyjąłem z plecaka butelkę whisky i otworzyłem. To kolejny rytuał, kolejna obietnica złożona przyjaciółce z Nowej Zelandii, która prosiła mnie, żebym wypił i pomyślał o niej, jeśli zdołam się bezpiecznie przedostać do Indii z fałszywym paszportem. Te małe rytuały – palenie, picie – miały dla mnie znaczenie. Byłem pewien, że uciekając z więzienia, straciłem tych przyjaciół, tak jak rodzinę, a także wszystkich znajomych. Coś mi mówiło, że nigdy więcej ich nie zobaczę. Byłem sam jeden na świecie, bez nadziei na powrót, a całe moje życie zamknęło się we wspomnieniach, talizmanach i przysięgach miłości.

Miałem pociągnąć z butelki, ale impuls kazał najpierw podsunąć ją Prabakerowi.

– Dzięki za bardzo, panie Lindsay – roztkliwił się, szeroko otwierając oczy ze szczęścia. Odchylił głowę i wlał do ust porcję, nie dotykając szyjki ustami. – Bardzo najlepsza, pierwsza klasa, johnnie walker. O, tak.

– Napij się jeszcze, jeśli chcesz.

– Tylko kawałeczek, bardzo dzięki. – Zaczął pić trunek wielkimi haustami, od których pęczniało mu gardło. Zatrzymał się, oblizał wargi i po raz trzeci zabrał się do butelki. – Przepraszam, aaach, bardzo przepraszam. Ta whisky za bardzo dobra, źle mi robi na maniery.

– Słuchaj, jeśli tak ci smakuje, zatrzymaj butelkę. Mam drugą. Kupiłem je w strefie bezcłowej w samolocie.

– Och, dziękuję... – odpowiedział, ale jego uśmiech zmienił się w grymas przerażenia.

– O co chodzi? Nie chcesz?

– Tak, tak, panie Lindsay, bardzo tak. Ale gdybym wiedział, że to moja whisky, a nie pana, tobym nie pozwalał swej osobistości tak pić.

Kanadyjczycy roześmieli się.

– Wiesz co, Prabaker? Dam ci pełną butelkę, a tą otwartą się podzielimy. Co ty na to? A tu dwieście rupii za jointa.

Uśmiech znowu zajaśniał i Prabaker zamienił napoczętą butelkę na pełną, którą czule tulił do piersi.

– Ale panie Lindsay, pan robił błąd. Ja mówiłem, że ten bardzo najlepszy *charras* jest za jedne sto rupii, nie dwieście.

– Mhm.

– O tak. Tylko jedne sto rupii – oznajmił, od niechcenia oddając mi jeden banknot.

– Dobrze. Słuchaj, Prabaker, jestem głodny. Nie jadłem w samolocie. Możesz mi wskazać dobrą, czystą restaurację?

– Bardzo z pewnością, panie Lindsay! Znam takie doskonałe restauracje, z tak cudownościowym jedzeniem, że ze szczęścia się pochorujecie na brzuch.

– Przekonałeś mnie – powiedziałem. Wstałem, zabierając paszport i pieniądze. – Idziecie?

– Co, tam? Chyba żartujesz.

– No, może później. Dużo później. Ale przypilnujemy ci rzeczy, aż wrócisz.

– Dobrze, jak chcecie. Nie będzie mnie parę godzin.

Prabaker skłonił się nisko i grzecznie wyszedł. Podążyłem za nim, ale w chwili kiedy zamierzałem zamknąć drzwi, wysoki Kanadyjczyk zawołał za mną:

– Słuchaj... uważaj na siebie, co? Nie wiesz, jak tu jest. Nikomu nie możesz ufać. To nie wieś. Miastowi Hindusi są... no, uważaj, dobra?

W recepcji Anand schował w sejfie mój paszport, czeki podróżne i większość gotówki, dał mi szczegółowy spis i wyszedłem na dwór, ze słowami Kanadyjczyka śmigającymi mi po głowie jak mewy nad wzburzonymi falami.

Prabaker zaprowadził mnie do hotelu przy szerokiej, obsadzonej drzewami i względnie pustej alei, powtarzającej łuk wysokiego, kamiennego pomnika Wrót Indii. Ale na ulicy przed budynkiem roiło się od ludzi i pojazdów, a głosy, klaksony i reklamy brzmiały jak ulewny deszcz bębniący o drewniane i metalowe dachy.

Setki osób spacerowały albo stały w grupach, rozmawiając. Sklepy, restauracje i hotele ciągnęły się jeden za drugim wzdłuż całej ulicy. Przy każdym sklepie lub knajpie tkwił przyklejony minisklep. Przed nimi na składanych krzesełkach siedzieli dwaj lub trzej sprzedawcy. Byli to Afrykanie, Arabowie, Europejczycy i Hindusi. Co krok słyszało się inne języki i muzykę, co restauracja – we wrzące powietrze buchała inna chmura zapachów.

Zaprzężone w woły wozy i wózki lawirowały na zatłoczonych ulicach, rozwożąc arbuzy, worki z ryżem, napoje, wieszaki z ubraniami, papierosy i bloki lodu.

Wszędzie widziało się pieniądze; było to centrum czarnorynkowego obrotu gotówką, wyjaśnił Prabaker; jawnie przeliczano i przekazywano z rąk do rąk grube pliki banknotów. Byli tu żebracy i żonglerzy, akrobaci i zaklinacze węży, muzycy i astrologowie, wróżki, alfonsi i dilerzy. A ulice były brudne. Śmieci wyrzucano przez okna bez ostrzeżenia, sterty odpadków piętrzyły się na chodnikach albo ulicach, wabiąc tłuste, bezczelne szczury.

Na pierwszy rzut oka najliczniejsi byli kalecy i chorzy żebracy. Po tych ulicach paradowały wszelkie choroby, upośledzenia i nieszczęścia, stały pod drzwiami restauracji i sklepów, atakowały przechodniów profesjonalnymi błaganiami. Tak jak pierwsze spojrzenie na slumsy z okien autobusów, to zetknięcie z cierpieniem wywołało gorący rumieniec wstydu na mojej zdrowej twarzy. Ale Prabaker, prowadząc mnie przez kipiący tłum, zwracał mi uwagę na inne obrazy żebraków, łagodzące okropną karykaturę, jaką zaprezentował mi pokaz ich żałosnego stanu. Jedna ich grupa siedziała w bramie, grając w karty, ślepcy i ich przyjaciele zajadali rybę z ryżem, roześmiane dzieci na zmianę woziły się z beznogim na jego wózku.

Prabaker nieustannie rzucał mi spojrzenia z ukosa.

– Lubisz nasz Bombaj?

– Kocham – odpowiedziałem, i to była prawda. W moich oczach to miasto było piękne. Dzikie i ekscytujące. Romantyczne kolonialne budynki sąsiadowały z nowoczesnymi lustrzanymi biurowcami. Bezładne zapomniane ruiny rozsypywały się w gruzy wokół barwnych bazarów z warzywami i jedwabiami. Z każdego sklepu i przejeżdżającej taksówki buchała muzyka. Kolory porażały. Zapachy upajały. A uśmiech w oczach na tych zatłoczonych ulicach widywało się częściej niż w jakimkolwiek znanym mi mieście.

Przede wszystkim w Bombaju czuło się wolność – upajającą wolność. Gdziekolwiek spojrzałem, widziałem ten wyzwolony, niezwyciężony charakter i czułem, że reaguję na niego całym sercem. Nawet wybuch wstydu na widok slumsów i ulicznych żebraków rozpłynął się w zrozumieniu, że ci mężczyźni i kobiety także są wolni. Nikt nie przepędzał żebraków z ulicy. Nikt nie wyganiał mieszkańców slumsów. Ich życie było bolesne, ale mogło się toczyć na tych samych ulicach i w tych samych ogrodach co życie bogatych i ważnych. Byli wolni. To miasto było wolne. Pokochałem je.

A jednak trochę mnie niepokoiła intensywność tego życia, ten karnawał pragnień i żądz, natrętność próśb i uliczne podstępy. Nie znałem żadnego z języków, które słyszałem, nie wiedziałem nic o tej kulturze, odzianej w sari i turbany. Tak jakbym oglądał jakąś ekscentryczną, zawiłą sztukę i nie znał scenariusza. Ale uśmiechałem się, a uśmiech przychodził mi łatwo, choć ulica była dziwna i dezorientująca. Byłem poszukiwanym zbiegiem, zwierzyną łowną, a za moją głowę wyznaczono nagrodę. I nadal byłem o krok przed nimi, wolny. Kiedy się ucieka, każdy dzień jest jak całe życie. Każda minuta wolności to krótka historia z happy endem.

A towarzystwo Prabakera sprawiało mi przyjemność. Zauważyłem, że jest znany na ulicy, najróżniejsi ludzie witali się z nim często i z wyraźną życzliwością.

– Musisz być głodny, panie Lindsay – zauważył. – Jesteś szczęśliwy, pozwolę sobie powiedzieć, a szczęśliwi mają zawsze dobry apetyt.

– No, głodny to jestem, fakt. A w ogóle dokąd idziemy? Gdybym wiedział, że to tak daleko, zabrałbym ze sobą jedzenie na drogę.

– Jeszcze troszeczkę nie za bardzo za daleko – odparł wesoło.

– No dobra...

– O tak! Zaprowadzę cię do najlepszej restauracji i do najlepszej żywności Maharasztra. Będziesz zadowolony, nie problem. Wszyscy przewodnicy w Bombaju, tak jak ja, jedzą tam żywność. To takie dobre miejsce, że policja zbiera tam tylko pół bakszyszu. Tak tam dobrze.

– No dobra...

– O tak! Ale najpierw kupię ci indyjskiego papierosa, i mnie też. To tu, robimy stop.

Zatrzymaliśmy się przed ulicznym straganem, właściwie rozkładanym stolikiem do kart, na którym w tekturowym pudełku ułożono tuzin gatunków papierosów. Na stoliku znajdowała się też duża mosiężna taca z kilkoma małymi srebrnymi talerzykami. Leżały na nim wiórki kokosowe, przyprawy i gama niezidentyfikowanych past. W wiadrze przy stoliku na wodzie unosiły się podłużne liście. Sprzedawca wycierał je, smarował różnymi pastami, dodawał daktyli, wiórków kokosowych, betelu i przypraw, i zwijał to wszystko w małe paczuszki. Liczni klienci, tłoczący się wokół straganu, kupowali liście natychmiast, kiedy jego zręczne dłonie je nafaszerowały.

Prabaker przecisnął się do niego i zaczął czekać na szansę złożenia zamówienia. Wypatrując go w gąszczu klientów, zbliżyłem się do krawężnika. W chwili gdy zrobiłem krok na jezdnię, ktoś krzyknął:

– Uważaj!

Dwie ręce chwyciły mnie za łokieć i wciągnęły na chodnik; zaraz potem ulicą przetoczył się rozpędzony piętrowy autobus. Rozjechałby mnie, gdyby nie te ręce – odwróciłem się do mojego wybawcy. Jeszcze nigdy nie widziałem tak pięknej kobiety. Była smukła, miała czarne, sięgające ramion włosy i jasną skórę. Nie była wysoka, ale wyprostowane ramiona i prosta postawa, a także stopy pewnie stąpające po ziemi nadawały jej wyraz cichej determinacji. Miała na sobie jedwabne spodnie zebrane w kostkach, czarne płaskie buty, luźną bawełnianą koszulę i wielki, długi jedwabny szal. Zarzuciła go tak, że na plecach furkotała podwójna flaga płynnego materiału. Wszystkie części ubrania miały różne odcienie zieleni.

Klucz do wszystkiego, co mężczyzna mógł w niej kochać i czego miał się bać, był tam od samego początku, w tym ironicznym uśmiechu, który wyginał jej pełne wargi. W tym uśmiechu była duma, a w rysunku jej szlachetnego nosa – pewność siebie. Nie pojmując przyczyn, zrozumiałem bez wahania, że wiele osób błędnie bierze jej dumę za arogancję, a pewność siebie za nieczułość. Ja nie popełniłem tego błędu. Moje oczy zaginęły, utonęły, pożeglowały po roziskrzonej lagunie jej spokojnego, zrównoważonego spojrzenia. Oczy miała wielkie i uderzająco zielone. Była to zieleń, jaką mają drzewa w kolorowych snach. Była to zieleń, jaką mogłoby mieć morze, gdyby było idealne.

Jej dłoń nadal spoczywała w zgięciu mojego ramienia, koło łokcia. Dotyk był dokładnie taki, jak powinien być dotyk kochanki: znany, ale podniecający jak wyszeptana obietnica. Czułem niemal nieodpartą potrzebę, by ująć jej dłoń i położyć sobie na piersi, na sercu. Może powinienem to zrobić. Teraz wiem, że roześmiałaby się i polubiłaby mnie za ten gest. Ale wtedy byliśmy obcy, staliśmy tak przez pięć długich sekund i patrzyliśmy sobie w oczy, a wszystkie światy równoległe, wszystkie równoległe istnienia, które mogłyby się stać, ale się nie stały, wirowały wokół nas. Potem się odezwała.

– Było blisko. Masz szczęście.

– Tak. – Uśmiechnąłem się. – Mam.

Jej ręka powoli oderwała się od mojego ramienia. Był to swobodny, lekki gest, ale odczułem to rozdzielenie tak boleśnie, jakby mnie brutalnie przebudzono z głębokiego i pięknego snu. Pochyliłem się do niej, spojrzałem za jej plecy w lewo, a potem w prawo.

– O co chodzi? – spytała.

– Szukam twoich skrzydeł. Bo jesteś moim aniołem stróżem, prawda?

– Obawiam się, że nie – odparła, a kpiący uśmiech wyżłobił dołeczki w jej policzkach. – Za dużo we mnie diabła.

– Jak dużo? – Wyszczerzyłem zęby.

Po drugiej stronie straganu stała grupa ludzi. Jeden – przystojny, muskularny mężczyzna, dwudziestoparoletni – wyszedł na jezdnię i zawołał:

– Karla! Chodź, *yaar*!

Odwróciła się i pomachała do niego, a potem mocno uścisnęła mi rękę, nie wiedziałem jednak, co ten uścisk ma oznaczać. Jej uśmiech był równie zagadkowy. Może mnie polubiła, a może była szczęśliwa, że już się pożegna.

– Nadal nie odpowiedziałaś – powiedziałem, kiedy jej dłoń wyślizgiwała się z mojej.

– Ile we mnie diabła? – spytała z półuśmiechem igrającym na ustach. – To bardzo osobiste pytanie. Jeśli się zastanowić, to najbardziej osobiste pytanie, jakie ktokolwiek mi zadał. Ale wiesz, jeśli kiedyś przyjdziesz do „Leopolda", może się dowiesz.

Jej przyjaciele obeszli stragan i zbliżyli się do nas; porzuciła mnie dla nich. Wszyscy byli Hindusami, wszyscy byli młodzi, ubrani w czyste, modne zachodnie stroje klasy średniej. Często się śmiali i dotykali się poufale, ale nikt nie dotykał Karli. Roztaczała aurę, która jednocześnie czyniła ją atrakcyjną i nietykalną. Przysunąłem się, udając, że zaintrygował mnie sprzedawca ze swoimi liśćmi i pastami. Nasłuchiwałem jej słów, ale nie rozumiałem tego języka. Jej głos w tym języku i w tej rozmowie był zaskakująco głęboki i dźwięczny; poczułem, że jeżą mi się włosy na rękach. I to chyba także powinno mnie ostrzec. Głos, jak mówią afgańskie swatki, to więcej niż połowa miłości. Ale wtedy o tym nie wiedziałem i moje serce pospieszyło tam, gdzie nawet swatka bałaby się zapuścić.

– Widzisz, panie Lindsay, kupiłem nam te dwa papierosy – odezwał się Prabaker, stając u mego boku. Podał mi papierosa dwornym gestem. – To Indie, kraj biedaków. Nie trzeba kupować całej paczki. Tylko jeden papieros możesz kupić jedynie. I nie trzeba kupować zapałek.

Pochylił się i wziął tlący się konopny sznur, zwisający z haka na słupie telegraficznym koło straganu. Zdmuchnął z niego popiół, spod którego wyłonił się pomarańczowy ogienek i zapalił nim papierosa.

– Co on robi? Co oni żują w tych liściach?

– To się nazywa *paan*. Najbardziej najwspanialszy smak i żucie. Wszyscy w Bombaju żują i plują, i żują, i plują, nie problem, dniem i także nocą. Bardzo dobre dla zdrowia, dużo żucia i plucia. Chcesz spróbować? Przyniosę.

Skinąłem głową i pozwoliłem, żeby złożył zamówienie – nie tyle z ciekawości nowego doznania, ile dla wymówki, by zostać tu dłużej i przyglądać się Karli. Zachowywała się swobodnie i spokojnie, była tu całkiem na miejscu. Wszystko, co mnie zdumiewało, jej wydawało się zwyczajne. Przypomniałem sobie tego Europejczyka ze slumsów – tego, którego widziałem z okna autobusu. Tak jak on, wydawała się w Bombaju spokojna i zadowolona. Była tu na swoim miejscu. Zazdrościłem jej tego ciepła i akceptacji ludzi, którzy ją otaczali.

Ale przede wszystkim nie mogłem oderwać oczu od jej idealnej urody. Patrzyłem na nią i każdy oddech musiał mi się wyrywać z piersi przemocą. Coś chwyciło moje serce jak w żelazną pięść. Głos w mojej krwi mówił: tak, tak, tak... Starożytne, zapisane w sanskrycie legendy mówią o miłości będącej przeznaczeniem, o karmicznej więzi dusz, które muszą się spotkać i zauroczyć. Legendy mówią, że wybrankę można rozpoznać natychmiast, ponieważ budzi miłość każdym gestem, każdym zdaniem, każdym ruchem, każdym dźwiękiem i każdym nastrojem, który odbija się w jej oczach. Legendy powiadają, że można ją poznać po skrzydłach – skrzydłach widzialnych tylko przez wybranka – i po tym, że tęsknota do niej zabije wszelkie inne dążenia miłości.

Te same legendy niosą także ostrzeżenie, że taka miłość może czasem stać się obsesją i opętaniem jednej i tylko jednej z dwóch dusz, jakie związał ze sobą los. Ale w pewnym sensie mądrość jest przeciwieństwem miłości. Miłość trwa w nas dokładnie dlatego, że nie jest mądra.

– Ach, widzisz tę dziewczynę – zauważył Prabaker, który wrócił z *paanem* i poszedł za moim spojrzeniem. – Myślisz, że jest piękna, *na*? Nazywa się Karla.

– Znasz ją?

– O tak! Karlę zna każdy jeden – powiedział szeptem tak scenicznym, że przestraszyłem się, czy do niej nie dotrze. – Chcesz ją rozpoznać?

– Rozpoznać?

– Jeśli chcesz, przemówię do niej. Chcesz być jej przyjacielem?

– Co?

– O tak! Karla jest moim przyjacielem i twoim będzie także, tak sądzę. Może zarobisz bardzo wiele pieniędzy dla swojej osobistości w interesie z Karlą. Może staniesz się takim dobrym i bliskim przyjacielem, że będziecie się bardzo zakochiwać i radować waszymi ciałami. Jestem pewien, że będziecie mieli bardzo przyjemną przyjaźń.

I zatarł ręce, dosłownie. Czerwony sok *paanu* zabarwił mu zęby i wargi. Musiałem chwycić go za ramię, żeby powstrzymać przed podejściem do niej tu i teraz, przy jej znajomych.

– Nie! Stój! Jasna cholera, Prabaker, nie tak głośno. Jeśli będę chciał z nią porozmawiać, sam to zrobię.

– Och, jestem zrozumiały – powiedział ze skruchą. – Zagraniczni mówią na to gra wstępna, tak?

– Nie! Gra wstępna to... nieważne.

– Och, dobrze! Gra wstępna mi nie przeszkadza, jestem z Indii, a my w Indiach nie przejmujemy się wstępnym graniem. Od razu zabieramy się do bzyku bzyku. O tak!

Ujął nieistniejącą kobietę i ugodził ją ruchem wąskich bioder, bez przerwy uśmiechając się tym czerwonym od soku uśmiechem.

– Przestań! – warknąłem, sprawdzając, czy Karla i jej znajomi go widzą.

– Dobrze, panie Lindsay. – Westchnął, stopniowo zwalniając rytmiczne ruchy. – Ale mogę zaproponować pannie Karli twoją ofertę przyjaźni, tak?

– Nie! To znaczy... dziękuję, ale nie, nie chcę jej robić propozycji. Chcę... o Boże, na co to wszystko. Powiedz mi tylko... ten, co właśnie rozmawia – w jakim mówi języku?

– Hindi, panie Lindsay. Poczekaj chwilę, powiem ci, co mówi.

Przeszedł za stragan i najspokojniej w świecie dołączył do grupy. Nikt nie zwrócił na niego uwagi. Kiwał głową, śmiał się razem z innymi i po paru minutach wrócił.

– Opowiada jedną bardzo śmieszną historię o inspektorze z bombajskiej policji, bardzo wielkiej potężnej osobistości w tych okolicach. Ten inspektor zamknął w więzieniu bardzo sprytnego gościa, ale ten gość przekonał inspektora, żeby go znowu wypuścił, bo powiedział inspektorowi, że ma złoto i klejnoty. A także, kiedy już był wolny, sprytny gość sprzedał inspektorowi trochę złota i trochę klejnotów. Ale to nie było prawdziwe złoto i klejnoty. Tylko imitacje i bardzo tanie, nie prawdziwe. A najgorsze było to, że sprytny gość mieszkał w domu inspektora przez tydzień, zanim sprzedał mu nieprawdziwe klejnoty. I powstała wielka plotka, że sprytny gość miał seksowny interes z żoną inspektora. Teraz inspektor szaleje i tak bardzo się gniewa, że wszyscy uciekają na jego widok.

– Skąd ją znasz? Mieszka tutaj?

– Kto? Żona inspektora?

– Skąd żona! Ta dziewczyna – Karla.

– Wiesz – powiedział, po raz pierwszy naprawdę poważniejąc – w tym Bombaju mieszka bardzo mnóstwo dziewczyn. Od twojego hotelu jest tylko pięć minut. Przez te pięć minut widzieliśmy setki dziewczyn. Za pięć minut będą znowu setki. Co pięć minut setki dziewczyn. A jak trochę pochodzimy, zobaczymy setki, setki, setki, setki...

– Tak, setki dziewczyn, świetnie! – przerwałem sarkastycznie, znacznie głośniej niż zamierzałem. Rozejrzałem się. Parę osób przyglądało mi się z jawną pogardą. – Nie chcę słuchać o setkach dziewczyn, Prabaker – dodałem ciszej. – Po prostu... ciekawi mnie ta... ta jedna dziewczyna, jasne?

– Jasne, panie Lindsay. Będę ci mówił wszystko. Karla to jest słynny człowiek interesu w Bombaju. Jest tu bardzo długo. Pewnie pięć lat może. Ma jeden mały domek, niedaleko. Wszyscy znają tę Karlę.

– Skąd pochodzi?
– Chyba z Niemiec albo czegoś podobnego.
– Ale mówi jak Amerykanka.
– Tak, mówi, ale jest z Niemiec albo czegoś podobnego do Niemiec. A teraz jest prawie bardzo Hinduską. Chcesz już zjeść?
– Tak, za chwilę.

Grupa młodych pożegnała się ze znajomymi w pobliżu straganu z *paanem* i weszła w rojący się tłum. Karla dogoniła ich, odeszła, trzymając głowę wysoko – wyprostowana, niemal wyzywająca sylwetka. Odprowadzałem ją wzrokiem, dopóki nie zatonęła w fali ludzi, ale się nie obejrzała.

– Znasz knajpę, która się nazywa „Leopold"? – spytałem Prabakera, który stanął u mojego boku. Znowu ruszyliśmy.

– O tak! Wspaniałe i piękne miejsce, Bar Piwny Leopolda. Dużo wspaniałych, pięknych ludzi, bardzo, bardzo pięknych i samotnych ludzi. Wszyscy zagraniczni, wszyscy robią dobre biznesy. Seksowny biznes, narkotykowy biznes, finansowy biznes i czarnorynkowy biznes, i świńskie zdjęcia, i przemytniczy biznes i paszportowy biznes, i...
– Dobrze, Prabaker, już chwytam.
– Chcesz tam iść?
– Nie. Może później. – Stanąłem, a Prabaker zatrzymał się razem ze mną. – Słuchaj, jak nazywają cię przyjaciele? No wiesz, jak się skraca twoje imię, żeby nie mówić Prabaker?
– A tak, krótkie imię także mam. Krótkie imię jest Prabu.
– Prabu... podoba mi się.
– Znaczy „Syn światła" albo podobnie. Dobre to imię, tak?
– Dobre to imię, tak.
– A twoje dobre imię, panie Lindsay, tak naprawdę nie jest dobre, jeśli się nie obrazisz, że ci to powiem w twarz. Nie lubię, bo długie to i skrzypiące imię dla nas z Indii do mówienia.
– O, naprawdę?
– Przepraszam, ale tak. Niedobre. Całkiem niedobre. Zupełnie niedobre. Ani ociupinkę nie...
– No tak. – Uśmiechnąłem się. – Tylko że niewiele da się z tym zrobić.
– Myślę, że krótkie imię – Lin – jest o wiele lepsze – podsunął. – Jeśli nie masz obiekcji, będę cię nazywał Lin.

Było to równie dobre imię jak każde inne i ani mniej, ani bardziej fałszywe niż tuzin innych, które przybierałem podczas ucieczki. Prawdę mówiąc, przez ostatnie miesiące zacząłem odnosić się z dziwnym fatalizmem do nowych nazwisk, które byłem zmuszony przyjmować, i do nowych przezwisk, jakie mi nadawali inni. Lin. W życiu nie wymyśliłbym takiego zdrobnienia. Ale brzmiało dobrze, co znaczy, że usłyszałem w nim niesamowite echo czegoś przeznaczonego mi z góry, narzuconego, co natychmiast do mnie przylgnęło równie mocno jak utracone, sekretne imię, z którym się urodziłem i z którym skazano mnie na dwadzieścia lat.

Spojrzałem w dół, na okrągłą twarz Prabakera i jego wielkie, ciemne, figlarne oczy, skinąłem głową z uśmiechem i zaakceptowałem to imię. Wtedy nie mogłem wiedzieć, że ten mały bombajski przewodnik nadał mi imię, pod którym miały mnie znać tysiące ludzi od Kolaby po Kandahar, od Kinszasy po Berlin. Los potrzebuje pomocników, a kamienie w murach przeznaczenia spajają właśnie takie małe i niezamierzone działania. Teraz oglądam się za siebie i wiem, że chwila nadania mi imienia, wówczas wydająca się tak mało ważna, pozornie niewymagająca nic więcej niż arbitralnego i przesądnego „tak" lub „nie", była w rzeczywistości kluczowym momentem mojego życia. Rola, którą odegrałem pod tym imieniem, i postać, którą się stałem – Linbaba – były bardziej prawdziwe i bliższe mojej naturze niż cokolwiek dotąd.

– No dobrze. Lin może być.

– Bardzo dobrze! Jestem zbyt szczęśliwy, że lubisz to imię. I tak, jak moje imię znaczy w języku hindi „Syn światła", twoje imię, Lin, także ma bardzo wspaniałe i szczęśliwe znaczenie.

– Tak? A co znaczy w hindi „Lin"?

– Znaczy „penis"! – wyjaśnił z zachwytem, którego spodziewał się także po mnie.

– A, świetnie. Po... prostu... świetnie.

– Tak, bardzo wspaniale, bardzo szczęśliwie. Niedokładnie to znaczy, ale brzmi jak *ling* albo *lingam*, a to właśnie znaczy „penis".

– Zostawmy to – zaproponowałem, znowu ruszając. – Wyobrażasz sobie, że będę się nazywać panem Penisem? Kpisz? Już to widzę – cześć, miło was poznać, nazywam się Penis. W życiu. Zapomnij. Zostaniemy przy Lindsayu.

– Nie! Nie! Lin, naprawdę, mówię ci, to znakomite imię, bardzo potężne imię, bardzo szczęśliwe, za bardzo szczęśliwe imię! Ludzie pokochają to imię, jak to usłyszą. Chodź, pokażę ci. Chcę zostawić tu butelkę whisky od ciebie, zostawić u mojego przyjaciela, pana Sanjaya. Tutaj, o tutaj, w tym sklepie. Sam zobaczysz, jak polubi to twoje imię.

Parę kroków przez ruchliwą ulicę i już byliśmy w sklepiku z ręcznie malowanym szyldem nad otwartymi drzwiami:

CHORE RADIO
Przedsiębiorstwo napraw elektrycznych
Sprzedaż i naprawa elektryczności, właściciel Sanjay Deshpande

Sanjay Deshpande był tęgim mężczyzną pod pięćdziesiątkę, z aureolą szpakowatych włosów i z siwymi, krzaczastymi brwiami. Siedział za kontuarem z litego drewna, wśród zmasakrowanych odbiorników radiowych, wybebeszonych magnetofonów i pudeł z częściami. Prabaker powitał go, trajkocząc gwałtownie w hindi, i podał mu butelkę whisky. Pan Deshpande zacisnął na niej mięsistą dłoń, nawet nie patrząc, i zgarnął pod kontuar. Wyjął z kieszeni koszuli zwitek banknotów, oddzielił część i przesunął po blacie, przykrywając je dłonią. Prabaker wziął pieniądze i schował do kieszeni ruchem tak płynnym i zwinnym, jak ruch macki kałamarnicy. W końcu umilkł i skinął na mnie.

– To jest mój bardzo dobry przyjaciel – poinformował pana Deshpande, klepiąc mnie po ramieniu. – Jest z Nowej Zelandii.

Pan Deshpande stęknął.

– Jest dziś przybywający do Bombaju. Mieszka w Indyjskim Domu Gościnnym.

Pan Deshpande stęknął powtórnie. Przyjrzał mi się z nieco wrogą ciekawością.

– Nazywa się Lin. Pan Linbaba – powiedział Prabaker.

– Jak się nazywa?

– Lin. – Prabaker wyszczerzył zęby. – Nazywa się Linbaba.

Pan Deshpande uniósł brwi zaskoczony i uśmiechnął się.

– Linbaba?

– O tak! – rozentuzjazmował się Prabaker. – Lin. Lin. Bardzo doskonały gość jest również on.

Pan Deshpande wyciągnął dłoń, a ja ją uścisnąłem. Powitaliśmy się, a potem Prabaker zaczął mnie ciągnąć za rękaw w stronę drzwi.

– Linbaba! – zawołał pan Deshpande, kiedy już wychodziliśmy na ulicę. – Witaj w Bombaju. Masz walkmana albo kamerę, albo jakąś ryczącą maszynę na sprzedaż, przychodź do mnie, Sanjaya Deshpande, do „Chorego Radia". Daję najlepsze ceny.

Skinąłem głową i wyszliśmy. Prabaker pociągnął mnie jeszcze parę kroków i stanął.

– Widzisz, panie Lin? Widzisz, jak lubi twoje imię?

– Chyba tak – wymamrotałem, zdziwiony jego entuzjazmem w takim samym stopniu, jak krótką rozmową z panem Deshpande. Kiedy poznałem go lepiej, kiedy zacząłem sobie cenić jego przyjaźń, odkryłem, że Prabaker wierzy z całego serca, iż jego uśmiech zmienia serca ludzi i cały świat. Oczywiście miał rację, ale minęło dużo czasu, zanim zrozumiałem tę prawdę i pogodziłem się z nią.

– Co znaczy to *baba* na końcu imienia? Lin – to rozumiem. Ale skąd nagle Linbaba?

– Baba to szanujące imię. – Prabaker uśmiechnął się. – Jeśli dodamy *baba* do twojego imienia albo do imienia kogoś wyjątkowego, to oznacza szacunek, jaki dajemy nauczycielowi albo świętemu, albo bardzo staremu, bardzo, bardzo, bardzo...

– Już łapię. Już łapię, ale jakoś nie mogę się przekonać. Prabu, muszę ci to powiedzieć. Jeśli chodzi o tego penisa... no, nie wiem.

– Ale przecież widziałeś, pan Sanjay Deshpande! Widziałeś, jak polubił twoje imię! Zobaczysz, że ludzie pokochają twoje imię. Zobaczysz teraz, zobacz. Zawołam je dla wszystkich! Linbaba! Linbaba! Linbaba!

Krzyczał, zwracając się do przechodzących obok obcych.

– Dobrze, Prabu, dobrze. Wierzę na słowo. Uspokój się. – Teraz to ja pociągnąłem go za rękaw. – Myślałem, że chciałeś wypić tę whisky?

– Ach, tak. – Westchnął. – Chciałem jej i już ją piłem w mojej głowie również. Ale, Linbaba, za pieniądze za twój dobry prezent mogę kupić dwie butelki bardzo złej i bardzo taniej indyjskiej whisky i zostaną mi pieniądze na jedną ładną nową koszulę koloru czerwonego, jeden tola dobrego *charras*, bilety na indyjski film klimatyzowany i jedzenie na dwa dni. Ale czekaj, Linbaba, ty nie jesz swego *paanu*. Musisz go włożyć w usta z boku i żuć, bo skiśnie i będzie miał niedobry smak.

– Dobrze, jak mam to zrobić? Tak?

Włożyłem liścianą paczuszkę, wielkością niemal dorównującą paczce zapałek, pomiędzy policzek i zęby, tak jak to robili inni. Po paru sekundach w moich ustach rozeszła się nasycona aromatyczna słodycz. Była przenikliwa i rozkoszna, jednocześnie słodka jak miód i subtelnie pikantna. Liść zaczął się rozpływać, a twarde, chrupiące okruchy orzechów betelu, daktyli i kokosa nasiąkły słodkim sokiem.

– Teraz musisz wypluć trochę *paanu* – powiedział Prabaker, ze skupieniem wpatrując się w pracę moich szczęk. – O tak, widzisz? Wypluj jego w ten sposób.

Strzyknął czerwonym sokiem na metr, robiąc na drodze plamę wielkości dłoni. Zrobił to precyzyjnie i z wprawą. Na wargach nie została mu ani kropla. Przy entuzjastycznych zachętach usiłowałem powtórzyć jego wyczyn, ale spieniony szkarłatny płyn, który wyciekł mi z ust, brudząc brodę i podkoszulek, wylądował z głośnym plaśnięciem na moim prawym bucie.

– Koszula nie problem – powiedział Prabaker z troską; wyjął z kieszeni chusteczkę i zaczął gorliwie, lecz nieskutecznie usuwać plamę, wcierając sok jeszcze głębiej. – Buty nie problem też. Ja go wytrę, tak? Muszę teraz spytać, lubisz pływanie?

– Pływanie – powtórzyłem, przełykając resztkę *paanu*.

– O tak. Pływanie. Zabiorę cię na plażę Chowpatty, bardzo ładna to plaża, możesz tam ćwiczyć żucie i plucie, i żucie, i plucie, ale bez ubrania, żeby dobrze oszczędzić na praniu.

– Słuchaj, skoro o tym mowa... o zwiedzaniu... jesteś przewodnikiem, tak?

– O tak. Bardzo najlepszym przewodnikiem po Bombaju i po całych Indiach też.

– Ile bierzesz za dzień?

Zerknął na mnie z łobuzerskim uśmieszkiem, który zacząłem uważać za drugie dno jego szerokiego i łagodnego uśmiechu.

– Sto rupii za cały dzień.

– W porządku.

– I turysta stawia obiad.

– Jasne.

– I taksówka też turysta płaci.

– Oczywiście.

– I bilety na autobus, wszystko płaci.

– Tak.

– I czaj, jeśli wypijemy w upalne popołudnie dla wzmocnienia naszych osób.

– Hm.

– I seksowne dziewczyny, jeśli tam pójdziemy w chłodną noc, jeśli będziemy mieć wielkie, potrzebujące, pęczniejące...

– Tak, tak, dobrze. Słuchaj, zapłacę ci za tydzień. Chcę, żebyś mnie oprowadził po Bombaju, opowiedział o mieście. Jeśli wszystko się uda, pod koniec tygodnia będzie dla ciebie premia. Co o tym sądzisz?

W jego oczach zaiskrzył uśmiech, ale głos brzmiał zaskakująco poważnie.

– To twoja dobra decyzja, Linbaba. Twoja bardzo dobra decyzja.

– No – roześmiałem się – to się zobaczy. I naucz mnie trochę hindi, dobrze?

– O tak! Mogę uczyć wszystko. *Ha* znaczy „tak", a *nakin* znaczy „nie", a *pani* znaczy „woda", a *channa* znaczy „jedzenie", a...

– Dobrze, dobrze, nie muszę się nauczyć wszystkiego od razu. Czy to restauracja? Świetnie, umieram z głodu.

Miałem wejść do mrocznej i brzydkiej restauracji, ale on mnie zatrzymał, nagle bardzo poważny. Zmarszczył brwi, przełknął ślinę, jakby nie wiedział, jak zacząć.

– Zanim zaczniemy jeść te dobre pożywienia – zaczął w końcu – zanim... zanim będziemy robić też biznes, jest coś... muszę ci powiedzieć...

– Taaaak?

Był tak zdenerwowany, że i ja się zaniepokoiłem.

– No, więc mówię... ten *charras*, który ci sprzedałem w hotelu...

– Tak?

– No... to była... cena biznesowa. Prawdziwa cena – przyjacielska cena – to tylko pięćdziesiąt rupii za jedną tola afgańskiego *charras*. – Uniósł ręce, a potem opuścił je bezwładnie, aż uderzyły o uda. – Wziąłem pięćdziesiąt rupii za dużo.

– Rozumiem – odparłem cicho. Z mojego punktu widzenia rzecz była tak trywialna, że miałem ochotę się roześmiać. Ale dla niego najwyraźniej było to coś ważnego, a podejrzewałem, że nieczęsto nachodzi go potrzeba czynienia takich wyznań. Później Prabaker mi powiedział, że właśnie wtedy uznał, iż mnie lubi, a dla niego oznaczało to zobowiązanie do skrupulatnej i dosłownej uczciwości w każdym słowie i uczynku. Była to jego najsympatyczniejsza i zarazem najbardziej irytująca cecha – zawsze mówił mi całą prawdę.

– Więc... co chcesz z tym zrobić?

– Proponuję – powiedział poważnie – wypalić ten biznesowy *charras* bardzo szybko, a wtedy kupię nowy. Potem wszystko będzie za przyjacielską cenę, dla ciebie i także dla mnie. To polityka nie problem, tak?

Roześmiałem się, a on roześmiał się razem ze mną. Położyłem mu dłoń na ramieniu i poprowadziłem go do dusznego, rozkosznego wnętrza gwarnej restauracji.

– Lin, chyba jestem twoim bardzo dobrym przyjacielem – zdecydował Prabaker, radośnie uśmiechnięty. – Jesteśmy szczęśliwi goście, tak?

– Może i tak – odpowiedziałem. – Może i tak.

Parę godzin później leżałem w kojących ciemnościach, pod szumem nieustannie obracającego się wentylatora. Byłem zmęczony, ale nie mogłem zasnąć. Pod moim oknem ulica, która za dnia kipiała i tętniła życiem, była milcząca, przytłoczona nocnym upałem, wilgotna od gwiazd. Zdumiewające, zaskakujące obrazy miasta wirowały mi w głowie jak miotane wiatrem liście, a nadzieja i nowe szanse buzowały w żyłach tak, że leżąc w tych ciemnościach, nie mogłem powstrzymać uśmiechu. Nikt w świecie, który opuściłem, nie wiedział, gdzie jestem. Nikt w tym nowym świecie, Bombaju, nie wiedział, kim jestem. W tamtej chwili, w tym mroku byłem niemal bezpieczny.

Pomyślałem o Prabakerze, którzy obiecał wrócić wcześnie rano, żeby zabrać mnie na zwiedzanie miasta. Czy wróci? A może spotkam go później z jakimś nowo przybyłym turystą? Z zimną, bezosobową brutalnością samotnych uznałem, że jeśli dotrzyma słowa i wróci rano, zacznę go lubić.

O kobiecie – Karli – ciągle myślałem, zaskoczony, że jej poważna twarz tak często pojawia mi się przed oczyma. „Jeśli kiedyś przyjdziesz do Leopolda, może się dowiesz". Tak mi powiedziała na pożegnanie. Nie wiedziałem, czy to zaproszenie, wyzwanie czy ostrzeżenie. Tak czy inaczej, zamierzałem to sprawdzić. Zamierzałem tam iść i poszukać jej. Ale nie od razu. Najpierw chciałem dowiedzieć się czegoś o mieście, które ona najwyraźniej dobrze znała. Dam sobie na to tydzień, pomyślałem. Tydzień w mieście...

A za tymi refleksjami, jak zwykle, na nieruchomych orbitach wokół zimnej gwiazdy mojej samotności, krążyły myśli o mojej rodzinie i przyjaciołach. Niezliczone. Każda noc skupiała się wokół tego niezaspokojonego pragnienia, które było ceną mojej wolności – i wokół wszystkiego, co traciłem. Każdej nocy przeszywał mnie wstyd za cenę, jaką za moją wolność płacili oni, ukochani, których z pewnością nigdy nie zobaczę.

– Mógłbym się targować – odezwał się wysoki Kanadyjczyk z ciemnego kąta pokoju. Niespodziewanie wypowiedziane słowa zabrzmiały jak łoskot kamieni na blaszanym dachu. – Mogliśmy stargować cenę tego pokoju. Płacimy sześć dolarów za dzień. Moglibyśmy zbić cenę do czterech. To niedużo kasy, ale oni tu tak robią. Trzeba się targować. Jutro wyjeżdżamy do Delhi, ale ty zostajesz. Pod twoją nieobecność rozmawialiśmy o tym i trochę się o ciebie martwimy. Musisz się targować, stary. Jeśli się tego nie nauczysz, jeśli nie zaczniesz myśleć w ten sposób, oni cię wydymają. Ci miastowi Hindusi to zawodowi mordercy. To świetny kraj, nie zrozum mnie źle. Dlatego tu wróciliśmy. Ale oni są od nas inni. Oni są... no, po prostu tego po tobie oczekują. Musisz się targować.

Oczywiście miał rację co do ceny pokoju. Mogliśmy oszczędzić dolara czy dwa dziennie. A targowanie się faktycznie się opłaca. Na ogół to sprytna i sympatyczna metoda robienia interesów w Indiach.

Ale jednocześnie nie miał racji. W latach, które nastąpiły później, zaprzyjaźniłem się z kierownikiem, Anandem. Fakt, że zaufałem mu od razu i nie targowałem się, nie starałem się na nim zarobić, że byłem posłuszny instynktowi, który obudził we mnie szacunek do niego i gotowość do sympatii, zjednał mi jego życzliwość. Tak mi powiedział, i to nieraz. Wiedział, tak jak i my, że sześć dolarów to niewygórowana cena dla trzech mężczyzn. Właściciele hotelu dostawali dziennie cztery dolary za pokój. To była granica, poniżej której nie schodzili. Tych parę dolarów ponad cenę minimalną stanowiło cały dzienny zarobek Ananda i jego personelu, złożonego z trzech chłopców hotelowych. Utargowane przez turystów zniżki oznaczały dla niego utratę chleba powszedniego, a dla nich utratę jego przyjaźni.

Prosta i zdumiewająca prawda o Indiach i ich mieszkańcach brzmi tak, że kiedy tam jedziesz i przestajesz z nimi, serce zawsze podpowiada ci mądrzejsze rozwiązania niż głowa. Nigdzie indziej na świecie ta zasada nie sprawdza się tak dobrze.

Wtedy, zamykając oczy w ciemnej, dyszącej ciszy tej pierwszej nocy w Bombaju, nie wiedziałem jeszcze o tym wszystkim. Działałem instynktownie, ryzykowałem. Nie wiedziałem, że już oddałem serce tej kobiecie i temu miastu. A nie wiedząc o tym, zapadłem – jeszcze z uśmiechem na ustach – w kojący sen bez snów.

ROZDZIAŁ 2

Weszła do „Leopolda" o zwykłej porze, a kiedy zatrzymała się przy stoliku nieopodal mnie, by porozmawiać z przyjaciółmi, jeszcze raz spróbowałem znaleźć słowa na określenie świetlisto-liściastej zieleni jej oczu. Przychodziły mi na myśl liście, opale i ciepłe płycizny mórz, ale ten żywy szmaragd w jej oczach, rozświetlony słonecznikami złotego światła, które otaczało źrenice, był łagodniejszy, o wiele łagodniejszy. W końcu znalazłem nazwę tego koloru, występującej w naturze zieleni, która idealnie odpowiadała zieleni jej ślicznych oczu, ale od owego wieczoru w „Leopoldzie" minęły długie miesiące. I co dziwne i niezrozumiałe, nie powiedziałem jej o tym. Teraz żałuję z całego serca. Przestrzeń odbija się w nieskończoność w dwóch lustrach – jasnym lustrze słów i czynów i mrocznym lustrze, pełnym rzeczy niewypowiedzianych i nieuczynionych. Teraz żałuję, że od samego początku, już w tych pierwszych tygodniach znajomości, nawet tego wieczora, nie znalazłem tych słów... nie powiedziałem jej, że mi się podoba.

To była prawda – podobało mi się w niej wszystko. Podobała mi się helwecka melodia jej szwajcarsko-amerykańskiej angielszczyzny i to, jak powoli odgarniała włosy kciukiem i palcem wskazującym, kiedy coś ją zirytowało. Podobała mi się ostra inteligencja jej rozmów i łagodny, swobodny dotyk, którym obdarzała lubianych ludzi, przechodząc obok nich lub siadając przy nich. Podobało mi się, że patrzyła mi w oczy dokładnie do chwili, kiedy zaczęło mnie to krępować, a potem uśmiechała się, łagodząc ten atak, choć nie odwracała spojrzenia.

Spoglądała światu prosto w oczy, w dodatku z wyższością, i to mi się podobało, bo wtedy nie kochałem świata. Świat chciał mnie zabić albo złapać. Świat chciał mnie znowu wpakować do klatki, z której uciekłem, gdzie dobrzy bohaterowie, faceci w mundurach strażników więziennych, biorący pieniądze za dobre uczynki, przykuli mnie do ściany i kopali, dopóki nie połamali mi kości. I może świat miał rację. Może właśnie na to zasługiwałem. Ale mówią, że w niektórych represje budzą bunt, a ja buntowałem się przeciwko światu każdą minutą swego życia.

Świat i ja nie rozmawiamy ze sobą, powiedziała mi Karla kiedyś podczas tych pierwszych miesięcy. Świat chce mnie przekupić, ale mu się nie udaje. Chyba nie umiem przebaczać. I to także w niej dostrzegłem, od pierwszej chwili. Od pierwszej minuty widziałem, jak bardzo jest do mnie podobna. Rozpoznałem w niej determinację, niemal brutalną, i niemal okrutną odwagę, i samotne, bolesne pragnienie miłości. Rozpoznałem to wszystko, ale nie powiedziałem ani słowa. Nie powiedziałem jej, jak bardzo ją lubię. W tych pierwszych latach po ucieczce byłem odrętwiały, ogłuszony katastrofami, które przewaliły się przez moje życie. Moje serce znalazło się na głębokich i cichych wodach. Nikt i nic nie mógł mnie prawdziwie skrzywdzić. Nikt i nic nie mógł mnie bardzo uszczęśliwić. Byłem twardy, co jest chyba najsmutniejszą rzeczą, jaką można powiedzieć o mężczyźnie.

– Stajesz się stałym klientem – zażartowała, wichrząc mi włosy ręką. Usiadła przy moim stole.

Uwielbiałem, kiedy to robiła; to znaczyło, że mnie rozgryzła, że wiedziała, iż się nie obrażę. Miałem wtedy trzydzieści lat – brzydki, ponadprzeciętnie wysoki, o szerokich ramionach i piersi, i grubych ramionach. Ludzie nieczęsto wichrzyli mi włosy.

– Chyba tak.

– Prabaker znowu cię oprowadza? Jak było dzisiaj?

– Zabrał mnie na wyspę, Elefantę, na zwiedzanie jaskiń.

– Piękna jest – powiedziała cicho, patrząc na mnie, lecz marząc o czymś innym. – Jeśli nadarzy się okazja, powinieneś zwiedzić groty Ajanta i Ellora na północy kraju. Raz spędziłam noc na Ajancie, w grocie. Szef mnie tam zabrał.

– Szef?

– Tak, szef.

– To Europejczyk czy Hindus?

– Ani to, ani to.

– Opowiedz mi o nim.

– Po co? – spytała, patrząc mi surowo prosto w oczy.

Chciałem zwyczajnie porozmawiać, zatrzymać ją przy sobie, i ta nagła nieufność zdziwiła mnie.

– Po nic – rzekłem z uśmiechem. – Ciekawi mnie, jak się tu dostaje pracę, jak się zarabia, to wszystko.

– Poznałam go pięć lat temu, podczas długiego lotu – powiedziała, spoglądając na swoje dłonie, znowu spokojna. – Oboje wsiedliśmy w Zurychu. Ja leciałam do Singapuru, ale zanim znaleźliśmy się w Bombaju, namówił mnie, żebym wysiadła i zaczęła dla niego pracować. Ta wycieczka do jaskiń to było... coś wyjątkowego. On ją załatwił, jakoś to obgadał z władzami i pojechaliśmy razem, spędziłam noc w wielkiej jaskini, pełnej kamiennych posągów Buddy i tysięcy trzepoczących nietoperzy. Nic mi nie groziło. Kazał na zewnątrz postawić strażnika. Ale to było niewiarygodne. Fantastyczne doświadczenie. I naprawdę pomogło mi... uporządkować sprawy. Czasami serce łamie ci się dokładnie, jak należy, jeśli mnie rozumiesz.

Nie rozumiałem, ale kiedy zamilkła i spojrzała na mnie, pokiwałem głową.

– Uczysz się czegoś albo czujesz coś zupełnie nowego i to ci łamie serce – powiedziała. – Tylko ty możesz to wiedzieć albo czuć. I po tamtej nocy wiedziałam, że tylko w Indiach mogę się tak czuć. Wiedziałam... nie potrafię tego wyjaśnić, ale jakoś wiedziałam, że to jest mój dom, ciepły i bezpieczny. No i... nadal tu jestem.

– Jaką działalność prowadzi?

– Co?

– Twój szef – czym się zajmuje?

– Importem. I eksportem.

Zamilkła, odwróciła się w stronę innych stolików.

– Tęsknisz za domem?

– Za moim domem?

– Tak, chodzi mi o ten drugi dom. Nie tęsknisz czasem za Szwajcarią?

– W pewnym sensie tak. Pochodzę z Bazylei. Byłeś tam?

– Nie. Nigdy nie byłem w Europie.

– Musisz tam pojechać, a wtedy koniecznie musisz odwiedzić Bazyleę. To bardzo europejskie miasto, wiesz? Ren dzieli ją na Wielką i Małą Bazyleę i te dwie połówki miasta mają zupełnie inny styl i charakter, więc to tak, jakby się jednocześnie mieszkało w dwóch miastach. Kiedyś to mi odpowiadało. W tym miejscu spotykają się trzy państwa, do granicy z Niemcami i Francją jest tylko krok. Możesz zjeść śniadanie we Francji, kawa i bagietka, obiad w Szwajcarii, a kolację w Niemczech, i nie oddalisz się od miasta na więcej niż parę kilometrów. Tęsknię za Bazyleą bardziej niż za Szwajcarią.

Umilkła, nabrała powietrza i spojrzała na mnie spod miękkich, nieumalowanych rzęs.

– Przepraszam, urządziłam ci lekcję geografii.

– Nie, nie, proszę, mów dalej. To ciekawe.

– Wiesz, Lin – powiedziała powoli – lubię cię.

Spojrzała na mnie tym zielonym płomieniem. Poczułem, że się lekko rumienię, nie ze skrępowania, lecz ze wstydu, że tak łatwo przyszło jej powiedzieć słowa „lubię cię", których ja nie potrafiłem z siebie wydusić.

– Naprawdę? – rzuciłem, starając się odebrać tym słowom znaczenie, jakie dla mnie miały. Jej usta zamknęły się w słabym uśmiechu.

– Tak. Jesteś dobrym słuchaczem. To niebezpieczne, bo trudno jest się temu oprzeć. Bycie słuchanym – naprawdę słuchanym – to druga najlepsza rzecz na świecie.

– A pierwsza?

– Wiadomo. Najlepszą na świecie rzeczą jest władza.

– O, naprawdę? – Roześmiałem się. – A co z seksem?

– Nie. Wyjąwszy biologię, w seksie chodzi wyłącznie o władzę. Dlatego tyle w nim pośpiechu.

Znowu się roześmiałem.

– A miłość? Wiele osób twierdzi, że to miłość jest najlepsza na świecie, nie władza.

– Mylą się – powiedziała cierpko. – Miłość to przeciwieństwo władzy. Dlatego tak się jej boimy.

– Karlo, kochanie, co ty opowiadasz? – odezwał się Didier Levy, siadając koło niej. – Muszę uznać, że masz nieczyste intencje co do naszego Lina.

– Nie słyszałeś ani słowa – odparła szyderczo.

– Nie musiałem cię słyszeć. Poznaję po twojej minie. Mówisz do niego zagadkami, mącisz mu w głowie. Zapominasz, że zbyt dobrze cię znam. Lin, zaraz cię wyleczymy!

Zawołał na kelnera w czerwonej marynarce, nazywając go czwórką z powodu numeru wyhaftowanego na kieszeni.

– Hej! Numer *char*! Daj *battlee beer*! A co dla ciebie, Karla? Kawa? Numer *char*! *Ek coffee aur. Jaldi karo!*

Didier Levy miał tylko trzydzieści pięć lat, ale każdy rok odcisnął się na nim fałdami ciała i głębokimi zmarszczkami, nadającymi mu wygląd człowieka znacznie starszego. Pomimo parnego klimatu zawsze nosił obszerne płócienne spodnie, dżinsową koszulę i wymiętą kurtkę z szarej wełny. Jego gęste, kędzierzawe czarne włosy nigdy nie sięgały powyżej ani poniżej linii kołnierzyka, podobnie jak zarost na jego zmęczonej twarzy zawsze wydawał się liczyć nie mniej niż trzy dni. Levy mówił z mocnym akcentem, z równą złośliwością prowokując i krytykując przyjaciół i obcych. Niektórzy nie znosili tych jego przytyków i docinków, ale tolerowali je, ponieważ Levy często się przydawał, a czasem bywał niezastąpiony. Wiedział, gdzie można kupić lub sprzedać wszystko, od pistoletu po cenny klejnot i kilogram najlepszej tajskiej heroiny. I, jak czasami się chwalił, za odpowiednią stawkę mógł zrobić niemal wszystko, jeśli nie zagrażało to jego wygodzie i bezpieczeństwu.

– Mówiliśmy o różnych poglądach na to, co jest najlepsze na świecie – wyjaśniła mu Karla. – Ale ciebie o zdanie nie muszę pytać.

– Można by powiedzieć, że według mnie najlepsza rzecz na świecie to pieniądze – podsunął od niechcenia – i to prawda. Każda zdrowa na umyśle i rozsądna osoba zdaje sobie pewnego dnia sprawę, że pieniądz może niemal wszystko. Wielkie zasady i szlachetne cnoty są bardzo piękne w perspektywie historycznej, ale przeżyć pomagają nam pieniądze – a ich brak pcha nas pod wielkie koło. A ty, Lin? Co powiedziałeś?

– Jeszcze nic, a skoro ty tu jesteś, to już nie będzie miał okazji.

– Bądźże sprawiedliwy. Powiedz, Lin, chciałbym wiedzieć.

– No, skoro nalegasz, to muszę powiedzieć: wolność.

– Wolność czego? – spytał, dodając cichy śmiech do ostatniego słowa.

– Nie wiem. Może wolność odmowy. Jeśli masz tyle wolności, to nie potrzebujesz wiele więcej.

Zjawiło się piwo i kawa. Kelner grzmotnął tacą o stół z zaciekłością. Obsługa w bombajskich sklepach, hotelach i restauracjach w owych czasach balansowała między uprzejmością bliską służalczości a brutalnością, wynikającą z niecierpliwości lub wrogości. Chamstwo kelnerów w „Leopoldzie" było legendarne. „To moje ulubione miejsce na całym świecie – powiedziała kiedyś Karla – w którym traktują mnie jak śmieć".

– Toast! – zawołał Didier, brzękając swoją szklanką o moją. – Za wolność... picia! *Salut!*

Wypił pół wysokiej szklanki, westchnął głośno z rozkoszy i wypił resztę. Nalał sobie drugą szklankę, a do naszego stolika dołączyli mężczyzna i kobieta, którzy usiedli między Karlą i mną. Mroczny, zamyślony, niedożywiony młodzieniec nazywał się Modena i był ponurym, małomównym Hiszpanem, załatwiającym czarnorynkowe interesy z turystami z Francji, Włoch i Afryki. Jego towarzyszka, szczupła i ładna niemiecka prostytutka o imieniu Ulla, od jakiegoś czasu pozwalała mu nazywać się jej kochankiem.

– Ach, Modena, przyszedłeś w samą porę, żeby nam postawić następną kolejkę! – zawołał Didier, siadając obok Karli, by go poklepać po ramieniu. – Ja proszę whisky z sodą, jeśli łaska.

Niższy od niego Modena wzdrygnął się jak od ciosu i spochmurniał, ale przywołał kelnera i złożył zamówienie. Ulla rozmawiała z Karlą na zmianę po niemiecku i angielsku, przypadkiem lub umyślnie ukrywając w ten sposób najbardziej interesujące momenty rozmowy.

– Skąd wiem, *na*? Jak to możliwe, że wiem, że to Spinner? *Total verrückt*, powiadam ci. Na początku wydawał mi się całkiem normalny. A może, jak sądzisz, to właśnie znak? Może był za bardzo normalny. *Na ja*, dziesięć minut w pokoju i *er wollte auf der Klamotten kommen*. Na moją najlepszą sukienkę! Musiałam z nim walczyć, żeby ocalić ubrania, *der Sprintficker*! *Spritzent wollte er*, na całe moje ubranie! *Gibt's ja nicht*. A później, kiedy poszłam do łazienki na małego niucha koki, wróciłam i widzę *daß er seinen Schwanz ganz tief in einer meiner Schuhe hat*! Uwierzysz? Do buta! *Nicht zu fassen*.

– Spójrzmy prawdzie w oczy – powiedziała łagodnie Karla. – Świry zawsze wiedzą, jak cię znaleźć.

– *Ja, leider*. Co mogę powiedzieć. Świry mnie kochają.

– Nie słuchaj jej, Ulla, miłości moja – pocieszył ją Didier. – Szaleństwo jest podstawą wielu świetnych związków. W gruncie rzeczy szaleństwo wręcz leży u podstaw każdego świetnego związku.

– Didier – westchnęła Ulla, wymawiając jego imię z uśmiechem najczystszej słodyczy – czy już ci mówiłam, żebyś się dymał?

– Nie! – Roześmiał się. – Ale na razie ci wybaczę tę gafę. Między nami, kochanie, takie rzeczy są zawsze niedopowiedziane, co zrozumiałe.

Zjawiła się whisky w czterech małych flaszkach, a kelner otworzył dwie butelki wody sodowej za pomocą mosiężnego otwieracza, zwisającego na łańcuchu u jego pasa. Kapsle potoczyły się po stole i spadły na podłogę. Kelner chlasnął brudną ścierą po mokrym blacie, zmuszając nas do uskoczenia przed rozpryskującą się wilgocią.

Z dwóch różnych miejsc restauracji zbliżyli się do nas dwaj mężczyźni; jeden zaczął rozmawiać z Didierem, drugi z Modeną. Ulla wykorzystała tę chwilę, by pochylić się do mnie. Pod stołem wcisnęła mi coś w dłoń – w dotyku przypominało niewielki zwitek banknotów – a jej spojrzenie błagało, żebym nie zwracał niczyjej uwagi. Rozmawiając z nią, bez patrzenia wsunąłem banknoty do kieszeni.

– Więc zdecydowałeś, jak długo zostaniesz? – spytała.

– Nie wiem. Nie spieszy mi się.

– Nikt na ciebie nie czeka? Nie masz do kogo wracać? – dodała, uśmiechając się z wprawną, lecz beznamiętną kokieterią. Uwodzenie weszło jej w nawyk. Z takim samym uśmiechem zwracała się do klientów, przyjaciół, kelnerów, nawet Didiera, którego jawnie nie znosiła – i w ogóle wszystkich, w tym do swego kochanka Modeny. Przez następne miesiące i lata ludzie krytykowali ją, niekiedy okrutnie, za te flirty. Nie zgadzam się z nimi. Kiedy dobrze ją poznałem, wydawało mi się, że flirtuje z całym światem, ponieważ flirt jest jedynym wyrazem serdeczności, jaki zna i do jakiego jest zdolna; to był jej sposób na bycie sympatyczną i na zapewnienie sobie sympatii innych ludzi – innych mężczyzn. Uważała, że na świecie jest za mało sympatii i często tak mawiała, dokładnie w tych słowach. Nie było to głębokie uczucie ani głębokie przemyślenia, ale słuszne, i nikt na tym naprawdę nie ucierpiał. A poza tym w końcu, do cholery, była piękną dziewczyną i miała bardzo ładny uśmiech.

– Nie – skłamałem. – Nikt nie czeka, do nikogo nie muszę wracać.

– I nie masz żadnego, *wie soll ich das sagen*, żadnego programu? Planu?

– Nie. Pracuję nad książką.

Uciekając, przekonałem się, że wystarczy wyjawić ludziom część prawdy – że jestem pisarzem – by zyskać użyteczną i uniwersalną przykrywkę. To wyjaśnienie było na tyle niekonkretne, że wyjaśniało przedłużony pobyt albo nagły wyjazd, a określenie „zbieranie materiałów" było na tyle zrozumiałe, że tłumaczyło zainteresowanie pewnymi sprawami, na przykład transportem, podróżą bądź dostępnością fałszywych dokumentów. Co więcej, dzięki tej historii miałem zapewniony spokój; wystarczyła sama groźba, że zacznę szczegółowo opowiadać o postępach mojej pracy, by zniechęcić wszystkich ciekawskich z wyjątkiem tych najbardziej natarczywych.

Bo byłem pisarzem. W Australii pisałem, odkąd skończyłem dwadzieścia lat. Właśnie zacząłem wyrabiać sobie nazwisko dzięki pierwszemu wydanemu tekstowi, kiedy moje małżeństwo się rozpadło, straciłem prawo do opieki nad córką i roztrwoniłem życie na narkotyki, przestępstwa, więzienie i ucieczkę. Ale nawet podczas ucieczki pisanie było nadal moim codziennym zwyczajem i punktem planu dnia. Nawet tu, w „Leopoldzie", miałem kieszenie pełne notatek nagryzmolonych na serwetkach, rachunkach i skrawkach papieru. Nigdy nie przestawałem pisać. Zawsze tak było, bez względu na to, jak zmieniała się moja sytuacja. Te pierwsze miesiące w Bombaju zapamiętałem tak dobrze między innymi dlatego, że w samotności pisałem o nowych przyjaciołach i rozmowach z nimi. Pisanie było jedną z rzeczy, które mnie ocaliły: dyscyplina i abstrakcja codziennego wyrażania życia w słowach pomogły mi walczyć ze wstydem i jego kuzynką rozpaczą.

– A, *Scheisse*, nie wiem, co tu opisywać w tym Bombaju. To nie jest dobre miasto, *ja*. Moja przyjaciółka Lisa mówi, że o tym myśleli ci, co wymyślili słowo „dno". A ja uważam, że to właśnie to. Lepiej pojedź gdzie indziej, może do Radżastanu. Słyszałam, że tam nie jest tak dennie.

– Ona ma rację – dodała Karla. – To nie są Indie. Są tu ludzie ze wszystkich stron Indii, ale Bombaj to nie Indie. Bombaj to *samoświat*, świat sam w sobie. Prawdziwe Indie są daleko.

– Daleko?

– Daleko, tam gdzie światło się zatrzymuje.

– Na pewno. – Uśmiechnąłem się, doceniając to powiedzenie. – Ale tu mi się na razie podoba. Lubię duże miasta, a to miasto jest trzecie co do wielkości na świecie.

– Zaczynasz mówić jak własny przewodnik – zażartowała Karla. – Może Prabaker za dobrze cię wyuczył.

– Może. Od dwóch tygodni wbija mi do głowy fakty i liczby – zadziwiające jak na człowieka, który opuścił szkołę w wieku siedmiu lat, a pisać i czytać nauczył się na ulicy.

– Jakie fakty i liczby? – spytała Ulla.

– Na przykład to, że oficjalnie Bombaj ma jedenaście milionów mieszkańców, ale Prabu mówi, że lepsze pojęcie mają o tym ludzie, którzy prowadzą nielegalną loterię, a oni szacują tę liczbę na trzynaście do piętnastu milionów. I że w tym mieście codziennie słyszy się dwieście dialektów i języków. Dwieście, rany boskie! Niczym w centrum świata.

Jakby w reakcji na wzmiankę o językach, Ulla szybko i z napięciem odezwała się do Karli po niemiecku. Na znak Modeny wstała, zabierając torebkę i papierosy. Małomówny Hiszpan opuścił stolik bez słowa i ruszył w stronę wyjścia.

– Mam zlecenie – oznajmiła Ulla z uroczym grymasem. – Do zobaczenia jutro, Karla. O jedenastej, *ja*? Może razem zjemy kolację? Lin, przyjdziesz? Chciałabym. Pa! *Tschüs!*

Wyszła za Modeną, odprowadzana pożądliwymi i pełnymi podziwu spojrzeniami wielu mężczyzn przy barze. Didier wybrał sobie ten moment, by odwiedzić znajomych przy innym stole. Karla i ja zostaliśmy sami.

– Nic z tego, wiesz?

– Z czego?

– Nie spotka się z tobą przy kolacji. Taka już jest.

– Wiem. – Uśmiechnąłem się.

– Lubisz ją, co?

– Tak, lubię. Co, to cię śmieszy?

– W pewnym sensie tak. Ona też cię lubi.

Zrobiła pauzę i wydawało mi się, że zdecydowała się już wyjaśnić swoją uwagę, ale kiedy znowu się odezwała, zmieniła temat.

– Dała ci pieniądze. Amerykańskie dolary. Powiedziała mi po niemiecku, żeby Modena nie zrozumiał. Masz mi je oddać, a ona odbierze je z mojego mieszkania jutro o jedenastej.

– W porządku. Chcesz je teraz?

– Nie, nie dawaj mi ich tutaj. Muszę już iść. Mam spotkanie. Wrócę za godzinę. Możesz zaczekać? Albo wrócić i znowu się ze mną spotkać? Możesz mnie odprowadzić do domu, jeśli zechcesz.

– Jasne. Przyjdę.

Wstała i ja także wstałem, odsunąłem jej krzesło. Rzuciła mi przelotny uśmiech, z jedną brwią uniesioną ironicznie lub żartobliwie, a może i tak, i tak.

– Nie żartowałam. Naprawdę powinieneś wyjechać z Bombaju.

Patrzyłem, jak wychodzi na ulicę i wsiada do prywatnej taksówki, która najwyraźniej na nią czekała. Kiedy kremowy samochód z wolna włączył się w niespieszny nocny ruch, z okna po stronie pasażera wyłoniła się ręka mężczyzny, grube palce ściskające zielone modlitewne paciorki machały ostrzegawczo w stronę pieszych.

Znowu zostałem sam. Usiadłem, odsunąłem krzesło pod ścianę i dałem się otoczyć gwarowi restauracji i jej hałaśliwych klientów. „Leopold" był największym barem i restauracją w Kolabie, i jednym z największych lokali w mieście. Prostokątne pomieszczenie na parterze zajmowało przestrzeń, na której zmieściłyby się cztery restauracje, i miało dwoje metalowych drzwi. Podnoszono je w dzień, odsłaniając drewniane łuki, z których widać było panoramę Causeway, najruchliwszej i najbarwniejszej ulicy Kolaby. Na piętrze znajdował się mniejszy, dyskretniejszy klimatyzowany bar, stojący na mocnych kolumnach, które dzieliły parter na mniej więcej równe pomieszczenia i skupiały wokół siebie liczne stoliki. Lustra zawieszone na tych filarach i większości ścian stanowiły jedną z największych atrakcji baru: możliwość przyglądania się, podziwiania i gapienia na innych potajemnie, choć nie całkiem anonimowo. Dla wielu osób widok własnej osoby odbitej minimum w dwóch lustrach jednocześnie należał do ważniejszych życiowych przyjemności. Do „Leopolda" chodziło się po to, by się pokazać, zobaczyć innych i zobaczyć siebie w trakcie oglądania.

Stało tam jakieś trzydzieści stolików z blatami z indyjskiego perłowego marmuru. Przy każdym znajdowały się cztery lub więcej cedrowe krzesła – sześćdziesięciominutowe, nazywała je Karla, bo były tak niewygodne, że zniechęcały klientów do pozostania w lokalu dłużej niż godzinę. Pod wysokim sufitem brzęczał rój wielkich wentylatorów, obracających się wolno i majestatycznie w świetle żyrandoli z mlecznego szkła. Mahoniowe listwy widniały na malowanych ścianach, wokół okien i drzwi, a także wielu luster. Dojrzałe owoce, które podawano na deser w całości lub wyciśnięte – *paw paw*, papaja, *mosambi*, winogrona, arbuz, banany, *santra* i – w sezonie – cztery odmiany mango – uwieczniono na całej ścianie w fantastycznej obfitości. Nad gwarną restauracją górowało – niczym mostek kapitański – ogromne biurko z litego drewna tekowego. Za nim, w wąskim korytarzu, widać było kąt rojnej kuchni ze śmigającymi kelnerami i kłębami pary jak w saunie.

Wszystkich, którzy wchodzili przez szerokie łuki do tego małego świata pełnego światła, koloru i pięknego drewna, uderzała nieco przebrzmiała, lecz nadal wspaniała elegancja. Jednak najlepiej znali ją jego najskromniejsi pracownicy, gdyż dopiero po zamknięciu, gdy sprzątacze usuwali co rano wszystkie meble, ukazywało się piękno posadzki. Misterne kafelki powielały wzór spotykany w pałacu na północy Indii, czarno-kremowo-brązowe sześcioboki ze słońcem na środku. Ta posadzka, ułożona dla książąt, a zasłonięta przed turystami, wpatrzonymi we własne odbicia w olśniewających lustrach, ukazywała swoją bujną doskonałość jedynie potajemnie, bosym stopom sprzątaczy, najbiedniejszych i najpokorniejszych z robotników.

Codziennie rano przez jedną chłodną, bezcenną godzinę po otworzeniu i umyciu posadzki „Leopold" był oazą spokoju w burzliwym mieście. Później aż do zamknięcia o północy nieustannie tłoczyli się w nim goście z setek krajów i wielu miejscowych, którzy ściągali tutaj ze wszystkich dzielnic, by załatwiać interesy. Interesy te obejmowały handel narkotykami, walutą, paszportami, złotem i seksem, a także nienamacalny, lecz nie mniej lukratywny handel wpływami – nieoficjalny system łapówek i przysług, stojący w Indiach za licznymi mianowaniami, awansami i kontraktami.

Lekkim ruchem głowy wskazał grupkę młodych mężczyzn w stylowych zachodnich dżinsach i kurtkach, którzy właśnie weszli przez jeden z łuków. Podeszli do biurka kierownika i serdecznie przywitali się z właścicielami „Leopolda", po czym zajęli stolik w głębi sali. Przywódcą tej grupy był wysoki, masywny mężczyzna po trzydziestce. Jego jowialna, mięsista twarz odwracała się ponad głowami przyjaciół ku pełnym szacunku ukłonom i przyjaznym uśmiechom licznych znajomych. Kiedy skierował spojrzenie na nas, Didier do niego pomachał.

– Krew – odezwał się cicho, uśmiechnięty. – Jeszcze przez jakiś czas te paszporty będą stemplowane krwią. Dla mnie to nie ma znaczenia. W sprawach jedzenia jestem Francuzem, w kwestiach miłosnych – Włochem, a w biznesie – Szwajcarem. Bardzo szwajcarskim Szwajcarem. Skrupulatnie neutralnym. Ale te papiery jeszcze splamią się krwią, jestem pewien.

Odwrócił się i mrugnął raz i drugi, jakby otrząsając się z senności.

– Chyba się upiłem – powiedział, przyjemnie zaskoczony. – Zamówmy jeszcze kolejkę.

– Proszę bardzo. Ja na razie zwolnię. Ile kosztują te paszporty?

– Od stu do tysiąca dolarów, oczywiście. Chcesz kupić?

– Nie...

– Ach... To było „nie" bombajskiego sprzedawcy złota. To jest „nie", które znaczy „może", a im bardziej jest namiętne, tym bardziej pewne jest „może". Jak zechcesz, przyjdź do mnie. Wszystko załatwię – oczywiście za drobną prowizję.

– Dużo dostajesz tej... prowizji?

– Mmm, jakoś idzie. Nie mogę narzekać. – Wyszczerzył zęby, a jego niebieskie oczy zalśniły przez soczewki zaróżowionej, alkoholowej wilgoci. – Wiążę koniec z końcem, jak to mówią, a jak je ze sobą zwiążę, od obu dostaję zapłatę. Na przykład dziś wieczorem nadzoruję transakcję – dwa kilo haszyszu z Manali. Widzisz tych włoskich turystów, tam, przy owocach, blondyn z długimi włosami i dziewczyna w czerwieni? Chcieli kupić. Ktoś – widzisz go tam, na ulicy, ten w brudnej koszuli i boso, czeka na zapłatę – przyprowadził ich do mnie, a ja z kolei skontaktowałem ich z Ajayem. On zajmuje się haszyszem i jest wspaniałym kryminalistą. Teraz widzisz, usiadł z nimi i wszyscy się uśmiechają. Transakcja zawarta. Moja praca na dziś zakończona. Jestem wolnym człowiekiem!

Załomotał w stół, dając znak, że chce następnego drinka, ale kiedy zjawiła się mała butelka, przez chwilę ściskał ją w dłoniach, wpatrując się w nią w zamyśleniu.

– Jak długo zostaniesz w Bombaju? – spytał, nie patrząc na mnie.

– Nie wiem. Śmieszne, ostatnio wszyscy mnie o to pytają.

– Zostałeś dłużej, niż to na ogół bywa. Ludzie w zasadzie zbyt szybko opuszczają to miasto.

– Mam przewodnika, nazywa się Prabaker, znasz go?

– Prabaker Kharre? Ten uśmiechnięty?

– Ten sam. Oprowadza mnie po mieście. Widziałem już wszystkie świątynie, muzea i galerie sztuki, i mnóstwo bazarów. Jutro rano obiecał mi pokazać coś po drugiej stronie miasta – „prawdziwe miasto", jak to ujął. Bardzo je zachwalał. Na razie sobie pozwiedzam i zastanowię się, dokąd chcę jechać później. Nigdzie mi się nie spieszy.

– To bardzo smutne nie musieć się spieszyć, na twoim miejscu nie przyznawałbym się do tego tak otwarcie – powiedział, nadal wpatrzony w butelkę. Kiedy się nie uśmiechał, twarz mu obwisała, wiotczała i szarzała. Był chory, ale była to choroba, na którą trzeba zapracować. – W Marsylii mamy takie powiedzonko: kto się nie spieszy, szybko trafia donikąd. Ja nie spieszę się od ośmiu lat.

Nagle nastrój mu się zmienił. Nalał sobie z chlupotem, uśmiechnął się do mnie i podniósł szklankę.

– Więc się napijmy! Za Bombaj, piękne miasto, gdzie można się nie spieszyć! Za cywilizowanych policjantów, którzy przyjmują łapówki w obronie porządku, jeśli nie prawa. Za bakszysz!

– Za to wypiję – powiedziałem i stuknąłem szklanką w jego szklankę. – Didier, a co ciebie trzyma w Bombaju?

– Jestem Francuzem – odparł, podziwiając rosę na swojej szklance. – Jestem gejem, żydem i przestępcą, mniej więcej w tej kolejności. Bombaj to jedyne znane mi miasto, w którym mogę być tym wszystkim jednocześnie.

Roześmialiśmy się i wypiliśmy, a potem on zaczął lustrować przestronne wnętrze, aż jego głodne spojrzenie w końcu spoczęło na grupie Hindusów w pobliżu jednego z wejść. Przyglądał się im przez jakiś czas, z wolna popijając drinka.

– Skoro zdecydowałeś się zostać, to wybrałeś dobry moment. To pora zmian. Wielkich zmian. Widzisz tych, co tak zajadają? To Sainikowie, pracują dla Sziwa Seny. Cyngle, tak chyba brzmi to urocze angielskie określenie. Ten twój przewodnik powiedział ci o Senie?

– Nie sądzę.

– Świadome przeoczenie. Paria Sziw Sena to twarz przyszłego Bombaju. Być może ich sposób postępowania i polityka to przyszłość całego świata.

– Jaka polityka?

– O, regionalna, etniczna, my kontra oni – powiedział z szyderczym uśmieszkiem, odliczając kolejno cechy na palcach lewej ręki. Miał bardzo białe, miękkie dłonie. I brud pod długimi paznokciami. – Polityka strachu. Nienawidzę polityki, a polityków jeszcze bardziej. Wyznają religię chciwości. To niewybaczalne. Stosunek człowieka do własnej chciwości to rzecz bardzo intymna, nie sądzisz? Sziw Sena kontroluje policję, ponieważ reprezentuje partię maharacką, a większość niższych rangą policjantów pochodzi z Maharasztry. Kontrolują też wiele slumsów i liczne związki, i niektóre gazety. Prawdę mówiąc, mają wszystko z wyjątkiem pieniędzy. No, mają poparcie gigantów cukrowych i niektórych kupców, ale prawdziwe pieniądze – z przemysłu i czarnego rynku – znajdują się w rękach parsów i hinduistów z innych miast, a także, najbardziej znienawidzonych, muzułmanów. Stąd walka, *guerre économique*, i o nią tak naprawdę chodzi w tej gadaninie o rasach, językach i regionach. To oni zmieniają miasto, codziennie w mniejszym lub większym stopniu. Nawet nazwę zmienili – z Bombaju na Mumbaj. Map na razie nie zdążyli, ale zmienią. I aby osiągnąć cel, zrobią wszystko, sprzymierzą się niemal z każdym. A szanse istnieją. Fortuny. W ostatnich miesiącach niektórzy Sainikowie – no, nie osoby publiczne, nie te wysoko postawione – zawarli układ z Rafikiem, jego Afgańczykami i policją. W zamian za pewną sumę i koncesje policja zamknęła prawie wszystkie palarnie opium w mieście. Dziesiątki najlepszych salonów, miejsc służących społeczności od pokoleń, zamknięto w tydzień. Na zawsze! Normalnie nie interesuje mnie koryto polityków ani rzeźnia wielkich interesów. Jedyna potęga bardziej okrutna i cyniczna niż biznes wielkiej polityki to polityka wielkiego biznesu. Ale tutaj mamy razem wielką politykę i wielkie interesy, połączone poprzez zamknięcie palarni opium, a to mnie oburza! Pytam, czym jest Bombaj bez *chandu* – opium – i bez palarni opium? Dokąd zmierza ten świat? To hańba!

Obserwowałem ludzi, o których mówił, z zajadłym skupieniem atakujących posiłek. Stół uginał się od talerzy ryżu, kurczaka i warzyw. Żaden z tych pięciu się nie odzywał, nawet nie patrzyli na siebie, jedli, nisko pochyleni nad talerzami, gwałtownie wkładając jedzenie do ust.

– Bardzo dobry tekst – zauważyłem z szerokim uśmiechem. – Ten o biznesie wielkiej polityki i polityce wielkiego biznesu. Podoba mi się.

– Ach, drogi przyjacielu, nie mogę przypisać go sobie. Usłyszałem go od Karli i od tej pory zawsze używam. Mam na sumieniu wiele grzechów – prawdę mówiąc, prawie wszystkie – ale nigdy nie przypisywałem sobie cudzych pomysłów.

– Godne podziwu. – Roześmiałem się.

– No cóż – wysapnął. – Trzeba sobie wyznaczyć jakieś granice. W końcu o cywilizacji świadczy mniej to, na co sobie pozwalamy, a bardziej to, czego zakazujemy.

Zamilkł, zabębnił palcami o zimny marmurowy blat. Po paru chwilach obejrzał się na mnie.

– To było moje – powiedział, najwyraźniej urażony, że nie zwróciłem uwagi na to zdanie. Nie zareagowałem, więc powtórzył: – To o cywilizacji. To moje.

– Bardzo inteligentne – odparłem szybko.

– Ależ skąd – powiedział skromnie, potem podchwycił moje spojrzenie i obaj się roześmieliśmy.

– Co na tym zyskał Rafik, jeśli mogę spytać? Chodzi o to zamknięcie palarni opium. Dlaczego się na to zgodził?

– Dlaczego się zgodził? To był jego pomysł. Na *garadzie* – heroinie *brown sugar* – można zarobić o wiele więcej niż na opium. A teraz wszyscy biedacy, którzy palili opium, zaczęli palić *garad*. Rafik kontroluje *garad, brown sugar*. Oczywiście nie wszystko. Nikt nie może kontrolować tych wszystkich ton, które przyjeżdżają z Afganistanu przez Pakistan do Indii. Ale wiele należy do niego, mnóstwo bombajskiej brązowej heroiny. To wielkie pieniądze, przyjacielu, wielkie pieniądze.

– Dlaczego politycy się na to godzą?

– Ach, z Afganistanu do Indii przyjeżdża nie tylko *brown sugar* i haszysz. – Znowu zniżył głos i zaczął mówić kątem ust. – Także broń, artyleria, materiały wybuchowe. Sikhowie walczą tą bronią w Pendżabie, a muzułmańscy separatyści w Kaszmirze. To broń, widzisz. I władza, władza, dzięki której można przemówić do wielu biednych muzułmanów, wrogów Sziwa Seny. Jeśli kontrolujesz jedną gałąź handlu – narkotyki – masz wpływ na drugą, broń. A partia Seny desperacko stara się kontrolować napływ broni do ich stanu, Maharasztry. Pieniądze i władza. Spójrz tutaj, na stolik koło Rafika i jego ludzi. Tych troje Afrykanów, dwóch mężczyzn i kobieta, widzisz?

– Tak, już ją zauważyłem. Bardzo piękna.

Jej świeża twarz o wystających kościach policzkowych, delikatnym rysunku nozdrzy i bardzo dużych ustach wyglądała jak wulkaniczna skała wygładzona przez wodę. Włosy miała zaplecione w burzę długich, cienkich warkoczyków z paciorkami. Śmiała się z jakiegoś żartu, a jej duże zęby lśniły idealną bielą.

– Piękna? Nie sądzę. Według mnie wśród Afrykanów to mężczyźni są piękni, kobiety tylko bardzo atrakcyjne. U Europejczyków jest odwrotnie. Karla jest piękna, a nigdy nie widziałem Europejczyka, który miałby taką urodę. Ale nie o to chodzi. Chcę tylko powiedzieć, że to klienci Rafika, ci Nigeryjczycy, a te interesy między Bombajem i Lagos to jedna z koncesji – to się chyba nazywa produkt uboczny – układu z Sainikami. Sena ma swojego człowieka w bombajskim urzędzie celnym. Tyle pieniędzy przechodzi z ręki do ręki... Rafik kombinuje w tych krajach, Afganistanie, Indiach, Pakistanie i Nigerii, z ludźmi władzy – policjantami, celnikami, politykami. Wszystko to ma prowadzić do kontroli nad naszym przeklętym i ukochanym Bombajem. A wszystko to, wszystkie te intrygi, wynikło z zamknięcia moich ukochanych starych palarni opium. Tragedia.

– Ten Rafik – wymamrotałem, być może z niezamierzonym lekceważeniem – to niezły numer.

– To Afgańczyk, a w jego kraju toczy się wojna, przyjacielu. Przez to jest taki wkurzony, jak mawiają Amerykanie. Pracuje dla mafijnej rady Walidalla – jednej z najpotężniejszych. Jego najbliższym współpracownikiem jest *chuha*, jeden z najbardziej niebezpiecznych ludzi w Bombaju. Ale prawdziwa władza w tej części miasta należy do wielkiego władcy, pana Abd al-Kadira Chana. To poeta, filozof i król zbrodni. Nazywają go Kadirbajem. Kadir oznacza starszy brat. Są tacy, co mają więcej pieniędzy i broni niż Kadirbaj, który ma żelazne zasady i nie wchodzi w wiele lukratywnych interesów, rozumiesz. Ale te same zasady dają mu – nie jestem pewien, jak to wyrazić po angielsku – niemoralnie wysoką pozycję... być może... w tej części Bombaju nie ma nikogo, kto by miał więcej autentycznej władzy od niego. Wiele osób uważa go za świętego o nadnaturalnej mocy. Znam go i mogę ci powiedzieć, że nigdy w życiu nie spotkałem tak fascynującego człowieka. Jeśli pozwolisz na tę drobną nieprzyzwoitość, to oznacza, że jest naprawdę wyjątkowym osobnikiem, bo w moim życiu spotykałem mnóstwo interesujących mężczyzn.

Pozwolił tym słowom przebrzmieć.

– Zaraz, ty nic nie pijesz! Nie znoszę, kiedy ludzie tak długo siedzą nad jedną szklanką. To tak, jakby nakładać gumkę do masturbacji.

Roześmiałem się.

– Czekam... e... na Karlę. Powinna już wrócić.

– Ach, Karla... – mruknął jak kot. – Jakie też masz zamiary wobec naszej nieodgadnionej Karli?

– Słucham?

– Może bardziej celowe byłoby rozważenie, jakie to ona ma zamiary wobec ciebie.

Nalał resztkę z litrowej butelki do szklanki i dopełnił odrobiną wody. Od ponad godziny pił. Oczy miał krwawe jak pięści boksera, ale spojrzenie przytomne, a ruchy rąk – precyzyjne.

– Niedługo po wylądowaniu w Bombaju zobaczyłem ją na ulicy – usłyszałem własny głos. – Było w niej coś takiego... Chyba to dla niej zostałem tak długo. Dla niej i Prabakera. Lubię ich – polubiłem ich oboje od pierwszego wejrzenia. Ja idę w ludzi, jeśli mnie rozumiesz. Wolę blaszaną budę od Tadż Mahal, gdyby w blaszanej budzie byli ciekawi ludzie – choć Tadż Mahal jeszcze nie widziałem.

– Przecieka – prychnął Didier, jednym słowem unieważniając cud architektury. – Powiedziałeś „interesujący"? Karla jest interesująca?

Znowu roześmiał się głośno. Był to szczególny piskliwy śmiech, ostry i prawie histeryczny. Didier mocno grzmotnął mnie w plecy, rozlewając trochę drinka.

– Ha! Wiesz, Lin, podobasz mi się, choć moją rekomendacją nie ma się co chwalić.

Osuszył szklankę, odstawił ją z hukiem i wytarł krótki wąsik. Na widok mojego zaskoczonego spojrzenia pochylił się, tak że nasze twarze prawie się zetknęły.

– Coś ci wyjaśnię. Rozejrzyj się. Ile osób widzisz?

– No, może sześćdziesiąt, osiemdziesiąt.

– Osiemdziesiąt. Grecy, Niemcy, Włosi, Francuzi, Amerykanie. Turyści zewsząd. Jedzą, piją, rozmawiają, śmieją się. A z Bombaju – Hindusi, Irańczycy, Afgańczycy, Arabowie i Afrykanie. Ale ile osób ma tu prawdziwą władzę, prawdziwy cel, prawdziwą energię ich kraju i czasów, i istnień tysięcy ludzi? Powiem ci – cztery. W tym pomieszczeniu są cztery osoby obdarzone taką władzą, a reszta jest taka sama jak wszędzie – bezsilna, bezwolna, bezimienna. Kiedy Karla wróci, w tym pomieszczeniu będzie pięć osób z taką władzą. Oto Karla, którą nazywasz interesującą. Twoja mina, mój młody przyjacielu, świadczy, że nie rozumiesz, co mówię. Ujmę to w ten sposób: Karla ma umiarkowane zdolności do bycia przyjacielem, lecz jest wyjątkowo uzdolniona do bycia wrogiem. Kiedy oceniasz czyjąś siłę, musisz brać pod uwagę jego umiejętność bycia przyjacielem i wrogiem. A w tym mieście nie można sobie zrobić wroga gorszego i bardziej niebezpiecznego niż Karla.

Spojrzał mi w oczy, szukając czegoś, spoglądając to w jedno, to w drugie.

– Wiesz, o jakiej władzy mówię, prawda? O prawdziwej władzy. O władzy, która nadaje ludziom blask gwiazd albo ściera ich na pył. To władza tajemnic. Strasznych, strasznych tajemnic. To umiejętność życia bez skruchy i żalu. Czy żałujesz czegokolwiek, Lin, czy żałujesz jakiegoś swojego postępku?

– Chyba tak...

– Oczywiście, że tak! Ja także. Żałuję... tego, co uczyniłem i czego nie uczyniłem. Ale nie Karla. I dlatego jest taka sama jak tamci, ci nieliczni, którzy mają prawdziwą władzę. Ma serce takie jak oni, a nie ty czy ja. Ach, wybacz, prawie się upiłem i widzę, że moi Włosi odchodzą. Ajay nie będzie dłużej czekać. Muszę już iść i odebrać moje skromne honorarium, za które upiję się do końca.

Wyprostował się i dźwignął z krzesła, wspierając się ciężko na stole miękkimi białymi dłońmi. Poszedł bez jednego słowa i spojrzenia w stronę kuchni, lawirując między stolikami z gracją doświadczonego pijaka. Sportową kurtkę miał wymiętą na plecach w miejscu, gdzie opierał się o krzesło, a tył spodni zwisał w luźnych fałdach. Zanim go poznałem lepiej, zanim zrozumiałem, jak wiele znaczy fakt, że od ośmiu lat żył w Bombaju z przestępstw i namiętności, nie robiąc sobie ani jednego wroga i nie pożyczając od nikogo ani jednego dolara, uważałem Didiera za zabawnego, lecz nieszczęsnego pijaka. Łatwo było popełnić jakiś błąd.

Pierwsza zasada nielegalnych interesów brzmi wszędzie tak samo: nigdy nie zdradzaj swoich myśli. Didier dodał do tej zasady aneks: zawsze wiedz, co inni o tobie myślą. Niechlujny ubiór, brudne, kędzierzawe włosy, miejscami przygniecione po śnie, zamiłowanie do alkoholu, zmieniające się w coś bliskiego nałogowi – wszystko to były elementy roli, którą zbudował i starannie dopracował jak zawodowy aktor. Dał ludziom złudzenie, że jest nieszkodliwy i bezradny, podczas gdy prawda wyglądała zupełnie odwrotnie.

Jednak nie miałem czasu, żeby zastanawiać się nad Didierem i jego zaskakującymi uwagami, bo wkrótce wróciła Karla i niemal natychmiast opuściliśmy restaurację. Ruszyliśmy w długą drogę do jej domku, wzdłuż falochronu ciągnącego się od Wrót Indii do hotelu Radio Club. Długa, szeroka ulica była pusta. Po prawej stronie, za rzędem platanów, stały hotele i bloki. To tu, to tam widać było podświetlone oknografie – obrazy życia w tych pokojach: płaskorzeźba na ścianie, półka z książkami na innej, oprawiony w ramy plakat z jakimś hinduskim bóstwem, otoczony kwiatami, strużkami dymu z kadzideł i, ledwie widoczne w kącie okna na parterze, dwie złożone w modlitwie smukłe ręce.

Po lewej rozciągała się przestronna część największego na świecie portu, czarna woda z przystanią zakotwiczonych świateł – setek statków. Dalej horyzont drżał od płomieni wyrzucanych z wież nadbrzeżnych rafinerii. Nie było księżyca. Dochodziła północ, ale powietrze było tak samo rozgrzane jak wczesnym popołudniem. Bryza znad Morza Arabskiego od czasu do czasu nawiewała nad sięgającym pasa kamiennym murem wodny pył; samum przyniósł ten pył aż z wybrzeży Afryki.

Szliśmy powoli. Często spoglądałem w niebo, tak ciężkie od gwiazd, że czarna siatka nocy spęczniała od tego migotliwego połowu. Więzienie oznaczało lata bez wschodów i zachodów słońca, bez nocnego nieba, zamknięcie w celi przez szesnaście godzin dziennie, codziennie, od wczesnego popołudnia do późnego ranka. Więzienie oznaczało odebranie słońca, księżyca i gwiazd. Więzienie nie jest piekłem, ale nie ma w nim nieba. W pewien sposób to także piekło.

– Trochę przesadzasz z tym byciem dobrym słuchaczem, wiesz?

– Co? A, przepraszam. Zamyśliłem się – powiedziałem ze skruchą i wróciłem do rzeczywistości. – Hej, zanim zapomnę, tu masz te pieniądze od Ulli.

Przyjęła zwitek banknotów i wrzuciła do torby, nie patrząc na nie.

– Dziwne, wiesz. Ulla odeszła do Modeny, żeby się uwolnić od kogoś, kto traktował ją jak niewolnicę. Teraz pod pewnym względem stała się niewolnicą Modeny. Ale go kocha i dlatego się wstydzi, że musi go okłamywać, odkładać trochę pieniędzy dla siebie.

– Niektórzy lubią niewolę.

– Nie tylko niektórzy – rzuciła z nagłą i peszącą goryczą. – Kiedy rozmawiałeś z Didierem o wolności, kiedy cię spytał „wolność czego?" – ty powiedziałeś

„wolność odmowy". Śmieszne, ale wydawało mi się, że ważniejsza jest wolność wyrażenia zgody.

– Skoro o Didierze mowa – powiedziałem lekko, by zmienić temat i poprawić jej nastrój – czekając na ciebie, odbyłem z nim długą rozmowę.

– A raczej on długo rozmawiał z tobą.

– No, owszem, ale interesująco. Podobało mi się. Po raz pierwszy tak rozmawialiśmy.

– Co ci wygadał?

– Wygadał? – To słowo wydało mi się dziwne. Tak jakby istniały rzeczy, których nie powinien mi mówić. – Opowiadał mi o ludziach z „Leopolda". O Afgańczykach, Irańczykach i Sainikach Sziwa – czy jak się na nich mówi – oraz szefach miejscowej mafii.

Uśmiechnęła się krzywo.

– Nie przywiązywałabym większej wagi do tego, co mówi Didier. Potrafi być bardzo powierzchowny, zwłaszcza kiedy poważnieje. To taki facet, który przenika wszystko aż do samego naskórka, rozumiesz? Kiedyś powiedziałam mu, że jest tak powierzchowny, że zna tylko pojedyncze znaczenie słów. Śmieszne, ale się ubawił. Muszę mu to przyznać, nie można go obrazić.

– Myślałem, że się przyjaźnicie – zauważyłem, postanawiając nie powtarzać, co Didier o niej powiedział.

– Przyjaźnimy się... no, czasami, właściwie nie wiem, co to jest przyjaźń. Znamy się od lat. Kiedyś mieszkaliśmy razem... mówił ci?

– Nie.

– No tak. Przez rok, kiedy po raz pierwszy przyjechałam do Bombaju. Zajmowaliśmy takie wariackie, zrujnowane mieszkanko w okolicy Fortu. Budynek się rozpadał. Codziennie budziliśmy się z twarzami w tynku, który sypał się z brzuchatego sufitu, a na korytarzu zawsze leżały świeże kawałki kamienia i drewna. Cały ten budynek rozpadł się podczas monsunu parę lat temu, zginęło wtedy parę osób. Chodzę tam czasami i patrzę na dziurę w niebie, tam gdzie był mój pokój. Pewnie można powiedzieć, że jesteśmy sobie bliscy, Didier i ja. Ale przyjaźń? Przyjaźń to coś, co coraz trudniej mi zrozumieć, z każdym cholernym rokiem mojego życia. Przyjaźń to coś jakby klasówka z algebry, której nikt nie zdaje. Kiedy mam podły humor, mówię, że przyjaciel to ktoś, kogo nie nienawidzisz.

Mówiła poważnie, ale pozwoliłem sobie na cichy śmiech.

– To dość radykalne.

Spojrzała na mnie bardzo poważnie, ale po chwili też się roześmiała.

– Może i tak. Jestem zmęczona. Od paru dni się nie wysypiam. Nie chciałam obgadywać Didiera, ale czasami bywa wkurzający, wiesz? Mówił coś o mnie?

– Powiedział... że jesteś piękna.

– Tak powiedział?

– Tak. Mówił o urodzie czarnych i białych i powiedział „Karla jest piękna".

Uniosła łagodnie brwi przyjemnie zaskoczona.

– No, uznam to za duży komplement, choć straszny z niego kłamca.

– Lubię Didiera.

– Dlaczego? – spytała natychmiast.

– No, nie wiem. Chyba przez ten jego profesjonalizm. Lubię ludzi, którzy znają się na tym, co robią. I jest w nim taki smutek... który rozumiem. Przypomina mi paru moich znajomych. Przyjaciół.

– Przynajmniej nie robi tajemnicy ze swojej dekadencji – rzuciła, a mnie nagle przypomniało się to, co Didier mi o niej powiedział i mocy tajemnic. – Może to właśnie nas łączy, Didiera i mnie – oboje nienawidzimy hipokrytów. Hipokryzja to inny rodzaj okrucieństwa. A Didier nie jest okrutny. Dziki, ale nie okrutny. Ostatnio przycichł, ale kiedyś jego romanse były skandalami na całe miasto, przynajmniej dla tutejszych cudzoziemców. Jednej nocy zazdrosny kochanek, młody Marokańczyk, gonił za nim z nożem po ulicy. Obaj byli golusieńcy – w Bombaju to szokujące wydarzenie, a w przypadku Didiera niezłe przedstawienie, mogę zaświadczyć. Dobiegł na posterunek w Kolabie i uratowali go. W Indiach ludzie są bardzo konserwatywni w tych sprawach, ale Didier ma jedną zasadę – nigdy nie romansuje z Hindusami i chyba oni go za to szanują. Wielu cudzoziemców przyjeżdża tu tylko dla seksu z bardzo młodymi Hindusami. Didier tym pogardza i ogranicza się do romansów z obcokrajowcami. Nie byłabym zaskoczona, gdyby dlatego tak dużo opowiadał ci o cudzych interesach. Może usiłował cię uwieść, imponując wiedzą na temat kryminalnych interesów i kryminalistów. Och, witam! Katzeli! Skąd się tu wziąłeś?

Na falochronie siedział kot, wyjadający porzuconą przez kogoś paczkę. Chudy i szary, uchylał się, burmuszył, pomiaukiwał i syczał jednocześnie, ale pozwolił Karli się pogłaskać i znowu zabrał się do jedzenia. Było to zaprawione w bojach, pokryte strupami indywiduum, z jednym uchem tak nadgryzionym, że przypominało pączek róży, i łysymi miejscami na bokach i grzbiecie, otaczającymi niezaleczone rany. Zafascynowało mnie, że tak odpychające, wychudzone stworzenie pozwala się głaskać obcej kobiecie i że Karla ma na to ochotę. A jeszcze bardziej zdumiewające wydało mi się wtedy to, że kot z takim zapałem znajdował jarzyny i ryż w sosie z ostrych papryczek chili.

– Spójrz tylko – zagruchała Karla. – Czyż nie jest piękny?

– Hm...

– Nie podziwiasz jego odwagi, jego woli przeżycia?

– Chyba nie przepadam za kotami. Psy mogą być, ale koty...

– Musisz kochać koty! W idealnym świecie wszyscy ludzie powinni być tacy jak koty o drugiej po południu.

Roześmiałem się.

– Czy ktoś ci kiedyś mówił, że masz bardzo specyficzne poglądy?

– Co to znaczy? – spytała, szybko odwracając się do mnie.

Nawet w świetle latarni dostrzegłem, że twarz ma zaróżowioną, niemal czerwoną; wtedy nie wiedziałem, że angielski jest jej łagodną obsesją, że wkłada mnóstwo wysiłku w układanie tych zgrabnych zdań.

– Tylko to, że wyrażasz się w wyjątkowy sposób. Nie zrozum mnie źle, podoba mi się to. Bardzo mi się podoba. Jest jakby... no... na przykład wczoraj, kiedy rozmawialiśmy o prawdzie. Prawdzie przez duże P. Prawdzie absolutnej. I czy prawda istnieje, czy cokolwiek jest prawdziwe? Wszyscy mieli na ten temat coś do powiedzenia – Didier, Ulla, Maurizion, nawet Modena. A ty powiedziałaś:

prawda to chuligan, a my wszyscy udajemy, że go lubimy. Znokautowałaś mnie. To z jakiejś książki, sztuki albo filmu?

– Nie. To moje.

– I o to mi właśnie chodzi. Nie potrafiłbym powtórzyć tego, co mówili inni, tak żeby tego nie przekręcić. Ale tego, co powiedziałaś, nigdy nie zapomnę.

– Zgadzasz się?

– Z czym? Że prawda to chuligan i że udajemy sympatię do niego?

– Tak.

– Nie, wcale się nie zgadzam. Ale myśl mi się podoba i sposób, w jaki ją wyraziłaś.

Jej półuśmiech przykuł moją uwagę. Przez parę chwil milczeliśmy, a w chwili kiedy zaczęła odwracać wzrok, odezwałem się, żeby ją przed tym powstrzymać.

– Dlaczego lubisz Biarritz?

– Co?

– Przedwczoraj powiedziałaś, że Biarritz to jedno z twoich ulubionych miejsc. Nigdy tam nie byłem, więc nic o nim nie wiem. Ale chciałbym wiedzieć, za co ty je tak lubisz.

Uśmiechnęła się, marszcząc nos w dziwnej minie, mogącej oznaczać kpinę lub zadowolenie.

– Zapamiętałeś to? Więc lepiej ci powiem. Biarritz... jak to wyjaśnić... chyba chodzi o ocean. Atlantyk. Kocham Biarritz w zimie, kiedy nie ma turystów, a morze jest tak przerażające, że ludzie zamierają. Widać, jak stoją na pustych plażach i wpatrują się w fale – posągi na plaży między klifami, skamieniałe ze zgrozy na widok oceanu. Nie jest jak inne oceany, nie jest jak ciepły Pacyfik albo Ocean Indyjski. Ten Atlantyk w zimie jest naprawdę okrutny i niczego nie wybacza. Czujesz, że cię wzywa. Wiesz, że chce cię porwać i utopić. Jest tak piękny, że kiedy po raz pierwszy naprawdę go zobaczyłam, wybuchnęłam płaczem. I zapragnęłam z nim się spotkać. Chciałam wejść w te wielkie, złe fale. To przerażające. Ale mieszkańcy Biarritz to najbardziej tolerancyjni i sympatyczni Europejczycy. Niczego się nie boją. Nic nie jest dla nich zbyt dziwne. To trochę osobliwe – na ogół w kurortach ludzie są źli, a morze spokojne. W Biarritz jest na odwrót.

– Myślisz, że kiedyś tam zamieszkasz? Na stałe?

– Nie – powiedziała szybko. – Jeśli kiedykolwiek wyjadę stąd na dobre, to wrócę do Stanów. Tam się wychowałam po śmierci rodziców. I chciałabym tam pewnego dnia wrócić. Chyba tam podoba mi się najbardziej. Ameryka jest tak pewna siebie, szczera i... i odważna, i Amerykanie też. Nie czuję się Amerykanką – przynajmniej nie wydaje mi się – ale dobrze mi wśród nich, jeśli mnie rozumiesz, lepiej niż wśród innych.

– Opowiedz mi o innych – poprosiłem, żeby nie przestawała mówić.

– O innych? – powtórzyła, nagle marszcząc brwi.

– O ludziach z „Leopolda". O Didierze i innych. Na przykład o Letitii. Jak ją poznałaś?

Uspokoiła się i powiodła wzrokiem po tonącej w cieniu drugiej stronie ulicy. Nadal zamyślona, skupiona, uniosła wzrok na nocne niebo. Błękitnobiałe światło latarni lśniło na jej wargach i w wielkich oczach.

– Lettie mieszkała w Goa – zaczęła ciepło. – Przyjechała do Indii po to samo co wszyscy – imprezy i duchowe objawienie. Imprezy znalazła i dobrze się na nich bawiła. Lettie uwielbia imprezować. Ale z duchowością nigdy jej nie szło. Wyjeżdżała do Londynu – dwa razy w roku – ale ciągle wracała, żeby jeszcze raz dać szansę duszy. Realizuje duchową misję. Ma niewyparzony język, ale jest bardzo uduchowiona. Chyba najbardziej z nas wszystkich.

– Z czego ona żyje? Nie chcę być wścibski, tak jak mówiłem. Chcę się tylko dowiedzieć, jak się tu zarabia. To znaczy, jeśli jest się cudzoziemcem.

– Jest gemmologiem. Pracuje dla cudzoziemskich kupców. To Didier jej załatwił tę pracę. Ma kontakty w całym Bombaju.

– Didier? – Uśmiechnąłem się z autentycznym zaskoczeniem. – Myślałem, że się nienawidzą... no, może nie naprawdę, ale że się nie znoszą.

– O, działają sobie na nerwy, to prawda. Ale tu mamy do czynienia z prawdziwą przyjaźnią. Gdyby jednemu coś się stało, drugie byłoby zdruzgotane.

– A Maurizio? – spytałem, starając się panować nad głosem. Ten Włoch był zbyt przystojny, zbyt pewny siebie i zazdrościłem mu przyjaźni Karli. – Jaką on ma historię?

– Historię? Nie znam jego historii – odparła, znowu marszcząc brwi. – Jego rodzice umarli i zostawili mu masę pieniędzy. On je roztrwonił i chyba odkrył w sobie talent do trwonienia pieniędzy.

– Cudzych? – spytałem. Może za bardzo mi zależało, żeby usłyszeć potwierdzenie, bo odpowiedziała mi pytaniem.

– Znasz opowieść o skorpionie i żabie? Wiesz, żaba zgodziła się przenieść skorpiona na drugi brzeg rzeki, bo obiecał, że jej nie użądli?

– Tak. A potem ją użądlił w połowie drogi. Tonąca żaba spytała, dlaczego to zrobił, skoro teraz oboje utoną. A on powiedział, że jest skorpionem i żądlenie leży w jego naturze.

– Tak. – Westchnęła, z wolna kiwając głową, aż jej czoło się wygładziło. – To właśnie Maurizio. I wiesz o tym, że będziesz miał kłopoty, bo nie zgodzisz się przeprawić z nim przez rzekę. Rozumiesz?

Siedziałem w więzieniu. Doskonale ją rozumiałem. Skinąłem głową i spytałem o Ullę i Modenę.

– Lubię Ullę – odpowiedziała szybko, znowu pokazując mi ten półuśmiech. – Jest szalona i nieodpowiedzialna, ale mam do niej słabość. W Niemczech była bogata; zabawiała się heroiną, aż się uzależniła. Rodzina ją odtrąciła, więc wyjechała do Indii – była wtedy z jednym draniem, Niemcem, także narkomanem, który wysłał ją do pracy w bardzo niebezpiecznym miejscu. W strasznym miejscu. Ona go kochała. Zrobiła to dla niego. Zrobiłaby dla niego wszystko. Są takie kobiety. Istnieje taka miłość. Z tego, co widzę, prawie każda jest taka. Serce zaczyna być jak przeciążona szalupa ratunkowa. Żeby nie zatonęła, wyrzuca się za burtę dumę, szacunek dla samego siebie i niezależność. Po jakimś czasie zaczyna się wyrzucać ludzi – przyjaciół, znajomych. I to ciągle za mało. Szalupa nadal tonie, a ty zaczynasz rozumieć, że zatoniesz razem z nią. Widzę, jak to spotyka tutaj większość dziewczyn. Chyba dlatego mam dość miłości.

Nie wiedziałem, czy mówi o sobie, czy kieruje te słowa do mnie. W każdym razie były ostre i nie chciałem ich słyszeć.

– A Kawita? Gdzie jest jej miejsce?

– Kawita jest świetna! Jest wolnym strzelcem – wiesz – niezależną pisarką. Chce być dziennikarką i chyba jej się uda. Mam nadzieję. Jest mądra, uczciwa i charakterna. I piękna. Nie sądzisz, że jest wspaniała?

– Jasne – zgodziłem się na wspomnienie oczu koloru miodu, pełnych i kształtnych ust i długich, nerwowych palców. – Ładna. Ale oni wszyscy są mili dla oka. Nawet Didier, na ten swój wymięty sposób, przypomina trochę lorda Byrona. Lettie jest śliczna. Oczy zawsze się jej śmieją – mają kolor błękitnego lodu, prawda? Ulla wygląda jak laleczka, z tymi wielkimi oczami i ustami w okrągłej buzi. Ale to buzia ładnej lalki. Maurizio jest przystojny jak model, a Modena przystojny na inny sposób, jak matador lub ktoś w tym rodzaju. A ty... ty jesteś najpiękniejszą kobietą, jaką kiedykolwiek oglądały moje oczy.

No i powiedziałem. I choć wypowiedzenie tych słów wprowadziło mnie w rodzaj szoku, nie byłem pewien, czy mnie zrozumiała, czy dojrzała sens tych słów o ich i jej urodzie i czy znalazła w nich rozpacz, która je zrodziła; rozpacz, jaką brzydki mężczyzna czuje w każdej świadomej minucie miłości.

Roześmiała się – to był szczery, głośny śmiech – i impulsywnie chwyciła mnie za ramię. W tej samej chwili, jakby zwabiony jej śmiechem, rozległ się klekot i na chodnik po drugiej stronie ulicy wjechał żebrak na małej drewnianej platformie z metalowymi kółkami. Poruszał się, odpychając rękami; dojechał w ten sposób na środek pustej jezdni i zatrzymał się z dramatycznym piruetem. Jego żałośnie wyschnięte, modliszkowato złożone nogi spoczywały na platformie nie większej niż złożona gazeta. Nosił chłopięcy szkolny mundurek, czyli szorty khaki i bladobłękitną koszulę. I choć był już po dwudziestce, ubranie na nim wisiało.

Karla zawołała do niego po imieniu i zatrzymaliśmy się. Przez jakiś czas rozmawiali w hindi. Z odległości dziesięciu metrów przyglądałem się z fascynacją jego rękom. Były wielkie, równie szerokie jak jego twarz. W świetle latarni widziałem, że opuszki palców i wnętrze dłoni ma mięsiste jak łapy niedźwiedzia.

– Dobranoc! – zawołał po chwili po angielsku. Uniósł rękę do czoła i serca w dwornym geście. Kolejny zgrabny, efektowny piruet i popędził jezdnią, przyśpieszając na łagodnym spadku ulicy prowadzącej w stronę Wrót Indii.

Patrzyliśmy za nim, a potem Karla pociągnęła mnie za rękę na chodnik. Pozwoliłem się prowadzić. Pozwoliłem się zagarnąć łagodnej prośbie fal i barwie jej głosu; mrocznemu niebu i jeszcze mroczniejszej nocy jej włosów, morsko-kamiennemu zapachowi śpiącej ulicy i wysublimowanym perfumom na jej ciepłej skórze. Pozwoliłem się znieść w jej życie i życie miasta. Odprowadziłem ją do domu. Życzyłem dobrej nocy. A wracając samotnie do hotelu milczącymi ulicami, cicho nuciłem.

ROZDZIAŁ 3

– Mówisz, że wreszcie przechodzimy do prawdziwego życia.

– Będzie pełno życia, *baba* – zapewnił mnie Prabaker – i bardzo prawdziwie. Teraz zobaczysz prawdziwie miasto. Normalnie nigdy nie zabieram turystów w te miejsca. One nie są podobające, a mnie się nie podoba, jak im się nie podoba. A może czasami im się za bardzo podoba w tych miejscach, a mnie się to jeszcze bardziej nie podoba, tak? Trzeba mieć dobre głowy, żeby podobać te miejsca, i trzeba mieć dobre serca, żeby za bardzo ich nie podobać. Tak jak ty, Linbaba. Ty jesteś moim dobrym przyjacielem. Wiedziałem to bardzo dobrze tego pierwszego dnia, kiedy piliśmy whisky w twoim pokoju. Teraz mój Bombaj z twoimi dobrymi głowami i dobrymi sercami – zobaczysz go całego.

Jechaliśmy taksówką po ulicy Mahatmy Gandhiego koło Flora Fountain, w stronę Victoria Station. Do południa została godzina, a nurt samochodów w tym kamiennym kanionie wezbrał od mnóstwa wózkarzy z tiffinami. Wózkarze zbierali obiady w domach i mieszkaniach i umieszczali je w blaszanych cylindrach zwanych jalpaanami lub tiffinami. Wielkie tace tiffinów stawiali na długich drewnianych wózkach. Rozwozili obiady po całym mieście, wśród niezliczonych autobusów, ciężarówek, skuterów i samochodów. Nikt z wyjątkiem tych, którzy zarządzali tą usługą, nie wiedział, jak to właściwie wygląda; jak ledwie umiejący czytać ludzie rozeznają się w oszałamiająco skomplikowanym systemie symboli, kolorów i liczb, oznaczających i indentyfikujących cylindry; jak dzień po dniu setki tysięcy identycznych pojemników przemierza miasto na oblewanych potem drewnianych wózkach i za każdym razem dociera do właściwego odbiorcy pomiędzy milionami mieszkańców – i jak się to osiąga za koszt obliczany w centach, a nie dolarach. Magia łącząca zwyczajność z niemożliwym to niewidzialna rzeka, która płynie przez każdą ulicę i każde żywe serce w Bombaju i nic, od poczty po błagania żebraków, nie może bez niej funkcjonować.

– Ten autobus, jaki numer, Linbaba? Szybko, ty odpowiedz.

– Chwileczkę. – Zawahałem się, wyjrzałem przez uchylone okno taksówki, usiłując odczytać ozdobne numery na czerwonym piętrusie, który na chwilę zatrzymał się naprzeciwko nas. – Ee... jeden – zero – cztery, tak?

– Bardzo, bardzo doskonale! Tak ładnie uczysz się cyfr hindi. Teraz nie problem dla ciebie czytać numery autobusu, pociągu, i w menu, i przy kupowaniu narkotyków i innych dobrych rzeczy. Teraz powiedz, co to jest *alu palak*?

– *Alu palak* to ziemniaki ze szpinakiem.

– Dobrze. I bardzo dobre jedzenie, czego nie powiedziałeś. Uwielbiam *alu palak*. Co to *phul gobhi* i *bhindi*?

– To... a tak, kalafior i... i okra.

– Tak jest. I także bardzo dobre jedzenie, znowu nie powiedziałeś. Co to *baingan masala*?

– To, hm, bakłażan z przyprawami.

– Znowu bardzo dobrze! Co, nie lubisz *bainganu*?

– Dobrze, dobrze! *Baingan* to też dobre jedzenie!

– A ja nie bardzo lubię – prychnął, marszcząc swój perkaty nos. – Powiedz, co nazywamy *chehra, munh* i *dil*?

– Dobrze... nie podpowiadaj... twarz, usta i serce. Tak?

– Bardzo tak, nie problem. Patrzyłem, jak ładnie jesz ręką, bardzo dobry indyjski styl. I jak uczysz się pytać – ile to, ile tamto, daj mi dwa kubki herbaty, chcę więcej haszyszu – jak mówisz do ludzi tylko w hindi jedynie. Wszystko widziałem. Jesteś moim najlepszym uczniem, Linbaba. A ja jestem twoim najlepszym nauczycielem, tak jest?

– Tak jest, Prabu. – Roześmiałem się. – Hej! Uważaj!

Mój krzyk obudził taksówkarza, który w ostatniej chwili wyminął zaprzężony w wołu wóz, usiłujący zakręcić przed nami. Taksówkarz – krzepki i śniady, z najeżonym wąsem – był wyraźnie oburzony, że ośmieliłem się uratować nam życie. Kiedy wsiedliśmy, ustawił lusterko tak, żeby nie widzieć w nim nic prócz mojej twarzy. Teraz spiorunował mnie wzrokiem i zaczął bulgotać przekleństwa w hindi. Prowadził jak uciekinier, gwałtownie skręcał w prawo i w lewo, omijając wolniejsze pojazdy. Do wszystkich na drodze odnosił się z rozeźloną, zastraszającą wojowniczością. Niemal najeżdżał na ociągające się pojazdy, trąbił, a potem prawie je taranował. Jeśli wolniejszy samochód skręcał w lewo, by pozwolić mu przejechać, nasz kierowca nie wyprzedzał go jeszcze przez jakiś czas, miotając obelgi. Widząc przed sobą inny powolny pojazd, rzucał się naprzód, by powtórzyć całą procedurę. Od czasu do czasu otwierał drzwi i wychylał się, by splunąć sokiem z *paanu*, na długie chwile odrywając oczy od jezdni przed sobą.

– To świr – mruknąłem do Prabakera.

– Jazda nie bardzo dobra – odpowiedział Prabaker, oburącz trzymając się oparcia siedzenia przed sobą. – Ale muszę powiedzieć, plucie i przeklinanie – pierwsza klasa.

– Na Boga, każ mu się zatrzymać! – krzyknąłem, gdy taksówka jechała, przyśpieszając, prosto w stronę korka. – On nas pozabija!

– *Band karo!* – krzyknął Prabaker. „Stop!".

Dla lepszego efektu dodał jeszcze przekleństwo, ale kierowca tylko się bardziej rozeźlił. Samochód mknął, a on odwrócił się, żeby na nas warknąć. Usta miał szeroko otwarte, zęby wyszczerzone. Oczy zrobiły mu się ogromne, czarne i wściekłe.

– *Arrey!* – wrzasnął Prabaker, wskazując na coś za kierowcą.

Za późno. Taksówkarz odwrócił się gwałtownie. Ręce zesztywniały mu na kierownicy, mocno wdepnął hamulec. Wpadliśmy w poślizg na długą sekundę... dwie... trzy... Usłyszałem bulgot powietrza w gardle kierowcy. Brzmiał jak cmoknięcie, jakby wyciągano płaski kamień z błotnistego dna rzeki. Potem rozległ się łomot i trzask, gdy zderzyliśmy się z samochodem przed nami. Rzuciło nas na oparcie siedzenia; dwa inne samochody wpadły na nas, czemu towarzyszył ogromny łomot.

Szklane i chromowane okruchy posypały się na drogę jak metaliczne oklaski w nagłej ciszy po zderzeniu. Podczas wstrząsu uderzyłem głową w drzwi. Czułem, że z rozcięcia nad okiem cieknie mi strużka krwi, ale poza tym nie odniosłem obrażeń. Kiedy wpełzałem na siedzenie, poczułem na sobie ręce Prabakera.

– Nie rozłamałeś się, Lin? W porządku?

– W porządku, porządku.

– Na pewno? Nic rozłamanego?

– O Jezu, Prabu, nieważne, czy ten gość dobrze pluje, czy nie – powiedziałem, śmiejąc się nerwowo z ulgi. – Napiwku nie dostanie. A ty żyjesz?

– Musimy wysiąść! – Jego głos zmienił się w histeryczny pisk. – Już! Natychmiast! Teraz!

Po jego stronie drzwi się zaklinowały. Usiłował je wyważyć ramieniem – ani drgnęły. Sięgnął do drzwi po mojej stronie, ale natychmiast zauważył, że zablokował je inny samochód. Nasze spojrzenia się spotkały, a w jego oczach było tyle strachu, takie przerażenie, że poczułem lód w piersi. Natychmiast odwrócił się i rzucił na drzwi po swojej stronie.

W głowie miałem mętlik, pojawiła się jedyna myśl: POŻAR. Czy tego się boi? Jak już postawiłem to pytanie, nie mogłem o nim zapomnieć. Zobaczyłem, jak zachłystuje się ze zgrozy, i nabrałem pewności, że taksówka spłonie, a my razem z nią. Okna z tyłu we wszystkich bombajskich taksówkach otwierały się zaledwie na parę centymetrów. Drzwi były zablokowane, okna także, a taksówka za chwilę wybuchnie ogniem razem z nami. Spłoniemy żywcem... czy dlatego tak się boi?

Spojrzałem na kierowcę. Leżał bezwładnie między kierownicą i drzwiami. Nie ruszał się, ale słyszałem jego jęk. Pod cienką koszulą różaniec jego kręgosłupa unosił się i opadał z każdym wolnym, płytkim oddechem.

Do okien taksówki przylgnęły twarze, rozległy się podniesione głosy. Prabaker spoglądał na nie, odwracał się z twarzą zastygłą w grymasie straszliwego bólu. Nagle prześliznął się nad siedzeniami na przód samochodu i siłą otworzył drzwi od strony pasażera. Odwrócił się zgrabnie i starał się mnie przeciągnąć nad fotelem.

– Tędy, Lin! Wysiadaj, szybko! Szybko!

Zacząłem się przeciskać nad siedzeniem. Prabaker wysiadł, przepchnął się przez tłum gapiów. Sięgnąłem w stronę kierowcy, starałem się go wyciągnąć z przodu, ale Prabaker znowu na mnie skoczył z brutalną gwałtownością. Paznokciami zadrasnął mi plecy, drugą ręką chwycił za kołnierz koszuli.

– Nie dotykaj go! – niemal zawył. – Nie dotykaj go! Zostaw go i wysiadaj! Natychmiast!

Wyciągnął mnie z samochodu, powlókł przez gąszcz gapiów tłoczących się na miejscu wypadku. Na ścieżce nieopodal usiedliśmy pod girlandą liści głogu, zwisających nad ogrodzeniem z prętów z kutego metalu, i obejrzeliśmy się nawzajem w poszukiwaniu obrażeń. Rozcięcie na czole nad prawym okiem nie było tak głębokie, jak sądziłem. Krwawienie już ustało i zaczął się sączyć czysty płyn. W paru miejscach miałem siniaki, ale nie było powodu do niepokoju. Prabaker trzymał się za rękę – tę samą rękę, którą z taką siłą wyciągał mnie z samochodu – i było jasne, że cierpi. Koło łokcia zaczęła się pojawiać opuchlizna. Wiedziałem, że zostanie mu wielki siniak, ale nie wyglądało na to, żeby coś złamał.

– Chyba się myliłeś, Prabu – powiedziałem z kpiącym uśmiechem, zapalając mu papierosa.

– Myliłem się, *baba*?

– Wysiadając z samochodu w takiej panice i w ogóle. Solidnie mnie wystraszyłeś. Myślałem, że wszystko wybuchnie, ale wygląda na to, że nie.

– Och – powiedział cicho, wpatrując się przed siebie. – Myślisz, że przerażałem się ogniem? Nie ma ognia w samochodzie, Lin, ale jest ogień w ludziach. Patrz. Patrz na ludzi, jacy są.

Wstaliśmy pomimo bólu ramion i karków i spojrzeliśmy w stronę pobojowiska oddalonego od nas o dziesięć metrów. Wokół czterech roztrzaskanych pojazdów zgromadziło się około trzydziestu osób. Parę pomagało kierowcom i pasażerom. Reszta zbiła się w dziko gestykulujące i krzyczące grupy. Ze wszystkich stron napływali kolejni gapie. Kierowcy innych samochodów, które utknęły w korku, zostawili je i dołączyli do tłumu. Na naszych oczach z trzydziestu osób zrobiło się pięćdziesiąt, osiemdziesiąt, sto.

W centrum uwagi znajdował się jeden mężczyzna. To jego samochód usiłował skręcić w prawo, to w jego samochód uderzyliśmy. Mężczyzna stał koło taksówki, rycząc z furią. Był barczysty, około czterdziestki, miał szary bawełniany garnitur safari, skrojony tak, by pomieścić jego potężne brzuszysko. Rzednące włosy miał rozczochrane. Kieszeń na piersi marynarki była rozdarta, w spodniach widniała dziura, zgubił jeden sandał. Ten stan w połączeniu z teatralnymi gestami i natarczywym wrzaskiem stanowił spektakl, który fascynował widzów bardziej niż rozbite samochody. Rękę miał rozciętą od dłoni po nadgarstek. Kiedy tłum trochę przycichł, pochłonięty dramatem, mężczyzna rozsmarował krew z rany po twarzy i szarym garniturze, przez cały czas krzycząc.

W tej samej chwili kilku mężczyzn położyło jakąś kobietę na skrawku wolnej przestrzeni koło krzykacza, na rozpostartym kawałku materiału. Zawołali coś w stronę tłumu i za chwilę pojawił się drewniany wózek, ciągnięty przez mężczyzn ubranych tylko w koszulki i przepaski biodrowe. Ułożono kobietę na wózku, zebrano jej czerwone sari i owinięto wokół nóg. Może była to żona krzyczącego – nie byłem pewien – ale jego wściekłość nagle nabrała histerycznych tonów. Chwycił ją brutalnie za ramiona i potrząsnął. Szarpnął ją za włosy. Zwrócił się do tłumu, wykonywał zamaszyste, teatralne gesty, rozkładał ramiona i bił się po umazanej krwią twarzy. Były to gesty z pantomimy, przesadne naśladownictwo niemych filmów i mimo woli pomyślałem, że są absurdalne i śmieszne. Ale rany tych ludzi były prawdziwe, podobnie jak groźny pomruk wzbierający w nadal gęstniejącym tłumie.

Półprzytomną kobietę zabrano na noszach, a mężczyzna rzucił się do drzwi taksówki, otworzył je siłą. Tłum zareagował jednomyślnie. Wywlekli oszołomionego, rannego taksówkarza i rzucili go na maskę samochodu. Uniósł ramiona w słabym błagalnym geście, ale tuzin, dwadzieścia, pięćdziesiąt dłoni już go szarpało i biło. Ciosy spadały na jego twarz, piersi, brzuch i krocze. Paznokcie szarpały i drapały, z jednej strony rozdarto mu policzek od ust niemal do ucha, podarto mu koszulę na strzępy.

Wszystko to wydarzyło się w parę sekund. Patrząc na to, wmawiałem sobie, że wszystko dzieje się za szybko, że jestem ogłupiały i nie ma czasu na reakcję. To, co nazywamy tchórzostwem, często jest inną nazwą zaskoczenia, a odwaga rzadko bywa czym innym niż po prostu dobrym przygotowaniem. A ja mógłbym zrobić więcej – mógłbym zrobić cokolwiek, gdyby wszystko to działo się w Australii. To nie twój kraj, powiedziałem sobie, patrząc na samosąd. To nie twoja kultura...

Ale była też inna myśl, mroczna i sekretna, a teraz aż za bardzo dla mnie jasna: ten człowiek był idiotą, agresywnym i wojowniczym idiotą, którego głupota naraziła na niebezpieczeństwo życie Prabakera i moje. Kiedy tłum rzucił się na niego, serce przekłuła mi igiełka satysfakcji, a jakaś cząstka ich zemsty – jeden cios, jeden krzyk, jeden kuksaniec – była moją zemstą. Bezradny, tchórzliwy, zawstydzony, nie zrobiłem nic.

– Musimy coś zrobić... – powiedziałem słabo.

– Ludzie już dość robią, *baba.*

– Nie, chodziło mi o... nie możemy mu jakoś pomóc?

– Dla niego nie ma pomagania. – Westchnął. – Teraz to widzisz, Lin. Wypadki to w Bombaju bardzo zły interes. Lepiej wysiąść z tego samochodu albo taksówki, albo czegoś, i to bardzo szybko. Ludzie nie mają cierpliwości do takich interesów. Teraz widzisz, dla niego już za późno.

Ciosy były szybkie, lecz dotkliwe. Krew ciekła strumieniami z twarzy i nagiego torsu taksówkarza. Na sygnał, w jakiś sposób usłyszany poprzez wycie i wrzaski, uniesiono go nad głowy. Dziesiątki dłoni trzymało mocno jego nogi. Ramiona rozkrzyżowano mu i uwięziono w uścisku. Głowa kołysała się mu bezwładnie, miękki, mokry płat skóry zwisał mu z policzka po szczękę. Oczy miał otwarte, przytomne, wywrócone do góry białkami – czarne oczy pełne strachu i otępiałej nadziei. Ruch po drugiej stronie jezdni ustał, by ludzie mogli przejść, i taksówkarz z wolna zniknął, ukrzyżowany na rękach i ramionach tłumu.

– Chodź, Lin, idziemy. W porządku?

– Nic mi nie jest – wymamrotałem, zmuszając się do poczłapania za nim. Moja pewność siebie rozpłynęła się w mięśniach i kościach. Każdy krok był ciężki i wymuszony. To nie agresja tak mną wstrząsnęła, w więzieniu widziałem rzeczy gorsze i mniej zawinione. Chodziło o zbyt gwałtowne pryśnięcie mojego fałszywego poczucia bezpieczeństwa. Całe tygodnie w mieście, które – jak mi się zdawało – zaczynałem poznawać – w Bombaju świątyń, bazarów, restauracji i nowych znajomych – rozwiały się jak popiół w ogniu tego publicznego samosądu.

– Co... co oni z nim zrobią?

– Zaniosą na policję. Tak sądzę. Za Crawford Market jest jeden posterunek. Może będzie miał szczęście i przeżyje tę drogę. Może nie. Ma bardzo szybką karmę, ten gość.

– Już widywałeś takie rzeczy?

– O, wiele razy, Linbaba. Czasami rozjeżdżę taksówką mojego kuzyna Shantu.

Widziałem wiele gniewnego tłumu. Dlatego się bałem o ciebie, a także o moją osobistość.

– Dlaczego tak się dzieje? O co tak się wściekają?

– Nikt tego nie wie. – Prabaker wzruszył ramionami, nieco przyspieszając.

– Czekaj. – Stanąłem i położyłem mu rękę na ramieniu, żeby go zatrzymać. – Dokąd idziemy?

– Nadal zwiedzamy, tak?

– Myślałem... może... chciałbyś zakończyć na dziś.

– Zakończyć? Dlaczego? Mamy zobaczyć prawdziwe życie. Więc idziemy, *na*?

– Ale co z twoją ręką? Nie chcesz jej opatrzyć?

– Nie problem z tą ręką. Pod koniec zwiedzania wypijemy trochę whisky – drinków w strasznym miejscu. To będzie dobre lekarstwo. No, *baba*, idziemy już.

– No dobrze, skoro tak mówisz. Ale szliśmy w innym kierunku, prawda?

– Nadal idziemy w innym kierunku – oparł Prabaker nieco niecierpliwie. – Ale najpierw w tę stronę! Tam jest telefon, na stacji. Muszę zadzwonić do kuzyna, teraz pracuje w restauracji „Sunshine", jako zmywak. Pragnie pracy w taksówce, dla brata, Suresha, więc muszę dać mu numer i nazwisko szefa tego taksówkarza, co go wzięli. Ten szef będzie teraz potrzebował nowego kierowcy, a trzeba szybko łapać okazję, tak?

Prabaker zadzwonił. Parę sekund później kontynuowaliśmy wycieczkę po mieście bez cienia wahania, w innej taksówce, jakby nic się nie wydarzyło. Ani razu nie poruszył przy mnie tego tematu. Kiedy od czasu do czasu wspominałem o wypadku, wzruszał ramionami albo rzucał beznamiętną uwagę o naszym szczęściu, dzięki któremu uniknęliśmy poważnych obrażeń. Dla niego ten incydent był niczym więcej niż bójką w nocnym klubie albo na stadionie – zwyczajny, banalny, chyba żeby się samemu było w centrum wydarzeń.

Ale dla mnie ten nagły, dziki, zdumiewający wybuch, widok kierowcy odpływającego na wezbranej fali rąk, ramion i głów był punktem zwrotnym. Z niego narodziło się nowe zrozumienie. Nagle uświadomiłem sobie, że jeśli chcę tu zostać, w Bombaju – w mieście, w którym się zakochałem – muszę się zmienić, muszę się zaangażować. To miasto nie pozwoli mi być obserwatorem, chłodnym i zdystansowanym. Jeśli chcę w nim zostać, muszę uszanować to, że metropolia wciągnie mnie w rzekę swego piękna i furii. Wcześniej czy później będę musiał zejść z chodnika w ten drapieżny tłum i wystawić ciało na ciosy.

I z tym ziarnem postanowienia, które kiełkowało w gwałtownej, znaczącej chwili, rozpoczęło się zwiedzanie mrocznego miasta. Prabaker zaprowadził mnie na rynek niewolników nieopodal Dongri, wewnętrznych przedmieść znanych z meczetów, bazarów i restauracji specjalizujących się w mogolskich potrawach. Jezdnie zmieniły się w ulice, ulice w uliczki, a kiedy uliczki stały się tak wąskie, że taksówka się na nich nie mieściła, wysiedliśmy i ruszyliśmy przez rój ludzi. Im dalej zapuszczaliśmy się w te sekretne zaułki, tym więcej upływało czasu, lat, epok. Samochody, a potem skutery znikły, powietrze stało się czystsze, ostrzejsze, nasycone zapachami przypraw i perfum, których nie tłumiły już wszechobecne spaliny. Warkot samochodów ucichł, odpłynął, a na jego miejscu pojawił się dźwięk ulicy – dzieci recytujące wersy Koranu na małym dziedzińcu, zgrzyt kamienia o kamień, gdy kobiety ucierały przyprawy na progach domów, jękliwy optymizm nawoływań ostrzycieli noży, sprzedawców materaców, naprawiaczy piecyków i innych domokrążców. To były odgłosy ludzkiego życia, wszechobecne głosy i dźwięki.

Przy kolejnym zakręcie minęliśmy długi metalowy stojak do parkowania rowerów. Dalej z ulic zniknęły nawet te proste pojazdy. Towary przenoszono w ogromnych pakunkach na głowach. Zdjęto z nas brzemię jednakowe dla wszystkich – pulsujący ciężar bombajskiego słońca; ulice były mroczne, chłodne, bez cienia. Budynki, choć liczące trzy, najwyżej cztery kondygnacje, pochylały się nad krętymi ścieżkami, a niebo zmieniło się w wąskie tasiemki bladego błękitu.

Same budynki były bardzo stare i zniszczone. Kamienne fasady, niegdyś wspaniałe i efektowne, kruszyły się, brudne i połatane byle jak. Tu i tam sterczały tak blisko siebie małe balkony, że sąsiedzi mogliby podać sobie ręce. Wnętrza domów ukazywały niemalowane ściany i zapadające się schody. Wiele okien na parterze było otwartych, ukazując prymitywne sklepiki ze słodyczami, papierosami, artykułami spożywczymi, warzywami i domowymi utensyliami. Było jasne, że istnieje tu co najwyżej podstawowa kanalizacja. Minęliśmy parę miejsc, gdzie kobiety z metalowymi lub glinianymi naczyniami nabierały wody z jedynego kranu. Wszystkie budynki były oplątane jak metalowymi pajęczynami skomplikowanymi girlandami przewodów elektrycznych, jakby nawet ten symbol i źródło nowoczesności i jej mocy był niczym więcej niż cienką, tymczasową nitką, którą można zerwać jednym ruchem.

Jak te ciasne uliczki za każdym zakrętem i rogiem zdawały się prowadzić nas w inne czasy, tak w miarę zagłębiania się w ten labirynt zmieniał się wygląd ludzi. Widziałem coraz mniej zachodnich bawełnianych koszul i spodni, tak powszechnych w całym mieście, aż w końcu ubrane w nie były tylko najmłodsze dzieci. Mężczyźni nosili tradycyjne stroje w całej gamie barw. Były to długie jedwabne koszule do kolan, zapinane na perłowe guziki od szyi do pasa; kaftany w stonowanych kolorach lub w paski, płaszcze z kapturami, przypominające mnisie habity, i nieskończona różnorodność małych czapeczek, białych lub wyszywanych paciorkami, i żółtych, czerwonych i jaskrawoniebieskich turbanów. Kobiety nosiły ostentacyjnie klejnoty, choć dzielnica była uboga, a te ozdoby, którym nie dostawało szlachetności surowca, nadrabiały ekstrawagancją wzoru. Nie mniej efektowne były kastowe tatuaże na czołach, policzkach, dłoniach i nadgarstkach. Na bosych stopach wszystkich kobiet dźwięczały bransolety ze srebrnymi dzwonkami i błyszczały pierścionki ze zwiniętego mosiężnego drutu.

Wyglądało to tak, jakby te setki ludzi ubrały się dla siebie, po domowemu, niewyjściowo. Zupełnie jakby tu powrót do tradycji niczym nie groził. Ulice były czyste. Budynki kruszyły się i kurzyły, w ciasnych uliczkach tłoczyły się kozy, kury, psy i ludzie, a na każdej szczupłej twarzy odcisnęła się nędza, ale te ulice i ci ludzie byli idealnie, gruntownie czyści.

Zapuściliśmy się w jeszcze starsze zaułki, tak wąskie, że dwie osoby mijałyby się na nich z trudem. Ludzie chowali się do domów, przepuszczając nas. Nad ulicami rozpościerały się sufity i płócienne daszki; w tym mroku widziało się tylko na parę metrów. Nie spuszczałem oczu z Prabakera, przerażony, że sam nie znalazłbym drogi powrotnej. Mój mały przewodnik często się odwracał, pokazując mi to obluzowany kamień w bruku, to schodek, to jakąś przeszkodę nad głową. Skupiony na tych zagrożeniach straciłem orientację. Mapa miasta w mojej głowie odwróciła się, zamazała, spłowiała i nie potrafiłem już odgadnąć, gdzie znajduje się morze albo główne punkty orientacyjne – Flora Fountain, V.T. Station, Crawford Market – które mijaliśmy w drodze do dzielnicy. Te wąskie uliczki tak dokładnie mnie wchłonęły, tak bardzo rozpłynąłem się w intymności otwartych drzwi i uperfumowanych ciał, że czułem się, jakbym szedł wewnątrz budynków, wewnątrz domów, a nie pomiędzy nimi.

Dotarliśmy do straganu, na którym mężczyzna w przepoconej bawełnianej kamizelce obracał wysmażone kawałki jedzenia w bulgoczącym oleju. Błękitne płomienie naftowej kuchenki, upiorne i klasztorne, były jedynym źródłem światła. Jego twarz także była upiorna. Malowały się na niej ból i kamienny, stoicki gniew, który trwa w oczach ludzi źle opłacanych i przepracowanych. Prabaker przeprowadził mnie obok niego, w ciemności za jego plecami. Kiedy go mijałem, mężczyzna odwrócił się i spojrzał mi w oczy. Przez jedną chwilę pełna moc tego oświetlonego błękitnym płomieniem gniewu była skupiona wyłącznie na mnie.

Długo później afgańscy partyzanci, z którymi się zaprzyjaźniłem w górach w pobliżu Kandaharu, godzinami opowiadali o indyjskim kinie i swoich ulubionych gwiazdach filmowych z Bollywood. Indyjscy aktorzy są najlepsi na świecie, powiedział jeden z nich, bo w Indiach wiemy, jak krzyczeć oczami. Ten uliczny sprzedawca smażonego jedzenia spojrzał na mnie krzyczącymi oczami i zatrzymał mnie tak skutecznie, jakby oparł rękę na mojej piersi. Nie mogłem się ruszyć. W moich oczach były słowa – przepraszam, przepraszam, że musisz wykonywać tę pracę, przepraszam, że twój świat, twoje życie są tak gorące, mroczne i zapomniane, przepraszam, że się narzucam...

Nadal wpatrzony we mnie, chwycił rondel za rączkę. Na jedno, dwa grzmiące uderzenia serca sparaliżowała mnie idiotyczna, straszna myśl, że chce mi chlusnąć w twarz wrzącym olejem. Strach wprawił moje stopy w ruch i potknąłem się, ciągnąc za sobą tamtego. Był stary, chudy i kruchy. Przez jego szorstką tunikę czułem plecionkę kości. Upadliśmy ciężko, tuż przed otwartymi drzwiami domu, a stary uderzył się w głowę. Wstałem niezdarnie, ślizgając się i potykając na stercie osypujących się kamieni. Usiłowałem go podnieść, ale staruszka, która siedziała w kucki w otwartych drzwiach, odtrąciła moje dłonie, przepędziła mnie. Zacząłem przepraszać po angielsku, szukać słów „przepraszam" w hindi – jak to było? Prabaker mnie uczył... *Mujhako afsos hain*... tak, to jest to – powtórzyłem to trzy, cztery razy. W tych mrocznych, cichych korytarzach między budynkami rozbrzmiały echem jak modlitwa pijaka w pustym kościele.

Stary jęknął cicho, skulił się w drzwiach. Kobieta wytarła mu twarz rąbkiem chusty na głowie i pokazała mi, żebym zobaczył jaskrawą plamę krwi. Nie powiedziała nic, ale jej pomarszczona twarz była pełna pogardy. Tym prostym gestem, demonstracją zakrwawionego materiału, zdawała się mówić: „patrz, głupi osiłku, ty wielki niezdarny barbarzyńco, patrz, co narobiłeś...".

Upał mnie dławił, mrok i obcość tego miejsca dusiły. Ściany napierały mi na ręce, jakby tylko moje barki powstrzymywały je od zwalenia się na mnie. Wycofałem się, potykając, rzuciłem się na oślep w mroki tego ulicznego tunelu. Jakaś ręka chwyciła mnie za ramię. Dotyk był łagodny, ale omal nie krzyknąłem.

– Tędy, *baba* – powiedział Prabaker, śmiejąc się cicho. – Dokąd się zabierasz? Tylko tędy. Teraz tym korytarzem i musisz trzymać twoje dwa stopy na zewnątrz, bo za bardzo brudno na środku korytarza, tak?

Stał w wejściu do wąskiego przejścia między ślepymi ścianami dwóch budynków. Słabe światło lśniło mu na zębach i w oczach, ale za jego plecami była tylko czerń. Odwrócił się plecami, rozstawił stopy tak, że dotykał nimi ścian, przytrzymał się rękami i tak ruszył drobnymi kroczkami, ze stopami przyciśniętymi do murów. Ja miałem iść za nim. Zawahałem się, ale kiedy jego rozkrzyżowana postać rozpłynęła się w ciemnościach i znikła, poszedłem w jego ślady i poczłapałem za nim.

Słyszałem go przed sobą, ale było tak ciemno, że go nie widziałem. Jedna stopa osunęła mi się po ścianie i wdepnąłem w kleiste błoto na środku ścieżki. Ze śluzowatej mazi buchnął smród; od tej pory mocno przyciskałem stopy do murów, poruszając się niewielkimi kroczkami. Coś ciężkiego i nabitego musnęło mnie, poszorowało po moim bucie. Parę sekund później obok przebiegło drugie i trzecie stworzenie, ciężkie ciała przetoczyły się po moich butach.

– Prabu! – ryknąłem, nie wiedząc, jak bardzo się oddalił. – Tu coś jest!

– Coś, *baba*?

– Na ziemi! Coś chodzi mi po stopach! Coś ciężkiego!

– Tu chodzą tylko szczury, Lin. Tu nie ma *cosia*.

– Szczury? Żartujesz? To było wielkie jak bulterier. Jezus, ale mi zafundowałeś wycieczkę, przyjacielu!

– Wielkie szczury nie problem – odezwał się cicho Prabaker z ciemności przede mną. – Wielkie szczury to przyjazne goście, nie robią ludziom psot. Jeśli ich nie atakujesz. Tylko jedno sprawia, że gryzą, drapią i w ogóle.

– Co, na miłość boską?

– Krzyki, *baba* – odpowiedział cicho. – Nie lubią głośnych głosów.

– A, świetnie! Teraz mi mówisz – zachrypiałem. – Daleko jeszcze? Dostałem gęsiej skórki i...

Zatrzymał się, a ja wpadłem na niego, przycisnąłem do drewnianych drzwi.

– Jesteśmy tu – szepnął i wystukał skomplikowaną kombinację uderzeń. Rozległ się zgrzyt ciężkiej zasuwy i drzwi się otworzyły, oślepiając nas nagłym światłem. Prabaker chwycił mnie za rękaw i pociągnął.

– Szybko, Lin. Wielkim szczurom wstęp tu wzbroniony!

Znaleźliśmy się w małym pomieszczeniu o nagich ścianach, oświetlonych przez surowy jedwab nieba wysoko w górze. Z głębi zaułka dobiegały głosy. Potężny mężczyzna zatrzasnął bramę. Odwrócił się do nas z grymasem, szczerząc zęby. Prabaker natychmiast zaczął mówić, oswajać go miłymi słowami i usłużnymi gestami. Mężczyzna nieustannie kręcił głową, regularnie wtrącając: nie, nie, nie.

Stał nade mną jak wieża. Byłem tak blisko, że czułem powietrze buchające z jego rozszerzonych nozdrzy, jakby wiatr gwizdał w jaskiniach na skalistej plaży. Włosy miał bardzo krótkie, uszy wielkie i węźlaste jak rozbite przez boksera.

Kanciastą twarz ożywiały mięśnie potężniejsze niż u niejednego mężczyzny na plecach. Jego pierś, szeroka jak moje bary, unosiła się i opadała z każdym oddechem, stykając się z potężnym brzuchem. Miał wąsik podkreślający cienką kreską jego grymas, a na mnie patrzył z tak intensywną nienawiścią, że w głowie sama zrodziła mi się modlitwa: Boże, błagam cię, nie każ mi z nim walczyć.

Podniósł ręce, by uciąć przymilne namowy Prabakera. Były to wielkie dłonie, sękate i pokryte takimi odciskami, że można by nimi zdzierać małże z kadłuba tankowca.

– Mówi, że nie wolno nam wejść – wyjaśnił Prabaker.

– No – powiedziałem i z niekłamanym entuzjazmem wyciągnąłem rękę do drzwi – przynajmniej spróbowaliśmy.

– Nie, nie! – powstrzymał mnie Prabaker. – Musimy z nim przedyskutować tę kwestię.

Olbrzym założył ręce, a szwy jego kurtki trzasnęły cicho.

– To chyba kiepski pomysł – wymamrotałem, siląc się na uśmiech.

– Bardzo dobry pomysł! – upierał się Prabaker. – Turystom wstęp wzbroniony tu i na inne ludzkie rynki, ale powiedziałem mu, że ty nie jesteś taki, jak ci turyści. Powiedziałem, że uczysz się języka marathi. On mi nie wierzy. To tylko nasz problem. On nie wierzy, że cudzoziemiec mówi w marathi. Z tej przyczyny musisz przemówić do niego w marathi. Zobaczysz. Wpuści nas.

– Znam tylko dwadzieścia słów, Prabu.

– Dwadzieścia słów nie problem, *baba*. Tylko zacznij. Zobaczysz. Powiedz, jak masz na imię.

– Na imię?

– Tak, jak cię uczyłem. Nie w hindi, tylko w marathi. No, tylko zacznij...

– Eee... ee... *maza nao Lin ahey* – wymamrotałem niepewnie. „Nazywam się Lin".

– *Baapree*! – westchnął wielki facet z oczami pełnymi autentycznego zdumienia. „Dobry Boże!".

Zachęcony, wydukałem jeszcze parę zdań, których Prabaker nauczył mnie przez ostatnie tygodnie.

– *Maza Desh New Zealand ahey. Ata me Colabala rahella ahey*. – „Pochodzę z Nowej Zelandii. Teraz mieszkam w Kolabie".

– *Kai garam mad'chud!* – ryknął, po raz pierwszy się uśmiechając. Dosłownie znaczy to „Co za skurwysyn!", ale tak często pojawia się w rozmowach, że można to swobodnie przetłumaczyć jako „sukinkot".

Olbrzym chwycił mnie za ramię i uścisnął w wyrazie sympatii, z miażdżącą siłą.

Wyrecytowałem resztę znanych słów w marathi, zaczynając od pierwszych, o które poprosiłem Prabakera – „bardzo kocham twój kraj" i kończąc prośbą, którą często musiałem powtarzać w restauracjach, ale w tej klitce zabrzmiała wybitnie niestosownie: „proszę wyłączyć wentylator, dopóki jem zupę...".

– Wystarczy, *baba* – wygulgotał Prabaker przez szeroki uśmiech. Wreszcie zamilkłem, a wielki facet zaczął mówić, szybko i dużo. Prabaker tłumaczył, kiwając głową i gestykulując wyraziście.

– Mówi, że jest bombajskim policjantem i na imię mu Vinod.
– To glina?
– O tak, Lin. Policyjna glina, tak.
– To policja tu rządzi?
– O, nie. On tu tylko dorabia. Mówi, że bardzo, bardzo się cieszy ze spotkania z tobą...
Mówi, że jesteś pierwszym *gora* w jego życiu, który mówi w marathi...
Mówi, że czasami cudzoziemcy mówią w hindi, ale żaden cudzoziemiec nie mówi w marathi...
Mówi, że marathi to jego język. Pochodzi z Pune...
Mówi, że w Pune mówi się bardzo czystym marathi i musisz tam pojechać, żeby posłuchać...
Mówi, że jest za szczęśliwy! Jesteś dla niego jak syn...
Mówi, że musisz przychodzić do jego domu i pożywiać się, i poznawać jego rodzinę...
Mówi, że to będzie sto rupii.
– Co?
– Bakszysz, Lin. Żeby wejść. Sto rupii. Zapłać teraz.
– Jasne. – Wyłuskałem z kieszeni parę banknotów, znalazłem setkę i podałem. Jest taki specjalny gest, właściwy policjantom, magiczna sztuczka; dzięki niej banknoty znikają w dłoni z wprawą, której doświadczeni szulerzy mogliby tylko pozazdrościć. Olbrzym odebrał pieniądze, uścisnąwszy mi dłoń oburącz, po czym przeciągnął dłonią po piersi, jakby strzepywał okruszki zjedzonej kanapki, i podrapał się po nosie z wypraktykowaną niewinnością. Pieniądze znikły. Wskazał nam wąski korytarz. Mogliśmy wejść.

Dwa ostre zakręty i dziesięć kroków za bramą z jej słupem jasnego światła i znaleźliśmy się na czymś w rodzaju dziedzińca. Kilku mężczyzn siedziało na ławach z nieheblowanego drewna i stało w dwu- lub trzyosobowych grupkach. Niektórzy byli Arabami w luźnych bawełnianych szatach i kafiach. Pomiędzy nimi uwijał się mały Hindus, roznoszący czarną herbatę w wysokich szklankach. Paru mężczyzn spojrzało na Prabakera i na mnie z niepokojem i ciekawością. Prabaker uśmiechnął się szeroko i pomachał do nich; wówczas odwrócili się, znowu skupiając się na rozmowie. Od czasu do czasu któryś podnosił głowę, przyglądając się grupce dzieci, siedzących na drewnianej ławie pod obszarpanym płóciennym daszkiem.

Było ciemniej niż przy bardzo oświetlonym wejściu. Patchwork płóciennych strzępów stanowił nieregularny ekran, zasłaniający większą część nieba. Ślepe brązowe i śliwkowe ściany wznosiły się wysoko nad nami. Te nieliczne okna, które widziałem przez rozdarcia w płótnie, zabito deskami. Nie był to prawdziwy dziedziniec, ten krzywy kwadrat wydawał się niezaplanowany, przypadkowy, niczym jakiś zapomniany architektoniczny wypadek przy pracy, utworzony przez budynki i przebudowane ruiny innych budowli w ciasnej dzielnicy. Pod naszymi stopami znajdowała się przypadkowa kolekcja płytek, niegdyś leżących w kuchniach i łazienkach. Nagie żarówki, dziwne owoce na pnączach suchych przewodów, dawały słabe światło.

Stanęliśmy w cichym kącie, przyjęliśmy herbatę, którą nas poczęstowano, i przez jakiś czas popijaliśmy ją w milczeniu. Potem Prabaker opowiedział mi po cichu i powoli o miejscu, które nazywał ludzkim rynkiem. Dzieci pod podartym płótnem były niewolnikami. Przygnał je tu cyklon w Bengalu Zachodnim, susza w Orisie, epidemia cholery w Harijanie, walki w Pendżabie. Odnalezione, pozbierane i kupione, przybyły do Bombaju pociągiem, często same, wiele setek kilometrów.

Mężczyźni na dziedzińcu byli kupcami lub agentami. Choć zdawali się nie okazywać większego zainteresowania, rozmawiali ze sobą i przeważnie ignorowali dzieci. Prabaker zapewnił mnie, że właśnie w tej chwili na naszych oczach odbywają się targi i ubijane są interesy.

Dzieci były chude, kruche i małe. Dwoje siedziało, mocno trzymając się za ręce. Jedno z nich opiekuńczo otaczało drugie ramieniem. Wszystkie wpatrywały się w dobrze odżywionych, dobrze ubranych klientów i agentów, śledząc każdą zmianę wyrazu twarzy, każdy przesadny gest ich upierścienionych dłoni. A oczy tych dzieci były jak czarne lśnienie na dnie głębokiej studni.

Czego trzeba, żeby zmienić ludzkie serce w kamień? Jak mogłem patrzeć na to miejsce, na te dzieci, i czegoś nie zrobić? Dlaczego nie skontaktowałem się z władzami? Dlaczego nie kupiłem broni i sam nie wkroczyłem do akcji? Odpowiedź na to pytanie, jak odpowiedzi na wszystkie ważne pytania, zjawiła się w wielu odcinkach. Byłem poszukiwanym zbiegłym kryminalistą. Kontakt z policją czy agencjami rządowymi nie wchodził w grę. Byłem obcy w obcym kraju; to nie była moja ziemia, nie moja kultura. Musiałem się dowiedzieć więcej. Musiałem chociaż poznać język, którym tu mówiono, by w ogóle móc się wtrącać. A nauczyłem się – w brutalny sposób – że mimo najczystszych intencji możemy pogorszyć sytuację, starając się ją poprawić. Gdybym wpadł tu z bronią w ręku i rozgromił ten targ niewolników, w tym zawiłym betonowym labiryncie, powstałby pewnie gdzie indziej. Byłem obcy, ale tyle wiedziałem. I może ten nowy targ w innym miejscu byłby gorszy. Nie mogłem nic zrobić i rozumiałem to.

Natomiast nie rozumiałem – i to gnębiło mnie jeszcze długo po tym dniu niewolników – jak mogłem patrzeć na te dzieci i nie czuć wstrząsu. Dużo później uświadomiłem sobie, że odpowiedź częściowo wiąże się z australijskim więzieniem i ludźmi, których tam spotkałem. Niektórzy, zbyt liczni, odsiadywali czwarty lub piąty wyrok. Wielu zaczęło karierę więzienną od poprawczaka, mieli wówczas nie więcej lat niż ci mali hinduscy niewolnicy. Niektórzy byli bici, głodzeni i zamykani. Niektórzy, zbyt liczni, doświadczyli wykorzystywania seksualnego. Zapytaj jakiegokolwiek recydywistę, a powie ci, że to machina sprawiedliwości zmienia ludzkie serca w kamień.

I choć dziwnie i haniebnie do tego się przyznać, cieszyłem się, że coś, ktoś, jakieś doświadczenie uczyniło z mojego serca głaz. Że twardy kamień w mojej piersi chroni mnie przed tymi pierwszymi dźwiękami i obrazami mrocznej strony miasta.

Ręce zaczęły wyklaskiwać rytm, jak ciche trzepotanie, a mała dziewczynka wstała z ławki, by zaśpiewać i zatańczyć. Była to piosenka miłosna z popularnego hinduskiego filmu. W następnych latach słyszałem ją wiele razy, setki, i zawsze przypominała mi to dziecko, dziesięcioletnie, o zadziwiająco mocnym, wysokim, łamiącym się głosiku. Dziewczynka kołysała biodrami, wypinała nieistniejące piersi w dziecinnej imitacji burleskowej kusicielki, a klienci i agenci obracali głowy z zaciekawieniem.

Prabaker odgrywał rolę Wergiliusza. Jego łagodny głos szemrał nieustannie, wyjaśniał wszystko, co widzieliśmy i co sam wiedział. Powiedział, że te dzieci by umarły, gdyby nie zdołały dobrzeć do ludzkiego rynku. Zawodowi poszukiwacze, znani jako łowcy talentów, podróżowali od jednej katastrofy do drugiej, od suszy do trzęsienia ziemi i powodzi. Głodujący rodzice, którzy już widzieli chorobę i śmierć innych swoich dzieci, błogosławili poszukiwaczy, klękali przed nimi. Błagali, by zechcieli kupić syna lub córkę, by przynajmniej to jedno dziecko przeżyło.

Chłopcy byli sprzedawani na dżokejów wielbłądów w Arabii Saudyjskiej, Kuwejcie i innych państwach Zatoki. Niektórzy zostaną okaleczeni podczas wyścigów, które dostarczają popołudniowej rozrywki bogatym szejkom, powiedział Prabaker. Niektórzy umrą. Ci, którzy przeżyją, w końcu staną się za wysocy, by dalej jeździć; wówczas często wylądują na bruku i będą musieli radzić sobie sami. Dziewczynki kupowane są do pracy w gospodarstwach na całym Środkowym Wschodzie. Niektóre będą wykorzystywane.

Ale przeżyją, powiedział Prabaker; ci chłopcy i dziewczynki mają szczęście. Bo na każde dziecko, które przechodzi przez rynek ludzi, przypada sto innych – lub więcej – które umierają z głodu w niewyobrażalnym cierpieniu.

Głód, śmierć, niewolnictwo. A w tle pomruk i szmer głosu Prabakera. Istnieje prawda sięgająca głębiej niż doświadczenie. Jest poza tym, co widzimy albo nawet czujemy. To porządek prawdy, oddzielający doniosłe od zaledwie zmyślnego, a rzeczywistość od ułudy. Na ogół bywamy bezradni w jej obliczu, a koszt zrozumienia, tak jak koszt zrozumienia miłości, czasami przewyższa to, co moglibyśmy zapłacić z własnej woli. Nie zawsze pozwala nam kochać świat, ale naprawdę nie pozwala nam go znienawidzić. A jedynym sposobem poznania tej prawdy jest przekazanie jej z serca do serca, tak jak Prabaker przekazał ją mnie, a teraz ja przekazuję wam.

ROZDZIAŁ 4

– Wiesz, co to jest próba borsalina?

– Czego?

– Borsalina. Pozwala sprawdzić, czy kapelusz jest autentycznym borsalinem, czy podróbką. Chyba wiesz, co to borsalino, *non*?

– Nie, chyba nie.

– Aaaach. – Didier się uśmiechnął. W jego uśmiechu było trochę zaskoczenia, trochę figlarności i nieco pogardy. Jakimś cudem połączenie tych elementów dało rozbrajająco czarujący efekt. Didier pochylił się lekko do przodu, przechylił głowę na bok, potrząsając czarnymi kędzierzawymi włosami, jakby po to, by podkreślić swoje słowa. – Borsalino to element garderoby o najwyższej jakości. Wielu uważa – wśród nich znajduję się i ja – że to najdoskonalsze nakrycie głowy dla dżentelmena, jakie widział świat.

Rękami nakreślił kształt wyimaginowanego kapelusza.

– Ma szerokie czarne lub białe rondo, wykonane ze skórki lapin.

– No więc to zwyczajny kapelusz – odparłem tonem, który wydawał mi się pojednawczy. – Mówimy o kapeluszu z króliczej skórki.

Didier był oburzony.

– Zwyczajny kapelusz? O nie, przyjacielu! Borsalino to coś więcej niż zwyczajny kapelusz. Borsalino to dzieło sztuki! Przed sprzedaniem szczotkuje się je dziesięć tysięcy razy – ręcznie. Od lat jest dowodem pierwszorzędnego gustu, wyróżniającym francuskich i włoskich gangsterów w Mediolanie i Marsylii. Sama nazwa „borsalino" stała się synonimem gangstera. Dzicy młodzieńcy z półświatka Mediolanu i Marsylii byli nazywani borsalinami. To były czasy! Gangsterzy mieli wtedy styl. Rozumieli, że kto żyje jako wyrzutek i zarabia na życie kradzieżą i strzelaniem do innych ludzi, ma obowiązek prezentować się elegancko. Czy nie tak?

– Mógłby mieć choć tyle przyzwoitości – zgodziłem się z uśmiechem.

– Oczywiście! Teraz, niestety, wszędzie pełno pozy, a stylu nie ma. To znak czasów, w których żyjemy – styl stał się pozą, zamiast poza stylem.

Dał mi chwilę na docenienie tego zwrotu.

– A to – ciągnął – test na prawdziwe borsalino: należy je zrolować, bardzo mocno, i przewlec przez obrączkę. Jeśli przejdzie ten test bez trwałych zagnieceń i odzyska pierwotny kształt, a eksperyment mu nie zaszkodzi, jest to autentyczne borsalino.

– Mówisz więc...

– Właśnie to! – ryknął Didier, waląc pięścią w stół.

Siedzieliśmy w „Leopoldzie", w pobliżu kanciastego łuku wyjścia na Causeway. Była ósma. Paru cudzoziemców odwróciło głowę w stronę hałasu, ale personel i stali goście nie zwrócili uwagi na Francuza. Didier od dziewięciu lat jadał, pił i wykrzykiwał w „Leopoldzie". Wszyscy wiedzieli, że jego pobłażliwość ma swoje granice, a jeśli się je przekroczy, Didier staje się niebezpieczny. Wszyscy wiedzieli także, że granica ta nie przebiega w miękkim piasku jego własnego życia, przekonań czy uczuć. Jego granica przebiegała przez serca ludzi, których kochał. Jeśli robiło się im krzywdę – w jakikolwiek sposób – budziło się jego zimny, śmiercionośny gniew. Ale żadne wykroczenie przeciwko niemu samemu – może z wyjątkiem fizycznej krzywdy – nie mogło go obrazić ani rozgniewać.

– *Comme ça!* O to mi chodzi! Twój mały przyjaciel poddał cię próbie borsalina. Zwinął cię i przewlókł przez obrączkę, żeby sprawdzić, czy jesteś autentyczny. Taki miał cel, pokazując ci przykre widoki i odgłosy miasta. To była próba borsalina.

Popijałem kawę w milczeniu. Wiedziałem, że ma rację – mroczna wycieczka z Prabakerem rzeczywiście była jakimś testem – ale nie chciałem dać mu satysfakcji.

Wieczorny tłum turystów z Niemiec, Szwajcarii, Francji, Anglii, Norwegii, Ameryki, Japonii i tuzina innych krajów już się rozpraszał, ustępował miejsca nocnemu tłumowi Hindusów i cudzoziemców, którzy nazywali Bombaj swoim domem. Miejscowi co noc upominali się o knajpy takie, jak „Leopold", „Mocambo", Café „Mondegar" i „Światło Azji", gdy turyści chronili się już w azylu hoteli.

– Jeśli to rzeczywiście test – ustąpiłem w końcu – to chyba go zdałem. Zaprosił mnie do swojej rodziny w wiosce na północy.

Didier uniósł brwi w teatralnym wyrazie zaskoczenia.

– Na jak długo?

– Nie wiem. Może parę miesięcy. Może dłużej.

– Ach, więc to tak. Twój mały przyjaciel zaczyna cię kochać.

– To chyba za mocno powiedziane – zaprotestowałem.

– Nie, nie, nie rozumiesz. Tutaj musisz uważać na prawdziwe uczucia ludzi, których poznajesz. Tu jest inaczej niż wszędzie. Tu są Indie. Wszyscy, którzy tu przyjeżdżają, zakochują się – większość wiele razy. A Hindusi kochają najbardziej. Twój mały przyjaciel może się w tobie zakochuje. Nie ma w tym nic dziwnego. Mówię to na podstawie długiego doświadczenia w tym kraju, a zwłaszcza w tym mieście. Hindusom to się zdarza często i bez trudu. Tak udaje im się razem przeżyć – miliard osób – w racjonalnym pokoju. Oczywiście nie są ideałami. Umieją walczyć, kłamać i oszukiwać, i robić dokładnie to, co my. Ale częściej niż inni ludzie na świecie umieją się darzyć miłością.

Zrobił pauzę, żeby zapalić papierosa, a potem pomachał nim jak proporczykiem, aż kelner zauważył go i przyniósł mu następną wódkę.

– Indie są około sześciu razy większe od Francji – podjął Didier, kiedy kieliszek i czarka z pikantną przegryzką zjawiły się na stole. – Ale mieszka w nich dwadzieścia razy więcej ludzi. Dwadzieścia razy! Wierz mi, gdyby w tak zatłoczonym mieście znalazł się miliard Francuzów, ulice spłynęłyby krwią. Rzeką krwi! A jak wszyscy wiedzą, my, Francuzi, jesteśmy najbardziej cywilizowanym narodem Europy. Właściwie świata. Nie, nie, bez miłości Indie nie mogłyby przetrwać.

Do naszego stolika przysiadła się Letitia. Zajęła miejsce po mojej lewej ręce.

– O czym tam znowu nawijasz, Didier, stary draniu? – spytała sympatycznie z akcentem z południowego Londynu.

– Właśnie powiedział, że Francuzi są najbardziej cywilizowanym narodem świata.

– O czym wie cały świat – dodał.

– Pogadamy, jak w tych waszych *villes* i winnicach wyhodujecie jakiegoś Szekspira – mruknęła z uśmiechem jednocześnie ciepłym i pełnym wyższości.

– Moja droga, nie sądź przypadkiem, że nie szanuję waszego Szekspira – sprzeciwił się z wesołym śmiechem. – Kocham język angielski, bo tak wiele słów zapożyczył z francuszczyzny.

– Ładny *bon mot* – uśmiechnąłem się – jak mawiamy po angielsku.

W tej chwili przysiedli się do nas Ulla i Modena. Ulla była w odzieży roboczej – małej, obcisłej czarnej sukience bez ramiączek, kabaretkach i szpilkach. Na szyi i w uszach miała oślepiające sztuczne brylanty. Kontrast między strojem jej i Lettie rzucał się w oczy: Lettie miała na sobie brokatową marynarkę w kolorze kości, szerokie bermudy z atłasu i wysokie buty. A jednak to ich twarze przedstawiały najbardziej uderzający i najmniej spodziewany kontrast. Spojrzenie Lettie było uwodzicielskie, pewne siebie, skoncentrowane i roziskrzone ironią i tajemnicami. W wielkich błękitnych oczach Ulli, pomimo emanującego profesjonalną seksownością makijażu i ubrania, nie było nic prócz niewinności – autentycznej, pustej niewinności.

– Nie wolno ci się do mnie odzywać, Didier – powiedziała natychmiast Ulla, robiąc niepocieszoną minkę. – Spędziłam z Federico bardzo przykre chwile – trzy godziny – i to wszystko twoja wina.

– Ba! – prychnął Didier. – Federico!

– Och – włączyła się Lettie, robiąc trzy długie sylaby z jednej. – Coś się przydarzyło pięknemu młodemu Federico, tak? Ulla, kochanie moje, powierz nam tę ploteczkę.

– *Na ja*, Federico ma tę religię i doprowadza mnie do szału, a to wszystko przez Didiera.

– Tak! – dodał Didier, wyraźnie zdegustowany. – Federico odkrył religię. Tragedia. Już nie pije, nie pali, nie bierze. I naturalnie nie chce z nikim seksu – nawet ze sobą! Odrażające marnotrawstwo talentu. Ten człowiek był geniuszem zepsucia, moim najlepszym uczniem, moim arcydziełem! To szaleństwo. Teraz stał się dobrym człowiekiem, w najgorszym znaczeniu tego słowa.

– Cóż, raz na wozie, raz pod wozem. – Lettie westchnęła z kpiącym współczuciem. – Nie poddawaj się, Didier. Znajdziesz sobie inne jelonki do odstrzału.

– Powinnaś współczuć mnie – skarciła ją Ulla. – Federico wrócił wczoraj od Didiera w tak podłym nastroju, że dziś przyszedł do mnie we łzach. *Scheisse! Wirklich!* Przez trzy godziny płakał i darł się, że się narodził po raz drugi. W końcu zrobiło mi się go żal. Z największym bólem pozwoliłam Modenie wyrzucić go razem z tymi świętymi książkami. To wszystko przez ciebie, Didier, i bardzo długo będziesz mnie za to przepraszać.

– Fanatycy – zauważył refleksyjnie Didier, ignorując wymówkę – zawsze mają takie samo głodne spojrzenie. Wyglądają na takich, co nigdy się nie masturbują, ale bez przerwy o tym myślą.

– Wiesz, Didier, szczerze cię kocham – wyjąkała Lettie poprzez perlisty śmiech. – Choć taki z ciebie odrażający padalec.

– Nie, kochasz go, ponieważ to jest odrażający palec.

– Padalec, kochanie, nie palec – poprawiła ją cierpliwie Lettie, wciąż ze śmiechem. – To padalec, a nie palec. Odrażający palec nie miałby sensu, nie sądzisz? Nie moglibyśmy go kochać lub nienawidzić, gdyby był odrażającym palcem, nawet gdybyśmy wiedzieli, co to znaczy.

– Przecież wiesz, że nie znam się na angielskich żartach – oznajmiła nieprzekonana Ulla. – Ale uważam, że on jednak jest wielki, brzydki, włochaty palec.

– Zapewniam cię – zaprotestował Didier – że moje palce – u rąk i stóp także – są wyjątkowo urodziwe.

Z ruchliwej nocnej ulicy wynurzyli się Karla, Maurizio i Hindus około trzydziestki. Maurizio i Modena przystawili stolik do naszego i cała nasza ósemka zamówiła drinki i jedzenie.

– Lin, Lettie, to mój przyjaciel Vikram Patel – oznajmiła Karla w chwili względnej ciszy. – Wrócił parę tygodni temu, po długich wakacjach w Danii, i chyba tylko wy go nie znacie.

Lettie i ja przedstawiliśmy się przybyszowi, ale tak naprawdę interesowałem się tylko Mauriziem i Karlą. Siedział u jej boku, naprzeciwko mnie, i opierał dłoń na oparciu jej krzesła. Pochylał się blisko niej i rozmawiali, niemal stykając się głowami.

Istnieje takie złe uczucie – coś mniej potężnego od nienawiści, ale silniejszego od niechęci – które przystojni mężczyźni budzą w brzydkich. Jest nieracjonalne i niesprawiedliwe, to jasne, ale istnieje, ukrywa się w długim cieniu zazdrości. Wypełza w blasku spojrzenia, kiedy zakochujesz się w pięknej kobiecie. Spojrzałem na Maurizia i trochę tego złego uczucia zaczęło mi wzbierać w sercu. Te jego proste białe zęby, gładka twarz i gęste, ciemne włosy zniechęciły mnie do niego szybciej i niezawodniej niż jakiekolwiek wady charakteru.

A Karla naprawdę była piękna; jej włosy, zwinięte we francuski kok, lśniły jak woda płynąca po czarnych rzecznych kamieniach, a zielone oczy błyszczały ożywieniem i wesołością. Miała na sobie hinduską tunikę z długimi rękawami – salwar – sięgającą poniżej kolan, gdzie muskała luźne spodnie z tego samego oliwkowego jedwabiu.

– Bawiłem się świetnie, *yaar* – mówił nowy, Vikram, kiedy wróciłem myślami do chwili obecnej. – Dania jest czadowa, super. Ludzie są bardzo wyrafinowani. Tacy, kurwa, opanowani. Nie wierzyłem własnym oczom. W Kopenhadze poszedłem do sauny. Kurewsko wielka, *yaar*, z mieszaną klientelą – kobiety, mężczyźni, razem, chodzą golusieńcy. Kompletnie, zupełnie goli. I nikt w ogóle nie reaguje. Nawet oka nie puszczają. W Indiach faceci by tego nie znieśli. Eksplodowaliby, mówię wam.

– A ty eksplodowałeś, kochanie? – spytała Lettie słodko.

– Żartujesz, kurwa? Tylko ja jeden jedyny miałem ręcznik na sobie i tylko mnie stanął.

– Nie rozumiem – powiedziała Ulla, kiedy przestaliśmy się śmiać. Było to stwierdzenie – ani skarga, ani prośba o wyjaśnienie.

– Słuchaj, chodziłem tam codziennie przez trzy tygodnie, *yaar* – ciągnął Vikram. – Myślałem, że jak tam spędzę więcej czasu, to przywyknę, jak ci wszyscy supermodni Duńczycy.

– Do czego? – spytała Ulla.

Vikram spojrzał na nią ze zdumieniem, a potem odwrócił się do Lettie.

– I na nic. Wszystko na marne. Po trzech tygodniach nadal musiałem nosić ręcznik. Choćbym tam chodził nie wiadomo jak często, jak tylko widziałem te bufory, kołyszące się w górę, na dół i na boki, to mi stawał. Co mam powiedzieć? Za bardzo jestem Hindus na takie rzeczy.

– To samo dotyczy Hindusek – zauważył Maurizio. – Nawet kiedy się kochają, nie da rady ich rozebrać do naga.

– No, nie zawsze – ciągnął Vikram. – Poza tym tutaj to faceci stanowią problem. Indyjskie kobiety są gotowe się zmienić. Młode indyjskie laseczki z klasy średniej dostały fioła na punkcie zmiany. Są wykształcone, chcą mieć krótkie włosy, krótkie sukienki, krótkie romanse. Są gotowe, ale faceci ich powstrzymują. Przeciętny Hindus ma dojrzałość seksualną czternastolatka.

– Co ty powiesz – mruknęła Lettie.

Kavita Singh przed chwilą podeszła do naszego stolika i stała za plecami Vikrama, kiedy dzielił się z nami wynurzeniami o Hinduskach. Z krótkimi, wymodelowanymi włosami, w dżinsach i białej bluzie z emblematem nowojorskiego uniwersytetu wyglądała jak normalna kobieta, fizyczny przykład słów Vikrama. Była autentyczna.

– Ależ z ciebie *chudd*, Vikkie – odezwała się, siadając naprzeciwko niego, po mojej prawej stronie. – Tak mówisz, ale jesteś nie lepszy od innych. Patrz, jak traktujesz własną siostrę, *yaar*, jeśli ośmieli się włożyć dżinsy i obcisły sweterek.

– Hej, to ja kupiłem tej siostrze obcisły sweter w Londynie rok temu! – zaprotestował Vikram.

– Ale nadal lamentujesz, kiedy siostra wkłada go do *jazz yatra, na*?

– No a skąd miałem wiedzieć, że ona go będzie nosić poza mieszkaniem? – zaprotestował słabo, budząc śmiech i kpiny reszty. A najgłośniej śmiał się on sam.

Vikram Patel był średniego wzrostu i budowy, ale tylko te z jego cech należały do przeciętnych. Jego przystojną, inteligentną twarz otaczały czarne włosy, gęste i kędzierzawe. Błyszczące i pełne ożywienia piwne oczy spoglądały z pewnością siebie, nos był długi i orli, a wąsik w stylu Zapaty spiczasty i nieskazitelnie wypielęgnowany. Ubierał się na czarno – kowbojskie buty, dżinsy, koszula i skórzana kamizelka – a na plecach miał płaski, czarny hiszpański kapelusz do flamenco, zwisający na rzemyku na szyi. Kowbojski krawat, pas z dolarowych monet i opaska na kapeluszu były ze srebra. Wyglądał jak bohater spaghetti westernów i one rzeczywiście były inspiracją dla jego stylu. Vikram miał obsesję na punkcie filmów Sergia Leone, *Dawno temu na Dzikim Zachodzie* i *Dobry, zły, brzydki*.

Później, kiedy lepiej go poznałem, kiedy patrzyłem, jak podbija serce ukochanej kobiety, i kiedy razem stanęliśmy, by walczyć z przeciwnikami, którzy chcieli mnie zabić, dowiedziałem się, że naprawdę jest bohaterem i że dorównuje każdemu ze swoich uwielbianych rewolwerowców.

Tego pierwszego wieczora, siedząc naprzeciwko niego, z zaskoczeniem patrzyłem, jak swobodnie czuje się w pozie czarnego kowboja. Vikram to taki człowiek, któremu na sercu leży kapelusz, powiedziała kiedyś Karla. Był to czuły żart i wszyscy to rozumieli, ale tkwiła w nim też krucha igiełka kpiny. Nie śmiałem się z innymi. Ludzie pokroju Vikrama, ludzie, którzy potrafią fantazyjnie nosić swoją obsesję, zawsze są bliscy memu sercu, podbitemu ich szczerością.

– Nie, naprawdę! – dodał. – W Kopenhadze jest taki klub, nazywają go telefonicznym. Są tam stoły, *yaar*, a każdy ma podświetlaną na czerwono liczbę. Jeśli przy stoliku dwunastym zobaczysz kogoś interesującego, naprawdę jakiś gorący towar, to wykręcasz numer dwunasty i rozmawiasz. Kurewsko zabójczy system, stary. W połowie przypadków nie wiesz, kto to ciebie dzwoni, a oni nie wiedzą, kim jesteś. Czasami gadasz przez godzinę i usiłujesz odgadnąć z kim, bo wszyscy inni też rozmawiają. A potem mówicie sobie, przy którym stoliku siedzicie. Nieźle się tam bawiłem, mogę was zapewnić. Ale gdyby chcieli urządzić coś takiego tutaj, nie przetrwałoby pięciu minut, bo nie mogliby tego opanować. Tak wielu facetów w Indiach to *chutias, yaar*. Zaczęliby przeklinać i mówić różne nieprzyzwoite rzeczy, kurewska dziecinada. I tyle. W Kopenhadze ludzie są o wiele fajniejsi i musimy przebyć cholernie daleką drogę, zanim ich dogonimy na skali fajności.

– Chyba już jest lepiej – wyrwała się Ulla. – Mam wrażenie, że Indie czeka dobra przyszłość. Jestem pewna, że wszystko będzie dobrze, lepiej niż teraz, i wielu ludziom będzie o wiele łatwiej żyć.

Wszyscy wytrzeszczyliśmy na nią oczy. Przy stoliku zapanowała cisza. Wstrząsnął nami ten wyraz uczuć młodej kobiety, która zarabiała na życie, świadcząc usługi seksualne Hindusom, wystarczająco bogatym, by ją wykorzystywać. Była wykorzystywana i przynajmniej ja spodziewałem się po niej więcej cynizmu. Optymizm to kuzyn miłości, a pod trzema względami dokładnie ją przypomina: jest nachalny, nie ma prawdziwego poczucia humoru i pojawia się tam, gdzie się go najmniej spodziewamy.

– Doprawdy, moja kochana, głupiutka Ulla nic się nie zmienia – oznajmił Didier, krzywiąc się z niesmakiem. – Jeśli tak cię rozpiera miłość bliźniego, zacznij pracować jako kelnerka albo sprzątaczka. Dwa najszybsze sposoby na wyrobienie w sobie zdrowej niechęci do gatunku ludzkiego i jego przeznaczenia to podawać żarcie albo sprzątać za minimalną stawkę. Wykonywałem oba te zawody w strasznych czasach, kiedy byłem zmuszony do zarabiania na życie pracą fizyczną. Wówczas dowiedziałem się, że tak naprawdę nic się nie zmienia. I prawdę mówiąc, jestem zadowolony. W lepszym albo gorszym świecie w ogóle bym nie zarabiał.

– Bzdura – rzuciła Lettie. – Sytuacja może się zmienić na lepsze i na o wiele gorsze. Spytaj ludzi ze slumsów. To eksperci w temacie, jak bardzo może się pogorszyć człowiekowi. Mam rację, Karla?

Wszyscy spojrzeliśmy na Karlę. Przez chwilę bawiła się swoją filiżanką, powoli obracała ją na spodeczku długim palcem wskazującym.

– Myślę, że wszyscy, jak tu siedzimy, musimy zapracować na swoją przyszłość – odezwała się powoli. – Sądzę, że przyszłość jest jak każda inna ważna sprawa. Trzeba na nią zapracować. Jeśli nie zapracujemy, nie będziemy mieć w ogóle przyszłości. A jeśli na nią nie zapracujemy, jeśli na nią nie zasłużymy, będziemy musieli żyć w teraźniejszości. Albo gorzej, w przeszłości. To chyba na tym polega miłość – to metoda zapracowania na przyszłość.

– A ja się zgadzam z Didierem – oznajmił Maurizio, kończąc posiłek szklanką wody z lodem. – Podoba mi się to, co jest teraz, i będę zadowolony, jeśli się nie zmieni.

– A ty? – spytała Karla, odwracając się do mnie.

– Co ja? – Uśmiechnąłem się.

– Gdybyś był szczęśliwy, naprawdę szczęśliwy, przez jedną chwilę, ale od samego początku wiedział, że to się skończy smutkiem i przyniesie ból, czy wybrałbyś to szczęście, czy je ominął?

Zwrócona na mnie uwaga i to pytanie wytrąciły mnie z równowagi i na chwilę speszyło mnie wyczekiwanie w milczeniu na moją odpowiedź. Miałem wrażenie, że Karla już zadawała komuś to pytanie i że jest to rodzaj testu. Może wszystkich obecnych przy stole już o to spytała. Może odpowiedzieli i teraz chcą usłyszeć moją odpowiedź. Nie byłem pewien, czego się po mnie spodziewa, ale prawda wyglądała tak, że samo życie odpowiedziało za mnie na to pytanie. Dokonałem wyboru, uciekając z więzienia.

– Wybrałbym szczęście – powiedziałem i otrzymałem w nagrodę jej półuśmiech pełen zrozumienia lub rozbawienia – a może obu tych uczuć.

– A ja nie – odezwała się Ulla, marszcząc brwi. – Nienawidzę smutku. Nie mogę go znieść. Wolałabym w ogóle nic nie mieć, niż być choćby trochę smutna. Pewnie dlatego tak bardzo lubię spać, *na*? We śnie trudno być naprawdę smutnym. We snach jesteś szczęśliwy, boisz się i gniewasz, ale trzeba się dobrze obudzić, żeby być smutnym, nie sądzicie?

– Popieram cię – zgodził się Vikram. – Na tym świecie jest za dużo, kurwa, smutku, *yaar*. Dlatego wszyscy bez przerwy chodzą tacy nawaleni. A ja to już na pewno.

– Mmmm... nie, ja się zgadzam z tobą, Lin – dodała Kavita, choć nie wiem, czy zgadzała się ze mną, czy też z przyzwyczajenia sprzeciwiała się Vikramowi. – Jeśli masz szansę na prawdziwe szczęście, musisz ją wykorzystać bez względu na koszt.

Didier zaczął się niepokoić, zirytowany obrotem rozmowy.

– Robicie się zbyt poważni.

– Ja nie! – zaprotestował ugodzony do żywego Vikram.

Didier przeszył go spojrzeniem, któremu towarzyszyło uniesienie brwi.

– Komplikujecie sprawy bardziej, niż to konieczne. A to wszystko jest bardzo proste. Na początku baliśmy się wszystkiego – zwierząt, pogody, drzew, nocnego nieba – wszystkiego z wyjątkiem siebie nawzajem. Teraz boimy się siebie nawzajem i niemal niczego innego. Nikt nie wie, dlaczego pozostali robią to, co robią. Nikt nie mówi prawdy. Nikt nie jest szczęśliwy. Nikt nie jest bezpieczny. W obliczu tego, co tak bardzo jest nie tak z tym światem, najgorsze, co możesz zrobić, to przeżyć. A jednak przeżyć musisz. To ten dylemat sprawia, że wierzymy i czepiamy się złudzenia, że mamy duszę i że istnieje jakiś Bóg, któremu zależy na jej losie. I to wszystko!

Odchylił się w krześle i obiema rękami podkręcił wąs à la d'Artagnan.

– Nie wiem, co on powiedział – wymamrotał Vikram – ale jakoś się z nim zgadzam, a jednocześnie jestem obrażony.

Maurizio podniósł się do wyjścia. Położył rękę na ramieniu Karli, a do nas odwrócił się z olśniewającym uśmiechem, serdecznym i czarującym. Nie mogłem nie podziwiać tego uśmiechu, choć starałem się Maurizia za niego znienawidzić.

– Nie daj sobie zamieszać w głowie, Vikram – rzucił miło. – Didier potrafi mówić tylko na jeden temat – samego siebie.

– A jego przekleństwem jest to – dodała szybko Karla – że ten temat jest tak fascynujący.

– *Merci*, Karla, kochanie – wymamrotał Didier, składając jej lekki ukłon.

– *Allora*, Modena, idziemy. Może spotkamy się później, w „Prezydencie", *si*? *Ciao!*

Pocałował Karlę w policzek, włożył przeciwsłoneczne ray-bany i wyszedł w tłoczną noc z Modeną u boku. Hiszpan przez cały wieczór nie odezwał się ani razu ani nawet nie uśmiechnął. Ale kiedy ich sylwetki znikały w tłumie na ulicy, dostrzegłem, że mówi do Maurizia z zaangażowaniem, wymachując pięścią. Patrzyłem za nimi, dopóki nie znikli, i z zaskoczeniem i pewnym wstydem usłyszałem Lettie, wypowiadającą głośno najpodlejszą z moich myśli.

– Nie jest taki super, jak wygląda – warknęła.

– Nikt nie jest taki super, jak wygląda – odparła Karla z uśmiechem, przykrywając rękę Lettie swoją dłonią.

– Nie lubisz już Maurizia? – spytała Ulla.

– Nienawidzę go. Nie, nie nienawidzę. Ale nim pogardzam. Robi mi się niedobrze na jego widok.

– Moja kochana Letitio... – zaczął Didier, ale Karla mu przerwała.

– Nie teraz, Didier. Daj spokój.

– Nie wiem, jak mogłam być tak głupia – warknęła Lettie, zaciskając zęby.

– *Na ja...* – powiedziała powoli Ulla. – Nie chcę mówić „a nie mówiłam, ale...".

– A czemu nie? – spytała Kavita. – Ja uwielbiam mówić „a nie mówiłam". Mówię Vikramowi „a nie mówiłam" co najmniej raz na tydzień. Wolę „a nie mówiłam" od czekolady.

– A ja go lubię – wtrącił Vikram. – Wiecie, że jest fantastycznym jeźdźcem? Jeździ jak Clint Eastwood, *yaar*. W zeszłym tygodniu widziałem go w Chowpatty, jechał konno po plaży z taką fantastyczną blondyną, laską ze Szwecji. Wyglądał dokładnie jak Clint w *Mścicielu*, no mówię wam. Kurwa, bosko.

– No pięknie, więc umie jeździć konno – odparła Lettie. – Jak mogłam go tak źle ocenić? W takim razie wszystko cofam.

– Ma też czadowe hi-fi w mieszkaniu – dodał Vikram, najwyraźniej nieświadomy jej stanu. – I cholernie fajne włoskie filmy.

– Dość tego! Wychodzę – oznajmiła Lettie. Wstała, sięgnęła po torebkę i książkę. Ze wzburzeniem potrząsała rudymi włosami, które łagodnymi falami opływały twarz. Jasna skóra była tak idealnie napięta na łagodnych konturach twarzy w kształcie serca, że przez chwilę, w tym jaskrawym białym świetle Lettie wyglądała jak rozgniewana marmurowa Madonna i przypomniałem sobie słowa Karli: „Lettie jest najbardziej uduchowiona z nas wszystkich...".

Vikram zerwał się w ślad za nią.

– Odprowadzę cię do hotelu. Idę w twoją stronę.

– Czyżby? – Lettie odwróciła się do niego tak gwałtownie, że się wzdrygnął. – Czyli w którą?

– E... e... idę tak jakby wszędzie, *yaar*. To będzie bardzo długi spacer. Więc... więc... gdziekolwiek pójdziesz, pójdę w twoją stronę.

– No dobrze, skoro musisz – mruknęła. Miała zaciśnięte zęby, a oczy iskrzyły się błękitem. – Karla, kochanie, do zobaczenia w „Tadź", jutro, na kawie. Przyrzekam, że tym razem się nie spóźnię.

– Przyjdę – zgodziła się Karla.

– Do zobaczenia wszystkim! – zawołała Lettie, machając.

– Tak, ja też do zobaczenia! – rzucił Vikram i popędził za nią.

– Wiesz, w Letitii najbardziej podoba mi się to – powiedział Didier w zamyśleniu – że nie ma w sobie ani odrobiny Francji. Nasza kultura, kultura Francji, jest tak silna i sugestywna, że niemal wszyscy, cały świat, są choćby odrobinę Francuzami. Ale Letitia to najbardziej niefrancuska kobieta na świecie.

– Aleś ty gadatliwy – zauważyła Kavita. – Dziś bardziej niż na ogół. O co chodzi: zakochałeś się czy odkochałeś?

Westchnął i spuścił wzrok na swoje dłonie, złożone jedna na drugiej.

– I to, i to. Jestem bardzo smutny. Federico – znasz go – odnalazł wiarę. Straszna rzecz, i bardzo mnie to zraniło, wyznaję ze smutkiem. Prawdę mówiąc, jego świętość złamała mi serce. Ale dość tego. Imtiaz Dharker ma nową wystawę u Dżahangira. Jej prace są zawsze zmysłowe i trochę niegrzeczne i sprawiają, że znowu jestem sobą. Kavita, chciałabyś ze mną pójść?

– Jasne. – Uśmiechnęła się. – Z radością.

– Odprowadzę was do Regal Junction. – Ulla westchnęła. – Muszę się spotkać z Modeną.

Wstali, pożegnali się i ruszyli w stronę łuku wychodzącego na Causeway, ale wówczas Didier wrócił i stanął obok mnie. Położył mi rękę na ramieniu, jakby dla zachowania równowagi, i uśmiechnął się do mnie z zaskakującą czułością.

– Pojedź z nim – powiedział. – Pojedź z Prabakerem do tej wioski. Każde miasto świata ma w sercu wioskę. Nigdy nie zrozumiesz miasta, jeśli najpierw nie zrozumiesz wioski. Pojedź tam. A kiedy wrócisz, zobaczę, co z tobą zrobiły Indie. *Bonne chance!*

Oddalił się pospiesznie i zostałem sam z Karlą. Dopóki on i pozostali siedzieli przy stoliku, restauracja była hałaśliwa. Nagle wszystko ucichło albo tak mi się zdawało i nabrałem wrażenia, że każde moje słowo odbija się echem od stolika do stolika w tym wielkim pomieszczeniu.

– Opuszczasz nas? – spytała Karla, miłosiernie biorąc na siebie rozpoczęcie rozmowy.

– Hm. Prabaker zaprosił mnie na wycieczkę do wioski swoich rodziców. Nazywa to „swoją rdzenną wioską".

– I pojedziesz?

– Tak, tak, chyba tak. To pewien zaszczyt taka propozycja, tak sądzę. Powiedział, że raz na pół roku wraca do wioski, by złożyć rodzicom wizytę. Robił tak od dziewięciu lat, odkąd pracuje w bombajskiej turystyce. Ale jestem pierwszym cudzoziemcem, którego zaprosił.

Mrugnęła do mnie; zawiązek uśmiechu poruszył kącikami jej ust.

– Może nie jesteś pierwszy. Może jesteś pierwszym jego turystą na tyle szalonym, żeby się naprawdę zgodzić, ale to na jedno wychodzi.

– Myślisz, że przyjęcie zaproszenia to szaleństwo?

– Wcale nie! A przynajmniej prawidłowe szaleństwo, takie jak nasze. Gdzie jest ta wioska?

– Właściwie nie wiem. Gdzieś na północy. Powiedział, że trzeba jechać pociągiem i dwoma autobusami.

– Didier ma rację. Musisz pojechać. Jeśli chcesz tu zostać, w Bombaju, tak jak twierdzisz, powinieneś spędzić trochę czasu w wiosce. Wioska jest kluczem.

Mijający nas kelner przyjął nasze ostatnie zamówienie i po chwili przyniósł bananowe *lassi* dla Karli i czaj dla mnie.

– Ile trzeba czasu, żeby poczuć się tu swobodnie? No wiesz, ty zawsze jesteś taka odprężona i jak u siebie. Jakbyś się tu urodziła.

– No, nie wiem. To jest moje miejsce, jeśli mnie rozumiesz, i wiedziałam to od pierwszego dnia, od pierwszych godzin. Więc w pewnym sensie czułam się swobodnie od samego początku.

– Śmieszne, że to mówisz. Sam się czułem podobnie. Godzinę po wylądowaniu miałem niewiarygodnie silne uczucie, że to dla mnie właściwe miejsce.

– Przypuszczam, że prawdziwy przełom przyszedł z językiem. Kiedy zaczęłam śnić w hindi, zrozumiałam, że jestem w domu. Od tego momentu wszystko znalazło się na swoim miejscu.

– Więc klamka zapadła? Zostaniesz tu na zawsze?

– Nie ma czegoś takiego jak „na zawsze" – odpowiedziała jak zwykle powoli i z namysłem. – Nie wiem, dlaczego używamy tego słowa.

– Wiesz, o co mi chodzi.

– Aha. Aha. No, zostanę, dopóki nie dostanę tego, czego chcę. I może potem pojadę gdzie indziej.

– A czego chcesz?

Zmarszczyła brwi w zamyśleniu i popatrzyła mi prosto w oczy. Był to wyraz, który z czasem dobrze poznałem i zdawał się mówić: „Jeśli musisz pytać, nie masz prawa do odpowiedzi".

– Chcę wszystkiego – powiedziała ze słabym, krzywym uśmiechem. – Wiesz, kiedyś powiedziałam to przyjacielowi, a on na to, że najlepszą sztuczką w życiu jest chcieć niczego i dostać to.

Później przepchnęliśmy się przez tłum na Causeway i Strand i ruszyliśmy pod liściastym sklepieniem pustych ulic za ucichłym na noc targiem w Kolabie, wreszcie zatrzymaliśmy się przy ławeczce pod wielkim wiązem w pobliżu mieszkania Karli.

– To prawdziwy paradygmat – powiedziałem, starając się wyjaśnić to, o czym mówiłem po drodze. – Kompletnie odmienny sposób patrzenia na rzeczy i myślenia o nich.

– Masz rację. Właśnie tak.

– Prabaker zabrał mnie do czegoś w rodzaju hospicjum, starego bloku koło szpitala Świętego Jerzego. Był pełen chorych i umierających, którym dano kawałek podłogi, by mogli na nim umrzeć. A właściciel tego miejsca, który ma tam reputację kogoś w rodzaju świętego, chodził i oznaczał ludzi symbolami liczby użytecznych narządów. To był ogromny bank narządów, pełen żywych ludzi, którzy płacą za przywilej zgonu w cichym, czystym miejscu, nie na ulicy, własnymi narządami. Wszyscy ci ludzie byli mu żałośnie wdzięczni. Wielbili go. Spoglądali na niego z miłością.

– Przez te dwa tygodnie Prabaker nieźle dał ci w kość, co?

– No, były i gorsze rzeczy. Ale prawdziwy problem polega na tym, że nie można nic zrobić. Widzi się dzieci, które... no, mają wielkie kłopoty, widzi się ludzi ze slumsów – zabrał mnie do swoich slumsów i ten smród otwartej latryny, i beznadziejny chaos, i ci ludzie, gapiący się od progu chat i... i nie można niczego zmienić. Nie masz na to wpływu. Musisz się pogodzić z tym, że może być gorzej i nigdy nie będzie dużo lepiej, a ty jesteś kompletnie bezradny w obliczu tych faktów.

– Dobrze wiedzieć, co jest nie tak z tym światem – odezwała się Karla po chwili. – Ale równie ważne jest wiedzieć, że czasami, choć jest bardzo źle, nie masz na to wpływu. Na tym świecie jest wiele złych rzeczy, które tak naprawdę nie są aż tak złe, dopóki nikt nie próbuje ich zmieniać.

– Nie wiem, czy chcę w to wierzyć. Zdaję sobie sprawę, że masz rację. Wiem, że czasem pogarszamy sytuację, choć bardzo staramy się ją poprawić. Ale chcę wierzyć, że jeśli będziemy postępować jak należy, wszystkich i wszystko można zmienić na lepsze.

– Wiesz, dzisiaj spotkałam Prabakera. Kazał mi spytać cię o wodę, cokolwiek to znaczy.

– A, tak. – Roześmiałem się. – Wczoraj wyszedłem z hotelu na spotkanie z Prabakerem. Ale na klatce schodowej byli Hindusi i jeden za drugim nieśli na głowach wielkie dzbany z wodą, i wchodzili po schodach. Musiałem się cofnąć pod ścianę, żeby ich przepuścić. Na dole zobaczyłem wielką drewnianą beczkę na metalowych kółkach. Coś w rodzaju cysterny. Jeden facet zanurzał wiadro w beczce i napełniał wodą wielkie dzbany. Gapiłem się na niego bardzo długo, a tamci faceci wiele razy kursowali po schodach. Kiedy zjawił się Prabaker, spytałem, co robią. Powiedział, że to woda na mój prysznic. Że woda na prysznic pochodzi ze zbiornika na dachu, a ci ludzie napełniają go dzbanami.

– Oczywiście.

– Tak, ty to wiesz i ja to także już wiem, ale wczoraj usłyszałem o tym po raz pierwszy w życiu. W tym upale nabrałem zwyczaju brania prysznica trzy razy dziennie. Nie przyszło mi do głowy, że ludzie muszą wchodzić na szóste piętro, żeby napełnić ten cholerny zbiornik, bym ja mógł brać prysznic. Poczułem się strasznie, wiesz? Powiedziałem Prabakerowi, że nigdy więcej nie wykąpię się w tym hotelu. Nigdy.

– A on co powiedział?

– Powiedział: „Nie, nie, nie rozumiesz". Nazwał to „ludzką robotą". Tylko dzięki takim turystom jak ja ci ludzie mają pracę. I powiedział, że każdy z nich utrzymuje ze swoich zarobków rodzinę. „Powinieneś brać trzy prysznice, cztery prysznice, nawet pięć pryszniców codziennie".

Pokiwała głową.

– Potem kazał mi obserwować tych mężczyzn, którzy znowu wyruszyli w miasto, pchając cysternę. I chyba rozumiem, o co mu chodziło, co chciał mi pokazać. To byli silni faceci. Silni, dumni i zdrowi. Nie żebrali i nie kradli. Ciężko pracowali na chleb i byli z tego dumni. Kiedy znaleźli się na ulicy, z tymi silnymi mięśniami, i kiedy młode dziewczyny zaczęły rzucać im ukradkowe spojrzenia, podnieśli głowy i spojrzeli prosto przed siebie.

– I nadal bierzesz w hotelu prysznic?

– Trzy razy dziennie. – Roześmiałem się. – Powiedz, dlaczego Lettie jest taka zła na Maurizia?

Spojrzała na mnie, zajrzała mi prosto w oczy – drugi raz tego wieczoru.

– Lettie ma znajomego w rejestracji cudzoziemców. To oficer policji, ma obsesję na punkcie szafirów, a Lettie dostarcza mu je po cenie hurtowej albo trochę niższej. Czasami w zamian za tę... przysługę... może załatwić przedłużenie wizy – niemal na czas nieokreślony. Maurizio chciał, żeby mu przedłużyła wizę na następny rok. Pozwolił jej sądzić, że jest w niej zakochany – no, można powiedzieć, że ją uwiódł – a kiedy dostał to, czego chciał, rzucił ją.

– Lettie jest twoją przyjaciółką...

– Ostrzegałam ją. Maurizia nie należy kochać. Można z nim robić wszystko, byle go nie kochać. Nie posłuchała.

– Nadal lubisz Maurizia? Choć tak potraktował twoją przyjaciółkę?

– Maurizio postąpił zgodnie z moimi przewidywaniami. W jego pojęciu była to wymiana uczucia za wizę i transakcja była uczciwa. Ze mną by się na to nie odważył.

– Boi się ciebie? – spytałem z uśmiechem.

– Tak, chyba trochę. Między innymi dlatego go lubię. Nie mogłabym szanować człowieka, który nie ma dość rozsądku, by się mnie chociaż trochę bać.

Wstała, a ja wstałem razem z nią. W świetle latarni jej zielone oczy były klejnotami pożądania, mokrymi od światła. Jej usta wygięły się w półuśmiechu, który należał do mnie – ta chwila należała tylko do mnie – a ten żebrak, moje serce, poczuł nadzieję i zaczął błagać.

– Jutro – powiedziała – kiedy pojedziesz do wioski Prabakera, postaraj się kompletnie odpuścić i poddać temu doświadczeniu. Po prostu... odpuść sobie. W Indiach czasami trzeba się poddać, zanim się wygra.

– Zawsze masz jakąś mądrą radę, co? – zauważyłem z cichym śmiechem.

– Ta nie jest mądra. Myślę, że mądrość to tylko spryt wypatroszony z odwagi. Wolałabym być sprytna niż mądra. Większość znanych mi mędrców to przykre osobniki, ale jeszcze nie poznałam sprytnego mężczyzny czy kobiety, których bym nie polubiła. Gdybym chciała dać ci mądrą radę – których nie daję – powiedziałabym: nie upijaj się, nie wydaj wszystkich pieniędzy i nie zakochaj się w jakiejś ładnej wieśniaczce. To by było mądre. Oto różnica między sprytnym i mądrym. Wolę spryt i dlatego kazałam ci się poddać, choćby cię w tej wiosce spotkało nie wiadomo co. Dobrze, zbieram się. Spotkaj się ze mną po powrocie. Będę czekała. Naprawdę.

Pocałowała mnie w policzek i odwróciła się. Nie mogłem usłuchać impulsu, który kazał mi chwycić ją w ramiona i pocałować w usta. Odprowadziłem ją wzrokiem, jej ciemną sylwetkę, będącą częścią nocy. Potem weszła w ciepłe, żółte światło przy drzwiach swego mieszkania i zupełnie jakby moje oczy ożywiły jej cień, jakby moje serce nadało jej kolory i światło miłości. Odwróciła się, zobaczyła mnie i cicho zamknęła drzwi.

Ta ostatnia godzina z nią była próbą borsalina, byłem tego pewien, i przez całą drogę do hotelu zadawałem sobie pytanie, czy ją zdałem. Nadal się nad tym zastanawiam – po tylu latach – i ciągle nie wiem.

ROZDZIAŁ 5

Długie, płaskie międzynarodowe perony na Victoria Terminus ciągnęły się aż po horyzont pod metalową osłoną sklepionych sufitów. Cherubinami tego architektonicznego nieba były gołębie, tak wysoko przelatujące z trzepotem z grzędy na grzędę, że ledwie je widziałem; dalekie, niebiańskie byty złożone z lotu i białego światła. Wielki dworzec – ci, którzy korzystają z niego codziennie, nazywają go V.T. – słusznie słynął z misternych ornamentów na fasadach, wieżach i zabudowaniach zewnętrznych. Ale najbardziej wysublimowane piękno według mnie znajdowało się w katedralnym wnętrzu. Tu ograniczenia funkcjonalności spotykały się z ambicjami sztuki, a miejsce dla wizji miało takie samo znaczenie jak miejsce dla podróżnych.

Przez długą godzinę siedziałem wśród naszych bagaży na międzynarodowym peronie od strony ulicy. Była szósta wieczorem, a dworzec pękał w szwach od ludzi, waliz, tłumoków i bogatej kolekcji zwierząt – żywych i takich, które niedawno pożegnały się z tym światem.

Prabaker wbiegł w tłum kłębiący się między dwoma stojącymi pociągami. Już po raz piąty. Potem, po kilku minutach, po raz piąty wrócił galopem.

– Na Boga, Prabu! Siadaj!

– Nie mogę siadać, Lin.

– Więc wsiądźmy do tego pociągu.

– Nie mogę wsiadać też. Nie pora wsiadać do pociągu.

– A... kiedy będzie pora?

– Chyba... za malutką troszeczkę bardzo wkrótce, a niedługo. Słuchaj! Słuchaj!

Głośnik coś powiedział. Możliwe, że po angielsku. Brzmiało to jak bełkot rozgniewanego pijaka, zwielokrotniony przez jedyne w swoim rodzaju zniekształcenia starych głośników w kształcie lejka. Prabaker nasłuchiwał, a na jego twarzy malowała się cała gama uczuć od lęku po ból.

– Teraz! Lin, teraz! Szybko! Spieszmy się! Spiesz się!

– Czekaj, czekaj. Najpierw przez ciebie sterczę tu godzinami jak posąg Buddy, a teraz nagle mam się spieszyć?

– Tak, *baba*. Nie ma czasu robić Buddę – za wyproszeniem świętości. Teraz czas robić wielki bieg. On nadchodzi!

– Kto nadchodzi?

Prabaker spojrzał na peron. Komunikat, cokolwiek oznaczał, miał piorunujący wpływ na tłum, który rzucił się na dwa stojące pociągi, ludzie wciskali siebie i pakunki w drzwi i okna. Z kipieli ciał wyłonił się człowiek, który ruszył w naszą stronę. Był ogromny, jeden z największych znanych mi ludzi. Miał ze dwa metry wzrostu, potężną muskulaturę i długą, gęstą brodę spływającą na szeroką pierś. Nosił uniform bombajskiego tragarza – czapka, koszula i szorty z surowego czerwono-oliwkowego płótna.

– On! – oznajmił Prabaker, wpatrując się w olbrzyma z uwielbieniem i zgrozą. – Ty z nim teraz idziesz, Lin.

Tragarz, mający duże doświadczenie z cudzoziemcami, zapanował nad sytuacją. Wyciągnął do mnie ręce. Myślałem, że chce się przywitać, więc także wyciągnąłem swoją, ale on odtrącił ją ze spojrzeniem niepozostawiającym żadnych wątpliwości, jak wielką odrazę wzbudził w nim ten gest. Potem wziął mnie pod pachy, podniósł i odsunął sobie z drogi.

Kiedy się waży dziewięćdziesiąt kilo, człowiek czuje się dziwnie, a nawet zachwycająco dziwnie, kiedy inny mężczyzna podniesie go bez wysiłku. W tym momencie postanowiłem, że będę współpracować z tragarzem na wszystkie możliwe sposoby.

Kiedy olbrzym umieścił sobie na głowie mój ciężki plecak i zebrał resztę bagaży, Prabaker ustawił mnie za jego plecami i chwycił w garść jego czerwoną koszulę.

– Masz, Lin, utrzymaj się jego koszuli – pouczył mnie. – Utrzymaj się i nie opuszczaj tej koszuli. Daj mi głęboką i specjalną obietnicę. Nigdy nie opuścisz tej koszuli.

Minę miał tak niezwykle poważną i przejętą, że skinąłem głową i chwyciłem tragarza za koszulę.

– Nie, wypowiedz to też! Wypowiedz te słowa – nigdy nie opuszczę tej koszuli. Szybko!

– Och, jak rany... No dobra – nigdy nie opuszczę tej koszuli. Jesteś zadowolony?

– Do widzenia, Lin! – krzyknął Prabaker i rzucił się w kipiący tłum.

– Co? Co? A ty dokąd? Prabu? Prabu!

– Okay! Ruszamy! – ryknął tragarz głosem, który równie dobrze mógłby się dobywać z niedźwiedziej groty i lufy zardzewiałej armaty.

Ruszył w tłum, ciągnąc mnie za sobą i przy każdym kroku wymierzając kopniaki potężnymi kolanami. Tłum pierzchał przed nim czym prędzej. Kto się ociągał, frunął w powietrzu.

Grożąc, przeklinając i ubliżając, tragarz wydeptywał ścieżkę w gęstym tłumie. Przy każdym ruchu jego potężnych nóg ludzie padali pokotem. W samym środku tłumu wrzask był tak głośny, że czułem go na skórze. Ludzie darli się jak ofiary katastrofy. Z głośników atakowały porażające i niezrozumiałe obwieszczenia. Nieustannie wyły syreny, dzwoniły dzwonki, gwizdały gwizdki.

Dotarliśmy do wagonu, podobnie jak inne pękającego w szwach, a drzwi blokował niewzruszony mur ciał. Powstała szczelna zapora nóg, pleców i głów. Zdumiony, i ani trochę niezawstydzony, wisiałem na tragarzu, który pracowicie kolanami torował sobie drogę do wejścia.

W końcu jego nieubłagany marsz naprzód ustał. Byliśmy na środku wagonu. Sądziłem, że tłum stał się zbyt gęsty nawet dla tego Robocopa. Wpiłem się w jego koszulę, by za żadne skarby nie rozdzielić się z nim, gdyby znowu ruszył. Stopniowo dotarło do mnie, że przez wściekły hałas duszącego tłumu dobiega mnie natarczywa i umęczona mantra: *sarr... sarr... sarr... sarr... sarr...*

W końcu uświadomiłem sobie, że to mówi mój tragarz. Nie poznałem słowa, które powtarzał z takim niepokojem, ponieważ nie przywykłem, żeby się do mnie tak zwracano: sir.

– Sir! Sir! Sir! – huczał tragarz.

Puściłem jego koszulę i powiodłem wokół wzrokiem, który natychmiast zatrzymał się na Prabakerze, rozciągniętym jak długi na całej ławce. Wdarł się do wagonu przed nami, zajął miejsce i bronił go własnym ciałem. Nogi owinął wokół oparcia po jednej stronie, ręce zacisnął na oparciu od strony okna. Do przedziału wpadło pół tuzina podróżnych i każdy z wściekłością usiłował go oderwać od oparć. Ciągnęli go za włosy, szturchali, kopali i bili po twarzy. Prabaker nie mógł się bronić, ale kiedy nasze spojrzenia się spotkały, przez grymas bólu przebił się triumfalny uśmiech.

Rzuciłem się na mężczyzn, chwyciłem ich za kołnierze i odtrąciłem z mocą, która rodzi się ze słusznego gniewu. Prabaker usiadł, a ja zająłem miejsce obok niego. Natychmiast rozpoczęła się bójka o zwolnione miejsce obok nas. Tragarz rzucił nam bagaż do stóp. Twarz, włosy i koszula ociekały mu potem. Skinął głową Prabakerowi, oddając mu szacunek. A ten był równie wielki – jego gniewne oczy nie pozostawiały co do tego wątpliwości – jak pogarda dla mnie. Potem przepchnął się przez tłum aż do samych drzwi, wykrzykując obelgi.

– Ile mu zapłaciłeś?

– Czterdzieści rupii, Lin.

Czterdzieści rupii. Ten człowiek wdarł się do wagonu z całym naszym bagażem za dwa dolary amerykańskie.

– Czterdzieści!

– Tak. – Prabaker westchnął. – Bardzo drogo. Ale takie dobre kolana są bardzo dobre. Ma sławne kolana, wiesz. Wielu przewodników się ubiega o te jego dwa kolana. Ale przekonałem go, żeby nam pomagał, bo mu powiedziałem, że jesteś – nie wiem, jak to powiedzieć po angielsku – że masz niepełny rozum.

– Upośledzony umysłowo. Powiedziałeś, że jestem upośledzony umysłowo?

– Nie, nie. – Zmarszczył brwi, zastanawiając się. – Chyba dobrzejsze jest słowo „głupi".

– Powiedzmy to wprost: powiedziałeś mu, że jestem głupi, i dlatego zgodził się nam pomóc.

– Tak. – Prabaker się rozpromienił. – Ale nie tylko troszkę głupi. Powiedziałem, że jesteś bardzo, bardzo, bardzo, bardzo, bardzo...

– Dobra, już łapię.

– Więc cena była dwadzieścia rupii za jedno kolano. A teraz mamy tu to oto dobre siedzenie.

– Nic ci nie jest? – spytałem, zły, że ucierpiał z mojego powodu.

– Nic, *baba*. Parę siniaków zyska moje całe ciało, lecz nic nie jest złamane.

– Coś ty najlepszego zrobił? Dałem ci pieniądze na bilety. Mogliśmy usiąść w drugiej albo pierwszej klasie jak cywilizowani ludzie. Co my tu robimy?

Spojrzał na mnie z naganą i rozczarowaniem w wielkich, jasnobrązowych oczach. Wyjął z kieszeni zwitek banknotów i oddał mi.

– To reszta za bilety. Każdy może kupić bilety pierwszej klasy. Jeśli chcesz kupić bilety pierwszej klasy, możesz kupić sam. Nie potrzebujesz bombajskiego przewodnika, żeby kupić bilety w wygodnych, pustych wagonach. Ale potrzebujesz bardzo znakomitego bombajskiego przewodnika jak ja, jak Prabaker Kishan Kharre, by dostać się do tego wagonu na dworcu V. T. i dostać dobre miejsca, tak? To moja praca.

– Oczywiście. – Złagodniałem, choć nadal byłem na niego zły, bo miałem wyrzuty sumienia. – Ale proszę cię, nie dawaj się już bić do końca podróży tylko po to, żebym miał gdzie siedzieć, dobrze?

Przez chwilę zastanawiał się, marszcząc brwi, a potem znowu się rozpromienił, a jego znajomy uśmiech roziskrzył mroczny przedział.

– Jeśli bić się będzie absolutnie trzeba – powiedział, twardo i życzliwie negocjując warunki swojej pracy – zakrzyczę jeszcze głośniej i wtenczas przybędziesz uratować moje siniaki. Umowa postoi?

– Postoi. – Westchnąłem, a pociąg nagle szarpnął i ze zgrzytem zaczął wyjeżdżać z dworca.

W chwili gdy pociąg ruszył, wrzaski, bójki i przepychanki ustały jak nożem uciął, a na ich miejscu zjawiła się wystudiowana, wytworna uprzejmość, która towarzyszyła nam do końca podróży.

Mężczyzna naprzeciwko mnie poruszył się, przypadkiem dotykając mnie nogą. Było to zaledwie muśnięcie, prawie niewyczuwalne, ale on natychmiast dotknął czubkami palców prawej ręki mego kolana, a potem swojej piersi – indyjski gest przeprosin za niezamierzoną obrazę. W całym przedziale i na korytarzu pasażerowie odnosili się do siebie z równym szacunkiem i życzliwością.

Początkowo, podczas tej pierwszej podróży z miasta do Indii, takie nagłe ataki uprzejmości po brutalnych przepychankach podczas wsiadania do pociągu doprowadzały mnie do furii. Wydawało mi się, że to hipokryzja – robić takie ceregiele z powodu dotknięcia stopy, kiedy parę minut wcześniej byli gotowi powyrzucać się przez okna.

Teraz, wiele lat i wiele podróży po tej pierwszej wyprawie zatłoczonym wiejskim pociągiem, wiem, że dzikie walki i dworna uprzejmość to wyraz tej samej filozofii: doktryny konieczności. Na przykład stopień przemocy, konieczny do zajęcia miejsca w pociągu, był nie większy i nie mniejszy od stopnia uprzejmości i troski koniecznych do uczynienia tej niewygodnej podróży w tłoku możliwie najprzyjemniejszą. Czym jest konieczność? To w Indiach pytanie, którego nikt nie zadaje, lecz nie da się go uniknąć. Kiedy to zrozumiałem, liczne charakterystycznie zdumiewające aspekty życia publicznego stały się dla mnie zrozumiałe: od władz miasta, akceptujących rozprzestrzenianie się slumsów, po swobodę, z jaką krowy wchodzą w sam środek ulicznego ruchu; od tolerowania żebraków na ulicy po zawiłość biurokracji; i od fantastycznego, bezwstydnego eskapizmu bollywoodzkich filmów po przyjmowanie setek tysięcy uchodźców z Tybetu,

Iranu, Afganistanu, Afryki i Bangladeszu do kraju, w którym jest i tak za dużo smutków i potrzeb.

Zacząłem rozumieć, że prawdziwa hipokryzja jest w oczach, głowach i krytyce tych, którzy przybywają z krajów dostatku, gdzie nikt nie musi walczyć o miejsce w pociągu. Już podczas tej pierwszej podróży zrozumiałem w głębi serca, że Didier miał rację, porównując Indie i miliard ich mieszkańców z Francją. Miałem zgodne z jego przekonaniem przeczucie, że gdyby na tak ciasnej przestrzeni znalazł się miliard Francuzów, Australijczyków czy Amerykanów, walka przy wsiadaniu do pociągu byłaby dużo gwałtowniejsza, a późniejsza uprzejmość znacznie mniejsza.

I rzeczywiście uprzejmość i życzliwość, okazywane przez ludzi ze wsi, podróżujących kupców, wędrownych robotników i powracających synów, ojców i mężów, uczyniły tę podróż znośną, pomimo tłoku i nieustannie rosnącego upału. Każdy dostępny centymetr miejsca był zajęty, nawet mocne metalowe półki bagażowe nad naszymi głowami. Na korytarzu ludzie na zmianę siedzieli lub kucali na wyznaczonym i oczyszczonym w tym celu kawałku podłogi. Każdy czuł co najmniej dwa napierające na niego ciała – a jednak nikt nie okazał niezadowolenia czy złego humoru.

Jednak kiedy po czterech godzinach podróży ustąpiłem miejsca staruszkowi z grzywą siwych włosów i okularami o szkłach grubych jak w wojskowej lornetce, Prabaker poczuł się sprowokowany do urażonej desperacji.

– Tak bardzo walczyłem z miłymi ludziami o twoje siedzenie! A ty je oddajesz, jakbyś spluwał *paanem*, i wstajesz w przejściu, i w dodatku na swych nogach.

– Daj spokój, Prabu. Przecież to staruszek. Nie pozwolę, żeby stał, kiedy ja siedzę.

– To łatwe – wystarczy nie patrzeć na starą osobistość. Jeśli stoi, nie patrzę, jak stoi. To tylko jego interes, to stanie, i nie ma nic do twojego siedzenia.

– Taki już jestem – odparłem, śmiejąc się z zażenowaniem, bo Prabu zwracał się wprost do całego wagonu zainteresowanych pasażerów.

– Takie rany, takie siniaki na moim ciele! – jęczał Prabu, mówiąc do mnie, lecz zwracając się do zaciekawionej publiczności. Podniósł koszulę i podkoszulek, ukazując rzeczywiście brzydkie zadrapanie i ciemniejący siniak. – Tyle ran i siniaków, żeby ta stara osobistość mogła posadzić lewostronny pośladek! A żeby mogła posadzić prawostronny pośladek, mam więcej siniaków na drugiej stronie mego ciała. Dla niego, by posadził swoje obustronne pośladki na siedzeniu, kaleczę i siniaczę moje ciało. To wielki wstyd, Lin. To ci powiadam. To wielki wstyd.

Przechodził z angielskiego na hindi i odwrotnie, aż wszyscy pojęli istotę jego pretensji. Każdy z moich współpasażerów spoglądał na mnie ze zmarszczonymi brwiami lub kręcąc głową z dezaprobatą. Najokropniejsze spojrzenie oczywiście miał tenże sam staruszek, któremu ustąpiłem miejsca. Gapił się na mnie złośliwie przez bite cztery godziny. Kiedy wreszcie wstał, a ja odzyskałem miejsce, wymamrotał tak potworną klątwę, że inni parsknęli śmiechem, a niektórzy wyrazili mi swoje współczucie, klepiąc mnie po ramionach i plecach.

Pociąg mknął dalej przez senną noc i świt w barwie płatka róży. Patrzyłem, słuchałem, ocierałem się o ludzi z małych miast i wiosek. I podczas tych czternastu, na ogół milczących, godzin w zatłoczonej trzeciej klasie dowiedziałem się więcej, porozumiewając się na migi, niż przez miesiąc podróży pierwszą klasą.

A podczas tej pierwszej wyprawy poza miasto żadne odkrycie nie sprawiło mi większej radości niż pełne tłumaczenie słynnego indyjskiego kołysania głowy. Przez te tygodnie, które spędziłem w Bombaju z Prabakerem, dowiedziałem się, że kołysanie głową na boki – najbardziej charakterystyczny z wyrazistych hinduskich gestów – jest ekwiwalentem potakiwania. Odkryłem także bardziej subtelne znaczenia: „zgadzam się z tobą" i „tak, chciałbym". W pociągu okazało się, co jest uniwersalnym przesłaniem tego gestu używanego jako powitanie, dzięki czemu jest on wyjątkowo użyteczny.

Większość wchodzących do otwartego wagonu witała pozostałych stojących lub siedzących mężczyzn nieznacznym kołysaniem głowy. Ten gest zawsze budził podobny odzew co najmniej jednej osoby, a czasami kilku. Widziałem to na kolejnych stacjach i zdawałem sobie sprawę, że przybysze nie mogą mieć na myśli „tak" ani „zgadzam się z tobą", bo nic nie zostało powiedziane i wsiadający nie sprowokowali żadnej innej reakcji poza samym tym gestem. Stopniowo zdałem sobie sprawę, że kołysanie głową jest sygnałem niosącym przyjazne i rozbrajające przesłanie: „Jestem spokojnym człowiekiem. Nikomu nie chcę zrobić krzywdy".

Ten cudowny gest obudził mój podziw i niemałą zazdrość, więc ja też spróbowałem go wykonać. Pociąg zatrzymał się na wiejskiej stacyjce. Do wagonu wsiadł przybysz. Kiedy nasze oczy się spotkały, zakołysałem lekko głową i uśmiechnąłem się. Efekt był piorunujący. Mężczyzna rozpromienił się w uśmiechu tak olśniewającym, że prawie w połowie dorównał Prabakerowi, i zaczął tak intensywnie kołysać głową, że początkowo trochę się zaniepokoiłem. Jednak pod koniec podróży zyskałem już tyle wprawy, że potrafiłem wykonywać ten gest tak samo od niechcenia jak pozostali, i przekazywać nim umiarkowaną wiadomość. Była to pierwsza prawdziwie indyjska lekcja, jakiej nauczyło się moje ciało, i początek transformacji, która zrodziła się podczas tej podróży stłoczonych serc i trwała długie lata.

Wysiedliśmy z pociągu w Dżalgaon, regionalnym centrum szczycącym się szerokimi ruchliwymi ulicami. Była dziewiąta i poranny ruch już się rozkręcił, rozdzwonił i rozkołysał. Kiedy opuszczaliśmy stację, z pociągu właśnie wyładowywano surowce – żelazo, szkło, drewno, materiały i plastik. Na stację przybywały najróżniejsze towary, od garnków i ubrań po ręcznie tkane maty, które później rozsyłano do miast.

Zapach świeżego, mocno doprawionego jedzenia obudził mój apetyt, ale Prabaker popędził mnie na dworzec autobusowy. Szczerze mówiąc, ten dworzec był po prostu kawałkiem ubitej ziemi, na którym czekały dziesiątki dalekobieżnych autokarów. Przez pół godziny wędrowaliśmy od autobusu do autobusu, wlokąc za sobą ciężki bagaż. Nie potrafiłem odczytać napisów w hindi i marathi na boku każdego autobusu. Prabaker potrafił, ale i tak czuł potrzebę wypytania każdego kierowcę o miejsce przeznaczenia.

– Czy tam z przodu nie ma napisu, dokąd jedzie każdy autobus? – spytałem, zirytowany zwłoką.

– Tak. Widzisz, tam jest napisane Aurangabad, a tu Adżanta, a tam Chalisgao, a tam...

– Tak, tak. To dlaczego pytasz każdego kierowcę, dokąd jedzie?

– Och! – wykrzyknął, autentycznie zaskoczony pytaniem. – Bo nie każdy znak to prawdziwie znak.

– Jak to nie „prawdziwie znak"?

Prabu zatrzymał się, postawił swoją część bagażu i zaczął wyjaśniać cierpliwie i z pobłażliwym uśmiechem:

– Widzisz, Lin, niektóre te kierujące osobistości jadą tam, gdzie nikt nie chce jechać. To małe wioski, tam jest tylko parę osobistości. Więc wieszają znak bardziej popularnego miejsca.

– Mówisz, że wieszają znak wskazujący, że jadą do dużego miasta, gdzie chce pojechać mnóstwo ludzi, ale tak naprawdę jadą tam, gdzie nikt nie chce jechać?

– Właśnie. – Rozpromienił się.

– Dlaczego?

– Widzisz, ponieważ chociaż ci, którzy z nimi pojadą, jadą do popularnego miejsca, to może kierowca przekona ich, żeby pojechali do niepopularnego miejsca. To biznes, Lin. Chodzi o biznes.

– To szaleństwo – odparłem.

– Musisz trochę wyrozumieć te osobistości. Jeśli powieszą prawdziwy znak, nikt z nimi nie będzie rozmawiał przez cały dzień i będą bardzo samotne.

– A, teraz już rozumiem – wymamrotałem sarkastycznie. – Nie chcemy, żeby byli samotni.

– Wiem. – Prabaker się uśmiechnął. – Ty masz bardzo dobre serca w swoich ciałach.

Kiedy w końcu wsiedliśmy do autobusu, okazało się, że podróżujemy w popularnym kierunku. Kierowca i jego asystent przepytywali każdego wsiadającego pasażera, by dokładnie ustalić, gdzie zamierza wysiąść. Ci, którzy jechali najdalej, byli kierowani na tylne siedzenia. Gwałtownie rosnące sterty bagażu, dzieci i zwierząt wypełniły korytarz do wysokości ludzkich ramion, aż w końcu na siedzeniach zaprojektowanych dla dwóch osób siedziało ich po troje.

Ponieważ miałem miejsce przy przejściu, przypadła mi rola przekazywania na tył autobusu różności, od tobołków po niemowlęta. Młody wieśniak, który podał mi pierwszy przedmiot, zawahał się przez chwilę i spojrzał w moje szare oczy. Kiedy zakołysałem głową na boki i uśmiechnąłem się, odpowiedział uśmiechem i podał mi paczkę. Zanim autobus wytoczył się z dworca, każdy mężczyzna w zasięgu wzroku uśmiechał się do mnie i kołysał głową, a ja rewanżowałem się im tym samym.

Napis za kierowcą ogłaszał wielkimi czerwonymi literami w marathi i po angielsku, że w autobusie tym jest miejsce wyłącznie dla czterdziestu ośmiu pasażerów. Nikt nie przejmował się faktem, że wieźliśmy siedemdziesięcioro pasażerów i dwie do trzech ton ładunku. Stary autobus kołysał się na zmęczonych resorach jak krypa podczas sztormu. Jego dach, boki i podłoga skrzypiały, jęczały i piszczały, a hamulce wydawały niepokojące kwiki. Mimo to kiedy autobus minął miejskie rogatki, kierowca zdołał go rozpędzić do osiemdziesięciu lub dziewięćdziesięciu kilometrów na godzinę. Biorąc pod uwagę wąską drogę, niebezpieczne stromizny po jednej stronie i liczne szeregi ludzi i zwierząt po drugiej, ogrom naszej rozkołysanej arki i mrożącą krew w żyłach wrogość, z jaką kierowca pokonywał każdy zakręt, ta prędkość wystarczyła, by na czas podróży uwolnić mnie od potrzeby snu czy odpoczynku.

Przez następne trzy godziny tego katastrofalnego pędu dotarliśmy na szczyt górskiego grzbietu, oznaczającego kraniec rozległej wyżyny Dekan, po czym zjechaliśmy w żyzne równiny w obrębie płaskowyżu. Składając w duchu dzięki za uratowanie życia i na nowo doceniając jego ulotny dar, wysiedliśmy z tego pierwszego autobusu na małym, zapiaszczonym, opuszczonym przystanku, oznaczonym jedynie podartą flagą, łopoczącą na gałęzi smukłego drzewa. Po godzinie zatrzymał się na nim drugi autobus.

– *Goora kaun hain*? – spytał kierowca, kiedy wdrapywaliśmy się po schodkach. „Kim jest ten biały?".

– *Maza mitra ahey* – odpowiedział Prabaker z wystudiowaną nonszalancją, na próżno usiłując ukryć dumę. „To mój przyjaciel".

Rozmowa toczyła się w marathi, języku stanu Maharasztra, którego stolicą jest Bombaj. Wtedy nie rozumiałem zbyt wiele, ale te same pytania i odpowiedzi powtarzały się tak często podczas tych spędzonych w wiosce miesięcy, że większości – z pewnymi odmianami – nauczyłem się na pamięć.

– Co on tu robi?

– Przyjechał do mojej rodziny.

– Skąd pochodzi?

– Z Nowej Zelandii.

– Z Nowej Zelandii?

– Tak. Nowa Zelandia. W Europie.

– Dużo pieniędzy w Nowej Zelandii?

– Tak, tak. Dużo. Wszystko to bogaci biali ludzie.

– Zna marathi?

– Nie.

– Hindi?

– Nie. Tylko angielski.

– Tylko angielski?

– Tak.

– Dlaczego?

– W jego kraju nie mówi się w hindi.

– Nie mówią w hindi?

– Nie.

– Nie ma marathi? Nie ma hindi?

– Nie. Tylko angielski.

– Święty ojcze! Biedny idiota.

– Tak.

– Ile ma lat?

– Trzydzieści.

– Wygląda starzej.

– Jak oni wszyscy. Wszyscy Europejczycy wyglądają na starszych i gorszych, niż są. Biali tak mają.

– Jest żonaty?

– Nie.

– Nieżonaty? Trzydzieści lat i nieżonaty? Co z nim nie tak?

– To Europejczyk. Oni się tam często żenią, jak są starzy.

– Zwariowali.

– Tak.

– Jaki ma zawód?

– Jest nauczycielem.

– Nauczyciel to dobry zawód.

– Tak.

– Ma rodziców?

– Tak.

– Gdzie są?

– W jego ojczyźnie. W Nowej Zelandii.

– Dlaczego nie jest z nimi?

– Podróżuje. Ogląda cały świat.

– Dlaczego?

– Europejczycy tak mają. Trochę popracują, a potem trochę pojeżdżą po świecie, samotnie, bez rodziny, dopóki się nie zestarzeją, a wtedy się żenią i robią się bardzo poważni.

– Zwariowali.

– Tak.

– Musi być samotny bez mamusi i tatusia, bez żony i dzieci.

– Tak. Ale Europejczykom to nie przeszkadza. Mają doświadczenie w samotności.

– Ma wielkie silne ciało.

– Tak.

– Bardzo silne ciało.

– Tak.

– Lepiej dobrze go karm i dawaj mu dużo mleka.

– Tak.

– Bawolego.

– Tak, tak.

– I żeby się nie nauczył brzydkich słów. Nie ucz go kląć. Wszędzie jest pełno drani i dupków, którzy będą go uczyć niedobrych siostrojebnych słów. Trzymaj go z daleka od takich matkojebców.

– Dobrze.

– I nie pozwól, żeby ktoś go wykorzystał. Nie wygląda na specjalnie bystrego. Miej na niego oko.

– Jest mądrzejszy, niż na to wygląda, ale zadbam o niego.

Żadnemu pasażerowi nie przeszkadzało, że ta rozmowa potrwała parę minut, zanim wsiedliśmy i ruszyliśmy. Kierowca i Prabaker rozmawiali tak głośno, że wszyscy słyszeli tę wymianę zdań. A kiedy ruszyliśmy, kierowca dzielił się swoim nowym doświadczeniem nawet z osobami poza autobusem. Kiedy tylko zobaczył na poboczu mężczyzn i kobiety, wciskał klakson, by zwrócić ich uwagę, wskazywał kciukiem cudzoziemca na tyle autobusu i zwalniał, by piesi mogli mnie dokładnie obejrzeć.

Przy tak demokratycznym racjonowaniu zdumiewającej nowej atrakcji podróż mająca trwać godzinę rozciągnęła się do dwóch i zjawiliśmy się na pylistej drodze do wioski Sunder późnym popołudniem. Autobus jęknął i potoczył się dalej, zostawiając nas w ciszy tak głębokiej, że wietrzyk szumiący mi do ucha był jak dziecinny senny szept. Przez ostatnią godzinę mijaliśmy niezliczone pola kukurydzy i bananowe zagajniki, a teraz pieszo wlekliśmy się gościńcem między niezliczonymi polami prosa. Zboże, niemal dojrzałe, sięgało wysoko nad głowę i po paru minutach marszu znaleźliśmy się w głębi labiryntu o grubych ścianach. Przestwór nieba skurczył się do małego błękitnego łuku, a droga przed i za nami rozpłynęła się w zakrętach zieleni i złota, jakby w kurtynie zaciągniętej nad żywą sceną świata.

Od pewnego czasu dręczyło mnie coś, co powinienem był sobie uświadomić albo zauważyć. Ta myśl, na poły nieświadoma, niepokoiła mnie niemal od godziny, zanim wreszcie się skrystalizowała. Tu nie było słupów telegraficznych. Ani elektrycznych. Od godziny nie widziałem oznak obecności elektryczności – nawet z daleka.

– Czy w twojej wiosce jest prąd?

– O nie. – Prabaker się uśmiechnął.

– Nie ma prądu?

– Nie. Wcale.

Na jakiś czas zapadło milczenie; z wolna wyłączałem wszystkie wynalazki, które uważałem za niezbędne. Nie ma światła elektrycznego. Nie ma elektrycznych czajników. Nie ma telewizji. Nie ma radia. Nie ma muzyki. Nie miałem ze sobą nawet walkmana. Jak przeżyję bez muzyki?

– Co ja zrobię bez muzyki? – odezwałem się ze świadomością, że jestem żałosny. Jednak nie potrafiłem stłumić rozczarowanego kwilenia w głosie.

– Będzie pełno muzyki, *baba* – odpowiedział radośnie. – Ja będę śpiewać. Każdy będzie śpiewać. Będziemy śpiewać i śpiewać, i śpiewać.

– Aha. No tak. Teraz już jestem spokojny.

– I ty też będziesz śpiewać.

– Na to nie licz.

– W wiosce każdy śpiewa – powiedział z nagłą powagą.

– Mhm.

– Tak. Każdy.

– Zajmiemy się tym śpiewającym problemem, kiedy nadejdzie pora. Daleko jeszcze?

– O, malutki kawałeczek prawie niezbyt daleko. I wiesz, w wiosce mamy już wodę.

– Jak to „już"?

– Tak to, że w wiosce jest kran.

– Kran. Jeden na całą wioskę?

– Tak. I woda idzie przez całą godzinę, o drugiej po południu, każdego dnia.

– Jedna godzina dziennie...

– O tak. No, prawie każdego dnia. Czasami idzie tylko pół godziny. Czasami wcale nie idzie. Wtedy idziemy i zdejmujemy zielone z wody w studni i woda nie problem. Ach! Patrz! To mój ojciec!

Przed nami krętą, zarośniętą ścieżką jechał zaprzężony w wołu wózek. Wół, wielkie bydlę o zakręconych rogach i sierści w kolorze *café latte*, był zaprzężony do wysokiego wózka w kształcie kosza z dwoma drewnianymi kołami o stalowych obręczach. Koła były wąskie, lecz wysokie i sięgały mi do ramienia. Na jarzmie siedział ojciec Prabakera, palący papierosa bidi.

Kishan Mango Kharre był maleńki, niższy nawet od Prabakera, miał krótko obcięte siwe włosy, krótki siwy wąsik i wydatny brzuch pomimo szczupłej sylwetki. Miał na sobie białą czapkę, bawełnianą kurtę i *dhoti* kasty rolników. *Dhoti*, formalnie rzecz biorąc, jest opaską na biodra, ale nazwa ta odziera tę część stroju z jej spokojnej i pełnej wdzięku elegancji. Można ją zakasać tak, że stanie się roboczymi szortami, w sam raz do pracy w polu, albo rozpuścić, by niczym pantalony sięgała do kostek. *Dhoti* zawsze jest w ruchu i przy każdej czynności, od biegu po nieruchome siedzenie, powtarza ruchy ciała. W południe przepuszcza każdy wietrzyk, a wieczorem chroni przed chłodem. Jest skromna i praktyczna, a jednocześnie kokieteryjna i atrakcyjna. Gandhi nadał *dhoti* znaczenie podczas swych wypraw do Europy, gdy walczył o wyzwolenie Indii spod panowania Anglii. Jednak z całym szacunkiem dla Mahatmy, dopiero kiedy mieszka się i pracuje z indyjskimi rolnikami, zaczyna się w pełni doceniać subtelną i szlachetną urodę tego prostego płatu materiału.

Prabaker rzucił bagaże i puścił się pędem. Ojciec zeskoczył z wołu i uścisnęli się nieśmiało. Uśmiech starszego pana mógł stanowić konkurencję dla uśmiechu Prabakera. Był szeroki na całą twarz i serdeczny. Kiedy Prabaker odwrócił się do mnie, stojąc u boku ojca, i ujrzałem podwójny egzemplarz tego gigantycznego uśmiechu – oryginał i jego nieco dostojniejszą kopię genetyczną – efekt był tak porażający, że mogłem jedynie bezradnie się uśmiechnąć.

– Lin, to mój ojciec, Kishan Mango Kharre. Ojcze, to pan Lin. Jestem szczęśliwy, za bardzo szczęśliwy, że poznacie swoje osobistości.

Uścisnęliśmy sobie dłonie i spojrzeliśmy w oczy. Prabaker i jego ojciec mieli taką samą, niemal idealnie okrągłą twarz i takie same zadarte, perkate nosy. Jednak Prabaker miał twarz zupełnie szczerą, prostoduszną i gładką, natomiast twarz jego ojca pokrywały głębokie zmarszczki, a kiedy się nie uśmiechał, jego oczy zasnuwał cień zmęczenia. Tak jakby zamknął w sobie jakieś drzwi i strzegł ich samymi oczami. Była to dumna twarz, ale smutna, zmęczona i strapiona. Minęło wiele czasu, zanim zdałem sobie sprawę, że wszyscy rolnicy, wszędzie, są równie zmęczeni, strapieni, dumni i smutni; że ziemia, którą się orze, i ziarno, które się w nią rzuca, są jedynym, co się naprawdę ma, gdy żyje się i pracuje na ziemi. I czasami, zbyt często, nie ma nic więcej, tylko to – ta milcząca, potajemna, łamiąca serce radość, którą Bóg daje temu, co kwitnie i rośnie – by pomóc ci znieść głód i strach przed złem.

– Mój ojciec jest bardzo wielkim człowiekiem sukcesu. – Prabaker rozpromienił się dumnie, obejmując starszego pana. Znałem bardzo niewiele słów w marathi, a Kishan nie mówił po angielsku, więc Prabaker powtarzał wszystko w obu językach. Na dźwięk swojego języka Kishan uniósł koszulę pełnym wdzięku gestem i poklepał się po owłosionym pękatym brzuchu. Przemówił do mnie z roziskrzonym spojrzeniem, kołysząc głową w geście, który wydawał się niepokojąco obleśny.

– Co on powiedział?

– Chce, żebyś poklepał go po brzuszkach – wyjaśnił Prabaker z uśmiechem.

Kishan uśmiechnął się równie szeroko.

– Wolę nie.

– Och, tak, Lin. On chce, żebyś go poklepał po brzuszkach.

– Nie.

– On bardzo chce twojego klepania.

– Powiedz, że jestem pochlebiony i uważam, że to piękne brzuszki. Ale tym razem podziękuję.

– Tylko małe klepu klepu.

– Nie – powtórzyłem z uporem.

Kishan uśmiechnął się szeroko i parę razy poruszył zachęcająco brwiami. Nadal unosił koszulę powyżej piersi, eksponując okrągły, włochaty brzuch.

– Proszę cię, Lin. Parę klepu klepu. On cię nie ugryzie, brzuszki mego ojca.

Czasami trzeba ustąpić, powiedziała Karla, zanim się wygra. I miała rację. Ustępliwość kryje się w sercu wszystkich indyjskich doświadczeń. Ustąpiłem. Rozejrzałem się po pustej drodze, wyciągnąłem rękę i poklepałem ciepły, puchaty brzuch.

Oczywiście dokładnie wtedy spomiędzy wysokich zielonych łanów prosa wyłoniły się cztery ciemnośniade twarze. Byli to młodzi mężczyźni. Gapili się na nas z oczami wytrzeszczonymi ze zdumienia, w którym malował się strach, obrzydzenie i uciecha jednocześnie.

Powoli, z całą godnością, jaką mogłem z siebie wykrzesać, oderwałem dłoń od brzucha Kishana. Starszy pan przyjrzał mi się, a potem spojrzał na tamtych, z podniesioną brwią i kącikami ust ściągniętymi w przebiegły uśmieszek zamykającego sprawę prokuratora.

– Nie chciałbym psuć twojemu tacie zabawy, ale może powinniśmy się już zbierać.

– *Challo!* – oznajmił Kishan, odgadując znaczenie moich słów. „Jedźmy"

Kiedy ładowaliśmy nasze bagaże i wspinaliśmy się na tył wózka, Kishan usiadł na jarzmie, uniósł długi bambusowy pręt z gwoździem na końcu i zadał nim wołu potężny cios.

Zwierzę, w odpowiedzi na bolesny raz, ruszyło naprzód z szarpnięciem, a następnie zaczęło stąpać z donośną, łomoczącą powolnością. Ten równomierny, ale bardzo ospały krok nasunął mi pytanie, dlaczego to akurat wołu wybrano do tego zadania. Wydawało mi się, że indyjskie woły, zwane *baille*, to najpowolniejsze zwierzęta pociągowe świata. Gdybym zsiadł i ruszył umiarkowanym krokiem, pewnie byłbym dwa razy szybszy. Ci, którzy gapili się na nas z prosa, puścili się pędem przez gęste łany na poboczu ścieżki, by oznajmić nasze przybycie.

Co dwadzieścia, pięćdziesiąt metrów z łanów kukurydzy i prosa wyłaniały się nowe twarze. Zawsze miały ten sam wyraz – czystego, szczerego, ogłupiałego zdumienia. Gdyby Prabaker i jego ojciec pochwycili dzikiego niedźwiedzia i nauczyli go mówić, ci ludzie nie mogliby zareagować z większym zaskoczeniem.

– Ludzie są za bardzo szczęśliwi. – Prabaker się roześmiał. – Jesteś pierwszą osobą z cudzoziemstwa, która przybyła do mojej wioski od dwudziestu jeden lat. Ostatnia cudzoziemska osobistość to był Belg. To było dwadzieścia jeden lat temu. Wszyscy ludzie, którzy mają mniej niż dwadzieścia jeden lat, nie widzieli cudzoziemca na własne swoje oczy. Ten ostatni osobnik, ten z Belga, był dobrym człowiekiem. Ale ty jesteś bardzo, bardzo dobrym człowiekiem, Lin. Ludzie cię pokochają za bardzo. Będziesz tu tak szczęśliwy, że wyskoczysz z siebie. Zobaczysz.

Według mnie ludzie, którzy gapili się na mnie z zarośli i krzaków na poboczu, byli raczej przerażeni i zbolali niż szczęśliwi. Zacząłem ćwiczyć indyjskie kołysanie głową w nadziei, że rozproszę ten strach. Reakcja była natychmiastowa. Ludzie uśmiechali się, śmiali, także kołysali głowami i biegli, krzykiem informowali swoich sąsiadów o rozrywkowym dziwowisku, które jechało ku nim.

By zadbać o równe tempo, Kishan często i brutalnie ćwiczył wołu. Pręt unosił się i opadał z głośnym trzaskiem w regularnych odstępach czasu. Rytm tych dotkliwych ciosów był punktowany ostrymi dziabnięciami gwoździa na końcu bambusa. Każde przebijało grubą skórę wołu i wyrywało małe kłębki kremowobrązowej sierści.

Wół nie zwracał uwagi na ciosy, człapał powoli i jednostajnie. Ale ja cierpiałem w jego imieniu. Przy każdym ciosie i dziabnięciu moje współczucie rosło, aż w końcu nie mogłem już wytrzymać.

– Prabu, zrób mi uprzejmość i poproś ojca, żeby przestał bić wołu.

– Przestał... przestał bić?

– Tak. Poproś, żeby łaskawie nie bił wołu.

– Nie, to niemożliwe – odparł Prabu ze śmiechem.

Pręt trzasnął w szeroki grzbiet zwierzęcia, a gwóźdź dziabnął go dwa razy.

– Prabu, ja nie żartuję. Poproś go, żeby przestał.

– Ale, Lin...

Przy następnym ciosie wzdrygnąłem się, a moja mina przekonała go do działania.

Niechętnie przekazał moją prośbę. Kishan słuchał uważnie, a potem dostał mimowolnego ataku chichotu. Jednak po jakimś czasie zauważył rozterkę syna i jego śmiech przycichł, a potem zupełnie utonął w lawinie pytań. Prabaker starał się odpowiadać, ale w końcu znowu spojrzał na mnie z bezradnością.

– Mój ojciec, Lin, on chce wiedzieć, dlaczego ma przestać bić.

– Nie chcę, żeby ranił wołu.

Tym razem i Prabaker się roześmiał, a kiedy już zdołał przetłumaczyć moje słowa, roześmiał się i jego ojciec. Przez jakiś czas rozmawiali wesoło, a potem Prabaker znowu zwrócił się do mnie:

– Mój ojciec pyta, czy to prawda, że w twoim kraju ludzie jedzą krowy?

– No tak, to prawda, ale...

– Ile krów zjadacie?
– No... więc... my je eksportujemy. Nie zjadamy wszystkich sami.
– Ile?
– No, setki tysięcy. Może miliony, ale nasze metody są humanitarne i nie lubimy niepotrzebnego krzywdzenia zwierząt.
– Mój ojciec mówi, że według niego bardzo trudno jest zjeść takie duże stworzenie, nie krzywdząc go.
Potem zaczął wyjaśniać ojcu mój charakter, przytaczając historię ustąpienia miejsca w pociągu, podzielenia się z pasażerami owocami i innym jedzeniem i częstego wspomagania żebraków na ulicach Bombaju.
Kishan zatrzymał gwałtownie wózek i zeskoczył z drewnianego jarzma. Zaatakował Prabakera ogniem nagłych pytań.
– Ojciec chce wiedzieć, czy mamy jakieś prezenty z Bombaju dla niego i rodziny. Powiedziałem, że tak. Teraz chce, żebyś dał te prezenty tutaj, w tym oto miejscu, zanim pojedziemy dalej.
– Chce, żebyśmy rozpakowali bagaże tutaj, na drodze?
– Tak. Boi się, że kiedy dojedziemy do wioski Sunder, będziesz musiał okazać dobre serce i rozdasz wszystkie prezenty innym, a on ich nie dostanie. Chce dostać wszystkie teraz.
Usłuchaliśmy. Pod popołudniowym sztandarem nieba w kolorze indygo, na pylistej drodze między falującymi zasiewami kukurydzy i prosa, rozpostarliśmy wszystkie kolory Indii, żółcienie, czerwienie i błękity koszul, przepasek lungi i sari. Potem je przepakowaliśmy, wraz z pachnącymi mydłami, igłami, kadzidłami, agrafkami, perfumami, szamponami i olejkami do masażu, tak że jedna wielka torba zawierała wyłącznie prezenty dla rodziny Prabakera. Z tą torbą, bezpiecznie upchniętą w zasięgu ręki, Kishan Mango Kharre ruszył w ostatni etap podróży, jeszcze częściej i ze znacznie większym wigorem bijąc cierpliwego wołu.
A potem, wreszcie, powitały nas głosy kobiet i dzieci, śmiechy i krzyki ożywienia. Dosięgły nas na chwilę przed ostrym zakrętem, za którym znajdowała się wioska Sunder z jedną szeroką ulicą z gładkiego, ubitego, złocistego rzecznego piasku. Po obu jej stronach stały domy rozmieszczone tak, że ich drzwi nie znajdowały się naprzeciw siebie. Domy były okrągłe, z jasnobrązowej gliny, z okrągłymi oknami i łukowatymi drzwiami. Dachy stanowiły kopulaste strzechy z trawy.
Wiadomość o przybyciu cudzoziemca rozniosła się po całej okolicy. Do dwustu mieszkańców Sunder dołączyły setki z pobliskich wiosek. Kishan wwiózł nas w tłum i zatrzymał się przed swoim domem. Uśmiechał się tak szeroko, że na jego widok wszyscy musieli się roześmiać.
Zeszliśmy z wózka i stanęliśmy z bagażem u stóp w kręgu sześciuset spojrzeń i szeptów. Mącona oddechami cisza zapadła w tłumie, stłoczonym tak bardzo, że każdy napierał na sąsiada. Byli tak blisko, że czułem ich oddechy na twarzy. Sześćset par oczu wpatrywało się we mnie z intensywną fascynacją. Nikt się nie odzywał. Prabaker stał u mojego boku i choć się uśmiechał i rozkoszował znaczeniem, jakie zyskał w tej chwili, on także był zachwycony wrażeniem, jakie zrobiliśmy.

– Pewnie się zastanawiacie, dlaczego was tu wezwałem – powiedziałem tak poważnym tonem, że byłby śmieszny, gdyby choć jedna osoba zrozumiała żart. Oczywiście tak się nie stało i milczenie zgęstniało, a nawet najcichsze pomruki ucichły.

Co można powiedzieć ogromnemu tłumowi obcych, którzy oczekują od ciebie jakiejś uwagi, a nie rozumieją twojego języka?

Mój plecak spoczywał na ziemi. W górnej kieszeni na klapie znajdował się prezent od przyjaciela. Była to czapka błazna, czarno-biała, z dzwoneczkami na końcach trzech materiałowych rogów. Ten przyjaciel, aktor z Nowej Zelandii, używał czapki jako elementu kostiumu. Na lotnisku, kiedy do mojego odlotu do Indii zostały już tylko minuty, dał mi czapkę na szczęście, na pamiątkę, a ja wepchnąłem ją na wierzch.

Istnieje taki rodzaj szczęścia, który polega głównie na znalezieniu się w odpowiednim miejscu we właściwym czasie, rodzaj natchnienia, który podpowiada tylko, jak zrobić właściwą rzecz w odpowiedni sposób, i to wszystko przychodzi jedynie wtedy, gdy oczyszczamy serce z ambicji, celów i planów, kiedy poddajemy się bez reszty temu szczęśliwemu, opatrznościowemu momentowi.

Wyjąłem czapkę trefnisia i włożyłem, zapiąłem pod brodą, a rękami rozprostowałem materiałowe rogi. Pierwszy rząd gapiów cofnął się z cichym jękiem niepokoju. Wtedy uśmiechnąłem się i zakołysałem głową. Dzwoneczki zabrzęczały.

– Siemanko! – zawołałem. – Zaczynamy przedstawienie!

Efekt był porażający. Wszyscy parsknęli śmiechem. Cała grupa – kobiety, dzieci, mężczyźni – jednocześnie śmiała się, żartowała i krzyczała. Ktoś dotknął mojego ramienia. Dziecko z pierwszego rzędu wyciągnęło do mnie ręce. A potem nagle wszyscy w zasięgu ręki zaczęli mnie klepać, głaskać i szarpać. Podchwyciłem spojrzenie Prabakera. Radość i duma, które ujrzałem w jego oczach, były czymś w rodzaju modlitwy.

Przez parę minut pozwalał na ten łagodny atak, a następnie odpędził tłum, by chronić swoją nową atrakcję. W końcu udało mu się utorować drogę do domu ojca, a kiedy weszliśmy do mrocznego kręgu domu Kishana, trajkoczący, roześmiany tłum zaczął się rozpraszać.

– Musisz wziąć kąpiel, Lin. Po takiej długiej podróży musisz pachnieć nieszczęśliwie. Chodź tędy. Moje siostry już zagrzały wodę na ogniu. Garnki już czekają. Chodź.

Przeszliśmy pod niskim łukiem; Prabaker zaprowadził mnie za dom, w miejsce osłonięte z trzech stron przez wiszące maty. Podłogę prysznica stanowiły płaskie rzeczne kamienie, na których stały trzy wielkie gliniane dzbany z ciepłą wodą. Kanałem w ziemi woda spływała za dom. Prabaker wyjaśnił, że mały mosiężny czerpak służy do polewania ciała wodą, i dał mi mydło.

Słuchając go, rozsznurowałem buty, zdjąłem je, zrzuciłem koszulę i dżinsy.

– Lin! – wrzasnął Prabaker w panice, jednym skokiem pokonując dwa metry między nami. Usiłował osłonić moje ciało gołymi rękami; potem rozejrzał się z rozpaczą i stwierdził, że ręcznik leży na moim plecaku, kolejne dwa metry dalej. Rzucił się do niego, porwał ręcznik i przyskoczył, co chwila wydając ostre spanikowane krzyki – *„jaaach!"*. Osłonił mnie ręcznikiem i rozejrzał się ze zgrozą.

– Oszalałeś, Lin? Co robisz?

– Chcę... wziąć prysznic...

– Ale tak? Tak?!

– O co ci chodzi, Prabu? Sam powiedziałeś, że mam wziąć prysznic. Przyprowadziłeś mnie tutaj, żebym wziął prysznic. Więc staram się wziąć prysznic, a ty zaczynasz skakać jak królik. O co ci chodzi?

– Byłeś nagi! Nagi, również bez ubrania!

– W ten sposób biorę prysznic – wyjaśniłem, doprowadzony do ostateczności tą jego tajemniczą zgrozą. Prabaker śmigał od jednej maty do drugiej, wyglądając zza nich w różnych miejscach. – Tak każdy bierze prysznic, *prada*?

– Nie! Nie! Nie, Lin! – zawołał, odwracając się do mnie. Jego zwykle radosną twarz wykrzywił grymas desperacji.

– Nie zdejmujecie ubrania?

– Nie, Lin! To są Indie. Nikt nie zdejmuje ubrań, nawet by umyć ciała. To są Indie. Nikt nie jest nagi w Indiach. I zwłaszcza nikt nie jest nagi bez ubrania.

– Więc... jak bierzecie prysznic?

– W odzieży spodniej do kąpieli w Indiach.

– No i świetnie – powiedziałem i upuściłem ręcznik, spod którego ukazały się moje czarne kąpielówki. – Mam odzież spodnią.

– *Jaaach!* – wrzasnął Prabaker, zanurkował po ręcznik i znowu mnie okrył.

– To małe nic? To nie odzież spodnia. To tylko odzież spodnia pod odzież spodnią. Musisz nałożyć wierzchnią odzież spodnią.

– Wierzchnią... odzież spodnią?

– Tak. Z pewnością. Jak te, jak te owe, które noszę.

Rozpiął spodnie na tyle, bym mógł zauważyć, że pod ubraniem ma zielone szorty.

– W Indiach wszyscy mężczyźni noszą taką wierzchnią odzież spodnią pod ubraniem, przez cały czas, we wszystkich sytuacjach. Nawet jeśli mają podspodnią odzież spodnią, i tak noszą wierzchnią odzież spodnią, na wierzchu. Rozumiesz?

– Nie.

– Poczekaj. Przyniosę ci wierzchnią odzież spodnią. Ale nie zdejmuj ręcznika. Proszę! Przysięgaj! Jeśli ludzie zobaczą cię bez ręcznika, w tym małym nic, będą jak dzicy ludzie. Poczekaj!

Śmignął do wyjścia i po paru chwilach pojawił się z dwoma parami czerwonych spodenek futbolowych.

– Masz – wysapał. – Jesteś taka wielka osobistość, mam nadzieję, że dobrze dopasują. To z Grubego Satisha. Jest taki gruby, że może będą na ciebie dobre. Powiedziałem mu wszystko, a wtedy dał te dwie pary dla ciebie. Powiedziałem, że w podróży dostałeś zwolnienia i tak narobiłeś w wierzchnią odzież spodnią, że musieliśmy ją wyrzucić.

– Powiedziałeś mu – powtórzyłem – że się zesrałem w gacie?

– O tak. Z pewnością nie mogłem mu powiedzieć, że nie masz wierzchniej odzieży spodniej.

– No tak.

– Bo co by o tobie pomyślał?

– Dziękuję ci, Prabu – wycedziłem przez zaciśnięte zęby.

– Cała przyjemność po mojej stronie. Jestem twoim bardzo dobrym przyjacielem. Więc proszę, przysięgaj, że nie będziesz nagi w Indiach. Szczególnie bez ubrania.

– Przysięgam.

– Cieszę się, że przysięgasz. Jesteś moim bardzo dobrym przyjacielem też, tak? Teraz ja także wezmę prysznic, jakbyśmy byli braćmi, i pokażę ci indyjski sposób.

I tak obaj wzięliśmy prysznic w kąpielowym segmencie domu jego ojca. Przyglądając się Prabu i wzorując na nim, oblałem się dwoma czerpakami wody z dużego dzbana, a potem namydliłem pod szortami, nie zdejmując ich. Po ostatnim spłukaniu i szybkim wytarciu ręcznikiem nauczył mnie zawiązywać lungi na mokrych szortach. Lungi to przypominający sarong prostokąt bawełnianej tkaniny, zakrywający ciało od pasa po kostki. Prabu zebrał dwa długie rogi lungi z przodu, a potem obwiązał mnie nimi w pasie i zatknął na plecach. Pod osłoną lungi zdjąłem mokre szorty i włożyłem suche. Taka technika, zapewnił mnie Prabaker, pozwala wziąć prysznic na otwartej przestrzeni bez urażenia sąsiadów.

Po prysznicu i pysznym posiłku złożonym z dhalu, ryżu i domowych podpłomyków Prabaker i ja obserwowaliśmy, jak jego rodzice i siostry rozpakowują prezenty. Potem piliśmy herbatę i przez prawie dwie godziny odpowiadaliśmy na pytania o mnie, mój dom i rodzinę. Usiłowałem nie mijać się z prawdą – nie wspominając o rzeczy zasadniczej: że podczas tego wygnania nie spodziewam się zobaczyć już domu i rodziny. W końcu Prabaker oznajmił, że jest już zbyt zmęczony, żeby dalej tłumaczyć i że powinni mi pozwolić wypocząć.

Na dworze przed domem ustawiono mi łóżko z drewna palmy kokosowej, z materacem ze splecionych włókien kokosowych. Było to łóżko Kishana. Prabaker powiedział, że zrobienie nowego łóżka, które będzie spełniać wymagania jego ojca, potrwa dwa dni. Do tego czasu Kishan będzie spać koło swego syna na podłodze. Usiłowałem protestować, ale mój opór utonął w morzu ich łagodnej, nieustępliwej natarczywości. Położyłem się więc na łóżku biednego rolnika i tak skończył się pierwszy wieczór w pierwszej indyjskiej wiosce – ustępstwem.

Prabaker powiedział, że rodzina i sąsiedzi niepokoją się, czy nie doskwiera mi samotność, czy nie czuję się samotny w tak obcym miejscu, bez rodziny. Postanowili, że tej pierwszej nocy usiądą przy mnie i będą czuwać w ciemnościach, dopóki nie upewnią się, że śpię spokojnie. W końcu, zauważył mój mały przewodnik, ludzie w moim kraju, w mojej wiosce, zrobiliby dla niego to samo, gdyby tam przyjechał i tęsknił za rodziną, prawda?

Siedzieli na ziemi wokół mojego niskiego łóżka, Prabaker, jego rodzice i ich sąsiedzi, dotrzymywali mi towarzystwa w ciepłej, ciemnej, pachnącej cynamonem nocy i tworzyli wokół mnie ochronny krąg. Myślałem, że nie będę mógł zasnąć w kręgu obserwatorów, ale po chwili zacząłem odpływać na szemrzących falach ich cichych i rytmicznych głosów, a w górze jedynie szeptały gwiazdy.

Z pewnej chwili siedzący po mojej lewej stronie ojciec Prabakera położył mi rękę na ramieniu. Był to prosty gest życzliwości i pokrzepienia, ale na mnie wywarł olbrzymie wrażenie. Jeszcze przed chwilą dryfowałem w stronę snu. Nagle zupełnie oprzytomniałem i pogrążyłem się we wspomnieniach i rozmyślaniu o mojej córce, rodzicach, bracie, o moich przestępstwach, o kochanych kobietach, które zdradziłem i utraciłem na zawsze.

Może to dziwne, a może nawet nikt tego nie zrozumie, ale aż do tamtego momentu tak naprawdę nie rozumiałem, że zrobiłem coś złego i że zmarnowałem życie. Kiedy napadałem ludzi z bronią w ręku, byłem naćpany, uzależniony od heroiny. Narkotyczna mgła powlokła wszystko, co myślałem, robiłem i nawet zapamiętałem. Później, podczas procesu i trzech latach w więzieniu, byłem czysty i przytomny i powinienem zrozumieć już wtedy, co znaczyły te zbrodnie i kary dla mnie i mojej rodziny, a także ludzi, których obrabowałem. Ale wtedy nie czułem i nie wiedziałem nic. Byłem zbyt zajęty odczuwaniem kary i do niczego innego nie miałem serca. Nawet po ucieczce z więzienia i tułaczce, kiedy ukrywałem się jako poszukiwany, za którego głowę wyznaczono nagrodę – nawet wówczas nie osiągnąłem tego ostatecznego, klarownego, całkowitego zrozumienia czynów i ich konsekwencji, które pisały nową, gorzką historię mojego życia.

Dopiero tam, w tej indyjskiej wiosce, podczas tej pierwszej nocy, kiedy już odpływałem na tratwie szemrzących głosów, a w oczach miałem gwiazdy – dopiero wtedy, gdy ojciec innego mężczyzny chciał mnie pocieszyć i położył mi na ramieniu twardą, pokrytą odciskami dłoń rolnika, dopiero w tym momencie zrozumiałem, co zrobiłem i kim się stałem – poczułem ból, strach i zdałem sobie sprawę z marnotrawstwa, głupiego, niewybaczalnego marnotrawstwa. Serce pękło mi ze wstydu i smutku. Nagle rozumiałem, ile jest we mnie żalu i jak mało miłości. Wreszcie pojąłem, jaki jestem samotny.

Ale nie mogłem zareagować. Moja kultura dobrze mnie nauczyła wszystkich złych rzeczy. Więc leżałem zupełnie nieruchomo i nie reagowałem. Tyle tylko, że dusza nie zna kultury. Nie zna narodu. Nie ma koloru, akcentu ani tradycji. Dusza jest wieczna. Dusza jest jedna. A kiedy serce przeżywa chwilę prawdy i smutku, duszy nie da się uspokoić.

Zacisnąłem zęby, leżąc pod gwiazdami. Zamknąłem oczy. Poddałem się senności. Jedną z przyczyn, dla których pragniemy miłości i tak rozpaczliwie jej szukamy, jest to, że miłość to jedyne lekarstwo na samotność, wstyd i smutek. Są uczucia, które zapadają w serce tak głęboko, że tylko samotność może je znowu wyciągnąć. Są prawdy tak bolesne, że tylko wstyd pomaga z nimi żyć. I są sprawy tak smutne, że w płaczu nad nimi może cię wyręczyć tylko dusza.

ROZDZIAŁ 6

Ojciec Prabakera przedstawił mnie całej wiosce, ale to dzięki jego matce poczułem się tam jak w domu. Jej życie otuliło mnie swymi smutkami i triumfami równie naturalnie, jak czasem jej czerwony szal otulał płaczące dziecko. Jej historia, opowiadana mi przez wiele głosów przez wiele miesięcy, stała się historią wszystkich, nawet moją. A jej miłość – gotowość do poznania prawdy o moim sercu i pokochania mnie – zmieniła kurs mojego życia.

Kiedy ją poznałem, Rukhmabaj Kharre miała czterdzieści lat i była u szczytu swoich możliwości i publicznego poważania. Męża przewyższała o głowę i kiedy stali obok siebie, ta różnica wzrostu w połączeniu z jej bujną, kształtną figurą nadawała jej wygląd Amazonki. Nigdy w życiu nie obcinała czarnych włosów, lśniących od oleju kokosowego, których majestatyczny bicz sięgał jej do kolan. Skórę miała jasnośniadą. Jej oczy miały kolor bursztynu osadzonego w różowym złocie. Białka oczu miała zawsze zaczerwienione, jakby właśnie płakała albo miała się rozpłakać. Szeroka szpara między zębami z przodu przydawała jej uśmiechowi łobuzerskiego wdzięku, a fantastyczny orli nos dodawał jej powadze dostojności. Czoło miała wysokie i szerokie – takie jak Prabaker – a wydatne kości policzkowe były jak górskie szczyty, z których bursztynowe oczy przyglądały się światu. Była inteligentna i pełna współczucia dla cudzej krzywdy. Nie mieszała się do rozmów sąsiadów, dopóki nie poproszono ją o opinię, a wówczas to, co mówiła, kładło kres dyskusji. Była kobietą godną podziwu i pożądania, ale jej oczy i zachowanie ostrzegały: obrażona lub znieważona mogła się stać niebezpieczna.

Dzięki sile swej osobowości utrzymała w wiosce status, który zawdzięczała ziemiom Kishana i swojej niewielkiej fortunie. Jej małżeństwo z Kishanem zostało zaaranżowane. Swojego narzeczonego ujrzała po raz pierwszy i ostatni przed ślubem, gdy jako nieśmiała szesnastolatka wyglądała zza zasłony podczas zaręczyn. Kiedy nauczyłem się jej języka na tyle, żeby rozmawiać, opowiedziała mi z rozbrajającą szczerością, jak bardzo rozczarowało ją pierwsze spotkanie z Kishanem. Był niski. Jego skóra, spalona przy pracy na roli niemal na kolor ziemi, była o wiele ciemniejsza niż jej, i to ją martwiło. Ręce i maniery miał szorstkie, ubranie czyste, lecz brzydkie. I był analfabetą. Jej ojciec sprawował funkcję przewodniczącego wioskowej rady, pańczajatu, a Rukhmabaj potrafiła czytać i pisać w hindi i marathi. Kiedy po raz pierwszy patrzyła na Kishana, serce tak jej łomotało, że przestraszyła się, czy tego nie słychać. Była pewna, że nie zdoła go pokochać i że popełnia mezalians.

W tej samej chwili, gdy to sobie uświadomiła, Kishan odwrócił głowę i spojrzał tam, gdzie ona kucała za zasłoną. Była pewna, że jej nie dostrzegł, a jednak patrzył tak, jakby spoglądał jej w oczy. Potem się uśmiechnął. Nigdy w życiu nie widziała tak szerokiego uśmiechu, promiennego i pełnego dobrego humoru. Patrzyła na ten niebywały uśmiech i ogarnęły ją dziwne uczucia. Wbrew samej sobie uśmiechnęła się do niego i poczuła przypływ błogości, falę nieokreślonej, lecz obezwładniającej ufności. Wszystko będzie dobrze, powiedział głos w jej sercu. Wszystko będzie dobrze. Zrozumiała, tak jak ja, gdy po raz pierwszy ujrzałem Prabakera, że człowiek, który uśmiecha się z całego serca, nigdy świadomie nikogo by nie skrzywdził.

Kiedy znowu odwrócił spojrzenie, w pokoju jakby pociemniało, a ona zrozumiała, że zaczyna go kochać za sam niosący otuchę blask jego uśmiechu. Nie protestowała, gdy ojciec ogłosił decyzję o zawarciu małżeństwa i po dwóch miesiącach od pierwszego spojrzenia na magiczny uśmiech Kishana była już mężatką, nosząc w łonie pierwszego syna, Prabakera.

Ojciec Kishana dał najstarszemu synowi dwa żyzne pola, a ojciec Rukhmabaj dodał trzecie jako posag. Od najwcześniejszych dni ich związku młoda mężatka objęła kontrolę nad ich małym majątkiem. Wykorzystując umiejętność czytania i pisania, prowadziła drobiazgowy bilans strat i zysków w zwyczajnych szkolnych zeszytach, które wiązała razem i przechowywała w cynowanej skrzyni.

Rozsądne inwestycje w działalność sąsiadów i staranne zarządzanie majątkiem sprawiły, że strat było mało. Kiedy jako dwudziestopięciolatka urodziła trzecie dziecko, dzięki jej zarządzaniu ich skromny majątek stał się największy w wiosce. Byli właścicielami pięciu pól, uprawiali zboże na sprzedaż, mieli trzy mleczne bawolice i trzy woły, a także dwie mleczne kozy i tuzin kur. Mieli wystarczająco wiele pieniędzy w banku, by wystarczyło na dostatnie posagi dla obu córek. Dziewczynki wyjdą korzystnie za mąż, a jej wnuki zyskają wyższy status.

Dziewięcioletni Prabaker został wysłany do Bombaju, gdzie terminował u wuja taksówkarza, a mieszkał w wielkich slumsach w środku miasta. Rukhmabaj zaczęła przedłużać poranne modlitwy, gdyż tyle wiązała nadziei z przyszłością swojej rodziny. Potem przeżyła poronienie. Przez niespełna rok poroniła jeszcze dwa razy. Lekarze uznali, że przy narodzinach trzeciego dziecka na jej macicy powstały blizny. Zalecili i przeprowadzili histerektomię. Rukhmabaj miała dwadzieścia sześć lat.

Jej serce błąkało się po pustych pokojach życia; pokojach zarezerwowanych dla trojga utraconych dzieci i wszystkich innych, które mogły się narodzić. Przez dwa lata była niepocieszona. Nawet cudowny uśmiech Kishana, przywoływany przez łzy, nie zdołał jej przywrócić radości życia. Zagubiona, ze złamanym sercem, żyła w rozpaczy, zapewniając córkom tylko podstawową opiekę. Śmiech odszedł od niej i zapanował smutek.

Jej dusza umierała i pewnie na zawsze utonęłaby w smutku, ale wówczas cała wioska znalazła się w zagrożeniu, które wyrwało ją z żałoby. Banda dakoitów, uzbrojonych bandytów, rozbiła obóz nieopodal i zaczęła się domagać haraczu. W sąsiedniej wiosce od ciosu maczetą zginął mężczyzna. W innej dakoici zgwałcili kobietę. W wiosce Kishana zastrzelili mężczyznę, który się im sprzeciwił.

Rukhmabaj dobrze znała zabitego. Był to kuzyn Kishana, który poślubił dziewczynę z rodzinnej wioski Rukhmabaj. Na pogrzebie zjawili się wszyscy mężczyźni, kobiety i dzieci z Sunderu. Na jego zakończenie Rukhmabaj zwróciła się do mieszkańców. Włosy miała rozczochrane, a jej bursztynowe oczy lśniły gniewem i determinacją. W ostrych słowach wystąpiła przeciwko tym, którzy chcieli się przypodobać dakoitom. Wezwała ich do walki i zabijania, jeśli to będzie koniecznie, w obronie ludzi i ziemi. W ludziach zdumionych jej nagłym ożywieniem po dwuletnim odrętwieniu oraz wojowniczym przemówieniem obudził się duch walki. W tamtej chwili opracowali plan działania i oporu.

Dakoici dowiedzieli się, że mieszkańcy Sunderu zamierzają walczyć. Groźby, napady i rabunki doprowadziły wreszcie do zaognienia sytuacji, w której walka stała się nieunikniona. Dakoici wysłali ostrzegawczą wiadomość, że jeśli w wyznaczonym dniu mieszkańcy wioski nie zapłacą im znacznego haraczu, muszą się spodziewać straszliwych konsekwencji.

Ludzie z wioski uzbroili się w sierpy, siekiery, drągi i noże. Kobiety i dzieci przeniesiono do pobliskiej wioski. Mężczyzn, którzy zostali, zdjął strach. Niektórzy mówili, że ta walka jest szaleństwem i lepiej zapłacić niż zginąć. Bracia zamordowanego chodzili między nimi, dodając odwagi, pocieszając i karcąc tchórzy.

W końcu krzyknięto, że drogą zbliżają się jacyś ludzie. Mieszkańcy wioski ukryli się za barykadami, które pospiesznie wznieśli pomiędzy lepiankami. Przejęci i przerażeni, byli o krok od ataku, kiedy spostrzegli, że przybysze są ich sprzymierzeńcami. To Prabaker zebrał w slumsach sześciu przyjaciół i kuzynów i wyruszył na pomoc rodzinie, gdy po tygodniu dotarła do niego wieść o wojnie z dakoitami. Miał wtedy zaledwie piętnaście lat, a najstarszy z jego przyjaciół – osiemnaście, ale byli zaprawieni w walkach w najgorszych dzielnicach Bombaju. Jeden, Raju, wysoki chłopiec o pięknej twarzy i bujnej fryzurze bombajskiego gwiazdora filmowego, miał pistolet. Pokazał go mieszkańcom wioski, czym bardzo podniósł ich na duchu.

Dakoici, butni i dzicy, wpadli do wioski na godzinę przed zachodem słońca. Ich dowódca jeszcze nie skończył mrożącego krew w żyłach przemówienia, kiedy Raju wyszedł z kryjówki i ruszył na bandytów, strzelając raz na trzy kroki. Zza barykad posypały się siekiery, sierpy, noże, kije i kamienie, rzucane z zabójczą celnością przez zdesperowanych chłopów. Raju nie zwolnił kroku, a ostatnim pociskiem trafił z bliska w pierś przywódcy dakoitów. Mieszkańcy wioski mówili, że bandyta wyzionął ducha, zanim upadł na ziemię.

Reszta dakoitów pierzchła i nigdy więcej o nich nie słyszano. Ciało przywódcy zaniesiono na posterunek policji okręgu Jamner. Wszyscy mieszkańcy wioski powtórzyli tę samą wersję wydarzeń: stawili opór dakoitom i w chaosie walki jeden z bandytów zastrzelił własnego kompana. Nikt nie wymienił imienia Raju. Po uczcie trwającej dwa dni młodzieńcy wrócili z Prabakerem do miasta. Dzielny, dziki Raju zginął w barowej bójce rok później. Dwaj inni chłopcy ponieśli śmierć w podobnej sytuacji. Jeszcze inny trafił z dużym wyrokiem do więzienia za zbrodnię w afekcie – chodziło o miłość do pewnej aktorki i nienawiść do rywala.

Kiedy uczyłem się języka marathi, ludzie z wioski wiele razy opowiedzieli mi o tej wielkiej bitwie. Zabierali mnie w historyczne miejsca, gdzie doszło do starcia. Odgrywali to wydarzenie jeszcze raz, a młodsi mężczyźni często rywalizowali ze sobą o zaszczyt odegrania roli Raju. Nie mniej ważne w opowiadaniu historii były dzieje młodzieńców, którzy walczyli u ich boku. Los każdego – o którym dowiedzieli się od Prabakera podczas jego wizyt w wiosce – relacjonowano niczym wątki wielkiej sagi. A z wszystkich opowieści i rozmów przezierało wyjątkowe uczucie i duma z Rukhmabaj Kharre. Kochali ją i podziwiali za to, że przemawiając na pogrzebie – było to jej pierwsze i ostatnie publiczne wystąpienie – popchnęła ich do działania. Doceniali jej odwagę i szanowali siłę woli. A nade wszystko cieszyli się, że do nich wróciła – dzięki walce z dakoitami wyrwała się z żalu i rozpaczy i znów stała się mocną, zmyślną, roześmianą kobietą, którą zawsze była. W tej biednej, prostej wiosce nikt nie wątpił ani nie zapominał, że największe bogactwa osady tkwią w ludziach.

I wszystko to można było zobaczyć na ślicznej twarzy Rukhmabaj. Zmarszczki na kościach policzkowych były jak tamy zatrzymujące łzy w oczach. Niewypowiedziane, pytania bez odpowiedzi rozchylały jej pełne, czerwone usta, kiedy była sama lub pochłaniała ją praca. Determinacja wyrzeźbiła jej wyzywającą, rozdzieloną dołkiem brodę. A jej czoło zawsze było lekko zmarszczone na środku, między brwiami, jakby w tych miękkich fałdach skóry przetrzymywała pełne żałości zrozumienie, że nie ma szczęścia bez rozpaczy, nie ma bogactwa bez ceny, nie ma życia bez nadchodzącej wcześniej czy później pełnej dawki smutku i śmierci.

Mój związek z Rukhmabaj ustalił się tego pierwszego ranka. Na łóżku przed domem Kishana spało mi się dobrze – prawdę mówiąc, tak dobrze, że nadal głośno chrapałem, gdy Rukhmabaj tuż po świcie wypędzała mleczne bawolice na pastwisko. Jedna z nich, zaintrygowana dziwnym pomrukiem, postanowiła zbadać sytuację. Obudziłem się z przerażeniem, czując dławiącą wilgoć. Otworzyłem oczy i ujrzałem ogromny, różowy język gigantycznego czarnego bawołu, który znów zamierzał oblizać moją twarz. Wrzasnąłem ze strachu i zaskoczenia, spadłem z łóżka i uciekłem na czworakach.

Rukhmabaj śmiała się ze mnie, ale to był dobry śmiech – szczery, życzliwy, bez odrobiny złośliwości. Kiedy się pochyliła, żeby pomóc mi wstać, przyjąłem jej rękę i roześmiałem się razem z nią.

– *Gaee!* – powiedziała, wskazując bawolice i ustanawiając podstawową zasadę, że skoro mamy się porozumiewać za pomocą słów, to ja nauczę się obcego języka. „Bawół".

Wzięła szklankę i przykucnęła przy wymionach ogromnej czarnej bestii o krętych rogach. Patrzyłem, jak mleko strzyka precyzyjnie w szklankę. Rukhmabaj napełniła ją z wprawą i podała mi, wytarłszy krawędź rąbkiem czerwonego bawełnianego szala.

Jestem z miasta. Urodziłem się i wychowałem w dość dużym mieście, liczącym trzy miliony mieszkańców. Wytrzymałem tak długo jako zbieg, ponieważ kocham wielkie miasta i czuję się w nich zupełnie bezpiecznie i swobodnie. Kiedy trzymałem tę szklankę świeżo udojonego mleka, obudziły się we mnie wszystkie podejrzenia i lęki człowieka z miasta. Mleko było ciepłe. Pachniało krową. Wydawało mi się, że w szklance coś pływa. Zawahałem się. Miałem wrażenie, że Ludwik Pasteur zagląda mi przez ramię do szklanki. Słyszałem jego głos „Na pańskim miejscu najpierw przegotowałbym to mleko, monsieur...".

Przełknąłem uprzedzenia, strach i mleko jednocześnie, starając się pić jak najszybciej. Nie smakowało tak źle, jak się spodziewałem – było kremowe i tłuste, z nutką suchych traw w ostatnich akordach. Rukhmabaj wyrwała mi szklankę z ręki i znowu przykucnęła przy bawolicy, ale moje gwałtowne, błagalne protesty przekonały ją, że jedna porcja zupełnie mi wystarczy.

Kiedy Prabaker i ja umyliśmy już twarze i zęby, Rukhmabaj stała nad nami, podczas gdy jedliśmy solidne śniadanie złożone z *roti* i czaju. *Roti*, przaśne podpłomyki, są pieczone na każdy posiłek i smażone w lekko natłuszczonym woku. Gorący, przypominający naleśnik chleb napełnia się odrobiną *ghi*, czyli sklarowanego masła, i łyżką cukru. Następnie zwija się go w rolkę tak grubą, że ledwie mieści się w pięści, i je się z kubkiem gorącej, słodkiej, zabielonej mlekiem herbaty.

Rukhmabaj śledziła wzrokiem każdy nasz kęs i ruch szczęk i kłuła nas palcem albo dawała klapsa po głowie lub w ramię, kiedy któryś z nas zdradził choćby zamiar zaczerpnięcia oddechu podczas posiłku. Uwięzieni, przeżuwając niezaprzeczalnie pyszne jedzenie, rzucaliśmy ukradkowe spojrzenia na młode kobiety przy woku w nadziei, że każde *roti* – po trzecim lub czwartym, które pożarliśmy – będzie już tym ostatnim.

I tak, przez wiele tygodni, każdy dzień w wiosce rozpoczynał się szklanką bawolego mleka, potem była kąpiel i w końcu długie śniadanie złożone z czaju i *roti*. Przez większość poranków pracowałem z mężczyznami na polu przy kukurydzy, pszenicy, roślinach strączkowych i bawełnie. Dzień pracy dzielił się na dwa mniej więcej trzygodzinne etapy, z przerwą na obiad i sjestą w środku dnia. Dzieci i młode kobiety przynosiły nam obiad w niezliczonych naczyniach z nierdzewnej stali. Posiłek składał się na ogół z obowiązkowych *roti*, pikantnego *dhalu* z soczewicy, mango na ostro i surowej cebuli z sokiem z limonki. Po grupowym spożyciu posiłku mężczyźni szukali spokojnych, cienistych miejsc do godzinnej drzemki. Potem, najedzeni i wypoczęci, zabierali się do pracy z wielką energią i entuzjazmem, dopóki najważniejszy gospodarz w grupie nie ogłosił końca pracy. Wówczas zbierali się na głównej drodze i wracali między polami, które sami zasiewali i uprawiali, często śmiejąc się i żartując przez całą drogę powrotną.

W samej wiosce mężczyźni nie mieli wiele roboty. Gotowanie, sprzątanie, mycie i cała domowa robota należała do kobiet – na ogół młodszych, nad którymi czuwały starsze. Przeważnie pracowały cztery godziny dziennie. Wiele wolnego czasu spędzały, bawiąc się z dziećmi. Mężczyźni pracowali sześć godzin dziennie w przeciętnym czterodniowym tygodniu pracy. W porze siewów i zbiorów pracy było więcej, ale na ogół mieszkańcy maharackiej wioski pracowali krócej niż ludzie z miasta.

Nie był to raj. Niektórzy mężczyźni po pracy na wspólnych polach wypruwali z siebie żyły przy uprawach przeznaczonych na sprzedaż. Deszcze zjawiały się za wcześnie lub za późno. Zatapiały pola, sprzyjały wylęgowi owadów i chorób roślin. Kobiety, nie mając ujścia dla swoich twórczych talentów, marnowały je. Inne obserwowały, jak marnują się dzieci, które w innym, bardziej ruchliwym miejscu osiągnęłyby więcej, lecz nigdy nie miały poznać niczego poza tą wioską, polami i rzeką. Czasami, rzadko, ktoś popadał w taką rozpacz, że w nocy, kiedy słuchaliśmy ciszy, dobiegał nas szloch.

Ale, tak jak powiedział Prabaker, ludzie śpiewali tu niemal codziennie. Jeśli dostatek jedzenia, śmiech, śpiew i przyjazne nastawienie można uznać za wskaźnik dobrobytu i szczęścia, to mieszkańcy wioski przewracali do góry nogami zachodnie pojęcie o tych życiowych wartościach. Przez pół roku pobytu ani razu nie usłyszałem żadnego złośliwego głosu ani nie widziałem ręki uniesionej w gniewie. Co więcej, mieszkańcy wioski Prabakera cieszyli się witalnością. Dziadkowie byli pulchni, lecz nie grubi, rodzice w dobrej kondycji i pełni życia, a dzieci miały proste kończyny, były inteligentne i energiczne.

W wiosce czuło się pewność, której nie ma w żadnym znanym mi mieście: pewność, która rodzi się, gdy ziemia i pracujące na niej pokolenia stają się nierozróżnialne; kiedy tożsamość człowieka i ziemi stapiają się w jedno. Miasta to centra nieustannej i nieodwracalnej zmiany. Charakterystycznym dźwiękiem miasta jest grzechotniczy jazgot wiertarki – ostrzegawczy sygnał, który słychać przed atakiem gada. Ale w wiosce zmiana jest wieczna. To, co zmienia się wraz z naturą, wraca na kołowrocie pór roku. To, co wyłania się z ziemi, zawsze do niej wraca. To, co kwitnie, ginie, a potem znowu rozkwita.

A kiedy byłem w wiosce mniej więcej od trzech miesięcy, Rukhmabaj i mieszkańcy Sunderu dali mi część tej pewności: coś w nich i ich życiu zmieniło moje życie na zawsze. W dniu, w którym zaczęła się pora monsunowa, pływałem w rzece wraz z tuzinem innych młodych mężczyzn i mniej więcej dwadzieściorgiem dzieci. Na całym niebie zbierały się ciemne chmury, które miały je zasnuwać przez kolejne tygodnie. Wydawało się, że szorują brzuchami o szczyty najwyższych drzew. Powietrze po niemal ośmiu miesiącach suszy tak upajająco pachniało deszczem, że byliśmy niemal pijani z podniecenia.

– *Paous alla! S'alla ghurree!* – krzyczały nieustannie dzieci, czepiając się moich rąk. Wskazywały chmury i ciągnęły mnie do wioski. „Będzie padać! Wracajmy do domu!".

Pierwsze krople deszczu spadły, kiedy zaczęliśmy biec. Po paru sekundach krople zmieniły się w ulewę. Po paru minutach ulewa zmieniła się w kaskady wody. Po godzinie monsun przybrał rozmiary wodospadu, tak potężnego, że trudno było oddychać, nie przyłożywszy do ust rąk, by je osłonić przed wodą.

Początkowo mieszkańcy wioski tańczyli w deszczu i płatali sobie figle. Niektórzy przynieśli mydło i myli się pod zesłanym przez niebiosa prysznicem. Niektórzy poszli do lokalnej świątyni, gdzie modlili się w deszczu na klęczkach. Inni zajęli się naprawami dachów i kanałów drenujących, które ciągnęły się wzdłuż każdej glinianej ściany.

W końcu wszyscy stanęli i po prostu zaczęli się gapić na wędrujące i łopoczące kurtyny deszczu. Z każdych drzwi każdego domu wyglądały twarze, każdy błysk pioruna wyłaniał zastygłe oblicza pełne zdumienia.

Po ulewie trwającej parę godzin nastąpił równie długi okres ciszy. Słońce świeciło bez przerwy, z rozgrzewającej się ziemi parowała deszczówka. Przez pierwsze dziesięć dni sezonu było tak samo, gwałtowne burze i okresy spokoju, jakby monsun wypróbowywał odporność wioski przed przypuszczeniem ostatecznego ataku.

Potem nadeszły wielkie deszcze. Padało niemal bez przerwy przez siedem dni i nocy. Siódmego dnia, gdy prałem na brzegu rzeki swoje nieliczne ubrania, rozpadało się na dobre. Sięgnąłem po mydło i uświadomiłem sobie, że kamień, na którym je położyłem, znalazł się pod wodą. Woda, która ledwie pieściła moje bose stopy, w ciągu paru sekund uniosła się z kostek po kolana. Kiedy spojrzałem w górę wzburzonej rzeki, woda sięgnęła mi do ud i nadal jej poziom się podnosił.

Zdjęty podziwem i niepokojem ruszyłem przez wodę z mokrymi ubraniami w stronę wioski. Po drodze dwa razy zatrzymywałem się, by spojrzeć na rzekę. Jej strome brzegi szybko nasiąkły wodą, a potem szeroka, pagórkowata równina zaczęła znikać pod przybierającą wodą. Powódź była tak gwałtowna, że wezbrana, głodna ziemi rzeka zaczęła z wolna sunąć w stronę wioski. Zaniepokojony, pobiegłem ostrzec jej mieszkańców.

– Rzeka! Rzeka nadchodzi! – krzyknąłem łamanym marathi.

Wyczuli mój niepokój, ale mnie nie zrozumieli. Zebrali się wokół i zawołali Prabakera, którego zarzucili pytaniami.

– O co ci przychodzi, Lin? Ludzie bardzo są niepokojący o ciebie.

– Rzeka wylała! Zatopi wioskę!

Prabaker uśmiechnął się.

– O nie. To się nie wydarzy.

– Mówię ci! Sam widziałem. Nie żartuję, to jest, kurwa, powódź!

Prabaker przetłumaczył moje słowa. Wszyscy parsknęli śmiechem.

– Czyście wszyscy oszaleli? – krzyknąłem w desperacji. – To nie jest śmieszne.

Zaczęli się śmiać jeszcze głośniej i oblegli mnie ze wszystkich stron, klepiąc i głaszcząc dla uspokojenia. Ich roześmiane głosy brzmiały kojąco i łagodnie. Potem, z Prabakerem na czele, cała wioska ruszyła, wlokąc mnie i popychając ku rzece.

Rzeka znajdowała się już o kilkaset metrów od wioski; ogromne błotniste rozlewisko, którego wezbrane fale pochłaniały dolinę, jeszcze się powiększyło – a my staliśmy na rozmiękłej ziemi, ociekając wodą, i patrzyliśmy na to. Wezbrana rzeka ciągle rosła, z każdym głuchym uderzeniem serca pożerała nowe ziemie.

– Widzisz te patyki – odezwał się Prabaker najbardziej irytującym z kojących głosów. – Te patyki to patyki powodziowe. Pamiętasz, jak ludzie wkładali je w ziemię? Satish, Pandey Narayan i Bharat... pamiętasz?

Pamiętałem. Parę dni temu w wiosce zorganizowano jakąś loterię. Sto dwanaście liczb – po jednej na każdego mężczyznę – wypisano na małych skrawkach papieru i wrzucono do pustego glinianego dzbana. Nazywano go matką. Mężczyźni kolejno ciągnęli losy, a następnie do dzbana wrzucono drugą porcję takich samych liczb. Zaszczyt wylosowania sześciu zwycięskich numerów przypadł małej dziewczynce. Cała wioska przyglądała się ceremonii i radośnie oklaskiwała zwycięzców.

Tych sześciu wygranych zyskało możliwość wbicia w ziemię drewnianego pala, liczącego trochę ponad metr. Trzem najstarszym mężczyznom w wiosce przyznano podobne prawo bez konieczności brania udziału w loterii. Natychmiast wybrali miejsce, a młodzi wbili za nich pale. Następnie do każdego przytwierdzono małą flagę z nazwiskiem właściciela i wszyscy rozeszli się do domów.

Obserwowałem całe zajście z cienia pod liściastą kopułą drzewa. Pracowałem nad własnym słowniczkiem marathi, opierającym się na fonetycznej pisowni słów, które każdego dnia słyszałem w wiosce. Nie poświęciłem ceremonii wiele uwagi i nie chciało mi się pytać o jej znaczenie.

Teraz, pod odrętwiającymi potokami deszczu, z widokiem na pełznącą rzekę, Prabaker wyjaśnił, że te drewniane pale stanowią element dorocznej gry. Najstarsi mężczyźni oraz zwycięzcy loterii wytypowali miejsce, do którego sięgnie rzeka. Każdy pal z chorągiewką z żółtego jedwabiu reprezentował ich typ.

– Widzisz tę jedną małą flagę? – spytał Prabaker, wskazując najbardziej oddalony od nas pal. – Ten już prawie przepadł. Rzeka go dosięgnie i zakryje, jutro albo dziś w nocy.

Przetłumaczył ludziom to, co mi powiedział, a oni wypchnęli naprzód Satisha, masywnego pastucha. Ten niemal zatopiony palik należał do niego; Satish przyjmował dobrotliwe kpiny przyjaciół i szyderstwa starszych mężczyzn z uśmiechem i spuszczonymi oczami.

– A ten – ciągnął Prabaker, wskazując najbliższy pal – tego rzeka nie tknie. Rzeka nigdy nie przychodzi dalej niż w to miejsce. Stary Deepakbaj sam wybrał to miejsce. Myśli, że w tym roku monsun będzie bardzo wielki.

Mieszkańcy znudzili się mną i wrócili do swoich zajęć. Prabaker i ja zostaliśmy sami.

– Ale skąd wiadomo, że rzeka nie minie tego punktu?

– Jesteśmy tu od dawna. Wioska Sunder stoi tu od dwóch tysięcy lat. Następna wioska, Natinkerra, jest tu dużo dłużej, około trzech tysięcy lat. W innych miejscach – niezbyt blisko – ludzie mają złe przeżycia z powodziami w porze monsunowej. Ale nie tutaj. Nie w Sunderze. Nasza rzeka nigdy nie doszła tak daleko. W tym roku też nie sądzę, żeby doszła aż tutaj, chociaż stary Deepakbaj mówi, że dojdzie. Wszyscy wiedzą, kiedy rzeka się zatrzyma.

Spojrzał zmrużonymi oczami w pozbywające się balastu chmury.

– Ale na ogół czekamy, aż przestanie padać, zanim wyjdziemy z domu popatrzeć na patyki. Jeśli pozwolisz, zaraz się utopię i będę musiał wyżąć kości, zanim wejdę do domu.

Spojrzałem przed siebie. Prabaker zerknął na czarne kłębowisko chmur i spytał:

– Czy w twoim kraju nie wiecie, gdzie zatrzyma się rzeka?

Nie odpowiedziałem. W końcu poklepał mnie po plecach i odszedł. Zostałem sam. Przez jakiś czas gapiłem się na spływający deszczem świat, aż w końcu uniosłem twarz ku płaczącemu niebu.

Myślałem o innej rzece, o tej, która płynie w każdym z nas, skądkolwiek przychodzimy, na całym świecie. To rzeka serca i jego pragnień. To czysta, esencjonalna prawda o tym, kim jesteśmy i co możemy osiągnąć. Przez całe życie byłem wojownikiem. Zawsze byłem gotowy, zbyt gotowy, walczyć o to, co kochałem i nad czym bolałem. W końcu cały stałem się walką, a moja prawdziwa natura ukryła się za maską wrogości. Moja twarz i gesty przekazywały wiadomość: nie wchodź mi w drogę. W końcu nabrałem takiej wprawy w wyrażaniu tego przesłania, że całe moje życie się do niego ograniczyło.

W wiosce to się nie sprawdzało. Nikt nie potrafił odczytać języka mojego ciała. Nie znali innych cudzoziemców, nie mieli punktów odniesienia. Jeśli byłem pochmurny albo ponury, śmiali się i klepali mnie po plecach. Uznali mnie za spokojnego człowieka, bez względu na wyraz twarzy. Byłem żartownisiem, który ciężko pracował, błaznował z dziećmi, śpiewał z nimi i tańczył, i śmiał się z całego serca.

I sądzę, że wtedy naprawdę tak się śmiałem. Dano mi szansę ponownego stworzenia siebie, podążenia za tą wewnętrzną rzeką, stania się człowiekiem, którym zawsze chciałem być. W dniu, w którym dowiedziałem się o palach, niespełna trzy godziny, zanim stanąłem samotnie w deszczu, matka Prabakera powiedziała, że zwołała spotkanie kobiet. Postanowiła mi nadać nowe imię, maharackie, takie jak jej. Ponieważ mieszkałem w domu Prabakera, postanowiono, że powinienem przyjąć rodzinne miano Kharre. Ponieważ Kishan był ojcem Prabakera, a moim przybranym ojcem, tradycja nakazywała, bym przyjął jego imię. A ponieważ uznali mnie za człowieka pobłogosławionego darem spokojnego szczęścia, kobiety przystały na propozycję Rukhmabaj. Moje imię miało brzmieć Shantaram, co znaczy „człowiek pokoju" albo „człowiek bożego pokoju".

Ci wieśniacy wbili pale w ziemię mojego życia. Znaleźli to moje miejsce, gdzie zatrzymuje się rzeka, i oznaczyli je nowym imieniem. Shantaram Kishan Kharre. Nie wiem, czy znaleźli to imię w sercu człowieka, za którego mnie uważali, czy zasadzili je, by wyrosło i zakwitło. W każdym razie niezależnie od tego, czy znaleźli ten pokój, czy też go stworzyli, w tamtej chwili, gdy stałem przy powodziowych palach, zwróciwszy twarz ku chrzczącemu mnie deszczowi, narodził się człowiek, którym jestem. Shantaram. Człowiek lepszy, którym o wiele za późno zacząłem być.

ROZDZIAŁ 7

– To piękna prostytutka – powiedział Prabaker błagalnie. – I taka tłusta, i to w najbardziej poważnych i ważnych miejscach. Gdzie złapiesz, tam masz pełno w ręce. Będziesz taki podniecający, że się pochorujesz!

– Bardzo kusząca propozycja – odparłem, starając się nie śmiać – ale naprawdę nie jestem zainteresowany. Wyjechaliśmy z wioski dopiero wczoraj i nadal jestem w niej myślami. Nie mam... nastroju.

– Nastrój nie problem, *baba*. Jak tylko zaczniesz bzyku-bzyku, nastrój zmieni się o tak, *futt-a-futt*!

– Może masz rację, ale jednak zrezygnuję.

– Ale ona jest taka doświadczalna! – zakwilił. – Te osobistości mówiły, że robiła seksowny biznes zbyt wiele razy i ze zbyt wiele setki klientów, tylko w tym hotelu. Spojrzałem jej w samo dno oczu i zobaczyłem, że to bardzo wielka specjalistka od seksownego biznesu.

– Nie chcę prostytutki, Prabu, bez względu na doświadczenie.

– Ale jak tylko na nią spojrzysz, od razu zwariujesz.

– Przykro mi.

– Ale już im powiedziałem... że przyjdziesz i ją popatrzysz. Tylko popatrzysz. Popatrzyć nie problem, Linbaba.

– Nie.

– Ale... nie odzyskam depozytu, jeśli nie przyjdziesz popatrzyć.

– Wpłaciłeś depozyt?

– Tak.

– Wpłaciłeś depozyt, żebym kochał się z kobietą w tym hotelu?

– Tak, Lin. – Westchnął, uniósł ramiona i opuścił je bezradnie. – Sześć miesięcy w wiosce, tak. Sześć miesięcy bez seksownego biznesu. Myślałem, że czujesz wielkie mnóstwo potrzeb. A teraz mój depozyt nie powróci, jeśli nie popatrzysz ją tylko tyciu-tyć.

– Dobrze – odparłem, naśladując jego gest bezradności. – Chodźmy popatrzeć. Tylko po to, żeby się ciebie nie czepiali.

Zamknąłem na klucz drzwi naszego hotelowego pokoju. Razem ruszyliśmy szerokim korytarzem. Hotel Apsara w Aurangabadzie na północ od Bombaju miał ponad sto lat i został zbudowany w innych, wspanialszych czasach. Jego wysokie, przestronne pokoje zdobiły otwarte balkony wychodzące na gwarną ulicę, misterne gzymsy i plafony. Meble były zniszczone i trafiły tam przypadkiem, a wykładzina na korytarzach w wielu miejscach przetarta do osnowy. Ściany się łuszczyły, nosiły siniaki brudu, a pokoje były tanie. Miejsce w sam raz, zapewnił mnie Prabaker, by spędzić w nim szczęśliwą noc w drodze powrotnej do Bombaju.

Zatrzymaliśmy się pod drzwiami po przeciwnej stronie ulicy. Prabaker dygotał z podniecenia. Oczy miał niepokojąco rozszerzone.

Zapukałem. Drzwi niemal natychmiast się otworzyły i w progu stanęła kobieta, trochę po pięćdziesiątce. Miała na sobie czerwono-żółte sari i patrzyła na nas złośliwie. Za jej plecami w pomieszczeniu znajdowało się kilku mężczyzn. Wszyscy byli w *dhoti* i białych czapkach, jak ludzie z wioski Prabakera, i siedzieli na podłodze przy solidnej porcji *dhalu*, ryżu i *roti*.

Kobieta wyszła na korytarz i zamknęła za sobą drzwi. Wbiła spojrzenie w Prabakera. Był od niej niższy o głowę; zrewanżował się jej złowróżbnym nieruchomym spojrzeniem, niczym wierny towarzysz klasowego chuligana.

– Widzisz, Lin? – wymamrotał, nie odrywając od niej oczu. – Widzisz, co ci mówiłem?

Widziałem pospolitą, szeroką twarz z kartoflanym nosem i wargami tak cienkimi i wykrzywionymi taką pogardą, że przypominały ostrygę, którą ktoś trącił patykiem. Na twarzy i szyi miała makijaż mocny jak gejsze i nadający jej ponuremu spojrzeniu intensywność złoczyńcy.

Prabaker przemówił do kobiety w marathi:

– Pokaż mu!

Uniosła płat sari i zaprezentowała fałd tłuszczu na brzuchu. Wzięła go w grube palce i ścisnęła, spoglądając na mnie z uniesioną brwią, jakby zapraszając do podziwiania.

Prabaker jęknął cicho i wytrzeszczył oczy.

Wówczas kobieta rozejrzała się w teatralny sposób po korytarzu, podniosła bluzkę na parę centymetrów i ukazała długie, cienkie, zwisające jak wahadła piersi. Chwyciła jedną i parę razy pokiwała nią w moją stronę, poruszając brwią z niepokojąco nieodgadnionym wyrazem twarzy. Doszedłem do wniosku, że może to być złowieszczo pogardliwy uśmiech.

Prabaker jeszcze szerzej otworzył oczy i zaczął głośno sapać.

Kobieta zakryła pierś i gwałtownym ruchem głowy przerzuciła długi czarny warkocz przez ramię. Wzięła go w obie dłonie i zaczęła wyciskać jak tubkę pasty. Przed jej palcami utworzyła się gruba kropla olejku kokosowego i skapnęła z warkocza na wytarty dywan.

– Wiesz, Lin... – wymamrotał Prabaker, gapiąc się łakomie i niemal ze strachem na krople oleju. Zaczął cicho przytupywać nogą. – Jeśli nie chcesz mieć seksownego biznesu z tą kobietą... jeśli... jeśli naprawdę nie chcesz... to... może wykorzystam ten depozyt dla własnej osobistości...

– Do zobaczenia w pokoju – odpowiedziałem, uprzejmie uśmiechając się do kobiety. Ukłoniłem się lekko i wróciłem do pokoju, cały czas mając przed oczyma jej szyderczy uśmiech.

Chciałem wykorzystać ten czas na uzupełnienie mojego słownika języka marathi. Miałem w nim już jakieś sześćset słów używanych codziennie. Kiedy mieszkańcy wioski uczyli mnie słów i wyrażeń, zapisywałem je na skrawkach papieru, a dopiero potem przepisywałem do grubego dziennika z myślą o przyszłości. Ostatnie zdobycze leżały na małym stoliku i właśnie zacząłem je wpisywać, kiedy drzwi otworzyły się gwałtownie i do pokoju wtoczył się Prabaker. Bez słowa przeszedł koło mnie i padł na łóżko. Od chwili gdy zostawiłem go u drzwi prostytutki, minęło z dziewięć minut.

– O, Lin! – wyjęczał radośnie, uśmiechając się w stronę sufitu. – Wiedziałem! Wiedziałem, że to kobieta w pełni doświadczalna.

Zagapiłem się na niego w zdumieniu.

– O tak! – zawołał, usiadł i spuścił krótkie nogi z łóżka. – Dała mi równowartość wielkich pieniędzy. A ja dałem jej bardzo, bardzo dobry seks także. A teraz! Wyjdźmy! Będziemy jeść pożywienia, pić i bawić się!

– Jeśli masz siłę – wymamrotałem.

– O, tu nie trzeba siły, *baba*. Zabiorę cię w tak doskonałe miejsce, że bardzo często można w nim nawet siedzieć, jak się pije.

I rzeczywiście, dotrzymał słowa. Zaprowadził mnie do rudery oddalonej o godzinę drogi od ostatniego przystanku autobusowego na peryferiach. Wcisnęliśmy się pomiędzy brudnych pijaków okupujących wąską kamienną ławę przy barze. Był to nielegalny bar, w którym można było kupić stuprocentowy spirytus za połowę oficjalnej ceny.

Mężczyźni, do których się dosiedliśmy, byli robotnikami, rolnikami i klasycznymi przedstawicielami półświatka. Wszyscy siedzieli ponurzy i nieprzystępni. Odzywali się rzadko, jeśli w ogóle. Pili paskudny samogon, krzywiąc się okropnie i kwitując każdą szklaneczkę koncertem stęknięć, charknieć i jęków. Prabaker i ja wychyliliśmy nasz alkohol jednym łykiem, jedną ręką zatykając nos, drugą wlewając w siebie zabójczy, cuchnący chemikaliami płyn. Siłą woli zdołaliśmy go utrzymać w żołądkach. A kiedy doszliśmy do siebie, nie bez ociągania zamówiliśmy następną kolejkę.

Miejsce było ponure i pozbawione radości. Na każdej twarzy malował się wysiłek. Niektórzy uznali, że mają dość, i odsunęli się na bok. Inni mieli chwile słabości, lecz brnęli dalej, zachęcani przez towarzyszy niedoli. Prabaker zawahał się trochę przy piątej szklaneczce wybuchowej mieszanki. Wydawało mi się, że za chwilę się podda, ale w końcu nabrał powietrza w płuca i dobrnął do końca. Wówczas jakiś mężczyzna odstawił szklankę, wstał i ruszył na środek małej obskurnej salki. Zaczął śpiewać, chrapliwie i fałszywie, a ponieważ każdy z nas zaczął go oklaskiwać z całego serca i namiętnie, zrozumieliśmy, że jesteśmy pijani.

Śpiewaliśmy kolejno. Po chwytającej za serce wersji hymnu narodowego przyszła pora na pieśni religijne. Miłosne serenady w hindi rozbrzmiewały obok łamiących serce gazali. Dwóch barczystych kelnerów rozpoznało nowe stadium upojenia alkoholowego i na jakiś czas zostawili tace i szklanki. Zajęli miejsca na wysokich stołkach po obu stronach drzwi wejściowych. Uśmiechali się szeroko, kiwali i kołysali głowami, a w potężnych łapskach trzymali drewniane pałki. Po każdej piosence biliśmy brawo i wznosiliśmy radosne okrzyki. Kiedy nadeszła moja kolej, zaśpiewałem – nie wiem dlaczego – starą piosenkę Kinksów, *You Really Got Me*.

Dziewczyno, jak ty mnie ruszasz
Tak na mnie działasz, że nie mogę spać...

Byłem tak pijany, że dałem znak Prabakerowi, a on był na tyle pijany, że nauczył się refrenu.

O tak, to ty jesteś ta jedyna!
I tak bardzo, bardzo, bardzo na mnie działasz!

Na ciemnej, opustoszałej drodze, prowadzącej z powrotem do miasta, nadal śpiewaliśmy. Śpiewaliśmy, gdy jakaś biała limuzyna z wolna minęła nas i zawróciła. I nadal śpiewaliśmy, kiedy samochód znowu koło nas przejechał i ponownie skręcił, blokując nam drogę. Wysiadło z niego czterech mężczyzn, jeden został za kierownicą. Najwyższy chwycił mnie za koszulę i warknął rozkaz w marathi.

– Co jest? – wymamrotałem w tym samym języku.

Drugi zbliżył się z boku i uderzył mnie, tak że głowa ostro odskoczyła mi do tyłu. Dwa kolejne ciosy zmiażdżyły mi wargi i nos. Potoczyłem się do tyłu, poczułem, że noga się pode mną ugina. Upadając, widziałem, jak Prabaker w mojej obronie rzuca się z rozpostartymi ramionami na całą czwórkę napastników. Wstałem i oprzytomniałem na tyle, że stałem się zdolny do ataku. Lewy sierpowy i cios łokciem z góry, najlepsze zagrywki podczas ulicznych walk, były celne i bolesne. Prabaker upadł, natychmiast się podniósł i zaliczył nokautujący cios. Usiłowałem trzymać się blisko niego, broniąc go nogami, ale potknąłem się i ciężko runąłem na ziemię. Posypały się na mnie kopniaki i ciosy; skuliłem się, a w głowie szeptał mi cichy głosik: wiedziałem... wiedziałem...

Mężczyźni przytrzymali mnie, a jeden przeszukał mi kieszenie. Pijany, pobity, ledwie rozumiałem, co znaczą te ciemne, majaczące nade mną cienie. Potem usłyszałem inny głos, głos Prabakera, i zrozumiałem niektóre słowa. Ganił mężczyzn za to, że hańbią swój kraj i naród, bijąc i okradając cudzoziemca, gościa, który nic im nie zrobił. Była to szalona przemowa, w której nazywał ich tchórzami i w jednym zdaniu wymieniał Mahatmę Gandhiego, Buddę, Krisznę, matkę Teresę i gwiazdora Bollywood Amitabha Bachchana. Przemowa odniosła skutek. Przywódca grupy przykucnął obok mnie. Mimo alkoholowego zamroczenia starałem się znowu wstać i walczyć, ale pozostali chwycili mnie i przygwoździli do ziemi. Wiedziałem... wiedziałem...

Przywódca zajrzał mi w oczy. Twarz miał brutalną, beznamiętną, bardzo podobną do mojej. Rozchylił moją podartą koszulę i schował coś pod jej połę. Był to mój paszport i zegarek.

Wstali, rzucili Prabakerowi ostatnie spojrzenie, nie wiadomo dlaczego pełne nienawiści, i wsiedli do samochodu. Trzasnęły drzwi i samochód ruszył z piskiem, pryskając spod kół piaskiem i kamykami.

Rozpacz Prabakera – kiedy już się upewnił, że nie odniosłem poważnych obrażeń i przez jakiś czas polamentował – nie miała granic. Oskarżał siebie – głośno i wiele razy – za zaprowadzenie mnie do baru na odludziu i dopuszczenie do takiego pijaństwa. Z absolutnym przekonaniem oznajmił, że zdjąłby mi z ciała siniaki, gdyby to było możliwe. Jego tytuł najlepszego bombajskiego przewodnika to już pieśń przeszłości. A jego namiętna, bezwarunkowa miłość do kraju, Bharat Matadżi, Matki Indii, odniosła cios bardziej dotkliwy, niż można by znieść.

– Można zrobić tylko jedną dobrą rzecz – zakończył, gdy w wielkiej, wykładanej białymi kafelkami łazience naszego hotelu myłem twarz w miednicy. – Kiedy wrócimy do Bombaju, musisz wysłać telegram do rodziny i przyjaciół, żeby przysłali ci większe pieniądze. I musisz pójść do ambasady Nowej Zelandii i złożyć poskarżenie.

Wytarłem twarz i pochylony nad miednicą obejrzałem się w lustrze. Nie było źle. Pod okiem robił mi się siniak, nos miałem spuchnięty, ale nie złamany, wargi popękane i obrzmiałe, a także parę draśnięć na policzkach i szczęce po kopniakach. Mogło być o wiele gorzej i miałem tego świadomość. Wychowałem się w złej dzielnicy, gdzie gangi uliczne walczyły ze sobą i były bezlitosne wobec samotników, którzy nie zgodzili się przyłączyć do żadnego – tak jak ja. A potem było więzienie. Nikt nigdy nie skatował mnie tak okrutnie jak ci ludzie w mundurach, którzy dostają pieniądze za utrzymywanie spokoju – strażnicy więzienni. To właśnie mówił głos, mój głos... wiedziałem... Chodziło o to wspomnienie: trzej lub czterej funkcjonariusze trzymają mnie, a trzej inni obrabiają mnie pięściami, pałkami i butami. Zawsze gorzej jest oberwać od nich, to jasne, bo to oni mają być ci dobrzy. Kiedy źli cię napadną, rozumiesz to i akceptujesz. Ale kiedy dobrzy przykuwają cię do ściany, a potem na zmianę kopią i tratują – twoje kości pękają pod ciosami całego systemu, całego świata. I jeszcze ten krzyk. Krzyk innych mężczyzn, innych więźniów. Co noc.

Patrzyłem w lustrze w swoje oczy i myślałem o radzie Prabakera. Nie mogłem się skontaktować z ambasadą Nowej Zelandii ani żadną inną. Nie mogłem się skontaktować z rodziną ani przyjaciółmi, ponieważ policja mogła ich obserwować, czekając, aż się odezwę. Nie miałem nikogo. Żadnej pomocy. Żadnych pieniędzy. Złodzieje zabrali mi wszystko do ostatniego centa, cały mój majątek. Dostrzegłem ironię tej sytuacji. Zbiegły złodziej okradziony z całego dobytku. Co powiedziała Karla, zanim wyruszyłem w podróż? Nie pij alkoholu...

– W Nowej Zelandii nie ma pieniędzy – powiedziałem, gdy wracaliśmy do pokoju. – Nie ma rodziny, która mi pomoże, ani przyjaciół. Nie ma pomocy w ambasadzie.

– Nie ma pieniędzy?

– Nie.

– I nie możesz ich zdobyć? Z innego miejsca?

– Nie – odpowiedziałem, pakując mój skromny dobytek do plecaka.

– To bardzo poważny kłopot, jeśli mogę to powiedzieć wprost w twoją posiniaczonej twarzy.

– Wiem. Myślisz, że mógłbym sprzedać zegarek kierownikowi hotelu?

– Tak, Lin. Myślę o tym na pewno. To bardzo ładny zegarek. Ale on nam nie da ogromnie uczciwej ceny. W takich sprawach indyjski biznesmen chowa religię do kieszeni i tylko bardzo mocno cię wykorzystuje.

– Trudno – powiedziałem, zatrzaskując zapięcia plecaka. – Byle tylko wystarczyło na hotel i ten nocny pociąg do Bombaju, o którym mówiłeś. No już, pakuj się i spadamy.

– To bardzo, bardzo, bardzo poważny kłopot – mówił Prabaker, gdy po raz ostatni zamknęliśmy drzwi pokoju i ruszyliśmy korytarzem. – Bez pieniędzy w Indiach nic wesołego, mówię ci.

Grymas, który zacisnął jego wargi i ściągnął rysy, wykrzywiał mu twarz przez całą drogę powrotną do Bombaju. Pieniądze za mój zegarek wystarczyły na zapłacenie za hotel w Aurangabadzie i zostało jeszcze dość na dwa lub trzy dni w Indyjskim Domu Gościnnym w Bombaju. Upchnąłem rzeczy w moim ulubionym pokoju i odprowadziłem Prabakera do wyjścia, na próżno usiłując przywołać mały cud jego niesłychanego uśmiechu.

– Zostaw te nieszczęśliwe rzeczy w mojej pieczy – powiedział poważnie i uroczyście. – Zobaczysz. Uczynię ci szczęśliwy rezultat.

Oprowadziłem go wzrokiem. Potem kierownik hotelu – Anand – odezwał się do mnie przyjaźnie w marathi.

Odwróciłem się z uśmiechem i zaczęliśmy rozmawiać. Przez te pół roku w wiosce nauczyłem się prostych, codziennych sformułowań, pytań i zdań. Osiągnięcie było skromne, ale Anand był najwyraźniej bardzo przyjemnie zaskoczony. Po paru minutach wezwał wszystkich innych kierowników i boyów hotelowych, by posłuchali, jak mówię w ich języku. Wszyscy zareagowali z równie zachwyconym zdumieniem. Znali cudzoziemców, którzy trochę, a nawet płynnie mówili w hindi, ale nikt dotąd nie spotkał cudzoziemca mogącego rozmawiać z nimi w ich własnym, ukochanym marathi.

Spytali mnie o Sunder – nigdy nie słyszeli o tej wiosce – i rozmawialiśmy o codziennym życiu, które znali z własnych wiosek i zwykle idealizowali we wspomnieniach. Wreszcie skończyliśmy, wróciłem do pokoju i ledwie zdążyłem zamknąć drzwi, kiedy rozległo się nieśmiałe pukanie.

– Przepraszam, jeśli przeszkadzam... – Głos należał do wysokiego, chudego cudzoziemca – Niemca lub Szwajcara – z długimi kosmykami brody na czubku podbródka, pociągłą twarzą i jasnymi włosami splecionymi w gruby warkocz. – Słyszałem, jak pan rozmawia z kierownikiem i boyami i... no, oczywiście jest pan w Indiach bardzo długo... i... *na ja*, myśmy właśnie dziś przyjechali, moja dziewczyna i ja, i chcemy kupić trochę haszyszu. Czy... czy może wie pan, gdzie możemy kupić haszysz tak, żeby nikt nas nie oszukał, a policja się nie czepiała?

Oczywiście wiedziałem. Nie minęło wiele czasu, a pomogłem im także bezpiecznie wymienić pieniądze na czarnym rynku. Brodacz i jego dziewczyna byli bardzo zadowoleni i zapłacili mi prowizję. Handlarze z czarnego rynku, przyjaciele i handlowi partnerzy Prabakera byli bardzo zadowoleni, że przyprowadziłem im nowych klientów, i także zapłacili mi prowizję. Wiedziałem, że na każdej ulicy w Kolabie znajdę innych cudzoziemców, którzy chcą się zabawić. Ta przypadkowa rozmowa w marathi z Anandem i boyami hotelowymi stała się dla mnie kluczem do przeżycia.

Jednak bardziej palący problem przedstawiała moja wiza turystyczna. Meldując mnie w hotelu, Anand ostrzegł, że moja wiza straciła ważność. Każdy bombajski hotel musiał przedstawiać listę zagranicznych gości wraz z aktualną wizą przy każdym nazwisku i numerze paszportu. Listę znano jako Formularz C i policja sprawdzała go bardzo sumiennie. Przedłużenie pobytu bez ważnej wizy uważa się w Indiach za poważne wykroczenie. Czasami dostaje się za nie do dwóch lat, a kierownicy, którzy pozwolili sobie na takie niedopatrzenie, płacą wysokie mandaty.

Anand wyjaśnił mi to wszystko poważnie, po czym zamazał cyfry w rejestrze i zameldował mnie. Lubił mnie. Był Marathem, a ja jako pierwszy cudzoziemiec rozmawiałem z nim w marathi. Chętnie złamał dla mnie zasady – raz, ale ostrzegł, że mam natychmiast iść do Urzędu Rejestracji Cudzoziemców w siedzibie policji w sprawie przedłużenia wizy.

Usiadłem w pokoju i rozważyłem możliwości. Nie było ich wiele. Miałem bardzo mało pieniędzy. Fakt, niechcący odkryłem metodę zarobkowania na pośrednictwie, pomaganiu nieufnym cudzoziemcom w kontaktach z czarnym rynkiem. Jednak nie byłem pewien, czy w ten sposób zarobię dość pieniędzy, by mieszkać w hotelach i jadać w restauracjach. Z pewnością nie wystarczyłoby na bilet lotniczy. Co więcej, moja wiza już utraciła ważność i formalnie rzecz biorąc, byłem już przestępcą. Anand zapewnił mnie, że policja uzna to za przeoczenie i przedłuży mi wizę bez problemów, ale nie mogłem ryzykować wolności. Nie mogłem iść do Urzędu Rejestracji Cudzoziemców. Zatem nie mogłem zrobić nic w sprawie wizy, a bez ważnej wizy nie mogłem zostać w hotelu. Utknąłem między młotem i kowadłem.

Położyłem się w ciemnościach na łóżku, nasłuchując dobiegających przez otwarte okno odgłosów ulicy: *paanwalla* zachęca klientów do spróbowania jego aromatycznych kąsków; sprzedawca arbuzów przeszywa ciepłą, wilgotną noc dźwięcznym nawoływaniem; uliczny akrobata pokrzykuje do turystów w trakcie pokrętnych figur; i muzyka, zawsze muzyka. Czy jakikolwiek naród kocha muzykę bardziej od Hindusów?

W głowie tańczyły mi myśli o wiosce, myśli, które omijałem i odpychałem, dopóki nie usłyszałem tej muzyki. W dniu, w którym Prabaker i ja mieliśmy wyjechać, mieszkańcy wioski zaprosili mnie, żebym z nimi zamieszkał. Zaproponowali mi dom i pracę. Przez trzy ostatnie miesiące pobytu pomagałem nauczycielowi w miejscowej szkole, dając specjalne lekcje angielskiego. Uczyłem ich wyraźnego wymawiania angielskich słów, korygowałem mocno akcentowaną wersję języka, której nauczył dzieci. Nauczyciel wraz z całą radą wioski namawiał mnie do pozostania. Tam miałem swoje miejsce – miejsce i cel w życiu.

Ale nie mogłem wrócić do Sunderu. Nie wtedy. Możesz sobie torować drogę w mieście, jeśli twoje serce i dusza są zaciśnięte jak pięść, ale jeśli chcesz zamieszkać w wiosce, musisz rozpostrzeć serce i duszę jak otwartą dłoń. Ja w każdej godzinie mego życia dźwigałem zbrodnię i karę. Ten sam los, który pomógł mi w ucieczce z więzienia, zacisnął szpony na mojej przyszłości. Wcześniej czy później, gdyby ludzie z wioski spojrzeli mi w oczy dostatecznie uważnie i głęboko, zobaczyliby te szpony. Wcześniej czy później by się na mnie poznali. Podawałem się za człowieka wolnego, spokojnego i przez jakiś czas zaznałem w wiosce prawdziwego szczęścia, ale moja dusza nie była czysta. Na co bym się odważył, żeby mnie znowu nie schwytano? Na co bym się nie odważył? Czy zabiłbym, żeby uniknąć więzienia?

Znałem odpowiedź i wiedziałem, że moja obecność w Sunderze kala wioskę. Wiedziałem, że każdy przeznaczony dla mnie uśmiech jest zyskany podstępem. Życie uciekiniera to echo kłamstwa po każdym śmiechu i co najmniej odrobina oszustwa w każdym akcie miłości.

Ktoś zapukał do drzwi. Zawołałem, że są otwarte. Anand wszedł do pokoju i oznajmił z niesmakiem, że zjawił się Prabaker z dwoma przyjaciółmi. Poklepałem go po plecach, uśmiechając się na widok jego troski o mnie, i ruszyliśmy razem do holu.

– Och, Lin! – Prabaker rozpromienił się, kiedy nasze oczy się spotkały. – Mam dla ciebie bardzo dobre wiadomości! To mój przyjaciel, Johnny Cygaro. Jest bardzo ważnym przyjacielem w *zhopadpatti*, naszym slumsie. A to Raju. Pomaga panu Kasimowi Alemu Husajnowi, który rządzi slumsem.

Uścisnąłem dłonie obu mężczyznom. Johnny Cygaro był niemal mojego wzrostu i postury, wskutek czego górował nad przeciętnymi Hindusami. Miał około trzydziestki. Płowe oczy objęły mnie nieruchomym, pewnym siebie spojrzeniem. Jego pociągła twarz tchnęła szczerością i czujnością, a cienki wąsik był precyzyjną kreską nad wyrazistymi ustami i silną szczęką. Drugi mężczyzna, Raju, był tylko trochę wyższy od Prabakera i jeszcze szczuplejszy. Na jego łagodnej twarzy odcisnął się smutek, budzący natychmiastowe współczucie. Był to ten rodzaj smutku, który zbyt często towarzyszy drobiazgowej, bezkompromisowej uczciwości. Inteligentne, ciemne oczy ginęły w cieniu krzaczastych brwi. Spoglądały na mnie ze zmęczonej, obwisłej twarzy, jakby należącej do człowieka liczącego więcej niż te trzydzieści pięć lat, na jakie go oceniłem. Polubiłem ich od pierwszej chwili.

Przez jakiś czas rozmawialiśmy. Moi nowi znajomi pytali o wioskę Prabakera i moje wrażenia. Pytali mnie też o miasto, chcieli znać moje ulubione miejsca w Bombaju i ulubione zajęcia. Czując, że ta rozmowa się przeciągnie, zaprosiłem ich na czaj w restauracji.

– Nie, nie – powiedział Prabaker, kołysząc głową. – Musimy odejść. Jedynie chciałem, żebyś poznał owego Johnny'ego i owego Raju, i żebyś został poznany też. Johnny Cygaro ma chyba ci do powiedzenia różne rzeczy, tak?

Spojrzał na Johnny'ego, szeroko otwierając oczy i usta i unosząc ręce w geście oczekiwania. Johnny spiorunował go wzrokiem, ale szybko znowu się uśmiechnął.

– Podjęliśmy decyzję – oznajmił. – Zamieszkasz z nami. Jesteś przyjacielem Prabakera. Jest dla ciebie miejsce.

– Tak, Lin! – dodał szybko Prabaker. – Jedna rodzina wyjeżdża jutro. I wtedy, pojutrze, ten dom będzie twój.

– Ale... ale... – wyjąkałem, ujęty tym hojnym gestem, a jednak przerażony myślą o zamieszkaniu w slumsach. Zbyt dobrze pamiętałem jedyną wizytę u Prabakera. Smród otwartych latryn, rozdzierająca serce nędza, tłok i rejwach tysięcy ludzi – zapamiętałem to jako coś w rodzaju piekła, nową miarę najgorszego, albo prawie najgorszego, człowieczego losu.

– Nie problem. – Prabaker się roześmiał. – Będziesz z nami za bardzo szczęśliwy, zobaczysz. I wiesz, teraz wyglądasz inaczej, ale po paru miesiącach z nami będziesz wyglądał dokładnie tak jak inni. Ludzie pomyślą, że żyjesz w slumsach od wielu, wielu, wielu lat. Zobaczysz.

– To miejsce dla ciebie – powiedział Raju, powoli wyciągając rękę, by dotknąć mojego ramienia. – Bezpieczne miejsce, dopóki czegoś nie zaoszczędzisz. Nasz hotel jest za darmo.

Roześmieli się, a ja razem z nimi, podniesiony na duchu ich optymizmem i entuzjazmem. Slumsy były brudne i zatłoczone w niewyobrażalny sposób, ale darmowe i bez formularzy C. Zyskiwałem czas na zastanowienie i obmyślenie jakiegoś planu.

– E...więc... dziękuję, Prabu. Dziękuję, Johnny. Dziękuję, Raju. Przyjmuję waszą propozycję. Jestem bardzo wdzięczny. Dziękuję.

– Nie ma problemu – odparł Johnny Cygaro, ściskając mi rękę i spoglądając w oczy z determinacją i przenikliwie.

Wtedy nie wiedziałem, że to najważniejszy człowiek w slumsach, Kasim Ali Husajn, wysłał Johnny'ego i Raju, żeby mnie obejrzeli. W mojej nieświadomości i egocentryzmie wzdrygałem się na myśl o strasznych warunkach slumsów i niechętnie przyjąłem propozycję. Nie wiedziałem, że te chaty są bardzo pożądane i że na miejsce w nich oczekują długie kolejki rodzin. Wtedy nie zdawałem sobie sprawy, że zajmuję dom, którego bardzo potrzebuje inna rodzina. Podejmując tę decyzję, Kasim Ali Husajn przysłał do mnie Raju i Johnny'ego. Raju miał ocenić, czy mogę z nimi zamieszkać. Zadaniem Johnny'ego było zdecydowanie, czy oni mogą zamieszkać ze mną. Tamtego pierwszego wieczora wiedziałem tylko, że uścisk dłoni Johnny'ego budzi zaufanie, na którym można zbudować przyjaźń, a w smutnym uśmiechu Raju są akceptacja i zaufanie, na które nie zasługuję.

– Dobrze, Lin. – Prabaker się uśmiechnął. – Pojutrze przyjdziemy zabrać twoje liczne rzeczy i także twoją osobistość. Po późnym południu.

– Dzięki, Prabu. Dobrze. Ale zaraz! Pojutrze... czy to... czy to nie przeszkadza nam w planach?

– W planach? Po co w planach, Linbaba?

– E... Stojący Baba – wydukałem.

Stojący Baba, legendarny zakon szalonych, natchnionych mnichów, prowadził na przedmieściach Byculla palarnię haszyszu. Prabaker zaprowadził mnie tam wiele miesięcy temu, podczas czarnego zwiedzania miasta. W drodze powrotnej z wioski kazałem mu przysiąc, że zaprowadzi mnie tam razem z Karlą. Wiedziałem, że nigdy tam nie była i że zafascynowały ją moje opowieści. Certowanie się w obliczu ich hojności było czystą niewdzięcznością, ale nie chciałem stracić szansy zrobienia wrażenia na Karli.

– O tak, Lin, nie problem. Nadal możemy składać wizyty tym Stojącym Baba, z panną Karlą, i potem zabierzemy wszystkie twoje rzeczy. Zobaczę cię tam pojutrze o trzeciej po południu. Jestem bardzo szczęśliwy, że będziesz mieszkać z nami w slumsach! Bardzo szczęśliwy!

Wyszedł z hotelu i ruszył po schodach. Patrzyłem, jak idzie w świetle i ruchu hałaśliwej ulicy trzy piętra niżej. Moje troski zbladły i rozproszyły się. Znalazłem sposób zarabiania niewielkich pieniędzy. Znalazłem bezpieczne lokum. A potem, jakby dzięki temu, że byłem bezpieczny, moje myśli popłynęły ulicami i zaułkami w stronę Karli. Przyłapałem się na rozmyślaniu o jej mieszkaniu, o oknach na parterze, o tych wysokich oszklonych drzwiach wychodzących na brukowaną uliczkę niespełna pięć minut drogi od mojego hotelu. Ale drzwi, które widziałem oczami duszy, były zamknięte. I choć usiłowałem bezskutecznie odtworzyć obraz jej twarzy, oczu, nagle zdałem sobie sprawę, że jeśli zamieszkam w tych brudnych, zatłoczonych slumsach, rojących się połaciach, mogę ją stracić i pewnie stracę. Wiedziałem, że jeśli upadnę tak nisko – wtedy tak to widziałem – wstyd odgrodzi mnie od niej równie dokładnie i bezlitośnie jak mury więzienia.

Położyłem się. Przeprowadzka do slumsów dała mi czas do namysłu. To brutalne, ale praktyczne rozwiązanie problemu z wizą. Czułem ulgę, miałem dobre przeczucia i byłem bardzo zmęczony. Powinienem dobrze spać, ale moje sny były gwałtowne i męczące. Raz, podczas niekończącej się nocnej przemowy, Didier oznajmił, że sen to miejsce, gdzie spotykają się pragnienia i obawy. Kiedy pragnienie i obawa są dokładnie tym samym, powiedział, taki sen nazywamy koszmarem.

ROZDZIAŁ 8

Stojący Baba przysięgli nigdy nie siadać ani się nie kłaść do końca życia. Stali dniem i nocą, wiecznie. Jedli na stojąco, myli się na stojąco, modlili się, pracowali i śpiewali na stojąco, nawet spali na stojąco, zawieszeni w uprzężach, które odciążały ich nogi i chroniły przed upadkiem.

Przez pierwsze pięć do dziesięciu lat tego nieustannego stania ich nogi puchły. Krew krążyła leniwie w zmęczonych żyłach, a mięśnie pęczniały. Ich nogi robiły się olbrzymie, zniekształcone i pokryte fioletowymi wrzodami. Palce sterczały u grubych, mięsistych jak u słonia stóp. Z czasem ich nogi zaczynały stawać się coraz cieńsze. W końcu wysychały do kości, powleczonych papierową skórą, pod którą zniszczone żyły rysowały się jak korytarze korników.

Ich ból był wieczny i straszny. Kolce i ciernie przeszywały ich stopy przy każdym nacisku. Udręczeni, obolali Stojący Baba nigdy nie pozostawali w bezruchu. Przestępowali z nogi na nogę w delikatnym, rozkołysanym pląsie, który każdego widza hipnotyzował równie skutecznie, jak dłonie zaklinacza hipnotyzują kobrę.

Niektórzy złożyli przysięgę w wieku szesnastu lub siedemnastu lat. Popchnęło ich do tego coś przypominającego powołanie, które w innych kulturach skłania ludzi do zostania księdzem, rabinem lub imamem. Znacznie więcej dużo starszych od nich mężczyzn wyrzekło się świata w ramach przygotowania do śmierci i następnego etapu inkarnacji. Całkiem sporo Stojących Baba było biznesmenami, którzy oddali się nieopanowanemu poszukiwaniu przyjemności, władzy i zysku. Byli wśród nich także święci, którzy przed złożeniem przysięgi Stojących Baba poznali wiele innych obrządków, doskonaląc sztukę umartwiania. I byli też przestępcy – złodzieje, mordercy, wielcy mafijni bossowie, a nawet byli herszci band – którzy w niekończącym się cierpieniu szukali odkupienia.

Palarnia mieściła się w zaułku między dwoma ceglanymi budynkami na tyłach ich świątyni. W obrębie dziedzińca, na zawsze zasłonięte przed ludzkimi spojrzeniami, mieściły się sekretne ogrody, klasztory i dormitoria, widywane tylko przez tych, którzy złożyli śluby. Palarnia była osłonięta metalowym dachem i wybrukowana płaskimi kamieniami. Stojący Baba wchodzili do niej przez drzwi w głębi zaułka. Inni korzystali z żelaznej bramy od strony ulicy.

Klienci, ludzie ze wszystkich części kraju i z każdej warstwy społecznej, stali pod ścianami zaułka. To oczywiste, nikt nigdy nie siadał w obecności Stojących Baba. Nad odsłoniętym rynsztokiem w pobliżu bramy znajdował się kran; tam pito wodę lub spluwano. Baba chodzili od klienta do klienta, przygotowując dla nich haszysz w glinianych lejkowatych fajkach i paląc wraz z nimi.

Z ich twarzy promieniowała udręka. Wcześniej czy później w zawierusze tego nieskończonego bólu każdy z nich zaczynał roztaczać blask świętości, blask, zrodzony z przeżywanych cierpień, wypływał z ich oczu i nigdy nie widziałem większej świetlistości w człowieku niż w ich udręczonych uśmiechach.

Baba byli również, co zrozumiałe, fantastycznie i kosmicznie nawaleni. Nie palili nic prócz *kashmiri* – najlepszego haszyszu na świecie, hodowanego i produkowanego w Kaszmirze u stóp Himalajów. A palili dniem i nocą, przez całe życie.

Stałem przy ścianie tego wąskiego zaułka wraz z Karlą i Prabakerem. Za naszymi plecami znajdowały się zamknięte drzwi, przez które weszli Stojący Baba. Przed nami, wzdłuż obu ścian aż od żelaznej bramy u wylotu, stały dwa szeregi oczekujących. Niektórzy mężczyźni byli w garniturach. Inni nosili designerskie dżinsy. Robotnicy w spranych *lungi* stali obok mężczyzn w strojach tradycyjnych z różnych regionów kraju. Byli młodzi i starzy, bogaci i biedni. Często spoglądali na Karlę i mnie, jasnoskórych cudzoziemców. Było jasne, że niektórych szokuje obecność kobiety. Pomimo jawnego zaciekawienia nikt do nas nie podszedł, nie spojrzał na nas otwarcie. Na ogół całą ich uwagę zajmowali Stojący Baba i haszysz. Rozmowy szumiały cicho, mieszały się z muzyką i religijnymi śpiewami dobiegającymi ze wszystkich stron świątyni.

– I co sądzisz?

– Niewiarygodne – powiedziała z oczami lśniącymi w blasku osłoniętych lamp. Była zachwycona i być może trochę zdenerwowana. Haszysz rozluźnił mięśnie jej twarzy i ramion, ale w jej łagodnym uśmiechu przemykały tygrysy. – Zdumiewające. Straszne i święte jednocześnie. Nie mogę się zdecydować, co jest straszne, a co święte. Straszne to nie jest właściwe słowo, ale to coś obok niego.

– Rozumiem – powiedziałem nieprzytomny z wrażenia, że udało mi się jej zaimponować. Mieszkała w tym mieście od pięciu lat i często słyszała o Baba, ale była tu po raz pierwszy. Mój ton sugerował, że to miejsce nie ma dla mnie tajemnic, lecz nie mogłem z całym przekonaniem przypisywać sobie zasług. Gdyby nie Prabaker, który zapukał do bramy i wdarł się do środka mocą swego olśniewającego uśmiechu, nigdy by nas tu nie wpuszczono.

W naszą stronę zbliżał się powoli jeden ze Stojących Baba, z pomocnikiem niosącym na srebrnej tacy fajki, *charras* i akcesoria potrzebne do palenia. Pozostali mnisi kołysali się na korytarzu, paląc i zawodząc modlitwy. Baba, który przed nami stanął, był wysoki i szczupły, ale nogi miał tak obrzmiałe, że potworne sznury zniekształconych żył aż dygotały pod skórą. Twarz miał chudą, na skroniach rysowały się wyraźne kości czaszki. Jego kości policzkowe majestatycznie królowały nad głębokimi dolinami, prowadzącymi do twardej szczęki. Oczy w jamach pod brwiami miał ogromne i jarzyło się w nich takie szaleństwo, pragnienie i miłość, że budził jednocześnie strach i ogromną litość.

Przygotował nam fajkę, kołysząc się z boku na bok i uśmiechając z roztargnieniem. Nie patrzył na nas, lecz uśmiechał się jak przyjaciel: pobłażliwie, mądrze, wybaczająco. Kołysał się tak blisko mnie, że widziałem każdy twardy jak drut włos w gęstwinie jego brwi. Słyszałem cichy świst jego oddechu. Gwałtowne hausty powietrza brzmiały jak małe fale szemrzące o wysoki brzeg. Przygotował fajkę i spojrzał na mnie. Na chwilę zatonąłem w wizji, która roiła się i skrzeczała w jego oczach. Na jedną maleńką chwilę niemal poczułem wieczność jego bólu, poczułem, do jakich osiągnięć i poświęceń można doprowadzić swoje ciało. Niemal zrozumiałem ten jego szalony uśmiech, zmuszony do lśnienia siłą woli. Byłem pewien, że to on mi to przekazuje – że chce, bym wiedział. A ja starałem się powiedzieć mu samym spojrzeniem, że prawie to czuję. Wtedy włożył fajkę do ust, objął ją dłonią, rozpalił i mi podał. Ta straszna intymność z jego niekończącym się bólem ulotniła się, wizja zamigotała i po chwili rozproszyła się w białym cieniu dymu. Mnich odwrócił się i ruszył wolno i niezdarnie w stronę bramy, mamrocząc modlitwy.

Rozległ się krzyk. Wszyscy odwrócili się ku bramie. Mężczyzna w czerwonym turbanie, kamizelce i jedwabnych spodniach, stroju plemion z północy, stał przy żelaznej bramie, wrzeszcząc na całe gardło. Zanim zdołaliśmy rozszyfrować jego przesłanie czy jakoś zareagować, wyciągnął zza pasa długi miecz o szerokim ostrzu i uniósł go nad głową. Z wrzaskiem ruszył przez korytarz. Patrzył na mnie i szedł wielkimi, marszowymi krokami. Nie rozumiałem, co krzyczy, ale wiedziałem, co zamierza. Zamierza mnie zaatakować. Zamierza mnie zabić.

Ludzie pod ścianami odruchowo ustępowali mu z drogi. Stojący Baba usunęli się rozkołysanym ruchem. Drzwi za nami były zamknięte. Nie miałem dokąd uciekać. Nie mieliśmy broni. Tamten szedł na nas, wymachując nad głową trzymanym oburącz mieczem. Nie było dokąd uciekać, nie było rady, musiałem odeprzeć atak. Cofnąłem się o krok i podniosłem pięści. Była to pozycja karate. Siedem lat treningu sztuk walki pulsowało mi w rękach i nogach. To było dobre uczucie. Jak każdy znany mi twardy, zły człowiek unikałem walki, dopóki sama do mnie nie przyszła, a wtedy rozkoszowałem się każdą jej chwilą.

W ostatniej chwili od ściany oderwał się jakiś człowiek, podciął nogi nacierającemu i przewrócił go na ziemię. Miecz wypadł napastnikowi z ręki i ze szczękiem zatrzymał się u stóp Karli. Porwałem go i patrzyłem, jak człowiek, który podstawił nogę napastnikowi, więzi go w mocnym, lecz miłosiernym chwycie. Wykręcił mu rękę i przytrzymywał ją na plecach, a jednocześnie zacisnął w garści jego kołnierz, nieco go przyduszając. Gniew lub szaleństwo ulotniły się i napastnik znieruchomiał. Jego znajomi otoczyli go i odstawili za bramę. Parę sekund później jeden z nich podszedł do mnie. Spojrzał mi w oczy i wyciągnął obie ręce, zwrócone wnętrzem do góry, po miecz. Zawahałem się, ale go oddałem. Mężczyzna skłonił się uprzejmie i przepraszająco i wyszedł z palarni.

W hałasie ożywionych rozmów sprawdziłem, co się dzieje z Karlą. Oczy miała rozszerzone i uśmiechała się ze zdziwieniem, ale nie była zdenerwowana. Uspokojony poszedłem podziękować człowiekowi, który nam pomógł. Był wysoki, wyższy ode mnie o parę centymetrów, i miał mocną, atletyczną sylwetkę. Jego gęste czarne włosy były nietypowo długie jak na modę ówczesnego Bombaju; nosił je związane w koński ogon wysoko na głowie. Jedwabną koszulę i luźne spodnie miał czarne, podobnie jak skórzane sandały.

– Abdullah – odpowiedział, kiedy mu się przedstawiłem. – Abdullah Tahiri.

– Mam u ciebie dług – rzekłem z uśmiechem, nieufnym i zarazem pełnym wdzięczności. Abdullah poruszał się z tak morderczym wdziękiem, że rozbrojenie napastnika wydawało się najprostsze na świecie. Ale to pozory. Wiedziałem, ile trzeba do tego wprawy i odwagi, i jak dużą rolę odgrywa tu instynkt. Ten człowiek był urodzonym wojownikiem. – Było cholernie blisko.

– Nie ma problemu. – Uśmiechnął się. – Chyba był pijany albo miał nie po kolei w głowie.

– Nieważne, co mu dolegało. Mam u ciebie dług.

– Nie, skąd. – Roześmiał się.

Był to swobodny śmiech, ukazujący białe zęby. Dobiegał z głębi piersi – śmiech prosto z serca. Oczy miał koloru piasku w zagłębieniu dłoni tuż przedtem, nim słońce zatonie w morzu.

– Mimo to chcę ci podziękować.

– Dobrze – ustąpił, klepiąc mnie po ramieniu.

Wróciłem do Karli i Prabakera. Kiedy odwróciliśmy się do wyjścia, Abdullah już zniknął. Zaułek na zewnątrz był pusty; po paru chwilach złapaliśmy taksówkę. Karla milczała przez całą drogę i ja także, zdruzgotany, że moja próba zaimponowania jej zakończyła się taką przygodą, niemal katastrofą. Tylko Prabaker nie miał oporów.

– Jaki szczęśliwy finisz! – mówił z miejsca przy kierowcy, uśmiechając się kolejno do nas, siedzących z tyłu razem, ale osobno. – Myślałem, że tamten osobnik z pewnością posieka nas na drobne fragmenty. Niektórzy nie powinni palić *charrasu*, tak? Niektórzy robią się bardzo źli, kiedy ich umysł się odpręży.

Pod „Leopoldem" wysiadłem z taksówki i stanąłem z Karlą. Prabaker czekał nieopodal. Popołudniowy tłum opływał wyspę naszych milczących spojrzeń.

– Nie wejdziesz?

– Nie – powiedziałem, żałując, że nie jest to ta pełna mocy i pewności siebie scena, jaką wyobrażałem sobie przez cały dzień. – Muszę zabrać rzeczy z Indyjskiego Domu Gościnnego. Przeprowadzam się do slumsów. Prawdę mówiąc, przez jakiś czas nie będę się pokazywać w „Leopoldzie" ani nigdzie indziej. Muszę... no wiesz... stanąć na nogi... albo... nie wiem... znaleźć punkt oparcia... albo... muszę... na czym stanąłem?

– Na punkcie oparcia.

– Tak. – Roześmiałem się. – No, muszę od czegoś zacząć.

– To chyba pożegnanie.

– Nie całkiem – wymamrotałem. – No tak. Tak.

– A dopiero wróciłeś z wioski.

– Tak. – Roześmiałem się. – Z wioski do slumsów. Co za skok.

– Tylko uważaj, żeby ci się nie powinęła...

– Noga. Jasne. Łapię.

– Słuchaj, jeśli chodzi o pieniądze, mogłabym...

– Nie – rzuciłem szybko. – Nie, chcę to zrobić. Nie chodzi tylko o pieniądze. Wiesz...

Przez trzy sekundy balansowałem na granicy opowiedzenia jej o moich problemach z wizą. Jej przyjaciółka Lettie znała kogoś w Urzędzie Rejestracji Cudzoziemców. Pomogła Mauriziowi, wiedziałem o tym, i istniała szansa, że i mnie by pomogła. Ale cofnąłem się z tej granicy i pokryłem prawdę uśmiechem. Opowiedzenie Karli o wizie doprowadziłoby do innych pytań, na które nie mógłbym odpowiedzieć. Byłem w niej zakochany, ale nie wiedziałem, czy mogę jej ufać. To rzeczywistość życia uciekiniera: częściej się kocha ludzi, niż im ufa. Oczywiście ludzie żyjący w świecie bezpieczeństwa mają dokładnie odwrotnie.

– Wiesz... To może być niezła przygoda. Nawet jestem jej ciekawy.

– W porządku – powiedziała, z wolna kiwając głową. – W porządku. Ale wiesz, gdzie mieszkam. Wpadnij do mnie, jeśli nadarzy się okazja.

– Jasne – powiedziałem, oboje uśmiechnęliśmy się i oboje wiedzieliśmy, że jej nie odwiedzę. – Jasne. Ty też wiesz, gdzie mnie szukać. U Prabakera. Też mnie odwiedź.

Ujęła moją rękę i pocałowała mnie w policzek. Odwróciła się, ale nie puściłem jej ręki.

– Nie masz dla mnie żadnej rady? – spytałem, szukając jakiegoś powodu, żeby się razem pośmiać.

– Nie – powiedziała spokojnie. – Dałabym ci radę tylko wtedy, gdyby mnie nie obchodził twój los.

To już było coś. Niewiele, ale coś, czego mogłem się uchwycić, wokół czego mogłem zbudować miłość i marzenia. Odeszła. Patrzyłem, jak wchodzi w ulotną wesołość i gwar „Leopolda" i wiedziałem, że drzwi do jej świata zamknęły się dla mnie na jakiś czas. Na czas mieszkania w slumsach byłem wygnany z tego małego królestwa światła. Slumsy mnie pożrą i ukryją tak skutecznie, jakby ten szaleniec z mieczem mnie dopadł.

Zatrzasnąłem drzwi taksówki i spojrzałem na Prabakera, którego biały, promienny uśmiech z przedniego siedzenia stał się całym moim światem.

– *Thik hain. Challo!* – powiedziałem. „W porządku. Jedźmy!".

Zatrzymaliśmy się czterdzieści minut później przed slumsami w Cuffe Parade, za World Trade Centre. Kontrast między tymi równoległymi i w miarę równymi działkami bił w oczy. Po prawej stronie znajdował się World Trade Centre – ogromny, nowoczesny, klimatyzowany budynek. Do trzeciej kondygnacji zajmowały go sklepy i wystawy pełne klejnotów, jedwabi, dywanów i misternych rękodzieł. Po lewej znajdowały się slumsy, dziesięć akrów straszliwej nędzy, siedem tysięcy chatek, mieszczących dwadzieścia pięć tysięcy najuboższych ludzi w mieście. Po prawej stronie – neony i podświetlane fontanny. Po lewej – brak elektryczności, bieżącej wody, toalet i pewności, że te same władze, które teraz przymykają oko na tę zbieraninę, jutro nie każą jej usunąć.

Odwróciłem oczy od lśniących limuzyn przed World Trade Centre i ruszyłem w długą drogę do slumsów. W pobliżu wejścia znajdowała się otwarta latryna, zasłonięta wysokimi chwastami i trzcinowymi matami. Smród był koszmarny, niemal zwalał z nóg. Był jak namacalny element powietrza i wydawało mi się, że osadza się na mojej skórze jak gruba, śluzowata wydzielina. Zakrztusiłem się, opanowałem odruch wymiotny i zerknąłem na Prabakera. Jego uśmiech przygasł i po raz pierwszy ujrzałem w nim coś w rodzaju cynizmu.

– Widzisz, Lin – powiedział z tym nietypowym dla siebie uśmieszkiem, ściągającym w dół kąciki ust. – Widzisz, jak żyją ludzie.

Ale kiedy minęliśmy latryny i ruszyliśmy pierwszą uliczką, poczułem silne podmuchy wiatru od morskiego brzegu, stanowiącego granicę slumsów. Powietrze było gorące i parne, ale morska bryza rozproszyła mdlący smród. Teraz czuć było głównie przyprawy, jedzenie i kadzidło. Z bliska chaty wyglądały żałośnie, rozchwiane rudery z kawałków plastiku, tektury, cienkich bambusowych tyczek i trzcinowych mat służących za ściany. Stały na nagiej ziemi. Łaty betonu i cegieł zdradzały, gdzie kiedyś znajdowały się stare podłogi i fundamenty budynków, zburzonych przed wieloma laty.

Kiedy szedłem wąskimi uliczkami slumsów, wieść o przybyciu obcokrajowca zaczęła się rozprzestrzeniać. Wielki tłum dzieci biegł wokół Prabakera i mnie, blisko, lecz nie dotykając nas. Oczy miały szeroko otwarte, pełne zdumienia i zachwytu. Wybuchały gwałtownym, nerwowym śmiechem, wołały do siebie i na nasz widok rozpoczynały szalony, spontaniczny taniec.

Ludzie wychodzili z chat. Dziesiątki, w końcu setki mieszkańców slumsów zebrało się przy alejkach i pomiędzy domami. Wszyscy wpatrywali się we mnie z taką powagą, z tak skupioną intensywnością, że uznałem za pewnik, iż bardzo źle mi życzą. Oczywiście nie miałem racji. Wtedy, tego pierwszego dnia, nie wiedziałem, że ci ludzie oglądają po prostu mój strach. Usiłowali zrozumieć, jakie demony nękają moją głowę, że tak bardzo boję się miejsca, które dla nich było wybawieniem od losu dużo gorszego niż życie w slumsach.

A przecież mimo całego strachu przed tym brudem i nędzą, ja także znałem los gorszy od życia w slumsach. Był to los tak zły, że wolałem przeskoczyć przez więzienny mur i porzucić całe znane mi życie, wszystko, co miałem i kochałem, by od niego uciec.

– Teraz to jest twój dom – obwieścił z dumą Prabaker, poprzez chichoty i paplaninę dzieci. – Wejdź do środka. Sam wszystko zobacz.

Chata była dokładnie taka sama, jak pozostałe. Dach był z gładkiego plastiku. Szkielet zrobiono z cienkich bambusowych tyczek, związanych razem włóknem kokosowym. Ściany zastępowały ręcznie tkane trzcinowe maty. Zamiast podłogi było klepisko, ubite i wygładzone przez stopy poprzednich lokatorów. Drzwi stanowił cienki kawałek dykty, zwisający na zawiasach ze sznurka. Plastikowy sufit znajdował się tak nisko, że musiałem się pochylić, a całe wnętrze miało wymiary cztery kroki długości na dwa. Niemal tyle samo co więzienna cela.

W jednym kącie postawiłem gitarę, potem wywlokłem z plecaka apteczkę i ulokowałem w drugim kącie. Miałem parę drucianych wieszaków i właśnie rozwieszałem pod sufitem moje nieliczne ubrania, kiedy z zewnątrz zawołał mnie Prabaker.

Wyszedłem i ujrzałem Johnny'ego Cygaro, Raju, Prabakera i paru innych. Przywitałem się z tymi, których znałem, a innym zostałem przedstawiony.

– To jest Anand, twój sąsiad z jednej strony, z lewej strony – oznajmił Prabaker, dając mi znak, bym uścisnął dłoń wysokiego, przystojnego młodego sikha, chowającego długie włosy w żółtym zawoju.

– Witam – powiedziałem, uśmiechając się w odpowiedzi na ciepło jego mocnego uścisku. – Znam jednego Ananda, kierownika Indyjskiego Domu Gościnnego.

– Czy to dobry człowiek? – spytał Anand, marszcząc brwi z zaskoczeniem.

– Miły. Lubię go.

– To dobrze – powiedział Anand i rzucił mi chłopięcy uśmiech, zadający kłam poważnemu tonowi jego głębokiego głosu. – Więc jesteśmy w połowie drogi do przyjaźni, *na*?

– Anand mieszka z innym kawalarzem, nazwiskiem Rafik – ciągnął Prabaker.

Rafik miał około trzydziestu lat. U spiczastego podbródka zwisała mu rozwichrzona broda. W rozciągniętych w niefortunnym uśmiechu ustach błyskały bardzo duże zęby. Zmrużył oczy, co nadało mu chytry, niemal złośliwy wyraz.

– Z drugiej strony jest nasz bardzo dobry sąsiad, Jeetendra. Jego żona ma imię Radha.

Jeetendra był niski i pulchny. Uśmiechnął się radośnie i uścisnął moją dłoń, nieustannie masując z wigorem swój pękaty brzuch. Jego żona Radha skwitowała mój uśmiech i powitalne skinienie głowy, naciągając na głowę czerwony bawełniany szal i przytrzymując go zębami.

– Wiecie – odezwał się Anand łagodnym, konwersacyjnym tonem, który mnie zaskoczył – to jednak chyba pożar.

Wspiął się na palce i ocieniając oczy, patrzył na czarne wydmy chat. Wszyscy poszli za jego spojrzeniem. Nastąpiła chwila złowróżbnej ciszy. Potem kilkaset metrów dalej ku niebu bluznęła fantastyczna pomarańczowa fontanna płomieni. Po niej nastąpił wybuch, jakby ktoś strzelił z pistoletu w metalowej szopie. Wszyscy ruszyli pędem w stronę żółtych włóczni ognia.

Stałem nieruchomo, zafascynowany, zdumiony, gapiąc się na płomienie i spirale dymu. Na moich oczach strugi ognia rozszerzyły się i zmieniły w ekran, a potem mur huczących płomieni. Ta czerwona, żółta i pomarańczowa ściana zaczęła się zbliżać wraz z wiatrem od morza, z każdą sekundą pożerając nowe chaty. Sunęła dokładnie na mnie, w tempie powolnego marszu i obracała w popiół wszystko, co stanęło jej na drodze.

Pożarowi towarzyszyły eksplozje – jedna, druga, kolejna. W końcu dotarło do mnie, że to piecyki naftowe. W każdej z tych siedmiu tysięcy chat stał piecyk. Te, które były pełne i pod ciśnieniem, wybuchały w zetknięciu z ogniem. Ostatnie monsunowe deszcze spadły wiele tygodni temu. Całe slumsy stały się ogromną stertą suchej podpałki, a nabierający siły wiatr od morza roznosił płomienie po całej okolicy.

Nie wpadłem w panikę. Osłupiały i przestraszony, przyglądałem się nieuniknionemu nadejściu piekła i uznałem, że sprawa jest przegrana. Wbiegłem do chaty, chwyciłem plecak i resztę rzeczy i rzuciłem się do drzwi. W progu rzuciłem plecak i pobiegłem po ubrania i inne, rozsypane na podłodze przedmioty. Podniosłem się i ujrzałem dwadzieścioro lub więcej kobiet i dzieci, stojących w drzwiach i przyglądających mi się. W chwili idealnego porozumienia, do którego nie trzeba słów, dokładnie pojąłem, co myślą. Patrzyliśmy na siebie i słyszałem ich myśli.

Patrzcie, jaki wielki, silny cudzoziemiec, ratuje siebie i ucieka przed ogniem, a nasi mężczyźni biegną do pożaru...

Zawstydzony, wepchnąłem swoje rzeczy do plecaka i położyłem go u stóp Radhy, mojej sąsiadki. Potem rzuciłem się w stronę płomieni.

Slumsy rozrosły się bez planu, jak organizm. W tych wąskich, krętych uliczkach był sens, lecz brakowało porządku. Po trzech czy czterech zakrętach straciłem orientację. Biegłem wraz z innymi mężczyznami. Obok nas w przeciwną stronę płynął nieustanny potok biegnących, potykających się, wpadających na siebie ludzi. Podtrzymywali starszych, popędzali dzieci. Niektórzy nieśli dobytek – ubrania, garnki, piecyki i tekturowe pudełka z dokumentami. Było wielu rannych – krwawiących, z obrażeniami i poważnymi oparzeniami. Smród spalonego plastiku, nafty, ubrań, włosów i ciała był gryzący i irytujący.

Skręciłem raz, drugi i trzeci, aż znalazłem się tak blisko, że przez krzyki i jęki przebił się huk płomieni. Wreszcie między dwoma chatami błysnął oślepiający kłąb ognia. Ten kłąb krzyczał. To była kobieta, otoczona płomieniami. Wpadła na mnie.

W pierwszym odruchu chciałem uciekać, bo przy zetknięciu z nią moje włosy, brwi i rzęsy zaskwierczały. Kobieta potknęła się i upadła na plecy, nieustannie się przy tym rzucała i krzyczała. Zdarłem z pleców koszulę. Osłoniłem nią twarz i ręce i przygniotłem kobietę moim ciężarem, zdławiłem płomienie własnym ciałem i ubraniem. Inni rzucili się ku nam, zajęli się kobietą. Znowu pobiegłem w stronę ognia. Kobieta jeszcze żyła, ale jakiś głos w mojej głowie obwieszczał jej śmierć. Umarła... już po niej... nie da rady...

Paszcza ognia, kiedy przed nią stanąłem, budziła przerażenie. Płomienie przewyższały dwu- lub trzykrotnie największą z chat i obejmowały odwróconym od nas łukiem pięćdziesiąt lub więcej chat. Wiatr usłużnie popychał ku nam łuk, który zbliżał się ostrożnymi skokami, raptem rozbłyskując po jednej stronie, potem bluzgając ogniem z innej. Za nim było piekło, kocioł płonących chat, wybuchów i toksycznego dymu.

Na środku wielkiego łuku otwartej przestrzeni przed ścianą ognia stał mężczyzna, który dyrygował ludźmi, jak generał posyłający do walki żołnierzy. Był wysoki i chudy, o srebrnosiwych włosach i krótkiej, spiczastej srebrnosiwej bródce. Miał na sobie białą koszulę, białe spodnie i sandały. Na szyi zawiązał zielony szalik, a w dłoni trzymał krótki, zakończony mosiężnym okuciem drewniany pręt. Był to Kasim Ali Husajn i tak wyglądało moje pierwsze spotkanie z przywódcą slumsów.

Podwójna taktyka Kasima Alego polegała na rzuceniu ludzi do walki z ogniem, by opóźnić jego postęp, podczas gdy drugi oddział burzył chaty stojące pożarowi na drodze i usuwał ich szczątki, by pozbawić ogień żeru. Wymagało to nieustannego odwrotu, oddawania ziemi płomieniom, a potem przypuszczania kontrataków, kiedy ogień zdawał się słabnąć. Kasim z wolna obracał głowę i toczył spojrzeniem po froncie ognia, wskazywał kierunki okutym prętem i wykrzykiwał rozkazy.

Spojrzał w moją stronę. W lśniącym brązie jego oczu mignęła iskra zaskoczenia. Zauważył poczerniałą koszulę w moich rękach. Bez słowa uniósł pręt i wskazał płomienie. Wykonałem rozkaz z ulgą, czując się zaszczycony. Dołączyłem do grupy walczącej z ogniem. Z radością przekonałem się, że jest z nimi Johnny Cygaro.

– W porządku? – krzyknął. Było to jednocześnie pytanie i pokrzepienie.

– W porządku! – odkrzyknąłem. – Trzeba więcej wody!

– Nie ma więcej wody! – odkrzyknął i zakrztusił się dymem. – Zbiornik pusty. Beczkowozy przyjadą jutro. Ludzie używają własnej.

Później odkryłem, że każde gospodarstwo, także moje, miało wydzielone dwa lub trzy wiadra wody dziennie do gotowania, picia i toalety. Mieszkańcy slumsów usiłowali ugasić ogień wodą do picia. Każde wiadro oznaczało, że wiele osób będzie cierpieć w nocy pragnienie, czekając na przyjazd miejskich beczkowozów.

– Nienawidzę tych pieprzonych pożarów! – zaklął Johnny, dla podkreślenia tych słów tłukąc mokrym workiem. – Chodź, ty skurwielu! Chcesz mnie! Chodź! Pobijemy cię! Pobijemy cię!

Nagły ruch ognia bluznął ku nam pomarańczowym płomieniem. Ktoś obok mnie upadł, krzycząc i ściskając oparzoną twarz. Kasim Ali skierował do niego ekipę ratunkową. Chwyciłem jego porzucony worek i stanąłem obok Johnny'ego, jedną ręką tłukąc płomienie, drugą osłaniając twarz.

Często oglądaliśmy się na Kasima Alego, czekając na jego wskazówki. Nie mogliśmy liczyć, że zdławimy ten pożar mokrymi workami. Mieliśmy za zadanie wytargować trochę czasu dla grupy burzącej i rozbierającej domy. Ta praca rozdzierała serce. Ratowali slumsy, niszcząc własne domy. Żeby ekipy rozbiórkowe miały więcej czasu, Kasim wysyłał nas na prawo i lewo jak zdesperowany szachista, by zamorzyć ogień głodem. I z wolna wygrywał.

Wiatr dmuchnął w nas czarnobrązowym dymem i straciliśmy z oczu Kasima Alego Husajna. Nie mnie jednemu przyszło do głowy, by się wycofać. Potem, poprzez dym i pył, zobaczyliśmy jego zielony szalik, wzniesiony wysoko i łopoczący na wietrze. Kasim Ali nie cofnął się; dostrzegłem przelotnie jego spokojną twarz. Na nowo szacował stan bitwy i rozmyślał nad następnym ruchem. Zielona szarfa łopotała mu nad głową jak sztandar. Wiatr znowu zmienił kierunek i jeszcze raz rzuciliśmy się do swoich zadań, pełni nowej odwagi. Odwaga tego człowieka z zieloną szarfą wszystkim dodawała otuchy.

W końcu, kiedy po raz ostatni przemierzyliśmy osmalone ścieżki i zwęglone domy, szukając żyjących ludzi i licząc zmarłych, stanęliśmy razem, by usłyszeć listę ofiar i rannych. Odwróciłem się do Johnny'ego; płakał. Prabaker przecisnął się do nas przez tłum w tej samej chwili, gdy Johnny powiedział, że wśród ofiar pożaru jest Raju. Raju, o smutnej, dobrej, uczciwej twarzy, ten sam, który zaprosił mnie do slumsów. Nie żyje.

– Cholernie szczęśliwie! – podsumował radośnie Prabaker, kiedy Kasim Ali odczytał listę. Okrągła twarz tak mu poczerniała od sadzy, że oczy i zęby lśniły niemal nadnaturalną bielą. – W zeszłym roku, w tym ostatnim wielkim pożarze, spaliła się cała jedna trzecia *zhopadpatti*. Jeden dom na trzy! Więcej niż dwa tysiące domów poszło! *Kalaas!* Więcej niż czterdzieści osób umarło też. Czterdzieści. To zbyt wiele, Lin, muszę powiedzieć. W tym roku to bardzo szczęśliwy pożar. I nasze domy też są bezpieczne! Bhagwan zsyła błogosławieństwo na naszego brata Raju.

Na obrzeżach zrozpaczonego tłumu rozległy się krzyki; odwróciliśmy się i ujrzeliśmy jeden z oddziałów poszukiwawczych, torujący sobie drogę do Kasima

Alego. Kobieta z oddziału niosła dziecko uratowane z dymiących ruin. Prabaker przetłumaczył mi większość okrzyków i gorączkowej paplaniny. Trzy połączone ze sobą chaty runęły w pożarze, przygniatając rodzinę. W wyniku niewytłumaczalnych ataków ognia rodzice udusili się i umarli, ale dziecko, dziewczynka, ocalało. Twarz i ciało miała nietknięte, ale nóżki były dotkliwie poparzone. Jedno udo było w połowie zmiażdżone, a poza tym nogi były czarne, okaleczone i połamane. Dziewczynka krzyczała z bólu i strachu.

– Powiedz, żeby szli z nami! – krzyknąłem do Prabakera. – Zaprowadź mnie do chaty i powiedz im, żeby szli z nami. Mam lekarstwa i bandaże!

Prabaker wiele razy widział ten wielki, budzący respekt zestaw pierwszej pomocy. Wiedział, że znajdują się w nim bandaże, maści, środki dezynfekujące, waciki i komplet narzędzi chirurgicznych. Natychmiast zrozumiał moje zamiary i wykrzyczał wiadomość do Kasima Alego i innych. Słyszałem wielokrotnie powtarzane słowo „lekarstwo" i „doktor". Potem chwycił mnie za ręce i ruszył biegiem do chaty, ciągnąc mnie za sobą.

Położyłem apteczkę na ziemi przed chatą i naniosłem grubą warstwę maści znieczulającej na nóżki dziecka. Zaczęła działać niemal natychmiast. Mała ucichła, popiskiwała już tylko czasami, i wtuliła się w ramiona ratowniczki.

– Doktor... doktor... doktor... – powtarzali ludzie wokół mnie.

Kasim Ali kazał przynieść lampy, bo słońce zatonęło w Morzu Arabskim i długi bombajski wieczór wreszcie ustąpił miejsca ciepłej, rozgwieżdżonej nocy. W żółtym migotaniu płomyków lamp opatrzyliśmy rannych mieszkańców slumsów, wykorzystując w naszej zaimprowizowanej klinice na świeżym powietrzu środki z mojej apteczki. Johnny Cygaro i Prabaker towarzyszyli mi jako tłumacze i pielęgniarze. Na ogół zajmowaliśmy się oparzeniami, skaleczeniami i głębokimi ranami, ale wiele osób ucierpiało także od toksycznych wyziewów.

Kasim Ali Husajn przyglądał się nam przez chwilę, po czym zajął się nadzorowaniem wznoszenia tymczasowych schronień, rozdzielaniem wody, przygotowaniem pożywienia i dziesiątkiem innych zajęć, które mogły potrwać całą noc, a nawet jeszcze dłużej. Koło mnie postawiono filiżankę herbaty. Przygotowała ją i przyniosła moja sąsiadka Radha. Jeszcze nigdy w życiu nie kosztowałem tak wyśmienitego czaju. Godzinę później Radha zmusiła męża i dwóch innych młodzieńców, by odciągnęli mnie od rannych i przyprowadzili na posiłek złożony z chleba *roti*, ryżu i *bhajee*. Pikantne jarzyny były przepysznie przyprawione. Wytarłem talerz ostatnim kawałkiem *roti*.

I znowu, wiele godzin później, po północy, to mąż Radhy Jeetendra wziął mnie za ramię i zaprowadził do chaty, gdzie na nagiej ziemi czekał na mnie wydziergany ręcznie koc. Bez sprzeciwu osunąłem się na niego i tak spędziłem pierwszą noc w slumsach.

Siedem godzin później – godzin, które minęły jak minuty – obudziłem się i ujrzałem nad sobą twarz Prabakera. Zamrugałem oczami, wytężyłem wzrok i uświadomiłem sobie, że kuca nade mną z łokciami na kolanach i dłońmi obejmując twarz. Johnny Cygaro siedział w kucki obok niego, po lewej stronie. Po prawej – Jeetendra.

– Dzień dobry, Linbaba! – powiedział wesoło, kiedy nasze spojrzenia się spotkały. – Bajecznie chrapiesz. Tak głośno! Jakbyś trzymał w chacie byczka. Tak mówi Johnny.

Johnny przytaknął, a Jeetendra zakołysał głową na boki.

– Stara Sarabai ma lekarstwo pierwsza klasa na chrapanie – poinformował mnie Prabaker. – Bierze bardzo ostry kawałek bambusa, taki jak mój palec, i wpycha do środka nosa. Potem nie ma chrapania. *Bas! Kalaass!*

Usiadłem i rozprostowałem zesztywniałe plecy i ramiona. Twarz i oczy nadal mnie szczypały od ognia i czułem, że moje włosy zesztywniały od dymu. Włócznie porannego słońca przeszywały dziury w ścianach chaty.

– Co robisz, Prabu? – spytałem z rozdrażnieniem. – Jak długo przyglądacie się, jak śpię?

– Nie bardzo długo. Tylko pół godziny lub jakoś takoś.

– To nieuprzejme, wiesz? – burknąłem. – Nie jest miło patrzeć na ludzi, kiedy śpią.

– Przepraszam, Lin – powiedział cicho. – W tych Indiach możemy czasem popatrzeć na wszystkich, jak śpią. A mówimy, że twarz, gdy śpi, jest przyjacielem świata.

– Masz taką miłą twarz, kiedy śpisz – dodał Johnny Cygaro. – Bardzo się zdziwiłem.

– Chłopaki, trudno mi wyrazić, ile to dla mnie znaczy. Czy mogę się spodziewać, że codziennie rano będę was widzieć koło siebie?

– No, jeśli bardzo, bardzo chcesz – zgodził się Prabaker, zrywając się na nogi. – Ale dziś rano przyszliśmy tylko powiedzieć, że twoi pacjenci już czekają.

– Moi... pacjenci?

– Tak. Chodź, zobacz.

Wstali i otworzyli drzwi chaty. Promienie słońca dźgnęły mnie w piekące oczy. Zamrugałem, wyszedłem w olśniewający nadmorski poranek i ujrzałem kolejkę, czekającą w kucki na ziemi przed moją chatą. Co najmniej trzydzieści osób siedziało w rządku wzdłuż alejki aż do pierwszego zakrętu.

– Doktor... doktor... – zerwał się szept.

– Chodź! – ponaglił mnie Prabaker, szarpiąc mnie za ramię.

– Gdzie mam iść?

– Najpierw do toalety! – oznajmił radośnie. – Musisz się opróżnić, tak? Pokażę ci, jak się opróżniamy do morza, na długim cementowym falochronie. Tak się opróżniają młodzi mężczyźni i chłopcy, co rano, w oceany – opróżniają w oceany, tak? Trzeba kucnąć z potylicą w stronę oceanów. Potem myjesz swoją osobistość prysznicem i jesz szczęśliwe śniadanie. Potem łatwo możesz wyleczyć wszystkich pacjentów. Nie problem.

Szliśmy wzdłuż kolejki. Czekali w niej starzy i młodzi, mężczyźni i kobiety. Twarze mieli posiniaczone, poranione, opuchnięte. Ręce poczerniałe, pokryte pęcherzami i krwawiące. Mieli ręce na temblakach i nogi w łupkach. Przy pierwszym zakręcie ze zgrozą przekonałem się, że kolejka sięga do następnej przecznicy i jest dłuższa, o wiele dłuższa.

– Musimy... coś... zrobić... – wymamrotałem. – Oni wszyscy... czekają.

– Czekają nie problem – rzucił lekko Prabaker. – Ludzie czekają już więcej niż jedyną godzinę. Jeśli nie byłoby cię z nami, oni też czekaliby, ale na nic jedynie. Czekanie na nic, to zabija serce człowieka, tak? Teraz ludzie czekają na coś. Czekają na ciebie, tak. A ty jesteś wielkie coś, Lin-Shantaram, jeśli pozwolisz powiedzieć to w twoją czarną twarz i stojące włosy. Ale najpierw musisz się opróżnić, potem umyć, a potem śniadać. I musimy już iść – niektóre młode osobistości już czekają na falochronie i czekają, żeby zobaczyć, jak się opróżniasz.

– Słucham?

– O tak! Oni się w tobie fascynują. Jesteś jak bohater z kina! Oni pragną ujrzeć, jak się opróżniasz. A potem, po wszystkim, powrócisz i wyleczysz pacjentów, jak prawdziwie bohater, czyż nie?

I w ten sposób określono moją rolę w slumsach. Jeśli przeznaczenie cię nie śmieszy, powiedziała Karla podczas jednej z pierwszych naszych rozmów, to znaczy, że nie chwytasz dowcipu. Jako nastolatek brałem udział w kursie pierwszej pomocy. Zajęcia obejmowały skaleczenia, oparzenia, zwichnięcia, złamania i szeroki wybór procedur diagnostycznych. Później zyskałem przydomek „Doktor", gdy wykorzystywałem swoje doświadczenie, wyciągając narkomanów z przedawkowania i ratując im życie. Setki osób znają mnie wyłącznie pod tą ksywką. Na wiele miesięcy przed tym porankiem w slumsach moi przyjaciele z Nowej Zelandii dali mi zestaw pierwszej pomocy jako prezent na pożegnanie. Jestem pewien, że te wątki – kurs, ksywka, zestaw, funkcja nieoficjalnego lekarza slumsów – były ze sobą połączone w sposób, który wykracza poza przypadek lub zbieg okoliczności.

I to musiałem być ja. Ktoś inny, z moim zestawem lub lepiej wykształcony, nie byłby zmuszony zamieszkać w slumsach z powodu zbrodni i ucieczki z więzienia. Inny kryminalista, gotów do zamieszkania z biedakami, nie miałby mojego doświadczenia. Tego pierwszego ranka nie potrafiłem zrozumieć sensu tego połączenia. Nie chwyciłem dowcipu, a przeznaczenie mnie nie rozbawiło. Ale wiedziałem, że jest w tym coś – jakieś znaczenie, jakiś cel, który doprowadził mnie do tego miejsca i do tego zajęcia dokładnie w tym momencie. A jego moc była na tyle silna, że zmusiła mnie do pracy, choć intuicja protestowała wniebogłosy.

I tak pracowałem przez cały dzień. Ludzie podawali mi kolejno swoje imiona i posyłali uśmiechy, i kolejno z całych sił starałem się leczyć ich rany. W pewnym momencie ktoś postawił obok mojej chaty nowy piecyk naftowy. Ktoś inny dał metalową puszkę, zabezpieczającą jedzenie przed szczurami. Do mojej chaty zawędrował stołek i dzbanek, a także zestaw rondli i parę sztućców.

Popołudnie pulsowało w szkarłatnym łuku nieba, gdy usiedliśmy razem przy mojej chacie, by zjeść i porozmawiać. W gwarnych alejkach panował smutek, a wspomnienia o zabitych odchodziły i powracały jak fale wielkiego oceanu serca. A jednak na tym smutku unosiła się determinacja ocalonych. Uprzątnięto i zamieciono osmaloną ziemię, wiele chat już odbudowano. Z każdym skromnym domem odradzała się nadzieja.

Spojrzałem na Prabakera; jadł, śmiejąc się i żartując, a mnie przypomniała się nasza wizyta z Karlą u Stojących Baba. Jeden moment tego wieczoru utkwił mi w pamięci, jedna chwila trwająca tyle, co uderzenie serca, gdy rzucił się na nas szaleniec z mieczem. Dokładnie w tej samej chwili, gdy odstąpiłem i przyjąłem pozycję do walki, Prabaker przesunął się w bok i stanął przed Karlą. Nie był w niej zakochany, nie umiał walczyć. A jednak w pierwszym odruchu przesunął się w bok i osłonił Karlę własnym ciałem, podczas gdy moim pierwszym odruchem było zrobienie kroku w tył i walka.

Gdyby szaleniec z mieczem się nie przewrócił, gdyby nas dopadł, pewnie to ja bym z nim walczył. I przypuszczalnie bym nas uratował; walczyłem już na pięści, noże i pałki i wygrywałem. Ale mimo to, nawet gdyby sytuacja zaszła tak daleko, to Prabaker byłby prawdziwym bohaterem ze względu na śmiałość tego małego, instynktownego kroku w bok.

Polubiłem Prabakera. Nauczyłem się podziwiać jego niezłomny optymizm. Zaczęło mi zależeć na niosącym ukojenie cieple jego wspaniałego uśmiechu. I lubiłem jego towarzystwo, dniem i nocą, przez całe miesiące w mieście i wiosce. Jednak w tamtej chwili, w drugim wieczorze w slumsach, kiedy patrzyłem, jak śmieje się z Jeetendrą, Johnnym Cygaro i innymi przyjaciółmi, zacząłem go kochać.

Jedzenie było dobre i wystarczyło dla wszystkich. Gdzieś z radia dobiegała muzyka. Piękny, niemal nieznośnie słodki sopran i radosny, chełpliwy tenor – duet z indyjskiego filmu. Ludzie rozmawiali, karmiąc się uśmiechami i słowami. I jakoś w środku tej miłosnej pieśni, gdzieś pomiędzy kojącymi rozmowami, w jakiś sposób poprzez fakt, że przeżyliśmy, ich świat pochłonął moje życie tak łagodnie i bez reszty, jak wezbrana fala przypływu pochłania kamień na brzegu.

CZĘŚĆ DRUGA

ROZDZIAŁ 9

Uciekłem z więzienia w biały dzień, o pierwszej po południu, przez mur od frontu, między dwoma wieżyczkami strażniczymi. Plan był misterny i drobiazgowo zrealizowany, co do joty, ale tak naprawdę powiódł się dzięki bezczelności i desperacji. Przyjęliśmy podstawowe założenie – plan musi się udać. Gdyby się nie udał, strażnicy z oddziału penitencjarnego przypuszczalnie skopaliby nas na śmierć.

Było nas dwóch. Mój przyjaciel był dzikim dwudziestopięciolatkiem o wielkim sercu i odsiadywał dożywocie za morderstwo. Usiłowaliśmy namówić innych, żeby także z nami uciekli. Prosiliśmy ośmiu, najtwardszych, jakich znaliśmy, z wyrokami co najmniej dziesięciu lat za przestępstwa kryminalne. Każdy znalazł jakiś powód, żeby nam odmówić. Nie mam do nich pretensji. Mój przyjaciel i ja byliśmy debiutantami, dotąd nienotowanymi. Mieliśmy długie wyroki, ale żadnej reputacji wśród przestępców. A zaplanowana przez nas ucieczka należała do tych, które w razie powodzenia ludzie nazywają bohaterstwem, a w razie niepowodzenia – głupotą. Toteż byliśmy sami.

Sprzyjał nam fakt, że w budynku wewnętrznej ochrony, dwupiętrowym biurze i bloku przesłuchań w pobliżu głównej bramy w murze od frontu rozpoczęto dużą przebudowę. Pracowaliśmy w ogrodzie. Strażnicy, którzy pilnowali nas na zmianę, codziennie nas widywali. Gdy w dniu ucieczki szliśmy do pracy, przyglądali się nam przez chwilę, jak zwykle, a potem odwrócili wzrok. Budynek ochrony był pusty. Robotnicy poszli na obiad. Na tych parę długich sekund małego zaćmienia, powstałego ze znudzenia strażników i ich przyzwyczajenia do nas, staliśmy się niewidzialni i przystąpiliśmy do gry.

Przecięliśmy ogrodzenie ze stalowej siatki, otaczającej teren przebudowy, wyważyliśmy drzwi do opuszczonego budynku i ruszyliśmy na górę. Wnętrza opróżniono na czas remontu. Spod zdartego tynku wyłaniał się szkielet belek wsporników i nośnych. Drewniane, obnażone stopnie schodów były białe od kurzu i zasypane kawałkami cegieł i tynku. W suficie na najwyższym piętrze znajdowała się klapa. Stanąłem na ramionach przyjaciela, podważyłem ją i wpełzłem do środka. Miałem ze sobą przedłużacz, który omotywał moje ciało pod kombinezonem. Odwinąłem go i wyciągnąłem, przywiązałem jeden koniec do belki sufitowej, drugi podałem przyjacielowi. Wspiął się po nim w wolną przestrzeń pod dachem.

Dach ciągnął się zygzakowatymi uskokami. Gramoliliśmy się ku temu ciasnemu miejscu, w którym dach stykał się z frontowym murem więzienia. Postanowiłem wyjść przez jedną z rynien, licząc, że daszki po obu stronach osłonią ją przed wzrokiem strażników z wieżyczek. Pod dachem panowały ciemności, ale w tym wąskim narożniku przy murze panowała czerń głębsza niż na pałce strażnika.

Mając zapalniczkę za latarkę, przebijaliśmy się przez podwójną warstwę drewna dzielącą nas od blaszanego dachu. Naszymi jedynymi narzędziami były: długi śrubokręt, dłuto i dwie pary nożyc do blachy. Po kwadransie dziabania, darcia i szarpania drewna odsłoniliśmy fragment mniej więcej wielkości ludzkiego oka. Wodząc przed nim zapalniczką, widzieliśmy lśnienie metalowego dachu. Jednak drewno było zbyt twarde i grube. Z tymi narzędziami przebijanie dziury, przez którą mógłby się wydostać mężczyzna, zajęłoby nam parę godzin.

Nie mieliśmy paru godzin. Mieliśmy około trzydziestu minut, może trochę mniej, do kolejnego rutynowego patrolu strażników. W tym czasie musieliśmy się przebić przez drewno, wyciąć otwór w blasze, wyjść na dach i ześlizgnąć się po naszym przedłużaczu za mur. Czas nas gonił. Byliśmy uwięzieni pod dachem w budynku ochrony. Strażnicy w każdej chwili mogli zauważyć przeciętą siatkę, wyważone drzwi, znaleźć rozbitą klapę. W każdej chwili mogli dotrzeć do tej czarnej, parnej jaskini i nas znaleźć.

– Musimy wracać – szepnął mój przyjaciel. – Nigdy się nie przebijemy przez to drewno. Musimy wracać i udawać, że nic nie zaszło.

– Nie możemy – odpowiedziałem krótko, choć te same słowa krzyczały i w mojej głowie. – Znajdą ślady włamania, przeciętą siatkę, i domyślą się, że to my. Tylko my mamy dostęp do tego terenu. Jeśli wrócimy, przez rok nie wyjdziemy z dziury.

Dziura to w więziennym slangu blok karny. W tamtych latach, w tamtym więzieniu, ów blok należał do najbardziej nieludzkich w kraju. Bito na oślep i brutalnie. Nieudana ucieczka przez dach budynku ochrony – ich budynku, kwatery głównej strażników z bloku karnego – gwarantowała nam, że bicie będzie mniej przypadkowe i bardziej brutalne.

– To co robimy, do kurwy nędzy? – spytał mój przyjaciel, krzycząc całym ciałem, ale w milczeniu. Pot lał się mu strugami po twarzy, a ręce miał ze strachu tak mokre, że nie mógł utrzymać zapalniczki.

– Mamy dwie możliwości – oznajmiłem.

– Jakie?

– Po pierwsze możemy zejść po drabinie – po tej przykutej łańcuchem do ściany na dole. Możemy zejść, oderwać drabinę od ściany, przywiązać do niej przedłużacz, wejść po niej i spuścić ją na przedłużaczu na drugą stronę. I zejść na ulicę.

– I to wszystko?

– To pierwszy plan.

– Ale... oni nas zobaczą – zaprotestował mój przyjaciel.

– Aha.

– I zaczną do nas strzelać.

– Aha.

– Zastrzelą nas.

– Już to powiedziałeś.

– Pieprzyć to – syknął. – To trzeba powtórzyć parę razy. To cholernie istotny element planu, nie sądzisz?

– Sądzę, że może jednemu z nas uda się uciec, a drugiego zastrzelą. Pięćdziesiąt procent szans.

Przez chwilę rozważaliśmy to w milczeniu.

– Durny plan. – Mój przyjaciel wzruszył ramionami.

– Aha.

– A drugi?

– Zauważyłeś, że minęliśmy na parterze piłę?

– Aha...

– Jeśli ją tu przyniesiemy, przepiłujemy drewno. Potem nożycami przetniemy blachę. A potem wracamy do pierwotnego planu.

– Ale oni to usłyszą! – wysyczał wściekle. – Ja słyszę, jak ględzą przez telefon, tak są blisko. Jeśli to tu przywleczemy i odpalimy, to będzie tak, jakbyśmy tu warczeli helikopterem.

– Wiem. Ale według mnie pomyślą, że to robotnicy wrócili do roboty.

– Ale nie wrócili.

– Nie, ale zaraz się zmieni warta. Przyjdą nowi strażnicy. To duże ryzyko, ale myślę, że po prostu usłyszą hałas jak zwykle i pomyślą, że to robotnicy. Od tygodni słyszą wiertarki, młoty i piły. I w życiu nie przyjdzie im do głowy, że to my. Nigdy by nie wpadli na to, że jakiś więzień tak ześwirował, by włączyć piłę mechaniczną pod samą bramą od frontu. To chyba najlepsze, co można zrobić.

– Kurczę, strasznie mi przykro, że tylko rzucam kłody pod nogi, ale w tym budynku nie ma prądu. Wyłączyli na czas remontu. Jedyne źródło zasilania jest na dworze. Przedłużacz sięgnie, ale trzeba wyjść na zewnątrz!

– Wiem, wiem. Jeden z nas będzie musiał zejść, wykraść się przez te wyważone drzwi i podłączyć przedłużacz. To jedyne wyjście.

– To kto zejdzie?

– Ja – powiedziałem, siląc się na pewny siebie ton, ale niektórych kłamstw ciało po prostu nie kupuje i słowa zabrzmiały piskliwie.

Wypełzłem przez właz. Nogi miałem zesztywniałe ze strachu i napięcia. Zsunąłem się po przedłużaczu i zszedłem schodami na parter, po drodze rozwijając przedłużacz. Wystarczyło go aż do drzwi i jeszcze dużo zostało. Piła leżała tuż przy drzwiach. Zawiązałem przedłużacz na jej rękojeści i biegiem wróciłem na górę. Mój przyjaciel wciągnął piłę przez właz, a potem oddał mi przedłużacz. Znowu zakradłem się do drzwi. Stałem wtulony w ścianę, zdyszany, usiłując znaleźć w sobie odwagę, żeby otworzyć drzwi. W końcu, w rozsadzającym serce przypływie adrenaliny, uchyliłem drzwi i wyszedłem na dwór, by podłączyć przedłużacz do gniazdka.

Uzbrojeni w pistolety strażnicy rozmawiali ze sobą niespełna dwadzieścia metrów od drzwi. Gdyby któryś odwrócił się w moją stronę, byłoby po wszystkim. Zerknąłem na nich i przekonałem się, że spoglądają wszędzie, tylko nie na mnie. Rozmawiali i spacerowali wokół bramy; śmiali się z jakiegoś żartu. Nikt mnie nie dostrzegł. Wróciłem do budynku, pomknąłem po schodach na czworakach jak wilk i wspiąłem się po przedłużaczu na górę.

W ciemnym kącie przy rynnie, w pokrętnym zaułku pod dachem, mój przyjaciel zaświecił zapalniczką. Podłączył już piłę do prądu. Był gotowy do pracy. Przejąłem zapalniczkę, uniosłem nad nim. Bez sekundy wahania dźwignął ciężką piłę i włączył ją. Silnik ryknął jak odrzutowiec na pasie startowym. Mój przyjaciel spojrzał na mnie, a szeroki uśmiech rozchylił jego wargi. Zęby miał zaciśnięte, a w oczach lśniły mu odbite płomyki. Potem wbił piłę w grube drewno. Czterema zgrabnymi, rozdzierająco głośnymi cięciami zrobił idealną dziurę, w której błysnął kwadrat lśniącej blachy.

W zapadłym milczeniu zaczęliśmy czekać; w uszach dzwoniły nam cichnące echa, a serca łomotały, jakby chciały wyskoczyć z piersi. Po chwili usłyszeliśmy dzwonek telefonu – blisko nas, przy głównej bramie – i wydało się nam, że to koniec. Potem ktoś odebrał. Był to jeden ze strażników przy bramie. Roześmiał się i zaczął spokojnie gawędzić. Wszystko w porządku. Byliśmy bezpieczni. Oczywiście usłyszeli piłę, ale – tak jak liczyłem – zlekceważyli ten dźwięk, biorąc go za odgłos pracy robotników.

Podniesiony na duchu przebiłem blachę śrubokrętem. Padł na nas słoneczny blask z nieba po stronie wolności. Poszerzyłem dziurę, a potem nożycami do blachy wyciąłem kwadrat blachy z trzech stron. Odgięliśmy blaszaną klapę na zewnątrz, a ja wyjrzałem. Rzeczywiście, przebiliśmy się na drugą stronę rynny na dachu. Najniższy punkt tego koryta w kształcie litery V był niedostrzegalny dla strażników z wieżyczki. Leżąc w nim, nie widzieliśmy ich, a oni nas.

Zostało nam jeszcze jedno do zrobienia. Przedłużacz nadal tkwił w gniazdku na dworze. Musieliśmy go odzyskać. Był naszą liną. Po nim zamierzaliśmy się zsunąć z muru na ulicę. Jeden z nas musiał zejść po schodach, wyłonić się z budynku na oczach strażników stojących przy pobliskiej bramie, wyciągnąć wtyczkę z kontaktu, a potem znowu wejść na dach. Spojrzałem na mojego przyjaciela, na jego twarz zlaną potem, wyraźnie widocznym w świetle wpadającym przez dziurę, którą wycięliśmy w dachu, i zrozumiałem, że to muszę być ja.

Na dole, przytulony plecami do ściany przy drzwiach, znowu znieruchomiałem i usiłowałem siłą woli wtłoczyć w moje kończyny dość sił, by móc wyjść na dwór. Dyszałem tak gwałtownie, że zakręciło mi się w głowie i dostałem mdłości. Moje serce rzucało się o pręty żeber jak uwięziony ptak. Po paru długich chwilach byłem już pewien, że nie mogę. Wszystko, od rozsądnej obawy po przesądny strach, wrzeszczało, żebym tam nie wychodził po raz drugi. I nie mogłem.

Musiałem przeciąć kabel. Nie było innego sposobu. Z bocznej kieszeni kombinezonu wyjąłem dłuto. Było bardzo ostre, nawet po tym drapaniu i żłobieniu drewna, gdy usiłowaliśmy się przebić na dach. Przyłożyłem je do kabla w miejscu, gdzie znikał pod drzwiami. Uniosłem rękę. Przyszło mi do głowy, że jeśli doprowadzę do spięcia, może włączyć się alarm, a wówczas być może do budynku wejdzie strażnik. Trudno. Nie miałem wyboru. Wiedziałem, że nie wyjdę tam drugi raz. Mocno uderzyłem dłonią w dłuto. Przecięło kabel i wryło się głęboko w drewnianą podłogę. Odsunąłem przecięte końce kabla od metalowego ostrza i zamarłem w oczekiwaniu na wycie syreny albo głosy każące się oddalić od bramy. Nie usłyszałem nic. Spokój. Byłem bezpieczny.

Chwyciłem kabel i wbiegłem po schodach. Przy nowym włazie, który wycięliśmy w dachu, przywiązaliśmy kabel do masywnej drewnianej belki nośnej. Następnie mój przyjaciel zaczął się wyczołgiwać. Kiedy połową ciała leżał już na blaszanym dachu, nagle utknął. Przez parę chwil nie mógł wyjść na zewnątrz ani wrócić do środka. Zaczął się dziko rzucać, napierając ze wszystkich sił, ale wszystko na nic. Ugrzązł na dobre.

Pod dachem znowu zrobiło się ciemno, gdy jego ciało odcięło dopływ światła. Zacząłem macać na oślep wokół siebie, w pyle między belkami, i znalazłem zapalniczkę. Zapaliłem ją i natychmiast zrozumiałem, co unieruchomiło mojego przyjaciela. Kapciuch na tytoń – gruby, skórzany kapciuch, uszyty na zajęciach technicznych. Kazałem mu się nie ruszać i dłutem rozdarłem mu kieszeń kombinezonu. Kapciuch upadł mi prosto w ręce, a mój przyjaciel wyczołgał się na dach.

Podążyłem za nim. Wiliśmy się w rynnie jak dżdżownice, zmierzając ku zwieńczonym blankami frontowemu murowi więzienia. Przyklękliśmy, by spojrzeć na drugą stronę. Wtedy, na parę sekund, staliśmy się widoczni, ale strażnicy z wieżyczek nie patrzyli w naszą stronę. Strażnicy nie zwracali uwagi na tę część więzienia, ponieważ nie wierzyli, żeby jakiś wariat mógł się odważyć na ucieczkę w biały dzień przez mury od frontu.

Spojrzeliśmy na ulicę w dole – przed więzieniem stała kolejka pojazdów. To dostawcy czekali na otwarcie głównej bramy. Kolejka poruszała się powoli, ponieważ każdy pojazd dokładnie rewidowano i sprawdzano od spodu lustrami. Razem z przyjacielem przyczailiśmy się w rynnie i zaczęliśmy rozważać możliwości.

– Straszny bajzel tam na dole.

– Schodźmy już teraz – powiedział.

– Musimy zaczekać – sprzeciwiłem się.

– Pieprzyć, rzucaj kabel i schodzimy.

– Nie – szepnąłem. – Za dużo ludzi.

– I co z tego?

– Jeden na pewno zabawi się w bohatera.

– Pieprzyć go. Niech się bawi. Stratujemy go.

– Za dużo ich.

– Pieprzyć wszystkich. Przebijemy się przez nich. Nawet się nie zorientują, co ich uderzyło. Stary, albo my, albo oni.

– Nie – oznajmiłem ostatecznie. – Musimy zaczekać. Przejdziemy, kiedy nikogo nie będzie na dole. Musimy zaczekać.

I czekaliśmy, przez dwudziestominutową wieczność, a ja co chwila podpełzałem, by wyjrzeć na zewnątrz, raz za razem ryzykując, że ktoś mnie spostrzeże. Wreszcie wyjrzałem na ulicę i okazało się, że jest kompletnie pusta. Dałem przyjacielowi znak. Przelazł przez mur i zniknął mi z oczu. Podpełzłem, żeby spojrzeć, spodziewając się, że zobaczę, jak zjeżdża po kablu, ale on był już na ulicy. Na moich oczach zniknął w wąskim zaułku po drugiej stronie jezdni. A ja nadal tkwiłem za murami, na dachu.

Przelazłem przez metalowy występ i chwyciłem kabel. Z nogami opartymi o mur i przedłużaczem w obu dłoniach, odwrócony plecami do ulicy, spojrzałem na wieżyczkę strażniczą z lewej strony. Strażnik rozmawiał przez telefon, gestykulując wolną ręką. Przez ramię miał przerzucony automat. Spojrzałem na drugą wieżyczkę. Tamten strażnik, także uzbrojony w automat, wołał do innego strażnika przy bramie, uśmiechnięty i spokojny. Byłem niewidzialny. Stałem na frontowym murze najlepiej strzeżonego więzienia o zaostrzonym rygorze w stanie i byłem niewidzialny.

Odepchnąłem się nogami i zacząłem się zsuwać, ale dłonie mi się pośliznęły – strach, pot – i kabel mi się wymknął. Spadałem. Ten mur był bardzo wysoki. Wiedziałem, że upadek będzie śmiertelny. W konwulsyjnym przerażeniu i desperacji wyciągnąłem ręce w stronę kabla i złapałem go. Ręce posłużyły mi za hamulce – spowolniły upadek. Czułem, jak z dłoni i palców zdzieram skórę. Czułem palenie i ból. I już wolniej, choć tak gwałtownie, że zabolało, grzmotnąłem o ziemię, wstałem i pokuśtykałem przez ulicę. Byłem wolny.

Obejrzałem się raz. Kabel nadal dyndał na murze. Strażnicy w wieżyczkach wciąż gadali. Samochód przejechał przez ulice, kierowca wystukiwał na kierownicy rytm piosenki. Odwróciłem się. Ruszyłem zaułkiem ku życiu zwierzyny łownej, które kosztowało mnie wszystko, co kochałem.

Podczas napadów z bronią w ręku wzbudzałem w ludziach strach. Od tego czasu – od czasu tych przestępstw – przez cały czas pobytu w więzieniu i życia uciekiniera, los budził strach we mnie. Noce były nim przesycone, czasami czułem się tak, jakby strach ścinał mi krew w żyłach i dławił oddech. Ten strach, który wzbudziłem w innych, spotężniał dziesięciokrotnie, pięćdziesięciokrotnie, tysiąckrotnie, wypełnił przerażeniem każdą najbardziej samotną godzinę wszystkich nocy.

Za dnia – podczas tych pierwszych miesięcy w Bombaju – kiedy cały świat pracował i trudził się wokół mnie, przedzierałem się przez gąszcz obowiązków, potrzeb i małych przyjemności. Ale w nocy, kiedy śpiące slumsy zaczynały śnić, po mojej skórze zaczynał pełzać strach. Moje serce wycofywało się do czarnej jaskini wspomnień. I kiedy miasto spało, ja na ogół spacerowałem. Chodziłem i pilnowałem się, żeby nie spoglądać przez ramię na wieżyczki strażnicze i dyndający kabel na wysokim nieistniejącym murze.

Przynajmniej w nocy było cicho. W tamtych czasach codziennie o północy zaczynała się godzina policyjna. Na pół godziny przed dwunastą policyjne jeepy zbierały się na głównych ulicach centrum i policja wymuszała zamykanie restauracji, barów, sklepów i nawet małych ulicznych straganików z papierosami i *paanem.* Z chodników spędzano żebraków, narkomanów i dziwki, które jeszcze nie wróciły do domu. Na wystawy sklepowe spuszczano metalowe żaluzje. Stoły rynków i bazarów nakrywano białymi perkalowymi płachtami. Nadchodziły cisza i pustka. Po wirze i tłumie, w ścisku i bieganinie towarzyszących bombajskim dniom, ta pustynna cisza była niewyobrażalna. Ale zapadała co noc: bezgłośna, piękna i straszna. Bombaj zmieniał się w nawiedzony dom.

Przez dwie, trzy godziny po północy, podczas tak zwanego obchodu, oddziały policjantów w cywilu patrolowały puste ulice, szukając przestępców, narkomanów, podejrzanych i bezdomnych, bezrobotnych mężczyzn. Oczywiście ponad połowa mieszkańców miasta nie miała domu, a wielu mieszkało, jadło i spało na ulicy. Ludzie spali, wyciągnięci na ścieżkach, z cienkimi kocami i bawełnianymi płachtami do ochrony przed nocną wilgocią. Samotni, rodziny i całe społeczności, które uciekły przed powodzią, suszą albo głodem, spali na kamiennych ścieżkach i w bramach, tuląc się do siebie w wymuszonej bliskości.

Formalnie rzecz biorąc, spanie na bombajskich ulicach było wbrew prawu. Policjanci wymagali szanowania tego przepisu, ale podchodzili do tego tak, jak do zakazu uprawiania prostytucji na ulicy Dziesięciu Tysięcy Dziwek. Trzeba było pozwolić na niejakie wyjątki i prawdę mówiąc, lista tych, których nie można było aresztować za bezdomność, była dość długa. Na przykład zakaz nie dotyczył *sadhu* i innych świątobliwych osób. Ludzie starsi, kalecy, chorzy albo ranni nie znajdowali większego współczucia i czasami musieli się przenosić na inną ulicę, ale nie trafiali do aresztu. Szaleńcy, ekscentrycy i wędrowni artyści – muzycy, akrobaci, żonglerzy, aktorzy i zaklinacze węży – czasami obrywali, ale zawsze wychodzili bezpiecznie z obchodu. Rodziny, zwłaszcza te z małymi dziećmi, na ogół otrzymywały najwyżej surowe ostrzeżenie, by nie pozostawać w danej okolicy więcej niż parę nocy. Oszczędzano każdego mężczyznę, który pokazywał wizytówkę lub adres swojego pracodawcy, tym samym dowodząc, że ma pracę, choćby najpodlejszą. Samotni mężczyźni – czyści, ułożeni i potrafiący popisać się pewnym wykształceniem, na ogół potrafili się wybronić od aresztowania, nawet jeśli nie byli nigdzie zatrudnieni. I oczywiście każdy, kto zapłacił bakszysz, był bezpieczny jak u Pana Boga za piecem.

To oznaczało, że podczas tych północnych obchodów grupę najwyższego ryzyka stanowili nędzarze, bezdomni, bezrobotni, niewykształceni, samotni młodzi mężczyźni. Co nocy do aresztu przywożono z całego miasta dziesiątki młodzieńców bez pieniędzy na wykupienie się z policyjnej sieci i bez wykształcenia. Niektórych aresztowano, bo pasowali do opisów poszukiwanych przestępców. Inni mieli przy sobie narkotyki lub kradzione przedmioty. Jeszcze inni byli dobrze znani policji i do aresztu trafiali rutynowo, na wszelki wypadek. Ale wielu zgarniano po prostu za to, że byli brudni, biedni i nie protestowali.

Miasto nie miało środków na zakup tysięcy metalowych kajdanek, a nawet gdyby te pieniądze się znalazły, policjantom pewnie nie chciałoby się dźwigać żelastwa. Dlatego chodzili ze zwojami szorstkiego sznura z konopi i kokosowych włókien i przywiązywali nim za prawą rękę jednego aresztanta do drugiego. Cienka linka wystarczała w zupełności, bo nocni aresztanci byli przeważnie zbyt słabi, niedożywieni i przygnębieni, by uciekać. Poddawali się pokornie i w milczeniu. Kiedy zebrało się ich od tuzina do dwudziestu, oddział policji prowadził ich do celi.

Ze swej strony policjanci zachowywali się bardziej fair, niż się spodziewałem, i byli niezaprzeczalnie odważni. Jako jedyną broń mieli cienkie bambusowe trzcinki, znane jako *lathi*. Nie dano im żadnych pałek, gazu ani broni. Ani krótkofalówek, więc w razie kłopotów nie mogli wezwać posiłków. Nie mieli zapasowych pojazdów na patrole, przez co oddziały przechodziły wiele kilometrów piechotą. I choć *lathi* często szły w ruch, rzadko dochodziło do okrutnego czy choćby poważnego bicia – o wiele rzadziej niż w nowoczesnych zachodnich miastach, w których dorastałem.

Mimo to dla tych młodych, bezdomnych mężczyzn obchód oznaczał liczne dni, tygodnie czy nawet miesiące w więzieniu równie podłym jak każde w Azji, a pochody powiązanych aresztantów, człapiących po północy przez miasto, były bardziej melancholijne i zrozpaczone niż większość konduktów pogrzebowych.

Na nocne wędrówki po mieście po zakończeniu obchodu zawsze wyruszałem sam. Moi bogaci przyjaciele bali się biednych. Moi biedni przyjaciele bali się policjantów. Cudzoziemcy na ogół bali się wszystkich i siedzieli w hotelach. Ulice były tylko moje, kiedy je przemierzałem.

Podczas jednej z takich wędrówek, mniej więcej trzy miesiące po pożarze, znalazłem się na falochronie na Marina Drive. Szeroka ścieżka przy falochronie była pusta i czysta. Sześciopasmówka oddzielała ją od sięgającego horyzontu półksiężyca bogactwa: pięknych domów, kosztownych apartamentów, siedzib konsulatów, pierwszorzędnych restauracji i hoteli z widokiem na czarne, wzburzone morze.

Na ulicy było tej nocy niewiele samochodów, przejeżdżał jeden co piętnaście czy dwadzieścia minut. Sunęły powoli. W pokojach po drugiej stronie ulicy za moimi plecami paliło się niewiele świateł. Powiewy chłodnego wiatru niosły ze sobą czysty zapach soli. Było cicho. Morze hałasowało bardziej niż miasto.

Niektórych moich przyjaciół ze slumsów niepokoiły te moje nocne przechadzki. Nie spaceruj nocą, mówili. Noc w Bombaju jest niebezpieczna. Ale ja nie bałem się miasta. Na tych ulicach czułem się jak u siebie. Choć życie miałem dziwne i niespokojne, te ulice gościły miliony takich jak ja... jakbym znalazł się w odpowiednim dla siebie miejscu, jedynym miejscu na ziemi.

A moja praca sprawiała, że to poczucie bycia we właściwym miejscu stawało się jeszcze silniejsze. Bez reszty poświęciłem się odgrywaniu roli doktora ze slumsów. Znalazłem podręczniki diagnostyki medycznej i uczyłem się z nich wieczorami w mojej chacie. Zebrałem maści, leki, bandaże, które kupiłem od miejscowego aptekarza za pieniądze zarobione na czarnorynkowych transakcjach z turystami. I nadal tam mieszkałem, w tej nędzy, choć oszczędziłem sumę wystarczającą, by się wyprowadzić. Zostałem w tej małej ciasnej chatce, choć mogłem mieszkać w wygodnym mieszkaniu. Pozwoliłem, by moje życie porwał wrzący, kipiący strumień tych dwudziestu pięciu tysięcy ludzkich istnień. Przywiązałem się do Prabakera, Johnny'ego Cygaro i Kasima Alego Husajna. I choć starałem się nie myśleć o Karli, moja miłość darła niebo pazurami. Całowałem pustkę. Kiedy byłem sam, wypowiadałem jej imię.

Na falochronie chłodna bryza obmyła mi twarz i pierś jak woda chlustająca z glinianej misy. Nie słyszałem żadnego dźwięku z wyjątkiem mojego oddechu i chlupotu wody na skałach, trzy metry poniżej falochronu. Fale piętrzyły się i pieniły, sięgały ku mnie. Daj spokój. Daj spokój. Daj sobie spokój ze wszystkim. Skocz i umrzyj. To takie proste. Nie był to najgłośniejszy głos w mojej głowie, ale dochodził z najgłębszych głębi – ze wstydu, który zdusił mój szacunek do siebie. Każdy zhańbiony zna ten głos – zawiodłeś wszystkich. Nie zasługujesz na dalsze życie. Świat będzie bez ciebie lepszy... I choć usiłowałem znaleźć dla siebie miejsce, uleczyć się pracą w klinice, ocalić się głupim pomysłem, jakim było zakochanie się w Karli, prawda wyglądała tak, że w moim zhańbieniu pozostałem samotny i zagubiony.

Morze kipiało i wrzało między kamieniami. Jeden skok i będzie po wszystkim. Czułem już ten lot, uderzenie ciała o głazy, zimną, oślizłą śmierć w wodzie. To takie proste.

Ktoś dotknął mojego ramienia. Dotknął lekko i łagodnie, ale na tyle mocno, żeby mnie przytrzymać. Odwróciłem się szybko, zaskoczony. Za moimi plecami stał wysoki, młody mężczyzna. Nadal trzymał rękę na moim barku, jakby mnie przytrzymywał, jakby odczytał moje niedawne myśli.

– Nazywasz się pan Lin, jak sądzę – odezwał się cicho. – Nie wiem, czy mnie pamiętasz – jestem Abdullah. Spotkaliśmy się u Stojących Baba.

– Tak, tak – wyjąkałem. – Pomogłeś nam... mnie. Pamiętam cię dobrze. Odszedłeś... zniknąłeś... zanim zdołałem ci podziękować jak należy.

Uśmiechnął się i cofnął rękę, by przeczesać gęste, czarne włosy.

– Nie ma potrzeby dziękować. Ty byłbyś zrobił to samo dla mnie w swoim kraju, prawda? Chodź, ktoś pragnie się z tobą spotkać.

Wskazał samochód, stojący dziesięć metrów dalej przy krawężniku. Pojazd zbliżył się do mnie, a jego silnik nadal pracował, ale jakoś go nie słyszałem. To był ambassador, indyjska skromna wersja luksusowego samochodu. W środku zauważyłem dwie postaci – kierowcę i pasażera z tyłu.

Abdullah otworzył tylne drzwi, a ja pochyliłem się i zajrzałem. W środku siedział mężczyzna pod siedemdziesiątkę. Światło latarni częściowo oświetlało jego twarz. Była to szczupła, inteligentna twarz o mocnych rysach, długim, cienkim nosie i wysokich kościach policzkowych. Te oczy natychmiast przykuły moją uwagę – lśniły bursztynem, rozbawieniem, współczuciem i czymś jeszcze – być może bezwzględnością lub miłością. Włosy i brodę miał krótko przycięte, szpakowate.

– Pan Lin? – spytał. Głos miał głęboki, dźwięczny i nad wyraz władczy. – Miło mi pana poznać. Tak, bardzo miło. Słyszałem o panu coś dobrego. Dobre wieści zawsze sprawiają taką przyjemność... a jeszcze większą, kiedy dotyczą cudzoziemców z naszego Bombaju. Być może pan także o mnie słyszał. Nazywam się Abd al-Kadir Chan.

Oczywiście, że o nim słyszałem. Cały Bombaj o nim słyszał. Jego nazwisko co tydzień pojawiało się w gazetach. Mówiono o nim na bazarach, w nocnych klubach i slumsach. W bogaczach budził podziw i strach. Biedacy szanowali go i uważali za postać mityczną. W całym mieście było głośno o jego dysputach teologicznych i etycznych, prowadzonych na dziedzińcu meczetu Nabila w Dongri; przyciągały licznych uczonych i uczniów najróżniejszych wyznań. Nie mniejszy rozgłos budziła jego przyjaźń z artystami, biznesmenami i politykami. Był także jednym z szefów bombajskiej mafii. Należał do założycieli systemu rad, podzielił Bombaj na części zarządzane przez oddzielne rady mafijnych bossów. Podobno ten system się sprawdził i był popularny, ponieważ zaprowadził porządek i względny spokój w miejskim półświatku po dekadzie krwawych walk o władzę. Miałem przed sobą człowieka potężnego, niebezpiecznego i olśniewającego.

– Tak, sir – odpowiedziałem, wstrząśnięty tym odruchowo użytym słowem „sir". Nienawidziłem go. Na bloku karnym bito nas, kiedy zwracając się do strażników, zapominaliśmy o słowie „sir". – Oczywiście, znam pańskie nazwisko. Ludzie nazywają pana Kadirbaj.

Baj dodane na końcu wyrazu oznaczało „starszy brat". Było to pełne szacunku zdrobnienie. Mój rozmówca uśmiechnął się i powoli skinął głową, kiedy je wypowiadałem: Kadirbaj.

Kierowca przekrzywił lusterko i przyjrzał mi się wzrokiem bez wyrazu. Wokół lusterka zwisały girlandy świeżych kwiatów jaśminu, a po świeżej morskiej bryzie ich woń oszałamiała niemal do nieprzytomności. Pochylając się ku otwartym drzwiom samochodu, nagle stałem się dotkliwie świadomy swojego ciała i tej sytuacji: mojej kornej postawy, zmarszczek na moim czole, kiedy podniosłem twarz, żeby spojrzeć mu w oczy, krawędzi karoserii dachu pod moimi palcami i naklejki na desce rozdzielczej: DZIĘKI BOGU, ŻE PROWADZĘ TEN SAMOCHÓD. Na ulicy nie było nikogo poza nami. Nie mijały nas żadne samochody. Z wyjątkiem pomruku silnika i stłumionego syku kipiących fal panowała zupełna cisza.

– To pan jest tym doktorem z baraków w Kolabie. Mówiono mi o tym raz, kiedy pan tam zamieszkał. To niezwykłe, cudzoziemiec w barakach. To moje, rozumie pan. Ta ziemia, na której stoją chaty – to moja własność. Sprawił mi pan radość, pracując tam.

Z zaskoczenia straciłem mowę. Slumsy, w których zamieszkałem, zwane *zhopadpatti* lub barakami, pół kilometra kwadratowego i dwadzieścia pięć tysięcy mężczyzn, kobiet i dzieci – to jego własność? Mieszkałem tam od miesięcy i wiele razy wymieniano przy mnie imię Kadirbaj, ale nikt nigdy nie wspomniał, że to wszystko należy do niego. To niemożliwe, usłyszałem własne myśli. Czy ktoś może być właścicielem takiego miejsca i tych ludzi?

– Eee... ja... nie jestem lekarzem, Kadirbaju– wydusiłem z siebie.

– Być może dlatego odniósł pan taki sukces, lecząc chorych. Lekarze nie przychodzą chętnie do baraków. Możemy skłonić ludzi, by nie byli źli, lecz nie potrafimy ich skłonić, by byli dobrzy, nie sądzi pan? Mój młody przyjaciel Abdullah rozpoznał pana na tym falochronie, gdy pana mijaliśmy. Zawróciłem samochód, by pana poznać. Proszę do mnie, proszę usiąść obok mnie. Zawiozę pana w pewne miejsce.

Zawahałem się.

– Proszę się nie kłopotać, ja...

– To nie kłopot. Proszę wsiadać. Nasz kierowca to mój bardzo dobry przyjaciel, Nazeer.

Wsiadłem do samochodu. Abdullah zamknął za mną drzwi, a potem usiadł z przodu koło kierowcy, który zmienił położenie lusterka i znowu na mnie spojrzał. Samochód nie ruszył.

– *Chillum bono* – zwrócił się Kadirbaj do Abdullaha. „Zrób *chillum*".

Abdull Allah wyjął z kieszeni kurtki jedną z tych lejkowatych fajek, położył na siedzeniu obok i zajął się mieszaniem haszyszu z tytoniem. Nadział na zapałkę kulkę haszyszu, zwaną *goli*, i zapalił ją drugą zapałką. Zapach *charrasu* wplótł się w woń jaśminowych kwiatów. Silnik nadal mruczał, cicho i spokojnie. Nikt się nie odzywał.

Po trzech minutach *chillum* była gotowa i trafiła do rąk Kadirbaja, czekając na pierwsze *dumm*, czyli pyknięcie. Kadirbaj zapalił i podał fajkę mnie. Potem nastąpiła kolej Abdullaha i kierowcy i fajka rozpoczęła następne okrążenie. Abdullah oczyścił ją szybko i sprawnie, po czym schował do kieszeni.

– *Challo* – odezwał się Kadir. „Jedźmy".

Samochód z wolna oderwał się od krawężnika. Latarnie zaczęły przepływać strumieniem za przednią szybą. Kierowca wcisnął kasetę do magnetofonu w desce rozdzielczej. Z głośników za naszymi głowami ryknęły rozdzierające tony romantycznego gazalu. Miałem taki odlot, że czułem, jak mózg mi dygocze w czaszce, ale kiedy spojrzałem na tamtych trzech, wydali mi się idealnie opanowani i przytomni.

Ta przejażdżka była upiornie podobna do setek przejażdżek na haju z przyjaciółmi w Australii i Nowej Zelandii, kiedy paliliśmy hasz albo trawkę, puszczaliśmy głośno muzykę i krążyliśmy po okolicy. Ale w moim kraju to młodzież jarała i puszczała muzykę na maksa. Tutaj znalazłem się w towarzystwie bardzo potężnego i wpływowego mężczyzny, dużo starszego od Abdullaha, kierowcy i mnie. A choć piosenki miały regularny rytm, śpiewano je w języku, którego nie rozumiałem. Sytuacja była znajoma i zarazem niepokojąca – coś jakby powrót dorosłego na podwórko dzieciństwa – i pomimo oszałamiającego działania narkotyku nie mogłem się całkowicie rozluźnić.

Nie miałem pojęcia, dokąd zmierzamy. Nie miałem pojęcia, jak ani kiedy wrócimy. Jechaliśmy w stronę Tardeo, w kierunku przeciwnym do mojego domu w slumsach Kolaby. Mijały minuty, a ja rozmyślałem nad naturą tego osobliwego hinduskiego obyczaju przyjaznego porwania. Przez te miesiące w slumsach nieraz poddawałem się tajemniczym i niekonkretnym zaproszeniom znajomych, którzy chcieli, bym z nimi szedł nie wiadomo dokąd, nie wiadomo po co. Chodź, mówili z uśmiechem, nigdy nie czując potrzeby, by mnie poinformować, dokąd idziemy i dlaczego. Chodź natychmiast! Początkowo parę razy odmówiłem, ale wkrótce przekonałem się, że te tajemnicze, niezaplanowane wyprawy były zawsze godne fatygi, często interesujące i wesołe, i nierzadko ważne. Stopniowo nauczyłem się odpuszczać, poddawać się i ufać swojemu instynktowi, tak jak teraz z Kadirbajem. Nigdy tego nie żałowałem, a przyjaciele, którzy mnie uprowadzili, nigdy nie zrobili mi krzywdy ani nie sprawili zawodu.

Kiedy samochód wspinał się na szczyt podłużnego, niskiego wzgórza, prowadzącego do meczetu Hadżdżi Ali, Abdullah wyłączył magnetofon i spytał Kadirbaja, czy chce jak zwykle zatrzymać się w restauracji. Kadir przez chwilę przyglądał mi się w zamyśleniu, a potem uśmiechnął się i skinął kierowcy głową. Kostkami lewej ręki stuknął mnie dwa razy w dłoń i dotknął kciukiem ust. Teraz milcz, oznaczał ten gest. Patrz, ale nie odzywaj się.

Zatrzymaliśmy się na parkingu przed restauracją, obok, lecz w pewnym oddaleniu od szeregu dwudziestu innych samochodów. Choć po północy Bombaj na ogół zasypiał albo przynajmniej sprawiał takie wrażenie, znajdowały się w nim barwne i gwarne miejsca. Cały dowcip polegał na tym, żeby wiedzieć, gdzie ich szukać. Restauracja w pobliżu świątyni Hadżdżi Ali należała do jednych z takich miejsc. Co noc zbierały się w niej setki osób, by jeść, spotykać się i kupować napoje, papierosy i słodycze. Przyjeżdżały taksówkami, prywatnymi samochodami i motocyklami, godzina po godzinie, aż do świtu. Sama restauracja była mała i zawsze pełna. Większość stałych bywalców wolała stać na zewnątrz i jeść, siedząc na swoich samochodach lub w ich wnętrzu. Z wielu pojazdów buchała muzyka. Słychać było krzyki w urdu, hindi, marathi i po angielsku. Kelnerzy z wprawą kursowali od baru do samochodów i z powrotem, nosząc napoje, paczki i tace.

Restauracja łamała zasady godziny policyjnej i policjanci z posterunku Hadżdżi Ali, odległego o zaledwie dwadzieścia metrów od niej, powinni ją zamknąć. Jednak hinduski pragmatyzm przyjmował, że cywilizowani mieszkańcy dużych, nowoczesnych miast muszą mieć gdzie się spotykać i polować. Właściciele niektórych oaz hałasu i zabawy mieli zezwolenie na przekupywanie licznych urzędników i policjantów, by móc prowadzić działalność dosłownie przez całą noc. Jednak nie było to to samo, co posiadanie licencji. Takie restauracje działały nielegalnie i czasami należało przeprowadzić demonstrację dla zachowania pozorów. Kiedy jakiś komisarz, minister lub inny VIP zamierzał przejechać obok restauracji, policjanci otrzymywali telefoniczne ostrzeżenie. W zamieszaniu, ale bez protestów gaszono światła, samochody się rozjeżdżały, a restauracja musiała czasowo zamknąć swoje podwoje. Ta drobna niewygoda nie zniechęcała nikogo, a dodawała uroczego i awanturniczego smaczku banalnej czynności kupowania przekąsek. Wszyscy wiedzieli, że restauracja przy Hadżdżi Ali, tak jak każda inna zmuszona do rzekomego zamknięcia nielegalna nocna knajpa w mieście, podejmie działalność za niespełna pół godziny. Wszyscy wiedzieli o wręczonych i przyjętych łapówkach. Wszyscy wiedzieli o ostrzegawczych telefonach. Wszyscy na tym zarabiali i wszyscy byli bardzo zadowoleni. Najgorsze w korupcji systemu rządów, powiedział Didier, jest to, że się tak świetnie sprawdza.

Szef kelnerów, młody Marath, podbiegł do samochodu i energicznie kiwał głową, podczas gdy kierowca składał w naszym imieniu zamówienie. Abdullah wysiadł z samochodu i podszedł do długiego, zatłoczonego kontuaru przy dziale dań na wynos. Przyglądałem mu się. Szedł z czujną gracją sportowca. Był wyższy od większości otaczających go młodych mężczyzn i emanował dumą i pewnością siebie. Był ubrany prosto i skromnie – miękkie czarne buty, czarne spodnie, koszula z czarnego jedwabiu – ale ten strój do niego pasował i nadawał mu pewną szczególną wojskową elegancję. Był muskularny i wyglądał na jakieś dwadzieścia osiem lat. Odwrócił się w stronę samochodu i wtedy dostrzegłem przez moment jego twarz. Była to twarz przystojna, spokojna i opanowana. Znałem źródło tego opanowania. Widziałem błyskawiczne i śmiercionośne ruchy, którymi rozbroił człowieka z mieczem u Stojących Baba.

Paru klientów i prawie cała obsługa znała Abdullaha i rozmawiano z nim, uśmiechano się i żartowano, gdy zamawiał papierosy i *paan*. Gestykulowali przesadnie. Śmiali się głośniej niż przed chwilą. Tłoczyli się i wyciągali ręce, by często go dotykać. Wyglądało to tak, jakby rozpaczliwie pragnęli, by ich polubił albo chociaż zauważył. Ale pomimo tych wszystkich słów i uśmiechów zdradzali też pewne wahanie, jakby ociąganie – jakby tak naprawdę nie budził w nich sympatii ani zaufania. I całkiem wyraźnie się go bali.

Kelner wrócił i podał kierowcy nasze jedzenie i napoje. Zatrzymał się przy otwartym oknie od strony Kadirbaja, błagając go spojrzeniem, by przemówił.

– Twój ojciec miewa się dobrze? – spytał go Kadir.

– Tak, *baj*, dobrze. Ale... ale... mam problem – odpowiedział młody kelner w hindi. Nerwowo szarpnął za czubek wąsa.

Kadirbaj zmarszczył brwi i spojrzał przenikliwie w strapioną twarz.

– Jaki to problem, Ramesh?

– Chodzi o... o mego gospodarza, *baj*. Będzie... będzie eksmisja. Ja... my... moja rodzina... już teraz płacimy podwójny czynsz. Ale gospodarz... gospodarz jest chciwy i chce nas wypędzić.

Kadir pokiwał głową w zamyśleniu. Zachęcony jego milczeniem Ramesh wybuchnął potokiem hindi.

– Nie chodzi tylko o moją rodzinę, *baj*. Wszystkie rodziny z mojego domu mają się wynieść. Próbowaliśmy wszystkiego, składaliśmy bardzo dobre oferty, ale gospodarz nie chce nas słuchać. Ma *goonda*, a ci gangsterzy nam grożą i nawet biją. Pobili mojego ojca. Wstydzę się, że nie zabiłem tego gospodarza, *baj*, ale wiem, że to by tylko ściągnęło kłopoty na moją rodzinę i inne rodziny z naszego domu. Mówiłem mojemu bardzo szacownemu ojcu, że powinniśmy cię powiadomić, a ty nas ochronisz. Ale mój ojciec jest zbyt dumny. Znasz go. A on cię kocha. Nie chce cię niepokoić prośbą o pomoc. Bardzo się rozgniewa, jeśli się dowie, że wyjawiłem ci prawdę o naszych kłopotach. Lecz kiedy cię dziś ujrzałem, panie mój, Kadirbaju, pomyślałem, że... że sam Bhagwan cię tu przywiódł... Bardzo... bardzo przepraszam, że zakłócam ci spokój...

Urwał i przełknął głośno ślinę. Palce ściskające metalową tacę były całkiem białe.

– Sprawdzimy, co da się zrobić w twojej sprawie, Ramu – przemówił z wolna Kadirbaj. „Ramu", pieszczotliwa forma imienia Ramesh, wywołała szeroki, dziecinny uśmiech na twarzy młodzieńca. – Jutro, punktualnie o drugiej, przyjdziesz do mnie. Porozmawiamy dłużej. Pomożemy ci, *Inszallah*. A... Ramu – nie trzeba o tym wspominać twojemu ojcu, dopóki problem, *Inszallah*, nie zostanie rozwiązany.

Ramesh miał taką minę, jakby chciał pocałować Kadira w rękę, ale tylko skłonił się i wycofał, mamrocząc podziękowania. Abdullah i kierowca zamówili sałatkę owocową i jogurt kokosowy i kiedy znaleźliśmy się sami, zaczęli jeść z hałaśliwymi wyrazami aprobaty. Kadirbaj i ja zamówiliśmy tylko mangowe *lassi*. Kiedy popijaliśmy schłodzone lodem napoje, do okna samochodu podszedł kolejny petent. Był to dowódca posterunku Hadżdżi Ali.

– To wielki zaszczyt, że znowu cię widzę, Kadirdżi – powiedział z twarzą wykrzywioną grymasem będącym albo reakcją na skręt kiszek, albo obleśnym uśmiechem. Mówił w hindi z wyraźnym akcentem jakiegoś innego dialektu i z trudem go rozumiałem. Spytał o rodzinę Kadirbaja, a następnie zrobił parę aluzji do interesów.

Abdullah odstawił pusty talerz na siedzenie z przodu i wyciągnął spod fotela paczkę owiniętą gazetami. Podał ją Kadirowi, który rozchylił opakowanie, ukazując gruby stos banknotów sturupiowych, i podał ją od niechcenia policjantowi. Zrobił to tak jawnie, nawet ostentacyjnie, jakby bardzo mu zależało, żeby każdy w promieniu stu metrów dostrzegł akt wręczenia i przyjęcia łapówki.

Policjant wcisnął paczkę za pazuchę i odchylił się na bok, by dwukrotnie i głośno splunąć na szczęście. Jeszcze raz pochylił się do okna i zaczął szybko, natarczywie mamrotać. Wychwyciłem słowa „ciało" i „transakcja", i coś o „bazarze złodziei", ale nic nie zrozumiałem. Kadir uciszył go uniesieniem ręki. Abdullah przeniósł wzrok na mnie, a potem uśmiechnął się chłopięcym uśmiechem.

– Proszę ze mną – powiedział cicho. – Popatrzymy na meczet, prawda?

Wysiadając z samochodu, usłyszałem głośne słowa policjanta: „*Gora* mówi w hindi! Niech nas Bhagwan broni przed cudzoziemcami!".

Podeszliśmy do pustego miejsca na falochronie. Meczet Hadżdżi Ali był zbudowany na małej, płaskiej wysepce, połączonej z lądem kamienną ścieżynką, długości trzystu trzydziestu trzech kroków. Od świtu do zmierzchu, jeśli morze na to pozwalało, na ścieżce tłoczyli się pielgrzymi i turyści. Podczas przypływu zalewała ją woda, a morze odcinało wyspę od lądu. Widziany z falochronu przy nadmorskiej drodze meczet wyglądał w nocy jak wielki zakotwiczony statek. Na marmurowych ścianach kołysały się mosiężne latarnie, rzucające zielone i żółte światło. W blasku księżyca łuki w kształcie łzy i obłe kontury lśniły bielą i stawały się żaglami tego tajemniczego statku, a minarety były licznymi masztami.

Tej nocy wzdęty, spłaszczony i żółty księżyc – w slumsach nazywany żałobnym – zawisł nad meczetem w całej swojej hipnotycznej krasie. Od morza wiał wiatr, ale powietrze było ciepłe i parne. Nad naszymi głowami, wokół linii wysokiego napięcia, krążyły roje nietoperzy, tysiące nietoperzy, jak nuty na pięciolinii. Malutka dziewczynka, która od dawna powinna już spać, a ciągle sprzedawała sznury jaśminowych kwiatów, podeszła i podała Abdullahowi girlandę. Sięgnął do kieszeni po pieniądze, ale odmówiła ze śmiechem i odeszła, śpiewając refren piosenki z popularnego hinduskiego filmu.

– Nie istnieje akt wiary piękniejszy od hojności nędzarzy – powiedział Abdullah cicho. Coś mi mówiło, że nigdy nie podnosi głosu.

– Bardzo dobrze mówi pan po angielsku – zauważyłem, podziwiając tę subtelną myśl i sposób, w jaki ją wyraził.

– Nie, nie mówię dobrze. Znałem pewną kobietę, ona nauczyła mnie tych słów – odpowiedział. Czekałem na dalszy ciąg, a on się wahał, spoglądając w morze. Kiedy się znowu odezwał, zmienił temat. – Chciałbym wiedzieć, wówczas u Stojących Baba, kiedy ów człowiek nadchodził z mieczem – co by pan zrobił, gdyby mnie tam nie było?

– Walczyłbym z nim.

– Myślę... – Odwrócił się, spojrzał mi prosto w oczy i poczułem, że włosy jeżą mi się z niewyjaśnionego strachu. – Myślę, że by pan zginął. Zostałby pan zamordowany i już by pan nie żył.

– Nie. Miał miecz, ale był stary i szalony. Pokonałbym go.

– Tak – powiedział bez uśmiechu. – Tak, chyba się pan nie myli – pan by go pokonał. Lecz tamci, dziewczyna i ten hinduski przyjaciel, któreś z nich by ucierpiało lub nawet zginęło, choć pan by przeżył. Gdyby miecz zadał cios, jeśli nie uderzyłby w pana, to trafiłby któreś z nich, tak mi się zdaje. Jedno z was straciłoby życie. Pan lub oni – ktoś by już nie żył.

Teraz to ja zamilkłem. Ten strach, który poczułem przed chwilą, teraz przerodził się w przerażenie. Krew załomotała mi głośno w sercu. Abdullah mówił, że uratował mi życie, a jednak wyczułem w jego słowach groźbę. To mi się nie spodobało. Zaczął mnie ogarniać gniew. Stężały, gotów do walki, spojrzałem mu prosto w oczy.

Uśmiechnął się i położył mi rękę na ramieniu, tak jak przed niespełna godziną, na innym falochronie. To intuicyjne przerażenie ustąpiło równie szybko, jak się pojawiło; było dojmujące, ale zniknęło. Przypomniałem sobie o nim dopiero wiele miesięcy później.

Odwróciłem się i ujrzałem policjanta, który zasalutował i oddalił się od samochodu Kadira.

– Kadirbaj dał mu łapówkę w bardzo ostentacyjny sposób.

Abdullah roześmiał się i przypomniałem sobie, kiedy po raz pierwszy usłyszałem jego śmiech – u Stojących Baba. To był dobry śmiech, szczery i zupełnie swobodny, i nagle go za niego polubiłem.

– W języku perskim jest takie przysłowie: „Lew czasami musi zaryczeć, żeby przypomnieć koniowi o strachu". Ten policjant sprawiał kłopoty. Ludzie go nie szanują. Dlatego jest nieszczęśliwy. Nieszczęście popycha go do sprawiania problemów. Im więcej problemów sprawia, tym mniej szacunku okazują mu ludzie. Teraz zobaczą, że dostał taki wielki bakszysz, większy, niż mu się należy, i zaczną go trochę szanować. Zaimponuje im, że wielki Kadirbaj tak dobrze mu płaci. Dzięki tej odrobinie szacunku będzie nam sprawiał mniej problemów. Ale i tak wszyscy rozumieją, o co chodzi. On jest koniem, lecz Kadir jest lwem. A lew zaryczał.

– Jest pan strażnikiem Kadirbaja?

– Nie, nie! – Znowu się roześmiał. – Pan Abd al-Kadir nie potrzebuje ochrony. Lecz... – Urwał i obaj spojrzeliśmy na siwowłosego mężczyznę na tylnym siedzeniu skromnej limuzyny. – Oddałbym za niego życie, jeśli o to pytasz. I zrobiłbym dla niego jeszcze więcej.

– Czy można zrobić coś więcej od oddania życia? – spytałem, uśmiechając się na widok jego przejęcia i osobliwości tej myśli.

– O tak – powiedział, wziął mnie pod rękę i zaprowadził do samochodu. – O wiele więcej.

– Zaprzyjaźnił się pan z naszym Abdullahem? – spytał Kadirbaj, kiedy obaj zajęliśmy miejsca w samochodzie. – To dobrze. Powinniście się zaprzyjaźnić. Wyglądacie jak bracia.

Abdullah i ja spojrzeliśmy na siebie i roześmieliśmy się cicho. Ja miałem jasne włosy, on czarne jak atrament. Moje oczy były szare, jego – brązowe. On był Persem, ja Australijczykiem. Na pierwszy rzut oka trudno byłoby znaleźć dwie bardziej odmienne od siebie osoby. Ale Kadirbaj wodził wzrokiem od jednego do drugiego zaskoczony, tak szczerze zdziwiło go nasze rozbawienie, że zdusiliśmy je uśmiechami. A kiedy samochód ruszył drogą do Bandry, zacząłem się zastanawiać nad słowami Kadira. Przyłapałem się na rozmyślaniu, że chociaż się z Abdullahem różniliśmy, w spostrzeżeniu starszego pana może tkwić ziarno prawdy.

Samochód jechał prawie godzinę. W końcu zwolnił na przedmieściach Bandry, na ulicy pełnej sklepików i magazynów, a następnie wtoczył się w wąski zaułek.

Ulica była ciemna i pusta, jak cała okolica. Kiedy drzwi samochodu się otworzyły, dobiegła mnie muzyka i śpiew.

– Proszę za mną. Idziemy – powiedział Kadirbaj, nie trudząc się wyjaśnianiem, dokąd zmierzamy i po co.

Kierowca Nazir został przy samochodzie, oparty o maskę, wreszcie sobie pozwolił na luksus rozpakowania *paanu*, który Abdullah kupił dla niego w restauracji. Mijając go, uświadomiłem sobie, że nie odezwał się ani słowem, zacząłem się zastanawiać nad długimi okresami milczenia, w które popadało tak wielu mieszkańców tego tłocznego, hałaśliwego miasta.

Przeszliśmy pod szerokim kamiennym łukiem, korytarzem i dwoma biegami schodów, aż dotarliśmy do wielkiego pomieszczenia pełnego ludzi, dymu i zgiełkliwej muzyki. Był to prostokątny pokój pełen zielonych jedwabi i dywanów. W jego głębi znajdowała się mała estrada, na której na jedwabnych poduchach siedziało czterech muzyków. Pod ścianami stały niskie stoły, a przy nich – wygodne pufy. Bladozielone latarnie w kształcie gruszek rzucały spod drewnianego sufitu wielkie, drżące obręcze żółtozłotego światła. Kelnerzy przechodzili od grupy do grupy, podając czarną herbatę w wysokich szklankach. Przy niektórych stołach stały nargile, zasnuwające powietrze błękitnym dymem i wonią *charrasu*.

Kilku mężczyzn natychmiast wstało na powitanie Kadirbaja. Abdullah także był tu dobrze znany. Wiele osób powitało go skinieniem głowy, dłoni lub słowem. Zauważyłem, że w przeciwieństwie do gości w restauracji przy Hadżdżi Ali, tu mężczyźni witali go ciepło i przetrzymywali w dłoniach jego rękę. Jednego rozpoznałem. Był to Szafiq Gussa, albo Szafiq Gniewny, kontrolujący prostytucję w barakach marynarki wojennej w pobliżu moich slumsów. Rozpoznałem także parę innych twarzy – popularnego poetę, sławnego sufickiego świątobliwego męża i drugorzędnego filmowego gwiazdora – znanych mi z gazet.

Wśród zebranych wokół Kadirbaja znajdował się też kierownik tego prywatnego klubu. Był niski, opięty długą kaszmirską kamizelą. Jego łysinę przykrywała biała koronkowa czapeczka hadżdżi – człowieka, który odbył pielgrzymkę do Mekki. Czoło szpeciła mu ciemna, okrągła blizna, która pojawia się u niektórych muzułmanów, gdy często dotykają kamienia czołem podczas modlitwy. Rzucił głośno parę poleceń i kelnerzy natychmiast przynieśli nowy stolik i parę poduch, które ułożyli w kącie pokoju, skąd był doskonały widok na scenę.

Usiedliśmy po turecku, Kadir w środku, Abdullah po jego prawicy, a ja po lewicy. Chłopiec z czapce hadżdżi, afgańskich spodniach i kamizeli przyniósł nam czarkę prażonego ryżu ostro przyprawionego chili oraz paterę z mieszanką orzechów i suszonych owoców. Kelner nalał nam czarnej, gorącej herbaty z czajniczka z wąskim dzióbkiem, trzymanego z metr nad szklankami, i nie rozlał ani kropli. Postawił herbatę przed nami, a następnie podał cukier w kostkach. Zamierzałem wypić herbatę gorzką, ale Abdullah mnie powstrzymał.

– Ależ nie. – Uśmiechnął się. – Pijemy herbatę perską, w prawdziwie irańskim stylu, czyż nie?

Wziął kostkę cukru i włożył ją do ust, mocno przytrzymując między zębami. Następnie uniósł szklankę i pociągnął łyk herbaty, filtrując ją przez kostkę. Poszedłem w jego ślady. Kostka cukru z wolna się rozpłynęła i rozsypała, i choć herbata była dla mnie za słodka, rozbawiła mnie osobliwość tego nowego zwyczaju.

Także Kadirbaj wziął kostkę cukru i wypił herbatę przez nią, spełniając wymogi tego obyczaju ze szczególną godnością i powagą, które zresztą towarzyszyły mu przy każdym, najbardziej trywialnym geście. Nigdy w życiu nie spotkałem człowieka, który emanowałby większym dostojeństwem. Kiedy mu się tak przyglądałem, gdy słuchał z pochyloną głową wesołej przemowy Abdullaha, przyszło mi na myśl, że ten człowiek rządziłby i panował w każdych czasach i okolicznościach.

Do muzyków dołączyło trzech śpiewaków, którzy usiedli przed nimi. W pomieszczeniu zapadła cisza, a potem nagle trzej śpiewacy rozpoczęli pieśń mocnymi, przejmującymi głosami. Muzyka była bujna, bogata, złożona i pełna namiętnej intensywności. Ci mężczyźni nie śpiewali, oni płakali i zawodzili. Z ich zamkniętych oczu spływały prawdziwe łzy, które kapały na piersi. Słuchałem w uniesieniu, a jednocześnie z pewnym wstydem. Tak, jakby ci śpiewacy pokazali mi swoją najgłębszą, najbardziej intymną miłość i rozpacz.

Zaśpiewali trzy piosenki i cicho zeszli ze sceny, znikli za zasłoną w innym pomieszczeniu. Przez cały ich występ nikt się nie odzywał, ale potem wszyscy zaczęli mówić jednocześnie, jakby po to, żeby się otrząsnąć z czaru, który na nas opadł. Abdullah wstał i przeszedł przez całą salę, by pogawędzić z grupką Afgańczyków przy innym stoliku.

– Jak się panu podobały pieśni? – spytał mnie Kadirbaj.

– Bardzo. Niewiarygodne, zdumiewające. Nigdy czegoś takiego nie słyszałem. Tyle w nich smutku, a jednocześnie mocy. Co to był za język? Urdu?

– Tak. Mówi pan w urdu?

– Nie, niestety. Mówię tylko trochę w marathi i hindi. Rozpoznałem urdu, bo tam gdzie mieszkam, niektórzy się nim posługują.

– Urdu to język gazali, a to byli najlepsi wykonawcy gazali w Bombaju – wyjaśnił.

– Czy to pieśni miłosne?

Uśmiechnął się i pochylił, by położyć rękę na moim ramieniu. W tym mieście ludzie dotykają się w rozmowie, podkreślając lekkim uściskiem znaczenie słów. Znałem dobrze ten gest z codziennych kontaktów z moimi znajomymi ze slumsów i nauczyłem się go lubić.

– Tak, to pieśni o miłości, lecz najlepsze i najprawdziwsze ze wszystkich. To pieśni miłości do Boga. Ci ludzie śpiewają o miłowaniu Boga.

Skinąłem głową bez słowa, lecz moje milczenie zachęciło go do dalszej rozmowy.

– Jest pan chrześcijaninem? – spytał.

– Nie. Nie wierzę w Boga.

– Niewiara w Boga nie istnieje – oznajmił, znowu się uśmiechając. – Albo znamy Boga, albo nie.

– Więc ja na pewno nie znam Boga – roześmiałem się – i szczerze mówiąc, skłaniam się do przekonania, że wiara w Boga jest niemożliwa. Przynajmniej w te wyobrażenia Boga, które poznałem.

– O, oczywiście, to naturalne, Bóg jest niemożliwy. To pierwszy dowód na jego istnienie.

Wpatrywał się we mnie przenikliwie, nadal trzymając dłoń na moim ramieniu. Uważaj, pomyślałem. Wdajesz się w filozoficzne dyskusje z człowiekiem, który z nich słynie. On cię poddaje próbie. To egzamin, a woda jest głęboka.

– Powiem to wprost – pan mówi, że coś istnieje, ponieważ jest niemożliwe? – spytałem, wyruszając w mojej łódeczce myśli na niezbadane wody jego poglądów.

– Zgadza się.

– Czy to nie znaczy, że rzeczy możliwe nie istnieją?

– Ależ tak! – zawołał z jeszcze szerszym uśmiechem. – Zachwyca mnie, że pan to zrozumiał.

– Mogę te słowa wypowiedzieć – odparłem ze śmiechem – ale to nie znaczy, że je rozumiem.

– Ja to wyjaśnię. Nic nie jest takie, jakie się wydaje. Tego, co widzimy, tak naprawdę tu nie ma. Nasze oczy kłamią. Wszystko, co wydaje się prawdziwe, to tylko złudzenie. Nic nie istnieje w takiej postaci, jak sądzimy. Ani pan. Ani ja. Ani te sale. Nic.

– Nadal nie rozumiem. Nie rozumiem, dlaczego rzeczy możliwe nie istnieją.

– Ujmę to inaczej. Czynników stworzenia, energii, która ożywia materię, i życie, którego pozór widzimy wokół siebie, nie można zmierzyć, zważyć ani umieścić w znanym nam czasie. W jednej ze swoich postaci ta energia to fotony. Najmniejszy przedmiot jest dla nich wszechświatem pustej przestrzeni, a cały wszechświat jest jedynie pyłkiem kurzu. To, co nazywamy światem, jest tylko ideą – i to niezbyt dobrą. Z punktu widzenia światła, fotonu, który je ożywia, znany nam wszechświat nie jest realny. Oraz wszystko inne. Czy teraz pan rozumie?

– Nie całkiem. Wydaje mi się, że skoro wszystko, co rzekomo znamy, jest fałszem lub iluzją, to nikt z nas nie może wiedzieć, co zrobić, jak żyć i jak pozostać przy zdrowych zmysłach.

– Kłamiemy – powiedział z przebłyskiem prawdziwej wesołości w bursztynowych oczach pełnych złotego blasku. – Człowiek normalny po prostu lepiej kłamie od wariata. Pan i Abdullah jesteście braćmi. Ja to wiem. Oczy pana okłamują, a ja panu mówię, że to fałsz. A pan wierzy w kłamstwo, bo tak jest łatwiej.

– I tak pozostajemy przy zdrowych zmysłach?

– Tak. Proszę sobie pozwolić powiedzieć: jest pan dla mnie jak syn. Nie miałem żony i nie mam syna, ale była taka chwila, tak, kiedy mogłem się ożenić i mieć syna. I minęła... ile ma pan lat?

– Trzydzieści.

– Właśnie! Wiedziałem. Ta chwila, gdy mogłem zostać ojcem, minęła dokładnie trzydzieści lat temu. Lecz gdybym panu powiedział, że widzę wyraźnie, iż jest pan moim synem, a ja pańskim ojcem, pan pomyślałby, że to niemożliwe. Zacząłby pan protestować. Nie dostrzegłby pan tej prawdy, którą widzę ja i którą zobaczyłem już w pierwszej chwili naszego spotkania przed paroma godzinami. Wybierze pan wygodne kłamstwo i uwierzy w nie – w kłamstwo, że się nie znamy i nic nas nie łączy. Lecz przeznaczenie... – słyszał pan o przeznaczeniu? W języku urdu nazywamy je *kismet*... przeznaczenie włada nami bez reszty, z wyjątkiem dwóch spraw. Przeznaczenie nie ma wpływu na naszą wolę i nie potrafi kłamać. Kłamią ludzie, a siebie okłamują częściej niż innych, a innych okłamują częściej, niż mówią im prawdę. Ale przeznaczenie nie kłamie. Rozumie pan?

Rozumiałem. Moje serce rozumiało te słowa, choć buntowniczy umysł je odrzucał razem z człowiekiem, który je wypowiedział. Jakoś zdołał odnaleźć we mnie ten smutek. Ta wyrwa w życiu, którą powinien zapełnić ojciec, była oceanem tęsknoty. W najbardziej samotnych godzinach tych tułaczych lat wędrowałem tak głodny ojcowskiej miłości, jak cała cela skazańców w ostatnią godzinę starego roku.

– Nie – skłamałem. – Przepraszam, ale się nie zgadzam. Nie sądzę, że można coś urzeczywistnić samą wiarą.

– Tego nie powiedziałem – odparł cierpliwie. – Twierdzę, że rzeczywistość – taka, jaką znamy, jaką zna ogół – to nic więcej niż iluzja. Za tym, co widzimy oczami, istnieje inna rzeczywistość. Trzeba ją rozpoznać sercem. Nie ma innego sposobu.

– To dość... skomplikowany pogląd. Nawet chaotyczny. Pan tak nie uważa?

Znowu się uśmiechnął.

– Początkowo właściwy ogląd rzeczy wydaje się dziwny. Jednak istnieje parę rzeczy, które możemy poznać, których możemy być pewni, i jest to względnie łatwe. Proszę pozwolić, że zademonstruję. Aby poznać prawdę, należy tylko zamknąć oczy.

– Więc to aż tak proste? – Roześmiałem się.

– Tak. Trzeba tylko zamknąć oczy. Na przykład możemy poznać Boga i możemy poznać smutek. Możemy poznać sny i możemy poznać miłość. Lecz nic z tego nie jest realne, w naszym zwykłym pojmowaniu rzeczy istniejących na świecie i sprawiających pozory rzeczywistości. Nie można ich zważyć ani zmierzyć, ani rozbić na atomy. Dlatego właśnie są możliwe.

Moja łódeczka myśli zaczęła nabierać wody. Postanowiłem się ratować, i to szybko.

– Nigdy nie słyszałem o tym klubie. Czy jest wiele takich?

– Być może pięć – odpowiedział, godząc się wyrozumiale na zmianę tematu. – Sądzi pan, że to dużo?

– Przypuszczam, że w sam raz. Nie ma tu kobiet. Nie wolno im przychodzić?

– Nie jest to zakazane. – Zmarszczył brwi, szukając właściwych słów. – Kobiety są tu wpuszczane, lecz same nie chcą przychodzić. Istnieją inne miejsca, w których spotykają się kobiety, by zajmować się swoimi sprawami, słuchać muzyki i śpiewaczek, i żaden mężczyzna także nie chciałby się im tam narzucać.

Zbliżył się do nas bardzo stary człowiek, który usiadł u stóp Kadirbaja. Był ubrany w prostą bawełnianą koszulę i cienkie obszerne spodnie, nazywane kurta – pidżama. Twarz miał pobrużdżoną, a bielutkie włosy przycięte w punkowski grzebień. Był chudy, zgarbiony i najwyraźniej biedny. Złożył Kadirowi krótki, lecz pełen uszanowania ukłon, po czym zaczął ugniatać sękatymi dłońmi tytoń i haszysz. Po paru minutach podał mu wielką *chillum* i czekał w pogotowiu z zapałkami.

– To Umar – wyjaśnił Kadirbaj, zawieszając fajkę tuż przy wargach. – Przygotowuje najlepszą *chillum* w całym Bombaju.

Umar zapalił *chillum* i uśmiechnął się bezzębnymi dziąsłami, rozkoszując się pochwałą. Podał fajkę mnie, przyjrzał się krytycznie mojej technice i mocy płuc, po czym mruknął z aprobatą. Kiedy fajka dwukrotnie trafiła do Kadira i mnie, Omar przejął ją i wykończył gigantycznymi pyknięciami, od których jego wątła pierś omal nie eksplodowała. Skończywszy, wystukał z fajki niewielką ilość białego popiołu. Przedmuchał fajkę i dumnie przyjął dziękczynny ukłon Kadirbaja. Pomimo sędziwego wieku wstał lekko, nie podpierając się rękami. Pokuśtykał w swoją stronę, a tymczasem na scenę wrócili śpiewacy.

Abdullah wrócił do nas z salaterką z rżniętego szkła, pełną kawałków mango, papai i arbuza. Owocowe aromaty otoczyły nas chmurą, a ich smak rozpłynął się nam w ustach. Śpiewacy rozpoczęli następny występ – była to jedna pieśń, która ciągnęła się niemal przez pół godziny. Miała bujną, złożoną harmonię, a składała się z prostej melodii i improwizowanych kadencji. Muzycy akompaniujący pieśniarzom na tablach i fisharmonii byli ożywieni, lecz sami śpiewacy trwali bez ruchu, bez wyrazu, z zamkniętymi oczami i bezwładnymi rękami.

Tak jak poprzednio, po odejściu śpiewaków wybuchły hałaśliwe rozmowy. Abdullah pochylił się, żeby do mnie przemówić.

– Kiedy tu jechaliśmy, zastanawiałem się nad tym, że jesteśmy braćmi. Zastanawiałem się nad słowami Kadirbaja.

– To śmieszne, ja też.

– Moi dwaj bracia... w Iranie było nas w domu trzech, a teraz moi dwaj bracia nie żyją. Zginęli w wojnie z Irakiem. Mam w kraju siostrę, ale żadnego brata. Zostałem tylko ja. Jeden brat to smutne, prawda?

Nie mogłem mu odpowiedzieć wprost. Sam straciłem brata. Straciłem całą rodzinę i byłem pewien, że nigdy więcej jej nie zobaczę.

– Myślałem, że Kadirbaj mógł powiedzieć prawdę. Być może naprawdę wyglądamy jak bracia.

– Może i tak.

Uśmiechnął się.

– Postanowiłem pana polubić.

Powiedział to z taką powagą – pomimo uśmiechu – że musiałem się roześmiać.

– W takim razie lepiej nie mów już do mnie „pan". I tak dostawałem od tego gęsiej skórki.

– Jakiej skórki? – spytał z troską.

– Nieważne. Mów do mnie „Lin".

– Dobrze. Będę cię nazywał Lin. Będę cię nazywał Lin-bratem. A ty nazywaj mnie Abdullahem, tak?

– Chyba tak.

– Potem będziemy wspominać ten wieczór na koncercie ślepych śpiewaków, bo jest to wieczór, kiedy rozpoczęło się nasze braterstwo.

– Powiedziałeś: ślepych śpiewaków?

– Tak. Nie znasz ich? To ślepi śpiewacy z Nagpuru. Są w Bombaju sławni.

– Są z instytutu?

– Instytutu?

– No, z Instytutu Niewidomych. Na przykład.

– Nie, Lin-bracie. Niegdyś widzieli, tak jak my. Lecz w małej wiosce pod Nagpurem nastąpiło oślepienie i ci mężczyźni stali się ślepcami.

Od hałasu kręciło mi się w głowie, a niedawno przyjemny zapach owoców i *charrasu* zaczął się stawać lepki i dławiący.

– Jak to „nastąpiło oślepienie"?

– Byli tam buntownicy i bandyci, ukryci w górach, w okolicach owej wioski – wyjaśnił w ten swój powolny, pełen namysłu sposób. – Mieszkańcy wioski musieli dawać im jedzenie i udzielać pomocy. Nie mieli wyboru. Lecz gdy do wioski przybyli policjanci i żołnierze, bandyci oślepili dwadzieścia osób, dla przykładu, by ostrzec mieszkańców innych wiosek. Tak czasami bywa. Śpiewacy nie pochodzili z tej wioski. Przyjechali tam, by zaśpiewać na festiwalu. Po prostu pech. Zostali oślepieni wraz z resztą. Wszystkich mężczyzn i kobiety związano i wykłuto im oczy ostrymi kawałkami bambusa. Teraz śpiewają tutaj, wszędzie, i są bardzo sławni. A także bogaci...

Mówił dalej. Słuchałem, lecz nie mogłem odpowiedzieć ani zareagować. Obok mnie siedział Kadirbaj, rozmawiał z młodym Afgańczykiem w turbanie. Młodzieniec pochylił się i pocałował rękę Kadira, a wówczas spomiędzy fałdów jego szaty wyłoniła się kolba pistoletu. Umar wrócił i zaczął przygotowywać nową *chillum*. Uśmiechnął się do mnie, ukazując poplamione dziąsła, i pokiwał głową.

– Tak, tak – wyseplenił, wpatrując się w moje oczy. – Tak, tak, tak.

Śpiewacy znowu powrócili, dym spiralami sunął z wolna ku obracającym się wentylatorom i tak ta zielona, pełna jedwabiu salka ze swą muzyką i spiskami stała się dla mnie początkiem. Wiem, że każdy miewa w życiu wiele początków i punktów zwrotnych, to kwestia szczęścia, woli i przeznaczenia. Dzień nadania imienia, dzień powodziowych patyków w wiosce Prabakera, kiedy kobiety dały mi imię Shantaram, były takimi początkami. Teraz to już wiem. I wiem, że wszystko, co zrobiłem i przeżyłem w Indiach aż do koncertu ślepych pieśniarzy, a być może nawet całe życie, było przygotowaniem do tego początku z Abd al-Kadirem Chanem. Abdullah został moim bratem, Kadirbaj – ojcem. Zanim to sobie w pełni uświadomiłem i zrozumiałem tego przyczyny, moje nowe życie w roli brata i syna zawiodło mnie na wojnę i doprowadziło do morderstwa, i wszystko zmieniło się na zawsze.

Kiedy śpiewacy umilkli, Kadir pochylił się ku mnie. Poruszał ustami i wiedziałem, że do mnie mówi, ale przez chwilę go nie słyszałem.

– Przepraszam, nie dosłyszałem.

– Powiedziałem, że częściej znajdujemy prawdę w muzyce – powtórzył – niż w filozoficznych dziełach.

– Czym jest prawda? – spytałem. Tak naprawdę nie chciałem wiedzieć. Mówiłem, żeby mówić. Mądrzyłem się.

– Prawda jest taka, że nie ma ludzi dobrych i złych – odparł. – Tylko czyny mają w sobie dobro lub zło. Istnieją dobre i złe czyny. Ludzie to tylko ludzie – to, co robią lub czego nie chcą robić, wiąże ich z dobrem i złem. Prawdą jest, że chwila prawdziwej miłości w czyimkolwiek sercu – człowieka najszlachetniejszego lub najbardziej nikczemnego – jest całym celem, sensem i znaczeniem życia w lotosowych płatkach jego namiętności. Prawdą jest, że wszyscy, każdy z nas, każdy atom, każda galaktyka i każda cząsteczka materii wszechświata, zmierzają ku Bogu.

Te jego słowa są przy mnie wiecznie. Słyszę je. Ślepi śpiewacy są wieczni. Widzę ich. Ta noc i ci ludzie, którzy byli początkiem, ojciec i brat, są wieczni. Pamiętam ich. To łatwe. Wystarczy tylko zamknąć oczy.

ROZDZIAŁ 10

Abdullah potraktował nasze braterstwo poważnie. Tydzień po nocy ślepych śpiewaków zjawił się w mojej chacie w slumsach Cuffe Parade z sakwą pełną lekarstw, maści i bandaży. Przyniósł także małą metalową kasetkę z paroma narzędziami chirurgicznymi. Razem zakrzątnęliśmy się wokół torby. Wypytał mnie o lekarstwa, chciał wiedzieć, jak są skuteczne i w jakich ilościach będą mi potrzebne w przyszłości. Kiedy poczuł się zadowolony, otrzepał z kurzu drewniany stołek i usiadł. Przez parę minut milczał, przyglądając się, jak układam przyniesione przez niego zapasy na bambusowych półkach. Tłoczne slumsy gwarzyły, krzyczały, śpiewały i śmiały się wokół nas.

– No, Lin, gdzie oni są? – spytał w końcu.

– Kto?

– Pacjenci. Gdzie są? Chcę zobaczyć, jak mój brat ich leczy. Nie ma leczenia bez chorych ludzi, prawda?

– Eee... w tej chwili nie mam żadnych pacjentów.

– O... – westchnął. Zmarszczył brwi, zabębnił palcami o kolana. – Myślisz, że mogę ci jakiegoś sprowadzić?

Już zaczął się podnosić. Wyobraziłem sobie, jak przemocą wlecze chorych i rannych do mojej chaty.

– Nie, nie, spokojnie. Nie co dzień do mnie przychodzą. Ale jeśli przyjdą, jeśli tu jestem, to na ogół zaczynają się schodzić koło drugiej po południu. Tak wcześnie ich nie widuję. Prawie wszyscy pracują do południa. Ja też. Także muszę zarabiać, wiesz?

– Ale nie dziś?

– Nie, dziś nie. W zeszłym tygodniu zarobiłem trochę pieniędzy. Wystarczy na jakiś czas.

– Jak je zarobiłeś? – Wpatrywał się we mnie prostodusznie, nieświadomy, że to pytanie mogłoby mnie zawstydzić lub wydać mi się niegrzeczne.

– Nieuprzejmie jest pytać cudzoziemców, jak zarabiają – poinformowałem go ze śmiechem.

– A, rozumiem. – Uśmiechnął się. – Zarobiłeś je w nielegalny sposób.

– No, nie całkiem o to mi chodziło. Ale tak, skoro o tym mowa. Pewna Francuzka chciała kupić pół kilo *charrasu*. Zorganizowałem dostawę. I pomogłem pewnemu Niemcowi sprzedać aparat Canona za przyzwoitą cenę. W obu wypadkach byłem pośrednikiem.

– Ile na tym zarabiasz? – spytał, patrząc mi prosto w oczy. A oczy miał koloru bardzo jasnego brązu, prawie złote. Taki kolor mają piaszczyste diuny pustyni Thar ostatniego dnia przed deszczem.

– Dostałem około tysiąca rupii.

– Za głowę, po tysiąc?

– Nie, na obu transakcjach zarobiłem tysiąc.

– To bardzo małe pieniądze, Lin-bracie – powiedział, marszcząc nos i pogardliwie wydymając wargi. – Bardzo maleńkie, malusieńkie pieniążki.

– No, dla ciebie może malusieńkie – wymamrotałem markotnie – ale mnie wystarcza na parę tygodni.

– I teraz jesteś wolny, tak?

– Wolny?

– Nie masz pacjentów?

– Nie.

– I nie masz gdzie pośredniczyć za małe pieniążki?

– Nie.

– Dobrze. Więc wyjdziemy razem.

– Ach, tak? A dokąd?

– Chodź. Powiem ci, kiedy będziemy na miejscu.

Wyszliśmy z chaty, gdzie powitał nas Johnny Cygaro, który najwyraźniej podsłuchiwał. Uśmiechnął się do mnie, łypnął ponuro na Abdullaha i znowu się do mnie uśmiechnął, ale w jego uśmiechu został jeszcze ponury cień.

– Cześć, Johnny. Wychodzę na chwilę. Dopilnuj, żeby dzieci się nie dobrały do lekarstw, dobra? Dziś dołożyłem na półki parę nowych specyfików, niektóre są niebezpieczne.

Johnny uniósł głowę, demonstrując zranioną dumę.

– Nikt nie dotknie niczego w twojej chacie, Linbaba! Co mówisz! Mógłbyś tu zostawić miliony rupii i nikt by ich nie dotknął jednym palcem. Mógłbyś tu położyć również złoto. Bank Indyjski nie jest tak bezpieczny jak ta oto chata Linbaby.

– Chodziło mi tylko o to...

– I brylanty także mógłbyś tu zostawić. I szmaragdy. I perły.

– Już chwytam, Johnny.

– O to nie musisz się martwić – przerwał Abdullah. – On zarabia tak maleńkie pieniążki, że nikomu nie chciałoby się ich zabierać. Wiesz, ile zarobił w zeszłym tygodniu?

Johnny Cygaro spojrzał na Abdullaha podejrzliwie. Jego twarz wykrzywił wrogi grymas, ale pytanie go zaintrygowało i w końcu ciekawość zwyciężyła.

– Ile?

– Może lepiej darujcie sobie ten temat, chłopaki – burknąłem, usiłując uniknąć nieuniknionej godzinnej dyskusji o moich maleńkich pieniążkach.

– Tysiąc rupii – oznajmił Abdullah i splunął dla lepszego efektu.

Chwyciłem go za ramię i pociągnąłem po ścieżce między chatami.

– Dobra, Abdullahu, chyba się gdzieś wybieramy, tak? No to chodźmy, bracie.

Zrobiliśmy parę kroków, ale Johnny Cygaro pobiegł za nami i szarpnął mnie za rękaw koszuli. Abdullah znalazł się parę kroków przede mną.

– Na miłość boską, Johnny! Nie chcę teraz rozmawiać, ile zarobiłem! Obiecuję, potem możesz się nade mną popastwić, ale...

– Nie, Linbaba, ja nie o tym – wydyszał ochrypłym szeptem. – Ten ów, ten Abdullah – ty mu nie ufaj! Ty nie rób z nim interesów!

– O co ci chodzi? Dlaczego?

– Nie rób i już! – rzucił i może powiedziałby coś więcej, ale Abdullah obejrzał się i zawołał mnie, a Johnny wycofał się markotnie i znikł za zakrętem.

– Jakiś problem? – spytał Abdullah, kiedy się z nim zrównałem i ruszyliśmy pokrętnymi alejkami wśród chat.

– Nie, żaden problem – wymamrotałem, wiedząc, że jakiś problem na pewno istnieje. – Nie ma żadnego problemu.

Motocykl Abdullaha stał na ulicy przed slumsami. Pilnowało go parę dzieci. Najwyższy porwał dziesięć rupii, które zapłacił mu Abdullah, i w podskokach odbiegł razem ze swoją obdartą bandą łobuzów. Abdullah kopnięciem włączył silnik, a ja usiadłem za jego plecami. Bez kasków, tylko w cienkich koszulach, włączyliśmy się w przyjazny chaos ulicznego ruchu, zmierzając wzdłuż morza do Nariman Point.

Jeśli ktoś się w ogóle zna na motocyklach, może wiele powiedzieć o człowieku na podstawie tego, jak prowadzi. Abdullah ufał raczej odruchom niż koncentracji. Panował nad ruchem motocykla równie naturalnie jak nad ruchem własnych nóg. Przewidywał decyzje innych kierowców dzięki umiejętnościom i intuicji. Parę razy zwolnił, zanim zaistniała taka potrzeba, dzięki czemu uniknął ostrego hamowania, na które byłby skazany kierowca w mniejszym stopniu polegający na instynkcie. Czasami przyspieszał i nagle, gdy zderzenie zdawało się nieuniknione, w czarodziejski sposób otwierała się przed nami dotąd niewidoczna luka między pojazdami. Do tej techniki, choć początkowo denerwującej, wkrótce się przyzwyczaiłem.

Na plaży Chowpatty skręciliśmy w kierunku przeciwnym do morza i po chwili chłodna bryza od morza znikła w dusznym powietrzu ulic pełnych wysokich tarasów. Włączyliśmy się w sznury pojazdów, wlokących się w oparach ku Nana Chowk. Tutejsza zabudowa pochodziła ze środkowego okresu rozbudowy Bombaju jako wielkiego miasta portowego. Niektóre budynki, wzniesione w krzepkim geometrycznym stylu brytyjskich namiestników, miały po dwieście lat. Misterne balkoniki, ozdoby wokół okien i schodkowe fasady emanowały elegancją, na którą nowoczesne miasto, pomimo całego wielkomiejskiego sznytu i chromu, rzadko może sobie pozwolić.

Rejon od Nana Chowk do Tardeo nazywano dzielnicą parsów. Początkowo dziwiło mnie, że miasto tak różnorodne jak Bombaj, z takim bogactwem narodów, języków i celów, ma skłonność do tak wąskich podziałów. Jubilerzy mieli osobne bazary, podobnie jak mechanicy, hydraulicy, cieśle i inne specjalności. Muzułmanie mieli własną dzielnicę, podobnie jak chrześcijanie, buddyści, sikhowie, parsowie i wyznawcy dżinizmu. Jeśli chciało się kupić lub sprzedać złoto, odwiedzało się bazar Zhaweri, gdzie o uwagę klienta rywalizowały setki złotników. Jeśli chciało się odwiedzić meczet, w zasięgu wzroku miało się ich kilka.

Ale po chwili zrozumiałem, że te podziały, jak wiele innych granic w tym skomplikowanym, wielokulturowym mieście, nie były tak sztywne, jak mi się wydały. W dzielnicy muzułmańskiej znajdowały się świątynie buddyjskie, na bazarze Zhaweri wśród lśniących klejnotów handlowali sprzedawcy jarzyn, a niemal przy każdym luksusowym wieżowcu znajdowały się slumsy.

Abdullah zatrzymał motocykl przed szpitalem Bhatia, jednym z kilku nowoczesnych szpitali i klinik, ufundowanych przez dobroczynne organizacje parsyjskie. W tym wielkim budynku znajdowały się luksusowe oddziały dla bogaczy oraz centra darmowego leczenia dla nędzarzy. Weszliśmy po schodach i znaleźliśmy się w nieskazitelnie czystym marmurowym foyer, przyjemnie chłodzonym wielkimi wentylatorami. Abdullah porozmawiał z recepcjonistą i zaprowadził mnie korytarzem do rojnego oddziału nagłych przypadków. Po przepytaniu portiera i pielęgniarki wreszcie znalazł osobę, o którą mu chodziło – niskiego i bardzo chudego doktora siedzącego za zabałaganionym biurkiem.

– Doktor Hamid? – spytał.

Doktor pisał i nie podniósł głowy.

– Tak, tak – mruknął wrogo.

– Przychodzę od szejka Abd al-Kadira. Nazywam się Abdullah.

Pióro natychmiast znieruchomiało, a doktor Hamid powoli podniósł głowę. Przyjrzał się nam z lękliwym zaciekawieniem. Taką minę miewają czasami świadkowie bójki.

– Zadzwonił do pana wczoraj, by uprzedzić o mojej wizycie? – spytał cicho Abdullah.

– Tak, tak, oczywiście – odparł Hamid, odzyskując panowanie nad sobą i swobodny uśmiech. Wstał i uścisnął Abdullahowi dłoń nad biurkiem.

– To pan Lin – przedstawił mnie Abdullah, po czym uścisnęliśmy sobie dłonie. Doktor miał bardzo suchą, delikatną dłoń. – Jest lekarzem w barakach w Kolabie.

– Nie, nie – zaprotestowałem. – Nie jestem lekarzem. Tylko tak jakoś zacząłem tam pomagać. I... nie mam żadnego przygotowania i... tak naprawdę nie jestem w tym dobry.

– Kadirbaj mówi, że podczas rozmowy z nim skarżył się pan, iż w szpitalu Świętego Jerzego i innych nie przyjmują pańskich pacjentów – powiedział Hamid, przechodząc do rzeczy i pomijając moje protesty jak człowiek, który jest zbyt zajęty, żeby się krygować. Oczy miał ciemnobrązowe, niemal czarne, lśniące za wypolerowanymi szkłami okularów w złotych oprawkach.

– Hm... tak – przyznałem zaskoczony, że Kadirbaj zapamiętał naszą rozmowę i że wydała mu się na tyle ważna, by zwrócić się z tą sprawą do doktora. – Chodzi o to, że błąkam się po omacku, jeśli mnie pan rozumie. Nie wiem, jak mam rozwiązywać te problemy, z którymi ludzie do mnie przychodzą. Kiedy trafiam na schorzenie, którego nie potrafię rozpoznać, albo na coś, co mi się wydaje schorzeniem, wysyłam chorego do kliniki diagnostycznej w szpitalu Świętego Jerzego. Nie wiem, co innego mógłbym zrobić. Ale wszyscy przeważnie wracają, twierdząc, że nikt ich nie zbadał – ani lekarz, ani pielęgniarka, nikt.

– Sądzi pan, że ci ludzie nie udają?

– Jestem pewien, że nie. – Sam poczułem się trochę urażony, a jeszcze bardziej w imieniu mieszkańców slumsów. – Nic by nie zyskali na udawaniu chorych. A to dumni ludzie. Niełatwo im prosić o pomoc.

– Oczywiście – mruknął, zdjął okulary i roztarł głębokie ślady, które odcisnęły na nosie. – A był pan osobiście u Świętego Jerzego? Spotkał się pan z kimś, żeby o tym porozmawiać?

– Tak. Poszedłem tam dwa razy. Powiedzieli mi, że są przeciążeni i starają się, jak mogą. Zasugerowali, że gdybym zdobył skierowanie od lekarzy z praktyką, mieszkańcy slumsów mieliby lepsze chody, by się tak wyrazić. Ja się nie skarżę na lekarzy ze Świętego Jerzego. Mają własne problemy. Za mało personelu, za dużo pacjentów. Sam przyjmuję około pięćdziesięciu pacjentów dziennie. Oni codziennie mają sześciuset. Czasami nawet tysiąc. Jestem pewien, że to pan rozumie. Starają się z całych sił, a w nagłych wypadkach robią nawet więcej. Tak naprawdę chodzi o to, że moi ludzie nie mają pieniędzy na prawdziwego lekarza, na skierowanie, dzięki któremu będą lepiej widziani w szpitalu. Są zbyt biedni. Dlatego przychodzą do mnie.

Doktor Hamid uniósł brwi i uśmiechnął się przyjemnie.

– Powiedział pan „moi ludzie". Stał się pan aż takim Hindusem?

Roześmiałem się i po raz pierwszy przemówiłem w hindi, cytując kwestię z piosenki z popularnego filmu, wyświetlanego wówczas w wielu kinach.

– W tym życiu robimy, co możemy, żeby się stać lepsi.

Hamid także się roześmiał i klasnął w ręce przyjemnie zaskoczony.

– Więc chyba będę mógł panu pomóc. Mam tutaj dyżur przez dwa dni w tygodniu, ale w pozostałe dni można mnie znaleźć w gabinecie na Fourth Pasta Lane.

– Wiem, gdzie to jest. Bardzo blisko nas.

– Właśnie. Po rozmowie z Kadirbajem zgodziłem się, żeby w razie potrzeby kierował pan swoich pacjentów do mnie, a ja załatwię im leczenie w szpitalu Świętego Jerzego, jeśli uznam, że to konieczne. Jeśli pan sobie życzy, możemy zacząć od jutra.

– Tak – rzuciłem szybko. – To znaczy... to świetnie, dziękuję, bardzo dziękuję. Nie wiem, jak będziemy panu płacić, ale...

– Nie trzeba dziękować i nie trzeba się martwić o zapłatę – odpowiedział, zerkając na Abdullaha. – Dla pańskich ludzi moje usługi są darmowe. Może pozwoli się pan zaprosić na herbatę? Niedługo będę miał przerwę. Naprzeciwko szpitala jest restauracja. Jeśli zechcecie tam na mnie poczekać, dołączę do was. Zdaje się, że musimy obgadać wiele spraw.

Abdullah i ja odeszliśmy i przez dwadzieścia minut czekaliśmy w restauracji, obserwując przez duże okno biedaków, kuśtykających do wejścia szpitala, oraz bogaczy, zajeżdżających taksówkami i prywatnymi samochodami. Doktor Hamid dołączył do nas i w skrócie przedstawił mi procedury, których miałem przestrzegać, kierując mieszkańców slumsów do jego gabinetu na Fourth Pasta Lane.

Dobrych lekarzy cechują trzy rzeczy: zmysł obserwacji, umiejętność słuchania i wielkie zmęczenie. Hamid był dobrym doktorem, a kiedy po godzinnej dyskusji spojrzałem w jego przedwcześnie pobrużdżoną twarz i oczy przekrwione i rozpalone od braku snu, jego wyczerpanie mnie zawstydziło. Mógłby się bogacić i otaczać luksusami w prywatnej klinice w Niemczech, Kanadzie czy Ameryce, a jednak postanowił być tutaj, wśród swoich, za ułamek należnego mu wynagrodzenia. Był jednym z tysięcy lekarzy w tym mieście, sobie wiele odmawiających i wiele osiągających każdego dnia. Dzięki nim to miasto istniało.

Abdullah znowu włączył się w skomplikowane strumienie ruchu na ulicy, niebezpiecznie lawirując wśród sznurów autobusów, samochodów osobowych, ciężarówek, wozów zaprzęgniętych w woły, rowerów oraz pieszych; krzyknął przez ramię, że doktor Hamid sam niegdyś mieszkał w slumsach. Kadirbaj wybierał szczególnie uzdolnione dzieci ze slumsów w mieście i płacił za ich wykształcenie w prywatnych uczelniach. Przez całą naukę dzieciom tym nie brakowało pieniędzy ani zachęty do nauki. Kończyły studia i zostawały lekarzami, chirurgami, pielęgniarzami, nauczycielami, prawnikami i inżynierami. Hamid należał do tych uzdolnionych dzieci, które zostały wybrane ponad dwadzieścia lat temu. Teraz Kadirbaj upomniał się o spłatę długu wdzięczności, by zaspokoić potrzeby mojej małej kliniki.

– Kadirbaj to człowiek, który tworzy przyszłość – zakończył Abdullah, zatrzymując się na światłach. – Większość nas – ty i ja, mój bracie – czeka, aż przyszłość do nich przyjdzie. Ale Abd al-Kadir Chan marzy o przyszłości, potem ją planuje, a następnie urzeczywistnia. Oto różnica między nim i resztą.

– A ty? – krzyknąłem, bo znowu ruszyliśmy z rykiem silnika. – Czy Kadirbaj zaplanował i ciebie?

Roześmiał się głośno, aż radość i siła tego śmiechu zatrzęsła mu klatką piersiową.

– Chyba tak!

– Hej! To nie jest droga do slumsów. Dokąd teraz?

– Jedziemy tam, gdzie dostaniesz lekarstwa.

– Co?

– Kadirbaj kazał dawać ci lekarstwa co tydzień. To, co przywiozłem ci dzisiaj, to początek. Jedziemy na czarny rynek lekarstw.

– Czarny rynek lekarstw? Gdzie to jest?

– W slumsach trędowatych – odpowiedział rzeczowo. I znowu się roześmiał, pchnąwszy motocykl w lukę między pojazdami, która otworzyła się przed nami w chwili, kiedy do niej dojechaliśmy. – Zostaw to mnie, Lin-bracie. Teraz ty też należysz do planu, tak?

Te słowa – „teraz ty też należysz do planu" – powinny obudzić we mnie jakiś strach. Powinienem coś przeczuć... już wtedy, od samego początku. Ale ja się nie bałem. Byłem prawie szczęśliwy. Te słowa wydały mi się ekscytujące. Przyspieszyły krążenie mojej krwi. Kiedy zacząłem życie uciekiniera, wygnano mnie z rodziny, ojczyzny i kultury. Myślałem, że to wszystko. Po latach wygnania uświadomiłem sobie, że wygnano mnie dokądś. Uciekłem w samotną, brutalną wolność wyrzutka. Jak wszystkie wyrzutki, kusiłem niebezpieczeństwo, bo niebezpieczeństwo należało do niewielu zjawisk, które miały wystarczającą moc, by pomóc mi zapomnieć, co straciłem. A kiedy wystawiałem twarz na ciepły popołudniowy wiatr i zanurzałem się z Abdullahem w pajęczynę ulic, poddałem się mojemu przeznaczeniu tak chętnie, jak mężczyzna poddaje się miłości na widok najpiękniejszego uśmiechu nieśmiałej kobiety.

Zmierzając do obozowiska trędowatych, zapuściliśmy się na przedmieścia. W Bombaju istniało kilka kolonii dla trędowatych, ale mężczyźni i kobiety, których mieliśmy odwiedzić, nie zgodzili się w nich mieszkać. Te kolonie, finansowane przez państwo i prywatnych darczyńców, zapewniały opiekę medyczną, pomoc i higienę. Jednak należało tam przestrzegać surowych zasad i nakazów, a nie wszyscy trędowaci potrafili się do tego zmusić. W rezultacie niektórzy postanawiali odejść, a niektórych do tego zmuszono. Poza granicami kolonii zawsze mieszkało kilka tuzinów mężczyzn, kobiet i dzieci.

Tolerancja mieszkańców slumsów, którzy przyjmowali ludzi z każdej kasty, rasy i w każdej sytuacji, rzadko rozciągała się na trędowatych. Miejscowe rady i uliczne komitety nie mogły długo ścierpieć ich obecności. Trędowaci – budzący strach i odrazę – tworzyli ruchome slumsy, które w ciągu godziny potrafiły się utworzyć na dowolnym terenie i równie szybko z niego zniknąć. Czasami osiedlali się na parę tygodni koło wysypiska śmieci, gdzie walczyli z grasującymi tam szmaciarzami, którzy nie dawali się przepędzić. Innym razem rozbijali namioty na bagnistych pustkowiach lub rumowisku. Tamtego dnia, gdy po raz pierwszy odwiedziłem ich z Abdullahem, przekonałem się, że ustawili swoje obdarte szałasy na zardzewiałych kamieniach nasypu kolejowego w pobliżu przedmieści Khar.

Musieliśmy zostawić motocykl i wejść na teren kolejowy, tak jak trędowaci, przez dziury w ogrodzeniu. Przerdzewiałe pustkowie stanowiło rampę dla większości pociągów miejskich i wielu towarowych, wywożących z miasta wyprodukowane w fabrykach i manufakturach przedmioty. Poza tą podstacją znajdowały się biura, magazyny i parowozownie. Dalej ciągnął się rozległy teren bocznicowy, pełen dziesiątków torów. Wszystko otaczało wysokie ogrodzenie z siatki.

Poza ogrodzeniem rozciągały się zamożne i przytulne przedmieścia Khar: ruch na ulicach i ogrody, balkony i bazary. Wewnątrz ogrodzenia panowały surowa funkcjonalność i system. Nie było tu roślin, zwierząt ani ludzi. Nawet pociągi, przetaczające się bez obsługi i pasażerów, wyglądały jak widma. Tak prezentowały się slumsy trędowatych.

Ich mieszkańcy zagarnęli dla siebie romb pustej przestrzeni między torami i zapełnili ją szałasami. Żaden z nich nie sięgał mi wyżej niż do piersi. Z daleka wyglądały jak wojskowy biwak, spowity dymem z ognisk. Jednak kiedy się zbliżyliśmy, okazało się, że w porównaniu z ich nędzą chaty z moich slumsów wyglądały jak solidne, wygodne rezydencje. Te były sklecone z kawałków tektury i plastiku, podpartych krzywymi gałęziami i związanych sznurkiem. Mógłbym zburzyć całe to obozowisko jedną ręką i nie zajęłoby mi to więcej niż minutę, a jednak to tutaj żyło trzydzieścioro mężczyzn, kobiet i dzieci.

Weszliśmy do slumsów bez przeszkód i ruszyliśmy do jednej z chat w środku. Ludzie stawali i przyglądali się nam, ale nikt się nie odezwał. Trudno było na nich nie patrzeć, a kiedy się już spojrzało, trudno było się nie gapić. Niektórzy nie mieli nosów, większość była pozbawiona palców, wiele osób miało stopy obwiązane zakrwawionymi bandażami, a czasami zdarzali się chorzy w takim stadium choroby, że stracili wargi i uszy.

Nie wiem dlaczego – być może jest to cena, którą kobiety płacą za urodę – ale te zniekształcenia kobiet wydawały się bardziej upiorne. Wielu mężczyzn zachowywało się zadziornie, a nawet nonszalancko – był to rodzaj wyzywającej brzydoty, fascynującej samej w sobie. Jednak nieśmiałość kobiet wydawała się uniżeniem, a głód – drapieżnością. Wiele napotkanych dzieci nie nosiło oznak choroby. Wyglądały na zdrowe, choć były chude. I ciężko pracowały – wszystkie. Ich małe paluszki trudziły się za całą tę gromadę.

Dostrzegli nasze przybycie i pewnie wiadomość szybko się rozeszła, bo kiedy zbliżyliśmy się do chaty, wypełzł z niej mężczyzna i wstał, by nas powitać. Natychmiast zjawiło się dwoje dzieci, które go podtrzymały. Był maleńki, sięgał mi trochę powyżej pasa, a choroba poczyniła okrutne spustoszenie w jego ciele. Wargi i dolna część twarzy zmieniły się w twarde, gruzłowate i czarne ciało, ciągnące się od policzków po zawiasy szczęk. Same szczęki były obnażone, podobnie jak zęby i dziąsła, a zamiast nosa ziały jamy.

– Abdullahu, mój synu – powiedział w hindi. – Jak się miewasz? Czy już jadłeś?

– Miewam się dobrze, Randżitbaj – powiedział Abdullah z uszanowaniem. – Przyprowadziłem ci *gora*. Jedliśmy niedawno, lecz chętnie napijemy się herbaty.

Dzieci przyniosły nam stołki i razem usiedliśmy na dworze przed chatą Randżita. Wokół nas zgromadziła się niewielka grupka ludzi, którzy stali bądź siedzieli.

– To Randżitbaj – powiedział do mnie Abdullah w hindi, na tyle głośno, by wszyscy usłyszeli. – On jest tu najważniejszy, najstarszy w slumsach trędowatych. On jest tu królem, w tym klubie dla *kala topi*.

Kala topi oznacza w hindi czarny kapelusz, a nazwą tą czasami określa się złodziei, co jest aluzją do kapeluszy z czarnymi opaskami, które w bombajskim więzieniu Arthur Road muszą nosić skazańcy przyłapani na kradzieży. Nie całkiem rozumiałem, co Abdullah ma na myśli, ale Randżit i pozostali trędowaci zareagowali całkiem przychylnie, uśmiechając się i parę razy powtarzając jego słowa.

– Witaj, Randżitbaju – odezwałem się w hindi. – Mam na imię Lin.

– *Aap doktor hain?* – spytał. „Jesteś lekarzem?".

– Nie – prawie krzyknąłem w panice, wytrącony z równowagi widokiem tych chorych i własną bezradnością. Bałem się, że poprosi mnie o pomoc. Odwróciłem się do Abdullaha i przerzuciłem się na angielski. – Powiedz mu, że nie jestem lekarzem. Powiedz, że tylko trochę pomagam w nagłych przypadkach, leczę ukąszenia szczurów i zadrapania drutem kolczastym, nic więcej. Powiedz mu, że nie mam wykształcenia i nic nie wiem o trądzie.

Abdullah pokiwał głową i spojrzał na Randżitbaja.

– Tak – powiedział. – To lekarz.

– Bardzo ci dziękuję – zgrzytnąłem przez zaciśnięte zęby.

Dzieci przyniosły nam szklanki pełne wody i herbatę w wyszczerbionych filiżankach. Abdullah wypił wodę szybkimi łykami. Randżit odchylił głowę, a jedno z dzieci wlało mu z bulgotem wodę do gardła. Zawahałem się, wytrącony z równowagi tą otaczającą mnie ze wszystkich stron groteskową chorobą. Jedno ze slumsowych określeń trędowatych w hindi można przetłumaczyć jako „nieumarli", a ja miałem wrażenie, że w dłoni trzymam horror o żywych trupach. Cały świat chorób skoncentrował się w płynie w tej szklance.

Ale Abdullah wypił swoją wodę. Byłem pewien, że oszacował niebezpieczeństwo i uznał, że jest nieistotne. Każdy dzień mojego życia był niebezpieczny. Po szaleństwie ucieczki z więzienia każda godzina kryła w sobie ryzyko. Brawura uciekiniera kazała mi podnieść szklankę do ust i wypiłem wodę. Przyglądało mi się czterdzieści par oczu.

Oczy Randżita miały kolor miodu, zamglonego zaćmą w początkowym stadium, jak mi się wydawało. Obserwował mnie uważnie, przesuwając tymi oczami od moich stóp po czubki włosów i z powrotem, z pozbawioną wstydu ciekawością.

– Kadirbaj powiedział, że potrzebujesz lekarstw – powiedział powoli po angielsku.

Kiedy mówił, jego zęby szczękały, a brak warg utrudniał mu wymowę. Na przykład nie mógł wymówić głosek „b", „f", „p" i „w", a „m" i „w" były nierozróżnialne. Oczywiście wargi tworzą nie tylko słowa – wymowa może także sugerować niuanse nastroju i znaczenia, których również zabrakło. Nie miał palców, więc nawet tej pomocy mu zabrakło. Za to miał dziecko, być może syna, który stał za jego ramieniem i powtarzał jego słowa cicho, lecz wyraźnie, o jedną sylabę później, jak tłumacz.

– Zawsze z radością pomagamy panu Abd al-Kadirowi – powiedziały dwa głosy. – Mam zaszczyt mu służyć. Możemy ci dać wiele lekarstw, co tydzień, to nie problem. Pierwszorzędny towar, jak widzisz.

Rzucił jakieś imię, po czym przez tłum przedarł się wysoki nastolatek, który położył u moich stóp płócienne zawiniątko. Przykląkł, by je rozpakować, i moim oczom ukazał się zbiór ampułek i plastikowych buteleczek. Był tam chlorowodorek morfiny, penicylina i antybiotyki przeciwko gronkowcom i paciorkowcom. Pojemniki miały etykiety i były nowe.

– Skąd oni to mają? – spytałem Abdullaha, oglądając lekarstwa.

– Kradną – odpowiedział w hindi.

– Kradną? Jak?

– *Bahut hoshiyaar* – powiedział. „Bardzo sprytnie".

– Tak, tak.

Wokół rozległ się chór głosów. Nie było w nich rozbawienia. Przyjęli pochwałę Abdullaha poważnie, jakby podziwiał ich wspólne arcydzieło. Dobrzy złodzieje, sprytni złodzieje, słyszałem wszędzie wokół.

– Co z nimi robią?

– Sprzedają na czarnym rynku – wyjaśnił, nadal w hindi, by wszyscy obecni mogli brać udział w rozmowie. – Nieźle z tego żyją, a także z innych sprytnych kradzieży.

– Nie rozumiem. Dlaczego ktoś kupuje od nich lekarstwa? Przecież można to dostać w każdej aptece.

– Chcesz wiedzieć wszystko, Lin-bracie, prawda? W takim razie musimy poprosić o następną filiżankę herbaty, bo to opowieść na dwie filiżanki.

Na to zebrani parsknęli śmiechem i przysunęli się trochę bliżej, wybierając sobie dogodne miejsca. Po torze nieopodal, niebezpiecznie blisko chat, przetoczył się powoli wielki, pusty, pozbawiony obsługi wagon towarowy. Nikt nie zaszczycił go uwagą. Pracownik kolei, ubrany w koszulę i szorty khaki, przeszedł wolno między torami, sprawdzając szyny. Od czasu do czasu popatrywał na obozowisko trędowatych, ale jego ciekawość znikła, kiedy nas mijał. Nie obejrzał się. Przyniesiono nam herbatę, pociągnęliśmy łyk, a Abdullah zaczął opowiadać. Kilkoro dzieci usiadło u naszych stóp, przyjaźnie się do siebie tuląc. Mała dziewczynka objęła moją nogę i przytuliła się do niej z niezdarną czułością.

Abdullah posługiwał się bardzo prostymi słowami hindi, niektóre zwroty powtarzając po angielsku, jeśli czuł, że nie rozumiem. Zaczął mówić o czasach kolonialnych, kiedy od przełęczy Chajber aż po Zatokę Bengalską w Indiach rządzili Europejczycy. *Firengi*, cudzoziemcy, przyznali trędowatym ostatnie miejsce w skali przywilejów i tytułów. Jako najdalsi w kolejce, trędowaci często nie dostawali deficytowych lekarstw, bandaży i opieki lekarskiej. W czasach głodu lub powodzi brakowało nawet lekarstw tradycyjnych i ziołowych. Trędowaci nabrali biegłości w kradzieży tego, czego nie mogli zdobyć w inny sposób – biegłości tak wielkiej, że zgromadzone nadwyżki lekarstw zaczęli sprzedawać na własnym czarnym rynku.

Na ogromnym terenie Indii, opowiadał Abdullah, zawsze gorzały jakieś konflikty – rozboje, bunty, wojny. Ludzie walczyli, lała się krew. Ale jeszcze więcej ofiar zbierały epidemie i zakażenia. Jednym z najlepszych źródeł informacji dla policji i rządu była kontrola nad lekarstwami, bandażami i opieką lekarską. Rejestrowano wszystko, co sprzedali aptekarze, szpitale i hurtownicy. Każda transakcja czy wiele transakcji przekraczających określone normy zwracały na siebie uwagę, co czasami prowadziło do aresztowań lub zabójstw. Wymowny szlak lekarstw, zwłaszcza antybiotyków, doprowadził do zguby wielu dakoitów i rewolucjonistów. Za to na czarnym rynku trędowaci nie zadawali pytań i handlowali z każdym, kto miał pieniądze. Siatki powiązań i sekretne czarne rynki istniały w każdym wielkim mieście w Indiach. Klientami trędowatych byli terroryści, szpiedzy, separatyści albo po prostu nietypowo ambitne wyrzutki.

– Ci ludzie umierają – zakończył Abdullah – i kradną życie dla siebie, a potem sprzedają życie innym, którzy umierają.

Po przemówieniu Abdullaha zapadło ciężkie, pełne zadumy milczenie. Wszyscy spojrzeli na mnie. Tak jakby czekali na jakąś reakcję, odpowiedź na to opowiadanie o ich bólu i mistrzostwie, okrutnym osamotnieniu i absolutnej niezbędności. Przez zaciśnięte zęby twarzy bez warg świstały syczące oddechy. Cierpliwe, poważne oczy przewiercały mnie skupionym, wyczekującym spojrzeniem.

– Czy... czy mogę prosić o jeszcze jedną szklankę wody? – spytałem w hindi i chyba to było to, bo wszyscy zaczęli się śmiać. Parę dzieci pobiegło po wodę, a kilka rąk poklepało mnie po ramionach i plecach.

Randżitbaj wyjaśnił następnie, w jaki sposób Sunil, chłopiec który przyniósł zawiniątko z lekarstwami, będzie dostarczał lekarstwa do mojej chaty w slumsach i kiedy mam się ich spodziewać. Przed naszym odejściem poprosił jeszcze, żebym posiedział chwilę dłużej. Następnie kazał każdemu mężczyźnie, kobiecie i dziecku ze swojej gromadki podejść i dotknąć moich stóp. To było przerażające, przejmujące, więc zaprotestowałem. Uparł się. Miał surowe, niemal groźne spojrzenie, gdy trędowaci kuśtykali do mnie jeden po drugim i stukali w moje stopy stwardniałymi kikutami lub poczerniałymi, zakrzywionymi szponami paznokci.

Godzinę później Abdullah zatrzymał motocykl przy World Trade Centre. Staliśmy razem przez chwilę, a potem on impulsywnie wyciągnął ręce i otoczył mnie ciepłym, niedźwiedzim uściskiem. Roześmiałem się, gdy się rozdzieliliśmy, a on, najwyraźniej zaskoczony, zmarszczył brwi.

– To śmieszne?

– Nie – zapewniłem go. – Tylko nie spodziewałem się takiego niedźwiedzia.

– Tu jest niedźwiedź?

– Nie, nie, tak nazywam ten uścisk – wyjaśniłem, naśladując gest niedźwiedzich łap. – Niedźwiedź, no wiesz, taki kudłaty zwierz, je miód i śpi w grocie. Kiedy się z kimś tak ściskasz, mówimy, że to niedźwiedź.

– Grota? Śpi w grocie?

– Dobrze, nieważne. To było miłe. To było... przyjacielskie. Tak robią w moim kraju przyjaciele, ściskają się jak niedźwiedzie.

– Mój bracie – odparł z serdecznym uśmiechem. – Jutro spotkamy się z Sunilem od trędowatych, będzie nowe lekarstwo.

Odjechał, a ja samotnie wróciłem do slumsów. Rozejrzałem się i ta okolica, która niegdyś wydawała mi się żałośnie nędzna, stała się tętniąca życiem, siłą, jak miniaturowe miasto pełne nieograniczonych nadziei i szans. Ludzie, których mijałem, byli krzepcy i energiczni. Usiadłem w swojej chacie, za drzwiami z cienkiej dykty, i rozpłakałem się.

Cierpienie, powiedział kiedyś Kadirbaj, to próba naszej miłości, zwłaszcza miłości do Boga. Nie znałem Boga, jak to ujmował, ale tego dnia nawet jako niewierzący oblałem ten egzamin. Nie potrafiłem pokochać Boga – niczyjego – i nie potrafiłem mu wybaczyć. Po paru minutach łzy przestały płynąć, ale wtedy po raz pierwszy płakałem zbyt długo i tak mnie zastał Prabaker, gdy wszedł do chaty i przykucnął obok mnie.

– To człowiek-ryzyko – powiedział bez wstępów.

– Co?

– Ten ów Abdullah, który tu dziś przybył. To człowiek-wielkie ryzyko. Lepiej ci będzie być go nieświadomym. A robić z nim uczynki to jeszcze bardziej ryzyko.

– O czym ty mówisz?

– To... – Prabaker urwał, a na jego łagodnej, szczerej twarzy odmalowała się rozterka. – To zabójczy człowiek. Morderczy. On zabija ludzi za pieniądze. To *goonda* – człowiek gangster – Kadirbaja. Wszyscy o tym wiedzą. Wszyscy z wyjątkiem ciebie.

Wiedziałem, że to prawda, nie musiałem zadawać żadnego pytania, nie potrzebowałem ani strzępka dowodu, wystarczyły słowa Prabakera. To prawda, powiedziałem w duchu. I mówiąc, zrozumiałem, że wiedziałem to lub podejrzewałem od zawsze. To było widać w zachowaniu innych, w tych szeptach, które rozlegały się na jego widok, w strachu malującym się w tylu oczach, które na niego spoglądały. To zdradzał jego wygląd, kojarzący mi się z najlepszymi i najbardziej niebezpiecznymi ludźmi, których poznałem w więzieniu. To musiała być prawda lub niemal prawda.

Usiłowałem zastanowić się rozsądnie nad tym, kim był i co zrobił, i jaki powinien być lub nie być mój związek z nim. Kadirbaj miał rację. Oczywiście. Abdullah i ja mieliśmy ze sobą bardzo wiele wspólnego. Obaj przejawialiśmy skłonność do przemocy, kiedy sytuacja tego wymagała, i nie baliśmy się łamać zasad. Obaj byliśmy wyjęci spod prawa. Obaj byliśmy sami na świecie. A Abdullah, podobnie jak ja, był gotów umrzeć za sprawę, która akurat przypadła mu do gustu. Ale ja nikogo nie zabiłem. Tym się różniliśmy.

Mimo to nie przestałem go lubić. Pomyślałem o tym popołudniu w slumsach trędowatych i przypomniałem sobie, jak swobodnie się tam czułem dzięki Abdullahowi. Wiedziałem, że jeśli zdołałem zachować spokój, to częściowo, a może głównie dzięki niemu. Przy nim byłem silny i odporny. Od ucieczki z więzienia był pierwszym znanym mi mężczyzną, który tak na mnie wpływał. Należał do tych, o których kryminaliści mówią, że żyją na setkę, którzy ryzykują życie, jeśli uznają cię za przyjaciela, którzy staną obok ciebie bez żadnych pytań i pretensji i pozostaną przy tobie niezależnie od szans powodzenia.

Ponieważ tacy ludzie często bywają bohaterami filmów i książek, zapominamy, jak rzadko trafiają się w prawdziwym życiu. Ale ja wiedziałem. Była to jedna z rzeczy, których nauczyło mnie więzienie. Więzienie zrywa maskę wszystkim. W więzieniu nie ukryjesz, kim naprawdę jesteś. Nie możesz udawać, że jesteś twardy. Albo jesteś, albo nie, i wszyscy to wiedzą. A kiedy pojawiły się noże i gra toczyła się na śmierć i życie, dowiedziałem się, że tylko jeden na stu wytrwa przy tobie w imię przyjaźni.

Więzienie nauczyło mnie także rozpoznawać tych wyjątkowych ludzi. Wiedziałem, że Abdullah do nich należy. W udręce mojej ucieczki, gdy walczyłem ze strachem i każdego dnia byłem gotów walczyć i zginąć, moc, dzikość i siła woli tych ludzi były silniejsze i w lepszym gatunku niż cała prawda i dobroć świata. Siedząc w mojej chacie, całej w pręgach rozpalonego do białości słonecznego światła i chłodnego cienia, przysiągłem sobie, że będę jego bratem i przyjacielem, bez względu na to, co zrobił i kim był.

Spojrzałem w zatroskaną twarz Prabakera i uśmiechnąłem się. Odpowiedział odruchowym uśmiechem i w tej chwili niezwykłej jasności zrozumiałem, że ufał mi tak, jak ja ufałem Abdullahowi. Przyjaźń to także lekarstwo i także ją czasami znajduje się na czarnym rynku.

– Nie martw się – powiedziałem, kładąc mu rękę na ramieniu. – Wszystko będzie dobrze. Będzie świetnie. Nic mi się nie stanie.

ROZDZIAŁ 11

Te długie dni pracy w slumsach i nużącego pośrednictwa dla turystów rozkładały się jeden po drugim w szeregu ciasno ściśniętych godzin jak płatki lotosu w słoneczny świt. Zawsze miałem trochę pieniędzy, a czasami mnóstwo. Pewnego popołudnia, parę tygodni po tej pierwszej wizycie u trędowatych, spotkałem się z grupą włoskich turystów, którzy chcieli sprzedać narkotyki innym turystom na jednej z większych tanecznych zabaw w Goa. Z moją pomocą kupili cztery kilo *charrasu* i dwa tysiące tabletek mandraksu. Bawiło mnie załatwianie nielegalnych interesów z Włochami. Przyjemności szukali pilnie i systematycznie, a interesy robili stylowo. Byli także na ogół hojni – według nich za przyzwoitą, szybką robotę należała się przyzwoita, szybka płaca. Honorarium za pośrednictwo wystarczyło mi na parę tygodni urlopu. Slumsy dostarczały mi zajęcia na całe dnie i większość nocy.

Był schyłek kwietnia, do pory monsunowej zostało trochę ponad miesiąc. Mieszkańcy slumsów przygotowywali się na nadejście deszczów. Pracowali pilnie. Wszyscy wiedzieliśmy, jakie problemy może spowodować pociemniałe niebo. A jednak na każdej uliczce panowała radość, a w uśmiechach dzieci widać było rozradowanie, bo po rozprażonych, suchych miesiącach wszyscy byliśmy stęsknieni deszczowych chmur.

Kasim Ali Husajn wyznaczył Prabakera i Johnny'ego Cygaro na przywódców dwóch grup pomagających przy remoncie domów wdowom, sierotom, kalekom i porzuconym żonom. Prabaker zlecił paru chętnym chłopcom wybieranie bambusowych tyczek i małych kawałków drewna ze stert śmieci przy budowie na skraju naszych slumsów. Johnny Cygaro wolał utworzyć piracką bandę małych ulicznikow, którzy kradli w sąsiedztwie kawałki blachy, płótna i plastiku. Z okolic znikało wszystko, co mogło się przydać przy uszczelnianiu domów. Mali łupieżcy przywlekli z jednej wyprawy ogromną płachtę; jeśli ocenić po kształcie, stanowiła maskujące przykrycie czołgu. Własność wojska pocięto na dziewięć kawałków i przydzielono dziewięciu domom.

Ja znalazłem się w grupie młodych mężczyzn, którzy mieli oczyszczać kanały i rynsztoki. Po miesiącach zaniedbania zebrało się w nich mnóstwo puszek, plastikowych butelek i słoi – wszystko, czego nie zjadły szczury i ścierwniki. Była to brudna robota, ale ja wykonywałem ją z ochotą. Dzięki niej trafiłem w każdy zakątek slumsów i poznałem setki osób, których normalnie w ogóle bym nie spotkał. Ta praca miała także pewne plusy: zadania wymagające pokory były w slumsie cenione tak bardzo, jak bardzo gardzono nimi w reszcie społeczeństwa. Wszystkie zespoły, które przygotowywały chaty do nadchodzącego deszczu, były radośnie nagradzane. Wystarczyło tylko podnieść głowę znad odrażającego ścieku, by znaleźć się w bujnym ogrodzie uśmiechów.

Kasim Ali Husajn jako przywódca slumsów brał udział w przygotowywaniu każdego planu i podejmowaniu każdej decyzji. Jego władza nie podlegała dyskusji, ale była dyskretna, nienarzucająca się. W tych tygodniach czekania na deszcz doszło do pewnego wydarzenia, które ujawniło jego mądrość i przekonało mnie, z czego wynika powszechny szacunek, jakim go darzono.

Nasza grupa zebrała się pewnego popołudnia w chacie Kasima Alego, by wysłuchać jego najstarszego syna, opowiadającego o swoich przygodach w Kuwejcie. Ikbal, wysoki, muskularny dwudziestoczterolatek o uczciwym spojrzeniu i nieśmiałym uśmiechu, niedawno powrócił z sześciotygodniowego kontraktu w Kuwejcie. Wielu młodych chciało posłuchać o jego doświadczeniach. Jaka praca jest najlepsza? Kto jest najlepszym pracodawcą? Kto najgorszym? Jak zarobić dodatkowo na handlu pomiędzy kwitnącym czarnym rynkiem państw Zatoki i Bombaju? Ikbal codziennie przez tydzień prowadził te korepetycje w głównym pomieszczeniu ojcowskiej chaty, a tłum sięgał aż za drzwi. Jednak tego dnia jego przemowę przerwały krzyki i piski.

Wybiegliśmy i ruszyliśmy w stronę harmidru. Niedaleko natknęliśmy się na hałaśliwą grupę mężczyzn, kobiet i dzieci. Przepchnęliśmy się do środka, gdzie dwaj młodzieńcy walczyli i okładali się pięściami. Nazywali się Faruk i Raghuram. Należeli do grupy pomagającej Prabakerowi zbierać tyczki i deski. Ikbal i Johnny Cygaro rozdzielili walczących, a Kasim Ali stanął pomiędzy nimi. Na jego widok rozwrzeszczany tłum natychmiast się uspokoił.

– Co tu się dzieje? – spytał nietypowo surowym tonem. – Dlaczego się bijecie?

– Na Proroka, niech Allah mu ześle wieczny spokój! – krzyknął Faruk. – On obraził Proroka!

– A on obraził pana Ramę! – odparł Raghuram.

Tłum opowiedział się po stronie jednego lub drugiego, wrzeszcząc i rzucając oskarżenia. Kasim Ali pozwolił na pół minuty hałasu, po czym znowu uniósł ręce.

– Jesteście przyjaciółmi, bliskimi przyjaciółmi – powiedział. – Wiecie, że walka nie zmieni różnic między wami. I obaj wiecie, że walka przyjaciół i sąsiadów to najgorsze ze wszystkiego.

– Ale Prorok, pokój z nim! Raghu obraził Proroka! Musiałem z nim walczyć – zajęczał Faruk. Nadal był zły, ale pod surowym spojrzeniem Kasima Alego zaczął mięknąć. Nie potrafił mu spojrzeć w oczy.

– A ty obraziłeś pana Ramę! – zaprotestował Raghuram. – Czy to także nie powód, żeby...

– To żaden powód! – zagrzmiał Kasim Ali, co uciszyło wszystkich. – Nie istnieje powód dość dobry, byśmy ze sobą walczyli. Wszyscy jesteśmy nędzarzami. Poza tym miejscem wszyscy są nam wrogami. Musimy mieszkać razem albo zginiemy. Wy, młodzi głupcy, podnieśliście rękę na własny lud! Uczyniliście krzywdę wszystkim naszym, każdego wyznania, i zawstydziliście mnie okrutnie.

Wokół nas stało już ponad sto osób. Słowa Kasima obudziły szmer komentarzy. Ludzie pochylali się ku sobie. Ci, którzy stali najbliżej, w środku, powtarzali jego słowa innym, przekazując je w ten sposób aż na skraj grupy. Faruk i Raghuram zwiesili smętnie głowy. Oskarżenie, że zawstydzili Kasima Alego, było mocnym ciosem.

– Obaj musicie ponieść za to karę – dodał Kasim trochę łagodniej, kiedy tłum nieco przycichł. – Karę wybiorę wieczorem wraz z waszymi rodzicami. Do tego czasu będziecie pracować przy sprzątaniu latryny.

Przez tłum przebiegły nowe szmery. Konflikty na tle religijnym niosły ze sobą potencjalne zagrożenie i wszyscy z ulgą zobaczyli, że Kasim traktuje tę sprawę poważnie. Wiele osób w pobliżu mówiło o przyjaźni Faruka i Raghurama, a ja zdałem sobie sprawę, że Kasim miał rację – walka dwóch przyjaciół o różnych wyznaniach uczyniła tej społeczności krzywdę. Potem Kasim Ali zdjął długi zielony szalik, który nosił na szyi, i uniósł go wysoko, by wszyscy widzieli.

– Teraz zaczniecie pracować w latrynie. Ale najpierw zwiążcie się tą oto szarfą. Ona wam przypomni, że jesteście przyjaciółmi i braćmi, a czyszczenie latryny napełni wasze nozdrza smrodem tego, co sobie dzisiaj nawzajem uczyniliście.

Następnie ukląkł i obwiązał szarfą nogi młodzieńców w kostce, przywiązując prawą nogę Faruka do lewej Raghurama. Skończywszy, wstał i kazał im odejść, wskazując latrynę wyciągniętą ręką. Tłum rozstąpił się przed nimi, a młodzieńcy ruszyli i natychmiast się potknęli. Uświadomili sobie, że będą mogli iść tylko wtedy, gdy chwycą się mocno i ruszą w jednym rytmie. Objęli się ramionami i odkuśtykali na trzech nogach.

Tłum odprowadził ich wzrokiem i zaczął chwalić mądrość Kasima Alego. Nagle napięcie i strach znikły, a na ich miejsce zjawił się śmiech. Ludzie zaczęli szukać Kasima Alego, by z nim porozmawiać, ale okazało się, że już odszedł do chaty. Znajdowałem się na tyle blisko, by dostrzec jego uśmiech.

Miałem szczęście i w czasie tych miesięcy często widywałem ten uśmiech. Kasim odwiedzał moją chatę dwa, czasami trzy razy w tygodniu, sprawdzając, jak sobie radzę z rosnącą liczbą pacjentów, którzy zaczęli do mnie przychodzić, gdy doktor Hamid zaakceptował moje listy polecające. Czasami nasz naczelnik kogoś mi przyprowadzał – dziecko pogryzione przez szczury albo młodzieńca z obrażeniami odniesionymi na budowie przy slumsach. Po jakimś czasie zdałem sobie sprawę, że postanowił przyprowadzić ich do mnie osobiście, ponieważ z jakiegoś powodu nie chcieli przyjść sami. Niektórzy się wstydzili, inni mieli uraz do cudzoziemców, którym nie ufali. Jeszcze inni nie zgadzali się przyjąć żadnych lekarstw z wyjątkiem tradycyjnych, ludowych.

Te tradycyjne lekarstwa sprawiały mi trochę kłopotu. W zasadzie je aprobowałem, a nawet sam z nich korzystałem, jeśli to było możliwe, gdyż wyżej ceniłem niektóre ajurwedyjskie specyfiki od ich zachodnich farmaceutycznych odpowiedników. Jednak niektóre kuracje wydawały się wynikać raczej z przesądów niż tradycji terapeutycznej i były równie odległe od zdrowego rozsądku jak od wiedzy medycznej. Na przykład zwyczaj zakładania na ramię kolorowej opaski z ziół, co miało leczyć syfilis, uznałem za wyjątkowo nieskuteczny. Artretyzm i reumatyzm leczono czasami rozpalonymi do czerwoności węglami, które metalowymi szczypcami wyjmowano z ognia i przykładano do kolan i łokci cierpiącego. Kasim Ali wyznał mi w zaufaniu, że sam także nie popiera tych ekstremalnych kuracji, ale ich nie zakazywał. Natomiast często składał mi wizyty, a ponieważ ludzie go kochali, poszli za jego przykładem i zaczęli się zjawiać liczniej.

Orzechowa skóra Kasima Alego, obciągająca szczupłe, żylaste ciało, była gładka i napięta jak na rękawicy bokserskiej. Gęste, srebrnosiwe włosy strzygł krótko, a bródkę miał o jeden ton jaśniejszą. Przeważnie chodził w bawełnianej kurcie i na modłę zachodnią w zwykłych białych spodniach. Te zwyczajne, tanie stroje były zawsze świeżo wyprane i wyprasowane, a przebierał się dwa razy dziennie. Inny człowiek, mniej szanowany, byłby z powodu tego zwyczaju uważany za dandysa. Jednak na widok Kasima Alego w całych slumsach pojawiały się uśmiechy miłości i podziwu. Jego nieskazitelnie czyste, białe ubranie wydawało się nam wszystkim symbolem jego duchowej i moralnej prawości – od których w tym światku pełnym walki i nadziei zależeliśmy w takim samym stopniu, jak od wody ze wspólnej studni.

Nieprzeciętnie wysoki, bez wysiłku dźwigał brzemię pięćdziesięciu pięciu lat. Nieraz widziałem, jak razem z młodym synem biegnie od zbiorników wodnych do chaty z ciężkimi naczyniami na ramionach i przez całą drogę nie pozostaje w tyle. Gdy siadał na trzcinowych matach, nie podpierał się rękami. Krzyżował stopy i opuszczał się do pozycji siedzącej, zgiąwszy kolana. Był przystojny, a jego uroda w dużej mierze brała się z tej zdrowej witalności i naturalnego wdzięku, które wspierały jego natchnioną, władczą mądrość.

Przez swoje krótkie, srebrnosiwe włosy, szczupłą figurę i głęboki, dźwięczny głos Kasim przypominał mi często Kadirbaja. Nieco później dowiedziałem się, że ci dwaj wielcy dobrze się znali i byli bliskimi przyjaciółmi. Jednak różnili się pod wieloma względami, na przykład poglądami na władzę i korzystanie z niej. Kasim wspierał lud, który go kochał. Kadirbaj zdobył władzę i zatrzymał ją siłą woli i oręża. A w tym starciu sił to mafijny boss był górą. Mieszkańcy slumsów wybrali Kasima Alego na swojego przywódcę, ale to Kadirbaj ten wybór zaaprobował i na niego pozwolił.

Kasim często musiał narzucać swoją wolę, ponieważ tylko on miał w slumsach prawdziwą władzę. Rozstrzygał spory, które przerodziły się w konflikty. Był sędzią w roszczeniach i kontrroszczeniach o majątek i prawa. A wiele osób po prostu prosiło go o poradę w każdej sprawie, od zatrudnienia po małżeństwo.

Kasim miał trzy żony. Pierwsza, Fatima, była od niego o dwa lata młodsza. Druga, Shaila, była młodsza o dziesięć lat. Trzecia miała tylko trzydzieści osiem lat. Po raz pierwszy ożenił się z miłości. Dwa następne małżeństwa zawarł z biednymi wdowami, które w przeciwnym razie nie znalazłyby nowych mężów. Żony dały mu dziesięcioro dzieci – czterech synów i sześć córek – a te, które były wdowami, wprowadziły do jego rodziny jeszcze pięcioro własnych. Aby zapewnić im niezależność finansową, kupił cztery staroświeckie maszyny do szycia. Pierwsza żona, Fatima, ustawiła swoją pod płóciennym baldachimem przed chatą i zatrudniła jednego, dwóch, trzech i w końcu czterech krawców, którzy szyli koszule i spodnie.

Ta skromna firma zapewniała krawcom i ich rodzinom utrzymanie, a nawet pewien zysk, dzielony równo pomiędzy trzy żony. Kasim nie brał udziału w prowadzeniu interesów i łożył na utrzymanie domu, więc pieniądze były wyłączną własnością żon, które mogły wydawać je według uznania. Z czasem krawcy pobudowali chaty wokół mieszkania Kasima, a ich żony i dzieci mieszkały tuż koło rodziny Kasima, tworząc bliską sobie grupę trzydziestu czterech osób, uważających przywódcę slumsów za ojca i przyjaciela. Była to rodzina spokojna i zadowolona. Nie zdarzały się w niej niesnaski. Dzieci bawiły się wesoło i chętnie wywiązywały się z obowiązków. A parę razy na tydzień Kasim otwierał swój wielki pokój dla wszystkich, by podczas *majdżi* – czyli forum – mogli się do niego zgłosić z żalami lub prośbami.

Oczywiście nie ze wszystkimi dyskusjami czy problemami slumsów przychodzono do Kasima Alego, a Kasim czasami był zmuszony odgrywać rolę policjanta i sędziego tej społeczności rządzącej się własnymi prawami. Pewnego ranka, parę tygodni po wyprawie do trędowatych, piłem herbatę w głębi jego domu, kiedy Jeetendra wpadł z wiadomością, że pewien mężczyzna bije swoją żonę i może ją nawet zabić. Kasim Ali, Jeetendra, Anand, Prabaker i ja ruszyliśmy szybko wąskimi uliczkami w dzielnicy chat na obrzeżach slumsów, tuż przy mangrowych trzęsawiskach. Przed jedną z chat zebrał się tłum, a gdy zbliżaliśmy się do niej, z każdym krokiem wyraźniej słyszeliśmy dobiegające z wewnątrz uderzenia i żałosne krzyki.

Kasim Ali dotrzegł stojącego tuż przy chacie Johnny'ego Cygaro i przedarł się do niego przez milczący tłum.

– Co się dzieje? – spytał.

– Joseph się upił – odpowiedział kwaśno Johnny i splunął głośno w stronę chaty. – Ten *bahinchudh* bije żonę przez cały ranek.

– Przez cały ranek? Jak długo to się ciągnie?

– Trzy godziny, może dłużej. Sam dopiero przyszedłem. Ludzie mi powiedzieli. Dlatego po ciebie posłałem, Kasimbaj.

Kasim Ali zmarszczył brwi w dzikim grymasie i spojrzał gniewnie w oczy Johnny'ego.

– To nie pierwszy raz Joseph bije żonę. Dlaczego tego nie ukrócisz?

– Bo... – zaczął Johnny, ale nie mógł znieść tego spojrzenia i spuścił wzrok na kamienisty grunt pod nogami. Gotował się w nim gniew i wydawał się bliski łez. – Ja się go nie boję! Nie boję się tu żadnego mężczyzny! Wiesz o tym! Ale oni są... oni są... to jego żona...

Ludzie w slumsach mieszkali bardzo blisko siebie. Najbardziej intymne odgłosy i zachowania ich życia były znane. I jak wszyscy, nie rwali się do wtrącania w to, co uważali za domowe niesnaski, nawet kiedy podczas tych tak zwanych niesnasek zaczynała się lać krew. Kasim Ali uspokajająco położył rękę na ramieniu Johnny'ego i polecił mu natychmiast powstrzymać Josepha. W tej samej chwili z chaty ponownie dobiegły krzyki i dźwięk razów, a po nich przerażający wrzask.

Parę osób zrobiło krok naprzód, gotowe działać. Nagle cienkie drzwi chaty otwarły się gwałtownie, a żona Josepha wypadła na zewnątrz. Zemdlała u naszych stóp. Była naga. Długie włosy miała dziko splątane i sklejone krwią. Na plecach, pośladkach i nogach miała głębokie rany i sinoczerwone pręgi po ciosach jakiegoś pręta.

Ludzie wzdrygnęli się i cofnęli ze zgrozą. Nagość kobiety wstrząsnęła nimi tak samo jak straszne rany. Mną także. W owych czasach nagość była w Indiach jak potajemna religia. Tylko szaleńcy lub święci pokazywali się nago. Przyjaciele ze slumsów wyznali mi szczerze, że przez lata małżeństwa nie widzieli swoich żon bez ubrania. Wszystkich nas zdjęła litość dla żony Josepha i ogarnął nas wstyd, od którego zapiekły nas oczy.

Z chaty dobiegł krzyk i z drzwi wytoczył się Joseph. Bawełniane spodnie miał poplamione moczem, a podkoszulek podarty i brudny. Rysy wykrzywiał mu głupi, dziki pijacki grymas. Włosy miał zmierzwione, a na twarzy ślady krwi. W dłoni nadal ściskał bambusowy pręt, którym bił żonę. Zmrużył oczy w słonecznym świetle, a potem jego mętne spojrzenie padło na ciało żony, leżącej twarzą do ziemi pomiędzy nim i tłumem. Rzucił przekleństwo i zrobił krok w jej stronę, znowu podnosząc rękę do ciosu.

Wstrząs, który nas paraliżował, ustąpił w zbiorowym krzyku i rzuciliśmy się, żeby go powstrzymać. Dziwne, ale to mały Prabaker pierwszy go dopadł i rzucił się na tego o wiele większego mężczyznę, przewracając go na wznak. Wydarto pręt z dłoni Josepha, przytrzymano go na ziemi. Rzucał się i krzyczał, bryzgając śliną i obrzucając wszystkich przekleństwami. Podeszło parę kobiet, zawodzących jak podczas pogrzebowej ceremonii. Przykryły żonę Josepha sari z żółtego jedwabiu, podniosły ją i zabrały.

W tamtej chwili bardzo niewiele brakowało do linczu, ale Kasim Ali natychmiast zapanował nad sytuacją. Rozkazał ludziom rozejść się lub cofnąć, a tym, którzy przytrzymywali Josepha, kazał nadal trzymać go na ziemi. Jego następny rozkaz mnie zaskoczył. Myślałem, że wezwie policję lub każe zabrać Josepha. Tymczasem spytał, jaki alkohol pił Joseph, i zażądał, by przyniesiono mu dwie butelki. Kazał przynieść także *charras* i *chillum*, a Johnny'emu Cygaro zlecił przygotowanie fajki. Kiedy pojawił się pędzony domowym sposobem alkohol, nazywany *daru*, kazał Prabakerowi i Jeentendrze wlać go przemocą w gardło Josepha.

Posadzono go w kręgu młodych, silnych mężczyzn i podano butelkę. Przez parę chwil przyglądał się im podejrzliwie, ale chwycił ją i pociągnął długi, łapczywy łyk. Młodzieńcy klepali go po plecach i zachęcali do picia. Łyknął jeszcze trochę nadzwyczaj mocnego *daru*, a potem usiłował oderwać butelkę do ust, twierdząc, że ma już dosyć. Wtedy namowy młodzieńców nabrały mocy. Chłopcy żartowali i śmiali się, przytrzymywali mu butelkę przy ustach, wbijając ją między zęby. Johnny Cygaro zapalił *chillum* i podał ją Josephowi. Ten zaczął palić i pić na zmianę. Potem, jakieś dwadzieścia minut po wyłonieniu się z chaty z zakrwawionym prętem, spuścił głowę i stracił przytomność.

Tłum przyglądał się przez jakiś czas, jak chrapie na zaśmieconej ścieżce, a potem stopniowo rozszedł się do swoich chat i zadań. Kasim kazał młodzieńcom nadal siedzieć wokół Josepha i uważnie go obserwować. Sam odszedł na pół godziny, by odmówić późną poranną modlitwę. Powróciwszy, kazał przynieść herbatę i wodę. Johnny Cygaro, Anand, Rafik, Prabaker i Jeetendra siedzieli wokół, obserwując. Wśród nich znajdował się także młody, silny rybak Veejay oraz szczupły i wytrzymały woźnica zwany Andhkaarą, czyli Mrokiem, ze względu na swoją ciemną lśniącą skórę. Przez jakiś czas rozmawiali, aż słońce stanęło w zenicie, a narastająca parność znowu chwyciła nas w kleszcze.

Odszedłbym, ale Kasim Ali kazał mi zostać, więc usiadłem w cieniu płóciennej werandy. Czteroletnia córeczka Veejaya, Sunita, przyniosła mi szklankę wody, choć jej o to nie prosiłem. Z wdzięcznością zacząłem popijać ciepławy płyn.

– *Tsangli mulgi, tsangli mulgi* – podziękowałem jej w marathi. „Grzeczna dziewczynka, grzeczna dziewczynka".

Sunita była zachwycona, że jestem zadowolony. Przeszyła mnie przenikliwym, radosnym spojrzeniem spod zmarszczonych brwi. Była ubrana w szkarłatną sukienkę z angielskim napisem PYZATA BUZIA. Zauważyłem, że sukienka jest podarta i zbyt ciasna, i odnotowałem w pamięci, żeby kupić jej i paru innym dzieciom jakieś ubrania na tanim bazarze, znanym jako Ulica Mody. Robiłem takie notatki w pamięci codziennie, za każdym razem, kiedy rozmawiałem z mądrymi, szczęśliwymi dziećmi ze slumsów. Dziewczynka zabrała pustą szklankę i umknęła, dzwoneczki bransolety na jej kostce dźwięczały cichutko, a bose stópki głośno klepały o kamienie.

Kiedy wszyscy mężczyźni wypili herbatę, Kasim Ali rozkazał im obudzić Josepha. Zaczęli go mocno trącać i kłuć, krzycząc, żeby się ocknął. Poruszył się i burknął niechętnie, bardzo powoli dochodząc do siebie. Otworzył oczy, potrząsnął ciężką głową i z pretensją zaczął się domagać wody.

– *Pani nahin* – odpowiedział Kasim. „Żadnej wody".

Wmusili w niego drugą butelkę, brutalnie, lecz nakłaniając go żartami i poklepywaniem po plecach. Pojawiła się kolejna *chillum*, młodzieńcy zapalili do towarzystwa. Raz po raz warczał, że chce wody. Raz po raz do ust wlewano mu mocny alkohol. Zanim opróżniono trzecią butelkę, znowu stracił przytomność i upadł na bok, z głową przekrzywioną pod niewygodnym kątem. Twarz wystawił na palące słońce. Nikt nawet nie ruszył palcem, żeby go osłonić.

Kasim Ali pozwolił mu spać zaledwie pięć minut, po czym rozkazał go znowu obudzić. Joseph burczał rozeźlony, zaraz potem zaczął pomstować i przeklinać. Usiłował się podnieść na kolana i na czworakach uciec do chaty. Kasim Ali ujął zakrwawiony bambus i podał go Johnny'emu Cygaro. Wypowiedział tylko jedno słowo. „Zaczynaj!".

Johnny podniósł pręt i opuścił go z głośnym trzaskiem na plecy Josepha. Ten zawył i usiłował odpełznąć, ale krąg młodych mężczyzn zacieśnił się i zapędził go z powrotem na środek. Johnny znowu uderzył. Joseph wrzasnął wściekle, ale młodzieńcy zaczęli go bić i krzyczeć, żeby siedział cicho. Johnny podniósł pręt. Joseph skulił się. Usiłował zogniskować spojrzenie przekrwionych oczu.

– Wiesz, co zrobiłeś? – spytał ostro Johnny. Smagnął go w ramię z głośnym świstem. – Mów, pijany psie. Wiesz, jakiej strasznej rzeczy się dopuściłeś?

– Przestań mnie bić! – warknął Joseph. – Czemu to robisz?

– Wiesz, co zrobiłeś? – powtórzył Johnny. Pręt świsnął znowu.

– Au! – wrzasnął Joseph. – Co? Co zrobiłem? Nic nie zrobiłem!

Veejay przejął pręt i uderzył Josepha w bark.

– Pobiłeś żonę, ty pijana świnio! Pobiłeś ją, być może na śmierć!

Przekazał pręt Jeetendrze, który uderzył Josepha w udo.

– Ona umiera! Jesteś mordercą! Zamordowałeś własną żonę.

Joseph usiłował się osłaniać rękami, gorączkowo szukając wzrokiem drogi ucieczki. Jeetendra znowu podniósł pręt.

– Biłeś żonę przez cały ranek i wyrzuciłeś ją z chaty nagą! A masz, ty pijaku! A masz! Tak jak ty ją biłeś. Jak ci się to podoba, ty morderco?

Zrozumienie, które zaczęło pojawiać się w oczach Josepha, zmieniło się w grymas przerażonej rozpaczy. Jeetendra podał pręt Prabakerowi. Po następnym ciosie Joseph zaczął płakać.

– Nie! – zawodził. – To nieprawda! Jestem niewinny! Co teraz ze mną będzie? Nie chciałem jej zabić! Boże w niebiesiech, co ze mną będzie? Dajcie mi wody! Chcę pić!

– Nie – odparł Kasim Ali.

Pręt spadał raz po raz. Znalazł się w ręce Andhkaary.

– O siebie się martwisz, psie? A co z twoją biedną żoną? Nie martwiłeś się, kiedy ją biłeś. To nie pierwszy raz podniosłeś na nią rękę, prawda? Teraz już koniec. Zabiłeś ją. Nigdy więcej jej nie uderzysz, ani jej, ani nikogo innego. Zdechniesz w więzieniu.

Johnny Cygaro znowu podniósł pręt.

– Ale z ciebie wielki, silny chłop! Taki jesteś dzielny, że biłeś żonę, która jest dwa razy mniejsza od ciebie. Chodź tutaj, spróbuj pobić mnie, ty bohaterze! Chodź, weź ten kij i pobij nim mężczyznę, ty nędzny *goonda*.

– Wody... – wybełkotał Joseph i upadł na ziemię, płacząc nad samym sobą.

– Nie będzie wody – oznajmił Kasim Ali i Joseph znowu zemdlał.

Obudzono go po raz kolejny, gdy poleżał dwie godziny na słońcu. Bardzo cierpiał. Domagał się wody, ale dali mu tylko *daru*. Widziałem, że chce odmówić, ale pragnienie za bardzo mu dokuczało. Ujął butelkę w drżące ręce. Ledwie pierwsze krople padły na jego wyschnięty język, pręt znowu poszedł w ruch. *Daru* pociekło po zarośniętej brodzie Josepha, wylało się z jego rozdziawionych ust. Upuścił butelkę. Johnny podniósł ją i wylał mu na głowę resztę alkoholu. Joseph wrzasnął, usiłował uciekać na czworakach, ale krąg młodzieńców zapędził go na środek. Jeetendra trzymał pręt i smagał go po pośladkach i nogach. Joseph skomlał, płakał, jęczał.

Kasim Ali siedział na uboczu, w cieniu drzwi chaty. Przywołał Prabakera i rozkazał posłać po licznych przyjaciół i krewnych Josepha, jak również po krewnych Marii, jego żony. Zjawiali się nowi ludzie, zajmowali miejsca młodzieńców z kręgu i tortury Josepha trwały. Przez kilka godzin jego przyjaciele, krewni i sąsiedzi na zmianę obrzucali go obelgami i oskarżeniami, smagając prętem, którym tak okrutnie pobił żonę. Ciosy były ostre i bolesne, ale nie na tyle, by przeciąć skórę. Była to kontrolowana kara, dotkliwa, lecz nie okrutna.

Odszedłem, ale tego popołudnia wracałem tam parę razy. Wielu mieszkańców slumsów przystawało tam i patrzyło. Zajmowali miejsca w kręgu wokół Josepha lub opuszczali go, jeśli chcieli. Kasim Ali siedział w drzwiach chaty, wyprostowany i poważny, nie odrywając spojrzenia od kręgu. Dyrygował egzekucją cichymi słowami lub nieznacznymi gestami, nie odpuszczając skazańcowi ani na chwilę, ale i nie dopuszczając do przesady.

Joseph zemdlał jeszcze dwa razy, zanim wreszcie się poddał. W końcu się załamał. Jego nienawiść i upór zostały złamane. Szlochając, powtarzał imię żony. „Maria, Maria, Maria...".

Kasim Ali wstał i zbliżył się do kręgu. Na ten właśnie moment czekał. Dał znak Veejayowi, który przyniósł z pobliskiej chaty miskę ciepłej wody, mydło i dwa ręczniki. Ci sami mężczyźni, którzy do tej pory bili Josepha, teraz go utulili, umyli mu twarz, szyję, ręce i stopy. Napoili go. Uczesali. Uspokoili uściskami i pierwszymi życzliwymi słowami, które usłyszał od rozpoczęcia kary. Powiedzieli, że znajdzie przebaczenie i pomoc, jeśli naprawdę żałuje. Przyprowadzono do niego wiele osób, także mnie, a jemu kazano dotknąć naszych stóp. Ubrano go w czystą koszulę i posadzono, czule podtrzymując. Kasim Ali przykucnął przed nim i spojrzał w jego przekrwione oczy.

– Twoja żona Maria nie umarła – powiedział cicho.

– Nie... nie umarła? – wymamrotał Joseph.

– Nie, nie umarła. Jest w bardzo ciężkim stanie, ale żyje.

– Dzięki Bogu, dzięki Bogu.

– Kobiety z twojej rodziny i rodziny Marii postanowiły, co zostanie uczynione – ciągnął Kasim powoli i dobitnie. – Czy żałujesz? – Czy wiesz, co zrobiłeś swojej żonie i czy tego żałujesz?

– Tak, Kasimbaj – rozpłakał się Joseph. – Bardzo, bardzo żałuję.

– Kobiety postanowiły, że nie wolno ci się spotykać z Marią przez dwa miesiące. Jest w bardzo złym stanie. Mało brakowało, a byś ją zabił; będzie dochodzić do siebie przez dwa miesiące. W tym czasie będziesz codziennie pracować – długo i ciężko. Będziesz odkładać pieniądze. Nie wypijesz ani kropli *daru* czy piwa, ani niczego prócz wody. Czy rozumiesz? Ani czaju, ani mleka, ani niczego prócz wody. Musisz przestrzegać tego postu, gdyż jest to część kary.

Joseph słabo pokiwał głową.

– Tak, tak. Tak będzie.

– Maria może postanowić, że nie chce cię już więcej widzieć. O tym także musisz usłyszeć. Może chcieć się z tobą rozwieść, nawet po dwóch miesiącach – a jeśli zechce, ja jej w tym pomogę. Lecz jeśli po dwóch miesiącach zechce cię przyjąć z powrotem, za oszczędzone pieniądze, które zarobisz ciężką pracą, zabierzesz ją na wakacje w chłodne góry. Podczas tego pobytu z żoną ujrzysz własną brzydotę i będziesz się starał zmienić. Inszallah, stworzysz szczęśliwą i cnotliwą przyszłość dla żony i siebie. Oto decyzja. Teraz odejdź. Koniec rozmów. Zjedz i zaśnij.

Kasim wstał, odwrócił się i odszedł. Przyjaciele pomogli Josephowi wstać i prawie zanieśli go do chaty. Sprzątnięto w niej i zabrano wszystkie ubrania oraz rzeczy osobiste Marii. Joseph otrzymał ryż i *dhal*. Zjadł trochę, a potem położył się na cienkim materacu. Dwaj przyjaciele usiedli obok i chłodzili go wachlarzami z zielonego papieru. Zakrwawiony pręt zawieszono na słupie przed chatą Josepha, by wszyscy go widzieli. Miał tam pozostać przez dwa miesiące kary Josepha.

Ktoś włączył radio w chacie nieopodal i przez alejki i zaułki gwarnych slumsów popłynęła miłosna piosenka w hindi. Gdzieś płakało dziecko. Kury grzebały w piasku i wydziobywały coś z niego w miejscu, gdzie stał krąg dręczycieli Josepha. Gdzieś indziej śmiała się kobieta, bawiły się dzieci, sprzedawca bransolet wykrzykiwał zachęty w marathi. Bransoleta to uroda, a uroda to bransoleta!

Gdy do slumsów powróciło tętno i puls normalnego życia, wróciłem krętymi alejkami do swojej chaty. Rybacy i rybaczki wracali z portu Sassoon z koszami, z których dobywał się zapach morza. Co nie dziwiło w tym pełnym wiecznych kontrastów miejscu, tę samą porę wybrali sobie na przemarsz sprzedawcy kadzideł, wlokący za sobą woń drewna sandałowego, jaśminu, róży i paczuli.

Rozmyślałem o tym, co zobaczyłem owego dnia, co ludzie robią dla siebie w tym miasteczku liczącym dwadzieścia pięć tysięcy dusz, bez policji, sędziów, sądów i więzień. Myślałem o czymś, co parę tygodni temu powiedział Kasim Ali, kiedy ci dwaj młodzieńcy, Faruk i Raghuram, zasłużyli na karę i przez cały dzień pracowali związani ze sobą w latrynie. Kiedy się już wyszorowali w gorącej wodzie i przebrali w nowe *lungi* i czyste białe podkoszulki, stanęli przed zgromadzonymi rodzinami, przyjaciółmi i sąsiadami. Płomienie lamp migotały na wietrze, zapalając złote blaski w oczach i rzucając ścigające się cienie na trzcinowe ściany chat. Kasim Ali podał do publicznej wiadomości karę, którą obmyśliła rada hinduistów i muzułmanów, przyjaciół i sąsiadów. Karą za tę kłótnię o religię było nauczenie się modlitwy religijnego obrządku przyjaciela.

– Tak dokona się sprawiedliwość – oznajmił tamtego wieczora Kasim Ali, a jego oczy koloru kory złagodniały, gdy spojrzał na obu młodzieńców – gdyż sprawiedliwość to sąd trafny i wybaczający. Sprawiedliwość się nie dokona, dopóki wszyscy nie poczują satysfakcji, nawet ci, którzy nas obrazili i których musimy ukarać. Przez nasz postępek względem tych dwóch chłopców ujrzałeś, że sprawiedliwość to nie tylko kara dla winowajców. To także sposób, w jaki staramy się ich ocalić.

Znałem te słowa na pamięć. Zapisałem je w moim roboczym dzienniku tuż po tym, jak Kasim Ali je wypowiedział. A w dniu cierpienia Marii i hańby Josepha wróciłem do chaty, zapaliłem lampę, otworzyłem czarny dziennik i zapatrzyłem się w zapisane słowa. Gdzieś niedaleko siostry i przyjaciółki pocieszały Marię i wachlowały jej posiniaczone, pobite ciało. W chacie Josepha Prabaker i Johnny Cygaro wzięli pierwszą wachtę, by czuwać nad śpiącym sąsiadem. Gorący był ten wieczór, gdy niknęły długie cienie i zapadał zmrok. Wciągałem w nozdrza stojące powietrze, pyliste i nasycone dymem ognisk. I były te mroczne chwile zadumy; tak ciche, że słyszałem, jak kropelki potu kapią z mojej zasmuconej twarzy jedna po drugiej, jedno mokre kółeczko, roniące promieniste łzy wokół słów sprawiedliwość... wybaczyć... karać... ocalić...

ROZDZIAŁ 12

Jeden tydzień zmienił się w trzy, jeden miesiąc w pięć. Od czasu do czasu, gdy pracowałem na ulicach Kolaby z moimi klientami – turystami, natykałem się na Didiera, Vikrama lub innych znajomych z „Leopolda". Czasami widywałem Karlę, ale nigdy z nią nie rozmawiałem. Nie chciałem patrzeć jej w oczy, dopóki byłem biedakiem i mieszkałem w slumsach. Nędza i duma to miłujący się bracia krwi, dopóki jeden, w nieodmienny i nieunikniony sposób, nie zabije drugiego.

Przez cały piąty miesiąc nie widywałem Abdullaha, ale cały pochód dziwnych i czasem dziwacznych posłańców przynosił mi od niego wiadomości. Pewnego ranka siedziałem samotnie przy stole w mojej chacie i pisałem, kiedy od pracy oderwały mnie kundle szczekające z furią większą niż kiedykolwiek. W tym jazgocie słychać było wściekłość i przerażenie. Odłożyłem pióro, ale nie otworzyłem drzwi ani nawet nie wstałem. Psy często szczekały tak jazgotliwie w nocy, ale po raz pierwszy byłem świadkiem takiej zapalczywości za dnia. Ten dźwięk był fascynujący i niepokojący. Miałem wrażenie, że zgraja zbliża się powoli do mojej chaty. Serce zaczęło mi łomotać.

Przez szczeliny w cienkich trzcinowych ścianach mojej chaty wpadały promienie słonecznego poranka. Te smugi światła z wirującymi pyłkami migotały stroboskopowo, kiedy ludzie przemierzali alejkę na zewnątrz. Do psiego jazgotu dołączyły okrzyki i wrzaski. Rozejrzałem się. Moją jedyną bronią był gruby bambusowy pręt. Chwyciłem go. Szczekanie i głosy skoncentrowały się przed moją chatą i jakby skupiły przy wejściu.

Uchyliłem cienki kawałek dykty, który służył mi za drzwi, i natychmiast upuściłem pręt. Pół metra ode mnie stał ogromny niedźwiedź brunatny. Górował nade mną, wypełniał cały otwór drzwiowy fantastycznym, kudłatym cielskiem. Stał bez trudu na tylnych nogach, unosząc wielkie łapy na wysokość moich barków.

Slumsowe kundle na widok niedźwiedzia oszalały. Bały się znaleźć w zasięgu jego łap, rzucały się więc z furią na siebie. Niedźwiedź, nie zwracając uwagi na nich ani na tłum poruszonych ludzi, pochylił się i zajrzał mi w oczy. Ślepia miał wielkie, czujne, topazowe. Warknął. To warknięcie nie było groźne, lecz grzmiące, głębokie, dziwnie kojące. Słuchając go, zapomniałem o strachu. Przez te pół metra poczułem wibracje pomruku. Niedźwiedź pochylił się jeszcze bardziej, aż jego pysk znalazł się o parę centymetrów od mojej twarzy. Z jego czarnych, mokrych szczęk kapała wodnista piana. Ten niedźwiedź nie chciał mi zrobić krzywdy. Nie wiadomo jak, ale zrozumiałem to bez wahania. Jego oczy wyrażały coś innego. To trwało tylko parę sekund, ale w tej pulsującej ciszy wyraz zwierzęcego smutku, nierozcieńczonego rozsądkiem, całkowicie zmysłowego, był tak intensywny i czysty, przekazany samym spojrzeniem, że trwał jakby o wiele dłużej niż w rzeczywistości, a ja chciałem, żeby się nie kończył.

Psy gryzły się, skomlały i wyły, skręcając się z nienawiści i strachu, pragnąc rozerwać niedźwiedzia na strzępy, lecz bardziej były przestraszone niż rozwścieczone. Dzieci krzyczały, dorośli uskakiwali przed gryzącymi się psami. Niedźwiedź odwrócił się jakby w zamyśleniu, ale jego łapa błyskawicznie dosięgła psy. Kundle rozbiegły się, a paru młodzieńców wykorzystało tę okazję, by odpędzić je kamieniami i kijami.

Niedźwiedź zakołysał się na boki, wodząc po tłumie tymi wielkimi, pełnymi bólu oczami. Teraz zauważyłem, że ma na szyi skórzaną obrożę nabijaną krótkimi kolcami. Do obroży były przytwierdzone dwa łańcuchy, biegnące do dłoni dwóch mężczyzn. Do tej pory ich nie dostrzegałem. To byli niedźwiednicy w kamizelkach, turbanach i spodniach w rażącym odcieniu jaskrawego błękitu. Nawet ich piersi i twarze były pomalowane na niebiesko, tak jak metalowe łańcuchy i obroża niedźwiedzia. Zwierzę odwróciło się i znowu spojrzało mi w twarz. Jeden z niedźwiedników niespodziewanie wypowiedział moje imię.

– Pan Lin? Pan Lin, jeśli się nie mylę?

Niedźwiedź przechylił łeb, jakby i on zadał pytanie.

– Tak! – zawołało parę osób z tłumu. – Tak! To pan Lin! To Linbaba!

Nadal stałem na progu mojej chaty, zbyt zaskoczony, żeby zrobić choć krok. Ludzie śmiali się i wiwatowali. Kilkoro co odważniejszych dzieci zakradło się, by nieśmiało dotknąć niedźwiedzia. Ich matki krzyknęły, roześmiały się i porwały je w ramiona.

– Jesteśmy twoimi przyjaciółmi – powiedział jeden niebieskolicy w hindi. Na tle tego błękitu jego zęby wydawały się olśniewająco białe. – Przynosimy ci wiadomość.

Drugi wyjął z kieszeni kamizelki zmiętą żółtą kopertę i pokazał mi.

– Wiadomość? – zdołałem wykrztusić.

– Tak, ważną wiadomość – rzekł ten pierwszy. – Lecz najpierw musisz coś zrobić. Za dostarczenie tej wiadomości jest obietnica. Wielka obietnica. Bardzo ci się spodoba.

Mówili w hindi, a słowo *vachan*, oznaczające obietnicę, było mi nieznane. Przekroczyłem próg i obszedłem ostrożnie niedźwiedzia. Ludzi zebrało się więcej, niż sądziłem, i stali zbici blisko siebie, tuż poza zasięgiem łap niedźwiedzia. Kilku powtórzyło słowo *vachan*. Wielojęzyczna paplanina plus krzyki, łomot rzucanych kamieni i szczekanie psów dało ogólny efekt dźwiękowy średniej wielkości zamieszek.

Kurz podnosił się kłębami z pełnych kamieni ścieżek i choć znajdowaliśmy się w centrum nowoczesnego miasta, te bambusowe chaty i gapiący się ludzie równie dobrze mogliby pochodzić z wioski na jakimś odludziu. Z bliska niedźwiednicy wyglądali jak istoty nadprzyrodzone. Pod powłoką niebieskiej farby widać było doskonale umięśnione ramiona i piersi, a spodnie zdobiły srebrne dzwoneczki, płytki i frędzle z czerwonego i żółtego jedwabiu. Obaj mieli długie dredy, grube na dwa palce i ozdobione zwojami srebrnego drutu.

Poczułem na ramieniu czyjąś rękę i aż podskoczyłem. To był Prabaker. Jego uśmiech stał się nieziemsko szeroki, a ciemne oczy promieniały.

– Jesteśmy wielcy szczęściarze, że z nami mieszkasz, Lin. Zawsze przynosisz nam wiele przygód całkowicie nienudnego rodzaju!

– To nie ja przyniosłem. O co im chodzi, do diabła? Czego chcą?

– Oni są posiadający wiadomość dla ciebie, lecz jest *vachan*, obietnica, zanim będą ci oddawać wiadomość. Jest... no wiesz... huczek.

– Huczek?

– O tak. To angielskie słowo, tak? Huczek. Oznacza taką małą zemstę za bycie miłym. – Prabaker uśmiechnął się z przyjemnością, zawsze gotów podzielić się ze mną swoimi angielskimi definicjami. Miał zwyczaj lub szczęście do podawania ich nieodmienne w irytujących momentach.

– Tak, wiem, co to jest haczyk, Prabu. Ale nie wiem, kim są ci goście. Od kogo jest ta wiadomość?

Prabaker zatrajkotał w hindi, zachwycony, że znalazł się nagle w centrum uwagi. Niedźwiednicy odpowiadali szczegółowo i równie szybko. Niewiele rozumiałem, ale gapie, którzy znajdowali się odpowiednio blisko, parsknęli hucznym śmiechem. Niedźwiedź opadł na cztery łapy i obwąchał mi stopy.

– Co powiedzieli?

– Nie wyjawią, kto jest wysyłającym wiadomości – oznajmił Prabaker, z pewnym trudem opanowując wesołość. – To wielki sekret i go nie zdradzą. Mają polecenie przekazać ci wiadomość bez żadnościowego wyświetlenia i z jednym huczkiem jako obietnicą.

– Jakim haczykiem?

– Masz być ściskający niedźwiedzia.

– Mam być jaki?

– Ściskający niedźwiedzia. Masz go masę obściskiwać, o tak.

Rozłożył ręce i chwycił mnie w mocny uścisk, przytuliwszy głowę do mojej piersi. Tłum zaczął nas oklaskiwać, niedźwiednicy wydali wysoki zawodzący odgłos i nawet niedźwiedź poczuł potrzebę stanięcia na tylnych łapach i odtańczenia grzmiącego tańca z przytupem. Zdumienie i wyraźna obawa na mojej twarzy sprowokowały tłum do jeszcze głośniejszego śmiechu.

– Mowy nie ma – oznajmiłem, kręcąc głową.

– Jest, jest. – Prabaker się roześmiał.

– Żartujesz? Mowy nie ma, stary.

– *Takleef nahin!* – zawołał niedźwiednik. „Nie ma problemu!". – To bezpieczne. Kano jest bardzo miły. Kano jest najmilszy w całych Indiach. Kano kocha ludzi.

Podszedł do niedźwiedzia i rzucił polecenie w hindi. Niedźwiedź Kano wyprostował się na całą wysokość, a wówczas mężczyzna podszedł i objął go. Niedźwiedź otoczył go łapami i zakołysał się do przodu i tyłu. Po paru sekundach puścił niedźwiednika, a ten odwrócił się do bijącego brawo, rozwrzeszczanego tłumu z promiennym uśmiechem i teatralnym ukłonem.

– Mowy nie ma – powtórzyłem.

– No proszę, Lin. Bądź uściskający – napierał Prabaker, śmiejąc się jeszcze głośniej.
– Nie będę uściskającym żadnego niedźwiedzia.
– Proszę cię. Nie chcesz wiedzieć, co to za wiadomość?
– Nie.
– Może być ważna.
– Nic mnie to nie obchodzi.
– To uściskanie niedźwiedzia może ci się spodobać, tak?
– Nie.
– Może.
– Nigdy.
– A może chciałbyś, żebym znowu uściskał ciebie, dla wprawy?
– Nie. Ale dziękuję za propozycję.
– Więc bądź uściskający niedźwiedzia.
– Przykro mi.
– Proooooooszę – zajęczał Prabaker.
– Nie.
– Tak, Lin, proszę, bądź uściskający – namawiał mnie Prabaker, prosząc wzrokiem zebranych o pomoc. W uliczkach przy mojej chacie zebrały się setki ludzi. Dzieci zajęły niebezpieczne punkty obserwacyjne na dachach solidniejszych chat.
– Tak, tak, tak! – skandowali wszyscy.
Wodząc spojrzeniem od jednej roześmianej twarzy do drugiej, zdałem sobie sprawę, że nie mam wyboru. Zrobiłem dwa kroki, wyciągnąłem drżące ręce i powoli wtuliłem się w kudłate futro niedźwiedzia Kano. Pod futrem był zdumiewająco miękki – niemal pulchny. Krępe przednie łapy miał jednak bardzo umięśnione; otoczył moje ramiona potężnym uściskiem o nieludzkiej mocy. Zrozumiałem, co znaczy kompletna bezsilność.
Przez głowę przebiegła mi przerażająca myśl – Kano może mi złamać kręgosłup równie łatwo, jak ja łamię ołówki. Jego głos zamruczał w piersi tuż przy moim uchu. W nozdrzach miałem zapach czegoś w rodzaju mokrego mchu. Mieszała się z nim woń nowych skórzanych butów i dziecinnego wełnianego kocyka. Poza tym czułem przeszywający odór amoniaku. Zgiełk tłumu ucichł. Kano był ciepły. Kano kołysał się z boku na bok. Futro pod moimi palcami było miękkie, osadzone w fałdach skóry, luźnej jak na psim grzbiecie. Przywarłem do tego futra i kołysałem się wraz z nim. W tym miażdżącym chwycie czułem się, jakbym szybował albo spadał z wyżyn niewysłowionego spokoju i nadziei.
Ktoś potrząsnął mnie za ramiona. Otworzyłem oczy i przekonałem się, że osunąłem się na kolana. Kano wypuścił mnie z objęć i był już niemal u wylotu krótkiej alejki, kołysząc się wolnym, ciężkim krokiem obok swoich strażników, na czele pochodu ludzi i oszalałych psów.
– Linbaba, wszystko dobrze?
– Dobrze, dobrze. Chyba... zasłabłem czy coś.
– Kano bardzo mocno uściskał, tak? Proszę, to twoja wiadomość.
Wróciłem do chaty i usiadłem przy stoliku zbitym ze skrzyń. W zmiętej koper-

cie znajdowała się drukowana notatka na żółtej kartce. Teksty był po angielsku; podejrzewałem, że napisał go jeden z ludzi zawodowo zajmujących się pisaniem listów na Ulicy Pisarzy. Nadawcą był Abdullah.

Mój drogi Bracie

As-salam alajkum. Powiedziałeś, że dajesz ludziom niedźwiedzie uściski. Myślę, że w twoim kraju jest to zwyczajem i choć mnie się wydaje on bardzo dziwny i niezrozumiały, myślę, że musi ci być smutno w Bombaju, gdzie brakuje niedźwiedzi. Więc wysyłam ci niedźwiedzia, byś mógł go pościskać. Życzę przyjemnych uścisków. Mam nadzieję, że będzie to tak, jakbyś ściskał niedźwiedzie w swoim kraju. Ja jestem zajęty interesami i zdrowie, dzięki Bogu, mi dopisuje. Po załatwieniu interesu wkrótce powrócę do Bombaju, Inszallach. Niech Bóg błogosławi ciebie i twojego brata.

Abdullah Tahiri

Prabaker stał za moimi lewym ramieniem i głośno, powoli odczytywał list.

– Aha, to ten Abdullah, co mam ci nie mówić, że robi wyłącznościowo złe rzeczy, chociaż robi, aczkolwiek jednakże ja wcale nie mówię, że robi.

– Czytanie cudzych listów to nietakt, Prabu.

– Nietakt, tak. Nietakt znaczy, że lubimy to robić, choć ludzie nam nie pozwalają, tak?

– Kim byli ci z niedźwiedziem? – spytałem. – Skąd przyszli?

– Zarabiają pieniądze z tańczącego niedźwiedzia. Tak w ogóle to przyszli z UP, Uttar Pradesz, na północy tej oto naszej Matki Indii, ale wędrują wszędzie. Teraz zatrzymali się w *zhopadpatti* w rejonie Navy Nagar. Zaprowadzić cię?

– Nie – mruknąłem, ponownie czytając list. – Nie teraz. Może później.

Prabaker podszedł do otwartych drzwi chaty i zatrzymał się, przyglądając mi się w zamyśleniu, przechyliwszy na bok małą, okrągłą głowę. Włożyłem list do kieszeni i spojrzałem na niego. Wydawało mi się, że chce coś powiedzieć – patrzył na mnie z dziwnym napięciem – ale potem zmienił zdanie. Wzruszył ramionami. Uśmiechnął się.

– Dziś przyjdą chorzy?

– Chyba paru. Później.

– Spotkamy się na obiedzie, tak?

– Jasne.

– Czy... jestem ci potrzebny? Do czegoś?

– Nie. Dziękuję.

– Chcesz, żeby mój sąsiad, jego żona, żeby ci uprała koszulę?

– Uprała mi koszulę?

– Tak. Śmierdzi niedźwiedziowo. Śmierdzisz niedźwiedziowo, Linbaba.

– Nie szkodzi. – Roześmiałem się. – Nawet mi się podoba.

– No to już idę. Pojeżdżę taksówką mojego kuzyna Shantu.

– No to cześć.

– W porządku. No to idę.

Wyszedł i znowu zostałem sam wśród odgłosów slumsów: okrzyków domokrążców, bawiących się dzieci, roześmianych kobiet i miłosnych pieśni, z rykiem dolatującym z radia. Hałasowały także setki zwierząt. Na parę dni przed wielkimi ulewami wielu wędrownych aktorów i cyrkowców, jak ci dwaj niedźwiednicy, szukało schronienia w slumsach całego miasta. W naszych zamieszkały trzy grupy zaklinaczy węży, zespół treserów małp oraz liczni hodowcy papug i ptaków śpiewających. Ludzie, którzy zwykle przywiązywali swoje konie pod gołym niebem w pobliżu baraków marynarki wojskowej, teraz przyprowadzili je do naszych prowizorycznych stajni. Kozy, owce i świnie, kury, byki i bawoły, nawet jeden wielbłąd i słoń – slumsy stały się czymś w rodzaju ogromnej arki, dającej schronienie przed nadciągającym potopem.

Chętnie witano nowe zwierzęta i nikt nie kwestionował ich prawa do dachu nad głową, lecz ich obecność rodziła nowe problemy. Pierwszej nocy, gdy wszyscy zasnęli, jedna małpa uciekła właścicielom. Psotny zwierzak przespacerował się po dachach i wskoczył do chaty zamieszkanej przez zaklinaczy węży. Ich kobry spały w zakrytych wiklinowych koszach, zabezpieczonych bambusowym skobelkiem i kamieniem ułożonym na każdym wieku. Małpa zabrała jeden kamień i otworzyła kosz, w którym spały trzy kobry. Z bezpiecznego punktu obserwacyjnego na dachu obudziła swoim wrzaskiem zaklinaczy, a ci podnieśli alarm.

– *Saap alla! Saap alla! Saap!* – „Węże nadchodzą! Węże!".

Wtedy rozpętało się pandemonium. Zaspani mieszkańcy slumsów miotali się z lampami naftowymi i pochodniami, atakowali każdy cień kijami i maczugami i młócili się nawzajem po stopach i łydkach. Kilka bardziej prowizorycznych chat stratowano. Kasim Ali w końcu zaprowadził porządek i podzielił zaklinaczy na dwa zespoły poszukiwawcze, które systematycznie przeczesały całe slumsy, aż znaleźli kobry i znowu zamknęli je w koszyku.

Oprócz wielu innych umiejętności małpy były przyuczone do zręcznego złodziejstwa. Jak większość innych slumsów w mieście, w naszym także nie było złodziei. Miejsce, w którym drzwi nie miały zamków i nikt nie ukrywał wartościowych przedmiotów, było rajem dla złodziejaszków. Codziennie zażenowani treserzy małp musieli wystawiać przed swoją chatą stół, na który wykładali wszystkie skradzione przedmioty, by prawowici właściciele mogli je odzyskać. Małpy wykazywały wyjątkowe upodobanie do szklanych bransolet na ręce i mosiężnych bransolet na nogi, noszonych przez większość dziewczynek. I choć właściciele kupili mnóstwo świecidełek, którymi obwiesili ich kudłate łapki, małpy nadal nie potrafiły się oprzeć urokowi cudzej biżuterii.

W końcu Kasim Ali rozkazał zakładać małpom dzwoneczki, dopóki pozostawały na terenie slumsów. Zwierzaki wykazywały się dużą pomysłowością przy pozbywaniu się dzwonków lub uciszaniu ich. Raz zobaczyłem dwie małpy, które skradały się po zmroku pustą uliczką przed moją chatą, a ich oczy błyszczały wstydem i złośliwością. Jednej udało się zdjąć dzwoneczki z szyi. Szła na tylnych łapach, wraz z towarzyszką, której dzwonki zagłuszyła, trzymając je obiema łapkami. Jednak mimo wszystkich genialnych pomysłów brzęk utrudnił zwykle bezszelestne podchody i ograniczył popełnianie drobnych przestępstw i wstyd ich właścicieli.

Względne bezpieczeństwo slumsów przyciągnęło oprócz ulicznych artystów wielu innych ludzi ulicy. Znani jako mieszkańcy chodników, budowali domy na każdym dostępnym skrawku nieuczęszczanych terenów i ścieżek, na tyle szerokich, by zmieściły się na nich te prowizoryczne schronienia, nie tarasując całkowicie drogi przechodniom. Wśród milionów bezdomnych w Bombaju to oni mieli najbardziej prymitywne domki i żyli w najtrudniejszych warunkach. W czasie monsunu to oni znajdowali się w największym niebezpieczeństwie i wielu szukało ucieczki w slumsach.

Pochodzili z najróżniejszych części Indii – Asamu, Tamilnadu, Karnataki i Gudżaratu, Triwandrumu, Bikaneru i Konaraku. Podczas monsunowych deszczów już i tak przepełnione slumsy przyjmowały dodatkowe pięć tysięcy dusz. Jeśli nie liczyć miejsca zajmowanego przez klatki zwierząt, sklepy, magazyny, uliczki, zaułki i latryny, na każdego mężczyznę, kobietę i dziecko przypadało około dwóch metrów kwadratowych.

Nietypowy ścisk rodził pewne zadrażnienia i dodatkowe trudności, ale na ogół nowych przybyszów traktowano tolerancyjnie. Nigdy nie słyszałem sugestii, żeby im nie pomagać czy nie okazywać im życzliwości. Prawdę mówiąc, jedyne poważne problemy istniały poza granicami slumsów. Te pięć tysięcy dodatkowych mieszkańców i wiele tysięcy w innych slumsach mieszkało na ulicy. Wszyscy robili sprawunki w okolicznych sklepach. Kupowali niewiele – jajka, mleko, herbatę, chleb, papierosy, jarzyny, naftę, dziecięce ubranka i tak dalej. W sumie jednak okoliczne sklepy sporo na nich zarabiały. Kiedy wyprowadzili się do slumsów, zaczęli wydawać pieniądze w miejscowych sklepikach. W tych niewielkich, nielegalnych straganikach można było dostać niemal to samo co w legalnych sklepach w zamożnych dzielnicach. Mieliśmy tu sklepy z artykułami spożywczymi, odzieżą, olejami, nasionami, naftą, alkoholem, haszyszem i nawet urządzeniami elektrycznymi. Slumsy były w dużej mierze samowystarczalne, a Johnny Cygaro – miejscowy doradca finansowy i podatkowy – szacował, że na każdą rupię wydaną poza granicami slumsów mieszkańcy wydają dwadzieścia rupii w ich granicach.

Okoliczni sklepikarze i drobni przedsiębiorcy byli bardzo niezadowoleni ze spadku zysków i rozkwitu slumsowych sklepików. Kiedy groźba deszczów zapędziła mieszkańców chodnika do slumsów, niezadowolenie zmieniło się we wściekłość. Sklepikarze połączyli siły z miejscowymi właścicielami lokali i działek, a także innymi, którzy bali się i nie zgadzali na rozrastanie slumsów. Złożyli się na opłacenie dwóch band z okolic Kolaby, którym zlecili napaść na dostawców slumsowych sklepików. Ci, którzy wieźli do slumsów wózki pełne jarzyn, ryb lub suszonych produktów, byli napadani, tracili towar, a czasami nawet odnosili obrażenia.

Sam leczyłem kilkoro dzieci i młodzieńców napadniętych przez bandytów. Grożono im oblaniem kwasem. Nie mogąc prosić o pomoc policji – gliniarze dostali łapówkę za nagłą utratę wzroku – mieszkańcy slumsów musieli się bronić sami. Kasim Ali utworzył dziecięce brygady, które patrolowały granice slumsów, oraz kilka plutonów silnych młodzieńców, zapewniających eskortę dostawcom.

Wynajęci bandyci i nasi ochroniarze już wdali się w parę utarczek. Wiedzieliśmy, że po nadejściu monsunowych deszczów konflikty staną się częstsze i bardziej drastyczne. Napięcie rosło. Mimo to walka ze sklepikarzami nie odebrała otuchy mieszkańcom slumsów. Przeciwnie, slumsowi sklepikarze doświadczyli nagłej popularności. Stali się półbohaterami, na co zareagowali obniżkami cen i serdeczną atmosferą. Getto jest żywym organizmem: reaguje na zewnętrzne zagrożenie przeciwciałami odwagi, solidarności i tą desperacką, fantastyczną miłością, którą zwykle nazywamy instynktem przetrwania. Gdyby slumsy przestały istnieć, nie mielibyśmy nic.

Jeden z młodzieńców, który podczas ataku na dostawcę odniósł rany, był robotnikiem z budowy poza granicami slumsów. Nazywał się Naresh. Miał dziewiętnaście lat. To jego głos i mocne pukanie do otwartych drzwi mojej chaty zakończyło krótką chwilę samotności po odejściu przyjaciół i sąsiadów wraz z Kano i niedźwiednikami. Nie czekając na moją odpowiedź, Naresh wszedł do chaty i przywitał mnie.

– Witaj, Linbaba – powiedział po angielsku. – Byłeś ściskający niedźwiedzia. Wszyscy tak mówią.

– Witaj, Naresh. Jak ręka? Mam na nią spojrzeć?

– Tak, jeśli masz czas – odpowiedział w marathi, swoim ojczystym języku. – Wyrwałem się z roboty. Za piętnaście, dwadzieścia minut muszę wracać. Mogę przyjść kiedy indziej, jeśli jesteś zajęty.

– Nie, w porządku. Usiądź, obejrzę cię.

Naresh miał na ramieniu ranę od brzytwy. Cięcie nie było głębokie i powinno się szybko zagoić, wystarczyło je tylko opatrzyć. Jednak w niezdrowej, wilgotnej atmosferze na budowie wzrastało ryzyko zakażenia. Bandaż, którym opatrzyłem jego rękę zaledwie dwa dni temu, był już brudny i przepocony. Zdjąłem go i wrzuciłem do plastikowego worka, który miałem później spalić w jednym ze wspólnych ognisk.

Rana zaczynała się ładnie goić, ale była niepokojąco czerwona, z paroma smugami żółtawej bieli. Trędowaci Kadirbaja dostarczyli mi dziesięciolitrowy pojemnik chirurgicznego płynu dezynfekcyjnego. Umyłem w nim ręce, a potem oczyściłem ranę ze śladów infekcji. Musiało boleć, ale Naresh siedział z kamienną twarzą. Kiedy rana była oczyszczona, zasypałem ją antybiotykiem w pudrze i opatrzyłem świeżą gazą i bandażem.

– Prabaker mówi, że wczoraj w nocy z trudem uciekłeś przed policją – powiedziałem, z wysiłkiem posługując się łamanym marathi.

– Prabaker ma przykry zwyczaj rozpowiadania wszędzie prawdy – burknął Naresh.

– Skąd ja to znam – rzuciłem szybko i obaj parsknęliśmy śmiechem.

Jak wielu Marathów, Naresh był bardzo zadowolony, że usiłuję się nauczyć jego języka, i podobnie jak większość starał się mówić do mnie powoli i bardzo wyraźnie. Wydawało mi się, że między angielskim i marathi nie ma żadnych podobieństw, w przeciwieństwie do angielskiego i niemieckiego lub angielskiego i włoskiego. A jednak nietrudno było się go nauczyć, ponieważ lud Maharasztry przyjmował moje wysiłki z zachwytem i bardzo chętnie udzielał mi korepetycji.

– Jeśli będziesz dalej kradł z Azefem i jego bandą – powiedziałem poważniej – w końcu cię złapią.

– Wiem, ale mam nadzieję, że nie. Mam nadzieję, że Oświecony jest po mojej stronie. To dla mojej siostry. Modlę się, by mnie nie spotkała żadna krzywda, bo nie kradnę dla siebie, lecz dla siostry. Wkrótce wyjdzie za mąż i nie ma wystarczającego posagu. To mój obowiązek. Ja jestem najstarszym synem.

Naresh był odważny, inteligentny, pracowity i dobry dla dzieci. Chatę miał niewiele większą od mojej, ale dzielił ją z rodzicami i sześciorgiem rodzeństwa. Sam spał na zewnątrz, na ziemi, żeby młodsi mieli więcej miejsca. Parę razy byłem w jego chacie i wiedziałem, że cały jego ziemski dobytek zmieściłby się w plastikowej reklamówce – zmiana skromnego ubrania, odświętne spodnie i koszula na wyjątkowe okazje i wizyty w świątyni, tom buddyjskich tekstów, kilka zdjęć i parę kosmetyków. Nie miał nic więcej. Każdą rupię, zarobioną lub ukradzioną, oddawał matce, prosząc ją w zamian o trochę drobnych. Nie pił, nie palił, nie grał w karty. Jako biedak bez przyszłości nie miał dziewczyny ani wielkich szans, by ją zdobyć. Jedyną rozrywką, na jaką sobie pozwalał, były wycieczki do najtańszego kina, na które udawał się wraz z kolegami raz w tygodniu z pracy. A jednak był wesoły i pełen optymizmu. Czasami, kiedy późną nocą krążyłem po slumsach, dostrzegałem go skulonego na ścieżce przed rodzinnym domem. Uśmiechał się przez sen.

– A ty, Naresh? – spytałem, spinając bandaż agrafką. – Kiedy się ożenisz?

Wstał i zgiął szczupłe ramię, by rozluźnić bandaż.

– Kiedy Poonam wyjdzie za mąż, trzeba będzie wydać jeszcze dwie siostry – wyjaśnił z uśmiechem, kołysząc głową na boki. – One najpierw. Tutaj, w naszym Bombaju, biedak musi szukać męża, zanim zacznie szukać żony. Głupio, co? *Amchi Mumbai, Mumbai amchi*! „Bombaj jest nasz, Bombaj to my!".

Wyszedł, nie dziękując, co było tutaj w zwyczaju. Wiedziałem, że wkrótce zaprosi mnie na kolację do siebie albo przyniesie w podarku owoce lub niezwykłe kadzidełko. Ludzie dziękowali mi czynem, nie słowem, i nauczyłem się z tym godzić.

Kiedy Naresh wyłonił się z mojej chaty z czystym opatrunkiem, parę osób zobaczyło go i zgłosiło się na leczenie. Zająłem się nimi kolejno – ukąszenia szczurów, gorączka, zainfekowane wysypki, liszajec – gawędząc z każdym i wysłuchując ploteczek, nieustannie krążących po ścieżkach i zaułkach niczym pyłki kurzu.

Ostatnią pacjentką była staruszka, której towarzyszyła siostrzenica. Skarżyła się na ból w piersi po lewej stronie, ale w związku z posuniętą do najdalszych granic skromnością badanie było w Indiach skomplikowaną procedurą. Poprosiłem dziewczynę, by wezwała inne kobiety na pomoc. Do chaty weszły jej dwie przyjaciółki. Rozwiesiły gęsty materiał między mną i pacjentką, całkowicie ją przede mną zasłaniając. Dziewczyna stanęła przy ciotce tak, że mogła spoglądać nad materiałem na mnie. Zacząłem dotykać własnej piersi, a dziewczyna naśladowała moje ruchy, badając pierś ciotki.

– Czy boli tutaj? – spytałem, dotykając ciała nad sutkiem.

Dziewczyna dotknęła piersi ciotki, powtarzając pytanie.

– Nie.

– A tutaj?

– Tu też nie.

– A tu?
– Tak. Tu jest ból.
– A tu? Albo tu?
– Nie, tu nie. Trochę bardziej w tę stronę.

Dzięki tej pantomimie, zdalnie kierując rękami siostrzenicy, ustaliłem w końcu, że staruszka ma w piersi dwa bolesne guzy. Dowiedziałem się także, że czuje ból przy głębokim wdechu i podnoszeniu ciężkich przedmiotów. Napisałem kartkę do doktora Hamida, opisując moje badanie na odległość i wnioski. Właśnie skończyłem tłumaczyć dziewczynie, że musi natychmiast zgłosić się z ciotką do doktora Hamida, kiedy za moimi plecami rozległ się jakiś głos:

– Wiesz co, do twarzy ci z biedą. Na samym dnie miałbyś nieodparty urok.

Odwróciłem się z zaskoczeniem i zobaczyłem Karlę, opartą o futrynę drzwi, z rękami założonymi na piersiach. Kąciki jej ust unosiły się w ironicznym półuśmiechu. Była cała w zieleni – luźne jedwabne spodnie, bluzka z długimi rękawami i szal w ciemniejszym odcieniu. Czarne włosy miała rozpuszczone; słońce zabarwiło je miedzianymi przebłyskami. W jej oczach lśniła zieleń ciepłej, płytkiej wody sennej laguny. Była niemal zbyt piękna – piękna jak rumieniec letniego zachodu słońca na opasującym całe niebo pierścieniu chmur.

– Długo tam stoisz? – spytałem ze śmiechem.

– Na tyle długo, że obejrzałam sobie dokładnie tę dziwną metodę głuchego telefonu. Zacząłeś już leczyć telepatycznie?

– Hinduski są niezłomne, gdy w grę wchodzi obmacywanie im piersi przez obcego mężczyznę – wyjaśniłem, gdy pacjentka z krewnymi minęły Karlę i wyszły z chaty.

– Nikt nie jest doskonały, jak by powiedział Didier – rzekła przeciągle, z kpiącym grymasem, któremu bardzo mało brakowało do prawdziwego uśmiechu. – Nawiasem mówiąc, Didier za tobą tęskni. Prosił, żebym przekazała ci pozdrowienia. Właściwie wszyscy oni za tobą tęsknią. Odkąd zająłeś się pracą dla Czerwonego Krzyża, rzadko cię widujemy w „Leopoldzie".

Ucieszyło mnie, że Didier i pozostali nie zapomnieli o mnie, ale nie spojrzałem jej w oczy. Kiedy byłem sam, czułem się bezpiecznie i miałem na szczęście dość zajęć. Na widok przyjaciół spoza tych rozległych terenów chwytał mnie wstyd. Strach i poczucie winy to czarne anioły, które nawiedzają bogaczy, powiedział mi kiedyś Kadir. Nie mam pojęcia, czy tak jest naprawdę, czy też tylko chciał, żeby tak było, ale z doświadczenia wiem, że rozpacz i upokorzenie raczej nawiedzają biednych.

– No, wejdźże. Co za niespodzianka. Usiądź... siadaj, a ja... posprzątam.

Weszła i usiadła na drewnianym stołku, a ja chwyciłem foliową torbę ze zużytymi wacikami i bandażami i zgarnąłem do niej resztę śmieci. Znowu umyłem ręce w spirytusie i ułożyłem lekarstwa na półkach.

Karla rozglądała się po chacie krytycznym wzrokiem. Po raz pierwszy ujrzałem mój domek w rzeczywistości jako nędzną norę. Ponieważ mieszkałem tu samotnie, zaczął mi się wydawać luksusowo przestronny w odróżnieniu od zatłoczonych domów, w których żyli wszyscy dokoła. W obecności Karli stał się nędzny i ciasny.

Klepisko, które służyło mi za podłogę, było popękane i nierówne. Każda ściana miała dziury wielkie jak pięść, przez które tłum z zewnątrz mógł obserwować moje życie. Dzieci przyglądały się przez nie Karli i mnie, co jeszcze bardziej podkreśliło, jak odarte z prywatności jest moje życie. Trzcinowy dach obwisł, a w paru miejscach był przerwany. Moja kuchnia składała się z jednopalnikowego piecyka naftowego, dwóch filiżanek, dwóch metalowych talerzy, widelca, noża, łyżki i paru pojemników z przyprawami. Wszystko to mieściło się w tekturowym pudle w kącie. Miałem zwyczaj kupowania jedzenia tylko na jeden posiłek, więc w domu nie było żywności. Woda stała w glinianej matce. To była woda ze slumsów. Nie mogłem jej zaproponować Karli, bo wiedziałem, że nie zdołałaby jej przełknąć. Moim jedynym meblem była szafka na lekarstwa, mały stół, krzesło i drewniany stołek. Pamiętam, jak się cieszyłem, kiedy dostałem te graty, nieczęsto widywane w slumsach. Jej oczami dostrzegłem pęknięcia drewna, plamy pleśni, naprawy dokonane drutem i sznurkiem.

Obejrzałem się na Karlę. Siedziała na stołku, paliła papierosa, wypuszczając dym kątem ust. Nagle ogarnęło mnie rozdrażnienie. Byłem niemal wściekły, że przez nią ujrzałem niepiękną prawdę o moim domu.

– Trochę tu... może...

– Wszystko w porządku – powiedziała, odgadując moje myśli. – Mieszkałam przez rok w takiej małej chatce w Goa. I byłam szczęśliwa. Nie ma dnia, żebym nie chciała tam wrócić. Czasami wydaje mi się, że szczęście jest odwrotnie proporcjonalne do rozmiarów domu.

Mówiąc to, uniosła lewą brew, zapraszając mnie do odpowiedzi – i po tym geście wszystko było już dobrze. Już nie czułem rozdrażnienia. Zrozumiałem, zyskałem dziwną pewność, że rozmiary mojego domku przeszkadzały mnie, nie jej. Ona mnie nie oceniała. Ona tylko patrzyła, dostrzegała wszystko, nawet moje uczucia.

Dwunastoletni syn mojego sąsiada, Satish, wszedł do chaty, niosąc na biodrze swoją dwuletnią kuzynkę. Stanął przy Karli, przyglądając się jej bez skrępowania. Odpowiedziała mu równie skupionym spojrzeniem; uderzyło mnie, jak bardzo byli w tej chwili do siebie podobni, ten mały Hindus i dorosła Europejka. Oboje mieli pełne, wyraziste wargi i włosy czarne jak noc; i choć oczy Karli były koloru zielonego morza, a chłopca były ciemnobrązowe, oboje spoglądali z zainteresowaniem i humorem.

– *Satish, chai bono* – powiedziałem. „Zrób herbaty".

Uśmiechnął się natychmiast i wybiegł. O ile wiedziałem, Karla była pierwszą „zagraniczną panną", którą zobaczył w slumsach. Zrobienie jej herbaty było dla niego wyróżnieniem. Wiedziałem, że będzie opowiadał o tym innym dzieciom jeszcze przez wiele tygodni.

– No to opowiadaj, jak mnie znalazłaś? Jak się w ogóle tutaj dostałaś? – spytałem, gdy zostaliśmy sami.

– Jak się dostałam? – powtórzyła z grymasem. – Chyba wizyty u ciebie nie są nielegalne, co?

– Nie. – Roześmiałem się. – Ale i nieczęste. Nie miewam tu wielu gości.

– Właściwie to nic trudnego. Po prostu stanęłam na chodniku i poprosiłam ludzi, żeby mnie do ciebie zaprowadzili.

– I zaprowadzili?

– Nie całkiem. Bardzo cię chronią. Zabrali mnie najpierw do twojego przyjaciela Prabakera, a on zaprowadził mnie do ciebie.

– Prabaker?

– Tak, Lin, wołałeś mnie? – odezwał się Prabaker, opuszczając szpiegowski posterunek na zewnątrz.

– Myślałem, że jeździsz taksówką – mruknąłem z surowym wyrazem twarzy, który bawił go u mnie najbardziej.

– Taksówką mojego kuzyna Shantu – przyświadczył i wyszczerzył zęby. – Jeździłem, tak, lecz teraz jeździ mój inny kuzyn, Prakesh, a ja jestem odpoczywający przez dwie godziny przerwy obiadkowej. Byłem u Johnny'ego Cygaro w jego domu, gdy ludzie przybyli z panną Karlą. Ona chce cię widzieć, ja przybywam do ciebie. To bardzo dobrze, tak?

– Dobrze, Prabu. – Westchnąłem.

Wrócił Satish z tacą z trzema filiżankami gorącej, słodkiej herbaty. Podał ją nam i rozdarł małe opakowanie z czterema biszkoptami, które wręczył nam z uroczystą miną. Spodziewałem się, że zje czwarty biszkopt, ale on położył go na dłoni, podzielił na równe kawałki brudnym paznokciem kciuka i przełamał na pół. Przyłożył je do siebie, wziął ten minimalnie większy i podał go Karli. Drugi dostał się jego siedzącej na progu małej kuzynce, która z zadowoleniem zaczęła skubać herbatnik.

Ja zajmowałem krzesło z oparciem, Satish przykucnął na podłodze u moich stóp. Oparł ramię na moim kolanie. Byłem na tyle dojrzały, żeby zrozumieć, że ta rzadka manifestacja uczucia stanowiła dla Satisha przełom. A jednocześnie byłem na tyle niedojrzały, że bardzo mi zależało, żeby Karla to zauważyła i była pod wrażeniem.

Skończyliśmy herbatę, Satish zebrał puste filiżanki i wyszedł bez słowa. W drzwiach, sięgając po rączkę kuzynki, rzucił Karli przeciągły uśmiech i spojrzenie spod długich rzęs.

– Miły chłopak – zauważyła.

– Tak. Syn sąsiada. Dzięki tobie coś się w nim przełamało. Zwykle jest bardzo nieśmiały. Więc co cię sprowadza w moje skromne progi?

– Akurat byłam w okolicy – rzuciła nonszalancko, spoglądając na dziurę w ścianie, przez którą gapiło się na nas tuzin małych twarzy. Słychać było, jak dzieci wypytują o nią Satisha. Kto to? Czy to żona Linbaby?

– Akurat byłaś? A może za mną tęskniłaś? Tak troszeczkę?

– Nie prowokuj – rzuciła kpiąco.

– Nie mogę inaczej, mam to w genach. Pochodzę z rodu o długich prowokatorskich tradycjach. Nie myśl, że to coś osobistego.

– Wszystko uważam za coś osobistego, na tym polega bycie osobą. A ciebie uważam za umówionego ze mną na obiad, jeśli już skończyłeś z pacjentami.

– Hm, właściwie jestem już umówiony...

– O. W takim razie...

– Nie, nie. Będziesz mile widziana, jeśli zechcesz. To coś w rodzaju otwartego przyjęcia. Mamy tu dzisiaj uroczystość. Byłbym bardzo szczęśliwy, gdybyś zechciała... być naszym gościem. Chyba ci się spodoba. Powiedz jej, że to się jej spodoba, Prabu.

– Będziemy bardzo smacznie obiadujący! – zapewnił Prabaker. – Moja osobistość trzymała dziś żołądek tak bardzo pusty, żeby dziś go napełnić tłustością. Tak dobre będzie obiadowanie. To będzie taka smakowitość, że ludzie pomyślą, że masz pod suknią dziecko.

– W porządku – powiedziała powoli i spojrzała na mnie. – Umie przekonywać ten twój Prabaker.

– Szkoda, że nie znasz jego ojca – odparłem, kręcąc głową z rezygnacją.

Prabaker nadął się z dumy i zakołysał radośnie głową.

– Więc dokąd się wybieramy?

– Do Wioski w Niebie.

– Chyba o niej nie słyszałam – powiedziała, marszcząc brwi.

Prabaker i ja parsknęliśmy śmiechem. Lekkie zmarszczki podejrzliwości na jej czole pogłębiły się.

– Nie, nie słyszałaś, ale myślę, że ci się spodoba. Słuchaj, idź przodem z Prabakerem. Ja się umyję i zmienię koszulę. Dogonię was za parę minut, dobrze?

– Świetnie – odparła.

Nasze spojrzenia spotkały się na dłużej. Z jakiegoś powodu ociągała się z zerwaniem kontaktu; spoglądała na mnie wyczekująco. Nie rozumiałem tego spojrzenia i nadal usiłowałem je rozszyfrować, kiedy nagle podeszła i szybko pocałowała mnie w usta. To był przyjacielski pocałunek, impulsywny, serdeczny i lekkomyślny, ale pozwoliłem sobie wierzyć, że chodzi o coś więcej. Odeszła z Prabakerem, a ja odwróciłem się na pięcie z cichym okrzykiem radości i odtańczyłem taniec szczęścia. Podniosłem głowę i zobaczyłem dzieci zaglądające przez dziury w ścianach i chichoczące. Wykrzywiłem się do nich, a one parsknęły głośniejszym śmiechem i zaczęły przedrzeźniać mój taniec. Dwie minuty później sadziłem już wielkimi susami za Prabakerem i Karlą, po drodze wciskając czystą koszulę w spodnie i otrząsając wodę z włosów.

Nasze slumsy, jak wiele innych w Bombaju, powstały początkowo na potrzeby budowy – na brzegu Kolaba Back Bay budowano dwa trzydziestopięciopiętrowce, wieżowce World Trade Centre. Przedsiębiorcy, rzemieślnicy i robotnicy z budowy mieszkali w barakach na terenie przyległym do miejsca budowy. W tamtych czasach firmy projektujące i wznoszące wielkie budynki były zmuszone zapewnić teren pod baraki. Wielu pracowników podróżowało po całym kraju tam, gdzie ich umiejętności były potrzebne, a ich prawdziwe domy znajdowały się w odległości setek kilometrów. Większość robotników pochodzących z Bombaju stanowili po prostu bezdomni, mieszkający tam, gdzie trafiała się im robota. Wiele osób godziło się na niebezpieczeństwa tej trudnej i ryzykownej pracy tylko dlatego, że dzięki niej zyskiwali dach nad głową.

Firmy dość chętnie przestrzegały zasad nakazujących im zapewnienie baraków, ponieważ one także na tym korzystały. Bliskość, która rodziła się ze wspólnego mieszkania, gwarantowała jedność, rodzinną solidarność i lojalność w stosunku do firmy. Robotnicy mieszkający tuż koło budowy nie marnowali czasu na dojazdy. Żony, dzieci i inne bliskie osoby stanowiły dostępne źródło dodatkowej siły roboczej. Można ich było wynająć z dnia na dzień, o dowolnej porze. A na kilka tysięcy osób o wiele łatwiej wpłynąć, a do pewnego stopnia nawet kontrolować, kiedy stanowią jedną społeczność.

Kiedy World Trade Centre był dopiero w fazie planowania, wyznaczono wielki plac, który podzielono na ponad trzysta działek. Zgłaszający się robotnicy otrzymywali działkę i pewną kwotę, za którą kupowali bambusowe tyczki, trzcinowe maty, sznur konopny i blachę. Każdy budował z pomocą rodziny i przyjaciół własny dom. Osiedle chwiejnych chat zaczęło się rozrastać niczym delikatne, płytkie korzenie wielkich wieżowców, które miały się dopiero pojawić. Wykopano wielkie studnie, które miały zapewnić społeczności wodę. Wytyczono symboliczne uliczki. W końcu wokół chat wzniesiono ogrodzenie z drutu kolczastego dla ochrony robotników. Narodziły się legalne slumsy.

Wkrótce poza ogrodzeniem zaczęli się zbierać koczownicy, których przyciągnęły tu regularne wypłaty, jakie robotnicy musieli na coś wydać – a także, w nie mniejszym stopniu, dostatek świeżej wody. Pierwsi byli właściciele malutkich straganów z czajem i artykułami spożywczymi. Ich sklepiki stanęły pod ogrodzeniem. Robotnicy z legalnego barakowiska przełazili przez dziury w ogrodzeniu i wydawali pieniądze. Następnie zjawiły się stragany z warzywami, zakłady krawieckie i knajpki. Po nich nadeszła kolej na jaskinie hazardu, a także spelunki z alkoholem i *charrasem*. Nowe sklepiki oblepiły szczelnie ogrodzenie, nie zostawiając ani kawałeczka wolnego miejsca. Nielegalne slumsy zaczęły się rozrastać na terenie wiodącym w stronę morza. Bezdomni ściągali coraz większymi tłumami. W ogrodzeniu poszerzano dziury. Osadnicy zaczęli wchodzić na teren legalnych slumsów po wodę, a robotnicy odwiedzali nielegalne slumsy, żeby zrobić zakupy albo spotkać się z nowym znajomymi.

Nielegalne slumsy rozrastały się gwałtownie, ale w przypadkowy, niezaplanowany sposób, przez co kontrastowały ze schludniejszymi alejkami w barakowisku robotników. Z czasem na jednego mieszkańca budowlanych slumsów przypadało już ośmiu nielegalnych osadników, w sumie ponad dwadzieścia pięć tysięcy osób, i podział między nielegalnym i legalnym osiedlem zaczął się zacierać.

Choć władze Bombaju potępiały nielegalne slumsy, a władze firmy budowlanej krzywo patrzyły na kontakty robotników z osadnikami, mieszkańcy slumsów uważali się za jedną społeczność; ich dni, marzenia i dążenia były wplecione w wątek życia getta. Druty kolczaste były jednym z wielu ogrodzeń – narzuconym i nieważnym. Robotnicy, którym nie pozwolono sprowadzić nikogo z wyjątkiem najbliższej rodziny, zapraszali krewnych do zamieszkania tuż obok, za siatką. Wśród dzieci z obu stron kwitła przyjaźń, małżeństwa z miłości lub zaaranżowane stanowiły codzienność. Na uroczystościach po jednej stronie ogrodzenia zjawiali się goście z drugiej strony. A ponieważ pożary, powodzie i epidemie nie respektują ogrodzeń z drutu kolczastego, pomoc w nagłych wypadkach wymagała udziału obu stron.

Karla, Prabaker i ja pochyliliśmy się nisko, by przejść przez dziurę w płocie, i tak znaleźliśmy się na terenie legalnych slumsów. Obok nas biegła grupa dzieci, ubranych w świeżo uprane podkoszulki i sukienki. Wszyscy dobrze znali Prabakera i mnie. Leczyłem wiele młodszych dzieci, oczyszczałem i bandażowałem skaleczenia, rany i ukąszenia szczurów. I niejeden robotnik z obawy, że z powodu obrażenia odniesionego na budowie mógłby zostać odsunięty od pracy, częściej zgłaszał się do mojej darmowej kliniki niż do firmowego punktu opatrunkowego.

– Znasz tu wszystkich – zauważyła Karla, kiedy po raz piąty zatrzymaliśmy się przy grupie sąsiadów. – Ubiegasz się o urząd burmistrza czy jak?

– Skądże. Nie znoszę polityków. Polityk to ktoś, kto obiecuje ci most tam, gdzie nie ma rzeki.

– Niezłe – mruknęła. Oczy się jej śmiały.

– Szkoda tylko, że nie moje. – Uśmiechnąłem się. – Tak powiedział pewien aktor, Amitabh.

– Amitabh Bachchan? – spytała. – Sam wielki B?

– Aha... co, lubisz filmy z Bollywood?

– Tak. Bo co?

– Nie wiem – powiedziałem, kręcąc głową. – Po prostu... nie spodziewałem się.

Nastąpiła pauza, która zmieniła się w niezręczną ciszę. Karla odezwała się pierwsza.

– Ale faktycznie znasz tu wiele osób, a oni cię bardzo lubią.

Zmarszczyłem brwi z autentycznym zaskoczeniem. Nigdy nie przyszło mi do głowy, że mieszkańcy slumsów mogliby mnie lubić. Wiedziałem, że niektórzy – Prabaker, Johnny Cygaro, nawet Kasim Ali Husajn – uważają mnie za przyjaciela. Wiedziałem, że inni traktują mnie z szacunkiem, który robił wrażenie szczerego i nieudawanego. Ale nigdy nie uważałbym, że ta przyjaźń czy szacunek mogą wynikać z sympatii.

– To wyjątkowy dzień – odparłem z uśmiechem, żeby zmienić temat. – Miejscowi od lat starali się założyć własną podstawówkę. Mają około ośmiuset dzieci w wieku szkolnym, ale w promieniu wielu kilometrów nie ma w szkołach wolnych miejsc. Więc znaleźli własnych nauczycieli i dogodne miejsce na szkołę, ale władze nadal się cholernie sprzeciwiały.

– Bo to slumsy...

– Tak. Boją się, że szkoła w jakiś sposób usankcjonuje istnienie tego osiedla. Teoretycznie slumsy nie istnieją, bo prawo na nie nie pozwala.

– Jesteśmy nieludźmi – odezwał się wesoło Prabaker. – A to są niedomy, a my nie żyjemy.

– A teraz do kompletu mamy jeszcze nieszkołę – zakończyłem. – Władze w końcu poszły na coś w rodzaju kompromisu. Pozwoliły na prowadzenie tymczasowej szkoły, a niedługo powstanie druga. Ale trzeba je zburzyć, kiedy budowa będzie zakończona.

– Czyli kiedy?

– Budują te wieżowce już od pięciu lat, a pewnie zajmie to jeszcze ze trzy, może więcej. Nikt tak naprawdę nie wie, co się wydarzy, kiedy budynki będą gotowe. Teoretycznie slumsy zostaną zburzone.

– To wszystko zniknie? – spytała Karla, omiatając osiedle spojrzeniem.

– Wszystko zaniknie. – Prabaker westchnął.

– Ale dziś jest wielkie święto. Walka o szkołę trwała długo i czasami szło na noże. Ludzie wygrali i będą mieli szkołę, więc dziś jest wielkie święto. Tymczasem jeden z robotników wreszcie doczekał się syna, po pięciu córkach z rzędu, więc zorganizował przyjęcie przed uroczystością i zaprosił wszystkich.

– Wioska w Niebie! – Prabaker się roześmiał.

– Ale gdzie to jest? Dokąd mnie prowadzicie?

– Tutaj – powiedziałem, wskazując w górę. – Dokładnie tutaj.

Dotarliśmy na granice legalnych slumsów i stanęliśmy przed megalitycznym ogromem bliźniaczych drapaczy chmur. Betonowe płyty sięgały do trzech czwartych ich wysokości, ale nie było okien, drzwi ani wykończeń. Budowle, pozbawione rozbłysków światła czy ozdób, które by rozładowały szarość, zdawały się jakby chłonąć światło, dławić je, przyciągać cienie. Setki dziur niczym otwory pieczar, które kiedyś miały się stać oknami, ukazywały widok wnętrza jakby mrówczej farmy z mężczyznami, kobietami i dziećmi na każdym piętrze, chodzącymi tu i tam, w górę i w dół, krzątającymi się wokół swoich obowiązków. Na parterze panował hałas i porywająca muzyka niebosiężnych ambicji: nerwowy warkot generatorów, bezlitosny zgrzyt metalu o metal, jęczący jazgot wiertarek i szlifierek.

Wężowe szeregi kobiet w sari, niosących na głowach misy ze żwirem, wiły się na całej budowie, od stert kamieni po ziejące paszcze niezmordowanie obracających się betoniarek. Dla moich zachodnich oczu te giętkie, kobiece postacie w łagodnych czerwieniach, błękitach, zieleniach i żółcieniach jedwabiu wyglądały obco w tym zamęcie budowy. A jednak obserwując je miesiącami, zrozumiałem, że są tu niezbędne. Dźwigały na smukłych plecach ciężkie ładunki kamieni, stali i cementu, po jednej okrągłej misie. Najwyższe piętra nie były jeszcze wylane cementem, ale już znalazły się na nich rusztowania belek i nawet tam, na trzydziestym piątym piętrze, kobiety pracowały ramię w ramię z mężczyznami. Na ogół byli to prości ludzie z małych wiosek, ale to oni mieli niezrównany widok na to wielkie miasto, bo to oni budowali najwyższe budynki Bombaju.

– Najwyższe budynki w całych Indiach – oznajmił Prabaker, wykonując gest posiadacza. Mieszkał w nielegalnych slumsach i nie miał nic wspólnego z tą budową, ale chwalił się nią, jakby sam był jej projektantem.

– Na pewno najwyższe w Bombaju – poprawiłem. – Niezły stamtąd widok. Przyjęcie będzie na dwudziestym trzecim piętrze.

– Tam? – spytała Karla z przerażeniem.

– Nie problem. Nie wejdziemy na górę. Podróżujemy pierwsza klasa, bardzo wspaniałym windem.

Prabaker wskazał windę towarową, kursującą na zewnątrz budynku w żółtej, stalowej obudowie. Karla przyjrzała się platformie, ze szczękiem i dygotem pełznącej w górę na grubych kablach. Jechali w niej ludzie ze sprzętem.

– Bomba – powiedziała. – Teraz czuję się już fantastycznie.

– Ja też się czuję fantastyczny! – zgodził się Prabaker z uśmiechem od ucha do ucha. Pociągnął ją do windy. – Chodźmy, złapiemy winda za teraźniejszym zjazdem. Bardzo piękne budynki, tak?

– Nie wiem. Wyglądają jak jakieś grobowce – mruknęła, kiedy poszliśmy za nim. – Grobowce kogoś bardzo nielubianego... na przykład... duszy.

Robotnicy obsługujący windę głośno pouczyli nas, jak się zachowywać, świadomi własnej ważności i obcesowi. Znaleźliśmy się na rozkołysanej platformie wraz z paroma innymi osobami oraz taczką pełną narzędzi i beczułek z nitami. Operator zagwizdał przeraźliwie w metalowy gwizdek i przesunął dźwignię, uruchamiającą silne generatory, dzięki którym winda z wolna ruszyła w górę. Wokół platformy nie było ścian, tylko żółta barierka na wysokości pasa z trzech stron. Po paru sekundach znaleźliśmy się pięćdziesiąt, osiemdziesiąt, sto metrów nad ziemią.

– Jak ci się podoba? – krzyknąłem.

– Świruję ze strachu! – odkrzyknęła. Jej ciemne oczy lśniły. – Fantastycznie!

– Masz lęk wysokości?

– Tylko kiedy jestem wysoko! Mam nadzieję, że zrobiłeś rezerwację w tej twojej cholernej restauracji! Dlaczego w ogóle tam jedziemy? Nie sądzisz, że najpierw powinni skończyć budynek?

– Pracują już na najwyższych piętrach. Ta winda jest w ciągłym użytku. Na ogół nie jeżdżą nią robotnicy. Jest zarezerwowana dla taczek, materiałów budowlanych i tak dalej. To daleko, trzydzieści pięter po schodach, a miejscami bywa niebezpiecznie. Wiele osób, które pracują na najwyższych kondygnacjach, prawie stamtąd nie wychodzi. Oni tam mieszkają. Jedzą, pracują i śpią. Mają zwierzęta, kuchnie i tak dalej. Kozy, które dają mleko, kury nioski, dostają wszystko, czego potrzebują. To trochę jak obóz baza, z którego korzystają alpiniści, kiedy wspinają się na Everest.

– Wioska w Niebie! – zawołała.

– Dokładnie.

Winda zatrzymała się na dwudziestym trzecim piętrze, a my wyszliśmy na betonową płaszczyznę, z której pęki stalowych prętów i drutów wyrastały jak metalowe chwasty. Była to przestronna pieczara, podzielona rozmieszczonymi równomiernie kolumnami i zwieńczona płaskim betonowym pułapem, ozdobionym pnączami przewodów. Każda płaska powierzchnia miała nieprzyjemnie szary kolor, na którego tle ludzie i zwierzęta rysowali się zaskakująco wyraziście. Teren wokół jednego filaru został ogrodzony wikliną i bambusem i służył za zagrodę dla zwierząt. Wokół rozrzucono słomę i jutę dla kóz, kur, kotów i psów, które kręciły się po zagrodzie wśród rozrzuconych resztek pożywienia i śmieci. Zwinięte koce i materace ludzi, którzy tu sypiali, leżały złożone na stertę wokół innego filaru. Jeszcze inny filar służył za plac zabaw dla dzieci, którym rozłożono wokół niego maty i nieliczne zabawki.

Zbliżając się do tłumu, zauważyliśmy, że na czystych trzcinowych matach czeka już wspaniała uczta. Wielkie liście bananowca służyły za talerze. Grupa kobiet wydzieliła nam porcję szafranowego ryżu, *alu palak, kheemy, bhajee* i innych dań. Nieopodal znajdowały się naftowe piecyki, na których przyrządzano inne dania. Umyliśmy ręce wodą z miednicy i dołączyliśmy do zebranych. Usiedliśmy na podłodze między Johnnym Cygaro i przyjacielem Prabakera, Kishorem. Jedzenie było o wiele pikantniejsze niż w miejskich restauracjach i znacznie smaczniejsze. Jak to było w zwyczaju, kobiety jadły osobno, jakieś pięć metrów dalej. Karla była jedyną kobietą w grupie dwudziestu mężczyzn.

– Jak ci się spodoba przyjęcie? – zwrócił się Johnny do Karli, kiedy po pierwszym daniu zjawiło się drugie.

– Wspaniałe. Cholernie smaczne jedzenie. Cholernie ładne otoczenie.

– A! Jest nowy tatuś! – zawołał Johnny. – Dilip, chodź tutaj! Poznaj pannę Karlę, przyjaciółkę Lina, który przyszedł z nami spożywać!

Dilip ukłonił się nisko, złożywszy obie dłonie, a potem odszedł, nieśmiało uśmiechnięty, by dopilnować przygotowania herbaty na dwóch wielkich piecach. Na budowie pracował przy konstrukcjach stalowych. Kierownik zmiany dał mu dzień urlopu na świętowanie z rodziną i przyjaciółmi. Mieszkał w legalnej części slumsów, ale blisko mnie.

Dwaj mężczyźni usiłowali odczyścić ścianę tuż za piecami z herbatą, nieopodal miejsca, w którym jadły kobiety. Słowo, które starali się zmyć, było nadal czytelne. Wielkie angielskie litery głosiły SAPNA.

– Co to? – spytałem Johnny'ego Cygaro. – Ostatnio wszędzie to widzę.

– To złe – rzucił i przeżegnał się przesądnie. – To imię złodzieja, *goonda*. To zły człowiek. Robi złe rzeczy w całym mieście. Włamuje się do domów, kradnie, nawet zabija.

– Powiedziałeś „zabija"? – odezwała się Karla i zacisnęła usta.

– Tak! Najpierw to były tylko słowa, na plakatach i takich, i na ścianach też. Teraz doszło do morderstwa z zimną krwią. Zeszłej nocy zginęły dwie osoby, we własnych domach.

– Jest taki szalony ten Sapna, że przybrał sobie imię dziewczyny – zaszydził Jeetendra.

Miał rację. Słowo *sapna*, czyli „marzenie", było imieniem żeńskim, bardzo popularnym.

– Nie taki szalony – sprzeciwił się Prabaker. Oczy mu lśniły, ale minę miał poważną. – Mówi, że jest królem złodziei. Mówi, że to wojna, żeby pomagać biednym i zabijać bogatych. To szalone, tak, ale to takie szaleństwo, że dużo ludzi się z nim zgadza w cichości swojej głowy.

– Kto to jest? – spytałem.

– Nikt nie wie, kto on jest – odezwał się Kishor z amerykańskim akcentem, który podchwycił od turystów. – Wiele ludzi o nim mówi, ale nie rozmawiałem z nikim, kto by go widział. Ludzie mówią, że to syn bogacza. Mówią, że pochodzi z Delhi i że go wydziedziczono. Ale niektórzy twierdzą także, że to diabeł. Inni uważają, że to wcale żaden człowiek, tylko niby organizacja. Wszędzie wiszą plakaty, a tam jest napisane, że złodzieje i biedacy ze *zhopadpatti* robią szalone rzeczy. I tak jak powiedział Johnny, już zginęły dwie osoby. Imię Sapna widnieje na ścianach i ulicach w całym Bombaju. Policja strasznie wszystkich wypytuje. Chyba się boi.

– Bogacze też się boją – dodał Prabaker. – Ci nieszczęśni, co zginęli we własnych domach, to były bogacze. Ten Sapna pisze swoje imię angielskimi literami, nie w hindi. Bardzo wykształcona osobistość. A kto namalował to imię tutaj? Tu zawsze są ludzie, zawsze pracują albo śpią, ale nikt nie widział, kto to namalował. Wykształcony duch! Bogaci ludzie też się boją. Nie taki on szalony, ten ów Sapna.

– *Madachudh! Pagal!* – rzucił znowu Johnny. „Skurwiel! Szaleniec!". – On robi problemy i my będziemy mieć problemy, bo problemy to jedyny majątek, jaki wolno mieć takim biedakom, jak my.

– Może zmieńmy temat, panowie – przerwałem, patrząc na Karlę; była blada, a jej oczy zogromniały, jak mi się wydawało, z przerażenia. – Dobrze się czujesz?

– Bardzo dobrze – odparła szybko. – Może tylko ta jazda windą była straszniejsza, niż myślałam.

– Przepraszam za problem – usprawiedliwił się natychmiast Prabaker z twarzą skrzywioną zatroskanym grymasem. – Od tej pory tylko szczęśliwe rozmawianie. Nie ma rozmawiania o zamordowaniach, zabijaniach i zakrwawieniach w całym domu i tak dalej.

– Już rozumiemy – warknąłem przez zaciśnięte zęby, przeszywając go spojrzeniem.

Parę młodych kobiet podeszło, żeby sprzątnąć zużyte liście bananowca i rozłożyć przed nami talerzyki ze słodkim *rabdi* na deser. Gapiły się na Karlę z jawną fascynacją.

– Ma za chude nogi – powiedziała jedna w hindi. – Widać przez spodnie.

– I za duże stopy – dodała druga.

– Ale włosy ma miękkie i w ładnym, czarnym, indyjskim kolorze – odezwała się trzecia.

– Oczy ma koloru pokrzywy – oznajmiła pierwsza z pogardliwym parsknięciem.

– Uważajcie, siostry – powiedziałem w hindi ze śmiechem. – Moja przyjaciółka doskonale mówi w hindi i rozumie każde wasze słowo.

Zdumione kobiety nie uwierzyły w moje słowa. Poszeptały między sobą, a potem jedna pochyliła się nad Karlą i spytała głośno, czy mówi w hindi.

– Może i mam za chude nogi i za duże stopy – odpowiedziała Karla płynnie – ale słuch jest bez zarzutu.

Kobiety pisnęły z zachwytu i obstąpiły ją, zaśmiewając się beztrosko. Poprosiły, żeby się do nich dosiadła, i po chwili uprowadziły ją do ucztujących kobiet. Przyglądałem się jej przez chwilę, zdziwiony, że w towarzystwie kobiet uśmiecha się i nawet głośno śmieje. Nigdy nie spotkałem tak pięknej kobiety. To było piękno pustyni o świcie: uroda, która wypełniała moje oczy i rzucała mnie na kolana w milczącym, zapierającym dech w piersiach podziwie.

Kiedy tak na nią patrzyłem w tej Wiosce w Niebie, kiedy patrzyłem, jak się śmieje, nie mogłem zrozumieć, że z premedytacją unikałem jej przez tyle miesięcy. Nie mniej dziwiło mnie, jak swobodnie czuły się przy niej dziewczęta, jak bez skrępowania gładziły ją po włosach i brały za dłoń. Zawsze uważałem ją za zdystansowaną, niemal zimną. W niespełna minutę te kobiety zbliżyły się do niej bardziej niż ja przez rok naszej przyjaźni. Pamiętam ten szybki, impulsywny pocałunek w mojej chacie. Przypomniałem sobie jej włosy, pachnące cynamonem i jaśminem, i dotyk warg, jakby słodkich winogron, dojrzałych na letnim słońcu.

Przyniesiono herbatę. Stanąłem ze szklanką przy wielkim otworze okiennym z widokiem na slumsy. Daleko w dole rozpościerał się łachman getta, ciągnący się od budowy aż na brzeg morza. Wąskie uliczki, zasłonięte podartymi daszkami, były widoczne tylko częściowo i bardziej przypominały tunele niż ulice. Dym unosił się smugami znad ognisk, wił się leniwie ku morzu, aż w końcu rozpływał się nad łódkami na błotnistym wybrzeżu.

Po drugiej stronie slumsów znajdowało się sporo wysokich apartamentowców, kosztownych siedzib klasy średniej. Z mojego punktu obserwacyjnego spoglądałem na bajeczne ogrody pełne palm i pnączy na jednych dachach oraz na miniaturowe slumsy, które służący bogaczy zbudowali na dachach innych budynków. Pleśń i liszaje szpeciły każdy, nawet najnowszy dom. Zaczęło mi się to wydawać piękne – ten rozpad i zgnilizna, szerząca się w Bombaju w sercu wszystkiego, co nowe.

– Masz rację, ładny widok – odezwała się cicho Karla, stając przy mnie.

– Czasami przychodzę tu w nocy, kiedy wszyscy śpią – odpowiedziałem równie cicho. – Tu najbardziej lubię być sam.

Przez jakiś czas milczeliśmy. Patrzyliśmy, jak wrony wirują i pikują nad slumsami.

– A gdzie ty najbardziej lubisz być sama?

– Nie lubię być sama – odparła sucho, odwróciła się i zauważyła moją minę. – Co się stało?

– Zaskoczyłaś mnie. Myślałem, że jesteś... no... że należysz do samotników. Nie mówię tego w złym sensie. Po prostu wydawałaś mi się taka... zdystansowana, ponad wszystko.

– Nie trafiłeś. – Uśmiechnęła się. – Prędzej poniżej wszystkiego.

– Kurczę, dwa razy jednego dnia.

– Co?

– Już drugi raz widzę ten szeroki uśmiech. Najpierw, kiedy siedziałaś z dziewczynami i pomyślałem, że po raz pierwszy widzę, jak się naprawdę uśmiechasz.

– No, naturalnie, że się uśmiecham.

– Nie zrozum mnie źle. To mi się podoba. Brak uśmiechu może być bardzo atrakcyjny. Jeśli mam wybierać między prawdziwą powagą a fałszywym uśmiechem, to w ogóle nie ma się nad czym zastanawiać. I do twarzy ci z tym. Kiedy się nie uśmiechasz, wyglądasz... no, nie wiem... tak jakby zadowolona... a może raczej lepiej będzie powiedzieć „szczera". W każdym razie do twarzy ci z tym. A przynajmniej tak uważałem, dopóki nie zobaczyłem twojego uśmiechu.

– Naturalnie, że się uśmiecham – powtórzyła, marszcząc brwi, a jej mocno zaciśnięte wargi z wysiłkiem walczyły z uśmiechem.

Znowu ucichliśmy. Patrzyliśmy na siebie zamiast na widok za oknem. Oczy miała zielone jak rafa, złoto nakrapiane, a lśniły tą świetlistą intensywnością, która jest zwykle oznaką cierpienia, inteligencji lub jednego i drugiego. Bezwonny wiatr poruszył jej sięgającymi do ramion włosami – bardzo ciemnymi, w tym samym czarnobrązowym kolorze co jej brwi i długie rzęsy. Wargi były koloru subtelnego, nietkniętego szminką różu, a pomiędzy równymi, białymi zębami widać było czubek języka. Karla opierała się z założonymi rękami o framugę okna bez szyby. Powiewy wiatru trzepotały luźnym jedwabiem bluzki, ukazując i ukrywając jej kształty.

– Z czego śmiałaś się z dziewczynami?

Uniosła jedną brew w znajomym, sardonicznym półuśmiechu.

– Co to, towarzyska konwersacja?

– Może i tak. – Roześmiałem się. – Chyba się przy tobie denerwuję. Przepraszam.

– Nie szkodzi. Uznaję to za komplement – dla nas obojga. Jeśli naprawdę chcesz wiedzieć, mówiłyśmy głównie o tobie.

– O mnie?

– Aha, jak ściskałeś niedźwiedzia.

– A, o tym. No, to naprawdę dość śmieszne.

– Jedna z kobiet naśladowała twoją minę, zanim go uścisnąłeś, i tego już nie wytrzymałyśmy. Ale naprawdę śmieszne były ich domysły, dlaczego to zrobiłeś. Każda zgadywała. Radha – powiedziała, że jest twoją sąsiadką, tak?

– Tak, to matka Satisha.

– Więc Radha powiedziała, że przytuliłeś niedźwiedzia, bo było ci go żal. Bardzo się z tego śmiały.

– Wyobrażam sobie – mruknąłem. – A co ty na to?

– Że pewnie zrobiłeś to dlatego, iż ciekawi cię wszystko i chcesz znać wszystko.

– Śmieszne. Moja dziewczyna powiedziała kiedyś, dawno temu, że się jej spodobałem, bo wszystko mnie interesuje. Zostawiła mnie z tego samego powodu.

Nie przyznałem się Karli, że według tej samej dziewczyny interesuję się wszystkim i do niczego się nie przywiązuję. Nadal mnie to poruszało. Nadal bolało. Nadal było prawdą.

– A czy... czy interesuje cię, żeby mi w czymś pomóc? – spytała. Jej głos nagle stał się poważny, znaczący.

Więc o to chodzi, pomyślałem. Dlatego do mnie przyszła. Czegoś chce. Zły kot urażonej dumy zjeżył się. Nie tęskniła za mną – czegoś ode mnie chciała. Ale jednak przyszła, zwróciła się do mnie, nie do kogoś innego i to mnie trochę pocieszyło. Spoglądając w te poważne zielone oczy, wyczułem, że rzadko prosi kogoś o pomoc. Odniosłem także wrażenie, że zależy od tego wiele, może nawet zbyt wiele.

– Jasne – powiedziałem, starając się nie zwlekać z odpowiedzią. – Co mam zrobić?

Przełknęła z trudem ślinę, wyraźnie przełamując opory, a potem zaczęła bardzo szybko mówić.

– Chodzi o dziewczynę, moją przyjaciółkę. Nazywa się Lisa. Narobiła sobie paskudnych kłopotów. Zaczęła pracować w takim lokalu... dla zagranicznych *call girls*. I wpadła w tarapaty. Teraz ma długi, wielkie długi, a pani, która kieruje tym lokalem, nie pozwala jej odejść. Chcę ją stamtąd wyciągnąć.

– Nie mam dużo, ale chyba...

– Nie chodzi o pieniądze. Mam pieniądze. Ale ta kobieta ma słabość do Lisy. Nawet jeśli jej zapłacimy, nie wypuści jej. Wiem, jaka ona jest. Teraz chodzi już o sprawy osobiste. Pieniądze to tylko pretekst. Tak naprawdę chce złamać Lisę, po troszku, aż nic z niej nie zostanie. Nienawidzi jej, bo Lisa jest piękna, mądra i odważna. Nie pozwoli jej odejść.

– Mamy ją porwać?

– Nie całkiem.

– Znam pewnych ludzi – powiedziałem, myśląc o Abdullahu Tahirim i jego przyjaciołach z mafii. – Nie boją się walki. Mogę ich poprosić o pomoc.

– Nie, ja także mam tu przyjaciół. Mogliby ją wyciągnąć bez trudu, ale tamci by ją odnaleźli i później się zemścili. Nie bawią się w półśrodki. Posługują się kwasem. Lisa nie byłaby pierwszą dziewczyną, której chluśnięto kwasem w twarz, bo sprzeciwiła się madame Zhou. Nie możemy tego ryzykować. To musi być coś, co ją przekona, żeby na zawsze odczepiła się od Lisy.

Zaniepokoiła mnie. Wyczułem, że nie mówi mi wszystkiego.

– Powiedziałaś „madame Zhou"?

– Tak. Słyszałeś o niej?

– Trochę. – Pokiwałem głową. – Nie wiem, w co wierzyć. Ludzie opowiadają o niej jakieś niewiarygodne i chore historie.

– Co do niewiarygodnych, nie wiem... ale chore są prawdziwe, możesz mi wierzyć.

Wcale nie zrobiło mi się lepiej.

– A nie może po prostu uciec? Dlaczego nie wsiądzie w samolot i nie wróci w cholerę do... skąd przyjechała?

– To Amerykanka. Słuchaj, gdybym potrafiła ją skłonić do powrotu, w ogóle nie byłoby problemu. Ale ona nie chce wracać. Nie opuści Bombaju. Nigdy. Jest narkomanką. W dużej mierze o to chodzi. Ale nie tylko o to – jest jeszcze jej przeszłość, coś, do czego nie potrafi wrócić. Więc nie wróci. Już ją przekonywałam, ale to na nic. Po prostu... nie. I nawet nie mogę mieć do niej pretensji. Sama mam takie problemy – przeszłość, do której nie chcę wracać. Rzeczy, do których nie wrócę.

– Więc masz plan – plan ucieczki, tak?

– Tak. Chcę, żebyś odegrał kogoś z ambasady amerykańskiej, jakiegoś urzędnika konsulatu. Już wszystko zaaranżowałam. Nie będziesz musiał wiele robić. Gadanie biorę na siebie. Powiemy im, że ojciec Lisy jest w Ameryce jakąś grubą rybą z kontaktami w rządzie i że masz ją stąd wyciągnąć i mieć na nią oko. Wszystko wyjaśnię, zanim w ogóle zdążysz się tam pojawić.

– To trochę mętne. Myślisz, że wystarczy?

Wyjęła z kieszeni pęk *bidi* i zapaliła dwa zapalniczką, przytrzymując małe papierosy jedną ręką i przesuwając płomieniem nad nimi. Podała mi jednego i zaciągnęła się głęboko swoim, zanim mi odpowiedziała.

– Tak sądzę. To najlepszy pomysł, jaki mi przyszedł do głowy. Obgadałam go z Lisą i ona twierdzi, że według niej powinien zadziałać. Jeśli madame Zhou dostanie pieniądze i uwierzy, że jesteś z ambasady, i jeśli będzie pewna, że dalsze nękanie Lisy ściągnie na nią problemy ze strony ambasady albo rządu, powinna dać jej spokój. Wiem, sporo tych „jeśli". Mnóstwo zależy od ciebie.

– I od niej, od tej... madame. Myślisz, że w to uwierzy – że uwierzy mnie?

– Będziemy musieli to rozegrać idealnie. Ona jest bardziej chytra niż inteligentna, ale głupia nie jest.

– Myślisz, że potrafię to zrobić?

– Jak stoisz z amerykańskim akcentem? – spytała z trochę wymuszonym śmiechem.

– Kiedyś byłem aktorem – mruknąłem. – W innym życiu.

– Świetnie! – Dotknęła mojego ramienia. Jej długie, smukłe palce były chłodne.

– Nie wiem. – Zmarszczyłem brwi. – To spora odpowiedzialność, jeśli się nie uda. Jeśli coś się stanie z dziewczyną albo tobą...

– To moja przyjaciółka. Mój pomysł. Moja odpowiedzialność.

– Wiesz, czułbym się lepiej, gdybym się tam włamał. Ten numer z ambasadą... jest tyle rzeczy, które można spaprać.

– Nie prosiłabym cię, gdybym nie sądziła, że to jedyny sposób, i gdybym nie była pewna, że sobie poradzisz.

Zamilkła i czekała. A ja pozwoliłem jej czekać, choć już wiedziałem, co odpowiem. Może sądziła, że rozważam za i przeciw. Tak naprawdę zastanawiałem się tylko, dlaczego zamierzam to zrobić. Czy to dla niej? – zadawałem sobie pytanie. Czy przywiązałem się do niej, czy jestem tylko zainteresowany? Dlaczego przytuliłem niedźwiedzia?

Uśmiechnąłem się.

– Kiedy zaczynamy?

Odpowiedziała uśmiechem.

– Za parę dni. Najpierw muszę załatwić parę spraw, wszystko ustawić.

Odrzuciła wypalony *bidi* i zrobiła krok w moją stronę. Chybaby mnie pocałowała, ale akurat wtedy rozległy się jakieś krzyki i piski i wszyscy podbiegli do nas do okna. W ścisku Prabaker wepchnął mi głowę pod pachę, tuż przy Karli.

– Władze! – krzyknął. – Oto BWM! Bombajskie Władze Miejskie! Patrzcie!

– Co? Co się dzieje? – spytała Karla. Jej głos był prawie niesłyszalny w hałasie.

– Rada! Będą burzyć domy! – zawołałem z ustami przy jej uchu. – Robią tak mniej więcej co miesiąc. Chcą kontrolować slumsy, ograniczać ich rozrastanie się poza granice, w tamtym miejscu, gdzie stykają się z ulicą.

Spojrzeliśmy na główną ulicę, którą toczyły się cztery, pięć, sześć wielkich, ciemnoniebieskich policyjnych ciężarówek. Wjechały na otwarty teren, który stanowił coś w rodzaju ziemi niczyjej, ograniczonej półksiężycem slumsów. Ciężkie samochody były przykryte brezentem. Nie widzieliśmy, co się znajduje w środku, ale na pewno w każdej siedzieli policjanci, po dwudziestu lub więcej. Furgonetka z otwartym tyłem, pełna pracowników rady i sprzętu, wjechała między zaparkowane policyjne pojazdy i zatrzymała się przy chatach. Paru oficerów zeskoczyło z policyjnych furgonetek i ustawiło swoich ludzi w dwuszeregu.

Pracownicy rady, sami przeważnie zamieszkujący inne slumsy, zeskoczyli z furgonetki i zajęli się burzeniem. Każdy miał sznur z kotwiczką, którą tak długo zarzucał na dach chaty, aż mocno w nim utkwiła. Wtedy szarpnięciem liny przewracał rozkołysaną chatkę. Mieszkańcy mieli tylko tyle czasu, żeby zabrać najważniejsze – niemowlęta, pieniądze, dokumenty. Wszystko inne ginęło pod gruzami – kuchenki naftowe, garnki, torby, posłania, ubrania i zabawki. Ludzie rozbiegli się w panice. Policja zatrzymała niektórych, a paru młodych mężczyzn odprowadziła do czekających furgonetek.

Ludzie obok nas ucichli. Z naszego punktu obserwacyjnego widać było niszczone domy, ale nie dochodziły do nas nawet najgłośniejsze hałasy. Nie wiadomo dlaczego, bezgłośność tej metodycznej zagłady wszystkimi wstrząsnęła. Aż do tej chwili nie zwróciłem uwagi na wiatr. W tej upiornej ciszy brzmiał jak jękliwe zawodzenie. Wiedziałem, że w całym budynku, na trzydziestu piętrach nad i pod nami, inni przyglądają się w milczeniu, tak samo jak my.

Choć domy robotników budowy po legalnej stronie slumsów były bezpieczne, praca na budowie stanęła. Robotnicy rozumieli, że kiedy zlecenie się skończy, ich domy także zostaną zburzone. Wiedzieli, że rytuał, którego byli świadkami tyle razy, zostanie powtórzony po raz ostatni: getto zostanie zburzone i wypalone, a na jego miejscu powstanie parking dla limuzyn.

Przyglądałem się twarzom wokół mnie, pełnym współczucia i strachu. W niektórych oczach dostrzegałem cień wstydu za myśl, która pojawiła się w zbyt wielu głowach: Dzięki Ci, Boże... Dzięki Ci, że to nie ja...

– Wielkie szczęście, twój dom jest bezpieczny, Linbaba! Twój dom i mój dom też! – odezwał się Prabaker, gdy pracownicy rady zaczęli wsiadać z powrotem do ciężarówek. Wyburzyli do fundamentów odcinek na północno-wschodnim rogu nielegalnych slumsów, mający sto metrów długości i dziesięć szerokości. Zniszczyli około sześćdziesięciu domów, w których mieszkało co najmniej dwieście osób. Cała operacja trwała niespełna dwadzieścia minut.

– Dokąd oni pójdą? – spytała cicho Karla.

– Jutro o tej samej porze znowu będą tu stały domy. Za miesiąc tamci wrócą i znowu je zburzą, albo inne, w innej części slumsów. Potem ludzie je odbudują. Ale i tak to wielka strata. Zniszczono im cały dobytek. Będą musieli kupić nowy bambus, maty i inne rzeczy na nowe domy. I aresztowano ludzi – możemy ich nie zobaczyć przez wiele miesięcy.

– Nie wiem, co mnie bardziej przeraża, to szaleństwo, które łamie ludzi, czy ich zdolność do odradzania się.

Prawie wszyscy odeszli od okna, ale Karla i ja staliśmy tak blisko, jakby wokół nas nadal zaciskał się tłum. Obejmowałem jej ramię. Na dole, dwadzieścia pięter pod nami, ludzie zaczęli gmerać w ruinach swoich domów. Już postawiono płócienne i foliowe daszki dla starszych ludzi i dzieci. Karla odwróciła się do mnie, a ja ją pocałowałem.

Prężny łuk jej warg ustąpił pod moim pocałunkiem. Przez parę sekund czułem tak smutną czułość, że zapomniałem o wszystkim i dałem się zagarnąć niewysłowionej dobroci. Zawsze uważałem Karlę za mocno stojącą na ziemi realistkę, niemal zimną, ale ten pocałunek był czystą, nieskrywaną wrażliwością. Jego łagodna słodycz wstrząsnęła mną. To ja odsunąłem się pierwszy.

– Przepraszam, ja nie... – wybełkotałem.

– W porządku. – Uśmiechnęła się i zrobiła krok do tyłu, opierając dłonie na mojej piersi. – Ale być może któraś z tych ładnych dziewcząt będzie zazdrosna.

– Która?

– Chcesz powiedzieć, że nie masz tu dziewczyny?

– Nie. Oczywiście, że nie. – Zmarszczyłem brwi.

– Muszę przestać słuchać Didiera. – Westchnęła. – On to wymyślił. Uważa, że musisz tu mieć dziewczynę. Według niego tylko dlatego zostałeś w slumsach. Powiedział, że nic innego nie zatrzymałoby cudzoziemca.

– Nie mam dziewczyny, ani tu, ani gdzie indziej. Kocham ciebie.

– Wcale nie! – warknęła i to było jak policzek.

– Nic na to nie poradzę. Już od dawna...

– Dość! – znowu mi przerwała. – Nieprawda! Nieprawda! Boże, jak ja nienawidzę miłości!

– Nie można nienawidzić miłości – powiedziałem, śmiejąc się cicho, żeby trochę rozładować napięcie.

– Może i nie, ale na pewno można nią rzygać. To straszna arogancja kochać kogoś, a tyle się tego wszędzie widzi. Na świecie jest za dużo miłości. Czasami myślę, że w niebie jest tak, że wszyscy są szczęśliwi, bo nikt nikogo nie kocha i nigdy nie pokocha.

Wiatr zagarnął jej włosy na twarz; odgarnęła je i przytrzymała, rozkładając palce na czole. Spojrzała na swoje stopy.

– Gdzie się, kurwa, podział dobry, stary seks bez zobowiązań, bez uczucia? – warknęła przez zaciśnięte zęby.

To nie było pytanie, ale i tak odpowiedziałem.

– Ja bym go nie przekreślał... zawsze to coś, by się tak wyrazić.

– Słuchaj, nie chcę nikogo kochać – oznajmiła już łagodniej. Spojrzała mi w oczy. – Nie chcę, żeby ktoś kochał mnie. Te uczucia mi nie służą.

– Nie sądzę, żeby komukolwiek wychodziły na zdrowie.

– Właśnie.

– Ale jak już coś się zaczyna dziać, to nie masz wyboru. To chyba nie ma nic wspólnego ze świadomym wyborem. I... nie naciskam na ciebie. Po prostu cię kocham i tyle. Kocham cię już od jakiegoś czasu i w końcu musiałem to powiedzieć. To nie znaczy, że spodziewam się po tobie jakiegoś działania... ani, prawdę mówiąc, po sobie.

– Ale ja... nie wiem. Ja... O Jezu! Ale lubię cię lubić. Bardzo cię lubię. Lubię cię na zabój, Lin, jeśli to ci wystarczy.

Patrzyła na mnie szczerze, a jednak wiedziałem, że wiele przede mną ukryła. Spojrzenie miała odważne, a jednak się bała. Kiedy ustąpiłem i uśmiechnąłem się do niej, roześmiała się. Ja też się roześmiałem.

– Na razie to wystarczy?

– Pewnie – skłamałem. – Naturalnie.

Ale już teraz, tak jak mieszkańcy getta tam w dole, zacząłem grzebać w zrujnowanych domkach mojego serca i odbudowywać je od fundamentów.

ROZDZIAŁ 13

Choć tylko nieliczni mogli się szczycić, że widzieli madame Zhou na własne oczy, to ona była główną atrakcją dla licznych gości Pałacu, o czym zapewniła mnie Karla. Jej klientami byli bogacze, biznesmeni na kierowniczych stanowiskach, politycy, gangsterzy. Pałac miał w ofercie zagraniczne dziewczęta – wyłącznie, nie przyjmowano żadnych Hindusek – i wyrafinowane udogodnienia do spełnienia najdzikszych seksualnych fantazji. O najdziwniejszych z tych zakazanych przyjemności, obmyślonych osobiście przez madame Zhou, szeptano ze zgrozą i podnieceniem w całym mieście, ale dzięki wpływowym kontaktom i sporym łapówkom Pałacowi nie groziły policyjne łapanki, a nawet dokładne rewizje. I choć w Bombaju działały jeszcze inne lokale, zapewniające równą swobodę i bezpieczeństwo, żaden nie dorównywał popularnością instytucji madame Zhou, ponieważ nie było w nich samej madame. W końcu mężczyźni ściągali do Pałacu nie dla umiejętności i urody kobiet, które mogli tam mieć, lecz dla tajemnicy kobiety, której mieć nie mogli – niewidocznej piękności madame Zhou.

Ludzie powiadali, że jest Rosjanką, lecz tego szczegółu, podobnie jak innych, dotyczących jej życia prywatnego, nie można było potwierdzić. Przyjmowano go na wiarę, powiedziała Karla, ponieważ ta wersja powtarzała się najczęściej. Jednym z niezbitych faktów był ten, że przybyła do New Delhi w latach sześćdziesiątych, równie szalonych w tym mieście jak w większości zachodnich stolic. Nowa dzielnica miasta świętowała wówczas swoje trzydziestolecie, a Stare Delhi – trzystulecie. Madame Zhou, jak zgodnie twierdziły wszystkie źródła, miała dwadzieścia dziewięć lat. Legenda głosiła, że była kochanką oficera KGB, który wykorzystując jej wyjątkową urodę, zmuszał do posłuszeństwa ważnych urzędników Partii Kongresowej. W owych czasach Partia Kongresowa rządziła Indiami, wygrywając w każdym głosowaniu. Wielu jej zwolenników – a nawet wrogów – sądziło, że będzie rządziła Indiami przez sto lat, dlatego panowanie nad jej członkami równało się panowaniu nad całym narodem.

Plotki o pobycie madame Zhou w Delhi dotyczyły wszystkiego, od skandali i samobójstw po polityczne morderstwo. Karla słyszała tyle różnych wersji tych samych historii od tak różnych ludzi, że zaczęła sądzić, iż prawda, jakakolwiek była, nie jest tu najważniejsza. Madame Zhou przypisywano różne obsesje, stała się legendą. Jedna z historii opowiadała o klejnotach wartych fortunę, które madame przechowywała w jutowym worku, inna o jej niewątpliwym uzależnieniu od rozmaitych narkotyków, trzecia o satanistycznych obrzędach i kanibalizmie.

– Krąży o niej mnóstwo przedziwnych historii i chyba większość to bajki, ale faktem jest, że to niebezpieczna kobieta – powiedziała Karla. – Podstępna i niebezpieczna.

– Mhm.

– Mówię serio. Nie lekceważ jej. Sześć lat temu, kiedy przeprowadziła się z Delhi do Bombaju, było głośno o pewnym morderstwie, a ona tkwiła w tej sprawie po uszy. W jej delhijskim Pałacu znaleziono zwłoki dwóch bardzo ważnych gości. Obaj mieli poderżnięte gardła. Jeden przypadkiem był inspektorem policji. Sprawa sądowa utknęła w martwym punkcie, bo jeden świadek oskarżenia zniknął, a drugiego znaleziono powieszonego w drzwiach własnego domu. Madame wyjechała z Delhi i założyła lokal w Bombaju – i w ciągu pierwszych sześciu miesięcy wydarzyło się kolejne zabójstwo, jedną przecznicę od Pałacu, i według wielu to ona miała z nim coś wspólnego. Ale madame ma na każdego jakiegoś haka – niesamowitego haka. Jest nie do ruszenia. Może robić, co chce, bo wie, że zawsze się jej upiecze. Jeśli chcesz się wycofać, to teraz.

Jechaliśmy trzmielem, jednym z wszechobecnych czarno-żółtych fiatów – taksówek, przebijając się na południe przez bazar z artykułami żelaznymi. Był straszny tłok. Bosi mężczyźni, po sześciu, ciągnęli pomiędzy autobusami i ciężarówkami setki drewnianych wózków ręcznych, po załadowaniu dłuższych, wyższych i szerszych od taksówki. Przy głównych ulicach bazaru tłoczyły się malutkie i średnie sklepy żelazne. Sprzedawano w nich wszystko, co metalowe, od piecyków naftowych po zlewy z nierdzewnej blachy, a także większość artykułów budowlanych z kutego żelaza i blachy. Same sklepy były ozdobione błyszczącymi metalowymi towarami, zwisającymi w tak fantastycznie lśniących i bujnych girlandach i ustawionymi z takim smakiem, że często kierowały się na nie obiektywy turystów. Za lśniącym, komercyjnym zgiełkiem ulic kryły się jednak uliczki, na których przy osmalonych, brudnych piecach ludzie zarabiający raczej centy niż dolary wytwarzali te lśniące cudeńka.

Taksówka miała otwarte okna, ale do środka nie wpadał ani jeden podmuch wiatru. W stojącym powietrzu było gorąco i duszno. Po drodze wstąpiliśmy do mieszkania Karli, gdzie moje dżinsy, podkoszulek i pantofle zmieniłem na półbuty, czarne spodnie o konserwatywnym kroju, wykrochmaloną białą koszulę i krawat.

– Wycofać się to chciałbym tylko z tych ciuchów – burknąłem.

– Coś z nimi nie tak? – spytała z łobuzerskim błyskiem oka.

– Gryzą, uwierają i są paskudne.

– Doskonale się nadają.

– Mam nadzieję, że nie będziemy mieć wypadku – broń Boże, żebym umarł w tych szmatach.

– Wiesz, do twarzy ci w nich.

– O, dziękuję ci bardzo.

– E, stary! – rzuciła kpiąco, a na jej twarzy pojawił się grymas. Ten jej akcent, ten akcent, który nauczyłem się kochać i uważałem za najbardziej interesujący na świecie, nadawał każdemu słowu okrągłe brzmienie, które mnie przejmowało dreszczem. Muzyka tego akcentu pochodziła z Włoch, kształt z Niemiec, humor i przekora z Ameryki, a kolor z Indii. – Takie wybrzydzanie, że ci nie do twarzy, to próżność, wiesz? I zarozumialstwo.

– Ja nie wybrzydzam, że mi nie do twarzy. Nie znoszę się stroić.

– Akurat. Kochasz się stroić.

– Że co proszę? Mam jedną parę butów, jedną parę dżinsów, jedną koszulę, dwa podkoszulki i parę *lungi*. To cała moja garderoba. Jeśli czegoś nie noszę, to wieszam to na gwoździu.

– O to mi właśnie chodzi. Tak bardzo kochasz się stroić, że nie zniesiesz niczego z wyjątkiem paru sztuk ubrania, które uważasz za idealne.

Poprawiłem uwierający kołnierzyk koszuli.

– A te ciuchy są bardzo dalekie od ideału. W ogóle skąd masz u siebie tyle męskich ubrań? Więcej niż ja.

– Ostatni dwaj faceci, którzy ze mną mieszkali, wyprowadzili się w pewnym pośpiechu.

– Tak im się spieszyło, że zostawili ubranie?

– Tak.

– Dlaczego?

– Jeden był... bardzo zajęty – powiedziała cicho.

– Czym?

– Łamaniem prawa i pewnie nie chciałby, żebym o tym mówiła.

– Wyrzuciłaś go?

– Nie.

Powiedziała to sucho, lecz z tak wyraźnym żalem, że porzuciłem temat.

– A... ten drugi?

– Nie chcesz wiedzieć.

Chciałem, ale odwróciła się do okna i było w tym geście coś finalnego i jednocześnie ostrzegawczego. Słyszałem, że Karla mieszkała kiedyś z jakimś Ahmadem, Afgańczykiem. Nikt się nad tym specjalnie nie rozwodził i przyjąłem, że zerwali ze sobą jakiś rok temu. Przez ten rok, kiedy ją znałem, mieszkała sama i aż do tej chwili nie zdawałem sobie sprawy, jak dokładny jej obraz sobie wyrobiłem. Choć twierdziła, że nie lubi samotności, uznałem ją za jedną z tych osób, które nigdy z nikim nie mieszkają; jedną z tych osób, u których można przenocować, lecz nic więcej.

Patrzyłem na jej potylicę i skrawek profilu, na ledwie widoczną krągłość piersi pod zielonym szalem i długie, szczupłe palce splecione na kolanach, i nie potrafiłem sobie wyobrazić, że mogłaby z kimś mieszkać. Śniadania, gołe plecy, odgłosy z łazienki, złe nastroje, kłótnie: nie, nie widziałem jej w tym. Jakoś – perwersyjnie – łatwiej było mi sobie wyobrazić Ahmada, afgańskiego współlokatora, którego nigdy nie widziałem, niż zobaczyć ją w innej sytuacji niż w samotności i... zadowoleniu.

Przez pięć minut siedzieliśmy w milczeniu, cicho odmierzanym metronomicznym tykaniem taksometru. Pomarańczowy proporczyk, zwisający z deski rozdzielczej informował, że kierowca, jak wielu innych z Bombaju, pochodzi z Uttar Pradesz, wielkiego i licznie zamieszkanego stanu na północnym wschodzie Indii. Podczas powolnego przejazdu w korku miał wiele okazji, by przyjrzeć się nam w lusterku wstecznym. Był zaintrygowany. Karla przemówiła do niego w płynnym hindi, podała mu precyzyjne wskazówki, jak dotrzeć do Pałacu. Byliśmy cudzoziemcami, którzy zachowywali się jak miejscowi. Postanowił poddać nas próbie.

– Siostrojebny korek! – wymamrotał w ulicznym hindi, jakby do siebie, choć nie odrywał oczu od lusterka. – Całe to pieprzone miasto ma dzisiaj zatwardzenie!

– Dwadzieścia rupii napiwku może się stać dobrym środkiem przeczyszczającym – wypaliła Karla, także w hindi. – O co ci chodzi, wynajmujesz taksówkę na godziny? Ruszaj się, bracie!

– Tak jest! – odpowiedział kierowca po angielsku i roześmiał się z zadowoleniem. Z większym przekonaniem zabrał się do wymuszania pierwszeństwa.

– Więc co się mu przydarzyło? – spytałem.

– Komu?

– Temu drugiemu facetowi, z którym mieszkałaś, temu, który nie łamał prawa.

– Umarł, skoro musisz wiedzieć – mruknęła, zaciskając zęby.

– Ja... jak?

– Podobno się otruł.

– Podobno?

– Tak. – Westchnęła i zaczęła oglądać ludzi na ulicy.

Przez parę chwil jechaliśmy w milczeniu. Potem musiałem się odezwać.

– Który... którego ubranie mam na sobie? Przestępcy czy trupa?

– Trupa.

– W... porządku...

– Kupiłam mu je do trumny.

– Cholera.

– Co cholera? – spytała, znowu odwracając się do mnie z surową miną.

– Nic cholera... ale przypomnij mi, gdzie tu jest pralnia.

– Nie potrzebujemy pralni. Pochowali go w... w czym innym. Kupiłam ten garnitur, ale w końcu go nie użyliśmy.

– Aha...

– Mówiłam, że nie chcesz wiedzieć.

– Nie, nie, w porządku – wymamrotałem i faktycznie poczułem okrutną, potajemną ulgę, że były kochanek nie żyje, zniknął, nie jest dla mnie konkurencją. Byłem wtedy zbyt młody, żeby wiedzieć, że martwi kochankowie są najgorszymi rywalami. – A jednak... nie chcę się czepiać, ale musisz przyznać, że to odrobinkę upiorne... jedziemy z niebezpieczną misją, a ja siedzę tutaj w garniturze do trumny.

– Jesteś przesądny i tyle.

– Nie jestem.

– Jesteś.

– Nie jestem przesądny.

– Jesteś.

– Nie jestem.

– Właśnie, że jesteś! – Uśmiechnęła się po raz pierwszy, odkąd ruszyliśmy. – Wszyscy na świecie są przesądni.

– Nie chcę się kłócić. Mógłbym ściągnąć na nas pecha.

– Nie martw się – powiedziała ze śmiechem. – Wszystko będzie dobrze. Patrz, tu masz wizytówki. Madame Zhou lubi je zbierać. Poprosi cię o wizytówkę. I zatrzyma ją, na wypadek gdyby potrzebowała od ciebie przysługi. Ale jeśli kiedykolwiek do tego dojdzie, dowie się, że już od dawna nie pracujesz w ambasadzie.

Wizytówki były wydrukowane pochyłym lśniącym pismem na perłowobiałym papierze z fakturą. Widniała na nich informacja, że Gilbert Parker jest konsularnym podsekretarzem ambasady Stanów Zjednoczonych Ameryki Północnej.

– Gilbert? – mruknąłem.

– I co z tego.

– To z tego, że jak ta taksówka będzie miała wypadek i wydłubią moje ciało z wraku, w tych ciuchach, to uznają mnie za Gilberta. Wcale mi się nie zrobiło lepiej.

– No, na jakiś czas musisz się pogodzić z Gilbertem. W ambasadzie naprawdę pracuje Gilbert Parker. Dziś kończy obowiązki służbowe w Bombaju. Dlatego go wybraliśmy – w nocy wraca do Stanów. Więc wszystko się pięknie składa. Nie sądzę, żeby zbyt dokładnie go sprawdziła. Może zadzwoni, a może nie. Jeśli będzie chciała się z tobą skontaktować, zrobi to za moim pośrednictwem. W zeszłym roku miała pewne kłopoty z ambasadą brytyjską. A parę miesięcy temu pewien niemiecki dyplomata wdał się w Pałacu w poważne kłopoty. Musiała uruchomić wiele znajomości, żeby to zatuszować. Tylko ambasady mogą jej naprawdę zaszkodzić, więc nie będzie ich prowokować. Tylko rozmawiaj z nią uprzejmie i stanowczo. I rzuć parę zdań w hindi. Ona się tego spodziewa. I to zatuszuje wszystkie kłopoty z akcentem. Między innymi właśnie dlatego zgłosiłam się akurat do ciebie, wiesz? Bardzo szybko nauczyłeś się hindi jak na kogoś, kto jest tu dopiero od roku.

– Od czternastu miesięcy – poprawiłem ją, czując się niedoceniony. – Dwa miesiące, kiedy po raz pierwszy przyjechałem do Bombaju, pół roku w wiosce Prabakera, a teraz prawie pół roku w slumsach. Czternaście miesięcy.

– Niech ci będzie... czternaście.

– Myślałem, że nikt nie dostępuje zaszczytu spotkania z tą madame Zhou – powiedziałem w nadziei, że przepędzę ten niepokój z jej twarzy. – Powiedziałaś, że się ukrywa i nigdy z nikim nie rozmawia.

– I tak jest, ale to trochę bardziej skomplikowane – odpowiedziała cicho. Jej oczy zamgliły się na chwilę zamyśleniem, ale potem znowu się skoncentrowała – z wyraźnym wysiłkiem. – Mieszka na najwyższym piętrze i ma tam wszystko, czego jej potrzeba. Nigdy nie wychodzi. Ma dwóch służących, którzy jej dostarczają jedzenie, ubranie i resztę. Może się poruszać w budynku niedostrzeżona, bo jest tam mnóstwo ukrytych korytarzy i schodów. Może zaglądać do większości pokojów przez lustra weneckie albo metalowe wywietrzniki. Lubi podglądać. Czasami rozmawia z gośćmi zza parawanu. Ty jej nie widzisz, ale ona widzi ciebie.

– To skąd wiadomo, jak wygląda?

– Dzięki fotografiom.

– Co?

– Ma fotografa, który robi jej zdjęcia. Co parę miesięcy nowe. Rozdaje je klientom, których chce wyróżnić.

– Pokręcone – mruknąłem. Tak naprawdę madame Zhou mnie nie interesowała, chciałem tylko skłonić Karlę do mówienia. Przyglądałem się, jak jej różowoczerwone usta – te usta, które całowałem przed paroma dniami – formują każde słowo i był to wyrafinowany pokaz idealnego ciała. Mogłaby czytać gazetę sprzed miesiąca, a ja i tak byłbym zachwycony widokiem jej twarzy, oczu i ust. – Dlaczego to robi?

– Co robi? – spytała, a oczy się jej zwęziły.

– Dlaczego się tak ukrywa?

– Chyba nikt nie wie. – Wyjęła dwa *bidi*, zapaliła i dała mi jednego. Wydawało mi się, że ręce jej drżą. – Jest tak, jak już mówiłam, krąży o niej wiele niestworzonych historii. Ludzie twierdzą, że została straszliwie okaleczona w wypadku i dlatego ukrywa twarz. Mówią, że fotografie są retuszowane, żeby nie było widać blizn. Słyszałam plotki, że choruje na trąd lub inną chorobę. Jeden mój znajomy twierdzi, że ona w ogóle nie istnieje. Według niego to kłamstwo, rodzaj spisku, żeby ukryć, kto naprawdę kieruje tym lokalem i co się tam dzieje.

– A co ty sądzisz?

– Ja... ja z nią rozmawiałam przez parawan. Myślę, że jest tak niewiarygodnie, psychopatycznie próżna, że w pewien sposób znienawidziła się za to, że się starzeje. Chyba nie może ścierpieć, że nie jest idealna. Wiele osób twierdzi, że jest piękna. Naprawdę, zdziwiłbyś się. Tak mówi bardzo wiele osób. Na fotografiach nie wygląda na więcej niż dwadzieścia siedem, trzydzieści lat. Nie ma żadnych zmarszczek ani cieni pod oczami. Każdy czarny włosek na swoim miejscu. Myślę, że tak bardzo zakochała się we własnej urodzie, że nie pozwoli nikomu zobaczyć, jak naprawdę wygląda. Chyba... chyba oszalała z miłości do siebie. Myślę, że nawet jeśli dożyje dziewięćdziesiątki, na tych robionych co miesiąc fotografiach pozostanie trzydziestoletnia na wieki.

– Skąd tyle o niej wiesz? Jak się z nią spotkałaś?

– Jestem koordynatorem. Potrafię załatwiać takie rzeczy.

– Niewiele się dowiedziałem.

– A ile chcesz wiedzieć?

To było proste pytanie, na które miałem prostą odpowiedź – kocham cię i chcę wiedzieć wszystko – ale w jej głosie zabrzmiał ostry ton, a w oczach pojawiło się zimne światełko i zrezygnowałem.

– Nie chcę być wścibski. Nie wiedziałem, że to taki drażliwy temat. Znam cię już ponad rok i, no tak, nie widywałem cię codziennie ani nawet co miesiąc, ale nigdy nie spytałem, czym się zajmujesz, jak zarabiasz. Chyba trudno powiedzieć, że jestem ciekawski.

– Kontaktuję ze sobą ludzi – powiedziała trochę spokojniej – i zapewniam im wystarczającą ilość rozrywek, żeby zawarli ze sobą transakcję. Dostaję pieniądze za wprawienie ludzi w nastrój do zawierania umów i dostarczenie im tego, czego chcą. Niektórzy – właściwie całkiem ich sporo – chcą spędzać czas w Pałacu madame Zhou. Tak naprawdę pytanie brzmi, dlaczego wszyscy tak za nią szaleją. Jest niebezpieczna. Moim zdaniem to wariatka. Ale ludzie zrobiliby niemal wszystko, żeby się z nią spotkać.

– A jakie jest twoje zdanie?

Westchnęła z desperacją.

– Nie mogę ci powiedzieć. Nie chodzi tylko o seks. Oczywiście, pracują u niej najładniejsze cudzoziemki w Bombaju, a ona uczy ich bardzo dziwnych specjalności, ale ludzie odwiedzaliby ją nawet, gdyby nie było u niej fantastycznych dziewcząt. Ja tego nie rozumiem. Robię to, czego się ode mnie wymaga i zabieram klientów do Pałacu. Niektórzy mieli nawet zaszczyt spotkać się z nią osobiście, tak jak ja, za parawanem, choć nigdy nie zdołałam tego rozgryźć. Wychodzą z Pałacu, jakby mieli audiencję u Joanny d'Arc. Są jak pijani. Ale nie ja. Ja dostaję w jej obecności gęsiej skórki. Zawsze tak było.

– Nie za bardzo ją lubisz, co?

– Gorzej. Nienawidzę jej i życzę jej śmierci.

Teraz to ja zamilkłem. Otoczyłem się milczeniem jak szalem i spojrzałem ponad delikatnie rzeźbionym profilem Karli na przypadkową urodę ulicy. Tajemnica madame Zhou nie miała dla mnie znaczenia. Wtedy interesowała mnie tylko o tyle, o ile miała związek z misją, z jaką wysyła mnie Karla. Byłem zakochany w tej pięknej Szwajcarce, która siedziała przy mnie w taksówce, i wystarczały mi tajemnice, które łączyły się z nią. Chciałem dowiedzieć się o niej wszystkiego. Chciałem wiedzieć, dlaczego zamieszkała w Bombaju, co ją łączyło z dziwactwami madame Zhou i dlaczego nigdy nie mówi o sobie. Ale choć bardzo chciałem się dowiedzieć... wszystkiego... wszystkiego na jej temat, nie mogłem naciskać. Nie miałem prawa pytać, bo sam także jej niczego nie wyjawiałem. Okłamałem ją, że pochodzę z Nowej Zelandii i nie mam rodziny. Nie znała nawet mojego prawdziwego imienia. A ponieważ ją kochałem, ten fałsz mnie uwierał. Pocałowała mnie i to był dobry pocałunek, szczery i dobry. Ale nie wiedziałem, czy prawda tego pocałunku jest naszym początkiem, czy końcem. Miałem gorącą nadzieję, że ta misja nas do siebie zbliży. Miałem nadzieję, że wystarczy, by przebić się przez nasze mury sekretów i kłamstw.

Nie lekceważyłem zadania, które przede mną postawiła. Wiedziałem, że może się nie udać i będę musiał walczyć o wyrwanie Lisy z Pałacu. Byłem gotowy. Za pasek spodni pod koszulą zatknąłem nóż w skórzanej pochwie. Miał długie, ciężkie, ostre ostrze. Wiedziałem, że mając dobry nóż, poradzę sobie z dwoma mężczyznami. Walczyłem już na noże w więzieniu. Nóż w ręku człowieka, który umie go używać i nie waha się go zatopić w ciało innego człowieka, jest nadal, pomimo swego szacownego wieku, najbardziej skuteczną po pistolecie bronią do walki wręcz. Siedząc w taksówce, milczący i nieruchomy, przygotowywałem się do walki. W mojej głowie wyświetlał się film, zapowiedź rozlewu krwi. Będę musiał mieć wolną lewą rękę, żeby prowadzić albo wlec Lisę i Karlę do wyjścia. Prawą będę wycinał ścieżkę wśród przeciwników. Nie bałem się. Wiedziałem, że jeśli bójka się zacznie – kiedy się zacznie – będę bił i zadawał ciosy bez namysłu.

Taksówka przedarła się przez korek i ruszyła szybciej szerszymi ulicami w pobliżu stromej kładki dla pieszych. Dmuchnął na nas błogosławiony świeży wiatr, a włosy, które przed chwilą były przesiąknięte potem, wyschły w ciągu paru sekund. Karla poruszyła się nerwowo, wyrzuciła *bidi* przez otwarte okno i zaczęła grzebać w swojej torebce z lakierowanej skóry. Wyjęła paczkę papierosów. Zawierała grube, gotowe jointy ze skręconymi końcami. Zapaliła jednego.

– Potrzebuję kopa – powiedziała, zaciągając się głęboko. W taksówce rozkwitł liściasty zapach haszyszu. Po chwili podała papierosa mnie.

– Myślisz, że to pomoże?

– Pewnie nie.

Haszysz był mocny, kaszmirski. Mój żołądek, kark i ramiona natychmiast się rozluźniły. Kierowca głośno, teatralnie pociągnął nosem i poprawił lusterko, żeby przyjrzeć się, jak oddaję jointa Karli. Zaciągnęła się jeszcze parę razy, po czym podała go kierowcy.

– *Charras pita?* – spytała. „Palisz charras?".

– *Ha, munta!* – Roześmiał się i przyjął go z zadowoleniem. „No pewnie!". Wypalił pół i oddał. – *Achaa charras!* Numer jeden. Mam amrykańską muzykę, disco, numer jeden USA amrykańską disco muzykę. Polubisz słuchać.

Wcisnął kasetę do magnetofonu i podkręcił dźwięk do maksimum. Po chwili z głośników nad naszymi głowami ryknęło *We Are Family* Sister Sledge. Karla parsknęła śmiechem. Kierowca ściszył i spytał, czy nam się podobało. Karla znowu się roześmiała i podała mu jointa. Znowu włączył muzykę na maksa. Paliliśmy i śpiewaliśmy, i tak przemierzyliśmy ulicą tysiąc lat, od bosych wieśniaków na wózkach zaprzęgniętych w woły po biznesmenów kupujących komputery.

Kiedy Pałac znalazł się w zasięgu wzroku, kierowca zatrzymał samochód przy otwartej herbaciarni. Wskazał ją kciukiem i powiedział, że tutaj zaczeka. Znałem dobrze kierowców i na tyle często jeździłem bombajskimi taksówkami, by wiedzieć, że ta oferta wynika z troski o Karlę, a nie tylko z chęci zarobku czy czegoś innego. Kierowca polubił Karlę. Już to widziałem, to nagłe i spontaniczne zauroczenie. To prawda, Karla była młoda i atrakcyjna, ale reakcja kierowcy miała więcej wspólnego z tym, że ona biegle mówi w jego języku, i sposobem w jaki się do niego odnosiła. Niemiecki taksówkarz mógłby być zadowolony, że cudzoziemiec nauczył się mówić po niemiecku. Mógłby to nawet powiedzieć. To samo dotyczy taksówkarza francuskiego, amerykańskiego albo australijskiego. Ale Hindus będzie tak szczęśliwy, że jeśli spodoba mu się w tobie coś jeszcze – oczy, uśmiech, albo to, jak potraktujesz żebraka u okna taksówki – poczuje z tobą natychmiastową więź. Będzie gotów zrobić dla ciebie wiele, zrezygnować z własnych planów, narazić się na ryzyko, a nawet popełnić niebezpieczny lub nielegalny czyn. Jeśli jedziesz pod adres, który mu się nie podoba – na przykład Pałac – będzie gotów na ciebie zaczekać tylko po to, żeby się upewnić, iż nic ci się nie stało. Coś takiego przydarzyło mi się w Bombaju wiele razy – i nigdzie poza nim. To jedna z pięciuset rzeczy, które uwielbiam u Hindusów: jeśli cię polubią, to szybko i na całego. Karla zapłaciła za przejazd i dodała obiecany napiwek. Powiedziała, żeby nie czekał. Oboje wiedzieliśmy, że zaczeka.

Pałac był wielki, miał potrójny fronton i trzy kondygnacje. Okna od ulicy były zasłonięte kratami kutymi w liście akantu. Budynek był stary, starszy od wielu innych na tej ulicy, i odrestaurowany, nie odnowiony. Oryginalne detale zostały starannie zakonserwowane. Ciężkie kamienne architrawy nad drzwiami i oknami miały kształt koron z pięcioramiennymi gwiazdami. Ta misterna robota, niegdyś popularna w mieście, obecnie stanowiła wymarłą sztukę. Po prawej stronie budynku biegł zaułek; narożnik budynku był wycyzelowany w każdym szczególe. Każdy kamień, od samego dołu aż po dach, oszlifowano w fasety jak klejnot. Wzdłuż całego trzeciego piętra ciągnął się oszklony balkon; za bambusowymi żaluzjami znajdowały się pokoje. Ściany budynku były szare, drzwi czarne. Ku mojemu zaskoczeniu, drzwi się otworzyły, gdy Karla ich lekko dotknęła. Weszliśmy do środka.

Stanęliśmy w długim, chłodnym korytarzu, ciemniejszym od zalanej słońcem ulicy, lecz łagodnie oświetlonym lampami o szklanych kloszach w kształcie lilii. Ściany były oklejone tapetą, rzadko spotykaną w parnym Bombaju, z powtarzającymi się motywami w stylu Williama Morrisa o barwie oliwkowej i różanej. Czuć było kadzidło i kwiaty, a wokół nas panowała upiorna cisza.

Przed nami czekał mężczyzna, z rękami luźno założonymi z przodu. Był wysoki i chudy. Rzadkie, ciemnobrązowe włosy surowo sczesał do tyłu i splótł w długi, sięgający bioder warkocz. Nie miał brwi, za to bardzo gęste rzęsy, tak gęste, że uznałem je za sztuczne. Bladą twarz od warg po spiczasty podbródek zdobił jakiś wzór pełen zawijasów i esów-floresów. Mężczyzna był ubrany w luźne spodnie i kurtę z czarnego jedwabiu oraz sandały z przezroczystego plastiku.

– Witaj, Rajan – powitała go Karla lodowato.

– *Ram Ram* – odpowiedział w hindi. Jego głos brzmiał jak szyderczy syk. – Madame niezwłocznie panią przyjmie. Proszę od razu iść na górę. Przyniosę zimne napoje. Zna pani drogę.

Odsunął się i wskazał gestem schody na końcu korytarza. Palce miał ozdobione pieczątkami z henny. W życiu nie widziałem tak długich palców. Mijając go, zauważyłem, że wzory, płożące się na jego dolnej wardze i brodzie, to tatuaż.

– Obleśny ten Rajan – wymamrotałem, idąc za Karlą po schodach.

– To jeden z dwóch osobistych służących madame Zhou. Jest eunuchem, o wiele bardziej obleśnym, niż ci się zdaje – szepnęła tajemniczo.

Weszliśmy szerokimi schodami na piętro; mięsisty dywan i masywna balustrada tłumiły odgłos naszych kroków. Na ścianach wisiały fotografie i obrazy, bez wyjątku portrety. Mijając je, odniosłem wrażenie, że w tych zamkniętych pokojach wokół nas są inni żywi, oddychający ludzie. Ale nic nie słyszałem. Ani jednego dźwięku.

– Cholernie cicho – powiedziałem, kiedy zatrzymaliśmy się przed jakimiś drzwiami.

– Pora sjesty. Codziennie po południu, od drugiej do piątej. Ale teraz jest ciszej niż zwykle, bo spodziewa się ciebie. Jesteś gotowy?

– Chyba. Tak.

– To zaczynamy.

Zapukała dwa razy, przekręciła gałkę i weszliśmy. W małym, kwadratowym pomieszczeniu nie było nic z wyjątkiem dywanu, koronkowych zasłon w oknie i dwóch wielkich, płaskich pufów. Karla wzięła mnie za ramię i zaprowadziła do nich. Przez kremową koronkę mżyło stłumione popołudniowe światło. Ściany były puste, koloru kawy z mlekiem, a na jednej widniała wprawiona w tynk metalowa krata, mniej więcej szerokości metra. Uklękliśmy na pufach przed kratą, jakby przygotowując się do spowiedzi.

– Przez ciebie nie jestem szczęśliwa – rozległ się głos zza kraty. Zaskoczony usiłowałem coś dojrzeć za metalowym ażurem, ale pomieszczenie za nim było zbyt ciemne. W mroku siedziała niewidzialna madame Zhou. – Nie lubię być nieszczęśliwa. Wiesz o tym.

– Szczęście to mit – warknęła gniewnie Karla. – Wymyślono je, żeby nas namówić do kupowania różnych rzeczy.

Madame Zhou się roześmiała. Był to gulgoczący, chrapliwy śmiech. Taki śmiech dopada żartów i zabija je na miejscu.

– Ach, Karla, Karla... Tęsknię za tobą. Ale ty mnie zaniedbujesz. Naprawdę, zbyt wiele czasu minęło od twojej ostatniej wizyty. Pewnie nadal mnie obwiniasz za to, co spotkało Ahmada i Christinę, choć przysięgasz, że nie. Jak mogę uwierzyć, że nie masz do mnie urazy, skoro tak strasznie mnie zaniedbujesz? A teraz chcesz mi odebrać moją ulubioną dziewczynę.

– To ojciec chce ją odebrać, madame – odpowiedziała Karla nieco łagodniej.

– A, ojciec...

Wypowiedziała to słowo jak obrzydliwą obelgę. Jej głos drasnął nam skórę. Trzeba wielu papierosów, wypalonych w pewien nienawistny sposób, żeby dorobić się takiego głosu.

– Wasze napoje – odezwał się Rajan. Omal nie podskoczyłem. Stanął za moimi plecami bez najmniejszego szelestu. Pochylił się nisko, stawiając tacę na podłodze między nami, i przez chwilę spoglądałem w migotliwą czerń jego oczu. Twarz miał niewzruszoną, ale nie można było źle zrozumieć uczucia płonącego w tych oczach. Była to zimna, naga, niezrozumiała nienawiść. Niemal mnie zahipnotyzowała, byłem zdumiony i dziwnie zawstydzony.

– To ten twój Amerykanin – odezwała się madame Zhou i czar prysnął.

– Tak. Nazywa się Parker, Gilbert Parker. Jest związany z ambasadą, ale to naturalnie nie jest wizyta oficjalna.

– Naturalnie. Proszę dać Rajanowi pańską wizytówkę.

To był rozkaz. Wyjąłem z kieszeni kartonik i podałem go Rajanowi. Ujął go za brzeżek, jakby bał się zarazić, i wycofał się z pokoju, zamykając za sobą drzwi.

– Karla nie wspomniała mi podczas rozmowy przez telefon... czy od dawna jest pan w Bombaju? – zwróciła się do mnie madame Zhou w hindi.

– Niezbyt długo, madame.

– Mówi pan w hindi dość dobrze. Gratulacje.

– To piękny język – odparłem, posługując się frazesem, którego nauczył mnie Prabaker. – Język muzyki i poezji.

– Jak również miłości i pieniędzy. – Zachichotała. – Czy jest pan zakochany?

Zastanawiałem się, co mogę od niej usłyszeć, ale takiego pytania nie przewidziałem. Trudno byłoby znaleźć temat, który mógłby mnie bardziej wytrącić z równowagi. Spojrzałem na Karlę, ale ona patrzyła na swoje dłonie i nie pomogła mi. Nie rozumiałem, o co chodzi madame Zhou. Nie pytała, czy jestem żonaty, samotny, zaręczony czy zajęty.

– Zakochany? – wymamrotałem. W hindi to słowo zabrzmiało jak melodia.

– Tak, tak, romantycznie. Pańskie serce zatopione w marzeniu o twarzy kobiety, pańska dusza zatopiona w marzeniu o jej ciele. Miłość. Czuje pan miłość?

– Tak. Tak.

Nie wiem, dlaczego to powiedziałem. Spotęgowało się wrażenie, że się spowiadam na kolanach przed tą metalową kratą.

– Jakże mi pana żal. Oczywiście kocha pan Karlę. To tak skłoniła pana do tej gierki.

– Zapewniam panią...

– Nie, to ja zapewniam pana. Całkiem możliwe, że ojciec mojej Lisy upomina się o córkę i że ma możliwości, by pociągnąć za parę sznurków. Ale to Karla pana do tego namówiła – tego jestem całkowicie pewna. Znam moją kochaną Karlę i jej metody. Proszę ani przez chwilę nie sądzić, że ona także pana pokocha, dotrzyma obietnicy i że z tej pańskiej miłości wyniknie coś poza smutkiem. Ona pana nigdy nie pokocha. Mówię to panu z przyjaźni. To mój mały dar dla pana.

– Z całym szacunkiem – powiedziałem przez zaciśnięte zęby. – Jesteśmy tutaj, żeby rozmawiać o Lisie Carter.

– Oczywiście. Jeśli pozwolę mojej Lisie odejść z panem, gdzie zamieszka?

– E... nie jestem pewien.

– Nie jest pan pewien?

– Nie...

– Zamieszka w... – zaczęła Karla.

– Cicho, Karla! – warknęła madame Zhou. – Pytam Parkera.

– Nie wiem, gdzie zamieszka – odpowiedziałem z jak największą mocą. – To zależy od niej.

Nastąpiła długa pauza. Rozmowa w hindi zaczęła mnie męczyć. Czułem się zagubiony, postawiony w sytuacji, która mnie przerosła. Źle to wyglądało. Zadała mi trzy pytania, a ja dwa spaliłem. Karla była moim przewodnikiem w tym dziwnym świecie, ale wyglądała na tak samo zagubioną i niepewną jak ja. Madame Zhou kazała jej milczeć i Karla przełknęła to z pokorą, o jaką nigdy jej nie podejrzewałem. Ująłem szklankę i upiłem nieco *nimbu pani*. Chłodny sok limonkowy był przyprawiony czymś pikantnym, przypominającym chili. W mrocznym pomieszczeniu za ażurową kratą zauważyłem cień ruchu i ktoś szepnął. Może był tam Rajan. Nie potrafiłem rozpoznać sylwetki.

Madame przemówiła.

– Może pan zabrać Lisę, panie zakochany Parkerze. Ale jeśli postanowi do mnie wrócić, już jej nie oddam. Czy mnie pan rozumie? Jeśli wróci, już tu zostanie i będę nieszczęśliwa, jeżeli znowu zechce mnie pan niepokoić. Oczywiście może pan bez przeszkód cieszyć się naszymi licznymi rozkoszami, kiedy tylko pan zechce. Chętnie zobaczyłabym, jak się pan... relaksuje. Być może, kiedy Karla z panem skończy, przypomni sobie pan moje zaproszenie? Tymczasem proszę pamiętać – jeśli Lisa do mnie wróci, będzie moja. Ta sprawa dzisiaj zamyka się między nami, tu i teraz.

– Tak, tak. Rozumiem. Dziękuję, madame.

Poczułem olbrzymią ulgę. Aż osłabłem. Wygraliśmy. Dokonało się, a przyjaciółka Karli mogła z nami odejść.

Madame Zhou znowu przemówiła, bardzo szybko i w innym języku. Podejrzewałem, że po niemiecku. Brzmiał ostro i groźnie, a także gniewnie, ale wtedy nie znałem niemieckiego i słowa mogły być łagodniejsze, niż mi się wydawało. Karla od czasu do czasu odpowiadała *ja*, albo *naturlich nicht*, ale nie mówiła wiele więcej. Kołysała się lekko na boki, siedząc na zgiętych nogach. Jej ręce spoczywały na kolanach. Oczy miała zamknięte. Nagle zaczęła płakać. Łzy wymykały się spod jej przymkniętych powiek jak gęste paciorki różańca. Niektóre kobiety płaczą bezboleśnie. Łzy padają łagodnie jak wonny wiosenny deszczyk, a twarz po nich jest czysta, jasna i niemal promienna. Inne kobiety płaczą z trudem i ten ból niszczy ich urodę. Karla należała do tej drugiej grupy. Strumienie tych łez znaczyły jej twarz strasznym bólem i cierpieniem.

Zza kraty nadal rozbrzmiewał płynny głos, pełen jadowitych syków i miażdżących dźwięków. Karla kołysała się i płakała w zupełnym milczeniu. Jej usta otwierały się i zamykały bezdźwięcznie. Ze skroni spłynęła jej perełka potu. Na górnej wardze wystąpił pot i rozpłynął się we łzach. Za metalową kratą zapanowało milczenie; nie było słychać głosu ani ruchu, nawet nie wyczuwało się niczyjej obecności. Z wysiłkiem woli tak wielkim, że jej zaciśnięte szczęki pobielały, a całe ciało zadygotało, Karla przesunęła rękami po twarzy i przestała płakać.

Siedziała bez ruchu. Wyciągnęła jedną rękę, żeby mnie dotknąć. Ta ręka spoczęła na moim udzie, a potem zaczęła je naciskać w regularnym, łagodnym rytmie. Był to czuły, krzepiący gest, którym mogłaby uspokajać przestraszone zwierzątko. Patrzyła mi w oczy, ale nie wiem, czy zadawała mi pytanie, czy przekazywała informację. Oddychała głęboko, szybko. W mrocznym pokoju jej zielone oczy były prawie czarne.

Nic z tego nie pojmowałem. Nie rozumiałem rozmowy po niemiecku i nie miałem pojęcia, co zaszło między Karlą i madame Zhou. Chciałem pomóc, ale nie miałem pojęcia, dlaczego się rozpłakała, a na dodatek pewnie byliśmy obserwowani. Wstałem i pomogłem się jej podnieść. Na chwilę wtuliła twarz w moją pierś. Położyłem ręce na jej ramionach, żeby ją uspokoić i łagodnie odsunąć. Wtedy drzwi się otworzyły i do pokoju wszedł Rajan.

– Jest gotowa – syknął.

Karla otrzepała kolana luźnych spodni, wzięła torebkę i minęła mnie, idąc do drzwi.

– Chodź – powiedziała. – Audiencja skończona.

Przez chwilę spoglądałem na zagłębienia, obłe ślady, które odcisnęły jej kolana w brokatowym pufie na podłodze. Byłem zmęczony, zły i zdezorientowany. Odwróciłem się; Karla i Rajan patrzyli na mnie niecierpliwie od drzwi. Idąc za nim korytarzami Pałacu, z każdym krokiem stawałem się bardziej niechętny i urażony.

Rajan zaprowadził nas do pokoju na samym końcu korytarza. Drzwi były otwarte. Pokój był ozdobiony wielkimi plakatami filmowymi – Lauren Bacall w *Mieć i nie mieć*, Pier Angeli w *Między linami ringu* i Sean Young w *Łowcy androi-*

dów. Na wielkim łożu na środku pokoju siedziała młoda, bardzo piękna kobieta. Jasne włosy miała długie i gęste, zakończone spiralami bujnych kędziorów. Niebieskie jak niebo oczy były wielkie i niezwykle szeroko rozstawione. Skóra była nieskazitelnie różana, usta pomalowane na ciemną czerwień. Na podłodze u jej stóp w złotych pantofelkach stała walizka i zamknięta kosmetyczka.

– W samą, kurwa, porę. Spóźniliście się. Ja tu świruję. – Był to głęboki głos. Z kalifornijskim akcentem.

– Gilbert musiał się przebrać – odpowiedziała Karla, odzyskując częściowo dawne opanowanie. – A te korki, dojazd... nie chcesz wiedzieć.

– Gilbert? – Zmarszczyła nosek z niesmakiem.

– Długa historia – powiedziałem bez uśmiechu. – Gotowa?

– Nie wiem – odpowiedziała, patrząc na Karlę.

– Nie wiesz?

– Odpieprz się! – wybuchła, odwracając się do mnie z taką furią, że nie dostrzegłem za nią strachu. – Co się w ogóle wcinasz?

Jest taki szczególny gniew, który rezerwujemy dla ludzi niepozwalających sobie pomóc. Zęby same zaczęły mi zgrzytać.

– Słuchaj, idziesz czy nie?

– Pozwoliła? – zwróciła się Lisa do Karli. Obie spojrzały na Rajana, a potem w lustro na ścianie za jego plecami. Z ich twarzy zrozumiałem, że madame Zhou nam się przygląda i przysłuchuje.

– Tak. Powiedziała, że możesz odejść – powiedziałem, modląc się, żeby nie skrytykowała mojego niezbyt idealnego amerykańskiego akcentu.

– Naprawdę? Bez kitu?

– Bez kitu – potwierdziła Karla.

Dziewczyna wstała szybko i chwyciła bagaże.

– To na co czekamy? Spieprzajmy stąd, zanim ta żmija się rozmyśli.

Rajan zatrzymał mnie przy drzwiach wyjściowych i podał mi dużą, zapieczętowaną kopertę. Znowu wlepił we mnie oczy pełne tej odrętwiającej złośliwości, a potem zamknął drzwi. Dogoniłem Karlę i odwróciłem ją ku sobie.

– Co jest grane?

– Jak to? – spytała, usiłując się lekko uśmiechnąć. – Udało się. Wydostaliśmy ją.

– Nie o tym mówię. O tobie i o mnie, i o tej chorej grze, którą rozegrała madame Zhou. Prawie wypłakałaś sobie oczy – o co chodziło?

Zerknęła na Lisę, która stała blisko nas, zniecierpliwiona, osłaniając sobie oczy, choć późne popołudniowe światło nie było rażące. Znowu na mnie spojrzała. Zielone oczy były zagubione i zmęczone.

– Musimy rozmawiać o tym teraz, na ulicy?

– Nie musimy – odpowiedziała za mnie Lisa.

– Nie z tobą gadam – warknąłem, nie patrząc na nią. Nie odrywałem oczu od Karli.

– Ze mną także nie – powiedziała Karla twardo. – Nie tutaj. Nie teraz. Jedźmy i już.

– Co to ma być?

– Przesadzasz.

– Ja przesadzam! – powiedziałem, prawie krzyknąłem, więc wyszło na to, że miała rację. Byłem zły, że wyjawiła mi tak niewiele prawdy i tak kiepsko przygotowała mnie do tej rozmowy. Zabolało mnie, że nie zaufała mi na tyle, by powiedzieć wszystko. – Bardzo, bardzo śmieszne.

– Co to za palant? – warknęła Lisa.

– Milcz – rzuciła Karla, tak samo jak madame Zhou przed paroma minutami. A Lisa zareagowała tak samo jak Karla potulnym milczeniem pełnym urazy.

– Teraz nie chcę o tym rozmawiać – powiedziała Karla, odwracając się do mnie. Dostrzegłem gorycz, niechęć i rozczarowanie. Niewiele spojrzeń potrafi bardziej zranić. Nie chciałem tego spojrzenia. Przechodnie zatrzymywali się obok nas, jawnie podsłuchując i gapiąc się na nas.

– Słuchaj, wiem, że tu chodzi o wiele więcej niż wydostanie Lisy z Pałacu. Co tam zaszło? Jak... no wiesz, jak ona się o nas dowiedziała? Miałem być gościem z ambasady, a ona nagle zaczyna mówić, że cię kocham. Ja tego nie rozumiem. I kim, do diabła, są Ahmad i Christina? Co się z nimi stało? O co jej chodziło? Normalnie jesteś niezniszczalna, aż tu raptem pękasz jak dętka, bo madame Walnięta nagadała ci po niemiecku czy jakiemuś.

– To był szwajcarski niemiecki – warknęła. Jej zaciśnięte zęby błysnęły.

– Szwajcarski, chiński, jaka różnica? Chcę wiedzieć, co się dzieje. Chcę ci pomóc. Chcę wiedzieć... no, na czym stoję.

Tłumek gapiów rósł. Trzej młodzi mężczyźni znaleźli się bardzo blisko, opierali się o siebie nawzajem i wytrzeszczali na nas oczy z agresywną ciekawością. Taksówkarz, który nas przywiózł, stał obok samochodu, pięć metrów od nas. Uśmiechał się i wachlował chusteczką. Był o wiele wyższy, niż się spodziewałem, wysoki, chudy i ubrany w obcisłą białą koszulę i spodnie. Karla obejrzała się na niego przez ramię. Wytarł wąsy czerwoną chusteczką, a potem zawiązał ją na szyi jak apaszkę. Uśmiechnął się. Jego mocne, białe zęby lśniły.

– Stoisz na ulicy przed Pałacem – powiedziała Karla. Była zła, smutna i silna – wtedy silniejsza ode mnie. Niemal ją za to znienawidziłem. – A ja zaraz będę siedzieć w taksówce. I nie twój interes, dokąd pojadę.

Odeszła.

– Skąd wytrzasnęłaś tego gościa? – usłyszałem jeszcze Lisę.

Taksówkarz powitał je, kołysząc radośnie głową. Minęli mnie; usłyszałem radio grające *Autostradę miłości* i ich śmiech. Przez jeden płomienny moment zobaczyłem ich razem, nagich, taksówkarza, Lisę i Karlę. Nieprawdopodobne, idiotyczne, wiedziałem o tym, ale to widziałem i w nitce czasu i przeznaczenia, łączącej mnie z Karlą, zapulsowała rozpalona do białości furia. Potem przypomniałem sobie, że zostawiłem w jej mieszkaniu buty i ubranie.

– Hej! – krzyknąłem za niknącą taksówką. – Karla!

– Pan Lin?

Obok mnie stał jakiś mężczyzna. Jego twarz wydawała się znajoma, ale nie potrafiłem jej w tej chwili umiejscowić.

– Czego?

– Abd al-Kadir cię wzywa.

Nazwisko Kadira zelektryzowało moją pamięć. To Nazir, kierowca Kadirbaja. Biały samochód stał nieopodal.

– Jak... skąd... co pan tu robi?

– Mówi, przyjdź już. Ja prowadzę. – Zrobił gest w stronę samochodu i zrobił dwa niewielkie kroczki na zachętę.

– No, nie wiem. To był długi dzień. Powiedz Kadirbajowi, że...

– Mówi, przyjdź już – powtórzył ponuro Nazir. Nie uśmiechał się i nabrałem przekonania, że jeśli dalej będę się opierać, przyjdzie mi z nim walczyć. Byłem wtedy tak wściekły, pogubiony i zmęczony, że autentycznie wziąłem to pod uwagę. Walka z nim będzie na dłuższą metę kosztować mniej energii niż ta podróż, pomyślałem. Ale Nazir przyglądał mi się z udręczonym skupieniem i przemówił z niezwykłą dwornością.

– Kadirbaj powiedział tak: „przyjdź, proszę", tak powiedział Kadirbaj. „Przyjdź, proszę, do mnie, panie Lin".

Słowo „proszę" przychodziło mu z trudem. Widać było wyraźnie, że według niego pan Abd al-Kadir Chan wydaje rozkazy, wykonywane szybko i z wdzięcznością. Ale kazano mu poprosić mnie o przybycie, a nie zażądać go, a angielskie słowo, którego nauczył się na pamięć, wypowiedział z tak wyraźnym wysiłkiem, że wyobraziłem sobie, jak jedzie przez miasto i powtarza na głos ciąg obcych słów, tak niezadowolony i skrępowany, jakby recytował modlitwę z nie swojej religii. Choć obce dla niego, na mnie słowa te wywarły wpływ, a kiedy uśmiechnąłem się zrezygnowany, wyglądał, jakby kamień spadł mu z serca.

– Dobrze, dobrze. – Westchnąłem. – Pojedziemy na spotkanie z Kadirbajem.

Zaczął otwierać tylne drzwi, ale uparłem się, że usiądę z przodu. Ledwie ruszyliśmy, włączył radio i podkręcił dźwięk, może po to, żeby nie musieć rozmawiać. Nadal trzymałem kopertę, którą dał mi Rajan. Odwróciłem ją, żeby obejrzeć z obu stron. Była z czerpanego papieru, różowa, mniej więcej wielkości kolorowego pisma. Na zewnątrz nie zauważyłem żadnego napisu. Oddarłem róg i otworzyłem ją. W środku znajdowała się czarno-biała fotografia. Przedstawiała wnętrze pokoju, skąpo oświetlonego, pełnego kosztownych ozdób z najróżniejszych okresów i krajów. Wśród tego chaosu na pokaz, na fotelu podobnym do tronu siedziała kobieta. Była ubrana w wieczorową suknię, niezwykle długą, ciągnącą się po ziemi i ukrywającą stopy. Jedna dłoń spoczywała na oparciu krzesła. Druga była ułożona w królewskim pozdrowieniu lub eleganckim geście pożegnania. Włosy miała ciemne i kunsztownie utrefione; spływały wokół jej okrągłej, trochę pulchnej twarzy. Oczy w kształcie migdałów wpatrywały się wprost w obiektyw. Miały nieco neurotyczny wyraz zaskoczonej urazy. Jej drobne wargi były ściągnięte w dzióbek, zniekształcający cofniętą brodę.

Piękna? Raczej nie. Ta twarz wyrażała bardzo niepiękne uczucia – wyniosłość, nienawiść, przerażenie, zepsucie, egocentryzm. Ta fotografia świadczyła, że kobieta zna je wszystkie – i jeszcze więcej. I gorsze. Ale na fotografii było coś jeszcze, coś bardziej odstręczającego i przejmującego zimnem niż ta niepiękna twarz. Była to wiadomość wypisana czerwonymi, drukowanymi literami na dole zdjęcia. Napis brzmiał: TERAZ MADAME ZHOU JEST SZCZĘŚLIWA.

ROZDZIAŁ 14

– Proszę, proszę do środka. Ależ nie, proszę usiąść tutaj. Oczekiwaliśmy pana. – Abd al-Kadir wskazał mi miejsce po swojej lewicy. Zdjąłem buty za progiem, gdzie leżały inne porozrzucane sandały i półbuty, i usiadłem na pluszowej, wyszywanej brokatem poduszce, którą mi wskazał. Pomieszczenie było wielkie – cała nasza dziewiątka, skupiona w kręgu wokół niskiego marmurowego stolika, zajmowała nie więcej niż jeden kąt. Podłoga była wykładana gładkimi, kremowymi, pięciokątnymi płytkami. W naszej części pokoju wyściełał ją isfahański kobierzec. Ściany i sklepiony sufit zdobiła biało-niebieska mozaika, przedstawiająca niebo z chmurami. Dwa otwarte łuki łączyły pokój z szerokimi korytarzami. Trzy okna wychodziły na dziedziniec z palmami. Otaczały je rzeźbione kolumny, a ich zwieńczeniem były kopuły jak z minaretu, ozdabiane arabskimi napisami. Zza tych okien dobiegł chlupot, bulgot i szmer kaskadowej fontanny znajdującej się gdzieś na dziedzińcu.

Była to komnata pełna surowego splendoru. Jedynymi meblami był ten niski marmurowy stolik i dziewięć poduszek na dywanie. Jedyną ozdobą oprawiony w ramki, złocony i czarny wizerunek Al-Kaby w Mekce. Jednak wydawało mi się, że tych ośmiu mężczyzn, siedzących lub półleżących wokół mnie, czuje się całkiem swobodnie w tym prostym, pozbawionych ozdób otoczeniu, a z pewnością mogli wybrać sobie dowolny styl, bo między nimi leżało bogactwo i potęga małego imperium – imperium zbrodni.

– Odświeżył się pan? – spytał Kadirbaj.

Kiedy przybyłem do budynku koło meczetu Nabila w Dongri, Nazir zaprowadził mnie natychmiast do wielkiej, doskonale wyposażonej łazienki, gdzie skorzystałem z toalety i umyłem twarz i ręce. W owych czasach Bombaj był najbrudniejszym miastem świata. Panował w nim nie tylko upał i dusząca parność; przez osiem suchych miesięcy w roku wszędzie unosiły się chmury brudnego kurzu, który osiadał na wszystkim i brudził każdą odsłoniętą powierzchnię. Wystarczyło, że po półgodzinnym pobycie na ulicy wytarłem twarz chusteczką, a na materiale zostawały czarne smugi.

– Tak, dziękuję. Po przybyciu byłem zmęczony, ale teraz połączenie uprzejmości i hydrauliki przywróciło mi siły. – Powiedziałem to w hindi; wtłoczenie w jedno krótkie zdanie poczucia humoru, rozsądku i dobrych intencji kosztowało mnie sporo wysiłku. Nie zdajemy sobie sprawy, jaką przyjemnością jest posługiwanie się własnym językiem, dopóki nie zostaniemy zmuszeni do jąkania się w cudzym. Ulżyło mi, kiedy Kadirbaj przemówił po angielsku.

– Proszę mówić po angielsku. Jestem bardzo szczęśliwy, że uczy się pan naszych języków, lecz dziś chcielibyśmy ćwiczyć się w pańskim. Każdy z nas potrafi do pewnego stopnia mówić, czytać i pisać po angielsku. Mój drogi przyjaciel Al-Ghani, który siedzi obok pana, nazwałby chyba angielski swoim rodzimym językiem. A reszta z nas, niezależnie od stopnia zaawansowania, z ogromnym zapałem uczy się angielskiego. To dla nas bardzo ważne. Jedną z przyczyn, dla których tu pana wezwałem, jest możliwość porozmawiania po angielsku, gdyż posługuje się pan tym językiem od urodzenia. Widzi pan, spotykamy się tak co miesiąc, a nasza mała grupa rozmawia o... ale zaraz, najpierw pana przedstawię.

Pochylił się i położył czule rękę na masywnym przedramieniu tęgiego, starszego mężczyzny po prawej stronie. Mężczyzna był ubrany w zielone pantalony i długą tunikę, afgański strój narodowy.

– To Subhan Mahmud – używajmy tylko imion, gdyż jesteśmy wśród przyjaciół, dobrze?

Subhan zakołysał szpakowatą głową w powitalnym geście i przeszył mnie spojrzeniem bacznym i lodowatym, być może, żeby mi uświadomić, jakim zaszczytem jest zwracanie się do zebranych po imieniu.

– Ten pulchny i uśmiechnięty dżentelmen obok niego to mój stary przyjaciel z Peszawaru, Abd al-Ghani. Dalej siedzi Chalid Ansari, pochodzący z Palestyny. Jego sąsiad Rajubaj pochodzi ze świętego miasta Waranasi – był pan tam? Nie? W takim razie niedługo musi pan znaleźć czas, by tam pojechać.

Rajubaj, łysy, z gruba ciosany mężczyzna ze schludnym siwym wąsem, uśmiechnął się po słowach Kadirbaja i odwrócił do mnie z rękami złożonymi w milczącym powitaniu. Oczy nad łagodnie stulonymi palcami były twarde i czujne.

– Obok naszego drogiego Radju – ciągnął Kadirbaj – siedzi Keki Dorabdżi, który przed dwudziestu laty przybył do Bombaju z Zanzibaru, wraz z innymi pochodzącymi z Indii parsami, kiedy organizacje nacjonalistyczne wygnały ich z wyspy.

Dorabdżi, bardzo wysoki, chudy mężczyzna po pięćdziesiątce, zwrócił na mnie ciemne oczy. Minę miał tak zatroskaną i melancholijną, że po prostu musiałem uśmiechnąć się do niego pocieszająco.

– Obok naszego brata Keki znajduje się Farid. Jest najmłodszy z nas i tylko on jest urodzonym Marathem, gdyż przyszedł na świat w Bombaju, choć jego rodzina przybyła tu z Gudżaratu. Obok pana siedzi Madżid, urodzony w Teheranie, lecz mieszkający tutaj, w naszym mieście, już od ponad dwudziestu lat.

Młody służący wniósł tacę ze szklankami i srebrnym czajnikiem z czarną herbatą. Podał ją nam, zaczynając od Kadirbaja i kończąc na mnie. Wyszedł i natychmiast wrócił, by postawić na stoliku dwie czarki ze słodyczami *ladoo* i *barfi*. Potem znowu się wycofał.

Zaraz potem dołączyło do nas trzech mężczyzn; umościli się na dywanie, dość blisko, lecz w pewnym oddaleniu od nas. Przedstawiono mi ich – Andrew Ferreira z Goa, Salman Mustan i Sanjay Kumar, obaj z Bombaju – ale od tego momentu nie odezwali się ani razu. Wyglądali na młodych gangsterów z niższego szczebla rady; zaproszono ich, by się przysłuchiwali, lecz nie mieli prawa głosu. I rzeczywiście słuchali, bardzo uważnie, wnikliwie się nam przyglądając. Często odwracałem się i napotykałem ich wbite we mnie spojrzenie, ponure i oceniające, które w więzieniu poznałem aż za dobrze. Szacowali, czy można mi zaufać i czy trudno – z czysto zawodowej ciekawości – będzie mnie zabić bez użycia broni.

– Podczas naszych wieczorków dyskusyjnych zwykle obieramy sobie jakiś temat – odezwał się Abd al-Ghani angielszczyzną z akcentem z BBC – ale najpierw chcielibyśmy cię spytać, co o tym sądzisz.

Przysunął ku mnie zrolowany plakat, który przez cały czas leżał na stole. Rozwinąłem go i odczytałem słowa wydrukowane wielką, grubą czcionką.

SAPNA

Ludu Bombaju, wysłuchaj głosu swojego Króla. Twój sen przybył do ciebie i jestem nim ja, Sapna, Król Snów, Król Krwi. Nadszedł wasz czas, moje dzieci, i łańcuchy udręki będą z was zdjęte. Powiadam wam, jestem prawem. Moim pierwszym przykazaniem jest otworzyć wasze oczy. Chcę, byście ujrzeli wasz głód, gdy oni marnują pożywienie. Chcę, byście ujrzeli wasze łachmany, gdy oni chodzą w jedwabiach. Ujrzyjcie, że żyjecie w rynsztoku, gdy oni mieszkają w pałacach z marmuru i złota. Moim drugim przykazaniem jest zabić ich wszystkich. Zróbcie to w okrutny sposób.

Czyńcie to na moją, Sapny, pamiątkę. Jam jest prawem.

Było tego więcej, w tym samym duchu. Początkowo wydawało mi się to absurdalne i zacząłem się uśmiechać. Milczenie w pokoju i ich skupione spojrzenia zwarzyły mój uśmiech. Zdałem sobie sprawę, że traktują to bardzo poważnie. Grając na zwłokę, bo nie wiedziałem, czego Al-Ghani ode mnie oczekuje, odczytałem jeszcze raz tę jazgotliwą, wariacką odezwę. Czytając, przypomniałem sobie, że ktoś wypisał imię Sapny na ścianie w Wiosce w Niebie, na dwudziestym trzecim piętrze. Przypomniałem sobie, co Prabaker i Johnny Cygaro powiedzieli o brutalnych morderstwach popełnianych w imieniu Sapny. To przeciągające się milczenie i wyczekiwanie moich towarzyszy przeszyło mnie dreszczem. Włosy na rękach mi się zjeżyły, a po wertepach kręgosłupa zaczęła spełzać gąsienica potu.

– A więc?

– Słucham?

– Co pan o tym sądzi?

Zapanowała taka cisza, że usłyszałem, jak przełykam ślinę. Czegoś ode mnie oczekiwali, i to nie byle czego.

– Nie wiem, co powiedzieć. To przecież idiotyzm, jakieś majaczenie, trudno to brać poważnie.

Madżid burknął coś i głośno odchrząknął. Ściągnął ponure czarne brwi w ponurym mrocznym grymasie.

– Jeśli rozpłatanie człowieka od pachwin po gardło i rozrzucenie po całym domu jego narządów i krwi uzna pan za poważne, to sprawa jest poważna.

– Sapna to zrobił?

– Jego zwolennicy – wyręczył go Abd al-Ghani. – To i co najmniej sześć innych podobnych morderstw, tylko w zeszłym miesiącu. Niektóre były nawet bardziej ohydne.

– Słyszałem, jak ludzie rozmawiają o Sapnie, ale myślałem, że to tylko taka bajeczka, jakaś miejska legenda. W gazetach nic o tym nie było, a co dzień je czytam.

– Ta sprawa traktowana jest z największą ostrożnością – wyjaśnił Kadirbaj. – Rząd i policja poprosiły gazety o współpracę. O tych zgonach donosi się jak o zdarzeniach niepowiązanych ze sobą, do których dochodzi podczas zwykłych, pojedynczych napadów. Ale my wiemy, że popełnili je zwolennicy Sapny, bo na ścianach i podłogach wypisano jego imię krwią ofiar. I chociaż morderstwa popełniono ze strasznym okrucieństwem, ofiarom nie skradziono wielu naprawdę wartościowych przedmiotów. Na razie ten Sapna oficjalnie nie istnieje. Ale ludzie dowiedzą się o nim i o tym, co uczyniono w jego imieniu, to tylko kwestia czasu.

– A wy... nie wiecie, kim on jest?

– Bardzo nas to interesuje – odpowiedział Kadirbaj. – Co pan sądzi o plakacie? Widziano go na wielu bazarach i osiedlach, a tekst, co widać, jest po angielsku. W pańskim języku.

W tych ostatnich trzech słowach wyczułem cień oskarżenia. Choć nie miałem nic wspólnego z Sapną i nic o nim nie wiedziałem, oblałem się tym specyficznym rumieńcem osoby kompletnie niewinnej.

– Nie wiem. Chyba nie mogę wam pomóc.

– Przestań, Lin – odezwał się z naganą Abd al-Ghani. – Musisz mieć jakieś przemyślenia, jakieś uwagi. To cię do niczego nie zobowiązuje. Nie wstydź się. Powiedz, co ci przychodzi do głowy.

– Więc... – zacząłem z wahaniem – przede wszystkim myślę, że ten Sapna... czy ktoś, kto napisał odezwę... może być chrześcijaninem.

– Chrześcijaninem! – Chalid się roześmiał. Był młody, miał może trzydzieści pięć lat, krótkie ciemne włosy i łagodne zielone oczy. Od jego lewego ucha po kącik ust biegła łagodnym łukiem gruba blizna, od której zesztywniała mu cała strona twarzy. Ciemne włosy miał przetykane przedwczesną siwizną. Miał inteligentną, wrażliwą twarz, dotkliwiej oszpeconą gniewem i nienawiścią niż tą blizną na policzku. – Oni podobno kochają swoich wrogów, a nie patroszą ich!

– Daj mu skończyć. – Kadirbaj się uśmiechnął. – Proszę mówić, panie Lin. Skąd wrażenie, że Sapna to chrześcijanin?

– Nie powiedziałem, że nim jest, ale autor tego tekstu używa chrześcijańskich słów i wyrażeń. „Powiadam wam" i... „to czyńcie na moją pamiątkę"... to można znaleźć w Biblii. A tu, w trzecim akapicie... „Ja jestem prawdą w ich świecie kłamstwa, ja jestem światłem w ich mroku chciwości, moją drogą krwi jest wasza wolność..." On coś parafrazuje... „Ja jestem drogą i prawdą, i życiem"... to także z Biblii. A potem w ostatnich linijkach pisze... „Błogosławieni, którzy mordują, gdyż oni kradną życie w moim imieniu" – to z Kazania na Górze. To wszystko zaczerpnięto z Biblii, a jest pewnie więcej aluzji, których nie rozpoznałem. Ale to wszystko przeinaczono, tak jakby ten ktoś zabrał z Biblii fragmenty tekstu i wywrócił go na lewą stronę.

– Na lewą stronę? Proszę o wyjaśnienie – odezwał się Madżid.

– Chodzi mi o to, że używa słów z Biblii, ale wypacza ich znaczenie. Napisał to tak, żeby znaczyło coś dokładnie odwrotnego niż w oryginale. Tak jakby postawił Biblię na głowie.

Zacząłem się rozkręcać, ale Abd al-Ghani nagle zakończył dyskusję.

– Dziękuję. Bardzo nam pomogłeś, ale zmieńmy temat. Szczerze nie znoszę rozmawiać o takich nieprzyjemnościach jak ten szaleniec Sapna. Poruszyłem ten temat tylko dlatego, że Kadir o to prosił – a życzenie Kadir Chana jest dla mnie rozkazem. Ale naprawdę powinniśmy już przejść do rzeczy. Jeśli nie zaczniemy omawiać tematu na dziś, to całkiem nam przepadnie. Więc zapalmy i porozmawiajmy o innych sprawach. Zgodnie z naszym zwyczajem pierwszeństwo ma gość, więc będziesz łaskaw...

Farid wstał i postawił między nami koło stolika wielkie, ozdobne nargile z sześcioma wijącymi się rurkami. Pozostali zatkali rurki kciukami, a kiedy Farid rozpalił płomień pod czarą w kształcie tulipana, zaciągnąłem się pierwszy. Była to mieszanka haszyszu i marihuany, zwana *ganga-jamuna* na cześć dwóch świętych rzek, Gangesu i Jamuny. Była tak mocna i buchnęła z rurki z taką siłą, że moje przekrwione oczy natychmiast się zamgliły, a ja doświadczyłem łagodnej halucynacji; kontury twarzy moich towarzyszy zaczęły się rozpływać, a ich ruchy wydały się odrobinę zwolnione. Karla nazywała to Lewisem Carrollem. Jestem na takim haju, że mam Lewisa Carrolla. Przez rurkę przepłynęło tyle dymu, że przełknąłem go i beknąłem nim. Zatkałem rurkę palcem i patrzyłem, jak inni palą w zwolnionym tempie, jeden po drugim. Właśnie się zabrałem do żłobienia ospałego uśmiechu w plastelinowych mięśniach mojej twarzy, kiedy znowu przyszła kolej na mnie.

Wszystko działo się z pełną powagą. Żadnych śmiechów ani uśmiechów. Żadnych rozmów ani patrzenia sobie w oczy. Mężczyźni palili z tą samą niewesołą, poważną obojętnością, która panuje podczas długiej jazdy w windzie pełnej obcych.

– A teraz – odezwał się Kadirbaj z łaskawym uśmiechem, gdy Farid zabrał nargile i zajął się usuwaniem popiołu z czary – zgodnie z obyczajem nasz gość poddaje temat do rozmowy. Zwykle jest to temat religijny, choć niekoniecznie. O czym chciałby pan porozmawiać?

– E... e... nie jestem pewien, o co chodzi – wybełkotałem. W mojej głowie bezgłośnie eksplodowały fragmenty wzoru dywanu.

– Prosimy o jakiś temat. Życie i śmierć, miłość i nienawiść, lojalność i zdrada – wyjaśnił Abd al-Ghani, przy każdej parze słów, robiąc drobny, pretensjonalny ruch pulchną dłonią. – Jesteśmy niczym kółko dyskusyjne. Spotykamy się co miesiąc, co najmniej raz, a kiedy wyczerpiemy kwestie interesów i prywatne, dyskutujemy na tematy filozoficzne i tym podobne. To nasza rozrywka. A teraz mamy ciebie, Lin, Anglika, który podda nam temat do dyskusji w swoim języku.

– Właściwie nie jestem Anglikiem.

– Nie Anglikiem? Więc kim? – chciał wiedzieć Madżid. Jego grymas wyrażał głęboką podejrzliwość.

Dobre pytanie. Fałszywy paszport w moim plecaku w slumsach podawał, że jestem obywatelem Nowej Zelandii. W kieszeni miałem wizytówkę, zgodnie z którą byłem Amerykaninem, Gilbertem Parkerem. Ludzie z wioski Sunder nadali mi imię Shantaram. W slumsach nazywano mnie Linbaba. Wiele osób w moim własnym kraju znało moją twarz z listów gończych. Ale czy to jest mój kraj? – spytałem sam siebie. Czy ja w ogóle mam kraj?

Dopiero kiedy sformułowałem to pytanie, uświadomiłem sobie, że znam odpowiedź. Jeśli w ogóle miałem jakąś ojczyznę, ojczyznę serca, to były nią Indie. Wiedziałem, że jestem w takim samym stopniu uchodźcą, bezpaństwowcem, jak tysiące Afgańczyków, Irańczyków i innych, którzy uciekali do Bombaju przez płonący most; ci uchodźcy własnymi rękami zakopywali swoją przeszłość.

– Jestem Australijczykiem – powiedziałem po raz pierwszy od przybycia do Indii i posłuszny instynktowi, który nakazywał mi nie okłamywać Kadirbaja. Dziwne, ale wydawało mi się, że to najmniej prawdziwa z używanych przeze mnie tożsamości.

– Bardzo interesujące – zauważył Abd al-Ghani, unosząc jedną brew i kiwając mądrze głową do Kadirbaja. – A jaki temat wybierzesz?

– Może być dowolny? – spytałem, grając na zwłokę.

– Tak, wybieraj. W zeszłym tygodniu dyskutowaliśmy na temat patriotyzmu – zobowiązań mężczyzny wobec Boga i państwa. Nad wyraz frapujący. A co poddasz nam pod dyskusję w tym tygodniu?

– W tej odezwie Sapny jest taki zwrot... cierpienie jest naszą religią, coś w tym stylu. To mi się z czymś skojarzyło. Parę dni temu znowu zjawili się policjanci i zburzyli wiele domów w *zhopadpatti*, a kiedy się przyglądaliśmy, jedna z kobiet powiedziała: „naszą powinnością jest pracować i cierpieć" – przynajmniej tak zrozumiałem. Powiedziała to bardzo spokojnie i zwyczajnie, jakby się z tym pogodziła i w pełni to rozumiała. Ale ja tego nie pojmuję i chyba nigdy nie pojmę. Więc moje pytanie może dotyczyć właśnie tego. Dlaczego ludzie cierpią? Dlaczego źli ludzie cierpią tak mało? I dlaczego dobrzy ludzie cierpią tak bardzo? Nie mówię o sobie – to cierpienie, które mnie spotkało, w przeważającej mierze sam na siebie sprowadziłem. I Bóg mi świadkiem, że ściągnąłem wiele cierpień na innych. Ale nadal nie rozumiem – zwłaszcza tego cierpienia ludzi ze slumsów. Tyle tam... cierpienia. Moglibyśmy porozmawiać o tym... jak sądzicie?

Przestałem mówić i zapadło milczenie, ale po chwili Kadirbaj nagrodził mnie ciepłym uśmiechem aprobaty.

– To dobry temat. Wiedziałem, że nas pan nie rozczaruje. Madżid Baj, tobie przyznaję pierwszeństwo w tej dyskusji.

Madżid odchrząknął i zrewanżował się swojemu gospodarzowi mrocznym uśmiechem. Kciukiem i palcem wskazującym podrapał się w krzaczaste brwi, a potem przystąpił do dyskusji z pewnością siebie człowieka przyzwyczajonego do wypowiadania własnych opinii.

– Cierpienie, niech się zastanowię. Uważam, że cierpienie to kwestia wyboru. Uważam, że nie musimy znosić żadnych cierpień, jeśli mamy dość sił, żeby je odrzucić. Człowiek silny potrafi tak doskonale panować nad swoimi uczuciami, że zadanie mu cierpienia jest niemal niemożliwe. Kiedy poddajemy się cierpieniu, na przykład w bólu i tak dalej, to znaczy, że utraciliśmy nad sobą panowanie. Więc uważam, że cierpienie to oznaka słabości.

– *Achaa-chaa* – mruknął Kadirbaj, co w hindi oznacza powtórzone słowo „dobrze", odpowiednik „tak, tak", albo „brawo". – Twój interesujący pogląd skłania mnie do zadania pytania: skąd się bierze siła?

– Siła? – parsknął Madżid. – Wszyscy wiedzą, że... no... a ty co mówisz?

– Nic, mój przyjacielu. Tylko czy nie jest prawdą, że czasami siła bierze się z cierpienia? Że cierpienie nas wzmacnia? Że ci, którzy nigdy nie przeżyli prawdziwej biedy i prawdziwego cierpienia, nie dorównują siłą tym, którzy wiele wycierpieli? A jeśli to prawda, czy to nie znaczy, że według ciebie trzeba być słabym, by cierpieć, a trzeba cierpieć, by być silnym, więc trzeba być słabym, żeby być silnym?

– Tak – ustąpił Madżid z uśmiechem. – Może jest w tym odrobina prawdy, może odrobina twoich słów... Ale ja i tak uważam, że to kwestia siły i słabości.

– Nie zgadzam się ze wszystkim, co powiedział nasz brat Madżid – włączył się Abd al-Ghani – ale przyznaję, że istnieje element panowania nad cierpieniem. Nie sądzę, żeby można było temu przeczyć.

– Gdzie zdobywamy to panowanie i w jaki sposób? – spytał Kadirbaj.

– Powiedziałbym, że każdy w inny sposób, ale zawsze w trakcie dojrzewania, gdy dorastamy i porzucamy dziecinne łzy na rzecz dorosłości. Uważam, że to element dojrzewania – nauka panowania nad cierpieniem. Sądzę, że kiedy dorastamy i dowiadujemy się, że szczęście to rzecz rzadko spotykana i przelotna, stajemy się rozczarowani i zranieni. A nasze cierpienie świadczy o tym, jak bardzo nas zraniła ta świadomość. Widzicie, cierpienie to rodzaj gniewu. Gniewamy się na niesprawiedliwość naszego smutnego i żałosnego losu. I tę wrzącą wściekłość, ten gniew nazywamy cierpieniem. Mógłbym też dodać, że jest to także to, co prowadzi nas do klątwy bohatera.

– Klątwa bohatera! Dość tych twoich klątw bohatera! Każdy temat do nich sprowadzasz! – warknął Madżid, patrząc spode łba na pełen zadowolenia z siebie uśmieszek przysadzistego przyjaciela.

– Abd al-Ghani ma ukochaną teorię – wyjaśnił mi Chalid, ponury Palestyńczyk. – Uważa, że niektórzy mężczyźni są obarczeni pewnymi cechami, na przykład wielką odwagą, wskutek czego popełniają desperackie czyny. Nazywa to klątwą bohatera, wiodącą do rozlewu krwi i szerzenia chaosu. Może mieć rację, ale tak często o tym gada, że niedługo przez niego oszalejemy.

– Zostawmy to na razie – przemówił Kadirbaj – i pozwól, że zadam ci pytanie na temat tego, co powiedziałeś. Czy sądzisz, że istnieje różnica między cierpieniem, którego doznajemy, a tym, które sprowadzamy na innych?

– Oczywiście, że tak. Do czego zmierzasz?

– Do tego, że istnieją co najmniej dwa rodzaje cierpienia, całkiem od siebie odmienne: to, które czujemy, i to, które czują przez nas inni. Oba nie mogą stanowić tego gniewu, o którym mówisz. Prawda? Które jest którym?

– Ale... ha! – Abd al-Ghani się roześmiał. – Przyłapałeś mnie, ty stary lisie. Zawsze wiesz, kiedy dyskutuję dla samej dyskusji, *na*? A ja już myślałem, że jestem taki strasznie sprytny! Ale nie martw się, już ja coś wymyślę i znowu cię zaskoczę.

Chwycił z talerza kawałek słodkiego *barfi*, ugryzł i zaczął chrupać z zadowoleniem. Wskazał mężczyznę po swojej prawej stronie, kiwając na niego ciastkiem trzymanym w pękatych palcach.

– A ty, Chalid? Co masz do powiedzenia na temat, który nam podsunął Lin?

– Wiem, że cierpienie jest prawdziwe – powiedział cicho Chalid. Zacisnął zęby. – Wiem, że cierpienie jest jak rzemień bata, a brak cierpienia jak rękojeść, którą trzyma dłoń pana.

– Chalid, drogi przyjacielu – wtrącił z żalem Abd al-Ghani. – Jesteś ode mnie młodszy o ponad dziesięć lat i chyba nie kochałbym czulej własnego brata, ale muszę powiedzieć, że wyraziłeś nad wyraz przygnębiającą myśl i psujesz nam wielką przyjemność, której dostarczył nam ten doskonały *charras*.

– Gdybyś się urodził i wychował w Palestynie, wiedziałbyś, że niektórzy rodzą się, by cierpieć. I nigdy nie przestają. Ani na sekundę. Wiedziałbyś, skąd pochodzi prawdziwe cierpienie. Z tego samego miejsca, gdzie rodzi się miłość, wolność i duma. I jest to to samo miejsce, gdzie umierają uczucia i ideały. To cierpienie nigdy nie ustaje. Tylko udajemy, że tak jest. Wmawiamy to sobie, żeby dzieci przestały kwilić przez sen.

Spojrzał na swoje silne dłonie z pogardą, jak na dwóch nikczemnych i pokonanych wrogów błagających go o litość. Wokół nas zaczęło gęstnieć ponure milczenie; odruchowo spojrzeliśmy na Kadirbaja. Siedział po turecku, wyprostowany, z wolna się kołysząc. Wydawało się, że odmierza stosowną dawkę zadumy pełnej uszanowania. W końcu skinął głową Faridowi, zapraszając go do zabrania głosu.

– Myślę, że nasz brat Chalid ma do pewnego stopnia rację – zaczął Farid cicho, niemal nieśmiało. Zwrócił duże, ciemnobrązowe oczy na Kadirbaja. Zachęcony jego zainteresowanym skinieniem głowy ciągnął: – Myślę, że szczęście to rzecz rzeczywista, lecz doprowadza nas do szaleństwa. Szczęście to rzecz tak dziwna i potęgowa, że przez nią chorujemy, jak przez zarazki... A cierpienie jest tym, co nas ulecza ze zbyt wielkiej szczęśliwości. To... jak to powiedzieć, *bhari vazan*?

– Brzemię – przetłumaczył Kadirbaj. Farid przemówił gwałtownie w hindi, a Kadir powtórzył to w eleganckim, poetycznym języku angielskim, którym władał – jak się zorientowałem przez mgłę narkotyku – o wiele lepiej, niż pozwolił mi sądzić podczas naszego pierwszego spotkania. – Brzemię szczęścia można zmniejszyć tylko balsamem cierpienia.

– Tak, tak, to właśnie chciałem powiedzieć. Bez cierpienia szczęśliwość by nas rozpłaszczyła.

– Bardzo interesująca myśl – ocenił Kadirbaj, a młody Marath rozpromienił się z zadowolenia.

Poczułem lekką zazdrość. Wrażenie błogości, płynące z łaskawego uśmiechu Kadirbaja, uderzało do głowy tak samo jak mocna mikstura, którą wypaliliśmy. Potrzeba bycia synem Abd al- Kadir Chana, zasłużenia na błogosławieństwo jego pochwały, była przemożna. Ta pustka w moim sercu, którą mogła – powinna – wypełnić ojcowska miłość, przybrała kształt jego twarzy. Wysokie kości policzkowe i krótko przycięta srebrna broda, zmysłowe wargi i głęboko osadzone bursztynowe oczy stały się twarzą ojca idealnego.

Teraz wspominam te czasy – i moją gotowość, by mu służyć tak, jak syn służyłby ojcu, krótko mówiąc, moją gotowość pokochania go i to, jak szybko i bez żadnych pytań do tego doszło – i zastanawiam się, ile udziału miała w tym wielka władza, którą posiadał w tym mieście, w mieście należącym do niego. Nigdy nigdzie na świecie nie czułem się tak bezpiecznie jak w jego towarzystwie. I miałem nadzieję, że rzeka jego życia zmyje zapach mojego tropu i zmyli psy gończe. Tysiąc razy zadawałem sobie pytanie, czy pokochałbym go tak szybko i bez reszty, gdyby nie miał władzy i pieniędzy.

Kiedy siedziałem w tym pokoju o kopulastym suficie i dygotałem z zazdrości, kiedy Kadirbaj uśmiechał się do Farida i chwalił go, wiedziałem, że choć podczas naszego pierwszego spotkania to Kadirbaj oznajmił, że uznaje mnie za swego syna, tak naprawdę to ja go uznałem za ojca. I kiedy wokół mnie trwała dyskusja, powtarzałem głosem, który był jednocześnie modlitwą i zaklęciem: ojcze, ojcze, mój ojcze...

– Nie dzielisz naszej radości mówienia po angielsku, wuju Subhan – zwrócił się Kadirbaj do masywnego, szpakowatego starszego człowieka po swojej prawicy. – Więc proszę, pozwól, że odpowiem za ciebie. Wiem, że powiesz, iż Koran poucza nas, że grzech i czynienie zła są przyczyną naszego cierpienia, czyż nie?

Subhan Mahmud zakołysał twierdząco głową. Jego oczy lśniły spod krzaczastego nawisu siwych brwi. Chyba go rozbawiło, że Kadirbaj odgadł, jakie ma zdanie na ten temat.

– Powiesz, że życie zgodnie z właściwymi zasadami, z naukami świętego Koranu, usunie cierpienie z życia dobrego muzułmanina i doprowadzi go do wiecznej szczęśliwości raju, gdy jego życie dobiegnie końca.

– Wszyscy wiemy, co sądzi wuj Subhan – wtrącił niecierpliwie Abd al-Ghani. – Nikt się nie sprzeciwia twoim argumentom, wujudżi, ale musisz mi pozwolić powiedzieć, że masz skłonności do pewnej krańcowości, *na*? Dobrze pamiętam, jak pobiłeś małego Mahmuda bambusową trzcinką, bo płakał po śmierci matki. To oczywiście prawda, że nie powinniśmy podważać woli Allaha, lecz odrobina współczucia w tych sprawach to rzecz ludzka, nie sądzisz? Lecz pominąwszy wszystko, bardzo mnie interesuje twoja opinia, Kadirze. Proszę, zechciej nam wyjawić, co sądzisz o cierpieniu?

Nikt się nie odezwał ani nie poruszył. Wszyscy wyraźnie natężyli uwagę, kiedy Kadirbaj przez parę chwil zbierał myśli. Każdy z obecnych miał własne zdanie i potrafił je wyrazić na swoim poziomie, a jednak wyczułem, że zdanie Kadirbaja stanowi zwykle podsumowanie. Miałem wrażenie, że jego odpowiedź nada rozmowie ton, może nawet stanie się odpowiedzią, której ci mężczyźni będą udzielać, jeśli znowu przyjdzie się im wypowiadać na temat cierpienia. Kadirbaj miał niemal kamienną twarz, a oczy skromnie spuszczone, ale był zbyt inteligentny, by nie dostrzegać podziwu zebranych. Myślałem, że jest też zbyt ludzki, by nie czuć się mile połechtany. Kiedy poznałem go lepiej, odkryłem, że zawsze żywo interesowało go, co sądzą o nim inni, zawsze dotkliwie odczuwał własną charyzmę i jej wpływ na otoczenie, a każde słowo, które wypowiadał do kogokolwiek prócz Boga, było jak występ na scenie. Miał ambicję trwale zmienić świat. Wszystko, co robił i mówił – nawet tym najcichszym, pokornym głosem, którym wówczas przemówił do nas – było nieprzypadkowym elementem dobrze obmyślonego planu.

– Przede wszystkim chciałbym uczynić ogólną uwagę, a potem udzielić bardziej szczegółowej odpowiedzi. Czy mi na to pozwolicie? Dobrze. A zatem ogólna uwaga: uważam, że cierpienie to próba naszej miłości. Każdy akt cierpienia, mały czy przygniatająco wielki, to próba miłości. Na ogół cierpienie to także próba naszej miłości do Boga. To moje pierwsze stwierdzenie. Czy ktoś chce przedyskutować ten pogląd, zanim zacznę mówić?

Powiodłem spojrzeniem po twarzach. Mężczyźni uśmiechali się z aprobatą, niektórzy kiwali głowami, inni marszczyli brwi ze skupieniem. Wszyscy czekali na dalsze słowa Kadirbaja.

– Bardzo dobrze. Przejdę więc do szczegółowej odpowiedzi. Koran powiada, że wszystko we wszechświecie jest ze sobą wzajemnie powiązane i że nawet przeciwieństwa są pod pewnym względem jednością. Myślę, że istnieją dwa elementy cierpienia, o których powinniśmy pamiętać, a mają one związek z rozkoszą i bólem. Pierwsze, to fakt, że ból i cierpienie są ze sobą powiązane, ale to nie to samo. Ból może istnieć bez cierpienia, a można także cierpieć, nie doznając bólu. Czy się z tym zgodzicie?

Spojrzał na uważne, wyczekujące twarze i ujrzał aprobatę.

– Różnica między nimi polega według mnie na tym, że to, czego uczy nas ból – na przykład, że ogień parzy i jest niebezpieczny – zawsze dotyczy jednostki, lecz to, czego uczy nas cierpienie, jednoczy nas jako ludzkość. Jeśli nie cierpimy z bólu, to nie poznamy niczego prócz siebie. Ból bez cierpienia jest jak zwycięstwo bez walki. Nie dowiemy się, co czyni nas silniejszymi, lepszymi czy bliższymi Bogu.

Zebrani zakołysali głowami jak jeden mąż.

– A druga część? Rozkosz? – spytał Abd al-Ghani. Paru mężczyzn roześmiało się cicho i rzuciło sobie porozumiewawcze spojrzenia. Al-Ghani także się uśmiechnął. – No co? Co? Czy człowiek nie może okazywać zdrowego naukowego zainteresowania rozkoszą?

– Ach... – przemówił Kadir. – Myślę, że to trochę podobne do tego, co według pana Lina ten Sapna uczynił ze słowami z chrześcijańskiej Biblii. Cierpienie jest dokładnie tym, co szczęście, tylko na odwrót. Jedno jest lustrzanym odbiciem drugiego i jedno bez drugiego nie może naprawdę istnieć ani mieć prawdziwego znaczenia.

– Przepraszam, nie rozumiem – odezwał się pokornie Farid, zerkając na innych i oblewając się ciemnym rumieńcem. – Czy możesz to wyjaśnić?

– Jest tak – powiedział łagodnie Kadirbaj. – Weźmy na przykład moją dłoń. Jeśli ją tak rozłożę, rozprostuję palce i pokażę wam jej wnętrze, albo jeśli położę ją na twoim ramieniu, rozkładając palce w ten sposób – jest to szczęście, a przynajmniej tak możemy przyjąć na potrzeby tej chwili. A jeśli zacisnę palce i zwinę je mocno w pięść, o tak, możemy nazwać to cierpieniem. Te dwa gesty są swoim przeciwieństwem pod względem znaczenia i mocy. Każdy jest kompletnie inny z wyglądu i funkcji, lecz ręka, która wykonuje gest, jest ta sama. Cierpienie to szczęście na odwrót.

Każdy z zebranych przemówił i dyskusja trwała jeszcze przez dwie długie godziny, podczas których wywracano argumenty na lewą stronę i rozdymano je lub porzucano. Palono haszysz. Dwa razy podano herbatę. Abd al-Ghani wrzucił do swojej małą kulkę czarnego opium i wypił ją z grymasem starego praktyka.

Madżid zmodyfikował swój punktu widzenia, przyznając, że cierpienie nie musi być koniecznie oznaką słabości, lecz upierając się, że możemy się na nie uodpornić dzięki silnej woli, zrodzonej z surowej samodyscypliny, rodzaju dobrowolnego cierpienia. Farid zgodził się z jego poglądem, że cierpienie jest odtrutką na truciznę szczęścia, przytaczając konkretne przykłady z życia swoich przyjaciół. Stary Subhan szeptem wypowiedział parę zdań w urdu, a Kadirbaj przetłumaczył te, które wnosiły coś nowego: istnieją rzeczy, których my, ludzie, nigdy nie pojmiemy, rzeczy, które pojąć może tylko Bóg, i cierpienie może być jedną z nich. Keki Dorabdżi przedstawił pogląd, że wszechświat, taki, jakim go widzą parsowie, jest polem walki dwóch przeciwieństw: światła i ciemności, żaru i zimna, cierpienia i rozkoszy – i że jedno nie istnieje bez drugiego. Rajubaj dodał, że cierpienie to stan nieoświeconej duszy, uwięzionej w kole karmy. Chalid Fattah nie odzywał się pomimo kunsztownych zachęt Abd al-Ghaniego, który parę razy nakłaniał go i zapraszał, zanim wreszcie się poddał, wyraźnie zirytowany tą upartą odmową.

Ze swej strony Abd al-Ghani okazał się najbardziej elokwentny i sympatyczny z zebranych. Chalid był intrygujący, ale krył w sobie złość, może zbyt wiele. Madżid był w Iranie zawodowym żołnierzem. Wydawał się odważny i bezpośredni, ale miał skłonność do uproszczonej wizji świata i ludzi. Subhan Mahmud był bez wątpienia pobożny, ale roztaczał lekki antyseptyczny zapaszek niezłomności. Młody Farid miał serce na dłoni i był skromny, ale, jak podejrzewałem, zbyt podatny na wpływy. Keki był ponury i niekomunikatywny, a Rajubaj okazywał mi podejrzliwość niemal graniczącą z opryskliwością. Z nich wszystkich tylko Abd al-Ghani wykazywał się poczuciem humoru i tylko on potrafił się głośno śmiać. Był tak samo zaprzyjaźniony z młodszymi mężczyznami jak ze starszymi od siebie. On niedbale leżał, inni siedzieli. Przerywał i wpadał w słowo, kiedy mu się podobało, jadł, pił i palił więcej niż ktokolwiek. Do Kadirbaja odnosił się ze szczególną, pozbawioną rewerencji czułością i było jasne, że łączy ich przyjaźń.

Kadirbaj zadawał pytania, sondował, komentował, ale nie dodał ani jednego słowa do własnego twierdzenia. Ja milczałem, przysypiałem ze zmęczenia i dziękowałem Bogu, że nikt mnie nie zmusza do przemów.

Kiedy Kadirbaj wreszcie zakończył spotkanie, odprowadził mnie do drzwi prowadzących na ulicę przy meczecie Nabila i tam zatrzymał, delikatnie kładąc mi rękę na ramieniu. Potem poprosił, żebym wrócił nazajutrz, ponieważ mogę mu wyświadczyć pewną przysługę, jeśli rzecz jasna mam ochotę. Zaskoczony i pochlebiony natychmiast się zgodziłem i obiecałem, że spotkam się z nim w tym samym miejscu jutro rano. Wyszedłem na ciemną ulicę i niemal o tym zapomniałem.

W długiej drodze do domu moje myśli błądziły wśród poglądów, które przedstawiła mi ta grupa uczonych przestępców. Przypomniałem sobie inne, podobne dyskusje, w jakich brałem udział w więzieniu. Pomimo ogólnego braku wykształcenia, a może właśnie dlatego, wielu więźniów żywo interesowało się światem idei. Nie nazywali tego filozofią, nawet nie wiedzieli, że jest coś takiego, ale ich rozmowy często dotyczyły właśnie tego – abstrakcyjnych pytań o moralność i etykę, znaczenie i cel.

To był długi dzień i jeszcze dłuższy wieczór. Ze zdjęciem madame Zhou w kieszeni, ze stopami ściśniętymi w trumiennych butach zmarłego kochanka Karli, z głową nabitą definicjami cierpienia, wracałem wyludniającymi się ulicami i wspominałem celę w australijskim więzieniu, gdzie mordercy i złodzieje, których nazywałem przyjaciółmi, często zbierali się, żeby dyskutować z zapałem o prawdzie, miłości i cnocie. Ciekawe, czy czasem mnie wspominali. Czy jestem ich marzeniem o wolności i ucieczce? Jak by odpowiedzieli na pytanie, czym jest cierpienie?

Wiedziałem. Kadirbaj oszołomił nas mądrością swojego nieprzeciętnego rozumu i talentem do wyrażania swoich opinii. Jego definicja była ostra i tnąca do żywego – cierpienie to szczęście na odwrót. Pozostawała w pamięci. Ale prawdziwe znaczenie ludzkiego cierpienia nie znalazło się w błyskotliwej wypowiedzi Kadirbaja. Należała do Chalida Ansariego, Palestyńczyka. To jego definicja została ze mną. Jego zwyczajne, niepiękne słowa były najczystszym wyrazem tego, co dobrze znają wszyscy więźniowie i każdy, kto żyje wystarczająco długo – że cierpienie, każde cierpienie, zawsze dotyczy tego, co utraciliśmy. Kiedy jesteśmy młodzi, sądzimy, że cierpienie to coś, co ktoś nam może zadać. Kiedy przybywa nam lat – kiedy zatrzaskują się jakieś stalowe drzwi – wiemy już, że prawdziwe cierpienie mierzy się tym, co nam odebrano.

Wracałem przez ciemne, nieoświetlone uliczki slumsów na pamięć, po omacku, czując się mały i samotny. Skręciwszy w ostatni wąwóz, w którym czekała moja pusta chata, ujrzałem światło lampy. Nieopodal moich drzwi stał mężczyzna z latarnią w ręce. Obok niego czekało dziecko, dziewczynka z rozczochranymi włosami. Podszedłem bliżej i przekonałem się, że mężczyzną z latarnią jest Joseph, pijak, który pobił swoją żonę, a w cieniu stoi Prabaker.

– Co się stało? – szepnąłem. – Jest późno.

– Witaj, Linbaba. Ładną odzież nosisz na odmianę. – Prabaker się uśmiechnął. Jego okrągła twarz zdawała się unosić w powietrzu. – Kocham twoje buty – takie czyste i błyskotliwe. W samą porę przybywasz. Joseph czyni dobroczynność. Zapłacił pieniądze, żeby kupić dla wszystkich znak na szczęście. Ponieważ nie jest już nieszczęsną pijaczyną, pracuje na cały etat i za część pieniędzy kupił to, by nam sprzyjało szczęście.

– Znak na szczęście?

– Tak, spójrz na to oto dziecko, na jej rękę. – Chwycił dziewczynkę za przeguby i pokazał dłonie. W mdłym świetle nie widziałem dokładnie, co mam zobaczyć. – Spójrz, ma tylko cztery palce. Widzisz? Cztery palce tylko. Bardzo dobry znak.

Zrozumiałem. Dziewczynka miała dwa zrośnięte palce, środkowy i wskazujący. Dłonie miała niebieskie. Joseph trzymał płaski talerz z niebieską farbą. Dziewczynka zanurzała w nim ręce i odciskała znak dłoni na wszystkich drzwiach na naszej uliczce, by chronić nas przed licznymi nieszczęściami sprowadzanymi przez złe oko. Przesądni mieszkańcy slumsów najwyraźniej uznali ją za szczególnie błogosławioną, ponieważ wyróżniała się posiadaniem tylko czterech palców u każdej dłoni. Na moich oczach dziecko przycisnęło rączki do moich rozpadających się drzwi. Joseph kiwnął głową krótko i poważnie i zaprowadził dziewczynkę do następnej chaty.

– Pomagam tej niegdyś bijącej żonę i bardzo pijącej pijaczynie, owemu Josephowi – oznajmił Prabaker scenicznym szeptem, słyszalnym w promieniu dwudziestu metrów. – Pragniesz czegokolwiek, zanim odbędę?

– Nie. Dzięki. Dobrej nocy, Prabu.

– *Shuba ratri*, Lin. – Uśmiechnął się. „Dobrej nocy". – Śnij o mnie słodko, tak?

Odwrócił się, ale go zatrzymałem.

– Hej, Prabu...

– Tak?

– Powiedz mi, czym jest cierpienie? Co o tym sądzisz? Co to znaczy, że ludzie cierpią?

Prabaker rozejrzał się po ciemnej uliczce pełnej prowizorycznych chałupin, spojrzał na kołyszący się świetlik latarni Josepha. Potem zerknął na mnie. Widziałem tylko jego oczy i zęby, choć stał całkiem blisko.

– Ty masz dobre samopoczucie?

– Bardzo dobre. – Roześmiałem się.

– Nie piłeś dziś *daru*, jak ta pijaczyna Joseph?

– Nie, naprawdę. Nic mi nie jest. No powiedz, przecież zawsze mi wszystko tłumaczysz. Dziś rozmawialiśmy o cierpieniu i ciekawi mnie twoje zdanie.

– To proste – cierpienie to głodność, tak? Głodność wszystkiego znaczy cierpienie. Nie ma głodności, znaczy – nie ma cierpienia. Ale to wie każdy.

– Tak, chyba faktycznie każdy. Dobrej nocy, Prabu.

– Dobrej nocy, Lin.

Odszedł, śpiewając. Wiedział, że to nie przeszkadza nikomu w tych pogrążonych we śnie, biednych chałupinach. Wiedział, że jeśli ktoś się obudzi, będzie przez chwilę nasłuchiwał, a potem zaśnie z uśmiechem, bo Prabaker śpiewał o miłości.

ROZDZIAŁ 15

– Obudź się, Lin! Hej, Linbaba, musisz powstać już!

Jedno oko otworzyło się i skupiło wzrok na pływającym, brązowym balonie, na którym namalowano twarz Johnny'ego Cygaro. Oko się zamknęło.

– Idź stąd, Johnny.

– Ja też cię witam, Lin. – Zachichotał irytującą wesołością. – Musisz powstać.

– Jesteś złym człowiekiem. Złym i okrutnym. Odejdź.

– Pewna osobistość ma ranę, Lin. Potrzebna twoja apteczka i twoja apteczna osobistość.

– Człowieku, jeszcze ciemno – warknąłem. – Jest druga w nocy. Powiedz mu, żeby wrócił za dnia, kiedy będę żywy.

– Z pewnością, ja mu powiem i on przyjdzie, ale powinieneś wiedzieć, że jemu bardzo szybko leci krew. Lecz jeśli musisz jeszcze spać, odpędzę go od twych drzwi, w tej minucie, tym oto dobrym butem.

Już się skłaniałem nad głębokim basenem snu, ale słowo „krew" szarpnięciem postawiło mnie z powrotem na jego krawędzi. Usiadłem, krzywiąc się z powodu odrętwiałego biodra. Moje posłanie, jak większość w slumsach, stanowił koc, dwukrotnie złożony i rozesłany na ubitej ziemi. Można było dostać kapokowe materace, ale były niepraktyczne. Zajmowały zbyt wiele miejsca w ciasnych chatach, szybko zaczynały się roić od pcheł, wszy i innego robactwa, a dla szczurów miały nieodparty urok. Po długich miesiącach spania na ziemi przyzwyczaiłem się do tego, ale miałem dość chude biodra i każdego ranka budziłem się obolały.

Johnny trzymał latarnię prawie pod moim nosem. Skrzywiłem się i odsunąłem ją na bok; moim oczom ukazał się mężczyzna, skulony w kucki na progu, z wyciągniętą przed siebie ręką. Na ramieniu miał wielką ranę czy dziurę, a krew skapywała z niej do wiadra. Półprzytomny, wyrwany ze snu, zagapiłem się jak idiota na ten żółty plastikowy kubełek. Ten człowiek przyszedł z własnym naczyniem, żeby mi nie zachlapać podłogi, i to, nie wiadomo czemu, zaniepokoiło mnie bardziej niż sama rana.

– Przepraszam za kłopot – powiedział młodzieniec.

– To Amir – wystękał Johnny Cygaro, głośno klepiąc go po plecach. – Strasznie głupia osobistość. Teraz przeprasza za kłopot. Powinienem wziąć but i cię sprać, i wyprać też.

– Boże, ile krwi. To poważna rana. – Długie, głębokie rozcięcie biegło od ramienia niemal do łokcia. Duży, trójkątny płat skóry w kształcie klapy płaszcza zaczął odstawać od ciała. – Jemu potrzebny doktor. To trzeba zszyć. Powinieneś go zawieźć do szpitala.

– Szpital *naya*! – wyjęczał Amir. – *Nahin, baba!*

Johnny dał mu w ucho.

– Cicho, głupi. Nie chce szpitala ani doktora. To awanturnik, *goonda*. Boi się policji. Co, ty głupi? Boisz się policji, *na*?

– Przestań go bić, Johnny, to mu naprawdę nie pomoże. Jak do tego doszło?

– Walka. Jego gang z innym gangiem. Walczą, mieczami i toporami, ci uliczni gangsterzy, i takie są wyniki.

– To tamci zaczęli. Drażnili Ewę! – oznajmił Amir. „Drażnienie Ewy" to w indyjskim prawie określenie napastowania seksualnego i dotyczy całej gamy wykroczeń, od obraźliwego języka po fizyczne molestowanie. – Mówiliśmy, żeby przestali. Nasze panie nie mogły wychodzić bezpiecznie. Tylko jedynie z tego powodu z nimi walczyliśmy.

Johnny uniósł szeroką dłoń, uciszając protesty Amira. Chciał znowu go uderzyć, ale mój grymas go powstrzymał.

– Myślisz, że to powód, żeby walczyć mieczami i toporami, ty głupi! Twoja mamusia będzie bardzo szczęśliwa, że powstrzymałeś drażnienie Ewy i skończyłeś posiekany na malutkie kawałeczki, *na?* Bardzo szczęśliwa będzie! A teraz chcesz, żeby Linbaba cię uszył i ładnie nareperował ci rękę. Wstydź się ty!

– Chwileczkę, Johnny, ja tego nie mogę zrobić. Rana jest za duża, za dużo krwi... to za trudne.

– W swojej medycznej apteczce masz igły i bawełnę.

Miał rację. W zestawie znajdowały się igły chirurgiczne i jedwabna nić. Ale nigdy tego nie robiłem.

– Nigdy tego nie robiłem, Johnny. Nie mogę. Jemu potrzebny jest fachowiec – lekarz lub pielęgniarka.

– Mówiłem ci. On nie chce lekarza. Chciałem go zmusić. Ktoś z gangu jest bardziej ranny niż ten głupi chłopak. Może umrze też, ten drugi. To teraz sprawa policji, która zadaje pytania. Amir nie pójdzie do żadnego szpitala i lekarza.

– Daj, zrobię to sam – odezwał się Amir, przełykając ślinę z wysiłkiem.

Oczy miał wielkie ze strachu, ale dostrzegłem w nich zdecydowanie. Po raz pierwszy spojrzałem mu w twarz i przekonałem się, że jest bardzo młody: szesnaście, może siedemnaście lat. Miał na sobie buty Pumy, dżinsy i koszulkę z liczbą 23 na piersiach. Były to indyjskie podróbki słynnych zachodnich ubrań, bardzo trendy w oczach jego kolegów ze slumsów, młodzieńców o chudych brzuchach i głowach pełnych zagmatwanych marzeń o dalekich krajach, młodych mężczyzn, którzy odmawiali sobie jedzenia, żeby kupić ubrania, które – według nich – upodabniały ich do modnych cudzoziemców z gazet i filmów.

Nie znałem tego chłopca. Był jednym z tysięcy, których nigdy nie spotkałem, choć mieszkałem tu już prawie pół roku, a najdalsze chaty znajdowały się jakieś pięćset, sześćset metrów od mojej. Niektórzy, na przykład Johnny Cygaro i Prabaker, robili takie wrażenie, jakby znali wszystkich w slumsach. Wydawało mi się nadzwyczajne, że pamiętali prywatne szczegóły z życia tylu tysięcy osób. Ciekawiło mnie, co ten chłopak ma wspólnego z Johnnym Cygaro. Amir dygotał na nocnym chłodzie, rozciągał usta w szerokim, bezgłośnym grymasie, zastanawiając się nad wbiciem igły z nitką we własne ciało. Byłem ciekaw, skąd stojący nad nim Johnny bierze pewność, że chłopak jest do tego zdolny, że może skinąć do mnie głową, posyłając mi wiadomość bez słów: „Tak, jeśli dasz mu igłę, on zrobi to sam".

– Dobrze, dobrze, ja to zrobię – skapitulowałem. – To będzie boleć. Nie mam żadnych środków znieczulających.

– Boleć! – zagrzmiał radośnie Johnny. – Ból nie problem. Dobrze, że masz bóle, Amir, ty *chutia*. W głowie niech boli cię, tam powinno.

Posadziłem Amira na moim posłaniu, nakryłem mu ramiona drugim kocem. Wyjąłem kuchenkę, włączyłem i wstawiłem wodę. Johnny pobiegł do kogoś, żeby zrobić gorącą, słodką herbatę. Pospiesznie umyłem w ciemnościach twarz i ręce, w otwartej łazience koło mojej chaty. Kiedy woda zawrzała, wlałem odrobinę na talerz i wrzuciłem do garnka dwie igły, by je wysterylizować. Obmyłem ranę ciepłą wodą z mydłem i środkiem dezynfekcyjnym, osuszyłem gazikiem. Bandażem mocno przewiązałem ramię i zostawiłem opaskę na dziesięć minut, żeby brzegi rany się zeszły. Miałem nadzieję, że dzięki temu szycie będzie łatwiejsze.

Uparłem się, żeby Amir wypił dwa duże kubki słodkiej herbaty, by złagodzić objawy szoku, które już zaczęły się pojawiać. Bał się, ale był spokojny. Ufał mi. Nie mógł wiedzieć, że robiłem to tylko raz, jak na ironię w podobnych okolicznościach. Podczas bójki w więzieniu pewien mężczyzna dostał nożem. Problem między dwoma przeciwnikami, bez względu na jego charakter, rozwiązywano przemocą, a potem sprawa była zakończona. Ale gdyby ranny zgłosił się do więziennego oddziału szpitalnego, władze umieściłyby go w izolatce dla więźniów pod ochroną. Niektórzy, szczególnie pedofile i donosiciele, musieli się tam znaleźć, boby nie przeżyli. Dla innych, umieszczonych tam wbrew ich woli, izolatka była piętnem: piętnem podejrzeń, pomówień i pogardy. Ranny przyszedł do mnie. Zszyłem mu ranę igłą kaletniczą i zwykłą nicią. Zagoiło się, ale została brzydka, pofałdowana szrama. Nigdy nie zdołałem o tym zapomnieć i zabierałem się do szycia rany Amira bez przekonania. Ten jego naiwny, ufny uśmiech też mnie nie podtrzymywał na duchu. Ludzie zawsze nas krzywdzą swoim zaufaniem, powiedziała mi kiedyś Karla. Jeśli chcesz skrzywdzić kogoś, kogo lubisz, zaufaj mu bezgranicznie.

Wypiłem herbatę, wypaliłem papierosa i zabrałem się do roboty. Johnny stał w drzwiach, bezskutecznie odstraszając ciekawskich sąsiadów i ich dzieci. Igła chirurgiczna była zakrzywiona i bardzo cienka. Przypuszczam, że należało ją trzymać w szczypczykach. Ja ich nie miałem. Pożyczył je kiedyś jakiś chłopiec, żeby naprawić maszynę do szycia. Musiałem palcami wbijać igłę w skórę, a potem ją wyciągać. Trzymałem ją niezdarnie, wyślizgiwała mi się, a pierwsze szwy wyszły paskudnie. Amir krzywił się, ale nie krzyczał. Przy piątym, szóstym szwie zacząłem nabierać wprawy i ich brzydota – jeśli nie ból, który zabiegowi towarzyszył – stała się mniejsza.

Ludzka skóra jest twardsza i odporniejsza, niż się wydaje. Jest także względnie łatwa do zszycia, a nitkę można zaciągnąć mocno, nie rozdzierając tkanki. Ale igła, choćby najbardziej cienka czy ostra, zawsze będzie ciałem obcym i każdy, kto nie znieczulił się dzięki ciągłemu powtarzaniu takiego zabiegu, musi płacić psychiczny haracz za każdym razem, gdy wbija ostrze w ciało innej istoty. Zacząłem się mocno pocić, choć noc była chłodna. Przez to napięcie w miarę postępowania roboty Amir rozpogadzał się, a ja stawałem się coraz bardziej poirytowany i zmęczony.

– Powinieneś go zawlec do szpitala! – warknąłem do Johnny'ego Cygaro. – To idiotyzm!

– Szyjesz bardzo doskonale – sprzeciwił się. – Takimi szwami mógłbyś zrobić bardzo piękną koszulę.

– Nie są takie, jak trzeba. Zostanie mu wielka blizna. Nie wiem, co ja tu, kurwa, robię.

– Masz problem z toaletą, Lin?

– Co?

– Nie pójdziesz do toalety? Nie masz wielkiej potrzeby?

– Johnny, jak pragnę zdrowia! Majaczysz?

– Masz zły humor. To nie jest twoje zwykłe zachowanie. Może to problem z zatwardziałą potrzebą, myślę.

– Nie – jęknąłem.

– Ach, więc masz rozwolnioną potrzebę, myślę.

– W zeszłym miesiącu miał rozwolnioną potrzebę przez trzy dni – rzuciła jedna z moich sąsiadek przez otwarte drzwi. – Mój mąż powiedział, że Linbaba chodzi do toalety trzy, trzy, cztery razy dziennie i znowu trzy, trzy, cztery razy w nocy. Cała ulica o tym mówiła.

– A tak, pamiętam – zgodziła się inna sąsiadka. – Ale cierpiał! Jakie robił miny, kiedy siedział na toalecie, *yaar*. Jakby rodził dziecko. I była to bardzo płynna rozwolniona potrzeba. Jak woda, i tak szybko wychodziła, że strzelało jak z dział na Dzień Niepodległości. Tadam! O, tak! Wtedy zaleciłam picie *chandu-czaju* i jego potrzeba stała się twardsza, i miała znowu bardzo dobry kolor.

– Dobry pomysł – mruknął Johnny z aprobatą. – Idź po *chandu-czaj* dla rozwolnionej potrzeby Linbaby.

– Nie! – zawyłem. – Nie mam rozwolnionej potrzeby. Nie mam zatwardziałej potrzeby. W ogóle na razie nie mam szansy na żadną potrzebę. Jestem nieprzytomny, na miłość boską! A co tam... Proszę, skończone. Nic ci nie będzie, Amir, ale powinieneś sobie zrobić zastrzyk przeciwko tężcowi.

– Nie trzeba, Linbaba. Miałem zastrzyki przed trzy miesiące temu, po ostatniej walce.

Jeszcze raz oczyściłem ranę i posypałem antybiotykiem w proszku. Przykrywając dwadzieścia sześć szwów bandażem, ostrzegłem, żeby go nie zamoczył, i poradziłem, żeby po dwóch dniach zjawił się na kontrolę. Chciał mi zapłacić, ale nie przyjąłem pieniędzy. Nikt nie płacił za moje leczenie. Ale nie odmówiłem dla zasady. Prawda wyglądała tak, że ogarnął mnie dziwny, niewytłumaczalny gniew – na Amira, na Johnny'ego, na samego siebie – i odprawiłem go opryskliwie. Dotknął moich stóp i wycofał się z chaty, oberwawszy na do widzenia od Johnny'ego Cygaro.

Właśnie zabierałem się do sprzątania, kiedy wpadł Prabaker, chwycił mnie za koszulę i usiłował wywlec za próg.

– Jak dobrze, że nie śpisz – wydyszał bez tchu. – Nie zmarnuję czasu na budzik. Musisz iść ze mną! Szybko, proszę!

– Na Boga, co znowu? – burknąłem. – Puść mnie, Prabu. Muszę sprzątnąć ten bałagan.

– Nie ma czasu na bałagan, *baba*. Chodź, proszę. Nie problem!

– Tak problem! – wrzasnąłem. – Nigdzie nie pójdę, dopóki nie powiesz, o co, do diabła, chodzi. Koniec, Prabu. Kropka. Nie problem.

– Absolutnie musisz iść – uparł się, ciągnąc mnie za koszulę. – Twój przyjaciel usiadł w więzieniu. Musisz pomóc!

Wybiegliśmy z chaty i popędziliśmy wąskimi, mrocznymi uliczkami śpiących slumsów. Na głównej ulicy przed hotelem President złapaliśmy taksówkę i ruszyliśmy czystymi, cichymi ulicami koło Kolonii Parsów, Sassoon Dock i rynkiem w Kolabie. Taksówka zatrzymała się przed posterunkiem policji w Kolabie, naprzeciwko ulicy prowadzącej z „Leopolda". Oczywiście był zamknięty, szerokie metalowe żaluzje dotykały chodnika. Wydawał mi się nienaturalnie cichy – upiorne milczenie popularnego baru.

Prabaker i ja weszliśmy przez bramę posterunku i znaleźliśmy się na podwórzu. Serce biło mi szybko, ale zachowywałem pozorny spokój. Wszyscy policjanci na posterunku mówili w marathi – to był warunek zatrudnienia. Wiedziałem, że jeśli nie będą mieć jakiegoś szczególnego powodu, żeby mnie podejrzewać czy prowokować, swoją biegłością w tym języku mile ich zaskoczę. Dzięki temu zyskam ich sympatię i ta mała sława mnie ochroni. A jednak była to wyprawa na teren wroga, więc starałem się upchnąć strach w najdalszym zakamarku głowy.

Prabaker odezwał się cicho do *hawaldara*, czyli funkcjonariusza siedzącego u stóp długich metalowych schodów. Ten przytaknął i przepuścił nas. Prabaker zakołysał głową na boki; poszedłem za nim po metalowych stopniach na podest z masywnymi drzwiami znajdujący się na pierwszym piętrze. Za wprawioną w drzwi kratą pojawiła się twarz. Duże brązowe oczy spojrzały w lewo i prawo, a potem drzwi się otworzyły. Znaleźliśmy się w przedpokoju, w którym stało biurko, małe metalowe krzesełko i bambusowa prycza. Mężczyzna pogadał krótko z Prabakerem, po czym łypnął na mnie spode łba. Był wysoki, miał duży brzuch i wielkie, zjeżone, przetykane siwizną wąsy. Za nim znajdowała się brama z sześciokątnych metalowych elementów. Zza bramy przyglądało się nam z intensywnym zainteresowaniem z dziesięciu więźniów. Strażnik odwrócił się do nich szerokimi plecami i wyciągnął rękę.

– Chce, żebyś... – zaczął Prabaker.

– Wiem – przerwałem i włożyłem rękę do kieszeni dżinsów. – Chce bakszysz. Ile?

– Pięćdziesiąt rupii. – Prabaker rozpromienił się, prezentując wysokiemu policjantowi najszerszy ze swoich uśmiechów.

Wyłowiłem banknot pięćdziesięciorupiowy, a strażnik schował go w dłoni. Odwrócił się do mnie plecami, podszedł do metalowej bramy. Poszliśmy za nim. Zebrała się tam większa grupa mężczyzn, bez wyjątku zupełnie przytomnych i rozgadanych, choć pora była późna. Strażnik powiódł po nich ciężkim wzrokiem, aż wszyscy umilkli. Potem mnie zawołał. Stanąłem przed kratami, tłum się rozstąpił, a przez niego przepchnęły się dwie fantastyczne postaci. Byli to niedźwiednicy, ci o niebieskiej skórze, którzy na życzenie Abdullaha przyprowadzili mi niedźwiedzia Kano. Chwycili się krat i zaczęli trajkotać tak szybko i natarczywie, że docierało do mnie co czwarte albo piąte słowo.

– Co się dzieje, Prabu? – spytałem kompletnie zagubiony. Kiedy powiedział mi, że w więzieniu jest mój przyjaciel, zrozumiałem, że chodzi o Abdullaha. Spodziewałem się zobaczyć w celi Abdullaha i nadal wypatrywałem go za plecami niedźwiedników i innych stłoczonych przy kracie mężczyzn.

– To twoi przyjaciele, czy nie? – spytał Prabaker. – Nie pamiętasz, Lin? Przyszli z Kano, żebyś mógł go pościskać.

– Tak, jasne, że ich pamiętam. Przyprowadziłeś mnie, żebym ich zobaczył?

Prabaker wytrzeszczył oczy, a potem szybko się odwrócił, żeby sprawdzić wyraz twarzy strażnika i niedźwiedników.

– Tak, Lin – powiedział cicho. – Oni prosili, żebyś przyszedł. Czy... czy chcesz już iść?

– Nie, nie, tylko... Nieważne. Czego chcą? Nie potrafię ich zrozumieć.

Prabaker poprosił, żeby wyjaśnili, czego chcą, i dwaj niebieskoskórzy wykrzyczeli mi swoją historię, trzymając się kraty kurczowo jak desek tratwy na otwartym morzu.

– Oni mówią, oni powiadają, że oni się zatrzymują obok Navy Nagar i tam znaleźli inne osobistości, które są także niedźwiedziowymi osobistościami, i są posiadający jednego bardzo smutnego i chudego niedźwiedzia – wyjaśniał Prabaker, jednocześnie upominając niedźwiedników, żeby się uspokoili i mówili wolniej. – Powiadają, że owi tamci nie traktują swego niedźwiedzia z szacunkiem. Bili niedźwiedzia batem i niedźwiedź płakał, cały zbolały.

Niedźwiednicy wybuchli kaskadą słów, której Prabaker słuchał w milczeniu, kiwając głową, z ustami otwartymi, by przemówić. Pozostali więźniowie zbliżyli się, żeby też posłuchać. Na korytarzu za kratą znajdowały się wysokie okna z metalową kratą. Po drugiej stronie zatłoczonego korytarza widać było kilka pomieszczeń. Inni zaczęli z nich wybiegać i stawać przy kracie – stu lub więcej więźniów, bez wyjątku zasłuchanych z fascynacją w historię niedźwiedników.

– Tak bardzo te złe osobistości biły biednego niedźwiedzia – przetłumaczył Prabaker. – I nawet kiedy płakał, nie przestali go bić, tego niedźwiedzia. A to był, wiesz, niedźwiedź dziewczyna!

Więźniowie zareagowali oburzonymi, gniewnymi krzykami i wyrazami współczucia.

– Ci tu oto byli bardzo zdenerwowani, że tamci biją owego niedźwiedzia. Więc podeszli blisko i powiedzieli, że nie wolno bić żadnego niedźwiedzia. Ale tamci byli bardzo źli i gniewni, tamci owi. Było dużo krzyków i popychania, i złe słowa. Jeden z tych osobistości powiedział, że nasze osobistości to siostrojebcy. Nasze osobistości nazwały tamtych gnojami. Tamci źli nazwali naszych matkojebnymi palantami. Nasze osobistości nazwali ich bratojebcami. Tamci powiedzieli jeszcze bardzo wiele o takich a takich jebcach. Nasi powiedzieli wiele o...

– Prabu, do rzeczy.

– Tak, Lin – powiedział, pilnie nasłuchując. Nastąpiła przedłużająca się pauza.

– Więc?

– Nadal wiele brzydkich wyrazów – odpowiedział, bezradnie wzruszając ramionami. – Ale niektóre, muszę powiedzieć, bardzo, bardzo doskonałe. Chcesz usłyszeć?

– Nie!

– Dobrze – powiedział wreszcie. – Na koniec ktoś był wzywający policję do przybycia. I była wielka bójka.

Znowu zamilkł, przysłuchując się kolejnemu odcinkowi opowieści. Obejrzałem się na strażnika, który był równie pochłonięty rozwijającą się sagą jak pozostali. Słuchał, żując *paan*, jego krzaczaste wąsy poruszały się w górę i w dół, nieświadomie podkreślając zainteresowanie. W którymś momencie opowieści uważnie słuchający więźniowie zareagowali rykiem aprobaty, którą podzielił również strażnik.

– Początkowo tamte osobistości wygrywały w wielkiej walce. To było tyle walczenia, co w *Mahabharacie*. Te złe osobistości miały paru przyjaciół, którzy wszyscy się podłączali z pięściami i kopniakami, i biciem kapciem też. Potem niedźwiedź Kano się pogniewał. Tuż przed przyjazdem policji Kano podłączył się do bójki, żeby pomóc swoim osobistościom. I walka się skończyła za szybko. Dał tamtym osobistościom wielkie łupu i także cupu. Ten Kano to bardzo dobry niedźwiedź wybitny. Wybił te złe osobistości i także ich wszystkich przyjaciół!

– A potem tych niebieskich wsadzili – zakończyłem za niego.

– Przyznaję ze smutkiem, tak. Aresztowani zostali z przyczyny pokłócenia porządku.

– Dobrze. Pogadajmy.

Prabaker, strażnik i ja odeszliśmy dwa kroki od bramy i stanęliśmy przy pustym metalowym biurku. Kątem oka widziałem, że więźniowie wychodzą ze skóry, żeby nas podsłuchać.

– Jak się w hindi nazywa kaucja? Dowiedz się, czy tamci mogą wyjść za kaucją.

Prabaker spytał, ale strażnik pokręcił głową i powiedział, że to wykluczone.

– Czy mógłbym zapłacić mandat? – spytałem w marathi, używając powszechnie akceptowanego eufemizmu na łapówkę.

Strażnik pokręcił głową z uśmiechem. Podczas przepychanki został ranny policjant i teraz sprawa nie zależy od niego.

Wzruszyłem bezradnie ramionami, wróciłem do kraty i powiadomiłem tamtych, że nie mogę ich wykupić. Zatrajkotali tak szybko i niewyraźnie, że znowu nie zrozumiałem.

– Nie, Lin! – ogłosił rozpromieniony Prabaker. – Oni nie martwią się o siebie. Martwią się o Kano! On także jest aresztowany, ten niedźwiedź. Oni się martwią bardzo o niedźwiedzia. W tym masz im pomóc!

– Niedźwiedź też jest w areszcie? – spytałem strażnika w marathi.

– *Ji, ha!* – odpowiedział, a jego rozwichrzone wąsy zjeżyły się z dumy. „Panie, tak!" – Niedźwiedź jest w celi na dole!

Spojrzałem na Prabakera, który wzruszył ramionami.

– Może powinniśmy spotkać niedźwiedzia? – podsunął.

– Chyba powinniśmy spotkać niedźwiedzia – powtórzyłem.

Zeszliśmy po metalowych stopniach na parter, gdzie skierowano nas do rzędu celi bezpośrednio pod pomieszczeniami, które odwiedziliśmy na górze. Strażnik z parteru otworzył jedne drzwi i zajrzeliśmy do środka, gdzie niedźwiedź Kano siedział na środku ciemnego, pustego pomieszczenia. Miał łańcuch na karku i łapach, przewleczony przez metalową kratę w oknie. Siedział oparty szerokim grzbietem o ścianę, z wyprostowanymi tylnymi nogami. Minę – nie potrafię inaczej opisać wyrazu jego pyska – miał niepocieszoną i wyjątkowo zatroskaną. Wydał przeciągłe, rozdzierające westchnienie.

Prabaker stał za moimi plecami. Odwróciłem się, żeby o coś spytać, i przekonałem się, że płacze z twarzą wykrzywioną rozpaczliwym grymasem. Zanim odzyskałem głos, minął mnie i podszedł do niedźwiedzia, wymijając rozłożone ręce strażnika. Dotarł do Kano z rękami gotowymi do uścisku i wtulił się w niego, położył głowę obok niedźwiedziego łba i z czułymi pomrukami zaczął głaskać kudłate futro. Wymieniłem spojrzenia ze strażnikiem. Podniósł brwi i energicznie zakołysał głową na boki. Był pod wrażeniem.

– Ja to zrobiłem pierwszy – usłyszałem własny głos, mówiący w marathi. – Parę tygodni temu. Pierwszy uściskałem tego niedźwiedzia.

Strażnik skrzywił się w litościwo-pogardliwym grymasie.

– Jasne, jasne – powiedział kpiąco. – Absolutnie.

– Prabaker! – zawołałem. – Możemy to załatwić?

Prabaker oderwał się od niedźwiedzia i podszedł do mnie, po drodze wycierając oczy wierzchem dłoni. Był tak zgnębiony, że musiałem go objąć.

– Mam nadzieję, że ci to nie przeszkodzi – ostrzegł. – Bardzo pachnę niedźwiedziowo.

– W porządku – zapewniłem cicho. – W porządku. Zobaczymy, co możemy zdziałać.

Po dziesięciu minutach dyskusji ze strażnikami i innymi policjantami doszliśmy do wniosku, że nie mamy szans wykupić niedźwiedników ani Kano. Byliśmy bezradni. Wróciliśmy do kraty i powiadomiliśmy niedźwiedników, że nie możemy im pomóc. Wdali się znowu w ożywiony dialog z Prabakerem.

– Wiedzą wszystko, że nie możemy być pomagający – wyjaśnił Prabaker po paru minutach. – Chcą być w tej celi z Kano. Martwią się o Kano, bo jest samotny. Od malutkiego nie przespał ani jednej nocy sam. Tylko dlatego martwią się masę. Mówią, że Kano, on się będzie bał. Będzie miał złe sny, za dużo złych snów. Będzie płakał, z powodu samotności. I będzie się wstydził, że jest w więzieniu, bo to bardzo wspaniały obywatel, ten niedźwiedź. Chcą tylko zejść i być w tej celi z Kano, i być z nim w dobrym towarzystwie.

Jeden z niedźwiedników spojrzał mi w oczy, kiedy Prabaker skończył wyjaśniać. Był przybity. Na jego pobrużdżonej twarzy malował się smutek. W bólu jego wargi ściągnęły się tak, jakby warczał. Ciągle powtarzał jedno zdanie, jakby dzięki częstotliwości i sile uczucia mógłbym go nagle zrozumieć. Niespodziewanie Prabaker znowu wybuchnął płaczem; beczał jak dziecko, ściskając kraty.

– Co on mówi, Prabu?

– Mówi, że człowiek musi kochać swojego niedźwiedzia – przetłumaczył Prabaker. – Tak mówi. Człowiek musi kochać swojego niedźwiedzia.

Negocjacje ze strażnikami i resztą policjantów zostały wznowione, kiedy zjawiliśmy się z nową prośbą, możliwą do spełnienia bez niebezpiecznego naginania przepisów. Prabaker był w swoim żywiole: protestował i targował się z jednakowym wigorem. W końcu osiągnął uzgodnioną sumę – dwieście rupii, około dwunastu amerykańskich dolarów – i wąsaty strażnik wypuścił niedźwiedników, a ja wysupłałem z kieszeni zwitek banknotów. Ruszyliśmy w dół po schodach – dziwny pochód dziwnych ludzi. Na parterze strażnik otworzył celę Kano. Na dźwięk głosów wielki niedźwiedź wstał, a potem, ponieważ łańcuch był za krótki, opadł na cztery łapy. Zakołysał głową w radosnym tańcu i skrobnął podłogę. Kiedy niedźwiednicy do niego podbiegli, wsunął im pysk pod pachy i zanurzył go w ich długich dredach, wdychając ich zapach. Niebiescy zasypali go czułymi pieszczotami i usiłowali ulżyć mu w dźwiganiu łańcuchów. Zostawiliśmy ich objętych. Kiedy ciężkie stalowe drzwi odgrodziły nas od Kano i jego opiekunów, ich łomot potoczyły się przez pusty plac, odbijając się echem od kamieni. Czułem ten dźwięk jako drżenie w kręgosłupie, gdy razem z Prabakerem opuściłem teren posterunku.

– Dziś uczyniłeś bardzo doskonałą rzecz – zachłystywał się Prabaker. – Człowiek musi kochać swego niedźwiedzia. Tak powiedzieli ci niedźwiedziarze, a ty sprawiłeś, że to prawda. Uczyniłeś bardzo, bardzo, bardzo doskonałą rzecz.

Obudziliśmy śpiącego taksówkarza pod posterunkiem na Kolaba Causeway. Prabaker usiadł obok mnie na tylnym siedzeniu, rozkoszując się możliwością odgrywania turysty w jednej z tych taksówek, którymi często podróżował. Kiedy ruszyliśmy, zerknąłem w bok i napotkałem nieruchomy wzrok gapiącego się Prabakera. Odwróciłem się. Po chwili znowu spojrzałem i znowu się gapił. Zmarszczyłem brwi, a on zakołysał głową. Uśmiechał się do mnie tym swoim promiennym uśmiechem i położył rękę na sercu.

– Czego? – warknąłem, choć jego uśmiech był rozbrajający, o czym wiedział, a ja w głębi ducha już się do niego uśmiechałem.

– Człowiek... – zaintonował z sakramentalną powagą.

– Tylko nie zaczynaj, Prabu.

– ...musi kochać swego niedźwiedzia – dokończył, klepiąc się w pierś i z zapałem kołysząc głową.

– Boże, ratuj – wyjęczałem i znowu zacząłem się przyglądać pierwszym niemrawym ruchom na budzącej się ulicy.

Przed slumsami Prabaker i ja rozeszliśmy się; on ruszył do herbaciarni Kumara na wczesne śniadanie. Był rozemocjonowany. Nasza przygoda z niedźwiedziem Kano dostarczyła mu nowej fascynującej historii – w której odegrał ważną rolę – do opowiedzenia Parwati, jednej z dwóch ładnych córek Kumara. Nie opowiadał mi o Parwati, ale widziałem, jak z nią rozmawiał i podejrzewałem, że się zakochał. Zgodnie z jego poglądem na adorowanie dziewczyny, młodzieniec nie powinien jej czarować kwiatami ani czekoladkami, lecz opowieściami z wielkiego świata, gdzie mężczyźni walczą z demonami pożądania i potwornymi niesprawiedliwościami. Przynosił jej plotki, skandale i intymne sekrety. Przynosił jej prawdę o swoim dzielnym sercu i tym łobuzerskim, zachwyconym cudzie, jakim była fontanna jego śmiechu i uśmiech wielki jak świat. A kiedy tak pędził do herbaciarni, już zaczął kołysać głową i machać rękami, jakby przepowiadał historię, którą przynosił jej tego dnia jako nowy podarunek.

Szedłem w szarym przedświcie, a slumsy budziły się z pomrukiem do życia. Dym z setek małych palenisk sunął po uliczkach. Postaci otulone w kolorowe szale pojawiały się i znikały w mglistych strugach. Zapach *roti* piekących się na naftowych piecykach i czaju wrzącego w wonnych dzbanach dołączyły do ludzkich zapachów olejku kokosowego do włosów, mydła o zapachu drewna sandałowego i przesyconych kamforą ubrań. Za każdym zakrętem zawiłych ścieżek witały mnie zaspane twarze, uśmiechnięte i wypowiadające poranne błogosławieństwa w sześciu językach i słowami modlitw tyluż religii. Wszedłem do mojej chaty i z nową czułością spojrzałem na jej cichą, wygodną nędzę. Nie ma jak w domu.

Posprzątałem bałagan i dołączyłem do porannej procesji mężczyzn, którzy zmierzali na służący nam za latrynę betonowy falochron. Po powrocie okazało się, że sąsiedzi przygotowali mi dwa pełne wiadra gorącej wody na kąpiel. Rzadko zawracałem sobie głowę praco- i czasochłonną procedurą grzania kilku garów wody na piecyku; z lenistwa wybierałem łatwiejszą, choć mniej luksusową kąpiel w zimnej wodzie. Wiedząc o tym, moi sąsiedzi czasami robili mi prezent. Nie była to mała przysługa. Wodę, najcenniejszy artykuł pierwszej potrzeby we wszystkich slumsach, trzeba było nosić ze wspólnej studni na terenie legalnego obozowiska, mniej więcej trzysta metrów za drutem kolczastym. Ponieważ studnię otwierano tylko dwa razy dziennie, tłum walczył o dostęp do niej i każde wiadro wyciągano wśród wrzasków i przepychanek. Następnie, przyniósłszy wodę do slumsów, należało zagotować ją w rondlach i garnkach na małych piecykach, co pociągało za sobą koszt dość drogiej nafty. A jednak kiedy moi sąsiedzi wyświadczali mi tę przysługę, nigdy nie oczekiwali za nią podziękowań. Wodę, której używałem, mogła mi zapewnić rodzina Amira jako podziękowanie za zszycie rany. Mogła mi ją dać mieszkająca najbliżej sąsiadka, a może tuzin innych osób, które stały dookoła i przyglądały się moim ablucjom. Nigdy się tego nie miałem dowiedzieć. Była to jedna z drobnych rzeczy, które ci ludzie robili dla mnie co tydzień.

W pewnym sensie istnienie tego getta opierało się na tych uczynkach, które ludzie robili anonimowo, nie oczekując za nie wdzięczności; nieistotnych i niemal trywialnych, lecz w sumie niezbędnych do przetrwania slumsów. Uspokajaliśmy sąsiedzkie dzieci jak własne, kiedy płakały. Mocniej zawiązywaliśmy sznur na cudzej chacie, kiedy dostrzegliśmy, że się rozwiązuje, przechodząc, poprawialiśmy zsunięty dach z plastiku. Pomagaliśmy sobie nawzajem bez proszenia, jakbyśmy wszyscy należeli do jednego wielkiego plemienia albo rodziny, a te tysiące chat były pokojami naszego wielkiego dworu.

Zgodnie z obietnicą zjawiłem się na śniadaniu u Kasima Alego Husajna. Piliśmy słodką herbatę z goździkami i jedliśmy zwinięte w rulony, podobne do wafli *roti* z *ghi* i cukrem. Poprzedniego dnia trędowaci Randżita dostarczyli nowy zapas lekarstw i bandaży. Ponieważ przez całe popołudnie nie było mnie w domu, zostawili tobołki u Kasima Alego. Razem uporządkowaliśmy ich zawartość. Kasim Ali nie potrafił czytać ani pisać po angielsku, więc nalegał, żebym wytłumaczył mu, jaka jest zawartość i przeznaczenie najróżniejszych kapsułek, tabletek i maści, które zamówiłem. Towarzyszył nam jeden z jego synów, Ajub, który zapisywał nazwę i skład każdego lekarstwa w urdu na małych karteczkach i cierpliwie przyklejał etykietkę taśmą klejącą na każdym pojemniku lub tubce. Wtedy tego nie wiedziałem, ale Kasim Ali wyznaczył Ajuba na mojego asystenta, każąc mu się nauczyć wszystkiego o lekarstwach i ich zastosowaniu, żeby mógł mnie zastąpić, gdy – przywódca był tego pewien – opuszczę slumsy.

O jedenastej wreszcie znalazłem czas, by wstąpić do mieszkania Karli przy targu w Kolabie. Na moje pukanie nikt nie odpowiedział. Jej sąsiedzi powiedzieli, że wyszła przed godziną. Nie mieli pojęcia, kiedy wróci. To mnie zirytowało. Zostawiłem u niej buty i dżinsy i bardzo chciałem je odzyskać, zedrzeć z siebie to niewygodne ubranie, to ubranie, które było jej własnością. Nie przesadzałem, mówiąc, że te dżinsy, podkoszulek i buty to moje jedyne odzienie. W chacie zostały mi tylko dwa *lungi*, w których spałem, kąpałem się albo czekałem, aż wyschną uprane dżinsy. Mogłem kupić nowe ubrania – jakiś podkoszulek, dżinsy, sportowe buty, które na bazarze na Ulicy Mody nie kosztowałyby mnie więcej niż cztery czy pięć amerykańskich dolarów – ale ja chciałem odzyskać moje ubrania, te, w których mi było wygodnie. Zostawiłem jej wredną wiadomość i wyruszyłem na spotkanie z Kadirbajem.

Wielki dom na drodze Muhameda Alego wydawał się całkiem pusty. Odsłonięto część drzwi od ulicy i ukazał się przestronny marmurowy hol. Tysiące ludzi mijało go w każdej godzinie, ale dom był dobrze znany i żaden przechodzień nie zwrócił na mnie uwagi, kiedy wszedłem, pukając w zieloną płytę, by powiadomić o swoim przybyciu. Po paru chwilach Nazir wyszedł mi na powitanie; jego surowa mina wydawała się trochę wroga. Kazał mi zmienić buty na domowe kapcie, a potem poprowadził wysokim, wąskim korytarzem w kierunku przeciwnym do tego, gdzie byłem poprzednim razem. Minęliśmy kilka zamkniętych pokoi, korytarz skręcił dwa razy w prawo i w końcu znaleźliśmy się na wewnętrznym dziedzińcu.

Ta bardzo duża, owalna przestrzeń na środku nie miała dachu, jakby w grubym gipsowym suficie wycięto otwór. Była wyłożona masywnymi, kwadratowymi maharackimi kamieniami, a otaczały ją łukowate krużganki, nadające jej klasztorny wygląd. Szeroki krąg wewnętrznego ogrodu mieścił liczne rośliny i kwitnące krzewy, a także pięć wysokich i smukłych palm. Fontanna, którą słyszałem w pokoju, kiedy rozmawialiśmy o cierpieniu, znajdowała się na środku dziedzińca. Był to marmurowy okrąg, mający około metra wysokości i cztery metry średnicy, z jednym wielkim, nieociosanym głazem na środku. Woda wydawała się tryskać jakby z jego rdzenia. Strumień tworzył kształt lilii, po czym rozpryskiwał się z cichym szumem na gładkiej powierzchni głazu i spływał do zbiornika z rytmicznym, melodyjnym poszumem. Kadirbaj siedział na trzcinowym fotelu obok fontanny. Czytał książkę, którą na mój widok zamknął i odłożył na stolik ze szklanym blatem.

– *As-salam alajkum*. – Uśmiechnął się. „Pokój z tobą".

– *Wa alajkum as-salam. Aap kaise hain*? – „I z tobą. Jak się miewasz?".

– Dobrze, dziękuję. Wściekłe psy i Anglicy mogą się wałęsać po dworze w pełnym słońcu, lecz ja wolę siedzieć tutaj, w cieniu mego skromnego ogrodu.

– Nie tak skromnego, Kadirbaju – zauważyłem.

– Sądzisz, że jest zbyt okazały?

– Nie, nie. Nie o to mi chodziło – powiedziałem z pośpiechem, bo dokładnie o to mi chodziło. Mimo woli porównywałem jego posiadłość z moimi slumsami: zakurzoną, jałową ziemią, na której zamieszkiwało dwadzieścia pięć tysięcy osób, gdzie po ośmiu suchych miesiącach nie było nic zielonego, a wodę wydzielano z zamkniętych na kłódkę studni. – To najpiękniejsze miejsce, jakie widziałem w Bombaju. Nie potrafiłbym sobie go wyobrazić, stojąc na ulicy.

Przez parę chwil wpatrywał się we mnie, jakby mierząc dokładnie rozmiary tego kłamstwa, a potem wskazał mi mały zydelek bez oparcia, jedyne krzesło na dziedzińcu.

– Proszę siadać. Czy już pan jadł?

– Tak, dziękuję. Zjadłem późne śniadanie.

– Proszę chociaż pozwolić, że poczęstuję pana herbatą. Nazir! *Idhar-ao!* – krzyknął, płosząc dwa gołębie, które dziobały okruszki u jego stóp. Ptaki zerwały się i zatrzepotały wokół piersi Nazira. Miałem wrażenie, że się go nie boją, a nawet go znają. Znowu usiadły na kamieniach i podreptały za nim jak oswojone szczeniaki.

– *Chai bono*, Nazir – rozkazał Kadirbaj. Zwracał się do kierowcy władczo, lecz nie surowo i przypuszczam, że tylko przy takim tonie Nazir czuł się swobodny i doceniony. Masywny Afgańczyk wyszedł cicho, a ptaki poskakały za nim do domu.

– Kadirbaju, chciałbym coś powiedzieć, zanim... zaczniemy rozmowę – odezwałem się cicho. Moje następne słowa sprawiły, że gwałtownie podniósł głowę, i wiedziałem już, że słucha mnie uważnie. – Chodzi o Sapnę.

– Proszę mówić – mruknął.

– Wczoraj myślałem o tym, o naszej rozmowie, i o tym, o co mnie pan poprosił, żebym tak jakby panu pomógł i tak dalej, i z tym mam problem.

Uśmiechnął się i uniósł pytająco brew, ale się nie odezwał, więc byłem zmuszony brnąć dalej.

– Wiem, że nieskładnie mi to idzie, ale jakoś niezręcznie się z tym czuję. Niezależnie od tego, co zrobił ten człowiek, nie chcę znaleźć się w sytuacji, w której jestem... no, jakby gliną. Nie czułbym się dobrze, współpracując z nimi, choćby niebezpośrednio. W moim kraju określenie „pomagać policji" jest ładniejszym określeniem donosicielstwa. Przepraszam, rozumiem, że ten człowiek to morderca. Jeśli chce go pan ścigać, to pańska decyzja i chętnie pomogę w każdy inny dostępny mi sposób, ale nie chcę się mieszać do spraw policji ani jej pomagać. Jeśli działa pan poza prawem, na własną rękę... jeśli chce pan go osobiście ścigać i wyłączyć z gry, z jakiegoś własnego powodu... wtedy chętnie pomogę. Może pan na mnie liczyć, jeśli chce pan walczyć z jego bandą, ktokolwiek do niej należy.

– Czy to wszystko?

– Tak. To... to... mniej więcej tyle.

– Bardzo dobrze. – Przyglądał mi się z kamienną twarzą, ale oczy miał dziwnie roześmiane. – Więc mogę chyba pana uspokoić. Choć wspieram finansowo wielu policjantów, nie współpracuję z nimi. Jednak mogę pana zapewnić, że sprawa

Sapny jest wyjątkowo osobista i chcę o jedno prosić: jeśli zechce pan coś wyznać o tym strasznym człowieku, proszę rozmawiać tylko ze mną. Proszę nie rozmawiać z żadnym ze spotkanych tu wczoraj dżentelmenów ani o Sapnie, ani... o niczym. Zgoda?

– Tak. Tak, zgoda.

– Czy jest coś jeszcze?

– No, nie.

– Doskonale. W takim razie do rzeczy. Mam dziś bardzo mało czasu, więc przejdę od razu do sedna sprawy. Ta przysługa, o której panu wczoraj wspomniałem... chciałbym, by nauczył pan pewnego małego chłopca o imieniu Tarik angielskiej mowy. Oczywiście nie w pełni, ale na tyle, by jego angielszczyzna się znacznie poprawiła i by miał niewielką przewagę, gdy rozpocznie oficjalną naukę.

– Eee... Chętnie spróbuję – wymamrotałem, zbity z tropu, choć nie onieśmielony tym zadaniem. Czułem się wystarczająco kompetentny, by nauczać podstaw języka, w którym pisałem codziennie przez całe życie. – Nie wiem tylko, jak mi pójdzie. Z pewnością jest wiele osób, które sprawdziłyby się lepiej ode mnie, ale chętnie spróbuję. Kiedy mam zacząć? Czy mam przychodzić na lekcje tutaj?

Patrzył na mnie z dobrotliwą, niemal czułą pobłażliwością.

– Oczywiście zamieszka z panem. Chcę, by miał go pan przy sobie nieustannie, przez jakieś dziesięć, dwanaście tygodni. Będzie z panem mieszkał, jadł, spał w pańskim domu, wszędzie panu towarzyszył. Nie pragnę jedynie, by nauczył się angielskich wyrażeń. Chcę, by się nauczył angielskiego zachowania. Pańskiego zachowania. Chcę, by się tego nauczył dzięki pańskiej nieustannej obecności.

– Ale... ja nie jestem Anglikiem – powiedziałem głupio.

– To nie stanowi problemu. Dla nas jest pan Anglikiem w wystarczającym stopniu, nie sądzi pan? Jest pan cudzoziemcem i nauczy go pan cudzoziemskiego zachowania. Takie jest moje życzenie.

Moje myśli rozpierzchły się i trzepotały jak ptaki, które wystraszył głosem. Na pewno jest jakieś wyjście. To jakiś absurd.

– Ale ja mieszkam w *zhopadpatti*. Wie pan o tym. Tam jest bardzo ciężko. Moja chata jest mała i nic w niej nie ma. Będzie mu niewygodnie. I tam jest... brudno i ciasno, i... gdzie będzie spał i w ogóle?

– Zdaję sobie sprawę z pańskiej sytuacji – odpowiedział odrobinę ostro. – Chcę, by poznał właśnie to pańskie życie w *zhopadpatti*. Proszę mi powiedzieć szczerze, czy uważa pan, że w slumsach można się czegoś nauczyć? Czy sądzi pan, że wyjdzie mu na dobre przebywanie przez jakiś czas z najbiedniejszymi ludźmi w mieście?

Oczywiście, że tak sądziłem. Wydawało mi się, że każde dziecko, poczynając od synów i córek bogaczy, wiele by zyskało, doświadczywszy życia w slumsach.

– Tak, tak sądzę. Uważam, że trzeba zobaczyć, jak ludzie tam żyją. Ale musi pan zrozumieć, że to dla mnie ogromna odpowiedzialność. Sam o siebie niespecjalnie dbam. Nie wiem, jak miałbym się opiekować dzieckiem.

Pojawił się Nazir z herbatą i gotową *chillum*.

– A, jest herbata. Najpierw zapalimy, tak?

Zapaliliśmy. Nazir przykucnął na piętach, by nam towarzyszyć. Kiedy Kadirbaj pykał z glinianej fajki, Nazir słał mi zestaw kiwnięć głowy, zmarszczeń brwi i mrugnięć, którymi zdawał się mówić: „Patrz, jak pali pan, patrz, jaki to wielki pan, patrz, jaki jest wspaniały, ja i ty nigdy tacy nie będziemy, patrz, jakie mamy szczęście, że jesteśmy przy nim".

Nazir był ode mnie niższy o głowę, ale przypuszczałem, że jest cięższy co najmniej o parę kilo. Kark miał tak masywny, że zdawał się przyciągać jego bary w stronę uszu. Potężne ramiona, które rozsadzały rękawy jego luźnej koszuli, wyglądały na tylko trochę szczuplejsze od ud. Jego szeroka, nieustannie skrzywiona twarz składała się jakby z trzech wygiętych do dołu łuków, jak paski na pagonach sierżanta. Pierwszy stanowiły jego brwi, zaczynające się tuż nad powiekami i sięgające zjeżoną, rozwichrzoną krechą aż po same oczy. Drugi łuk zaczynał się w głębokich bruzdach koło jego nozdrzy i dzielił jego twarz aż po szczękę. Trzeci tworzyły skrzywione rozpaczliwie usta, podkówka pecha, który los przybił nad progiem jego życia.

Na jego brązowym czole wyraźnie rysowała się fioletowawa blizna. Ciemne oczy poruszały się w głębokich oczodołach jak zaszczute zwierzęta, nieustannie szukające kryjówki. Uszy wyglądały, jakby pogryzła je jakaś bestia, która w trakcie tej czynności połamała sobie na nich zęby i dała za wygraną. Najbardziej uderzającą z jego cech był nos, tak wielki i wspaniale zwisający, jakby zaprojektowano go do dostojniejszego celu niż zwyczajne wdychanie powietrza i zapachów. Wtedy wydawał mi się brzydki nie dlatego, że rysy twarzy były niepiękne, ale dlatego, że oblicze to było ponure. Myślałem, że nigdy nie widziałem ludzkiej twarzy, na której uśmiech poniósłby tak miażdżącą klęskę.

Chillum wróciła do mnie po raz trzeci, ale dym był gorący i niesmaczny. Oznajmiłem, że się skończyła. Nazir szorstko mi ją wyrwał i pyknął z niej z wściekłą determinacją. Udało mu się wydobyć brudnobrązową chmurę dymu. Wytrząsnął na dłoń kamień *gitak*, ukazując niewielki osad białego popiołu. Sprawdzając, czy patrzę, zdmuchnął go pod moje stopy, złowrogo odchrząknął i odszedł.

– Nazir nie bardzo mnie lubi.

Kadirbaj się roześmiał. Był to niespodziewany i bardzo młodzieńczy śmiech. Spodobał mi się i musiałem się przyłączyć do tej wesołości, choć nie rozumiałem, z czego właściwie się śmiejemy.

– A pan lubi Nazira? – spytał, nadal się śmiejąc.

– Nie, chyba nie – odparłem i roześmieliśmy się jeszcze głośniej.

– Nie chce pan uczyć Tarika angielskiego, bo nie chce pan odpowiedzialności – powiedział, kiedy śmiech ucichł.

– Nie chodzi tylko o to... nie, owszem, chodzi o to. Po prostu... – Spojrzałem błagalnie w te złote oczy. – Nie za dobrze mi idzie z odpowiedzialnością. Nie potrafię.

Uśmiechnął się i położył rękę na moim przedramieniu.

– Rozumiem. Pan się martwi. To naturalne. Martwi się pan, że coś się stanie Tarikowi. Martwi się pan, że straci pan swobodę, dzięki której chodzi pan, gdzie chce, i robi, co chce. To naturalne.

– Tak – mruknąłem z ulgą. Zrozumiał mnie. Wiedział, że nie potrafię spełnić jego prośby. Odpuści mi. Siedząc na zydelku u jego stóp, musiałem podnosić na niego wzrok i czułem się trochę pomniejszony. Naszła mnie też nagła fala uczucia do niego, uczucia, które brało się z naszej nierównej pozycji i zależało od niej. To była miłość poddańcza, jedno z najsilniejszych i najbardziej tajemniczych ludzkich uczuć.

– Bardzo dobrze. Moja decyzja jest taka: weźmie pan ze sobą Tarika i zostanie z nim przez dwa dni. Jeśli po czterdziestu ośmiu godzinach uzna pan, że ta sytuacja nie może trwać nadal, przyprowadzi go pan do mnie, a ja o nic nie będę pana pytać. Ale jestem pewien, że nie sprawi panu kłopotu. Mój siostrzeniec to wspaniały chłopiec.

– Pański... siostrzeniec?

– Tak, czwarty syn mojej najmłodszej siostry Fariszty. Ma jedenaście lat. Nauczył się paru angielskich słów i płynnie włada hindi, pasztuo, urdu i marathi. Nie jest zbyt wysoki jak na swój wiek, ale dość krzepki.

– Siostrzeniec... – powtórzyłem, ale szybko mi przerwał.

– Jeśli uzna pan, że może mi pan wyświadczyć tę przysługę, mój drogi przyjaciel ze *zhopadpatti*, Kasim Ali Husajn – oczywiście zna go pan, gdyż jest przywódcą – pomoże panu pod każdym względem. Dopilnuje, by niektóre rodziny, w tym także jego, dzieliły pańską odpowiedzialność i zapewniły chłopcu i panu schronienie. Tarikiem będzie się opiekować wielu przyjaciół. Chcę, by poznał ciężkie życie najbiedniejszego ludu. Ale nade wszystko pragnę, by przeżył doświadczenie z angielskim nauczycielem. To ostatnie wiele dla mnie znaczy. W dzieciństwie...

Zrobił pauzę, a jego spojrzenie spoczęło na fontannie i mokrej powierzchni wielkiego, okrągłego głazu. Oczy mu zalśniły tym samym blaskiem, który odbijał się w kamieniu. Potem zasnuła je powaga, jakby nad gładkimi wzgórzami w słoneczny dzień przesunęła się chmura.

– A zatem czterdzieści osiem godzin. – Westchnął. – Potem, jeśli przyprowadzi go pan do mnie, nie będę miał o panu złego zdania. A teraz pora, by poznał pan chłopca.

Kadirbaj skinął w stronę klasztornych krużganków za moimi plecami. Odwróciłem się i zobaczyłem stojącego tam chłopca. Był mały jak na swój wiek. Kadirbaj powiedział, że ma jedenaście lat, ale wyglądał najwyżej na osiem. Ubrany w czystą, wyprasowaną kurtę, spodnie i skórzane sandały, ściskał pod pachą perkalowe zawiniątko. Patrzył na mnie z takim strachem i nieufnością, jakby miał zaraz wybuchnąć płaczem. Kadirbaj przywołał go. Chłopiec podszedł, okrążając mnie szerokim łukiem, by stanąć przy fotelu wuja. Im bardziej się zbliżał, tym żałośniej wyglądał. Kadirbaj odezwał się do niego surowo i szybko w urdu, parę razy wskazując na mnie. Kiedy skończył, chłopiec podszedł do mnie i wyciągnął rękę.

– Bardzo halo – powiedział z oczami wielkimi od wahania i strachu.

Uścisnąłem mu rękę – mała dłoń znikła w mojej. Nic tak doskonale nie pasuje do ręki, nie wydaje się tak dobre w dotyku i nie budzi takiej opiekuńczości, jak ręka dziecka.

– Halo, Tarik – powiedziałem, uśmiechając się wbrew sobie.

W jego oczach zamigotał bledziutki uśmiech pełen nadziei, ale szybko zgasiła go niepewność. Obejrzał się na wuja. Było w tym spojrzeniu tyle desperacji i nieszczęścia, że aż rozchyliły mu się wargi i naciągnęła skóra na małym nosie, który miejscami pobielał.

Kadirbaj odpowiedział spojrzeniem, jakby wlewał w chłopca siłę, po czym wstał i znowu wezwał Nazira głosem bliskim krzyku.

– Proszę mi wybaczyć. Wiele spraw wymaga mojej pilnej uwagi. Oczekuję pana za dwa dni, jeśli nie będzie pan szczęśliwy, *na*? Nazir wskaże panu drogę.

Odwrócił się, nie patrząc na chłopca i zniknął w cienistych krużgankach. Tarik i ja patrzyliśmy za nim, obaj czując się opuszczeni i zdradzeni. Nazir zaprowadził nas do wyjścia. Kiedy wkładałem buty, Nazir ukląkł i przytulił chłopca do piersi z zaskakującą i namiętną czułością. Tarik przywarł do niego, chwycił go za włosy i trzeba było go odrywać siłą. Kiedy znowu się wyprostowaliśmy, Nazir spojrzał na mnie przeciągle, z wymowną pogróżką – „Jeśli temu chłopcu coś się stanie, odpowiesz mi za to" – i odwrócił się od nas.

Minutę potem byliśmy już na dworze, na ulicy koło meczetu Nabila, chłopiec i mężczyzna trzymający się mocno za ręce, choć nie łączyło nas nic więcej oprócz oszołomienia siłą charakteru, która związała nas wbrew woli. Tarik był po prostu posłuszny, lecz w mojej bezradności wobec Kadirbaja było coś nikczemnego. Zbyt chętnie skapitulowałem, wiedziałem o tym. Niechęć do samego siebie szybko przeszła w święte oburzenie. Jak można tak postąpić z dzieckiem, zadawałem sobie pytanie, z własnym siostrzeńcem, tak łatwo oddać go obcemu? Czy nie widział oporu chłopca? Co za gruboskórna pogarda dla praw i dobra dziecka. Tylko człowiek, który uważa innych za swoje zabawki, mógłby oddać dziecko komuś takiemu jak... jak ja.

Wściekły na siebie za tę słabowitą uległość – jak mogłem mu pozwolić? – i pełen nienawiści i egoizmu, zmusiłem Tarika do truchtu, maszerując przez rojną ulicę. Właśnie kiedy mijaliśmy główne wejście do meczetu, muezin zaczął nawoływać z minaretu nad nami do modlitwy.

Allah akbar Allah akbar
Allah akbar Allah akbar
Aszhadu an la ilaha illa Allah
Aszhadu an la ilaha illa Allah

Bóg jest wielki, Bóg jest wielki,
Świadczę, że nie ma boga prócz Boga...

Tarik pociągnął mnie obiema rękami za przeguby, zmuszając do zatrzymania się. Wskazał na drzwi meczetu, a potem na wieżę, gdzie z głośników płynął wzmocniony głos muezina. Pokręciłem głową i powiedziałem, że nie mamy czasu. Zaparł się i mocniej pociągnął mnie za rękę. Wyjaśniłem w hindi i marathi, że nie jestem muzułmaninem i nie chcę wchodzić do meczetu. Uparł się i zaczął mnie ciągnąć do świątyni z takim wysiłkiem, że na skroniach nabrzmiały mu żyły. W końcu wyrwał się z mojego uścisku i popędził po schodach. Zrzucił sandały i śmignął do środka, zanim zdołałem go zatrzymać.

Niepewny, niezdecydowany, zatrzymałem się w wielkich, zwieńczonych łukiem drzwiach meczetu. Wiedziałem, że niewierzący mogą wchodzić do świątyni. Do meczetu mogą wchodzić wyznawcy każdej wiary, by modlić się, medytować albo po prostu patrzeć i podziwiać. Ale wiedziałem też, że muzułmanie uważają się za mniejszość pod okupacją hinduistów. Często dochodziło do gwałtownych starć między wyznawcami obu religii. Prabaker ostrzegł mnie kiedyś, że przed tym właśnie meczetem często dochodzi do zbrojnych potyczek hinduistów z muzułmanami.

Nie miałem pojęcia, co robić. Byłem przekonany, że świątynia ma inne wyjścia, a jeśli chłopiec mi ucieknie, będę miał niewielką szansę, żeby go znaleźć. Serce załomotało mi ze zgrozy na myśl, że będę musiał wrócić do Kadirbaja i powiedzieć, że zgubiłem jego siostrzeńca niespełna sto metrów od domu, w którym go mi powierzył.

Dokładnie w chwili, kiedy postanowiłem, żeby wejść do meczetu i przeszukać go, Tarik mignął mi, przechodząc z prawej na lewą stronę ogromnego westybulu wyłożonego ozdobnymi płytkami. Ręce, stopy i głowę miał mokre, jakby w pośpiechu się umył. Zajrzawszy do środka tak daleko, na ile starczyło mi odwagi, przekonałem się, że chłopiec zasiada za grupką mężczyzn i zaczyna się modlić.

Usiadłem na pustym wózku i zapaliłem papierosa. Ku mojej wielkiej uldze po paru minutach Tarik wyszedł ze świątyni, odnalazł sandały i podszedł do mnie. Stojąc bardzo blisko mnie, spojrzał mi prosto w oczy, z uśmiechem – grymasem, jedną z tych fantastycznie sprzecznych min, które tylko dzieci opanowały, jakby jednocześnie bał się i był szczęśliwy.

– *Zuhr! Zuhr!* – powiedział, tłumacząc, że była to pora południowej modlitwy. Głos miał wybitnie mocny jak na tak małe dziecko. – Jestem dziękuję za Boga. Czy jesteś dziękuję za Boga, Linbaba?

Przyklęknąłem przed nim na jedno kolano i chwyciłem go za ramiona. Skrzywił się, ale nie puściłem. Miałem złe spojrzenie. Wiedziałem, że moja twarz wydaje się teraz surowa i może nawet okrutna.

– Nigdy więcej tego nie rób! – warknąłem w hindi. – Nie uciekaj mi!

Zmarszczył brwi przestraszony. Potem jego buzia zesztywniała w grymasie, który zwykle pojawia się, gdy chcemy powstrzymać płacz. Widziałem, że oczy mu wilgotnieją, a jedna łza wymknęła się i potoczyła po zarumienionym policzku. Wstałem i odsunąłem się o krok. Rozejrzałem się; obok zatrzymało się paru mężczyzn i kobiet. Gapili się na nas z poważnymi, choć jeszcze nie zaniepokojonymi minami. Wyciągnąłem do chłopca otwartą dłoń. Włożył w nią niechętnie rękę i ruszyliśmy ulicą w stronę najbliższego postoju taksówek.

Raz odwróciłem się przez ramię; gapie odprowadzali nas wzrokiem. Serce biło mi mocno. Kotłowały się we mnie emocje, ale wiedziałem, że przeważnie jest to wściekłość i gniew na samego siebie. Zatrzymałem się, a chłopiec zatrzymał się razem ze mną. Przez parę chwil oddychałem głęboko, walcząc o odzyskania panowania nad sobą. Kiedy znowu spojrzałem w dół, Tarik wpatrywał się we mnie pilnie z głową przechyloną na bok.

– Przepraszam, że się na ciebie gniewałem – powiedziałem spokojnie i powtórzyłem to samo w hindi. – To się nie powtórzy. Ale proszę cię, bardzo proszę, nigdy mi tak nie uciekaj. Bardzo się o ciebie boję i martwię.

Chłopiec się uśmiechnął, po raz pierwszy naprawdę się uśmiechnął. Z zaskoczeniem stwierdziłem, że ten półksiężyc uśmiechu bardzo go upodabnia do Prabakera.

– Boże, ratuj – powiedziałem i westchnąłem głęboko. – Następny.

– Tak, bardzo w porządku! – zgodził się Tarik i potrząsnął moją dłonią z wigorem. – Boże ratuj ciebie i mnie, przez cały dzień, proszę!

ROZDZIAŁ 16

– Kiedy wróci?

– Skąd mam wiedzieć? Może niedługo. Kazała poczekać.

– No nie wiem. Robi się późno. To dziecko musi się położyć.

– Jak wolisz. Mnie tam, stary, wszystko jedno. Kazała poczekać i tyle.

Zerknąłem na Tarika. Nie wyglądał na zmęczonego, ale musiało mu się chcieć spać. Postanowiłem, że najlepiej będzie odpocząć przed powrotem do domu. Zdjęliśmy buty i weszliśmy do domu Karli, zamykając za sobą drzwi. W dużej, staroświeckiej lodówce znalazłem zimną wodę. Tarik przyjął szklankę i usiadł na stercie poduszek, gdzie zajął się kartkowaniem gazety „India Today".

Lisa siedziała w sypialni Karli, na łóżku, z podciągniętymi kolanami. Miała na sobie górę od czerwonej jedwabnej piżamy i nic więcej. Widać jej było kępkę jasnych włosów łonowych; odruchowo obejrzałem się przez ramię, by się upewnić, że chłopiec nie widzi wnętrza pokoju. Lisa piastowała w ramionach butelkę jacka danielsa. Długie, kędzierzawe włosy zwinęła w przekrzywiony kok. Gapiła się na mnie szacująco, przymykając jedno oko. Skojarzyła mi się ze strzelcem, mierzącym do celu.

– Skąd wytrzasnąłeś małego?

Usiadłem na krześle okrakiem, kładąc ręce na oparciu.

– Powiedzmy, że go odziedziczyłem. Wyświadczam komuś przysługę.

– Przysługę? – powtórzyła to słowo jak ładniejszą nazwę jakiejś infekcji.

– Aha. Mój przyjaciel poprosił, żebym poduczył małego angielskiego.

– Więc co tu robi? Dlaczego nie siedzi w domu?

– Mam go zatrzymać u siebie. Tak ma się uczyć.

– Przez cały czas? Wszędzie, gdzie pójdziesz?

– Właśnie. Ale mam nadzieję, że po dwóch dniach go oddam. W ogóle nie wiem, jak się dałem w to wrobić.

Roześmiała się głośno. Nie był to przyjemny śmiech. Brzmiał sztucznie i niemal złośliwie. Ale jednak był to głośny, płynący prosto z serca śmiech i pewnie kiedyś mógł brzmieć miło. Pociągnęła łyk z butelki, ukazując przy okazji jedną krągłą pierś.

– Nie lubię dzieci – oznajmiła z dumą, jakby mnie powiadamiała o otrzymaniu prestiżowej nagrody. Znowu wypiła. W butelce została połowa płynu. Zdałem sobie sprawę, że to pierwszy etap pijaństwa, wkrótce pojawi się bełkot i niezdarność.

– Słuchaj, chcę tylko odzyskać moje ubrania – wymamrotałem, rozglądając się po sypialni w ich poszukiwaniu. – Zabiorę je, a z Karlą spotkam się kiedy indziej.

– Zawrzyjmy umowę, Gilbert.

– Lin – skorygowałem, choć to także nie było moje prawdziwe imię.

– Zawrzyjmy umowę, Lin. Powiem ci, gdzie są twoje ubrania, jeśli włożysz je tutaj, na moich oczach.

Nie lubiliśmy się. Patrzyliśmy na siebie z pewnym rodzajem wrogości, która czasem jest równie dobra jak wzajemny pociąg... albo lepsza.

– Powiedzmy, że to wytrzymasz – warknąłem, uśmiechnięty wbrew samemu sobie – co ja z tego będę miał?

Znowu się roześmiała i był to silniejszy, lepszy śmiech.

– Jesteś w porządku. Daj mi wody, co? Im więcej piję tego draństwa, tym bardziej, cholera, chce mi się pić.

W drodze do małej kuchni zajrzałem do Tarika. Zasnął. Głowa opadła mu na poduszki, usta się otworzyły. Jedna dłoń zwinęła się w piąstkę pod brodą, z drugiej wysuwała się gazeta. Zabrałem ją i przykryłem go lekkim wełnianym szalem, który znalazłem na szeregu wieszaków. Mały nie poruszył się; wydawało mi się, że śpi mocno. W kuchni wyjąłem z lodówki butelkę schłodzonej wody, po drodze chwyciłem dwie szklanki i wróciłem do sypialni.

– Mały zasnął – powiedziałem, podając jej szklankę. – Niech trochę odsapnie. Jeśli sam się nie ocknie, obudzę go potem.

– Siadaj – rozkazała, klepiąc łóżko koło siebie. Usiadłem. Przyglądała mi się znad krawędzi swojej szklanki. Upiłem jeden, potem drugi łyk zimnej wody.

– Dobra woda – odezwała się po chwili. – Zauważyłeś, że oni tu mają dobrą wodę? Wiesz, smaczną. Człowiek się spodziewa jakiegoś szlamu, no bo Bombaj, Indie i tak dalej. Ludzie się boją wody, ale jest lepsza od tych chemicznych końskich szczyn z kranu w domu.

– A gdzie ten dom?

– A jaka to, kurwa, różnica? – Zmarszczyłem niecierpliwie brwi, a ona szybko dodała: – Nie wściekaj się, bo ci coś pęknie. Nie wymądrzam się, tylko mówię, jak jest – co za różnica? Nigdy tam nie wrócę, a ty tam nigdy nie pojedziesz.

– Może.

– Boże, ale upał! Nie znoszę tej pory roku. Zawsze tuż przed monsunem jest najgorzej. Szału dostaję. Ty nie dostajesz szału od tej pogody? To moja czwarta pora monsunowa. Człowiek zaczyna mierzyć czas monsunami, jak tu trochę pobędzie. Didier ma dziewięć monsunów. Uwierzyłbyś? Dziewięć cholernych monsunów w Bombaju. A ty?

– To mój drugi. Już się nie mogę doczekać. Kocham deszcz, nawet jeśli zamieni slumsy w bagno.

– Karla powiedziała, że mieszkasz w slumsach. Nie wiem, jak to potrafisz znieść, ten smród i że wszyscy siedzą sobie na głowie. Mnie byś tam nigdy nie zaciągnął.

– Jak to zwykle bywa, nie jest tak źle, jak wygląda z zewnątrz.

Głowa jej opadła na ramię. Patrzyła na mnie. Nie potrafiłem odczytać wyrazu jej twarzy. Oczy lśniły jej promiennym, niemal zachęcającym uśmiechem, ale wargi wykrzywiały się niemal z pogardą.

– Śmieszny jesteś, Lin. Skąd wytrzasnąłeś tego małego?

– Mówiłem ci.

– I jaki jest?

– Myślałem, że nie lubisz dzieci.

– Bo nie lubię. Są takie... niewinne. Tylko że to nieprawda. Dokładnie wiedzą, czego chcą, i nie ustaną, dopóki nie dopną swego. Ohyda. Wszyscy najgorsi ludzie, jakich znam, są jak wielkie, stare dzieci. To takie obrzydliwe, że rzygać się chce.

Może jej żołądek buntował się na myśl o dzieciach, ale whisky mu nie szkodziła. Podniosła butelkę i długimi, powolnymi łykami wypiła tak z jedną czwartą płynu. I gotowe, pomyślałem. Jeśli do tej pory nie była pijana, to teraz już jest. Wytarła usta wierzchem ręki i uśmiechnęła się, ale krzywo, a oczy jak z niebieskiej porcelany zaczęły tracić ostrość spojrzenia. A kiedy puściły ostatnie hamulce, maska szorstkości także zaczęła się rozpływać, a spod niej wyłoniła się bardzo młoda, delikatna twarz. Zaciśnięte szczęki – które sprawiały, że wyglądała na złą, przestraszoną, niesympatyczną – rozluźniły się, dzięki czemu wydawała się teraz zaskakująco łagodna i wrażliwa. Policzki były okrągłe i różowe. Czubek nosa miała lekko zadarty. Była dwudziestoczteroletnią kobietą o buzi dziewczynki, pozbawionej piętna kompromisu i głębokich bruzd trudnych decyzji. Z tych nielicznych szczegółów, jakie dowiedziałem się o niej od Karli i u madame Zhou, wiedziałem, że miała życie trudniejsze niż inni, ale nie odcisnęło to piętna na jej twarzy.

Podała mi butelkę; wziąłem ją i pociągnąłem łyk. Zatrzymałem butelkę, a kiedy Lisa odwróciła głowę, postawiłem ją na podłodze przy łóżku, poza zasięgiem jej ręki. Lisa zapaliła papierosa i zmierzwiła włosy, rozpuściła luźny kok. Długie loki rozsypały się jej na jednym ramieniu. Kiedy uniosła rękę do głowy, szeroki rękaw jej jedwabnej piżamy osunął się za łokieć i odsłonił jasną szczecinkę pod ogoloną pachą.

W pokoju nie zauważyłem narkotyków, ale Lisa miała źrenice jak łebki szpilek, co oznaczało, że wzięła heroinę lub inny opiat. Nieważne co, ważne, że już zaczęła odlatywać. Osunęła się w niewygodnej pozycji na wezgłowie, oddychała głośno przez usta. Z kącika obwisłej dolnej wargi sączyła się jej strużka whisky ze śliną.

A jednak była piękna. Przyszło mi do głowy, że zawsze wyglądałaby pięknie, nawet gdyby była brzydka. Miała dużą, śliczną, pustą twarz, twarz cheerladerki na meczu futbolowym, twarz, która w reklamach często sprzedaje niedorzeczne, mało ważne produkty.

– No, mów. Jaki on jest, ten mały?

– Według mnie to jakiś fanatyk – wyznałem z uśmiechem, obejrzawszy się na śpiącego chłopca. – Dziś zmusił mnie, żebym zatrzymał się trzy razy, żeby mógł odmówić modlitwę. Nie wiem, jak to działa na jego duszę, ale żołądek ma w porządku. Zajada, jakby miał dostać za to nagrodę. Siedzieliśmy w restauracji ponad dwie godziny, a on zjadł wszystko, od klusek i ryby z rusztu po lody i galaretkę. Dlatego się spóźniliśmy. Już dawno powinienem być w domu, ale nie mogłem go wyciągnąć z restauracji. Te parę dni mnie zrujnuje. On je więcej ode mnie.

– Wiesz, jak umarł Hannibal?

– Słucham?

– Hannibal, ten od słoni. Nie znasz historii? Przeszedł ze słoniami przez Alpy, żeby zaatakować Rzymian.

– Aha, kojarzę – powiedziałem wrogo, zirytowany tym nielogicznym wtrętem.

– To jak umarł? – spytała. Wyraz jej twarzy stawał się groteskowy, ohydna burleska pijaństwa.

– Nie wiem.

– Ha! – parsknęła. – Nie wszystko wiesz.

– Nie. Nie wszystko wiem.

Nastąpiła dłużąca się cisza. Lisa gapiła się na mnie tępo. W tych jej błękitnych oczach prawie widziałem myśli spływające w dół, jak płatki śniegu opadające w szklanej kuli.

– Powiesz? – odezwałem się po chwili. – Jak umarł?

– Kto umarł? – zdziwiła się.

– Hannibal. Miałaś mi powiedzieć, jak umarł.

– O, hm. No więc przerzucił te trzydzieści tysięcy żołnierzy przez Alpy do Włoch i walczył z Rzymianami jakieś, jak wiem, szesnaście lat. Szes-naś-cie lat, cholera! I ani razu nie przegrał, ani raziczka! Potem wydarzyło się masę różnych głupot, a on wrócił do swojej ojczyzny, gdzie od razu się zrobił ważny, że taki wielki bohater i tak dalej. Ale Rzymianie nigdy nie zapomnieli, jakiego im obciachu narobił, więc zabrali się do politykowania i zrobili tak, że własny lud się zbuntował przeciwko niemu i wykopał go z kraju. Chwytasz coś z tego?

– Jasne.

– Ale naprawdę, nie marnuję czasu? Bo wiesz, nie muszę tego robić. Mogę spędzać czas z o wiele lepszymi od ciebie. Mogę być z każdym. Z każdym!

Zapomniany papieros wypalał się jej w palcach. Postawiłem pod niego popielniczkę i wydłubałem go z jej uścisku. Nawet tego nie zauważyła.

– No dobrze, więc Rzymianie skłonili naród Hannibala, żeby go wykopał – popędziłem ją, autentycznie zainteresowany losem kartagińskiego wojownika.

– Wygnał – poprawiła zrzędliwie.

– Wygnał. A co potem? Jak umarł?

Nagle z trudem podniosła głowę z poduszek i wbiła we mnie spojrzenie pełne, jak mi się wydało, złośliwości.

– Co jest takiego wyjątkowego w Karli, co? – rzuciła z furią. – Jestem od niej piękniejsza. Przyjrzyj się dobrze – mam lepsze cycki.

Zaczęła rozpinać bluzę, odsłoniła ciało i niezdarnie ujęła piersi.

– No? Zgadza się?

– Są... bardzo ładne – wymamrotałem.

– Ładne? Do diabła, są piękne! Idealne! Chcesz ich dotknąć, nie? Masz!

Z zaskakującą szybkością chwyciła mnie za nadgarstek i przyciągnęła moją rękę na udo, koło biodra. Ciało miała ciepłe, gładkie i pełne. Nie ma na świecie nic bardziej miękkiego i przyjemnego w dotyku od kobiecego uda. Żaden kwiat, puch ani materiał nie może się równać z tym aksamitnym szeptem ciała. Wszystkie kobiety, choćby pod innymi względami los potraktował je niesprawiedliwie, grube i chude, piękne i brzydkie, mają tę jedną doskonałość. W dużej mierze to dlatego mężczyźni tak pragną kobiety i tak często wmawiają sobie, że je naprawdę posiedli: dla tych ud, dla tego dotyku.

– Czy Karla powiedziała ci, co robiłam w Pałacu, hm? Kim tam byłam? – spytała z zaskakującą wrogością, przesuwając moją rękę na twardy mały wzgórek jasnych włosów między nogami. – Madame Zhou każe się nam bawić w różne gry. W Pałacu strasznie lubią takie gry. Karla powiedziała ci o tych grach, co? Hm? A o Tyłku Ślepego ci powiedziała? Klienci mają zawiązane oczy i dostają nagrodę za odgadnięcie, w którą włożyli fiuta, bez rąk, czaisz? W tym rzecz. Coś o tym powiedziała? A o Krześle? Bardzo popularny numerek. Dziewczyna klęka na czworakach, druga kładzie się na niej na wznak i są razem wiązane. Klienci przerzucają się z jednej na drugą, wiele możliwości. To cię kręci? Podjarałeś się? Klientów, których Karla przyprowadzała do Pałacu, to podpalało. Karla ma łeb do interesów. Wiedziałeś? Pracowałam w Pałacu, ale to była tylko robota, a ja miałam z tego tylko pieniądze. To przez nią to wszystko zrobiło się obleśne. To przez nią stało się... chore. To Karla zrobi wszystko, żeby dostać to, czego chce. Cholernie dobry łeb do interesów, i takie samo serce.

Poruszała moją ręką, którą trzymała w obu dłoniach, ocierała się o nią, falując biodrami. Uniosła kolana, rozchyliła nogi. Moja ręka znalazła się przy jej nabrzmiałych i wilgotnych wargach sromowych. Wcisnęła dwa moje palce w ten mroczny żar.

– Czujesz? – wymamrotała z zaciśniętymi zębami i ponurym uśmiechem. – Mięśnie pracują, co? I to wszystko. Trening i ćwiczenia, godziny, miesiące. Madame Zhou każe nam kucnąć i mocno ściskać ołówek, żeby sobie wyrobić chwyt. Tak się, cholera, wyrobiłam, że listy mogę pisać. Czujesz, jaka sprawność? Nigdy nie znajdziesz nic tak ciasnego, nigdzie. Karla nie jest tak dobra. Wiem to. Co z tobą? Nie chcesz mnie przelecieć? Co, pedał jesteś? A może...

Nadal ściskała moje palce, nie wypuszczając nadgarstka, ale jej uśmiech zbladł, powoli odwróciła głowę.

– Chy... chyba będę rzygać.

Wyjąłem palce z jej ciała, a ręce z miażdżącego chwytu i wycofałem się do łazienki. Pospiesznie zmoczyłem ręcznik zimną wodą, chwyciłem dużą miednicę. Wróciłem; leżała w nieporęcznej pozycji, trzymając się za brzuch. Ułożyłem ją tak, żeby było jej trochę wygodniej, nakryłem lekkim bawełnianym kocem. Położyłem jej na czole chłodny ręcznik. Drgnęła, ale nie walczyła ze mną. Jej grymas stopniowo zmieniał się w poważną minę chorej osoby.

– Popełnił samobójstwo – powiedział cicho, z zamkniętymi oczami. – Ten Hannibal. Zamierzali go przewieźć do Rzymu, postawić przed sądem, więc się zabił. I co ty na to? Po tylu walkach, tylu słoniach, tylu wielkich bitwach popełnił samobójstwo. To prawda. Karla mi to powiedziała. Karla zawsze mówi prawdę... nawet kiedy kłamie... raz mi to powiedziała... zawsze mówię prawdę, nawet kiedy kłamię... Kurwa, ja ją kocham. Kocham ją. Wiesz, uratowała mnie stamtąd... ty też... i teraz mi pomaga się odtruć... wyschnąć... muszę wyschnąć, Lin... Gilbert... muszę się wydobyć z tego gówna... ja ją kocham...

Zasnęła. Przez jakiś czas przyglądałem się jej, sprawdzając, czy zacznie wymiotować, czy się obudzi, ale zapadła w beztroski sen. Wróciłem do Tarika – on także twardo spał. Postanowiłem, że jeszcze go nie obudzę. Samotność w tej ciszy sprawiła mi ogromną rozkosz. W mieście, gdzie wiele milionów mieszkańców nie ma dachu nad głową, bogactwo i władzę mierzy się prywatnością, którą można kupić tylko za pieniądze, i odosobnieniem, którego mogą się domagać i które mogą dostać tylko wielcy. Biedni w Bombaju prawie nigdy nie bywają samotni, a ja byłem biedny.

Tu, w tym oddychającym pokoju z cichnącej ulicy nie dochodził żaden dźwięk. Chodziłem po mieszkaniu wolny, nieobserwowany. I cisza wydawała się słodsza, a spokój większy ze względu na obecność tych dwojga śpiących, kobiety i dziecka. Balsam fantazji sprawił mi ulgę. Niegdyś znałem takie życie: kiedy kobieta i śpiące dziecko należały do mnie, a ja do nich.

Zatrzymałem się przy zawalonym szpargałami biurku Karli; zobaczyłem swoje odbicie w szerokim lustrze na ścianie nad nim. Ta ulotna myśl o posiadaniu kogoś, ten krótki sen o domu i rodzinie rozpłynął się na moich oczach. Prawda wyglądała tak, że moje małżeństwo się rozpadło i straciłem moje dziecko, moją córeczkę. Prawda wyglądała tak, że Lisa i Tarik nic dla mnie nie znaczyli, a ja nie znaczyłem nic dla nich. Prawda wyglądała tak, że nie miałem niczego i nikogo. Otoczony ludźmi, spragniony samotności, zawsze i wszędzie byłem samotny. Co gorsza, byłem pusty w środku, wydrążony, wyżarty do czysta przez ucieczkę i ukrywanie się. Straciłem rodzinę, przyjaciół z młodości, kraj i kulturę – wszystko to, co mnie określało i nadawało mi tożsamość. Jak u wszystkich uciekinierów, im większy był mój sukces, im dłużej i dalej uciekałem, tym mniej ze mnie zostawało.

Ale istnieli ludzie – nieliczni – którzy mogli się do mnie zbliżyć, paru nowych przyjaciół nowego człowieka, którym uczyłem się być. Był Prabaker, ten malutki, zakochany w życiu człowieczek. Był Johnny Cygaro i Kasim Ali, i Jeetendra z żoną Radhą: bohaterzy chaosu, którzy podpierali rozchwiane miasto bambusowymi tyczkami i uparcie kochali swoich sąsiadów, choćby upadli nie wiadomo jak nisko, choćby byli nie wiadomo jak połamani czy niepiękni. Był Kadirbaj, Abdullah, Didier i była Karla. I kiedy tak spoglądałem we własne twarde oczy w lustrze o zielonych ramach, myślałem o tych ludziach i zadawałem sobie pytanie, czym się oni różnią. Dlaczego akurat oni? Co w nich jest takiego? Tak zróżnicowana grupa: najbogatsi i najbardziej biedni, wykształceni i analfabeci, cnotliwi i przestępcy, starzy i młodzi; wydawało się, że łączy ich tylko jedno: budzili we mnie... uczucie.

Na biurku leżała gruba, oprawiona w skórę książka. Otworzyłem ją; to był dziennik Karli, zapełniony jej eleganckim pismem. Wiedziałem, że źle robię, przeglądałem stronice i odczytywałem jej prywatne myśli. To nie był pamiętnik. Na stronach nie było dat, nie było codziennej relacji z działań i spotkań. Natomiast były urywki. Niektóre z powieści i innych tekstów, każdy podpisany nazwiskiem autora i zaopatrzony w jej komentarze i krytyczne uwagi. Było dużo wierszy. Niektóre przepisane ze zbiorów, antologii i nawet gazet, zawsze z podanym pod spodem źródłem i nazwiskiem poety. Inne były jej autorstwa, powtarzały się przepisane po parę razy z jednym zmienionym słowem czy zdaniem, bądź z dodanym wersem. Pewne słowa i ich słownikowe znaczenie były wyróżnione gwiazdką, wskutek czego dziennik stał się zbiorem niezwykłych i rzadko używanych wyrazów. Były też przypadkowe notatki jak strumień świadomości, w których opisywała swoje myśli i uczucia w danym dniu. Często wspominała o innych, ale zawsze nazywając ich „ona" lub „on".

Na jednej stronie znajdowało się tajemnicze, niepokojące odniesienie do Sapny. Przeczytałem:

> *PYTANIE: Co zrobi Sapna?*
> *ODPOWIEDŹ: Sapna zabije nas wszystkich.*

Przeczytałem te słowa parę razy i serce zaczęło mi mocniej bić. Nie miałem wątpliwości, że ma na myśli tę samą osobę – tego Sapnę, którego zwolennicy popełnili makabryczne morderstwa, o jakich mówił Abd al-Ghani i Madżid, tego samego Sapnę, którego ścigała zarówno policja, jak i świat przestępczy. A z tego dziwacznego dwuwiersza wynikało, że Karla coś o nim wie, może nawet zna jego tożsamość. Zacząłem się zastanawiać, co to znaczy i czy Karli grozi niebezpieczeństwo.

Staranniej sprawdziłem poprzednie strony i każdą notatkę, ale nie znalazłem nic, co mogłoby dotyczyć jego lub związków Karli z nim. Za to na przedostatniej stronie znalazłem ustęp dotyczący najwyraźniej mnie:

> *Chciał mi powiedzieć, że mnie kocha. Dlaczego go powstrzymałam? Czy tak się wstydzę, że to może być prawda? Widok stamtąd był niewiarygodny, zdumiewający. Byliśmy tak wysoko, że oglądaliśmy z góry latawce, tak wysoko nad dziecięcymi głowami. Powiedział, że się nie uśmiecham. Sprawił mi tym przyjemność i zastanawiam się dlaczego.*

Poniżej zapisała:

> *Nie wiem, co przeraża mnie bardziej,*
> *Siła, która nas miażdży,*
> *Czy nasza wieczna wytrzymałość.*

Bardzo dobrze pamiętałem tę uwagę. Przypomniałem sobie, że powiedziała to, kiedy burzono chaty w slumsach. Jak wiele innych jej uwag, ta też była inteligentna, dzięki czemu wryła się w moją pamięć. Byłem zaskoczony, może nawet trochę wstrząśnięty, że ona także zapamiętała to zdanie i nawet je zapisała – poprawiając je, dodając mu aforystycznej gładkości, której nie miała zaimprowizowana uwaga. Czy planuje znowu użyć tych słów, w rozmowie z kimś innym? – pomyślałem.

Na ostatniej stronie widniał jej wiersz – najnowsza notatka w niemal zupełnie zapisanym dzienniku. Ponieważ wiersz pojawił się na stronie, na której pisała o mnie, i ponieważ byłem go tak ciekaw, przeczytałem go i powiedziałem sobie, że jest mój. Pozwoliłem sobie uwierzyć, że był napisany dla mnie albo że przynajmniej częściowo zrodził się z uczuć do mnie. Wiedziałem, że to nieprawda, ale miłość rzadko bierze pod uwagę wiedzę albo prawdę.

Żeby nikt nie szedł tam, gdzie prowadzisz
Włosami zasłoniłam ślady
Słońce zaszło na wyspie naszego łóżka
Noc wzeszła
Zjadła echo
A my na plaży, w migotaniu,
W szepcie świec na naszych wyrzuconych z morza plecach
Twoje oczy nade mną
Przestraszone obietnicami, których mogłabym dotrzymać
Żałujące wypowiedzianej głośno prawdy
Mniej niż niewypowiedzianych kłamstw.
Schodzę głęboko, głęboko,
By walczyć o ciebie z przeszłością.
Teraz już wiemy
Że smutki to nasiona kochania.
Teraz wiemy, że będę żyć
I umrę dla tej miłości.

Chwyciłem długopis i przepisałem wiersz na luźną kartkę. Schowawszy bezpiecznie do portfela te skradzione słowa, zamknąłem dziennik i odłożyłem go dokładnie tam, gdzie leżał.

Podszedłem do biblioteczki. Chciałem przejrzeć tytuły, żeby zrozumieć kobietę, która je wybrała i czytała. Mały zbiór mieszczący się na czterech półkach był zaskakująco eklektyczny. Historia Grecji, filozofia, kosmologia, poezja i dramat. *Pustelnia parmeńska* Stendhala we włoskim tłumaczeniu. *Pani Bovary* w oryginale. Thomas Mann i Schiller po niemiecku. Djuna Barnes i Virginia Woolf po angielsku. Wziąłem *Pieśni Maldorora* Isidore'a Ducasse'a. Strony były pozaginane i gęsto zapisane ręką Karli. Wyjąłem inną książkę, niemieckie tłumaczenie *Martwych dusz* Gogola, i tu także na wielu stronach znalazłem odręczne notatki Karli. Ona pochłaniała swoje książki. Pożerała je, nie bała się ich znaczyć, nawet kaleczyć własnymi komentarzami i systemem odnośników.

Pół innej półki zajmował rząd dzienników, podobnych do tego, który znalazłem na biurku. Wziąłem jeden i przejrzałem. Po raz pierwszy uderzyło mnie, że tak jak pozostałe był zapisany po angielsku. Karla urodziła się w Szwajcarii, płynnie mówiła po niemiecku i francusku, ale kiedy przelewała na papier swoje najintymniejsze myśli i uczucia, posługiwała się angielskim. Uczepiłem się tej myśli, wmówiłem sobie, że to dobry, budzący nadzieję znak. Angielski był moim językiem. Karla mówiła do siebie z głębi serca w moim języku.

Chodziłem po mieszkaniu, analizując przedmioty, którymi postanowiła się otoczyć w swoim mieszkaniu. Olejny obraz kobiet noszących wodę z rzeki, z dzbanami na głowach, i dzieci z mniejszymi garnkami. Na osobnej półce, efektownie wyeksponowana, rzeźba z drewna różanego, przedstawiająca boginię Durgę. Wokół podstawki na kadzidła. Zauważyłem bukiet nieśmiertelników i innych suszonych kwiatów. Takie lubiłem najbardziej, a w mieście, gdzie świeże kwiaty były dostępne i niedrogie, stanowiły osobliwość. Był też zbiór znalezisk – wielki liść palmy daktylowej na ścianie, muszelki i kamienie z rzeki, wypełniające duże akwarium bez wody, porzucony kołowrotek, na którym powiesiła mosiężne świątynne dzwoneczki.

Najbardziej kolorowe w tym mieszkaniu były jej ubrania; zamiast w garderobie wisiały na wolno stojącym wieszaku w kącie pokoju. Były podzielone na dwie odrębne grupy, po lewej i prawej stronie wieszaka. Po lewej wisiały ubrania biznesowe – eleganckie kostiumy z długimi, wąskimi spódnicami, srebrny pokrowiec z suknią wieczorową bez pleców, a także inne piękne suknie. Po prawej były jej prywatne ubrania, luźne jedwabne spodnie, lejące się szale, bawełniane bluzki z długimi rękawami, które lubiła najbardziej.

Pod wieszakiem stał rządek butów, ze dwa tuziny par. Na samym końcu czekały moje, świeżo wypastowane i zasznurowane. Ukląkłem, żeby je zabrać. W porównaniu z nimi jej buciki wydawały się takie maleńkie, że aż wziąłem jeden i przez chwilę trzymałem w dłoniach. Włoski, z Mediolanu, ciemnozielona skóra, ozdobna klamerka z boku, obejmująca niski obcasik. Elegancki, drogi but, ale obcas był z jednej strony trochę ścięty, a skóra w paru miejscach otarta. Ona lub ktoś inny usiłował zamaskować jasne draśnięcia, zamalowując je flamastrem w prawie takim samym, choć nie idealnym odcieniu zieleni.

Moje ubranie znalazłem w plastikowym worku za butami. Było uprane i ładnie złożone. Wyjąłem je i przebrałem się w łazience. Przez minutę trzymałem głowę pod strumieniem zimnej wody z kranu. Przebrany w moje dżinsy i wygodne buty, z włosami odgarniętymi w znany, nieporządny sposób poczułem się odświeżony i podniesiony na duchu.

Wróciłem do sypialni, żeby sprawdzić, jak się czuje Lisa. Smacznie spała. Po ustach błąkał się jej niepewny uśmiech. Wepchnąłem rogi kołdry pod materac, żeby nie spadła, i nastawiłem wentylator pod sufitem na minimalną prędkość. W oknach były kraty, a drzwi frontowe zatrzaskiwały się samoczynnie. Mogłem ją bezpiecznie zostawić. Kiedy tak stałem nad nią, patrząc, jak jej pierś podnosi się i opada w rytmie snu, zastanawiałem się nad napisaniem wiadomości dla Karli. Zrezygnowałem, bo chciałem, żeby była niepewna – żeby nie wiedziała, co myślałem i co robiłem tu, w jej domu. Żeby mieć pretekst do spotkania z nią, złożyłem ubranie, które mi dała – trumienne ubranie zmarłego kochanka – i wsunąłem do plastikowego worka. Zamierzałem je wyprać i oddać za parę dni.

Odwróciłem się, żeby obudzić Tarika, ale chłopiec już stał w drzwiach, ściskając swoją małą torbę. Na zaspanej buzi miał wyraz bólu i oskarżenia.

– Chcesz mnie zostawić? – spytał.

– Nie – roześmiałem się – ale byłoby ci lepiej, gdybym cię zostawił. Na pewno wygodniej. U mnie nie jest tak ładnie.

Zmarszczył brwi, zbity z tropu angielskimi słowami i wcale nieuspokojony.
– Jesteś gotowy?
– Tak, gotowy – wymamrotał, kołysząc głową na boki.
Pomyślałem o latrynie i braku wody w slumsach. Kazałem mu przed wyjściem skorzystać z łazienki i dobrze umyć twarz i ręce. Kiedy wrócił, dałem mu szklankę mleka i słodkie ciasto, które znalazłem w kuchni Karli. Wyszliśmy na opustoszałą ulicę i zatrzasnęliśmy drzwi. Chłopiec obejrzał się na dom i wszystkie budynki wokół niego, szukając znaków rozpoznawczych, by umieścić to miejsce na mentalnej mapie. Potem ruszył obok mnie, choć w pewnym oddaleniu.
Szliśmy jezdnią, bo chodniki były zajęte przez śpiących bezdomnych. Jedynymi przejeżdżającymi samochodami były policyjne jeepy lub taksówki. Wszystkie sklepy i biura były zamknięte, tylko w nielicznych domach i mieszkaniach paliło się światło w oknach. Księżyc zbliżał się do pełni, ale od czasu do czasu zasłaniały go grube, ciężkie ławice chmur. Były to zwiastuny pory monsunowej: chmury gromadzące się i gęstniejące co noc. Za parę dni napęcznieją, zasłonią całe niebo i zacznie padać, wszędzie i wiecznie.
Mieliśmy dobre tempo. Od wyjścia od Karli minęło pół godziny, a już skręciliśmy w szeroką ścieżkę, obiegającą slumsy od wschodniej strony. Po drodze Tarik milczał, a ja, zmartwiony, bo nie wiedziałem, jak się z nim obchodzić, i obarczony odpowiedzialnością za jego dobro – wtedy wydawało mi się, że to brzemię stanowi sam chłopiec – niegrzecznie go ignorowałem. Po lewej stronie znajdował się teren wielkości boiska piłkarskiego, wyznaczony na strefę latryn. Tam kobiety, dzieci i starsi chodzili za potrzebą. Nic tam nie rosło, a po ośmiu miesiącach ciągłego skwaru ziemia wyschła na pył. Po prawej stronie widać było skraj budowy, gdzieniegdzie oznaczony niskimi stertami drewna, krat i innych materiałów. Nad zmagazynowanymi materiałami wisiały żarówki na długich kablach. Tylko one oświetlały drogę, a w slumsach, do których zostało jeszcze pięćset metrów, widać było jedynie nikłe ogniki kilku naftowych lamp.
Kazałem Tarikowi iść dokładnie moim śladem, wiedząc, że wiele osób załatwia potrzeby już na ścieżce, ponieważ boją się grasujących na terenie latryn szczurów i węży. Za cichym, tajemniczym porozumieniem obok drogi zawsze zostawała czysta ścieżynka, tak że późno wracający nie musieli się obawiać, że wdepną w odchody. Tak często wracałem do domu późną nocą, że nauczyłem się na pamięć tych dziwnych meandrów czystej ścieżki i bez trudu omijałem liczne i wielkie wyrwy w ziemi, których nikt nie miał zamiaru zasypywać.
Tarik szedł tuż za mną, posłusznie starając się stawiać stopy dokładnie na moich śladach. Ten smród na skraju slumsów kogoś obcego mógł doprowadzić do wymiotów. Ja się do niego przyzwyczaiłem i nigdy nie przyszło mi do głowy, żeby uważać go za wadę – podobnie jak mieszkańcom slumsów. Zapach ten oznaczał, że jesteśmy w domu, bezpieczni, chronieni zbiorową nędzą przed niebezpieczeństwami, które zagrażają biedakom na czystszych, okazalszych miejskich ulicach. A jednak nigdy nie zapomnę spazmów mdłości, które mnie ogarnęły, kiedy po raz pierwszy zjawiłem się w slumsach. I pamiętałem swój strach w oparach smrodu tak gęstych, że zdawały się zatruwać moje płuca przy każdym oddechu i oblepiać skórę jak maź.

Pamiętałem to i wiedziałem, że Tarik na pewno cierpi, boi się i jest mu niedobrze. Ale nie powiedziałem nic, żeby go pocieszyć, stawiałem opór impulsowi, który kazał mi wziąć go za rękę. Nie chciałem obecności tego dziecka i byłem na siebie wściekły, że tak uległem Kadirbajowi. Chciałem, żeby chłopcu było niedobrze. Chciałem, żeby się bał. Chciałem, żeby był chory, przestraszony i nieszczęśliwy do tego stopnia, błagał wujka o zabranie ode mnie.

Trzaskające napięcie tego okrutnego milczenia prysło przy wybuchu strasznego szczekania. Wycie psa sprowokowało inne do ujadania; do tamtych dołączyły następne. Zatrzymałem się nagle; Tarik wpadł na mnie. Psy były na wolności, niedaleko. Wytężyłem wzrok w ciemnościach, ale ich nie widziałem. Wyczułem, że zgraja jest duża i rozpierzchła na dużym terenie. Spojrzałem na gąszcz chat, obliczając odległość do bezpiecznych budynków. W tej samej chwili wycie stało się głośniejsze i psy wypadły na nas z ciemności.

Dwadzieścia, trzydzieści, czterdzieści oszalałych psów utworzyło zgraję, która zbliżała się do nas szerokim półkolem, odcinając nam drogę do slumsów. Znaleźliśmy się w wyjątkowym niebezpieczeństwie. Te psy, tak przymilne i uniżone za dnia, w nocy grasowały w śmiertelnie groźnych bandach. O ich agresji i zaciekłości krążyły legendy we wszystkich slumsach miasta. Budziły powszechny strach. Napaści na ludzi zdarzały się powszechnie. Niemal codziennie opatrywałem ukąszenia psów i szczurów. Pijak, na którego zgraja psów napadła na skraju slumsów, do tej pory leżał w szpitalu. Zaledwie przed miesiącem dokładnie w tym samym miejscu zginęło dziecko. Psy rozszarpały je na strzępy, które rozniosły tak daleko, że zbierano je przez cały dzień.

Byliśmy otoczeni. Psy zbliżyły się na parę metrów, cisnąc się jeden przez drugiego i ujadając z furią. Jazgot był ogłuszający i straszny. Najodważniejsze już do nas podchodziły. Wiedziałem, że pierwszy atak nastąpi za parę sekund. Slumsy były zbyt daleko, żebyśmy mogli do nich dobiec. Sam może bym dotarł za cenę paru ukąszeń, ale Tarika psy rozszarpałyby na pierwszych stu metrach. Znacznie bliżej znajdowała się sterta desek i innych materiałów budowlanych. Mogliśmy się posłużyć nimi jak bronią, a na dobrze oświetlonym terenie lepiej jest walczyć. Kazałem Tarikowi uciekać na mój znak. Upewniłem się, że zrozumiał, i rzuciłem w środek zgrai plastikowy worek z ubraniami Karli. Psy opadły go w mgnieniu oka, szarpały worek i kłapały zębami w żarliwym pragnieniu, by rozerwać go na strzępy.

– Teraz, Tarik! Teraz! – krzyknąłem, stawiając chłopca przed sobą i zasłaniając go własnym ciałem. Psy były tak pochłonięte zawiniątkiem, że przez chwilę nic nam nie groziło. Rzuciłem się pędem do sterty drewnianych odpadków i chwyciłem kawałek mocnego bambusa w chwili, kiedy zgraja zostawiła rozszarpany tłumok i pobiegła za nami.

Oszalałe psy rozpoznały kij i na chwilę straciły animusz. Było ich dużo. Za dużo, pomyślałem. Ich jest za dużo. Jeszcze nigdy nie widziałem tak wielkiej sfory. To dzikie wycie sprowokowało najbardziej rozgorączkowane do licznych kłapnięć zębami. Uniosłem gruby kij i kazałem Tarikowi wejść mi na barana. Natychmiast usłuchał, wskoczył mi na plecy i mocno otoczył moją szyję chudymi rączkami. Zgraja się zbliżała. Jeden czarny pies, większy od pozostałych, rzucił się z rozdziawionym pyskiem na moje nogi. Z całej siły uderzyłem; nie trafiłem w nos, ale smagnąłem przez grzbiet. Pies zaskomlał i uciekł. Bitwa się zaczęła.

Atakowały kolejno, z lewej, prawej i z przodu. Za każdym razem odstraszałem je prętem. Wydawało mi się, że jeśli zdołam okaleczyć albo nawet zabić chociaż jednego, pozostałe uciekną, ale żaden cios nie zniechęcił ich na długo. Prawdę mówiąc, jakby wyczuły, że kij może sprawić im ból, ale nie zabić, i stopniowo stawały się coraz śmielsze.

Były już niebezpiecznie blisko. Pojedyncze ataki zdarzały się coraz częściej. Po dziesięciu minutach spływałem potem i zacząłem tracić siły. Niedługo stanę się powolniejszy, a któryś pies ukąsi mnie w rękę lub nogę. A kiedy poczują zapach krwi, oszaleją, stracą zmysły, zapomną o strachu. Liczyłem, że mieszkańcy slumsów usłyszą ten rozdzierający jazgot i przybiegną nam na pomoc. Ale takie samo ujadanie budziło mnie setki razy. I setki razy odwracałem się na drugi bok i zasypiałem, nie zastanawiając się ani chwili.

Wielki czarny pies, chyba przywódca sfory, zaatakował przebiegle podwójnym zwodem. Odwróciłem się zbyt szybko, zaczepiłem o coś nogą i upadłem. Często słyszałem ludzi mówiących, że w chwili wypadku lub nagłego niebezpieczeństwa mieli wrażenie, że wszystko dzieje się w zwolnionym tempie. Po raz pierwszy doświadczyłem tego, padając wtedy na wznak. Pomiędzy moim potknięciem się i upadkiem znajdował się tunel rozciągliwego czasu i zwężonego pola widzenia. Czarny pies zawahał się instynktownie, czyby nie uciec, i znowu się do nas odwrócił. Widziałem, jak jego przednie łapy ślizgają się od impetu, a potem napinają do nowego skoku. Widziałem jego oczy, prawie ludzkie w swoim okrucieństwie, kiedy wyczuł moją słabość i bliskość śmierci. Widziałem, jak inne psy nieruchomieją, niemal wszystkie, a potem zaczynają się do mnie podkradać małymi kroczkami. Zdążyłem pomyśleć, jak dziwna i niestosowna jest ta ukradkowość – akurat teraz, w chwili mojej bezbronności. Zdążyłem poczuć drapnięcie kamieni pod łokciem, kiedy upadłem, i zdążyłem się zdziwić idiotycznemu przelotnemu niepokojowi o infekcję, który przebił się przez strach przed psami, psami, psami. Były wszędzie.

I zdążyłem pomyśleć o Tariku, przerażony, chory ze strachu o niego, biednego dzieciaka, który tak niechętnie oddał się pod moją opiekę. Czułem, że jego ręce odrywają się od mojej szyi, wymykają się moim macającym na oślep rękom. Patrzyłem, jak upada i podrywa się z kocią zwinnością, stojąc okrakiem nad moimi rozrzuconymi nogami. A potem, z ciałem zesztywniałym od zaciekłej wściekłości i odwagi, wrzasnął, chwycił kawał drewna i zdzielił nim czarnego psa w pysk. Poważnie go zranił. Skowyt bestii przebił się przez zgiełkliwe ujadanie, wycie i krzyk małego.

– *Allah akbar! Allah akbar!* – krzyczał Tarik. Przykucnął i zadał cios w powietrze, z wyrazem twarzy zwierzęco dzikim i równie zwierzęco niebezpieczną postawą. Przez ostatnie z tych nieprawdopodobnie długich sekund miałem jeszcze czas, by poczuć gorące palenie łez, kiedy patrzyłem, jak macha rękami, przykuca i walczy w naszej obronie. Widziałem różaniec jego kręgosłupa pod koszulą i wypukłości kościstych kolanek pod spodniami. Ile brawury w tym drobiazgu! Tym uczuciem, które paliło mi oczy, była miłość, czysta, dumna ojcowska miłość.

W tamtej chwili kochałem go z całego serca. I kiedy zacząłem się dźwigać z ziemi, a czas wyrwał się z grzęzawiska strachu i upadku, w mojej głowie zaczęły rozbrzmiewać powtarzające się słowa z wiersza Karli. Umrę dla tej miłości, umrę dla tej miłości.

Tarik zranił przywódcę zgrai, który ukrył się za towarzyszami, co na parę chwil pozbawiło psy animuszu. Jednak wyły coraz głośniej i jakoś inaczej, z bezsilną wściekłością. Tak jakby niepowodzenie sprawiło im ból. Miałem nadzieję, że w tym rozczarowaniu rzucą się na siebie nawzajem. A potem, bez ostrzeżenia, znowu na nas skoczyły.

Atakowały grupami, po dwa, trzy jednocześnie. Napadały na nas z dwóch stron. Chłopiec i ja stanęliśmy plecami do siebie, walcząc z psami rozpaczliwymi ciosami i cięciami. Psy oszalały z żądzy krwi. Biliśmy mocno, ale one ustępowały tylko na parę sekund i znowu wracały. Wszędzie wokół były tylko kły i warczenie, kłapanie zębami i wycie. Odwróciłem się, żeby pomóc Tarikowi odpędzić desperacki atak czterech bestii; wówczas jednej udało się przypaść do mnie od tyłu i mocno ugryźć w kostkę. Wysoki skórzany but mnie osłonił i odpędziłem psa, ale czułem, że przegrywamy. Psy przyparły nas do sterty drewna i nie mieliśmy gdzie uciekać. Zgraja szczerzyła zęby dwa metry od nas. Potem nagle za naszymi plecami rozległo się warczenie i gruchot drewna, usuwającego się pod ciężarem jakiegoś ciała. Myślałem, że jakoś zdołały obejść stertę, i odwróciłem się, gotowy do obrony. I zobaczyłem odzianą w czerń postać Abdullaha, który skoczył nad naszymi głowami w rozdziawione paszcze zgrai.

Zawirował, rozdając ciosy na prawo i lewo. Skoczył, wysoko unosząc kolana, i wylądował sprężyście jak wyszkolony wojownik. Ruchy miał płynne, błyskawiczne i oszczędne. To była ta straszna i piękna zwięzłość węży i skorpionów. Śmiercionośna. Precyzyjna. Doskonała. Był uzbrojony w metalowy pręt, mający mniej więcej trzy centymetry w obwodzie i ponad metr długości. Zadawał nim ciosy oburącz, jak mieczem. Ale to nie jego broń ani nawet jego niezwykła zwinność przestraszyły i odstraszyły psy. Tym, co sprawiło, że rzuciły się do panicznej ucieczki, zostawiając dwóch swoich towarzyszy z roztrzaskanymi czaszkami, był fakt, że to on zaatakował, podczas gdy my się broniliśmy, że był pewien wygranej, podczas gdy my walczyliśmy o przetrwanie.

Wkrótce było po wszystkim. Cisza po walce. Abdullah spojrzał na nas, trzymając metalowy pręt nad ramieniem, jak samurajski miecz. Uśmiech, lśniący na jego młodej twarzy, był jak światło księżyca na minarecie białego meczetu Hadżdżi Ali.

Później, kiedy napiliśmy się w mojej chacie gorącej i bardzo słodkiej sulejmańskiej herbaty, Abdullah wyjaśnił, że czekał w moim domostwie i usłyszał szczekanie. Przyszedł sprawdzić sytuację, bo wyczuł, że dzieje się coś strasznego. Kiedy kilka razy opowiedzieliśmy sobie nawzajem swoją przygodę, posłałem nam na gołej ziemi i położyliśmy się na spoczynek.

Abdullah i Tarik bez trudu zapadli w sen, który mnie ominął. Leżałem na wznak w ciemnościach wonnych od kadziła, *bidi* i taniej nafty i pełen zwątpienia oraz podejrzliwości dokonywałem przeglądu ostatnich wypadków. Wydawało mi się, że w tych dniach wydarzyło się więcej niż przez parę miesięcy. Madame

Zhou, Karla, rada Kadirbaja, Sapna – czułem, że jestem na łasce i niełasce osobowości silniejszych, a przynajmniej bardziej tajemniczych ode mnie. Czułem nieodparty zew i pociąg nurtu, który niósł mnie do cudzego przeznaczenia. To wszystko było zaplanowane. Czułem to. Dostawałem znaki ostrzegawcze, ale nie potrafiłem ich oddzielić od jaskrawego kolażu godzin, twarzy i słów. Ta nakrapiana chmurami noc była ciężka od wieszczych znaków, jakby sam los ostrzegał mnie i prowokował.

Tarik obudził się gwałtownie, usiadł i rozejrzał. Mój wzrok przyzwyczaił się do ciemności. Wyraźnie widziałem strach na jego bladej twarzy, strach, który zmienił się w smutek i zdecydowanie. Spojrzał na spokojną, uśpioną postać Abdullaha, a potem na mnie. Bez słowa wstał i przyciągnął swoje posłanie do mojego. Znowu skulił się pod cienkim kocem – tuż obok mnie. Wyciągnąłem rękę, a on oparł na niej głowę. Jego włosy pachniały słońcem.

Zmęczenie w końcu mnie dopadło, pogrążyło moje wątpliwości i zagubienie – i w przenikliwej przejrzystości półsnu nagle dostrzegłem, co moi nowi przyjaciele – Kadirbaj, Karla, Abdullah, Prabaker i pozostali – mają wspólnego. Wszyscy są – tak jak ja – obcy w tym mieście. Żadne się tu nie urodziło. Wszyscy byliśmy uciekinierami, ocalonymi, wyrzuconymi przez sztorm na brzeg miasta – wyspy. Jeśli coś nas łączyło, to wspólnota uchodźców, braterstwo zagubionych, samotnych i wydziedziczonych.

Zrozumienie tego, uświadomienie sobie tej prawdy sprawiło, że ujrzałem, jak surowo potraktowałem chłopca. Tarik także był obcy w mojej surowej, trudnej części miasta. Zawstydzony tym zimnym egoizmem, który odebrał mi współczucie, dotknięty do żywego odwagą i samotnością tego małego chłopca, słuchałem jego sennego oddechu i przygarnąłem go do mojego obolałego serca. Czasami kochamy samą nadzieją. Czasami płaczemy wszystkim z wyjątkiem łez. Koniec końców wszystko sprowadza się do jednego: miłości i jej powinności, smutku i jego prawdy. Koniec końców mamy tylko to. Pomaga nam się trzymać, dopóki nie wzejdzie słońce.

CZĘŚĆ TRZECIA

ROZDZIAŁ 17

– Światem rządzi milion nikczemników, dziesięć milionów głupców i sto milionów tchórzy – oznajmił Abd al-Ghani z doskonałym oksfordzkim akcentem, oblizując ociekające miodem ciastko trzymane w krótkich, grubych paluchach. – Nikczemnicy to władza: bogacze, politycy i fanatycy religijni. To ich decyzje kierują światem i prowadzą go drogą chciwości i zniszczenia.

Zamilkł i spojrzał w stronę szemrzącej fontanny na zalanym deszczem dziedzińcu Abd al-Kadir Chana, jakby z mokrego, lśniącego kamienia czerpał natchnienie. Prawą ręką sięgnął po kolejne miodowe ciastko i włożył je do ust w całości. Rzucił mi przepraszający uśmieszek, jakby mówił: wiem, że nie powinienem, ale naprawdę nie potrafię się opanować.

– Tych prawdziwych nikczemników jest tylko milion na cały świat. Bardzo bogatych, bardzo potężnych, których decyzje naprawdę mają znaczenie – jest tylko jeden milion. Głupcy, których jest dziesięć milionów, to żołnierze i policjanci, i ci wprowadzają w życie rozkazy nikczemników. To zawodowe armie dwunastu najważniejszych krajów i policja tych i dwudziestu innych. W sumie jest tylko dziesięć milionów ludzi o prawdziwej władzy i znaczeniu. Są często odważni, nie wątpię, ale i głupi, ponieważ oddają życie za rząd i sprawy, dla których ich krew i ciało są jedynie pionkami na szachownicy. W ogólnym rozrachunku rząd zawsze ich zdradzi, opuści i zawiedzie. Naród nikogo nie zaniedbuje bardziej haniebnie niż bohaterów wojennych.

Okrągły ogród na dziedzińcu w sercu domu Kadirbaja miał na środku sklepienia otwór. Monsunowy deszcz padał na fontannę i otaczające ją płytki; deszcz tak gęsty i jednostajny, że niebo zmieniło się w rzekę, a nasza część świata w wodospad. Pomimo deszczu fontanna nadal wysyłała nikłe strużki wody na spotkanie spadających kaskad. Staliśmy pod dachem werandy, w suchości i cieple wilgotnego powietrza, przyglądając się ulewie i popijając słodką herbatę.

– I sto milionów tchórzy – ciągnął Abd al-Ghani, z uszkiem filiżanki w czubkach grubych palców – to urzędnicy, biurokraci i gryzipiórki, którzy dają się rządzić nikczemnikom i przymykają na wszystko oko. To kierownik tego departamentu, sekretarz tamtego komitetu i prezes jeszcze innego stowarzyszenia. To dyrektorzy, urzędnicy, burmistrzowie i sędziowie. Zawsze bronią się, twierdząc, że tylko wykonują rozkazy albo robią to, co do nich należy, i że to nic osobistego, i że jeśli oni tego nie zrobią, to ktoś ich chętnie zastąpi. Jest sto milionów tchórzy, którzy wiedzą, co się dzieje, ale nic nie mówią, tylko podpisują dokument wysyłający kogoś przed pluton egzekucyjny albo skazujący milion ludzi na powolniejszą śmierć głodową.

Zamilkł, przyglądając się mandali żył na wierzchu swojej ręki. Parę chwil później otrząsnął się z zadumy i spojrzał na mnie z łagodnym, czułym uśmiechem.

– I tak to jest – zakończył. – Światem rządzi milion nikczemników, dziesięć milionów głupców i sto milionów tchórzy. Reszta nas, całe sześć miliardów, robi to, co nam każą!

Roześmiał się i klepnął po udzie. To był dobry śmiech, jeden z tych, który nie ustanie, dopóki nie podzieli się radością. Poczułem, że także się śmieję.

– Wiesz, co to oznacza, mój chłopcze? – spytał, kiedy usta uspokoiły mu się na tyle, by uformować to pytanie.

– Powiedz.

– Ta formuła – jeden milion, dziesięć, sto – to realna prawda o całej polityce. Marks się mylił. To nie jest kwestia klas, bo wszystkie klasy znajdują się w rękach tej maleńkiej grupki. Ten ciąg liczb to przyczyna narodzin imperium i buntu. To formuła, która tworzy nasze cywilizacje od dziesięciu tysięcy lat. To ona zbudowała piramidy. To ona zorganizowała twoje krucjaty. To ona rzuca świat do walki i to ona ma moc, by narzucać mu pokój.

– To nie były moje krucjaty – poprawiłem – ale rozumiem, o co chodzi.

– Kochasz go? – spytał, zmieniając temat tak szybko, że mnie zaskoczył. Robił to tak często – zmieniał temat dyskusji – że stało się to jego znakiem rozpoznawczym. Był tak biegły w tym triku, że nawet kiedy go już dobrze poznałem, kiedy zacząłem się spodziewać tych nagłych zwodów i zmyłek, i tak udawało mu się zbić mnie z tropu. – Kochasz Kadirbaja?

– Ej... co to za pytanie? – odparłem, nadal ze śmiechem.

– On ma do ciebie wielką słabość. Często cię wspomina.

Zmarszczyłem brwi i uciekłem przed jego przenikliwym spojrzeniem. Wiadomość, że Kadirbaj mnie lubi i o mnie mówi, sprawiła mi dużą przyjemność. Ta gra sprzecznych emocji – miłości i podejrzliwości, podziwu i niechęci – zbijała mnie z tropu, jak zwykle każda myśl o Kadir Chanie lub czas z nim spędzony. A tę niepewność odreagowałem irytacją, która nie była obecna w spojrzeniu i głosie.

– Ile jeszcze będziemy czekać? – spytałem, oglądając się na zamknięte drzwi domu Kadirbaja. – Dziś po południu mam spotkanie z niemieckimi turystami.

Al-Ghani zignorował to pytanie i przechylił się nad stolikiem, dzielącym nasze dwa krzesła.

– Musisz go kochać – powiedział niemal uwodzicielskim szeptem. – Chcesz wiedzieć, dlaczego kocham Abd al-Kadira z całego serca?

Siedzieliśmy na tyle blisko siebie, że widziałem cienkie czerwone żyłki na białkach jego oczu. Haft tych czerwonych włókien zachodził na brązowe tęczówki jak niezliczone paluszki, podtrzymujące te złociste, czerwonobrązowe tarcze. Pod oczami miał grube, ciężkie wory, które nadawały jego twarzy wyraz wiecznego smutnego zamyślenia. Pomimo licznych żartów i skłonności do śmiechu te wory były zawsze nabrzmiałe, jak zbiornik niewylanych łez.

Czekaliśmy już pół godziny na powrót Kadirbaja. Kiedy przybyłem z Tarikiem, Kadir powitał mnie ciepło i odszedł z chłopcem na modlitwę, zostawiając mnie w towarzystwie Abd al-Ghaniego. W domu panowała kompletna cisza, tylko deszcz szemrał na dziedzińcu, a fontanna pluskała. Dwa gołębie tuliły się do siebie po drugiej stronie dziedzińca.

Al-Ghani i ja patrzyliśmy na siebie w milczeniu, ale nie odezwałem się, nie odpowiedziałem na jego pytanie. Czy chcesz wiedzieć, dlaczego kocham tego mężczyznę? Naturalnie, że chciałem. Byłem pisarzem. Chciałem wiedzieć wszystko. Ale niechętnie brałem udział w tej jego grze w pytania i odpowiedzi. Nie potrafiłem go rozszyfrować i nie umiałem odgadnąć, dokąd mnie ta gra doprowadzi.

– Kocham go, mój chłopcze, bo to fundament tego miasta. Tysiące ludzi odnalazło bezpieczeństwo, oparłszy na nim swoje życie. Kocham go, bo ma zadanie – podczas gdy inni nie mają nawet marzenia – zmienienia całego świata. Martwię się, że wkłada w tę sprawę zbyt wiele czasu, wysiłku i pieniędzy i wiele razy sprzeczałem się z nim o to, lecz kocham go za poświęcenie tej sprawie. I przede wszystkim kocham go, bo to jedyny znany mi mężczyzna – a będzie też jedynym mężczyzną znanym tobie – który potrafi odpowiedzieć na trzy wielkie pytania.

– Są tylko trzy wielkie pytania? – spytałem, niezdolny usunąć sarkazm z głosu.

– Tak – powiedział spokojnie. – Skąd pochodzimy? Po co tu jesteśmy? Dokąd zmierzamy? To te trzy wielkie pytania. A jeśli go kochasz, Lin, mój młody przyjacielu, jeśli go kochasz, on wyjawi ci te tajemnice. Wyjawi ci sens życia. I gdy usłyszysz, jak mówi, kiedy go posłuchasz, będziesz wiedział, że mówi prawdę. I nigdy nie poznasz nikogo innego, kto potrafi odpowiedzieć ci na te trzy pytania. Wiem to. Wielekroć przemierzyłem cały świat. Zadawałem te pytania wielkim nauczycielom. Zanim poznałem Abd al-Kadir Chana i połączyłem z nim swoje życie, wydałem fortunę – kilka – na poszukiwane słynnych mędrców, mistyków i znanych uczonych. Żaden nie odpowiedział na te trzy wielkie pytania. Potem poznałem Kadirbaja. Odpowiedział. I tamtego dnia pokochałem go jak brata, brata mojej duszy. Od tamtego dnia służę mu w każdej najdrobniejszej minucie, które spędzamy razem. On ci powie. Sens życia! On ci rozwiąże tę tajemnicę.

Głos Al-Ghaniego był nowym prądem w szerokiej, rwącej rzece, która mnie niosła: rzece tego miasta i jego piętnastu milionów dusz. Jego gęste, brązowe włosy były przetykane siwizną, a na skroniach kompletnie pobielały. Wąsy, bardziej siwe niż brązowe, opierały się na subtelnie rzeźbionych, niemal kobiecych wargach. Ciężki złoty łańcuch lśnił na jego szyi w popołudniowym świetle, współgrając ze złotymi błyskami w oczach. I kiedy spojrzeliśmy na siebie w tej przepojoną tęsknotą ciszy, w jego zaczerwienionych oczach zaczęły się zbierać łzy.

Nie mogłem wątpić w prawdziwą głębię jego uczucia, ale nie potrafiłem go także całkowicie zrozumieć. Potem za naszymi plecami otworzyły się drzwi i okrągła twarz Al-Ghaniego przybrała zwykłą maskę żartobliwej życzliwości. Obaj odwróciliśmy się w stronę Kadirbaja, który prowadził Tarika.

– Lin! – powiedział, trzymając dłonie na ramionach chłopca. – Tarik opowiadał nam, ile nauczył się od ciebie przez te trzy miesiące.

Trzy miesiące. Początkowo myślałem, że nie zniosę jego towarzystwa przez trzy dni. A jednak trzy miesiące minęły zbyt szybko; a kiedy nadszedł czas powrotu do domu, przyprowadziłem go do wuja wbrew samemu sobie. Wiedziałem, że będę za nim tęsknić. To był dobry chłopiec. Miał z niego wyrosnąć dobry człowiek, którym niegdyś chciałem zostać i nie zostałem.

– Gdybyś po niego nie posłał, nadal mieszkałby z nami – odpowiedziałem. W moim głosie brzmiała karcąca nutka. Powierzenie mi chłopca bez ostrzeżenia na całe miesiące i równie niespodziewane odebranie go wydawało mi się okrutną arbitralnością.

– Tarik zakończył dwuletnią naukę w naszej szkole koranicznej, a teraz dzięki tobie poprawił angielszczyznę. Pora, by znalazł się w liceum, do czego, jak sądzę, jest bardzo dobrze przygotowany.

Kadirbaj mówił łagodnie i cierpliwie. Czuły i nieco rozbawiony uśmiech w jego oczach objął mnie równie mocno, jak jego silne ręce obejmowały ramiona poważnego chłopca.

– Wiesz, Lin – powiedział cicho – w paszto istnieje takie porzekadło: nie zostaniesz mężczyzną, dopóki nie dasz swej miłości – prawdziwej i dobrowolnej – dziecku. I nie staniesz się dobrym człowiekiem, dopóki nie zasłużysz w zamian na miłość dziecka, prawdziwą i dobrowolną.

– Tarik jest w porządku – powiedziałem, wstając, by uścisnąć mu dłoń i odejść. – To dobre dziecko i będę za nim tęsknić.

Nie tylko mnie miało go brakować. Stał się ulubieńcem Kasima Alego Husajna. Nasz przywódca często odwiedzał chłopca i oprowadzał go po slumsach. Jeetendra i Radha go rozpieszczali. Johnny Cygaro i Prabaker żartowali z nim dobrotliwie i pozwolili mu się przyłączyć do cotygodniowych meczów krykieta. Nawet Abdullah wyrobił w sobie coś w rodzaju emocjonalnej akceptacji tego dziecka. Po Nocy Zdziczałych Psów odwiedzał Tarika dwa razy w tygodniu i uczył go sztuk walki z użyciem kijów, szarf i gołych rąk. Często widywałem ich sylwetki na tle nieba, niczym postaci z teatrzyku cieni, kiedy ćwiczyli na małej piaszczystej plażce koło slumsów.

Po raz ostatni uścisnąłem rękę Tarikowi i spojrzałem w jego szczere, nieznające kłamstwa czarne oczy. Taflę tej chwili zmąciły wspomnienia trzech ostatnich miesięcy. Przypomniałem sobie jego pierwszą bójkę z chłopcem ze slumsów. Był o wiele większy, przewrócił go, ale Tarik odstraszył go samą mocą spojrzenia, wymuszając na nim wstyd. Napastnik załamał się i rozpłakał. Tarik objął go życzliwie i tak została przypieczętowana serdeczna przyjaźń. Przypomniał mi się entuzjazm Tarika podczas lekcji angielskiego, które dla niego zorganizowałem, i jak szybko stał się moim pomocnikiem, kiedy dołączyły do nas inne dzieci. Widziałem, jak walczy u naszego boku z pierwszą monsunową powodzią, jak kijem i rękami ryje kanał w kamienistej ziemi. Pamiętałem jego buzię, którą pewnego wieczora ujrzałem przez szparę w ścianie, gdy usiłowałem coś napisać. Tak, Tarik? O co chodzi? – spytałem z irytacją. O, przepraszam, odpowiedział. Czy chcesz być samotny?

Wyszedłem z domu Abd al-Kadira Chana i ruszyłem w długą drogę powrotną do slumsów, samotny, pomniejszony przez nieobecność chłopca. Czułem się jakoś pozbawiony znaczenia albo nagle mniej cenny w innym świecie, który otoczył mnie po jego odejściu. Dotarłem na czas na spotkanie z niemieckimi turystami w hotelu obok meczetu Kadirbaja. Była to młoda para w pierwszej podróży na subkontynent. Chcieli zaoszczędzić, wymieniając niemieckie marki na czarnym rynku, a potem kupić trochę haszyszu na podróż po Indiach. Była to przyzwoita, szczęśliwa para – niewinna, serdeczna – na której Indie zrobiły duże wrażenie. Wymieniłem im pieniądze, pobrawszy prowizję, i zaaranżowałem kupno *charrasu*. Byli bardzo wdzięczni i usiłowali zapłacić mi więcej, niż uzgodniliśmy. Nie zgodziłem się – w końcu umowa to umowa – a potem przyjąłem propozycję zapalenia z nimi. *Chillum* przeze mnie przygotowane miało przeciętną moc dla tych, którzy pracują i żyją na ulicach Bombaju, lecz znacznie większą od tej, do której przywykli turyści. Oboje odlecieli w sen, kiedy zamknąłem za sobą drzwi ich pokoju i wyszedłem na senne popołudniowe ulice.

Ruszyłem ulicą Muhammada Alego w stronę ulicy Mahatmy Gandhiego i autostrady Kolaba. Powinienem pojechać autobusem lub jedną z licznych taksówek, ale uwielbiałem chodzić pieszo. Uwielbiałem ten spacer od bazaru Chor koło Crawford Market, stacji V.T., fontanny Flory, okolic Fortu, Regal Circle, a potem przez Kolabę do Sasoon Dock, World Trade Centre i Back Bay. Przez te lata przemierzyłem tę trasę tysiące razy i zawsze była dla mnie jak nowa, zawsze ekscytująca i inspirująca. Okrążyłem Regal Circle i na chwilę zatrzymałem się przed kinem Regal, żeby odczytać zapowiedzi nowych filmów, kiedy jakiś głos zawołał moje imię.

– Linbaba! Hej! Lin!

Odwróciłem się i ujrzałem Prabakera, wychylonego z okna czarno-żółtej taksówki. Podszedłem, żeby uścisnąć mu dłoń i przywitać się z kierowcą, jego kuzynem Shantu.

– Wracamy do domu. Wskakuj, podrzucimy cię.

– Dzięki, Prabu. – Uśmiechnąłem się. – Pójdę piechotą. Po drodze muszę wstąpić w parę miejsc.

– Dobrze! – Rozpromienił się. – Ale nie używaj za dużo czasu, tak jak czasami za bardzo używasz za dużego czasu, jeśli wolno ci to powiedzieć prosto w oblicze. Dziś jest specjalny dzień, tak?

Machałem, aż jego uśmiech zniknął w gąszczu ulicy – i nagle podskoczyłem ze strachu, bo tuż obok mnie jakiś samochód wyhamował z piskiem opon i trzaskiem. Kierowca ambasadora usiłował wyminąć wolniej jadący samochód i zderzył się z drewnianym wózkiem, który wbił się w bok taksówki dwa metry ode mnie.

Wypadek wyglądał niedobrze. Człowiek pchający wózek został poważnie ranny. Sznury na jego karku i ramionach – uprząż wózka – uwięziły go przy jarzmie. Jego skrępowane linami ciało zrobiło salto, głowa uderzyła o asfalt. Jedna ręka wykręciła się do tyłu pod nienaturalnym kątem. Przez skórę poniżej kolana przebiła się kość. A uprząż, ta sama, w której codziennie ciągnął swój wózek przez miasto, oplątała mu kark i pierś i wlokła go ku śmierci przez uduszenie.

Pobiegłem razem z innymi, po drodze wyciągając nóż z pochwy przy pasie na plecach. Spiesząc się, ale jak najostrożniej, przeciąłem liny i uwolniłem rannego. Mógł mieć jakieś sześćdziesiąt lat, ale był zdrowy, chudy i silny. Jego serce biło regularnie i mocno, potężny prąd życia, który miał go ponieść do wyzdrowienia. Drogi oddechowe miał drożne. Kiedy delikatnie rozchyliłem jego powieki, źrenice zareagowały na światło. Był oszołomiony i raczej w szoku niż nieprzytomny.

Wraz z trzema innymi mężczyznami przeniosłem go z jezdni na chodnik. Jego lewa ręka zwisała bezwładnie; ułożyłem ją ostrożnie, zgiętą w łokciu. Na moje wezwanie gapie użyczyli chusteczek. Z czterech zrobiłem prowizoryczny temblak. Właśnie badałem jego nogę, kiedy w pobliżu rozbitych samochodów rozległy się straszne wrzaski, które mnie poderwały.

Około dziesięciu mężczyzn usiłowało schwytać kierowcę ambasadora. Był wielki – mógł mieć dobrze ponad dwa metry – ze dwa razy cięższy ode mnie i potężny. Mocno zaparł się nogami o podłogę samochodu, jedną rękę wbił w dach, a drugą ściskał kierownicę. Wściekły tłum poddał się po minucie bezowocnej, desperackiej walki i zajął się pasażerem na tylnym siedzeniu. Był to masywny mężczyzna o mocnych barach, ale o wiele szczuplejszy i lżejszy. Tłum wywlókł go na zewnątrz i rzucił o samochód. Mężczyzna zasłaniał twarz rękami, ale ludzie już okładali go pięściami i szarpali.

Obaj mężczyźni byli czarnoskórzy. Przypuszczałem, że to Nigeryjczycy. Patrząc na tę scenę, przypomniałem sobie szok i wstyd, jakie mnie ogarnęły, kiedy po raz pierwszy, niemal półtora roku temu, zobaczyłem wściekłość tłumu podczas pierwszej podróży z Prabakerem po mieście. Przypomniałem sobie, jaki się czułem bezsilny i przestraszony, kiedy tłum porwał zmasakrowane ciało tamtego mężczyzny. Tłumaczyłem sobie, że to nie mój kraj, nie moje miasto, nie moja walka. Półtora roku temu Indie stały się moim krajem, podobnie jak ta część miasta. To był mój teren. Mój czarnorynkowy teren. Pracowałem tutaj codziennie. Znałem nawet niektóre twarze z tego tłumu morderców. Nie mogłem odpuścić po raz drugi, nie próbując chociaż pomóc.

Krzycząc głośniej od innych, rzuciłem się w wyjący tłum i zacząłem odciągać zebranych.

– Bracia! Bracia! Nie bijcie! Nie zabijajcie! Nie bijcie! – krzyczałem w hindi.

To była mordęga. Na ogół ludzie pozwalali mi się odciągać. Byłem silny. Czuli tę siłę. Ale wkrótce żądza mordu znowu rzucała ich w tłum i zewsząd naraz młóciły mnie pięści. W końcu udało mi się utorować drogę do pasażera i oddzielić go od przywódców tłumu. Mężczyzna, wtulony w karoserię samochodu, uniósł pięści, jakby był gotów odeprzeć atak. Twarz miał zakrwawioną, koszulę podartą i usmarowaną jaskrawym szkarłatem krwi. Oczy szeroko otworzył ze strachu, błyskając białkami, i dyszał przez zaciśnięte zęby. A jednak w jego zaciśniętych szczękach i grymasie, który odsłonił mu zęby, była determinacja i odwaga. To był wojownik i zamierzał walczyć do końca.

Wszystko to zarejestrowałem jednym spojrzeniem, a potem stanąłem u jego boku, twarzą do tłumu. Wyciągnąłem przed siebie otwarte dłonie i namawiając oraz przekonując, nawoływałem do zaprzestania przemocy.

Kiedy rzuciłem się na pomoc, wyobraziłem sobie, że tłum się rozstąpi i usłucha mojego głosu. Kamienie wypadną z bezsilnych dłoni przerażonych ludzi. Tłum, oszołomiony moją wymowną odwagą, wycofa się ze wstydem i spuszczonymi oczami. Nawet teraz, kiedy wspominam tę chwilę, czasem ulegam pragnieniu, by mój głos i spojrzenie zmieniły ich serca i by ten krąg nienawiści, upokorzony i zhańbiony, rozstąpił się i rozproszył. Tymczasem tłum wahał się tylko przez chwilę, a potem rzucił się na nas z wyjącą, syczącą, wrzeszczącą, wrzącą wściekłością, a my musieliśmy walczyć o życie.

Jak na ironię, sama liczebność tłumu działała na naszą korzyść. Byliśmy uwięzieni w nieporęcznej przestrzeni w kształcie litery L, utworzonej przez wbite w siebie pojazdy. Tłum nas otaczał, nie było ucieczki. Ale parcie tej ciżby utrudniało ruchy napastnikom. Spadało na nas mniej ciosów, niż gdyby zaatakowało nas mniej osób; prawdę mówiąc, ciosy rozwścieczonych napastników często trafiały w sąsiadów.

I być może ta furia naprawdę zaczęła słabnąć, pojawił się opór przed zabiciem nas, pomimo dojmującego pragnienia, żeby zrobić nam krzywdę. Znałem ten opór. Widywałem go wiele razy w wielu krajach pełnych ludzi agresywnych. Nie potrafię go do końca wyjaśnić. Jest to coś w rodzaju kolektywnego sumienia w grupowym umyśle tłumu; właściwy apel, wygłoszony w odpowiednim momencie, może odwrócić morderczą nienawiść od niedoszłej ofiary. To tak, jakby tłum w pewnym krytycznym momencie pragnął natrafić na opór, pragnął, żeby ktoś zapobiegł najgorszemu. I w tym jednym momencie zwątpienia jeden głos lub jedna pięść uniesiona przeciwko skoncentrowanemu złu wystarczy, żeby rozładować sytuację. Widywałem to w więzieniu, gdzie więźniowie zamierzający zgwałcić innego więźnia dawali się powstrzymać jednemu głosowi, który budził ich wstyd. Widywałem to na wojnie, gdzie jeden silny głos potrafi osłabić i nadwątlić okrucieństwo w stosunku do jeńca. I być może widziałem to także tamtego dnia, gdy wraz z Nigeryjczykiem walczyłem przeciwko tłumowi. Być może osobliwość tej sytuacji – biały mężczyzna, *gora*, błagający w hindi o życie dwóch czarnych – zapobiegła linczowi.

Samochód za naszymi plecami nagle warknął. Masywny kierowca zdołał włączyć silnik. Zaczął ostrożnie wycofywać się z miejsca wypadku. Pasażer i ja cofaliśmy się wraz z samochodem, z dala od tłumu. Odpychaliśmy ciała, uwalnialiśmy nasze ubrania z zaciśniętych dłoni. Kierowca przechylił się i otworzył drzwi od strony pasażera; wtedy obaj skoczyliśmy do środka. Napór tłumu zatrzasnął drzwi. Dwadzieścia, pięćdziesiąt rąk łomotało, biło, dobijało się do okien. Kierowca wycofywał się w ślimaczym tempie. O karoserię zabębnił grad pocisków – szklanek, opakowań po jedzeniu, tuziny butów. I nagle byliśmy wolni, pędziliśmy zatłoczoną szosą, oglądając się z trwogą, czy nikt nas nie ściga.

– Hasan Obikwa – powiedział pasażer, podając mi rękę.

– Lin Ford – odpowiedziałem, ściskając ją i po raz pierwszy dostrzegając, ile złota miał na sobie. Każdy jego palec zdobił pierścień. Niektóre były otoczone rzędem niebieskobiałych, migotliwych brylantów. Na nadgarstku miał także luźno zapięty, wysadzany brylantami złoty rolex.

– To Rahim – powiedział pasażer, wskazując głową kierowcę. Olbrzym za kierownicą obejrzał się przez ramię z szerokim uśmiechem. Przewrócił oczami z wdzięcznością ocalonego i znowu odwrócił się w stronę drogi.– Zawdzięczam panu życie – powiedział Hasan Obikwa z niewesołym uśmiechem. – Rahim też. Chcieli nas zabić, to pewne.

– Mieliśmy szczęście – odparłem. Spojrzałem w tę okrągłą, zdrową, przystojną twarz i poczułem, że go lubię.

Jego oczy i wargi jakoś nie pasowały do tej twarzy. Oczy były niezwykle szeroko rozstawione i wielkie, co nadawało mu trochę gadzi wygląd, a wspaniałe wargi były tak pełne i bujne, jakby przeznaczono je dla o wiele większej głowy. Zęby miał białe i równe z przodu, ale te po bokach miały złote koronki. Rokokowe wydęcie jego nozdrzy sprawiło, że wyglądał, jakby nieustannie upajał się jakimś zapachem. W lewym uchu miał gruby złoty kolczyk, wyróżniający się na tle krótkich czarnych włosów i granatowoczarnej skóry jego masywnej szyi.

Zerknąłem na jego podartą, zakrwawioną koszulę, na rany i siniaki, nabrzmiewające na jego twarzy i każdym centymetrze odsłoniętego ciała. Kiedy znowu spojrzałem mu w oczy, lśniły ożywieniem i humorem. Atak tłumu nie wstrząsnął nim zanadto, tak jak i mną. Obaj widzieliśmy już gorsze rzeczy, bywaliśmy w gorszych sytuacjach i natychmiast to u siebie rozpoznaliśmy. Prawdę mówiąc, po tamtym pierwszym dniu żaden z nas nie wspomniał więcej o tym incydencie. Spojrzałem w jego migoczące oczy i poczułem, że zaczynam się uśmiechać.

– Mieliśmy cholerne szczęście!

– Jak skurwysyn! Pewnie, że tak – zgodził się, wybuchnął śmiechem i zdjął z nadgarstka roleksa. Przysunął go do ucha, sprawdzając, czy jeszcze tyka. Zadowolony, zatrzasnął bransoletę na przegubie i poświęcił mi całą uwagę. – Ale dług pozostaje długiem, a to ważny dług, nawet jeśli mieliśmy wielkie szczęście. Takie długi... to najważniejsze ze zobowiązań. Musi się pan zgodzić na rewanż.

– To będzie kosztować – oznajmiłem. Kierowca zerknął w lusterko wsteczne i wymienił z Hasanem spojrzenie.

– Ale... tego długu nie sposób spłacić pieniędzmi – powiedział Hasan.

– Mówię o tym człowieku z wózkiem, tym, którego potrąciliście. I o zniszczonej taksówce. Jeśli da mi pan pieniądze, dopilnuję, żeby dotarły we właściwe ręce. Trzeba będzie dużo zachodu, żeby uspokoić sytuację na Regal Circle. To mój teren – muszę tam codziennie pracować, a ludzie jeszcze przez jakiś czas będą wkurzeni. Zróbcie to, a będziemy kwita.

Hasan roześmiał się i klepnął mnie w kolano. To był dobry śmiech – szczery, choć wredny, spontaniczny, lecz przebiegły.

– Proszę się nie martwić – oznajmił z szerokim uśmiechem. – To nie jest mój teren, rzeczywiście, ale nawet tam mam pewne wpływy. Dopilnuję, żeby ranny otrzymał dostateczną zapłatę.

– I ten drugi – dodałem.

– Drugi?

– Tak, drugi.

– Drugi... kto? – spytał, zbity z tropu.

– Taksówkarz!

– Tak, tak, również taksówkarz.

Zapadło długie milczenie, dzwoniące pytaniami i niepewnością. Wyglądałem przez okno samochodu, ale czułem na sobie jego pytające spojrzenie. Znowu się do niego odwróciłem.

– Bo... lubię taksówkarzy – powiedziałem.

– Tak...

– I... znam wielu.

– Tak...

– A tamta rozbita taksówka... to wielka strata dla kierowcy i jego rodziny.

– Oczywiście.

– Więc kiedy?

– Co kiedy?

– Kiedy zbierze pan pieniądze dla wózkarza i taksówkarza?

– Oh. – Hasan Obikwa uśmiechnął się i znowu spojrzał w lusterko wsteczne, wymieniając spojrzenie z Rahimem. Olbrzym wzruszył ramionami i uśmiechnął się do lusterka. – Jutro. Czy to wystarczy?

– Tak. – Zmarszczyłem brwi. Nie rozumiałem, o co chodzi z tymi uśmiechami. – Pytam, bo chcę z nimi o tym porozmawiać. To nie jest kwestia pieniędzy. Sam mógłbym je zebrać. I tak zamierzam to zrobić. Muszę tam naprawić mnóstwo kontaktów. Niektórzy to byli moi... znajomi. Dlatego to takie... ważne. Jeśli nie zamierza pan tego zrobić, muszę o tym wiedzieć, żebym sam mógł się tym zająć. To tyle.

Wszystko to zrobiło się bardzo skomplikowane. Żałowałem, że w ogóle wspomniałem o sprawie. I zaczął mnie złościć, choć tak naprawdę nie rozumiałem dlaczego. Potem Hasan podał mi dłoń.

– Daję panu moje słowo – powiedział poważnie i wymieniliśmy uścisk ręki.

Znowu zapadło milczenie, a po paru chwilach dotknąłem ramienia kierowcy.

– Tutaj wystarczy – oznajmiłem, może trochę zbyt opryskliwie. – Wysiadam.

Samochód zatrzymał się przy krawężniku, parę przecznic od slumsów. Otworzyłem drzwi, ale Hasan chwycił mnie za przegub. Miał bardzo silny uścisk. Przez chwilę się zastanawiałem, jakim chwytem musi dysponować ten olbrzym, Rahim.

– Proszę zapamiętać, jak się nazywam – Hasan Obikwa. Znajdzie mnie pan w afrykańskim getcie, w Andheri. Wszyscy mnie tam znają. Jeśli będę mógł coś dla pana zrobić, proszę mi powiedzieć. Chcę spłacić mój dług, Linie Ford. Oto mój telefon. Może pan do mnie dzwonić o każdej porze dnia i nocy.

Przyjąłem wizytówkę – było na niej tylko jego nazwisko i telefon – i uścisnąłem mu dłoń. Skinąłem głową Rahimowi i wysiadłem.

– Dziękuję, Lin – zawołał Hasan przez otwarte okno. – *Inszallah,* wkrótce znowu się spotkamy.

Samochód odjechał, a ja skręciłem w stronę slumsów i długo wpatrywałem się w złote literki wizytówki, zanim schowałem ją do kieszeni. Parę minut później minąłem World Trade Centre i znalazłem się na terenie slumsów i przypominałem sobie, jak zawsze, moje pierwsze wejście na te błogosławione i udręczone tereny.

Kiedy mijałem herbaciarnię Kumara, wyszedł z niej Prabaker. Był ubrany w koszulę z żółtego jedwabiu, czarne spodnie i lakierki z czerwono-czarnej skóry, na wysokich platformach. Szyję obwiązał szkarłatnym jedwabnym szalikiem.

– O, Lin! – zawołał, kuśtykając przez wyboje w tych swoich butach. Chwycił mnie w objęcia, zarówno po to, by złapać równowagę, jak i w ramach przyjacielskiego powitania. – Jest ktoś, osobistość znana ci, on jest czekającym na ciebie w domu. Ale jedną minutę proszę, co spotkało twoją twarz? I koszulę? Czy byłeś bijącym się z jakąś złą osobistością? *Arrey!* Jakaś osobistość dała ci dobrze po ryjku, jeśli mnie zapytasz. Pójdę z tobą i powiem tej osobistości, że jest *bahindchudh*.

– Nic się nie stało, Prabu, wszystko w porządku – wymamrotałem, sadząc wielkimi krokami w stronę chaty. – Wiesz, kto to jest?

– Kto to jest? To znaczy kto to jest ten uderzający osobnik?

– Nie, nie, oczywiście, że nie. Ten, co czeka w mojej chacie. Znasz go?

– Tak, Lin – zapewnił, potykając się u mojego boku, wczepiony w mój rękaw.

Szliśmy przez parę sekund w milczeniu. Z obu stron ścieżki witali nas ludzie, zapraszali na czaj, posiłek lub papierosa.

– No więc? – spytałem po chwili.

– Więc? Co więc?

– No więc kto to jest? Kto jest w mojej chacie?

– O! – Roześmiał się. – Przepraszam. Myślałem, że lubisz niespodziewanki, więc nie mówię.

– To żadna niespodzianka, Prabu, przecież już mi powiedziałeś, że ktoś na mnie czeka.

– Nie, nie! – uparł się. – Nie spodziewasz się jego imienia, więc będzie niespodziewanka. I to dobra rzecz. Gdybym ci nie powiedział, że tam jest ktoś, wtedy wszedłbyś do chaty i dostał wstrząsów. A to zła rzecz. Wstrząsy to niespodziewanka, kiedy nie jesteś gotowy.

– Dziękuję, Prabu – powiedziałem, a mój sarkazm ulotnił się w chwili, kiedy wypowiedziałem te słowa.

Nie musiał się martwić o mój wstrząs, bo im bliżej byliśmy chaty, tym częściej informowano mnie, że czeka na mnie cudzoziemiec. Witaj, Linbaba! W twoim domu jest *gora*, czeka na ciebie!

Dotarliśmy na miejsce, gdzie ujrzałem Didiera, siedzącego w cieniu wejścia na stołeczku i wachlującego się gazetą.

– To Didier – powiadomił mnie Prabaker z radosnym uśmiechem.

– Tak. Dziękuję, Prabu. – Odwróciłem się do Didiera, który wstał na moje powitanie. – Co za niespodzianka. Cieszę się, że cię widzę.

– I ja się cieszę, mój drogi przyjacielu – powiedział Didier, uśmiechnięty pomimo niemiłosiernego żaru. – Ale muszę powiedzieć uczciwie, że niewyjściowo wyglądasz, jak by powiedziała Lettie.

– To nic takiego. Nieporozumienie i tyle. Daj mi chwilę, to się obmyję.

Zdjąłem podartą, zakrwawioną koszulę i wykorzystałem jedną trzecią czystej wody z glinianej miski. Stojąc na płaskiej stercie kamieni koło mojej chaty, obmyłem twarz, ręce i pierś. Sąsiedzi mijali mnie i uśmiechali się, napotykając moje spojrzenie. Takie mycie wymagało kunsztu, by nie zmarnować ani kropli wody i nie narobić nadmiernego bałaganu. Opanowałem już tę sztukę i był to jeden z setek małych sposobów, w jakie usiłowałem naśladować ich życie, powielać ten lotos miłosnej, pełnej nadziei walki z losem.

– Masz ochotę na czaj? – spytałem Didiera, przebrawszy się na progu chaty w czystą białą koszulę. – Możemy iść do Kumara.

– Właśnie wypiłem jeden cały kubek – wtrącił Prabaker, zanim Didier zdążył otworzyć usta. – Ale drugi czaj będzie okay, na cześć przyjaźni, tak powiadam.

W rozchwianej herbaciarni usiadł razem z nami. Aby zrobić miejsce dla tego jednego, dużego pomieszczenia, zburzono pięć chat. Stał tu bar przerobiony ze starej komody, dach był z plastikowych łat, a ławki dla klientów sporządzono z desek, ułożonych na cegłach na słowo honoru. Wszystkie materiały zwędzono z budowy przy slumsach. Kumar, właściciel herbaciarni, prowadził wojnę podjazdową z klientami, którzy nieustannie usiłowali podkradać mu cegły i deski.

Kumar osobiście przyjął nasze zamówienie. Zgodnie z ogólną zasadą życia w slumsach – im lepiej się zarabia, tym nędzniej trzeba wyglądać – Kumar był bardziej zaniedbany i obdarty niż najbiedniejszy z jego gości. Przydźwigał nam poplamioną drewnianą skrzynkę, która miała nam posłużyć za stół. Przyjrzał się jej podejrzliwie i trzepnął w nią brudną ścierą, którą zatknął za przepaskę na biodrach.

– Didier, wyglądasz strasznie – zauważyłem, kiedy Kumar poszedł przygotować naszą herbatę. – To musi być miłość.

Didier wyszczerzył zęby, potrząsnął kędzierzawą czupryną i podniósł obie ręce.

– Jestem bardzo zmęczony, to prawda – powiedział, wzruszając ramionami z wyrafinowaną żałością. – Ludzie nie rozumieją tego niesamowitego wysiłku, jakiego wymaga zepsucie prostaczka. A im prostszy jest prostaczek, tym większy wysiłek. Nie zdają sobie sprawy, ile trzeba, żeby skłonić do dekadencji kogoś, kto nie ma do niej talentu.

– Możesz kręcić bicz na własną skórę – zaszydziłem.

– Wszystko we właściwym czasie – odparł z zamyślonym uśmiechem. – Ale ty, mój przyjacielu, wyglądasz doskonale. Jesteś jedynie nieco... jak to ująć... oddalony od informacji. I żeby położyć temu kres, przybywa Didier. Mam wszystkie ploteczki i wiadomości z ostatniej chwili. Znasz różnicę między wiadomością z ostatniej chwili i plotką? Wiadomości powiadamiają o tym, co ktoś zrobił. Plotka – ile miał z tego radochy.

Obaj parsknęliśmy śmiechem, a Prabaker zaczął się zaśmiewać tak głośno, że wszyscy w kawiarni na niego spojrzeli.

– Doskonale – ciągnął Didier. – Od czego zacząć? A tak, Vikram nęka Letitię z pewnym dziwacznym uporem. Zaczęła od nienawiści do niego...

– Nienawiść to chyba zbyt mocne słowo – wtrąciłem.

– No tak, być może masz rację. Jeśli mnie nienawidzi, a jest absolutnie pewne, że tak, ta kochana, słodka angielska róża, to jej uczucia do Vikrama są z pewnością mniej intensywne. Zgodzisz się na „odrazę"?

– Odraza chyba pasuje.

– *Et bien*, zaczęła od odrazy, lecz dzięki uporowi swoich wiernych romantycznych uczuć zdołał obudzić w niej coś, co mogę opisać jedynie jako przyjazną niechęć.

Znowu się roześmieliśmy, a Prabaker klepnął się po udzie, rycząc tak wesoło, że wszystkie głowy odwróciły się w jego stronę. Didier i ja zmierzyliśmy go pytającymi spojrzeniami. Odpowiedział łobuzerskim uśmiechem, ale zauważyłem, że jego oczy szybko uciekły w lewo. Poszedłem za jego spojrzeniem i dostrzegłem jego nową ukochaną, Parwati, przygotowującą jedzenie w kuchni Kumara. Jej gruby czarny warkocz był liną, po której mężczyzna mógłby wspiąć się do raju. Jej drobna figura – była maleńka, niższa nawet od Prabakera – stanowiła idealny kształt pożądania. Jej oczy, kiedy odwróciła się profilem, by na nas zerknąć, były jak czarny ogień.

Ale zza ramienia Parwati przyglądała się nam jej matka, Nandita. Była to kobieta potężna, trzy razy szersza i cięższa od swoich kruchych córek, Parwati i Sity. Patrzyła na nas groźnie z miną, w której udało się jej połączyć chciwość naszych pieniędzy z pogardą do męskiej płci. Uśmiechnąłem się do niej i zakołysałem głową. Jej uśmiech był wyjątkowo podobny do straszliwego grymasu, którym maoryscy wojownicy przerażają swoich wrogów.

– W ostatnim odcinku – ciągnął Didier – kochany Vikram wynajął konia ze stajni na plaży Chowpatty i pojechał do mieszkania Letitii na Marina Drive, by tam zaśpiewać jej pod oknem serenadę.

– Podziałało?

– Niestety *non*. Koń zostawił spore *merde* na frontowej ścieżce – bez wątpienia podczas najbardziej poruszającej części pieśni – i wielu innych mieszkańców domu wyraziło swoje oburzenie, obrzucając biednego Vikrama gnijącym jedzeniem. Zauważono, że Letitia posłała więcej obelżywych pocisków i znacznie celniej niż większość sąsiadów.

– *C'est l'amour* – westchnąłem.

– Dokładnie – *merde* i zepsute jedzenie, *c'est l'amour* – zgodził się szybko Didier. – Naprawdę sądzę, że jeśli ten romans ma dojść do skutku, muszę się wmieszać. Ten biedny Vikram zgłupiał z miłości, a Lettie nade wszystko nienawidzi idiotów. Ale ostatnio Maurizio ma lepszą passę. Wdał się w jakieś interesy z kochasiem Ulli, Modeną, i obrósł w piórka, jak by powiedziała nasza kochana Lettie. Teraz zrobił się z niego ważny diler w Kolabie.

Z wysiłkiem zachowałem niewzruszoną minę, choć zazdrość kąsała mnie na myśl o przystojnym, a w dodatku odnoszącym sukcesy Mauriziu. Znowu zaczęło padać; wyjrzałem na ulicę, gdzie ludzie biegli, zakasując spodnie i sari, by nie zamoczyć ich w licznych kałużach.

– Zaledwie wczoraj – ciągnął Didier, starannie przelewając herbatę z filiżanki na spodeczek i, wzorem mieszkańców slumsów, popijając wprost z niego – Modena przyjechał do „Leopolda" w samochodzie z szoferem, a Maurizio nosi roleksa za dziesięć tysięcy dolarów. Ale...

– Tak? – zachęciłem, bo zajął się herbatą.

– Cóż, ten fach jest straszliwie ryzykowny. Maurizio nie zawsze bywa... honorowy... w swoich interesach. Jeśli wyprowadzi z równowagi niewłaściwe osoby, skończy się to wielkimi kłopotami.

– A co u ciebie? – spytałem, zmieniając temat, bo nie chciałem, żeby Didier zobaczył, jak wąż brzydkiej radości podnosi we mnie łeb na wieść o kłopotach mogących spotkać Maurizia. – Sam nie flirtujesz z niebezpieczeństwem? Twój nowy... obiekt... nie jest do końca marionetką, a przynajmniej tak słyszałem. Ma wybuchowy charakter, jak twierdzi Lettie, i bardzo krótki lont.

– A, on? – Didier prychnął lekceważąco, krzywiąc wyraziste usta. – Wcale nie. Nie jest niebezpieczny. Choć jest drażniący, a to gorsze od niebezpieczeństwa, *n'est ce pas*? Łatwiej żyć z człowiekiem niebezpiecznym niż drażniącym.

Prabaker poszedł do baru, żeby kupić trzy papierosy. Zapalił je tą samą zapałką, trzymając w jednej ręce i przypalając czubki drugą. Podał Didierowi i mnie i znowu usiadł, paląc z satysfakcją.

– A tak, oto następna wiadomość – Kawita dostała nową pracę w gazecie „Noonday". Jest felietonistką. Rozumiem, że to wielce prestiżowa funkcja i szybka droga do posady zastępcy wydawcy. Zwyciężyła wielu utalentowanych kandydatów i jest bardzo szczęśliwa.

– Lubię ją – poczułem się zobowiązany powiedzieć.

– Wiesz – zauważył Didier, spoglądając na żar na końcu *bidi*, a potem na mnie, ze szczerym zaskoczeniem – ja też.

Znowu parsknęliśmy śmiechem, a ja wyjaśniłem Prabakerowi, o co chodzi. Parwati przyglądała się nam kącikiem żarzącego się oka.

– Słuchaj – powiedziałem, wykorzystując krótką pauzę w rozmowie – czy nazwisko Hasan Obikwa coś ci mówi?

Didier wspomniał o nowym roleksie Maurizia, a to mi przywiodło na myśl Nigeryjczyka. Wyłowiłem z kieszeni koszuli złoto-białą wizytówkę i podałem mu ją.

– Ależ oczywiście! – odparł Didier. – To sławny borsalino. W afrykańskim getcie nazywają go Porywaczem Ciał.

– Dobry początek – wymamrotałem z krzywym uśmiechem. Prabaker klepnął się po udzie i zgiął się wpół w ataku niemal histerycznego śmiechu. Położyłem mu rękę na ramieniu, żeby go uspokoić.

– Powiadają, że kiedy Hasan Obikwa porywa ciało, to nawet diabeł nie potrafi go odnaleźć. Żadna żywa dusza nigdy więcej go nie zobaczy. *Jamais!* Jak go poznałeś? Skąd masz tę wizytówkę?

– Dzisiaj tak jakby na niego wpadłem – powiedziałem, odbierając mu kartonik i chowając do kieszeni.

– Lepiej uważaj, mój drogi przyjacielu – prychnął Didier, najwyraźniej zraniony, że nie zdradziłem mu szczegółów mojego spotkania z Hasanem. – Ten Obikwa to taki król, czarny król z własnym królestwem. A znasz to stare powiedzonko – król jest złym wrogiem, jeszcze gorszym przyjacielem i fatalnym krewnym.

W tej samej chwili zbliżyła się do nas grupa młodzieńców. Pracowali na budowie i prawie wszyscy mieszkali po legalnej stronie slumsów. Wszyscy w zeszłym roku przewinęli się przez moją małą klinikę; na ogół chodziło o opatrzenie ran, które odnieśli podczas pracy. Na budowie był to dzień wypłaty, a ich roznosił optymizm, który płynie z pełnej kieszeni prosto do młodego, spracowanego serca. Uścisnęli mi kolejno dłoń i zostali z nami na tyle długo, żeby dopilnować, by na naszym stoliku pojawiła się następna ufundowana przez nich porcja czaju i ciastek. Kiedy odeszli, uśmiechałem się równie szeroko jak oni.

– Praca społeczna ci służy – zauważył Didier z krzywym uśmiechem. – Jesteś zdrowy i silny – pod tymi siniakami i ranami, ma się rozumieć. Przypuszczam, że w głębi serca jesteś bardzo złym człowiekiem. Tylko nikczemnik potrafi czerpać taki zysk z dobrych uczynków. Z kolei dobry człowiek byłby po prostu wykończony i wściekły.

– Na pewno masz rację – oznajmiłem, nadal się uśmiechając. – Karla powiedziała, że jeśli chodzi o cudze pomyłki, przeważnie jesteś nieomylny.

– Proszę cię, przyjacielu – zaprotestował. – Bo zawrócisz mi w głowie!

Nagle tuż przed sklepem zagrzmiały bębny. Do nich dołączyły flety i trąbki i zaczęło się dzikie, wrzaskliwe granie. Dobrze znałem tę muzykę i muzyków. Był to jeden z przebojów, którzy muzycy ze slumsów grali przy okazji wszystkich festiwali i świąt.

– A to co? Parada? – spytał Didier, przyglądając się dużej grupie, z wolna przechodzącej koło sklepu.

– To Joseph! – zawołał Prabaker, wskazując w głąb ulicy. – Joseph i Maria! Nadchodzą!

W oddali ujrzeliśmy Josepha i jego żonę w otoczeniu krewnych i przyjaciół. Zbliżali się uroczyście i powoli. Przed nimi biegły rozbrykane dzieci, w tańcu spalające pozbawiony kompleksów, niemal histeryczny entuzjazm. Niektóre przybierały pozy z ulubionych filmowych scen tanecznych i naśladowały kroki gwiazd. Inne skakały jak akrobaci albo wymyślały własne tańce.

Słuchając muzyki, przyglądając się dzieciom i myśląc o Tariku – już za nim tęskniłem – przypomniałem sobie pewien wypadek z więzienia. W tym innym świecie – zostałem przeniesiony do nowej celi i znalazłem w niej malutką myszkę. Zwierzątko wchodziło przez pęknięcie w kanale wentylacyjnym i co wieczór zakradało się do mnie. Cierpliwość i obsesyjne skupienie to klejnoty, które wykopujemy w tunelach więziennej samotności. Z ich pomocą – i kawałeczków jedzenia – przez parę tygodni wkupywałem się w łaski myszy i w końcu nauczyłem ją jeść mi z ręki. Kiedy podczas rutynowej rotacji znowu mnie przeniesiono, powiedziałem nowemu lokatorowi, którego dobrze znałem, o mojej tresowanej myszy. Następnego ranka zaprosił mnie na pokaz. Schwytał ufne stworzonko i ukrzyżował je, łebkiem w dół, na krzyżu zrobionym ze złamanej linijki. Śmiejąc się, opowiadał, jak mysz walczyła, kiedy przywiązywał ją bawełnianą nitką za szyję do krzyża. Dziwił się, że tak długo musiał wbijać pinezki w jej szamoczące się łapki.

Czy nasze postępki mają jakiekolwiek usprawiedliwienie? To pytanie odbierało mi sen przez długie noce po ujrzeniu umęczonej myszki. Kiedy działamy, choćby z najlepszych pobudek, kiedy zakłócamy bieg świata, zawsze może się zdarzyć, że spowodujemy nową katastrofę, która by się nie wydarzyła, gdybyśmy się nie wtrącili. Czasami najgorsze zło, powiedziała kiedyś Karla, dzieje się z powodu ludzi, którzy chcą coś zmienić.

Patrzyłem na te dzieci ze slumsów, tańczące jak filmowy balet i dokazujące niczym świątynne małpy. Niektóre uczyłem mówić, czytać i pisać po angielsku. Już teraz, dzięki tym strzępom wiedzy, które podchwyciły przez parę miesięcy, zaczęły zarabiać u zagranicznych turystów. Czy te dzieci były jak myszy, które jedzą mi z ręki? Czy ich ufną niewinność wykorzysta los, który by ich nie spotkał – nie mógłby spotkać – gdybym nie wtrącił się w ich życie? Jakie rany i cierpienia czekały na Tarika tylko dlatego, że zaprzyjaźniłem się z nim i go uczyłem?

– Joseph bije żonę – wyjaśnił Prabaker, kiedy para się zbliżyła. – Teraz lud wielce świętuje.

– Jeśli robią taką paradę, kiedy facet bije żonę, to jak muszą imprezować, kiedy ją zabije – mruknął Didier, unosząc brwi.

– Był pijany i strasznie ją bił – wyjaśniłem, przekrzykując hałas. – Ukarała go jej rodzina i cała społeczność.

– Sama moja osobistość dała mu kilka dobrych łomotów kijem! – dodał Prabaker z twarzą rozświetloną radosnym podnieceniem.

– Przez parę miesięcy ciężko pracował, nie upijał się i wykonywał wiele prac społecznych – ciągnąłem. – To była część jego kary i metoda odzyskania poważania u sąsiadów. Żona przebaczyła mu parę miesięcy temu. Razem pracowali i oszczędzali. Teraz mają już dość pieniędzy i wyjeżdżają na wakacje.

– Hm, istnieją gorsze okazje do świętowania – uznał Didier i pozwolił sobie na parę podrygów w rytm łomoczących bębnów i fletów zaklinaczy węży. – A, prawie zapomniałem. Istnieje przesąd, sławny przesąd związany z tym Hasanem Obikwą. Powinieneś o tym wiedzieć.

– Nie jestem przesądny – przekrzyczałem łomoty i zawodzenie.

– Nie bądź śmieszny! – zganił mnie. – Każdy na świecie jest przesądny.

– To tekst Karli – warknąłem.

Zmarszczył brwi i wydął usta, usiłując sobie przypomnieć.

– Naprawdę?

– Zdecydowanie. To tekst Karli.

– Niewiarygodne – mruknął. – A myślałem, że mój. Jesteś pewien?

– Jestem pewien.

– Nieważne. Ten związany z nim przesąd głosi, że każdy, kto spotka Hasana Obikwę i poda mu swoje nazwisko, pewnego dnia będzie jego klientem – jako żywy lub zmarły. Aby uniknąć tego losu, nie zdradzaj mu swojego nazwiska, kiedy spotkasz go po raz pierwszy. Nikt tego nie robi. Chyba nie popełniłeś tego błędu?

W otaczającym nas tłumie zerwał się ryk. Joseph i Maria byli blisko. Kiedy się zbliżyli, ujrzałem jej promienny, pełen nadziei i odwagi uśmiech i jego minę pełną wstydu i determinacji. Maria była piękna, z gęstymi włosami obciętymi na krótko i ufryzowanymi, by pasowały do sukienki o nowoczesnym kroju. Joseph schudł, wyglądał zdrowo, krzepko i przystojnie. Miał na sobie niebieską koszulę i nowe spodnie. Małżonkowie szli mocno przytuleni do siebie, trzymając się za obie ręce. Rodzina podążała za nimi z rozpostartym niebieskim szalem, w który rzucano banknoty i monety.

Prabaker nie potrafił się oprzeć pokusie. Zeskoczył z ławy i dołączył do gęstego tłumu podskakujących, wijących się ciał, który poprzedzał Josepha i Marię. Potykając się i chwiejąc na swoich butach o wysokich platformach, przebił się w sam środek tłumu tancerzy. Ręce rozłożył dla zachowania równowagi – tak jakby przechodził w bród przez rzekę po kamieniach. Jego żółta koszula lśniła jak słońce, kiedy wirował, skakał i śmiał się w tańcu. Także Didier dał się zagarnąć tej lawinie radości, która sunęła długą alejką w stronę ulicy. Przyglądałem się, jak sunie i kołysze się z wdziękiem, coraz dalej i dalej, aż w końcu widziałem już tylko jego ręce nad ciemnymi, kędzierzawymi włosami.

Dziewczęta sypały płatki chryzantem. W powietrzu wybuchały olśniewające białe chmury i osiadały na naszych głowach. Zanim Joseph i Maria mnie minęli, Joseph odwrócił się i spojrzał mi prosto w oczy. Minę miał pośrednią między uśmiechem i grymasem. Oczy mu płonęły, lśniły pod zmarszczonymi brwiami, usta rozciągał uśmiech szczęścia. Dwa razy kiwnął głową i odwrócił wzrok.

Oczywiście nie mógł tego wiedzieć, ale tym zwyczajnym kiwnięciem głowy odpowiedział na pytanie, które we mnie utknęło jak tępy ból zwątpienia od czasu więzienia. Joseph był ocalony. To spojrzenie odczytałem w jego oczach. To była gorączka ocalonego. To spojrzenie, ten pochmurny uśmiech łączyły w sobie hańbę i radość, ponieważ oba te uczucia są bardzo ważne – hańba nadaje radości cel, a radość daje hańbie nagrodę. Ocaliliśmy go, w równym stopniu biorąc udział w radości, jak dając świadectwo hańbie. A wszystko zależało od naszego działania, naszej ingerencji w jego życie, ponieważ nikogo nie można ocalić bez miłości.

Co lepiej charakteryzuje gatunek ludzki, spytała mnie kiedyś Karla, okrucieństwo czy zdolność odczuwania za nie wstydu? Wtedy to pytanie wydało mi się dojmująco inteligentne, ale teraz jestem samotniejszy i mądrzejszy i wiem, że ludzkiego gatunku nie charakteryzuje ani okrucieństwo, ani wstyd. To przebaczenie czyni nas tym, czym jesteśmy. Bez przebaczenia nasz gatunek doprowadziłby się do zagłady podczas niekończących się aktów zemsty. Bez przebaczenia nie byłoby historii. Bez przebaczenia nie byłoby sztuki, bo każde jej dzieło jest w jakiś sposób dziełem wybaczenia. Bez tego marzenia nie byłoby miłości, bo każdy akt miłości jest w pewien sposób obietnicą wybaczenia. Żyjemy, bo możemy kochać, a kochamy, bo potrafimy wybaczać.

Bębny sunęły ku dalekiej ulicy. Tancerze oddalali się, podskakując i kołysząc rytmicznie, a ich rozchwiane głowy były jak łan gnących się na wietrze dzikich kwiatów. Kiedy muzyka stała się już tylko echem w naszych głowach, sunące mozolnie dzień po dniu i minuta po minucie życie slumsów z wolna wróciło na uliczki. Oddaliśmy się codziennym zajęciom, potrzebom, nieszkodliwym, pełnym nadziei intrygom. I przez jedną malutką chwilę nasz świat stał się lepszy, bo serca i uśmiechy, które nim kierowały, były niemal tak czyste i obmyte jak płatki kwiatów sypiące się z naszych włosów i przywierające do twarzy jak nieruchome białe łzy.

ROZDZIAŁ 18

Kamienisty sierp wybrzeża, biegnący na granicy slumsów aż do Nariman Point, zaczynał się na namorzynowych trzęsawiskach i sunął przez głębsze wody wokół fal cienkich jak księżyc w nowiu i zwieńczonych białymi grzywami. Pora monsunowa osiągnęła zenit, ale w tej chwili szaroczarny ocean przecinanego błyskawicami nieba nie ronił żadnych kropel. Ptaki brodzące lądowały na płytkich trzęsawiskach i sadowiły się wśród smukłych, drżących trzcin. Z rybackich łodzi rzucano sieci na wzburzone fale zatoki. Dzieci pływały i bawiły się na kamienistej plaży. Na złocistym półksiężycu po drugiej stronie małej zatoki stały szeregi apartamentowców bogaczy, aż do dzielnicy ambasad w Point. Na wielkich dziedzińcach i terenach rekreacyjnych bogacze przechadzali się i zażywali świeżego powietrza. Widziane z dalekich slumsów białe koszule mężczyzn i kolorowe sari kobiet były jak liczne paciorki nawleczone na czarne różańce asfaltowych ścieżek. Tam, na tym kamienistym obrzeżu slumsów, powietrze było czyste i chłodne. Panowała tam cisza tak głęboka, że pochłaniała przypadkowe odgłosy. Ten teren znano jako Kolaba Back Bay. Niewiele było w mieście miejsc lepiej nadających się do duchowych i materialnych rozrachunków, którym człowiek oddaje się, kiedy los śle mu złe znaki.

Siedziałem samotnie na kamieniu większym i bardziej płaskim od innych i paliłem papierosa. W tamtych czasach paliłem, ponieważ jak u wszystkich palaczy świata moje pragnienie śmierci było co najmniej równie silne jak pragnienie życia.

Słońce niespodziewanie przedarło się przez nasiąknięte deszczem monsunowe chmury i przez kilka chwil okna apartamentowców zmieniły się w oślepiające, płonące zwierciadła złotego słońca. Potem na całym horyzoncie chmury zmieniły położenie i z wolna zalały lśniący krąg nieba, tłocząc się bok w bok, aż niebo zaczęło przypominać wzburzone morze pełne ciemnych, wodnistych bałwanów chmur.

Odpalałem jednego papierosa od drugiego i rozmyślałem o miłości i seksie. Pod presją Didiera, który pozwalał swoim przyjaciołom na zachowanie wszystkich tajemnic z wyjątkiem tych dotyczących ciała, przyznałem, że od czasu przybycia do Indii z nikim się nie kochałem. To bardzo długa przerwa w piciu, mój przyjacielu, powiedział z przerażonym westchnieniem, i radziłbym, żebyś się zalał w trupa, jeśli rozumiesz, co mam na myśli – i to szybko. Oczywiście miał rację; im dłużej się bez tego obywałem, tym ważniejsze się wydawało. W slumsach otaczały mnie piękne dziewczęta i kobiety, prowokujące na wszelkie sposoby. Nigdy nie pozwalałem, by mój wzrok czy myśli zbyt długo ku nim podążały – jako miejscowy lekarz straciłbym wtedy wszystko. Ale z innymi dziewczętami, cudzoziemkami, często nadarzała mi się okazja, podczas każdej transakcji, jaką dla nich zawierałem, codziennie. Niemki, Francuzki i Włoszki często zapraszały mnie w hotelach do swoich pokoi na dymka, kiedy umożliwiłem im kupno haszyszu czy trawy. Wiedziałem, że przeważnie chodzi im o coś więcej niż wspólne palenie. I to była pokusa. Czasami aż bolesna. Ale nie potrafiłem wyrzucić z głowy Karli. I gdzieś głęboko – nadal nie wiem, czy to uczucie rodzi się z miłości, strachu czy też właściwego osądu sytuacji – czułem z całym przekonaniem, że jeśli na nią nie zaczekam, nic się nie wydarzy.

Nie potrafiłem wyjaśnić tej miłości Karli ani nikomu innemu, włącznie ze sobą samym. Nigdy nie wierzyłem w miłość od pierwszego wejrzenia – dopóki mnie nie spotkała. A potem, kiedy już była, czułem się tak, jakby zmienił się każdy atom mojego ciała, jakbym był naładowany światłem i ciepłem. Zmieniłem się na zawsze od samego spojrzenia na Karlę. I od tej chwili miłość, która otworzyła mi serce, miała mi towarzyszyć do końca życia. Słyszałem jej głos w każdym słodkim szepcie wiatru. Codziennie, każdego dnia, widziałem jej twarz w olśniewających płomieniach wspomnień. Czasami, kiedy o niej myślałem, głód jej dotyku, pocałunków, cynamonowego zapachu tafli jej czarnych włosów wbijał mi szpony w pierś i wyduszał powietrze z płuc. Nad miastem, nad moją głową, zbierały się chmury brzemienne monsunowym deszczem, a mnie się wydawało, że to szare niebo jest moją zadumaną miłością. Namorzynowe drzewa dygotały od mojego pożądania. A nocami – zbyt często – moje sny burzyły się pożądliwymi marzeniami aż po świt, kiedy słońce obwieszczało moją miłość do niej.

Ale ona powiedziała, że mnie nie kocha i nie chce, żebym ja kochał ją. Didier, usiłując mnie ostrzec, pomóc mi, a może i uratować, powiedział kiedyś, że nic nie zasmuca bardziej i żałośniej niż wielka i niechciana miłość. I oczywiście miał rację – do pewnego stopnia. Ale nie mogłem zrezygnować z tej nadziei na jej miłość, nie mogłem zlekceważyć instynktu, który nakazywał mi czekać i czekać.

Była też ta druga miłość, ojcowska i synowska, którą czułem do Kadirbaja. Pan Abd al-Kadir Chan. Jego przyjaciel, Abd al-Ghani, nazwał go fundamentem, na którym bezpiecznie oparło się tysiące istnień. Moje istnienie także znalazło w nim swoje oparcie. A jednak nie potrafiłem do końca zrozumieć, jak los mnie z nim związał – i nie mogłem odejść. Kiedy Al-Ghani mówił o swoim poszukiwaniu wiedzy i odpowiedziach na te trzy wielkie pytania, mimowolnie opisał moją wyprawę za czymś lub za kimś, w kogo mógłbym uwierzyć. Przemierzałem tę samą pylistą, wyboistą drogę ku wierze. Ale za każdym razem, kiedy słyszałem historie o objawieniach, za każdy razem, gdy widziałem jakiegoś nowego guru, kończyło się tak samo: historia była pod pewnym względem nieprzekonująca, a guru miał wady. Każda religia wymagała ode mnie jakiegoś kompromisu. Każdy nauczyciel prosił, bym przymknął oczy na jakieś jego uchybienie. I był też Abd al-Kadir Chan, śmiejący się miodowymi oczami z moich podejrzeń. Czy to on? – zacząłem zadawać sobie pytanie. Czy to on?

– Bardzo pięknie, tak? – spytał Johnny Cygaro, siadając obok mnie i spoglądając na ciemne fale, bijące niecierpliwie o brzeg.

– Tak – odpowiedziałem i dałem mu papierosa.

– Nasze życie chyba się zaczęło w oceanie – powiedział Johnny cicho. – Chyba cztery tysiące milionów lat temu. Chyba koło ciepłych miejsc, na przykład wulkanów pod wodą.

Spojrzałem na niego.

– I przez prawie cały ten długi czas wszystkie stworzenia były wodne, żyły w morzu. A potem, kilkaset milionów lat temu, może wcześniej – to taka mała chwilka w wielkiej historii Ziemi – stworzenia zaczęły żyć także na lądzie.

Zmarszczyłem brwi i uśmiechnąłem się jednocześnie, zaskoczony i zdumiony. Wstrzymałem oddech, by nic nie zakłóciło jego rozmyślań.

– Ale jest tak, jakbyśmy wyszli z morza i po tylu milionach lat w wodzie zabrali ocean ze sobą. Kiedy kobieta robi dziecko, daje mu wodę w swoim ciele, żeby mogło rosnąć. Ta woda w jej ciele jest prawie taka sama jak woda morska. Jest słona, dokładnie tak. Kobieta robi mały ocean w środku swojego ciała. I to nie koniec. Nasza krew i pot są słone, prawie tak samo jak morska woda. Nosimy w sobie oceany, w naszej krwi i pocie. I płaczemy oceanem w naszych łzach.

Zamilkł, a ja wreszcie mogłem dać wyraz swojemu zdumieniu.

– Skąd to wszystko wiesz? – spytałem, może trochę zbyt opryskliwie.

– Przeczytałem w książce – odpowiedział, spoglądając na mnie z nieśmiałą troską w dzielnych, brązowych oczach. – Bo co? To źle? Czy wyraziłem to niedobrze? Mam to w książce, w moim domu. Mam przynieść?

– Nie, nie, masz rację. Masz... absolutną rację.

Teraz to ja zamilkłem. Byłem na siebie wściekły. Pomimo bliskiej znajomości z mieszkańcami slumsów, pomimo moich zobowiązań wobec nich – przygarnęli mnie, pomogli i obdarzyli przyjaźnią z głębi serca – nadal popadałem w pułapki ciemnogrodu. Johnny zaskoczył mnie swoją wiedzą, bo podświadomie założyłem, że mieszkańcy slumsów nie mają do niej prawa. Choć wiedziałem, że tak nie jest, w głębi serca uważałem ich za ignorantów – tylko dlatego, że byli biedni.

– Lin! Lin! – rozległ się przerażony krzyk mojego sąsiada Jeetendry. Odwróciliśmy się; brnął przez kamienie w naszą stronę. – Lin! Moja żona! Moja Radha! Bardzo chora!

– Co się stało? O co chodzi?

– Ma złe rozwolnienie. I bardzo wielką gorączkę. I wymiotuje – wysapał Jeetendra. – Źle wygląda. Bardzo źle.

– Chodźmy. – Stęknąłem, przeskakując z kamienia na kamień, aż dotarłem do wyboistej ścieżki do slumsów.

Radha leżała w chacie na cienkim kocu. Jej ciało kurczyło się z bólu. Włosy miała mokre od potu, podobnie jak różowe sari. W chacie potwornie cuchnęło. Matka Jeetendry, Chandrika, usiłowała myć Radhę, której gorączka odebrała panowanie nad ciałem. Radha zwymiotowała gwałtownie na naszych oczach, a wymioty wydusiły z niej strużkę rzadkich odchodów.

– Kiedy się zaczęło?

– Dwa dni temu – odezwał się Jeetendra z przerażonym grymasem, który wygiął mu usta w podkówkę.

– Dwa dni temu?

– Byłeś gdzieś z turystami, bardzo późno. Potem byłeś u Kasima Alego w jego domu, aż do późna. Potem dzisiaj znowu poszedłeś bardzo wcześnie. Nie było cię. Najpierw myślałem, że to tylko rozwolnienie. Ale ona jest bardzo chora, Linbaba. Trzy razy próbowałem oddać ją do szpitala, ale nie chcą jej przyjąć.

– Ona musi się znaleźć w szpitalu – oznajmiłem sucho. – To coś poważnego, Jeetu.

– Co robić? Linbaba, co robić? – Jęknął. Łzy wypełniły mu oczy i spłynęły na policzki. – Nie przyjmą jej. W szpitalu jest za dużo ludzi. Za dużo ludzi. Dzisiaj czekałem sześć godzin – sześć! Na dworze z innymi chorymi. W końcu zaczęła mnie błagać, żebyśmy wrócili tutaj, do domu. Tak się wstydziła. Więc wróciliśmy przed chwilą. Tylko dlatego zacząłem cię szukać. Bardzo się martwię, Linbaba.

Kazałem mu wylać zapas wody, starannie umyć garnek i przynieść świeżej wody. Powiedziałem Chandrice, żeby gotowała wodę przez dziesięć minut, a potem po ostygnięciu poiła nią Radhę. Jeetendra i Johnny wrócili ze mną do chaty, skąd wziąłem glukozę w tabletkach i mieszankę paracetamolu z kodeiną. Chciałem za ich pomocą złagodzić ból i gorączkę. Jeetendra właśnie wychodził z lekarstwem, kiedy do środka wpadł Prabaker. Jego oczy i uścisk były pełne niepokoju.

– Lin! Lin! Parwati jest chora! Bardzo chora! Proszę chodź za szybko!

Dziewczyna wiła się w spazmach cierpienia, które zaatakowało jej żołądek. Trzymała się za brzuch, skulona w kłębek, by za chwilę znów wygiąć się w łuk w konwulsjach. Miała bardzo wysoką temperaturę. Lśniła od potu. W opustoszałej herbaciarni panował tak silny odór biegunki i wymiocin, że rodzice i siostra dziewczyny zasłaniali usta i nosy. Jej rodzice, Kumar i Nandita Patakowie, usiłowali walczyć z chorobą, ale oboje mieli bezradne, zrezygnowane spojrzenie. Ich bezsilność i strach były tak wielkie, że zapomnieli o skromności i pozwolili zbadać dziewczynę w cieniutkiej bieliźnie, w której widać było jej ramiona i większą część jednej piersi.

Siostra Parwati, Sita, miała strach w oczach. Kuliła się w kącie chaty, a jej ładną buzię wykrzywiał i zniekształcał paniczny lęk. To nie była zwyczajna choroba.

Johnny Cygaro odezwał się do dziewczyny w hindi. Mówił ostro, niemal brutalnie. Ostrzegł, że w jej rękach spoczywa życie siostry, i zganił ją za tchórzostwo. Stopniowo jego głos wyprowadził ją z lasu czarnego lęku. W końcu podniosła głowę i spojrzała mu w oczy, jakby go zobaczyła po raz pierwszy. Otrząsnęła się, a potem podpełzła do siostry, by skrawkiem mokrej szmatki wytrzeć jej usta. W ten sposób, bojowym wezwaniem Johnny'ego Cygara i prostym, pomocnym gestem Sity, rozpoczęła się walka.

Cholera. Do zmroku wiedzieliśmy o dziesięciu poważnych przypadkach, a w dwunastu innych istniało podejrzenie choroby. Do świtu następnego dnia mieliśmy już sześćdziesięcioro poważnie chorych i co najmniej sto osób z objawami choroby. Do południa zmarła pierwsza ofiara. Radha, moja sąsiadka.

Urzędnikiem z wydziału zdrowia Bombajskiej Korporacji Miejskiej był zmęczony, surowy, zbolały mężczyzna pod czterdziestkę, niejaki Sandeep Dyoti. Jego współczujące oczy miały niemal ten sam odcień co ciemna, lśniąca oleiście od potu skóra. Włosy miał rozwichrzone i często odgarniał je do tyłu ręką o długich palcach. Na szyi miał maskę, którą podnosił do ust, wchodząc do chaty lub spotykając się z ofiarą choroby. Po pierwszym obchodzie slumsów stanął z doktorem Hamidem, Kasimem Alim Husajnem, Prabakerem i ze mną koło mojej chaty.

– Zabierzemy te próbki i zbadamy – powiedział, głową wskazując asystenta, który układał próbki krwi, śliny i stolca w metalowej aktówce. – Ale na pewno masz rację, Hamid. Stąd do Kandiwli jest dwanaście innych ognisk cholery. Na ogół są małe. W Thane jest jedno poważne – codziennie ponad sto nowych przypadków. Wszystkie lokalne szpitale są przepełnione. Ale tak naprawdę nie jest źle jak na porę monsunową. Mamy nadzieję, że uda nam się zdusić piętnaście, dwadzieścia ognisk.

Myślałem, że tamci się odezwą, ale tylko poważnie kiwali głowami.

– Musimy przenieść tych ludzi do szpitala – odezwałem się w końcu.

– Proszę posłuchać – odparł, rozglądając się i biorąc głęboki wdech. – Możemy przyjąć paru najciężej chorych. Dopilnuję tego. Ale dla wszystkich nie starczy miejsca. Nie zamierzam pana okłamywać. W dziesięciu pozostałych osadach jest tak samo. Byłem tam i muszę powiedzieć to samo: musicie walczyć tutaj, własnymi siłami. Musicie przez to przejść.

– Czy pan zgłupiał? – warknąłem. Strach szarpnął mnie za żołądek. – Dziś rano straciliśmy moją sąsiadkę Radhę. Tu mieszka trzydzieści tysięcy osób. Przecież to idiotyzm, żebyśmy z tym walczyli sami. To wy jesteście z wydziału zdrowia, na miłość boską!

Sandeep Dyoti przyjrzał się w milczeniu, jak jego asystent zamyka i zabezpiecza kuferki z próbkami. Potem spojrzał na mnie. Jego przekrwione oczy patrzyły gniewnie. Nie spodobał mu się mój obrażony ton, zwłaszcza że byłem cudzoziemcem, a fakt, że jego wydział nie może zrobić więcej dla mieszkańców slumsów, upokorzył go. Gdyby nie było tak oczywiste, że mieszkam i pracuję w slumsach i że ich mieszkańcy lubią mnie i na mnie liczą, pewnie posłałby mnie do diabła. Widziałem te myśli przepływające przez jego zmęczoną, przystojną twarz, a potem ujrzałem cierpliwy, zrezygnowany, prawie czuły uśmiech. Sandeep Dyoti przeczesał ręką niesforne włosy.

– Proszę mnie posłuchać, cudzoziemiec z bogatego kraju naprawdę nie musi mi tłumaczyć, że źle się zajmujemy naszym własnym ludem i ile znaczy ludzkie życie. Wiem, że jest pan zdenerwowany, a Hamid twierdzi, że robi pan tu dobrą robotę, ale ja spotykam się z takimi sytuacjami codziennie, w całym stanie. W Maharasztrze żyje sto milionów osób i wszystkie są dla nas cenne. Robimy, ile możemy.

– Nie wątpię. – Westchnąłem i dotknąłem jego ramienia. – Przepraszam. Nie chciałem tak na pana naskoczyć. Tylko jestem tu... na obcym terenie i chyba się... boję.

– Dlaczego pan stąd nie wyjedzie, skoro pan może?

W tych okolicznościach było to pytanie obcesowe, a nawet prawie niegrzeczne. Nie mogłem odpowiedzieć.

– Nie wiem. Nie wiem. Kocham... kocham to miasto. Dlaczego pan nie wyjedzie?

Patrzył mi w oczy jeszcze przez chwilę, a potem uśmiech złagodził jego twarz.

– Jakiej pomocy możemy się od was spodziewać? – spytał doktor Hamid.

– Niewielkiej, przykro mi to mówić. – Spojrzał w moje przerażone oczy i westchnął zmęczony. – Zorganizuję przeszkolonych wolontariuszy, żeby wam tu pomogli. Chciałbym zrobić więcej. Ale jestem pewien, że sobie poradzicie – pewnie o wiele lepiej, niż wam się teraz wydaje. Już zrobiliście dobry początek. Skąd macie sole?

– Ja je przyniosłem – odpowiedział szybko Hamid, bo sole ORT mieliśmy nielegalnie od trędowatych Kadirbaja.

– Kiedy się dowiedział o cholerze, przyniósł je i nauczył mnie ich używać – dodałem. – Ale to niełatwe. Niektórzy ludzie są zbyt chorzy, by ich organizm je zatrzymał.

ORT, terapia polegająca na doustnym uzupełnianiu płynów, została opracowana przez Jona Rohde'a, naukowca pracującego w Bangladeszu z lekarzami miejscowymi i z UNICEF-u na przełomie lat sześćdziesiątych i siedemdziesiątych. Podawany doustnie roztwór zawierał wodę destylowaną, cukier, sól i inne składniki mineralne w starannie opracowanych proporcjach. Rohde wiedział, że ludzie zarażeni bakterią cholery umierają z powodu odwodnienia. Brzydka prawda wygląda tak, że biegunka i wymioty doprowadzają ich do śmierci. Odkrył, że roztwór wody, soli i cukru utrzymuje chorych przy życiu na tyle długo, by bakteria przeszła przez ich układ trawienny. Trędowaci Randżita na prośbę doktora Hamida dali mi zapas tego roztworu. Nie miałem pojęcia, ile jeszcze możemy się go spodziewać i ile potrzebujemy.

– Możemy zapewnić dostawę soli – powiedział Sandeep Dyoti. – Dostarczymy je jak najszybciej. Miasto goni resztkami sił, ale dopilnuję, żeby zespół ochotników znalazł się tu natychmiast, kiedy go zorganizujemy. To będzie dla nas sprawa priorytetowa. Powodzenia.

W ponurym milczeniu odprowadziliśmy wzrokiem jego i asystenta. Wszyscy się baliśmy.

Kasim Ali Husajn zajął się dowodzeniem. W swoim domu zorganizował kwaterę główną. Zorganizował tam zebranie i dwudziestka mężczyzn i kobiet spotkała się, by opracować jakiś plan. Cholera przenosi się głównie poprzez wodę. Bakteria *Vibrio cholerae* z zakażonej wody lokuje się w jelicie cienkim, powodując gorączkę, biegunkę i wymioty, które prowadzą do odwodnienia i śmierci. Postanowiliśmy oczyścić wodę w slumsach, poczynając od zbiorników, a potem zajmując się garnkami i wiadrami w każdej z siedmiu tysięcy chat. Kasim Ali wyjął zwitek rupii, gruby jak kolano mężczyzny, i dał go Johnny'emu Cygaro wraz ze zleceniem zakupu tabletek dezynfekujących wodę i innych potrzebnych lekarstw.

Ponieważ w całych slumsach zrobiło się wiele kałuży i strumyków z wody deszczowej, one także stanowiły doskonałą wylęgarnię dla bakterii. Postanowiono wykopać wzdłuż największych ścieżek płytkie rowy i wypełnić je środkiem dezynfekcyjnym. Każdy przechodzień miał obowiązek przebrnąć przez sięgający kostek antyseptyczny roztwór. W wyznaczonych miejscach ustawiono plastikowe kubły na śmieci, każda rodzina otrzymała mydło antyseptyczne. W herbaciarniach i restauracjach zorganizowano garkuchnie, by zapewnić bezpieczne, przegotowane jedzenie i wysterylizowane kubki i czarki. Wyznaczono także grupę zbierającą zwłoki i zawożącą je na wózku do szpitala. Moim zadaniem było rozdzielanie roztworu nawadniającego i przygotowywanie w miarę potrzeby nowych zapasów mikstury.

Wszyscy podjęliśmy się ogromnej odpowiedzialności i uciążliwych obowiązków, lecz nikt się nie wahał. To typowe dla ludzkiej natury, że często najlepsze cechy, które w kryzysie ujawniają się szybko, trudno znaleźć w czasach dobrobytu. Wszystkie nasze cnoty nabierają kształtu w walce. Ale moja gorliwość w podejmowaniu się zadań miała jeszcze inną przyczynę, daleką od cnotliwości – przyczynę zrodzoną ze wstydu. Moja sąsiadka Radha była w strasznym stanie przez dwa dni, a ja o tym nie wiedziałem. Ogarnęło mnie uczucie, że moja duma, źrenica mego oka w jakiś sposób przyczyniła się do tej choroby; że w mojej klinice pojawiła się arogancja – moja arogancja – która stała się pożywką i wylęgarnią tej choroby. Wiedziałem, że żadne moje działanie ani zaniedbanie nie doprowadziło do wybuchu epidemii. I wiedziałem, że choroba i tak zaatakowałaby slumsy wcześniej czy później, czy byłbym w nich obecny, czy nie. A jednak nie potrafiłem się pozbyć wrażenia, że przez bezczynność w jakiś sposób stałem się współwinny zbrodni.

Zaledwie tydzień temu wyprawiłem imprezę ze śpiewami i tańcami, bo w mojej małej klinice nikt się nie pojawił. Moja pomoc nie była potrzebna ani jednemu mężczyźnie, kobiecie ani dziecku spośród tysięcy mieszkańców. Kolejki setek pacjentów, które zaczęły się ustawiać przed dziewięcioma miesiącami, w końcu znikły. Tamtego dnia tańczyłem i piłem z Prabakerem, jakbym wyleczył całe slumsy z chorób i bolączek. Teraz, gdy biegłem przez grząskie uliczki do tych dziesiątków chorych, moja radość wydawała się próżna i głupia. I mój wstyd był też zabarwiony poczuciem winy. Przez dwa dni, kiedy moja sąsiadka Radha umierała, ja przypochlebiałem się turystom w pięciogwiazdkowym hotelu. Kiedy ona wiła się z bólu na mokrym klepisku, ja dzwoniłem do obsługi hotelowej po nowe lody i ciastka.

Wróciłem biegiem do kliniki. Była pusta. Prabaker czuwał nad Parwati, Johnny Cygaro zajął się lokalizacją i wywozem trupów. Jeetendra, siedzący z twarzą w dłoniach na ziemi przed naszymi chatami, tonął w lotnych piaskach rozpaczy. Dałem mu zajęcie: kazałem mu zrobić dla mnie kilka dużych zakupów i sprawdzić we wszystkich aptekach w okolicy, czy są w nich sole ORT. Patrzyłem, jak człapie w stronę ulicy. Martwiłem się o niego, martwiłem się o jego małego synka Satisha, który także był chory – i nagle zobaczyłem kobietę zmierzającą w moją stronę. Zanim ją rozpoznałem, moje serce wiedziało już, że to Karla.

Była ubrana w szalwar kamiz – najbardziej twarzowy po sari strój świata – w dwóch odcieniach morskiej zieleni. Długa tunika była ciemniejsza od zebranych w kostkach spodni. Miała także długi, żółty szal, noszony końcami na plecach, na modłę indyjską, tak że ciągnęła za sobą furkoczące strugi koloru. Czarne włosy ściągnęła mocno i spięła na karku. Ta fryzura podkreślała jej wielkie zielone oczy – zielone jak laguny, w których płytka woda obmywa złoty piasek – czarne brwi i idealne usta. Wargi miała jak miękkie pustynne diuny o zachodzie słońca, jak grzywy fal biegnące spiesznie na spotkanie z brzegiem, jak stulone skrzydła zalecających się do siebie ptaków. Szła w moją stronę wyboistą drogą, a jej ruchy przypominały mi szpaler młodych wierzb, w których szumi porywisty wiatr.

– Co ty tu robisz?

– Widać, że bierzesz lekcje dobrego wychowania – wycedziła bardzo amerykańskim tonem. Uniosła jedną brew i uśmiechnęła się sarkastycznie.

– Tu nie jest bezpiecznie – warknąłem.

– Wiem o tym. Didier spotkał jednego z twoich znajomych. Opowiedział mi o wszystkim.

– Więc co tu robisz?

– Przyszłam ci pomóc.

– Pomóc w czym? – warknąłem, ze zmartwienia doprowadzony do ostateczności.

– Pomóc w tym, co tu robisz. Pomóc ludziom. Czy nie to robisz?

– Musisz odejść. Nie możesz zostać. To zbyt niebezpieczne. Ludzie padają jak muchy. Nie wiesz, jak kiepsko wygląda sytuacja.

– Nie odejdę – oznajmiła spokojnie i jej determinacja starła się z moją. Te wielkie zielone oczy lśniły wyzywająco i stała się jeszcze piękniejsza. – Zależy mi na tobie i zostanę z tobą. Co mam robić?

– Głupia jesteś! – Westchnąłem, szarpiąc się za włosy. – Cholernie głupia.

– Słuchaj – powiedziała i zaskoczyła mnie szerokim uśmiechem – wydaje ci się, że tylko ty musisz się zrehabilitować? Mów jak człowiek: co mam robić?

Naprawdę potrzebowałem pomocy, nie tylko do pracy fizycznej przy opiece nad chorymi, ale z powodu wątpliwości, strachu i wstydu, które pulsowały mi w gardle i piersi. Jedną z ironicznych stron odwagi i przyczyną, dla której cenimy ją tak wysoko, jest fakt, że łatwiej jest nam ją okazać, kiedy robimy coś dla innych niż tylko dla siebie. I kochałem ją. Prawda wygląda tak, że choć mówiłem jej, żeby odeszła w bezpieczne miejsce, moje fanatyczne serce sprzymierzyło się ze wzrokiem i błagało ją o pozostanie.

– Jest masa roboty. Ale uważaj! Na pierwszy znak, że... że nie jesteś zdrowa, pojedziesz taksówką do mojego przyjaciela Hamida. To lekarz. Umowa stoi?

Uścisnęła mi rękę długą, smukłą dłonią. Był to mocny, serdeczny uścisk.

– Stoi – powiedziała. – Od czego zaczniemy?

Ruszyliśmy na obchód slumsów, odwiedzając chorych i rozdając paczki roztworu. Ponad sto osób zdradzało objawy cholery, a stan połowy był poważny. Przy paru minutach spędzonych z każdą osobą zadanie zajęło nam dwadzieścia godzin. Pokrzepialiśmy się tylko zupą i słodkim czajem ze sterylnych kubków. Wieczorem następnego dnia usiedliśmy, żeby zjeść pierwszy porządny posiłek. Byliśmy wykończeni, ale głód zmusił nas do mozolnego przeżucia gorących *roti* i jarzyn. Potem, nieco posileni, ruszyliśmy w następny obchód najpoważniej chorych.

Robota była brudna. Słowo „cholera" pochodzi z greckiego określenia biegunki. Biegunka w wyniku cholery ma charakterystyczny straszliwy odór, do którego nie można się przyzwyczaić. Wchodząc do chat, za każdym razem walczyliśmy z odruchem wymiotnym. Czasami przegrywaliśmy. A kiedy się już raz zwymiotowało, impuls stawał się jeszcze silniejszy.

Karla była życzliwa i łagodna, szczególnie w kontaktach z dziećmi; jej pewność siebie udzielała się rodzinom chorych. Zachowywała poczucie humoru pomimo smrodu i ciągłego garbienia się w ciemnych, parnych chatach, i niosła otuchę pomimo choroby i śmierci, pomimo strachu, gdy epidemia zdawała się nabierać rozpędu, że my także zachorujemy i umrzemy. Przez czterdzieści bezsennych godzin uśmiechała się za każdym razem, kiedy zwracałem na nią głodne oczy. Kochałem ją i nawet gdyby była leniwa, tchórzliwa, przerażona czy rozdrażniona, i tak bym ją kochał. Ale była odważna, pełna współczucia i życzliwości. Nie oszczędzała się i była dobrą przyjaciółką. I jakoś w tych godzinach strachu, cierpienia i śmierci znalazłem nowe sposoby i przyczyny, by polubić tę kobietę, którą kochałem z całego serca.

Drugiej nocy o trzeciej nad ranem uparłem się, żeby zasnęła – żebyśmy oboje się przespali, zanim wyczerpanie nas powali. Ruszyliśmy do domu ciemnymi, pustymi uliczkami. Nie było księżyca, a gwiazdy przebijały czarną kopułę nieba oślepiającym blaskiem. W nietypowo przestronnym miejscu, na rozstajach trzech dróżek, zatrzymałem się i podniosłem rękę, by uciszyć Karlę. Usłyszałem cichy szelest, szmer i chrobot tafty lub miętego celofanu. W ciemnościach nie potrafiłem określić, skąd dobiega ten dźwięk, ale wiedziałem, że jego źródło jest blisko i coraz bardziej się zbliża. Sięgnąłem za siebie, by złapać Karlę i przyciągnąć ją do swoich pleców, oglądając się w poszukiwaniu źródła dźwięku. I znalazłem je – szczury.

– Nie ruszaj się! – ostrzegłem ochrypłym szeptem, ze wszystkich sił tuląc ją do swoich pleców. – Ani nie drgnij! Jeśli będziesz nieruchoma, wezmą cię za przedmiot. Jeśli się poruszysz, ugryzą!

Szczury nadchodziły setkami, a potem tysiącami: czarne fale szelestów i pisków, wylewające się z uliczek i opływające nam nogi jak wzburzona rzeka. Były ogromne, większe od kotów, tłuste, oślizłe i włażące na siebie. Sięgały nam do kostek, potem do łydek, kolan, biegły sobie nawzajem po grzbietach, z brutalną siłą zderzały się z moimi nogami. Nikły w ciemnościach za naszymi plecami, w kanałach bogatych apartamentowców, tak jak co noc podczas migracji z pobliskich bazarów. Tysiące. Czarne fale kłapiących szczękami szczurów wydawały się płynąć przez dziesięć minut, choć to niemożliwe. W końcu znikły. Oczyściły uliczki ze śmieci i odpadków. Wokół nas zapadła gęsta cisza.

– Co... to... kurwa... było? – wykrztusiła Karla, łapiąc powietrze.

– To draństwo przechodzi tędy co noc mniej więcej o tej samej porze. Nie przeszkadzają, bo oczyszczają ulice i nie robią nikomu krzywdy, jeśli się jest w chacie albo śpi na ziemi. Ale jeśli staniesz im na drodze i spanikujesz, zaleją cię aż po głowę i oczyszczą tak jak ścieżki.

– Muszę ci to przyznać – powiedziała, a głos miała spokojny, choć w oczach lśnił jej wciąż strach. – Ty to umiesz zapewnić dziewczynie rozrywkę.

Osłabli ze zmęczenia i ulgi, że nie odnieśliśmy poważnych ran, wróciliśmy chwiejnym krokiem do chaty – kliniki, mocno trzymając się za ręce. Rozłożyłem koc na gołej ziemi. Wyciągnęliśmy się na nim, oparłszy głowę na innych kocach. Objąłem Karlę. W płócienną markizę nad nami zabębnił deszczyk. Gdzieś ktoś krzyknął przez sen, a ten pełen napięcia, nieartykułowany dźwięk zaczął przeskakiwać ze snu do snu, aż w końcu zakłócił wycie zgrai zdziczałych psów, grasujących na skraju slumsów. Leżeliśmy w ciemnościach, zbyt wyczerpani, żeby od razu zasnąć i dygoczący od seksualnego napięcia szarpiącego naszymi zmęczonymi ciałami, i wtedy właśnie Karla opowiedziała mi po kolei swoją historię.

Urodziła się w Bazylei i była jedynaczką. Jej matka pochodziła z rodziny szwajcarsko-włoskiej, ojciec był Szwedem. Byli artystami. Ojciec malował, matka była sopranistką koloraturową. Wspomnienia wczesnego dzieciństwa Karli Saaranen stanowiły najszczęśliwszą część jej życia. Młodzi artyści cieszyli się popularnością, a w ich domu zbierali się poeci, muzycy, aktorzy i reszta cyganerii tego kosmopolitycznego miasta. Karla płynnie mówiła czterema językami i wiele godzin z matką poświęciła na naukę ulubionych arii. W studiu ojca przyglądała się, jak czarodziejskim sposobem zapełnia puste płótna wszystkimi kolorami i kształtami swojej pasji.

Potem pewnego dnia Isha Saaranen nie wrócił z wystawy swoich obrazów w Niemczech. Niemal o północy miejscowa policja powiadomiła Annę i Karlę, że jego samochód zjechał z szosy podczas burzy śnieżnej. Kierowca zginął. Rok rozpaczy zniszczył urodę Anny Saaranen i zabił jej cudowny głos, a w końcu zgasił też życie. Anna przedawkowała tabletki nasenne. Karla została sama.

Brat matki mieszkał w San Francisco. Osierocona dziewczynka miała zaledwie dziesięć lat, kiedy ten obcy człowiek stanął obok niej nad grobem matki, a potem zawiózł do swojej rodziny. Mario Pacelli był wielkim, życzliwym niedźwiedziem. Do dziewczynki odnosił się z czułą życzliwością i szczerym szacunkiem. Zaprosił ją do swojej rodziny jako dziecko w niczym nie gorsze od jego własnych. Często jej powtarzał, że ją kocha i że ona także nauczy się go kochać i da mu tę część miłości dla zmarłych rodziców, którą zamknęła w sercu.

Ta miłość nie miała czasu urosnąć. Wuj Mario zginął podczas wypadku w górach, trzy lata po jej przyjeździe do Ameryki. Wdowa po nim, Penelope, przejęła kontrolę nad jej życiem. Ciocia Penny była zazdrosna o urodę dziewczynki i jej wojowniczą, onieśmielającą inteligencję – cechy nierzucające się w oczy u trojga jej dzieci. Im jaśniej lśniła Karla na tle pozostałych dzieci, tym bardziej nie znosiła jej ciotka. Nie istnieje nikczemność bardziej okrutna i zapalczywa, powiedział pewnego razu Didier, od tej, kiedy nienawidzimy kogoś z niewłaściwych powodów. Ciocia Penny odmawiała Karli wszystkiego, nieustannie karała ją, ganiła i upokarzała i zrobiła wszystko z wyjątkiem wyrzucenia jej na ulicę.

Zmuszona do zarabiania na własne potrzeby Karla po szkole pracowała co wieczór w miejscowej knajpce, a w weekendy pilnowała cudzych dzieci. Pewnej letniej nocy jeden z ojców wrócił zbyt wcześnie i sam. Był na imprezie, pił. Lubiła go, był przystojny i czasami o nim marzyła. Kiedy tej rozprażonej letniej nocy stanął obok niej, pochlebiło jej jego zainteresowanie, choć śmierdział winem, a oczy miał nieprzytomne. Dotknął jej ramienia, a ona się uśmiechnęła. Minęło wiele czasu, zanim ten uśmiech powrócił.

Nikt z wyjątkiem jej nie nazwał tego gwałtem. On powiedział, że Karla go sprowokowała, a ciotka stanęła po jego stronie. Piętnastoletnia osierocona dziewczyna opuściła dom ciotki i nigdy więcej się z nią nie skontaktowała. Pojechała do Los Angeles, gdzie znalazła pracę, zamieszkała z inną dziewczyną i zaczęła żyć na własny rachunek. Ale po gwałcie Karla straciła tę część miłości, która rodzi się z ufności. Zostały inne jej składniki – przyjaźń, empatia, seksualność – ale miłość, która wierzy i ufa w stałość drugiego serca, miłość romantyczna – zniknęła.

Karla pracowała, oszczędzała i chodziła do szkoły wieczorowej. Marzyła o studiach – jakichkolwiek, gdziekolwiek – i studiowaniu literatury angielskiej i niemieckiej. Ale jej życie było zbyt połamane, straciła zbyt wielu ukochanych ludzi. Nie skończyła studiów. Nie potrafiła utrzymać żadnej pracy. Dryfowała i zaczęła zdobywać wykształcenie, czytając wszystko, co dawało jej nadzieję lub siłę.

– A potem?

– Potem – powiedziała powoli – pewnego dnia znalazłam się w samolocie do Singapuru, poznałam biznesmena z Indii i moje życie się... po prostu zmieniło, na zawsze.

Wydała drżące westchnienie, nie wiedziałem, czy z rozpaczy, czy tylko zmęczenia.

– Cieszę się, że mi powiedziałaś.

– Co powiedziałam?

Marszczyła brwi, a jej głos zabrzmiał ostro.

– O... swoim życiu.

Odetchnęła.

– Milcz – rzuciła, pozwalając sobie na nieznaczny uśmiech.

– Nie, naprawdę. Cieszę się i jestem wdzięczny, że mi zaufałaś na tyle, żeby... mówić o sobie.

– W dodatku mówiłam dosłownie. Milcz. Nikomu o tym nie wspominaj. Dobrze?

– Dobrze.

Przez parę chwil milczeliśmy. Gdzieś blisko płakało dziecko i słyszałem, jak matka ucisza je gruchającymi sylabami, czułymi, lecz jednocześnie trochę rozdrażnionymi.

– Dlaczego bywasz w „Leopoldzie"?

– O co ci chodzi? – spytała sennie.

– Nie wiem. Po prostu pytam.

Roześmiała się z zamkniętymi ustami, oddychając przez nos. Głowę oparła na moim ramieniu. W ciemnościach jej twarz była kompozycją miękkich obłości, a oczy lśniły jak czarne perły.

– No wiesz, Didier, Modena, Ulla, nawet Lettie i Vikram tam jakoś pasują. A ty nie. Ty tam nie pasujesz.

– Myślę... że oni pasują do mnie, nawet jeśli ja nie pasuję do nich. – Westchnęła.

– Opowiedz mi o Ahmadzie. O Ahmadzie i Christinie.

Milczała tak długo, że myślałem, iż śpi. Potem się odezwała, cichym, równym, monotonnym głosem, jakby zeznawała przed sądem.

– Ahmad był przyjacielem. Moim najlepszym przyjacielem, przez jakiś czas, i jakby bratem. Pochodził z Afganistanu i na wojnie został ranny. Przyjechał do Bombaju, żeby wyzdrowieć – tak jak ja. Jego rany były tak straszne, że nigdy nie odzyskał zdrowia w pełni. W każdym razie tak jakbyśmy się opiekowali sobą nawzajem. Staliśmy się bliskimi przyjaciółmi. On skończył studia naukowe na uniwersytecie w Kabulu i doskonale władał angielskim. Rozmawialiśmy o książkach, filozofii, muzyce, sztuce i jedzeniu. Był cudowny i łagodny.

– I coś mu się przydarzyło – zaryzykowałem.

– Tak – odpowiedziała z cichym śmiechem. – Poznał Christine. To mu się przydarzyło. Pracowała u madame Zhou. Była Włoszką – bardzo smagłą i piękną. Pewnego wieczora, kiedy przyszła z Ullą do „Leopolda", sama mu ją przedstawiłam. Obie pracowały w Pałacu.

– Ulla pracowała w Pałacu?

– Była jedną z najpopularniejszych dziewczyn madame Zhou. Potem odeszła z Pałacu. Maurizio miał znajomości w niemieckim konsulacie. Chciał popchnąć do przodu sprawę, którą załatwiał z Niemcem, i przekonał się, że ten Niemiec oszalał na punkcie Ulli. Dzięki intensywnym perswazjom urzędnika konsulatu i własnym oszczędnościom Maurizio zdołał wykupić Ullę od madame. Wykorzystał ją, by zmusić urzędnika do... do tego, czego od niego chciał. Potem go zostawiła. Słyszałam, że tamten oszalał. Palnął sobie w łeb. Do tego czasu Maurizio już posłał Ullę do pracy, żeby mu spłaciła dług.

– Wiesz co, zaczynam w sobie wyrabiać zdrową niechęć do Maurizia.

– Szczerze mówiąc, to była gówniana transakcja. Ale przynajmniej Ulla uwolniła się od madame Zhou i Pałacu. Muszę to przyznać Mauriziowi – udowodnił, że to wykonalne. Przed nim nikomu się to nie udało, każdy kończył z twarzą oblaną kwasem. Christina także chciała się wyrwać. Madame Zhou była zmuszona wypuścić Ullę, ale zawzięła się, że z Christiny nie zrezygnuje. Ahmad oszalał z miłości do niej, pewnej nocy poszedł do Pałacu, żeby to załatwić z madame Zhou. Miałam z nim iść. Robiłam interesy z madame Zhou – przyprowadzałam jej klientów mojego szefa, a oni zostawiali u niej masę pieniędzy, zresztą wiesz. Myślałam, że mnie wysłucha, ale nagle mnie odwołano. Dostałam pracę... pracę... to był... ważny kontakt... nie mogłam odmówić. Ahmad poszedł do Pałacu sam. Następnego dnia znaleziono zwłoki jego i Christiny w samochodzie parę przecznic od Pałacu. Policja powiedziała, że... oboje się otruli. Jak Romeo i Julia.

– Myślisz, że to jej robota, madame Zhou, i winisz o to siebie, tak?

– Mniej więcej.

– O tym ci powiedziała wtedy, przez metalową kratę, kiedy zabieraliśmy Lisę Carter? Dlatego płakałaś?

– Jeśli musisz wiedzieć – odezwała się cicho, głosem pozbawionym melodii i emocji – powiedziała mi, co im zrobiła, zanim kazała ich zabić. Powiedziała, jak się nimi bawiła, zanim umarli.

Zacisnąłem szczęki i słuchałem szelestu powietrza, które wdychałem i wydychałem, aż nasze oddechy się zjednoczyły.

– A ty? – spytała w końcu. Jej powieki opadały wolniej i otwierały się rzadziej. – To była moja historia. Kiedy opowiesz mi swoją?

Zaczekałem, aż siąpiąca cisza zamknie jej oczy po raz ostatni. Zasnęła. Wiedziałem, że to nie była jej historia. Nie cała. Wiedziałem, że małe kropeczki koloru, które usunęła z ogólnego obrazu, były co najmniej równie ważne jak te szerokie pociągnięcia pędzla, które ujrzałem. Diabeł tkwi w szczegółach, jak powiadają, a ja dobrze znałem diabły czające się i czyhające w szczegółach mojej historii. Ale Karla dała mi nowy skarbiec. Przez tę szemrzącą, senną godzinę dowiedziałem się o niej więcej niż przez wiele miesięcy. Dzięki takim wyznaniom kochankowie odnajdują drogę: to gwiazdy, którymi można się kierować podczas rejsu przez ocean pożądania. A najjaśniejszymi z gwiazd jest cierpienie złamanego serca i smutek. Najcenniejszym darem, jaki możesz dać swojemu kochankowi, jest twój ból. Więc przyjąłem każdy smutek, jaki mi powierzyła, i zawiesiłem go na niebie.

Gdzieś w mroku Jeetendra opłakiwał swoją żonę. Prabaker ocierał swoim czerwonym szalikiem spoconą twarz Parwati. Skulony na kocu, przygnieciony zmęczeniem i jej głębokim snem, otoczony chorobą i nadzieją, śmiercią i pragnieniem walki, dotknąłem wargami bezwładnych, stulonych bezradnie palców śpiącej Karli i oddałem jej serce na zawsze.

ROZDZIAŁ 19

Epidemia cholery zabrała dziewięć osób. Sześć stanowiły dzieci. Jedyny syn Jeetendry, Satish, ocalał, ale umarli jego dwaj bliscy przyjaciele. Obaj z entuzjazmem uczyli się angielskiego na moich zajęciach. Dzieci, biegnące za zarzuconymi girlandami kwiatów marami z tymi małymi ciałkami, zawodziły tak żałośnie, że wielu przechodniów na zatłoczonych ulicach stawało, by się pomodlić, i wybuchało płaczem. Parwati przeżyła, a Prabaker opiekował się nią przez dwa tygodnie. Sypiał przed jej chatą na plastikowej płachcie. Sita zajęła miejsce siostry w herbaciarni ojca, a jej wzrok chodził za Johnnym Cygaro wolno i ukradkiem jak cień stąpającego lamparta.

Karla została przez sześć najgorszych dni, a potem parę razy mnie odwiedziła. Kiedy odsetek zarażeń spadł do zera, a większość najciężej chorych miała już kryzys za sobą, wziąłem prysznic z trzech wiader wody, przebrałem się w czyste ubranie i ruszyłem na poszukiwanie zarobku w turystycznej dzielnicy. Byłem niemal bez grosza. Deszcz padał gęsto, a powodzie w wielu dzielnicach w równym stopniu zaszkodziły interesom naganiaczy, pośredników, przewodników, akrobatów, alfonsów, żebraków i handlarzy z czarnego rynku, którzy zarabiali na ulicy, jak sklepikarzom, których lokale zostały zalane.

W Kolabie współzawodnictwo o dolary turystów było serdeczne, lecz twórczo bujne. Jemeńscy uliczni sprzedawcy prezentowali sztylety zdobione wizerunkami sokołów i ręcznie haftowane cytaty z Koranu. Wysocy, przystojni Somalijcycy sprzedawali bransolety z monet z bitego srebra. Artyści z Orisy proponowali wizerunki Tadż Mahal, malowane na suszonych w prasie liściach papai. Nigeryjczycy mieli na sprzedaż rzeźbione hebanowe laski ze sztyletami ukrytymi w spiralnych drzewcach. Uciekinierzy z Iranu sprzedawali na wagę polerowane turkusy, które ważyli na mosiężnych wagach, zawieszonych na gałęziach drzew. Handlarze bębnów z Uttar Pradesz, z których każdy dźwigał sześć lub siedem instrumentów, na widok najlżejszych oznak zainteresowania turysty rozpoczynali improwizowany koncert. Uchodźcy z Afganistanu oferowali ogromne, ozdobne pierścienie ze srebra, z wygrawerowanymi pasztuńskimi napisami i wysadzane ametystami wielkimi jak gołębie jajo.

A przez ten rozhandlowany tłum przewijali się ci, którzy żyli z usług dla samych ulicznych handlarzy – wytwórcy kadzideł, przynoszący jedwabiste powiewy świątynnych pachnideł na srebrnych tacach, czyściciele piecyków, wypełniacze materacy, czyściciele uszu, masażyści stóp, szczurołapy, roznosiciele jedzenia i czaju, kwiaciarze, właściciele pralni, woziwodowie, roznosiciele gazu w butlach oraz wielu innych. Pomiędzy nimi, handlarzami i turystami byli jeszcze tancerze, śpiewacy, akrobaci, muzycy, wróżbici, mnisi, połykacze ognia, treserzy małp, zaklinacze węży, niedźwiednicy, żebracy, biczownicy i wielu innych, żyjących z zarobku na tych zatłoczonych ulicach i wracający na noc do slumsów.

Każdy w jakiś sposób łamał prawo, usiłując coś szybko zarobić. Ale najsprawniejsi, najbardziej skuteczni spomiędzy tych ulicznych biznesmenów byli ci z nas, którzy łamali prawo zawodowo – handlarze z czarnego rynku. Ulica zaakceptowała mnie w tej misternej sieci intryg i intrygantów z kilku powodów. Po pierwsze, pracowałem tylko z turystami, którzy byli zbyt ostrożni lub spanikowani, by robić interesy z Hindusami. Jeśli ja ich nie brałem, nie dostawali się nikomu. Po drugie, bez względu na to, czego sobie życzyli turyści, zawsze prowadziłem ich do stosownego hinduskiego biznesmena, nigdy nie załatwiałem sprawy na własną rękę. I po trzecie, nie byłem chciwy; moja prowizja zawsze odpowiadała stawce ustalonej przez przyzwoitych, szanujących się przestępców w tym mieście. A kiedy dostawałem dużą prowizję, zawsze topiłem część pieniędzy w restauracjach, hotelach i miseczkach okolicznych żebraków.

Było jeszcze coś, coś mniej uchwytnego, lecz nawet ważniejszego od prowizji i skomplikowanych układów w terenie. Fakt, że biały cudzoziemiec – którego na ogół uważano za Europejczyka – tak wygodnie się umościł w tym bagnie niemal na dnie ich świata, sprawiał Hindusom żyjącym na ulicy wyjątkową satysfakcję. W osobliwym połączeniu dumy i hańby moja obecność usprawiedliwiała ich przestępstwa. Ich codzienne uczynki nie mogły być tak złe, skoro *gora* robił to samo. Mój upadek był ich awansem, bo to znaczyło, że nie są wcale gorsi od Linbaby, tego wykształconego cudzoziemca, który żył z przestępstw i pracował na ulicy tak samo jak oni.

Nie byłem też jedynym cudzoziemcem żyjącym z czarnego rynku. Istnieli europejscy i amerykańscy dilerzy narkotyków, alfonsi, fałszerze, oszuści, handlarze drogimi kamieniami i przemytnicy. Wśród nich znajdowali się dwaj George'owie. Jeden pochodził z Kanady, drugi z Anglii. Byli nierozłącznymi przyjaciółmi, od lat żyjącymi na ulicach. Chyba nikt nie znał ich nazwisk. Dla odróżnienia nazywano ich od znaków zodiaku: George Skorpion i George Bliźniak. Zodiakalni George'owie byli narkomanami, którzy sprzedali swoje paszporty, ostatnią wartościową rzecz, jaką mieli, a potem zaczęli pracować dla heroinowych turystów – ludzi, którzy przyjeżdżali do Indii, żeby przyjmować wielkie dawki heroiny przez parę tygodni, a potem wrócić do własnych bezpiecznych krajów. Tych turystów było zaskakująco wielu i Zodiakalni George'owie utrzymywali się z robienia z nimi transakcji.

Policja śledziła mnie, George'ów i innych pracujących na ulicy cudzoziemców i dokładnie wiedziała, co robimy. Założyła – całkiem rozsądnie – że nie powodujemy szkód i wspomagamy czarny rynek, dzięki któremu mają łapówki i wiele innych zysków. Od dilerów narkotyków i handlarzy walutą pobierali haracze. Nam dawali spokój. Dali mi spokój.

Pierwszego dnia po epidemii cholery przez trzy godziny zarobiłem jakieś dwieście amerykańskich dolarów. Niedużo, ale uznałem, że wystarczy. Przez cały ranek lało, a w południe deszcz przeszedł w senny kapuśniaczek, który czasami nie ustaje przez wiele dni. Właśnie siedziałem nieopodal hotelu President, pod pasiastą markizą na barowym stołku, i piłem świeżo wyciśnięty sok z trzciny cukrowej, kiedy z deszczu wyłonił się Vikram.

– Cześć, Lin! Jak leci? Pieprzyć ten pieprzony deszcz, *yaar*.

Uścisnęliśmy sobie dłonie. Zamówiłem dla niego sok. Vikram zsunął na plecy płaski, czarny kapelusz flamenco, który trzymał się na sznurku pod brodą. Na jego czarnej koszuli widniały białe haftowane figurki. Te białe ludziki machały lassem nad głowami. Pas miał z amerykańskich srebrnych dolarów, połączonych ze sobą i połączonych jak sprzączką wypukłą zapinką *concho*. Czarne spodnie flamenco były haftowane delikatnym białym ornamentem na lampasach, a na skraju nogawek widniały trzy małe srebrne guziczki. Kubańskie wysokie buty na obcasach były opasane krzyżującymi się rzemieniami, od zewnętrznej strony zakończonymi klamrami.

– Kiepska pogoda na konną jazdę, *na*?

– A, cholera! – Splunął. – To już wiesz o Lettie i koniu? Jezus, stary! To było, kurwa, wiele tygodni temu. Nie widziałem cię kurewsko długo.

– Jak ci idzie z Lettie?

– Nie za dobrze – powiedział z westchnieniem, choć uśmiechał się radośnie. – Ale myślę, że dojrzewa, *yaar*. To bardzo wyjątkowa laseczka. Tylko musi zużyć całą nienawiść, zanim przejdzie do miłości. Ale ja ją dostanę, choć cały świat mówi, że zwariowałem.

– Według mnie ubieganie się o nią to nie szaleństwo.

– Nie?

– Nie. To śliczna dziewczyna. Wspaniała. A ty jesteś miłym facetem. I więcej was łączy, niż ludzie sądzą. Oboje macie poczucie humoru i uwielbiacie się śmiać. Ona nie znosi hipokrytów, ty też. A życie ciekawi was w dużym stopniu w taki sam sposób. Jesteście dobrą parą, a przynajmniej będziecie. I uważam, że w końcu ją zdobędziesz. Widziałem, jak na ciebie spogląda, nawet kiedy po tobie jeździ. Tak bardzo cię lubi, że musi się po tobie przejechać. Taka już jest. Wytrzymaj, a w końcu będziesz ją miał.

– Lin... słuchaj, stary. Tak jest! Pieprzyć! Lubię cię. A tak naprawdę, przepadam za tobą, *yaar*. Od tej pory będę twoim przyjacielem. Jestem twoim, kurwa, bratem krwi, stary. Jeśli będziesz czegoś potrzebować, wal do mnie. Zgoda?

– Jasne. – Uśmiechnąłem się. – Zgoda.

Zamilkł i spojrzał na deszcz. Ciemne kędzierzawe włosy sięgały mu z tyłu do kołnierza, po bokach i z przodu były krótsze. Wąsik miał mozolnie przystrzyżony w kreseczkę troszkę grubszą od tej, jaką zostawiłby cienkopis. Profil miał imponujący: długie czoło kończyło się orlim nosem, mocne, poważne usta, wystająca, pewna siebie szczęka. Ale kiedy odwrócił się do mnie *en face*, to jego oczy okazały się najbardziej uderzającą cechą, a oczy miał młodzieńcze, zaciekawione, lśniące humorem.

– Wiesz, Lin, ja ją rzeczywiście kocham – powiedział cicho. Spojrzenie uciekło mu w dół; szybko podniósł oczy. – Naprawdę kocham tę angielską laseczkę.

– Wiesz, Vikram, ja ją rzeczywiście kocham – przedrzeźniłem jego ton i poważną minę. – Rzeczywiście kocham tę twoją kowbojską koszulę.

– Co, tę staroć? – zawołał i roześmiał się razem ze mną. – Kurwa, stary, weź ją sobie!

Zeskoczył ze stołka i zaczął rozpinać koszulę.

– Nie! Nie! Żartowałem!

– Co proszę? Czyli nie podoba ci się moja koszula?

– Tego nie powiedziałem.

– To co z nią, kurwa, nie tak?

– Nic z nią, kurwa, nie tak, tylko jej nie chcę.

– Za późno, stary! – ryknął, zdarł koszulę z pleców i rzucił nią we mnie. – Za późno, kurwa!

Pod koszulą miał czarny podkoszulek. Kapelusz nadal wisiał mu na plecach. Sprzedawca soku miał w swoim straganie przenośny odtwarzacz. Zaczęła się nowa piosenka z hinduskiego filmu.

– Hej, kocham tę piosenkę, *yaar*! – wrzasnął Vikram. – Podkręć ją, *baba*! *Arre*, na maksa *karo*!

Sprzedawca posłusznie podkręcił odtwarzacz na maksymalną głośność i Vikram zaczął tańczyć i śpiewać. Poruszając się z zaskakującą elegancją i gracją, opuścił zatłoczoną kawiarenkę pod markizą i wypląsał na mżawkę. Wystarczyła minuta tego rozkołysanego, falującego tańca, a w jego ślady poszli inni młodzieńcy i wkrótce na deszczu tańczyło sześciu, siedmiu, wreszcie ośmiu tancerzy, a my klaskaliśmy i wznosiliśmy okrzyki.

Vikram znowu się zbliżył, chwycił mnie oburącz za nadgarstek i zaczął wciągać do tańca. Protestowałem i opierałem się, ale pomogło mu wiele innych rąk i tak znalazłem się w grupie tancerzy. Poddałem się Indiom, tak jak to robiłem codziennie i nadal robię, każdego dnia mojego życia, bez względu na to, w której części świata się znajduję. Tańczyłem, naśladując Vikrama, a ulica okrzykami zagrzewała nas do tańca.

Po paru minutach piosenka się skończyła, a kiedy się odwróciliśmy, pod markizą ujrzeliśmy Lettie, która przyglądała nam się z jawnym rozbawieniem. Vikram podbiegł, żeby się z nią przywitać, a ja dołączyłem do nich, otrząsając się z deszczu.

– Nie mów! Nie chcę wiedzieć! – powiedziała. Uśmiechała się, ale uciszyła Vikrama uniesioną ręką. – Cokolwiek robisz w zaciszu własnego deszczowego prysznica, to wyłącznie twoja sprawa. Witaj, Lin. Jak się miewasz, kochanie?

– Bardzo dobrze, Lettie. Mokro, co?

– Twój taniec w deszczu to uczta dla oczu. Karla miała się tu spotkać z Vikramem i ze mną. Idziemy na koncert jazzowy w Mahim, ale utknęła w powodzi w Tadż. Właśnie do mnie zadzwoniła. Całe Wrota zalane. Limuzyny i taksówki dryfują jak papierowe łódeczki, a pasażerowie nie mogą wysiąść. Goście są uwięzieni w hotelu, a nasza Karla razem z nimi.

Rozejrzałem się szybko i dostrzegłem, że Shantu, kuzyn Prabakera, nadal siedzi w taksówce stojącej wraz z paroma innymi przed restauracjami, tam gdzie go niedawno widziałem. Spojrzałem na zegarek. Było wpół do czwartej. Wiedziałem, że miejscowi rybacy zaraz wrócą na ląd z połowem. Znowu odwróciłem się do Vikrama i Lettie.

– Przepraszam, muszę lecieć! – Wcisnąłem Vikramowi koszulę. – Dzięki za ciuszek, stary. Odbiorę następnym razem. Przechowaj go!

Wskoczyłem do taksówki Shantu, przez okno włączywszy taksometr. Lettie i Vikram pomachali, kiedy minęliśmy ich pędem. W drodze do osady *kholi*, przylegającej do naszych slumsów, wytłumaczyłem Shantu, co zamierzam. Jego ciemna, pobrużdżona twarz pomarszczyła się w uśmiechu; pokręcił głową ze zdumieniem, ale rozpędził rozklekotany samochód i przemknęliśmy przez tonącą w strugach drogę.

W osadzie rybackiej poprosiłem o pomoc Vinoda, którego niegdyś leczyłem i który był bliskim znajomym Prabakera. Wybrał nam krótszą ze swych kryp, którą położyliśmy na dachu taksówki, i wróciliśmy pędem do okolic hotelu Tadż, koło hotelu Radio Club.

Shantu jeździł taksówką szesnaście godzin dziennie przez sześć dni w tygodniu. Zawziął się, że jego syn i dwie córki będą mieli lepsze życie. Oszczędzał na ich wykształcenie i pokaźne posagi, które był zobowiązany zapewnić, jeśli córki miały dobrze wyjść za mąż. Był nieustannie zmęczony i udręczony wszystkimi przykrościami, strasznymi i trywialnymi, które nękają biednych. Vinod utrzymywał rodziców, żonę i pięcioro dzieci z połowów ryb, które wydzierał morzu chudymi, silnymi rękami. Z własnej inicjatywy założył spółdzielnię z dwudziestoma innymi biednymi rybakami. Złożenie razem ich dochodów zapewniało im pewne ubezpieczenie, ale jego dochody rzadko wystarczały na artykuły tak luksusowe, jak nowe sandały, podręczniki szkolne czy trzeci posiłek dziennie. Mimo to, kiedy się dowiedzieli, czego potrzebuję i z jakiego powodu, ani Vinod, ani Shantu nie chcieli pieniędzy. Usiłowałem im je dać, nawet wcisnąć za koszulę, ale nie zgadzali się ich przyjąć. Byli biedni, zmęczeni, zatroskani, ale byli Hindusami, a każdy Hindus powie, że choć miłość może nie została wynaleziona w Indiach, to tutaj ją doprowadzono do perfekcji.

Położyliśmy długą, płaską łódź w płytkiej wodzie na zalanej szosie przy Radio Club, tuż koło Indyjskiego Domu Gościnnego Ananda. Shantu dał mi foliową pelerynę, którą się osłaniał, kiedy taksówka mu się psuła, a także podniszczoną czarną szoferską czapkę, która przynosiła mu szczęście. Machał na pożegnanie, gdy razem z Vinodem wyruszyłem w stronę hotelu Tadż Mahal. Płynęliśmy szosą zwykle pełną taksówek, ciężarówek, motocykli i prywatnych samochodów. Przy każdym pchnięciu tyczki woda stawała się głębsza, aż wreszcie na rogu Best Street, gdzie zaczynały się zabudowania Tadż Mahal, sięgała już prawie do pasa.

Tadż przeżył już wiele takich powodzi. Zbudowano go na wysokiej platformie z piaskowcowych i granitowych bloków, a do każdego szerokiego wejścia prowadziło dziesięć marmurowych stopni. W tym roku powódź była obfita – woda sięgnęła drugiego schodka od góry – i samochody unosiły się na falach, bezradnie dryfowały i wpadały na siebie koło muru otaczającego wielki łuk pomnika Wrót Indii. Skierowaliśmy łódź dokładnie w stronę schodów głównego wejścia. W holu i drzwiach stał tłum: bogaci biznesmeni patrzyli, jak ich limuzyny kołyszą się i odpływają w deszcz; kobiety w kosztownych miejscowych i zagranicznych designerskich strojach, aktorzy, politycy i złota młodzież.

Karla wystąpiła naprzód tak naturalnie, jakby się mnie spodziewała. Przyjęła moją dłoń i wsiadła do krypy. Zarzuciłem jej na ramiona pelerynę, w której usiadła na środku łodzi. Podałem jej czapkę. Włożyła ją po łobuzersku, na bakier i wyruszyliśmy. Vinod skierował łódź w stronę łuku Wrót Indii. Kiedy zagłębiliśmy się w ich fantastyczną, sklepioną pieczarę, zaczął śpiewać. Pomnik miał rewelacyjną akustykę. Miłosna piosenka odbijała się echem w jego wnętrzu i sercu każdego, kto ją słyszał.

Vinod przewiózł nas na postój taksówek przy hotelu Radio Club. Wyciągnąłem rękę, chcąc pomóc Karli przy wysiadaniu, ale ona wyskoczyła na zewnątrz. Przez chwilę trzymaliśmy się za ręce. Pod daszkiem czapki jej oczy nabrały ciemniejszego odcienia zieleni. Jej czarne włosy lśniły od deszczu, oddech słodko pachniał cynamonem i kminkiem.

Rozstąpiliśmy się. Otworzyłem drzwi taksówki. Oddała mi czapkę i pelerynę, zajęła miejsce na tylnym siedzeniu. Od chwili mojego przybycia nie odezwała się ani słowem. Potem po prostu powiedziała do kierowcy:

– *Mahim. Challo!* – „Dzielnica Mahim. Jedziemy!".

Spojrzała na mnie jeszcze raz, kiedy taksówka oderwała się od krawężnika. W jej spojrzeniu był rozkaz lub pytanie, nie potrafiłem rozstrzygnąć. Odprowadziłem wzrokiem oddalający się samochód. Vinod i Shantu także za nim patrzyli, z rękami na moich ramionach. Znowu umieściliśmy łódź Vinoda na dachu taksówki. Gdy usiadłem obok Shantu, lewą ręką przytrzymując przez okno krypę, moje spojrzenie wyłowiło z tłumu znajomą twarz. Był to Rajan, eunuch madame Zhou. Gapił się na mnie. Twarz miał jak złośliwy, nienawistny maszkaron.

Ta twarz stała mi przed oczami przez całą drogę powrotną do osady *kholi*, ale kiedy zdjęliśmy łódź, a Shantu zgodził się towarzyszyć Vinodowi i mnie przy kolacji, zapomniałem o Rajanie. Zamówiłem jedzenie w miejscowej restauracji, które nam przyniesiono na plażę w metalowych naczyniach, parujące i gorące. Rozstawiliśmy je na starym płóciennym żaglu i usiedliśmy pod szerokim plastikowym daszkiem. Rodzice Vinoda, jego żona i pięcioro dzieci rozsiedli się wokół żagla obok Shantu i mnie. Nadal padało, ale powietrze było ciepłe, a słaby wietrzyk od strony zatoki z wolna rozganiał duchotę wieczoru. Z naszego schronienia na piaszczystej plaży koło wielu łodzi mieliśmy wspaniały widok na burzliwe morze. Jedliśmy kurczaka *byriani*, *malai koftę*, warzywną *kormę*, ryż, jarzyny, smażone w głębokim tłuszczu kawałki dyni, ziemniaków, cebuli i kalafiora, gorący chleb *naan* z masłem, *dhal*, *papadamy* i chutney z zielonego mango. To była uczta, a widok szczęścia w oczach dzieci, które syciły całodzienny głód, dodał blasku naszym uśmiechom.

Kiedy zapadła noc, wróciłem taksówką do dzielnicy turystycznej w Kolabie. Chciałem na parę godzin wynająć pokój w Indyjskim Domu Gościnnym. Nie przejmowałem się formalnościami, wiedziałem, że nie będę musiał się wpisywać do rejestru, a Anand nie odnotuje mnie na liście gości. Zgodnie z zawartą dawno umową – taką samą, która obowiązywała w większości tańszych hoteli w mieście – mogłem zapłacić bezpośrednio Anandowi za godziny, by od czasu do czasu wziąć prysznic lub zawrzeć prywatny interes w pokoju. Chciałem się ogolić, spędzić z pół godziny pod prysznicem, używając nadmiernych ilości szamponu i mydła. Chciałem trochę posiedzieć w łazience z białymi kafelkami, żeby zapomnieć o cholerze i zmyć ze skóry wspomnienie ostatnich tygodni.

– O, Lin! Jakże się cieszę – wymamrotał Anand przez zaciśnięte zęby, ledwie przekroczyłem próg hotelu. Oczy miał rozgorączkowane, a jego pociągła, przystojna twarz spochmurniała. – Mamy tu problem. Chodź szybko!

Zaprowadził mnie do pokoju w głębi głównego korytarza. Dziewczyna, która otworzyła, mówiła po włosku. Była zdenerwowana i zaniedbana. Włosy miała rozczochrane i posklejane czymś, co wyglądało na jedzenie. Cienka koszula nocna skręciła się i mocno ją opięła, ujawniając wystające żebra. Dziewczyna była narkomanką i naćpała się tak, że prawie odleciała, ale w jej głosie brzmiała otępiała, somnambuliczna panika.

Na łóżku leżał chłopak z jedną nogą zarzuconą na ramę. Był nagi do pasa, a spodnie miał rozpięte. Zgubił jeden but, drugi nadal znajdował się na jego lewej stopie. Chłopak miał jakieś dwadzieścia osiem lat. Chyba nie żył.

Brak pulsu. Niewyczuwalne bicie serca. Niewyczuwalny oddech. Przedawkowanie wrzuciło jego ciało w głęboką czarną studnię; twarz miał siną jak niebo o piątej po południu najciemniejszego zimowego dnia. Ułożyłem go równo i podparłem mu głowę na zwiniętym prześcieradle.

– Zły interes – warknął Anand. Stał oparty o zamknięte drzwi, blokując wejście intruzom.

Nie odpowiedziałem. Przystąpiłem do reanimacji. Znałem się na tym aż za dobrze. Wyciągałem ćpunów z przedawkowania dziesiątki razy, w czasach kiedy sam ćpałem. W kraju zrobiłem to pięćdziesiąt, może osiemdziesiąt razy, wduszając i wtłaczając oddechem życie w żyjące trupy. Nacisnąłem na serce młodzieńca, zmuszając je do ożycia, nadąłem jego płuca do pełna. Po dziesięciu minutach takich zabiegów coś głęboko w jego piersi zadygotało, a z jego gardła wydarł się kaszel. Przykląkłem i obserwowałem go, chcąc się przekonać, czy wystarczy mu sił, by samodzielnie oddychać. Oddech był wolny, coraz wolniejszy, aż ustał w głuchym westchnieniu. Dźwięk był płaski i martwy jak syk powietrza uciekającego przez pęknięcie w skałach gejzeru. Znowu przystąpiłem do reanimacji. To była męcząca robota – wleczenie tego bezwładnego ciała przez całą długą studnię, tylko za pomocą rąk i płuc.

Kiedy zajmowałem się chłopakiem, jego dziewczyna traciła przytomność dwa razy. Anand spoliczkował ją i potrząsnął, by obudzić. W końcu po trzech godzinach od chwili, kiedy przekroczyłem próg hotelu, Anand i ja opuściliśmy pokój. Obaj ociekaliśmy potem. Koszule mieliśmy tak mokre, jakbyśmy stali w tym deszczu, który bębnił i siekł w szyby. Para ćpunów była przytomna, naburmuszona i zła na nas, choć dziewczyna wcześniej błagała o pomoc. Zmąciliśmy im przyjemność odlotu. Zamknąłem za nimi drzwi, wiedząc, że za jakiś czas ktoś inny w tym lub innym mieście zamknie za nimi drzwi na zawsze. Za każdym razem, gdy ćpun tonie w tej studni, wpada coraz głębiej i coraz trudniej go z niej wyciągnąć.

Anand miał u mnie dług wdzięczności. Wziąłem prysznic, ogoliłem się i przyjąłem prezent: świeżo wypraną i wyprasowaną koszulę. Potem usiedliśmy w foyer i razem wypiliśmy czaj. Niektórzy lubią cię mniej, kiedy się im wyświadczy przysługę. Inni zaczynają cię lubić dopiero wówczas, kiedy staną się twoimi dłużnikami. Anand czuł się swobodnie w tej sytuacji, a jego uścisk dłoni należał do tych, którym przyjaciele czasami zastępują całą rozmowę.

Gdy wyszedłem z hotelu, od krawężnika ruszyła taksówka. Na tylnym siedzeniu zobaczyłem Ullę.

– Lin! Możesz na chwilę wsiąść?

Strapienie i coś, co brzmiało jak przerażenie, nadało jej głosowi niemal jękliwy ton. Jej śliczną, bladą twarz wykrzywiał grymas.

Wsiadłem, a taksówka ruszyła powoli. W środku pachniało perfumami Ulli i papierosami, które nieustannie paliła.

– *Seedha jao!* – rozkazała taksówkarzowi. „Jedź przed siebie!" – Mam problem, Lin. Potrzebuję pomocy.

Tego dnia przyszło mi robić za księcia na białym koniu w pełnym wymiarze godzin. Spojrzałem w jej wielkie niebieskie oczy i opanowałem chętkę, żeby zażartować lub powiedzieć coś uwodzicielskiego. Ulla się bała. Ten strach ujrzałem w jej oczach. Patrzyła na mnie, ale widziała tylko strach.

– Och, przepraszam – załkała nagle i równie nagle się opanowała. – Nawet się z tobą nie przywitałam. Co z tobą? Od dawna cię nie widziałam. Radzisz sobie? Dobrze wyglądasz.

Jej niemiecki zaśpiew nadawał angielskim słowom przyjemną melodię. Uśmiechnąłem się do niej; kolorowe światła ulicy przepływały przez jej oczy.

– Bardzo dobrze sobie radzę. Co to za problem?

– Ktoś musi ze mną pojechać, być ze mną o pierwszej w nocy. W „Leopoldzie". Będę tam i... i chciałabym, żebyś ty też tam był. Możesz? Zgodzisz się?

– „Leopolda" zamykają o północy.

– Tak – powiedziała i głos znowu się jej załamał. – Ale ja tam będę, w taksówce na zewnątrz. Mam z kimś spotkanie i nie chcę być sama. Będziesz ze mną?

– Dlaczego ja? A Modena, a Maurizio?

– Tobie ufam. To nie potrwa długo... to spotkanie. Zapłacę ci. Nie proszę o pomoc za darmo. Zapłacę ci pięćset dolarów, jeśli tylko przyjdziesz. Zrobisz to?

Głęboko w sercu rozległ mi się ostrzegawczy brzęczyk – tak się zwykle dzieje, kiedy coś potężniejszego od nas skrada się za nami i jest gotowe do skoku. Los ma zwyczaj walczyć z nami uczciwie – najpierw wysyła ostrzeżenie, które słyszymy, ale którego nigdy nie bierzemy pod uwagę. Oczywiście musiałem jej pomóc. Była przyjaciółką Karli, a Karlę kochałem. Pomógłbym jej ze względu na Karlę, nawet gdybym jej nie lubił. A lubiłem. Była piękna i na tyle naiwna, na tyle ufna, że współczucie do niej nie mogło się zmienić w litość. Znowu się uśmiechnąłem i poprosiłem kierowcę, żeby się zatrzymał.

– Jasne. Nie martw się. Przyjdę.

Pochyliła się i pocałowała mnie w policzek. Wysiadłem. Oparła dłonie o szybę i wychyliła się. Mgiełka deszczu osiadła na jej długich rzęsach, zmuszając ją do zatrzepotania nimi.

– Na pewno? Obiecujesz?

– Pierwsza w nocy – powiedziałem twardo. – „Leopold". Będę.

– Obiecujesz?

– Tak. – Roześmiałem się. – Obiecuję.

Taksówka odjechała, a Ulla zawołała jeszcze z błagalnym napięciem, które w ciszy wieczoru brzmiał ostro i niemal histerycznie.

– Nie zawiedź mnie!

Wracałem do turystycznej dzielnicy machinalnie, rozmyślając o Ulli i interesach, na czymkolwiek one polegały, które jej chłopak Modena załatwiał z Mauriziem. Didier powiedział mi, że dobrze im idzie, że zarabiają, ale Ulla była przestraszona i nieszczęśliwa. A Didier powiedział coś jeszcze – o niebezpieczeństwie. Usiłowałem sobie przypomnieć, jakich użył słów. Straszliwe ryzyko... wielkie kłopoty...

Nadal obracałem w myślach te słowa, kiedy zdałem sobie sprawę, że znalazłem się na ulicy Karli. Właśnie minąłem jej parterowe mieszkanie. Szerokie balkonowe okna, prowadzące wprost z ulicy do domu, były otwarte. Delikatne podmuchy wiatru poruszały tiulowymi firankami, a w pokoju dostrzegłem łagodne żółtawe światełko, płomyk świecy.

Deszcz padał gęściej, ale niepokój, którego nie potrafiłem zwalczyć ani zrozumieć, kazał mi iść dalej. Miłosna piosenka Vinoda, ta piosenka, która odbiła się echem od kopuły pomnika Wrót, zapętliła się w mojej głowie. Moje myśli popłynęły ku łodzi, żeglującej przez to surrealistyczne jezioro, które monsun uczynił z ulicy. Wyraz oczu Karli – rozkazujących, pytających – doprowadził niepokój mego serca do czegoś w rodzaju furii. Czasami musiałem się zatrzymywać w deszczu, żeby móc wciągnąć głęboki oddech. Dusiłem się miłością i pożądaniem. Były także we mnie gniew i ból. Pięści mi się zaciskały. Mięśnie ramion, piersi i grzbietu były naprężone i twarde. Myślałem o tej parze Włochów, o ćpunach z hotelu Ananda, myślałem o śmierci i umieraniu. Czarne, ponure niebo w końcu pękło z trzaskiem. Błyskawica wpadła do Morza Arabskiego, a grzmot skwitował to ogłuszającym aplauzem.

Zacząłem biec. Drzewa były ciemne, ich liście przeciekały. Same wyglądały jak małe czarne chmury. Każde z drzew strząsało w dół własny deszcz. Ulice były puste. Biegłem przez szybko rosnące kałuże, w których odbijały się błyskawice. Cała znana mi samotność i miłość zebrały się we mnie i połączyły, aż moje serce wezbrało miłością do Karli, jak te chmury deszczem. I biegłem. Biegłem. I jakoś znowu znalazłem się na tej ulicy, pod drzwiami jej domu. A kiedy stanąłem w blasku piorunów, moja pierś dyszała z namiętności, która wciąż we mnie biegła, choć ciało znieruchomiało.

Podeszła do otwartego okna, żeby spojrzeć na niebo. Miała na sobie cienką, białą koszulę nocną bez rękawów. Zobaczyła mnie, stojącego na deszczu. Nasze spojrzenia się spotkały i znieruchomiały. Wyszła na zewnątrz po dwóch schodkach i ruszyła w moją stronę. Grzmot zatrząsł ulicą, błyskawica wypełniła jej oczy. Weszła w moje ramiona.

Pocałowaliśmy się. Nasze usta zdołały jakoś utworzyć myśli bez słów: takie myśli, które biorą się z uczuć. Nasze języki wiły się w jaskiniach rozkoszy. Języki ogłaszające, kim jesteśmy. Ludźmi. Kochankami. Wargi przesuwały się przez pocałunek, a ja zanurzyłem ją w miłości i sam zatonąłem.

Wziąłem ją na ręce i zaniosłem do domu, do pokoju, który nią pachniał. Zrzuciliśmy ubrania na płytki podłogi. Zaprowadziła mnie do łóżka. Byliśmy blisko, ale nie dotykaliśmy się. W rozświetlanej burzą ciemności krople potu i deszczu na jej ramieniu były jak niezliczone migoczące gwiazdy, a jej skóra przypominała nocne niebo.

Przytuliłem usta do tego nieba, zlizałem gwiazdy. Przyjęła moje ciało i każdy ruch był jak zaklęcie. Nasze oddechy przywodziły na myśl modlitwy całego świata. Pot spływał strużkami w przepaści rozkoszy. Każdy ruch był kaskadą satynowej skóry. W aksamitnych fałdach czułości nasze plecy dygotały z żaru, napierającego żaru, ścierające się mięśnie, które kończyły to, co zaczęły głowy. Należałem do niej. Ona należała do mnie. Moje ciało było jej rydwanem, którym jechała w słońce. Jej ciało było moją rzeką, a ja stałem się morzem. A jęk, który w końcu wyrwał się nam jednocześnie, był światem nadziei i smutku, który ekstaza wydziera kochankom, gdy ich dusze wypełnia szczęście.

Nieruchoma, cicho oddychająca cisza, która nastąpiła i wypełniła nas potem, była pozbawiona żądz, pragnień, głodu i bólu, i wszystkiego z wyjątkiem czystej, niewysłowionej doskonałości miłości.

– O cholera!

– Co?

– O Jezu! Która to godzina!

– Co? Co się stało?

– Muszę lecieć – rzuciłem, wyskakując z łóżka i sięgając po mokre ubrania. – Muszę się z kimś spotkać w „Leopoldzie." Za pięć minut!

– Teraz? Teraz chcesz wyjść?

– Muszę.

– „Leopold" będzie zamknięty. – Zmarszczyła brwi, siadając na łóżku, oparta o niewielki pagórek poduszek.

– Wiem – mruknąłem, wciągając i sznurując buty. Wszystko nadal było przemoczone, ale noc stała się parna i ciepła. Burza traciła impet, a wiatr, który poruszał gęstym powietrzem, zamierał. Ukląkłem przy łóżku i pocałowałem miękką skórę jej uda. – Muszę iść. Dałem słowo.

– To takie ważne?

Zmarszczyłem brwi. Rozdrażniło mnie, że naciska, choć fakt, że dałem słowo, powinien jej wystarczyć. Ale była piękna w tym bezksiężycowym świetle i miała prawo się gniewać, a ja nie.

– Przepraszam – powiedziałem cicho i przesunąłem dłoń przez jej gęste, czarne włosy. Ile razy pragnąłem to zrobić, wyciągnąć rękę i dotknąć jej, kiedy staliśmy obok siebie?

– Idź – powiedziała cicho, obserwując mnie ze skupieniem wiedźmy. – Idź.

Pobiegłem na Arthur Bunder Road przez opustoszały bazar. Białe płócienne pokrowce na straganach nadawały im wygląd ułożonych w kostnicy trupów w całunach. Moje kroki odbijały się poszarpanym echem, jakby razem ze mną biegły duchy. Dotarłem do Mereweather Road, popędziłem tym bulwarem pełnym drzew i wysokich dworów, pozbawionym teraz śladu i głosu milionów osób, które przechodziły tędy każdego pracowitego dnia.

Na pierwszych rozstajach skręciłem w lewo, by uniknąć zalanych ulic i ujrzałem przed sobą policjanta na rowerze. Biegłem środkiem jezdni; kiedy minąłem ciemny zaułek, wyłonił się z niego drugi gliniarz na rowerze. Byłem dokładnie w połowie bocznej uliczki, kiedy na jej końcu ukazał się pierwszy policyjny jeep. Drugi usłyszałem za sobą, a potem rowerzyści zbliżyli się do siebie. Jeep zatrzymał się koło mnie. Stanąłem. Wysiadło z niego pięciu mężczyzn. Otoczyli mnie. Przez parę sekund panowało milczenie. To była cisza pełna smakowitej groźby, którą ci gliniarze byli niemal pijani; za mżącym deszczem ich oczy lśniły okrucieństwem.

– Co się dzieje? – spytałem w marathi. – Czego chcecie?

– Do jeepa – warknął dowódca po angielsku.

– Słuchajcie, rozumiem marathi, więc może... – zacząłem, ale dowódca roześmiał się ochryple.

– Wiemy, że rozumiesz marathi, ty skurwielu – odpowiedział w marathi. Inni się roześmieli. – Wiemy wszystko. A teraz wsiadaj do tego pieprzonego jeepa, ty siostrojebco, albo cię pobijemy *lathi*, a potem wsadzimy.

Wsiadłem do nakrytego brezentem jeepa; kazali mi usiąść na podłodze. Oprócz mnie było tam jeszcze sześciu mężczyzn.

Przejechaliśmy dwie przecznice na posterunek w Kolabie naprzeciwko „Leopolda". Wchodząc na teren posterunku, zauważyłem, że ulica przed restauracją jest pusta. Ulli nie dostrzegłem. Czy mnie wystawiła? Zastanowiłem się z sercem łomoczącym ze strachu. To nie miało sensu, ale i tak ta myśl zmieniła się w robaka, który przeżerał wszystkie ściany, jakie stawiałem w głowie.

Funkcjonariusz z nocnej zmiany był masywnym, tęgim Marathem, jak wielu jego kolegów wciśniętym w mundur za mały na niego co najmniej o dwa numery. Przyszło mi do głowy, że ta niewygoda tłumaczy jego zły humor. Z całą pewnością ani on, ani dziesięciu otaczających mnie policjantów nie miało dobrego nastroju. Naszła mnie perwersyjna chętka, żeby roześmiać się głośno w narastającym, ponurym milczeniu. Potem funkcjonariusz dyżurny odezwał się do swoich podkomendnych i chęć do śmiechu mi przeszła.

– Zabrać skurwiela i pobić – rozkazał rzeczowo. Jeśli wiedział, że rozumiem marathi, to tego nie zdradził. Zwracał się do swoich ludzi, jakbym był niewidzialny. – Mocno. To ma być solidne bicie. Nie łamcie kości, jak się da, ale bijcie mocno, a potem wrzućcie do celi z innymi.

Rzuciłem się do ucieczki. Przebiłem się przez krąg gliniarzy, jednym skokiem znalazłem się na podeście przed dyżurką i wypadłem na żwirowany podwórzec posterunku. Był to głupi błąd, nie ostatni, który miałem popełnić przez parę następnych miesięcy. Błędy są jak zła miłość, powiedziała kiedyś Karla, im więcej się z nich uczysz, tym bardziej pragniesz, żeby cię nigdy nie spotkały. Mój błąd zaprowadził mnie do frontowej bramy posterunku, gdzie wpadłem na patrol z aresztowanymi i razem przewróciliśmy się na ziemię.

Policjanci zawlekli mnie z powrotem do dyżurki, bijąc i kopiąc. Ręce związali mi na plecach szorstkim sznurem konopnym, a zanim związali mi nogi, zdarli z nich buty. Niski, gruby oficer dyżurny wyjął gruby zwój liny i rozkazał swoim ludziom związać mnie od kostek po ramiona. Sapiąc i dysząc z gniewu, przyglądał się, jak niknę pod zwojami sznurów, które upodobniły mnie do egipskiej mumii. Potem policjanci zawlekli mnie do przyległego pokoju i powiesili mnie głową w dół na haku, który przebił kilka zwojów liny na moich plecach.

– Samolot... – rzucił dyżurny przez zaciśnięte zęby.

Policjanci zaczęli mnie obracać, coraz szybciej i szybciej. Hak wbijał się w liny tuż koło moich związanych rąk, głowa zwisała na wysokości stóp. Obracałem się i wirowałem, aż straciłem rozeznanie, gdzie jest góra, a gdzie dół tego wirującego pokoju. Potem zaczęło się bicie.

Pięciu lub sześciu z całych sił uderzało moje obracające się ciało trzcinowymi *lathi*. Palące ciosy przeszywały bólem poprzez liny, trafiały w twarz, ręce, nogi, stopy. Czułem smak krwi. Rósł we mnie krzyk, ale zacisnąłem szczęki i nie pisnąłem. Nie mogłem im dać tej satysfakcji. Nie usłyszą mojego krzyku. Milczenie jest zemstą torturowanego. Ręce wyciągnęły się, zatrzymały moje ciało, unieruchomiły je, ale pokój dalej się obracał. Potem zakręcili mną w przeciwnym kierunku i znowu zaczęli bić.

Gdy wreszcie zakończyli tę rozrywkę, zawlekli mnie po metalowych schodkach do celi – po tych samych metalowych schodkach, po których wspinałem się z Prabakerem, usiłując pomóc opiekunom Kano. Czy ktoś przyjdzie mi z pomocą? – zadawałem sobie pytanie. Nikt nie widział mojego aresztowania na pustej ulicy, nikt nie wiedział, gdzie jestem. Ulla, jeśli w ogóle przyszła pod „Leopolda", jeśli nie miała bezpośredniego udziału w tym aresztowaniu, nie odgadnie, że jestem na posterunku. A Karla? Co pomyśli Karla, porzucona w taki sposób tuż po tym, jak się kochaliśmy? Ona mnie nie znajdzie. Więzienia to czarna dziura, nie wypuszcza ani światła, ani wiadomości. To tajemnicze aresztowanie sprawi, że zniknę w najciemniejszej z przepaści tego miasta. Zniknąłem z miasta zupełnie tak, jakbym wskoczył do samolotu do Afryki.

Ale dlaczego mnie aresztowano? To pytanie roiło się w moim wirującym mózgu i nie dawało mi spokoju. Czy wiedzieli, kim naprawdę jestem? Jeśli nie – jeśli chodzi o coś innego, jeśli to nie ma nic wspólnego z moją prawdziwą tożsamością, to i tak czeka mnie przesłuchanie, proces identyfikacji, może nawet sprawdzanie odcisków palców. Moje odciski znajdowały się w aktach na całym świecie, we wszystkich filiach Interpolu. Ujawnienie mojej prawdziwej tożsamości było tylko kwestią czasu. Musiałem powiadomić... kogokolwiek. Kto mógłby mi pomóc? Kto był na tyle potężny, żeby mi pomóc? Kadirbaj. Pan Abd al-Kadir Chan. Przy swoich znajomościach w tym mieście, zwłaszcza w dzielnicy Kolaba, z pewnością dowie się, że zostałem aresztowany. Z czasem Kadirbaj się dowie. Na razie muszę siedzieć cicho i starać się wysłać mu wiadomość.

Zduszony w tych mumifikujących więzach, wleczony po twardych metalowych schodach, zmusiłem mózg do skupienia się na tej mantrze, którą powtarzałem z każdym łomoczącym uderzeniem serca: zawiadomić Kadirbaja... zawiadomić Kadirbaja...

Na górze wrzucili mnie w długi więzienny korytarz. Oficer dyżurny rozkazał więźniom mnie rozwiązać. Stał w drzwiach kraty i przyglądał się im, podparty pod boki. W pewnym momencie kopnął mnie dwa, trzy razy, żeby zachęcić ich do szybszego działania. Kiedy ostatnie więzy zostały zdjęte, a linę oddano strażnikom, rozkazał mnie podnieść i postawić twarzą do siebie w otwartych drzwiach. Poczułem jego ręce na mojej odrętwiałej skórze i otworzyłem sklejone krwią powieki. Ujrzałem grymas jego uśmiechu.

Przemówił do mnie w marathi, a potem splunął mi w twarz. Usiłowałem podnieść rękę, żeby go uderzyć, ale więźniowie mocno mnie chwycili. Trzymali mnie łagodnie, lecz nieustępliwie. Pomogli mi wejść w łukowate drzwi pierwszej celi i posadzili na betonowej podłodze. Obejrzałem się, by popatrzeć na niego, kiedy zamykał drzwi. W swobodnym, lecz trafnym tłumaczeniu jego słowa brzmiały: masz przesrane. Twoje życie się skończyło.

Stalowe kraty bramy zatrzasnęły się i poczułem chłód zakradający się do serca. Metal uderzył o metal. Klucze zadzwoniły i odwróciły się w zamku. Spojrzałem w oczy mężczyzn wokół mnie, oczy martwe i szalone, oczy nienawistne i przerażone. Gdzieś głęboko we mnie zaczął bić bęben. Mogło to być moje serce. Całe ciało, całe moje ciało stężało i zacisnęło się jak pięść. W ustach poczułem smak, mocny i gorzki. Usiłowałem go przełknąć, a potem sobie przypomniałem. Tak smakuje nienawiść – moja, ich, strażników i świata. Więzienia to świątynie, w których diabły uczą się polować. Za każdym razem, kiedy przekręcamy klucz, obracamy nożem przeznaczenia, bo za każdym razem, kiedy więzimy człowieka, zamykamy go sam na sam z nienawiścią.

ROZDZIAŁ 20

Na pierwszym piętrze posterunku w Kolabie za stalową kratą znajdowały się cztery duże cele. Łączył je korytarz. Po jednej jego stronie znajdowały się wejścia, po drugiej przez stalową kratę widać było kwadratowy dziedziniec. Na niższych piętrach także znajdowały się cele. W jednej z tych na parterze zatrzymano niedźwiedzia Kano. Aresztantów, którzy mieli tu spędzić tylko jedną lub dwie noce, trzymano na parterze. Wszystkich, których pobyt zapowiadał się na dłużej niż tydzień, wprowadzano lub – tak jak mnie – wleczono na piętro, gdzie zamykano ich za zasuwaną stalową bramą w jednym z przedsionków piekła.

Za stalową kratą nie było już drzwi. Do czterech cel wchodziło się przez puste łuki, nieco szersze od typowych drzwi w domach mieszkalnych. Cele miały mniej więcej po trzy metry kwadratowe. Korytarz był na tyle szeroki, że dwaj mężczyźni mogli się minąć, lekko ocierając się o siebie ramionami. Miał jakieś szesnaście metrów długości. Na końcu znajdował się pisuar i toaleta, w której należało kucnąć, drzwi rzecz jasna nie miały. Nad pisuarem znajdował się kran z wodą do mycia i picia.

Te cztery cele i korytarz mogły pomieścić we względnej wygodzie czterdziestu mężczyzn. Kiedy przebudziłem się tego pierwszego ranka, odkryłem, że jest nas dwustu czterdziestu. To było jak ul, jak mrowisko, rojąca się masa ludzkich istot, przy najmniejszym ruchu ręki czy nogi ocierających się o siebie. W ubikacji brodziło się po kostki w odchodach. Pisuar się przelewał. Z końca korytarza pełzło ku nas cuchnące grzęzawisko. Nieruchome, pełne gęstej wilgoci monsunowe powietrze lepiło się od jęków, pomruków, rozmów, skarg, wrzasków i krzyków ludzi, którzy co parę godzin wpadali w szał. Spędziłem tu trzy tygodnie.

Cela, w której przespałem pierwszą noc, mieściła zaledwie piętnaście osób. Znajdowała się najdalej od mdlącego smrodu ubikacji. Było tu czysto. Było miejsce, żeby się położyć. Tu mieszkali mężczyźni na tyle bogaci, żeby opłacić policjantów, którzy bili każdego, kto chciał się wcisnąć bez zaproszenia. Tę celę nazywano Tadż Mahal, a jej mieszkańców nazywano *pandrah kumar*, piętnastoma książętami.

W drugiej celi mieszkało dwudziestu pięciu mężczyzn. Dowiedziałem się, że wszyscy trudnili się oszustwami; już mieli za sobą długie wyroki i umieli walczyć o swoją przestrzeń mieszkalną szybko i nie fair. Tę celę nazywano *chor mahal*, przybytek złodziei, a ich nazywano czarnymi kapeluszami, *kala topi* – tak jak trętdowatych Randżita – bo złodziei w niesławnym więzieniu Arthur Road zmuszano do noszenia czarnych czapek.

W trzecią celę wtłoczono czterdziestu więźniów, siedzących ramię w ramię pod ścianami i na zmianę rozprostowujących nogi na skrawku wolnej przestrzeni na środku. Nie byli tak groźni jak ci z drugiej celi, ale dumni i silni. Zdobyli te centymetry podłogi, na której siedzieli, a potem walczyli o nie z nowymi więźniami. Nieustannie stawiali czoło presji; codziennie co najmniej jeden przegrywał i ustępował miejsca nowemu, twardszemu przybyszowi. A ponieważ liczba mieszkańców trzeciej celi nie przekraczała czterdziestu, nazywano ją *chaaliss mahal*, przybytkiem czterdziestu.

Czwartą celę nazywano w więziennym slangu *dukh mahal*, czyli przybytkiem cierpiących, ale wielu wolało nazwę, którą tej ostatniej celi nadała policja – pokój przesłuchań. Kiedy na korytarzu zjawiał się nowy, czasami próbował szczęścia w pierwszej celi. Wówczas wszyscy jej mieszkańcy, cała piętnastka, a także paru ich lokai u drzwi, wstawali i krzyczeli: następny! Dalej, draniu! Nowy, niesiony w głąb korytarza na fali napierających ciał, usiłował wejść do drugiego pomieszczenia. Jeśli nikt go tu nie znał, więzień przypadkiem stojący najbliżej drzwi policzkował go. Dalej, skurwielu! Jeśli nowy, do tego czasu już solidnie wstrząśnięty, usiłował wejść do trzeciego pomieszczenia, dwaj lub trzej więźniowie przy wejściu rzucali się na niego z pięściami. Dalej! Dalej, siostrojebco! I tak nowy znajdował się w czwartej celi, pokoju przesłuchań, gdzie witano go jak starego i długo wyczekiwanego przyjaciela. Wejdź, kolego! Wejdź, bracie!

Jeśli był na tyle głupi, żeby tam wejść, pięćdziesięciu lub sześćdziesięciu więźniów stłoczonych w tym czarnym, cuchnącym pokoju biło go i rozbierało do naga. Ubranie rozdzielano zgodnie z listą oczekujących, sporządzoną według precyzyjnego, nieustannie modyfikowanego porządku dziobania. Przeszukiwano mu wszystkie otwory ciała, szukając biżuterii, narkotyków lub pieniędzy. Wszystkie cenne przedmioty trafiały do władcy pokoju przesłuchań. W czasie mojego pobytu był nim potworny goryl bez karku, z linią włosów zaczynającą się na paznokieć nad pojedynczą krechą grubych brwi. Nowy otrzymywał brudne łachmany po tych, którzy przebrali się w jego ubranie. Miał dwie możliwości: opuścić celę i walczyć o byt z setką więźniów zamieszkujących nieludzko zatłoczony korytarz lub pozostać w celi i przyłączyć się do gangu w oczekiwaniu na przybycie nowej ofiary. Z tego, co widziałem przez te trzy tygodnie, mniej więcej jeden na pięciu pobitych i okradzionych wybierał tę drugą możliwość.

Nawet na korytarzu ustalił się porządek dziobania; tu także walczono o skrawek miejsca, tu także znajdowali się nowi, którzy rzucali wyzwanie sile lub brawurze rywali. Najcenniejsze były miejsca przy kracie, z dala od ubikacji. Ale nawet na cuchnącym końcu korytarza, gdzie gówno i szczyny zalegały podłogę jak odrażające, śmierdzące trzęsawisko, ludzie walczyli o każdy centymetr, który znajdował się odrobinę dalej od bagna.

Paru tych, którzy musieli stać na samym końcu, dniem i nocą po kostki w odchodach, w końcu padało i umierało. Podczas mojego pobytu mieliśmy jeden zgon, a kilku wyniesiono w stanie tak bliskim śmierci, że nie widziałem szans na przywrócenie ich do życia. Inni wpadali w szał, dzięki któremu mogli wywalczyć sobie, minuta po minucie, godzina po godzinie, metr po metrze, dzień po dniu i człowiek po człowieku, coraz dalsze przejście tym wężowym jelitem do miejsca, gdzie mogli ocalić życie do czasu, gdy bestia wypluje ich tymi samymi stalowymi szczękami, które połknęły w całości ich życie.

Dostawaliśmy jeden posiłek dziennie, o czwartej po południu. Przeważnie *dhal* i *roti* albo ryż z rzadkim sosem curry. Wczesnym rankiem był także czaj i kawałek chleba. Więźniowie usiłowali się ustawić w dwa porządne szeregi. Podchodzili do kraty, przez którą policjanci podawali jedzenie, i odchodzili. Ale ścisk i rozpaczliwy głód, a także chciwość niektórych powodowały chaos przy każdym posiłku. Wielu odchodziło z kwitkiem. Niektórzy byli głodni przez cały dzień lub dłużej.

Otrzymaliśmy płaski aluminiowy talerz. To był nasz jedyny legalny dobytek. Żadnych sztućców – jedliśmy rękami – i żadnych kubków: czaj wlewano chochlą na talerz, z którego go spijaliśmy, zanurzając usta w płytkim naczyniu. Ale te talerze miały też inne zastosowanie, przede wszystkim przy sporządzaniu prowizorycznego piecyka. Jeśli zgięło się dwa talerze w kształt litery V i wykorzystało jako stojaki, można było na nich położyć trzeci. Wówczas wystarczyło rozpalić coś pomiędzy stojakami, pod płaskim talerzem u góry, i powstawał piecyk, na którym można było odgrzać herbatę lub jedzenie. Idealnym paliwem był płaski gumowy sandał. Kiedy zapaliło się jego kraniec, palił się równo i powoli aż do końca. Dawał gryzący, gęsty dym, a tłusta sadza wczepiała się we wszystko, czego dotknęła. Pokój przesłuchań, gdzie co noc rozpalano w dwóch takich piecykach, poczerniał od cuchnącej podłogi aż po sufit, podobnie jak twarze jego mieszkańców.

Te piecyki stanowiły źródło dochodów grubych ryb z pokoju przesłuchań. Za opłatą podgrzewali czaj i zaoszczędzone jedzenie dla bogaczy z pierwszej celi. W ciągu dnia strażnicy zezwalali na dostawy jedzenia i picia – tym, którzy mogli sobie na to pozwolić – ale w nocy przez kratę nic nie przechodziło. Piętnastu książąt, niezłomnych w dążeniu do komfortu, przekupiło strażników, by zorganizowali im mały rondel i parę plastikowych butelek i naczyń, w których mogli przechowywać czaj i jedzenie. W ten sposób, kiedy dostawa jedzenia ustawała na noc, książęta nadal mogli się rozkoszować gorącym czajem i przekąskami.

Ponieważ aluminiowe talerze niedługo mogły służyć jako piecyk, a potem stawały się kruche i rozpadały się, nowe talerze były zawsze w cenie. Ponieważ jedzenie, czaj i nawet gumowe sandały służące za opał można było wymienić na pieniądze, one także były poszukiwane. Najsłabsi więźniowie tracili sandały, talerze i jedzenie. Ci, którzy okazywali im serce i pozwalali korzystać ze swoich talerzy, byli zmuszeni do pospiesznego pożerania racji, by tamci zdążyli się ustawić z pustym naczyniem w kolejce. Czasami z jednego talerza jedli i czterej więźniowie, przez te sześć lub siedem minut, które policjanci wyznaczyli na wydawanie posiłku przy stalowej kracie.

Codziennie spoglądałem w oczy głodujących ludzi. Widziałem, jak przyglądają się innym, zbyt szybko wpychającym palcami do ust gorące jedzenie, podczas gdy policjanci rozdawali ostatnie porcje. Widziałem ich codziennie, jak patrzą, czekają i boją się, że zostaną pominięci. Prawda w ich oczach była tym, czego się o sobie dowiadujemy tylko podczas okrutnego, desperackiego głodu. Wziąłem sobie tę prawdę do serca i ta jego część, która pękła na jej widok, nigdy się nie zagoiła.

A co noc w celi pierwszej, w Tadż Mahal, piętnastu książąt jadło gorący posiłek i piło gorącą, słodką herbatę, podgrzaną na prowizorycznych piecykach w sali przesłuchań, po czym kładło się do snu.

Oczywiście nawet książęta musieli korzystać z toalety. Ta procedura była dla nich równie ohydna i odczłowieczająca jak dla najbiedniejszego więźnia; przynajmniej tu stawaliśmy się sobie równi. Długa wyprawa między plątaniną kończyn i ciał na korytarzu kończyła się w śmierdzącym bagnie. Tam bogacze, jak my wszyscy, zapychali nos strzępami materiału z koszuli lub przepaski i zaciskali w zębach zapalonego papierosa *bidi*, żeby zagłuszyć smród. Ze spodniami podkasanymi do kolan i sandałami w ręce brodzili w ściekach, by kucnąć nad oczkiem w podłodze. Nie było zapchane i funkcjonowało całkiem nieźle, ale ponieważ dwustu mężczyzn korzystało z niego codziennie raz lub dwa razy, wkrótce któryś z nich nie trafiał prosto w otwór. W końcu sterty odchodów zsuwały się w kałuże moczu wypływającego z płytkiego pisuaru. W tej właśnie odrażającej mazi brodziliśmy w drodze do ubikacji. Następnie, nadal brnąc przez ścieki, bogacze myli nad kranem ręce i stopy, bez mydła, i stawali na kłęby szmat, wystające z mazi jak kamienie brodu i tworzące prowizoryczną tamę przed wejściem do sali przesłuchań. Za cenę niedopałka lub na pół wypalonego *bidi* więźniowie kucający w bagnie czyścili im stopy szmatami, a potem zaczynała się mozolna droga powrotna przez korytarz.

Ponieważ byłem białym cudzoziemcem, założono, że mam pieniądze. Bogacze z celi pierwszej zaprosili mnie do siebie, kiedy ocknąłem się tego pierwszego ranka. Sama myśl o tym wydała mi się odrażająca. Wychowałem się w rodzinie fabian i przejąłem ich uparty, niepraktyczny wstręt do społecznej nierówności we wszystkich jej przejawach. Nasiąknąwszy tymi zasadami i będąc dzieckiem czasów rewolucji, sam stałem się rewolucjonistą. W głębi ducha zachowałem odrobinę poświęcenia Sprawie, jak nazywała ją moja matka. Co więcej, od tylu miesięcy mieszkałem w slumsach wraz z biedakami tego miasta. Dlatego odrzuciłem propozycję – muszę przyznać, że przyszło mi to z trudem – rozkoszowania się wygodami bogaczy. Wdarłem się do drugiej celi, pomiędzy twardzieli, którzy odsiedzieli już swoje w więzieniu. Przy drzwiach wywiązała się krótka przepychanka, ale kiedy stało się jasne, że jestem przygotowany do walki o miejsce w przybytku złodziei, znalazło się dla mnie miejsce. Mimo to nie obyło się bez urazy. Czarne kapelusze, jak wszyscy szanujący się złodzieje na całym świecie, miały swoją dumę. Wkrótce sprowokowały okazję, by mnie wypróbować.

Trzy dni po moim aresztowaniu, podczas długiego, mozolnego powrotu z toalety, któryś więzień usiłował mi wyszarpnąć talerz. Krzyknąłem ostrzegawczo w hindi i marathi, siląc się na tak anatomicznie szczegółową obelgę, na jaką pozwalał mój zasób słów. Nie zniechęciłem go. Był ode mnie wyższy i cięższy o jakieś trzydzieści kilo. Chwycił talerz tuż koło moich dłoni i obaj zaczęliśmy ciągnąć, choć żaden nie górował nad przeciwnikiem na tyle, by zwyciężyć. Wszyscy ucichli. Ich oddechy były jak fala odpływu dźwięku i ciepłego powietrza. To była ta decydująca chwila. Przeżyjesz lub przepadniesz. Dokładnie w tej chwili określałem swoje miejsce w tym świecie; gdybym się dał złamać, wylądowałbym w śmierdzącym bagnie na końcu korytarza.

Wykorzystując fakt, że tamten trzyma talerz, trzasnąłem go głową w nos, pięć, sześć, siedem razy, a potem w brodę, kiedy usiłował się odsunąć. Tłum zafalował. Dziesiątki dłoni wyciągnęły się i popchnęły nas ku sobie. Zgnieciony w tłumie przerażonych mężczyzn, niezdolny do poruszania rękami, nie chcąc puścić talerza, ugryzłem go w twarz. Moje zęby przebiły mu policzek i poczułem w ustach smak jego krwi. Puścił talerz i krzyknął. Dziko młócąc rękami, przedarł się przez tłum do stalowej kraty. Podążyłem za nim, sięgając ręką ku jego plecom. Chwycił kraty, potrząsnął nimi i zaczął wzywać pomocy. Chwyciłem go w chwili, kiedy strażnik przekręcił klucz w zamku. Chwyciłem go, kiedy uciekał za kraty. Jego podkoszulek rozciągnął się i przez chwilę go trzymałem, nogi tego człowieka uciekały, ale ciało zostało unieruchomione. Potem podkoszulek pękł, a ja zostałem z jego strzępem w ręce. Tamten wypadł na zewnątrz. Schował się za strażnikiem, plecami opartymi o ścianę. Policzek, w który go ugryzłem, miał rozszarpany, krew lała się mu z nosa po szyi aż na pierś. Strażnik zatrzasnął kratę. Gapił się na mnie z dziwnym uśmiechem, kiedy strzępem wycierałem krew z rąk i talerza. Zadowolony, rzuciłem szmatą w pręty. Odwróciłem się i przecisnąłem przez milczący tłum, ponownie zająwszy miejsce w celi złodziei.

– Ładny ruch, bracie – odezwał się po angielsku siedzący obok mnie młody mężczyzna.

– Niezbyt – odparłem. – Celowałem w ucho.

– Uuuu. – Skrzywił się i wydął usta. – Ale pewnie ucho jest bardziej pożywne niż to gówno, co nam tu dają. Za co siedzisz?

– Nie wiem.

– Nie wiesz?

– Wzięli mnie w nocy i tu przywieźli. Nie powiedzieli, o co jestem oskarżony i dlaczego mnie aresztowali.

Nie spytałem, za co on tu się znalazł, bo australijski więzienny bon ton, którego przestrzegają przestępcy ze starej szkoły – ci, którzy wiedzą o jego istnieniu i którzy mnie go nauczyli, kiedy zacząłem odsiadkę – wymaga, by nie pytać nikogo o jego ewentualne przestępstwa, dopóki nie zaprzyjaźnimy się z nim na tyle, by stał się przyjacielem, lub nie znienawidzimy go tak, że stanie się wrogiem.

– Nieźle cię stłukli, stary.

– Samolot. Tak to nazywali.

– Uuu. – Znowu się skrzywił i skulił. – Nienawidzę tego kurewskiego samolotu, bracie! Raz związali mnie tak mocno, że czucie w ręce odzyskałem po trzech dniach. A wiesz, jak puchniesz w tych kurewskich sznurach, jak cię tłuką dość długo, *na*? Mam na imię Mahesh. A jakie jest twoje dobre imię?

– Nazywają mnie Lin.

– Lin?

– Aha.

– Interesujące imię, stary. Gdzie się tak nauczyłeś marathi, że tamtego nazwałeś matkojebcą, zanim zacząłeś mu wygryzać twarz?

– W wiosce.

– He, to musiała być charakterna wioska.

Uśmiechnąłem się po raz pierwszy od aresztowania. W więzieniu należy dawkować uśmiechy, bo drapieżcy uważają uśmiech za dowód słabości, słabi za zaproszenie, a strażnicy za napraszanie się o jakąś nową torturę.

– Przeklinać nauczyłem się tutaj, w Bombaju – wyjaśniłem. – Jak długo zwykle trzymają tu ludzi?

Mahesh westchnął, a jego szeroka, smagła twarz zapadła się w grymasie rezygnacji. Szeroko rozstawione brązowe oczy spoglądały z tak głębokich oczodołów, jakby szukały schronienia lub kryjówki pod nawisem poznaczonego bliznami czoła. Szeroki nos, złamany w niejednym miejscu, zdominował tę twarz i nadał jej brutalny wyraz, którego nie osiągnęłyby jego drobne usta i okrągły podbródek.

– Tego nikt nie wie, bracie – odparł, spoglądając ponuro. Taką odpowiedź mógłbym usłyszeć od Prabakera i nagle w tej sekundzie samotności, która przeszyła mi serce, zatęskniłem za moim małym przyjacielem. – Przybyłem tu dwa dni przed tobą. Chodzą plotki, że za dwa, trzy tygodnie zawiozą nas ciężarówką na Drogę.

– Na drogę?

– Do więzienia przy Arthur Road, stary.

– Muszę wysłać komuś wiadomość.

– Będziesz musiał zaczekać. Wszyscy strażnicy, gliny, mówią nam, żebyśmy ci nie pomagali. Jakby ktoś cię przeklął, stary. Pewnie już wdepnąłem w gówno, że z tobą rozmawiam, ale co tam, *yaar*.

– Muszę wysłać wiadomość – powtórzyłem.

– Żaden z tych, co mają wyjść, nie zechce ci pomóc, Lin. Boją się jak myszy w worku z kobrami. Ale z Arthur Road może ci się uda. Kurewsko duży pierdel, zero problemu. Dwanaście tysięcy więźniów. Rząd twierdzi, że mniej, ale wszyscy wiemy, że tam siedzi dwanaście tysięcy. Ale i tak jest tam o wiele lepiej niż tutaj. Jeśli pojedziesz na Drogę, będziesz ze mną może za trzy tygodnie. Ja siedzę za kradzież. Kradzieże z budowy – miedziany drut, plastikowe rury – trzy odsiadki za to samo. Ta będzie czwarta. Co mam powiedzieć, stary? Jestem, jak to mówią, recydywistą. Tym razem będzie trzy lata, jak mi szczęście dopisze, a pięć, jak nie. Jeśli pojedziesz do Arthur Road, będziesz ze mną. Wtedy spróbujemy przekazać wiadomość. *Thik hain?* Do tego czasu będziemy sobie palić, modlić się do Boga i gryźć wszystkich siostrojebców, którzy chcą nam odebrać talerze, *na*?

I przez trzy tygodnie właśnie tak robiliśmy. Zbyt dużo paliliśmy i naprzykrzaliśmy się naszymi modlitwami głuchym niebiosom, i czasem walczyliśmy, a czasem pocieszaliśmy tych, którzy tracili chęć do palenia, modlitw i walki. Aż pewnego dnia przyszli, żeby zdjąć nasze odciski palców, odcisnąć czarne, zdradzieckie kręgi i spirale na stroniczce, która przysięgła mówić prawdę, brzydką prawdę i tylko prawdę. A jeszcze potem Mahesh, ja i inni wbiliśmy się w stareńką niebieską furgonetkę więzienną – osiemdziesięciu mężczyzn w czarnym łonie samochodu, w którym i trzydziestu byłoby za ciasno – i pojechaliśmy do więzienia Arthur Road, mknąc z wariacką szybkością przez ulice tego miasta, które wszyscy tak bardzo kochaliśmy.

Za bramą więzienia strażnicy wywlekli nas z ciężarówki i kazali kucnąć na ziemi, a inni rejestrowali nas i przyjmowali do więzienia, jednego po drugim. To mozolne przesuwanie się i przysiadanie na piętach zajęło cztery godziny. Mnie zostawili na koniec. Powiedziano strażnikom, że mówię w marathi. Kiedy znalazłem się z nimi sam na sam, dowódca straży sprawdził to, każąc mi wstać. Wyprostowałem boleśnie zesztywniałe nogi, a on kazał mi znowu kucnąć. Kucnąłem; kazał mi wstać. Mogło się to ciągnąć w nieskończoność, sądząc po bajecznej wesołości, jaką budziłem w zebranych strażnikach, ale odmówiłem dalszej zabawy. Nadal wydawał mi rozkazy, które ignorowałem. Zamilkł i spojrzeliśmy sobie w oczy. Takiego milczenia można doświadczyć tylko w więzieniu lub na polu bitwy. Takie milczenie czuje się skórą. Takie milczenie ma smak i zapach, a nawet dźwięk, w ciemnym wnętrzu gdzieś głęboko w głowie. Powoli zły uśmiech dowódcy zmienił się w grymas nienawiści, z której się zrodził. Strażnik splunął mi pod nogi.

– Anglicy zbudowali to więzienie w czasach radżów – syknął, obnażając zęby. – Tu zakuwali Hindusów w łańcuchy, tu ich bili i wieszali. Teraz to my tu rządzimy, a ty jesteś angielskim więźniem.

– Zechce mi pan wybaczyć – odezwałem się z najbardziej ceremonialną uprzejmością, jaką można osiągnąć w języku marathi – ale nie jestem Anglikiem. Pochodzę z Nowej Zelandii.

– Jesteś Anglikiem! – wrzasnął, opryskując mi twarz śliną.

– Niestety nie.

– Tak! Jesteś! Anglik! – powtórzył, a grymas znowu zmienił się w złośliwy uśmiech. – Ty jesteś Anglikiem, a więzieniem rządzimy my. Wejdziesz tam!

Wskazał łuk prowadzący do wnętrza więzienia. Zobaczyłem tam ostry zakręt w prawo, tuż za łukiem, i wyczułem, jak wszystkie zwierzęta, że tam czeka na mnie ból. Strażnicy dla zachęty zaczęli mnie bić pałkami. Wpadłem w łuk i skręciłem w prawo. Tam czekało na mnie ze dwudziestu mężczyzn, stojących w dwuszeregu i uzbrojonych w bambusowe pręty.

Dobrze wiedziałem, co będzie, lepiej niż ktokolwiek. W innym kraju przeżyłem inny tunel bólu – na bloku karnym w więzieniu w Australii, z którego uciekłem. Ci strażnicy kazali nam biec pod pałkami przez długi wąski korytarz prowadzący na malutki plac ćwiczebny. I od stalowych drzwi aż po koniec szeregu bili nas i kopali.

Stanąłem w ostrym elektrycznym świetle tego nowego tunelu, w bombajskim więzieniu Arthur Road i miałem ochotę się roześmiać. Chłopaki, chciałem powiedzieć, nie potraficie się zdobyć na nic nowego? Ale nie mogłem się odezwać. Strach wysusza człowiekowi usta, a nienawiść chwyta go za gardło. Dlatego nie ma wielkich dzieł zrodzonych z nienawiści – prawdziwego strachu i nienawiści nie można wyrazić słowami.

Wolno ruszyłem naprzód. Mężczyźni byli w białych koszulach i szortach, z białymi czapkami i szerokimi czarnymi pasami. Mosiężne klamry tych pasów były oznaczone liczbami i napisami. Napis głosił „nadzorca skazaniec". To nie byli strażnicy więzienni, jak się wkrótce przekonałem. W indyjskim więziennictwie, przejętym z czasów kolonialnych, więzienni strażnicy mieli bardzo niewiele wspólnego z codziennym życiem więzienia. Codzienne obowiązki, rutynowe działania, porządek i dyscyplina należały do nadzorców skazańców. Mordercy i recydywiści z dużymi wyrokami otrzymywali po piętnaście lat lub więcej. Podczas pierwszych pięciu byli zwykłymi więźniami. Przed drugą pięciolatką zyskiwali przywilej pracy w kuchni, pralni, w zakładach więziennych lub przy sprzątaniu. W trzeciej i ostatniej pięciolatce często przyjmowali czapkę, skórzany pas i bambusową trzcinę nadzorcy skazańca. Wówczas zyskiwali także władzę nad życiem i śmiercią. Czekał na mnie dwuszereg tych morderców, którzy stali się strażnikami. Podnieśli trzciny, wbili we mnie wzrok, spodziewając się, że rzucę się pędem i pozbawię ich przyjemności zadania bólu.

Nie biegłem. Chciałbym móc powiedzieć, że szedłem, a nie biegłem dlatego, że znalazłem w sobie jakąś szlachetność i odwagę, ale nie mogę. Często o tym myślałem. Tysiące razy przypominałem sobie to przejście i przeżywałem je kolejny raz i przy każdym powtórzeniu miałem mniej pewności co do powodów, dla których to zrobiłem. W sercu każdego cnotliwego czynu znajduje się mroczny sekret, powiedział kiedyś Kadirbaj, a każdy ryzykowny czyn wiąże się z tajemnicą, której nie można wyjaśnić.

Szedłem powoli w ich stronę i zacząłem myśleć o tej szerokiej betonowej drodze prowadzącej od brzegu do świątyni Hadżdżi Ali, meczetu, który unosi się na morzu w świetle księżyca jak wielki statek. Ten widok pomnika wielkiego świętego i drogi między falami do dryfujących pawilonów był zawsze jednym z moich ulubionych w mieście. Był dla mnie tym aniołem, którego widzi mężczyzna w twarzy śpiącej ukochanej. I możliwe, że właśnie to piękno mnie uratowało. Szedłem najgorszą, najbardziej okrutną i nikczemną drogą tego miasta, ale jakiś instynkt wypełnił moje myśli pięknem, które w nim znalazłem – tą drogą przez morze, do białych minaretów grobowca świętego.

Bambusowe trzciny świstały i uderzały, rozrywały i cięły moje ramiona, nogi i plecy. Niektóre spadały na moją głowę, kark i twarz. Te ciosy, zadawane z maksymalną siłą, potężnymi rękami, na gołą skórę, były czymś pomiędzy rozpalonym żelazem i wstrząsem elektrycznym. Na końcach pręty były rozdwojone. W miejscach, w które uderzyły, cięły jak żyletka. Z twarzy i odsłoniętych ramion zaczęła mi spływać krew.

Szedłem najwolniej i najrówniej, jak potrafiłem. Często się wzdrygałem, kiedy cios trafiał w twarz lub ucho, ale nie kuliłem się ani nie zasłaniałem. Aby utrzymać ręce przy bokach, chwyciłem mocno nogawki dżinsów. I atak, który rozpoczął się tak gorączkową zapalczywością, zaczął tracić impet, w miarę jak szedłem korytarzem. Kiedy dotarłem do ostatniego mężczyzny, zupełnie ustał. To było coś w rodzaju zwycięstwa – widok tych mężczyzn opuszczających na mój widok trzciny i oczy. Jedyne zwycięstwo, które w więzieniu naprawdę się liczy, powiedział mi kiedyś w Australii skazany z długim wyrokiem, to przetrwanie. Ale przetrwanie oznacza coś więcej niż ocalenie życia. W więzieniu przeżyć musi nie tylko ciało, muszą przetrwać także charakter i serce. Jeśli któreś z nich zostanie złamane lub zabite, pod koniec wyroku z więzienia wychodzi żywe ciało, lecz nie można powiedzieć, że wychodzi człowiek.

Nadzorcy i kilku strażników zaprowadziło mnie przez gęstniejący wieczorny mrok do jednego z wielu bloków sypialnych. Wielkie cele o wysokich sufitach miały dwadzieścia pięć kroków długości i dziesięć szerokości. Z zakratowanych okien widać było otwarte tereny wokół budynku, a po obu stronach celi znajdowały się dwie wysokie stalowe bramy. W łazience koło wejścia znajdowały się trzy czyste toalety – oczka. Kiedy strażnicy zamknęli nas na noc, w celi znajdowało się stu osiemdziesięciu więźniów i dwudziestu nadzorców skazańców.

Jedna czwarta pomieszczenia była zarezerwowana dla nadzorców. Mieli własną stertę czystych koców. Ułożyli je w odstępach, po osiem lub dziesięć, by wygodnie się im leżało. Reszta stłoczyła się w dwóch rzędach na pozostałych trzech czwartych celi, z liczącą jakieś cztery kroki strefą niczyją pomiędzy naszą i ich częścią.

Każdy z nas miał jeden koc, zabrany ze schludnej sterty na zatłoczonym końcu pokoju. Koce były złożone w pół i ułożone jeden obok drugiego na kamiennej posadzce pod długimi ścianami. Kładliśmy się na tych wąskich derkach, ramię w ramię z sąsiadami. Głowami dotykaliśmy bocznych ścian, stopy były skierowane w stronę środka pomieszczenia. Przez całą noc paliło się jasne światło. Nadzorcy na nocnej zmianie kolejno przechadzali się po celi pomiędzy szeregami stóp. Wszyscy mieli na szyjach gwizdki na łańcuszkach, którymi w razie przerastających ich kłopotów wzywali strażników. Wkrótce dowiedziałem się, że gwizdków używają rzadko, ponieważ bardzo niewiele kłopotów uznają za zbyt wielkie.

Nadzorcy dali mi pięć minut na obmycie krwi z twarzy, szyi i ramion, i skorzystanie z nieskazitelnie czystego oczka. Kiedy wróciłem do pomieszczenia, zaproponowali mi, żebym spał po ich stronie celi. Bez wątpienia założyli, że moja biała skóra oznacza dopływ pieniędzy. Niewykluczone też, że byli pod wrażeniem faktu, iż spokojnie przeszedłem pod lawiną razów. Niezależnie od przyczyny nie mogłem się zgodzić – to byli ci sami ludzie, którzy przed chwilą mnie pobili, ludzie, którzy zmienili się w strażników więziennych – i odmówiłem. Wielki błąd. Kiedy szedłem w głąb celi, by wziąć koc ze sterty i położyć się przy Maheshu, śmiali się i szydzili. Byli wściekli, że odrzuciłem nieczęstą okazję, by do nich dołączyć, i zaczęli knuć – jak to często bywa u tchórzy u władzy – by mnie złamać.

Z nocnego koszmaru obudził mnie przeszywający ból w plecach. Poderwałem się, trzepnąłem się w grzbiet i namacałem wgryzionego w niego owada wielkości małej pinezki. Wyrwałem go i położyłem na kamiennej posadzce. Był ciemnoszary, pękaty, wzdęty niemal jak kula, z licznymi nogami. Rozgniotłem go. Trysnęła krew. Moja krew. Owad żywił się mną. Natychmiast uderzył mnie smród. To było moje pierwsze spotkanie z pasożytem zwanym *kadmal*, przekleństwem więźniów w Arthur Road. Nic nie mogło ich powstrzymać. Gryzły i wysysały naszą krew co noc. Małe, okrągłe ranki, jakie zostawiały, szybko zmieniały się w rozognione ropnie. Przez noc można się było doliczyć trzech do pięciu ukąszeń, po tygodniu było ich dwadzieścia, po miesiącu sto ropiejących, zainfekowanych wrzodów. I nie było na nie rady.

Gapiłem się na plamę po rozgniecionym *kadmalu*, z oszołomieniem wpatrując się w ilość krwi, którą to małe stworzenie zdołało ze mnie wyssać. Nagle poczułem palący ból w uchu – to nadzorca smagnął mnie trzciną w głowę. Spojrzałem na niego gniewnie, ale Mahesh mnie powstrzymał. Jego ręce przywarły do mojego ramienia; całym swoim ciężarem ściągnął mnie w dół.

Nadzorca wbijał we mnie zły wzrok, dopóki się znowu nie położyłem. Znowu zaczął krążyć po jasno oświetlonym pomieszczeniu. Mahesh bezgłośnie wymówił ostrzeżenie. Nasze twarze znajdowały się od siebie na szerokość dłoni. W dwóch szeregach śpiących więźniów mężczyźni leżeli spleceni ze sobą rękami i nogami. Tej nocy ostatnie, co widziałem, to jarzące się strachem oczy Mahesha.

– Nieważne, co zrobią – wyszeptał – przez wzgląd na swoje życie nie odpłacaj im. To nie jest miejsce dla żywych. Wszyscy jesteśmy trupami. Nic nie możesz zrobić!

Zamknąłem oczy, zamknąłem serce i zasnąłem siłą woli.

ROZDZIAŁ 21

Nadzorcy obudzili nas tuż po wschodzie słońca, bijąc wszystkich pechowców, którzy nie zdążyli się poderwać. Byłem przytomny i gotowy, ale też dostałem. Warknąłem, skoczyłem, a Mahesh jeszcze raz mnie powstrzymał. Złożyliśmy koce według precyzyjnego schematu i ułożyliśmy je na stercie po naszej stronie. Strażnicy otworzyli od zewnątrz duże stalowe wrota i wyszliśmy z celi na poranną kąpiel. Na prostokątnym terenie kąpielowym, czymś w rodzaju pustego basenu lub suchej fontanny, stały po obu stronach dwa wielkie zbiorniki z kutego żelaza. Na nasz widok więzień odkręcił zawór na dole zbiornika, z którego rurą na wysokości naszych łydek zaczął wyciekać niewielki strumień wody. Wspiął się po stalowe drabince i usiadł na zbiorniku, by nas obserwować. Więźniowie rzucili się do rury i podstawili pod nią płaskie aluminiowe talerze. Przy rurze tłoczyło się ich z dziesięciu, potężny kłąb mięśni i kości, walczących o dostęp do rury.

Czekałem, aż tłum się przerzedzi, obserwując mężczyzn myjących się w tej odrobinie wody. Kilku, jeden na dwudziestu, miało kawałek mydła, którym zdołali się namydlić przed powrotem po kolejną porcję wody. Zanim dotarłem pod rurę, zbiornik był prawie pusty. Strużka wody, którą zebrałem na talerz, roiła się od setek robaków. Z obrzydzeniem rzuciłem talerz, a paru więźniów parsknęło śmiechem.

– Wodne robaki, bracie! – powiedział Mahesh, napełniając talerz wijącymi się, rzucającymi, półprzezroczystymi stworzeniami. Oblał nimi pierś i plecy i jeszcze raz napełnił naczynie. – Żyją w zbiornikach. Kiedy robi się mało wody, robaków robi się dużo, ale to nie problem! Nie zrobią ci krzywdy. Nie gryzą jak *kadmale*. Spadają i umierają w zimnym powietrzu, widzisz? Niektórzy walczą o wodę bez tylu robaków, ale jeśli poczekamy, dostaniemy mnóstwo robaków, lecz i mnóstwo wody. Tak jest lepiej, tak? Chodź. *Challo!* Lepiej nałap sobie, jeśli chcesz się umyć przed jutrzejszym rankiem. Tak jest, bracie. Nie możemy się myć w sypialni. Tam mogą tylko nadzorcy. Pozwolili ci się umyć wczoraj, bo miałeś na sobie mnóstwo krwi. Ale nigdy więcej nie skorzystasz z tego miejsca do mycia. Korzystamy z kibla, ale tam się nie myjemy. Jedyne mycie jest tutaj, bracie.

Podstawiłem talerz pod coraz cieńszą strużkę wody i wzorem Mahesha oblałem rojącym się kłębem robaków pierś i plecy. Jak wszyscy znani mi Hindusi, pod dżinsami miałem szorty – wierzchnią odzież spodnią, jak je nazwał Prabaker. Pozbyłem się dżinsów i następny talerz wijących się insektów powędrował na front szortów. Zanim nadzorcy zaczęli nas zapędzać trzcinami do sypialni, byłem na tyle czysty, na ile mogłem bez mydła.

W sypialni kazali nam siedzieć w kucki przez godzinę. Czekaliśmy, aż strażnicy skończą poranne liczenie. Po jakimś czasie pozycja kuczna powodowała rozdzierający ból nóg. Ale jeśli ktoś spróbował rozprostować nogi, nadzorca mocno go uderzał. Nie drgnąłem. Nie chciałem im sprawiać satysfakcji, okazując, że czuję ból. Ale kiedy zamknąłem oczy, skupiony i spocony, jeden i tak mnie uderzył, bez powodu ani prowokacji. Zacząłem się podnosić i znowu poczułem ręce Mahesha, który mnie upominał, żebym się nie ruszał. Kiedy przez kwadrans drugi, trzeci, i wreszcie czwarty cios ukąsił mnie w ucho, nie wytrzymałem

– Chodź tutaj, ty pieprzony tchórzu! – wrzasnąłem, wstając i wskazując na ostatniego, który mnie uderzył. Nadzorca, wielki i otyły, przez przyjaciół i wrogów nazywany Wielkim Rahulem, górował nade mną wzrostem, podobnie jak nad większością więźniów. – Wezmę ten pieprzony kij i wsadzę ci go tak daleko w dupę, że go zobaczę w twoich oczach!

W celi zapanowało milczenie, które pożarło wszystkie dźwięki. Nikt nawet nie drgnął. Wielki Rahul wytrzeszczył oczy. Jego mina, parodia rozbawionej pobłażliwości, doprowadzała mnie do furii. Z wolna nadzorcy skazańcy zaczęli się zbierać wokół niego.

– Chodź tutaj! – wrzasnąłem w hindi. – Chodź, bohaterze! No, chodź! Jestem gotowy!

Nagle Mahesh i pięciu czy sześciu innych wokół mnie wstało i zawisło na mnie, usiłując mnie siłą przygiąć do ziemi.

– Lin, proszę! – syczał Mahesh. – Proszę, bracie, proszę! Usiądź. Proszę. Wiem, co mówię. Proszę. Proszę!

W pewnej chwili, kiedy tamci ciągnęli mnie za dłonie i ramiona, Wielki Rahul i ja nawiązaliśmy ten rodzaj kontaktu wzrokowego, dzięki któremu można się dowiedzieć wszystkiego o agresji przeciwnika. Jego przemądrzały uśmieszek zbladł, a w oczach mignęła kapitulacja. On o tym wiedział i ja o tym wiedziałem. Bał się mnie. Pozwoliłem tamtym ściągnąć mnie w dół. Wielki Rahul odwrócił się na pięcie i uderzył pierwszego więźnia z brzegu. Napięcie w celi rozładowało się i nadzorcy wrócili do liczenia.

Śniadanie składało się z jednego dużego *ćapatti*. Żuliśmy je i popijaliśmy wodą przez pięć dozwolonych minut, a potem nadzorcy wyprowadzili nas z celi. Minęliśmy kilka nieskazitelnie czystych dziedzińców. Na szerokiej alei pomiędzy ogrodzonymi terenami nadzorcy kazali nam kucnąć na porannym słońcu i czekać na ogolenie głowy. Drewniane stołki golarzy stały w cieniu wysokiego drzewa. Jeden golarz obcinał więźniowi włosy, drugi golił go brzytwą.

Czekając, usłyszeliśmy krzyki dobiegające z jednego z ogrodzonych dziedzińców obok. Mahesh trącił mnie i ruchem głowy kazał patrzeć. Nadzorcy skazańcy wciągnęli jakiegoś mężczyznę na pusty podwórzec za drutem kolczastym. Więzień miał ręce i nogi związane sznurem. Sznury były przytwierdzone także do pętli i pierścieni obroży z rzemienia, zapiętej ciasno wokół szyi. Grupy nadzorców zaczęły przeciągać więźnia na swoją stronę, ciągnąc za liny u nadgarstków. Związany był bardzo wysoki i silny. Kark miał gruby jak lufa armaty, a na potężnej piersi i plecach grały mięśnie. To był Afrykańczyk. Rozpoznałem go. Rahim, kierowca Hasana Obikwy, któremu pomogłem uciec przed linczem na Regal Circle.

Przyglądaliśmy się w milczeniu, z zapartym oddechem. Strażnicy zaciągnęli go na środek podwórza, w pobliże kamiennego bloku wysokiego i szerokiego mniej więcej na metr. Opierał się i walczył, ale nadaremnie. Dołączyli nowi nadzorcy, także ze sznurami. Rahim upadł. Trzej nadzorcy ciągnęli ze wszystkich sił za liny na jego przegubach, tak mocno, że mogli mu wyrwać ręce ze stawów. Nogi miał wykręcone pod boleśnie nienaturalnym kątem. Inni nadzorcy ciągnęli za liny przytwierdzone do skórzanej obroży, wlokąc jego ciało ku kamiennemu blokowi. Posługując się linami, rozprostowali jego lewą rękę tak, że dłoń i przedramię spoczęły na kamieniu. Rahim legł obok bloku, a druga grupa nadzorców rozprostowała jego prawą rękę. Następnie jeden z nich wspiął się na blok i obiema nogami skoczył mu na ramię. Rozległo się obrzydliwe chrupnięcie chrząstek i kości.

Rahim nie mógł krzyczeć, bo obroża za bardzo go dławiła, ale jego usta otworzyły się i zamknęły w krzyku, który rozległ się w naszych głowach. Jego nogi zaczęły drgać w spazmach. Potężny dreszcz przeszedł przez całe jego ciało i zakończył się gwałtownym dygotem głowy, który wyglądałby śmiesznie, gdyby nie był straszny. Nadzorcy zmienili jego pozycję i teraz na bloku legła jego prawa ręka. Ten sam człowiek znowu wspiął się na kamień, przez cały czas rozmawiając z kolegami, napinającymi liny. Po chwili smarknął w palce, podrapał się i skoczył na prawą rękę. Rahim zemdlał. Nadzorcy skazańcy zapętlili liny wokół jego kostek i wywlekli jego ciało z dziedzińca. Jego ręce bezwładnie podskakiwały za ciałem, bezwładne i pozbawione życia jak długie, czarne pończochy.

– Widzisz? – szepnął Mahesh.

– O co chodziło?

– Uderzył nadzorcę – wyjaśnił przerażonym szeptem. – Dlatego cię powstrzymywałem. Oto co mogą zrobić.

Inny więzień pochylił się do nas i rzucił pospiesznie:

– A tutaj nie ma gwarancji, że zobaczysz lekarza – tchnął. – Może tak, a może nie. Może ten czarny przeżyje, a może nie przeżyje. Uderzyć nadzorcę – bardzo niedobrze, *baba*.

Wielki Rahul podszedł do nas z bambusową trzciną na ramieniu. Zatrzymał się koło mnie i od niechcenia smagnął mnie przez plecy. Odszedł, a jego śmiech brzmiał głośno, ale jednocześnie słabo i fałszywie. Nie oszukał mnie. Słyszałem już ten śmiech, w innym więzieniu na drugim końcu świata, i dobrze go znałem. Okrucieństwo to rodzaj tchórzostwa. Okrutny śmiech to płacz tchórza, kiedy nie jest sam, a zadawanie bólu to jego rozpacz.

Kucając w kolejce, zauważyłem z drgnieniem obrzydzenia, że we włosach mężczyzny przede mną roi się od wszy. Od rana wszystko mnie swędziało. Przypisałem to *kadmalom*, szorstkiemu kocowi i wielu ranom. Zerknąłem na włosy innego więźnia. W nich także roiły się wszy. Wiedziałem już, skąd ten świąd ciała i głowy. Odwróciłem się i spojrzałem na Mahesha. Jego włosy aż się poruszały od wszy. Potrząsnąłem włosami nad otwartą dłonią i proszę: białe, podobne do krabów, niezliczone.

Wszy. Koce, na których musieliśmy spać, były nimi zainfekowane. Nagle poczułem odrazę do tego swędzenia, zrozumiałem, że na całym ciele mam pełno robactwa. Kiedy ogolono mi głowę i wracaliśmy już do sypialni, Mahesh pouczył mnie na temat wszy, nazywanych tu *sheppesh*.

– *Sheppes* to cholerne paskudztwo, bracie. Te małe skurwiele są wszędzie. Dlatego nadzorcy mają własne koce i śpią po swojej stronie celi. Tam nie ma *sheppeshów*. Chodź, obserwuj mnie, pokażę ci, co trzeba robić.

Zdjął podkoszulek i wywrócił go na lewą stronę. Rozchylił wystający szew wokół kołnierzyka i pokazał mi poruszające się w nim wszy.

– Cholernie trudno je dostrzec, bracie, ale czujesz je bez problemu, *yaar*? Nie martw się. Łatwo je zabić. Rozgnieć je między kciukami, o tak.

Przyglądałem się, jak przerabia cały kołnierzyk, zabijając wszy jedna po drugiej. Potem zabrał się do szwów na rękawach, a w końcu do tego na dole podkoszulka. Wszy były dziesiątki, a on rozgniatał je sprawnie między kciukami.

– Teraz koszula jest czysta – oznajmił, składając ją ostrożnie, z dala od siebie, i kładąc na nagiej kamiennej podłodze. – Nie ma *sheppeshów*. Musisz się okręcić ręcznikiem, o tak, zdjąć spodnie i zabić wszystkie *sheppeshe* ze spodni. Jak je oczyścisz, kładziesz spodnie obok koszuli. Potem ciało – pachy, tyłek, jaja. A kiedy ubranie jest czyste i ty jesteś czysty, znowu się ubierasz. I będzie dobrze, nie za dużo wszy, aż do nocy. A potem z koca przejdzie na ciebie za dużo nowych *sheppeshów*. A bez koca nie można spać, bo jak spróbujesz, nadzorcy cię solidnie stłuką. Nie możesz tego uniknąć. A jutro zaczniesz od początku. Nazywamy to oporządzaniem *sheppeshów* i w Arthur Road robimy to codziennie.

Rozejrzałem się po otwartym, zalanym deszczem dziedzińcu koło długiej sypialni. Setki więźniów zajmowało się oporządzaniem – wybieraniem wszy z ubrań i metodycznym ich rozgniataniem. Niektórzy zobojętnieli. Drapali się, otrząsali jak psy i karmili wszy własną krwią. Ale we mnie wszy budziły wstręt. Zdarłem z siebie podkoszulek i sprawdziłem szew przy szyi. Cały materiał trząsł się od robactwa. Zacząłem je zabijać, jedną po drugiej, szew po szwie. Mogło to trwać i kilka godzin; zajmowałem się tym z fanatyczną dokładnością każdego ranka, który spędziłem w Arthur Road, ale nigdy nie czułem się całkiem oczyszczony. Nawet wiedząc, że zabiłem wszy i na jakiś czas się ich pozbyłem, czułem na skórze ich łaskoczące, budzące obrzydzenie ruchy. I stopniowo, z miesiąca na miesiąc, ta zgroza doprowadziła mnie na skraj przepaści.

Codziennie przez cały dzień, od porannego liczenia do wieczornego posiłku, chodziliśmy po wielkim dziedzińcu przy naszej sypialni. Niektórzy grali w karty i inne gry. Inni rozmawiali ze znajomymi lub usiłowali drzemać na kamiennych ścieżkach. Jeszcze inni, a było ich całkiem sporo, sunęli niepewnie na chudych, trzęsących się nogach i gadali do siebie po wariacku. Wpadali na ściany i tam zostawali, dopóki ktoś nie odwrócił ich łagodnie nie pchnął w nowy kurs.

Obiad w Arthur Road składał się z wodnistej zupy, którą wylewano na nasze płaskie aluminiowe talerze. Kolację, podawaną o wpół do piątej, stanowiła ta sama zupa z dodatkiem jednego *ćapatti*. Robiono ją z obierek i resztek różnych warzyw – raz były to obierki buraków, innym razem marchwi, trzeciego dnia dyni i tak dalej. Wykorzystywano także oczka z ziemniaków, stwardniałe końce cukinii, suche łuski cebuli i błotniste strużyny z rzepy. Nigdy nie widzieliśmy prawdziwych warzyw – te dostawały się strażnikom i nadzorcom skazańcom.

W naszej zupie, w bezbarwnym, wodnistym płynie dryfowały tylko strzępy obierek i zdrewniałych warzywnych piętek. W wielkiej kadzi, którą nadzorcy wtaczali przy każdym posiłku na dziedziniec, mieściło się sto pięćdziesiąt porcji. W celi mieszkało stu osiemdziesięciu więźniów. Aby zaradzić sytuacji, nadzorcy wlewali do kadzi dwa wiadra zimnej wody. Robili to przy każdym posiłku, po rytualnym liczeniu i wielkiej scenie teatralnego namysłu przed dolaniem wody do zupy. Za każdym razem pobudzało ich to do hucznego śmiechu.

O szóstej wieczorem, po kolacji, strażnicy znowu nas liczyli i zamykali w długiej celi sypialnej. Przez dwie godziny mogliśmy rozmawiać i palić *charras*, który kupowaliśmy od nadzorców. Więźniowie Arthur Road dostawali miesięcznie pięć kartek na żywność, zwanych kuponami. Ci, którzy mieli dostęp do pieniędzy, mogli je kupować. Niektórzy nosili przy sobie zwitki kilkuset kuponów. Kupowali za nie herbatę – dwa kupony równały się kubkowi gorącej herbaty – chleb, cukier, dżem, gorące jedzenie, mydło, przybory do golenia, papierosy i usługi, na przykład pranie i inne. W więzieniu była to waluta czarnego rynku. Za sześć kuponów można było dostać małą *goli*, czyli kulkę *charrasu*. Za pięćdziesiąt – zastrzyk z penicyliny. Było też kilku dilerów heroiny, sześćdziesiąt kuponów za działkę, ale nadzorcy tępili ich z bezwzględnym okrucieństwem. Uzależnienie od heroiny stanowiło jedną z nielicznych impulsów na tyle silnych, by przezwyciężyć strach i podważyć autorytet dręczycieli. Większość więźniów, na tyle rozsądnych, by bać się niemal nieograniczonej władzy nadzorców, zadowalało się półlegalnym *charrasem* i w celach często unosił się zapach haszyszu.

Co wieczór w celi śpiewano. Więźniowie, siedząc w kręgach po dwudziestu lub więcej i uderzając w odwrócone aluminiowe talerze jak w *table*, śpiewali miłosne piosenki z ulubionych filmów. Śpiewali o złamanym sercu i smutku rozstania. Zdarzało się, że kiedy w jednym kręgu rozpoczęto szczególnie lubianą piosenkę, parę następnych wersów podchwytywała druga grupa, a potem trzecia i czwarta, aż piosenka wracała do punktu wyjścia. Wokół każdego kręgu dwudziestu lub piętnastu śpiewaków skupiało się dwudziestu albo trzydziestu więźniów, klaszczących do rytmu i śpiewający drugim głosem. Razem otwarcie śmiali się i płakali. I tą muzyką pomagali sobie nawzajem ocalić miłość w sercach, o których miasto zapomniało i których się zaparło.

Pod koniec drugiego tygodnia w Arthur Road spotkałem się z dwoma młodzieńcami, którzy w ciągu godziny mieli wyjść na wolność. Mahesh zapewnił, że przekażą moją wiadomość. Byli to prości, niepiśmienni wiejscy chłopcy, którzy przyjechali do Bombaju i dali się zgarnąć podczas polowania na bezrobotnych. Po trzech miesiącach w Arthur Road – bez żadnego oskarżenia – wreszcie ich wypuszczono. Napisałem na karteczce imię i adres Abd al-Kadira Chana i krótką wiadomość, że jestem w więzieniu. Wręczyłem ją chłopcom i obiecałem, że po wyjściu na wolność im to wynagrodzę. Złożyli ręce w geście błogosławieństwa i odeszli z jasnymi, pełnymi nadziei uśmiechami.

Tego samego dnia nadzorcy spędzili nas brutalniej niż zwykle i kazali kucnąć w gęstych rzędach. Na naszych oczach wciągnęli do celi owych dwóch chłopców, którzy chcieli mi pomóc. Rzucili nimi o ścianę. Byli półprzytomni. Okrutnie ich pobito; z ran na twarzy lały się im strumienie krwi. Wargi mieli obrzmiałe, oczy podsiniaczone. Na ich nogach i rękach odcisnął się wężowy wzór ciosów *lathi.*

– Te psy próbowały wynieść z więzienia wiadomość od *gora* – oznajmił w hindi Wielki Rahul. – Każdy, kto spróbuje mu pomóc, oberwie tak samo. Zrozumiano? A teraz te dwa psy odsiedzą pół roku więcej w mojej celi! Pół roku! Jak mu któryś pomoże, będziecie mieć tak samo.

Nadzorcy wyszli na papierosa, a my podbiegliśmy do chłopców. Obmyłem ich rany i opatrzyłem najpoważniejsze. Pomagał mi Mahesh, a kiedy skończyliśmy, zabrał mnie na dwór, gdzie zapaliliśmy *bidi.*

– To nie twoja wina, Lin – powiedział, spoglądając na podwórze, gdzie więźniowie spacerowali lub wyłapywali wszy z ubrań.

– Oczywiście, że moja.

– Nie, stary – powiedział ze współczuciem. – To przez to więzienie, to przez Arthur Road. Tak tu jest, tak się dzieje codziennie. To nie twoja wina, bracie, i nie moja. Ale teraz masz wielki problem. Nikt ci nie pomoże – tak, jak w areszcie. Nie wiem, jak długo tu zostaniesz. Widzisz starego Pandu? To tamten. Jest tu już trzy lata i nadal nie stanął przed sądem. Ajay siedzi ponad rok. Santosh od dwóch lat zajmuje tę celę bez wyroku i nie wie, kiedy go osądzą. Ja... nie wiem, jak długo pobędę w tej celi. I wybacz, bracie, nikt ci teraz nie pomoże.

Mijały tygodnie i było tak, jak powiedział Mahesh – nikt nie chciał ściągnąć na siebie gniewu nadzorców. Co tydzień wypuszczano kogoś z naszej celi, a ja zwracałem się prawie do wszystkich, najostrożniej jak umiałem, ale nikt mi nie pomógł. Moja sytuacja stawała się rozpaczliwa. Po dwóch miesiącach straciłem jakieś dwanaście kilo. Byłem chudy. Całe ciało miałem w małych, ropiejących wrzodach od ugryzień *kadmali.* Ciosy nadzorców zostawiły sińce na moich rękach, nogach, plecach, twarzy i łysej, ogolonej głowie. I nieustannie, w każdej minucie dnia i nocy, martwiłem się, że moje odciski palców zostaną zidentyfikowane. Niemal co noc nachodził mnie koszmar dziesięcioletniego wyroku, przed którym uciekłem z Australii. Ta udręka zagnieździła się w mojej piersi, ścisnęła serce i często nabrzmiewała do tak groteskowych rozmiarów, że aż się nią dusiłem. Wyrzuty sumienia to rękojeść noża, którym się ranimy, a miłość często jest jego ostrzem, ale to strapienie dba, by ostrze się nie stępiło – i to strapienie w końcu załamuje większość nas.

Frustracja, strach, strapienie i ból wreszcie przeważyły szalę, kiedy Wielki Rahul, nadzorca, który obrał mnie sobie za ofiarę w rewanżu za swoje dwanaście lat w więzieniu, uderzył mnie o jeden raz za dużo. Siedziałem przy wejściu do pustej celi i usiłowałem napisać opowiadanie, które przez ostatnie kilka tygodni wyłoniło się i ukształtowało w mojej głowie. Codziennie powtarzałem w myślach zdanie po zdaniu. Była to mantra, która trzymała mnie przy zdrowych zmysłach. Tego ranka udało mi się zorganizować ogryzek ołówka i kawałek papierka po cukrze. Poczułem, że jestem gotowy w końcu zapisać parę akapitów pierwszej strony. W chwili spokoju, po oporządzeniu wszy, zacząłem pisać. Z całą przemyślnością, która rodzi się ze złośliwości, nawet u niezdarnych grubasów, Rahul podkradł się od tyłu i smagnął mnie trzciną w ramię tak, że aż mną szarpnęło. Trzcina miała rozdwojony koniec, który rozciął mi skórę wzdłuż mięśnia, niemal od barku do łokcia. Z głębokiej rany bluznęła krew, zalała mi palce, którymi ścisnąłem brzegi rany.

Poderwałem się w ślepej furii i wyszarpnąłem trzcinę zaskoczonemu Rahulowi. Zrobiłem parę kroków w jego stronę, zmuszając do cofnięcia się w głąb pustej celi. Z boku znajdowało się zakratowane okno. Wyrzuciłem przez nie trzcinę. Przestraszone, zdumione oczy Rahula wychodziły z orbit. Tego się nie spodziewał. Sięgnął po gwizdek. Kopnąłem wysoko. Trafiłem go w twarz pomiędzy nosem i ustami. Zatoczył się do tyłu. Zasada numer jeden ulicznych walk: broń swojej pozycji i nigdy się nie cofaj, chyba że przygotowujesz atak z zaskoczenia. Ruszyłem za nim, obsypując go gradem ciosów. Spuścił głowę, zasłonił się rękami. Zasada numer dwa ulicznych walk: nigdy nie pochylaj głowy. Starając się, żeby ciosy wyrządzały maksymalne szkody, zdzieliłem go prosto w ucho, w skroń i gardło. Był ode mnie większy i dorównywał mi siłą, ale nie nadawał się do walki. Upadł na kolana, przetoczył się na bok i zaczął błagać o litość.

Podniosłem głowę; biegło ku nam paru innych nadzorców. Wycofałem się w kąt celi, przyjąłem postawę karateki i zaczekałem na nich. Rzucili się na mnie. Jeden był szybszy od pozostałych. Znalazł się w zasięgu mojego ciosu. Szybko kopnąłem. Trafiłem go między nogi, z całą dostępną mi siłą. Zdołałem uderzyć jeszcze trzy razy, zanim zwalił się na ziemię. Twarz miał zakrwawioną. Odczołgał się, zostawiając smugę krwi na posadzce. Reszta już się tak nie spieszyła. Stanęli wokół mnie w półkolu, zaskoczeni i zbici z tropu, z trzcinami uniesionymi w powietrze.

– No już! – ryknąłem w hindi. – Co mi możecie zrobić? Coś gorszego niż to?

Mocno walnąłem się pięścią w twarz, i jeszcze raz, aż z ust poleciała mi krew. Przesunąłem dłonią po ranie na ręce i rozsmarowałem krew na czole. Lekcja numer trzy ulicznych walk: zawsze bądź większym świrem od przeciwnika.

– Potraficie zrobić coś gorszego niż to? – wrzasnąłem, przerzucając się na marathi. – Myślicie, że się tego boję? Jazda! Ja tego chcę! Chcę, żebyście mnie wykurzyli z tego kąta! Jak mnie złapiecie, to złapiecie, ale jeden z was straci oko. Jeden z was. Wyrwę mu to oko palcami i zjem! No już! Zaczynajcie! I spieszcie się, bo Bóg mi świadkiem, jestem kurewsko głodny!

Zawahali się, a potem zbili się w grupkę, by przedyskutować sytuację. Obserwowałem ich, napięty i sprężony do skoku jak lampart szykujący się do śmiertelnego ciosu. Poszeptali gorączkowo pół minuty i w końcu podjęli decyzję. Cofnęli się jeszcze bardziej i niektórzy wybiegli z celi. Myślałem, że chcą sprowadzić strażników, ale po chwili wrócili z dziesięcioma więźniami z mojej celi. Rozkazali im usiąść na podłodze, twarzą do mnie, a potem zaczęli ich bić. Pręty unosiły się i opadały jak grad. Więźniowie krzyczeli i wyli. Bicie ustało po chwili. Więźniowie zostali odesłani. Po paru sekundach na ich miejscu znalazło się dziesięciu innych.

– Wychodź z kąta! – rozkazał nadzorca.

Spojrzałem na siedzących więźniów, a potem na nadzorcę. Pokręciłem głową. Nadzorca wydał rozkaz i druga grupa więźniów została wychłostana bambusowymi trzcinami. Ich krzyki odbijały się przeraźliwym echem i krążyły w kamiennej sali jak stado przerażonych ptaków.

– Wychodź z kąta! – krzyknął nadzorca.

– Nie.

– *Aur dass!* – zawył. „Dawać następnych dziesięciu!".

Zebrano kolejną grupę przestraszonych więźniów, posadzono twarzami w moją stronę. Nadzorcy unieśli trzciny. W grupie znajdował się Mahesh. Zobaczyłem także jednego z dwóch młodzieńców, których pobito i którym dołożono pół roku kary za to, że chcieli mi pomóc. Patrzyli na mnie. Milczeli, ale błagali mnie wzrokiem.

Opuściłem ręce i zrobiłem krok w ich stronę. Nadzorcy rzucili się na mnie, chwyciło mnie sześć par rąk. Zawlekli mnie do stalowej kraty i położyli na plecach, tak że moja głowa dotykała stalowych prętów. W szafce w głębi celi trzymali kajdanki. Dwoma parami tych zabytkowych żelaznych oków przykuli moje ręce do krat na wysokości głowy. Sznurem z kokosowego włókna związali mi nogi w kostkach.

Wielki Rahul ukląkł obok mnie i pochylił się nisko. Wysiłek przyklęknięcia, skłonu i walki z monstrualną nienawiścią wycisnął z niego poty i rzężenie. Wargi miał pęknięte, a nos spuchnięty. Wiedziałem, że od ciosu w ucho i skroń głowa będzie go bolała jeszcze przez parę dni. Uśmiechnął się. Nigdy nie wiadomo, ile zła siedzi w człowieku, dopóki nie zobaczymy jego uśmiechu. Nagle przypomniałem sobie to, co Lettie powiedziała o Mauriziu: gdyby niemowlęta miały skrzydła, on by je powyrywał. Zacząłem się śmiać. Bezsilny, z przykutymi, unieruchomionymi rękami, śmiałem się. Rahul gapił się ze zmarszczonymi brwiami. Jego rozdziawiona, kretyńska mina rozbawiła mnie jeszcze bardziej.

Zaczęło się bicie. Wielki Rahul całą energię włożył w atak na moją twarz i genitalia. Kiedy nie miał już siły unieść trzciny ani złapać tchu, zastąpili go inni, którzy podjęli atak. Okładali mnie bambusowymi *lathi* przed dwadzieścia minut lub dłużej. Potem zrobili sobie przerwę na papierosa. Miałem na sobie szorty i podkoszulek, nic więcej. Trzciny pokaleczyły mnie całego, obdarły ze skóry od podeszew stóp po czubek głowy.

Wypalili papierosy i znowu zaczęli bić. Jakiś czas później usłyszałem, że przybyła nowa grupa nadzorców z innej celi. Ci nowi zaczęli chłostać ze świeżą energią. Nie mieli litości. Kiedy skończyli, trzecia grupa przystąpiła do okrutnego ataku. A potem zjawiła się czwarta. I z kolei pierwsza, z mojej celi, zaczęła mnie siec i ciąć trzcinami. Chłosta zaczęła się o wpół do jedenastej rano. Ciągnęła się do ósmej wieczorem.

– Otwórz usta.

– Co?

– Otwórz usta! – zażądał ktoś. Nie mogłem otworzyć oczu, bo powieki miałem zespawane zeschłą krwią. Głos był natarczywy, ale dobry, dochodził zza mnie, z drugiej strony krat. – Musi pan wziąć lekarstwo! Musi pan wziąć lekarstwo!

Poczułem napór szklanej buteleczki na usta i zęby. Woda opłynęła mi twarz. Ręce nadal miałem przykute do krat. Rozchyliłem wargi i woda wsączyła mi się do ust. Przełknąłem szybko, zakrztusiłem się. Jakieś ręce przytrzymały mi głowę; poczułem, że ktoś wkłada mi do ust dwie tabletki. Znowu wróciła butelka z wodą. Wypiłem, wykasłując wodę przez nos.

– To mandrax – powiedział strażnik. – Teraz pan zaśnie.

Moje ciało, wyciągnięte na plecach, z wyprostowanymi rękami, było posiniaczone i poranione tak bardzo, że nie istniała taka część ciała, która by nie bolała. Powieki miałem sklejone. W ustach czułem krew i wodę. Popłynąłem w sen jeziorem lepkiego, odrętwiającego narkotycznego odlotu. Słyszałem chór głosów, mój krzyk bólu, którego nie wydałem i nie zamierzałem wydać.

Obudzili mnie o świcie, chlustając na mnie wiadrem wody. Tysiąc ran na moim ciele wrzasnęło. Pozwolili Maheshowi przemyć mi oczy mokrą szmatką. Kiedy wreszcie mogłem rozchylić powieki, rozpięli kajdanki, podnieśli mnie za zesztywniałe ręce i wyprowadzili z celi. Pomaszerowaliśmy przez puste dziedzińce i nieskazitelnie czyste ścieżki, obsadzone geometrycznie doskonałymi grządkami kwiatów. W końcu stanęliśmy przed jednym ze starszych urzędników więziennych. Był to mężczyzna koło pięćdziesiątki. Krótko przycięte siwe włosy i wąsy podkreślały jego delikatne, niemal kobiece rysy. Był w piżamie i bonżurce z jedwabnego brokatu. Siedział na środku pustego podwórza, w misternie rzeźbionym fotelu. Po obu jego stronach i za jego plecami stali strażnicy.

– Nie tak lubię rozpoczynać niedzielę, mój drogi – powiedział, ziewając za upierścienioną dłonią. – Coś ty sobie wyobrażał, do diabła?

Mówił po angielsku precyzyjnie i gładko, tak jak uczą w dobrych indyjskich szkołach. Z tych paru zdań i sposobu ich wypowiedzenia wywnioskowałem, że jego wykształcenie stanowi postkolonialny odpowiednik mojego. Moja matka, biedna i spracowana, oszczędziła dość pieniędzy, by wysłać mnie do dokładnie takiej szkoły, jaką skończył i on. W innych okolicznościach moglibyśmy dyskutować na temat Szekspira, Schillera lub *Mitologii* Bulfincha. Wystarczyły mi te dwa zdania, żeby to wszystko zrozumieć. Ile on dowiedział się na mój temat?

– Nie mówisz, hę? O co chodzi? Czy moi ludzie cię pobili? Czy nadzorcy ci coś zrobili?

Wpatrywałem się w niego w milczeniu. W starej szkole australijskich więzień nie wolno kablować. Nawet na klawiszy. Nawet na nadzorców skazańców. Nie donosisz na nikogo, nigdy, w żadnych okolicznościach.

– Dajże spokój, czy nadzorcy cię pobili?

Milczenie, które zapadło po tym pytaniu, nagle zmącił poranny śpiew ptaków *mynah*. Słońce wyłoniło się już ponad horyzont, a złote światło rozproszyło się w mglistym powietrzu i wypiło rosę. Czułem poranny wietrzyk na każdej z tysiąca moich ran, które rozdzierały się i pękały przy każdym ruchu. Mocno zacisnąłem usta i wciągnąłem w płuca poranne powietrze miasta, które kochałem z całego serca.

– Biliście go? – spytał nadzorcy w marathi.

– Oczywiście, sir! – odpowiedział tamten, wyraźnie zaskoczony. – Pan nam kazał.

– Ale nie kazałem go zabić, ty idioto! Spójrz na niego! Wygląda jak obdarty ze skóry.

Urzędnik patrzył przez chwilę na złoty zegarek, a potem westchnął głośno i z desperacją.

– Doskonale. Oto twoja kara. Będziesz chodzić w łańcuchach na nogach. Musisz się nauczyć, że nadzorców nie wolno bić. Musisz dostać tę nauczkę. I od tej pory aż do odwołania będziesz dostawać połowę żywnościowej racji. Zabrać go!

Wytrwałem w milczeniu. Odprowadzono mnie do celi. Znałem kodeks. Nauczyłem się w bolesny sposób, że mądrze jest milczeć, kiedy władze więzienne nadużywają władzy; wszystko, co się zrobi, doprowadzi je do większej wściekłości, a wszystko, co się powie, jeszcze pogorszy sprawę. Despotyzm nade wszystko nienawidzi domagania się sprawiedliwości.

W łańcuchy zakuł mnie wesoły mężczyzna w średnim wieku, odsiadujący dziewiąty rok z siedemnastoletniego wyroku za podwójne morderstwo. Zabił żonę i swojego najlepszego przyjaciela, kiedy zastał ich razem w łóżku, a potem oddał się w ręce policji.

– Załatwiłem to po cichu – powiedział do mnie po angielsku, zaciskając kleszczami żelazną obręcz wokół mojej kostki. – Nie obudzili się. No, przynajmniej on. Ona się obudziła, kiedy topór na nią spadał, trochę się obudziła, ale nie na długo.

Dopasował kajdany i podniósł łańcuch, który miał mi pętać nogi. Na środku znajdowało się większe ogniwo w kształcie pierścienia. Dał mi długi pas samodziału i pokazał, jak go przewlec przez pierścień i obwiązać się nim w pasie. Dzięki temu pierścień zawisł nieco poniżej moich kolan, a łańcuch nie wlókł się po ziemi.

– Powiedzieli, że jeszcze tylko dwa lata. Jestem nadzorca – poinformował mnie, mrugnął i uśmiechnął się szeroko, chowając narzędzia. – Ty nie martw się. Kiedy co się zdarzy przez dwa lata, ja cię dopilnuję. Jesteś mój bardzo dobry angielski przyjaciel, tak? Nie problem.

Łańcuch zmusił mnie do stawiania małych kroczków. Poruszanie się w szybszym tempie wymagało człapiących, rozkołysanych skoków. W mojej celi byli dwaj więźniowie z kajdanami na nogach. Przyglądając się im, stopniowo opracowałem właściwą technikę. Po paru dniach ten posuwisty, człapiący krok przychodził mi równie naturalnie jak im. A nawet, obserwując ich i naśladując, stopniowo odkryłem, że w ich człapiącym tańcu było coś więcej niż tylko konieczność. Usiłowali nadać swoim ruchom wdzięk, dodać im urody, by złagodzić upokorzenie. Nawet tutaj okazało się, że człowiek potrafi odnaleźć sztukę.

Ale to naprawdę było upokorzenie. Najgorsze, co mogą nam zrobić inni, to ośmieszyć. Najgorsze, co spotyka nas ze strony innych, zawsze uderza w to coś w nas, co chce kochać świat. I w tym upokorzeniu, który odczuwamy, istnieje mały procent wstydu za to, że jesteśmy ludźmi.

Nauczyłem się chodzić w łańcuchach, ale zmniejszone racje dały o sobie znać i zacząłem systematycznie tracić na wadze, jak mi się zdawało, mniej więcej piętnaście kilo miesięcznie. Żywiłem się jednym kawałkiem chleba *ćapatti*, wielkości dłoni, i jedną miską wodnistej zupy dziennie. Wychudłem i traciłem siły niemal z godziny na godzinę. Więźniowie usiłowali mnie podkarmiać przemycanym jedzeniem. Bito ich za to, ale nie ustawali. Po jakimś czasie zacząłem odrzucać ich pomoc, bo poczucie winy, kiedy ktoś obrywał z mojego powodu, zabijało mnie równie skutecznie jak niedożywienie.

Setki małych i dużych ran, które otrzymałem w czasie chłosty, sprawiały mi ból nie do wytrzymania. Większość została zainfekowana, niektóre nabrzmiały żółtą ropą. Usiłowałem je obmywać zarobaczoną wodą, ale to nie była dezynfekcja. Co noc gryzły mnie *kadmale*. Zostawiały setki ranek, których wiele zmieniło się w zakażone, sączące wrzody. Miałem na ciele mnóstwo wszy. Codziennie zabijałem ohydne, rojące się insekty, ale przyciągały je moje rany i wrzody. Żywiły się mną i rozmnażały się w ciepłych, wilgotnych czyrakach.

Ale po moim niedzielnym spotkaniu z więziennym urzędnikiem bicie się skończyło. Wielki Rahul od czasu do czasu wymierzał mi cios, a także niektórzy nadzorcy, ale były to gesty rutynowe i na ogół pozbawione rozmachu.

A potem, pewnego dnia, kiedy leżałem, by zaoszczędzić energię, i obserwowałem, jak ptaki wydziobują okruszki na dziedzińcu przed naszą celą, jakiś mężczyzna przyskoczył do mnie i chwycił mnie oburącz za gardło.

– *Mukul! Mukul*, mój młodszy brat! – wycharczał w hindi. – *Mukul!* Mój młodszy brat, ugryzłeś go w twarz! Mojego brata!

Wyglądał jak jego bliźniak. Był wysoki i masywny. Rozpoznałem tę twarz i w chwili, kiedy usłyszałem jego charkot, przypomniałem sobie człowieka, który usiłował mi odebrać aluminiowy talerz w Kolabie. Za bardzo wychudłem, zanadto osłabił mnie głód i gorączka. Jego wielkie cielsko mnie miażdżyło, a ręce zamknęły mi dopływ powietrza. Zacząłem umierać.

Lekcja numer cztery ulicznych walk: zawsze miej coś w rezerwie. Resztka mojej energii eksplodowała w jednym pchnięciu ręki. Wbiłem rękę między nasze ciała i chwyciłem go za jaja, ścisnąłem i skręciłem je ze wszystkich sił. Jego oczy i usta otworzyły się szeroko, rozległ się bulgotliwy wrzask i napastnik spróbował stoczyć się ze mnie na lewo. Przetoczyłem się razem z nim. Ścisnął nogi, podniósł kolana, ale nie rozluźniłem miażdżącego chwytu. Palce drugiej ręki wbiłem w miękkie ciało nad obojczykiem. Chwyciłem go za kość i wykorzystałem ją jak rękojeść, punkt oparcia. Zacząłem tłuc go w twarz czołem. Uderzyłem sześć, dziesięć razy. Czułem, że zębami wyszarpuje mi ranę na czole, czułem, że jego nos pęka, czułem, że siły wyciekają z niego wraz z krwią, czułem, że jego obojczyk chwieje się i wyskakuje ze stawu. I ciągle biłem go głową. Obaj byliśmy zakrwawieni, a on tracił siły, ale nie darowałby mi. Dalej go biłem.

Pewnie bym go pobił na śmierć tym tępym narzędziem, za które posłużyła mi głowa, ale nadzorcy rozdzielili nas i powlekli mnie do bramy. Znowu skuto mi ręce, ale tym razem zmienili taktykę i przykuli mnie do bramy twarzą do kamiennej posadzki. Zdarli mi z pleców cienką koszulę. Bambusowe trzciny zaczęły siec z nową furią. Nadzorcy umyślnie sprowadzili człowieka, który mnie zaatakował – to była pułapka, co przyznali podczas jednej z przerw, kiedy dawali rękom odpocząć. Chcieli, żeby mnie pobił do nieprzytomności, może nawet zabił. Miał fantastyczny motyw. Wpuścili go do celi i pozwolili na zemstę. Ale się nie udało. Pobiłem ich wysłannika. A niepowodzenie doprowadziło ich do wściekłości. Więc znowu bili mnie godzinami, z przerwami na papierosa, czaj i przekąski oraz prywatną prezentację mojego zakrwawionego ciała wybranym gościom z innych części więzienia.

W końcu uwolnili mnie z kajdanek. Przez zaskorupiałą w uszach krew słuchałem, jak się naradzają nad moim losem. Ta chłosta po walce, chłosta, którą sami mi wymierzyli, była tak dzika i krwawa, że nawet oni zaczęli się martwić. Posunęli się za daleko i mieli tego świadomość. Nie mogli zgłosić tego żadnemu urzędnikowi. Postanowili wyciszyć sprawę. Rozkazali jednemu ze swoich pomocników, żeby obmył mydłem moje okaleczone, posiekane ciało. Tamten, co zrozumiałe, nie chciał się podjąć obrzydliwego zadania. Zachęcili go licznymi razami, po których zabrał się do roboty z większym przekonaniem. Życie zawdzięczam właśnie jemu i, dość przewrotnie, napastnikowi, który chciał mnie zabić. Bez jego ataku i tej szaleńczej tortury, która nastąpiła po nim, nadzorcy nie pozwoliliby mi na użycie mydła i ciepłej wody – po raz pierwszy i ostatni podczas mojego pobytu w więzieniu. Ta woda z mydłem mnie ocaliła. Jestem tego pewien, bo liczne rany i wrzody na moim ciele były już tak zainfekowane, że nieustannie miałem gorączkę, a toksyny zaczęły mnie dobijać. Byłem zbyt słaby, żeby się ruszać. Ten, który mnie umył – nie znam nawet jego imienia – zajął się moimi ranami i nabrzmiałymi wrzodami z tak kojącą troskliwością, że po policzkach popłynęły mi łzy ulgi, mieszając się na kamiennej posadzce z krwią.

Gorączka trochę mi spadła, ale nadal głodowałem i każdego dnia byłem coraz chudszy. I każdego dnia nadzorcy paśli się w celi trzema sutymi posiłkami. Na posługi mieli tuzin więźniów. Ci prali ich ubrania i koce, szorowali podłogi, przygotowywali miejsce na posiłek, sprzątali po nim i jeśli tylko nadzorca miał taki kaprys, masowali jego stopy, plecy i kark. W nagrodę bito ich rzadziej niż resztę i dawano dwa *bidi* i resztki z każdego posiłku. Rozsiadłszy się na czystym prześcieradle na kamiennej posadzce, nadzorcy sięgali do licznych talerzy, w których przysyłano im posiłki: ryż, *dhal*, chutneye, świeże *roti*, ryby, mięsne gulasze, kurczaki i słodkie desery. Mlaskali, a resztki kurczaka, chleba lub owoców rzucali swoim służącym, kucającym obok jak małpy i gapiącym się na nich z oczami wychodzącymi z orbit i śliną napływającą do ust.

Zapach jedzenia był dla nas potworną torturą. Jeszcze nigdy zapach jedzenia nie upajał mnie tak, jak podczas tej powolnej głodowej śmierci. Zapach ich jedzenia był dla mnie symbolem całego utraconego świata. Wielki Rahul przy każdym posiłku z wielką uciechą proponował mi poczęstunek. Wyciągał kurzą nogę, machał nią w powietrzu i udawał, że mi ją rzuca, zachęcając spojrzeniem i ruchem brwi, zapraszając, żebym stał się jednym z jego psów. Czasem rzucał ku mnie kurzą nogę albo kawałem ciasta i ostrzegał swoich pachołków, żeby zostawili to jedzenie dla mnie, dla *gora*. Nalegał, żebym po nie przypełzł. Kiedy nie reagowałem i stawało się jasne, że nie zareaguję, dawał znak pachołkom i wybuchał tym okrutnym śmiechem słabeusza, kiedy walczyli o ochłap.

Nie potrafiłem popełznąć po to jedzenie, chociaż z każdym dniem, z każdą godziną stawałem się coraz słabszy. Znowu dostałem temperatury, która stopniowo rosła, aż w końcu moje oczy płonęły gorączką dniem i nocą. Kulejąc lub czołgając się na czworakach, gdy gorączka mnie obezwładniła, chodziłem do toalety, ale coraz rzadziej. Mój mocz był ciemnopomarańczowy. Niedożywienie odebrało mi energię i nawet najprostszy ruch – przetoczenie się z boku na bok lub dźwignięcie się do pozycji siedzącej – wymagał tak wielkiego marnotrawstwa bezcennych sił, że bardzo długo się nad tym zastanawiałem. Na ogół dniem i nocą leżałem bez ruchu. Nadal usiłowałem się odwszawiać, nadal usiłowałem się myć, ale po tych prostych czynnościach czułem się strasznie i nie mogłem złapać tchu. Serce biło mi nienaturalnie szybko, choć tylko leżałem, a oddech był urywany i często towarzyszyły mu mimowolne ciche jęki. Umierałem z głodu i uczyłem się, że to jeden z najokrutniejszych sposobów zadawania śmierci. Wiedziałem, że ochłapy od Wielkiego Rahula by mnie ocaliły i nie umiałem po nie popełznąć. Nie umiałem także odwrócić wzroku i Rahul pożerał każdy posiłek na moich gasnących oczach.

Często odpływałem w gorączkowe wizje mojej rodziny i przyjaciół z Australii, których znałem i na zawsze utraciłem. Widywałem także Kadirbaja, Abdullaha, Kasima Alego, Johnny'ego Cygaro, Raju, Vikrama, Lettię, Ullę, Kawitę i Didiera. Myślałem o Prabakerze i żałowałem, że nie powiedziałem mu, jak bardzo go kocham za to jego uczciwe, optymistyczne, dzielne i życzliwe serce. I wcześniej czy później moje myśli zawsze odnajdywały drogę do Karli, każdego dnia, każdej nocy, w każdej godzinie, którą odliczałem z płonącymi oczami.

I w mojej ogarniętej rojeniami głowie zrodziła się pewność, że Karla mnie uratowała. Myślałem o niej, kiedy podniosły mnie jakieś silne ramiona, kiedy z moich okaleczonych kostek spadły łańcuchy, a strażnicy poprowadzili mnie do biura urzędnika. Myślałem o niej.

Strażnicy zapukali do drzwi. Usłyszeli odpowiedź i otworzyli je. Zaczekali na zewnątrz, a ja wszedłem do małego pomieszczenia. Ujrzałem tam trzech mężczyzn siedzących wokół metalowego biurka: urzędnika o krótkich siwych włosach, policjanta w cywilu i Vikrama Patela.

– O, kurwa! – krzyknął Vikram. – Stary, wyglądasz... wyglądasz kurewsko strasznie! Kurwa! Co wyście z nim zrobili?

Urzędnik i policjant wymienili neutralne spojrzenie, ale nie odpowiedzieli.

– Siadać – rozkazał urzędnik. Stałem, chwiejąc się z osłabienia. – Proszę siadać.

Usiadłem i spojrzałem na Vikrama oniemiały ze zdumienia. Płaski, czarny kapelusz wisiał mu na plecach na sznurku na szyi, a czarna kamizelka, koszula i haftowane spodnie flamenco wydawały się dziko egzotycznym, a jednak najbardziej budzącym otuchę strojem, jaki mógłbym sobie wyobrazić. Od skomplikowanych esów-floresów na jego kamizelce zakręciło mi się w głowie, więc skupiłem spojrzenie na jego twarzy. Ta twarz krzywiła się i marszczyła na mój widok. Nie widziałem swojego odbicia w lustrze od czterech miesięcy. Grymasy Vikrama dały mi ogólne pojęcia, jak bliski śmierci muszę się wydawać. Podał mi czarną koszulę z postaciami z lassem, którą dał mi w deszczu przed czterema miesiącami.

– Przy... przyniosłem ci... koszulę – wyjąkał słabym głosem.

– Co... tu... robisz?

– Przysłał mnie przyjaciel. Twój bardzo dobry przyjaciel. Och, Lin, kurwa! Wyglądasz, jakby psy cię zjadły. Nie chcę cię denerwować ani nic, ale wyglądasz, jakby cię wykopali z grobu, a przedtem zabili. Tylko spokojnie. Jestem tutaj, stary. Wydostanę cię z tego pudła.

Urzędnik uznał to za sygnał dla siebie, odchrząknął i skinął na policjanta. Policjant odwrócił się do Vikrama z uśmiechem, który zmarszczył delikatną skórę wokół jego oczu.

– Dziesięć tysięcy – powiedział. – Amerykańskich dolarów, oczywiście.

– Dziesięć, kurwa, tysięcy? – eksplodował Vikram. – We łbach się wam poprzewracało? Za dziesięć tysięcy mogę wykupić pięćdziesięciu takich! Nie pieprz!

– Dziesięć tysięcy – powtórzył urzędnik ze spokojem i pewnością siebie człowieka, który wie, że do walki na noże tylko on stanął uzbrojony w pistolet. Oparł ręce na metalowym biurku, a jego bębniące palce robiły małą meksykańską falę.

– Nie ma, kurwa, mowy. *Arrey*, spójrz na niego. Co wy mi dajecie, *yaar*? Zniszczyliście, kurwa, tego faceta. Myślicie, że w tym stanie jest wart dziesięć tysięcy?

Policjant wyjął z wąskiej winylowej aktówki teczkę i podsunął ją Vikramowi. W teczce znajdowała się jedna kartka. Vikram szybko przebiegł ją wzrokiem i zacisnął usta. Spojrzał na mnie z uznaniem.

– To ty? – spytał mnie. – Uciekłeś z więzienia w Australii?

Patrzyłem na niego nieruchomym wzrokiem, nie odwracając rozgorączkowanych oczu. Nie odpowiedziałem.

– Ile osób o tym wie? – spytał policjanta.

– Niezbyt wiele – odpowiedział ten po angielsku. – Ale na tyle, że opłaca się dać dziesięć tysięcy za zachowanie tej sprawy w tajemnicy.

– O cholera. – Vikram westchnął. – I po targach. Kurwa. Za pół godziny przyniosę pieniądze. Umyjcie go i wyszykujcie.

– To nie wszystko – odezwałem się. Wszyscy na mnie spojrzeli. – Jest tu dwóch więźniów. W mojej celi. Usiłowali mi pomóc, a nadzorcy lub strażnicy zamknęli ich na następne pół roku. Ale oni swoje już odsiedzieli. Chcę, żebyście ich wypuścili razem ze mną.

Policjant spojrzał pytająco na urzędnika. Ten machnął lekceważąco ręką i zakołysał głową na znak zgody. Dla niego to była drobnostka. Mógł ich uwolnić.

– Jest jeszcze jeden – dodałem sucho. – Nazywa się Mahesh Malhotra. Nie może wpłacić kaucji. To niewiele, parę tysięcy rupii. Chcę, żebyście mu ją pozwolili zapłacić. Chcę, żeby wyszedł ze mną.

Obaj mężczyźni unieśli dłonie i wymienili zdumione spojrzenia. Los kogoś tak biednego i pozbawionego znaczenia nigdy nie znalazł się w zasięgu ich materialnych ambicji ani duchowych dążeń. Spojrzeli na Vikrama. Urzędnik wysunął szczękę, jakby mówił: to wariat, ale jeśli tego chce...

Vikram wstał, ale szybko usiadł, kiedy podniosłem rękę.

– I jest jeszcze jeden – oznajmiłem.

Policjant parsknął śmiechem.

– *Aur ek?* – wybełkotał przez chichoty. „Kolejny?".

– To Afrykańczyk. Na bloku afrykańskim. Nazywa się Rahim. Złamali mu obie ręce. Nie wiem, czy żyje, czy umarł. Jeśli żyje, chcę także jego.

Policjant spojrzał na urzędnika, wzruszając ramionami. Uniósł rękę w pytającym geście.

– Znam tę sprawę – oznajmił urzędnik, kołysząc głową. – To sprawa... policji. Ten człowiek miał bezwstydny romans z żoną inspektora policji. Inspektor całkiem słusznie dopilnował, by go tu umieszczono. A tutaj dopuścił się brutalnego ataku na moich nadzorców. To niemożliwe.

Zapadło milczenie, a słowo „niemożliwe" wiło się w powietrzu jak dym z taniego cygara.

– Cztery tysiące – powiedział policjant.

– Rupii? – spytał Vikram.

– Dolarów. – Roześmiał się policjant. – Amerykańskich. Cztery tysiące ekstra. Dwa dla nas i naszych współpracowników, dwa dla inspektora, który poślubił kurwę.

– Jest ktoś jeszcze? – wymamrotał Vikram bez gniewu. – Tylko pytam, bo wiesz, niedługo dojdziemy do ceny hurtowej.

Zagapiłem się na niego. Gorączka paliła mi oczy, a wysiłek utrzymywania się na krześle był tak wielki, że pociłem się i dygotałem. Vikram wyciągnął do mnie ręce i pochylił się, dotknął moich gołych kolan. Przyszło mi do głowy, że przejdą na niego moje wszy, ale nie mogłem odtrącić tego przyjaznego gestu.

– Będzie dobrze, stary. Nie martw się. Niedługo wrócę. Wyciągniemy cię stąd w godzinę, obiecuję. Wrócę z dwoma taksówkami, dla nas i twoich ludzi.

– Sprowadź trzy taksówki – odpowiedziałem, a mój głos dochodził jakby z głębokiej, ciemnej studni, która zaczęła się otwierać, w miarę jak do mnie docierało, że mogę być wolny. – Jedną dla ciebie, a dwie pozostałe dla mnie i tamtych. Z powodu... wszy.

– W porządku. – Wzdrygnął się. – Trzy taksówki. Załatwione.

Pół godziny później siedziałem z Rahimem na tylnej kanapie czarno-żółtego fiata, a za oknami przesuwało się miasto. Rahim najwyraźniej odwiedził lekarza – ręce miał w gipsie – ale był chudy i chory, a z jego oczu wyglądała zgroza. Mdliło mnie od samego patrzenia w te oczy. Nie odezwał się ani słowem, podał tylko adres. Wysiadając przed restauracją, której właścicielem był Hasan Obikwa, płakał cicho.

Ruszyliśmy dalej. Taksówkarz obserwował w lusterku moją wynędzniałą, wygłodniałą, posiniaczoną twarz. W końcu spytałem w ulicznym, knajackim hindi, czy ma jakieś filmowe piosenki. Zaskoczony odpowiedział, że tak. Wymieniłem moją ulubioną, znalazł ją i podkręcił na cały regulator. Była to piosenka, którą więźniowie w mojej celi przekazywali sobie z grupy do grupy. Śpiewali ją niemal co wieczór. Ja także ją zaśpiewałem, a taksówka wiozła mnie w zapachy, kolory i dźwięki mojego miasta. Kierowca dołączył do mnie, często zerkając w lusterko. Kiedy śpiewamy, nie ukrywamy naszych tajemnic, a Hindusi to naród śpiewaków rozmiłowanych w piosenkach, które śpiewamy, kiedy płacz to za mało.

Piosenka nadal brzmiała mi w głowie, kiedy wrzuciłem ubranie do foliowego worka na odpadki i stanąłem pod mocnym gorącym prysznicem w łazience Vikrama. Wylałem sobie na głowę całą butelkę płynu dezynfekcyjnego, wyszorowałem skórę twardą szczotką. Tysiące ran i ukąszeń paliło mnie żywym ogniem, ale myślałem tylko o Karli. Vikram powiedział, że dwa dni temu wyjechała z miasta. Nikt nie wiedział dokąd. Jak ją znajdę? Gdzie teraz jest? Czy mnie nienawidzi? Czy myśli, że ją zaliczyłem i rzuciłem? Czy mogłaby tak o mnie myśleć? Muszę zostać w Bombaju – ona tu wróci, wróci do tego miasta. Muszę zostać i na nią zaczekać.

W tej łazience spędziłem dwie godziny, rozmyślając, szorując się i zaciskając zęby z bólu. Rany znowu mi krwawiły, kiedy wszedłem do sypialni Vikrama, owinięty w pasie ręcznikiem.

– O, stary – jęknął, kręcąc głową i wzdrygając się ze współczuciem.

Spojrzałem w duże lustro na jego szafie. Stanąłem na jego łazienkowej wadze; ważyłem czterdzieści pięć kilo – połowę tego, co przy aresztowaniu. Wyglądałem jak więzień z obozu koncentracyjnego. Widać mi było wszystkie kości, moja twarz zmieniła się w trupią czaszkę. Byłem cały w ranach i wrzodach, a pod nimi ciało pokrywał jednostajny szylkretowy wzór siniaków.

– Kadir dowiedział się o tobie od dwóch więźniów z twojej celi, jakichś Afgańczyków. Powiedzieli, że widzieli cię raz z Kadirem, kiedy poszliście posłuchać ślepych śpiewaków, i stamtąd cię zapamiętali.

Usiłowałem przywołać wspomnienie tych mężczyzn, przypomnieć sobie ich twarze, ale nie potrafiłem. Afgańczycy, powiedział Vikram. Widać dobrze im idzie dochowywanie tajemnic, bo przez tyle miesięcy spędzonych w jednej celi ani razu się do mnie nie odezwali. Kimkolwiek byli, stałem się ich dłużnikiem.

– Jak wyszli, opowiedzieli o tobie Kadirowi, a on po mnie posłał.

– Dlaczego po ciebie?

– Nie chciał, żeby ktoś wiedział, że to on cię wyciągnął. Ale cena była wysoka, *yaar*. Gdyby wiedzieli, że to on płaci bakszysz, byłaby o wiele wyższa.

– Skąd go znasz? – spytałem, nadal wpatrzony z pełną zgrozy fascynacją w swoje wynędzniałe, udręczone ciało.

– Kogo?

– Kadirbaja. Skąd go znasz?

– Stary, wszyscy w Kolabie go znają.

– Jasne, ale skąd ty go znasz?

– Raz dla niego coś załatwiłem.

– Co?

– E, długa historia.

– Jeśli ty masz czas, to ja też.

Vikram uśmiechnął się i pokręcił głową. Wstał, podszedł do małego stolika służącego mu za barek i nalał dwa drinki.

– Jeden *goonda* Kadirbaja pobił bogatego szczeniaka w nocnym klubie – zaczął, podając mi szklankę. – Nieźle go załatwił. Z tego, co słyszałem, mały sam się prosił, ale jego rodzina powiadomiła policję. Kadir znał mojego ojca i przez niego dowiedział się, że ja znam tego chłopaka – chodziliśmy, cholera, do tego samego liceum, *yaar*. Skontaktował się ze mną i poprosił, żebym się wywiedział, ile by chcieli za wycofanie oskarżenia. Okazało się, że chcieli mnóstwo. Ale Kadir im zapłacił, i nawet więcej. Mógł na nich naskoczyć i nieźle ich nastraszyć. Mógł ich, kurwa, zabić, *yaar*. Całą, kurwa, rodzinę. Ale nie. Jego człowiek postąpił źle, *na*? Więc on chciał to naprawić. Zapłacił i wszyscy byli szczęśliwi. On jest w porządku, ten Kadirbaj. Typ bardzo serio, jeśli mnie rozumiesz, ale w porządku. Mój ojciec go szanuje i lubi, a to wiele mówi, bo mój stary nie ma szczególnego szacunku dla ludzkiego gatunku. Wiesz, Kadir powiedział, że chce, żebyś dla niego pracował.

– Jako kto?

– Mnie nie pytaj. – Wzruszył ramionami. Zaczął wyrzucać z szafy na łóżko czyste, wyprasowane ubrania. Brałem kolejno szorty, spodnie, koszulę, sandały i ubierałem się. – Kazał mi tylko cię sprowadzić, kiedy się lepiej poczujesz. Ja bym się na twoim miejscu nad tym zastanowił. Musisz się odżywić. Musisz szybko coś zarobić. I musisz mieć takiego przyjaciela, *yaar*. Ta Australia – czyste szaleństwo, stary. No słowo daję, ucieczka i tak dalej, cholerne bohaterstwo. Przynajmniej Kadir jest po twojej stronie, będziesz tu bezpieczny. Przy nim nikt cię więcej nie umoczy. Masz potężnego przyjaciela, Lin. W Bombaju nikt nie podskoczy Kadir Chanowi.

– To dlaczego ty dla niego nie pracujesz? – spytałem ostrzej, niż zamierzałem, ale wtedy tak mówiłem, mając jeszcze w pamięci chłostę i nadal czując wszy łaskoczące i kąsające moje ciało.

– Nigdy mi nie zaproponował – odpowiedział spokojnie Vikram. – Ale nawet gdyby zaproponował, to nie wiem, czybym się zgodził, *yaar*.

– Dlaczego?

– Bo go nie potrzebuję, w przeciwieństwie do ciebie. Ci goście z mafii potrzebują się nawzajem, rozumiesz mnie? Potrzebują Kadirbaja tak samo jak on ich. A ja go tak nie potrzebuję. W przeciwieństwie do ciebie.

– Jesteś bardzo pewny siebie – powiedziałem i odwróciłem się, żeby spojrzeć mu w oczy.

– Bo jestem. Kadirbaj powiedział, że wie, dlaczego cię zgarnięto do więzienia. Powiedział, że ktoś potężny, ktoś o wielkich wpływach kazał cię aresztować, stary.

– Kto?

– Tego nie powiedział. Powiedział, że nie wie. Może nie chciał mi mówić. Wszystko jedno, Lin, mój bracie, wpadłeś w gówno. W Bombaju źli goście się nie opieprzają – już to wiesz – i skoro masz tu wroga, to musisz mieć i przyjaciela. Masz dwa wyjścia – zwiewać z miasta albo mieć po swojej stronie siłę ognia, jak ci goście z Corralu OK, rozumiesz?

– A co ty byś zrobił?

Roześmiał się, ale ja patrzyłem poważnie i on także szybko spoważniał. Zapalił dwa papierosy i podał mi jednego.

– Ja? Ja bym się potężnie wkurwił, *yaar*. Nie noszę tych kowbojskich ciuchów, bo lubię krowy. Noszę je, bo podoba mi się, jak ci kowboje kiedyś załatwiali sprawy. Chciałbym się dowiedzieć, kto mnie tak przerobił, i pragnąłbym się kurewsko zemścić. Przyjąłbym propozycję Kadira i pracował dla niego, i zemścił się. Ale wiesz, to ja, a ja jestem indyjski *madachud*, *yaar*. A tak robią indyjscy *madachudowie*.

Znowu spojrzałem w lustro. Od nowych ubrań rany paliły mnie jak posypane solą, ale przynajmniej zasłoniłem najgorsze i wyglądałem mniej niepokojąco, mniej ekstremalnie, mniej ohydnie. Uśmiechnąłem się do lustra. Ćwiczyłem, przypominałem sobie, jak to jest być mną. Prawie mi się udało. Prawie to odzyskałem. A potem nowy wyraz, nie całkiem mój, zawirował w szarości moich oczu. Nigdy więcej. Ten ból nigdy więcej mnie nie spotka. Taki głód już nigdy mi nie zagrozi. Taki strach nie przeszyje mojego serca wygnańca. Nieważne, ile to będzie kosztować, powiedziały moje oczy. To zupełnie nieważne.

– Jestem gotowy na spotkanie – oznajmiłem. – Możemy jechać.

ROZDZIAŁ 22

Praca dla Abd al-Kadira Chana była moją pierwszą prawdziwą wprawką w świecie przestępczości zorganizowanej – do tej pory byłem tylko desperatem, dopuszczającym się głupot i tchórzostw, żeby zaspokoić głupi, tchórzliwy nałóg heroinowy, a potem desperatem na wygnaniu, zarabiającym małe pieniążki na małych interesikach. Choć dopuszczałem się przestępstw, czasem bardzo poważnych, nigdy nie byłem prawdziwym przestępcą – dopóki Kadirbaj nie stał się moim nauczycielem. Do tego czasu byłem człowiekiem popełniającym przestępstwa, nie przestępcą, a to różnica. Różnica, jak na ogół w życiu, polega na motywach i środkach. Tortury z Arthur Road dały mi powód do przekroczenia granic. Ktoś inny, mądrzejszy ode mnie, pewnie uciekłby z Bombaju w chwili wyjścia na wolność. Ja nie. Nie mogłem. Chciałem się dowiedzieć, kto mnie tam wysłał i dlaczego. Pragnąłem zemsty. Najbezpieczniejszą i najszybszą drogą ku niej było przystąpienie do mafii Kadirbaja.

Jego nauka sztuki łamania prawa – najpierw wysłał mnie do Palestyńczyka Chalida Ansariego, żebym podszkolił się w czarnorynkowym handlu walutą – dała mi środki na zostanie tym, kim nigdy nie starałem się i nie chciałem być – zawodowym przestępcą. I było mi z tym dobrze. Tak dobrze było mi w opiekuńczym kręgu moich braci. Codziennie, jadąc pociągiem do mieszkania Chalida, wychylony wraz z innymi młodymi mężczyznami przez drzwi rozklekotanego wagonu na gorący, suchy wiatr, czułem serce wzbierające podnieceniem dzikiej, szalonej wolności.

Chalid, mój pierwszy nauczyciel, należał do ludzi, którzy noszą swoją przeszłość w świątynnych zniczach własnych oczu, a ich płomienie karmią kawałkami własnego złamanego serca. Spotykałem takich jak on w więzieniach, na polach bitwy i w spelunkach, gdzie zbierają się przemytnicy, płatni zabójcy i inni wygnańcy. Wszyscy mają pewne cechy wspólne. Są twardzi, bo to taka twardość, którą znajduje się w najgorszym smutku. Są szczerzy, bo prawda o tym, co ich spotkało, nie pozwala im kłamać. Są gniewni, bo nie mogą zapomnieć przeszłości ani jej wybaczyć. I są samotni. Na ogół udajemy, z większym lub mniejszym powodzeniem, że naszym czasem na ziemi możemy się podzielić. Ale przeszłość to dla każdego wyspa bezludna, a dla takich jak Chalid, którzy utknęli w przeszłości, istnieje tylko samotność.

Kadirbaj wyjawił mi część historii Chalida, przygotowując mnie do pierwszej lekcji. Dowiedziałem się, że Chalid, mając ledwie trzydzieści cztery lata, został zupełnie sam. Jego rodzice, znani uczeni, byli wybitnymi bojownikami w palestyńskiej walce o niepodległość. Ojciec zmarł w izraelskim więzieniu. Matka, jego dwie siostry, ciotki i wujowie, a także rodzice matki zginęli podczas masakry w Shatili w Libanie. Chalid, który uczył się wśród palestyńskich partyzantów w Tunezji, Libii i Syrii, a przez dziewięć lat wziął udział w dziesiątkach operacji w dziesiątkach stref konfliktu, załamał się po makabrycznej śmierci matki i pozostałych w obozie uchodźców. Dowódca zgrupowania Al-Fatah, widząc oznaki załamania i rozumiejąc, jakie mogą pociągnąć za sobą niebezpieczeństwo, wykluczył go z oddziału.

Choć nadal oddany sprawie niepodległości palestyńskiej, tak naprawdę Chalid był już stracony dla każdej sprawy z wyjątkiem cierpienia – własnego i tego, które zamierzał zadać. Przyjechał do Bombaju z rekomendacją starszego wojownika partyzantki, znajomego Kadirbaja. Mafijny boss przyjął go do siebie. W uznaniu jego wykształcenia, zdolności językowych i obsesyjnego poświęcenia stali członkowie rady Kadirbaja nagradzali młodego Palestyńczyka coraz większymi zaszczytami. Trzy lata po Shatili, w czasie kiedy go poznałem, Chalid Ansari kierował w imieniu Kadirbaja operacjami walutowymi na czarnym rynku. Oprócz tego piastował także miejsce w radzie. A kiedy niedługo po wyjściu z Arthur Road odzyskałem siły na tyle, żeby poświęcić cały dzień na naukę, ten rozgoryczony, samotny, okaleczony w walce Palestyńczyk zaczął mnie uczyć.

– Ludzie mówią, że pieniądze to korzenie całego zła – powiedział, kiedy spotkaliśmy się w jego mieszkaniu. W jego angielszczyźnie pobrzmiewał nowojorski akcent, a także arabski i hindi, języki, którymi władał dość płynnie. – Ale to nieprawda. Jest dokładnie odwrotnie. Pieniądze nie są korzeniami zła. Zło jest korzeniem pieniędzy. Nie istnieje coś takiego, jak czyste pieniądze. Wszystkie pieniądze świata są pod jakimś względem brudne, bo nie można ich zarobić w czysty sposób. Jeśli dostajesz pieniądze, ktoś gdzieś za to cierpi. To według mnie jedna z przyczyn, dla której wszyscy, nawet ludzie, pod żadnym innym względem niełamiący prawa, tak chętnie zarabiają na pieniądzach na czarnym rynku.

– Ty z tego żyjesz – zagadnąłem, ciekawy, jak odpowie.

– I co?

– Co o tym sądzisz?

– Nic nie sądzę. Cierpienie jest prawdą. Brak cierpienia jest kłamstwem. Już ci to kiedyś mówiłem. Tak jest urządzony świat.

– Ale na pewno z niektórymi pieniędzmi wiąże się więcej cierpienia – nalegałem – a z niektórymi mniej.

– Lin, istnieją tylko dwa rodzaje pieniędzy – twoje i moje.

– Albo w tym wypadku Kadira.

Chalid się roześmiał. Był to krótki, smutny śmiech, jedyny, jaki mu pozostał.

– Zarabiamy dla Abd al-Kadira, to prawda, ale część naszych zarobków jest naszą własnością. I dla tego drobnego ułamka nadal jesteśmy w tej grze, *na*? Dobrze, zaczynamy. Dlaczego istnieje czarny rynek walut?

– Nie wiem, o co pytasz.

– Spytam inaczej. – Chalid się uśmiechnął. Gruba blizna, która zaczynała się na jego gardle poniżej lewego ucha i biegła przez twarz aż po kącik ust, nadawała temu uśmiechowi krzywy, niepokojący wyraz. Pocięta bliznami połowa twarzy nie uśmiechała się w ogóle, co znaczyło, że druga połowa wydawała się groźna lub zbolała, choć dokładał starań, by wyglądać przyjaźnie. – Jak to możliwe, że kupujemy od turysty amerykańskie dolary po, powiedzmy, osiemnaście rupii, podczas gdy nasze banki proponują od piętnastu do szesnastu?

– Bo potrafimy je sprzedać za więcej niż osiemnaście?

– Dobrze. Dobrze. A w jaki sposób?

– Bo... podejrzewam, że jest ktoś, kto da za nie taką cenę.

– Właśnie. Ale komu je sprzedamy?

– Słuchaj, do tej pory tylko kontaktowałem turystów z handlarzami i pobierałem prowizję. Naprawdę nie wiem, co się potem dzieje z dolarami. Nigdy aż tak głęboko w to nie wszedłem.

– Czarne rynki istnieją – powiedział takim tonem, jakby mi powierzał osobistą tajemnicę, a nie informację gospodarczą – bo białe rynki są zbyt zasadnicze. W tym wypadku rząd i Indyjski Bank Rezerw kontrolują białe rynki i są zbyt surowe. To kwestia chciwości i kontroli. To dwa elementy, które doprowadzają do powstania przestępstw gospodarczych. Każdy z osobna nie wystarcza. Chciwość pozbawiona kontroli lub kontrola bez chciwości nie zaowocuje czarnym rynkiem. Ludzie są chciwi zysków, powiedzmy, z pieczywa, ale jeśli nikt nie będzie ściśle kontrolować piekarni, nie będzie czarnego rynku na struclę jabłkową. A rząd bardzo surowo kontroluje utylizację ścieków, ale bez chciwości zysków ze ścieków nie będzie czarnego rynku na gówno. Kiedy chciwość spotyka się z kontrolą, otrzymujemy czarny rynek.

– Dokładnie to przemyślałeś – zauważyłem ze śmiechem, a także z podziwem i prawdziwym zadowoleniem, że zechciał mi przybliżyć ontologię przestępstw walutowych, a nie tylko uczyć metod ich popełniania.

– Nie bardzo – odpowiedział skromnie.

– Mówię poważnie. Kiedy Kadirbaj mnie tu przysłał, myślałem, że dasz mi parę tabeli – no wiesz, dzisiejszy kurs walut i tak dalej – a potem wyślesz do roboty.

– Do kursów i innych spraw przejdziemy niedługo. – Znowu się uśmiechnął i nagle przez ten lekki ton zabrzmiał bardzo po amerykańsku. Wiedziałem, że we wczesnej młodości uczył się w Nowym Jorku. Kadirbaj powiedział, że był tam przez jakiś czas szczęśliwy. Odrobina tego szczęścia przetrwała do dziś w okrągłych, przeciągłych samogłoskach i innych amerykanizmach wymowy. – Ale zanim zaczniesz zarabiać w praktyce, musisz poznać teorię.

Indyjska rupia, wyjaśnił mi, jest walutą niewymienialną. Nie można jej wywieźć z Indii, nie można legalnie wymienić na dolary w żadnym kraju prócz Indii. Przy tak ogromnym zaludnieniu Indie codziennie wysyłają w świat wiele tysięcy kobiet i mężczyzn podróżujących w interesach i z innych powodów. Wolno im wywieźć ograniczoną ilość amerykańskiej waluty. Na amerykańskie dolary mogą wydać ściśle ograniczoną kwotę, a resztę wymienić na czeki podróżne.

Te przepisy egzekwowano na różne sposoby. Jeśli ktoś chciał wyjechać z kraju i wymienić rupie na dolary w legalnym limicie, musiał przedstawić w banku paszport i bilet na samolot. Urzędnik sprawdzał datę odlotu i robił na bilecie i paszporcie znak sygnalizujący, że jego właściciel już pobrał pełen limit amerykańskich dolarów. Transakcji nie można było powtórzyć. Podróżnik nie mógł w legalny sposób zabrać w podróż więcej dolarów.

Niemal każdy w Indiach trzymał w skarpecie co najmniej niewielką sumkę pieniędzy z czarnego rynku, od kilkuset rupii, których robotnik nie zgłosił w Urzędzie Skarbowym, po miliardy z przestępczości. Podobno czarny rynek ekonomiczny był dwa razy potężniejszy od legalnego. Żaden posiadacz tysięcy lub setek tysięcy niezadeklarowanych rupii – na przykład wielu indyjskich podróżujących biznesmenów – nie mógłby legalnie kupić czeków podróżnych. Albo bank, albo Urząd Skarbowy spytałby, skąd się wzięły te pieniądze. Więc jedyną realną alternatywą był zakup dolarów od czarnorynkowych waluciarzy. I codziennie w Bombaju kupowano i sprzedawano za miliony rupii amerykańskie dolary, angielskie funty, niemieckie marki, szwajcarskie franki i inne – na rynku, który stanowił mroczne odbicie legalnej wymiany.

– Kupuję od amerykańskiego turysty za osiemnaście tysięcy rupii, podczas gdy bank oferuje piętnaście – podsumował Chalid. – Turysta jest szczęśliwy, bo wyszedł na tym o trzy tysiące rupii do przodu. Następnie sprzedaję dolary indyjskiemu biznesmenowi za dwadzieścia jeden tysięcy rupii. Biznesmen jest szczęśliwy, bo kupił je za niezadeklarowane pieniądze. Wówczas wkładam do puli trzy tysiące rupii i kupuję następny tysiąc dolarów od następnego turysty, po osiemnaście tysięcy. Oto proste równanie w sercu walutowych machinacji.

Aby znaleźć turystów i zachęcić ich do wymiany pieniędzy, mafijna rada Kadirbaja wynajęła niewielką armię naganiaczy, przewodników, żebraków, hotelowych kierowników, boyów, restauratorów, kelnerów, sklepikarzy, pracowników lotnisk, agentów podróży, właścicieli nocnych klubów, prostytutek i taksówkarzy. Kontrolowanie ich należało do zadań Chalida. Rankami obdzwaniał wszystkie punkty, by ustalić wysokość wymiany wszystkich walut. Potem co dwie godziny dzwonił z nowymi informacjami, zależnie od fluktuacji ceny waluty. Przez całą dobę miał do dyspozycji taksówkę z dwoma kierowcami na zmianę. Każdego ranka odwiedzał żebraków w każdej dzielnicy i rozdawał ulicznym handlarzom zwitki rupii. Naganiacze i inni uliczni przestępcy dogadywali się z ulicznymi handlarzami, którzy kierowali turystów i biznesmenów właśnie do nich. Handlarze wymieniali pieniądze i przechowywali zagraniczną walutę, którą następnie oddawali. Posłańcy robili codzienne obchody handlarzy, dostarczając im w miarę potrzeby gotówki. Poborcy robili w ciągu dnia i nocy parę rund, odbierając zwitki zagranicznej waluty.

Chalid osobiście odbierał pieniądze i nadzorował wymianę w hotelach, agencjach lotniczych, agencjach podróży i innych instytucjach, gdzie wskazana była większa dyskrecja. Wyznaczył dwa główne terminy swoich wizyt w najważniejszych dzielnicach: jedną w południe, jedną późnym wieczorem. Najważniejsi funkcjonariusze okolicznych posterunków dostawali bakszysz za odwrócenie wzroku od tego, co mogłoby ich zgorszyć. W zamian Kadirbaj zapewnił, że wszelka uzasadniona przemoc w razie, gdy ktoś będzie usiłował okraść jego ludzi lub ich oszukać, będzie szybka i skuteczna i nigdy nie przyciągnie policji ani pod żadnym innym względem nie zagrozi ich interesom. Odpowiedzialność za utrzymanie dyscypliny i wymuszenie posłuszeństwa spadła na Abdullaha Tahiriego. Jego oddział indyjskich *goonda* i irańskich weteranów wojennych dopilnował, by wszelkie wybryki przytrafiały się rzadko i spotykały z okrutną karą.

– Będziesz pracować ze mną przy poborze – oznajmił Chalid. – Z czasem wszystkiego się nauczysz, ale teraz chcę, żebyś się skupił na najtrudniejszym – na hotelach pięciogwiazdkowych i biurach linii lotniczych. Na urzędniczych sprawach. Pochodzę z tobą, zwłaszcza na początku, ale myślę, że dobrze będzie, jeśli to *gora*, dobrze ubrany biały cudzoziemiec, będzie tam odbierał pieniądze. Będziesz niewidzialny. Nikt na ciebie nie zwróci uwagi. A nasi ludzie będą mniej nerwowi w kontaktach z tobą. Potem chcę, żebyś się zajął turystyką. Tam także przyda nam się *gora*.

– Turystyką?

– O, będziesz zachwycony – powiedział, patrząc mi w oczy z tym samym smutnym uśmiechem. – Opłaciło ci się siedzieć w Arthur Road, bo to od początku do końca pierwsza klasa.

Machinacje w turystyce, wyjaśnił, to szczególnie lukratywna gałąź handlu walutami. Bierze w nich udział mnóstwo osób spomiędzy milionów Hindusów pracujących w Arabii Saudyjskiej, Dubaju, Abu Zabi, Maskacie, Brahrajnie, Kuwejcie i reszcie Zatoki Perskiej. Indyjscy pracownicy, zatrudnieni tam kontraktem na trzy miesiące, pół roku lub rok – pomoce domowe, sprzątacze, robotnicy – na ogół otrzymują zapłatę w obcej walucie. Większość usiłuje wymienić płace na czarnym rynku, ledwie tylko wrócą do Indii, by zarobić parę rupii. Rada mafii Kadira zaproponowała pracodawcom i pracownikom drogę na skróty. Sprzedając hurtem swoją obcą walutę Kadirbajowi, arabscy pracodawcy otrzymywali nieco korzystniejszą stawkę, dzięki czemu mogli płacić robotnikom rupiami po czarnorynkowej indyjskiej cenie. Wówczas otrzymywali nadwyżkę rupii, co oznaczało, że zarabiają na samym płaceniu swoim pracownikom.

Dla wielu pracodawców z państw Zatoki pokusa takiego przekrętu była nie do odparcia. Oni także mieli w swoich pękatych skarpetach grube sterty niezadeklarowanych, nieopodatkowanych pieniędzy. Syndykaty postanowiły płacić indyjskim robotnikom w rupiach po ich powrocie do Indii. Robotnikom było to na rękę, bo otrzymywali płace po czarnorynkowej stawce, ale nie musieli osobiście się użerać z cwanymi handlarzami. Szefom było to na rękę, bo mieli zyski dzięki płaceniu poprzez syndykaty. Handlarzom z czarnego rynku było to na rękę, bo równomiernym strumieniem płynęły do nich dolary, niemieckiej marki, riale i dirhamy, bardzo pożądane przez indyjskich podróżujących biznesmenów. Tylko rządowi nie było to na rękę, co nikomu z tych tysięcy tysięcy zainteresowanych nie złamało serca.

– Kiedyś... to wszystko było kiedyś moją specjalnością... – powiedział Chalid na koniec tej pierwszej długiej lekcji. Jego głos zamarł i nie wiedziałem, czy wspomina, czy po prostu waha się mi to wyznać. Czekałem.

– Kiedy studiowałem w Nowym Jorku – podjął w końcu – zajmowałem się pracą... no, napisałem pracę o nieoficjalnym handlu w świecie starożytnym. To był obszar badań mojej matki, przed wojną z roku sześćdziesiątego siódmego.

Kiedy byłem mały, zainteresowała mnie czarnym rynkiem Asyrii, Akadu i Sumeru i tym, jaki miały związek ze szlakami handlowymi, podatkami i imperiami, które je obrosły. Kiedy zacząłem pisać własną pracę, nadałem jej tytuł *Czarny Babilon*.

– Chwytliwy.

Przeszył mnie surowym spojrzeniem, sprawdzając, czy nie kpię.

– Naprawdę – dodałem szybko. Nie chciałem, żeby się niepokoił. Zaczynałem go lubić. – Według mnie to dobry temat pracy, a tytuł zapada w pamięć. Powinieneś ją napisać do końca.

Uśmiechnął się jeszcze raz.

– Wiesz, Lin, w życiu jest wiele niespodzianek i, jak mawiał mój wujek z Nowego Jorku, szarym ludziom na ogół nie dają szczęścia. Teraz pracuję na czarnym rynku, nie nad czarnym rynkiem. Teraz tytuł brzmi *Czarny Bombaj*.

Gorycz jego tonu peszyła. Wbił wzrok w złączone ręce, a jego szczęki zaczęły się zaciskać w ponurym, niemal gniewnym grymasie. Postanowiłem oderwać jego uwagę od przeszłości.

– Wiesz, miałem kontakt z gałęzią czarnego rynku, która może cię zainteresuje. Słyszałeś o rynku lekarstw trędowatych?

– Pewnie – odpowiedział, a w jego ciemnopiwnych oczach błysnęło zaciekawienie. Przesunął dłonią po twarzy i krótkiej, wojskowej fryzurze, przeplatanej przedwczesną siwizną. Ten gest odpędził złe wspomnienia i Chalid skupił na mnie całą uwagę. – Słyszałem, że poznałeś Randżita. Jest niewiarygodny, prawda?

Porozmawialiśmy o Randżitbaju, królu tej małej grupki, i o czarnym rynku, który zorganizowali w całym kraju. Ich tajemnicze układy handlowe fascynowały nas w równym stopniu. Jako historyk – lub człowiek, który marzył o pójściu w ślady uczonej matki – Chalid uznał długą ewolucję i potajemne obyczaje organizacji trędowatych za intrygujące. Jako pisarz nie potrafiłem się oprzeć historii ich cierpienia i ich wyjątkowej reakcji na nie. Po dwudziestu minutach ożywionej, pełnej werwy dyskusji postanowiliśmy razem odwiedzić Randżita, by dowiedzieć się czegoś więcej o historii czarnego rynku farmaceutyków.

I po tej obietnicy, złożonej sobie przez naukowca i pisarza, Chalida i mnie połączyła prosta, lecz mocna więź intelektualnego szacunku. Staliśmy się przyjaciółmi w gwałtowny, bezkompromisowy sposób znany przestępcom, żołnierzom i innym ocalałym z katastrofy. Codziennie odwiedzałem jego spartańsko umeblowane mieszkanie koło stacji Andheri. Sesje trwały pięć do sześciu godzin. Dotyczyły wszystkiego, od historii starożytnej po stopy procentowe ustalane przez bank rezerw, od antropologii po stały i płynny kurs walut, a przez jeden miesiąc nauczyłem się od Chalida Ansariego więcej na temat tego bardzo popularnego, choć skomplikowanego przestępstwa niż większość handlarzy dolarami i markami w rok.

A kiedy kurs dobiegł końca, zabrałem się do pracy u boku Chalida, każdego ranka i wieczora, siedem dni w tygodniu. Zarabiałem dobrze. Moja pensja była tak duża, że często dostawałem grube paczki rupii prosto z banku, jeszcze spięte stalowymi banderolami. W porównaniu z mieszkańcami slumsów, którzy niemal przez dwa lata byli moimi sąsiadami, przyjaciółmi i pacjentami, stałem się niemal bogaczem.

Aby się upewnić, że moje więzienne rany i wrzody zagoją się jak najszybciej, wynająłem na koszt Kadirbaja pokój w Indyjskim Domu Gościnnym. Dzięki czystemu, wykładanemu kafelkami prysznicowi i miękkiemu materacowi zdrowiałem szybciej, lecz chodziło o coś więcej niż o fizyczną rekonwalescencję. Prawda wyglądała tak, że więzienie bardziej okaleczyło mojego ducha niż ciało. A natarczywe wyrzuty sumienia, które miałem po śmierci sąsiadki Radhy i dwóch chłopców z moich zajęć, nie dawały mi spokoju. Więzienna udręka i moje niepowodzenia podczas epidemii cholery: każde z osobna mógłbym przeboleć i wrócić do tych ukochanych, nędznych terenów. Ale obu naraz nie mogłem. Nie potrafiłem zamieszkać w slumsach ani nawet spędzić tam jednej nocy.

Często odwiedzałem Prabakera, Johnny'ego, Kasima i Jeetendrę i nadal pomagałem w klinice, przyjmując pacjentów przez dwa popołudnia w tygodniu. Ale dziwna mieszanina arogancji i beztroski, dzięki której mogłem udawać doktora, znikła i nie spodziewałem się jej odzyskać. Każdy ma w sobie trochę arogancji. Ta arogancja opuściła mnie, kiedy nie uratowałem życia sąsiadce, a nawet nie zorientowałem się, że jest chora. Gotowość służenia innym ma zawsze w sobie niewinność, zasadniczą i dumną. Ta niewinność się we mnie zachwiała, kiedy wrzucono mnie do indyjskiego więzienia: mój uśmiech w takim samym stopniu jak ciało nosił ślad po kajdanach. Wyprowadzka ze slumsów miała tyle samo lub więcej wspólnego ze stanem mojej duszy co z ranami ciała.

Z kolei moi przyjaciele ze slumsów pogodzili się z tą decyzją bez jednego pytania i komentarza. Witali mnie zawsze ciepło i włączali w codzienne działania i święta – śluby, festiwale, spotkania, mecze krykieta – jakbym nadal mieszkał wśród nich. I pomimo szoku i smutku, z jakim patrzyli na moje wynędzniałe ciało i blizny, którymi nadzorcy napiętnowali moją skórę, ani razu nie wspomnieli o więzieniu. Częściowo, jak sądzę, z delikatności, na myśl o moim wstydzie, który musieli we mnie wyczuwać, wstydzie, który czuliby na moim miejscu. A częściowo, jeśli chodzi o Prabakera, Johnny'ego Cygaro i może nawet Kasima Alego, z powodu wyrzutów sumienia – że nie mogli mi pomóc, bo nie przyszło im do głowy, żeby mnie szukać. Nikt z nich nie uświadomił sobie, że mnie aresztowano. Po prostu przyjęli, że znudziło mi się życie w slumsach i wróciłem do wygód w moim dostatnim kraju, tak jak wszyscy znani im turyści i podróżnicy.

I to także był powód mojej niechęci do powrotu. Zdumiało mnie i zabolało, że po wszystkim, co tam zrobiłem, po tym, jak włączyli mnie w niepiękny wątek swojego życia, spodziewali się, że mógłbym ich porzucić bez słowa pożegnania, jeśli tylko najdzie mnie taka ochota.

Kiedy więc mój stan się poprawił i zacząłem zarabiać prawdziwe pieniądze, nie wróciłem do slumsów. Z pomocą Kadirbaja wynająłem apartament w Kolabie, na Best Street od strony lądu, blisko „Leopolda". Było to moje pierwsze mieszkanie w Indiach i pierwszy krok w stronę takich luksusów, jak przestronne wnętrze, zacisze, gorący prysznic i czynna kuchnia. Dobrze jadłem, przyrządzałem sobie wysokobiałkowe i węglowodanowe posiłki, i codziennie wmuszałem w siebie wiaderko lodów. Przybywało mi ciała. Sypiałem po dziesięć godzin, noc w noc, krzepiąc snem mój wyniszczony organizm. Ale często się budziłem, walcząc we śnie i nadal czując metaliczny zapach krwi.

Ćwiczyłem karate i podnoszenie ciężarów z Abdullahem w jego ulubionej siłowni na modnych przedmieściach Breach Candy. Dwaj inni młodzi gangsterzy – Salman Mustan i jego przyjaciel Sanjay, których poznałem podczas pierwszej wizyty u Kadira – często ćwiczyli razem z nami. Byli silni i zdrowi, mieli pod trzydziestkę i walkę lubili mniej więcej tak jak seks, a za seksem przepadali. Sanjay, ze swoją urodą gwiazdora filmowego, był dowcipnisiem. Salman był cichszy i poważniejszy. Choć od dzieciństwa byli nierozłączni, na ringu stanowili dla siebie równie nieprzejednanych przeciwników, jak dla Abdullaha lub dla mnie. Ćwiczyliśmy pięć razy w tygodniu, przez dwa dni pozwalając naszym naderwanym i opuchniętym mięśniom na okrzepnięcie. I tak było dobrze. To pomagało. Pakowanie mięśni to zen dla ludzi przemocy. Stopniowo moje ciało odzyskiwało siły, kształt i formę.

Ale niezależnie od odzyskiwanej kondycji czułem, że moja głowa się nie zagoi, nie wyleczy, dopóki nie dowiem się, kto kazał mnie aresztować i wrzucić do Arthur Road. Musiałem się dowiedzieć kto i dlaczego. Ulla znikła z miasta – niektórzy twierdzili, że się ukrywa, ale nikt nie potrafił odgadnąć, przed kim i dlaczego. Karla znikła i nikt nie mógł mi powiedzieć, gdzie jest. Didier i paru innych znajomych badało teren, usiłując dowiedzieć się prawdy, ale nic nie znaleźli na temat osoby, która mnie wrobiła.

Ktoś umówił się z dowódcami policji, że mnie aresztują bez powodu i wsadzą do Arthur Road. Ta sama osoba kazała mnie bić – często i okrutnie – przez cały pobyt w więzieniu. Była to kara albo zemsta, o tym zapewnił mnie Kadirbaj, ale nie mógł lub nie chciał powiedzieć nic więcej – oprócz tego, że osoba, która do tego doprowadziła, nie wiedziała, że uciekam przed policją. Ta informacja wypłynęła podczas rutynowej kontroli odcisków palców. Zainteresowani policjanci natychmiast dostrzegli tu źródło zarobków w zamian za milczenie i przechowali moje akta do dnia, w którym zjawił się wysłany przez Kadira Vikram.

– Te kurewskie psy cię lubiły, stary – powiedział Vikram, kiedy pewnego popołudnia siedzieliśmy razem u „Leopolda", parę miesięcy po rozpoczęciu pracy u Chalida.

– Jasne.

– Nie, naprawdę. Dlatego cię puściły.

– Pierwszy raz widziałem tego psa na oczy, Vikram. On mnie w ogóle nie znał.

– Nie rozumiesz – powiedział cierpliwie. Nalał sobie kolejną szklankę zimnego piwa Kingfisher i zaczął je popijać z satysfakcją. – Rozmawiałem z tym gościem, z tym gliną, kiedy cię stamtąd wyciągnąłem. Opowiedział mi całą historię. Widzisz, kiedy pierwszy policjant z wydziału daktyloskopii wrócił z wiadomością, że to ty jesteś ten poszukiwany z Australii – omal nie oszalał. Omal nie oszalał na myśl, ile pieniędzy może dostać za wyciszenie tego gówna. Taka szansa nie trafia się codziennie, *na*? Nie mówiąc nic nikomu, poszedł do znajomego zwierzchnika i pokazał mu akta twoich odcisków palców. Tamten też mało nie oszalał. Poszedł do innego gliny – tego, którego widzieliśmy w więzieniu – i pokazał mu akta. I tamten kazał im siedzieć cicho, aż się wywie, ile można na tym zarobić.

Kelner przyniósł moją kawę i przez jakiś czas gawędziliśmy w marathi. Vikram odczekał, aż zostaniemy sami i dopiero wtedy podjął opowiadanie.

– Oni za tym przepadają, wiesz, ci kelnerzy, taksówkarze i faceci z poczty – i policjanci też – przepadają za tym, jak mówisz do nich marathi. Kurwa, stary. Ja tu się urodziłem, a mówisz w marathi lepiej ode mnie. Nigdy nie nauczyłem się mówić jak trzeba, bo nie musiałem. Dlatego tylu Marathów się tak wkurza. Większość nas ma gdzieś marathi, wszyscy w Bombaju czy skąd tam oni pochodzą, *yaar*. W każdym razie... na czym stanąłem? A tak, że ten pies miał twoje akta i na razie pary z gęby nie puścił. Zanim zrobił cokolwiek, chciał się dowiedzieć więcej o tym australijskim skurwielu, co uciekł z więzienia, *yaar*.

Urwał i uśmiechał się tak długo, aż uśmiech przeszedł w radosny śmiech. Tego dnia Vikram miał na białej jedwabnej koszuli kamizelkę z czarnej skóry, choć panował trzydziestopięciostopniowy upał. W grubych czarnych dżinsach i ozdobnych czarnych kowbojskich butach musiało mu być piekielnie gorąco, ale wcale tego po sobie nie pokazywał.

– Kurwa, super, stary! – Roześmiał się. – Uciekłeś z więzienia o zaostrzonym rygorze! Kurwa, bomba! W życiu nic lepszego nie słyszałem. Lin, serce mi pęka, że nikomu nie mogę o tym powiedzieć.

– Pamiętasz, co Karla powiedziała tu pewnej nocy o tajemnicach?

– Nie, stary. Co powiedziała?

– Że jeśli zachowanie informacji w tajemnicy nie sprawia bólu, to to żadna tajemnica.

– A to, kurwa, doskonałe – powiedział z uśmiechem. – Na czym stanąłem? Dzisiaj jestem jakiś niepozbierany. Chodzi o Lettie. Doprowadza mnie do szału. A tak, ten ważny glina, ten z twoimi aktami, chciał cię najpierw sprawdzić. Więc wysłał swoich dwóch ludzi, żeby się o ciebie rozpytali. A goście z ulicy, z którymi pracowałeś, wystawili ci świetną opinię. Powiedzieli, że nigdy nikogo nie oszukałeś, nigdy nikogo nie wrobiłeś, a jak miałeś kasę, to dużo dawałeś żebrakom.

– Ale nie powiedział nikomu, że siedzę w Arthur Road?

– Nie, stary, oni cię sprawdzali, żeby się dowiedzieć, czy chcą cię przerobić i odesłać do Australii, czy nie, zależnie od tego, czego by się dowiedzieli. A to nie wszystko. Jeden z waluciarzy mówi glinom: Hej, jeśli chcecie się dowiedzieć o Lina, popytajcie w *zhopadpatti*, bo on tam mieszka. No, to wtedy się naprawdę zaciekawili, no bo jak, *gora* mieszka w slumsach? Pojechali tam, rozejrzeli się... Nikomu w slumsach nie powiedzieli, co cię spotkało, ale zaczęli się o ciebie rozpytywać, a ludzie zaczęli im mówić coś w rodzaju: Widzicie tę klinikę? Lin ją zbudował i pracuje tam od dawna, pomaga wszystkim... I jeszcze powiedzieli coś w rodzaju: Wszyscy tutaj leczyli się w klinice Lina, za darmo, a on niesamowicie nam pomógł podczas cholery... i powiedzieli jeszcze glinom o tej twojej szkółce. Widzicie tę szkołę angielskiego? Lin ją założył... I gliniarze się nasłuchali o tym Linie, tym Linbabie, tym obcym, który nic, tylko zapieprza z dobrymi uczynkami aż świszcze, i wrócili do swojego szefa i mu to powtórzyli.

– Przestań! Naprawdę myślisz, że to jakoś zmieniło sytuację? Chodziło o pieniądze, tylko i wyłącznie, i bardzo się cieszę, że się z nimi zjawiłeś.

Vikram szeroko otworzył oczy ze zdumienia, a potem zmrużył je w niezadowolonym grymasie. Zdjął kapelusz z głowy i obejrzał go, obrócił w dłoniach, otrzepał rondo.

– Wiesz, Lin, jesteś tu od jakiegoś czasu, poduczyłeś się języka, byłeś w wiosce, mieszkałeś w slumsach, nawet siedziałeś w pierdlu, a dalej ni cholery nie jarzysz, co?

– Może i nie – ustąpiłem. – Pewnie nie.

– Na pewno nie, stary. Tu nie Anglia, nie Nowa Zelandia ani Australia, ani w ogóle nic. To są Indie, stary. Indie. To kraj serca. Tutaj serce jest królem, stary. Pierdolone serce. Dlatego jesteś wolny. Dlatego ten gliniarz oddał ci ten twój lipny paszport. Dlatego możesz chodzić po wolności i nikt cię nie zgarnie, chociaż wszyscy wiedzą, co z ciebie za jeden. Mogli cię wydymać. Mogli wziąć twoje pieniądze, pieniądze Kadira, i puścić cię wolno, a potem inni gliniarze by cię złapali i odesłali w cholerę do domu. Ale tego nie zrobili i nie zrobią, bo dotarłeś do ich serca, stary, do hinduskiego pieprzonego serca. Popatrzyli na to wszystko, co tu zrobiłeś, zobaczyli, jak ludzie z tych slumsów cię kochają i pomyśleli: No, w Australii spieprzył sprawę, ale tutaj zapieprza z dobrymi uczynkami. Jeśli zapłaci, wypuścimy skurwiela. Bo tu są Indie, stary. Tak się toczy ten wariacki światek – dzięki sercu. Dwieście, kurwa, języków, miliard mieszkańców. Indie to serce. To serce trzyma nas razem. Nie ma takiego kraju z takim narodem jak mój, Lin. Nie ma takiego serca jak hinduskie serce.

Płakał. Patrzyłem w osłupieniu, jak ociera łzy. Położyłem mu rękę na ramieniu. Oczywiście miał rację. Choć w indyjskim więzieniu mnie torturowano i omal nie zabito, naprawdę wyszedłem na wolność i naprawdę odzyskałem stary paszport. Czy istnieje na świecie drugi taki kraj, zadałem sobie pytanie, w którym by mnie wypuszczono tak jak w Indiach? A nawet w Indiach, gdyby policjanci sprawdzili mnie i dowiedzieli się czegoś innego – na przykład, że oszukiwałem Hindusów albo byłem alfonsem hinduskich prostytutek, albo biłem bezbronnych – pewnie wzięliby pieniądze, a mnie odesłali do Australii. To naprawdę był kraj, gdzie królem jest serce. Wiedziałem o tym od Prabakera, od jego matki, od Kasima Alego, od skruszonego Josepha. Wiedziałbym to nawet w więzieniu, gdzie ludzie tacy jak Mahesh Malhotra ryzykowali chłostę, by dać mi jedzenie, kiedy umierałem z głodu.

– Co się dzieje? Czyżby kłótnia kochanków? – zagadnął Didier, bez zaproszenia siadając przy nas.

– Pocałuj mnie w dupę! – Vikram roześmiał się, dochodząc do siebie.

– A, uroczy pomysł. Ale może jak będziesz w lepszej formie. A jak ty się dziś miewasz, Lin?

– Bardzo dobrze – powiedziałem wesoło. Didier był jedną z trzech osób, które wybuchły płaczem na widok mojego zmasakrowanego, nadal posiekanego ranami ciała tuż po moim wyjściu na wolność. Drugą był Prabaker, który rozszlochał się tak straszliwie, że pocieszałem go przez godzinę. Trzecią, niespodziewanie, był Abd al-Kadir, którego oczy wypełniły się łzami, gdy mu dziękowałem; łzami, które spłynęły na moją szyję i ramię, gdy mnie przytulił.

– Co dla ciebie? – spytałem.

– A, bardzoś uprzejmy – mruknął zadowolony. – Zacznę od butelki whisky i świeżej limonki, i zimnej wody sodowej. Tak. To będzie dobre *commençement*, co? Nie sądzicie, że to bardzo dziwne i smutne, te wiadomości o Indirze Gandhi?

– Jakie wiadomości? – spytał Vikram.

– W dzienniku właśnie mówią, że Indira Gandhi nie żyje.

– Naprawdę?

– Niestety, chyba tak. – Westchnął z niespodziewaną i nietypową dla niego powagą. – Wiadomości nie są jeszcze potwierdzone, ale myślę, że nie ma wątpliwości.

– Sikhowie? Czy to przez Bluestar?

– Tak, Lin. Skąd wiesz?

– Kiedy kazała zaatakować Złotą Świątynię, nabrałem przeświadczenia, że to się na niej zemści.

– Co się stało? Czy to Kuki Liberation Front? – chciał wiedzieć Vikram. – Bomba?

– Nie – powiedział Didier poważnie. – Podobno to jej ochroniarze. Jej sikhijscy ochroniarze.

– Własny ochroniarz, ja pierdolę! – Vikram jęknął. Usta mu się otworzyły, a spojrzenie odpłynęło w bok, na fali myśli. – Chłopaki... zaraz wracam. Słyszycie? Właśnie o tym mówią w radiu, przy barze. Pójdę posłuchać i zaraz wracam.

Potruchtał do zatłoczonego baru, który obstąpiło już piętnastu lub dwudziestu mężczyzn, obejmujących się ramionami. Niemal rozhisteryzowany spiker wyjawiał w hindi szczegóły morderstwa. Vikram mógł spokojnie wysłuchać relacji przy naszym stoliku – odbiornik był podkręcony na maksa i słyszeliśmy każde słowo. Do rojnego baru przyciągnęło go coś innego: poczucie solidarności i pokrewieństwa, nagła potrzeba, by poczuć te zdumiewające wieści poprzez kontakt z rodakami.

– Wypijmy tego drinka – zaproponowałem.

– Tak – zgodził się Didier, wysuwając dolną wargę i zamaszystym gestem odsuwając nieprzyjemny temat. Gest nie spełnił zadania. Jego głowa ciężko opadła, a on wbił pusty wzrok w blat. – Nie do wiary. Po prostu niewiarygodne. Indira Gandhi nie żyje... Nie do pomyślenia. Prawie nie można się zmusić, żeby o tym myśleć. Lin, to jest... no wiesz... niemożliwe.

Zamówiłem mu drinka i pozwoliłem sobie zatonąć w myślach, razem z nim słuchając płaczliwego jazgotu spikera radiowego. Egoistycznie najpierw zastanowiłem się, jaki wpływ może mieć to zabójstwo na moje bezpieczeństwo. Potem, jaki będzie mieć wpływ na wysokość wymiany walut na czarnym rynku. Parę miesięcy temu Indira Gandhi usankcjonowała atak na największą z sikhijskich świętości, Złotą Świątynię w Amritsarze. Jej celem było wypędzenie z niej wielkiej, dobrze uzbrojonej grupy sikhijskich bojowników, którzy zamknęli się w świątyni niczym w fortecy. Ich dowódcą był przystojny, charyzmatyczny separatysta, Bhindranwale. Wykorzystując zabudowania świątynne jako bazę, bojownicy przez wiele tygodni przypuszczali ataki na hinduistów oraz tych, którzy nazywali się zbuntowanymi sikhami. Indira Gandhi, w przededniu budzących ogólny sprzeciw wyborów powszechnych, niepokoiła się, że przez brak działania zostanie uznana za słabą i niezdecydowaną. Wybrała jedną z nielicznych możliwości, według wielu – najgorszą z możliwych. Wysłała wojsko do walki z sikhijskimi buntownikami.

Wojskowa operacja, mająca na celu wygnanie bojowników ze Złotej Świątyni, była znana jako Operacja Bluestar. Partyzanci Bhindranwalego, uważający się za bojowników o wolność i męczenników za sprawę sikhów, starli się z wojskiem z zaciekłością i desperacją. Było ponad sześciuset poległych i wiele setek rannych. W końcu oczyszczono zabudowania Złotej Świątyni i Indira zaprezentowała się jako osoba z całą pewnością ani słaba, ani niezdecydowana. Osiągnęła swój cel, jakim było dobre zaprezentowanie się hinduistycznej większości wyborców, ale sikhijska walka o odrębny kraj zwany Khalistanem wzbogaciła się o nowych męczenników. I w sercach sikhów całego świata zrodziło się postanowienie zemsty za pogańską, krwawą napaść na najświętszą ze świątyń.

Z radia nie dowiedzieliśmy się innych szczegółów, ale z głośnika płynęły zawodzące zapewnienia, że to było morderstwo. Po paru miesiącach od Bluestar Indira zginęła z ręki własnych sikhijskich ochroniarzy. Kobieta, którą jedni nazywali despotką, a inni matką narodu, która tak mocno identyfikowała się z tym narodem, że stopiła się z jego przeszłością i przeznaczeniem, odeszła. Umarła.

Musiałem się zastanowić. Musiałem oszacować niebezpieczeństwo. Siły porządkowe w całym państwie zostaną postawione w stan wyjątkowej gotowości. Zaczną się niepokoje: rozruchy, zabójstwa, kradzieże i podpalenia, będące zemstą na społeczności sikhijskiej za to morderstwo. Byłem tego pewien. Byli tego pewni wszyscy mieszkańcy Indii. Spiker radiowy mówił o oddziałach wojsk w Delhi i Pendżabie, mających tłumić spodziewane niepokoje. Ten stan wyjątkowy niósł ze sobą nowe niebezpieczeństwa dla mnie, poszukiwanego przestępcy, pracującego dla mafii i mieszkającego w kraju z wizą, która straciła ważność. Przez parę chwil, siedząc obok Didiera, który popijał drinka w knajpie, gdzie ludzie wytężali słuch w milczeniu, a wczesny wieczór różowił nam skórę złotym rumieńcem, moje serce łomotało ze strachu. Uciekaj, szeptały moje myśli. Uciekaj, dopóki możesz. To twoja ostatnia szansa...

Ale kiedy myśl o ucieczce z miasta uformowała się w mojej głowie, ogarnął mnie gęsty, fatalistyczny spokój. Nie wyjadę z Bombaju. Nie mogę. Byłem tego tak pewien jak niczego w życiu. Ze względu na Kadirbaja: dług finansowy, jaki u niego zaciągnąłem, miałem spłacić z moich zarobków u Chalida, ale istniał także dług moralny, trudniejszy do spłaty. Zawdzięczałem mu życie, o czym obaj wiedzieliśmy. Kiedy wyszedłem z więzienia, przygarnął mnie i zapłakał nad moim żałosnym stanem. Obiecał, że dopóki pozostanę w Bombaju, będę pod jego osobistą opieką. Nigdy więcej nie spotka mnie nic w rodzaju Arthur Road. Dał mi złoty medalion z hinduistycznym symbolem Om, splecionym z muzułmańskim półksiężycem i gwiazdą. Nosiłem go na srebrnym łańcuszku na szyi. Na odwrocie medalionu widniało imię Kadirbaja, wykaligrafowane w urdu, hindi i po angielsku. W razie kłopotów miałem pokazać medalion i prosić, by natychmiast skontaktowano się z Kadirbajem. Nie była to ochrona idealna, ale lepsza od wszystkiego, co zaznałem od chwili, gdy ruszyłem na tułaczkę. Prośba Kadirbaja, bym pozostał na jego usługach, ten niewspominany głośno dług, który u niego zaciągnąłem, i bezpieczeństwo, które mi gwarantowała praca u niego – wszystko to trzymało mnie w mieście.

No i była Karla. Znikła z miasta podczas mojego pobytu w więzieniu i nikt nie wiedział, dokąd pojechała. Nie miałem pojęcia, gdzie jej szukać. Ale kochała Bombaj. To pewne. Założenie, że może tu wrócić, wydawało się rozsądne. A ja kochałem ją. Do rozpaczy – to uczucie było w tamtym czasie silniejsze nawet od mojej miłości – doprowadzało mnie podejrzenie, że pewnie wydaje się jej, iż ją zostawiłem, że dostałem to, czego chciałem: łóżko, a potem ją rzuciłem. Nie mogłem stąd odejść, nie spotkawszy się z nią jeszcze raz, bez wyjaśnienia, co się wydarzyło tamtej nocy. Więc zostałem w tym mieście, o krok od zakrętu, na którym się spotkaliśmy, i czekałem na jej powrót.

Rozejrzałem się po przycichłych, nasłuchujących ludziach i napotkałem spojrzenie Vikrama. Uśmiechnął się i zakołysał głową. To był rozdzierająco smutny uśmiech, a oczy lśniły od niewypłakanych łez. A jednak uśmiechnął się, żeby mnie uspokoić, ukoić, włączyć do swojej żałoby. I dzięki temu uśmiechowi nagle zrozumiałem, że trzyma mnie tu coś jeszcze. W końcu pojąłem, że to właśnie to serce, hinduskie serce, o którym mówił Vikram – kraj, gdzie serce jest królem – trzyma mnie na miejscu, choć liczne przeczucia podpowiadają, że powinienem odejść. Tym sercem był dla mnie Bombaj. To miasto mnie uwiodło. Byłem w nim zakochany. Dzięki niemu wzbogaciłem się o nową część osobowości, która istniała tylko dlatego, że mieszkałem w tym mieście jako *Mumbaiker* – mieszkaniec Bombaju.

– Kurewsko zła sytuacja, *yaar* – wymamrotał Vikram, wróciwszy do nas. – Poleje się przez to cholernie dużo krwi, *yaar*. W radiu mówili, że w Delhi grasują bandy Partii Kongresowej, od domu do domu. Szukają sikhów.

Zamilkliśmy, zatopieni we własnych domysłach i niepokojach. Pierwszy odezwał się Didier.

– Chyba mam dla ciebie informację – powiedział cicho, z wysiłkiem wracając do rzeczywistości.

– W sprawie więzienia?

– *Oui.*

– Mów.

– To nic wielkiego. Nie dodaje wiele do tego, co już wiesz: że to była jakaś postać, mająca spore wpływy, tak jak ci powiedział twój opiekun, Abd al-Kadir.

– Cokolwiek to jest, zawsze to coś więcej.

– Jak wolisz. Pewien mój... znajomy... musi codziennie odwiedzać posterunek policji w Kolabie. Dziś rozmawialiśmy i wspomniał o cudzoziemcu, który parę miesięcy temu siedział w areszcie. Podobno kazał się nazywać Kąsającym Tygrysem. Nie potrafię sobie wyobrazić, jak tam zapracowałeś na taką ksywkę, ale zakładam w ciemno, że historia nie jest całkiem dla ciebie pochlebna, *non*? *Alors*, powiedział, że Kąsającego Tygrysa – czyli ciebie – zdradziła kobieta.

– Podał imię?

– Nie. Pytałem, a on zapewnił, że jej nie zna. Ale wie, że jest młoda i bardzo piękna, choć to akurat mógł zmyślić.

– Na ile jest godny zaufania ten twój znajomy?

Didier wydął usta i prychnął.

– Można mu zaufać, że będzie kłamać, oszukiwać i kraść. Niestety, tyle jest warta jego wiarygodność, choć w tych sprawach wykazuje cudowną przewidywalność. Jednakże w tym wypadku przypuszczam, że nie ma powodu kłamać. Uważam, że jesteś ofiarą kobiety.

– No, to jest nas dwóch, *yaar*. Ty i ja, bracie – wtrącił Vikram. Skończył swoje piwo i zapalił długie, cienkie cygaro dla przyjemności i dlatego, że pasowało do jego kowbojskiego stroju.

– Chodzisz z Letitią od trzech miesięcy – zauważył Didier. Patrzył na niego z rozdrażnieniem i bez współczucia. – W czym problem?

– Ty mi powiedz! Łażę z nią wszędzie i do niczego nie dochodzi! Nie doszedłem nawet do pierwszej bazy. Pieprzyć pierwszą bazę, *yaar* – w ogóle nie jestem na boisku. Ta laseczka mnie zabije. Ta miłość mnie zabije! Ona jest twarda jak kamień, i bracie, ja też mam twardego jak kamień i przysięgam, zaraz eksploduję!

– Wiesz, Vikram – powiedział Didier, a jego oczy znowu zalśniły przebiegłością i humorem – mam plan w sam raz dla ciebie.

– Didier, stary, biorę wszystko. Skoro tak się mają sprawy z Indirą i tak dalej, muszę korzystać z każdej szansy, dopóki mogę. Kto wie, gdzie wszyscy znajdziemy się jutro, *na*?

– Tak, a więc *attention*! Ten plan wymaga wielkiej brawury, starannego planowania i precyzji. Niedbałość może spowodować śmierć.

– Śmie... śmierć?

– Tak. Nie wolno ci popełnić błędu. Ale jeśli się uda, moim zdaniem zdobędziesz jej serce na wieki. Wchodzisz, jak to mówią?

– Jestem największym wchodzącym we wszystko sukinsynem w tym cholernym saloonie, *yaar*. Dawaj!

– Chyba to znak, że powinienem wyjść, zanim za daleko w to zabrniecie – przerwałem. Wstałem i uścisnąłem im dłonie. – Dzięki za informację, Didier, przyda się. I informacja dla ciebie, Vikram: cokolwiek zamierzasz z Lettie, przede wszystkim zapomnij o tekście „angielska laseczka w gorących majteczkach". Za każdym razem, kiedy to słyszy, krzywi się, jakbyś na jej oczach udusił małego króliczka.

– Naprawdę? – zdumiał się.

– Tak.

– Ale to mój najlepszy tekst, *yaar*. W Danii...

– Nie jesteśmy już w Danii, Toto.

– No dobrze – ustąpił ze śmiechem. – Słuchaj, jak się dowiesz, co to było z tym więzieniem... To znaczy, co to za skurwiel cię tam posłał i tak dalej... no, jeśli będziesz szukać pomocnika, to się zgłaszam. W porządku?

– Jasne – powiedziałem. Podobało mi się jego spojrzenie. – Spokojnie.

Zapłaciłem rachunek i wyszedłem. Skierowałem się przez Causeway w okolice Regal Cinema. Był wczesny wieczór, jeden z trzech najlepszych momentów w Bombaju. Wczesny poranek, zanim zacznie się upał, i późna noc, kiedy upał ustąpi, bywają wyjątkowe i mają swoje specjalne atrakcje, ale to ciche chwile, bez ludzi. Wieczór wabi ludzi do okien, na balkony i progi. Wieczór wypełnia ulice spacerującymi tłumami. Wieczór jest namiotem w kolorze indygo, osłaniającym cyrk tego miasta, a rodziny przyprowadzają dzieci, żeby zabawić je rozrywkami dostępnymi na każdym rogu i skrzyżowaniu. Wieczór to przyzwoitka młodych kochanków, ostatnia godzina przed zmrokiem, który kradnie niewinność powolnym spacerom. W żadnym innym momencie dnia czy nocy na ulicach Bombaju nie ma więcej osób i nie ma światła, które kocha ludzką twarz bardziej niż wieczorne słońce mojego Mumbaju.

Przechadzałem się wśród wieczornych tłumów, zachwycony tymi twarzami, zachwycony woniami skóry i włosów, zachwycony kolorami strojów i kadencjami słów, które mnie otaczały. Ale towarzyszyła mi tylko samotność, zbyt wielka samotność dla mojej miłości do wieczora w tym mieście. I nieustannie w morzu moich myśli krążył z wolna czarny rekin – czarny rekin zwątpienia, gniewu i podejrzliwości. Zdradziła mnie kobieta. Kobieta. Młoda i bardzo piękna kobieta...

Natarczywy ryk klaksonu wyrwał mnie z zamyślenia. Z taksówki machał do mnie Prabaker. Wsiadłem i poprosiłem, żeby zawiózł mnie na wieczorne spotkanie z Chalidem w pobliżu plaży Chowpatty. Kiedy zarobiłem u Kadirbaja pierwsze prawdziwe pieniądze, między innymi kupiłem za nie licencję taksówkarską dla Prabakera. Zawsze była dla niego zbyt droga, pomimo jego talentu do oszczędzania. Czasami jeździł jako zmiennik kuzyna Shantu bez wymaganej licencji, ale bardzo ryzykował. Mając ją, mógł zwrócić się do dowolnego taksówkarskiego bossa, który prowadził korporację i zatrudniał taksówkarzy z licencją.

Prabaker umiał ciężko pracować i był uczciwy, ale ponad wszystko był najsympatyczniejszym człowiekiem dla większości poznanych osób. Nawet cwani bossowie taksówkarscy nie byli obojętni na jego promienny urok. Po miesiącu miał już „prawie stałą" umowę na wynajmowanie taksówki, o którą dbał jak o własną. Na tablicy rozdzielczej urządził plastikową świątyńkę Lakszmi, bogini bogactwa. Jej złoto-różowo-zielona plastikowa figurka miała niepokojąco drapieżną twarz o czerwonych żaróweczkach w oczach, które zapalały się, kiedy hamował. Od czasu do czasu gestem showmana naciskał gumową gruszkę u stóp figurki. W wyniku tego gestu przez pępek bogini pryskał mocny i niepokojąco sztuczny chemiczny odświeżacz, który osiadał na spodniach i koszuli pasażera. Po każdym rozpyleniu zapachu odruchowo przecierał mosiężną tabliczkę ze swoim nazwiskiem, którą obnosił z szaloną dumą. Jego czarno-żółta taksówka miała tylko jedną rywalkę w całym tym wielkim mieście.

– Parwati. Parwati. Parwati... – powtarzał, mknąc koło Churchgate Station w stronę Marine Drive. Dźwięk tego imienia go upajał. – Uwielbiam ją za bardzo, Lin. Czy miłość jest, kiedy straszne uczucie daje szczęście? Kiedy martwisz się o dziewczynę bardziej niż o taksówkę? To miłość, nie? Wielka miłość, nie? Mój Boże! Parwati, Parwati, Parwati...

– To jest miłość, Prabu.

– A Johnny kocha za bardzo Sitę, mojej Parwati jej siostrę. Za bardzo kocha.

– Bardzo się cieszę. Z powodu Johnny'ego też. To dobry chłopak. Obaj jesteście dobrzy.

– O tak! – zgodził się Prabaker, kilka razy rąbnąwszy w klakson dla lepszego efektu. – Jesteśmy świetne osobistości! A dziś wychodzimy na potrójną randkę, z siostrami. Będzie za bardzo świetnie.

– Jest jeszcze jedna siostra?

– Jeszcze jedna?

– Powiedziałeś „potrójna". Są trzy siostry? Myślałem, że tylko dwie.

– Tak, Lin, absolutnie tylko dwie siostry.

– No, to chyba chciałeś powiedzieć „podwójna randka"?

– Nie. Parwati i Sita zawsze przychodzą z mamusią, żoną Kumara, panią Patak. Dziewczyny siadują po jednej stronie jedynie, a pani Nandita Patak, ona siaduje w środku, a Johnny Cygaro siaduje za mną po drugiej stronie. Potrójna randka.

– Aaa... pewnie macie dużo... zabawy.

– Tak, zabawa! Oczywiście zabawa! Tyle zabawy! A kiedy kupimy pani Patak dość jedzeń i napojów, możemy patrzeć na dziewczyny, a one patrzą na nas też. To nasz system. Tak się uśmiechamy do dziewczyn i posyłamy im wielkie mruganie oczami. Mam bardzo wielkie szczęście, bo pani Patak, ona zawsze ma wielkie apetyty, i je bez przerwy, przez trzy godziny w kinie. Więc jest dużo przynoszenia jedzeń i dużo patrzenia na dziewczyny. A pani Patak – dzięki Bogu, ta kobieta nie potrafi się najeść tylko na jednym filmie jedynie.

– Hej, zwolnij... to wygląda jak... zamieszki...

Tłum – setki, tysiące ludzi – wyłonił się zza rogu ulicy i wpłynął na szeroką Marine Drive jakieś trzysta metrów od nas. Zbliżał się ku nam przez całą ulicę.

– To nie zaśmieszki, Linbaba – odpowiedział Prabaker, zatrzymując taksówkę. – Zaśmieszki *nahin, morcha hain*. „To nie zamieszki, to demonstracja".

Ci ludzie wyraźnie szaleli z gniewu. Mężczyźni i kobiety potrząsali pięściami w rytmie skandowania. Ich wykrzywione twarze zastygły we wściekłym grymasie. Krzyczeli o Indirze Gandhi i o zemście, o karze, którą należy wymierzyć sikhom. Zamarłem, kiedy nas mijali, ale ten ludzki strumień rozstąpił się przed taksówką i przepłynął obok nas, nie musnąwszy nawet karoserii. Mimo to oczy wpatrzone w nas były oszalałe z nienawiści i okrucieństwa. Gdybym był sikhem, gdybym miał sikhijski turban lub szal, tłum wyszarpnąłby drzwi z zawiasów.

Minęli nas i szosa opustoszała. Odwróciłem się i ujrzałem Prabakera ocierającego łzy z oczu. Zaczął niezdarnie szukać po kieszeniach chusteczki, wreszcie wyciągnął ogromną płachtę w czerwoną kratę i osuszył nią oczy.

– To za bardzo smutna sytuacja. – Pociągnął nosem. – To koniec Onej. Co teraz będzie z naszymi Indiami bez Onej? Zapytuję siebie i nie znajduję mnóstwa odpowiedzi.

„Ona" to jedno z najpopularniejszych przezwisk Indiry: dziennikarze, chłopi, politycy i handlarze z czarnego rynku zawsze mówili o niej Ona.

– Tak. To chaos.

Był tak zrozpaczony, że przez jakiś czas tylko siedzieliśmy w milczeniu. Spoglądałem przez okno na ciemniejące morze. Kiedy znowu na niego popatrzyłem, modlił się z pochyloną głową i dłońmi złożonymi na kierownicy. Jego usta poruszały się i drgały w szeptanej modlitwie. Potem rozłożył dłonie, odwrócił się i uśmiechnął do mnie. Jego brwi uniosły się dwa razy.

– Więc co powiesz na seksowne perfumy na twojej dobrej osobistości? – spytał, wyciągając rękę w stronę gruszki po plastikową boginią.

– Nie! – wrzasnąłem i usiłowałem go powstrzymać.

Za późno. Już zgniótł gruszkę i wirujące jęzory jadowitej chemicznej mikstury trysnęły z brzucha Lakszmi i osiadły mi na spodniach i koszuli.

– No. – Uśmiechnął się, włączył silnik i ruszył. – Teraz jesteśmy gotowi, żeby żyć! Jesteśmy szczęśliwe osobistości, tak?

– A jak – burknąłem, gwałtownie łapiąc powietrze przez otwarte okno. Parę minut później znaleźliśmy się na parkingu, gdzie miałem się spotkać z Chalidem. – Możesz mnie tu wyrzucić, Prabu. Tam jest mój przystanek, koło tego dużego drzewa.

Zaparkował przy wysokiej palmie daktylowej. Wysiadłem. Pospieraliśmy się o zapłatę za przejazd. Prabaker nie chciał przyjąć pieniędzy, ja mu je wciskałem. Zaproponowałem kompromis: on weźmie pieniądze, a za nie kupi inne perfumy dla plastikowej bogini.

– O tak, Linbaba! – zawołał i wreszcie przyjął zapłatę. – Jakież dobre idee posiadasz! Właśnie myślałem, że prawie kończy mi się perfuma i jest tak bardzo droga, że nie chcę kupować nowego galonu. Teraz kupię wielką butlę, nową wielką butlę i przez wiele tygodni będę lać w moją Lakszmi do pełna! Dzięki, dzięki za bardzo!

– Nie ma o czym mówić – powiedziałem, śmiejąc się wbrew sobie. – Powodzenia na potrójnej randce.

Zawrócił i włączył się w ruch na jezdni. Jeszcze usłyszałem jego trąbiący na pożegnanie klakson i straciłem go z oczu.

Chalid Ansari czekał na mnie w wynajętej taksówce pięćdziesiąt metrów dalej. Siedział z tyłu; drzwi były otwarte na przestrzał dla lepszej wentylacji. Nie spóźniłem się, a on nie mógł czekać dłużej niż piętnaście, dwadzieścia minut, ale i tak przy otwartych drzwiach taksówki zauważyłem z dziesięć niedopałków. Każdego, wiedziałem o tym, Chalid zgniótł obcasem jak wroga, ziszczając gwałtowne pragnienie, okrutne marzenie o bólu, który pewnego dnia zada znienawidzonym przeciwnikom.

A nienawidził wielu. Zbyt wielu. Powiedział mi, że wizje okrucieństw, które wypełniają mu głowę, są tak realne, iż czasami doprowadzają go do mdłości. Gniew zagnieździł się mu w kościach jak ból. Nienawiść zaciskała mu szczęki i zgrzytała zębami. Jej smak był zawsze gorzki, każdego dnia, każdej nocy, w każdej minucie, gorzki jak smak poczerniałego noża między zębami, gdy jako partyzant Al-Fatah czołgał się wśród gruzów w stronę pierwszej ofiary.

– Chalid, to cię zabije, wiesz o tym.

– Palę za dużo. I co z tego. Kto chce żyć wiecznie?

– Nie mówię o papierosach. Mówię o tym, co ci każe odpalać jednego od drugiego. Mówię o tym, co sam sobie robisz, nienawidząc całego świata. Ktoś mi kiedyś powiedział, że kiedy robisz z serca broń, zawsze w końcu sam się nią zabijasz.

– Akurat ty mi możesz prawić kazania, bracie – powiedział i roześmiał się. Cicho. Smutno. – Sam też nie jesteś, kurwa, Święty Mikołaj.

– Wiesz, Kadir opowiedział mi o... Shatili.
– Co ci powiedział?
– Że... straciłeś tam rodzinę. To musiało być niewiarygodnie straszne.
– Co ty o tym możesz wiedzieć?
W tym pytaniu nie było wrogości ani agresji, ale ogrom bólu, zbyt wielki, żebym go zignorował.
– Wiem o Sabrze i Shatili. Przez całe życie interesowałem się polityką. Kiedy to się wydarzyło, już byłem uciekinierem, ale codziennie, przez wiele miesięcy śledziłem wiadomości. To było... to było... rozdzierające.
– Kiedyś kochałem się w Żydówce, wiesz? – powiedział. Nie odpowiedziałem. – Była... piękna i mądra, i może nawet, no nie wiem, może nigdy nie spotkam nikogo milszego od niej. To było w Nowym Jorku. Razem studiowaliśmy. Jej rodzice pochodzili z nowoczesnej rodziny – popierali Izrael, ale byli przeciwko okupacji tych terytoriów. W dniu, w którym mój ojciec zmarł w izraelskim więzieniu, byłem z tą dziewczyną, kochałem się z nią.
– Nie możesz się obwiniać za to, że się zakochałeś. Ani za to, co inni zrobili twojemu ojcu.
– Ależ mogę – odpowiedział ze słabym, smutnym uśmieszkiem. – W każdym razie wróciłem do domu, w samą porę, żeby się załapać na wojnę październikową – tę, którą Izraelczycy nazywają wojną Jom Kippur. Roznieśli nas. Uciekłem do Tunisu i przeszedłem szkolenie. Zacząłem walczyć i walczyłem aż do Bejrutu. Kiedy nastąpiła inwazja izraelska, okopaliśmy się w Shatili. Cała moja rodzina tam była i wielu dawnych sąsiadów. Wszyscy... byliśmy uchodźcami, nie mieliśmy się gdzie podziać.
– Ewakuowali was, ciebie i bojowników?
– Tak. Nie mogli nas pobić, więc zaproponowali rozejm. Opuściliśmy obozy – uzbrojeni, rozumiesz, żeby im pokazać, że nas nie pokonali. Maszerowaliśmy jak żołnierze, było sporo strzelania w powietrze. Paru gapiów zginęło, bo na nas patrzyli. To było dziwne, jakby jakaś parada czy osobliwe święto, wiesz? A potem, kiedy już odeszliśmy, oni złamali wszystkie obietnice i wysłali Falangę do obozów, zabili wszystkich starców, kobiety i dzieci. Wszyscy zginęli. Cała moja rodzina. Wszyscy, których zostawiłem. Nawet nie wiem, gdzie są ich ciała. Ukryli je, bo wiedzieli, że to zbrodnia wojenna. I myślisz... myślisz, że powinienem im odpuścić?
Byliśmy zwróceni twarzami do morza, z widokiem na plażę Chowpatty rozciągającą się pod stromym zboczem, na którego szczycie znajdował się parking na Marine Drive. Poniżej pierwsza fala rodzin, par i młodych mężczyzn próbowała szczęścia w rzucaniu strzałkami lub strzelania do balonów. Sprzedawcy lodów i sorbetu nawoływali z jaskrawo zdobionych budek niczym rajskie ptaki w czasie godów.
Nienawiść, oplatająca serce Chalida, była jedynym powodem naszych sporów. Wychowałem się wśród żydowskich przyjaciół. W Melbourne, gdzie dorastałem, istnieje spora społeczność żydowska, w dużej mierze składająca się z ocalonych z Holocaustu i ich dzieci. Moja matka była wybitną działaczką w kołach fabian i przyciągała wielu lewicujących intelektualistów z greckich, chińskich, niemiec-

kich i żydowskich społeczności. Wielu moich znajomych chodziło do żydowskiej szkoły – Mt. Scopus College. Dorastałem z tymi dziećmi, czytaliśmy te same książki, lubiliśmy te same filmy i piosenki, razem organizowaliśmy różnorodne demonstracje. Niektórzy z nich znaleźli się wśród tych nielicznych, co wytrwali przy mnie, kiedy moje życie zapadło się pod ciężarem cierpienia i wstydu. Przyjaciel, który po ucieczce z więzienia pomógł mi się wydostać z Australii, był Żydem. Szanowałem, podziwiałem i kochałem ich wszystkich. A Chalid nienawidził każdego Izraelczyka i każdego Żyda na świecie.

– To tak, jakbym ja nienawidził wszystkich Hindusów, bo niektórzy torturowali mnie w więzieniu – powiedziałem cicho.

– To nie to samo.

– Nie mówię, że to samo. Usiłuję... słuchaj, kiedy w Arthur Road przykuli mnie do ściany i zabrali się do mnie, to się ciągnęło godzinami. Po jakimś czasie czułem już tylko smak i zapach swojej krwi. Słyszałem tylko *lathi*, które rozrywały moje ciało.

– Lin, wiem...

– Nie, pozwól mi skończyć. Była taka chwila, w samym środku tego wszystkiego, kiedy... to było dziwne... jakbym się unosił poza własnym ciałem, jakbym spoglądał na nie z góry, i na nich też, i przyglądał się wszystkiemu. I... miałem takie dziwne wrażenie... takie dziwne zrozumienie tego, co się tam działo. Wiedziałem, kim oni są i czym są, i dlaczego to robią. Wszystko to wiedziałem z całkowitą wyrazistością, a potem zrozumiałem, że mam dwa wyjścia: znienawidzić ich albo im wybaczyć. I... nie wiem dlaczego ani jak, ale stało się dla mnie całkowicie jasne, że muszę im wybaczyć. Musiałem, jeśli chciałem przeżyć. Wiem, że to brzmi idiotycznie...

– Wcale nie – przerwał sucho, prawie z żalem.

– Według mnie tak. Tak naprawdę... jeszcze tego nie rozgryzłem. Ale właśnie tak było. I faktycznie im przebaczyłem, szczerze. I z jakiegoś powodu jestem pewien, że właśnie dlatego ocalałem. Nie twierdzę, że przestałem czuć gniew, cholera, gdybym miał broń, pewnie bym ich wszystkich powystrzelał. A może nie. Nie wiem. Chodzi mi o to, że im wybaczyłem w tamtym momencie, w samym środku tego wszystkiego. I jestem pewien, że gdybym tego nie zrobił, gdybym ich dalej tylko nienawidził, nie udałoby mi się dotrwać do chwili, kiedy Kadir mnie wyciągnął. Złamałbym się. Nienawiść by mnie zabiła.

– To i tak nie to samo. Rozumiem, dlaczego to mówisz, ale Izraelczycy zrobili mi coś więcej. Poza tym, gdybym był w hinduskim więzieniu i gdyby mnie zrobili to, co tobie, znienawidziłbym Hindusów na zawsze. Wszystkich.

– A ja nie. Ja ich kocham. Kocham ten kraj. Kocham to miasto.

– Nie powiesz mi, że nie pragniesz zemsty.

– Pragnę. Masz rację. Żałuję, ale tak. Chciałbym być lepszy. Ale chcę dostać tylko jednego człowieka, tego, który mnie tam wsadził, nie cały naród.

– No więc jesteśmy różni – oznajmił sucho, spoglądając na dalekie płomienie w położonej na morzu rafinerii naftowej. – Nie rozumiesz. Nie możesz zrozumieć.

– Rozumiem, że nienawiść cię zabije, jeśli jej nie odrzucisz.

– Nie – powiedział i spojrzał na mnie w mdłym świetle lampki taksówki. Oczy mu lśniły, a jego posiekaną bliznami twarz rozjaśnił uśmiech. Podobną minę miewał Vikram, rozmawiając o Lettie, albo Prabaker, kiedy mówił o Parwati. Taki wyraz twarzy przybierają niektórzy, opowiadając o swoim doświadczeniu obecności Boga.

– Nienawiść mnie ocaliła – powiedział cicho, lecz z ożywionym, rozgorączkowanym fanatyzmem. Miękko zaokrąglone amerykańskie samogłoski zmieszały się ze świszczącą, powietrzną arabską wymową, tworząc coś pomiędzy brzmieniem głosu Omara Sharifa i Nicholasa Cage'a. W innym czasie, miejscu, życiu Chalid Ansari czytywałby głośno wiersze po arabsku i angielsku, wzruszając słuchaczy do łez smutku i radości. – Nienawiść jest bardzo witalna, wiesz? Nienawiść niesie ocalenie. Musiałem bardzo długo ukrywać swoją nienawiść. Ludzie nie potrafili jej znieść. Bali się jej. Więc schowałem nienawiść w środku. Dziwne, bo przez tyle lat byłem wygnańcem – nadal jestem – i moja nienawiść także, tak jak ja. Wygnałem moją nienawiść. Moja rodzina... wymordowana... zgwałceni, zarżnięci... ja także zabijałem... strzelałem, podrzynałem gardła... a moja nienawiść przeżyła na wygnaniu. Stała się silniejsza i odporniejsza. I raz pewnego dnia obudziłem się – już pracowałem dla Kadira, miałem pieniądze i władzę – i poczułem, że nienawiść zakrada się do mnie. I znowu tu jest, we mnie, tam gdzie jej miejsce. A ja jestem zadowolony, cieszę się. Potrzebuję jej. Jest silniejsza ode mnie. Jest odważniejsza. Nienawiść jest moim idolem.

Jeszcze przez chwilę to fanatyczne spojrzenie utrzymywało się w jego oczach. Potem odwrócił się do kierowcy, który drzemał za kierownicą.

– *Challo, bhai!* – warknął. „Jedziemy, bracie!".

Po chwili przerwał milczenie.

– Słyszałeś o Indirze?

– Tak. Mówili w radiu w „Leopoldzie".

– Ludzie Kadira z Delhi znają szczegóły. Te nieoficjalne. Zadzwonili do nas na chwilę przed moim wyjściem na nasze spotkanie. Dość paskudnie ją załatwili.

– Tak? – mruknąłem, myślami będąc jeszcze przy jego poemacie o nienawiści. Tak naprawdę nie byłem ciekaw szczegółów zabójstwa, ale ucieszyłem się, że zmienił temat.

– O dziewiątej rano, dziś rano, zeszła do strzeżonego wejścia w swojej rezydencji, rezydencji premiera. Złożyła ręce w powitaniu, wiesz, przed dwoma sikhijskimi ochroniarzami, którzy stali przy drzwiach. Znała ich. Tylko oni tam byli, na straży, bo tak chciała. Po Złotej Świątyni, po Bluestar, doradzano jej, żeby pozbyła się sikhów z obstawy, ale nie zgodziła się, bo nie mogła uwierzyć, że jej wierni ochroniarze mogą zdradzić. Po prostu nie docierało do niej, że sama obudziła w nich nienawiść, posyłając wojsko na Złotą Świątynię. W każdym razie złożyła ręce, uśmiechnęła się i powiedziała *Namaste*. Wtedy jeden ochroniarz wyjął służbowy rewolwer – to była trzydziestkaósemka – i strzelił trzy razy. Trafił ją prosto w brzuch. Upadła. Drugi ochroniarz wycelował w nią stena. Opróżnił cały magazynek. Trzydzieści pocisków. To stara broń, ten sten, ale z bliska wyrywa straszne dziury. Co najmniej siedem kul trafiło ją w brzuch, trzy w pierś, a jedna przeszła przez serce.

Przez jakiś czas jechaliśmy w milczeniu. Odezwałem się pierwszy.

– I jak sądzisz, jak na to zareaguje rynek walutowy?

– Według mnie to dobrze wpłynie na interesy – odpowiedział beznamiętnie. – Jeśli istnieje wyraźna linia sukcesji, a tutaj istnieje, skoro jest Radżiv, zabójstwo zawsze dobrze wpływa na interesy.

– Ale będą zamieszki. Już teraz słychać o bandach, które atakują sikhów. W drodze do ciebie natknąłem się na *morchę*.

– Tak, ja też – powiedział i spojrzał na mnie. Oczy miał ciemne, niemal czarne, lśniące zawziętością. – Ale nawet to jest dobre dla interesów. Im więcej zamieszek, im więcej zabitych, tym większy będzie popyt na dolary. Jutro rano podniesiemy cenę.

– Mogą być problemy z dojazdem. Jeśli zaczną się zamieszki lub *morchy*, nie będzie łatwo się poruszać.

– Przyjadę po ciebie o siódmej i pojedziemy prosto do Rajubaja – powiedział, mając na myśli kantor w rejonie Fortu i Raju, prowadzącego go człowieka. – Mnie nie zatrzymają. Mój samochód przejedzie. Co będziesz teraz robić?

– Teraz? Po skończonym obchodzie?

– Tak. Masz czas?

– Jasne. Co mam zrobić?

– Odwieź mnie – powiedział, opadając na oparcie siedzenia. Całe jego ciało i twarz zwiotczały ze zmęczenia lub zniechęcenia. – Sam zrób obchód. Powiedz wszystkim, że jutro z samego rana mają się zjawić u Rajubaja. Powiadom jak najwięcej. Jeśli się zrobi naprawdę źle, będziemy potrzebować wszystkich.

– W porządku, zajmę się tym. Powinieneś się wyspać. Jesteś zmęczony.

– Dobrze. – Uśmiechnął się. – W nadchodzących dniach nie będziemy dużo spali.

Zamknął na chwilę oczy i spuścił bezwładnie głowę. Potem nagle się obudził, wyprostował, wciągnął powietrze w płuca.

– Słuchaj, co tak śmierdzi? Jakaś woda po goleniu czy co? Gaz łzawiący tak nie jedzie jak to!

– Nawet nie pytaj – mruknąłem, walcząc z uśmiechem. Potarłem plamę na koszuli, która została mi po perfumach Prabakera. Chalid parsknął śmiechem i znowu spojrzał w bezgwiezdną czerń, gdzie noc spotyka się z morzem.

Wcześniej czy później los styka nas ze wszystkimi ludźmi, jednym po drugim, którzy pokazują nam, kim możemy i kim nie powinniśmy się stać. Wcześniej czy później spotkamy pijaka, marnotrawcę, zdrajcę, człowieka o głowie pełnej okrucieństwa i sercu pełnym nienawiści. Ale oczywiście to los rzuca kośćmi, bo w nas ci ludzie przeważnie budzą miłość lub litość. A trudno pogardzać kimś, do kogo się czuje prawdziwą litość, i odtrącić kogoś szczerze kochanego. Siedziałem w ciemnościach obok Chalida, a taksówka wiozła nas ku ciemnym interesom. Siedziałem obok niego wśród kolorowych cieni i czułem, że kocham jego szczerość i odporność i lituję się nad nienawiścią, która go osłabia i okłamuje. A jego twarz, czasami odbijająca się w oknach pełnych nocy, była naznaczona przeznaczeniem i tak promienna, jak otoczone aureolami twarze skazanych na zagładę świętych.

ROZDZIAŁ 23

– W jakiejkolwiek części świata się znajdziesz, w jakimkolwiek społeczeństwie, w kwestii sprawiedliwości zawsze jest tak samo – powiedział Abd al-Kadir Chan, mój mafijny szef i przybrany ojciec, gdy pracowałem u niego już od pół roku. – Nasze przepisy, dochodzenia, oskarżenia i kary dotyczą pytania, ile przestępstwa jest w grzechu, choć powinno ono brzmieć: ile grzechu jest w przestępstwie.

Siedzieliśmy w gwarnej, parnej, cudownie wonnej restauracji „Saurab" w rejonie Sassoon Dock. Zdaniem wielu bywalców, podawano tu najlepsze w Bombaju *masala dhosa* – w mieście, gdzie o ten zaszczyt konkuruje ze sobą pięć tysięcy restauracji. Mimo tej cechy charakterystycznej – a może właśnie z jej powodu – „Saurab" była mała i względnie nieznana. Jej nazwa nie pojawiała się w żadnym przewodniku dla turystów ani w felietonach dla smakoszy. Była to knajpka dla robotników, zawsze pełna, od rana do wieczora, mężczyzn i kobiet, którzy wysoko ją sobie cenili i zachowywali jej tajemnicę dla siebie. Co za tym idzie, dania były tu tanie, a wystrój ograniczony do funkcjonalnego minimum. Jednak było tu idealnie czysto, a piękne, zdobione żagle chrupiących *dhosa*, które przynosili zwijający się jak w ukropie kelnerzy, były nasycone najsmakowitszą mieszanką przypraw, niespotykaną w żadnej innej potrawie w żadnym innym lokalu.

– Dla mnie – ciągnął Abd al-Kadir Chan, gdy jedliśmy – to drugie jest prawdą. Dla mnie najważniejszą sprawą jest zawartość grzechu w zbrodni. Spytałeś mnie przed chwilą, dlaczego nie zarabiamy na prostytucji i narkotykach, tak jak inne rady, a ja ci odpowiadam, że to ze względu na poziom grzechu w tych przestępstwach. To z tego powodu nie zamierzam sprzedawać dzieci, kobiet, pornografii ani narkotyków. Z tego właśnie powodu nie pozwolę, by to czyniono na moim terenie. W tych wszystkich przestępstwach poziom grzechu jest tak wielki, że w zamian za zysk sprzedaje się własną duszę. A ktoś bez duszy jest bezduszny. Jeśli chcesz odzyskać duszę, nie pomoże ci nic poniżej cudu.

– Wierzysz w cuda?

– Oczywiście. W głębi serca wszyscy wierzymy w cuda.

– Ja chyba nie – powiedziałem z uśmiechem.

– Jestem pewien, że wierzysz. Na przykład, czy nie powiesz, że twoje ocalenie z więzienia w Arthur Road było cudem?

– Wtedy naprawdę mi się nim wydawało, przyznaję.

– A kiedy uciekłeś z więzienia w swojej ojczyźnie, Australii, czy to nie był cud? – spytał spokojnie.

Po raz pierwszy wspomniał o mojej ucieczce. Byłem pewien, że oczywiście o niej wie, i nie miałem wątpliwości, że musiał się nad tym wiele razy zastanawiać. Ale teraz, wspominając o tym temacie, chciał jedynie wyświetlić prawdziwą naturę mojego ocalenia z więzienia Arthur Road. De facto uratował mnie przed dwoma więzieniami – w Indiach i Australii – więc miałem wobec niego podwójny dług.

– Tak – odparłem, powoli, lecz spokojnie. – To chyba było coś w rodzaju cudu.

– Jeśli nie masz nic przeciwko temu... to znaczy, jeśli to nie jest dla ciebie bolesne, chciałbym, żebyś mi opowiedział o ucieczce z australijskiego więzienia. Wyznam, że uważam ją za fascynującą, z moich bardzo prywatnych przyczyn, i pozostaję pod wielkim jej wrażeniem.

– Nie mam nic przeciwko. – Spojrzałem mu w oczy. – Co chciałbyś wiedzieć?

– Dlaczego uciekłeś?

Tylko on zadał mi to pytanie. W Australii i Nowej Zelandii także pytano mnie o ucieczkę. Ludzie chcieli się dowiedzieć, jak się wydostałem z więzienia i jak żyję na wygnaniu. Ale tylko Kadir spytał, dlaczego uciekłem.

– W więzieniu był blok karny. Strażnicy... nie wszyscy, ale wielu... byli szaleni. Nienawidzili nas. Oszaleli z nienawiści do więźniów. Nie wiem dlaczego, nie potrafię wyjaśnić. Tak tam wtedy było. Torturowali nas prawie co noc. A ja się przeciwstawiałem. Musiałem z nimi walczyć. Chyba taką mam naturę. Taki jestem. Nie należę do ludzi, którzy potrafią się z czymś takim pogodzić i nie oddać. Oczywiście to tylko pogarszało sprawę. Dostałem... no, zabrali się do mnie i zrobiło się... kiepsko. Byłem tam tylko przez jakiś czas, na tym bloku karnym. Ale dostałem długi wyrok i wiedziałem, że prędzej czy później znajdą powód, żeby znowu mnie tam wsadzić, albo sam się tak wygłupię, że im go dam – wierz mi, to nietrudne. Myślałem, że jeśli znowu mnie tam wsadzą, znowu mnie wezmą w obroty, zaczną mnie torturować, a ja się będę stawiać, to pewnie mnie zabiją. Dlatego... uciekłem.

– Jak to zrobiłeś?

– Po ostatnim biciu zachowywałem się tak, jakby mnie złamali. Więc dali mi pracę, którą przydzielali tylko złamanym więźniom. Pracowałem przy murze więzienia, pchałem taczki i robiłem naprawy. Kiedy nadeszła odpowiednia chwila, uciekłem.

Wysłuchał mojej historii. Jedliśmy, a on nie przerywał. Przyglądał mi się uważnie, a światełko uśmiechu w jego oczach obudziło podobne w moich. Wydawało mi się, że opowiadanie tej historii sprawia mu tyle samo radości, co sama historia.

– Kim był ten drugi, ten więzień, z którym uciekłeś?

– Siedział za morderstwo. To dobry człowiek, z wielkim sercem.

– Ale nie trzymaliście się razem?

– Nie – odpowiedziałem i po raz pierwszy odwróciłem wzrok. Spojrzałem na drzwi restauracji, na rytmiczny, nieprzerwany nurt przechodniów na ulicy. Jak miałem wyjaśnić, dlaczego zostawiłem przyjaciela i ruszyłem w swoją stronę? Sam ledwie to rozumiałem. Postanowiłem przedstawić mu fakty i pozostawić wnioski jego osądowi.

– Początkowo mieliśmy przystać do gangu motocyklowego. Przywódca miał w więzieniu młodszego brata. To był odważny chłopiec i mniej więcej rok przed moją ucieczką zdenerwował bardzo niebezpiecznego więźnia tylko tym, że był odważny. Wmieszałem się i uratowałem go przed śmiercią. Kiedy się dowiedział, opowiedział o tym bratu. Ten starszy brat, szef gangu, przesłał mi wiadomość, że mogę na niego liczyć. Po ucieczce zwróciłem się do niego i zabrałem ze sobą przyjaciela. Dali nam broń, lekarstwa i pieniądze. Ochraniali nas, zapewnili dach nad głową na pierwsze trzynaście dni i nocy, kiedy gliny, szukając nas, przewracały całe miasto do góry nogami.

Urwałem i wytarłem talerz kawałkiem *roti* z mąki grochowej. Kadirbaj dojadł swoją porcję. Jedliśmy z apetytem, przyglądając się myślom i pytaniom lśniącym w naszych oczach.

– Trzynastego dnia po ucieczce, kiedy nadal mieszkałem z gangiem motocyklowym, naszła mnie nagła potrzeba, by odwiedzić człowieka, który niegdyś był moim nauczycielem – podjąłem w końcu. – Wykładał filozofię na uniwersytecie w moim mieście. Był żydowskim intelektualistą, bardzo inteligentnym, bardzo szanowanym. Ale pomimo tej jego inteligencji i w ogóle, tak naprawdę nie wiem, dlaczego do niego poszedłem. Nie potrafię tego wyjaśnić, naprawdę tego nie rozumiem, nawet teraz. Po prostu musiałem z nim porozmawiać. Ta potrzeba była tak silna, że nie potrafiłem jej opanować. Wyprawiłem się na drugi koniec miasta, ryzykując życie, żeby tylko się z nim spotkać. Powiedział, że się mnie spodziewał i czekał na moje przyjście. Powiedział, że przede wszystkim muszę oddać broń. Starał się mnie przekonać, że jej nie potrzebuję i że jeśli jej się nie pozbędę, tylko napytam sobie biedy. Powiedział, że muszę się wyrzec napaści z bronią w ręku i nigdy więcej ich nie popełniać. Powiedział, że zapłaciłem już za zawinione grzechy, ale jeśli kiedykolwiek znowu popełnię to samo przestępstwo, zginę lub zostanę natychmiast złapany. Cokolwiek będziesz musiał zrobić, żeby pozostać na wolności, powiedział, nigdy więcej nie dopuszczaj się tego przestępstwa. Powiedział, że muszę się rozstać z moim przyjacielem, bo na pewno go złapią, a jeśli zostanę przy nim, ja także zostanę złapany. I powiedział, żebym ruszył w podróż po świecie. Mów ludziom tyle, ile będą musieli wiedzieć. Pamiętam, że mówił to z uśmiechem, jakby to nie było nic wielkiego. I proś ludzi o pomoc, dodał. Nic ci nie będzie... Nie martw się... Twoje życie to wielka przygoda, która dopiero się zaczyna...

Znowu zamilkłem. Kelner podszedł, żeby zabrać puste talerze, ale Kadir go odesłał. Patrzył na mnie nieruchomym spojrzeniem złotych oczu, ale było to spojrzenie współczujące i krzepiące.

– Wyszedłem z jego gabinetu – na uniwersytecie – i zrozumiałem, że ta krótka rozmowa zmieniła wszystko. Wróciłem do gangu i mojego przyjaciela. Dałem mu moją broń i powiedziałem, że muszę odejść. Wyruszyłem w samotną podróż. Jego złapali pół roku później, po zbrojnym starciu z policjantami. Ja nadal jestem wolny, jeśli to słowo ma jakieś znaczenie, kiedy jest się ściganym i nie ma się dokąd pójść. To wszystko. Teraz znasz całą historię.

– Chciałbym poznać tego człowieka – rzekł Kadirbaj powoli. – Tego wykładowcę filozofii. Dał ci dobrą radę. Ale powiedz, rozumiem, że Australia jest bardzo odmiennym krajem, nie takim jak Indie... dlaczego tam nie wróciłeś i nie opowiedziałeś władzom, że torturowano cię w więzieniu? Czy wtedy nie byłbyś bezpieczny i nie mógłbyś wrócić do dawnego życia i rodziny?

– Tam, skąd pochodzę, nie donosi się na nikogo. Nawet na tych, którzy torturują. A nawet gdybym to zrobił, nawet gdybym wrócił i stanął przed sądem, i zeznawał przeciwko klawiszom, którzy torturują więźniów – i tak nie byłoby gwarancji, że przestaną. Ten system ich osłania. Żaden człowiek przy zdrowych zmysłach nie ufa brytyjskiej sprawiedliwości. Kiedy ostatnio słyszałeś, żeby jakiś bogacz oddał się na łaskę i niełaskę sądu? To się po prostu nie zdarza. System zadbałby o tych zbrodniarzy i upiekłoby im się, mimo ich czynów, mimo wszystkich dowodów. A ja wróciłbym do więzienia. I znowu znalazłbym się w ich rękach. Wtedy by się do mnie zabrali na serio. Myślę... myślę, że skopaliby mnie na śmierć. W każdym razie to nie wchodziło w grę. Nie wolno donosić. Nie wolno kablować, z żadnego powodu. To główna zasada. Prawdopodobnie jedyna za kratami.

– Ale sądzisz, że ci strażnicy nadal torturują innych więźniów, tak jak ciebie?

– Tak. Tak sądzę.

– I możesz coś z tym zrobić, jakoś ulżyć ich cierpieniu?

– Może i tak. A może nie. Jak powiedziałem, nie sądzę, żeby sam system chciał wymierzyć sprawiedliwość, stanąć w naszej obronie.

– Ale istnieje możliwość, tylko możliwość, żeby cię wysłuchali i położyli kres torturowaniu więźniów?

– Istnieje. Ale chyba niezbyt wielka.

– A jednak istnieje?

– Tak – przyznałem sucho.

– Więc można powiedzieć, że w pewien sposób jesteś odpowiedzialny za cierpienia innych?

Pytanie było napastliwe, ale ton całkowicie łagodny i pełen współczucia. Spojrzałem Kadirowi w oczy i zyskałem pewność, że nie chciał mnie obrazić ani zranić. To on wyrwał mnie z więzienia w Indiach, a pośrednio także w Australii.

– Można tak powiedzieć – odparłem spokojnie. – Ale to nie zmienia zasady. Nie wolno donosić – z żadnego powodu.

– Nie chcę cię złapać w pułapkę ani podejść. Ale chyba na tym przykładzie widzisz, że można postąpić niewłaściwie z właściwych przyczyn. – Uśmiechnął się, po raz pierwszy, odkąd zacząłem opowiadać. – To kiedyś do nas wróci. Poruszyłem ten temat, bo to bardzo ważny przyczynek do pytania, jak żyjemy i jak powinniśmy żyć. Teraz nie ma potrzeby o tym mówić, ale to pytanie powróci w innej dyskusji, więc chciałbym, żebyś je zapamiętał.

– A waluta? – spytałem, wykorzystując okazję, żeby przenieść uwagę ze mnie na zasady jego moralnego wszechświata. – Czy waluta kwalifikuje się jako grzeszne przestępstwo?

– Nie. Waluta nie – oznajmił twardo. Głos miał głęboki, słowa przepływały przez przeponę do piersi i mijały rozwibrowany szlachetny kielich jego krtani. W rezultacie ton brzmiał hipnotyczną nabożnością kaznodziei głoszącego Koran, nawet kiedy rozmawialiśmy o najbardziej zyskownych przestępstwach.

– A przemyt złota?
– Nie. Złoto nie. Ani paszporty. Ani wpływy.
„Wpływy" były eufemizmem, którym określał całą gamę oddziaływania jego mafii na społeczeństwo. Począwszy od łapówek wręczanych przy licznych okazjach, przez wewnętrzne układy, po zapewnianie sobie zyskownych ofert. Kiedy łapówki zawodziły, wpływy Kadira rozszerzały się na windykację długów i ochronę firm pracujących na jego terenie. Nieostatnie miejsce na liście wpływów zajmowało zastraszanie – siłą lub szantażem – zbuntowanych polityków i urzędników.
– Zatem jak określasz zawartość grzechu w danym przestępstwie? Kto to osądza?
– Grzech to miara zła – odpowiedział, odchylając się, by kelner mógł zabrać talerz i zmieść okruszki ze stołu.
– Dobrze. Ale jak określasz, ile zła znajduje się w danym przestępstwie? Kto osądza zło?
– Jeśli naprawdę chcesz porozmawiać o tym, co dobre i złe, będziemy musieli się przejść i podyskutować dłużej.
Wstał, a Nazir, jego nieodłączny towarzysz, uniósł się ze swego miejsca jak jego cień i podążył za nim do zlewu i lustra w alkowie w głębi restauracji. Umyli ręce i twarze, charknęli i splunęli hałaśliwie do zlewu, jak wszyscy klienci po zakończeniu posiłku. Kiedy ja także umyłem się, charknąłem i splunąłem, zauważyłem, że Kadirbaj rozmawia z właścicielem „Saurab" na chodniku przed restauracją. W końcu właściciel uściskał Kadira i poprosił go o błogosławieństwo. Był hinduistą, na czole miał znak błogosławieństwa, które otrzymał w świątyni zaledwie parę godzin temu. A jednak kiedy Kadirbaj ujął jego ręce i cicho wyszeptał muzułmańskie błogosławieństwo, pobożny hinduista przyjął je z radością i wdzięcznością.
Wróciliśmy spacerkiem w stronę Kolaby. Krępy, podobny do małpy Nazir trzymał się jakiś metr za nami, ponuro wpatrzony w ulicę. Na Sassoon Dock przekroczyliśmy jezdnię i przez główne łukowate wejście weszliśmy na teren starej przystani. Od zapachu suszących się na słońcu różowych gór krewetek mój żołądek fiknął koziołka, ale kiedy ujrzeliśmy morze, mocna bryza rozproszyła odór. W miarę zbliżania się do wody częściej musieliśmy lawirować wśród mężczyzn z wózkami i kobiet z koszami na głowach, pełnymi kruszonego lodu i ryb. Do zawodzenia sprzedawców i prowadzących aukcje dołączał łomot z fabryk produkujących lód i przetwarzających ryby. Przy brzegu kołysało się dwadzieścia dużych, drewnianych łodzi rybackich, zbudowanych według tego samego wzoru co statki, które pływały po Morzu Arabskim i wzdłuż maharackiego wybrzeża Indii pięćset lat temu. Tu i tam między nimi pojawiały się większe, kosztowniejsze łodzie z metalu. Kontrast między tymi zardzewiałymi, niezdarnymi olbrzymami i eleganckimi drewnianymi łódeczkami wiele mówił o nowoczesności i świecie, o życiu spędzanym na morzu z romantycznego powołania i o zimnym, skutecznym dążeniu do zwiększenia zysków.
Usiedliśmy na drewnianej ławce w cichym, cienistym kącie przystani, gdzie rybacy czasami wspólnie jadali posiłki. Kadir spoglądał na łodzie kołyszące się

na falach. Jego krótkie włosy i broda były niemal zupełnie białe. Napięta, gładka skóra twarzy była opalona na kolor dojrzałego w słońcu zboża. Spojrzałem na tę twarz – długi, delikatny nos, szerokie czoło i wygięte ku górze usta – i zastanowiłem się, nie pierwszy i ostatni raz, czy miłość do niego będzie mnie kosztować życie. Nazir, zawsze czujny, stał tuż obok i wodził po przystani spojrzeniem spode łba, które nie aprobowało nikogo na świecie z wyjątkiem człowieka siedzącego obok mnie.

– Historia wszechświata to historia ruchu – zaczął Kadir, nadal wpatrzony w łodzie kiwające się wspólnie jak konie w zaprzęgu. – Wszechświat, na ile go znamy, w jednym ze swych wielu wcieleń, zaczął się ekspansją tak wielką i szybką, że możemy o niej mówić, lecz w żadnej mierze nie potrafimy zrozumieć czy nawet sobie wyobrazić. Naukowcy nazywają tę ekspansję Wielkim Wybuchem, choć nie był to wybuch w sensie bomby czy czegoś ją przypominającego. I w pierwszych chwilach po tej wielkiej ekspansji, od pierwszych ułamków attosekund wszechświat był jak gęsta zupa podstawowych składników. Te składniki były tak podstawowe, że nawet jeszcze nie stały się atomami. W miarę jak wszechświat rozszerzał się i stawał coraz chłodniejszy, te najdrobniejsze fragmenty zbliżyły się do siebie i stały się cząstkami. Potem cząstki zbliżyły się do siebie i utworzyły pierwsze atomy. Następnie atomy scaliły się w cząsteczki. Potem z cząsteczek powstały pierwsze gwiazdy. Te pierwsze gwiazdy przeszły przez własne cykle i wybuchły deszczem nowych atomów. Nowe atomy scaliły się i utworzyły kolejne gwiazdy i planety. To, z czego się składamy, pochodzi z tych umierających gwiazd. Jesteśmy uczynieni z gwiazd, ty i ja. Czy na razie się ze mną zgadzasz?

– Jasne. – Uśmiechnąłem się. – Nie wiem, dokąd zmierzasz, ale na razie jest dobrze.

– Właśnie! – odparł ze śmiechem. – Na razie jest dobrze! Możesz sprawdzić fakty naukowe, które ci podaję – szczerze mówiąc, nawet chcę, żebyś sprawdzał każde moje słowo i wszystko, czego dowiesz się od innych. Ale jestem pewien, że te fakty są prawidłowe w granicach tego, co jest nam wiadome. Już od jakiegoś czasu studiuję te kwestie z pewnym młodym fizykiem i zasadniczo się nie mylę.

– Z radością uwierzę ci na słowo – oznajmiłem i naprawdę czułem radość płynącą z jego towarzystwa i uwagi skierowanej tylko na mnie.

– A teraz, kontynuując, żadne z tych wydarzeń, żaden z tych procesów, żadne z tych scalających działań nie było tym, co moglibyśmy opisać jako przypadek. Wszechświat ma swoją naturę, coś w rodzaju natury ludzkiej, jeśli pozwolisz się tak wyrazić, i w jego naturze leży łączenie i budowanie, i zyskiwanie na złożoności. Wszechświat zawsze to robi. Jeśli okoliczności sprzyjają, cząstki materii zawsze schodzą się razem, by tworzyć bardziej złożone struktury. I ten fakt na temat sposobu działania naszego wszechświata, tej zasady schodzenia się i komplikowania tych uporządkowanych struktur ma własną nazwę. W zachodniej nauce nazywa się go tendencją do złożoności i tak właśnie działa wszechświat.

Trzej rybacy w *lungi* i podkoszulkach zbliżyli się do nas nieśmiało. Jeden niósł dwa druciane koszyki ze szklankami wody i gorącego czaju. Drugi ściskał talerz z kilkoma słodkimi *ladoo*. Ostatni miał na wyciągniętej dłoni *chillum* i dwa *goli charrasu*.

– Napije się pan herbaty? – spytał uprzejmie w hindi. – Zapali pan z nami?

Kadir uśmiechnął się i zakołysał głową. Mężczyźni podeszli szybko, podali szklanki czaju Kadirowi, Nazirowi i mnie. Przykucnęli przed nami i przygotowali *chillum*. Kadirowi przypadło zaszczytne zadanie zapalenia fajki, ja pociągnąłem drugi. Fajka zrobiła dwa okrążenia; ostatni mężczyzna, który wypuścił z ust strużkę błękitnego dymu wraz ze słowem *kalaass* – „koniec" – wystukał na dłoń popiół.

Kadir nadal mówił do mnie po angielsku. Byłem pewien, że tamci go nie rozumieją, ale zostali z nami, uważnie wpatrując się w jego twarz.

– Kontynuując, znany nam wszechświat – na ile go pojmujemy – od zawsze stawał się coraz bardziej złożony. Tendencja do złożoności wyniosła go niemal z idealnej prostoty do rodzaju złożoności, którą widzimy wszędzie wokół nas, gdziekolwiek spojrzymy. Wszechświat zawsze tak funkcjonuje. Zawsze przechodzi od prostoty do złożoności.

– Chyba wiem, dokąd nas to zaprowadzi.

Kadir parsknął śmiechem. Rybacy roześmieli się razem z nim.

– Wszechświat – podjął – ten wszechświat, który znamy, zaczął się niemal absolutną prostotą i stawał się coraz bardziej skomplikowany przez blisko piętnaście miliardów lat. Za kolejny miliard lat będzie jeszcze bardziej złożony niż teraz. Za pięć, dziesięć miliardów – jeszcze bardziej. Zmierza ku... czemuś. Zmierza ku jakiemuś rodzajowi najwyższej złożoności. My możemy tam nie dotrzeć. Może tam nie dotrzeć atom tlenu ani liść, ani człowiek, ani planeta – ku tej najwyższej złożoności. Ale wszyscy ku niej zmierzamy – wszystko we wszechświecie ku temu zmierza. I tę ostateczną złożoność, tę rzecz, do której wszyscy zmierzamy, postanowiłem nazywać Bogiem. Jeśli to słowo – Bóg – ci się nie podoba, nazwij go Najwyższą Złożonością. Jakąkolwiek nazwę wybierzesz, pozostaje faktem, że cały wszechświat ku temu dąży.

– Czy wszechświat nie rządzi się raczej prawem przypadku? – spytałem, wyczuwając kierunek jego rozumowania i usiłując uprzedzić argumenty. – A gigantyczne planetoidy i tak dalej? Któraś mogłaby nas, mam na myśli naszą planetę, rozbić w pył. A jeśli nasze słońce zacznie gasnąć – a pewnego dnia tak się stanie – czy to nie będzie przeciwieństwo złożoności? Jak to się mieści w tym dążeniu do złożoności, jeśli cała złożona planeta zostanie rozbita w pył, a słońce zgaśnie?

– Dobre pytanie – przyznał Kadirbaj. W radosnym uśmiechu odsłonił zęby koloru kości słoniowej z niewielką przerwą z przodu. Radował się tą dyskusją i zdałem sobie sprawę, że nigdy nie widziałem go tak ożywionego i pełnego entuzjazmu. Jego dłonie mieszały przestrzeń między nami, ilustrując niektóre argumenty i podkreślając inne. – Nasza planeta może zostać rozbita, to prawda, a pewnego dnia nasze piękne słońce umrze. A my, zgodnie z naszą wiedzą, jesteśmy najpełniejszym wyrazem złożoności w tej części wszechświata. Byłoby straszliwą stratą, gdybyśmy mieli zginąć. Byłoby to straszliwym marnotrawstwem tego rozwoju. Ale sam proces będzie trwać nadal. Jesteśmy owocem tego procesu. Nasze ciała są dziećmi wszystkich słońc i innych gwiazd, które umarły przed naszym przyjściem na świat, tworząc atomy, będące naszym budulcem. A jeśli planetoida nas unicestwi albo zginiemy z własnej ręki, cóż... w innej części wszechświata powieli się nasz poziom złożoności, ten poziom złożoności ze świadomością zdolną do pojęcia tego procesu. Nie twierdzę, że to będą ludzie tacy jak my. Mam na myśli istoty myślące, równie złożone jak my. My przestaniemy istnieć, lecz proces będzie trwać nadal. Być może w tej właśnie chwili toczy się on w milionach światów, a nawet jest to bardzo prawdopodobne – w całym wszechświecie, bo takimi prawami rządzi się wszechświat.

Teraz to ja musiałem się roześmiać.

– Dobrze, dobrze. I niech zgadnę, chcesz powiedzieć, że wszystko, co sprzyja temu procesowi, jest dobre, tak? A wszystko, co prowadzi w przeciwnym kierunku, to zło, *na*?

Kadirbaj skupił na mnie pełną uwagę. Uniósł brew w rozbawieniu, dezaprobacie lub czymś pomiędzy. Taki wyraz widywałem nieraz na twarzy Karli. Może mój lekko żartobliwy ton wydał mu się niegrzeczny. Nie chciałem tego. Prawdę mówiąc, ten ton wynikał z bezradności, bo nie potrafiłem znaleźć słabego punktu tego rozumowania, które wywarło na mnie duże wrażenie. Może po prostu go zaskoczyłem. Raz, dużo później, powiedział mi, że podoba mu się we mnie to, że się go nie boję, a moja odwaga często go zaskakiwała niestosownością i nieprzewidywalnością. Cokolwiek wywołało ten uśmieszek i uniesienie brwi, nie ustąpiło od razu.

– Zasadniczo masz rację. Wszystko, co wspiera, promuje lub przyspiesza ten ruch ku Najwyższej Złożoności, jest dobrem – oznajmił, wymawiając słowa bardzo powoli i z tak przemyślaną precyzją, że stało się dla mnie jasne, iż powtarzał te sformułowania wiele razy. – Wszystko, co utrudnia, zakłóca lub hamuje ruch ku Najwyższej Złożoności, jest złem. Ta definicja dobra i zła jest wspaniała, ponieważ przedstawia oba pojęcia jako obiektywne i powszechnie akceptowane.

– Czy cokolwiek jest obiektywne? – spytałem, wreszcie czując pod stopami pewniejszy grunt.

– Kiedy twierdzimy, że ta definicja dobra i zła jest obiektywna, mamy na myśli taki obiektywizm, na jaki nas stać i jaki wynika z naszej najlepszej wiedzy o wszechświecie. Ta definicja opiera się na tym, co wiemy o funkcjonowaniu wszechświata. Nie opiera się ona na prawdach objawionych żadnej wiary ani ruchów politycznych. Ma wspólne części z ich najlepszymi zasadami, lecz opiera się na wiedzy, nie na wierze. Oczywiście to, co wiemy o wszechświecie i naszym w nim miejscu, nieustannie się zmienia, w miarę jak zyskujemy nowe informacje i rodzą się nowe poglądy. Nigdy nie jesteśmy idealnie obiektywni, to prawda, ale możemy być obiektywni mniej lub bardziej. A kiedy definiujemy dobro i zło na podstawie naszej wiedzy – najpełniejszej wiedzy w obecnych czasach – stajemy się możliwie jak najbardziej obiektywni w niedoskonałych granicach naszego zrozumienia. Czy akceptujesz ten punkt widzenia?

– Tak, skoro twierdzisz, że obiektywizm nie oznacza obiektywizmu absolutnego. Ale czy ludzie wierzący, nie wspominając już o ateistach i agnostykach, i zwykłych pogubionych szarakach, takich jak ja, mogą uznać jakąś definicję za powszechnie akceptowaną? Nie chcę cię obrazić, lecz sądzę, że ludzie wierzący zbyt wiele zainwestowali we własne umowy z Bogiem i niebiosami, jeśli mnie rozumiesz, żeby osiągnąć zgodę w czymkolwiek.

– To słuszny argument i nie czuję się obrażony – powiedział Kadir w zamyśleniu, spoglądając na rybaków siedzących w milczeniu u jego stóp. Wymienił z nimi szeroki uśmiech i ciągnął: – Kiedy mówimy, że ta definicja dobra i zła jest powszechnie akceptowana, mamy na myśli, że każda osoba myśląca racjonalnie i rozsądnie – każdy racjonalny i rozsądny hinduista, muzułmanin, buddysta, chrześcijanin, żyd czy ateista, skoro o nich mowa – może uznać tę definicję dobra i zła za rozsądną, ponieważ opiera się ona na naszej wiedzy o funkcjonowaniu wszechświata.

– Chyba rozumiem, co mówisz – powiedziałem, kiedy zamilkł. – Ale tak naprawdę nie nadążam za twoim tokiem myślenia, kiedy przychodzi do... chyba fizycznych właściwości wszechświata. Dlaczego mamy je uznać za podstawę naszej moralności?

– Może wszystko stanie się jaśniejsze, jeśli dam ci przykład. Wykorzystam analogię do metody pomiaru długości, bo to bardzo ważne w naszych czasach. Zgodzisz się chyba, że istnieje potrzeba określenia uniwersalnej jednostki długości, tak?

– Na przykład jardy, metry i tak dalej?

– Dokładnie. Gdybyśmy nie mieli powszechnie akceptowanego kryterium pomiaru długości, nigdy byśmy się nie zgodzili, ile ziemi należy do ciebie, a ile do mnie, albo jak pociąć deski na budowę domu. Zapanowałby chaos. Walczylibyśmy o ziemię, a domy by się rozpadały. Od zawsze staraliśmy się ustalić wspólną metodę pomiaru długości. Czy nadążasz za mną w tej małej podróży umysłu?

– Nadążam – powiedziałem ze śmiechem, zastanawiając się, dokąd zaprowadzą mnie te dywagacje szefa mafii.

– Po rewolucji we Francji naukowcy i urzędnicy rządowi postanowili wprowadzić nieco rozsądku w system miar i wag. Ustanowili system dziesiętny, opierający się na jednostce długości zwanej metrem, od greckiego słowa *metron*, które oznacza miarę.

– Rozumiem...

– I w pierwszej kolejności postanowili, że metr będzie jedną milionową odległości od równika do bieguna północnego. Jednak ich obliczenia opierały się na założeniu, że Ziemia jest idealną kulą, a przecież Ziemia nie jest idealną kulą. Musieli porzucić myśl oszacowania w ten sposób metra i zdecydowali w zamian, że będzie to odległość między dwoma bardzo cienkimi kreskami na sztabie z platynoirydu.

– Platyno...

– ...irydu. Tak. Ale sztaby platynoirydowe rozkładają się i kurczą bardzo powoli – choć są bardzo twarde – i jednostka metra nieustannie się zmieniała. Współcześnie naukowcy zdali sobie sprawę, że sztaby platynoirydu, którymi się posługiwali jako wzorcem, za jakieś, powiedzmy, tysiąc lat, będą miały zupełnie inne rozmiary niż dziś.

– Ale... czy to problem?

– Nie dla budowniczych domów i mostów – odpowiedział Kadirbaj, który potraktował moje pytanie poważniej niż ja.

– Ale to nie dość precyzyjna miara dla naukowców – dodałem poważniej.

– Tak. Oni pragną znaleźć niezmienny wzór, który będzie punktem odniesienia dla wszystkiego innego. I po paru próbach, po wykorzystaniu odmiennych technik, ustalono międzynarodową standardową miarę metra – zaledwie w zeszłym roku. Jest to odległość, jaką foton światła przemierza w próżni w czasie, z grubsza biorąc, jednej trzystutysięcznej sekundy. Teraz oczywiście nasuwa się pytanie, jak doszło do przyjęcia sekundy jako miary czasu. Jest to równie fascynująca historia – mogę ci ją opowiedzieć, jeśli zechcesz, zanim przejdziemy do kwestii metra.

– Na razie... wolę się ograniczyć do metra – wymamrotałem, śmiejąc się wbrew samemu sobie.

– Doskonale. Zdaje się, że rozumiesz mój punkt widzenia – unikamy chaosu przy budowaniu domów, dzieleniu ziem i tak dalej, ponieważ dysponujemy uzgodnioną standardową jednostką długości. Nazywamy ją metrem i po wielu próbach znaleźliśmy metodę ustalenia długości tej podstawowej jednostki. W ten sam sposób możemy uniknąć chaosu w świecie ludzkich spraw, określiwszy uzgodnioną jednostkę pomiaru moralności.

– Rozumiem.

– W tej chwili większość naszych metod określenia tej jednostki moralności jest podobna, lecz różni się w szczegółach. Tak więc duchowni jednego narodu błogosławią żołnierzy idących na wojnę, natomiast imamowie innego kraju błogosławią swoich żołnierzy, którzy mają się bić z tamtymi. I wszyscy, którzy wezmą udział w zabijaniu, twierdzą, że Bóg jest z nimi. Nie istnieje żadna obiektywna i powszechnie akceptowana definicja dobra i zła. I dopóki nie powstanie, nadal będziemy usprawiedliwiać siebie, a potępiać innych.

– Czyli fizyczne właściwości wszechświata uważasz za coś w rodzaju sztaby z platynoirydu?

– Hm... sądzę raczej, że pod względem precyzji nasza definicja jest bliższa mierze fotonowo-sekundowej, lecz zasadniczo masz rację. Uważam, że jeśli szukamy obiektywnej metody pomiaru zła i dobra, metody, którą wszyscy ludzie mogą uznać za rozsądną, nie znajdziemy nic lepszego niż studia nad funkcjonowaniem wszechświata i jego naturą – cechą, która określa całą jego historię, mimo faktu, że nieustannie zmierza on ku coraz większej złożoności. Nie mamy nic lepszego od natury wszechświata. I wszystkie święte pisma wszystkich wielkich wyznań nam to nakazują. Na przykład Koran często nam mówi, nakazuje, byśmy badali planety i gwiazdy, by odnaleźć prawdę i znaczenie.

– Mimo to muszę spytać, dlaczego wykorzystywać fakt tendencji do złożoności, a nie jakiś inny. Czy to nie zbyt wielka dowolność? Czy wybór faktu, który uczynimy podstawą moralności, jest kwestią wyboru? Nie udaję głupiego, według mnie to naprawdę brzmi dość arbitralnie.

– Rozumiem twoje wątpliwości. – Kadir uśmiechnął się i na chwilę podniósł spojrzenie na stykający się z morzem horyzont. – Ja także byłem bardzo sceptyczny, ruszając w tę drogę. Ale teraz jestem przekonany, że nie ma lepszego sposobu na myślenie o dobrze i złu. Nie twierdzę, że zawsze będzie to najlepsza definicja. Tak jak w przypadku wzorca metra, znajdzie się inny, nieco lepszy sposób, by go w przyszłości zmierzyć. Obecnie najlepsza definicja wykorzystuje odległość, jaką przebywa foton w próżni, tak jakby w próżni nic się nie działo. Ale wiemy, że w próżni zachodzą najrozmaitsze procesy. Jest ich wiele, wiele reakcji, które nieustannie przebiegają w próżni. Jestem pewien, że w przyszłości znajdzie się jeszcze lepszy sposób na zmierzenie metra. Ale w tej chwili nie mamy nic lepszego. W przypadku moralności dążenie do złożoności, fakt, że nieustannie cechuje ono cały wszechświat i zawsze cechowało, jest najlepszym narzędziem, byśmy mogli być obiektywni w stosunku do dobra i zła. Wykorzystujemy ten fakt, a nie inny, bo to najdonioślejszy fakt związany ze wszechświatem. Jest to jedyny fakt, który dotyczy całego wszechświata w całej jego historii. Jeśli znajdziesz lepszą metodę na zachowanie obiektywizmu względem dobra i zła, dotyczącą wyznawców wszystkich religii, a także ludzi niewierzących, jak również całego wszechświata, wysłucham cię z wielką, wielką radością.

– Dobrze. Dobrze. Więc wszechświat dąży ku Bogu lub jakiejś Najwyższej Złożoności. Wszystko, co mu w tym pomaga, jest dobrem. Wszystko, co przeszkadza, jest złem. Nadal pozostaje problem, kto osądza zło. Skąd mamy wiedzieć? Jak mamy się zorientować, czy nasze postępki pomagają czy przeszkadzają?

– Dobre pytanie – powiedział Kadir. Wstał i wygładził zagniecenia na luźnych lnianych spodniach i sięgającej kolan białej bawełnianej koszuli. – A nawet właściwe. I we właściwym czasie dam ci dobrą odpowiedź.

Odwrócił się ode mnie i spojrzał na trzech rybaków, którzy wyprostowali się razem z nim i czekali z uwagą. Przez chwilę pławiłem się w zarozumiałym przeświadczeniu, że go zaskoczyłem. Ale potem ta dumna nadzieja rozpłynęła się na widok jego rozmowy z bosymi rybakami. W każdym jego stwierdzeniu było tyle apodyktycznej pewności, tak zdecydowana, niezłomna wiara w siebie, że nawet jego milczenie było pełne wiedzy i opanowania. Wiedziałem, że zna odpowiedź na moje pytanie. Wiedziałem, że mi jej udzieli, kiedy osądzi, że nadeszła właściwa pora.

Stojąc tuż obok, podsłuchiwałem jego rozmowę. Spytał rybaków, czy mają jakieś skargi, czy ktoś prześladuje biedaków na przystani. Odpowiedzieli, że na razie nikt, na co spytał o dostępną pracę, jakby miejsca pracy rozdzielano sprawiedliwie tym, którzy mają największe potrzeby. Upewniwszy się także co do tej sprawy, spytał o rodziny i dzieci rybaków. Ostatnia część rozmowy dotyczyła pracy przy połowach. Rybacy opowiedzieli mu o wielkich jak góry, groźnych falach, kruchych łódeczkach, przyjaciołach, których zdobywa się na morzu, i tych, których się w morzu traci. On opowiedział im o pierwszym i jedynym rejsie po głębokiej wodzie podczas gwałtownego sztormu, który odbył na długiej drewnianej łodzi rybackiej. Opowiedział, jak się do niej przywiązał i jak gorąco się modlił, dopóki nie ujrzeli lądu. Śmiali się, a potem chcieli dotknąć jego stóp w pełnym uszanowania pożegnaniu, ale chwycił ich za ramiona, podniósł i uścisnął im kolejno dłonie. Gdy się z nim rozstali, szli wyprostowani, wysoko niosąc głowy.

– Jak ci się pracowało z Chalidem? – spytał Kadir, kiedy wracaliśmy przez przystań.

– Bardzo dobrze. Lubię go. Lubiłem z nim pracować. Nadal bym z nim pracował, gdybyś nie przydzielił mi pracy z Madżidem.

– A on? Jak ci jest z naszym Madżidem?

Zawahałem się. Karla powiedziała kiedyś, że mężczyźni zdradzają swoje myśli, odwracając wzrok, a uczucia – wahając się. Z kobietami, dodała, jest dokładnie na odwrót.

– Uczę się tego, co powinienem wiedzieć. To dobry nauczyciel.

– Ale... z Chalidem Ansarim łączyły cię bardziej osobiste więzy, czy nie tak?

To była prawda. Chalid nosił w sobie gniew i jakaś część jego serca zawsze była pełna nienawiści, ale go lubiłem. Madżid był życzliwy, cierpliwy i hojny, a jednak nie budził we mnie żadnego uczucia z wyjątkiem słabego, przelotnego dyskomfortu. Po tym, jak przepracowałem cztery miesiące na czarnym rynku walutowym, Kadirbaj uznał, że powinienem się przyuczyć przemytu złota, i wysłał mnie do Madżida Rustama. W jego domu z widokiem na morze, wśród możnej elity Juhu, odkrywałem liczne metody przemytu złota do Indii. Wyznawana przez Chalida formuła „chciwości" i „kontroli" miała zastosowanie i przy handlu złotem. Ściśle egzekwowana kontrola rządu nad importem złota starła się frontalnie z niezaspokojonym popytem na żółty metal.

Siwowłosy Madżid nadzorował w imieniu Kadira import złota niemal od dziesięciu lat. Z niewyczerpaną cierpliwością nauczył mnie wszystkiego, co według niego powinienem wiedzieć o złocie i sztuce przemytu. Podczas lekcji jego ciemne oczy wpatrywały się we mnie spod krzaczastych siwych brwi, godzina po godzinie. Choć dowodził wieloma silnymi mężczyznami i w razie potrzeby potrafił być wobec nich okrutny, jego zaropiałe oczy spoglądały na mnie wyłącznie z dobrocią. Mimo to nie czułem do niego nic z wyjątkiem tego złowróżbnego niepokoju. Wychodząc z jego domu po lekcji, czułem falę ulgi – falę, która wypłukiwała z mojej pamięci dźwięk jego głosu i wspomnienie jego twarzy, tak jak woda spłukuje brud z rąk.

– Tak. Tu nie ma więzi. Ale jak powiedziałem, to dobry nauczyciel.

– Linbaba... – powiedział Kadir, a jego głęboki głos rozwibrował to imię, którym nazywali mnie ludzie ze slumsów. – Lubię cię.

Twarz zapłonęła mi z emocji. Czułem się tak, jakbym usłyszał to od własnego ojca. Ale mój ojciec nigdy tego nie powiedział. Moc w tych prostych słowach – moc, jaką miał Kadir nade mną – pomogła mi zrozumieć, jak sprawnie i bez reszty wypełnił miejsce ojca w moim życiu. W najgłębszej, najintymniejszej głębi mojego serca ten mały chłopczyk, którym kiedyś byłem, pragnął, by Kadir był moim ojcem, prawdziwym ojcem.

– Jak się miewa Tarik? – spytałem.

– Bardzo dobrze, *nuszkuru Allah*. – „Dzięki Bogu".

– Tęsknię za nim. Świetny dzieciak. – Tęskniąc za nim, tęskniłem za własną córką. I za moją rodziną. I przyjaciółmi.

– On także za tobą tęskni – powiedział Kadir powoli i, jak mi się wydawało, z żalem. – Powiedz mi, Lin, czego chcesz? Dlaczego tu jesteś? Czego naprawdę chcesz od Bombaju?

Zbliżaliśmy się do jego samochodu. Nazir podbiegł co sił w krótkich, grubych nogach, by otworzyć drzwi i zapalić silnik. Kadir i ja staliśmy blisko siebie, nie zrywając kontaktu wzrokowego.

– Chcę być wolny – powiedziałem.

– Ależ jesteś.
– Nie całkiem.
– Mówisz o Australii?
– Tak. Nie tylko. Ale głównie.
– Nie martw się. W Bombaju nikt ci nie zaszkodzi. Daję ci słowo. Nie spotka cię żadna krzywda, dopóki nosisz moje imię na tym medalionie na szyi i dopóki dla mnie pracujesz. Jesteś tu bezpieczny, *Inszallah*.

Wziął moje obie ręce i wyszeptał błogosławieństwo, tak jak właścicielowi „Saurab". Podszedłem z nim do samochodu i zaczekałem, aż usiądzie. Na obskurnym murze nieopodal ktoś nagryzmolił imię Sapny. Farba była dość świeża, napis nie mógł mieć więcej niż tydzień. Jeśli Kadir go zauważył, nie zareagował. Nazir zatrzasnął drzwi i obiegł samochód.

– Chcę, żebyś w przyszłym tygodniu zajął się z moim przyjacielem Al-Ghanim paszportami – oznajmił Kadir. Nazir włączył silnik, czekając na polecenie odjazdu. – Sądzę, że paszporty cię zainteresują.

Odjechał z uśmiechem, ale to grymas Nazira został w mojej pamięci najdłużej. Ten człowiek mnie najwyraźniej nienawidził i prędzej czy później będę musiał z nim to załatwiać. O mojej samotności i zagubieniu na tym wygnaniu niech świadczy fakt, że czekałem na tę walkę z niecierpliwością. Był ode mnie niższy, ale równie silny i być może trochę cięższy. Czułem, że to będzie świetna walka.

Odłożyłem tę przyszłą bitwę do działu spraw do załatwienia i wezwałem taksówkę, którą wróciłem do dzielnicy Fort. Ta handlowa dzielnica drukarni, papierni, magazynów i drobnych zakładów, nazywana po prostu Fortem, obsługiwała otaczające ją dzielnice biurowe. Budynki i wąskie uliczki Fortu należały do najstarszych w mieście. W tych firmach prawniczych, wydawnictwach i innych przedsiębiorstwach, które miały szczęście od paru dekad szczycić się adresem w Forcie, zachowała się jeszcze atmosfera innego wieku, wieku sztywnej, oficjalnej kurtuazji.

Jedną z nowszych firm w Forcie była agencja podróży, prowadzona przez przedstawicieli Kadirbaja i zarządzana przez Madżida Rustama. Agencja obsługiwała tysiące mężczyzn i kobiet zatrudnionych na kontrakt w państwach Zatoki. Legalnie organizowała bilety samolotowe, wizy, pozwolenia na pracę i miejsca w hotelach. Ale za sprawą agentów Madżida prawie każdy powracający robotnik przenosił od jednego do trzystu gramów naszego złota – w łańcuszkach, bransoletach, pierścionkach i broszach. Złoto przybywało do portów Zatoki z wielu stron. Niektóre uzyskiwano podczas legalnych zakupów hurtowych. Wiele było skradzionego. Narkomani, kieszonkowcy i włamywacze z całej Europy i Afryki kradli złotą biżuterię, a potem sprzedawali ją dilerom narkotyków i paserom. Pewna ilość tego złota, kradzionego we Frankfurcie, Johannesburgu czy Londynie, trafiała poprzez pracowników czarnego rynku do portów Zatoki. Ludzie Kadira w Dubaju, Abu Zabi, Bahrajnie i innych miejscach nad Zatoką przetapiali kruszec na grube bransolety, łańcuchy i brosze. Za niewielką opłatą robotnicy obwieszali się złotem w drodze powrotnej do Indii, a nasi ludzie odbierali je od nich na międzynarodowym lotnisku w Bombaju.

Co roku biuro podróży z dzielnicy Fortu organizowało podróż co najmniej pięciu tysiącom robotników kontraktowych. Złoto, które nam przywozili, było w razie potrzeby przetapiane w małym warsztacie koło biura, a następnie sprzedawane na bazarze Zhaweri lub rynku biżuterii. Zyski z tej jednej gałęzi handlu złotem przekraczały rocznie cztery miliony dolarów amerykańskich, bez podatku. Kadrę kierowniczą Kadira stanowili bogaci, szanowani ludzie.

Pokazałem się pracownikom Biura Podróży „Transact". Madżid wyszedł, a trzej kierownicy byli zajęci. Dowiedziawszy się, w jaki sposób przeprowadza się przemyt złota, zaproponowałem, żeby biuro Kadira skomputeryzowało swoją kartotekę i prowadziło bazę danych robotników kontraktowych, którym udało się dla nas wypełnić misję. Kadir zaaprobował mój pomysł i teraz jego pracownicy zajmowali się przenoszeniem zawartości papierowych akt do komputerów. Sprawdziłem ich postępy, które mnie zadowoliły. Porozmawialiśmy chwilę, a skoro Madżid się nie pokazał, poszedłem go poszukać w małym warsztacie złotniczym w okolicy.

Kiedy wszedłem, Madżid podniósł wzrok i uśmiechnął się, a potem znowu skupił na ważeniu. Złote łańcuchy i bransolety, posegregowane według rozmiarów, ważono osobno, a potem razem. Wynik zapisywano w księdze, a potem sprawdzano z wynikiem z innej księgi, prowadzonej z myślą o sprzedaży na bazarze Zhaweri.

Tego dnia, niespełna dwie godziny od rozmowy na temat dobra i zła, przyglądałem się ważeniu i katalogowaniu gór złotych łańcuchów i ciężkich, ręcznie kutych bransolet i czułem, że zapadam się w mroczny nastrój, z którego nie potrafiłem się otrząsnąć. Cieszyłem się, że Kadirbaj kazał mi opuścić Madżida i zacząć pracę u Abd al-Ghaniego. Ten złotożółty metal, który w Indiach ekscytował tak wiele osób, mnie niepokoił. Lubiłem pracować z Chalidem Ansarim przy walutach. Wiedziałem, że polubię pracę z Abd al-Ghanim przy paszportach; w końcu paszporty to ulubiony temat uchodźcy. Ale praca przy złocie, i to w tak ogromnych ilościach, wyprowadzała mnie z równowagi. Złoto rozpala w oczach inny rodzaj i kolor chciwości. Pieniądze niemal zawsze są tylko środkiem do celu, lecz dla wielu złoto jest celem samo w sobie, a ich miłość do niego może zepsuć opinię temu uczuciu.

Rozstałem się z Madżidem. Powiedziałem, że Kadirbaj znalazł mi inne zajęcie. Nie spieszyłem się z wyjawieniem, że będę pracować z Abd al-Ghanim przy paszportach. Madżid i Al-Ghani zasiadali w mafijnej radzie Kadira. Z pewnością znali wszystkie dotyczące mnie decyzje na długo, zanim o nich usłyszałem. Uścisnęliśmy sobie dłonie. On przyciągnął mnie i niezdarnie, sztywno uściskał. Uśmiechnął się i życzył mi szczęścia. Uśmiech był fałszywy, ale pozbawiony złośliwości. Madżid Rustam był po prostu człowiekiem, który zawsze zmuszał się do uśmiechu. Podziękowałem mu za cierpliwość, ale nie zrewanżowałem się uśmiechem.

Kiedy zakończyłem ostatni obchód jubilerów z bazaru Zhaweri, obudził się we mnie rozdygotany, nieustępliwy niepokój. Był to ten gniew, który łączy się z poczuciem daremności, to zaciskające pięści oburzenie, które budzi się na widok zmarnowanego życia. Powinienem być szczęśliwy albo przynajmniej szczęśliwszy. Kadir zapewnił mnie, że jestem bezpieczny. Dobrze zarabiałem. Codziennie pracowałem wśród ponadmetrowych stert złota. Miałem się nauczyć wszystkiego, co mogło mi się przydać na temat paszportów. Mogłem kupić, cokolwiek chciałem. Byłem zdrowy, wolny i w dobrej kondycji. Powinienem być szczęśliwszy.

Szczęście to mit, powiedziała kiedyś Karla. Wynaleziono je, żeby nas namówić do kupowania rzeczy. I kiedy jej słowa wzburzyły strumień moich mrocznych uczuć, kiedy przypomniałem sobie jej twarz i głos, pomyślałem, że może jednak miała rację. Potem przypomniałem sobie te chwile, kiedy Kadirbaj mówił do mnie jak do syna. I było w nich szczęście, nie mógłbym zaprzeczyć. Ale za mało; było prawdziwe i dojmujące, i w jakiś sposób czyste, a jednak nie dość mocne, by podnieść mnie na duchu.

Tego dnia ćwiczenia u Abdullaha były intensywne. Nie zdziwił go mój ponury nastrój i w milczeniu wykonaliśmy wyczerpujący program. Po prysznicu zaproponował, że odwiezie mnie motocyklem do mojego mieszkania. Sunęliśmy w głąb lądu przez August Kranti Marg od wybrzeża w Breach Candy. Nie mieliśmy kasków i gorący, suchy wiatr, który szarpał naszymi włosami i luźnymi jedwabnymi koszulami, był jak rzeka. Nagle Abdullah zwrócił uwagę na grupę mężczyzn przed kawiarnią. Przypuszczałem, że to Irańczycy, tak jak on. Zawrócił i zatrzymał się jakieś trzydzieści metrów dalej.

– Zostań przy motorze – polecił. Wyłączył silnik i kopnięciem rozłożył boczną podpórkę. Obaj zsiedliśmy. Nie odrywał oczu od tamtych. – Jeśli zaczną się kłopoty, wsiadaj na motor i znikaj.

Ruszył chodnikiem w stronę mężczyzn, po drodze związując długie czarne włosy w koński ogon i zdejmując zegarek. Wyrwałem kluczyki ze stacyjki i ruszyłem za nim. Jeden z tamtych zauważył go i rozpoznał. Rzucił jakieś ostrzeżenie. Pozostali odwrócili się szybko. Bójka zaczęła się bez jednego słowa. Rzucili się na niego dziko, wpadając na siebie w gorączkowym pragnieniu, by go uderzyć. Abdullah bronił się, zasłaniając głowę pięściami trzymanymi przy skroniach. Łokciami chronił ciało. Kiedy furia pierwszego ataku wyczerpała się, zaczął rozdzielać ciosy na prawo i lewo. Każdy trafiał celu. Podbiegłem i stanąłem obok, oderwałem od niego napastnika, który mu przywarł do pleców, podciąłem mu nogi, przewróciłem na ziemię. Usiłował się wyrwać i pociągnął mnie za sobą. Wylądowałem bokiem na jego ciele, z kolanem na jego piersi. Walnąłem go pięścią w pachwinę. Zaczął się podnosić, a ja uderzyłem go znowu, cztery czy pięć razy, w policzki i szczękę. Przetoczył się na bok i znieruchomiał, skulony z kolanami przy piersi.

Obejrzałem się. Abdullah zdzielił jednego z napastników podręcznikowym prawym sierpowym, po którym nastąpił nagły rozbryzg krwi. Podskoczyłem i stanąłem plecy w plecy z Abdullahem, w postawie karate. Ci trzej, którzy zostali, zaczęli się wycofywać, zbici z tropu. A gdy Abdullah rzucił się na nich z przeraźliwym krzykiem, odwrócili się i uciekli. Spojrzałem na Abdullaha. Pokręcił głową. Pozwoliliśmy im uciekać.

Tłum Hindusów, którzy obstąpili nas, by obserwować bójkę, odprowadził nas spojrzeniami do motoru. Gdybyśmy walczyli z Hindusami – z jakiejkolwiek części Indii, jakiejkolwiek grupy etnicznej, religijnej i kastowej – cała ulica stanęłaby przeciwko nam. Ponieważ bójka toczyła się między cudzoziemcami, wszyscy byli tylko zaciekawieni i nawet rozentuzjazmowani, ale nie mieli najmniejszej ochoty się mieszać. Kiedy przejechaliśmy obok nich, biorąc kurs na Kolabę, już się rozchodzili.

Abdullah nie wyjawił, o co poszło, a ja go nie pytałem. Rozmawialiśmy o tym tylko raz, wiele lat później, i usłyszałem wtedy od niego, że tamtego dnia zaczął mnie kochać. Pokochał mnie nie dlatego, że stanąłem do walki, ale ponieważ nie spytałem go, dlaczego się bił. Powiedział, że to obudziło w nim większy szacunek niż wszystko, co do tej pory o mnie wiedział.

Na Kolaba Causeway, w pobliżu mojego domu, poprosiłem Abdullaha, żeby zwolnił. Zauważyłem dziewczynę, która szła jezdnią jak miejscowa, żeby ominąć tłumy na chodniku. Wyglądała inaczej, jakby zaszła w niej jakaś zmiana, ale rozpoznałem te jasne włosy, długie zgrabne nogi i rozkołysany krok. To była Lisa Carter. Kazałem Abdullahowi zatrzymać się dokładnie przed nią.

– Cześć, Lisa.

– Aaa... – westchnęła, uniosła słoneczne okulary, które spoczęły na czubku głowy. – Gilbert. Jak tam sprawy w ambasadzie?

– A, no wiesz. – Roześmiałem się. – Kryzys tu, akcja ratunkowa tam. Świetnie wyglądasz.

Jasne włosy miała dłuższe i gęstsze niż wtedy, kiedy ją ostatnio widziałem. Twarz miała pełniejszą i zdrowszą, ale jej ciało stało się bardziej umięśnione. Miała na sobie biały top, trzymający się na troczku na szyi, białą minispódniczkę i rzymskie sandały. Nogi i smukłe ramiona miała opalone na smagły złocisty kolor. Wyglądała pięknie. Była piękna.

– Znudziło mi się być popaprańcem i poszłam na odwyk – warknęła, łypiąc na mnie ponuro z olśniewającym i fałszywym uśmiechem. – Co mogę powiedzieć? Wóz albo przewóz, nie można było mieć tego i tego. Jak jesteś trzeźwy i zdrowy, to świat staje się popaprany.

– Tak to jest – powiedziałem ze śmiechem, a ona roześmiała się razem ze mną.

– Kim jest twój przyjaciel?

– Abdullah Tahiri. To jest Lisa Carter. Liso, to Abdullah.

– Fajny motor – zamruczała jak kotka.

– Masz ochotę... się przejechać? – spytał, pokazując w uśmiechu wszystkie białe, mocne zęby.

Spojrzała na mnie, a ja podniosłem ręce w geście oznaczającym „radź sobie sama, mała". Zsiadłem i stanąłem obok niej.

– Ja tu wysiadam – wyjaśniłem. Lisa i Abdullah wpatrywali się w siebie. – Miejsce jest wolne, jeśli jesteś zainteresowana.

– Dobrze. – Uśmiechnęła się. – Zróbmy to.

Podkasała spódniczkę i usiadła. Ci ostatni dwaj czy trzej mężczyźni wyłamujący się z setek, które już się na nią gapiły, dołączyli do całej reszty. Abdullah uścisnął mi rękę, uśmiechnięty jak uczniak. Kopnął starter i zniknął z rykiem motoru.

– Fajny motor – odezwał się głos za moimi plecami. Był to Bliźniak George.

– Tylko niezbyt bezpieczne są te enfieldy – dodał drugi, z silnym kanadyjskim akcentem. George Skorpion.

Mieszkali na ulicy, sypiali w bramach i zarabiali na prowizjach od turystów, którzy chcieli kupić twarde narkotyki. I to było po nich widać. Byli nieogoleni, nieumyci, niezadbani. Byli także inteligentni, uczciwi i bezwarunkowo lojalni wobec siebie.

– Cześć, panowie. Jak leci?

– Bardzo dobrze, synu – odpowiedział George Bliźniak z akcentem o liverpoolskim zaśpiewie. – Mamy klienta, rozumiesz, około szóstej wieczór.

– Kawał twardziela – dodał Skorpion, już teraz mając zbolałą minę na myśl o problemach, które mógł przynieść ze sobą wieczór.

– Powinno jakoś pójść – powiedział wesoło Bliźniak. – Miły klient. Miły zarobek.

– Jeśli wszystko pójdzie dobrze i nic nie pójdzie źle – mruknął z niepokojem Skorpion.

– Chyba czegoś dodają do wody – wymamrotałem, spoglądając za znikającą w oddali białą plamką koszuli Abdullaha albo spódnicy Lisy.

– Jak to? – spytał Bliźniak.

– A, nie. Po prostu ostatnio wszyscy się zakochują.

Miałem na myśli Prabakera, Vikrama i Johnny'ego Cygaro. Dobrze znałem to spojrzenie, które dostrzegłem w oczach Abdullaha. Czuł coś znacznie silniejszego od zainteresowania.

– Zabawne, że o tym wspominasz. Co sądzisz o seksualnej motywacji? – spytał Skorpion.

– Słucham?

– Oględnie mówiąc – dodał Bliźniak i mrugnął swawolnie.

– Proszę cię, bądź poważny choć przez chwilę – zganił go Skorpion. – Seksualna motywacja, Lin, co o niej sądzisz?

– Ale o co ci dokładnie chodzi?

– Widzisz, odbyliśmy debatę...

– To była dyskusja – przerwał Bliźniak. – Nie debata. Dyskutuję z tobą, nie debatuję.

– Więc dyskutowaliśmy o tym, co motywuje ludzi.

– Ostrzegam cię, Lin – wtrącił Bliźniak i westchnął głęboko. – Prowadzimy tę dyskusję od dwóch tygodni, a Skorpion nadal nie przyjmuje rozsądnych argumentów.

– Jak powiedziałem, dyskutowaliśmy o tym, co motywuje ludzi – ciągnął George Skorpion kanadyjskim, profesorskim tonem, głosem sprawozdawcy, który irytował jego przyjaciela. – Rozumiesz, Freud powiedział, że naszą motywacją jest popęd seksualny. Adler się z nim nie zgodził i twierdził, że tym popędem jest pragnienie władzy. Następnie Victor Frankl powiedział, że seks i władza to potężne siły, ale jeśli nie możemy zdobyć ani jednego, ani drugiego – ani seksu, ani władzy – istnieje coś jeszcze, co popycha nas do działania i daje chęć życia...

– Tak, tak, pragnienie sensu – dodał Bliźniak. – Co tak naprawdę oznacza to samo, tylko innymi słowami. Pragniemy władzy, bo ona daje nam seks, i pragniemy sensu, bo on pozwala nam zrozumieć seks. Wszystko sprowadza się w końcu do seksu, bez względu na to, jak to nazwiemy. Te inne pojęcia to tylko takie ubranka. Kiedy się zdejmie ubranko, zostaje seks, no nie?

– Nie, mylisz się – sprzeciwił się Skorpion. – Wszystkich nas napędza pragnienie znalezienia sensu życia. Musimy wiedzieć, o co w nim chodzi. Gdyby wszystko sprowadzało się do seksu lub władzy, dalej bylibyśmy szympansami. To sens życia czyni z nas istoty ludzkie.

– To seks czyni istoty ludzkie – oznajmił Bliźniak, uśmiechając się jeszcze obleśniej. – Ale minęło tyle czasu, że pewnie zapomniałeś.

Obok nas zatrzymała się taksówka. Pasażer na tylnym siedzeniu czekał przez chwilę w smudze cienia, a potem powoli nachylił się do okna. To była Ulla.

– Lin – szepnęła. – Potrzebuję twojej pomocy.

Była w ciemnych okularach o czarnej oprawce, a głowę nakryła chustką, zasłaniającą jej popielate włosy. Twarz miała bladą, ściągniętą i wychudzoną.

– Ja to już chyba kiedyś słyszałem – powiedziałem, nie zbliżając się do taksówki.

– Proszę cię, mówię poważnie. Wsiądź. Muszę ci coś powiedzieć... coś, co cię zainteresuje.

Nie drgnąłem.

– Proszę cię, Lin. Wiem, gdzie jest Karla. Powiem ci, jeśli mi pomożesz.

Odwróciłem się i uścisnąłem ręce George'om. Wymieniając uścisk ze Skorpionem, wsunąłem mu w dłoń dwudziestodolarówkę. Wyjąłem ją z kieszeni na dźwięk ich głosów i przez cały czas trzymałem w pogotowiu. W ich świecie była to wystarczająca suma – gdyby klient od miłego zarobku jednak zawiódł – by uczynić z nich na jeden wieczór bogaczy.

Otworzyłem drzwi i wsiadłem do taksówki. Kierowca włączył się w ruch, przyglądając mi się w lusterku wstecznym.

– Nie wiem, dlaczego się na mnie gniewasz – wyjęczała Ulla, zdejmując okulary i zerkając na mnie. – Proszę, nie gniewaj się. Nie bądź zły.

Nie byłem. Po raz pierwszy od zbyt długiego czasu nie byłem zły. Skorpion ma rację, pomyślałem, to sens życia nas uczłowiecza. Oto na sam dźwięk pewnego imienia rzuciłem się w ocean dawnych uczuć. Szukałem kobiety, szukałem Karli. Znowu zacząłem żyć, zacząłem ryzykować. Miałem powód. Miałem misję.

I w tej chwili uniesienia zrozumiałem, dlaczego byłem tak rozdrażniony u Madżida i czemu tego dnia było we mnie tyle gniewu. Zrozumiałem z całkowitą pewnością, że to mgnienie marzenia – pragnienie małego chłopczyka, żeby Kadir był moim prawdziwym ojcem – rzuciło mnie w tę burzliwą rozpacz, w którą zbyt często zmienia się miłość ojców i synów. I zrozumiawszy to, uświadomiwszy sobie, przypomniawszy, znalazłem siłę, by unieść mrok z mego serca. Spojrzałem na Ullę. Spojrzałem w błękitne labirynty jej oczu i zacząłem się zastanawiać, bez gniewu i smutku, czy przyłożyła rękę do mojego aresztowania i uwięzienia.

Położyła mi rękę na kolanie. Jej uścisk był mocny, ale ręka drżała. Wokół nas rozrastały się wonne sekundy. Oboje byliśmy uwięzieni, przykuci do naszych odmiennych obyczajów. I znowu pajęcza nić naszej więzi miała zadygotać.

– Spokojnie. Pomogę ci, jeśli zdołam – powiedziałem spokojnie i zdecydowanie. – Teraz opowiedz mi o Karli.

ROZDZIAŁ 24

Na północnym horyzoncie wzeszło wielkie mleczne koło gwiazd, wilgotne i rozedrgane od fal, a srebrnożółte światło dojrzewającego do pełni księżyca legło na morzu, nadając jego falom lśnienie blachy. Noc była ciepła, bezwietrzna i idealnie bezchmurna. Na pokładzie promu do Goa panował tłok, ale udało mi się zdobyć wolne miejsce w pewnej odległości od dużej grupy młodych turystów. Przeważnie byli na haju po trawie, haszyszu i kwasie. Z czarnych, rozdziawionych gąb przenośnego odtwarzacza łomotała muzyka. Siedząc wśród plecaków, kiwali się i klaskali rytmicznie, wołali do siebie, przekrzykując muzykę, i często się śmiali. Byli szczęśliwi, płynęli do Goa. Początkujący turyści płynęli ku swojemu marzeniu. Stare wygi wracały do jedynego miejsca na świecie, gdzie czuje się prawdziwą wolność.

Ja, zmierzając ku Karli, spoglądając na gwiazdy, słuchając tych smarkaczy, którzy kupili sobie miejsce na promie, rozumiałem ich pełne nadziei niewinne podniecenie i w pewien nieznaczny, zdystansowany sposób nawet je podzielałem. Ale twarz miałem twardą. Moje oczy były twarde. I ta twardość dzieliła moje uczucia od uczuć tych dzieciaków tak czysto i nieodwołalnie, jak ten metr wolnej przestrzeni na pokładzie dzielił mnie od ich chaotycznej, rozbrykanej imprezy. I kiedy tak siedziałem na rozkołysanym, łagodnie chwiejącym się promie, pomyślałem o Ulli. Myślałem o strachu, który lśnił w jej szafirowobłękitnych oczach, kiedy mówiła do mnie na tylnym siedzeniu taksówki.

Ulla potrzebowała tego wieczora pieniędzy, tysiąca dolarów, które jej dałem. Chciała, żebym ją odprowadził do pokoju hotelowego, gdzie zostawiła swoje ubrania i cały dobytek. Poszliśmy tam razem i pomimo jej roztrzęsienia spakowaliśmy wszystko i zapłaciliśmy rachunek bez żadnych wypadków. Miała kłopoty, jakieś problemy z interesem, w którym brali udział Modena i Maurizio. Interes, jak zbyt wiele szybkich transakcji Maurizia, poszedł źle. Ludzie, którzy stracili pieniądze, nie chcieli tak jak inni pogodzić się ze stratą i zostawić sprawę. Żądali rekompensaty w pieniądzach i czyjejś krwi, niekoniecznie w tej kolejności.

Ulla nie powiedziała mi, co to za ludzie. Nie powiedziała, dlaczego uważali ją za swoją ofiarę i co zamierzali z nią zrobić, gdyby ją złapali. Nie pytałem. Oczywiście powinienem. To by mi oszczędziło mnóstwo problemów. W dalszej perspektywie mogłoby ocalić życie dwóm osobom. Ale Ulla mnie nie interesowała. Chciałem się dowiedzieć wszystkiego o Karli.

– Jest w Goa – powiedziała Ulla, kiedy się wymeldowała.

– Gdzie konkretnie?

– Nie wiem. Na plaży.

– W Goa jest wiele plaż.

– Wiem, wiem – zajęczała, wzdrygając się, gdyż mój ton był rozdrażniony.

– Powiedziałaś, że wiesz, gdzie jest.

– Wiem. W Goa. Wiem, że jest w Goa. Napisała do mnie z Mapucy. Zaledwie wczoraj dostałam od niej list. Jest gdzieś w okolicach Mapucy.

Trochę odetchnąłem. Zapakowaliśmy jej dobytek do czekającej taksówki, a ja wyjaśniłem taksówkarzowi, jak dojechać do mieszkania Abdullaha w Breach Candy. Rozejrzałem się uważnie i uznałem, że nikt nas nie obserwuje. Kiedy taksówka ruszyła, przez jakiś czas siedziałem w milczeniu, przyglądając się sunącym za oknem ciemnym ulicom.

– Dlaczego wyjechała?

– Nie wiem.

– Musiała ci coś powiedzieć. Jest gadatliwa.

Ulla się roześmiała.

– O wyjeździe nic nie mówiła. Jeśli chcesz znać moje zdanie, uważam, że wyjechała przez ciebie.

Moja miłość do Karli wzdrygnęła się na samą tę myśl. Moja próżność nadęła się z dumy. Zdusiłem ten konflikt ostrzejszym tonem.

– Musi być coś więcej. Bała się czegoś?

Znowu się roześmiała.

– Karla niczego się nie boi.

– Każdy się czegoś boi.

– A ty czego się boisz, Lin?

Powoli odwróciłem się i wbiłem w nią spojrzenie, doszukując się w mdłym świetle jakiegoś śladu złośliwości, ukrytego znaczenia albo aluzji.

– Co się wydarzyło w nocy, kiedy miałaś się ze mną spotkać przed „Leopoldem"? – spytałem.

– Nie mogłam dojechać. Coś się wydarzyło. Modena i Maurizio zmienili plany w ostatniej chwili i mnie powstrzymali.

– Jeśli dobrze pamiętam, chciałaś, żebym to ja tam przyjechał, bo im nie ufałaś.

– To prawda. No, widzisz, Modenie to nawet ufam, tak mniej więcej, ale przy Mauriziu od razu mięknie. Nie ma własnego zdania, kiedy Maurizio mówi mu, co ma zrobić.

– To niczego nie tłumaczy – burknąłem.

– Wiem. – Westchnęła, wyraźnie zdenerwowana. – Usiłuję to wyjaśnić. Maurizio miał nakręcony interes – szczerze mówiąc, złodziejski – a ja brałam w tym udział. Maurizio posłużył się mną, bo mężczyźni, których chciał okraść, lubili mnie i tak jakby mi ufali, wiesz, jak to jest.

– Tak. Wiem, jak to jest.

– No proszę cię, Lin, to nie moja wina, że mnie tam wtedy nie było. Kazali mi się spotkać z klientami sam na sam. Bałam się ich, bo wiedziałam, co zamierza Maurizio, i dlatego prosiłam, żebyś mi towarzyszył, jako przyjaciel. A potem zmienili plany i spotkaliśmy się wszyscy razem gdzie indziej, a ja nie mogłam się wyrwać, żeby cię o tym powiadomić. Usiłowałam cię znaleźć następnego dnia, żeby ci to wyjaśnić i usprawiedliwić się, ale... zniknąłeś. Szukałam wszędzie. Daję słowo. Bardzo żałuję, że nie spotkałam się z tobą przed „Leopoldem", tak jak obiecałam.

– Kiedy się dowiedziałaś, że jestem w więzieniu?

– Jak już wyszedłeś. Spotkałam Didiera, który powiedział, że wyglądasz strasznie. To było pierwsze, co... zaraz... czy... czy sądzisz, że miałam coś wspólnego z twoim aresztowaniem? Tak uważasz?

Przez parę chwil patrzyłem na nią bez słowa.

– A miałaś?

– Kurwa! Boże! – Jęknęła. Jej śliczna buzia wykrzywiła się w żałosnym grymasie. Szybko potrząsnęła głową, jakby nie chciała, żeby jakaś myśl lub uczucie zapuściły w niej korzenie. – Zatrzymaj samochód! Stać! *Band karo! Abi, abi! Band karo!* – „Teraz, teraz! Stój!".

Taksówkarz zahamował przy krawężniku, naprzeciwko szeregu sklepów o wystawach zasłoniętych żaluzjami. Na ulicy było pusto. Wyłączył silnik i spojrzał na nas w lusterku wstecznym.

Ulla szarpała drzwiami. Płakała. W amoku zablokowała drzwi, które nie chciały się otworzyć.

– Spokojnie – powiedziałem, delikatnie odrywając jej ręce od klamki i obejmując je. – W porządku. Spokojnie.

– Nic nie jest w porządku. – Rozpłakała się. – Nie wiem, jak się w to wpakowaliśmy. Modena nie umie robić interesów. Wszystko spaprali, on i Maurizio. Oszukali masę ludzi, wiesz, i do tej pory im to jakoś uchodziło. Ale nie z tymi gośćmi. Oni są inni. Strasznie się boję. Nie wiem, co robić. Oni nas zabiją, wszystkich. A ty uważasz, że nasłałam na ciebie policję? Z jakiego powodu? Za kogo ty mnie uważasz? Czy jestem tak złym człowiekiem, że mogłeś to pomyśleć? Za kogo ty mnie masz?

Otworzyłem drzwi. Wysiadła i oparła się o samochód. Ja także wysiadłem, stanąłem obok niej. Dygotała i płakała. Wziąłem ją w ramiona i tuliłem tak długo, aż jej łzy przestały płynąć.

– W porządku, Ulla. Nie uważam, żebyś miała z tym coś wspólnego. Nigdy tego nie podejrzewałem, nie na serio... nawet kiedy cię nie spotkałem tamtej nocy pod „Leopoldem". Spytałem cię tylko po to, żeby... zamknąć te drzwi. Po prostu musiałem spytać. Rozumiesz?

Spojrzała mi w twarz. Światło latarni odbijało się w jej wielkich niebieskich oczach. Usta miała rozchylone ze zmęczenia i strachu, ale w oczach pojawiła się daleka, nieustępliwa nadzieja.

– Naprawdę ją kochasz, co?

– Tak.

– To dobrze – powiedziała sennie, tęsknie. Odwróciła wzrok. – Miłość jest dobra. A Karla... potrzebuje miłości, bardzo. Modena też mnie kocha, wiesz? Naprawdę i szczerze mnie kocha...

Na parę chwil odpłynęła, a potem znowu podniosła głowę i wbiła we mnie spojrzenie. Mocno chwyciła mnie za ramiona.

– Znajdziesz ją. Zacznij w Mapucie, a znajdziesz ją. Zostanie w Goa jeszcze przez jakiś czas. Tak mi napisała w liście. Mieszka dokładnie na plaży. W liście napisała, że z frontowych drzwi widzi ocean. Płyń tam i znajdź ją. Szukaj jej i znajdź. Na tym całym świecie jest tylko miłość... tylko miłość...

One zostały ze mną, łzy Ulli, rozjarzone światłem – a potem rozpłynęły się w rozmigotanym, księżycowym morzu pod promem. A jej słowa – „...jest tylko miłość" – przepływały w muzyce i śmiechu jak paciorki różańca na nici nadziei.

Kiedy ta długa noc zmieniła się w świt, a prom przybił w Panaji, głównym mieście Goa, pierwszy wsiadłem do autobusu do Mapucy. Piętnastokilometrowa droga z Panaji do Mapucy, co wymawia się „Mappca", wiła się wśród bujnych, liściastych gajów, obok domów zbudowanych według mody i gustu rządzących tu przez czterysta lat portugalskich kolonistów. Mapuca stanowi centrum transportu i komunikacji w północnej części Goa. Przybyłem w piątek, dzień targowy, i poranne tłumy już były zajęte ubijaniem interesów. Przepchnąłem się na postój taksówek i motocykli. Po straszliwych targach ze wzywaniem nadaremno gromady bóstw co najmniej z trzech wyznań, a także najrozmaitszych duchów, oraz niedyskretnymi spostrzeżeniami na temat sióstr naszych wzajemnych przyjaciół i znajomych, sprzedawca zgodził mi się wynająć za rozsądną cenę motocykl Enfield Bullet. Zapłaciłem kaucję za tydzień, uruchomiłem motor i ruszyłem przez targowy tłum ku plażom.

Motocykl Enfield of India Bullet 350 cc był jednocylindrowy i czterosuwowy. Zbudowano go według planów modelu z lat pięćdziesiątych, British Royal Enfield. Znany w równym stopniu ze swojej narowistości, jak wytrzymałości i solidności, wymagał od kierowcy zaangażowania uczuciowego. Wśród tych uczuć można było wymienić tolerancję, cierpliwość i zrozumienie. W zamian bullet zapewniał tę niebosiężną, boską, lotną rozkosz, którą chyba znają wszystkie ptaki – oraz od czasu do czasu otarcie się o śmierć.

Przez cały dzień krążyłem po plażach od Calangute do Chapory. Sprawdziłem każdy hotel i domek gościnny, spryskując wyschnięty grunt deszczem drobnych, lecz zachęcających łapówek. Na każdej plaży znajdowałem miejscowych waluciarzy, dilerów, przewodników, złodziei i żigolaków. Większość widywała cudzoziemki pasujące do jej opisu, ale żaden nie miał pewności, że to była Karla. Wpadałem do największych plażowych knajpek na herbatę, sok czy przekąskę, wypytywałem kelnerów i kierowników sali. Wszyscy mi pomagali albo chcieli pomóc, bo rozmawiałem z nimi w marathi i hindi. Żaden jej nie widział, a te nieliczne ślady, które odnalazłem, prowadziły donikąd. Pierwszy dzień poszukiwań zakończył się rozczarowaniem.

Właściciel restauracji „Seashore" w Anjunie, masywny młody Maratha, o imieniu Dashrant, był pierwszym tubylcem, z jakim rozmawiałem o zachodzie słońca. Przygotował solidny posiłek – kapuściane gołąbki faszerowane ziemniakami, groszek z imbirem, bakłażany w zielonym kwaśnym chutneyu i smażoną okrę. Gdy jedzenie było gotowe, przysiadł się do mnie z własnym talerzem i zaczął jeść. Uparł się, żeby na koniec wypić dużą szklankę miejscowego kokosowego *feni*, a potem równie dużą szklankę *feni* z orzechów nerkowca. Nie zgodziwszy się przyjąć zapłaty od *gora* mówiącego w jego rodzimym marathi, zamknął restaurację i wyszedł ze mną, by zasiąść na tylnym siedzeniu mojego nowego motocykla jako mój przewodnik. Moje poszukiwania uznał za bardzo romantyczne – bardzo indyjskie, jak powiedział – i zapragnął, żebym zamieszkał u niego.

– W okolicy są ładne zagraniczne dziewczęta – powiedział. – Jedna z nich, jeśli Bhagwan pozwoli, może się okazać twoją utraconą ukochaną. Najpierw się wyśpij, a jutro zaczniemy szukać, ze świeżym umysłem, tak?

Kierując się jego wskazówkami, dopchnąłem motocykl po piaszczystej drodze prowadzącej między wysokimi palmami do małego domku. Był kwadratowy, zbudowany z bambusa, kokosowych pali i liści palmy. Widać było z niego restaurację i mroczne morze. W środku znajdował się jeden pokój, które mój gospodarz oświetlił świeczkami i lampami. Pod nogami miałem piasek. Był tu stół i dwa krzesła, łóżko z gołym gumowym materacem i metalowy wieszak na ubrania. Wielki dzban był pełen czystej wody. Dashrant oznajmił z dumą, że woda została nabrana tego samego dnia z miejscowej studni. Na stole stała także butelka kokosowego *feni* z dwoma szklankami. Dashrant zapewnił, że motocykl i ja będziemy tu bezpieczni, ponieważ wszyscy w okolicy wiedzą, że dom należy do niego. Wręczył mi klucz do kłódki zamykającej drzwi i oznajmił, że mogę tu mieszkać, dopóki nie znajdę swojej dziewczyny. Mrugnął, uśmiechnął się i wyszedł. Śpiewał, wracając pomiędzy smukłymi palmami do restauracji.

Oparłem motocykl o chatę i przywiązałem go sznurkiem do nogi łóżka. Sznurek przysypałem piaskiem. Miałem nadzieję, że jeśli ktoś będzie chciał ukraść motocykl, szarpnięcie mnie obudzi. Zmęczony i rozczarowany, padłem na posłanie i zasnąłem w parę sekund. To był pokrzepiający sen bez snów, ale obudziłem się po czterech godzinach, zbyt przytomny, zbyt niespokojny, by znowu zasnąć. Włożyłem buty, wziąłem puszkę z wodą i poszedłem do toalety na tyłach chaty. Jak wiele innych w Goa, było to po prostu oczko, za którym znajdowało się gładkie, strome zbocze. Odchody toczyły się nim na wąską alejkę. Dzikie, włochate, czarne miejscowe świnie pożywiały się nimi. Wracając do domu, żeby umyć ręce, dostrzegłem parę sztuk truchtających po alejce. Była to skuteczna i ekologiczna metoda utylizacji odpadów, ale widok tych ucztujących świń stanowił przekonujący argument na rzecz wegetarianizmu.

Zszedłem na plażę w miejscu oddalonym tylko o pięćdziesiąt kroków od chaty Dashranta i usiadłem na piasku, żeby wypalić papierosa. Zbliżała się północ, na plaży było pusto. Księżyc, niemal w pełni, przypominał medal przypięty do piersi nieba. Jego światło przybiegało na brzeg z każdą falą, tak jakby to ono nimi poruszało, jakby wielka sieć srebrnego światła księżyca ogarnęła całe morze i wlokła je na brzeg, fala za falą.

W moją stronę zbliżała się kobieta z koszem na głowie. Kołysała biodrami w rytmie falek, chlupoczących wokół jej stóp. Odwróciła się w moją stronę i postawiła kosz u moich stóp. Kucnęła i spojrzała mi w oczy. Sprzedawała arbuzy, mogła mieć jakieś trzydzieści pięć lat i najwyraźniej znała się na turystach i ich obyczajach. Żując energicznie betel, wskazała otwartą dłonią połówkę arbuza, ostatnią w wielkim koszu. To była nietypowo późna pora jak na sprzedawanie arbuzów. Domyśliłem się, że kobieta pilnowała czyjegoś dziecka albo opiekowała się kimś z rodziny i teraz wracała do domu. Na mój widok nabrała nadziei, że uda się jej jeszcze zarobić.

Powiedziałem w marathi, że chętnie kupiłbym kawałek owocu. Zareagowała z zachwytem i zdumieniem, a po tradycyjnych pytaniach o to, gdzie i jak nauczyłem się języka, ucięła mi spory kawał arbuza. Zjadłem słodką, pyszną kalingę, plując pestkami na piasek. Kobieta przyglądała mi się, a kiedy wcisnąłem jej banknot zamiast monety, usiłowała się wzbraniać. Kiedy wstała, postawiwszy kosz na głowie, zacząłem śpiewać starą, smutną i uwielbianą piosenkę z hinduskiego filmu.

Ya doonia, ye mehfil
Mere kam, ki nahi...

Cały świat, wszyscy ludzie
Nic dla mnie nie znaczą...

Kobieta pisnęła z zachwytu i odtańczyła krótki, rozkołysany taniec, po czym z wolna odeszła w głąb plaży.

– Wiesz co, właśnie za to cię lubię – powiedziała Karla, siadając obok mnie jednym szybkim, płynnym ruchem. Dźwięk jej głosu i widok twarzy wydusił mi całe powietrze z płuc i załomotał moim sercem. Od czasu kiedy widziałem ją po raz ostatni, od czasu gdy po raz pierwszy się kochaliśmy, wydarzyło się tak wiele, że z emocji oczy zapiekły mnie jak w gorączce. Gdybym był inny, lepszy, pewnie bym się rozpłakał. I kto wie, może to by coś zmieniło.

– Myślałem, że nie wierzysz w miłość – powiedziałem, walcząc z uczuciami, by nie pokazać jej, jakie zrobiła na mnie wrażenie, jaką ma nade mną władzę.

– Jak to „miłość"?

– Myślałem... myślałem, że o tym mówisz.

– Nie, powiedziałam, że za to cię lubię – odparła ze śmiechem i spojrzała na księżyc. – Ale wierzę w miłość, oczywiście. Każdy wierzy.

– No, czy ja wiem... Wydaje mi się, że mnóstwo osób przestało w nią wierzyć.

– Ludzie nie przestali wierzyć w miłość. Nie przestali pragnąć miłości. Po prostu już nie wierzą w happy endy. Nadal wierzą w miłość i zakochanie, ale wiedzą, że... że romanse nigdy się nie kończą tak dobrze, jak się zaczęły.

– Myślałem, że nienawidzisz miłości. Nie tak powiedziałaś w Wiosce w Niebie?

– Fakt, nienawidzę miłości, tak jak nienawidzę nienawiści. Ale to nie znaczy, że w nie nie wierzę.

– Na całym świecie nie ma takiej drugiej – rzekłem cicho, uśmiechając się do jej profilu. Patrzyła w noc i morze. Nie odpowiedziała. – A... dlaczego?

– Co dlaczego?

– Dlaczego mnie lubisz – no wiesz, przed chwilą powiedziałaś.

– A, to. – Uśmiechnęła się, odwróciła do mnie twarz, a kiedy nasze oczy się spotkały, uniosła brew. – Bo wiedziałam, że mnie znajdziesz. Wiedziałam, że nie muszę ci zostawiać żadnej wiadomości ani informować, gdzie jestem. Wiedziałam, że mnie znajdziesz, i wiedziałam, że przyjedziesz. Nie wiem skąd, ale wiedziałam. A potem, kiedy zobaczyłam, jak śpiewasz do tej kobiety na plaży... wariat z ciebie, Lin. Kocham to w tobie. Chyba stąd się bierze twoja dobroć – z szaleństwa.

– Dobroć? – spytałem, autentycznie zaskoczony.

– Tak. Jest w tobie sporo dobroci. Bardzo się temu trudno... oprzeć, tej prawdziwej dobroci u twardego gościa. Nie mówiłam ci tego, prawda? Kiedy pracowaliśmy razem w slumsach... Byłam z ciebie strasznie dumna. Wiedziałam, że musisz się bać i bardzo martwić, ale dla mnie miałeś tylko uśmiech, i zawsze byłeś przy mnie, kiedy zasypiałam i kiedy się budziłam. Podziwiam cię za to, co tam zrobiłeś, jak nikogo. A nie jestem skłonna do podziwu.

– Co robisz w Goa? Dlaczego wyjechałaś?

– Bardziej sensowne jest pytanie, dlaczego ty zostałeś tam.

– Miałem swoje powody.

– A ja swoje.

Odwróciła głowę w stronę dalekiej, samotnej postaci na plaży. Wyglądała jak wędrowny świątobliwy mędrzec z długą laską. Przyglądałem się, jak Karla przygląda się mędrcowi i chciałem znowu zadać jej pytanie, dowiedzieć się, co wygnało ją z Bombaju, ale twarz miała tak zaciętą, że postanowiłem zaczekać.

– Co wiesz o mojej odsiadce w Arthur Road? – spytałem.

Wzdrygnęła się, a może zadrżała od powiewu wiatru od morza. Miała na sobie luźną żółtą koszulkę i zielone *lungi*. Bose stopy zanurzyła w piasku. Objęła rękami kolana.

– Jak to?

– Gliniarze złapali mnie, kiedy wyszedłem od ciebie na spotkanie z Ullą. Zgarnęli mnie od razu po wyjściu od ciebie. Jak sądziłaś, co się ze mną działo, kiedy nie wróciłem?

– Nie wiedziałam... Skąd miałam wiedzieć?

– Pomyślałaś, że... że cię wykorzystałem?

Zamilkła, zmarszczyła brwi w zamyśleniu.

– Najpierw chyba faktycznie tak pomyślałam. Mniej więcej. I chyba miałam ci za złe. Potem zaczęłam się rozpytywać. Kiedy się dowiedziałam, że nie wróciłeś nawet do kliniki w slumsach i że nikt cię nie widział, pomyślałam, że musisz robić coś... ważnego.

– Ważnego. – Roześmiałem się. Ten śmiech nie zabrzmiał przyjemnie. Był gorzki i gniewny. Usiłowałem odsunąć te uczucia. – Przepraszam. Nie mogłem ci przesłać wiadomości. Nie mogłem ci dać znać, że odchodzę od zmysłów ze zmartwienia, że... że mnie... znienawidzisz za to, że tak cię zostawiłem.

– Kiedy się dowiedziałam... o więzieniu... tak jakby mi pękło serce. To był dla mnie bardzo kiepski okres. Ten... interes, który załatwiałam... zaczął się psuć. Bardzo, tak bardzo, że myślałam, że już mnie nic nie uratuje. A potem dowiedziałam się o tobie. I była tam... no... wszystko się zmieniło, po prostu wszystko.

Nie rozumiałem, o czym mówi. Wiedziałem, że to coś ważnego, i chciałem ją o wszystko wypytać, ale ta samotna postać była już o parę metrów od nas, zbliżała się powolnymi, godnymi kroczkami. I ta jedyna dogodna chwila minęła.

Faktycznie był to świątobliwy mędrzec. Wysoki, chudy i opalony na kolor ciemnobrązowej ziemi, miał na sobie tylko przepaskę na biodrach i dziesiątki naszyjników, amuletów i ozdobnych bransolet. Włosy miał zbite w długie do pasa dredy. Oparł wysoką laskę na ramieniu i złożył dłonie w geście powitania i błogosławieństwa. Odpowiedzieliśmy tym samym i zaprosiliśmy, by usiadł obok nas.

– Macie *charras*? – spytał w hindi. – Chciałbym zapalić w tę piękną noc.

Wyłowiłem z kieszeni grudkę *charrasu* i rzuciłem mu wraz z papierosem z filtrem.

– Niech ci Bhagwan błogosławi za twoją dobroć – zaintonował.

– I tobie także – odpowiedziała Karla w doskonałym hindi. – Bardzo nas raduje, że ujrzeliśmy wyznawcę pana Śiwy w blasku tej oto pełni.

Uśmiechnął się, ukazując szczerby między zębami i zaczął przygotowywać *chillum*. Kiedy gliniana fajka była nabita, uniósł dłoń, prosząc o uwagę.

– A zanim zapalimy, pragnę ofiarować wam w zamian ten dar – oznajmił. – Rozumiecie?

– Tak, rozumiemy – odparłem, uśmiechając się do jego rozświetlonych oczu.

– Dobrze. Daję wam błogosławieństwo. Moje błogosławieństwo zawsze będzie z wami. Daję wam błogosławieństwo w ten oto sposób...

Uniósł ręce nad głową, a potem pochylił się, ukląkł, dotknął czołem piasku, wyciągając przed siebie wyprostowane ramiona. Znowu wyprostował się na klęczkach i unosząc ręce, powtórzył parę razy pokłon, mamrocząc niewyraźne słowa.

W końcu przykucnął, znowu wyszczerzył do nas te kilka zębów i skinął na mnie, bym zapalił fajkę. Paliliśmy w milczeniu. Kiedy fajka się skończyła, nie zgodziłem się przyjąć resztki grudki *charrasu*. Przyjął ten dar z poważnym skinieniem głowy i wstał. Kiedy spojrzeliśmy na niego, powoli uniósł laskę i wycelował nią w księżyc, o włos od pełni. Natychmiast zobaczyliśmy i zrozumieliśmy, o co mu chodzi – wzór na powierzchni księżyca, który w niektórych krajach nazywają królikiem, nagle obojgu nam wydał się podobny do klęczącej postaci z rękami wyciągniętymi w modlitwie. *Sadhu* zniknął wśród łagodnych wydm, chichocząc radośnie.

– Kocham cię – powiedziałem, kiedy zostaliśmy sami. – Pokochałem cię od pierwszego wejrzenia. Chyba kochałem cię przez całe życie. Kocham twój głos. Kocham twoją twarz. Kocham twoje ręce. Kocham wszystko, co robisz i jak robisz. Kiedy mnie dotykasz, dzieje się magia. Kocham twój sposób myślenia i to, co mówisz. I chociaż to wszystko prawda, nie potrafię tego zrozumieć ani wyjaśnić – tobie ani sobie. Po prostu cię kocham. Po prostu kocham, całym sercem. Robisz to, co powinien zrobić Bóg – dajesz mi sens życia. Dajesz mi powód, żeby kochać świat.

Pocałowała mnie i nasze ciała umościły się razem w ustępliwym piasku. Zacisnęła swoje dłonie w moich i, z rękami wyciągniętymi nad głową, kochaliśmy się, a rozmodlony księżyc wabił morze, kusił fale, by rozbijały się i pieniły na uwodzicielskim, niezawodnym brzegu.

A potem przez tydzień bawiliśmy się w turystów. Chodziliśmy na wszystkie plaże nad Morzem Arabskim, od Chapora po przylądek Rama. Dwie noce przespaliśmy na złotobiałym zjawisku, plaży Colva. Zajrzeliśmy do wszystkich kościołów w osadzie Stare Goa. Festiwal świętego Franciszka Ksawerego, organizowany co roku dla upamiętnienia śmierci świętego, przyciągał ogromne tłumy histerycznie szczęśliwych pielgrzymów. Ulicami ciągnęły tłumy ludzi w najlepszych niedzielnych strojach. Kupcy i straganiarze zjeżdżali się tu z całego kraju. Procesje ślepców, kalek i chorych sunęły w nadziei na cudowne uzdrowienie do bazyliki pod wezwaniem świętego. Ksawery, hiszpański mnich, znalazł się pomiędzy siedmioma pierwszymi jezuitami w zakonie założonym przez jego przyjaciela Ignacego Loyolę. Zmarł w 1552 roku. Miał tylko czterdzieści sześć lat, ale dzięki działalności misjonarskiej w Indiach i terenach nazywanych wówczas Dalekim Wschodem stał się legendą. Po licznych pogrzebach i ekshumacjach wiecznie tułające się zwłoki świętego Franciszka Ksawerego w siedemnastym wieku znalazły wreszcie spoczynek w Bazylice Dzieciątka Jezus w Goa. Nadal niezwykle – niektórzy mogliby powiedzieć „cudownie" – dobrze zachowane, są wystawiane na widok publiczny raz na dziesięć lat. Ciało świętego, choć najwyraźniej nietknięte rozkładem, na przestrzeni wieków zostało poddane najróżniejszym amputacjom. W szesnastym wieku pewna Portugalka odgryzła jeden z palców u stopy świętego, by zyskać relikwię. Części jego prawej ręki rozesłano do ośrodków religijnych, podobnie jak fragmenty jego świętych wnętrzności. Karla i ja proponowaliśmy nadzorcom bazyliki skandalicznie wysokie łapówki, nie przestając się zaśmiewać, ale oni uporczywie odmawiali nam zerknięcia na szacowne zwłoki.

– Skąd te napady? – spytała pewnej ciepłej nocy pod atłasowym niebem, w szumie fal.

– Już mówiłem. Moje małżeństwo się rozpadło, straciłem córkę. Załamałem się i sięgnąłem po narkotyki. Napadałem, żeby zaspokoić głód heroinowy.

– Nie, chodziło mi o to, dlaczego akurat napady? Czemu nie coś innego?

Dobre pytanie, którego nie zadał mi żaden przedstawiciel wymiaru sprawiedliwości – żaden policjant, prawnik, sędzia, psychiatra ani kierownik więzienia.

– Zastanawiałem się nad tym. I to często. Wiem, to zabrzmi dziwnie, ale chyba sporo wspólnego ma z tym telewizja. Każdy telewizyjny bohater ma broń. I napad z bronią w ręku jest jakiś... odważny... Wiem, że tak naprawdę nie ma w nim żadnej odwagi – tak postępują mięczaki, straszą ludzi bronią – ale mnie wydawało się to najodważniejszym sposobem kradzieży. Nie potrafiłem się zmusić do ogłuszania staruszek i wyrywania im torebek, albo do włamań. Napaść wydawała mi się jakoś uczciwa, bo za każdym razem ryzykowałem, że mnie ktoś zastrzeli – napadnięci albo policjanci.

Przyglądała mi się w milczeniu, oddychając niemal w tym samym rytmie co ja.

– I jest jeszcze coś... w Australii mamy takiego bohatera...

– Tak?

– Nazywał się Ned Kelly. To był młody chłopak, który wszedł w konflikt z miejscowym wymiarem sprawiedliwości. Był twardy, ale właściwie nie miał twardego serca. Był młody i dziki. W zasadzie wrobili go policjanci, którzy mieli do niego urazę. Pijany policjant zakochał się w jego siostrze i usiłował ją molestować. Ned mu przeszkodził i od tego zaczęły się kłopoty. Ale to nie wszystko.

Znienawidzili go z wielu przyczyn – głównie za to, że był buntownikiem. A ja się z nim utożsamiałem, bo byłem rewolucjonistą.

– W Australii była rewolucja? – spytała z zaskoczeniem. – Nie słyszałam.

– Nie rewolucja, tylko rewolucjoniści. Między innymi ja. Byłem anarchistą. Uczyłem się strzelać i konstruować bomby. Byliśmy gotowi do walki, kiedy nadejdzie rewolucja – co oczywiście nie nastąpiło. I usiłowaliśmy odwieść nasz rząd od wojny w Wietnamie.

– Australia brała udział w wojnie w Wietnamie?

Teraz to ja się roześmiałem.

– Pewnie. Ludzie spoza kraju o tym przeważnie nie wiedzą, ale braliśmy udział w tej wojnie, przez cały czas u boku Stanów Zjednoczonych. Australijscy żołnierze ginęli w Wietnamie tak samo jak Amerykanie, australijscy chłopcy dostawali powołanie na wojnę. Niektórzy odmawiali, tak jak w Ameryce. Wielu poszło siedzieć, bo nie chcieli walczyć. Ja nie poszedłem. Robiłem bomby i organizowałem marsze, walczyłem z glinami na barykadach, aż wreszcie zmienił się rząd i wycofaliśmy się z tej wojny.

– Nadal jesteś?

– Nadal jestem kim?

– Anarchistą?

Trudno było mi odpowiedzieć, bo musiałem porównać dawnego siebie z człowiekiem, którym się stałem.

– Anarchistą... – zacząłem i urwałem. – Żadna znana mi filozofia polityczna nie kocha gatunku ludzkiego tak jak anarchizm. Każdy inny światopogląd głosi, że ludzie potrzebują rządu, porządku i kontroli. Tylko anarchiści ufają ludziom na tyle, by pozwolić im decydować o sobie. Ja także należałem kiedyś do tych optymistów. Wierzyłem, że tak jest. Ale już nie wierzę. Więc nie – nie jestem już chyba anarchistą.

– A ten bohater... podczas tych napaści identyfikowałeś się z nim?

– Z Kellym, Nedem Kellym? Tak, chyba tak. Miał gang młodych chłopaków – młodszy brat i dwóch przyjaciół – i razem napadali na ludzi. Policjanci wysłali za nimi zbrojny oddział, ale Ned Kelly ich pobił i paru policjantów straciło życie.

– I co się z nim stało?

– Złapali go. Była strzelanina. Rząd wydał mu wojnę. Wysłali za nim cały pociąg glin, którzy otoczyli jego gang w hotelu w buszu. Jego najlepszy kumpel dostał w gardło i zginął. Jego młodszy brat i drugi chłopak, Steve Hart, woleli się zastrzelić ostatnią kulą niż poddać. Mieli po dziewiętnaście lat. Ned miał taką zbroję, ze stali – hełm i napierśnik. Wyszedł przed oddział glin, strzelając z obu pistoletów. Wystraszył ich jak cholera i uciekli, ale dowódcy kazali im wracać do walki. Postrzelili go w nogi. Po lipnym procesie z fałszywymi świadkami skazano go na śmierć.

– I wykonano wyrok?

– Aha. Jego ostatnie słowa to: „Takie jest życie". Tak powiedział przed śmiercią. Powiesili go, odcięli mu głowę i zrobili z niej przycisk do papierów. Przed śmiercią powiedział jeszcze sędziemu, który go skazał, że spotkają się wkrótce w sądzie wyższej instancji. Ten sędzia niedługo potem zmarł.

Kiedy opowiadałem, ona czytała tę historię w mojej twarzy. Nabrałem garść piasku i przesiałem go przez palce. Nad naszymi głowami przeleciały dwa duże nietoperze. Były tak blisko, że usłyszałem suchy szelest ich skrzydeł.

– Kiedy byłem mały, uwielbiałem słuchać o Nedzie Kellym. Nie tylko ja. Malarze, pisarze, muzycy i aktorzy obrabiali tę historię na wszystkie sposoby. On się zakorzenił w australijskiej psychice. Jest naszym Che Guevarą albo Emiliano Zapatą. Kiedy heroina zaczęła mi mieszać w głowie, chyba historia jego życia wydała mi się moja. Ale to była totalnie pochrzaniona wersja historii. On był złodziejem, który został rewolucjonistą. Ja – rewolucjonistą, który stał się złodziejem. Przy każdym napadzie – a było ich mnóstwo – byłem pewny, że nadzieję się na policjantów i zginę. Miałem nadzieję, że policjanci zastrzelą mnie na ulicy. Chciałem tak umrzeć...

Objęła mnie. Drugą ręką wzięła mnie za brodę i odwróciła moją twarz ku sobie.

– Jakie są kobiety w Australii? – spytała, przesuwając dłonią po moich krótkich, jasnych włosach.

Roześmiałem się. Dała mi kuksańca.

– Serio pytam! Chcę wiedzieć, jakie są.

– Piękne – odparłem, spoglądając w jej nieziemską twarz. – W Australii jest mnóstwo pięknych kobiet. Lubią rozmawiać, lubią imprezować – są dość szalone. I bardzo bezpośrednie. Nie znoszą ściemniania. Nikt człowieka nie przeczołga tak, jak babka z Australii.

– Czołgają się?

– Czołgają cię. – Roześmiałem się. – Dają ci w kość, no wiesz, wyśmiewając cię, żeby człowiek nie myślał o sobie zbyt dobrze. Są w tym świetne. A jak w ciebie wbijają szpile, żeby uszło trochę powietrza, to można być pewnym, że się zasłużyło.

Położyła się na wznak na piasku, z rękami za głową.

– Według mnie wszyscy Australijczycy mają strasznego fioła. Bardzo chętnie bym tam pojechała.

Nie powinno być nam tak dobrze, tak łatwo, tak szczęśliwie podczas tych miłosnych dni i nocy w Goa. Nie powinniśmy budować życia z gwiazd, morza i piasku. A ja powinienem jej uważnie słuchać – prawie nic mi nie wyjawiła, lecz zdradziła parę tropów i teraz wiem, że umyślnie umieszczała sygnały w słowach i wyrazie twarzy – wyraźne jak konstelacje nad naszymi głowami. Ale nie słuchałem. Zakochani nie zwracają uwagi na to, co mówi ukochana osoba, upajają się tylko szczęściem słuchania jej głosu, ale nigdy nie słyszą brzmiącego w nim strachu i bólu.

A kiedy nadeszła i minęła ostatnia noc, a ja obudziłem się o świcie, by wrócić do Bombaju, zobaczyłem ją stojącą w drzwiach, twarzą do wielkiej lśniącej perły morza.

– Nie odjeżdżaj – powiedziała, kiedy oparłem ręce na jej ramionach i pocałowałem ją w szyję.

– Co? – Roześmiałem się.

– Nie odjeżdżaj do Bombaju.

– Dlaczego?

– Bo nie chcę.

– Co to ma znaczyć?

– To, co powiedziałam. Nie chcę, żebyś wyjechał.

Roześmiałem się, bo uznałem, że to musi być żart.

– Dobrze – rzekłem z uśmiechem, czekając na puentę. – Czemu nie chcesz, żebym wyjechał?

– Czy muszę mieć powód?

– No... tak.

– Tak się składa, że mam powód, ale ci go nie wyjawię.

– Nie?

– Nie. Uważam, że nie muszę. Powinna ci wystarczyć informacja, że ten powód istnieje – jeśli mnie kochasz, tak jak twierdzisz.

Mówiła tak ostro, a jej żądanie było tak bezkompromisowe i niespodziewane, że za bardzo się zdziwiłem, by się rozgniewać.

– No dobrze – powiedziałem rozsądnie. – Więc jeszcze raz. Muszę wrócić do Bombaju. Może pojedziesz ze mną, a wtedy będziemy razem na wieki wieków, amen.

– Ja nie wrócę – oznajmiła sucho.

– Dlaczego nie, do cholery?

– Nie mogę... nie chcę. I nie chcę, żebyś ty wracał.

– Nie widzę problemu. Mogę załatwić w Bombaju to, co mam do załatwienia, a ty możesz zaczekać tutaj. Jak załatwię, to wrócę.

– Nie chcę, żebyś jechał – powtórzyła tym samym suchym tonem.

– Przestań. Muszę wrócić.

– Nie musisz.

Mój uśmiech zbladł.

– Muszę. Obiecałem Ulli, że wrócę za dziesięć dni. Nadal ma kłopoty. Wiesz o tym.

– Ulla potrafi o siebie zadbać – oznajmiła. Nadal nie chciała się odwrócić i spojrzeć na mnie.

– Jesteś o nią zazdrosna? – spytałem z uśmiechem i pogłaskałem ją po głowie.

– Nie bądź idiotą! – warknęła. Odwróciła się. W oczach miała furię. – Lubię Ullę, ale mówię ci, że ona potrafi o siebie zadbać.

– Nie denerwuj się. O co chodzi? Wiedziałaś, że muszę wrócić. Rozmawialiśmy o tym. Wszedłem w interesy paszportowe. Wiesz, że to dla mnie ważne.

– Ja ci załatwię paszport. Pięć paszportów!

Teraz i mój upór dał znać o sobie.

– Nie potrzebuję twojego paszportu. Muszę się nauczyć, jak się je robi, i sam je zacznę podrabiać. Chcę się wszystkiego nauczyć – czego tylko mogę. Oni chcą mnie nauczyć fałszowania paszportów. Jeśli się tego nauczę, będę wolny. A ja chcę być wolny. Wolność. Tego chcę.

– Dlaczego miałbyś być inny?

– Jak to?

– Nikt nie dostaje tego, czego pragnie. Nikt. Nigdy.

Jej furię przyćmiło coś gorszego, czego nigdy u niej nie widziałem – zrezygnowany smutek zwyciężonego. Doprowadzenie kobiety – jakiejkolwiek – do takiego stanu jest grzechem, i wiedziałem o tym. I wiedziałem, patrząc na powolną śmierć jej uśmiechu, że wcześniej czy później za to zapłacę.

Powiedziałem cicho, powoli, usiłując ją przekonać:

– Wysłałem Ullę do mojego przyjaciela Abdullaha. On się nią opiekuje. Nie mogę jej mu zostawić. Muszę wrócić.

– Kiedy następnym razem tu przyjedziesz, nie znajdziesz mnie – powiedziała, znowu odwracając się w stronę morza.

– Co to ma znaczyć?

– To, co powiedziałam.

– Czy to groźba? Jakieś ultimatum?

– Możesz to nazwać, jak chcesz – odparła ochryple, jakby przebudzona ze snu. – To fakt. Jeśli wrócisz do Bombaju, wyrzeknę się ciebie. Nie pojadę z tobą i nie będę na ciebie czekać. Zostań ze mną albo wracaj sam. Wybór należy do ciebie. Ale jeśli wrócisz, z nami koniec.

Gapiłem się na nią, zdumiony, wściekły i zakochany.

– Jesteś mi winna coś więcej – powiedziałem jeszcze ciszej. – Musisz mi to wyjaśnić. Musisz ze mną porozmawiać. Nie możesz mi stawiać ultimatum bez przyczyny i spodziewać się, że się dostosuję. Istnieje różnica między wyborem i ultimatum: wybór oznacza, że przed podjęciem decyzji wiesz, co się dzieje i dlaczego. Nie należę do ludzi, którym można stawiać ultimatum. W przeciwnym razie nie uciekłbym z więzienia. Nie możesz mną rządzić. Nie możesz mi wydawać rozkazów bez wyjaśnienia. Ja nie z tych. Musisz mi powiedzieć, co się dzieje.

– Nie mogę.

Westchnąłem i dalej mówiłem spokojnie, choć przez zaciśnięte zęby.

– Chyba nie bardzo potrafię ci to... wyjaśnić. Wygląda to tak, że nie mam dla siebie zbyt wielkiego szacunku. Ale ta odrobina, która mi została, to wszystko, co mam. Człowiek musi szanować siebie, żeby móc szanować innych. Jeśli się poddam i zrobię to, czego ode mnie żądasz, bez przyczyny, nie będę się szanować. I prawdę mówiąc, ty też przestaniesz mnie szanować. Więc pytam jeszcze raz: o co chodzi?

– Nie mogę.

– Raczej nie chcesz.

– Raczej nie mogę – powiedziała łagodnie i spojrzała mi prosto w oczy. – I nie chcę. Tak to wygląda. Powiedziałeś, nie tak dawno, że zrobiłbyś dla mnie wszystko. Chcę, żebyś tu został. Nie chcę, żebyś wrócił do Bombaju. Jeśli wrócisz, z nami koniec.

– Jakim byłbym mężczyzną – spytałem, siląc się na uśmiech – gdyby cię posłuchał?

– Rozumiem, że to jest twoja odpowiedź i że już wybrałeś. – Westchnęła, minęła mnie i wyszła z chaty.

Spakowałem torbę i przypiąłem do motocykla. Kiedy byłem gotowy, zszedłem ku morzu. Karla wyłoniła się spomiędzy fal i podeszła do mnie powoli, powłócząc nogami w grząskim piasku. Podkoszulek i *lungi* oblepiły jej ciało. Jej czarne włosy lśniły, gładkie i mokre, w prażącym słońcu. Najpiękniejsza kobieta, jaką znam.

– Kocham cię – powiedziałem. Weszła w moje objęcia i pocałowaliśmy się. Powtórzyłem te słowa, muskając wargami jej wargi, twarz, oczy. Przygarnąłem ją mocno do siebie. – Kocham cię. Wszystko będzie dobrze. Zobaczysz. Niedługo wrócę.

– Nie – odparła chropowato. Nie zesztywniała, ale była strasznie nieruchoma, jakby wyciekło z niej życie i miłość. – Nie będzie dobrze. Nic nie będzie dobrze. To koniec. A jutro mnie tu już nie będzie.

Spojrzałem jej w oczy i poczułem, że kamienieję. Duma zmieniła mnie w pustą skorupę. Moje ręce spadły z jej ramion. Odwróciłem się i poszedłem do motocykla. Wjeżdżając na ostatnie wzniesienie, z którego widać było plażę, naszą plażę, zatrzymałem się i ocieniłem oczy ręką, wypatrując jej. Ale zniknęła. Tylko fale poruszały się jak zgarbione grzbiety rozfiglowanych jeżozwierzy, a piasek ciągnął się pustymi, zmarszczonymi płachtami, na których nikt nie zostawił śladów.

ROZDZIAŁ 25

Uśmiechnięty służący otworzył drzwi i zaprosił mnie do pokoju, gestem dając znak, żebym zachował milczenie. Nie musiał. Muzyka była tak głośna, że nikt by mnie nie usłyszał, nawet gdybym krzyczał. Złożywszy dłoń w kształt spodeczka i udając, że pociąga z niej łyk, zaproponował mi w ten sposób czaj. Skinąłem głową. Cicho zamknął za sobą drzwi, zostawiając mnie sam na sam z Abd al-Ghanim. Tęga postać stała w szerokim łuku wysokiego okna, z którego rozciągał się wspaniały widok na wiszące ogrody, balkony rozjarzone zieleniami i żółcieniami suszących się sari i czerwone od rdzy dachy.

Pokój był ogromny. Z ozdobnych plafonów na dalekim suficie zwisały grube złote łańcuchy trzech misternych żyrandoli. W głębi pokoju, w pobliżu głównego wejścia, znajdował się długi stół z dwunastoma tekowymi krzesłami o wysokich oparciach. Pod ścianą, równoległa do stołu i równa mu długością, stała mahoniowa komoda zwieńczona ogromnym lustrem zdobnym w róże. Resztę ściany zajmowała sięgająca sufitu biblioteka. Po przeciwnej stronie pokoju za czterema wysokimi oknami widać było szczyty platanów i ich rzucające gęsty cień liście. Na środku, między ścianą z książkami i wysokimi oknami, urządzono gabinet. Krzesło z drewna tekowego i skóry, zwrócone w stronę głównego wejścia, stało za szerokim, barokowym biurkiem. Przeciwległy kraniec pokoju urządzono z myślą o wypoczynku – skórzanymi sofami i głębokimi fotelami. Dwa ogromne okna w niszach za sofami zalewały pokój światłem. Osadzone w nich drzwi wychodziły na szeroki balkon, z którego można było podziwiać ogrody na dachach, pranie na sznurach i zaniedbane chimery Kolaby.

Abd al-Ghani stał, słuchając muzyki i śpiewu, dobiegających z kosztownego sprzętu wbudowanego w biblioteczkę. Głosy i muzyka wydały mi się znajome i po chwili skupienia wspomnienie do mnie wróciło. To byli Ślepi Śpiewacy, ci sami, których słuchałem jako gość Kadirbaja tego pierwszego wieczora naszej znajomości. Nie przypominałem sobie tej pieśni, ale znowu uderzyła mnie jej siła i namiętność. Kiedy przejmujący, rozdzierający serce chór zamilkł, wokół nas zapanowała pulsująca cisza, jakby nieprzyjmująca odgłosów życia w domu i na ulicy.

– Znasz ich? – spytał, nie odwracając się.

– Tak. To chyba Ślepi Śpiewacy.

– W rzeczy samej – powiedział tą mieszanką indyjskiego zaśpiewu i tonu spikera BBC, którą zacząłem lubić. – Uwielbiam ich muzykę bardziej niż jakąkolwiek mi znaną, z jakiegokolwiek kraju. Ale muszę przyznać, że w samym sercu mojej miłości jest strach. Za każdym razem, kiedy ich słucham – a kiedy jestem tutaj, słucham ich codziennie – mam wrażenie, że słyszę własne rekwiem.

Nadal był odwrócony, a i ja stałem nieruchomo, niemal na środku tego podłużnego pokoju.

– A... to musi być niepokojące.

– Niepokojące... – powtórzył cicho. – Tak. Tak, to budzi niepokój. Powiedz mi, Lin, czy twoim zdaniem jedno genialne dzieło jest usprawiedliwieniem dla setek wad i pomyłek, które je zrodziły?

– No... trudno powiedzieć. Właściwie nie całkiem cię rozumiem, ale podejrzewam, że to zależy od tego, ile osób ma z tego pożytek, a ile poniosło krzywdę.

Odwrócił się do mnie i teraz zobaczyłem, że płacze. Łzy spływały szybko z jego wielkich oczu i skapywały z okrągłych policzków na brzuch opięty długą jedwabną koszulą. Ale głos miał chłodny i opanowany.

– Wiesz, że w nocy nasz Madżid został zabity?

– Nie. – Zmarszczyłem brwi, wstrząśnięty. – Zabity?

– Tak. Zamordowany. Zarżnięty jak zwierzę, we własnym domu. Jego ciało rozerwano na strzępy, a te strzępy znaleziono w wielu różnych pokojach. Jego krwią wypisano na ścianach imię Sapny. Policja podejrzewa fanatyków, wyznawców tego Sapny. Przepraszam. Wybacz mi te łzy. Niestety, ta przykra sprawa bardzo mnie dotknęła.

– To zrozumiałe. Ja... przyjdę kiedy indziej.

– Absolutnie nie. Jesteś tu, a Kadirowi zależy na tym, żebyś rozpoczął naukę. Napijemy się herbaty, opanuję się, a potem zajmiemy się paszportami, ty i ja.

Podszedł do odtwarzacza i wyjął kasetę ze Ślepymi Śpiewakami. Wsunął ją w oprawkę ze złotego plastiku, podszedł do mnie i wcisnął mi ją w rękę.

– Chciałbym, żebyś to przyjął jako prezent ode mnie – powiedział z oczami i policzkami nadal mokrymi od łez. – Pora, żebym przestał tego słuchać. Jestem pewien, że ty to docenisz.

– Dziękuję – wymamrotałem, niemal tak samo wytrącony z równowagi tym podarunkiem, jak wiadomością o śmierci Madżida.

– Nie ma o czym mówić, Lin. Chodź, usiądź ze mną. Byłeś, zdaje się, w Goa? Znasz naszego młodego wojownika, Andrew Ferreirę? Tak? Więc wiesz, że jest z Goa. Często tam wraca z Salmanem i Sanjayem, kiedy dla mnie pracują. Musicie się tam wybrać razem – pokażą ci wyjątkowe atrakcje, jeśli mnie rozumiesz. Powiedz, jaką miałeś podróż.

Zacząłem opowiadać, starając się skupić na rozmowie, ale w głowie szumiało mi od myśli o Madżidzie i jego śmierci. Nie mógłbym powiedzieć, że go lubiłem czy choćby mu ufałem. A jednak jego śmierć, to morderstwo, wstrząsnęła mną i napełniła dziwnym, gorączkowym pobudzeniem. Zabito go – zarżnięto, jak powiedział Al-Ghani – w domu w Juhu, gdzie razem się uczyliśmy, a on wprowadzał mnie w tajniki złotniczych i srebrniczych przestępstw. Myślałem o jego domu, wspominałem widok, jaki rozciągał się z niego na morze, jego basen wyłożony fioletowymi kafelkami, pusty, bladozielony pokój do modlitw, w którym Madżid pięć razy dziennie zginał stare kolana i dotykał podłogi krzaczastymi siwymi brwiami. Pamiętam, jak siadywałem pod tym pokojem, w pobliżu basenu, czekając, aż skończy się modlić. Pamiętam, jak gapiłem się w fioletową wodę, a obok moich uszu bzykały mruczane sylaby modlitw, ginąc w rozkołysanych liściach palm nad basenem.

Jeszcze raz poczułem się jak w pułapce przeznaczenia, niezależnego od moich uczynków i pragnień. Tak, jakby same konstelacje gwiazd były konturami ogromnej klatki, wraz ze mną sunącej ku tej jednej jedynej chwili, którą los zarezerwował specjalnie dla mnie. Zbyt wielu rzeczy nie rozumiałem. Zbyt wielu pytań nie pozwalałem sobie zadawać. I nie mogłem się uspokoić, tkwiąc w tej sieci powiązań i utajnień. Zapach niebezpieczeństwa, woń strachu przepełniły moje zmysły. Ściskające serce, pobudzające uniesienie było tak silne, że dopiero godzinę później, gdy weszliśmy do pracowni paszportów, zdołałem skupić całą uwagę na tej wspólnej chwili.

– To jest Kriszna, a to Villu – powiedział Al-Ghani, przedstawiając mi niskich, smukłych, smagłych mężczyzn, tak do siebie podobnych, że wziąłem ich za braci. – W tym biznesie jest wielu fachowców, wielu mężczyzn i wiele kobiet o godnym detektywa darze wychwytywania szczegółów i godnej chirurga pewności ręki. Ale dziesięcioletnie doświadczenie na polu sztuki fałszerstwa upewnia mnie, że to mieszkańcy Sri Lanki – tacy jak nasi Kriszna i Villu – są najlepszymi fałszerzami świata.

W odpowiedzi mężczyźni uśmiechnęli się szeroko, ukazując idealne białe zęby. Byli przystojni, ich twarze miały niemal delikatne rysy, harmonijnie łączące łagodne kontury i zaokrąglenia. Wrócili do pracy, a my niespiesznie ruszyliśmy w głąb dużego pomieszczenia.

– To podświetlarka – wyjaśnił Abd al-Ghani, wskazując pulchną dłonią długi stół. Miał on blat z mlecznego matowego szkła, od spodu podświetlonego. – Kriszna jest naszym najlepszym podświetlaczem. Sprawdza strony prawdziwych paszportów, szuka znaków wodnych i ukrytych wzorów. Dzięki temu potrafi je skopiować.

Pochyliłem się nad ramieniem Kriszny i przyglądałem się, jak studiuje stronę informacyjną w brytyjskim paszporcie. Skomplikowany wzór falistych linii ciągnął się od góry strony przez fotografię aż na sam dół. Na drugim paszporcie obok Kriszna nanosił identyczny wzór falistych linii na skraju wymienionej fotografii, kreśląc linie cienkopisem. Na podświetlarce nałożył jeden wzór na drugi, by skorygować niedokładności.

– Villu jest naszym najlepszym pieczątkarzem – dodał Abd al-Ghani, prowadząc mnie do innego podłużnego stołu. Na stojaku u jego końca stały rzędy licznych gumowych pieczątek.

– Villu potrafi zrobić dowolną pieczęć, nawet z najbardziej skomplikowanym wzorem. Pieczątki w wizie, wjazdowe i wyjazdowe, specjalne pieczęcie zezwoleń – cokolwiek potrzebujemy. Ma trzy nowe wycinarki do produkcji stempli. Drogo mnie kosztowały te maszyny – musiałem je sprowadzić aż z Niemiec – a drugie tyle zapłaciłem w bakszyszach, żeby je przeprowadzić przez komory celne do naszego warsztatu bez żadnych nieprzyjemnych pytań. Ale nasz Villu jest artystą i często gardzi moimi pięknymi maszynami. Woli wycinać nową pieczątkę ręcznie.

Przyglądałem się, jak Villu tworzy nowy stempel na gumowej podkładce. Skopiował fotograficzne powiększenie oryginału – stempla wylotu z lotniska w Atenach – i wyciął nowy stempel za pomocą skalpeli i jubilerskich pilników. Po próbnym odbiciu okazało się, że nowy stempel ma drobne wady. Skorygowawszy je, Villu starł papierem ściernym jeden rożek. Ta zamierzona niedoskonałość nadała atramentowej pieczątce naturalny, autentyczny wygląd. Gotowy stempel dołączył do dziesiątków innych na stojaku, czekających na odbicie w świeżo sfałszowanych paszportach.

Abd al-Ghani oprowadził mnie po całej wytwórni, demonstrując komputery, sprzęt fotokopiujący, prasy drukarskie, wycinarki oraz zapasy specjalnego pergaminowego papieru i różnych rodzajów tuszu. Gdy zobaczyłem wszystko, co mogłem zobaczyć podczas pierwszej wizyty, zaproponował, że podwiezie mnie do Kolaby. Odmówiłem i spytałem, czy mogę tu zostać i trochę pobyć z fałszerzami ze Sri Lanki. Mój entuzjazm sprawił mu przyjemność – a może po prostu go rozbawił. Ale na odchodnym znowu ciężko westchnął – smutek powrócił.

Kriszna, Villu i ja piliśmy czaj i rozmawialiśmy przez trzy godziny bez przerwy. Okazało się, że choć niespokrewnieni, obaj są Tamilami ze Sri Lanki i przybyli z tej samej wioski na półwyspie Dżafna. Konflikt między Tamilskimi Tygrysami – Tygrysami Wyzwolicielami Tamilskiego Ilamu – a wojskiem Sri Lanki zmiótł ich wioskę z powierzchni ziemi. Obaj stracili prawie całe rodziny. Uciekli z siostrą Villu, kuzynem, dziadkami Kriszny i jego dwoma małymi siostrzenicami, niespełna pięcioletnimi. Na rybackiej łodzi dopłynęli do Indii, trasą od Dżafny do Wybrzeża Koromandelskiego. Dotarli do Bombaju i mieszkali na chodniku, pod plastikową płachtą, bezdomni.

Przetrwali ten pierwszy rok, wynajmując się do pracy za grosze i popełniając całą gamę drobnych przestępstw. Potem pewnego dnia ich sąsiad z chodnika, który dowiedział się, że potrafią dobrze czytać i pisać po angielsku, poprosił, żeby przerobili prawo jazdy. Wyszło im dobrze, co zwabiło pod ich plastikową markizę wielu gości. Abd al-Ghani, słysząc o ich talencie, zaproponował Kadirbajowi, by pozwolił im się sprawdzić. Dwa lata później, kiedy ich poznałem, Kriszna i Villu mieszkali z ocalonymi krewnymi w dużym, wygodnym mieszkaniu, odkładali pieniądze ze sporej pensji i należeli do bezsprzecznie najpopularniejszych fałszerzy w Bombaju, stolicy indyjskich fałszerzy.

Chciałem się nauczyć wszystkiego. Pragnąłem swobody i bezpieczeństwa, które zapewniały mi ich umiejętności. Dobrze mówili po angielsku. Mój entuzjazm obudził w nich wrodzoną życzliwość i ta pierwsza rozmowa iskrzyła się wesołością. Był to dobrze wróżący początek nowej przyjaźni.

Przez tydzień codziennie odwiedzałem Krisznę i Villu. Obaj pracowali długo i czasami przebywałem z nimi po dziesięć godzin z rzędu, obserwując ich przy pracy i zadając setki pytań. Paszporty, nad którymi pracowali, dzieliły się na dwie grupy: prawdziwe – używane i czyste – nieużywane. Używane kradli kieszonkowcy, gubili cudzoziemcy lub sprzedawali zdesperowani narkomani z Europy, Afryki, obu Ameryk i Oceanii. Czyste paszporty należały do rzadkości. Sprzedawali je skorumpowani urzędnicy konsulatów, ambasad i urzędów imigracyjnych, od Francji po Turcję i Chiny. Te, które znalazły się w strefie wpływów Kadirbaja, były natychmiast kupowane za każdą cenę, a następnie przekazywane Krisznie i Villu. Pokazali mi czysty, oryginalny, nieużywany paszport z Kanady – jako przykład. Przechowywano go w ogniotrwałym sejfie wraz z innymi z Wielkiej Brytanii, Niemiec, Portugalii i Wenezueli.

Dzięki nieograniczonej cierpliwości, doświadczeniu i środkom obaj fałszerze potrafili zmienić w paszporcie niemal wszystko, by sprostać wymaganiom nowego użytkownika. Wymieniali zdjęcia, za pomocą instrumentu tak trywialnego jak szydełko imitowali tłoczenia ciężkich pieczęci. Czasami starannie usuwali zszywacze i wymieniali całe sekcje kartek, wykorzystując te z innego paszportu. Zmieniali lub usuwali rozpuszczalnikami daty, informacje i pieczęcie. Nanosili nowe dane atramentem o idealnie dobranym odcieniu, pochodzącym z bogatego katalogu tuszów drukarskich. Niektóre zmiany umykały uwadze ekspertów, a żadnych nie można było zauważyć podczas rutynowych kontroli.

Przez te pierwsze tygodnie nauki fałszerstwa znalazłem nowe, bezpieczne i wygodne mieszkanie dla Ulli. Mieściło się w pobliskim Tardeo, niedaleko meczetu Hadżidżi Ali. Lisa Carter, która odwiedzała Ullę w mieszkaniu Abdullaha niemal codziennie – i która witała Abdullaha znacznie cieplej – zgodziła się z nią zamieszkać. Przewieźliśmy je wraz z ich dobytkiem niewielką karawaną taksówek. Obie panie polubiły się i dobrze się dogadywały. Piły wódkę, oszukiwały przy scrabble'u i remiku, lubiły takie same filmy wideo i wymieniały się ciuchami. Podczas tygodni spędzonych w zadziwiająco dobrze wyposażonej kuchni Abdullaha odkryły także, że smakują im dania, które przyrządzają nawzajem. To nowe mieszkanie było dla nich nowym początkiem i choć Ulla nadal bała się Maurizia i jego ciemnych interesów, obie radośnie i optymistycznie patrzyły w przyszłość.

Nadal chodziłem na siłownię i ćwiczyłem karate z Abdullahem, Salmanem i Sanjayem. Byliśmy sprawni, silni i szybcy. Po paru tygodniach treningu Abdullah i ja staliśmy się sobie bliscy jako przyjaciele i bracia, tak jak Salman i Sanjay. Był to ten rodzaj bliskości, która nie wymaga rozmowy; często spotykaliśmy się, szliśmy na siłownię, ćwiczyliśmy na przyrządach, odbywaliśmy parę rund bokserskich, przez pół godziny ćwiczyliśmy karate i przez cały ten czas zamienialiśmy najwyżej dziesięć słów. Czasami wystarczyło jedno spojrzenie albo głupia mina, a wybuchaliśmy śmiechem, i to tak gwałtownym, że padaliśmy na maty. I tak, bez słów, z wolna otwierałem serce przed Abdullahem i zacząłem go kochać.

Po powrocie z Goa rozmawiałem z przywódcą slumsów, Kasimem Alim Husajnem i paroma innymi, w tym Johnnym Cygaro. Codziennie widywałem Prabakera w taksówce. Ale w paszportowym warsztacie Ghaniego czekało na mnie tyle nowych wyzwań i atrakcji, którymi nieustannie się zajmowałem i cieszyłem, że przestałem pracować, nawet dorywczo, w klinice założonej w chatynce, która była moim domem.

Podczas pierwszej wizyty w slumsach po paru tygodniach z zaskoczeniem ujrzałem Prabakera wijącego się i podrygującego w konwulsyjnym tańcu w rytm popularnych piosenek, granych przez slumsowych muzyków. Mały przewodnik był ubrany w taksówkarską koszulę khaki i białe spodnie. Na szyi miał fioletowy szalik, a na stopach żółte plastikowe sandały. Zbliżyłem się nieznacznie i przez jakiś czas obserwowałem go w milczeniu. Jakimś magicznym sposobem udało mu się połączyć w tańcu obscenicznie lubieżne kołysanie biodrami z dziecinnie niewinną miną i gestami rąk. Z błazeńskim urokiem unosił otwarte dłonie po obu stronach uśmiechniętej twarzy, a zaraz potem, z grymasem determinacji, mocno bódł powietrze kroczem. Kiedy wreszcie się odwrócił i dostrzegł mnie, jego twarz rozbłysła w eksplozji tego olśniewającego uśmiechu, tego niezwykle szerokiego i serdecznego uśmiechu. Podbiegł, żeby się ze mną przywitać.

– Och, Lin! – krzyknął, wciskając głowę w moją pierś w czułym uścisku. – Mam dla ciebie wiadomościa! Takiego fantastycznego wiadomościa! Szukałem cię w każdym miejscu, w każdym hotelu z gołymi paniami, w każdym pijanym barze z czarnorynkową bandytą, w każdym brudnym slumsie, w każdym...

– Już łapię. Więc jaka to wiadomość?

– Będę małżonkiem! Wychodzę za Parwati! Uwierzysz?

– No pewnie, że uwierzę. Moje gratulacje. Zakładam, że właśnie ćwiczysz do nocy poślubnej.

– O tak! – zgodził się i poruszył biodrami w moją stronę. – Chcę, żeby wszyscy bardzo seksownie tańczyli na weselu. To bardzo seksowne, prawda?

– A... seksowne... jasne. Jak tu żyjecie?

– Bardzo wspaniale. Nie problem. Och, Lin! Zapomniałem. Johnny, on także będzie małżonkiem. Wychodzi za Sitę, siostrę mojej własnej pięknej Parwati.

– Gdzie jest? Chcę się z nim przywitać.

– Jest nad morzem, wiesz, tam gdzie siada na kamieniach, żeby być odosobnionym – w tym samym miejscu, gdzie ty także się radujesz dobrym odosobnieniem. Tam go znajdziesz.

Odszedłem, oglądając się przez ramię. Prabaker zachęcał zespół do dalszych wysiłków mechanicznymi, tłoczącymi ruchami wąskich bioder. Na skraju slumsów, gdzie czarne głazy toczyły się w morze, znalazłem Johnny'ego Cygaro. Był w białym podkoszulku i *lungi* w zieloną kratę. Ręce założył na piersi, oparł się wygodnie i spoglądał w morze. Było to niemal to samo miejsce, w którym opowiedział mi o morskiej wodzie, pocie i łzach tego wieczoru, gdy wybuchła cholera. Od tego czasu minęło bardzo wiele miesięcy.

– Gratulacje – odezwałem się. Usiadłem obok i podałem mu *bidi*.

– Dzięki, Lin. – Uśmiechnął się i pokręcił głową. Schowałem paczkę i przez chwilę przyglądaliśmy się małym falkom, nieśmiało muskającym kamienisty brzeg.

– Wiesz, zostałem powołany do życia – to znaczy poczęty, nie urodzony – dokładnie tam, w Navy Nagar – powiedział, gestem głowy wskazując obóz indyjskiej marynarki wojennej. Dzielił nas od niego brzeg, ale widać było wyraźnie domy, chaty i baraki po drugiej stronie małej zatoczki. – Moja matka pochodziła z Delhi. Jej rodzina wyznawała chrześcijaństwo. Dobrze zarabiali w służbie Brytyjczyków, ale po odzyskaniu niepodległości stracili pozycję i przywileje. Przeprowadzili się do Bombaju, kiedy matka miała piętnaście lat. Jej ojciec zatrudnił się w marynarce wojennej, jako urzędnik. Mieszkali w tamtym *zhopadpatti*. Matka zakochała się w pewnym marynarzu. Był wysoki i młody, pochodził z Amritsaru i miał najpiękniejsze wąsy w całym Nagarze. Kiedy zaszła w ciążę, rodzina ją wyrzuciła. Usiłowała się doprosić pomocy od marynarza, który był moim ojcem, ale wyjechał z Nagaru i nigdy więcej go nie widziała ani nie miała o nim wiadomości.

Zamilkł, oddychając przez nos, z mocno zaciśniętymi ustami. Zmrużonymi oczami wpatrywał się w rażąco rozmigotane morze, od którego dął świeży, uporczywy wietrzyk. Za naszymi plecami hałasowały slumsy – krzyczeli sprzedawcy, praczki uderzały ubraniami o kamienie w miejscu do prania, dzieci się bawiły, ludzie się kłócili, a muzyka jazgotała do rytmu rozkołysanych bioder Prabakera.

– Wiele przeżyła. Miała już wielki brzuch, kiedy ją wyrzucili. Zamieszkała na chodniku naprzeciwko Crawford Market i chodziła w białym wdowim sari, udając, że miała męża, ale go straciła. Musiała – musiała się stać wdową na całe życie, zanim stała się mężatką. Dlatego nigdy się nie ożeniłem. Mam trzydzieści osiem lat, potrafię czytać i bardzo dobrze pisać – matka dopilnowała, żebym był wykształcony – i mogę prowadzić księgi wszystkich sklepów i firm w slumsach. Zajmuję się podatkami wszystkich, którzy je płacą. Miałem ciągle nadzieję, że go spotkam, tego marynarza z najpiękniejszymi wąsami. Matka miała jedną bardzo starą, spłowiałą fotografię, na której byli oboje, bardzo poważni i surowi. Dlatego tu mieszkam. Zawsze miałem nadzieję, że go spotkam. I nigdy się nie ożeniłem. A ona zmarła w zeszłym tygodniu, Lin. Moja matka umarła w zeszłym tygodniu.

Odwrócił się do mnie. Białka jego oczu lśniły łzami, którym nie pozwolił popłynąć.

– Zmarła w zeszłym tygodniu. A ja się żenię.

– Współczuję ci z powodu matki, Johnny, ale jestem pewien, że chciałaby, byś się ożenił. Myślę, że będzie z ciebie dobry ojciec. Prawdę mówiąc, ja to wiem. Jestem pewien.

Spojrzał na mnie, a jego oczy mówiły językiem, który czułem, lecz którego nie potrafiłem zrozumieć. Kiedy go opuściłem, wpatrywał się w nieskończoność morza, rozdrażnionego do białej piany przez wiatr.

Wróciłem przez slumsy do kliniki. Rozmowa z Ajubem i Siddharthą, dwoma młodzieńcami, których przyuczyłem do jej prowadzenia, upewniła mnie, że wszystko idzie jak należy. Zostawiłem pewną sumę na nieprzewidziane wydatki, a także pieniądze dla Prabakera na wesele. Złożyłem kurtuazyjną wizytę Kasimowi Ali Husajnowi i pozwoliłem wmusić w siebie czaj. Jeetendra i Anand Rao, dwaj moi dawni sąsiedzi, zjawili się wraz z kilkoma innymi mężczyznami, których dobrze znałem. Kasim Ali sterował rozmową, która dotyczyła jego syna Sadika, pracującego w Zatoce. Na zmianę mówiliśmy o religijnych i społecznych konfliktach w mieście, budowie bliźniaczych wieżowców, która miała się zakończyć najwcześniej za dwa lata, a także o ślubie Prabakera i Johnny'ego Cygaro.

Było to serdeczne, przyjemne spotkanie i opuściłem je pełen nowych sił i otuchy, które zawsze budzą we mnie ludzie uczciwi, prości i porządni. Ale zdążyłem zrobić tylko parę kroków, kiedy dogonił mnie młody sikh, Anand Rao.

– Linbaba, jest problem – powiedział cicho. Nawet w najbardziej sprzyjających okolicznościach był niezwykle poważny, a w tej chwili stał się nieprzeciętnie ponury. – Ten Raszid, ten, z którym mieszkałem. Pamiętasz?

– Tak. Raszid. Pamiętam – powiedziałem, przypominając sobie chudą, brodatą twarz i rozbiegane oczy winowajcy. Raszid i Anand byli moimi sąsiadami przez ponad rok.

– Robi zły interes – oznajmił otwarcie Anand Rao. – Jego żona i jej siostra przyjechały z ich rodzinnego domu. Kiedy przyjechały, opuściłem tę chatę. Mieszka z nimi teraz sam, już od jakiegoś czasu.

– I... co? – spytałem, idąc razem z nim w stronę drogi. Nie miałem pojęcia, do czego zmierza i nie miałem też do niego cierpliwości. To była jedna z tych nieistotnych, zawiłych skarg, z którymi w czasach, gdy mieszkałem w slumsach, ludzie przychodzili do mnie niemal codziennie. Przeważnie nic z nich nie wynikało. Na ogół najlepiej było się nie mieszać.

– I... – zawahał się Anand Rao, być może wyczuwając moje zniecierpliwienie. – I... on... coś jest bardzo źle, a ja... muszę...

Zamilkł i wbił spojrzenie w swoje sandały. Położyłem rękę na jego szerokim, dumnym, chudym barku. Stopniowo podniósł wzrok i spojrzał mi w oczy z niemym błaganiem.

– Chodzi o pieniądze? – spytałem, sięgając do kieszeni. – Potrzebujesz pieniędzy?

Wzdrygnął się, jakbym go obrzucił przekleństwami. Przez jakiś czas patrzył mi w oczy, a potem odwrócił się i odszedł.

Szedłem znajomymi uliczkami i powtarzałem sobie, że wszystko gra. Anand Rao i Raszid mieszkali razem przed ponad dwa lata. Jeśli rozstali się z powodu przyjazdu żony Raszida i jej siostry, a Anand został zmuszony do wyprowadzki, to nie było to zapewne zaskoczeniem. I nie była to moja sprawa. Roześmiałem się i pokręciłem głową, usiłując zrozumieć, dlaczego Anand Rao tak niedobrze zareagował na moją propozycję pożyczki. Przecież mogłem pomyśleć, że właśnie o to chodzi. Podczas półgodzinnej trasy ze slumsów do „Leopolda" dałem pieniądze pięciu innym osobom, w tym obu Zodiakalnym George'om. Przejdzie mu, cokolwiek to jest, powiedziałem sobie. W każdym razie to nie ma ze mną nic wspólnego. Ale kłamstwa, którymi się oszukujemy, są jak duchy w pustym domu o północy. I choć usilnie wyganiałem z myśli Ananda i slumsy, idąc długą, zatłoczoną ulicą w to rozprażone popołudnie, czułem na twarzy tchnienie upiornego kłamstwa.

Wszedłem do „Leopolda", a Didier chwycił mnie za ramię, zanim zdołałem się odezwać albo usiąść, odwrócił mnie i zaprowadził do czekającej na zewnątrz taksówki.

– Szukałem cię wszędzie – sapnął, gdy taksówka ruszyła. – Odwiedziłem najbardziej odrażające miejsca.

– Ciągle to słyszę od wszystkich.

– Wiesz, Lin, naprawdę musisz zacząć bywać tam, gdzie podają przyzwoity alkohol. Może to nie ułatwi poszukiwań, ale je zdecydowanie uprzyjemni.

– Dokąd jedziemy?

– Fantastyczny plan Vikrama – a raczej, jeśli pozwolisz, mój fantastyczny plan – rozmiękczenia zimnego, kamiennego angielskiego serduszka Letitii właśnie w tej chwili przybiera realne kształty.

– No wiesz, życzę mu wszystkiego najlepszego – burknąłem – ale jestem głodny i zamierzam bardzo hałaśliwie pożreć pilaw w „Leopoldzie". Możesz mnie tu wysadzić.

– Ależ nie! Niemożliwe! – zaoponował. – Letitia jest bardzo uparta. Nie przyjęłaby złota i brylantów, gdyby ktoś jej powiedział, że to rozkaz. Nie weźmie udziału w naszym planie, jeśli ktoś jej nie przekona. Ktoś taki jak ty, mój przyjacielu. A dokonać tego należy w ciągu najbliższych trzydziestu minut. Dokładnie do piętnastej zero sześć.

– Skąd ci przyszło do głowy, że Lettie mnie wysłucha?

– Tylko ciebie jedynego z nas wszystkich jeszcze nie znienawidziła ani nie nienawidziła w przeszłości. W ustach Letitii słowa „nie czuję do ciebie nienawiści" to pieśń namiętnej miłości. Wysłucha cię, jestem pewien. Bez ciebie nasz plan się nie powiedzie. A dobry Vikram – jakby miłość do kobiety w rodzaju naszej Letitii nie wystarczała, by dowieść jego umysłowej degeneracji – już parę razy zaryzykował własne życie, żeby doprowadzić do realizacji tego planu. Nie wyobrażasz sobie, jakie poczyniliśmy przygotowania, Vikram i ja, z myślą o tej jednej chwili.

– Nikt mi o niczym nie powiedział – oznajmiłem zrzędliwie, nadal myśląc o przepysznym pilawie, jaki podawali w „Leopoldzie".

– Właśnie dlatego szukałem cię w całej Kolabie! Nie masz wyboru, Lin, musisz mu pomóc. Znam cię. Żyje w tobie, tak jak i we mnie, przerażająca wiara w miłość i fascynacja szaleństwem, które miłość zaszczepia swoim ofiarom.

– Tak bym tego nie ujął.

– A ujmij to, jak chcesz – powiedział i po raz pierwszy się roześmiał – ale sam złapałeś miłosną chorobę i w głębi duszy wiesz, że musisz pomóc Vikramowi, tak jak i ja muszę mu pomóc.

– Boże – jęknąłem z rezygnacją i zapaliłem *bidi*, by zagłuszyć głód. – Zrobię, co trzeba. Na czym polega plan?

– A, to dość skomplikowane...

– Chwileczkę – przerwałem szybko, unosząc rękę. – Czy ten wasz plan jest niebezpieczny?

– No...

– I czy w grę wchodzi złamanie prawa?

– No...

– Tak myślałem. Więc nic nie mów, dopóki nie dojedziemy. Mam dość zmartwień.

– *D'accord*. Wiedziałem, że możemy na ciebie liczyć. *Alors*, skoro o zmartwieniu mowa, mam drobną wiadomostkę, która być może ci się przyda.

– Dawaj.

– Kobieta, która złożyła skargę na ciebie, ta, która cię wsadziła do więzienia, nie jest Hinduską. Dowiedziałem się tego ponad wszelką wątpliwość. Jest cudzoziemką i mieszka tutaj, w Bombaju.

– Coś jeszcze?

– Nie. Żałuję, nic. Przynajmniej na razie. Ale nie spocznę, dopóki nie dowiem się wszystkiego.

– Dzięki.

– Drobiazg. Nawiasem mówiąc, dobrze wyglądasz. Może nawet lepiej niż przed więzieniem.

– Dzięki. Jestem trochę cięższy i nieco bardziej wysportowany.

– I może trochę bardziej... szalony?

Roześmiałem się, unikając jego spojrzenia, bo miał rację. Taksówka zatrzymała się przy stacji Marine Lines. Była to pierwsza stacja kolejowa za główną, Churchgate Depot. Wspięliśmy się po schodach i znaleźliśmy na peronie Vikrama wraz z paroma przyjaciółmi.

– A, kurwa! Dzięki Bogu, że jesteś, stary! – powiedział, potrząsając moją dłonią w gorączkowym, dwuręcznym uścisku. – Myślałem, że nie przyjdziesz.

– Gdzie Letitia? – spytał Didier.

– Tam dalej, na peronie, *yaar*. Kupuje zimny napój. Widzisz? Tam, koło straganu z czajem?

– A, tak. Nic nie wie o planie?

– Kurwa, nic, stary. Strasznie się denerwuję, że to się nie uda, *yaar*. A jeśli ona zginie? Jak będziemy wyglądać, jeśli moje oświadczyny ją zabiją?

– To by był zdecydowanie niedobry początek – oznajmiłem zamyślony.

– Nie przejmuj się. Będzie dobrze – oznajmił kojąco Didier, choć jednocześnie wytarł czoło uperfumowaną chusteczką. Spojrzał na puste tory, wyglądając pociągu. – Uda się. Nie trać wiary.

– Tak mówią w Jonesville, *yaar*.

– Co mam zrobić? – spytałem w nadziei, że jakoś go zajmę.

– Dobra – powiedział, sapiąc tak, jakby przed chwilą wbiegł na wysokie schody. – Dobra. Przede wszystkim Lettie musi stanąć dokładnie tu, twarzą do ciebie. Tu, gdzie teraz stoję.

– Aha.

– Ale dokładnie tu. Dokładnie. Sprawdziliśmy to, kurwa, ze sto razy i to musi być dokładnie tu. Łapiesz?

– Chyba... tak. Mówisz, że ma stanąć dokładnie...

– Tu!

– Tu? – spytałem przekornie.

– Kurwa, stary, sprawa jest poważna!

– Dobrze! Spokojnie. Mam nakłonić Lettie, żeby stanęła tutaj.

– Aha. Tutaj. I twoja w tym głowa, żeby jej nałożyć opaskę.

– E... opaskę?

– Tak. Ma mieć zawiązane oczy. Inaczej się nie uda. I ma jej nie zdejmować, nawet jak się zrobi bardzo strasznie.

– Strasznie...

– Tak. To twoje zadanie. Przekonaj ją, że ma mieć tę opaskę na oczach, kiedy damy ci znak, a potem przekonaj ją, żeby jej nie zdejmowała, nawet jeśli zacznie trochę krzyczeć.

– Krzyczeć.

– Tak. Myśleliśmy o kneblu, ale jednak, wiesz, pomyśleliśmy, że knebel może być trochę, kurwa, nieskuteczny, bo mogłaby się trochę wkurzyć. A i tak się wkurzy, nawet i bez tego, kurwa, knebla.

– Kne... bla...

– Aha. Dobra, idzie! Przygotuj się na sygnał.

– Cześć, Lin, ty gruby draniu – powiedziała Lettie, całując mnie w policzek. – Aleś się upasł, synu!

– Ty też ładnie wyglądasz – powiedziałem, uśmiechając się wesoło.

– No to o co chodzi? – spytała. – Stoicie jak bandyci.

– Nie wiesz? – Wzruszyłem ramionami.

– Oczywiście, że nie wiem, Vikram powiedział tylko, że spotkamy się z tobą i Didierem – siemanko, Didier – no i jesteśmy. Co tam?

Pociąg z Churchgate Station ukazał się w zasięgu naszego wzroku. Zbliżał się w stałym tempie. Vikram dał mi znak – wytrzeszczył oczy, że omal mu nie wyskoczyły z orbit i potrząsnął głową. Położyłem ręce na ramionach Lettie, delikatnie pokierowałem ją w miejsce, którego zażyczył sobie Vikram, plecami do torów.

– Ufasz mi? – spytałem.

Uśmiechnęła się.

– W znikomym stopniu.

– W porządku. – Skinąłem głową. – Chciałbym cię o coś prosić. Zabrzmi dziwnie, wiem, ale jeśli tego nie zrobisz, nigdy się nie dowiesz, jak bardzo kocha cię Vikram... jak bardzo kochamy cię wszyscy. To niespodzianka, którą dla ciebie przygotowaliśmy. Chodzi o miłość...

Pociąg zwolnił przy wjeździe na stację. Jej oczy lśniły. Uśmiech zamigotał i przygasł na jej rozchylonych wargach. Była zaintrygowana i podniecona. Vikram i Didier dawali mi za jej plecami dzikie znaki, żebym się pośpieszył. Pociąg zatrzymał się ze świszczącym zgrzytem metalowego triumfu.

– Więc słuchaj... musisz założyć opaskę i obiecać, że nie zdejmiesz jej, dopóki ci nie powiemy, że można.

– Ach, tak?

– No tak. – Wzruszyłem ramionami.

Przyjrzała mi się. Uważnie. Uśmiechnęła się do moich oczu. Uniosła brwi i skrzywiła usta, jakby się zastanawiała. W końcu kiwnęła głową.

– Dobrze. – Roześmiała się. – Zróbmy to.

Vikram przyskoczył z opaską i zawiązał jej oczy, dopytując się, czy nie za mocno. Pokierował ją krok lub dwa w stronę pociągu, a potem poprosił, żeby uniosła ręce nad głowę.

– Unieść ręce? Co, tak? Vikram, jeśli mnie połaskoczesz, gorzko pożałujesz!

Zza krawędzi dachu pociągu wyjrzeli jacyś mężczyźni. Leżeli na nim. Wyciągnęli ręce i chwycili dłonie Lettie, po czym bez trudu wciągnęli jej kruche ciało na dach. Lettie pisnęła, ale ten przeszywający dźwięk utonął w wizgu pociągowego gwizdka. Pociąg ruszył.

– Szybko! – krzyknął do mnie Vikram i wskoczył na schodki pociągu.

Spojrzałem na Didiera.

– Nie, mój przyjacielu! – zawołał. – To nie dla mnie. Ty idź! Pospiesz się!

Ruszyłem truchtem wraz z pociągiem; wspiąłem się po jego ścianie na dach, na którym siedziało z dziesięciu mężczyzn. Niektórzy byli muzykami. Skupieni razem, trzymali na kolanach table, cymbały, flety i tamburyny. Dalej znajdowała się druga grupa. Otoczyła Lettie, która nadal miała opaskę na oczach. Mężczyźni trzymali ją pod ręce – dwaj po bokach, jeden z tyłu – by była bezpieczna. Vikram klęczał przed nią. Słyszałem jego błagalny głos, pełznąc na czworakach w ich stronę.

– Daję ci słowo, Lettie, to naprawdę wielka niespodzianka.

– Niespodzianka, kurna, ja myślę! – krzyknęła. – Ale nawet nie w połowie taka, jak ta, co cię spotka, kiedy stąd zejdziemy, Vikramie cholerny Patelu!

– Siemka, Lettie! – zawołałem. – Świetny widok, co? A, wybacz. Zapomniałem, że nie widzisz. Ale jak już będziesz mogła, to zobaczysz świetny widok.

– To jakieś, kurna, szaleństwo! – wrzasnęła na mnie. – Powiedz tym draniom, żeby mnie puścili!

– To by nie było mądre – odezwał się Vikram. – Trzymają cię, żebyś nie spadła, *yaar*, albo nie wstała i nie zaczepiła głową o druty czy coś w tym rodzaju. Obiecuję, już tylko pół minuty i zrozumiesz, co się dzieje.

– Już ja dobrze rozumiem, nic się nie bój. Rozumiem, że jesteś już trupem, Vikram, tylko stąd zejdziemy. Równie dobrze już teraz możesz się rzucić pod pociąg! Jeśli ci się wydaje, że...

Vikram zdjął jej opaskę i zachłannie przyjrzał się jej minie, podczas gdy ona rozglądała się z dachu pędzącego pociągu. Usta same się jej otworzyły, a twarz powoli rozjaśniła się szerokim uśmiechem.

– Kurczę! Faktycznie... świetny widok!

– Patrz! – rozkazał Vikram i wskazał coś nad dachami wagonów. Nad torami, znacznie powyżej dachu pociągu, coś wisiało. To coś było rozpięte między słupami elektrycznymi. Ogromny transparent, wydęty wiatrem niczym żagiel. Na nim widniały słowa, które wkrótce stały się czytelne. Litery dorównywały wielkością wysokiemu mężczyźnie. Wypełniały transparent na całej szerokości:

LETITIO KOCHAM CIĘ

– Bałem się, że wstaniesz i zrobisz sobie krzywdę – wyjaśnił Vikram. – Dlatego ci panowie cię trzymali.

Nagle muzycy rozpoczęli dźwięczne, rytmiczne pierwsze takty popularnej piosenki miłosnej. Ich głosy poszybowały nad burzącymi krew dźwiękami tabli i łkaniem fletów. Vikram i Lettie spojrzeli na siebie i nie przestali patrzeć, kiedy pociąg zwolnił, zatrzymał się na stacji i znowu ruszył. W połowie drogi do następnej stacji pojawił się drugi transparent. Vikram z wysiłkiem przerwał kontakt wzrokowy i spojrzał przed siebie. Podążyła za jego spojrzeniem. Na napiętym białym materiale widniały słowa:

WYJDZIESZ ZA MNIE?

Przejechaliśmy pod napisem, prosto w łagodne popołudniowe światło. Lettie płakała. Oboje płakali. Vikram rzucił się ku niej i otoczył ją ramionami. Zaczęli się całować. Przez chwilę przyglądałem się im, a potem zwróciłem wzrok na muzyków. Wyszczerzyli do mnie zęby, zakołysali głowami i roześmiali się, nie przerywając śpiewu. Odtańczyłem dla nich krótki taniec zwycięstwa, a pociąg, trzęsąc się i jęcząc, wtoczył się na przedmieścia.

Wokół nas codziennie rodziły się miliony marzeń. Miliony marzeń ginęły i znowu się odradzały. To wilgotne powietrze było gęste od marzeń – w całym moim Mumbaju. Moje miasto było parną, płodną cieplarnią dla marzeń. Tutaj, na tym czerwonym od rdzy dachu pociągu, narodziło się nowe marzenie o miłości. A kiedy tak pędziliśmy przez to parne rozmarzone powietrze, pomyślałem o mojej rodzinie. I pomyślałem o Karli. I tańczyłem na tym stalowym wężu, który pełzł zawiłą trasą obok fal i bałwanów nieskończonego, wiecznego morza.

I choć Vikram i Lettie znikli na tydzień – ona przyjęła jego oświadczyny – w tłumie bywalców „Leopolda" utrzymały się wesołość i optymizm, całkiem podobne do szczęścia. Kiedy Vikram wreszcie powrócił, to pozytywne uczucie powitało go prawdziwą czułością. Abdullah i ja akurat skończyliśmy trening i kpiliśmy bezlitośnie z jego delirycznej, nieprzytomnej radości. A kiedy on bajdurzył o miłości, jedliśmy w skupieniu i zawzięcie. Didier triumfował, chełpił się triumfem swojego romantycznego planu i domagał się od wszystkich znajomych drobnych wyrazów uznania w postaci drinków.

Podniosłem głowę znad mojego jedzenia i ujrzałem chłopca, jednego z ulicznych naganiaczy, pracujących dla biznesmenów z czarnego rynku. Dawał mi gorączkowe znaki. Wstałem i wyszedłem na chodnik, żeby z nim porozmawiać.

– Lin! Masz wielkie kłopoty – rzucił szybko, nerwowo rozglądając się na boki. – Trzej mężczyźni. Afrykańczycy. Wielcy. Bardzo silni. Szukają cię. Chcą cię zabić.

– Zabić?

– Tak. Oczywiście. Lepiej uciekaj. Szybko wyjedź z Bombaju na jakiś czas!

Uciekł i zniknął mi w tłumie. Zaskoczony, lecz nie zaniepokojony wróciłem do stolika. Zdążyłem zjeść dwa kęsy, kiedy ktoś znowu wywołał mnie na ulicę. Tym razem był to George Bliźniak.

– Chyba ci się nie farci, staruszku – powiedział. Głos miał dziarski, ale minę pełną niepokoju i strachu.

– Aha.

– Jakieś trzy afrykańskie osiłki – chyba Nigeryjczycy – chcą ci wyrządzić poważne obrażenia fizyczne, jeśli mnie rozumiesz.

– Gdzie oni są?

– Nie wiem, brachu. Widziałem, jak rozmawiali z jednym chłopakiem z ulicy, ale potem zapakowali się do taksówki i pojechali. Cholernie wielkie byki, powiadam ci. Taksówka mało nie pękła. Prawie wystawali przez okna, wyczuwasz?

– Ale o co im chodzi?

– Pojęcia nie mam, brachu. Nic nie powiedzieli. Po prostu cię szukają i źle o tobie myślą. Na twoim miejscu, skarbie, bym się pilnował jak cholera.

Sięgnąłem do kieszeni, ale chwycił mnie za przegub.

– Nie, stary. Firma stawia. No wiesz, to nie fair, cokolwiek się dzieje.

Poczłapał za trójką niemieckich turystów, a ja wróciłem do restauracji. To drugie ostrzeżenie jednak mnie zaniepokoiło. Dłużej niż zwykle kończyłem posiłek. Wkrótce potem zjawił się trzeci gość, Prabaker.

– Lin! – zawołał w obłędem w oczach. – Mam złego wiadomościa!

– Wiem, Prabu.

– Trzej tacy, Afrykańcy, oni chcą ciebie pobić i zabić, i pobić. Wszędzie pytają. Takie wielkie osobistości! Jak bawoły! Musisz szczęśliwie ucieknąć!

Uspokajałem go przez pięć minut, a potem musiałem mu powierzyć jakąś misję – sprawdzenie, czy Afrykańczyków nie ma w dobrze mu znanych hotelach – żeby się go jakoś pozbyć. Kiedy znowu znalazłem się sam z Didierem, Vikramem i Abdullahem, zaczęliśmy się zastanawiać nad moimi szansami. Milczenie zaczęło się dłużyć. Pierwszy przerwał je Vikram.

– No dobra, więc znajdziemy dziadów i łby im porozwalamy, *yaar* – podsunął, wodząc wzrokiem od twarzy do twarzy w oczekiwaniu poparcia.

– Jak już ich zabijemy – dodał Abdullah.

Vikram zakołysał głową na boki na znak zgody.

– Dwie rzeczy wiemy na pewno – odezwał się powoli Didier. – Po pierwsze nie wolno cię zostawiać samego, Lin, o żadnej porze dnia i nocy, dopóki ta sprawa się nie rozstrzygnie.

Vikram i Abdullah przytaknęli.

– Wezwę Salmana i Sanjaya – zdecydował Abdullah. – Nie będziesz sam, Lin-bracie.

– I po drugie – ciągnął Didier – ci dwaj, nieważne, kim są i czym się kierują, nie mogą zostać w Bombaju. Trzeba się ich pozbyć – tak czy inaczej.

Wstaliśmy, żeby zapłacić rachunek i wyjść. Didier zatrzymał mnie, gdy chciałem z innymi podejść do kasy. Pociągnął mnie na krzesło obok siebie. Zsunął ze stołu serwetkę, przez chwilę pomanewrował pod stołem i podsunął mi zawiniątko. Był to pistolet. Nikt nie wiedział, że Didier nosi przy sobie broń. Byłem pewien, że ja zobaczyłem ją pierwszy. Chwyciłem ją mocno przez serwetkę, wstałem i dołączyłem do pozostałych, którzy już wychodzili. Kiedy jeszcze się odwróciłem, pokiwał mi poważnie głową; kędzierzawe czarne włosy zadrżały mu wokół twarzy.

Znaleźliśmy ich, ale zajęło nam to cały dzień i większą część nocy. W końcu to Hasan Obikwa, także Nigeryjczyk, naprowadził nas na ślad. Tamci byli turystami, zupełnie nowymi w mieście. Nie miał konkretnych informacji o ich motywie – to miało coś wspólnego z narkotykowymi interesami – ale jego sieć informatorów potwierdziła, że istotnie chcą mi wyrządzić krzywdę.

Kierowca Hasana, Rahim, niemal całkowicie wyleczony z obrażeń, których doznał w więzieniu, dowiedział się, że tamci zamieszkali w hotelu w rejonie Fortu. Zaproponował, że zajmie się tą sprawą. Czuł, że ma u mnie dług wdzięczności za wykupienie go z więzienia. Z przejęciem, niemal nieśmiało, zaproponował, że zabije tamtych powoli i boleśnie, w ramach osobistej przysługi. Wydawało mi się, że według niego jest to najskromniejsze z możliwych podziękowanie. Odmówiłem. Musiałem się dowiedzieć, o co chodzi, i jakoś to załatwić. Najwyraźniej zawiedziony Rahim pogodził się z moją decyzją i zaprowadził nas do hoteliku w Forcie. Zaczekał na zewnątrz przy naszych dwóch samochodach, a my weszliśmy do środka. Salman i Sanjay zostali z nim, obserwując ulicę. Ich zadaniem było powstrzymanie policjantów, gdyby się pojawili, albo zajęcie ich na tyle, byśmy mogli opuścić hotel.

Jeden z ludzi Abdullaha przemycił nas po cichu do pokoju sąsiadującego z tym zajętym przez trzech Afrykańczyków. Przyłożyliśmy uszy do ściany i wyraźnie usłyszeliśmy głosy. Tamci żartowali i rozmawiali o zwyczajnych, nieważnych sprawach. W końcu jeden powiedział coś, od czego skóra na mojej głowie i twarzy zesztywniała ze strachu.

– Ma taki medal – powiedział. – Na szyi. Ze złota. Chcę ten złoty medal.

– Te jego buty mi się podobają – dodał drugi głos. – Ja biorę buty.

Zaczęli rozmawiać o planie. Trochę się kłócili. Jeden miał największą siłę przekonywania. W końcu pozostali zgodzili się, żeby mnie śledzić, kiedy będę wracał z „Leopolda", aż do spokojnego parkingu przy moim domu, gdzie mieli mnie pobić na śmierć i rozebrać moje zwłoki.

To było dziwaczne – stać w ciemnościach i słuchać, w jaki sposób zginę. Żołądek zwijał mi się w bolesnym, mdlącym gniewie. Miałem nadzieję, że usłyszę coś, co mi rozjaśni w głowie, jakąś aluzję do ich motywów, ale się nie doczekałem. Abdullah nasłuchiwał z lewym uchem przy cienkiej ściance, ja – z prawym. Nasze twarze były oddalone na szerokość ręki. Sygnał do ataku – ruch głowy – był tak delikatny i nieznaczny, jakbyśmy przesłali go sobie myślami.

Vikram, Abdullah i ja stanęliśmy przed drzwiami do ich pokoju, z uniwersalnym kluczem zawieszonym nad zamkiem. Zaczęliśmy odliczać: trzy... dwa... jeden... a potem przekręciłem klucz i nacisnąłem klamkę. Nie były zabarykadowane. Cofnąłem się i otworzyłem je kopniakiem. Nastąpiła sekunda, trzy sekundy całkowitej ciszy, a tamci, zaskoczeni i przestraszeni, gapili się na nas wytrzeszczonymi oczami. Najbliżej stał wysoki, bardzo masywny mężczyzna o łysej głowie i grubych bliznach, znaczących jego policzki regularnym wzorem. Miał na sobie podkoszulek i bokserki. Za jego plecami stał nieco niższy facet w samych szortach. Pochylał się nad sięgającą mu do pasa komodą, przyłapany w trakcie wciągania kreski kokainy. Trzeci był jeszcze niższy, ale bardzo szeroki w piersi i barach. Leżał na łóżku, w najdalszym kącie pokoju, i czytał „Playboya". W pokoju unosił się mocny odór. Odór potu i strachu. W sporej części mojego.

Abdullah zamknął za sobą drzwi, bardzo powoli i delikatnie, i przekręcił klucz. Był ubrany na czarno – niemal zawsze nosił czarne koszule i spodnie. Vikram miał na sobie czarny kowbojski przyodziewek. Przypadkiem i ja włożyłem dziś czarny podkoszulek i spodnie. Pewnie wyglądaliśmy jak z jakiegoś klubu albo gangu.

– Co, do kurwy... – zaczął ten wielki.

Rzuciłem się na niego i walnąłem go pięścią w usta, ale zdążył jeszcze podnieść ręce. Chwyciliśmy się nawzajem, wymachując pięściami, zwarliśmy się mocno.

Vikram skoczył na mężczyznę leżącego na łóżku. Abdullah zaatakował tego przy komodzie. Walka była krótka i brzydka. Było nas sześciu – sześciu potężnych facetów w małym pokoju. Nie mieliśmy pola manewru, mogliśmy tylko zewrzeć się ze sobą.

Abdullah wykończył swojego szybko. Usłyszałem wrzask przerażenia, urwany w pół, gdy Abdullah kantem dłoni zmiażdżył mu krtań. Kątem oka widziałem padającą wielką bryłę cielska, i ręce wczepione w gardło. Mężczyzna na łóżku wskoczył na nie i wierzgnął nogą, usiłując wykorzystać przewagę wyższego miejsca. Abdullah i Vikram przechylili łóżko; tamten stracił równowagę i upadł. Skoczyli na przewrócone łóżko, spadli na niego, depcząc i kopiąc, aż przestał się ruszać.

Ja trzymałem swojego lewą ręką za ramiączko podkoszulka, a prawą pięścią tłukłem raz za razem. Jakby nie zauważał ciosów w głowę; zdołał zacisnąć ręce na mojej szyi. Dusił mnie. Odciął mi dopływ powietrza; wiedziałem, że tlen, który zatrzymałem w płucach, musi mi wystarczyć, dopóki go nie wykończę. Rozpaczliwie sięgnąłem prawą ręką do jego twarzy. Kciukiem odnalazłem jego oko. Usiłowałem wcisnąć je w głąb czaszki, ale odsunął głowę i palec wśliznął się między oko i twardy występ kości skroniowej. Wbiłem kciuk mocniej i wyrwałem oko z oczodołu; zawisło na zakrwawionych strzępach. Usiłowałem je dosięgnąć, wyrwać, ale odsunął się najdalej, jak mógł. Oko przetaczało mu się po policzku, a ja uderzyłem go pięścią w głowę, starając się roztrzaskać mu czaszkę.

Był twardy. Nie poddał się. Dusił mnie coraz mocniej. Ja też miałem twardy kark i dobrze wyrobione mięśnie, ale czułem, że starczy mu sił, żeby mnie zabić. Moje ręce sięgnęły na oślep do kieszeni. Musiałem go zastrzelić. Tak być powinno. Było mi już wszystko jedno. Skończyło mi się powietrze, a w moim mózgu wybuchały mandelbrotowskie wiry kolorowych świateł. Umierałem i chciałem go zabić.

Vikram rozbił masywny drewniany stołek o potylicę olbrzyma. Ogłuszenie człowieka nie jest takie łatwe, jak to pokazują na filmach. Trzeba bardzo dobrze trafić, żeby załatwić to za jednym razem; ja obrywałem już żelaznymi prętami, kłodami drewna, ciężkimi buciorami i pięściami jak bochny, a tylko raz w życiu zaliczyłem nokaut. Vikram uderzył ciężkim stołkiem pięć razy w głowę mojego przeciwnika, ze wszystkich sił, zanim pod tamtym wreszcie ugięły się nogi. Upadł, bezradny i oszołomiony. Jego potylica wyglądała jak miazga. Wiedziałem, że czaszkę ma na pewno pękniętą w kilku miejscach. A jednak jakimś cudem pozostał przytomny.

Pracowaliśmy nad nimi przez pół godziny, przezwyciężając początkową niechęć do rozmowy. Dołączył do nas Rahim, mówiący zarówno po angielsku, jak i nigeryjskim dialektem, którym się posługiwali. Z paszportów dowiedzieliśmy się, kim są – obywatelami Nigerii z wizami turystycznymi. Ich portfele i bagaż zdradziły, że przed przybyciem do Bombaju zatrzymali się w Lagos. Stopniowo historia układała się w całość. To byli płatni mordercy, zawodowcy, których wynajął pewien gangster z Lagos, by mnie ukarać za niepowodzenie w sprzedaży dużej ilości tabletek mandraksu i heroiny. Chodziło o sześćdziesiąt tysięcy dolarów – te pieniądze ich zleceniodawca stracił w Bombaju. Człowiek, który go naciągnął, kimkolwiek był, oznajmił, że to ja jestem mózgiem planu, odpowiedzialnym za grabież pieniędzy.

Wynajęci mordercy wyjawili nam te informacje, ale potem się zacięli. Nie chcieli wyjawić nazwiska zleceniodawcy. Nie chcieli powiedzieć, kto mnie wrobił. Nie chcieli go zdradzić bez zezwolenia zleceniodawcy z Nigerii. Mimo to nalegaliśmy i po jakimś czasie ulegli perswazji. Wrobił mnie Maurizio Belcane.

Włożyłem oko olbrzyma z powrotem do oczodołu, ale odwróciło się pod dziwnym kątem. Z tego, jak przekrzywiał głowę, żeby na mnie spojrzeć, wywnioskowałem, że już nigdy nie będzie się nadawało do użytku. Zakleiliśmy mu oko przylepcem, obandażowaliśmy głowę i doprowadziliśmy pozostałych do porządku. Potem do nich przemówiłem.

– Ci panowie zawiozą was na lotnisko. Zaczekacie na parkingu. Jutro rano jest samolot do Lagos. Wsiądziecie na jego pokład. Kupimy wam bilety, za wasze pieniądze. I chcę postawić sprawę jasno – ja z tym nie miałem nic wspólnego. To nie wasza wina, tylko Maurizia, ale wcale mi przez to nie jest lepiej. Maurizio zapłaci za to, że robi mi koło pióra. Teraz to już moja sprawa. Możecie wracać do szefa i powiedzieć, że Maurizio dostanie, na co zasłużył. Ale jeśli tu kiedykolwiek wrócicie, zabijemy was. Rozumiecie? Jeśli wrócicie do Bombaju, zginiecie.

– Właśnie, kurwa, zrozumiano? – ryknął Vikram i kopnął jednego. – Jak tu wrócicie, to wam przypieprzą, kurwa, Hindusi, wy jebane pojebańce! W Indiach nie ma już dla was życia! Jak tu wrócicie, to osobiście utnę wam jaja! Widzicie mój kapelusz? Widzicie tę plamę na moim pieprzonym kapeluszu, wy pieprzone *bahinchhudy*? Zabrudziliście mi kapelusz! Nie zaczyna się z Hindusem w kapeluszu! Nie zaczyna się z Hindusem, nawet gdy nie ma kapelusza! Nigdy! A zwłaszcza jeśli ma kapelusz!

Zostawiłem ich i taksówką pojechałem do nowego mieszkania Ulli. Ona jedna mogła wiedzieć, gdzie jest Maurizio. Miałem obolałą krtań i ledwie wydobywałem z siebie głos. Myślałem tylko o broni w mojej kieszeni. Wydawało mi się, że nabrała gigantycznych rozmiarów, tak że prążkowanie na rękojeści stało się ogromne jak wzór na pniu dębu korkowego. To był walther P38, jeden z najlepszych półautomatycznych pistoletów świata. Strzelało się z niego pociskami dziewięciomilimetrowymi, w magazynku mieściło się ich osiem, a w myślach wszystkie władowałem w Maurizia. Mamrotałem pod nosem jego imię, „Maurizio, Maurizio", a głos w mojej głowie, głos znany mi bardzo dobrze, powtarzał: „Pozbądź się tej broni, zanim się z nim spotkasz"...

Załomotałem w drzwi mieszkania, a kiedy otworzyła mi Lisa, minąłem ją bez słowa i znalazłem Ullę, siedzącą na kanapie w salonie. Płakała. Na mój widok podniosła głowę. Lewe oko miała podbite, jakby ktoś ją uderzył.

– Maurizio! – rzuciłem. – Gdzie jest?

– Lin, nie mogę – wyłkała. – Modena...

– Nie ciekawi mnie Modena, pytam o Maurizia. Gdzie jest, mów!

Lisa dotknęła mojego ramienia. Odwróciłem się i dopiero teraz zauważyłem, że trzyma duży kuchenny nóż. Głową skinęła w stronę najbliższej sypialni. Spojrzałem na Ullę, a potem na Lisę, która powoli przytaknęła.

Ukrywał się w garderobie. Kiedy go wywlokłem na zewnątrz, zaczął mnie błagać i skomleć, żebym nie robił mu krzywdy. Chwyciłem go za pasek spodni i wypchnąłem z mieszkania. Krzyczał o pomoc, więc uderzyłem go pistoletem w twarz. Znowu wrzasnął i znowu go uderzyłem, dużo mocniej. Usta mu się otworzyły, chciał wrzasnąć jeszcze raz, ale zdzieliłem go bronią w czubek głowy. To go uspokoiło.

– Masz szczęście – warknęła do niego Lisa, pokazując mu nóż – że nie władowałam ci tego w brzuch, ty sukinsynu. Jeśli znowu ją uderzysz, zabiję cię!

– Czego tu chciał? – spytałem.

– Chodzi o pieniądze. Ma je Modena. Ulla zadzwoniła do Maurizia...

Urwała, wstrząśnięta moim wściekłym spojrzeniem, które rzuciłem Ulli.

– Wiem, wiem, miała do nikogo nie dzwonić. Ale zadzwoniła i powiedziała o tym mieszkaniu. Miała się z nimi tu spotkać, dziś wieczorem. Ale Modena się nie pojawił. To nie jej wina, Lin. Ona nie wiedziała, że Maurizio cię wrobił. Powiedział jej o tym przed chwilą. Powiedział, że podał twoje nazwisko jakimś nigeryjskim bandytom. Wrobił cię, żeby ratować skórę. Powiedział, że pieniądze są mu potrzebne na wyjazd, bo jak już z tobą skończą, zaczną szukać jego. Ten bohater usiłował zmusić ją biciem, żeby powiedziała, gdzie jest Modena. I wtedy się zjawiłeś.

– Gdzie pieniądze? – spytałem Ullę.

– Nie wiem! – krzyknęła. – Pieprzyć pieniądze! Przede wszystkim wcale ich nie chcę! Modena wstydził się, że pracuję. On nie rozumie. A ja wolę pracować na ulicy i dbać o jego bezpieczeństwo, niż gdyby miało dojść do czegoś szalonego. On mnie kocha. Kocha mnie! Nie miał nic wspólnego z tobą i Nigeryjczykami, przysięgam. To był pomysł Maurizia. To się ciągnie już od tygodni. Dlatego tak się bałam. A dziś wieczorem Modena zdobył te pieniądze, które Maurizio ukradł tym Afrykańczykom, i ukrył je. Zrobił to dla mnie. On mnie kocha, Lin. Modena mnie kocha.

Reszta utonęła w histerycznym szlochu. Odwróciłem się do Lisy.

– Zabieram go ze sobą.

– Dobrze – warknęła.

– Poradzicie sobie?

– Jasne.

– Macie pieniądze?

– Tak. Nie martw się.

– Spróbuję przysłać tu Abdullaha. Zamknijcie się na klucz i nie otwierajcie nikomu oprócz nas, dobra?

– Pewnie. – Uśmiechnęła się. – Dzięki, Gilbert. Już drugi raz przybywasz mi z odsieczą.

– Zapomnij.

– Nie, nie zapomnę – powiedziała, zamykając drzwi za nami.

Chciałbym powiedzieć, że go nie uderzyłem. Był duży i silny na tyle, żeby się bronić, ale nie miał drygu do walki i pobicie go nie było żadną sztuką. Nie walczył, nawet się nie opierał. Skomlał, płakał i krzyczał. Żałuję, że nie mogę opowiedzieć, jak to surowa sprawiedliwość i słuszna zemsta za całe zło, które mi wyrządził, sprawiły, że go pobiłem. Ale nie jestem tego pewien. Nawet teraz, gdy upłynęło wiele lat, nie jestem pewien, czy nie kierowałem się czymś bardziej mrocznym, głębiej ukrytym i o wiele mniej usprawiedliwionym niż pragnienie rewanżu. Prawda wyglądała tak, że od dawna byłem o niego zazdrosny. I coś – jakaś drobna, ale straszna cząstka mojego serca – kazało mi pobić Maurizia za jego urodę, nie tylko zdradę.

Oczywiście powinienem go zabić. Kiedy go porzuciłem, zakrwawionego i połamanego, w pobliżu szpitala Świętego Jerzego, jakiś ostrzegawczy głos wewnętrzny szepnął, że sprawa na tym się nie skończy. I nawet się zawahałem, stojąc nad jego ciałem – ale nie potrafiłem odebrać mu życia. Kiedy błagał, żebym przestał go bić, powiedział coś, co powstrzymało moją rękę. Powiedział, że podał moje nazwisko, że rzucił na pastwę morderców akurat mnie, bo był o mnie zazdrosny. O moją pewność siebie, siłę i przyjaźń. On zazdrościł mnie! I z tej zazdrości mnie znienawidził. Czyli jednak nie różniliśmy się tak bardzo.

Nie zapomniałem o tym także następnego dnia, kiedy Nigeryjczycy już znikli z miasta, a ja poszedłem do „Leopolda", by oddać Didierowi broń. Nie zapomniałem i wciąż byłem otępiały z gniewu i żalu, gdy na dworze spotkałem czekającego na mnie Johnny'ego Cygaro. Nie zapomniałem, kiedy z wysiłkiem starałem się skupić uwagę i zrozumieć, co do mnie mówi.

– Jest bardzo źle – powiedział. – Anand Rao zabił dziś rano Raszida. Poderżnął mu gardło. To pierwszy raz, Lin.

Wiedziałem, o co mu chodzi. To było pierwsze morderstwo w naszych slumsach. Po raz pierwszy mieszkaniec slumsów zabił swojego sąsiada. Na tym małym spłachetku ziemi przy Cuffe Parade mieszkało dwadzieścia pięć tysięcy osób, które nieustannie się ze sobą kłóciły i walczyły, ale nikt nigdy nikogo nie zabił. I w tej chwili osłupienia nagle przypomniałem sobie Madżida. Jego także zamordowano. Jakoś zdołałem wypchnąć ze świadomości myśl o jego śmierci, ale z wolna, systematycznie przegryzała się przez wszystkie zapory. I w końcu się wyzwoliła – na wieść o śmierci Raszida. A śmierć starego przemytnika, mafijnego giganta – zarżniętego jak zwierzę, powiedział Ghani – zmieszała się z krwią na rękach Ananda. Ananda, którego imię znaczyło „szczęśliwy". Ananda, który usiłował ze mną porozmawiać i o wszystkim opowiedzieć, który tamtego dnia zwrócił się do mnie o pomoc, ale jej nie otrzymał.

Zakryłem twarz rękami, przesunąłem nimi po włosach. Ulica wokół nas była rojna i barwna jak zawsze. Tłum w „Leopoldzie" śmiał się, rozmawiał i pił jak zawsze. Ale coś w świecie znanym mnie i Johnny'emu uległo zmianie. Straciliśmy niewinność i nic już nie mogło być takie jak kiedyś. Te słowa powtarzały się bez końca w mojej głowie. Nic już nie będzie takie jak kiedyś... Nic już nie będzie takie jak kiedyś...

A przed oczami mignęła mi wizja, coś jakby pocztówka, jaką wysyła nam Przeznaczenie. W tej wizji chodziło o śmierć. I o szaleństwo. I strach. Ale kontury były nieostre, nie widziałem szczegółów. Nie wiedziałem, czy śmierć i szaleństwo przytrafią się mnie, czy ludziom wokół mnie. I właściwie mnie to nie obchodziło. Przyznaję to ze wstydem i gniewem – ale tak było. Zamrugałem oczami, oczyściłem opuchnięte gardło i wszedłem w gwar, śmiech i światło.

CZĘŚĆ CZWARTA

ROZDZIAŁ 26

– Hindusi to Włosi Azji – oznajmił Didier z wszechwiedzącym i łotrzykowskim uśmiechem. – Oczywiście równie dobrze można by powiedzieć, że Włosi są Hindusami Europy, ale myślę, że mnie rozumiesz. Hindusi mają w sobie wiele z Włochów, a Włosi wiele z Hindusów. Oba narody czczą Madonnę – domagają się bogini, choć religia im jej nie dostarczyła. Każdy mężczyzna w obu tych krajach śpiewa, gdy jest szczęśliwy, a każda kobieta tańczy, choćby szła tylko do sklepiku na rogu. Dla nich jedzenie jest muzyką dla ciała, a muzyka pożywieniem dla serca. Język Indii i Włoch z każdego uczyni poetę i robi coś pięknego z *banalité*. To narody, gdzie miłość – *amore, pyaar* – czyni rycerza z ulicznego bandyty i księżniczkę z wieśniaczki, choćby tylko przez tę sekundę, kiedy zaglądają ci w oczy. To tajemnica mojej miłości do Indii – ponieważ pierwszą wielką miłość przeżyłem we Włoszech.

– Gdzie się urodziłeś?

– Moje ciało przyszło na świat w Marsylii, lecz serce i dusza urodziły się szesnaście lat później w Genewie.

Pochwycił spojrzenie kelnera i leniwie skinął dłonią, zamawiając kolejnego drinka. Ledwie upił łyk ze stojącej przed nim szklaneczki, więc wywnioskowałem z tego, że szykuje się dłuższy wykład. Była pochmurna środa, od południa upłynęły dwie godziny, a od Nocy Zabójców – trzy miesiące. Do pierwszych monsunowych deszczów został jeszcze mniej więcej tydzień, ale już czuło się jakieś wyczekiwanie, napięcie, które rosło z każdym uderzeniem serca tego miasta. Tak jakby pod murami zgromadziła się ogromna armia gotująca się do druzgocącego najazdu. Lubiłem ten ostatni tydzień przed porą monsunową; to napięcie i podniecenie, które dostrzegałem u innych, było jak zwinięty w ścisły zwój emocjonalny niepokój, który ja odczuwałem niemal bez przerwy.

– Moja matka była kobietą delikatną i piękną, czego dowodzą jej zdjęcia – ciągnął Didier. – Kiedy przyszedłem na świat, miała zaledwie osiemnaście lat, a niespełna dwadzieścia, gdy umarła. Zabrała ją influenca. Ale krążyły też plotki – okrutne plotki, które słyszałem wielokrotnie – że mój ojciec ją zaniedbywał i był zbyt wielkim, jak to nazywają, liczykrupą, żeby płacić doktorom. W każdym razie umarła, zanim skończyłem dwa lata, i nie pamiętam jej.

Ojciec uczył chemii i matematyki. Był o wiele starszy od matki. Kiedy poszedłem do szkoły, ojciec był jej dyrektorem. Mówiono mi, że jest genialny, ale Żyd musi być geniuszem, żeby awansować do rangi kierownika francuskiej szkoły.

Racisme, antysemityzm w Marsylii i jej okolicach był w tamtych czasach, tak niedługo po wojnie, jak choroba. Był wyrzutem sumienia, który ich chyba dręczył. Ojciec był uparty – jest to ten rodzaj uporu, który umożliwia człowiekowi bycie matematykiem, nieprawdaż? Być może sama matematyka jest rodzajem uporu, jak sądzisz?

– Być może – powiedziałem z uśmiechem. – Nigdy o tym w ten sposób nie myślałem, ale możesz mieć rację.

– *Alors*, ojciec wrócił po wojnie do Marsylii, do tego samego domu, z którego go wypędzono, kiedy w mieście zaczęli rządzić antysemici. Walczył w ruchu oporu, odniósł ranę podczas bezpośredniego starcia z Niemcami. Z tego powodu nikt się nie ośmielał występować przeciwko niemu. Przynajmniej jawnie. Ale jestem pewien, że jego żydowskie rysy, żydowska duma i piękna młoda Żydówka, którą pojął za żonę, przypominały zacnym obywatelom Marsylii o tysiącach francuskich Żydów, których zdradzono i wysłano na śmierć. Dla niego była to zemsta na zimno – powrót do tego domu, z którego go wypędzono, i do społeczności, która go zdradziła. I ten chłód chyba opanował jego serce po śmierci mojej matki. Nawet jego dotyk, teraz to sobie uświadamiam, był zimny. Nawet jego ręka, kiedy mnie dotykał.

Zamilkł i pociągnął łyk ze szklaneczki. Odstawił ją powoli i dokładnie w precyzyjne mokre kółeczko na blacie przed nim.

– Zatem był geniuszem – ciągnął, spoglądając mi w oczy z pospiesznie przywołanym uśmiechem. – I, z jednym wyjątkiem, genialnym pedagogiem. Tym wyjątkiem byłem ja – jego jedyna porażka. Nie miałem głowy do nauk ścisłych i matematyki. Były to języki, których nie potrafiłem zrozumieć i opanować. Ojciec reagował na moją głupotę brutalnością. Jego zimna ręka wydawała się mnie, dziecku, tak wielka, że kiedy mnie bił, ta gigantyczna twarda dłoń i pręty palców wstrząsały i siniaczyły całe moje ciało. Bałem się go i wstydziłem moich szkolnych porażek, więc bardzo często wagarowałem i wpadłem w złe towarzystwo. Zanim skończyłem trzynaście lat, wiele razy bywałem w sądzie i odsiedziałem dwa lata w poprawczaku. Jako szesnastolatek odszedłem na zawsze z domu ojca, z jego miasta i kraju.

Przypadkiem trafiłem do Genewy. Byłeś w Genewie? Zapewniam cię, to klejnot w koronie Wybrzeża Liguryjskiego. Pewnego dnia, na genewskiej plaży, poznałem mężczyznę, który otworzył mnie na wszystkie dobre i piękne sprawy tego świata. Nazywał się Rinaldo. Miał czterdzieści osiem lat, a ja szesnaście. Jego rodzina posiadała jakiś stary tytuł, szlacheckie pochodzenie udokumentowane aż do czasów Kolumba. Ale on mieszkał we wspaniałym domu na klifie, bez żadnych pretensji do swojej pozycji. Był naukowcem, jedynym prawdziwym znanym mi człowiekiem renesansu. Nauczył mnie tajników czasów starożytnych, historii sztuki, muzyki poezji i poezji muzyki. Był także piękny. Miał srebrnobiałe włosy, jakby księżyc w pełni, a jego bardzo smutne oczy były szare. W przeciwieństwie do brutalnych rąk mojego ojca i ich przejmującego zimnem dotyku dłonie Rinalda były smukłe, ciepłe, wyraziste i obdarzające czułością przy każdym dotyku. Nauczyłem się, czym jest miłość, duchowa i cielesna, i w jego ramionach urodziłem się naprawdę.

Rozkaszlał się i usiłował oczyścić gardło, ale kaszel zmienił się w bolesne, szarpiące rzężenie.

– Musisz rzucić palenie i picie, Didier. I od czasu do czasu trochę potrenować.

– Proszę cię! – Wzdrygnął się, zgniótł papierosa i wygrzebał następnego z paczki. Spazm minął. – Nie ma nic bardziej przygnębiającego od dobrej rady i byłbym ci wdzięczny, gdybyś mnie nimi nie prześladował. Szczerze mówiąc, jestem wstrząśnięty. Z pewnością o tym wiesz. Parę lat temu potraktowano mnie tak obraźliwie dobrą radą, że potem przez pół roku miałem depresję. Niewiele brakowało, a nigdy bym nie doszedł do siebie.

– Przepraszam. – Uśmiechnąłem się. – Nie wiem, co mnie napadło.

– Wybaczam – oznajmił, prychnął i jednym łykiem osuszył szklaneczkę whisky w chwili, gdy kelner przyniósł następną.

– Wiesz – powiedziałem karcąco – Karla twierdzi, że depresja spotyka tylko tych, którzy nie potrafią być smutni.

– Więc się myli! Jestem ekspertem od *tristesse*. To idealna, wyłącznie ludzka właściwość. Wiele zwierząt potrafi wyrażać radość, lecz tylko ludzkie zwierzę ma dość geniuszu, by wyrazić wspaniały smutek. A dla mnie to coś wyjątkowego, jak codzienna medytacja. Smutek to moja jedyna sztuka.

Przez chwilę chmurzył się, zbyt rozdrażniony, by mówić dalej, ale potem podniósł na mnie wzrok i parsknął głośnym śmiechem.

– Odzywała się? – spytał.

– Nie.

– Ale wiesz, gdzie jest?

– Nie.

– Wyjechała z Goa?

– Poprosiłem gościa, którego tam poznałem, Dashranta – ma knajpę na plaży, gdzie mieszkała – żeby miał na nią oko i dopilnował, żeby nie działa się jej jakaś krzywda. W zeszłym tygodniu zadzwoniłem do niego i powiedział, że wyjechała. Usiłował ją przekonać, żeby została, ale ona... no wiesz.

Didier wydął usta w zamyśleniu. Obaj przyglądaliśmy się burzliwej, ruchliwej, kipiącej ulicy o dwa metry od nas, za szerokim wejściem „Leopolda".

– *Eh bien*, nie martw się Karlą – powiedział w końcu. – Przynajmniej ma dobrą ochronę.

Założyłem, że Didier chce powiedzieć, iż Karla potrafi o siebie zadbać i, być może, że urodziła się pod szczęśliwą gwiazdą. Myliłem się. W tej uwadze było coś więcej. Oczywiście powinienem go spytać, co ma na myśli. Przez długie lata od tej rozmowy tysiące razy zadawałem sobie pytanie, jak by się potoczyło moje życie, gdybym wtedy spytał, co ma znaczyć ta uwaga. Tymczasem, z głową pełną rojeń i sercem pełnym dumy, zmieniłem temat.

– Więc... co było dalej?

– Dalej? – spytał ze zdziwieniem.

– Z tobą i Rinaldem z Genewy.

– A, tak. On kochał mnie, a ja jego, to prawda, ale popełnił błąd w ocenie. Poddał moją miłość próbie. Pozwolił mi odkryć, gdzie trzyma duże zapasy gotówki. Nie potrafiłem się oprzeć tej podsuniętej mi pokusie. Zabrałem pieniądze i uciekłem. Kochałem go, ale zabrałem pieniądze i uciekłem. Pomimo całej swej mądrości nie wiedział, że miłości nie można wystawiać na próbę. Można to robić z uczciwością i lojalnością. Ale nie istnieje próba miłości. Miłość trwa wiecznie, jeśli się pojawi, nawet gdy zaczynamy nienawidzić kochanej osoby. Miłość trwa wiecznie, bo miłość rodzi się w tej naszej cząstce, która nigdy nie umiera.

– Spotkałeś się z nim jeszcze?

– Tak. Tak, spotkałem go. Po niespełna piętnastu latach kolejne zawirowanie losu rzuciło mnie znów do Genewy. Szedłem tym samym piaszczystym bulwarem, gdzie uczył mnie czytać Rimbauda i Verlaine'a. I wtedy go zobaczyłem. Siedział wśród swoich rówieśników – był wówczas po sześćdziesiątce – i przyglądał się dwóm starszym panom, którzy grali w szachy. Miał na sobie szary kardigan i czarny aksamitny szalik, choć nie było zimno. Niemal zupełnie wyłysiał. Ta srebrna czupryna... przepadła. Twarz miał zapadniętą, a skórę zabarwioną kompozycją przykrych kolorów, jakby dochodził do zdrowia po poważnej chorobie. A może raczej na nią zapadał. Nie wiem. Minąłem go, odwracając spojrzenie, żeby mnie nie rozpoznał. Nawet zacząłem się dziwnie garbić, żeby nie przypominać samego siebie. W ostatniej chwili zerknąłem na niego i zobaczyłem, że kaszle gwałtownie w białą chusteczkę. Ta biała chusteczka była chyba zakrwawiona. Szedłem coraz szybciej i szybciej, aż w końcu rzuciłem się do ucieczki z pośpiechem człowieka ściganego przez upiory.

Znowu zamilkliśmy, patrząc na przepływające tłumy, śledząc spojrzeniem to mężczyznę w niebieskim turbanie, to kobietę w czadorze.

– Wiesz, Lin, żyłem w sposób, który wielu – może wszyscy – nazwałoby nikczemnym. Dopuszczałem się uczynków, za które mogłem wylądować za kratkami, a w niektórych krajach stanąć przed katem. Popełniłem wiele czynów, z których, muszę przyznać, nie jestem dumny. Ale tylko jednej jedynej rzeczy w całym moim życiu szczerze się wstydzę. Minąłem pospiesznie wielkiego człowieka, a miałem wtedy dość pieniędzy i sił, żeby mu pomóc. Minąłem go pospiesznie nie dlatego, że wstydziłem się tamtej kradzieży. I nie ze strachu przed jego chorobą czy ciężarem, którym mogłaby dla mnie być. Ominąłem tego dobrego i wybitnego człowieka, który mnie kochał i nauczył kochać tylko dlatego, że był stary... że nie był już piękny.

Osuszył szklaneczkę, przez chwilę oceniał jej pustkę, a potem odstawił na stół tak delikatnie i ostrożnie, jakby groziła wybuchem.

– *Merde!* Napijmy się, przyjacielu! – zawołał w końcu, ale chwyciłem go za ręce i nie pozwoliłem wezwać kelnera.

– Nie mogę, Didier. Muszę się spotkać z Lisą w Sea Rock. Poprosiła mnie o to spotkanie. Strasznie mi się nie chce, ale muszę.

Zgrzył coś mocno – może jakąś prośbę albo kolejne wyzwanie. Ciągle trzymałem go za ręce.

– Słuchaj, pojedź ze mną, jeśli masz ochotę. To nie jest spotkanie prywatne. Zrobimy sobie miłą wycieczkę do Juhu.

Uśmiechnął się powoli i wyzwolił dłonie. Nadal patrząc mi w oczy, uniósł jeden palec. Do stolika podszedł kelner. Didier zamówił kolejną whisky, nie patrząc na niego. Kiedy zapłaciłem rachunek i wyszedłem na ulicę, znowu się rozkaszlał, osłaniając usta jedną ręką, a drugą ściskając szklaneczkę.

Miesiąc temu kupiłem motocykl, enfielda bulleta. Smak tej jednośladowej adrenaliny, który poznałem w Goa, dręczył mnie tak długo, że wreszcie się poddałem i poszedłem z Abdullahem do mechanika, który zajmował się jego motocyklem. Ten mechanik, Tamil o imieniu Husajn, kochał motocykle i niemal równie wielką miłością darzył Abdullaha. Sprzedał mi enfielda w idealnym stanie, który ani razu mnie nie zawiódł. Vikram był nim tak zachwycony, że niespełna tydzień później także kupił motocykl u Husajna. Czasami wybieraliśmy się razem, Abdullah, Vikram i ja, na trzech motocyklach, ramię w ramię, ze słońcem świecącym nam w roześmiane twarze.

Tego popołudnia, kiedy zostawiłem Didiera w „Leopoldzie", jechałem powoli, by dać myślom czas i przestrzeń. Karla znikła z domku na plaży Anjuna. Nie miałem pojęcia, gdzie jej szukać. Ulla powiedziała, że Karla przestała do niej pisać, a nie miałem podstaw przypuszczać, że kłamie. Karla znikła bez śladu. Codziennie budziłem się z myślą lub marzeniem o niej. Codziennie zasypiałem z nożem żalu w piersi.

Po drodze moje myśli poszybowały ku Kadirbajowi. Wydawał się zadowolony z mojej niszowej działalności w jego mafijnej siatce. Nadzorowałem drogę przemycanego złota przez miejscowe i międzynarodowe lotniska, wymianę gotówki z naszymi agentami w pięciogwiazdkowych hotelach i biurach podróży, a także skup paszportów od cudzoziemców. Były to zadania, w których *gora* sprawdzał się lepiej od Hindusów. Fakt, że rzucam się w oczy, był przedziwną i ironiczną formą kamuflażu. Cudzoziemcy zwracali na siebie w Indiach baczną uwagę. Na którymś etapie swojej pięcio- lub więcejtysiącletniej historii, ta społeczność postanowiła się rozstać z ukradkowymi, dyskretnymi zerknięciami. Kiedy przyjechałem do Bombaju, rodzaje kontaktu wzrokowego były różnorodne: od świdrującego spojrzenia po wybałuszone, zachłanne gapienie się. Nie było w tym nic złośliwego. Wlepione we mnie oczy, które śledziły każdy mój ruch, były niewinne, zaciekawione i niemal zawsze przyjazne. A ta intensywna badawczość miała swoje plusy; ludzi przeważnie frapował mój wygląd, nie zachowanie. Cudzoziemcy byli tak często widywani, że stali się niewidzialni. Wędrowałem po biurach podróży i eleganckich hotelach, po lotniskach i firmach, śledzony na każdym kroku spojrzeniami, które widziały mnie, a nie przestępstwa, które popełniałem w służbie wielkiego Chana.

Minąłem meczet Hadżdżi Ali, przyspieszyłem i włączyłem się w szeroki strumień popołudniowego ruchu, a po drodze zastanawiałem się, dlaczego Abd al-Kadir Chan nigdy nie wspominał o zabójstwie jego przyjaciela i wspólnika Madżida. Ciągle mnie to niepokoiło i chciałem go o to spytać, ale kiedy raz o nim wspomniałem, tuż po morderstwie, Chan był tak zdruzgotany, że zmieniłem temat. Dni zmieniły się w tygodnie, tygodnie w miesiące milczenia, a ja czułem, że nie mogę poruszyć tego tematu podczas naszych rozmów. Tak jakbym to ja chciał go zachować w tajemnicy; i choć w głowie roiło mi się od myśli o tym morderstwie, nigdy ich nie wyjawiłem Kadirowi. Rozmawialiśmy o interesach albo o filozofii. I podczas naszych długich rozmów w końcu odpowiedział na moje wielkie pytanie. Pamiętam to ożywienie, które odbiło się w jego oczach, i być może także dumę, kiedy udowodniłem, że zrozumiałem jego naukę. A tamtego dnia, gdy po wyznaniu Didiera odjechałem z „Leopolda" na spotkanie z Lisą, pamiętałem każde słowo wyjaśnienia wielkiego Chana i jego uśmiech.

– Czyli do tego momentu główny sens tego rozumowania jest dla ciebie jasny?

– Tak – odpowiedziałem. Tego wieczoru – było to przed tygodniem – zjawiłem się w jego domu w Dongri, by zdać raport ze zmian, które zaleciłem i wprowadziłem w wytwórni paszportów, kierowanej przez Abd al-Ghaniego. Za zgodą i przy wsparciu Ghaniego rozszerzyliśmy działalność do produkcji pełnego zestawu dokumentów tożsamości – praw jazdy, kart kredytowych, nawet kart członkowskich w klubach sportowych. Kadir był zachwycony postępem tych innowacji, ale wkrótce zmienił temat na swoje ulubione: dobro i zło oraz sens życia.

– Zechciej mi to zreferować własnymi słowami. – Skinął głową, wpatrzony w figlarnie rozpryskujące się pióropusze fontanny. Łokcie trzymał na oparciach fotela z białej trzciny, a piramidkę z palców przyłożył do ust i srebrnosiwych wąsów.

– Eee... dobrze. Mówiłeś, że cały wszechświat zmierza ku jakiejś Najwyższej Złożoności. Zaczęło się to od chwili jego powstania, a fizycy nazywają to dążeniem do złożoności. I... wszystko, co wspomaga i przyspiesza to dążenie, jest dobrem, a wszystko, co mu przeciwdziała – złem.

– Bardzo dobrze – powiedział Kadir, unosząc jedną brew z uśmiechem przeznaczonym tylko dla mnie. Jak to często się zdarzało, nie miałem pewności, czy jest to wyraz aprobaty, kpiny, czy jednego i drugiego. Wydawało mi się, że Kadir nigdy nie doznawał ani nie wyrażał jednoznacznie żadnej emocji. Może do jakiegoś stopnia jest tak z nami wszystkimi, ale u niego, Abd al-Kadira Chana, nie sposób było stwierdzić, co naprawdę myśli lub czuje do ciebie. Jeden, jedyny raz zobaczyłem w jego oczach całą prawdę – na zaśnieżonej górze zwanej Nagrodą Smutku – ale było już za późno i ta chwila nie powtórzyła się nigdy więcej.

– A tę ostateczną złożoność – dodał – można nazwać Bogiem lub Uniwersalnym Duchem, albo Najwyższą Złożonością, do wyboru. Ja nie mam oporów przed nazywaniem jej Bogiem. Cały wszechświat zmierza ku Bogu, dążąc do tej najwyższej złożoności, którą jest Bóg.

– Nadal pozostaje pytanie, które ci ostatnio zadałem. Jak można rozstrzygnąć, że coś jest dobre lub złe?

– To prawda. Obiecałem ci wtedy, że odpowiem na to bardzo dobre pytanie, młody człowieku, i tak się stanie. Ale najpierw sam musisz mi odpowiedzieć na pewne pytanie. Dlaczego zabijanie jest złe?

– No, nie sądzę, że zawsze.

– Ach... – Zadumał się, a jego bursztynowe oczy zamigotały w tym samym krzywym uśmiechu. – W takim razie muszę ci powiedzieć, że zawsze. To w trakcie dalszej dyskusji stanie się jasne. Na razie skupmy się na tym rodzaju zabijania, które według ciebie jest złe, i powiedz dlaczego.

– Hm... bo to niezgodne z prawem odebranie życia.

– Z jakim prawem?

– Społecznym. Prawem danego kraju – zaryzykowałem, niepewnie badając ten filozoficzny grunt, który usuwał mi się spod stóp.

– Kto ustanowił to prawo?

– Politycy. Prawo kryminalne jest spadkiem po... po cywilizacji. Sankcje za niezgodne z prawem odebranie życia sięgają aż do... może nawet aż do ery jaskiniowej.

– A dlaczego jaskiniowcy uważali zabijanie za złe?

– Pytasz... no, chyba dlatego, że życie jest tylko jedno. Ma się tylko tę jedną szansę i odebranie jej jest straszne.

– Burza z piorunami jest straszna. Czy przez to staje się dobra lub zła?

– Nie, oczywiście, że nie – powiedziałem z nieco większym rozdrażnieniem. – Właściwie nie wiem, dlaczego musimy wiedzieć, co stoi za zakazem zabijania. Mamy jedno życie i jeśli odbiera się to życie bez słusznej przyczyny, robi się coś złego.

– Tak – przyznał cierpliwie. – Ale dlaczego to jest złe?

– Bo jest i tyle.

– Do tego wniosku dochodzimy wszyscy – zakończył już poważniejszym tonem. Położył dłoń na moim nadgarstku, leżącym na oparciu fotela, i zaczął w niego stukać przy ważniejszych punktach. – Jeśli kogoś spytać, dlaczego zabijanie – lub inne przestępstwa – jest złe, usłyszysz, że to wbrew prawu, Biblii, Upaniszadom, Koranowi albo buddyjskiej ośmiorakiej ścieżce, albo naukom rodziców lub innych autorytetów. Ale nie wiedzą dlaczego. Ich słowa mogą być prawdziwe, ale nie wiedzą dlaczego. Aby zrozumieć jakikolwiek czyn, zamiar lub efekt działania, musimy najpierw postawić dwa pytania. Pierwsze: co by się wydarzyło, gdyby wszyscy tak postępowali? Drugie: czy to pomaga czy wstrzymuje dążenie do złożoności?

Zamilkł, bo wraz z Nazirem pojawił się służący. Przyniósł słodki, czarny sulejmański czaj w wysokich szklankach i najróżniejsze kuszące słodycze na srebrnej tacy. Nazir wszedł i na Kadira spojrzał pytająco, na mnie zaś z wyrazem nieskrywanej pogardy. Kadir podziękował jemu i służącemu i znowu zostaliśmy sami.

– Jeśli chodzi o zabijanie – podjął Kadir, upiwszy łyk herbaty przez kostkę białego cukru – co by się wydarzyło, gdyby wszyscy zabijali? Czy to rzecz pomocna czy hamująca? Powiedz.

– Oczywiście, gdyby wszyscy zabijali, nasz gatunek by wyginął. Dlatego... to nie pomaga.

– Tak. My, ludzkie istoty, jesteśmy zgodnie z naszą wiedzą najbardziej złożonym układem materii, ale nie stanowimy najwyższego osiągnięcia wszechświata. My także będziemy się rozwijać i zmieniać wraz z resztą wszechświata. Ale jeśli zaczniemy się nawzajem zabijać, nie osiągniemy tego etapu. Wyginie nasz gatunek i cały rozwój, który nas doprowadził przez miliony... miliardy lat aż do tej chwili, pójdzie na marne. To samo można powiedzieć o kradzieży. Co się wydarzy, jeśli wszyscy będą kraść? Czy to nam pomoże czy nas wstrzyma?

– Aha. Już łapię. Jeśli wszyscy zaczną okradać wszystkich, dostaniemy takiej paranoi i zmarnujemy na to tyle pieniędzy i czasu, że to nas spowolni i nigdy nie dotrzemy do...

– Najwyższej Złożoności – dokończył za mnie. – Z tej przyczyny zabijanie i kradzież są złe – nie dlatego, że tak mówi nam jakaś książka, prawo lub duchowy przewodnik, lecz dlatego, że gdyby wszyscy tak robili, nie zbliżylibyśmy się wraz z całym wszechświatem do Najwyższej Złożoności, która jest Bogiem. Przeciwieństwo tego zjawiska także jest zgodne z prawdą. Dlaczego miłość jest dobra? Cóż takiego by się wydarzyło, gdyby wszyscy kochali wszystkich? Czy to by nam pomogło, czy też nas wstrzymało?

– Oj, pomogłoby – zgodziłem się ze śmiechem, widząc pułapkę, którą na mnie zastawił.

– Tak. De facto tak powszechna miłość bardzo przyspieszyłaby dążenie do Boga. Miłość jest dobra. Przyjaźń jest dobra. Lojalność jest dobra. Wolność jest dobra. Uczciwość jest dobra. Już wcześniej wiedzieliśmy, że wszystko to jest dobre – zawsze to instynktownie wiedzieliśmy i wszyscy wielcy nauczyciele zawsze nam to mówili – ale teraz, z tymi definicjami dobra i zła, rozumiemy, dlaczego są dobre. Tak jak rozumiemy, dlaczego kradzież, kłamstwo i zabijanie są złe.

– Ale czasami... – zaprotestowałem – no, na przykład samoobrona? Co z zabijaniem w obronie własnej?

– Tak, Lin, słuszna uwaga. Chciałbym, żebyś sobie wyobraził następującą scenę. Stoisz w pokoju, w którym znajduje się biurko. Po drugiej stronie pokoju jest twoja matka. Jakiś nikczemnik trzyma jej nóż na gardle. Ten człowiek zabije twoją matkę. Na biurku przed tobą znajduje się guzik. Jeśli go przyciśniesz, nikczemnik umrze. Jeśli nie, zabije twoją matkę. To jedyne możliwości. Jeśli nic nie zrobisz, twoja matka umrze. Jeśli naciśniesz guzik, mężczyzna umrze, a twoja matka będzie uratowana. Co zrobisz?

– Facet jest już trupem – odpowiedziałem bez wahania.

– Tak po prostu. – Westchnął, być może z żalem, że nie zwlekałem z decyzją o naciśnięciu guzika. – A robiąc to, ratując matkę przed nikczemnym mordercą, postąpisz źle czy dobrze?

– Dobrze – odparłem równie szybko.

– Nie. Niestety, nie. – Zmarszczył brwi. – Właśnie ujrzeliśmy, że w świetle tych nowych, obiektywnych definicji dobra i zła zabijanie jest zawsze złe, bo gdyby wszyscy zabijali, nie zbliżylibyśmy się do Boga, Najwyższej Złożoności, wraz z resztą wszechświata. Więc zabijanie jest złe. Ale twoje pobudki były dobre. Prawda o tej decyzji jest taka, że postąpiłbyś źle z dobrych pobudek...

Jadąc pod wiatr tydzień po tym wykładzie na temat etyki, lawirując motocyklem wśród starych i nowoczesnych pojazdów pod ciemniejącym, złowróżbnym kłębowiskiem chmur, ciągle słyszałem te słowa. Źle z dobrych pobudek. Jechałem i, choć przestałem myśleć o naukach Kadira, jego słowa nadal szemrały w tej cichej szarej strefie, gdzie wspomnienia spotykają się z natchnieniem. Teraz już wiem, że te słowa były niczym mantra, a mój instynkt – szept przeznaczenia w ciemności – usiłował mnie przed czymś ostrzec, powtarzając je raz po raz. Źle... z dobrych pobudek...

Ale tego dnia, godzinę po wyznaniu Didiera, pozwoliłem ucichnąć temu szeptanemu ostrzeżeniu. Nie chciałem myśleć o moich pobudkach, słusznych czy niesłusznych – ani swoich, ani Kadira, ani niczyich. Dyskusja o rzeczach dobrych i złych sprawiła mi przyjemność, ale jedynie jako gra, rozrywka. Tak naprawdę nie chciałem prawdy. Miałem dość prawdy, zwłaszcza o sobie, i nie potrafiłem stawić jej czoła. Toteż wszystkie myśli i ostrzeżenia rozbrzmiały i przebrzmiały na tym wilgotnym wietrze. I kiedy pokonałem ostatni zakręt na wybrzeżu w pobliżu hotelu „Sea Rock", umysł miałem pusty jak ten szeroki horyzont nad ciemnym, wzburzonym morzem.

Hotel „Sea Rock", z równie luksusową i bogatą ofertą jak inne pięciogwiazdkowe hotele w Bombaju, zapewniał wyjątkową atrakcję – umiejscowienie na samym skalistym wybrzeżu Juhu. Ze wszystkich jego restauracji, barów i innych okien rozciągał się widok na nieskończone fale i grzywy Morza Arabskiego. Hotel zapewniał także najlepsze i najbogatsze szwedzkie stoły w mieście. Byłem głodny i ucieszyło mnie, że Lisa czeka na mnie w holu. Miała na sobie wykrochmaloną, błękitną jak niebo koszulę z postawionym kołnierzem i równie błękitne szerokie szorty. Jasne włosy splotła we francuski warkocz. Nie brała heroiny już ponad rok. Była opalona, zdrowa i pewna siebie.

– Cześć – powiedziała z uśmiechem i pocałowała mnie w policzek. – Przychodzisz w samą porę.

– Świetnie. Umieram z głodu.

– Nie, w samą porę, żeby poznać Kalpanę. Za chwilę... a nie, już jest.

Podeszła do nas młoda kobieta z włosami obciętymi w modny zachodni sposób, w biodrówkach i obcisłym czerwonym podkoszulku. Na szyi miała stoper, a w ręce twardą podkładkę z klipsem. Mogła mieć jakieś dwadzieścia sześć lat.

– Cześć – powiedziałem, kiedy Lisa nas przedstawiła. – To wy tam stoicie na zewnątrz? Te wozy transmisyjne i kable? Kręcicie film?

– Tak jakby, *yaar* – powiedziała z przesadnym bombajskim akcentem, który uwielbiałem i nieświadomie zacząłem naśladować. – Reżyser gdzieś się zapodział z jedną tancerką. To ma być tajemnica, ale cały plan o tym gada. Mamy czterdzieści pięć minut przerwy. Choć z tego, co słyszałam, to i tak dziesięć razy więcej, niż on potrzebuje.

– W porządku – powiedziałem i zatarłem ręce. – To mamy czas na obiad.

– Pieprzyć obiad, najpierw zajaramy, *yaar* – zarządziła Kalpana. – Masz hasz?

– No. – Wzruszyłem ramionami. – Jasne.

– Przyjechałeś samochodem?

– Motocyklem.

– Dobra, to w moim samochodzie. Stoi na parkingu.

Wyszliśmy z hotelu i usiedliśmy w jej nowym fiacie. Kiedy przygotowywałem jointa, wyjaśniła, że jest asystentką kierownika produkcji przy tym i paru innych filmach. Do jej obowiązków należało czuwanie nad obsadą ról drugoplanowych. Przekazała to zadanie agentowi od castingu, ale miał problem ze znalezieniem cudzoziemców do małych, niemych, charakterystycznych ról.

– W zeszłym tygodniu Kalpana mówiła o tym przy kolacji – odezwała się Lisa, kiedy Kalpana zapaliła. – Powiedziała, że jej pracownik nie potrafi znaleźć cudzoziemców do filmu... wiesz, chodzi o ludzi na dyskotece albo przyjęciu, albo na przykład Anglików do filmów z czasów kolonialnych i tak dalej. Więc... pomyślałam o tobie.

– Aha.

– Byłoby mi bardzo na rękę, gdybyś w razie potrzeby organizował dla nas *gora* – powiedziała Kalpana, spoglądając na mnie z czymś w rodzaju rutynowej lubieżności. Rutynowa czy nie, działała. – Podstawimy ci taksówkę, żebyś mógł ich przywieźć na plan i do domu. Damy im pełne wyżywienie. I zapłacimy około dwóch tysięcy rupii dziennie na głowę. Pieniądze dostaniesz ty, plus prowizję od łebka. Ile ty zapłacisz im – no, to już zależy od ciebie. Na ogół chętnie by to zrobili za darmo i są wręcz zaskoczeni, rozumiesz, jak się okazuje, że jeszcze dostaną kasę za to, że będą w filmie.

– I co ty na to? – spytała Lisa z oczami lśniącymi poprzez różowy filtr haszu.

– Jestem zainteresowany.

Mój mózg przesiewał ewentualne korzyści uboczne tego układu. Niektóre wydawały się oczywiste. Filmowcy stanowili bardzo wpływową grupę częstych klientów linii lotniczych, którzy od czasu do czasu mogli potrzebować dolarów i dokumentów z czarnego rynku. Było też dla mnie jasne, że ten casting był ważny dla Lisy. Już samo to było wystarczającym powodem, żebym się zaangażował. Lubiłem ją i cieszyło mnie, że ona chciała polubić mnie.

– No to fajnie – zakończyła Kalpana, otworzyła drzwi i wysiadła. Wróciliśmy do hotelu, każde w ciemnych okularach. Uścisnęliśmy sobie ręce w tym samym miejscu, w którym się spotkaliśmy przed półgodziną. – Zjedz ten swój obiad – powiedziała. – Ja wracam na plan. Kręcimy w sali balowej. Jak się najecie, idźcie za kablami, a do mnie traficie. Przedstawię cię chłopakom, zaczniesz od razu. Potrzebujemy paru cudzoziemców do jutrzejszej sceny, tutaj. Dwóch facetów i dwie babki, *yaar*. Jasnowłosych. W skandynawskim typie, jak się uda. Hej... to był kaszmirski hasz, *na*? Już my się ze sobą dogadamy, Lin. Ciao! Ciao, mała.

W restauracji ja i Lisa nałożyliśmy sobie stertę jedzenia i usiedliśmy przy stoliku z widokiem na morze.

– Kalpana jest w porządku – odezwała się Lisa między kęsami. – Bywa czasami kąśliwa jak diabli i jest bardzo ambitna – nie myśl, że nie – ale wali wszystko prosto z mostu i jest dobrą przyjaciółką. Kiedy mi powiedziała o tym castingu, pomyślałam o tobie. Przyszło mi do głowy, że mógłbyś... coś z tego mieć...

– Dzięki. – Spojrzałem jej w oczy, usiłując ją rozgryźć. – Doceniam to. Chcesz być moją wspólniczką?

– Tak – powiedziała szybko. – Miałam nadzieję... że zechcesz.

– Podzielimy się robotą. Nie sądzę, żebym miał problem ze ściągnięciem cudzoziemców do pracy w filmie, ale resztą nie chce mi się zajmować. To mogłaby być twoja działka. Mogłabyś zorganizować przywożenie ich i odwożenie po zdjęciach, wypłaty i tak dalej. Ja ich skołuję, a resztą zajmiesz się ty. Chętnie z tobą popracuję, jeśli to cię interesuje.

Uśmiechnęła się. To był dobry uśmiech, z tych, które chciałoby się zatrzymać.

– Bardzo mnie to interesuje! – rzuciła impulsywnie i zaróżowiła się z zażenowania pod opalenizną. – Bardzo potrzebuję jakiegoś zajęcia i chyba jestem już gotowa. Kiedy Kalpana zaproponowała mi ten casting, chciałam się na to rzucić, ale za bardzo się bałam, żeby odważyć się to robić w pojedynkę. Dzięki.

– Nic takiego. Jak ci idzie z Abdullahem?

– Mmm – wymamrotała z ustami pełnymi jedzenia. – Nie poszłam do pracy, rozumiesz, więc to już coś. Nie pracuję w Pałacu i nie biorę. On daje mi pieniądze. Masę kasy. Nie wiem, skąd ją ma. I nic mnie to nie obchodzi. W życiu nie widziałam tyle pieniędzy w jednym miejscu. W takiej metalowej kasetce. On mi je dał i kazał pilnować, i wydawać na własne potrzeby. To było trochę upiorne, no, nie wiem... jakby to była jego ostatnia wola i testament czy coś w tym rodzaju.

Nieświadomie uniosłem pytająco jedną brew. Zauważyła to, zastanawiała się przez chwilę i powiedziała:

– Ufam ci. Tobie jednemu w tym mieście ufam. Śmieszne, to Abdullah daje mi pieniądze i tak dalej, i chyba go kocham w jakiś wariacki sposób, ale mu nie ufam. Czy to nie straszne mówić tak o facecie, z którym się mieszka?

– Nie.

– Ufasz mu?

– Bezwarunkowo.

– Dlaczego?

Zawahałem się, a słowa nie chciały wyjść z moich ust. Skończyliśmy jeść i zastygliśmy za stołem, wpatrzeni w morze.

– Wiele przeszliśmy – powiedziałem po chwili. – Ale nie tylko o to chodzi. Ufałem mu i przedtem. Nie wiem, o co chodzi. Chyba mężczyzna ufa mężczyźnie, kiedy widzi w nim siebie. A może kiedy widzi człowieka, którym chciałby być.

Przez jakiś czas milczeliśmy, każde zaniepokojone, każde na swój sposób uparcie kuszące los.

– Gotowa? – spytałem. Skinęła głową. – To chodźmy do filmowców.

Poszliśmy za czarnymi pnączami kabli wyrastających z ciężarówek przed hotelem. Poprowadziły nas przez boczne wejście, obok rozbieganych asystentów, do sali bankietowej, którą wynajęto jako plan. Było w niej mnóstwo osób, silnych reflektorów, oślepiających świateł, kamer i sprzętu. Chwilę po naszym wejściu ktoś krzyknął: „Cisza na planie!". A potem zaczął się burzliwy numer musicalowy.

Hinduskie filmy nie wszystkim przypadają do gustu. Niektórzy cudzoziemcy opowiadali mi, że nie znoszą tego kalejdoskopowego wirowania numerów musicalowych, wybuchających stochastycznie między płaczem matek, westchnieniami zakochanych i wrzaskami czarnych charakterów. Rozumiałem ich, ale się z nimi nie zgadzałem. Rok temu Johnny Cygaro powiedział, że w poprzednich wcieleniach musiałem być co najmniej sześcioma różnymi hinduskimi osobowościami. Uznałem to za najwyższy komplement, ale dopiero na moim pierwszym planie bollywoodzkiego filmu zrozumiałem, o co mu chodziło. Pokochałem ten śpiew, taniec i muzykę całym sercem, od pierwszego wejrzenia.

Producenci wynajęli wzmacniacz o mocy dwóch tysięcy watów. Muzyka wstrząsała całą salą i nami aż do wnętrzności. Kolory pochodziły z tropikalnych mórz. Milion świateł iskrzył się oślepiająco jak jezioro w słoneczny dzień. Twarze były równie piękne jak te ze ścian świątyń. Taniec był szaleństwem rozjątrzonej, bujnej pożądliwości i starych jak świat umiejętności. A cały ten nieprawdopodobnie spójny wyraz miłości i życia, dramatu i komedii, wyrażał się delikatną, stuloną elegancją pełnych gracji dłoni albo w jednym uwodzicielskim mrugnięciu.

Przez godzinę przyglądaliśmy się próbom, poprawkom i w końcu nagraniu tego numeru tanecznego. W czasie przerwy Kalpana przedstawiła mnie Cliffowi De Souzie i Chandrze Mehcie, dwóm z czterech producentów filmu. De Souza był wysokim, kędzierzawym, trzydziestoletnim Goańczykiem o rozbrajającym uśmiechu i rozkołysanych ruchach. Chandra Mehta zbliżał się do czterdziestki. Miał nadwagę, ale było mu z nią do twarzy; należał do tych dużych mężczyzn, którzy się rozrastają, by pasować do swoich wielkich zamysłów. Polubiłem ich i choć mieli za dużo na głowie, żeby ze mną długo rozmawiać, to pierwsze spotkanie było bardzo serdeczne.

Zaproponowałem Lisie, że ją odwiozę do miasta, ale umówiła się już z Kalpaną i postanowiła zaczekać. Dałem jej numer telefonu mojego nowego mieszkania i powiedziałem, że ma dzwonić, jeśli będzie w potrzebie. W drodze powrotnej przez hotel zauważyłem wychodzącą Kawitę Singh. Przez parę ostatnich miesięcy oboje byliśmy tak zajęci – ona pisaniem o przestępstwach, ja ich popełnianiem – że nie widywaliśmy się całymi tygodniami.

– Kawita! – zawołałem i puściłem się ku niej pędem. – Właśnie ciebie chciałem spotkać! Reporterka numer jeden z bombajskiej gazety numer jeden. Jak się miewasz? Świetnie wyglądasz!

Była w jedwabnym spodnium w kolorze wypłowiałej na słońcu kości. Miała lnianą torebkę tego samego koloru. Jednorzędowa marynarka była głęboko wycięta i wydawało się, że Kawita nic pod nią nie ma.

– Daj spokój! – warknęła, uśmiechnięta i zażenowana. – Tak się ubieram, jak chcę się zrobić na bóstwo. Musiałam przeprowadzić wywiad z Vasantem Lalem. Właśnie od niego wyszłam.

– Obracasz się w kręgach władzy – zauważyłem, przypomniawszy sobie zdjęcia tego populistycznego polityka. Jego podżeganie do przemocy zaowocowało zamieszkami, podpaleniami i morderstwami. Kiedy tylko go widziałem w telewizji albo kiedy czytałem jego świętoszkowate przemówienia w gazecie, przychodził mi na myśl ten szaleniec, który nazywał się Sapną: legalna, polityczna wersja psychopatycznego mordercy.

– W tym jego pokoju było jak w jaskini lwa, mówię ci, *baba*. Ale mam wywiad. Bo on ma słabość do wielkich cycków. – Pogroziła mi palcem przed nosem. – Nic nie mów!

– Hej! – Uniosłem obie ręce i zakołysałem głową. – Przecież wcale nic nie mówię, *yaar*. Absolutnie nic. Tylko patrzę i żałuję, że nie mam trojga oczu, ale nic nie mówię!

– Drań! – warknęła, śmiejąc się przez zaciśnięte zęby. – A, cholera, co się stało z tym światem, kiedy najważniejsi goście tego miasta nie chcą rozmawiać z tobą, ale udzielają dwugodzinnego wywiadu twoim cyckom? Mężczyźni to takie chore popaprańce, nie sądzisz?

– Bo ja wiem? – Westchnąłem.

– Zboczone knury, *yaar*.

– Nie mogę z tym dyskutować. Co racja, to racja.

Przyjrzała mi się podejrzliwie.

– Coś ty taki zgodny?

– Słuchaj, dokąd teraz?

– Co?

– Dokąd teraz? Dokąd się wybierasz?

– Wracam taksówką do miasta. Teraz mieszkam przy Flora Fountain.

– A może zabierzesz się ze mną, motorem? Chcę z tobą pogadać. Chciałbym cię poprosić o pomoc.

Kawita nie znała mnie dobrze. Oczy miała koloru kory cynamonu, nakrapiane złotymi plamkami. Zmierzyła mnie od stóp do głów spojrzeniem i po tej policyjnej kontroli zyskała coś w rodzaju ufności.

– O pomoc w czym?

– Chodzi o morderstwo – wyjaśniłem. – I chciałbym, żebyś zrobiła z tego artykuł na pierwszą stronę. Opowiem ci o wszystkim u ciebie. A po drodze ty opowiesz mi o Vasancie Lalu – będziesz musiała krzyczeć, więc to ci pomoże odreagować, *na*?

Jakieś czterdzieści minut później usiedliśmy razem w mieszkaniu na czwartym piętrze bez windy, na skraju dzielnicy Fort koło Flora Fountain. Było to malutkie mieszkanko z wersalką, aneksem kuchennym i setką hałaśliwych sąsiadów. Ale za to była w nim królewska łazienka, tak wielka, że swobodnie mieściła się w niej pralka i suszarka. W mieszkaniu był też balkon otoczony starą kutą kratą, który wychodził na przestronny, gwarny plac wokół fontanny.

– Nazywa się Anand Rao – zacząłem, popijając mocne espresso, które mi przygotowała. – Mieszkał w slumsach z niejakim Raszidem. Kiedy tam mieszkałem, byli moimi sąsiadami. Potem żona Raszida i jej siostra przyjechały na stałe z wioski w Radżastanie. Anand wyprowadził się z chaty, żeby zrobić miejsce Raszidowi i siostrom.

– Czekaj – przerwała Kawita. – Lepiej zacznę notować.

Wstała i podeszła do przestronnego, zagraconego biurka, skąd wzięła notes, pióro i magnetofon kasetowy. Przebrała się i włożyła luźne szarawary i podkoszulek. Patrząc na nią, wodząc spojrzeniem za jej szybkimi, celowymi, wdzięcznymi ruchami, po raz pierwszy zdałem sobie sprawę z jej urody. Wróciła i włączyła magnetofon, usiadła na fotelu z podwiniętymi nogami, gotowa do notowania – i podchwyciła moje spojrzenie.

– No co? – spytała.

– Nic. – Uśmiechnąłem się. – No więc Anand Rao poznał żonę Raszida i jej siostrę. Polubił je. Były nieśmiałe, ale przyjazne, wesołe i życzliwe. Teraz myślę, czytając między wierszami, że ta siostra przypadła Anandowi do serca. W każdym razie pewnego dnia Raszid powiedział żonie, że tylko wtedy wyjdą na swoje – kupią sobie sklepik, o którym marzyli – jeśli sprzeda nerkę, jedną, w prywatnym szpitalu. Ona się nie zgadzała, ale w końcu ją przekonał, że to jedyna szansa.

No więc wrócił z tego szpitala i powiedział, że ma dobrą i złą wiadomość. Dobra jest taka, że z całą pewnością chcą nerkę. Zła – że nie chcą nerki mężczyzny, tylko kobiety.

– Aha – Kawita westchnęła, kręcąc głową.

– Aha. Gość był niezły. No więc żona zaczęła lamentować, co zrozumiałe, ale Raszid ją przekonał i poszła na operację.

– Wiesz gdzie?

– Aha. Anand Rao sam wszystko sprawdził i powiedział Kasimowi Alemu, przywódcy slumsów. On zna wszystkie szczegóły. No więc Anand Rao się o tym dowiedział, jak żona Raszida już wróciła ze szpitala, i wpadł w furię. Dobrze znał Raszida, mieszkał z nim przez dwa lata, pamiętasz, i wiedział, że Raszid to oszust. Wygarnął mu to, ale nic nie zyskał. Raszid się tylko obraził. Oblał się naftą i mówi Anandowi Rao, żeby go podpalił, jeśli mu nie ufa i ma go za takiego padalca. Więc Anand go ostrzegł, żeby dbał o kobiety, i na tym stanęło.

– Kiedy to było?

– Operację przeprowadzono pół roku temu. Zaraz potem Raszid powiedział żonie, że był w szpitalu dwadzieścia razy, ale nie chcieli jego nerki. Powiedział, że pieniądze, które dostali za jej nerkę, to tylko połowa sumy, która jest im potrzebna na sklep. Powiedział, że jeszcze jest popyt na kobiece nerki i zaczął ją urabiać, żeby sprzedała nerkę siostry. Żona się sprzeciwiła, ale Raszid zaczął namawiać siostrę i mówić, że jeśli nie sprzeda nerki, to poświęcenie jego żony pójdzie na marne. W końcu kobiety się poddały. Raszid zapakował siostrę do szpitala, a jak wyszła, była lżejsza o jedną nerkę.

– Książę z bajki – mruknęła Kawita.

– No. Ja tam go nigdy nie lubiłem. To jeden z tych, co uśmiechają się, żeby coś osiągnąć, rozumiesz, a nie dlatego, że naprawdę zobaczyli coś godnego uśmiechu. To trochę jak te uśmiechy szympansów.

– I co było dalej? Pewnie uciekł z pieniędzmi?

– Tak. Zabrał kasę i prysnął. Obie siostry były zrozpaczone. Zdrowie zaczęło im szwankować. Bardzo szybko im się pogorszyło. Obie wylądowały w szpitalu. Najpierw jedna, potem druga – obie zapadły w śpiączkę. Leżały łóżko w łóżko, a ich śmierć stwierdzono w odstępie paru minut. Anand był przy tym obecny wraz z paroma osobami ze slumsów. Został na tyle długo, że widział, jak im zasłaniano twarze prześcieradłami. Potem wybiegł ze szpitala. Gniew i... chyba wyrzuty sumienia odebrały mu rozum. Zaczął szukać Raszida. Zajrzał do wszystkich jego ulubionych knajp. A kiedy go znalazł, Raszid leżał przy śmietniku i odsypiał pijaństwo. Zapłacił dzieciakom, żeby odpędzały od niego szczury. Anand przegonił chłopców i usiadł koło Raszida. Jakiś czas posłuchał jego chrapania, potem poderżnął mu gardło i został tak długo, aż krew przestała płynąć.

– Makabra – mruknęła Kawita, nie podnosząc głowy znad notesu.

– Owszem. Była. Anand zgłosił się na policję i przyznał do wszystkiego. Oskarżono go o morderstwo.

– A ja mam...

– Ty masz z tego zrobić artykuł na pierwszą stronę. Chciałbym, żebyś mu zjednała popularność, żeby wyrok skazujący – który oczywiście zapadnie – był jak najłagodniejszy. Chciałbym, żeby miał wsparcie na czas pobytu w więzieniu i żeby dostał najkrótszą z możliwych odsiadek.

– Dużo chcesz.

– Wiem.

– Hm... – Zmarszczyła brwi. – Historia jest interesująca, ale muszę ci powiedzieć, że codziennie mamy zbyt wiele takich samych. Spalenie żony, morderstwo z powodu posagu, prostytucja dziecięca, niewolnictwo, kobiety mordujące noworodki – przeciwko kobietom w Indiach toczy się wojna. To walka na śmierć i życie, przeważnie na śmierć. Chcę pomóc twojemu znajomemu, ale nie widzę tego na pierwszej stronie, *yaar*. Poza tym i tak nie mam takich chodów, żeby się dostać na pierwszą stronę. Jestem nowa, nie zapominaj.

– To nie wszystko – uparłem się. – Cała rzecz w tym, że siostry nie umarły. Pół godziny po stwierdzeniu zgonu żona Raszida poruszyła się pod prześcieradłem. Parę minut później jej siostra drgnęła i jęknęła. Dziś są zdrowe i żywe. Ich chata w slumsach stała się jakąś świątynią. Ludzie ściągają z całego miasta, żeby ujrzeć błogosławione siostry, które zmartwychwstały. Nic lepszego nie mogłoby się przydarzyć sklepikom w slumsach. Pielgrzymi wykupują wszystko na pniu. A siostry wzbogaciły się ponad wszelkie oczekiwania. Ludzie rzucają w nie pieniędzmi, po rupii lub dwie, ale ziarnko do ziarnka... Siostry założyły organizację dobroczynną dla porzuconych żon. I chyba ta historia – powrót z tamtej strony, rozumiesz – to dość, żeby dotrzeć na stronę tytułową.

– *Arrey yaar, baba!* – pisnęła Kawita. – Dobrze, najpierw musisz mnie skontaktować z tymi kobietami. One są kluczem do wszystkiego. Potem muszę zrobić wywiad z Anandem Rao.

– Zaprowadzę cię.

– Nie – ucięła. – Muszę z nim porozmawiać sam na sam. Nie chcę, żeby reagował na ciebie. Muszę sprawdzić, jak sobie radzi zostawiony sam sobie. Jeśli mamy zmontować kampanię w jego sprawie, będzie musiał działać sam, *yaar*. Ale najpierw możesz z nim porozmawiać i przygotować go na wywiad. Spróbuję się z nim spotkać w ciągu najbliższych dwóch, trzech tygodni. Mamy masę roboty.

Przez dwie godziny rozmawialiśmy o kampanii, a ja odpowiedziałem na jej liczne pytania. Zostawiłem ją pełną radosnej niecierpliwości i chęci działania. Pojechałem wprost do Nariman Point i kupiłem skwierczące danie z jednej z furgonetek na plaży. Ale nie miałem tak dobrego apetytu, jak sądziłem, i zjadłem niespełna połowę. Poszedłem na skały, by umyć ręce w morskiej wodzie, z widokiem na miejsce, w którym przed trzema laty przedstawił mi się Abdullah.

I jeszcze raz słowa Kadira podryfowały na wartkim, płytkim strumieniu moich myśli: postąpić źle z dobrych pobudek... Pomyślałem o Anandzie Rao – o więzieniu Arthur Road, w wielkiej celi z nadzorcami i wszami. Zadrżałem i rzuciłem tę myśl na wiatr. Kawita spytała, dlaczego sprawa Ananda Rao była dla mnie tak ważna. Nie przyznałem się, że przyszedł do mnie przed popełnieniem tego morderstwa, zaledwie na tydzień przed poderżnięciem gardła Raszidowi. Nie powiedziałem, że odtrąciłem go i obraziłem, że zbagatelizowałem jego rozterkę, proponując pieniądze. Odpowiedziałem mętnie i zostawiłem ją w przekonaniu, że chcę tylko pomóc przyjacielowi zachować się jak należy.

Kadirbaj powiedział kiedyś, że przyczyną każdego cnotliwego postępku jest mroczna tajemnica. Może nie zawsze się to sprawdza, ale u mnie na pewno. Te nieliczne dobre uczynki, jakie mam na koncie, zawsze ciągnęły za sobą cień mrocznej inspiracji. Teraz wiem to, czego wtedy nie wiedziałem – że na dłuższą metę motywy mają większe znaczenie przy dobrych uczynkach niż złych. Kiedy uruchomią się wyrzuty sumienia i wstyd za zło, które wyrządziliśmy, uratować nas może dobro. Ale gdy w grę wchodzi ocalenie, z cienia wypełzają wszystkie nasze tajemnice i ukryte przyczyny. Mroczne motywy naszych dobrych uczynków przywierają do nas. Droga do odkupienia jest tym bardziej stroma, im bardziej nasze dobre uczynki są skażone potajemnym wstydem.

Ale wtedy tego nie wiedziałem. Umyłem ręce w zimnym, obojętnym morzu, a moje sumienie było milczące i dalekie jak nieme, niedosięgalne gwiazdy.

ROZDZIAŁ 27

Używane paszporty, które my, handlujący nimi fałszerze i przemytnicy, nazywaliśmy książkami, sprawdzano przed sprzedażą lub użyciem na czarnym rynku. Zawsze istniało prawdopodobieństwo, że narkomani, zbiegowie lub biedni cudzoziemcy, którzy nam je sprzedali, są poszukiwani w swoim lub jakimś innym kraju. Już niejeden przemytnik wpadł właśnie z tego powodu. Można było kupić paszport, zmienić go stosownie do potrzeb, ruszyć w misję i wylądować w więzieniu na obcym lotnisku, bo pierwotny właściciel był poszukiwany za morderstwo, kradzież albo przemyt. Aby zapewnić klientom satysfakcję, a kurierom bezpieczeństwo, Abd al-Ghani poddawał każdy nowy kupiony lub ukradziony paszport dwupoziomowemu badaniu.

Pierwszym sitem było spotkanie z celnikiem, mającym dostęp do komputera na bombajskim lotnisku międzynarodowym. W wybranym przez siebie miejscu i porze celnik otrzymywał arkusz z krajem wydania, numerem i nazwiskiem prawowitego właściciela każdego sprawdzanego paszportu. Parę dni później arkusz wracał z przekreślonymi paszportami, które wyświetlił komputer. Niektóre były obarczone międzynarodowym nakazem ścigania. Inne oznaczono, ponieważ ich pierwotni właściciele byli podejrzani o udział w handlu narkotykami lub bronią albo jakieś polityczne powiązania, które budziły niepokój służb bezpieczeństwa. W każdym razie paszporty przekreślone nie mogły być sprzedawane na czarnym rynku ani używane przez kurierów Al-Ghaniego.

Nie były jednak całkiem bezużyteczne. Można było rozgiąć zszywki i wykorzystać strony do innych, nadających się do użytku. W granicach Indii czekało także na nie inne zastosowanie. Choć cudzoziemcy musieli podczas rejestrowania się w hotelu okazywać paszporty w celu wypełnienia formularzy C, w każdym mieście były także lokale, w których nie przywiązywano wielkiego znaczenia do podobieństwa okaziciela do zdjęcia w paszporcie. W tych hotelach każdy paszport nadawał się do użytku. Choć nie sposób było z nimi opuścić Indii, można było bezpiecznie z nimi podróżować po całym kraju, dopełniając minimalnych formalności, jakich musiał przestrzegać każdy przestrzegający prawa kierownik hotelu.

Czyste paszporty, które przeszły próbę celnika, wysyłano na drugi test w urzędach na lotnisku. Wszystkie większe urzędy miały własne listy trefnych lub wymagających specjalnej uwagi paszportów. Na tych listach można się było znaleźć z dowolnego powodu, od nieregularnej spłaty kredytu lub długów wobec linii lotniczych po sprawianie kłopotów na pokładzie samolotu. Oczywiście przemytnicy zajmujący się swoimi zadaniami z największą troskliwością starali się nie zwracać na siebie uwagi stewardes, celników czy policji. Paszport z jakichkolwiek powodów budzący nieufność był dla nich bezużyteczny. Agenci Abd al-Ghaniego, którzy znajdowali się w większości przedstawicielstw większych linii lotniczych w Bombaju, sprawdzali numery i nazwiska i donosili, które z nich są trefne. Czyste paszporty, które przeszły przez oba sita – co udawało się nieco ponad połowie – sprzedawano lub oddawano kurierom Kadira.

Klienci, którzy nabywali nielegalne paszporty Al-Ghaniego, dzielili się na trzy główne kategorie. Pierwsi wyjeżdżali z powodów ekonomicznych, a z ojczyzn wygnał ich głód lub pragnienie lepszego życia w nowym kraju. Należeli do nich Turcy pragnący pracować z Niemczech, Albańczycy pragnący pracować we Włoszech, Algierczycy pragnący pracować we Francji i obywatele kilku państw azjatyckich, pragnący pracować w Kanadzie i Stanach Zjednoczonych. Rodziny, grupy rodzin, a czasami całe wioski składały do wspólnej puli swoje skromne oszczędności, by kupić paszport od Al-Ghaniego i wysłać faworyzowanego syna do ziemi obiecanej. Po dotarciu na miejsce miał pracować, by spłacić dług, a potem kupić nowe paszporty dla innych młodych mężczyzn i kobiet. Paszporty sprzedawano za sumę od pięciu do dwudziestu pięciu tysięcy dolarów. Siatka Kadirbaja co roku sprzedawała biedakom około stu paszportów i jego roczny dochód po odliczeniu wszystkich kosztów wynosił ponad milion dolarów.

Drugą kategorię klientów stanowili uchodźcy polityczni. Zamieszki, które rzuciły ich do obcych krajów, były często krwawe. Ci ludzie byli ofiarami wojen i konfliktów religijnych lub etnicznych. Czasami tę falę uchodźców uruchamiało samo prawo: przez jeden ruch pióra, kiedy Wielka Brytania postanowiła w roku 1984 oddać swoją kolonię Chinom, tysiące prawowitych mieszkańców Hongkongu stało się potencjalnymi klientami Kadirbaja. Na całym świecie w każdej chwili dwadzieścia milionów uchodźców mieszkało w obozach i przytułkach. Agenci paszportowi Abd al-Ghaniego nigdy nie próżnowali. Nowy paszport kosztował tych ludzi od dziesięciu do pięćdziesięciu tysięcy dolarów. Wyższa cena była spowodowana większym ryzykiem, z jakim wiązał się przemyt dokumentu na tereny objęte wojną, a także większym popytem na ucieczkę z tych terenów.

Trzecią grupę klientów stanowili przestępcy. Czasami byli to ludzie tacy jak ja – złodzieje, przemytnicy, płatni zabójcy – którzy potrzebowali nowej tożsamości, by zawsze wyprzedzać policję o krok. Jednak na ogół ci wyjątkowi klienci Al-Ghaniego mieli raczej skłonność do budowania i zapełniania więzień niż do odsiadywania w nich kary. Byli to dyktatorzy, przywódcy buntowników, policjanci i urzędnicy ze skorumpowanych krajów, którzy musieli uciekać, gdy ich przestępstwa wyszły na jaw lub po upadku reżimu. Pewien uciekinier z Ugandy – osobiście prowadziłem z nim transakcję – ukradł ponad milion dolarów, przeznaczonych przez organizacje międzynarodowe na budowę ważnych ośrodków, w tym szpitala dla dzieci. Szpitala nie zbudowano. Chore, ranne i umierające dzieci wywożono do obozu na odludziu i zostawiano. Na spotkaniu, w którym brałem udział w Kinszasie w Zairze, ten typ zapłacił mi dwieście tysięcy dolarów za dokumenty – idealne, nieskalane paszporty szwajcarskie i dziewiczy, oryginalny paszport kanadyjski – po czym bezpiecznie wyjechał do Wenezueli.

W Ameryce Południowej, Azji i Afryce agenci Al-Ghaniego nawiązywali kontakt z defraudantami, oprawcami, kacykami i sługusami upadłych reżimów. Prowadzenie z nimi transakcji budziło we mnie więcej gniewu i wstydu niż jakiekolwiek inne działanie w służbie Kadirbaja. W młodości, kiedy byłem człowiekiem wolnym, pisałem zaangażowane artykuły i felietony do gazet. Przez wiele lat badałem i ujawniałem przestępstwa i zbrodnie popełniane przez takich właśnie ludzi. Nadstawiałem karku, ścierając się z policją podczas demonstracji w sprawie ich ofiar. I rozmawiając z nimi, ciągle czułem tamtą dawną nienawiść i duszącą wściekłość. Ale tamte lata już przeminęły. Tamten rewolucjonista i działacz społeczny zagubił swoje ideały w heroinie i przestępstwach. I mnie także poszukiwała policja. Również na moją głowę wyznaczono cenę. Byłem gangsterem i żyłem z dnia na dzień, a między mną i więziennymi oprawcami stała tylko mafijna rada Kadira.

Odgrywałem zatem swoją rolę w siatce Al-Ghaniego, pomagałem sprawcom masowych zbrodni uciekać przed wyrokami śmierci, które wydali na tyle osób i które im się sprawiedliwie należały. Ale nie podobało mi się to, co robiłem, nie podobali mi się ci ludzie i dawałem im to odczuć. Przy każdej transakcji przypierałem ich do muru, czerpiąc odrobinę pociechy z wściekłości, do której ich doprowadzałem. A ci zbrodniarze łamiący ludzkie prawa targowali się w sposób, który mnie doprowadzał do szału. Byli wręcz urażeni i skrzywdzeni, że muszą wydać pieniądze, które wyrwali innym. Ale w końcu wszyscy ustępowali i zgadzali się na nasze warunki. W końcu wszyscy płacili nam dobrą cenę.

Wydawało się, że nikt z siatki Kadirbaja nie czuje takiej wściekłości i wstydu. Nie wiem, czy istnieje inna grupa społeczna, która politykę i polityków traktuje z większym cynizmem niż zawodowi przestępcy. Według nich wszyscy politycy są bezwzględni i skorumpowani, a wszystkie systemy polityczne przedkładają wpływowych bogaczy nad bezbronnych biedaków. A w tamtym okresie – w pewnym sensie – zacząłem podzielać ten punkt widzenia, bo wiedziałem, z czego on wynika. Więzienie daje nam doskonałe pojęcie o łamaniu praw człowieka, a sądy codziennie potwierdzają to, czego się dowiedzieliśmy o prawie: że bogacze każdego kraju i systemu zawsze otrzymują najlepszą sprawiedliwość, jaką można kupić.

Z drugiej strony przestępcy z siatki Kadira wykazywali się rodzajem egalitaryzmu, od którego komuniści i gnostycy zzielenieliby z zazdrości. Nie obchodził ich kolor skóry, wyznanie, rasa czy poglądy polityczne klienta, nie osądzali go, pytając o przeszłość. Każdy, nieważne jak bardzo niewinny czy nikczemny, wywoływał tylko jedno pytanie: jak bardzo potrzebuje paszportu? Odpowiedź decydowała o cenie i każdy klient, który mógł ją zapłacić, rodził się na nowo, z czystym kontem, bez grzechu. Żaden nie był lepszy ani gorszy od innych.

Abd al-Ghani, powodowany najczystszym amoralnym duchem czarnego rynku, bez najmniejszej chęci osądu i bez śladu odrazy zaspokajał potrzeby generałów, płatnych zabójców, defraudantów funduszów publicznych i katów. Ich wolność dawała rocznie dwa miliony dolarów czystego zarobku. Ale choć Abd al-Ghani nie miewał etycznych wątpliwości co do źródła pieniędzy ani ich zarabiania, przy wydawaniu wykazywał się religijną surowością. Każdy dolar zarobiony na ratowaniu tej mętnej klienteli szedł na program ochrony uchodźców, który Kadirbaj ustanowił dla uciekających przed wojną Irańczyków i Afgańczyków. Za każdy paszport, jaki kupowali ci jedynowładcy albo ich aparatczycy, nabywano pięćdziesiąt nowych dokumentów, dowodów tożsamości lub dokumentów podróżnych dla irańskich i afgańskich uchodźców. W ten sposób, w jednym z tych psychicznych labiryntów, które przeznaczenie lubi budować wokół chciwości i strachu, tyrani płacili wysoką cenę, by uratować ludzi skrzywdzonych przez ich tyranię.

Kriszna i Villu przekazali mi całą swoją wiedzę o fałszowaniu paszportów i z czasem zacząłem eksperymentować, tworzyć sobie nowe tożsamości dzięki amerykańskim, kanadyjskim, holenderskim, niemieckim i angielskim papierom. Nie dorównywałem im kunsztem i nigdy nie mógłbym dorównać. Dobrzy fałszerze to artyści. Ich wizja artystyczna w takim samym stopniu uwzględnia rozmazany z premedytacją tusz, który nadaje stroniczce autentyzm, jak wierność skopiowanych szczegółów. Każda strona, która wychodzi spod ich ręki, to miniaturowe malowidło, maleńkie dzieło sztuki. Precyzyjnie skrzywiony znaczek czy przypadkowe rozmazanie stempla ma równie wielkie znaczenie na tych małych arcydziełkach, jak kształt, położenie i kolor upuszczonej róży na portrecie wielkiego mistrza. Efekt, choć osiągnięty dzięki rzemieślniczej biegłości, zawsze rodzi się z artystycznej intuicji. A intuicji nie można nikogo nauczyć.

Za to mój talent znalazł wyraz w fabułach, które należało wymyślać dla każdego nowo stworzonego dokumentu. Często w paszportach nabywanych od cudzoziemców istniały wielomiesięczne, a nawet wieloletnie przerwy pomiędzy zarejestrowanymi podróżami. Niektórzy zostawali na obczyźnie dłużej, niż pozwalała im na to wiza, i tę usterkę należało zatuszować, jeśli paszport miał się nadawać do użytku. Przyłożywszy pieczęć opuszczenia bombajskiego lotniska przed datą ważności wizy, zajmowałem się obmyślaniem historii podróży z jednego kraju do drugiego, w każdym paszporcie inną. Korzystałem z tej samej kolekcji pieczątek, którą stworzył Villu. Stopniowo aktualizowałem każdy dokument i w końcu zaopatrywałem ją w nową indyjską wizę i nową pieczęć przylotu na bombajskie lotnisko.

Łańcuch przylotów i odlotów, które zapełniały odstęp między wizami, zawsze należało starannie skonstruować. Kriszna i Villu mieli całą bibliotekę ksiąg z głównych linii lotniczych, w których figurowały wszystkie przyloty i odloty do Europy, Azji, Afryki i Ameryk wraz z datami odlotów i porą przylotów. Kiedy w angielskim dokumencie umieszczaliśmy pieczątkę dowodzącą, że okaziciel przybył do Aten, powiedzmy, czwartego lipca, mieliśmy pewność, że tego dnia w Atenach lądował samolot British Airways. Dzięki temu każdy paszport miał własną historię podróży, poparty urzędową dokumentacją, planami lotu i szczegółami prognozy pogody, które zapewniały nowemu właścicielowi wiarygodną historię.

Do pierwszego sprawdzianu sfałszowanego przeze mnie paszportu doszło na krajowej trasie przerzutowej, nazywanej dwustronnym przekrętem. Tysiące mieszkających w Bombaju irańskich i afgańskich uchodźców usiłowało znaleźć azyl w Kanadzie, Australii, Stanach Zjednoczonych i innych krajach, ale rządy tych państw nie chciały rozważyć ich próśb. Gdyby zdołali wylądować w zachodnim kraju, mogliby ogłosić, że proszą o azyl, i poddać się dochodzeniu w sprawie zasadności ich roszczeń. Jako uchodźcy polityczni i ludzie rzeczywiście potrzebujący azylu, często zostawali w wybranym kraju. Cały dowcip polegał na tym, żeby ich w ogóle przerzucić do Kanady, Szwecji czy innego kraju.

Naszym systemem był dwustronny przekręt. Kiedy Irańczycy lub Afgańczycy usiłowali kupić w Bombaju bilety do krajów oferujących azyl, często musieli okazać aktualne wizy tych państw. Jednak nie mogli ich uzyskać legalnie, a fałszywe były niepraktyczne, ponieważ natychmiast sprawdzano je w rejestrach konsulatu. Dlatego ja, posługując się fałszywą wizą, kupowałem bilet do Kanady lub Szwecji. Jako *gora*, dobrze ubrany cudzoziemiec o europejskim wyglądzie, nigdy nie spotkałem się ze szczegółową kontrolą. Nikomu nie chciało się sprawdzać, czy moja wiza jest autentyczna. Następnie uchodźca, któremu pomagałem, kupował bilet na lot krajowy – z Bombaju do Delhi – w tym samym samolocie. Na pokładzie samolotu otrzymywaliśmy kartę pokładową: moja była zielona, międzynarodowa, jego czerwona, krajowa. Po starcie się wymienialiśmy. Ja wysiadałem w Delhi, a tamten samotnie leciał do Kanady, Szwecji czy gdzie tylko sobie życzył. Po wylądowaniu zgłaszał się jako uchodźca szukający azylu i można było rozpocząć proces określania jego tożsamości. Ja spędzałem w Delhi noc w pięciogwiazdkowym hotelu, a następnie kupowałem bilet, by w drodze powrotnej powtórzyć całą operację – dwustronny przekręt – z kolejnym uchodźcą podczas lotu z Delhi do Bombaju.

Ten system się sprawdzał. Przez te lata przewieźliśmy setki irańskich i afgańskich lekarzy, inżynierów, architektów, naukowców i poetów do wymarzonych krajów.

Za dwustronny przekręt dostawałem trzy tysiące dolarów i przez jakiś czas robiłem dwa przekręty miesięcznie. Po trzech miesiącach krajowych lotów z Bombaju do Delhi, Kalkuty, Madrasu i z powrotem Abd al-Ghani powierzył mi pierwsze zlecenie dla międzynarodowego kuriera. Przewiozłem pakiet dziesięciu paszportów do Zairu. Posługując się przysłanymi z Kinszasy, stolicy kraju, zdjęciami nowych właścicieli paszportów, Kriszna i Villu stworzyli nowe, idealne książki. Zapieczętowawszy je w plastikowej torebce, przykleiłem do ciała pod wieloma warstwami ubrań i wyruszyłem na parne, najeżone bronią pole bitwy lotniska międzynarodowego w Kinszasie.

Misja była niebezpieczna. W owym czasie Zair stanowił neutralny pas ziemi niczyjej, podczas gdy w Angoli, Mozambiku, Namibii, Sudanie, Ugandzie i Kongu toczyły się krwawe wojny. Był to prywatny teren ewidentnie szalonego dyktatora Mobutu, a pewna suma od zysków z każdego przestępstwa w królestwie trafiała do jego kieszeni. Mobutu był pieszczochem zachodnich mocarstw, ponieważ kupował każdą kosztowną broń, którą mu proponowano. Jeśli zachodnich polityków martwiło, że Mobutu mógłby wykorzystać broń przeciwko związkom zawodowym i innym reformatorom społecznym we własnym kraju, to nigdy publicznie tej troski nie wyrazili. Dyktator był przyjmowany z przepychem na królewskich i prezydenckich bankietach, podczas gdy w jego więzieniach setki mężczyzn i kobiet ginęły na torturach. Te same rządy ścigały mnie poprzez

Interpol i nigdy nie wątpiłem, że ich sprzymierzeniec z przyjemnością by mnie wykończył w ich imieniu – można powiedzieć, w ramach bonusu – gdyby moja paszportowa misja się nie powiodła i gdybym trafił do aresztu w stolicy.

Mimo to spodobała mi się dzikość Kinszasy, miasta, na którym kwitł jawny rynek dla każdej możliwej kontrabandy, od złota i narkotyków po wyrzutnie rakietowe. Miasto roiło się od najemników, zbiegów, przestępców, handlarzy czarnorynkowych i obłąkanych oportunistów z każdego zakątka Afryki. Poczułem się tam jak w domu i mógłbym tam zostać dłużej niż te siedemdziesiąt dwie godziny, przeznaczone na dostarczenie papierów i odebranie stu dwudziestu tysięcy dolarów. Były to pieniądze Kadirbaja. Spieszyło mi się, żeby je oddać. Wskoczyłem w pierwszy samolot do Bombaju i zgłosiłem się do Abd al-Ghaniego.

Na tej misji zyskałem dziesięć tysięcy amerykańskich dolarów, doświadczenie i pierwszy kontakt z afrykańską gałęzią siatki Al-Ghaniego. Wówczas uważałem, że siatka i doświadczenie są warte ryzyka. Pieniądze się nie liczyły. Zrobiłbym to samo za pół tej ceny albo i mniej. Wiedziałem, że życie większości mieszkańców Bombaju kosztuje dużo taniej.

Poza tym to było niebezpieczne. Dla niektórych niebezpieczeństwo jest rodzajem narkotyku, a nawet afrodyzjaku. Dla mnie, żyjącego jako zbieg, kiedy każdy dzień i noc wypełniał mi strach, że zostanę zabity lub złapany, niebezpieczeństwo było czymś innym. Było jedną z włóczni, którymi zabijałem smoka stresu. Dzięki niemu mogłem spać. Kiedy znajdowałem się w niebezpiecznych okolicach i robiłem rzeczy grożące niebezpieczeństwem, ogarniała mnie fala nowego i odmiennego strachu. Ten strach zagłuszał przerażenie, które zbyt często nie pozwalało mi zasnąć. Po wykonaniu zadania, gdy ten nowy lęk cofał się i odchodził, ogarniało mnie kojące zmęczenie.

Nie byłem osamotniony w tym głodzie niebezpieczeństwa. Podczas mojej działalności poznałem innych agentów, przemytników i najemników, którzy rozgorączkowanym spojrzeniem i napędzanymi adrenaliną odruchami przypominali mi samego siebie. Tak jak ja uciekali przed czymś; wszyscy bali się czegoś, czego nie potrafili zapomnieć i z czym nie mogli się rozprawić. I tylko pieniądze płynące z niebezpieczeństwa, zarobione dzięki brawurze, pomagały im na parę godzin uciec w sen.

Druga, trzecia i czwarta podróż do Afryki przeminęła bez incydentów. Za każdym razem korzystałem z innego paszportu, odlatywałem i przybywałem na inne lotnisko, a następnie krajowymi samolotami wracałem do Bombaju. Dwustronne przekręty, z którymi kursowałem między Delhi i Bombajem, trwały nadal. Dzięki specjalistycznym misjom z waluciarzami Chalida i niektórymi handlarzami złota, byłem na tyle zajęty, żeby na ogół nie myśleć zbyt długo i intensywnie o Karli.

Pod koniec pory monsunowej odwiedziłem slumsy i towarzyszyłem Kasimowi Alemu podczas codziennej inspekcji. Kiedy sprawdzał kanały melioracyjne i zarządzał naprawę zniszczonych chat, przypomniałem sobie, jak bardzo go podziwiałem i jak na nim polegałem, gdy mieszkałem w slumsach. Szedłem u jego boku w nowych butach i czarnych dżinsach i obserwowałem silnych młodzieńców, którzy na bosaka i w *lungi* kopali rowy gołymi rękami, tak jak kiedyś ja. Przyglądałem się, jak budują wały przeciwpowodziowe i oczyszczają zatkane kanały, by do końca pory deszczowej slumsy pozostałe suche. I zazdrościłem im. Zazdrościłem im, bo ich praca miała sens, a oni wykonywali ją z poświęceniem. Ja też je kiedyś znałem, znałem je bardzo dobrze – to gorliwe, bezwarunkowe poświęcenie. Kiedy brudna robota była skończona, otrzymywałem zasłużone uśmiechy, pochwały i wdzięczność mieszkańców slumsów. Ale to życie było już nie dla mnie. Jego zalety i nieocenione pociechy były dla mnie równie nieosiągalne, jak życie, które wiodłem i straciłem w Australii.

Kasim, być może wyczuwając mój smutek, skierował się w stronę placu, na którym Prabaker i Johnny czynili pierwsze przygotowania do ślubu. Johnny wraz z dziesiątkiem sąsiadów wznosił rusztowanie *shamiany*, wielkiego namiotu, pod którym miała się odbyć ceremonia zaślubin. W pewnej odległości inni mężczyźni budowali małą scenę, na której pary miały zasiąść po uroczystości i przyjmować dary od rodziny i przyjaciół. Johnny powitał mnie ciepło i wyjaśnił, że Prabaker jeździ taksówką i wróci po zachodzie słońca. Razem obeszliśmy rusztowanie, przyglądając się konstrukcji i rozważając koszt i zalety plastikowego i bawełnianego pokrycia.

Johnny zaprosił mnie na herbatę i zaprowadził nas do budowniczych podestu. Nad projektem czuwał mój dawny sąsiad Jeetendra. Chyba już doszedł do siebie po rozpaczy, w którą popadł na wiele miesięcy po śmierci żony podczas epidemii cholery. Nie był już tak żwawy – dawny brzuszek skurczył się do małej zwięzłej wypukłości pod podkoszulkiem – ale jego oczy znowu lśniły nadzieją, a uśmiech nie był wymuszony. Jego syn Satish bardzo urósł od śmierci matki. Ściskając mu dłoń, przekazałem w niej dyskretnie sturupiowy banknot. Przyjął go równie dyskretnie i wsunął do kieszeni szortów. Rzucił mi ciepły uśmiech, ale śmierć matki nadal odciskała na nim piętno. Oczy miał puste: czarne dziury gwałtownego bólu, które pochłaniały wszystkie pytania i nie wypuszczały odpowiedzi. Kiedy wrócił do pracy przy cięciu sznura z włókna kokosowego, którym mężczyźni obwiązywali bambusowe tyczki, jego twarz znowu znieruchomiała w wyrazie odrętwienia. Znałem ten wyraz, czasami przypadkiem dostrzegałem go w lustrze: tak patrzymy, kiedy ktoś wydrze nam ufną, niewinną radość, a my za tę stratę obwiniamy siebie, słusznie lub nie.

– Wiesz, skąd się wziął mój przydomek? – spytał Johnny, kiedy popijaliśmy gorący, pyszny slumsowy czaj.

– Nie – odpowiedziałem z uśmiechem, widząc jego roześmiane spojrzenie. – Nigdy mi nie mówiłeś.

– Urodziłem się na ścieżce, koło Crawford Market. Moja matka tam mieszkała w małej chatce z plastiku i dwóch tyczek. Plastikowa płachta była przymocowana do ściany, pod tablicą. Ta tablica była cała połamana, a na ścianie zostały tylko dwa kawałki. Po jednej stronie był kawałek z plakatem filmowym, na którym było słowo „Johnny". Obok, trochę odlepiony, wisiał plakat reklamujący cygaro z – tak, zgadłeś – jednym jedynym słowem „cygaro".

– A jej się to spodobało – dokończyłem za niego – i...

– Nazwała mnie Johnny Cygaro. Rodzice, no wiesz, wyrzucili ją z domu. A mężczyzna, który jest moim ojcem, rzucił ją, więc zdecydowanie nie zgadzała się dać mi którego z tych nazwisk. I tak przez cały poród, kiedy mnie rodziła na tym chodniku, wpatrywała się w te słowa, Johnny Cygaro, i uznała, że to znak, że sobie pozwolę zażartować. To była bardzo, bardzo uparta kobieta.

Zerknął na mały podest, gdzie Jeetendra, Satish i inni układali na rusztowaniu kawały dykty, które miały służyć za podłogę.

– To dobre imię, Johnny – odezwałem się po chwili. – Mnie się podoba. A tobie przyniosło szczęście.

Uśmiechnął się, a ten uśmiech przeszedł w śmiech.

– Cieszę się, że tam nie było reklamy środka na przeczyszczenie albo czegoś jeszcze! – wykrztusił, więc ja też musiałem parsknąć i opryskać go herbatą.

– Sporo czasu zajęły wam przygotowania do tego najpiękniejszego dnia – zauważyłem, kiedy już się wyśmialiśmy. – Dlaczego tak długo?

– Kumar, rozumiesz, chce odgrywać wielkiego biznesmena i każdej córce odłożył posag. Prabaker i ja powiedzieliśmy mu, że nie wierzymy w takie rzeczy. Nie chcemy posagu, rozumiesz. To staroświeckie. Ale tata Prabakera jest innego zdania. Wysłał z wioski listę – listę podarków, które sobie wymarzył. Chce złoty zegarek – Seiko, automatyczny – i nowy rower, a to nie wszystko. Wybrał sobie taki model roweru, że powiedzieliśmy, że jest zbyt wielki. Powiedzieliśmy mu, że nogami nie dosięgnie pedałów, a co dopiero mówić o ziemi, *yaar*, ale on oszalał na punkcie tego roweru. W każdym razie czekamy, aż Kumar zbierze cały posag i tak dalej. Śluby zaplanowaliśmy na ostatni tydzień października, przed Diwali.

– To będzie dopiero tydzień. Mój przyjaciel Vikram też się wtedy żeni.

– Przyjdziesz na ślub? – spytał, nieznacznie marszcząc brwi. Johnny należał do ludzi, którzy wielokrotnie oddają przysługi innym. Jak często bywa w takich sytuacjach, jemu samemu prośby o przysługi i wyrażanie życzeń nie przychodziły już z taką łatwością.

– Nigdy w życiu bym tego nie przegapił – odpowiedziałem ze śmiechem. – Będę tu wraz z biciem dzwonów. Dosłownie – jak usłyszysz dzwonienie, to znaczy, że nadchodzę.

Zostawiłem go, kiedy rozmawiał z Satishem. Chłopiec słuchał uważnie i wpatrywał się w niego oczami martwymi jak nagrobek; przypomniałem sobie, jak przywarł do mojej nogi w dniu, kiedy Karla odwiedziła mnie w slumsach; jak obdarował ją nieśmiałym, serdecznym uśmiechem. To wspomnienie rozdarło moje martwe serce. Mówi się, że kiedy raz się opuści dom, już się do niego nie wraca, i to oczywiście prawda. Ale prawdziwe jest także odwrotne twierdzenie – musisz wrócić i zawsze wracasz, i nigdy nie przestaniesz, choćbyś się starał ze wszystkich sił.

Musiałem znaleźć jakąś rozrywkę. Pojechałem motocyklem do wytwórni filmowej R.K., dając za dużo gazu, jadąc za szybko i zbyt niebezpiecznie lawirując między samochodami. Poprzedniego dnia wynająłem ośmiu cudzoziemców i wysłałem ich Lisie. Bez trudu znalazłem ich i przekonałem, żeby zagrali nieme role w bollywoodzkich filmach. Ci sami turyści z Niemiec, Szwajcarii, Szwecji czy Ameryki, którzy zareagowaliby nieufnie i wrogo na propozycję hinduskich łowców głów, w rozmowie ze mną okazali entuzjazm. Przez te lata, które spędziłem w slumsach, pracując jako przewodnik, poznałem chyba wszystkie odmiany zagranicznych turystów. Wypracowałem sobie pewien sposób postępowania z nimi, który szybko zjednywał mi ich zaufanie. Ten styl składał się w dwóch części z efekciarstwa, w dwóch z pochlebstw i w jednej z kokieterii, ze szczyptą łobuzerstwa, łyżką pobłażliwości i kroplą pogardy.

Pracując jako przewodnik, nawiązałem także przyjaźń z właścicielami kilku najważniejszych restauracji w Kolabie. Od lat kierowałem moich turystów do „Cafe Mondegar", „Picadilly", „Pijalni soków Dipty", „Edwarda VIII", „Restauracji Mezban", „Apsara Cafe", „Strand Coffee House", „Ideału" i innych lokali w dzielnicy turystycznej, gdzie zachęcałem ich do wydawania pieniędzy. Właściciele, kierownicy i kelnerzy zawsze witali mnie ciepło. Kiedy tylko dostrzegałem odpowiednią grupę młodych mężczyzn i kobiet, zwracałem się do nich z propozycją pracy w hinduskim filmie. Kiedy obsługa restauracji potwierdzała moją wiarygodność, zwykle zyskiwałem zaufanie i, po paru minutach, zgodę. Wtedy telefonowałem do Lisy Carter, żeby załatwiła transport na następny dzień.

Ten system się sprawdzał. Po paru miesiącach naszego wspólnictwa Lisa zaczęła pracować przy castingach dla większych wytwórni i producentów. Znalezienie ostatniej grupy – cudzoziemców, których ugadałem poprzedniego dnia – było naszym pierwszym zleceniem ze słynnej wytwórni R.K.

Z zaciekawieniem obejrzałem wielki, prestiżowy kompleks hal zdjęciowych, a wjeżdżając przez główną bramę, byłem już tak podniesiony na duchu, że prawie unosiłem się nad wysokie szare szczyty przerdzewiałych spiczastych dachów. W Lisie Carter i osobach jej podobnych filmowa fabryka snów budziła niemal religijną cześć. Ja nie czciłem świata filmowców, ale i nie byłem obojętny na jego urok. Przy każdej wizycie w fantastycznym świecie studia filmowego odrobina tej tworzącej film magii wkradała mi się do serca i unosiła, zachwyconego i zdumionego, z ponurego morza, którym moje życie stawało się zbyt często i w zbyt wielkim stopniu.

Strażnik skierował mnie do studia nagraniowego, gdzie czekała Lisa wraz z grupą Niemców. Trafiłem akurat na przerwę w zdjęciach i Lisa podawała kawę i herbatę młodym cudzoziemcom. Siedzieli przy dwóch stolikach – wśród wielu innych stojących na planie, gdzie dekoracje miały imitować nowoczesny klub nocny. Przywitałem się, wymieniłem parę uprzejmości, a potem Lisa odciągnęła mnie na stronę.

– Jak się spisują? – spytałem, gdy zostaliśmy sami.

– Świetnie – powiedziała radośnie. – Są cierpliwi, wyluzowani i chyba dobrze się bawią. To będzie doskonałe ujęcie. Od paru tygodni wysyłasz mi bardzo dobrych ludzi. Wytwórnie są wyjątkowo zadowolone. Moglibyśmy... no wiesz, moglibyśmy do czegoś dojść, ty i ja.

– Ty to lubisz, co?

– No pewnie! – powiedziała z uśmiechem, który objął mnie ciepłem. Potem zmieniła wyraz twarzy, stała się poważna, nawet zdeterminowana – jest to ta determinacja ludzi, którzy przeżyli bardzo dużo i stracili nadzieję. Była piękna – ślicznotka z kalifornijskiej plaży w sercu zmysłowej dżungli Bombaju, dziewczyna z pomponami, która pozwoliła, żeby wykrwawiło ją uzależnienie i duszący sybarytyzm Pałacu madame Zhou. Skórę miała gładką i opaloną. Długie, kędzierzawe jasne włosy odgarnęła z twarzy i upięła w eleganckiej fryzurze, która uzupełniała jej skromny kostium w kolorze kości słoniowej. Pokonała heroinę, pomyślałem, patrząc jej w oczy. Zwyciężyła. Jest czysta. Nagle zdałem sobie sprawę, że jest też bardzo odważna i że ta jej odwaga – kiedy się już o niej wiedziało i wiedziało się, gdzie jej szukać – była równie wyczuwalna i porywająca jak drapieżna, bezosobowa groźba w oczach tygrysa.

– Podoba mi się ta fucha – powiedziała. – Podobają mi się ludzie i robota. Podoba mi się to życie. Tobie chyba też by się spodobało.

– Mnie się podobasz ty. – Uśmiechnąłem się.

Roześmiała się i wzięła mnie pod rękę. Ruszyliśmy na spacerek po studiu.

– Ten film nazywa się *Paanch Paapi* – powiedziała.

– Pięć pocałunków...

– Nie, *paapi*, nie *papi*. To gra słów. „Paapi" to złodziej, a „papi" – pocałunek. Więc tak naprawdę chodzi o „Pięciu złodziei", ale żartujemy, że to także „Pięć pocałunków", bo to komedia romantyczna. Główną rolę żeńską gra Kimi Katkar. Według mnie jest świetna. Jest nie tylko najlepszą tancerką świata, ale też piękną dziewczyną. Główną rolę męską gra Chunkey Pandey. Mógłby być dobry, tak naprawdę, gdyby tylko nie był takim cholernym dupkiem.

– Skoro już o tym mowa, miałaś jakieś problemy z Mauriziem?

– Nie odzywał się, ale martwię się o Ullę. Wczoraj znikła na cały dzień i noc. Poprzedniego wieczora zadzwonił do niej Modena i od razu pobiegła. Po raz pierwszy od wielu tygodni dał znak życia. Od tej pory nie miałam od niej żadnych wieści, a obiecała zadzwonić.

Starłem zmarszczki z czoła, w górę, ku rozczochranym włosom.

– Ulla wie, co robi – burknąłem. – Nie musisz się o nią martwić. Ja też nie. Pomogłem jej, bo mnie prosiła. Bo ją lubię. Ale zaczynam mieć dość tego układu: Ulla – Maurizio – Modena, rozumiesz? Czy Modena wspomniał coś o pieniądzach?

– Nie wiem. Może.

– No, pieniędzy nadal nie ma, i nie ma Modeny. Słyszałem na ulicy. Maurizio wszędzie go szuka. Nie zrezygnuje, dopóki go nie znajdzie. A Ulla jest nie lepsza. Sześćdziesiąt tysięcy dolców – nie aż tak wiele, ale ludzie tracili życie za mniejszą kasę. Jeśli Modena je ma, niech lepiej trzyma się z dala od Ulli, dopóki Maurizio go szuka.

– Wiem. Wiem.

Jej oczy nagle się zaszkliły strachem.

– Nie martwię się o Ullę – dodałem łagodniej. – Tylko o ciebie. Jeśli Modena wróci, powinnaś się przez jakiś czas trzymać blisko Abdullaha. Albo mnie.

Podniosła na mnie oczy, z ustami zaciśniętymi do białości na słowach, które cisnęły się na zewnątrz, ale których nie mogła lub nie chciała wypowiedzieć.

– Opowiedz mi o filmie – zaproponowałem, żeby nas wyrwać z tego czarnego, zimnego wiru, w który zmieniało się życie Lisy. – O czym jest?

– Dzieje się w nocnym klubie, a raczej w jego filmowej wersji. Bohater kradnie klejnot bogatemu politykowi – tak mi się zdaje – i ucieka tutaj, żeby się ukryć. Widzi, jak jedna dziewczyna, Kimi, wykonuje wielki numer taneczny, i zakochuje się w niej. Kiedy zjawiają się policjanci, on ukrywa klejnot w jej peruce. Dalej jest o tym, jak to usiłuje się do niej zbliżyć, żeby odzyskać klejnot.

Urwała, wpatrzona w moją twarz, jakby usiłowała rozszyfrować wyraz moich oczu.

– Chyba... chyba uważasz, że to trochę głupie.

– Nie uważam. – Roześmiałem się. – Podoba mi się. To wszystko mi się podoba. W prawdziwym życiu facet by ją po prostu pobił i zabrał klejnot. Mógłby ją nawet zastrzelić. Bollywoodzka wersja podoba mi się bardziej.

– Mnie też – odparła ze śmiechem. – Bardzo. Składają to wszystko z malowanego płótna i jakichś sklejek i... i jest tak, jakby wytwarzali marzenia czy coś w tym guście. Wiem, że mówię jak wieśniaczka, ale tak jest. Kocham ten świat i nie chcę wracać do tamtego.

– Hej, Lin! – rozległ się jakiś głos za moimi plecami. Był to Chandra Mehta, jeden z producentów. – Masz chwilę?

Zostawiłem Lisę z Niemcami i poszedłem z Chandrą pod metalowe rusztowanie, podtrzymujące rozłożystą koronę reflektorów. Producent był w czapce baseballowej, włożonej tył na przód, a ucisk jej gumki sprawił, że jego okrągła twarz zrobiła się jeszcze bardziej pyzata. Spłowiałe niebieskie levisy miał zapięte pod wystającym brzuszyskiem, a długa bluza – kurta niemal – zupełnie zakrywała je od góry. Pocił się w nieco parnej atmosferze zamkniętego planu.

– Cześć, stary. Jak leci? Chciałem się z tobą spotkać, *yaar* – mówił tonem stłumionym tajemniczością. – Wyjdźmy na dwór, złapmy trochę tlenu. Zaraz się ugotuję, *yaar*.

Szliśmy między budynkami o metalowych kopułach, a drogę przecinali nam aktorzy w kostiumach oraz robotnicy z rekwizytami i sprzętem. W pewnym momencie minęło nas dziewięć ładnych tancerek w egzotycznych kostiumach z piór. Głowa sama mi się odwróciła w ich stronę i przez jakiś czas szedłem tyłem. Chandra Mehta ledwie zaszczycił je zerknięciem.

– Słuchaj, Lin, chcę z tobą porozmawiać o... – zaczął, dotykając mojej ręki nad łokciem. – ...O takim moim przyjacielu, rozumiesz, to biznesmen, który ma mnóstwo interesów w Stanach Zjednoczonych. Ahaa, co mogę powiedzieć... Ma problem z wymianą rupii na dolary, *yaar*. Tak sobie myślę, że może byś... ktoś mi szepnął, że możesz pomóc, jeśli wymiana utyka.

– Zakładam, że ta gotówka powinna być w dolarach amerykańskich?

– Tak. – Uśmiechnął się. – Bardzo mnie cieszy, że rozumiesz.

– Jak bardzo utyka ta wymiana?

– No, myślę, że jakieś dziesięć tysięcy powinno bardzo ładnie załatwić sprawę.

Podałem mu aktualną stawkę Chalida Ansariego na dolary amerykańskie, a on zgodził się na te warunki. Umówiłem się z nim na planie następnego dnia. Miał przynieść rupie – zwitek o wiele grubszy niż równowartość w amerykańskiej walucie – w miękkim plecaku, który mógłbym odwieźć na motorze. Przybiliśmy transakcję. Z myślą o człowieku, którego reprezentowałem, panu Abd al-Kadirze Chanie, człowieku, którego imienia nie wymienił ani Mehta, ani ja, uczyniłem ten uścisk dłoni nieco bolesnym. Był to niewielki dyskomfort, lekki ucisk, ale nadał moim oczom chłód pomimo przyjaznego uśmiechu.

– Tylko nie zaczynaj, jeśli zamierzasz narozrabiać – ostrzegłem, kiedy wiadomość dotarła z jego zgniecionej ręki do oczu. – Nikt nie lubi się fatygować na darmo – a moi przyjaciele najmniej.

– Och, oczywiście, *baba*! – powiedział żartobliwie, choć nie udało mu się zgasić iskry niepokoju w spojrzeniu. – Nie będzie problemów. *Koi baht nahi!* Nie martw się! Jestem bardzo wdzięczny, że pomagasz mnie, że pomagasz... jak to wyrazić, pomagasz mojemu przyjacielowi, który ma kłopot, *yaar*.

Wróciliśmy na plan. Zastałem Lisę z drugim producentem, Cliffem De Souzą.

– Cześć, stary! Dobrze ci idzie! – powiedział Cliff na powitanie. Chwycił mnie za ramię i zaciągnął do stolika na planie. Obejrzałem się na Lisę, ale tylko uniosła ręce w geście oznaczającym: „Radź sobie sam, chłopie".

– Co się dzieje, Cliff?

– Potrzebny nam następny facet, *yaar*. Potrzebny nam facet, *gora*, żeby usiadł między tymi dwoma ślicznymi pannami.

– O nie, nie ma mowy – oparłem się, usiłując się wyrwać z jego uścisku, nie robiąc mu krzywdy. Byliśmy już przy stoliku. Dwie niemieckie turystki wstały i wyciągnęły do mnie ręce, żeby przemocą posadzić mnie między sobą. – Nie mogę tego zrobić! Nie jestem aktorem! Wstydzę się! Nie zrobię tego!

– *Na, komm schon! Hör auf!* – powiedziała jedna. – To ty nam mówiłeś wczoraj, jakie to łatwe i w ogóle, *na*?

Obie były ładne. Wybrałem ich grupę właśnie dlatego, że wszyscy w niej byli ładni i zdrowi. Ich uśmiechy wzywały mnie, żeby się przyłączyć. Zastanowiłem się, co to może oznaczać: występ w filmie, który obejrzy trzysta milionów osób w dziesięciu lub więcej krajach, podczas gdy się ukrywam i jestem najbardziej poszukiwanym zbiegiem w kraju. To była czysta głupota. To było niebezpieczne.

– A, w końcu czemu nie. – Wzruszyłem ramionami.

Cliff i pracownicy wycofali się, a ekipa zajęła miejsce na planie. Gwiazdor, Chunkey Pandey, był przystojny, muskularny, młody i pochodził z Bombaju. Widziałem go w kilku filmach, na które poszedłem z przyjaciółmi Hindusami, i z zaskoczeniem odkryłem, że w życiu jest znacznie przystojniejszy i bardziej charyzmatyczny niż na ekranie. Asystent charakteryzatora przytrzymywał przed nim lustro, podczas gdy on czesał i układał włosy. Skupione spojrzenie, które wbił w lustro, było tak czujne, że nie powstydziłby się go chirurg podczas skomplikowanej operacji.

– Przegapiłeś najlepsze – szepnęła do mnie jedna Niemka. – Facet strasznie długo uczył się ruchów tanecznych do sceny. Okropnie mu nie szło. I za każdym razem, jak się pomylił, ten mały, co ma *Spiegel*... lustro, przyskakiwał i wszyscy podziwialiśmy, jak gość od nowa układa włosy. Gdyby nakręcili, jak się myli i czesze włosy, a ten mały mu trzyma lustro, toby mieli gotową bardzo wesołą komedię.

Reżyser stanął koło operatora, pochylił się nad wizjerem kamery i rzucił ostatnie wskazówki ekipie elektryków. Na dany znak asystent reżysera zarządził ciszę na planie. Operator krzyknął, że kamera poszła.

– Łączyć! – rozkazał reżyser. – I... akcja!

Muzyka ryknęła z wielkich głośników jak na stadionie. Jeszcze nigdy w życiu nie słyszałem tak głośnej hinduskiej muzyki filmowej... i byłem zachwycony. Tancerki, a między nimi gwiazda Kimi Katkar, pląsały po rzekomej scenie. Kimi obeszła cały plan oraz tłum statystów, po czym rozkołysanym krokiem ruszyła od stolika do stolika, tańcząc i przez cały czas strojąc miny. Bohater przyłączył się do jej tańca, a kiedy pojawili się aktorzy grający policjantów – schował się pod stół. Całe ujęcie w filmie trwało tylko pięć minut, ale próby do niego trwały przez cały ranek i część popołudnia. Mój pierwszy kontakt z filmem zakończył się dwoma szerokimi przejazdami kamery, która zarejestrowała mój błogi uśmiech, gdy Kimi zatrzymała się w uwodzicielsko-rutynowym przemarszu za moim krzesłem.

Odesłaliśmy zagranicznych turystów w dwóch taksówkach, a Lisa pojechała ze mną na motocyklu. Wieczór był ciepły, więc zdjęła marynarkę i rozpuściła długie włosy. Objęła mnie w pasie i przytuliła policzek do moich pleców. Była dobrą pasażerką: taką, która poddaje się bezwarunkowemu zaufaniu i zlewa się w jedno z kierowcą. Przez cienką białą koszulę czułem jej piersi. Koszula rozchyliła mi się na wietrze, a dłoń Lisy przywarła do mojej nagiej skóry. Przy siedzeniu dla pasażera znajdował się przypięty kask, ale ona go nie włożyła. Od czasu do czasu, kiedy zatrzymywaliśmy się na światłach albo na zakręcie, powiew wiatru smagał mnie po ramieniu jej długimi, kędzierzawymi jasnymi włosami i wpychał mi je do ust. Na wargach został mi zapach kwiatów werbeny. Jej uda mnie obejmowały łagodnie, obiecując lub grożąc siłą, jaka się w nich kryła. Pamiętałem te uda, tę skórę miękką jak światło księżyca na mojej dłoni w nocy w domu Karli. A potem, kiedy stanąłem na światłach, odezwała się, jakby czytała mi w myślach:

– Co u małego?

– U małego?

– U tego chłopca, z którym wtedy przyszedłeś, pamiętasz? Do Karli.

– Wszystko dobrze. Spotkałem się z nim tydzień temu u jego wuja. Nie jest już taki mały. Szybko rośnie. Chodzi do prywatnej szkoły. Nie bardzo mu się tam podoba, ale sobie radzi.

– Tęsknisz za nim?

Światła się zmieniły i wrzuciłem bieg, dodałem gazu, żeby szybko pokonać skrzyżowanie przy urywanym warkocie silnika. Nie odpowiedziałem. Oczywiście, że tęskniłem. To był dobry chłopak. Tęskniłem za moją córką. Tęskniłem za matką i całą rodziną. Tęskniłem za przyjaciółmi, za wszystkimi, i w tych desperackich latach byłem pewien, że nigdy więcej ich nie zobaczę. Tęsknota za ludźmi, których kochałem, była dla mnie rodzajem żałoby i czymś gorszym, dużo gorszym, ponieważ – jak mi było wiadomo – oni żyli. Czasami moje serce było jak cmentarz pełen pustych nagrobków. A kiedy zostawałem sam w mieszkaniu, noc w noc, ta żałoba i tęsknota zaciskały mi gardło. Na moim stole leżały pliki banknotów, miałem świeżo sfałszowane paszporty, z którymi mogłem pojechać... wszędzie. Ale nie miałem dokąd; wszędzie czułbym brak sensu, tożsamości i miłości przez nieobecność tych, których utraciłem na zawsze.

Byłem zbiegiem. Byłem zaginiony. Zaginiony w akcji. Ale w trakcie mojej ucieczki to ja ich zgubiłem. W trakcie mego wygnania zagubiłem cały znany mi niegdyś świat. Wygnańcy usiłują wbrew samym sobie unicestwić przeszłość, a wraz z nią każdy ślad zdradzający, kim byli, skąd pochodzą i kto ich niegdyś kochał. Uciekają prosto w zatracenie, żeby przeżyć – i nigdy im się nie udaje. Możemy zaprzeczyć, że mieliśmy przeszłość, ale nie możemy uciec przed jej bólem, bo przeszłość jest jak mówiący cień, który zawsze dotrzymuje nam kroku, idzie za nami aż po grób.

Z tej różowofiołkowej palety gasnącego wieczoru wstała wokół nas granatowoczarna noc. Zanurzyliśmy się w wiatr od morża, w tunele świateł. Szata zachodu słońca zsunęła się z ramion miasta. Ręce Lisy przesuwały się po mojej twardej skórze jak morze, jak falująca, mrowiąca pieszczota morza. I przez jedną chwilę, gdy jechaliśmy razem, staliśmy się jednością: jednym pożądaniem, jedną obietnicą rozpływającą się w kompromisie, jednymi ustami smakującymi strużkę niebezpieczeństwa i rozkoszy. I coś – możliwe, że miłość albo strach – skusiło mnie do dokonania wyboru, obudziło w ogrzewającym mnie wietrze szepty: tak młody i wolny już nigdy nie będziesz.

– Lepiej już pójdę.

– Nie chcesz kawy czy czegoś? – spytała, otwierając kluczem drzwi mieszkania.

– Lepiej pójdę.

– Kawita strasznie się przejęła tym tematem, który jej dałeś, o dziewczynach ze slumsów. Tych, co zmartwychwstały. O niczym innym już nie mówi. Nazywa je „Niebieskie Siostry". Nie wiem dlaczego, ale brzmi ekstra.

Zatrzymywała mnie, zagadywała. Spojrzałem w niebo, które miała w oczach.

– Lepiej pójdę.

Dwie godziny później, w pełni przytomny, nadal czując dotyk jej warg, które całowały mnie na dobranoc, nie zdziwiłem się, słysząc dzwonek telefonu.

– Możesz przyjść tu natychmiast? – spytała, kiedy się odezwałem.

Milczałem, usiłując znaleźć taki sposób odmowy, który zabrzmiałby jak potwierdzenie.

– Usiłuję złapać Abdullaha, ale nie odpowiada – dodała i dopiero wtedy dotarł do mnie przerażony, wstrząśnięty ton jej głosu.

– Co? Co się stało?

– Mamy kłopoty... jest pewien kłopot...

– Maurizio? Coś ci grozi?

– Nie żyje – wymamrotała. – Zabiłam go.

– Jest tam ktoś?

– Ktoś? – powtórzyła nieprzytomnie.

– Czy w mieszkaniu ktoś jest?

– Nie. To znaczy tak – jest Ulla, i on, na podłodze. To...

– Słuchaj! – rozkazałem. – Zamknij drzwi na klucz. Nikogo nie wpuszczaj.

– Drzwi są wyważone – wymamrotała słabym głosem. – Wyrwał je z zawiasów.

– Dobrze. Podeprzyj je czymś – może krzesłem. Niech tak stoją, dopóki nie przyjadę.

– Ulla jest w strasznym stanie. Cholernie się... zdenerwowała.

– Wszystko będzie dobrze. Podeprzyj drzwi. Nie dzwoń już do nikogo. Z nikim nie rozmawiaj, nikogo nie wpuszczaj. Zrób dwa kubki kawy, dodaj mnóstwo mleka i cukru – po cztery łyżki cukru – i wypij razem z Ullą. I niech się napije alkoholu, jeśli trzeba. Już jadę. Będę tam za dziesięć minut. Nigdzie się nie ruszaj i zachowaj spokój.

Jadąc przez mrok, przedzierając się przez zatłoczone ulice, lawirując motorem w sieci świateł, nie czułem nic: ani strachu, ani zgrozy, ani dreszczu ożywienia. Jechałem na maksa, przy każdej zmianie biegów otwierając przepustnicę tak gwałtownie, że wskaźnik obrotomierza wyskakiwał na czerwone pole. I tak robiliśmy wszyscy, każde na swój sposób, Karla, Didier, Abdullah i ja – żyliśmy na czerwonym polu. I Lisa. I Maurizio. Wskaźnik zawsze był na czerwonym polu naszego życia.

Pewien Holender, najemnik w Kinszasie, powiedział mi, że przestaje nienawidzić samego siebie tylko wtedy, kiedy staje przed tak wielkim ryzykiem, że zaczyna działać, nie myśląc i nie czując. Wolałbym tego nie słyszeć, bo dokładnie rozumiałem, o co mu chodzi. Kiedy tej nocy jechałem, szybowałem przez mrok, ciszę mojego serca prawie można było pomylić ze spokojem.

ROZDZIAŁ 28

Podczas mojej pierwszej bójki na noże dowiedziałem się, że istnieją dwa rodzaje ludzi, którzy angażują się w konflikt grożący śmiercią: ci, którzy zabijają, żeby przeżyć, i ci, którzy żyją, żeby zabijać. Miłośnicy zabijania mogą się wdać w bójkę z największą zapalczywością i furią, ale ten, kto walczy o przeżycie, który zabija, żeby ocalić siebie, zwykle ma przewagę. Jeśli urodzony morderca zaczyna przegrywać, jego powody wszczęcia bójki bledną. Jeśli morderca z konieczności zaczyna przegrywać, jego motywacja staje się jeszcze potężniejsza. A starcia z użyciem śmiercionośnej broni, w przeciwieństwie do zwykłych bójek, wygrywa się i przegrywa z przyczyn, które pozostają, kiedy popłynie krew. Walka o ocalenie życia jest powodem lepszym i dającym większą energię niż walka o zakończenie go.

Pierwszą bójkę na noże stoczyłem w więzieniu. Jak większość więziennych bójek, zaczęła się trywialnie i zakończyła paskudnie. Moim przeciwnikiem był wysportowany, silny weteran wielu walk. Był człowiekiem, co znaczyło, że miał prawo wymuszać od słabszych więźniów pieniądze i papierosy. Budził strach w większości więźniów, a jako że nie był drobiazgowy, brał ten strach za szacunek. Ja go nie szanowałem. Brzydziłem się takimi jak on z powodu ich tchórzostwa i gardziłem nimi za okrucieństwo. Nigdy nie widziałem, żeby naprawdę silny mężczyzna żerował na słabszym. Silni nienawidzą wymuszających niemal tak samo jak wymuszający ich.

A ja byłem odpowiednio silny. Dorastałem w surowej robotniczej dzielnicy i przez całe życie walczyłem. Nikt w więzieniu o tym nie wiedział, bo nie byłem recydywistą. Zacząłem więzienną karierę jako debiutant. Co więcej, byłem intelektualistą i tak się zachowywałem i wysławiałem. Niektórzy to uszanowali, a inni się śmiali, ale żaden się mnie nie bał. Mimo to długi wyrok, który odsiadywałem – dwadzieścia lat w ciężkim więzieniu za napad z bronią w ręku – dawał większości do myślenia. Byłem czarnym koniem. Nikt nie wiedział, jak się zachowam podczas prawdziwej próby, a wielu chciało się tego dowiedzieć.

Gdy nadeszła próba, błysnęła stal i wyplułiśmy parę wybitych zębów. Zaatakował mnie w więziennej pralni, jedynym miejscu, którego nie obserwowali strażnicy patrolujący kładki pomiędzy wieżyczkami strzelniczymi. Było to coś w rodzaju nieprowokowanego ataku z zaskoczenia, w więziennym slangu znanego jako atak z zaskoku. Tamten był uzbrojony w nóż stołowy, wyostrzony z nieskończenie złośliwą cierpliwością na kamiennej podłodze celi. Ostrzem mógł bez problemu ogolić zarost lub poderżnąć gardło. Przed odsiadką nigdy nie miałem przy sobie noża i nigdy w życiu nim nie walczyłem. Ale tutaj, gdzie ataki na więźniów zdarzały się codziennie, poszedłem za radą twardych facetów, którzy przeżyli tu długie lata: „Lepiej mieć broń i jej nie potrzebować – powtarzali mi nieraz – niż potrzebować i nie mieć". Mój nóż był zrobiony z zaostrzonego metalowego szpikulca, grubego jak palec mężczyzny i trochę dłuższego od dłoni. Rękojeść była owinięta taśmą klejącą i mogłem ją przytwierdzić do dłoni, by nie zakrzywiać palców. Kiedy walka się zaczęła, tamten nie wiedział, że mam broń, ale obaj, każdy na swój sposób, spodziewaliśmy się, że ta walka zakończy się śmiercią. On chciał zabić mnie, ja byłem pewien, że muszę zabić jego, żeby przeżyć.

Popełnił dwa błędy. Pierwszym była defensywna pozycja. Rzucił się na mnie z zaskoczenia i dwoma ciosami zranił w pierś i ramię. Powinien napierać, żeby skończyć sprawę, powinien zadawać cios za ciosem, ale cofnął się i zaczął zataczać nożem małe kółka. Może spodziewał się, że się poddam – jego przeciwnicy na ogół szybko kapitulowali, w równej mierze ze strachu przed nim, jak na widok własnej krwi. Może był tak pewien zwycięstwa, że po prostu chciał się ze mną zabawić, żeby lepiej odczuć dreszczyk emocji. Niezależnie od przyczyny, stracił przewagę i przegrał z powodu tego jednego kroku w tył. Dał mi czas na wyciągnięcie noża spod koszuli i natarcie. Zobaczyłem w jego oczach zdziwienie i to był dla mnie sygnał do kontrataku.

Jego drugim błędem było to, że trzymał nóż jak szpadę, jakby to była szermierka. Człowiek trzyma nóż ostrzem do góry, kiedy chce, żeby nóż, tak jak pistolet, samym swoim widokiem załatwił sprawę. Ale nóż to, rzecz jasna, nie pistolet i to nie on walczy, lecz człowiek. Nóż ma tylko pomóc wykończyć przeciwnika. Chwytem zapewniającym zwycięstwo jest chwyt sztyletowy, z ostrzem skierowanym w dół i ściskającą rękojeść pięścią w pozycji dogodnej do zadania ciosu. Ten chwyt daje maksymalną siłę podczas ciosu skierowanego w dół, a bronią dodatkową jest pięść.

Tamten zrobił unik i przykucnął. Zaczął kreślić zamaszyste łuki z szeroko rozłożonymi ramionami. Był praworęczny. Przyjąłem postawę bokserską, ze sztyletem w prawej pięści. Zrobiłem wykrok prawą stopą, a lewą zostawiłem z tyłu, by utrzymywać równowagę. Zacząłem go przypierać do muru. Dwa razy się zamachnął, a potem rzucił się w przód. Ustąpiłem mu z drogi i zdzieliłem trzykrotnie, prawą, lewą i prawą. Jeden cios był udany. Złamałem mu nos, do oczu napłynęły mu łzy i zaćmiły widzenie. Znowu skoczył, starając się uderzyć z boku. Chwyciłem go lewą ręką za nadgarstek, wstąpiłem w wolną przestrzeń między jego nogami i zadałem mu cios w pierś. Celowałem w serce albo płuco. Nie trafiłem, ale i tak wbiłem ostrze aż po rękojeść w mięsiste ciało pod obojczykiem. Wyszło mu z pleców tuż pod łopatką.

Przyparłem go do ściany między pralką i suszarką. Ostrzem przytrzymywałem go na miejscu, lewą ręką blokowałem dłoń z nożem i usiłowałem ugryźć go w twarz lub szyję, ale tak szybko się miotał, że zdecydowałem się jednak na walnięcie z byka. Nasze głowy zderzyły się kilka razy, aż zwalił się razem ze mną na podłogę. Podczas upadku wypadł mu nóż, moje ostrze samo wyskoczyło z jego piersi. Zaczął pełznąć ku drzwiom pralni. Nie wiedziałem, czy chce uciec, czy szuka lepszej pozycji. Nie mogłem ryzykować. Głowę miałem na poziomie jego nóg. Miotając się razem z nim na podłodze, wyciągnąłem rękę i chwyciłem go za pasek. Podciągnąłem się i dwa razy dźgnąłem go w udo, raz za razem. Parę razy trafiłem w kość i poczułem wstrząs rozchodzący mi się przez rękę aż po bark. Puściłem pasek, sięgnąłem lewą ręką po jego nóż, żeby nim także zadawać mu ciosy.

Nie skomlał, muszę mu to przyznać. Ryczał na mnie, żebym przestał, krzyczał, że się poddaje: „Mam dość! Mam dość! Mam dość!" – ale nie skomlał. Przestałem i pozwoliłem mu żyć. Wstałem chwiejnie. Znowu próbował popełznąć do drzwi. Zatrzymałem go, stawiając mu but na szyi, mocno kopnąłem w skroń. Musiałem go zatrzymać. Gdyby wypełzł z pralni, kiedy ja byłem w środku, i gdyby strażnik go zobaczył, spędziłbym na bloku karnym dodatkowe pół roku albo więcej.

On leżał na podłodze i jęczał, a ja zdjąłem zakrwawione ubranie i przebrałem się w czysty komplet. Więzień przydzielony do sprzątania stał przed pralnią, uśmiechając się do nas życzliwie. Podałem mu kłąb brudnych ciuchów. Wyniósł je ukradkiem w wiadrze i wyrzucił do pieca za kuchnią. W drodze powrotnej oddałem noże innemu więźniowi, który zakopał je w więziennym ogródku. Kiedy przeciąłem wszystkie więzy z zajściem, więzień, który usiłował mnie zabić, wkuśtykał do gabinetu dyrektora więzienia i osunął się na ziemię. Zabrano go do szpitala. Nigdy więcej go nie widziałem i nigdy nie pisnął na ten temat słowa. To też muszę mu przyznać. Był bandytą i wymuszającym, chciał mnie zabić bez powodu, ale nie donosił.

Po walce, znalazłszy się samotnie w celi, obejrzałem rany. Cios w ramię przeciął gładko żyłę. Nie mogłem tego zgłosić sanitariuszowi, boby mnie skojarzono z bójką i rannym. Miałem nadzieję, że to się samo zagoi. Od lewego barku po środek piersi biegło głębokie rozcięcie. Także było gładkie i bardzo krwawiło. Na metalowej misce spaliłem dwie paczki bibułek do papierosów i wtarłem popiół w obie rany. Bolało, ale rany natychmiast się zabliźniły i krwawienie ustało.

Nigdy nikomu nie wspomniałem o tej bójce, ale wkrótce wieść się rozniosła i wszyscy dowiedzieli się, że przeżyłem próbę. Biała blizna na mojej piersi, blizna, którą ci mężczyźni codziennie widywali pod prysznicami, przypominała im o mojej gotowości do walki. Była ostrzeżeniem, tak jak jaskrawe prążki na skórze węża morskiego. Nadal ją mam, i po tylu latach jest ciągle tak samo długa i biała.

Pierwsza bójka nie była ostatnią i kiedy stałem nad trupem Maurizia Belcane poczułem te ziemne, ostre wspomnienia własnych doświadczeń z zadawaniem i przyjmowaniem ciosów. Znieruchomiał w pozycji klęczącej, twarzą w dół, z górną połową ciała na kanapie i nogami na podłodze. Na dywanie obok jego luźno zgiętej prawej ręki leżał ostry jak brzytwa sztylet. Z pleców wystawał mu wbity po czarną rękojeść kuchenny nóż, trochę na lewo od kręgosłupa, tuż pod łopatką. Nóż był długi, szeroki i ostry. Już go widywałem – w rękach Lisy, kiedy Maurizio miał niefart zjawić się w jej mieszkaniu bez zaproszenia. To było ostrzeżenie, z którego powinien był wyciągnąć wnioski. Oczywiście nigdy tego nie robimy. I dobrze, powiedziała kiedyś Karla, bo gdybyśmy wszyscy wyciągali odpowiednie wnioski po pierwszym razie, miłość stałaby się zupełnie niepotrzebna. A Maurizio wreszcie się czegoś nauczył – boleśnie, twarzą w kałuży własnej krwi. To właśnie jego Didier nazywał „mężczyzną w pełni dojrzałym". Kiedy raz z niego kpiłem, że jest niedojrzały, oświadczył, iż szczyci się i cieszy swoją niedojrzałością. W pełni dojrzały mężczyzna lub kobieta ma przed sobą ostatnie dwie sekundy życia.

Te myśli przetaczały się jedna po drugiej przez moją głowę, jak stalowe kule w ręce kapitana Queega. Oczywiście to był nóż, wspomnienie przyjmowania ciosu i zadawania go. Pamiętałem to dokładnie, każdą sekundę. Pamiętałem noże, które zadały mi rany, rozcięły moje ciało. Nadal czułem stalowe ostrza w moim ciele. Są jak płomień. Jak nienawiść. Są jak najpodlejsza myśl świata. Potrząsnąłem głową, wciągnąłem głęboki haust powietrza i znowu na niego spojrzałem.

Nóż mógł przebić płuco i dotrzeć do serca. W każdym razie wykończył go szybko. Jego ciało padło na kanapę i od tego momentu już się nie poruszyło. Wziąłem w garść jego gęste, czarne włosy i podniosłem mu głowę. Martwe oczy miał na pół otwarte, a wargi lekko odsłaniały zęby w trupim uśmiechu. Było zadziwiająco mało krwi. Kanapa wchłonęła wszystko. Będziemy musieli się jej pozbyć, usłyszałem własną myśl. Dywan nie ucierpiał nadmiernie i można go było odczyścić. Maurizio nie zdemolował pokoju. Stolik do kawy miał złamaną nogę, a zawiasy drzwi wejściowych zwisały luźno. Przeniosłem uwagę na kobiety.

Ulla miała na policzku ranę ciągnącą się niemal do brody. Oczyściłem ją i zakleiłem plastrem wzdłuż całej długości. Rana nie była głęboka i spodziewałem się, że szybko się zagoi, ale nie miałem wątpliwości, że zostanie po niej blizna. Przypadkiem ostrze opisało naturalną krzywiznę jej policzka i szczęki, dodając tylko wyrazu kształtowi jej twarzy. Ta rana miała skazić jej urodę, lecz nie unicestwić. Jednak oczy miała nienormalnie rozszerzone i oszalałe ze strachu, który nie chciał przygasnąć. Na oparciu kanapy za jej plecami wisiało *lungi*. Zarzuciłem je jej na ramiona, a Lisa dała jej słodkiego, gorącego czaju. Wzdrygnęła się, gdy przykrywałem trupa kocem. Twarz się jej ściągnęła w bolesnym grymasie i dopiero teraz się rozpłakała.

Lisa była spokojna. Miała na sobie pulower i dżinsy, strój, który tylko ktoś urodzony w Bombaju mógłby nosić w tak parną, bezwietrzną, rozprażoną noc. Pod okiem i na policzku miała siniaki. Kiedy Ulla znowu się uspokoiła, poszliśmy do drzwi, by nas nie słyszała. Lisa wzięła papierosa, pochyliła się ku mojej zapałce, a potem zaciągnęła się i po raz pierwszy, odkąd przekroczyłem próg mieszkania, spojrzała mi w oczy.

– Cieszę się, że przyszedłeś. Cieszę się, że tu jesteś. Nie miałam wyboru. Musiałam to zrobić, on...

– Przestań! – przerwałem jej brutalnie, ale mój głos był cichy i ciepły. – To nie ty go zabiłaś. To ona. Widzę to w jej oczach. Znam to spojrzenie. Nadal go dźga, to się nadal dzieje w jej głowie. Przez jakiś czas będzie miała to spojrzenie. Usiłujesz ją chronić, ale nie pomożesz jej, jeśli będziesz mnie okłamywać.

Uśmiechnęła się. Jak na te okoliczności, był to bardzo porządny uśmiech. Gdybyśmy nie stali obok trupa z nożem w sercu, uznałbym, że jest nieodparcie pociągający.

– Co się stało?

– Nie chcę, żeby ucierpiała, i tyle – powiedziała spokojnie. Uśmiech zniknął w zaciśniętej, ponurej kresce jej ust.

– Ja też nie chcę. Co się stało?

– Wpadł i rzucił się na nią z nożem. Oszalał, ześwirował. Chyba się czegoś naćpał. Wrzeszczał na nią, a ona nie mogła mu odpowiedzieć. Oszalała jeszcze bardziej niż on. Siedziałam z nią przez godzinę, zanim tu wpadł. Opowiedziała mi o Modenie. Nie dziwię się, że ześwirowała. Chodzi o to... kurwa, Lin, jest źle. Ona od tego oszalała. W każdym razie Maurizio wpadł do mieszkania jak goryl i rzucił się na nią. Był umazany krwią – chyba Modeny. Zrobiło się kurewsko strasznie. Usiłowałam skoczyć na niego z nożem. Walnął mnie w oko i rymsnęłam na tyłek. Upadłam na tę kanapę. On na mnie, i właśnie chciał mnie dźgnąć, kiedy Ulla wsadziła mu nóż w plecy. Zginął w sekundę. Przysięgam. W sekundę. Jedną. Po prostu. Patrzył na mnie, a potem go już nie było. Ona mnie uratowała.

– Według mnie to raczej ty uratowałaś ją. Gdyby cię tu nie było, to ona by klęczała przy tej kanapie z nożem w plecach.

Zaczęła trząść się i dygotać. Wziąłem ją w ramiona i przez jakiś czas tuliłem, podtrzymywałem, żeby nie upadła. Gdy znowu się uspokoiłem, zaprowadziłem ją na stołek, na którym usiadła, rozdygotana. Podzwoniłem po ludziach i znalazłem Abdullaha. Streściłem sytuację w najbardziej zwięzły z możliwych sposób. Kazałem mu się skontaktować z Hasanem Obikwą z afrykańskiego getta i sprowadzić go samochodem do mieszkania.

Stopniowo, kiedy czekaliśmy na Abdullaha i Hasana, historia zaczęła mi się układać w całość. Ullę nagle ogarnęło zmęczenie, ale nie pozwoliłem jej zasnąć. Jeszcze nie. Po jakimś czasie zaczęła mówić, dodając szczegóły do relacji Lisy, i stopniowo przejęła opowiadanie.

Maurizio Belcane poznał Sebastiana Modenę w Bombaju, gdzie obaj byli alfonsami zagranicznych prostytutek. Maurizio był jedynym synem bogatych mieszkańców Florencji, których jako dziecko stracił w katastrofie lotniczej. Zgodnie z jego relacją, którą zawsze powtarzał Ulli po pijaku, wychowali go dalecy krewni, obojętni i wymagający dyscypliny. Ledwie go tolerowali, a ich dom był pozbawiony miłości. Jako osiemnastolatek zagarnął pierwszą ratę spadku i uciekł do Kairu. W wieku dwudziestu pięciu lat przepuścił już całą fortunę rodziców. Reszta rodziny wyrzekła się go, w równym stopniu za rozrzutność jak z powodu licznych skandali, jakie znaczyły jego drogę przez Środkowy Wschód i Azję. W wieku dwudziestu siedmiu lat znalazł się w Bombaju, gdzie został alfonsem europejskich prostytutek.

Naganiaczem Maurizia w Bombaju był zahukany, ponury Hiszpan Sebastian Modena. Ten trzydziestolatek wyszukiwał i kontaktował się z bogatymi Arabami i Hindusami. Niska, wątła postura i nieśmiałe zachowanie działały na jego korzyść, bo rozpraszały lęki i podejrzliwość klientów. Brał jedną piątą sumy, której Maurizio żądał od swoich dziewczyn. Ulla sądziła, że Modenie wystarczał ten nierówny układ, w którym on odwalał prawie całą brudną robotę, a Maurizio zgarniał prawie całą kasę, ponieważ siebie uważał się za rybę – pilota, a wysokiego, przystojnego Włocha za rekina.

Wywodził się z zupełnie innych sfer niż Maurizio. Był jednym z trzynaściorga dzieci andaluzyjskich Cyganów i dorastał z przekonaniem, że jest najsłabszy w miocie. Zdobył większe wykształcenie na ulicy niż w szkole, ledwie umiał czytać i stopniowo awansował od drobnego oszusta do drobnego złodziejaszka w Turcji, Iranie, Pakistanie i Indiach. Żerował na turystach, nigdy nie brał zbyt wiele i nie zostawał za długo w jednym miejscu. Potem poznał Maurizia i przez dwa lata pracował dla niego, naganiając mu klientów i kontaktując z dziewczynami ze stajni Maurizia.

I może trwałoby tak dłużej, gdyby pewnego dnia Maurizio nie pojawił się w „Leopoldzie" z Ullą. Od pierwszego spojrzenia, powiedziała nam Ulla, stało się dla niej jasne, że Modena beznadziejnie się w niej zakochał. Nie odtrąciła go, bo jego uczucie było dla niej użyteczne. Została wykupiona z Pałacu madame Zhou i Maurizio zamierzał sobie powetować straty jak najszybciej. Rozkazał zakochanemu Modenie, by znajdował jej robotę dwa razy dziennie, codziennie, dopóki nie spłaci długu. Udręczony Modena, który uważał to za zdradę swojej miłości, namawiał partnera, by zwolnił Ullę ze zobowiązań. Maurizio odmówił i wyśmiewał Hiszpana za miłość do profesjonalistki. Powtarzał mu, że ma ją zmuszać do pracy dniem i nocą.

Ulla urwała, bo pukanie do drzwi obwieściło nadejście Abdullaha. Wysoki Irańczyk zjawił się cicho, spowity w czerń, jakby sama noc weszła do mieszkania. Powitał mnie silnym uściskiem, a Lisie skinął łagodnie głową. Podeszła i pocałowała go w policzek. Uniósł koc i przyjrzał się zwłokom Maurizia. Pokiwał głową i ściągnął w dół kąciki ust z podziwem profesjonalisty dla jednego morderczego ciosu. Opuścił koc i odmówił cicho modlitwę.

– Hasan jest zajęty. Będzie tu za godzinę – oznajmił.

– Powiedziałeś mu, o co chodzi?

– Wszystko wie – odparł, unosząc jedną brew i uśmiechając się lekko.

– Na zewnątrz spokój?

– Sprawdziłem przed wejściem. W budynku cicho, a ulica jak zawsze.

– Na razie sąsiedzi nie reagują. Lisa mówi, że wyważył drzwi jednym kopniakiem i nie było aż tak wiele wrzasków i krzyków. Kiedy przyjechałem, jakiś sąsiad puszczał głośną muzykę. Może jakaś impreza. Chyba nikt nie ma pojęcia, co zaszło.

– Musimy... musimy kogoś powiadomić! – wyrwała się nagle Ulla. Wstała, a lungi osunęło się jej z ramion. – Może... wezwiemy lekarza... albo policję...

Abdullah przypadł do niej i otoczył ramionami z zaskakującą czułością. Posadził ją i ukołysał. Przyglądałem się im trochę zawstydzony, bo sam powinienem ją utulić, i to już dawno, właśnie z taką łagodnością. Ale prawda wyglądała tak, że śmierć Maurizia rzucała na mnie cień i że się przestraszyłem. Miałem powody, żeby go zabić, a nawet pobiłem go gołymi rękami prawie na śmierć. Wszyscy o tym wiedzieli. Byłem w tym mieszkaniu, z Lisą i Ullą, wyglądało na to, że im pomagam, odpowiadam na ich wezwanie, ale wcale nie o to chodziło. Byłem tam także po to, żeby pomóc samemu sobie. Byłem tam po to, żeby się upewnić, że żadna nitka tej lepkiej pajęczyny jego śmierci nie przyklei się do mnie. I dlatego nie było we mnie łagodności, a czułość okazał irański zabójca Abdullah Tahiri.

Ulla znowu zaczęła mówić. Lisa nalała jej wódki z sokiem limonkowym. Ulla przełknęła ją wielkim haustem i ciągnęła dalej. Trochę to potrwało, bo była zdenerwowana i przestraszona. Od czasu do czasu pomijała ważne szczegóły i myliła się jej kolejność faktów, które relacjonowała tak, jak się jej przypominały, a nie w porządku chronologicznym. Musieliśmy jej zadawać pytania i zmuszać do bardziej zbornej mowy, i stopniowo dowiedzieliśmy się wszystkiego.

To Modena pierwszy spotkał się z Nigeryjczykiem – biznesmenem, który chciał kupić heroinę za sześćdziesiąt tysięcy dolarów. Przedstawił go Mauriziowi i Afrykańczyk zbyt szybko, zbyt łatwo rozstał się z pieniędzmi. Maurizio je ukradł i chciał prysnąć, ale Modena miał lepszy pomysł. Wykorzystał tę szansę, by uwolnić Ullę i pozbyć się Maurizia, którego znienawidził za zrobienie z Ulli niewolnicy. Wykradł mu pieniądze i zaszył się w kryjówce, a Nigeryjczyk wysłał do Bombaju grupę uderzeniową. Aby odwrócić od siebie uwagę Afrykańczyków, którzy płonęli uzasadnioną żądzą krwi, Maurizio podał im moje nazwisko i oznajmił, że to ja ukradłem im pieniądze. Dalszą część historii Abdullah i ja już znaliśmy.

Pomimo całego swojego tchórzostwa i strachu, że Nigeryjczycy mogą po niego wrócić, Maurizio Belcane nie mógł rzucić wszystkiego i uciec z miasta. Nie potrafił się wyzbyć żądzy mordu, którą budził w nim Modena, i zrozumiałego pożądania, które budziły w nim pieniądze. Przez wiele tygodni obserwował i śledził Ullę. Wiedział, że prędzej czy później Modena się z nią skontaktuje. Kiedy Hiszpan nawiązał kontakt, Ulla poszła na spotkanie z nim. Nieświadomie zaprowadziła szalonego Włocha do taniego hotelu w Dadarze, gdzie ukrywał się jego były wspólnik. Maurizio wpadł do pokoju, ale Modena był już sam. Ulla odeszła. Z pieniędzmi. Modena był chory. Jakaś choroba nadszarpnęła mu zdrowie. Ulla sądziła, że to mogła być malaria. Maurizio zakneblował go, przywiązał do łóżka i zaczął obrabiać sztyletem. Modena, twardszy, niż można by się spodziewać i do końca małomówny, nie zdradził, że Ulla ukrywa się w pokoju obok, parę kroków od nich – i że ma pieniądze.

– Kiedy Maurizio przestał go... kaleczyć... i wyszedł, bardzo długo zwlekałam – powiedziała Ulla ze wzrokiem wbitym w dywan, dygocząc pod kocem. Lisa siedziała u jej stóp. Łagodnie wyjęła jej szklankę z zaciśniętych palców i podała papierosa. Ulla go wzięła, ale nie zapaliła. Spojrzała Lisie w oczy i obejrzała się na Abdullaha i na mnie.

– Strasznie się bałam – powiedziała błagalnie. – Za bardzo. Po jakimś czasie weszłam i go zobaczyłam. Leżał na tym łóżku. W ustach miał szmatę. Był przywiązany, mógł poruszać tylko głową. Był cały pocięty. Twarz. Ciało. Wszystko. Tyle krwi. Morze krwi. Ciągle się we mnie wpatrywał, tak patrzył i patrzył. A ja go zostawiłam i... i... uciekłam.

– Zostawiłaś go? – szepnęła Lisa.

Ulla skinęła głową.

– Nawet go nie rozwiązałaś?

Znowu przytaknięcie.

– Jezu Chryste – warknęła Lisa gorzko. Wstała, powiodła bolesnym spojrzeniem od Abdullaha do mnie. – Tego mi nie powiedziała.

– Ulla, posłuchaj. Myślisz, że on tam może nadal być? – spytałem.

Skinęła głową po raz trzeci. Spojrzałem na Abdullaha.

– Mam w Dadarze przyjaciela – powiedział. – Gdzie jest ten hotel? Jak się nazywa?

– Nie wiem – wymamrotała. – Koło rynku. Tak w głębi, przy śmietniku. Strasznie tam śmierdzi. Nie, zaraz, przypomniałam sobie. Widziałam tę nazwę na taksówce. „Kabir". Tak. Tak się nazywa. O Boże! Kiedy wychodziłam, pomyślałam... byłam pewna, że ktoś go znajdzie i... i... i uwolni. Myślicie, że aż do teraz tam leży? Tak?

Abdullah zadzwonił do znajomego i załatwił, żeby ktoś zajrzał do hotelu.

– Gdzie pieniądze? – spytałem.

Zawahała się.

– Pieniądze, Ulla. Dawaj.

Wstała chwiejnie, wspierana przez Lisę, i poszła do sypialni. Po chwili wróciła z torbą podróżną. Podała mi ją z miną, w której walczyły dziwnie sprzeczne uczucia – kokieteria i wrogość, pół na pół. Otworzyłem torbę i wyjąłem parę paczek amerykańskich studolarówek. Odliczyłem dwadzieścia tysięcy, a resztę schowałem do torby i oddałem ją Ulli.

– Dziesięć tysięcy dla Hasana – oznajmiłem. – Pięć tysięcy za nowe paszporty i bilet do Niemiec. Pięć tysięcy na pozałatwianie spraw tutaj i znalezienie Lisie nowego mieszkania po drugiej stronie miasta. Reszta jest twoja. I Modeny, jeśli przeżyje.

Chciała odpowiedzieć, ale ciche pukanie obwieściło nadejście Hasana. Tęgi, dobrze umięśniony Nigeryjczyk wszedł i ciepło powitał mnie i Abdullaha. Jak my wszyscy, zaaklimatyzował się w upalnym Bombaju i bez śladów najmniejszego dyskomfortu nosił marynarkę z grubej serży i dżinsy w kolorze ciemnobutelkowej zieleni. Odsłonił zwłoki Maurizia, uszczypnął trupią skórę, zgiął martwe ramię i powąchał ciało.

– Mam dobry plastik – oznajmił, rzucając na podłogę grubą folię i rozwijając ją. – Musimy go całkiem rozebrać. I zdjąć wszystkie pierścionki i łańcuszki. Potrzebujemy samego człowieka. Zęby wyrwiemy później.

Odczekał, ale kiedy nie odpowiedziałem i nie zareagowałem, spojrzał na mnie i przekonał się, że patrzę na kobiety. Twarze miały zesztywniałe ze strachu.

– Może... zaprowadzisz Ullę pod prysznic – rzuciłem Lisie z ponurym uśmieszkiem. – I sama się wykąp. Nam tu trochę zejdzie.

Lisa zaprowadziła Ullę do łazienki i odkręciła wodę. Rzuciliśmy ciało Maurizia na folię i zaczęliśmy go rozbierać. Skórę miał szarawą, matową, miejscami w kolorze marmuru. Za życia był wysoki i dobrze zbudowany. Po śmierci, nagi, wydawał się chudszy, jakiś bardziej mizerny. Powinienem poczuć litość. Nawet jeśli zmarli nie budzą w nas litości, powinniśmy ją poczuć, kiedy na nich patrzymy i ich dotykamy. Litość to składowa miłości, która nie prosi o nic w zamian i dlatego każdy akt litości jest jakby modlitwą. A zmarli potrzebują modlitw. Ucichłe serce, ta pusta nawa nieoddychajacej piersi, i zgaszone świece oczu proszą o nasze modlitwy. Każdy zmarły jest jak świątynia w ruinach, a kiedy ją widzimy, powinniśmy się ulitować i odmówić modlitwę.

Ale ja się nie ulitowałem. Masz, na co zasłużyłeś, pomyślałem, i zawinęliśmy zwłoki w folię. Czułem się jak śmieć, ale te słowa pełzały mi po głowie jak śmiercionośny szept, przedzierający się przez rozgniewany tłum. Masz, na co zasłużyłeś.

Hasan zjawił się z koszem na kółkach, jakiego używa się w pralni. Trup zaczynał już sztywnieć, więc musieliśmy mu złamać nogi, żeby się zmieścił. Stoczyliśmy wózek po dwóch kondygnacjach schodów i nikt nie zwrócił na nas uwagi. Wyjechaliśmy na cichą ulicę, gdzie stała dostawcza furgonetka Hasana. Jego ludzie codziennie dowozili nią ryby, chleb, owoce, jarzyny i naftę do sklepików w afrykańskim getcie. Wywindowaliśmy wózek na tył i przysypaliśmy owinięte w plastikowy kokon zwłoki bochenkami chleba, koszami jarzyn i tacami ryb.

– Dzięki, Hasan – powiedziałem. Uścisnąłem mu dłoń i przekazałem dziesięć tysięcy dolarów. Wepchnął je do marynarki.

– Nie – odezwał się głębokim basem, który w getcie budził natychmiastowy szacunek. – Bardzo chętnie to zrobię. A teraz, Lin, między nami kwita. Dług spłacony.

Skinął głową Abdullahowi i zostawił nas. Poszedł do czekającego w połowie ulicy samochodu. Rahim wychylił się z furgonetki i błysnął do nas uśmiechem, a potem włączył silnik. Odjechał, nie oglądając się. Samochód Hasana podążył kilkaset metrów za nim. Nigdy więcej nie usłyszeliśmy ani słówka na temat Maurizia. Chodziły pogłoski, że Hasan Obikwa ma na środku swoich slumsów jamę. Niektórzy dodawali, że roi się w niej od szczurów. Inni, że od krabów. Jeszcze inni zaklinali się, że w tej jamie żyją ogromne wieprzki. Niezależnie od rodzaju trzymanych tam wygłodnialych stworzeń, wszyscy zgadzali się, że od czasu do czasu dostają na przekąskę zwłoki, po kawałku.

– Dobrze zainwestowałeś te pieniądze – mruknął Abdullah z kamienną miną, obserwując odjeżdżającą furgonetkę.

Wróciliśmy do mieszkania i naprawiliśmy drzwi na tyle, żeby można je było zamknąć. Abdullah zadzwonił do innej osoby i znalazł dwóch godnych zaufania mężczyzn, którzy mieli następnego dnia zająć się mieszkaniem. Polecono im przynieść piłę, pociąć kanapę na kawałki i wynieść w workach na śmieci. Mieli też wyczyścić dywan i zostawić mieszkanie w przyzwoitym stanie, usuwając wszelkie ślady po jego dotychczasowych lokatorach.

Odłożył słuchawkę i telefon natychmiast zadzwonił. Znajomy z Dadaru miał wiadomości. Obsługa hotelu znalazła Modenę i pośpiesznie odwiozła go do szpitala. Znajomy odwiedził go tam i dowiedział się, że chory i ciężko ranny mężczyzna wypisał się na własne życzenie. Ostatnio widziano go, jak pełnym gazem odjeżdżał taksówką. Doktor, który się nim zajmował, miał wątpliwości, czy uda mu się przeżyć tę noc.

– Dziwne – powiedziałem, kiedy Abdullah przekazał nam wieści. – Przecież znałem Modenę... może nawet dobrze go znałem. Widziałem go w „Leopoldzie"... ja wiem? Ze sto razy może. Ale nie pamiętam jego głosu. Nie pamiętam, jak brzmi jego głos. Nie potrafię go usłyszeć w głowie, jeśli mnie rozumiecie.

– Lubiłem go – oznajmił Abdullah.

– To mnie dziwi.

– Dlaczego?

– Nie wiem na pewno... Był taki... potulny.

– Byłby z niego dobry żołnierz.

Uniosłem brwi zaskoczony. W tamtych czasach Modena wydawał mi się nie tylko potulny, ale i słaby. Nie potrafiłem zrozumieć Abdullaha. Wtedy nie wiedziałem, że dobrego żołnierza określa nie to, ile cierpienia potrafi zadać, lecz ile umie ścierpieć.

A kiedy sytuacja została opanowana, kiedy Ulla wyjechała do Niemiec, a Lisa przeprowadziła się do nowego mieszkania, kiedy ostatnie pytania na temat Modeny, Maurizia i Ulli ucichły i rozpłynęły się w milczeniu, to właśnie ten tajemniczo zaginiony Hiszpan najczęściej zaczął nawiedzać moje myśli. Przez dwa następne tygodnie zrobiłem dwa przekrętowe loty do Delhi i z powrotem. Następnie wybrałem się w siedemdziesięciodwugodzinną podróż do Kinszasy i z powrotem z dziesięcioma paszportami dla siatki Abd al-Ghaniego. Usiłowałem być bez wytchnienia zajęty, skupić się tylko na pracy, ale ekran moich myśli zbyt często wypełniał obraz Modeny, przywiązanego do łóżka i wpatrzonego w Ullę, która na jego oczach wyszła, zostawiła go, odeszła z pieniędzmi. Był zakneblowany. Nie mógł krzyczeć. Co musiał pomyśleć, kiedy weszła do pokoju?... Jestem uratowany... a co musiał pomyśleć na widok jej przerażonej miny? I czy w jej oczach było coś jeszcze: wstręt lub coś straszniejszego? Czy zobaczył w nich na przykład – ulgę? Czy zobaczył, że Ulla z ulgą się go pozbędzie? I co poczuł, kiedy się odwróciła, odeszła i zostawiła go, i zamknęła za sobą drzwi?

Kiedy byłem w więzieniu, zakochałem się w pewnej kobiecie, aktorce z popularnego programu telewizyjnego. Przyszła do więzienia, żeby uczyć technik aktorskich i teatralnych w naszym kółku teatralnym. Jak to mówią, zaiskrzyło między nami. Ona była świetną aktorką, ja pisarzem. Miała wyrazisty głos i gesty. Widziałem, jak moje słowa ożywają w niej, oddychają. Porozumiewaliśmy się szyfrem znanym artystom całego świata: rytmem i uniesieniem. Po jakimś czasie powiedziała, że się we mnie zakochała. Uwierzyłem i nadal wierzę. Przez wiele miesięcy ciągnęliśmy ten romans, kradnąc strzępy czasu z zajęć aktorstwa i pisząc do siebie długie listy, które przemycałem nielegalną pocztą pantoflową.

Potem zaczęły się kłopoty i rzucono mnie – dosłownie – na blok karny. Nie wiem, jak klawisze dowiedzieli się o naszym romansie, ale wkrótce po moim przybyciu na blok zaczęli mnie przesłuchiwać w tej sprawie. Pienili się. Jej romans z więźniem, ciągnięty przez całe miesiące tuż pod ich nosem, dowodził ich braku kompetencji i, być może, męskości. Kopali mnie, bili pięściami i pałkami, usiłowali zmusić do wyznania, że byliśmy kochankami. Chcieli wykorzystać moje zeznanie w akcie oskarżenia przeciwko niej. Raz, bijąc mnie, pokazali mi jej zdjęcie. Była to gazetowa fotka, którą znaleźli w więziennym kółku aktorskim. Powiedzieli, że przestaną mnie bić, jeśli tylko skinę głową w jej stronę. Tylko skiń głową, powiedzieli, trzymając zdjęcie przed moją zakrwawioną twarzą. Jedynie kiwnij głową, tylko tyle, i będzie koniec.

Nie przyznałem się. Zachowałem jej miłość w sejfie mojego serca, choć usiłowali się do niego włamać przez skórę i kości. Potem pewnego dnia, kiedy siedziałem w celi po biciu, tamując krew zalewającą mi usta przez pękniętą kość policzkową i złamany nos, w drzwiach celi otworzył się judasz. Do środka furknął list, wylądował na podłodze. Judasz się zamknął. Podpełzłem do listu i odczołgałem się z nim na łóżko. List był od niej. Zaczynał się od „Drogi Johnie". Pisała, że poznała pewnego mężczyznę. Jest muzykiem. Przyjaciele przekonali ją, że powinna ze mną zerwać, bo odsiaduję dwadzieścia pięć lat i nie mamy wspólnej przyszłości. Tamtego nowego kocha i zamierza za niego wyjść, kiedy zakończy tournée z orkiestrą symfoniczną. Prosiła mnie o zrozumienie. Wyrażała żal, że ten list to pożegnanie, pożegnanie na zawsze i że nigdy więcej się nie spotkamy.

Moja krew skapywała na kartkę. Klawisze oczywiście przeczytali list, zanim mi go dali. Śmiali się pod drzwiami celi. Śmiali się. Słuchałem, jak usiłują uczynić z tego śmiechu zwycięstwo, i zastanawiałem się, czy ten jej nowy, ten muzyk, zniósłby dla niej tortury. Może i tak. Nigdy nie wiadomo, co w człowieku siedzi, dopóki nie zacznie się go powoli odzierać z nadziei.

I jakoś po śmierci Maurizia twarz Modeny na ekranie mojej wyobraźni, ta zakneblowana, zakrwawiona twarz o wytrzeszczonych oczach zaczęła się zlewać ze wspomnieniami miłości, którą utraciłem w więzieniu. Nie wiedziałem dlaczego: nie było żadnego konkretnego powodu, dla którego twarz Modeny miałaby się zlać z moją. Ale tak się stało i poczułem, że gęstnieje we mnie mrok, zbyt odrętwiający, by stał się smutkiem, zbyt lodowaty na wściekłość.

Chciałem go zwalczyć. Wynajdywałem sobie jak najwięcej zajęć. Pracowałem przy dwóch kolejnych bollywoodzkich filmach, grałem niewielkie rólki – jako statysta na przyjęciu i w scenie ulicznej. Spotykałem się z Kawitą, nalegałem, żeby odwiedziła w więzieniu Ananda. Od czasu do czasu spędzałem dzień w klinice w slumsach. Pomagałem Prabakerowi i Johnny'emu w przygotowaniach do ślubów. Słuchałem nauk Kadirbaja i zajmowałem się książkami, rękopisami, pergaminami i starożytnymi fajansowymi rzeźbami z bogatej prywatnej kolekcji Abd al-Ghaniego. Ale żadna praca ani zmęczenie nie zdołały wypędzić ze mnie tego mroku. Stopniowo twarz udręczonego Hiszpana i te milczące, krzyczące oczy stały się moim własnym wspomnieniem: krwią skapującą na kartkę, ciszą płynącą z moich wyjących ust. Te niewykrzyczane chwile zostają z nami, w ukrytym zakątku serca. Tam, wzorem słoni, odchodzi miłość, żeby umrzeć. I w tych samotnych nocach i dniach zmąconych myśli twarz Modeny była ze mną wszędzie, wpatrzona w drzwi.

Kiedy tak pracowałem i cierpiałem ze zgryzoty, „Leopold" zmienił się na zawsze. Tłum, który się tam zbierał, rozproszył się i zniknął. Karla odeszła. Ulla odeszła. Modena odszedł, prawdopodobnie nie żył. Mauzirio nie żył. Raz, kiedy byłem zbyt zajęty, by wpaść na drinka, minąłem szerokie łuki wejścia i nie dostrzegłem żadnej znanej mi twarzy. Tylko Didier trwał co wieczór przy swoim ulubionym stoliku, prowadząc interesy i przyjmując drinki od starych znajomych. Stopniowo zaczęli się gromadzić wokół niego nowi klienci, którzy stworzyli nowy, odmienny styl. Pewnego razu Lisa Carter przyprowadziła Kalpanę Iyer i młoda asystentka stała się stałą bywalczynią „Leopolda". Vikram i Lettie byli w ostatnim etapie przygotowań do ślubu i niemal codziennie wpadali na kawę, przekąskę albo piwo. Anwar i Dilip, dwaj młodzi dziennikarze pracujący z Kawitą Singh, dali się jej zaprosić. Przy pierwszej wizycie spotkali Lisę Carter,

Kawitę i Lettie wraz z trzema Niemkami, które pracowały dla Lisy jako statystki w filmie – siedem pięknych, inteligentnych, pełnych życia młodych kobiet. Anwar i Dilip byli zdrowi, weseli i wolni. Po tym spotkaniu można ich było spotkać w „Leopoldzie" codziennie.

Atmosfera panująca w nowej grupie była odmienna od tej, która powstała wokół Karli Saaranen. Nieporównana inteligencja i przeszywający dowcip należały do tych jej darów, które prowokowały przyjaciół do rozmów na ważniejsze tematy i żywszego śmiechu. Nowa grupa przejęła bardziej niedbały ton od Didiera, który łączył wyrazistą zjadliwość sarkazmu z tendencją do wulgaryzmów, obsceny i skatologii. Śmiech był bardziej rubaszny i być może rozbrzmiewał częściej, ale żaden żart ani żartujący nie zostawił śladu w mojej pamięci.

Potem, pewnego wieczora, nazajutrz po ślubie Vikrama i Lettie i parę tygodni po tym, jak Maurizio wylądował w jamie Hasana Obikwy, dostrzegłem w otwartym łuku wejścia Prabakera. Machał do mnie. Wstałem i wsiadłem do jego czekającej nieopodal taksówki.

– Cześć, Prabu, co jest? Świętujemy ślub Vikrama! Wczoraj ożenił się z Lettie.

– Tak, Linbaba. Przepraszam, że przeszkadzam nowym żeńcom.

– Nie szkodzi. Ich tu nie ma. Pojechali do Londynu na spotkanie z jej rodzicami. Ale co jest grane?

– Grane?

– No tak, co tu robisz? Jutro twój wielki dzień. Myślałem, że pijesz w *zhopadpatti* z Johnnym i resztą chłopaków.

– Jedynie po tej rozmowie. Wówczas odejdę – powiedział, nerwowo dłubiąc przy kierownicy. Drzwi z przodu trzymał otwarte dla lepszego przewiewu. Noc była gorąca. Na ulicy tłoczyły się pary, rodziny i samotni młodzieńcy, poszukujący chłodnego wiatru lub jakiegoś dziwowiska, które by odwróciło ich uwagę od upału. Tłum, który płynął chodnikiem przy zaparkowanych samochodach, musiał omijać otwarte drzwi taksówki. Prabaker zatrzasnął je gwałtownie.

– Wszystko w porządku?

– O tak, jestem bardzo, bardzo w porządku – powiedział. Potem na mnie spojrzał. – Nie. Nie, *baba*. Tak naprawdę, jestem bardzo nie w porządku.

– O co chodzi?

– Jakże ci wypowiedzieć tę rzecz? Linbaba, musisz wiedzieć, że jutro wychodzę za Parwati. Wiesz, *baba*, kiedy po raz pierwszy ujrzałem tę moją Parwati, było to sześć lat w tył, kiedy miała szesnaście lat jedynie. Ten pierwszy raz, kiedy po raz pierwszy przyszła do *zhopadpatti*, zanim jej tatuś Kumar otworzył sklep z czajem, mieszkała w małej chacie z mamusią, tatusiem i siostrą, tą ową Sitą, za którą wyjdzie Johnny Cygaro. I tego pierwszego dnia niosła dzban z wodą ze wspólnej studni. Niosła go na głowie.

Zamilkł, przyglądając się akwarium falującej ulicy za szybą taksówki. Skubał otulającą kierownicę gumową lamparcią skórę. Nie poganiałem go.

– A zatem – podjął – ja patrzyłem na nią, a ona niosła ten ciężki dzban i szła po owych wybojach. A ten dzban musiał być bardzo stary, a glina musiała być słaba, bo nagle się rozpękła i woda ją oblała całą. Krzyczała i krzyczała, mnóstwo. Spojrzałem na nią i poczułem...

Zamilkł i znowu spojrzał na ruchliwą ulicę.

– Współczucie? – podsunąłem.

– Nie, *baba*. Poczułem...

– Żal? Było ci jej żal?

– Nie, *baba*. Poczułem erekcję w mych spodniach, rozumiesz, kiedy penis robi się cały twardy, jak twoje myśli.

– Na Boga, Prabu! Wiem, co to erekcja! – warknąłem. – Nie dobijaj mnie. Co było potem?

– Nic nie było – powiedział ze zdziwieniem i trochę karcąco. – Jednak od tego czasu jedynie nigdy nie zapomniałem o moim wielkim, wielkim uczuciu do niej. Teraz za nią wychodzę i to wielkie uczucie jest z każdym dniem coraz bardziej wielkie.

– Nie całkiem rozumiem, do czego zmierzasz – wymamrotałem.

– Zapytuję cię, Lin – powiedział z trudem. Spojrzał mi w oczy. Łzy popłynęły mu po policzkach i skapnęły na kolana. Jego głos był jak zduszone łkanie. – Ona jest zbyt piękna. A ja jestem mężczyzną bardzo niskim i małym. Czy myślisz, że będę dobrym i seksownym mężem?

Powiedziałem Prabakerowi, siedząc w jego taksówce i patrząc na jego łzy, że to miłość czyni ludzi wielkimi, a nienawiść małymi. Powiedziałem, że mój mały przyjaciel należy do największych olbrzymów, jakich znam, ponieważ nie ma w nim ani odrobiny nienawiści. Powiedziałem, że im lepiej go poznaję, tym większy się staje, i starałem się mu wytłumaczyć, że to bardzo nieczęsta rzecz. I żartowałem z nim i śmiałem się, aż na jego łagodną okrągłą twarz powrócił ten promienny uśmiech, jak najradośniejszy uśmiech dziecka. Odjechał na swój wieczór kawalerski w slumsach i trąbił triumfalnie klaksonem, dopóki nie zniknął mi z oczu.

Noc, która do mnie przyszła długo po jego odejściu, przyniosła jeszcze większą samotność niż zwykle. Nie wróciłem do „Leopolda". W zamian ruszyłem spacerkiem po Causeway, minąłem swoje mieszkanie i ruszyłem do slumsów Prabakera przy Cuffe Parade. Znalazłem miejsce, gdzie razem z Tarikiem walczyłem z zajadłą zgrają w Noc Dzikich Psów. Została tam jeszcze mała sterta desek i kamieni. Usiadłem, zapaliłem w ciemnościach i przyglądałem się powolnej elegancji mieszkańców slumsów, wracających pylistymi ścieżkami do skupiska chat. Uśmiechałem się. Na myśl o niesamowitym uśmiechu Prabakera zawsze uśmiechałem się jakby odruchowo, jakbym patrzył na szczęśliwe, zdrowe niemowlę. Potem z migoczących latarni i zwiewnych girland dymu wyłoniła się twarz Modeny i rozwiała się, zanim przybrała ostateczny kształt. W slumsach rozbrzmiała muzyka. Idąca spacerkiem grupka młodzieńców przyspieszyła kroku i skierowała się w stronę poruszających dźwięków. Zaczął się wieczór kawalerski Prabakera. Byłem zaproszony, ale nie potrafiłem się zmusić, żeby tam pójść. Usiadłem na tyle blisko, żeby słyszeć ich radość, lecz na tyle daleko, by jej nie czuć.

Przez lata wmawiałem sobie, że to miłość dała mi siłę, kiedy strażnicy chcieli mnie zmusić, żebym zdradził aktorkę i nasz romans. Ale dzięki Modenie jakimś sposobem zrozumiałem prawdę. To nie miłość do niej zamknęła mi usta... i nie odwaga. To upór dał mi siłę, by wytrzymać: pierwotny, zakuty, ośli upór. Nie było w nim nic szlachetnego. I pomimo całej mojej pogardy dla tchórzliwych bandytów, czy i ja sam w chwilach desperacji nie stawałem się takim bandytą? Kiedy smocze pazury heroinowej słabości wbiły się w mój grzbiet, stałem się malutki, maluczki. Stałem się tak mały, że musiałem korzystać z broni. Musiałem mierzyć z pistoletu do ludzi, często do kobiet, żeby zdobyć pieniądze. Pieniądze. W czym się różniłem od Maurizia, który wymuszał pieniądze od swoich dziewczyn? A gdyby ktoś mnie zastrzelił podczas napadu, gdyby policjanci mnie zabili, tak jak wtedy tego chciałem i na co czekałem, moja śmierć spotkałaby się – i słusznie – z równie niewielkim współczuciem, jak śmierć tego szalonego Włocha.

Wstałem i przeciągnąłem się, rozejrzałem się i pomyślałem o psach, walce i odwadze tego małego chłopca – Tarika. Kiedy ruszyłem w drogę powrotną do miasta, za moimi plecami rozległ się nagły wybuch radosnego śmiechu wielu osób z przyjęcia Prabakera, a po nim grzmot oklasków. Muzyka cichła w oddali, aż stała się ulotna i nieznaczna jak każda chwila prawdy.

Idąc w mroku, przez wiele godzin sam na sam z tym miastem, wyrażałem moją miłość do niego poprzez wędrówkę, tak jak wtedy, gdy mieszkałem w slumsach. Gdy świt był już blisko, kupiłem gazetę, znalazłem kawiarnię i zjadłem obfite śniadanie. Drugi, a potem trzeci imbryk czaju wypiłem niespiesznie. Na trzeciej stronie gazety znajdował się artykuł opisujący cudowne właściwości Niebieskich Sióstr, jak zaczęto nazywać wdowę po Raszidzie i jej siostrę. Był to artykuł autorstwa Kawity Singh, publikowany w gazetach całego kraju. Kawita streszczała całą historię i zamieściła parę świadectw naocznych świadków cudownych uleczeń, które przypisywano mistycznej mocy sióstr. Pewna kobieta twierdziła, że została uleczona z gruźlicy, inna upierała się, że całkowicie wrócił jej słuch, a pewien starszy mężczyzna zapewniał, że jego nadwerężone płuca odzyskały zdrowie i moc, kiedy zaledwie dotknął rąbka ich błękitnych jak niebo szat. Kawita wyjaśniła, że siostry nie przyjęły swego przydomku z własnej woli: zawsze ubierały się w błękit, ponieważ ocknęły się ze śpiączki, śniąc taki sam sen o unoszeniu się na niebie. To ich wyznawcy nadali im ten przydomek. Artykuł kończył się relacją Kawity ze spotkania z dziewczętami i jej opinią, że są one bez wątpienia istotami niezwykłymi, a może nawet nadprzyrodzonymi.

Zapłaciłem i pożyczonym od kasjera piórem zakreśliłem artykuł paroma kółkami. Na ulicy zaczynały się już splątywać poranne strumienie dźwięków, kolorów i ruchu. Wziąłem taksówkę i ruszyłem przez ruch uliczny do więzienia Arthur Road. Po trzygodzinnym oczekiwaniu dotarłem do sali widzeń. Był to pokój przedzielony przez środek dwoma ogrodzeniami z drucianej siatki, pomiędzy którymi biegł pas pustej przestrzeni, mniej więcej dwumetrowej szerokości. Po jednej stronie stali goście, ściśnięci razem i wczepieni w druty, żeby nie stracić swoich miejsc. Za pasem, po drugiej stronie znajdowali się więźniowie, również ściśnięci i trzymający się drutów. Więźniów było około dwudziestu. Po stronie dla gości, na takiej samej przestrzeni, ścisnęło się nas czterdzieścioro. Każdy mężczyzna, kobieta i dziecko w tym podzielonym pomieszczeniu porozumiewał się krzykiem. Rozbrzmiewało tu mnóstwo języków – rozpoznałem sześć, a potem przestałem liczyć, bo po więziennej stronie otworzyły się drzwi i wszedł Anand. Przepchnął się do drutów.

– Anand! Anand! Tutaj! – krzyknąłem.

Odnalazł mnie wzrokiem i uśmiechnął się na powitanie.

– Linbaba, dobrze cię widzieć! – odkrzyknął.

– Dobrze wyglądasz, staruszku! – ryknąłem. Naprawdę dobrze wyglądał. Świetnie wiedziałem, jak trudno jest zachować dobry wygląd w takim miejscu. Wiedziałem, ile włożył w to wysiłku, codziennie oczyszczając ciało ze wszy i myjąc się zarobaczoną wodą. – Naprawdę świetnie!

– *Arrey*, ty także świetnie wyglądasz.

Nie wyglądałem świetnie. Wiedziałem o tym. Byłem znękany, dręczyły mnie wyrzuty sumienia i zmęczenie.

– Jestem... trochę zmęczony. Mój przyjaciel Vikram... pamiętasz go? Wczoraj się ożenił. Właściwie przedwczoraj. Przez całą noc spacerowałem.

– Jak się miewa Kasim Ali? Czy jest zdrów?

– Jest zdrów – powiedziałem, trochę się rumieniąc ze wstydu, że nie odwiedzałem tego dobrego i szlachetnego człowieka tak często jak niegdyś, kiedy mieszkałem w slumsach. – Patrz! Patrz na tę gazetę. Tu jest artykuł o siostrach. Jest wzmianka o tobie. Możemy go wykorzystać, żeby ci pomóc. Możemy zjednać ci współczucie, zanim twoja sprawa trafi przed sąd.

Jego pociągła, szczupła, przystojna twarz spochmurniała w grymasie, który ściągnął jego brwi w jedną krechę i zacisnął wargi w wąską linijkę.

– Nie rób tego! – krzyknął. – Ta dziennikarka, ta Kawita Singh tu była. Odesłałem ją. Jeśli znowu przyjdzie, znowu ją odeślę. Nie chcę żadnej pomocy i nie przyjmę żadnej pomocy. Chcę kary za to, co zrobiłem Raszidowi.

– Ale nie rozumiesz! Dziewczęta są teraz sławne. Ludzie uważają je za święte. Twierdzą, że potrafią czynić cuda. Tysiące wiernych przychodzą co tydzień do *zhopadpatti*. Kiedy ludzie się dowiedzą, że chciałeś im pomóc, będą ci współczuć. Dostaniesz pół tego, co byś dostał normalnie, albo jeszcze mniej.

Zdarłem sobie gardło, żeby się przebić przez otaczający mnie zgiełk. W tłoku było tak gorąco, że koszulę miałem już całą mokrą. Przywarła mi do skóry. Czy dobrze go zrozumiałem? Wydawało się niemożliwe, że odrzuca pomoc, która mogłaby zredukować karę. Bez niej jak nic dostanie piętnaście lat. Piętnaście lat w tym piekle, pomyślałem, gapiąc się przez druty na jego pochmurną twarz. Jak może odrzucać pomoc?

– Lin! Nie! – krzyknął głośniej niż dotychczas. – Zrobiłem to Raszidowi. Wiedziałem, co robię. Wiedziałem, co będzie. Siedziałem przy nim długo, zanim to zrobiłem. Dokonałem wyboru. Musi być kara.

– Ale ja muszę ci pomóc. Muszę choć spróbować.

– Nie, Lin, proszę! Jeśli odbierzesz karę, nie będzie znaczenia w tym, co zrobiłem. Nie będzie honoru. Ani dla mnie, ani dla nich. Nie rozumiesz? Zasłużyłem na karę. Stałem się swoim przeznaczeniem. Błagam cię jako przyjaciela. Proszę, nie pozwalaj im więcej o mnie pisać. Piszcie o dziewczynach. O siostrach. Tak! Ale mnie zostawcie spokój mojego przeznaczenia. Obiecujesz, Linbaba? Przysięgasz?

Zacisnąłem palce na drucie siatki. Poczułem zimny zardzewiały metal, wżerający się w kości moich dłoni. Hałas w tej drewnianej izdebce był jak nawałnica bijąca o obwisłe dachy slumsów. Z klatki do klatki przelatywały histeryczne chóralne wrzaski błagania, zachęty, podziwu, tęsknoty, smutku, rozpaczy i śmiechu.

– Przysięgnij! – powtórzył, przeszywając mnie błagającym desperackim spojrzeniem.

– Dobrze, dobrze – burknąłem, z trudem wypuszczając te słowa z więzienia gardła.

– Przysięgnij!

– Dobra! Dobra! Przysięgam. Na Boga, przysięgam... że nie będę ci pomagać.

Wtedy odetchnął i uśmiech powrócił na jego twarz, a jego uroda omal nie wypaliła mi oczu.

– Dziękuję ci, Linbaba! – krzyknął wesoło. – Proszę, nie osądzaj, że jestem niewdzięczny, lecz nie chcę, żebyś tu znowu przychodził. Nie chcę twoich wizyt. Możesz czasami zostawić dla mnie jakieś pieniądze, jeśli o tym myślisz. Ale proszę, już nie przychodź. Teraz to jest moje życie. Tu jest moje życie. Będzie mi ciężko, jeśli będziesz przychodzić. Będę myśleć o różnych rzeczach. Dziękuję ci tak bardzo i życzę ci pełnego szczęścia.

Puścił siatkę. Złożył ręce w modlitewnym geście błogosławieństwa, lekko skłonił głowę i zerwał kontakt wzrokowy. Skoro nie trzymał się siatki, znalazł się na łasce tłumu więźniów i po paru sekundach zniknął wśród rozgadanych twarzy i roztrzepotanych dłoni. Drzwi w głębi pomieszczenia, za plecami więźniów otworzyły się i Anand wymknął się na rozprażone żółte dzienne światło, z wysoko uniesioną głową i dumnie wyprostowanymi chudymi barkami.

Stanąłem na ulicy przed więzieniem. Włosy miałem przepocone, ubranie mokre. Mrużąc oczy, spojrzałem na rojną ulicę, spróbowałem się zmusić, by uczestniczyć w jej sprawach i pośpiechu, by nie myśleć o Anandzie w tym długim pomieszczeniu z nadzorcami, z Wielkim Rahulem, z głodem, biciem i rojącym się robactwem. Tego wieczora miałem się znaleźć na podwójnym weselu Prabakera i Johnny'ego Cygaro, przyjaciół Ananda. Tego wieczoru Anand miał lec na kamiennej posadzce, na trzęsącym się od wszy posłaniu wraz z setką innych więźniów. I tak noc w noc przez piętnaście lat.

Taksówką pojechałem do siebie i stanąłem pod gorącym prysznicem, który wypalił z mojej skóry wspomnienie rojącego się, gryzącego robactwa. Zadzwoniłem do Chandry Mehty, by domówić sprawę tancerek wynajętych na ślub Prabakera. Potem zadzwoniłem do Kawity Singh i powiedziałem, że Anand nie życzy sobie kampanii w jego sprawie. Chyba jej ulżyło. Było jej go żal i od początku obawiała się, że kampania zawiedzie, a jego zmiażdży ciężar zawiedzionej nadziei. Cieszyła się też, że dał błogosławieństwo jej artykułom o Niebieskich Siostrach. Te dziewczyny ją fascynowały; znalazła filmowca-dokumentalistę, który był gotów odwiedzić je w slumsach. Chciała porozmawiać o tym projekcie i słyszałem w jej głosie radosny entuzjazm, ale przerwałem jej i obiecałem, że jeszcze zadzwonię.

Wyszedłem na mój balkonik i wystawiłem nagą pierś na pieszczotę dźwięków i zapachów miasta. Na dziedzińcu na dole trzej młodzi mężczyźni ćwiczyli kroki tańca, który skopiowali z bollywoodzkiego filmu. Śmiali się przy każdej pomyłce i wiwatowali, kiedy wreszcie zdołali wykonać cały układ bez jednego błędu. Na innym podwórku jakieś kobiety przykucnęły blisko siebie, myjąc talerze małymi strzępkami włókna kokosowego i długą sztabą mydła w koralowym kolorze. Słyszałem ich śmiechy i piski, kiedy nawzajem gorszyły się plotkami i sardonicznymi uwagami na temat szczególnych nawyków mężów sąsiadek. Potem podniosłem wzrok i w oknie naprzeciwko ujrzałem starszego mężczyznę. Nasze spojrzenia się spotkały. Uśmiechnąłem się. Obserwował mnie, tak jak ja obserwowałem ludzi w dole. Zakołysał głową na boki i odpowiedział szczęśliwym uśmiechem.

I tak było dobrze. Ubrałem się i wyszedłem. Ruszyłem w obchód po punktach zbiórki czarnorynkowej waluty, zajrzałem do fabryczki paszportów Abd al-Ghaniego, dokonałem inspekcji w grupie przemytników złota, którą zrestrukturyzowałem w imieniu Kadira. Przez te trzy godziny popełniłem z trzydzieści lub więcej przestępstw. I uśmiechałem się, kiedy ludzie uśmiechali się do mnie. W razie konieczności robiłem straszną minę, na której widok ludzie cofali się i spuszczali oczy ze strachu. Chodziłem jak *goonda*, wstawiałem gadkę w trzech językach. Wyglądałem dobrze. Wykonywałem swoją robotę. Zarabiałem i ciągle byłem na wolności. Ale w ciemni gdzieś głęboko w mojej głowie wyłaniał się kolejny wizerunek – wizerunek Ananda ze złożonymi dłońmi i promiennym uśmiechem, który stał się błogosławieństwem i modlitwą.

Wszystko, czego się doświadcza – dotykiem, smakiem, wzrokiem czy nawet myślą – wywiera na człowieka jakiś wpływ. Niektóre sprawy, na przykład ćwierkanie ptaka, który przefruwa wieczorem koło domu, albo widok kwiatu, dostrzeżonego kątem oka, wywierają wpływ tak nieznaczny, że nie można go określić. Inne, jak triumfy i zawody sercowe, i niektóre obrazy, na przykład własny obraz odbity w oczach człowieka, któremu właśnie zadało się cios, wchodzą do tajnej galerii i zmieniają twoje życie na zawsze.

Ten ostatni obraz Ananda podczas naszego ostatniego spotkania miał na mnie dokładnie taki wpływ. To nie współczucie do niego odczułem tak dotkliwie, choć naprawdę współczułem mu tak, jak może współczuć tylko ktoś, kto zna okowy. I nie wstyd, choć wstydziłem się z całego serca, że nie słuchałem, kiedy po raz pierwszy usiłował mi opowiedzieć o Raszidzie. To było coś innego, coś tak dziwnego, że dopiero po latach zrozumiałem to w pełni. To zazdrość wypaliła ten obraz w moim umyśle. Zazdrościłem Anandowi, kiedy się odwrócił i ruszył wyprostowany, z uniesioną głową, w długie lata cierpienia. Zazdrościłem mu spokoju i odwagi, i tego idealnego zrozumienia samego siebie. Kadirbaj powiedział niegdyś, że jeśli komuś zazdrościmy z jak najbardziej słusznych przyczyn, jesteśmy w połowie drogi do mądrości. Mam nadzieję, że tu akurat się mylił. Mam nadzieję, że prawdziwa zazdrość zabiera cię znacznie dalej, bo od tamtego dnia przy siatce minęło całe życie, a ja nadal zazdroszczę Anandowi tego spokojnego przymierza z przeznaczeniem i pragnę go z całego niedoskonałego i gorliwie dążącego do poprawy serca.

ROZDZIAŁ 29

Oczy wygięte jak miecz Perseusza, jak skrzydła szybujących jastrzębi, jak wydęte krawędzie muszli, jak eukaliptusowe liście w lecie – indyjskie oczy, oczy tancerek, najpiękniejsze oczy świata patrzyły uważnie, w surowym skupieniu w lustra w rękach służących. Tancerki, które wynająłem, by zatańczyły na ceremonii zaślubin Johnny'ego i Prabakera, były już w kostiumach ukrytych pod skromnymi szalami. W herbaciarni przy wejściu do slumsów, z której z tej okazji wygoniono klientów, po raz ostatni poprawiały fryzury i makijaż, z profesjonalną biegłością pomimo ożywionego szczebiotu. Zawieszona w drzwiach bawełniana zasłona była na tyle przejrzysta, że złote światło lampy ukazywało podniecająco niewyraźne cienie, rozpalające płomienne pożądanie w wielu tych, którzy tłumnie zebrali się na dworze. Ja stałem na straży i odpędzałem ciekawskich.

W końcu uznały, że są gotowe, a ja odgarnąłem bawełnianą zasłonę. Dziesięć tancerek z zespołu wytwórni filmowej wyłoniło się na światło dzienne. Były w tradycyjnych obcisłych bluzeczkach czoli i sari. Ich stroje były cytrynowe, rubinowe, metalicznie niebieskie, szmaragdowe, różane jak zachód słońca, złote, królewsko purpurowe, srebrne, kremowe i pomarańczowe. Ich klejnoty – ozdoby we włosach i warkoczach, kolczyki w uszach i nosie, naszyjniki, łańcuszki zwisające ze staników, bransolety na rękach i nogach – krzesały takie iskry światła z latarni i żarówek, że wszyscy mrugali i odwracali wzrok. Na każdej masywnej bransolecie na stopie znajdowały się setki maleńkich dzwoneczków, a kiedy tancerki ruszyły powolnym, rozkołysanym krokiem w ucichłym, pełnym uwielbienia tłumie, tylko syczący brzęk tych srebrnych dzwoneczków znaczył ich kroki. Zaczęły śpiewać:

Aaja Sajan, Aaja
Aaja Sajan, Aaja

Przybądź, kochanku, przybądź
Przybądź, kochanku, przybądź

Tłum, który szedł przed nimi i wokół nich, ryknął z aprobatą. Oddział małych chłopców biegł po wyboistej ścieżce daleko przed dziewczętami i usuwał im spod nóg kamienie i patyki, a ścieżkę zamiatał miotłami z liści palmowych. Inni młodzieńcy szli obok tancerek i wachlowali je wielkimi wachlarzami w kształcie gruszki z cienkiej, plecionej trzcinki. Jeszcze dalej do ślubnej estrady zbliżali się cicho wynajęci przeze mnie muzycy w czerwono-białych uniformach. Prabaker i Parwati siedzieli po jednej, a Johnny Cygaro i Sita po drugiej stronie podestu. Rodzice Prabakera, Kishan i Rukhmabaj, przybyli na tę okazję z Sunderu. Zamierzali spędzić w mieście cały miesiąc i zamieszkać w slumsach, w chacie obok Prabakera. Siedzieli przed podestem, obok Kumara i Nandity Pataków. Pomiędzy nimi znajdował się ogromny wizerunek kwiatu lotosu, a nad ich głowami wisiały kolorowe światełka niczym świecące pnącza.

Kiedy tancerki powoli weszły na scenę, wyśpiewując pieśń miłości, zatrzymały się jednocześnie i tupnęły. Obróciły się w miejscu, w idealnym unisonie, zgodnie z ruchem wskazówek zegara. Ich ręce falowały z wdziękiem łabędziej szyi. Dłonie i palce wirowały niczym jedwabne szarfy na wietrze. Potem nagle tupnęły trzykrotnie i muzycy rozpoczęli dziką, porywającą wersję najbardziej popularnej w tym miesiącu piosenki z filmu. I wśród radosnych okrzyków każdego żywego stworzenia w okolicy dziewczęta zaczęły tańcem wyrażać milion marzeń.

Wiele z tych marzeń było także moimi. Wynająłem tancerki i muzyków, nie wiedząc, jak będzie wyglądać ich występ. Chandra Mehta mi ich polecił i zapewnił, że zawsze sami układają sobie program. Ta pierwsza czarnorynkowa transakcja, którą przeprowadziłem z Mehtą – dziesięć tysięcy amerykańskich dolarów – zaowocowała czarnym owocem. Dzięki niemu poznałem innych filmowców, którzy potrzebowali złota, dolarów i dokumentów. W ciągu minionych miesięcy coraz częściej odwiedzałem wytwórnie, a zyski Kadirbaja stale rosły. Ten układ działał w obie strony; dla filmi, jak ich nazywano w Bollywoodzie, pośrednie kontakty na bezpieczną odległość ze sławnym mafijnym donem były obłędnie interesujące, a i sam Chan nie był nieczuły na urok filmowego światka. Kiedy na dwa tygodnie przed ślubem Prabakera zwróciłem się do Chandry Mehty o pomoc przy zorganizowaniu tancerek, zapewne wydało mu się, że Prabaker jest jakimś ważnym osiłkiem z obstawy Kadirbaja. Dołożył specjalnych starań i nie szczędził czasu, by wszystko załatwić; wybrał każdą tancerkę z osobna, biorąc pod uwagę jej umiejętności i zgranie z zespołem najlepszych muzyków wytwórni. Pokaz, kiedy wreszcie go ujrzeliśmy, zadowoliłby kierownika najbardziej wyuzdanego nocnego klubu w mieście. Zespół odegrał dziesięć największych filmowych hitów, a dziewczęta tańcem i śpiewem nadały uwodzicielskie i erotyczne podteksty każdej frazie. Niektórzy z tysięcy sąsiadów i gości poczuli przyjemne zgorszenie, lecz większości ta swoboda przypadła do gustu – a już na pewno Prabakerowi i Johnny'emu. A ja, po raz pierwszy widząc, jak lubieżne mogą być nieocenzurowane wersje tańca, zyskałem nowe zrozumienie subtelniejszych gestów, które tak często widywałem na hinduskich filmach.

W prezencie ślubnym dałem Johnny'emu Cygaro pięć tysięcy amerykańskich dolarów. Dla niego było to dosyć, by kupić tę małą chatkę w slumsach Navy Nagar, niedaleko miejsca jego poczęcia. Slumsy Nagar były uznawane przez władze i zakupienie w nich chaty oznaczało koniec lęku przed eksmisją. Miałby bezpieczny dom, w którym mógłby nadal pracować jako nieoficjalny księgowy i doradca podatkowy wielu setek robotników i drobnych przedsiębiorców z okolicznych slumsów.

Moim prezentem dla Prabakera było prawo własności do taksówki. Właściciel niewielkiej floty taksówek sprzedał mi samochód po zaciekłych targach na śmierć i życie. Zapłaciłem za dużo za samochód i jego papiery, ale te pieniądze nie miały dla mnie znaczenia. Były brudne, a brudne pieniądze przeciekają przez palce szybciej niż legalne, zarobione ciężką pracą. Jeśli nie szanujemy sposobu, w jaki je zarobiliśmy, pieniądze nie mają wartości. Jeśli nie możemy dzięki nim pomóc naszym rodzinom i bliskim, nie mają znaczenia. Mimo to, z szacunku dla tradycji, na koniec transakcji przekląłem właściciela floty taksówek najbardziej wyrafinowanym i ohydnym z hinduskich biznesowych przekleństw – „Obyś miał dziesięć córek i oby wszystkie dobrze wyszły za mąż!" – gdyż tyle posagów może zrujnować nawet najbogatszego.

Prabaker ucieszył się z prezentu tak bardzo, że jego poważna poza, przybrana do odegrania roli godnego pana młodego, prysła po jednym radosnym wrzasku. Zerwał się na równe nogi i odtańczył parę rozkołysanych figur swojego seksownego tańca, po czym powaga chwili znowu go ogarnęła i zmusiła do zajęcia miejsca u boku panny młodej. Dołączyłem do gęstego, wirującego kręgu mężczyzn przed podestem i tańczyłem, aż cienka koszula przykleiła mi się do pleców jak wodorost.

Tej nocy, wracając do siebie, uśmiechałem się na myśl o tym, jak odmienne było wesele Vikrama. Na dwa dni przed ślubem Prabakera i Johnny'ego z siostrami Vikram ożenił się z Lettie. Pomimo namiętnego, a czasem gwałtownego sprzeciwu rodziny, Vikram wolał ślub cywilny. Na łzy i błagania bliskich miał jedną odpowiedź: to nowoczesne Indie, *yaar*. Niektórzy bliscy nie potrafili się pogodzić z kresem marzeń o tradycyjnym, wspaniale skomplikowanym hinduskim obrządku, który od dawna mu zaplanowali. W końcu tylko jego siostra i matka dołączyli do małego kręgu przyjaciół Lettie i przyglądały się, jak młodzi obiecują sobie miłość i szacunek do końca swych dni. Nie było muzyki, kolorów i tańca. Lettie miała na sobie ciemnozłoty kostium i złoty słomkowy kapelusz o szerokim rondzie, przybrany organdynowymi różami. Vikram wystąpił w czarnym płaszczu do połowy łydki, czarno-białej brokatowej kamizelce, czarnych spodniach ze srebrnym haftem i ukochanym kapeluszu. Ceremonia zakończyła się po paru minutach, a potem Vikram i ja niemal zanieśliśmy jego zrozpaczoną matkę do samochodu.

Następnego dnia po ślubie odwiozłem Vikrama i Lettie na lotnisko. Zamierzali powtórzyć ceremonię w Londynie, w obecności rodziny Lettie. Kiedy Lettie mówiła matce przez telefon, o której przybędzie ich samolot, Vikram wykorzystał tę chwilę na rozmowę od serca.

– Dzięki za podrasowanie paszportu, stary – powiedział z uśmiechem. – Ten incydent z prochami w Danii, mała rzecz, ale jednak, *yaar*.

– Żaden problem.

– I za dolary. Dałeś nam cholernie dobrą stawkę. Wiem, że potraktowałeś nas wyjątkowo i jakoś ci się zrewanżuję, jak wrócimy.

– W porządku.

– Wiesz, Lin, powinieneś się ustatkować. Serio. Nie chcę się wcinać ani nic, ale mówię to jak przyjaciel, który kocha cię jak brata. Zmierzasz w przepaść, stary. Mam złe przeczucie. I... i myślę, że powinieneś się ustatkować. Jakoś.

– Ustatkować.

– No. W tym cały haczyk, *yaar*.

– Jaki haczyk?

– O to się toczy ta cholerna gra. Jesteś mężczyzną. Mężczyzna musi tak zrobić. Nie chcę się wtrącać w twoje osobiste sprawy, ale trochę smutne, że sam tego nie rozumiesz.

Roześmiałem się, ale on był poważny.

– Lin, mężczyzna musi znaleźć dobrą kobietę, a kiedy ją znajdzie, musi zdobyć jej miłość. A potem szacunek. Potem musi zyskać jej zaufanie. A jeszcze potem musi, no wiesz, robić to do końca życia. Aż do śmierci. O to chodzi. To najważniejsza rzecz na świecie. Po to istnieje mężczyzna, *yaar*. Mężczyzna jest prawdziwym mężczyzną, kiedy zdobędzie miłość dobrej kobiety, zasłuży na jej szacunek i nie utraci jej zaufania. Jeśli tego nie osiągnąłeś, nie jesteś mężczyzną.

– Powiedz to Didierowi.

– Nie, stary, ciągle nie łapiesz. Didiera to też dotyczy, ale on musi znaleźć dobrego faceta, którego pokocha. To dotyczy nas wszystkich. Usiłuję ci wyklarować, że znalazłeś dobrą kobietę. Już ją znalazłeś. Karla jest dobra, człowieku. I zasłużyłeś, kurwa, na jej szacunek. Powiedziała mi to parę razy, stary – o cholerze i tej reszcie w *zhopadpatti*. Po prostu zwaliłeś ją z nóg tą działalnością Czerwonego Krzyża. Ona cię szanuje! Ale nie masz jej zaufania. Ty jej nie ufasz, bo nie ufasz sam sobie. I boję się o ciebie, stary. Bez dobrej kobiety taki gość jak ty – jak ty i ja – po prostu prosi się o kłopoty, *yaar*.

Lettie podeszła do nas. Ponura natarczywość jego spojrzenia zgasła, zmiotła ją miłość.

– Ogłaszają nasz lot, Lin, kochanie moje – powiedziała. W jej uśmiechu było więcej smutku, niż się spodziewałem – i przez to był dziwnie bolesny. – Lepiej już idźmy. Masz. Chcę ci to dać, od nas obojga.

Podała mi złożony pasek czarnego materiału, mniej więcej metrowej długości i szerokości dłoni. Rozchyliłem go i zobaczyłem w środku małą kartkę.

– To opaska na oczy – wyjaśniła. – No wiesz, z pociągu, wtedy na dachu, kiedy Vikram mi się oświadczył. Chcemy, żebyś to zachował... na pamiątkę. A na tej kartce jest adres Karli. Napisała do nas. Jest ciągle w Goa, ale w innej części. Wiesz, tak na wypadek gdyby cię to interesowało. Do widzenia, kochanie. Uważaj na siebie.

Odprowadziłem ich wzrokiem. Cieszyłem się ich szczęściem, ale praca u Kadira i przygotowania do ślubu Prabakera zajmowały mnie zanadto, żebym się zastanawiał nad radą Vikrama. Potem odwiedziny u Ananda – ostatnie – zepchnęły głos Vikrama jeszcze głębiej w chór rywalizujących ze sobą przemówień, ostrzeżeń i opinii. Ale kiedy w noc po ślubie Prabakera siedziałem samotnie w swoim mieszkaniu, kiedy wyjąłem z kieszeni karteczkę i czarną opaskę, przypomniałem sobie każde jego słowo. Popijałem drinka i paliłem papierosy w ciszy tak absolutnej, że słyszałem szmer miękkiego materiału w palcach. Uwodzicielskie, obwieszone klejnotami tancerki zostały odprowadzone do autobusu i nagrodzone odpowiednim napiwkiem. Prabaker i Johnny zawiedli swoje żony do taksówek, które miały ich zawieźć do skromnego, lecz wygodnego hotelu na przedmieściach. Tam mieli poznawać przez dwie noce radości prywatnej miłości, zanim wrócą do slumsowej miłości publicznej. Vikram i Lettie byli już w Londynie i przygotowywali się do powtórzenia przysiąg, które dla mojego ogarniętego kowbojską obsesją przyjaciela znaczyły wszystko. A ja siedziałem w fotelu, ubrany, samotny, i nie ufałem jej, jak powiedział Vikram, bo nie ufałem sobie. I wreszcie, kiedy zapadłem w sen, karteczka i opaska wyśliznęły mi się z palców.

Przez trzy tygodnie usiłowałem złagodzić samotność, którą te trzy szczęśliwe małżeństwa obudziły w moim sercu, biorąc każdą robotę, jaka mi się trafiła, i zawierając każdą możliwą transakcję. Raz poleciałem z paszportami do Kinszasy, gdzie zatrzymałem się, zgodnie z instrukcją, w hotelu „Lapierre". Była to niemal melina, dwupiętrowa, w zaułku równoległym do długiej głównej ulicy Kinszasy. Materac był czysty, ale podłoga i ściany wyglądały, jakby je zbito z desek używanych trumien. Ten trupi smród był wszędzie, a wilgoć napełniała mi usta ponurymi, nieznanymi smakami. Odpalałem jednego gitane'a od drugiego i wlewałem w siebie litry belgijskiej whisky, żeby ich nie czuć. Po korytarzach chodziły szczurołapy z workami, w których rzucały się tłuste szczury. W szufladach komody rządziły karaluchy, więc ubranie i przybory toaletowe oraz inne przedmioty osobistego użytku powiesiłem na haczykach i grubych, wygiętych gwoździach, powbijanych w każdą zdolną je przyjąć powierzchnię.

Podczas pierwszej nocy z płytkiego snu wyrwały mnie strzały na korytarzu za moimi drzwiami. Usłyszałem odgłos padającego ciała, a potem człapanie i szuranie, jakby ktoś ciągnął po drewnianej podłodze jakiś ciężar. Chwyciłem nóż i uchyliłem drzwi. W drzwiach trzech innych pokoi także stali mężczyźni, podobnie jak ja zaalarmowani odgłosami. Wszyscy byli Europejczykami. Dwaj trzymali pistolety, jeden nóż podobny do mojego. Spojrzeliśmy na siebie, a potem na smugę krwi, ciągnącą się po korytarzu i niknącą nam z oczu. Jak na jakiś niewidoczny sygnał, wszyscy bez słowa zamknęliśmy drzwi.

Kiedy po Kinszasie wybrałem się z misją na Mauritius, hotel tego wyspiarskiego państwa stanowił przyjemny kontrast. Nazywano go „Mandarin", a znajdował się w Curepipe. Pierwotnie zbudowano go jako miniaturkę szkockiego zamku. Wieżyczki nasuwały natrętne skojarzenie, zwłaszcza na tle angielskiego ogrodu z zawiłym podjazdem. Jednak wewnątrz budynku gość wkraczał w szał chińskiego baroku, dzięki chińskiej rodzinie nowych właścicieli hotelu. Usiadłem pod wielkimi, ziejącymi ogniem smokami i w blasku papierowych lampionów zjadłem brokuły po chińsku z groszkiem, szpinak z czosnkiem, smażoną fasolkę szparagową i grzyby w czarnym sosie sojowym, a za oknami rozciągał się widok murów zamkowych, gotyckich łuków i strzyżonych krzaków.

Pojawił się mój kontakt – dwaj mieszkający na Mauritiusie Hindusi z Bombaju. Przyjechali żółtym bmw, tak jak się umówiliśmy. Usiadłem z tyłu i jeszcze nie zdążyłem się dobrze przywitać, gdy ruszyli z piskiem opon i prędkością, która wbiła mnie w siedzenie. Przez piętnaście strasznych minut pruliśmy po czarnych drogach, czterokrotnie przekraczając limit prędkości, a potem zatrzymaliśmy się w cichym, pustym zagajniku. Przegrzany samochód zaczął stygnąć z cichymi brzękami i stukami. Obaj mężczyźni mocno pachnieli rumem.

– Dobra, zobaczmy te papiery – powiedział jeden, odwracając się do mnie.

– Nie mam – warknąłem przez zaciśnięte zęby.

Spojrzeli na siebie, a potem na mnie. Kierowca podniósł lustrzane okulary i odsłonił oczy, które wyglądały, jakby przez całą noc marynował je w szklance słodowego octu.

– Nie masz?

– Nie. Usiłowałem to wytłumaczyć, kiedy jechaliście... tutaj, nie wiem, gdzie jesteśmy... ale ciągle mówiliście: wyluzuj, wyluzuj. I nie słuchaliście mnie. I co, już jesteście wyluzowani? Tak?

– Nie jestem wyluzowany – powiedział pasażer.

Widziałem siebie w jego okularach. Nie byłem zadowolony.

– Idioci! – warknąłem i przerzuciłem się na hindi. – Omal nie straciliśmy życia na darmo! Jechaliście jak walnięty durny bombajski taksówkarz z policją na ogonie! Paszporty są w siostrojebnym hotelu. Schowałem je, bo chciałem najpierw sprawdzić was, matkojebcy. Teraz sprawdziłem tylko tyle, że obaj jesteście głupsi od dwóch pcheł na jajach sparszywiałego psa!

Pasażer uniósł okulary i obaj uśmiechnęli się tak szeroko, na ile pozwolił im kac.

– Gdzieś się tak nauczył mówić w hindi, do kurwy nędzy? – spytał kierowca. – Kurewsko świetnie, *yaar*. Mówisz jak normalny bombajski siostrojebca. Fantastycznie, *yaar*!

– Cholernie efektowne, stary – zgodził się jego przyjaciel, kołysząc głową z podziwem.

– Chcę zobaczyć pieniądze – warknąłem.

Parsknęli śmiechem.

– Pieniądze – powtórzyłem. – Zobaczyć chcę.

Pasażer podniósł torbę, którą trzymał w nogach, i otworzył. Zobaczyłem liczne pliki gotówki.

– Co to za gówno?

– Pieniądze, bracie?

– To nie pieniądze – oznajmiłem. – Pieniądze są zielone. Na pieniądzach jest napisane „In God We Trust". Na pieniądzach są portrety amerykańskich umarlaków, bo pieniądze pochodzą z Ameryki. To nie są pieniądze.

– To mauritiańskie rupie, bracie – obraził się pasażer, demonstrując zranione uczucia.

– I można nimi płacić wszędzie, gdzie się chce, byle tylko nie wyjeżdżać z Mauritiusa – zaszydziłem, przywoławszy wszystkie nauki na temat wymienialnych i niewymienialnych walut z czasów nauki u Chalida Ansariego. – To jest waluta niewymienialna.

– Wiem, oczywiście, *baba*. – Kierowca się uśmiechnął. – Tak się umówiliśmy z Al-Ghanim. Na razie nie mamy dolarów. Wszystkie zamrożone w innych transakcjach. Więc płacimy mauritiańskimi rupiami. Możesz je wymienić na dolary w drodze do domu, *yaar*.

Westchnąłem, odetchnąłem powoli i zmusiłem się do spokoju, choć po głowie hulała mi mała trąba powietrzna. Wyjrzałem przez okno. Zatrzymaliśmy się jakby w zielonym leśnym pożarze. Wszędzie dokoła wysokie rośliny, zielone jak oczy Karli, falowały i drżały na wietrze. Poza tym, jak okiem sięgnąć, nie było nikogo i niczego.

– Czyli na czym stoimy? Mamy dziesięć paszportów po siedem tysięcy dolców sztuka. To razem daje siedemdziesiąt tysięcy. Zgodnie z kursem dolara wynoszącym, powiedzmy, trzydzieści mauritiańskich rupii, to by było nie mniej niż dwa miliony sto tysięcy rupii. To dlatego ta torba jest taka wielka. A teraz, przepraszam za swoją tępotę, panowie, gdzie do kurwy nędzy mam legalnie wymienić dwa miliony rupii na dolary?

– To nie problem – powiedział szybko kierowca. – Mamy swojego człowieka. Pierwszorzędny gość. On się wszystkim zajmie. To już załatwione.

– Dobrze. – Uśmiechnąłem się. – To jedźmy do niego.

– Pojechać będziesz musiał sam – rzekł pasażer, zaśmiewając się radośnie. – On jest w Singapurze.

– W Singa-kurwa-purze? – ryknąłem i trąba powietrzna w mojej głowie znowu się zakręciła.

– Tylko się nie unoś, *yaar* – powiedział łagodnie kierowca. – Wszystko załatwione. Abd al-Ghani powiedział, że luz. Dziś zadzwoni do ciebie do hotelu. Masz, weź tę wizytówkę. Jak w drodze powrotnej wpadniesz do Singapuru – dobra, dobra, Singapur nie jest tak dokładnie po drodze, ale skoro musisz tam polecieć, no to przecież to jest droga powrotna, nie? Więc jak wpadniesz do Singapuru, spotkasz się z tym gościem. On ma legalny kantor. To człowiek Kadira. Wymieni ci te wszystkie rupie na dolary i będzie luz. Nie ma problemu. I nawet coś ci skapnie. Zobaczysz.

– Dobrze. – Westchnąłem. – Wracajmy do hotelu. Jeśli Al-Ghani to potwierdzi, to umowa stoi.

– Do hotelu – powiedział kierowca i nasunął okulary na czarne tarcze swoich tęczówek.

– Do hotelu! – powtórzył pasażer i żółty exocer śmignął znowu po krętych drogach.

Podróż przez Singapur przeszła bez wpadki, a z klęski na Mauritiusie wynikły dwa niespodziewane zyski. Nawiązałem nowy, cenny kontakt z właścicielem kantoru w Singapurze – Hindusem z Madrasu, Shekkim Ratnamem – i przeszedłem pierwszą próbę pomyślnego przemytu wolnych od podatku aparatów fotograficznych i sprzętu elektrycznego z Singapuru do Bombaju.

Oddawszy dolary Abd al-Ghaniemu i otrzymawszy honorarium, pojechałem do hotelu „Oberoi" na spotkanie z Lisą Carter, po raz pierwszy od zbyt długiego czasu poczułem optymizm i nadzieję. Zacząłem sądzić, że otrząsnąłem się z ponurego nastroju, w który popadłem po ślubie Prabakera. Ze sfałszowanym paszportem odwiedziłem Zair, Singapur i Mauritius, nie wzbudzając najmniejszych podejrzeń. W slumsach żyłem z dnia na dzień z małych honorariów od turystów i miałem tylko nienadający się do użytku nowozelandzki paszport. Rok później mieszkałem już w nowym mieszkaniu, kieszenie miałem nabite zarobionymi lekką, niezbożną pracą pieniędzmi i dysponowałem pięcioma paszportami na pięć różnych nazwisk i narodowości, a w każdym widniała moja fotografia. Przede mną otwierał się świat pełen nowych możliwości.

Hotel „Oberoi" znajduje się w Nariman Point, na rękojeści złotego sierpa Marine Drive. Churchgate Station i Flora Fountain były o pięć minut drogi spacerkiem. Dziesięć minut w jedną stronę i już się dochodziło do Victoria Terminus i Crawford Market. Dziesięć minut w drugą stronę od Flora Fountain – i było się w Kolabie i przy pomniku Wrót. „Oberoi" nie był tak pocztówkowo rozpoznawalny jak hotel „Taj", ale rekompensował to charakterem i wdziękiem. Na przykład bar stanowił małe arcydzieło oświetlenia i zaułków w sprytny sposób zapewniających intymność, a jego piwiarnia ubiegała się o miano najlepszego lokalu w Bombaju. Wchodząc do tego ciemnego pomieszczenia prosto z oślepiająco jasnej ulicy, zatrzymałem się i przez jakiś czas przywykałem do mroku. W końcu zauważyłem Lisę i jej grupę. Razem z dwiema młodymi kobietami towarzyszyła Cliffowi De Souzie i Chandrze Mehcie.

– Mam nadzieję, że się nie spóźniłem – powiedziałem, ściskając im ręce.

– Nie, to my przyszliśmy za wcześnie – zażartował Chandra Mehta, a jego głos zagrzmiał w całym lokalu.

Obie panny zaśmiały się histerycznie. Nazywały się Reeta i Geeta. Były początkującymi aktoreczkami pierwszego szczebla – na etapie randek z drugorzędnymi graczami – i reagowały z dzikim entuzjazmem, który niewiele różnił się od paniki.

Usiadłem na pustym krześle między Lisą i Geetą. Lisa miała cienki, czerwony jak lawa pulower pod marynarką z czarnego jedwabiu i spódniczkę. Spandeksowy top Geety i jej białe dżinsy były tak obcisłe, że ujawniały wszystkie anatomiczne szczegóły jej ciała. Była ładna, może dwudziestoletnia, z jasnym końskim ogonem wysoko na głowie. Jej ręce nieustannie mięły serwetkę, składały i rozkładały jej rożek. Reeta miała włosy obcięte krótko, co pasowało do jej drobnej buzi i chłopięcych rysów. Była w żółtej bluzce z głębokim dekoltem i niebieskich dżinsach. Cliff i Chandra nosili garnitury i wyglądali tak, jakby wracali z ważnego spotkania lub wybierali się na nie.

– Umieram z głodu – oznajmiła Lisa radośnie. Głos miała ożywiony i pewny siebie, ale pod stołem uścisnęła mi rękę tak mocno, że jej paznokcie zraniły mi skórę. To było dla niej ważne spotkanie. Wiedziała, że Mehta chce nam zaproponować oficjalne wspólnictwo przy castingach, które załatwialiśmy dla niego nieoficjalnie. Bardzo jej zależało na tym kontrakcie. Chciała tego poczucia aprobaty, które zapewnia jedynie oficjalna umowa. Chciała zobaczyć swoją przyszłość na piśmie. – Zjedzmy coś!

– A może... jak sądzicie... może zamówię dla wszystkich? – spytał Chandra.

– Jeśli stawiasz, to proszę bardzo – powiedział Cliff ze śmiechem i puścił oko do dziewczyn.

– Jasne – zgodziłem się. – Proszę.

Spojrzeniem przywołał kelnera i gestem odtrącił menu. Od razu wyrecytował listę ulubionych dań. Zaczynała się przystawką z jagnięciny gotowanej w mleku migdałowym, dalej następował kurczak z grilla w marynacie z pieprzu cayenne, kminku i mango, a kończyła się, po wielu innych daniach, sałatką owocową, miodowymi kulkami kachori i lodami kulfi.

Słuchając tej dłużącej się i szczegółowej litanii dań, zrozumieliśmy, że posiłek będzie długi. Odprężyłem się i dałem ponieść fali dań i rozmów.

– Jeszcze nie powiedziałeś, co sądzisz – powiedział Mehta.

– Robisz z igły widły – oznajmił Cliff De Souza, lekceważąco machając dłonią.

– Nie, stary. To się wydarzyło tuż pod moim cholernym biurem, *yaar*. Jeśli dziesięć tysięcy osób wrzeszczy, że chce twojej śmierci, i to wrzeszczy tuż pod twoim oknem, to nietrudno zrobić z igły widły.

– Nie mieli na myśli osobiście ciebie, Chandrababu.

– Nie osobiście. Ale to mnie i każdego do mnie podobnego chcą dorwać. No proszę cię, sam nie jesteś w złej sytuacji, powinieneś to przyznać. Twoja rodzina pochodzi z Goa. Mówicie w konkani. Konkani i marathi są podobne. Mówisz w marathi tak, jak jak po angielsku. A ja ani w ząb. Chociaż urodziłem się tutaj, *yaar*, i mój tatuś też. W Bombaju prowadził interesy. Tu płacimy podatki. Wszystkie moje dzieci chodzą tu do szkoły. Całe moje życie związane jest z Bombajem, stary. Ale oni wrzeszczą „Maharasztra dla Marathów" i chcą nas wypędzić z jedynego domu, jaki znamy.

– Spójrz na to także z ich punktu widzenia – powiedział łagodnie Cliff.

– Mam spojrzeć na moją eksmisję z ich punktu widzenia – warknął Mehta z taką zaciekłością, że parę osób przy sąsiednich stolikach odwróciło się w jego stronę. Dalej mówił już ciszej, ale z równą pasją. – Mam spojrzeć na moją śmierć z ich punktu widzenia, tak?

– Kocham cię, przyjacielu, jak własnego kuzyna z nieprawego łoża – rzekł Cliff, szczerząc zęby. Mehta roześmiał się wraz z nim, a dziewczyny dołączyły z wyraźną ulgą, że żarcik rozładował napięcie. – Nie chcę, żeby ktokolwiek ucierpiał, a już na pewno nie ty, Chandra Baj. Mówię tylko, że musisz na to spojrzeć ich oczami, jeśli chcesz zrozumieć, dlaczego się tak zachowują. Oni mówią marathi od urodzenia. Na świat przyszli w Maharasztrze. Ich dziadkowie aż do... kto wie, do przodków sprzed trzech tysięcy lat lub więcej, rodzili się na tej ziemi. I nagle rozglądają się po Bombaju i widzą, że najlepsza robota, wszystkie interesy, wszystkie firmy są własnością ludzi pochodzących z innych części Indii. To ich doprowadza do szału. I chyba coś w tym jest.

– A co z gwarantowanymi posadami? – zaprotestował Mehta. – Praca na poczcie, na policji, w szkołach, w bankach i wielu innych miejscach, na przykład w transporcie – te wszystkie miejsca pracy są zarezerwowane dla ludzi mówiących w marathi. Ale to tym obłąkanym palantom nie wystarcza. Oni chcą nas wykopać z Bombaju i Maharasztry. Ale powiadam ci, jeśli im się uda, jeśli nas wypędzą, to stracą większość pieniędzy, talentu i rozumu, które uczyniły to miasto tym, czym jest.

Cliff De Souza wzruszył ramionami.

– Może są gotowi zapłacić taką cenę... choć ja się z nimi nie zgadzam. Ale uważam, że ludzie tacy jak twój dziadek, który przybył z Uttar Pradeś bez grosza przy duszy i rozkręcił prosperującą firmę, są coś winni temu stanowi. Ci, którzy mają wszystko, powinni się podzielić z tymi, co nie mają nic. Ludzie, których nazywasz fanatykami, mogą skłonić innych do słuchania tylko wtedy, gdy w ich słowach jest ziarno prawdy. W tych ludziach jest gniew. Oberwie się tym, którzy przybyli tu z zewnątrz i zdobyli majątek. Będzie jeszcze gorzej, mój drogi kuzynie z nieprawego łoża, i wzdragam się na samą myśl, jak się to wszystko może zakończyć.

– Co sądzisz, Lin? – zwrócił się do mnie Chandra Mehta, szukając oparcia. – Ty mówisz marathi. Mieszkasz tutaj. Ale jesteś obcy. Co sądzisz?

– Nauczyłem się marathi w Sunderze, małej wiosce – odparłem. – Tam marathi jest ojczystym językiem. Mieszkańcy wioski nie znają dobrze hindi, a angielskiego wcale. Ich marathi jest czyste, *shudha*, a Maharasztra to ich ojczyzna co najmniej od dwóch tysięcy lat. Tę ziemię uprawiało pięćdziesiąt pokoleń.

Zrobiłem pauzę, żeby każdy mógł skomentować moją wypowiedź albo zadać pytanie. Wszyscy jedli i słuchali, więc kontynuowałem.

– Kiedy wróciłem do Bombaju z moim przewodnikiem, Prabakerem, zamieszkałem w slumsach, gdzie oprócz niego żyje jeszcze dwadzieścia pięć tysięcy osób. Była tam masa ludzi podobnych do Prabakera. Wszyscy pochodzą z Maharasztry, z wiosek takich jak Sunder. Mieszkają właściwie w nędzy, a każdy posiłek kosztuje ich wiele trosk i pracy ponad siły. Myślę, że serca im się łamią na widok ludzi, którzy przybyli z innych części Indii i mieszkają w pałacach, podczas gdy oni myją się w rynsztokach własnej stolicy.

Przełknąłem parę kęsów jedzenia, czekając na odpowiedź Mehty. W końcu się odezwał.

– Ale Lin, proszę cię, to przecież nie wszystko. W tym jest coś więcej.

– Masz rację. To nie wszystko – zgodziłem się. – W tych slumsach mieszkają nie tylko Marathowie. Są ludzie z Pendżabu, Tamilnadu, Karnataki, Bengalu, Asamu i Kaszmiru. I nie tylko hinduiści. Są sikhowie, muzułmanie, chrześcijanie, buddyści, parsowie i dżajnowie. Tutejsze problemy nie są jedynie problemami Maharasztry. Biedacy, tak jak bogacze, pochodzą z całych Indii. Ale biedaków jest o wiele za wielu, a bogacze są zbyt nieliczni.

– *Array baap!* – prychnął Chandra Mehta. „Święty ojcze!". – Mówisz jak Cliff, ten cholerny komunista. Dokładnie tak samo pyskuje, *yaar*.

– Nie jestem komunistą ani kapitalistą – powiedziałem z uśmiechem. – Raczej już wszyscy-won-ode-mnie-istą.

– Nie wierzcie mu – wtrąciła Lisa. – Kiedy macie problem, to do niego walcie jak w dym.

Spojrzałem na nią. Nasze oczy się spotkały i poczułem jednocześnie przyjemność i wyrzuty sumienia.

– Fanatyzm to przeciwieństwo miłości – rzekłem, przytaczając wykład Kadirbaja. – Pewien mędrzec powiedział mi kiedyś... nawiasem mówiąc, to muzułmanin... że ma więcej wspólnego z rozsądnym, racjonalnie myślącym żydem niż z fanatykiem własnej religii. Ma więcej wspólnego z rozsądnym, racjonalnie myślącym chrześcijaninem, buddystą czy hinduistą niż z fanatykiem własnej religii. Prawdę mówiąc, miał więcej wspólnego z rozsądnym, racjonalnie myślącym ateistą niż z fanatykiem własnej religii. Zgadzam się z nim i też tak mogę powiedzieć. Zgadzam się również z Winstonem Churchillem, który niegdyś opisał fanatyka jako kogoś, kto nie chce zmienić zdania i nie może zmienić tematu.

– Po tej aluzji – roześmiała się Lisa – zmieńmy temat. Słuchaj, Cliff, mam nadzieję, że przekażesz mi wszystkie plotki o romansie na planie *Kanoona*. Co tam się naprawdę dzieje?

– Tak! Tak! – zawołała Reeta z ożywieniem. – I wszystko o tej nowej dziewczynie. Narobiła takiego skandalu, że nawet nie mogę wypowiedzieć głośno jej imienia, *yaar*. I wszystko, wszystko na temat Anila Kapoora! Kocham go, że nie wiem!

– I Sanjay Dutt – dodała Geeta, dygocząc dramatycznie na sam dźwięk jego imienia. – Czy to prawda, że byłeś na jego imprezie w Versovie? O Boże! Co ja bym dała, żeby się tam znaleźć! Opowiedz nam o wszystkim!

Zachęcony tą gorączkową ciekawością, Cliff De Souza zaczął snuć historie o bollywoodzkich gwiazdach, a Chandra Mehta dorzucał smaczne ploteczki. Stało się jasne, że Cliff upatrzył sobie Reetę, a Chandra Mehta dużą uwagą obdarzał Geetę. Ten długi obiad miał być początkiem długiego dnia i nocy, które zamierzali spędzić razem. Obaj filmowcy, coraz bardziej rozgrzani tematem, myśląc już o czekających ich rozkoszach nocy, stopniowo przerzucili się na plotki i anegdoty dotyczące seksu i skandali z nim związanych. Były zabawne, czasami dziwaczne. Wszyscy zaśmiewaliśmy się do łez, kiedy do restauracji weszła Kawita Singh. Przedstawiłem ją wśród nadal rozbrzmiewającego śmiechu.

– Przepraszam – powiedziała z zatroskaną miną, która rodzi się z wielkich problemów i nie daje się wymazać. – Muszę z tobą porozmawiać.

– O tej sprawie możesz rozmawiać ze mną tutaj – zaproponowałem, jeszcze rozbawiony. – Oni chętnie posłuchają.

– Nie chodzi o sprawę – powiedziała twardo. – Tylko o Abdullaha Tahiriego.

Natychmiast wstałem i przeprosiłem towarzystwo. Dałem znak Lisie, żeby została i na mnie zaczekała. Razem z Kawitą opuściłem restaurację. W foyer, gdzie zostaliśmy sami, zaczęła mówić.

– Twój przyjaciel Tahiri wpadł w gówno po szyję.

– Co to znaczy?

– To znaczy, że dostałam cynk od dziennikarza z działu kryminalnego „Timesa". Powiedział, że Abdullah jest na policyjnej czarnej liście. Strzelać bez ostrzeżenia.

– Co?

– Gliny mają rozkaz brać go żywcem, jeśli to będzie możliwe, ale nie ryzykować. Są pewni, że ma broń i że zacznie strzelać, jeśli spróbują go aresztować. Jeśli choćby drgnie mu ręka, mają rozkaz zastrzelić go jak psa.

– Dlaczego? O co im chodzi?

– Uważają, że to on jest Sapną. Mają wiarygodnego świadka, dobre dowody. Są pewni, że to on, i zamierzają go dopaść. Dziś. Może już się stało. Z policjantami w Bombaju nie ma żartów – nie w tak poważnej sprawie. Szukam cię od dwóch godzin.

– Sapna? To bez sensu – odparłem. Ale to jednak miało sens. I to idealny, choć nie rozumiałem, dlaczego. Brakowało mi zbyt wielu elementów układanki, zbyt wiele pytań, które powinienem zadać dawno temu, pozostawało bez odpowiedzi.

– Bez sensu czy z sensem, tak to wygląda. – Głos jej zadrżał, kiedy wzruszyła ramionami z rezygnacją i litością. – Szukałam cię wszędzie. Didier powiedział, że jesteś tutaj. Wiem, że Tahiri to twój przyjaciel.

– Tak. To przyjaciel – powiedziałem i nagle przypomniałem sobie, że rozmawiam z dziennikarką. Wbiłem wzrok w ciemny dywan i spróbowałem odnaleźć cień sensu w zawierusze moich myśli. Podniosłem wzrok i spojrzałem jej w oczy. – Dzięki. Jestem ci bardzo wdzięczny. Dziękuję ci. Muszę już iść.

– Słuchaj – odezwała się ciszej. – Oddałam ten artykuł. Przefaksowałam go, jak tylko się dowiedziałam. Jeśli ukaże się w wieczornym wydaniu, to gliniarze staną się trochę ostrożniejsi. Dla twojej informacji: według mnie to nie on. Nie potrafię w to uwierzyć. Polubiłam go. Nawet przez jakiś czas miałam do niego słabość, kiedy po raz pierwszy przyprowadziłeś go do „Leopolda". Może nadal coś do niego czuję. W każdym razie nie sądzę, żeby to był Sapna, i nie wydaje mi się, żeby był odpowiedzialny za to wszystko.

Odeszła, uśmiechając się do mnie i jednocześnie płacząc nad nim. Przy stole przeprosiłem towarzystwo i usprawiedliwiłem się, że muszę nagle odejść. Nie pytając Lisy, czy się zgadza, pociągnąłem ją za sobą i zabrałem jej torebkę z oparcia krzesła.

– Lin, naprawdę musisz? – spytał niezadowolony Chandra. – Jeszcze nie obgadaliśmy tej sprawy z castingiem.

– Naprawdę znasz Abdullaha Tahiriego? – spytał Cliff z lekką oskarżycielską nutką.

Rzuciłem mu złe spojrzenie.

– Tak.

– I zabierasz ze sobą piękną Lisę. – Chandra się nadąsał. – To podwójne rozczarowanie.

– Dużo o nim słyszałem, *yaar* – nie dał się zniechęcić Cliff. – Jak go poznałeś?

– Uratował mi życie – rzuciłem nieco ostrzej, niż zamierzałem. – Podczas naszego pierwszego spotkania uratował mi życie, w palarni haszu u Stojących Baba.

Otworzyłem drzwi przed Lisą i obejrzałem się na stolik. Cliff i Chandra pochylali się ku sobie, wyłączywszy z rozmowy zdumione dziewczęta.

Na motocyklu opowiedziałem Lisie o wszystkim. Nagle zbladła pod opalenizną, ale szybko się opanowała. Zgodziła się, że najpierw należy zajrzeć do „Leopolda". Mogliśmy tam zastać Abdullaha bądź zostawić dla niego wiadomość. Bała się i czułem ten strach, zaciskający mięśnie jej ramion, którymi przywarła do moich pleców. Pruliśmy przez ospały ruch na ulicy, kierując się na nos, na instynkt, tak jak Abdullah. U „Leopolda" zastaliśmy Didiera, zatapiającego się w płynnej otchłani.

– Wszystko skończone – wybełkotał i nalał sobie whisky z wielkiej butelki. – Skończone. Zastrzelili go godzinę temu. Wszyscy o tym mówią. Meczety w Dongri wzywają na modlitwy za zmarłego.

– Skąd wiesz? – spytałem. – Kto ci powiedział?

– Modlitwa za zmarłego – wymamrotał i głowa mu opadła. – Co za idiotyczna, bezsensowna nazwa! Nie ma innych modlitw. Każda jest za zmarłego.

Chwyciłem go za koszulę i potrząsnąłem. Kelnerzy, którzy lubili Didiera tak samo jak ja, obserwowali mnie i oceniali, na ile mogą mi pozwolić.

– Didier! Posłuchaj mnie! Skąd wiesz? Kto ci powiedział? Gdzie się to wydarzyło?

– Policjanci tu przyszli – powiedział, nagle przytomny. Jego bladobłękitne oczy spojrzały w moje, jakby wypatrywał czegoś na dnie stawu. – Chwalili się Mehmedowi, jednemu z właścicieli. Znasz Mehmeda. To także Irańczyk, jak Abdullah. Niektórzy policjanci z posterunku w Kolabie, tego z naprzeciwka, brali udział w zasadzce. Powiedzieli, że otoczyli go w zaułku przy Crawford Market. Kazali mu się poddać. Powiedzieli, że stał zupełnie nieruchomo. Powiedzieli, że jego długie włosy furkotały na wietrze, podobnie jak czarne szaty. Całkiem długo się nad tym rozwodzili. To dziwne, Lin, nie uważasz, że mówili o jego ubraniu... i włosach... co to znaczy? Potem... potem powiedzieli, że wyjął spod marynarki dwa pistolety i zaczął do nich strzelać. Wszyscy odpowiedzieli natychmiast ogniem. Trafili go tyle razy, że jego ciało było zmasakrowane. Pociski je rozszarpały.

Lisa zaczęła płakać. Usiadła koło Didiera, a on otoczył ją ramieniem w odruchowym geście żałoby i szoku. Nie spojrzał na nią, może nawet nie wiedział o jej obecności. Klepał ją po ramieniu, kołysał, ale jego zrozpaczona mina by się nie zmieniła, gdyby był zupełnie sam i otaczał ramionami tylko siebie.

– Zbiegło się masę ludzi – ciągnął. – W nastroju do zamieszek. Policjanci zaczęli się robić nerwowi. Chcieli zabrać jego ciało do szpitala, ale tłum zaatakował furgonetkę i zepchnął ją z jezdni. Policjanci zabrali zwłoki na posterunek przy Crawford Market. Tłum poszedł za nimi, krzycząc i obrzucając ich obelgami. Chyba nadal tam stoi.

Posterunek przy Crawford Market. Musiałem się tam dostać. Musiałem zobaczyć jego ciało. Musiałem zobaczyć Abdullaha. Może jeszcze żyje.

– Zaczekaj tu – nakazałem Lisie. – Zaczekaj z Didierem albo jedź taksówką do domu. Wrócę do ciebie.

Bok przeszyła mi jakaś włócznia, która przeszła obok serca i przebiła się przez pierś. Włócznia śmierci Abdullaha, włócznia myśli o jego zwłokach. Pojechałem na Crawford Market, a każdy mój oddech popychał włócznię wyżej.

Koło posterunku musiałem zostawić motocykl, bo drogę zablokował kłębiący się tłum. Wkrótce znalazłem się wśród rozgorączkowanych, bezcelowo miotających się ludzi, przeważnie muzułmanów. Z licznych okrzyków i sloganów wnioskowałem, że to nie jest zwykły tłum żałobników. Śmierć Abdullaha podłożyła ogień pod od dawna jątrzące się urazy i pretensje w tych zaniedbywanych rejonach biedoty wokół dzielnicy targowej. Ludzie wykrzykiwali najróżniejsze pretensje i domagali się załatwienia własnych spraw. Z kilku miejsc dochodziły modlitwy.

Wewnątrz szeregów tych krzyczących ludzi panował chaos i każdy krok w stronę posterunku wymagał stoczenia całej walki. Ludzie napływali falami, które odtrącały mnie na bok, a potem pchały z powrotem. Przepychali się, bili, dawali kuksańce i kopali. Nieraz omal nie wylądowałem na ziemi, gdzie by mnie stratowano; w ostatniej chwili przytrzymywałem się czyjejś koszuli, brody czy szala. W końcu zobaczyłem posterunek. Policjanci w kaskach i z tarczami otaczali cały budynek potrójnym lub poczwórnym kordonem.

Jakiś mężczyzna obok chwycił mnie za koszulę i zaczął okładać pięściami po głowie i twarzy. Nie mam pojęcia, dlaczego mnie zaatakował – może sam tego nie wiedział – ale to się nie liczyło. Ciosy padły, zaczęło się. Osłoniłem się rękami i usiłowałem się wyrwać. Wpił się w moją koszulę i nie mogłem go odepchnąć.

Podszedłem bliżej, dziabnąłem go palcami w oczy i walnąłem pięścią tuż nad uchem. Puścił mnie i upadł, ale inni rzucili się na mnie. Tłum rozstąpił się, a ja zacząłem rozdzielać ciosy na oślep, bijąc każdego w zasięgu ręki.

Sytuacja zrobiła się kiepska. Wcześniej czy później musiałem stracić energię i efekt zaskoczenia, dzięki którym utrzymywałem tamtych na dystans. Rzucali się na mnie, ale pojedynczo i bez żadnej techniki. Wszyscy otrzymywali silne ciosy i cofali się. Wirowałem wokół własnej osi, tłukłem każdego, kto się zbliżył, ale byłem otoczony i nie mogłem wygrać. Tylko fascynacja gapiów walką powstrzymywała ich od zaduszenia mnie samym naporem ciał.

Przez krąg przedarła się grupa zdeterminowanych ośmiu czy dziesięciu mężczyzn i nagle stanąłem twarzą w twarz z Chalidem Ansarim. Działałem instynktownie i o mały włos go nie zdzieliłem. Wyciągnął obie ręce w powstrzymującym geście. Jego ludzie przedarli się przez tłum, a Chalid poprowadził mnie przez powstały korytarz. Ktoś z tyłu uderzył mnie w głowę; odwróciłem się i znowu rzuciłem się na tłum. Chciałem walczyć z każdym mężczyzną w tym mieście, chciałem bić aż do utraty czucia, aż przestanę odczuwać tę włócznię w piersi. Chalid i dwaj jego ludzie chwycili mnie i powlekli przez kłębiące się, szalone piekło, w które zmieniła się ulica.

– Jego ciała tam nie ma – powiedział Chalid, kiedy dotarliśmy do mojego motocykla. Wytarł mi chusteczką krew z twarzy. Oko szybko mi puchło, a z nosa i rozciętej dolnej wargi kapała krew, ale nie czułem obrażeń. Nie czułem bólu. Ból był w piersi, tuż przy sercu, oddychałem nim.

– Tłum szturmował posterunek. Setki osób. Zanim jeszcze tu przybyliśmy. Kiedy policjanci znowu ich odparli, poszli do cel, gdzie go położyli, i okazało się, że są puste. Tłum wypuścił więźniów i zabrał jego ciało.

– O Jezu – jęknąłem. – O kurwa. O Boże.

– Nasi ludzie się tym zajmą – powiedział Chalid cicho i bez wahania. – Dowiemy się, co się stało. Znajdziemy... znajdziemy.

Wróciłem do „Leopolda" i przy stole Didiera zastałem Johnny'ego Cygaro. Didier i Lisa znikli. Osunąłem się na krzesło obok Johnny'ego, tak jak Lisa usiadła parę godzin temu przy Didierze. Oparłem łokcie na stole i potarłem oczy.

– Straszne – odezwał się Johnny.

– Aha.

– Nie powinno się wydarzyć.

– Nie.

– I nie było potrzebne. Nie to.

– Aha.

– Nie powinien brać tego kursu. To był ostatni zarobek tej nocy, ale go nie potrzebował. Wczoraj dobrze zarobił.

– Co? – spytałem, marszcząc brwi ze zdziwieniem tak gwałtownym, że gniewnym.

– Prabaker – wyjaśnił.

– Co?

– Prabaker i jego wypadek.

– Jaki wypadek?

– O Boże, myślałem, że wiesz – powiedział i krew odpłynęła mu z twarzy. Głos mu się załamał, do oczu napłynęły łzy. – Myślałem, że wiesz. Zobaczyłem, jak wyglądasz, i pomyślałem, że już wiesz. Czekam na ciebie prawie godzinę. Przyszedłem tu po ciebie, jak tylko wyszedłem ze szpitala.

– Ze szpitala... – powtórzyłem głupio.

– Ze szpitala Świętego Jerzego. Jest na OIOM-ie. Operacja...

– Jaka operacja?

– Jest ranny – bardzo ciężko. Operacja była... przeżył, ale...

– Ale co?

Johnny załamał się i zaczął płakać; opanował się dopiero po chwili, dzięki głębokim oddechom i wysiłkowi woli.

– Wczoraj w nocy, bardzo późno, wziął dwójkę pasażerów. Była trzecia nad ranem. Mężczyzna z córką chciał pojechać na lotnisko. Szosą jechał wózek. Znasz tych gości, co w nocy jadą na skróty przez główne szosy. To zakazane, ale oni to robią, *yaar*, bo oszczędzają całe kilometry z tymi ciężkimi wózkami. Ten był pełen stali na budowę. Takie długie pręty. Stracili nad nim panowanie i na wzgórzu wyrwał się im z rąk i potoczył w dół. Prabaker akurat wyjechał zza zakrętu i wózek walnął centralnie w taksówkę. Pręty przebiły okno. Mężczyzna z córką zginęli na miejscu. Ucięło im głowy. Dosłownie. Prabaker dostał w twarz.

Znowu się rozpłakał; zacząłem go pocieszać. Turyści i stali klienci zerknęli na nas, ale szybko odwrócili głowy. Kiedy się opanował, zamówiłem mu whisky. Przełknął ją jednym łykiem, jak Prabaker tego pierwszego dnia, kiedy go poznałem.

– W jakim jest stanie?

– Lekarz powiedział, że na pewno umrze – załkał Johnny. – Stracił żuchwę. Pręt ją wyrwał. Wszystko. Zęby. Została wielka dziura, po prostu dziura tam, gdzie były jego usta. Szyja jest przebita. Nawet mu nie zabandażowali twarzy, bo w tej dziurze tkwi za dużo przewodów i rurek podtrzymujących go przy życiu. Nikt nie rozumie, jak w ogóle przeżył. Przez dwie godziny był uwięziony w tym samochodzie. Lekarze mówią, że dziś w nocy umrze. Dlatego cię szukałem. Jest ciężko ranny w pierś, brzuch i głowę. On umrze, Lin. On umrze. Musimy do niego iść.

Poszliśmy na oddział intensywnej opieki medycznej i przy łóżku Prabakera spotkaliśmy się z Kishanem i Rukhmabaj, płaczących w swoich objęciach. Parwati, Sita, Jeetendra i Kasim Ali stali poważni i milczący u stóp łóżka. Prabaker był nieprzytomny. Jego funkcje życiowe monitorowało mnóstwo przyrządów. Twarz – to, co z niej zostało – miał oklejoną rurkami i przewodami. Ten wspaniały uśmiech, ten olśniewający, słoneczny uśmiech został z niej wyrwany. Po prostu zniknął.

W pokoju lekarzy na parterze znalazłem doktora opiekującego się Prabakerem. Wyjąłem z pasa plik amerykańskich studolarówek i wręczyłem je, prosząc, by z wszelkimi kosztami zgłaszał się do mnie. Nie przyjął ich. Nie ma nadziei, powiedział. Prabakerowi zostało parę godzin, może tylko minut życia. Dlatego pozwolił rodzinie i przyjaciołom czuwać przy jego łóżku. Nic nie da się zrobić, powiedział, można tylko towarzyszyć mu w umieraniu. Wróciłem do pokoju

Prabakera i dałem pieniądze Parwati, wraz ze wszystkim, co zarobiłem podczas ostatniej kurierskiej wyprawy.

Znalazłem łazienkę i umyłem twarz i szyję. Rany i draśnięcia przypomniały mi o Abdullahu. Nie odważyłem się wysłuchać tych myśli. Nie potrafiłem znieść obrazu mojego dzikiego przyjaciela wśród policjantów, strzelającego tak długo, aż jego ciało zmieniło się w zakrwawiony strzęp. Gapiłem się w lustro, a łzy paliły mnie jak kwas. Uderzyłem się mocno w twarz, żeby oprzytomnieć, i wróciłem na piętro Prabakera.

Przez trzy godziny stałem wraz z innymi u stóp jego łóżka. Ze zmęczenia zacząłem przysypiać i muszę się przyznać, że nie wytrzymałem. Położyłem się na dwóch krzesłach we względnie cichym kącie. Sen połknął mnie niemal natychmiast. Zaniósł mnie do Sunderu. Dryfowałem na mamroczącej fali głosów tej nocy, kiedy ojciec Prabakera położył mi rękę na ramieniu, a ja zaciskałem zęby pod gwiazdami. Kiedy się obudziłem, Kishan naprawdę siedział z ręką na moim ramieniu, a kiedy spojrzałem mu w oczy, obaj rozpłakaliśmy się z bezradności.

W końcu, kiedy było już pewne, że Prabaker umrze, i wszyscy o tym wiedzieliśmy, i wszyscy pogodziliśmy się z faktem jego śmierci, przez cztery dni i noce obserwowaliśmy cierpienie jego drobnego, dzielnego ciała – tego, co z niego zostało, tego prawie-Prabakera z amputowanym uśmiechem. W końcu po tylu dniach i nocach przyglądania się, jak znosi ból i zdumienie, zacząłem pragnąć jego śmierci i życzyłem mu jej z całego serca. Tak bardzo go kochałem, że w końcu znalazłem pusty kąt w pokoju sprzątaczy, gdzie w betonowe koryto nieustannie kapała woda, i tam padłem na kolana w miejscu oznaczonym dwoma mokrymi odciskami stóp i zacząłem się modlić o jego śmierć. I wtedy umarł.

W chacie, którą niegdyś dzielił z Parwati, matka Prabakera, Rukhmabaj, rozpuściła włosy sięgające kolan. Usiadła w drzwiach, odwrócona plecami do świata. Jej czarne włosy były jak nocny wodospad. Ostrymi nożycami obcięła je tuż przy skórze i długie włosy osunęły się na ziemię jak umierający cień.

Kiedy naprawdę kogoś kochamy, początkowo boimy się najbardziej, że ukochany przestanie nas kochać. Oczywiście powinniśmy się bać, że my nie będziemy mogli przestać kochać jego – nawet kiedy umrze. Bo ja nadal cię kocham z całego serca, Prabakerze. Nadal cię kocham. I czasami, mój przyjacielu, ta moja miłość, którą nadal mam i której nie mogę ci dać, miażdży mi pierś do ostatniego tchu. Czasami, właśnie teraz, moje serce tonie w smutku, bo bez ciebie nie ma gwiazd, nie ma śmiechu i nie ma snu.

ROZDZIAŁ 30

Heroina to komora deprywacyjna dla duszy. Dryfowanie po Morzu Martwym odlotu, gdzie nie ma bólu, żalu, wstydu, poczucia winy ani żałoby, nie ma depresji i pożądania. Śpiący wszechświat wnika i otacza każdy atom egzystencji. Odrętwienie i spokój rozpraszają strach i cierpienie. Myśli płyną bez celu jak wodorosty na falach oceanu i znikają w odległej, szarej śpiączce, niekonkretnej, nieokreślonej. Ciało poddaje się kriogenicznej drętwocie; niemrawe serce bije słabo, oddech zwalnia do ledwie słyszalnego szmeru. Gęsty nirwaniczny kożuch przykrywa kończyny i ciąży im, a śpiący pogrąża się coraz dalej i dalej w zapomnienie, w idealny wieczny odlot.

Za to chemiczne wniebowzięcie płaci się, jak za wszystko inne na tym wszechświecie, światłem. Pierwsze światło, jaki traci narkoman, to blask oczu. Oczy narkomana są martwe jak oczy greckich posągów, jak ołów, jak dziura po kuli. Następnym jest blask pożądania. Narkomani zabijają pożądanie tą tajną bronią, którą kierują przeciwko nadziei, marzeniom i honorowi – maczugą głodu. A kiedy znikną wszystkie inne blaski życia, ostatnim utraconym światłem jest światło miłości. Prędzej czy później, kiedy robi się ostro, ćpun raczej zrezygnuje z ukochanej kobiety niż z działki; prędzej czy później każdy zapamiętały ćpun staje się diabłem na wygnaniu.

Lewitowałem. Dryfowałem na powierzchni płynu na łyżce, a łyżka była wielka jak pokój. Tratwa opiatowego paraliżu sunęła po małym jeziorku w łyżce, a w symetrii krzyżujących się nad moją głową belek stropu zdawał się tkwić jakiś przekaz. Gapiłem się na te belki, wiedząc, że tam jest odpowiedź i że ona może mnie ocalić. A potem moje powieki z lanego ołowiu opadały i wszystko przepadało. Czasami się budziłem. Czasami trzeźwiałem na tyle, że wszystko sobie przypominałem.

Abdullah nie miał pogrzebu, bo nie było ciała, które można by – które moglibyśmy – pogrzebać. Jego zwłoki zaginęły podczas zamieszek, tak jak zwłoki Maurizia – znikły bez śladu, jak wystrzelona raca, wygasła gwiazda. Wraz z innymi przeniosłem zwłoki Prabakera do *ghatu*, w miejsce kremacji. Biegłem ze wszystkimi przez ulice, pod obwieszonym girlandami brzemieniem tego małego ciałka, skandując imiona Boga, a potem patrzyłem na płonące zwłoki. Rozpacz szerzyła się po uliczkach slumsów, a ja nie potrafiłem tam zostać, wśród opłakujących go przyjaciół i krewnych. Wszyscy stali blisko miejsca, w którym zaledwie przez paroma tygodniami Prabaker brał ślub. Na dachach niektórych chat nadal trzepotały strzępy weselnych wstążek. Rozmawiałem z Kasimem Alim, Johnnym, Jeetendrą i Kishanem Mango, ale potem zostawiłem ich i pojechałem do Dongri. Musiałem zadać Abd al-Kadirowi Chanowi pewne pytania – pytania, których było we mnie pełno jak stworzeń w jamie Hasana Obikwy.

Dom przy meczecie Nabila był zamknięty na ciężkie kłódki i pogrążony w głębokiej ciszy. Nikt na dziedzińcu meczetu ani na uliczkach i w sklepikach nie potrafił mi powiedzieć, dokąd wyjechał Kadir ani kiedy wróci. Sfrustrowany i zły, pojechałem do Abd al-Ghaniego. Jego dom był otwarty, ale służący powiedzieli, że on sam wyjechał na wakacje i nie spodziewają się go wcześniej niż za parę tygodni. Odwiedziłem wytwórnię paszportów i znalazłem pogrążonych w pracy Krisznę i Villu. Potwierdzili, że Al-Ghani zostawił im instrukcje i wystarczające fundusze na parę tygodni i oznajmił, że robi sobie wakacje. W drodze do Chalida Ansariego spotkałem strażnika, który powiedział, że Chalid jest w Pakistanie. Nie miał pojęcia, kiedy wróci.

Pozostali członkowie mafijnej rady Kadira zniknęli w równie nagły i wygodny sposób. Farid był w Dubaju, generał Subhan Mahmud w Kaszmirze. Moje pukanie do domu Keki Dorabdżi pozostało bez odpowiedzi, a w żadnym zasłoniętym żaluzjami oknie nie zapaliło się światło. Rajubaj, który od zawsze codziennie pojawiał się w swoim biurze rachunkowym w Forcie, wyjechał z wizytą do chorego krewnego w Delhi. Nawet szefowie niższego szczebla i ich podwładni wyjechali z miasta lub byli po prostu nieuchwytni.

Ci, którzy pozostali – agenci handlu złotem, kurierzy waluciarzy i ludzie odpowiedzialni za paszporty – traktowali mnie uprzejmie i przyjaźnie. Praca toczyła się w tym samym tempie, bez zmian. Moja także. Oczekiwano mnie w każdym punkcie, kantorze, sklepie jubilerskim i innych punktach kontaktowych imperium Kadira. U złotników, waluciarzy i naganiaczy, którzy kupowali i kradli paszporty, czekały na mnie instrukcje. Nie wiedziałem, czy to dla mnie komplement – że można mi zaufać na tyle, by mi powierzyć działanie pod nieobecność rady – czy liczyłem się tak mało, że według nich nie zasługiwałem na żadne wyjaśnienia.

Bez względu na przyczyny poczułem się w tym mieście przeraźliwie samotny. W tym samym tygodniu straciłem Prabakera i Abdullaha, moich najbliższych przyjaciół, a wraz z nimi straciłem punkty lokalizujące mnie na psychicznej mapie. Osobowość i tożsamość są pod pewnymi względami jak współrzędne na mapie miasta, nakreślonej przez nasze krzyżujące się ścieżki związków. Wiemy, kim jesteśmy, a tę wiedzę zyskujemy dzięki związkom z ludźmi, których kochamy, oraz przyczynom, dla których ich kochamy. Ja byłem tym punktem w czasie i przestrzeni, w którym dzika agresja Abdullaha krzyżowała się z radosną łagodnością Prabakera. Wówczas, kiedy ich śmierć pozbawiła mnie oparcia i jakby tożsamości, z niepokojem i zaskoczeniem zdałem sobie sprawę, jak bardzo stałem się zależny od Chalida i jego mafijnej rady. Związek z nimi wydawał mi się przelotny, a jednak brakowało mi ich dającej pewność siebie obecności w mieście niemal równie dotkliwie, jak moich zmarłych przyjaciół.

I czułem gniew. Dopiero po jakimś czasie zrozumiałem ten gniew i uświadomiłem sobie, że jego przyczyną i celem był Kadirbaj. Obwiniałem go o śmierć Abdullaha, że go nie chronił, że go nie uratował. Nie potrafiłem uwierzyć, że

Abdullah, mój ukochany przyjaciel, był szalonym mordercą Sapną. Ale byłem gotowy uwierzyć, że Abd al-Kadir miał jakiś związek z Sapną i morderstwami. Co więcej, z powodu jego wyjazdu czułem się jakby zdradzony. Tak jakby zostawił mnie twarzą w twarz ze wszystkim... samego. Wrażenie było rzecz jasna idiotyczne, a nawet megalomańskie. Prawda wyglądała tak, że setki ludzi Chalida nadal pracowały w Bombaju, a ja codziennie kontaktowałem się z wieloma z nich. Mimo to czułem się właśnie tak – zdradzony i zapomniany. Zimno, zrodzone ze zwątpienia i gniewnego strachu, zaczęło się zakradać w samo serce mojego uczucia do Chana. Ciągle go kochałem i byłem do niego przywiązany jak do ojca, ale nie uważałem go już za uwielbianego bohatera bez skazy.

Kiedyś pewien mudżahedin powiedział mi, że los daje nam wszystkim trzech nauczycieli, trzech przyjaciół, trzech wrogów i trzy wielkie miłości. Jednak ta dwunastka nigdy nie wydaje się oczywista i nigdy nie wiemy, kto jest kim, dopóki ich nie pokochamy, nie opuścimy lub nie zaczniemy z nimi walczyć. Kadir należał do mojej dwunastki, ale zawsze był najmniej oczywisty ze wszystkich. W tych samotnych dniach gniewu, gdy moje serce wlokło się w odrętwiającą rozpacz, zacząłem uważać go za wroga – ukochanego wroga.

I tak transakcja po transakcji, przestępstwo po przestępstwie, dzień za dniem moje wola, cel i nadzieja wlokły się w przepaść. Lisa Carter doprowadziła do zawarcia kontraktu z Chandrą Mehtą i Cliffem De Souzą. Ze względu na nią wytrwałem na zebraniu, na którym podpisaliśmy umowę i złożyłem podpis jako jej wspólnik. Producentom zależało na moim udziale. Byłem ich bezpiecznym kanałem do uzyskania czarnorynkowych pieniędzy od mafii Kadir Chana – źródła dyskretnego i praktycznie niewyczerpanego. Nikt nie wspomniał o tym fakcie – przynajmniej nie wtedy – ale stanowił on decydujący powód zawarcia kontraktu z Lisą. Umowa zakładała, że Lisa i ja będziemy dostarczać zagranicznych „młodszych artystów", jak nazywano statystów, trzem największym studiom filmowym. Kontrakt zawarliśmy na dwa lata.

Po zebraniu Lisa odprowadziła mnie do motocykla, który zaparkowałem przy falochronie na Marine Drive. Razem usiedliśmy dokładnie w tym miejscu, gdzie przed laty Abdullah położył mi rękę na ramieniu, kiedy myślałem o morzu. Byliśmy samotni, Lisa i ja, i początkowo rozmawialiśmy ze sobą tak, jak to robią samotni – strzępami skarg i urywkami rozmów, które w samotności toczyliśmy sami ze sobą.

– On wiedział, że do tego dojdzie – odezwała się po długiej chwili ciszy. – To dlatego dał mi te pieniądze w szkatułce. Rozmawialiśmy o tym. To znaczy on. Mówił o śmierci. Wiesz o wojnie w Iranie? I Iraku? Parę razy otarł się o śmierć. Nie mógł przestać o tym myśleć, jestem pewna. Chyba chciał umrzeć, żeby uciec od wojny i tego, że zostawił przyjaciół i rodzinę. A w razie gdyby do tego doszło, chciał umrzeć właśnie w ten sposób.

– Może – mruknąłem, patrząc na niezrównane, nieczułe morze. – Karla powiedziała kiedyś, że wszyscy podejmujemy w życiu parę prób samobójczych i prędzej czy później któraś okazuje się udana.

Lisa parsknęła śmiechem, bo ten cytat ją zaskoczył, ale śmiech przeszedł w przeciągłe westchnienie. Przechyliła głowę, a wiatr rozwiał jej włosy.

– Ta sprawa z Ullą – powiedziała cicho. – Wykańcza mnie. Nie mogę przestać myśleć o Modenie. Czytam wszystkie gazety, codziennie, szukam czegoś o nim – czy może go znaleźli albo coś. To takie dziwaczne... to z Mauriziem, wiesz. Potem byłam chora przez wiele tygodni. Przez cały czas płakałam, idąc ulicą, czytając książkę, usiłując spać, i nie mogłam niczego zjeść, żeby mnie nie zemdliło. Nie mogłam przestać myśleć o jego trupie... i nożu... jakie to musiało być uczucie, kiedy Ulla wepchnęła w niego nóż... Ale teraz to wszystko jakoś zbladło. Ciągle we mnie tkwi, głęboko w środku, ale już mnie tak nie dręczy. A Abdullah... nie wiem, czy jestem w szoku, czy to wyparłam, czy co, ale... nie pozwalam sobie o nim myśleć. To tak jakbym... jakbym się z tym pogodziła czy coś. Ale z Modeną jest coraz gorzej. Nie potrafię przestać o nim myśleć.

– Ja też go widuję – wymamrotałem. – Widzę jego twarz, a przecież nawet mnie nie było w tym hotelu. Niedobrze.

– Szkoda, że jej nie sprałam.

– Ulli?

– Tak! Ulli.

– Dlaczego?

– Bo to podła... suka! Zostawiła go związanego. Narobiła kłopotu tobie, mnie i... Mauriziowi... ale kiedy opowiadała nam o Modenie, ja ją tylko objęłam, zaprowadziłam pod prysznic i opiekowałam się nią, jakby wyznała, że zapomniała nakarmić złotą rybkę. Powinnam ją sprać, zdzielić w łeb, skopać tyłek, cokolwiek. Teraz ona wyjechała, a ja tu świruję z powodu Modeny.

– Niektórzy tacy już są – odparłem, uśmiechając się. Czułem ten sam gniew co ona. – Niektórzy zawsze wymuszają nasze współczucie, choć potem czujemy się głupio i źle. Zresztą nie wplątałem się w to po to, żeby jej pomóc. Chciałem pomóc tobie.

– Oj, wiem, wiem. – Westchnęła. – W gruncie rzeczy to nie wina Ulli. Ten Pałac ją zniszczył. Pomieszał jej w głowie. Wszyscy, którzy pracowali dla madame Zhou, są w jakiś sposób złamani. Szkoda, że jej nie znałeś, kiedy zaczęła tam pracować. Była fantastyczna, muszę to przyznać. I jakby... niewinna... w taki sposób, który nam wszystkim był niedostępny, jeśli mnie rozumiesz. Ja poszłam do Pałacu już walnięta. Ale i tak ześwirowałam. Wszystkie... musiałyśmy... robić takie rzeczy...

– Opowiadałaś mi – przerwałem jej łagodnie.

– Ja?

– Tak.

– Co ci opowiadałam?

– Powiedziałaś... dużo. Tej nocy, kiedy przyszedłem, żeby odebrać moje ciuchy. Byłem z tym małym, Tarikiem. Byłaś bardzo pijana i naćpana.

– I opowiedziałam ci o tym?

– Aha.

– Jezus! Nie pamiętam. Zaczynałam świrować. To była pierwsza noc, kiedy usiłowałam odstawić towar – kiedy odstawiłam. Ale pamiętam tego chłopca... i że nie chciałeś się ze mną kochać.

– Chciałem, chciałem.

Szybko odwróciła głowę i spojrzała mi w oczy. Usta się jej uśmiechały, ale na czole pojawił się nieznaczny grymas. Miała na sobie czerwony szalwar kamiz. Wiatr od morza przykleił jej długą, luźną jedwabną koszulę do całego ciała. Niebieskie oczy lśniły odwagą i innymi tajemnicami. Była dzielna, krucha i twarda jednocześnie. Wyrwała się z Pałacu madame Zhou, pokonała heroinę. W obronie życia przyjaciółki i własnego pomogła zabić człowieka. Straciła kochanka – Abdullaha, mojego przyjaciela, którego ciało rozdarły i zmasakrowały kule. I wszystko to widziałem w jej oczach i szczupłej, nadmiernie szczupłej twarzy. Wszystko to na niej było, jeśli się wiedziało, czego i gdzie szukać.

– Jak w ogóle trafiłaś do Pałacu? – spytałem, a ona wzdrygnęła się lekko.

– Nie wiem. – Westchnęła. – Wcześnie uciekłam z domu. Nie mogłam tam wytrzymać. Uciekłam, kiedy tylko nadarzyła się okazja. Minęło parę lat, a już byłam nastoletnią narkomanką, pracowałam na ulicy w Los Angeles i lał mnie alfons. Potem pojawił się jeden facet, miły, cichy, samotny, łagodny, a na imię miał Matt. Zakochałam się w nim jak głupia. To była moja pierwsza prawdziwa miłość. Był muzykiem, parę razy odwiedził Indie. Uważał, że zdołamy zarobić pieniądze na nowe życie, jeśli przemycimy trochę towaru z Bombaju. Powiedział, ze kupi mi bilet, jeśli się zgodzę przewieźć towar. A jak już byliśmy na miejscu, po prostu zniknął ze wszystkim – wszystkimi pieniędzmi, moim paszportem i resztą. Nie wiem, co się stało. Nie wiem, czy ktoś go kropnął, czy znalazł sobie jakąś inną, czy po prostu postanowił zrobić wszystko sam. Nie wiem. Skończyło się więc na tym, że utknęłam w Bombaju, uzależniona jak diabli, bez kasy, bez paszportu. Zaczęłam pracować w hotelowym pokoju, żeby jakoś związać koniec z końcem. Po paru miesiącach pewnego dnia odwiedził mnie policjant i powiedział, że mam przerąbane. Miałam trafić do więzienia, chyba że zgodzę się pracować dla jego przyjaciółki.

– Madame Zhou.

– A jakże.

– Powiedz, widziałaś ją kiedyś? Rozmawiałaś z nią osobiście?

– Skąd. Ona nie spotyka się prawie z nikim, z wyjątkiem Rajana i jego brata. Karla spotkała ją osobiście. Karla jej nienawidzi. Nienawidzi jej bardziej niż... w życiu czegoś takiego nie widziałam. Karla nienawidzi jej tak, że trochę od tego oszalała, jeśli mnie rozumiesz. Bez przerwy myśli o madame Zhou i prędzej czy później ją dopadnie.

– Chodzi o tego jej przyjaciela Ahmada i Christine – mruknąłem. – Karla uważa, że madame Zhou kazała ich zabić i ma o to pretensje do siebie. Nie potrafi sobie tego darować.

– Właśnie! – zawołała ze zdziwieniem. – Powiedziała ci?

– Tak...

– No, to już... – Parsknęła śmiechem. – To zadziwiające! Karla nigdy o tym nie mówi. Ale to nigdy! Choć pewnie nie takie to znowu zadziwiające. Nie potrafi się z tego otrząsnąć. Pamiętasz, jak w slumsach szerzyła się cholera? Mówiła o tym jeszcze przez wiele tygodni. Jakby to było jakieś świątobliwe przeżycie, jakiś transcendentalny odlot. I dużo mówiła o tobie. Nigdy nie widziałem jej w takim... natchnieniu, można powiedzieć.

– Kiedy Karla poprosiła, żebym pomógł cię uratować z Pałacu – spytałem, nie patrząc na nią – to chodziło o ciebie czy żeby wygrać z madame Zhou?

– Pytasz, czy byliśmy pionkami w grze Karli? Tak?

– Mniej więcej.

– Chyba muszę powiedzieć, że tak, byliśmy. – Zdjęła z szyi długi szal i przesunęła przez otwartą dłoń, wpatrując się w niego z napięciem. – No wiesz, Karla mnie lubi i w ogóle, jestem tego pewna. Powiedziała mi takie rzeczy, o których nikt nie wie, nawet ty. I ja też ją lubię. Mieszkała w Stanach, wiesz? Tam dorastała i to chyba coś dla niej znaczy. Byłam jedyną Amerykanką w Pałacu. Ale w głębi duszy, bardzo w głębi, chodziło jej o wojnę z madame Zhou. Chyba nas wykorzystała, ciebie i mnie. Ale wiesz, to nie ma znaczenia. Uratowała mnie stamtąd – ty mnie uratowałeś, razem z nią, i cholernie mnie to cieszy. Bez względu na jej motywy, nie mam jej tego za złe i nie sądzę, żebyś ty też miał coś przeciw.

– Nie mam. – Westchnąłem.

– Ale?

– Ale... nic. Nie wyszło nam, ale...

– Nadal ją kochasz?

Spojrzałem na nią, ale kiedy jej błękitne oczy zajrzały w moje, zmieniłem temat.

– Miałaś jakieś wieści od madame Zhou?

– Nic a nic.

– Pytała o ciebie? O cokolwiek?

– Nie, dzięki Bogu. To dziwne, ale nie czuję do niej nienawiści. W ogóle nic nie czuję, tylko tyle, że nigdy więcej nie chcę się do niej zbliżać. Za to nienawidzę jej służącego, Rajana. Jeśli się pracuje w Pałacu, to z nim trzeba się rozliczać i przed nim odpowiadać. Jego brat zajmuje się kuchnią, a Rajan opiekuje się dziewczynami. Upiorny skurwiel z niego. Snuje się jak duch. Jakby miał oczy z tyłu głowy. Najstraszliwsze zjawisko na caluteńkim świecie, daję ci słowo. Madame Zhou nigdy nie widziałam na oczy. Rozmawia z człowiekiem przez metalową kratę. W każdym pokoju jest co najmniej jedna, żeby madame mogła obserwować, co się dzieje, rozmawiać z dziewczynami albo klientami. Kurewsko upiorne miejsce, Lin. Wolałabym umrzeć, niż tam znowu wylądować.

Znowu zapadła cisza. Fale szemrały o głazy na brzegu i drobniejsze kamyki przy falochronie. Mewy krążyły nad naszymi głowami, wypatrując stworzeń wijących się i rojących między kamieniami.

– Ile pieniędzy ci zostawił?

– Nie wiem na pewno. W ogóle tego nie przeliczyłam. Masę. Siedemdziesiąt, osiemdziesiąt tysięcy – o wiele więcej niż to, co Maurizio ukradł Modenie i za co zginął. Wariactwo, nie?

– Powinnaś to wziąć i spieprzać stąd.

– Zabawne... myślałam, że właśnie podpisaliśmy dwuletni kontrakt z Mehtą i jego wytwórnią. No wiesz, kontrakt naszego życia.

– Pieprzyć kontrakt.

– Daj spokój.

– Pieprzyć kontrakt. Musisz się stąd wyrwać. Nie wiemy, co się dzieje. Nie wiemy, dlaczego Abdullah zginał. Nie wiemy, co zrobił albo czego nie zrobił. Jeśli nie był Sapną, to sytuacja jest niedobra. Jeśli był, to jest o wiele gorsza. Powinnaś zabrać pieniądze i po prostu... wyjechać.

– Dokąd?
– Dokądkolwiek.
– A ty wyjedziesz?
– Nie. Mam tu niezakończone sprawy. I... i pod pewnym względem mam przerąbane. Ale ty powinnaś wyjechać.
– Nic nie rozumiesz, co? Nie chodzi o pieniądze. Jeśli teraz wyjadę, to całą tę kasę właduję w prochy. Muszę tu zbudować coś własnego. I tutaj to jest możliwe. Tutaj coś osiągnęłam. Jestem kimś. Na ulicy ludzie patrzą na mnie, bo jestem inna.
– Jesteś kimś wszędzie, gdzie się znajdziesz – powiedziałem z uśmiechem.
– Przestań się ze mnie nabijać.
– Nie nabijam się. Jesteś piękna i masz dobre serce – to dlatego ludzie się na ciebie gapią.
– Może mi się uda – ciągnęła z uporem. – Czuję to w kościach. Nie mam wykształcenia, nie jestem taka mądra jak ty. Nic nie potrafię. Ale to... to może być coś. Mogłabym... no, nie wiem... może pewnego dnia zostanę producentką? Mogłabym osiągnąć coś dobrego.
– Jesteś dobra. Będziesz czynić dobro, gdziekolwiek się znajdziesz.
– Nie. To jest moja szansa. Ja nie wrócę – nigdzie nie pojadę – dopóki czegoś nie osiągnę. Jeśli tego nie zrobię, jeśli nie spróbuję, to wszystko to będzie na darmo. Maurizio... i wszystko, co się wydarzyło – na marne. Jeśli wyjadę, to z wysoko uniesioną głową i kieszeniami pełnymi pieniędzy, które sama zarobiłam.
Spojrzałem w wiatr, który na zmianę chłodził i rozgrzewał moją twarz i ręce, gdy wiatr dmuchał od lądu, a potem zawracał nad zatokę. Mała flota rybackich łódek minęła nas w drodze powrotnej na piaszczystą przystań w pobliżu slumsów. Przypomniałem sobie nagle ten dzień w deszczu, kiedy płynąłem łódką przez zalany dziedziniec hotelu „Tadż Mahal", pod pełną ech kopułą Wrót. Przypomniałem sobie miłosną pieśń Vinoda i deszczową noc, kiedy Karla wsunęła się w moje ramiona.
Wpatrując się w te wieczne, nieustanne fale, przypomniałem sobie wszystko, co się wydarzyło od tamtej burzliwej nocy: więzienie, tortury, odejście Karli, odejście Ulli, odejście Kadirbaja i jego rady, odejście Ananda, śmierć Maurizia, prawdopodobną śmierć Modeny, śmierć Raszida, śmierć Abdullaha i Prabakera – to niemożliwe – śmierć Prabakera. A ja byłem jednym z nich: chodziłem, mówiłem, patrzyłem na srożące się fale, ale moje serce było tak samo martwe jak ich.
– A ty? – spytała. Czułem na sobie jej wzrok i słyszałem w jej głosie uczucia: współczucie, czułość, może nawet miłość. – Jeśli zostanę – a na pewno zostanę – co zamierzasz?
Przez jakiś czas patrzyłem na nią, odczytując runy w jej niebiańsko błękitnych oczach. Potem wstałem z falochronu, wziąłem ją w ramiona i pocałowałem. To był długi pocałunek. Zawarło się w nim nasze życie: żyliśmy, kochaliśmy, razem się zestarzeliśmy i umarliśmy. Potem nasze wargi się rozłączyły i tamto życie, które mogło się nam przydarzyć, skurczyło się do iskierki światła, nadal tlącej się w naszych oczach.
Mógłbym ją pokochać. Może ją nawet trochę kochałem. Ale czasami najgorsze,

co można zrobić kobiecie, to ją pokochać. A ja nadal kochałem Karlę. Kochałem Karlę.

– Co zamierzam? – powtórzyłem jej pytanie. Wziąłem ją za ramiona i odsunąłem na odległość ramion. Uśmiechnąłem się. – Zamierzam się znieczulić.

Odjechałem, nie odwracając się. Zapłaciłem za mieszkanie za trzy miesiące z góry i dałem spory bakszysz strażnikowi na parkingu i w budynku. Do kieszeni włożyłem jeden dobry, fałszywy paszport, resztę zapasowych oraz plik gotówki schowałem do woreczka, a enfielda bulleta zostawiłem pod opieką Didiera. Potem taksówką pojechałem do palarni opium Gupty w pobliżu Ulicy Dziesięciu Tysięcy Dziwek, Shoklaji Street. Po zniszczonych drewnianych schodkach wspiąłem się na drugie piętro i zamknąłem się w klatce, którą narkomani budują dla siebie sami – po jednym lśniącym, ostrym, metalowym pręcie.

Gupta zapewniał duże pomieszczenie z dwudziestoma matami do spania i drewnianymi poduszkami dla palaczy opium. Dla klientów o specjalnych wymaganiach rezerwował inne pokoje poza tą wspólną salą. Przez bardzo małe drzwiczki wszedłem na dyskretny korytarzyk, który zaprowadził mnie do owych pokoików na zapleczu. Sufit był tak niski, że musiałem się pochylić, niemal zgiąć wpół. Wybrałem pokój z pryczą o kapokowym materacu, z wytartym dywanem, małą szafką o drzwiczkach z wikliny, lampą z jedwabnym abażurem i wielki gliniany dzban z wodą. Ściany z trzech stron były z trzcinowych mat na drewnianym szkielecie. Ostatnia ściana, w głowie łóżka, wychodziła na ruchliwą uliczkę arabskich kupców, ale okna były zasłonięte żaluzjami, tak że przez szpary i szczeliny wpadały tylko jasne gwiazdki słonecznego światła. Sufitu nie było. Widziałem masywne belki, krzyżujące się i łączące pod dachem z glinianych dachówek. Nauczyłem się tego widoku na pamięć.

Gupta przyjął pieniądze i wskazówki i zostawił mnie samego. W pokoju, znajdującym się tuż pod dachem, było bardzo duszno. Zdjąłem koszulę i wyłączyłem lampę. To małe mroczne pomieszczenie przypominało więzienną celę w nocy. Usiadłem na łóżku i niemal natychmiast popłynęły mi łzy. W Bombaju już mi się zdarzyło płakać. Łzy pojawiły się po spotkaniu z trędowatymi Randżita i kiedy obcy obmył moje udręczone ciało w więzieniu Arthur Road, i razem z ojcem Prabakera w szpitalu. Ale ten smutek i cierpienie zawsze udawało mi się zdusić, jakoś przełknąć najgorsze, największy potop. A potem, samotny w tej małej opiumowej celce, sam na sam z ruinami miłości do zmarłych przyjaciół, Abdullaha i Prabakera, poddałem się.

Łzy, które wylewają niektórzy mężczyźni, są gorsze od bicia. Tacy mężczyźni odnoszą gorsze rany, płacząc, niż pod ciosami pałek i butów. Łzy rodzą się w sercu, ale niektórzy tak często nie chcą się przyznać do posiadania serca, że kiedy wreszcie dochodzi do głosu, słyszymy nie jeden, lecz setki smutków. Wiemy, że płacz jest dobry i naturalny. Wiemy, że to nie oznaka słabości, ale siły. Mimo to płacz nas wykorzenia i przewraca jak powalone drzewa.

Gupta dał mi czas. Kiedy w końcu usłyszałem jego człapiący, posuwisty krok, rozgniotłem łzy na twarzy i włączyłem lampę. Przyniósł to, o co prosiłem – stalową łyżkę, wodę destylowaną, jednorazowe strzykawki, heroinę i karton papierosów – i zostawił to wszystko na komódce. Towarzyszyła mu dziewczyna.

Powiedział mi, że na imię ma Shilpa i że będzie moją służącą. Była młoda, dużo poniżej dwudziestki, ale twarz miała oszpeconą ponurą miną profesjonalistki. W jej oczach czaiła się nadzieja, gotowa warknąć jak pobite zwierzę. Odesłałem ich, a sam przyrządziłem sobie heroinową ucztę.

Działka czekała prawie godzinę. Pięć razy brałem strzykawkę i przystawiałem igłę do grubej, silnej, mocnej żyły mojego ramienia, a potem odkładałem. I przez całą tę godzinę gapiłem się na płyn w strzykawce. Oto on. Przeklęty narkotyk. Potężny, ten sam, który popchnął mnie do głupich, okrutnych przestępstw, który zaprowadził mnie do więzienia, który odebrał mi rodzinę i ukochanych. Ten narkotyk, który jest wszystkim i niczym, zabiera wszystko i w zamian daje nicość. Ale ta nicość, ta odrętwiała pustka, jest czasami wszystkim, czego pragniesz.

Wkłułem igłę, odciągnąłem ciemną krew, która potwierdza czyste wejście w żyłę i docisnąłem tłok do oporu. Jeszcze nie zdążyłem wyjąć igły, gdy narkotyk zrobił mi w głowie pustynię. Ciepłe, suche, lśniące, nieostre diuny narkotyku zasypały wszystkie myśli, zatarły zapomnianą cywilizację moich wspomnień. Ciepło wypełniło moje ciało i rozpuściło tysiąc drobnych bólów, ukłuć i dyskomfortów, które w dniach trzeźwości znosimy i ignorujemy. Ból zniknął. Wszystko zniknęło.

A potem, gdy w głowie nadal miałem pustynię, poczułem, że tonę, i przebiłem się nad powierzchnię duszącego jeziora. Czy to było tydzień po tym pierwszym hauście? Miesiąc? Wpełzłem na tratwę i podryfowałem po śmiercionośnym jeziorku w łyżce, a pustynia płynęła w mojej krwi. I te belki nad głową: był w nich jakiś przekaz, przekaz w sposobie i metodzie naszego stykania się ze sobą. Kadir i Karla, Abdullah i ja. Nasze ścieżki, ścieżki naszego życia, łączące się ze śmiercią Abdullaha, przecinały się w pewien wyjątkowy i znaczący sposób. W tych belkach był ukryty klucz do szyfru.

Ale zamknąłem oczy. Przypomniałem sobie Prabakera. Przypomniałem sobie, że ciężko pracował i umarł dlatego, że miał na własność taksówkę i pracował na własny rachunek. To ja mu kupiłem tę taksówkę. Żyłby, gdybym jej nie kupił. Był tą myszką, którą wytresowałem i karmiłem okruszynami w więziennej celi, myszką, która skończyła na krzyżu. I czasami powiew czystej, wolnej od narkotyku godziny przynosił mi obraz Abdullaha w chwili śmierci, samotnego w kręgu morderców. Samotnego. Powinienem tam być. Byłem przy nim codziennie, powinienem i wtedy. Nie wolno tak pozwolić umrzeć przyjacielowi – samotnemu w obliczu śmierci i przeznaczenia. I gdzie jest jego ciało? A jeśli był Sapną? Czy mój przyjaciel, ten przyjaciel, którego kochałem, naprawdę był bezlitosnym, szalonym mordercą? Co powiedział Al-Ghani? Strzępy ciała Madżida były porozrzucane po całym domu... Czy mógłbym kochać człowieka, który zrobił coś takiego? Co to znaczy, że jakaś mała, uporczywa cząstka mojej duszy boi się, że był Sapną, ale i tak go kocha?

Znowu wystrzeliłem srebrną kulę w żyłę i opadłem na dryfującą tratwę. I ujrzałem odpowiedź w belkach nad moją głową. I byłem pewien, że jeszcze trochę towaru, a zrozumiem – trochę i trochę, i jeszcze trochę.

Obudziłem się i ujrzałem twarz gniewną i przemawiającą zapalczywie w niezrozumiałym języku. Twarz była brzydka, zmarszczona, poznaczona głębokimi zmarszczkami, które otaczały łukami oczy, nos i usta. Potem ta twarz zyskała ręce, mocne ręce, i poczułem, że coś mnie podnosi z tratwy posłania i stawia na uginających się nogach.

– Ty idź! – warknął Nazir po angielsku. – Ty idź już!

– Spie... – wymówiłem powoli, robiąc przerwy dla jak najlepszego efektu – ...przaj.

– Idź!– powtórzył. Jego gniew tak bardzo zbliżył się do powierzchni, że nim trząsł i nieświadomie otwierał mu usta, obnażał zęby do ukąszenia.

– Nie – powiedziałem i znowu zawróciłem do łóżka. – Sam idź!

Odwrócił mnie twarzą do siebie. Strasznie silne miał te ręce. Metalowe haki dłoni zaciskały się na moich barkach.

– Już! Idź!

W pokoju u Gupty spędziłem trzy miesiące. Codziennie przez trzy miesiące brałem heroinę, a jadłem co drugi dzień. Chodziłem tylko do toalety i z powrotem. Wtedy tego nie wiedziałem, ale straciłem dwadzieścia kilo – najlepsze kilogramy moich mięśni. Byłem chudy, słaby i ciągle ogłupiały od narkotyku.

– Dobra – powiedziałem, symulując uśmiech. – Dobra, puszczaj. Muszę zabrać rzeczy.

Rozluźnił chwyt, gdy skinąłem w stronę stolika, na którym spoczywał mój portfel, zegarek i paszport. Gupta i Shilpa czekali na korytarzyku pod drzwiami. Zebrałem mój dobytek i wcisnąłem do kieszeni, udając, że ustąpiłem Nazirowi. Kiedy uznałem, że nadeszła odpowiednia chwila, rzuciłem się na niego. Powinienem trafić. Trafiłbym, gdybym był zdrowy i trzeźwy. Ale nie trafiłem i straciłem równowagę. Nazir wbił pięść w mój splot słoneczny, tuż pod sercem. Zgiąłem się wpół, pozbawiony powietrza, bezradny, ale kolana mi się zablokowały i nogi nie ugięły się pode mną. Nazir podniósł mi głowę lewą ręką, chwyciwszy w garść moje włosy, prawą pięść uniósł na wysokość ramienia, przez chwilę mierzył i zdzielił mnie w szczękę. W tym ciosie skoncentrował całą moc karku, ramion i grzbietu. Zauważyłem, że Gupta wydyma wargi i mruży oczy, a potem jego twarz rozprysła się w fontannie iskier, po której świat stał się mroczniejszy niż jaskinia pełna śpiących nietoperzy.

To był ten jedyny raz w moim życiu, kiedy straciłem przytomność. Wydawało mi się, że spadam przez całą wieczność, a ziemia jest niesłychanie daleko. Po jakimś czasie uświadomiłem sobie mętnie, że się poruszam, dryfuję w przestrzeni, i pomyślałem „w porządku, to wszystko sen, narkotykowa wizja, i lada chwila się obudzę i wezmę kolejną działkę".

A potem znowu padłem na moją tratwę jak zmięta szmata. Ale tratwa-łóżko, na której dryfowałem od trzech długich miesięcy, zmieniło się. Było jakieś inne – miękkie i gładkie. I pojawił się nowy i cudowny zapach, fantastyczne perfumy. Nazywały się Coco. Znałem je dobrze. To była Karla. To był zapach perfum na skórze Karli. Nazir przerzucił mnie sobie przez ramię i zniósł po tych wszystkich schodach na ulicę, gdzie rzucił mnie na tylne siedzenie taksówki. A w taksówce siedziała Karla. Moja głowa legła na jej kolanach. Otworzyłem oczy i spojrzałem na jej piękną twarz. A jej zielone oczy spojrzały na mnie ze współczuciem, troską i czymś jeszcze. Zamknąłem powieki i w ruchomej ciemności zrozumiałem, co to jest, to coś jeszcze w jej oczach. Obrzydzenie. Brzydziła ją moja słabość, moje uzależnienie, smród zaniedbania i samopobłażania. A potem poczułem jej ręce na mojej twarzy i to było jak płacz, a palce, muskające pieszczotą mój policzek, były łzami.

Kiedy taksówka wreszcie stanęła, Nazir zaniósł mnie po dwóch biegach schodów bezceremonialnie jak worek mąki. Znowu odzyskałem przytomność, przewieszony przez jego ramię, z widokiem na Karlę, która wchodziła za nami. Usiłowałem się do niej uśmiechnąć. Weszliśmy do wielkiego budynku przez tylne drzwi prowadzące do kuchni. Za tą wielką, nowoczesną kuchnią znajdował się ogromny, otwarty salon z jedną ścianą ze szkła, za którą rozciągał się widok na złocistą plażę i ciemnoszafirowe morze. Nazir położył mnie z delikatnością, jakiej się po nim nie spodziewałem, na stercie poduszek pod tą szklaną ścianą. Zanim mnie uprowadził od Gupty, wziąłem dużą dawkę. Zbyt dużą. Byłem otępiały i półprzytomny. Pragnienie zamknięcia oczu i poddania się narkotycznemu odrętwieniu nachodziło mnie niemal niepokonanymi, nieodpartymi falami.

– Tylko nie wstawaj – powiedziała Karla, która uklękła przy mnie i wytarła mi twarz zmoczonym ręcznikiem.

Roześmiałem się, bo w życiu nie przyszłoby mi do głowy wstać. Śmiejąc się, poczułem – mętnie, przez otępienie – ból szczęki.

– Co się dzieje? – spytałem. Mój głos załamywał się i chrypiał. Po trzech miesiącach kompletnego milczenia i zaćmienia duszy słowa wychodziły ze mnie urywane i skrzypiące. – Co ty tu robisz? Co ja tu robię?

– Myślisz, że bym cię tam zostawiła?

– Skąd się dowiedziałaś? Jak mnie znalazłaś?

– Znalazł cię twój przyjaciel Kadirbaj. Poprosił, żebym cię tu przywiozła.

– On poprosił ciebie?

– Tak – odparła, wpatrując się w moje oczy z takim natężeniem, że to spojrzenie rozproszyło moje otępienie jak promień słońca przeszywający poranną mgłę.

– Gdzie on jest?

Uśmiechnęła się smutno, bo zadałem niewłaściwe pytanie. Teraz to wiem. Teraz myślę przytomnie. Miałem szanse poznać całą prawdę, a przynajmniej tę prawdę, którą znała. Gdybym zadał jej właściwe pytanie, powiedziałaby mi tę prawdę. To właśnie oznaczała ta moc jej intensywnego spojrzenia. Była gotowa powiedzieć mi wszystko. Mogłaby nawet mnie pokochać. Ale nie zadałem właściwego pytania. Nie spytałem o nią. Spytałem o niego.

– Nie wiem – powiedziała i wstała, podpierając się rękami. – Miał tu być. Pewnie niedługo przyjedzie. Ale ja nie mogę czekać. Muszę już iść.

– Co? – Usiadłem i usiłowałem rozsunąć zasłony odrętwienia, żeby ją zobaczyć, przemówić do niej, zatrzymać przy sobie.

– Muszę iść – powtórzyła i ruszyła szybko do drzwi. Nazir czekał na nią, a jego grube ręce sterczały jak konary z pękatego pnia ciała. – Nic na to nie poradzę. Muszę załatwić mnóstwo spraw przed wyjazdem.

– Przed wyjazdem? Jak to przed wyjazdem?

– Znowu wyjeżdżam z Bombaju. Mam pracę. To coś ważnego i... no, muszę to załatwić. Wrócę za sześć, osiem tygodni. Wtedy może się spotkamy.

– Ale to bez sensu. Nie rozumiem. Powinnaś mnie zostawić tam, skoro od początku zamierzałaś mnie zostawić.

– Słuchaj – rzekła z cierpliwym uśmiechem. – Wróciłam dopiero wczoraj i staram się nie przyzwyczajać. Nawet nie poszłam do „Leopolda". Dziś rano spotkałam się z Didierem – nawiasem mówiąc, pozdrawia cię – ale na tym koniec. Nie osiądę tutaj. Zgodziłam się wydobyć cię z tej samobójczej celi u Gupty. Jesteś tutaj, nic ci nie grozi, a ja muszę odejść.

Odwróciła się i przemówiła do Nazira. Mówiła w urdu i rozumiałem piąte przez dziesiąte. On roześmiał się, a potem spojrzał na mnie ze zwykłą pogardą.

– Co powiedział? – spytałem, kiedy zamilkli.

– Nie chcesz wiedzieć.

– Właśnie, że chcę.

– Uważa, że z tego nie wyjdziesz – wyjaśniła. – Powiedziałam mu, że odstawisz towar i będziesz na mnie czekać, kiedy wrócę za parę miesięcy. On uważa, że nie. Twierdzi, że pryśniesz stąd po działkę, kiedy pojawią się pierwsze oznaki głodu. Założyłam się z nim, że ci się uda.

– Ile postawiłaś?

– Tysiąc dolarów.

– Tysiąc. – Zamyśliłem się. Stawka była efektowna i nierealna.

– Tak. To cała jego kasa, coś w rodzaju kapitału początkowego. Postawił ją na to, że się załamiesz. Twierdzi, że jesteś słaby. Dlatego bierzesz.

– A co ty powiedziałaś?

Roześmiała się, a tak rzadko widywałem ją roześmianą, że rzuciłem się na te wesołe, okrągłe sylaby wesołości jak na jedzenie, na picie, na narkotyk. Pomimo naćpania i mojego stanu doskonale rozumiałem, że nigdy w życiu nie spotka mnie nic tak cennego i pięknego jak ten śmiech. Rozśmieszyć tę kobietę i poczuć na twarzy, na skórze jej musujący śmiech.

– Powiedziałam – oznajmiła – że dobry mężczyzna ma tyle siły, ile potrzebuje właściwa kobieta.

Potem odeszła, a ja zamknąłem oczy i godzinę lub dzień później otworzyłem je, a obok mnie siedział Kadirbaj.

– *Utna hain* – usłyszałem głos Nazira. „Obudził się".

Obudziłem się boleśnie. Obudziłem się czujnie, w chłodzie i głodzie heroiny. W ustach miałem paskudny smak i wszystko mnie bolało.

– Hmm – mruknął Kadir. – Już czujesz ból.

Podparłem się łokciem na poduszkach i powiodłem wzrokiem po pokoju. Był wczesny wieczór, a długie nocne cienie skradały się po plaży za oknem. Nazir siedział na dywanie przy wejściu do kuchni. Kadir miał na sobie luźne spodnie, koszulę i afgańską tuniko-kamizelkę. Strój był w kolorze zieleni, ulubionej barwy Proroka. Kadirbaj wyglądał jakoś starzej, choć minęło tylko parę miesięcy. I jeszcze nigdy nie widziałem go w tak dobrej formie fizycznej, tak spokojnego i zdeterminowanego.

– Potrzebujesz jedzenia? – spytał, kiedy przez jakiś czas wpatrywałem się w niego bez słowa. – Chcesz się wykąpać? Wszystko jest gotowe. Możesz się kąpać, kiedy zechcesz. Możesz jeść – jest pod dostatkiem pożywienia. Możesz się przebrać w nowe ubrania. Sprowadziłem je dla ciebie.

– Co się stało z Abdullahem? – spytałem.

– Musisz wydobrzeć.

– Co się, kurwa, stało z Abdullahem? – krzyknąłem załamującym się głosem.

Nazir przyglądał mi się. Pozornie był spokojny, ale widziałem, że jest gotowy do ataku.

– Co chcesz wiedzieć? – spytał łagodnie Kadir, unikając moich oczu i powoli kiwając głową, ze wzrokiem wbitym w dywan między skrzyżowanymi kolanami.

– Był Sapną?

– Nie – odparł i spojrzał mi w oczy. – Wiem, że ludzie tak mówią, ale daję ci słowo, że nie był Sapną.

Wydałem długie westchnienie ulgi aż do opróżnienia płuc. Spod powiek wymknęły mi się łzy; zagryzłem wnętrze policzka, żeby je powstrzymać.

– Dlaczego mówią, że był Sapną?

– Wrogowie Abdullaha zasugerowali to policji.

– Jacy wrogowie? Kim są?

– Irańczycy. Wrogowie z jego kraju.

Przypomniałem sobie bójkę, tę tajemniczą bójkę, którą Abdullah i ja stoczyliśmy z Irańczykami na ulicy. Usiłowałem sobie przypomnieć inne szczegóły tego dnia, ale myślenie utrudniało mi dotkliwe, pełne poczucia winy ukłucie żalu, że nigdy nie spytałem Abdullaha, kim są ci mężczyźni i dlaczego z nimi walczył.

– Gdzie jest prawdziwy Sapna?

– Nie żyje. Znalazłem go, prawdziwego Sapnę. Już nie żyje. Stało się tak ze względu na Abdullaha.

Opadłem na poduszki i na chwilę zamknąłem oczy. Z nosa zaczynało mi cieknąć, gardło było obłożone i obolałe. Przez te trzy miesiące silnie się uzależniłem – trzy gramy czystej, tajskiej białej heroiny dziennie. Objawy głodu zbliżały się szybko i wiedziałem, że dwa tygodnie spędzę na karnym bloku z piekła rodem.

– Dlaczego? – spytałem go po jakimś czasie.

– O co pytasz?

– Dlaczego mnie odnalazłeś? Dlaczego kazałeś mu... Nazirowi... przynieść mnie tutaj?

– Pracujesz dla mnie – powiedział z uśmiechem. – A teraz mam dla ciebie zlecenie.

– Hm... Obawiam się, że w tej chwili nie dam rady.

Skurcze zaczęły mi już skręcać żołądek. Jęknąłem i odwróciłem wzrok.

– A, tak – zgodził się. – Najpierw musisz wydobrzeć. Ale potem, za trzy, cztery miesiące, będziesz idealnym kandydatem do tego zadania.

– Ja... jakiego zadania?

– To misja. A nawet, można powiedzieć, coś w rodzaju świętej misji. Potrafisz jeździć konno?

– Konno? Nie znam się na koniach. Jeśli mogę wypełnić tę misję na motocyklu – kiedy wydobrzeję, jeśli w ogóle – to się zgadzam.

– Nazir cię nauczy. Jest, albo był, najlepszym jeźdźcem w wiosce, w której wszyscy mężczyźni są najlepszymi jeźdźcami w prowincji Nangarhar. Niedaleko znajduje się stadnina. Nauczysz się jeździć na plaży.

– Nauczę się... – wymamrotałem. Ciekawiło mnie głównie, jak przeżyję najbliższą godzinę i następną, i najgorsze, które przyjdzie potem.

– O tak, Linbaba – powiedział, uśmiechnął się i dotknął mojego ramienia. Wzdrygnąłem się i zadrżałem, ale ciepło jego dłoni jakby przeniknęło we mnie i znieruchomiałem. – Do Kandaharu można dotrzeć tylko konno, bo wszystkie drogi są nadal zaminowane i zbombardowane. Więc sam rozumiesz, że musisz umieć jeździć konno, skoro pojedziesz z moimi ludźmi na wojnę do Afganistanu.

– Do Afganistanu?

– Tak.

– Skąd... skąd ci w ogóle przyszło do głowy, że pojadę do Afganistanu?

– Nie wiem, czy to zrobisz – odpowiedział, wydawało mi się, z autentycznym smutkiem. – Ja sam podejmę tę misję. Do Afganistanu – mojej ojczyzny, której nie widziałem od ponad pięćdziesięciu lat. I zapraszam cię – proszę – żebyś ze mną pojechał. Decyzja oczywiście należy do ciebie. To niebezpieczne zlecenie. To pewne. Nie pomyślę o tobie źle, jeśli postanowisz nie jechać.

– Dlaczego ja?

– Potrzebuję *gora*, cudzoziemca, który nie boi się złamać wielu międzynarodowych przepisów i który może uchodzić za Amerykanina. Tam, gdzie jedziemy, wiele rywalizujących ze sobą klanów walczy ze sobą od setek lat. Mają od dawna zwyczaj napadania na siebie nawzajem i rabowania wszystkiego, co im wpadnie w ręce. W tej chwili łączą ich tylko dwie sprawy – miłość do Allaha i nienawiść do rosyjskich najeźdźców. Walczą za amerykańskie pieniądze, amerykańską bronią. Jeśli będzie mi towarzyszyć Amerykanin, dadzą nam spokój i pozwolą przejechać, nie robiąc krzywdy i nie okradając nadmiernie.

– Dlaczego nie weźmiesz Amerykanina... no wiesz, prawdziwego?

– Próbowałem. Nie potrafię znaleźć wariata, który zgodzi się na to ryzyko. Dlatego potrzebuję ciebie.

– Co przemycimy?

– To, co zwykle się przemyca na wojnę – broń, materiały wybuchowe, paszporty, pieniądze, złoto, części do maszyn i lekarstwa. To będzie ciekawa podróż. Jeśli przejedziemy przez terytorium uzbrojonych po zęby klanów, które będą chciały nam odebrać wszystko, dostarczymy towar oddziałowi mudżahedinów, którzy oblegają Kandahar. Od dwóch lat walczą z Rosjanami na tym terenie i potrzebują wsparcia.

W moim rozedrganym mózgu wylęgły się setki pytań, ale objawy odstawienia zaczęły mnie obezwładniać. Na skórę wystąpił mi zimny, tłusty pot wysiłku. Słowa, kiedy wreszcie je z siebie wydobyłem, brzmiały bełkotliwie i pospiesznie.

– Dlaczego to robisz? Dlaczego Kandahar? Czemu tam?

– Mudżahedini – ci, którzy oblegają Kandahar – to moi rodacy, z mojej wioski. I z wioski Nazira. Toczą dżihad, świętą wojnę, przeciwko rosyjskim najeźdźcom, których zamierzają wypędzić z ojczyzny. Pomagaliśmy im na wiele sposobów. Teraz czas, żebym wspomógł ich bronią i własną krwią, jeśli będzie trzeba.

Spojrzał na moją rozdygotaną twarz i rozpływające się oczy. Znowu się uśmiechnął i zacisnął palce na moim ramieniu, aż ten ból, ten dotyk, jego dotyk, stał się moim jedynym doznaniem.

– Najpierw musisz wydobrzeć – powiedział i wyzwolił mnie z uścisku. Przyłożył dłoń do mojej twarzy. – Allah będzie z tobą, mój synu. *Allah yafazzak!*

Kiedy wyszedł, powlokłem się do łazienki. Skurcze raniły mi żołądek jak szpony, wykręcały wnętrzności. Chwyciła mnie konwulsyjna biegunka. Umyłem się, dygocząc tak gwałtownie, że dzwoniły mi zęby. Spojrzałem w lustro; zobaczyłem oczy, źrenice tak wielkie, że tęczówki stały się zupełnie czarne. Kiedy wraca światło, kiedy heroina przestaje działać i zaczyna się drżączka, światło dnia wlewa się w ciało przez czarne leje oczu.

Wróciłem do dużego pomieszczenia, przepasany ręcznikiem. Byłem chudy, zgarbiony, dygotałem i mimowolnie jęczałem. Nazir zmierzył mnie spojrzeniem od stóp do głów, unosząc w uśmieszku grubą górną wargę. Podał mi stosik czystych ubrań. Były dokładnymi kopiami zielonego afgańskiego stroju Kadira. Ubrałem się, ciągle dygocąc, drżąc i parę razy tracąc równowagę. Nazir przyglądał mi się, podparty pod boki sękatymi pięściami. Uśmieszek wyginał jego wargi w faliste krawędzie skorupy małża. Każdy jego gest był tak krzykliwy i zamaszysty, jakby stanowił pantomimę, ale czarne oczy płonęły groźnie. Nagle zdałem sobie sprawę, że przypomina mi japońskiego aktora Toshiro Mifune. Był brzydką, karłowatą karykaturą Mifune.

– Znasz Toshira Mifune? – spytałem go z rozpaczliwym, bolesnym śmiechem. – Znasz Mifune? Znasz?

W odpowiedzi podszedł do drzwi frontowych i otworzył je z rozmachem. Wyjął z kieszeni parę banknotów pięćdziesięciorupiowych i rzucił je na ziemię.

– *Jaa, bahinchudh!* – warknął, wskazując otwarte drwi. „Idź, siostrojebco!".

Powlokłem się do sterty poduszek pod wielkim oknem i runąłem na nie. Nakryłem się kocem, a głód szarpał mnie i obdzierał ze skóry. Nazir zamknął drzwi i zajął miejsce na swoim kawałku dywanu. Obserwował mnie, siedząc po turecku, sztywno wyprostowany.

Wszyscy do pewnego stopnia ścieramy się ze strachem i stresem, pomagając sobie chemicznymi koktajlami, które ciało produkuje i uwalnia w mózgu. Najsilniejsze są endorfiny. Są to peptydowe neuroprzekaźniki o właściwościach znieczulających ból. Niepokój, stres, ból uruchamiają produkcję endorfin, co jest naturalną reakcją obronną. Kiedy przyjmujemy dowolne opiaty – morfinę, opium, a zwłaszcza heroinę – ciało przestaje produkować endorfiny. Po odstawieniu opiatów następuje trwająca od pięciu do czternastu dni przerwa, zanim ciało zacznie nowy cykl produkcji endorfin. W tym właśnie czasie, w tym czarnym, strasznym czasie bez heroiny i endorfin, dowiadujemy się, co to jest prawdziwy strach, stres i ból.

Jaki jest heroinowy głód?– spytała mnie kiedyś Karla. Usiłowałem jej wytłumaczyć. Pomyśl o chwilach wielkiego strachu. Ktoś zachodzi cię od tyłu, gdy myślisz, że jesteś sama, i krzyczy, żeby cię wystraszyć. Otacza cię banda chuliganów. We śnie spadasz z wysokości albo stoisz na krawędzi wysokiego urwiska. Ktoś przytrzymuje cię pod wodą i czujesz, że brakuje ci powietrza, i walczysz, szarpiesz się, rwiesz się ku powierzchni. Tracisz panowanie nad samochodem i widzisz, jak mur bezgłośnie zbliża się w twoją stronę. Dodaj to wszystko do siebie, wszystkie te mrożące krew w żyłach strachy, i poczuj je jednocześnie, naraz, godzina po godzinie, dzień po dniu. I pomyśl o każdym cierpieniu, które zaliczyłaś – o oparzeniu rozgrzanym olejem, o ostrym skaleczeniu szkłem, o złamanych kościach, o zdartej skórze, kiedy przewracasz się na żwirze, o migrenie, zapaleniu ucha i bólu zęba. I dodaj to wszystko, wszystkie te rozdzierające, wykręcające spazmy, i poczuj je jednocześnie, godzina po godzinie, dzień po dniu. I pomyśl o każdym znanym ci rodzaju rozpaczy. O śmierci ukochanego. O odtrąconej miłości. Przypomnij sobie uczucie porażki, wstydu i niewypowiedzianie gorzkiego żalu. I dodaj to wszystko, każdy przeszywający serce ból i rozpacz, i poczuj to wszystko naraz, godzina po godzinie, dzień po dniu. To jest odwyk. Odzwyczaić się od heroiny to jakby żyć, kiedy ktoś cię obedrze ze skóry.

Ten atak lęku na bezbronny umysł, na mózg pozbawiony naturalnych endorfin, doprowadza mężczyzn i kobiety do szaleństwa. Każdy ćpun, który przechodzi przez odwyk, to świr. Szaleństwo jest tak dotkliwe i okrutne, że niektórym przynosi śmierć. W przejściowym szaleństwie tego obdartego ze skóry, udręczonego świata, popełniamy przestępstwa. A jeśli ocalejemy i wiele lat później wydobrzejemy, wspomnienie tych przestępstw napełnia nas zdumieniem, rozpaczą i odrazą do samych siebie, tak jakbyśmy zdradzili na torturach własny naród i kraj.

Po dwóch dniach i nocach udręk zrozumiałem, że nie dam rady. Wymioty i biegunka ustały, ale ból i strach stawały się z każdą chwilą coraz gorsze, coraz straszniejsze. Przez krzyk mojej krwi przebijał się spokojny, natarczywy głos: możesz temu położyć kres... możesz to zatrzymać... możesz to złagodzić... weź pieniądze... kup działkę... możesz powstrzymać ten ból.

Nazir sypiał w kącie pokoju na pryczy z bambusa i włókna kokosowego. Polazłem w jej stronę, pod czujnym spojrzeniem przysadzistego Afgańczyka, który wciąż siedział na macie przy drzwiach. Dygocząc, jęcząc z bólu, przyciągnąłem pryczę do wielkiego okna z widokiem na morze. Wziąłem bawełniane prześcieradło i zębami zacząłem drzeć je na pasy. Rozgorączkowany, bliski paniki, rzuciłem na łóżko dwie grube, haftowane kołdry, które posłużyły mi jako materac, położyłem się na nich. Dwoma sznurami z prześcieradła przywiązałem nogi w kostkach do łóżka. Trzecim unieruchomiłem lewą rękę. Potem położyłem się i spojrzałem na Nazira. Wyciągnąłem w jego stronę czwarty pas i wzrokiem poprosiłem, by przywiązał mi rękę do łóżka. Wtedy po raz pierwszy spojrzeliśmy sobie szczerze w oczy.

Wstał z dywanu i podszedł do mnie, nie odwracając wzroku. Wyjął pas z mojej ręki i przywiązał mój prawy przegub do ramy łóżka. Z otwartych ust wyrwał mi się paniczny wrzask uwięzionego zwierzęcia, a potem jeszcze jeden. Ugryzłem się w język, zagryzłem policzki od wewnątrz, aż z ust wypłynęła mi krew. Nazir powoli pokiwał głową. Oddarł kolejny gruby pas z prześcieradła i skręcił go mocno. Wsunął mi go między zęby i zawiązał z tyłu głowy. Wbiłem zęby w ten knebel. I zacząłem krzyczeć. I odwróciłem głowę ku swemu odbiciu, związanemu w nocy za oknem. I na moment stałem się Modeną, czekającym, patrzącym i krzyczącym samymi oczami.

Przez dwa dni i dwie noce leżałem przywiązany do łóżka. Nazir opiekował się mną czule i wiernie. Nie opuszczał mnie na krok. Kiedy otwierałem oczy, czułem na czole jego szorstką dłoń, zgarniającą pot i łzy w moje włosy. Za każdym razem, kiedy piorun skurczu wykręcał mi nogę, rękę albo żołądek, on był przy mnie i rozmasowywał bolesny węzeł. Za każdym razem, kiedy skomlałem lub krzyczałem w knebel, on podtrzymywał mnie wzrokiem, zachęcając do wytrwania. Kiedy krztusiłem się wymiocinami albo nie mogłem oddychać przez zapchany nos, zdejmował knebel, ale był silnym mężczyzną i wiedział, że nie chcę, żeby ktoś usłyszał moje wrzaski. Kiedy dawałem mu znak głową, zakładał mi knebel i mocno zawiązywał.

A potem, gdy poczułem, że jestem na tyle silny, żeby wytrwać, albo zbyt słaby, żeby odejść, dałem znak oczami, a on po raz ostatni zdjął mi knebel. Po kolei rozwiązywał supły na moich przegubach i kostkach. Przyniósł mi rosół z kury, z pęczakiem i pomidorami, bez przypraw, tylko z solą. Była to najbardziej pokrzepiająca i pyszna potrawa, jaką kiedykolwiek jadłem. Nakarmił mnie, łyżka po łyżce. Po godzinie, kiedy uporałem się z małą miseczką, uśmiechnął się do mnie po raz pierwszy i ten uśmiech był jak słoneczny blask na morskich skałach po wiosennym deszczu.

Odwyk trwa około dwóch tygodni, ale najgorzej jest przez pięć pierwszych dni. Jeśli przetrwasz te pięć pierwszych dni, jeśli dopełzniesz i dowleczesz się do szóstego ranka bez narkotyku, to już wiesz, że jesteś czysty i że ci się uda. Przez następne osiem do dziesięciu dni z każdą godziną czujesz się troszkę lepszy i odrobinę silniejszy. Skurcze słabną, mdłości przechodzą, gorączka i dreszcze ustępują. Po jakimś czasie najgorszą dolegliwością staje się niemożność zaśnięcia. Leżysz w nocy na łóżku, rzucasz się i przewracasz z boku na bok, a sen nie nadchodzi. Przez te ostatnie dni i bardzo długie noce odwyku stałem się Stojącym Baba. Nigdy nie siadałem, nie kładłem się, przez cały dzień i noc, aż wyczerpanie powalało mnie na ziemię i osuwałem się w sen.

Ale i to przechodzi, głód mija i powracasz do życia po jadowitym ukąszeniu heroinowej kobry jak każdy ocalony z katastrofy – oszołomiony, z raną, która się nigdy nie zagoi, szczęśliwy, że żyjesz.

Nazir uznał mój pierwszy sarkastyczny żart – dwanaście dni po rozpoczęciu odwyku – za sygnał do rozpoczęcia mojego treningu. Od szóstego dnia wychodziłem z nim na dwór, żeby trochę ćwiczyć i oddychać świeżym powietrzem. Pierwsze spacery były powolne i odbywały się etapami, a po piętnastu minutach wracałem do domu. Dwunastego dnia przemierzyłem z nim całą plażę, w nadziei, że zmęczenie pozwoli mi zasnąć. W końcu zaprowadził mnie do stadniny, w której Kadir trzymał konie. Stajnia znajdowała się w przerobionej przystani, o jedną przecznicę od plaży. Konie były przyzwyczajone do początkujących jeźdźców, a w pełni sezonu turyści jeździli na nich po plaży. Biały wałach i szara klacz były duże i łagodne. Przekazał nam je stajenny, a my poprowadziliśmy je na twardy, mocno ubity piasek plaży.

Żadne zwierzę na świecie nie ma głębszego wyczucia parodii niż koń. Przy kocie możesz wyglądać niezdarnie, przy psie – głupio, ale tylko koń potrafi sprawić, że poczujesz się niezdarnym idiotą. I jednym strzepnięciem ogona, jednym tupnięciem od niechcenia da ci do zrozumienia, że zrobił to z premedytacją. Niektóre osoby od pierwszej chwili kontaktu z koniem wiedzą, że dobrze poczują się w siodle, i zaczyna je łączyć z wierzchowcem silna więź. Ja do nich nie należę. Pewna moja przyjaciółka ma dziwny, antymagnetyczny wpływ na maszyny; zegarki, które nosi, zatrzymują się, radio chrypi, a ksero psuje się, kiedy ona do niego podejdzie. Mój związek z końmi wygląda podobnie.

Masywny Afgańczyk złożył ręce, żeby mnie podsadzić na grzbiet wałacha. Dał mi znak głową, że mam wsiąść, i mrugnął zachęcająco. Oparłem stopę w jego dłoniach i dałem susa na grzbiet białego konia, ale ledwie wylądowałem na jego grzbiecie, jeszcze przed chwilą potulne, dobrze ułożone zwierzę zrzuciło mnie na ziemię jednym fantastycznym skokiem. Poszybowałem nad ramieniem Nazira i wylądowałem z głuchym łupnięciem na plaży. Wałach pogalopował plażą. Nazir odprowadził go wzrokiem, z otwartymi ustami. Koń dał się uspokoić i przyprowadzić do mnie dopiero wtedy, kiedy Nazir przyniósł worek i nałożył mu na głowę.

I tak wyglądał początek powolnej, niechętnej drogi Nazira ku zrozumieniu, że zawsze będę najgorszym jeźdźcem świata. To rozczarowanie powinno mnie jeszcze bardziej pogrążyć w jego oczach – tymczasem wywołało zupełnie odwrotną reakcję. Przez następne tygodnie Nazir zaczął mnie traktować życzliwie, a nawet czule. W jego oczach moja kompletna nieporadność w kontakcie z końmi była straszliwym kalectwem, budzącym równą litość, jak bolesna i obezwładniająca choroba. I nawet w najlepszych chwilach, kiedy udawało mi się utrzymać na koniu nawet przez kilka minut, a także skłonić go do poruszania się w kółko metodą grzmocenia go piętami w boki i szarpania obiema rękami za wodze, moja nieudaczność doprowadzała go do łez.

Mimo to przetrwałem te lekcje i codziennie ćwiczyłem. Doszło do tego, że robiłem po dwadzieścia serii trzydziestu pompek z jedną minutą przerwy pomiędzy każdą serią. Po pompkach codziennie przychodził czas na pięćset brzuszków, pięciokilometrowy bieg i czterdziestominutowe pływanie w morzu. Po niespełna trzech miesiącach takich treningów nabrałem sił i kondycji.

Nazir chciał, żebym zdobył nieco doświadczenia w jeździe konnej w trudnym terenie, więc poprosiłem Chandrę Mehtę, żeby pozwolił nam odwiedzić szkółkę jeździecką na ranczu wytwórni filmowej. W wielu filmach występują sceny z jazdą konną. Na ich potrzeby utrzymywano stada koni, które trzymano na rozległych połaciach górzystych terenów i które były gotowe na każde skinienie reżyserów i kaskaderów. Były świetnie ułożone, ale i tak ledwie ja i Nazir dosiedliśmy zarezerwowanych dla nas kasztanek, moja wrzuciła mnie na stertę glinianych garnków. Nazir przejął jej wodze i pokręcił głową z litością.

– E, artysta, *yaar*! – zawołał jakiś kaskader. Jechało ich z nami pięciu, a wszyscy się zaśmiewali. Dwaj zeskoczyli, żeby mnie pozbierać z ziemi.

Dwa lądowania później, kiedy ze zmęczeniem gramoliłem się na siodło, usłyszałem znany głos. Obejrzałem się i ujrzałem grupę jeźdźców. Na czele jechał kowboj całkiem podobny do Emiliana Zapaty, z wielkim czarnym kapeluszem zwisającym mu na plecach na rzemyku.

– Kurwa, no wiedziałem, że to ty! – krzyknął Vikram. Zatrzymał konia tuż przy mojej klaczy i ciepło uścisnął mi dłoń. Jego towarzysze otoczyli Nazira i kaskaderów, i razem odjechali, zostawiając nas sam na sam.

– Co ty tu robisz?

– Jestem, kurwa, właścicielem! – Rozłożył szeroko ramiona. – No, niezupełnie. Lettie kupiła tu udziały, jako wspólniczka Lisy.

– Mojej Lisy?

Uniósł pytająco brew.

– Twojej Lisy?

– Wiesz, o co mi chodzi.

– Wiem – powiedział i wyszczerzył zęby. – Razem z Lettie prowadzą tę agencję castingową – tę, którą oboje założyliście. Dobrze się zgrały. Postanowiłem też się dołączyć. Twój przyjaciel Chandra Mehta powiedział, że mogę kupić udział w stadninie. Jestem do tego stworzony, nie sądzisz?

– Nie mam najmniejszych wątpliwości.

– Władowałem w to kasę i teraz przychodzę tu co tydzień. Jutro statystuję, kurwa, w filmie! Przyjdź, to popatrzysz, jak mnie kręcą, bracie!

– Propozycja jest kusząca – przyznałem, śmiejąc się razem z nim. – Ale jutro na jakiś czas wyjeżdżam z miasta.

– Wyjeżdżasz? Na ile?

– Nie wiem dokładnie. Może miesiąc, może dłużej.

– A potem wrócisz?

– Jasne. Nakręć tę swoją scenę. Jak wrócę, najaramy się i będziemy oglądać w zwolnionym tempie, jak cię zabijają.

– Ha! Masz to! Chodź, pojeździmy razem!

– Nie, nie! – wrzasnąłem. – Nigdy w życiu nie zmuszę tej kobyły, żeby dotrzymała ci kroku. Jestem najgorszym jeźdźcem świata. Z tej klaczy zdążyłem już spaść trzy razy. Będę szczęśliwy, jeśli zdołam ją zmusić, żeby szła prosto.

– Daj spokój, bracie Lin! Coś ci powiem, pożyczę ci mój kapelusz. Zawsze działa. To amulet. Nie idzie ci, bo nie masz kapelusza.

– E... nie wiem, czy kapelusz wystarczy.

– To magiczny, kurwa, kapelusz, mówię ci!

– Nie widziałeś, jak jeżdżę.

– A ty nie nosiłeś kapelusza. Kapelusz wszystko zmieni. Poza tym jesteś *gora*. Bez obrazy dla twojej białej skóry, *yaar*, ale to są indyjskie konie, stary. Oczekują po tobie indyjskiego stylu, rozumiesz. Pogadaj z nimi w hindi, zatańcz trochę, to zobaczysz.

– Nie sądzę.

– Stary, gwarantowane. Chodź, zsiadaj i zatańcz ze mną.

– Co?

– Zsiadaj i tańcz.

– Nie będę tańczył dla koni – oznajmiłem z maksymalną godnością i powagą, jaką można zawrzeć w tej dziwnej sekwencji słów.

– Będziesz, będziesz. Zsiadaj natychmiast i odtańcz magiczny hinduski taniec.

Konie muszą zobaczyć, że w tej spiętej, białej skórze siedzi luźny hinduski sukinsyn, stary. Przysięgam, te konie cię pokochają i będziesz na nich jeździł jak Clint-kurwa-Eastwood!

– Nie chcę jeździć jak Clint-kurwa-Eastwood.

– Chcesz! – Roześmiał się. – Każdy chce.

– Nie. Nie zrobię tego.

– Wyluzuj.

– Nigdy.

Zsiadł i zaczął wyciągać moje buty ze strzemion. Zdesperowany, zlazłem na ziemię i stanąłem obok niego, twarzą do obu koni.

– O tak! – oznajmił Vikram, zakręcił biodrami i zaczął tańczyć jak w filmie. Śpiewał i klaskał do rytmu. – Wyluzuj, *yaar*! Włóż w to Indie! Nie bądź ze mną taki, kurwa, Europejczyk.

Hindus nie potrafi się oprzeć trzem zjawiskom: pięknej twarzy, pięknej piosence i zaproszeniu do tańca. Na mój nienormalny biały sposób byłem już na tyle Hindusem, że zatańczyłem z Vikramem, choćby tylko dlatego, żeby nie tańczył sam. Kręcąc głową, śmiejąc się wbrew samemu sobie, dołączyłem do niego. Poprowadził mnie przez taniec, dodawał nowe kroki, aż razem zgraliśmy się idealnie we wszystkich obrotach, promenadach i gestach.

Konie przyglądały się nam z osobliwą końską płochliwością i pogardliwym parskaniem. Mimo to twardo tańczyliśmy i śpiewaliśmy na tych trawiastych, dzikich falistych wzgórzach, pod błękitnym niebem, suchym jak dym z ogniska na pustyni.

A kiedy skończyliśmy tańczyć, Vikram przemówił do mojego konia w hindi i podsunął mu pod chrapy swój czarny kapelusz. Potem przekazał mi go i kazał włożyć. Nasadziłem go sobie na głowę i wspięliśmy się na siodła.

I niech mnie diabli, zadziałało. Konie ruszyły cwałem i łagodnie przeszły w galop. Po raz pierwszy i jedyny w życiu wyglądałem niemal jak jeździec. Przez cudowny kwadrans czułem to uniesienie rodzące się z ufnej jedności ze zwierzęciem o wielkim sercu. Frunąłem za Vikramem po stromych zboczach i pokonywałem szczyty, rzucałem się na zawiłe podmuchy wiatru i z rzadka rozsiane krzaki. Dotarliśmy na bardziej płaski step w swobodnym, lotnym pędzie, a potem dołączył do nas Nazir z resztą jeźdźców. Przez chwilkę, przez jeden moment byliśmy tak dzicy i wolni, jak nas tego uczą konie.

Dwie godziny później, kiedy razem z Nazirem wchodziłem po schodach domu na plaży, nadal śmialiśmy się i gadaliśmy. Wniosłem mój ożywiony uśmiech do domu i ujrzałem Karlę, stojącą przy szklanej ścianie i wpatrzoną w morze. Nazir powitał ją z szorstką życzliwością. Maleńki promienny uśmiech przemknął przez jego twarz od czoła po brodę, usiłując się ukryć za ponurym grymasem. Nazir chwycił małą butelkę wody, pudełko zapałek i parę stron gazety z kuchni, po czym wyszedł.

– Zostawił nas samych – powiedziała. – Wiem. Rozpali ognisko na plaży. Czasami tak robi.

Podszedłem i pocałowałem ją. Przelotnie, prawie nieśmiało, ale wlałem w ten pocałunek całą moją miłość. Kiedy nasze usta się rozłączyły, ciągle trzymaliśmy się w objęciach, wpatrzeni w morze. Po chwili zobaczyliśmy na plaży Nazira. Zbierał wyrzucone przez morze drewno i suche śmiecie. Pomiędzy chrust i patyki wcisnął zwiniętą gazetę, zapalił i usiadł przy ognisku, twarzą do morza. Nie było mu zimno. Ciepły wietrzyk zapowiadał parną noc. Zapalił ogień, żebyśmy wiedzieli pomimo zapadającego mroku, że nadal tam jest i że jesteśmy sami.

– Lubię Nazira – powiedziała z głową przytuloną do mojej szyi i piersi. – Jest bardzo życzliwy i ma dobre serce.

Tak było, wiedziałem to. W końcu przekonałem się o tym, choć w bolesny sposób. Ale skąd ona to wiedziała, choć znała go tak krótko? Jedną z moich najgorszych porażek podczas tych lat wygnania była ślepota na dobro w ludziach; nigdy nie wiedziałem, ile dobroci mają w sobie, dopóki nie zadłużyłem się u nich ponad stan. Ludzie w rodzaju Karli rozpoznawali dobroć od pierwszego wejrzenia, a ja gapiłem się jak idiota i zbyt często nie dostrzegałem nic oprócz grymasu czy gorzkiego spojrzenia.

Spojrzeliśmy na mroczniejącą plażę i Nazira, który siedział wyprostowany przy małym ogniu. Jedną z moich małych wiktorii nad nim, kiedy nadal byłem słaby i zależny od jego siły, był język. Nauczyłem się zwrotów w jego języku szybciej niż on w moim. Moja biegłość zmusiła go do porozumiewania się ze mną przeważnie w urdu. Kiedy usiłował mówić po angielsku, słowa wyłaniały się w niezdarnych, okaleczonych blokach, ciężkie od znaczeń, chwiejące się na glinianych nogach. Często kpiłem z jego niezdarnej angielszczyzny, przesadnie odgrywając niezrozumienie i prosząc, żeby powtórzył to, co powiedział, żeby wlókł się od jednego zawikłanego zdania do drugiego, aż zaczynał przeklinać w urdu i paszto, i pogrążał się w milczeniu.

A jednak, prawdę mówiąc, jego poszatkowana angielszczyzna była zawsze jak treściwa, a często melodyjna poezja. Oczywiście była skondensowana, ale to dlatego, że Nazir usunął z niej wszystko, co zbędne, a pozostawił czysty i precyzyjny własny język – coś więcej niż slogany, a mniej niż przysłowia. Wbrew woli, nie zdradzając się przed nim, zacząłem powtarzać niektóre z jego zwrotów. Raz powiedział, szczotkując swoją siwą klacz, „Każdy koń dobry, każdy człowiek niedobry". Później przez wiele lat spotykawszy się z okrucieństwem, zdradą i innymi odmianami egoizmu, zwłaszcza własnego, mimo woli powtarzałem te słowa – każdy koń dobry, każdy człowiek niedobry. A tamtego wieczora, tuląc serce Karli do własnego i obserwując taniec ognia na piasku, przypomniałem sobie inne jego angielskie powiedzenie: żadna miłość, żadne życie.

Tuliłem Karlę, jakby to mogło mnie uzdrowić, nie kochaliśmy się, dopóki niebo nie zapaliło ostatniej gwiazdy w naszym panoramicznym oknie. Jej dłonie były dla mojej skóry jak pocałunki. Moje usta rozchyliły zwinięty liść jej serca. Oddychała szemrząco, dawała mi wskazówki, a ja odpowiadałem jej rytmem, który odbijał echem moje żądze. Otoczył nas upał i razem zamknęliśmy się w dotyku, smaku i wonnych dźwiękach. W oknie byliśmy sylwetkami, przezroczystymi wizjami – moja była pełna ognia z plaży, jej – pełna gwiazd. I w końcu, pod koniec, te przejrzyste odbicia stopiły się, złączyły, scaliły.

Było dobrze, bardzo dobrze – ale nie powiedziała, że mnie kocha.

– Kocham cię – wyszeptałem, a te słowa przeniosły się z moich ust na jej.

– Wiem – odpowiedziała w nagrodę i z litości. – Wiem.
– Nie muszę jechać, wiesz?
– To dlaczego jedziesz?
– Nie jestem pewien. Czuję... coś w rodzaju lojalności wobec niego, wobec Kadirbaja, i nadal jestem mu coś winien. Ale to nie wszystko. Chodzi o to, że... miałaś kiedyś takie uczucie... nieważne, przy jakiej okazji... że całe twoje życie jest jakby preludium czy czymś w tym rodzaju... jakby wszystko to, co do tej pory zrobiłaś, miało cię doprowadzić do tego jednego punktu, i jakbyś zawsze wiedziała, że pewnego dnia tam dotrzesz? Nie potrafię tego dobrze wyjaśnić, ale...
– Wiem, o co ci chodzi – przerwała szybko. – Tak, miałam takie uczucie. Raz zrobiłam coś takiego, że w jednej sekundzie zawarło się całe moje życie, nawet te lata, których jeszcze nie przeżyłam.
– Co to było?
– Mówimy o tobie – powiedziała, unikając mojego wzroku. – O tobie. Że nie musisz wyjeżdżać do Afganistanu.
– Hm... – mruknąłem z uśmiechem. – Faktycznie nie muszę.
– To nie wyjeżdżaj – powiedziała sucho i odwróciła głowę w stronę nocy i morza.
– Chcesz, żebym został?
– Chcę, żebyś był bezpieczny. I... wolny.
– Nie o to mi chodziło.
– Wiem. – Westchnęła.
Poczułem w niej drgnienie niepokoju, zdradzające, że chciałaby się odsunąć. Nie cofnąłem się.
– Zostanę – powiedziałem cicho, walcząc z własnym sercem, ze świadomością, że popełniam błąd – jeśli powiesz, że mnie kochasz.
Zamknęła usta i zacisnęła je tak mocno, że jej wargi stały się białą blizną. Powoli, jakby komórka po komórce, jej ciało zamknęło w sobie to wszystko, co dała mi jeszcze przed chwilą.
– Dlaczego to robisz? – spytała.
Nie wiedziałem. Może chodziło o odwyk, o to, co przeszedłem przez ostatnie miesiące, o nowe życie, które wywalczyłem. A może o śmierć – śmierć Prabakera i Abdullaha, i śmierć, która – jak się skrycie martwiłem – czekała na mnie w Afganistanie. Bez względu na przyczyny, było to głupie, bezsensowne i nawet okrutne, i nie mogłem sobie tego odmówić.
– Jeśli powiesz, że mnie kochasz – powtórzyłem.
– Nie – wymamrotała w końcu. Usiłowałem ją powstrzymać, dotykając jej warg, ale odwróciła głowę, spojrzała mi w oczy, a jej głos brzmiał mocno i czysto. – Nie powiem. Nie mogę. Nie chcę.
Kiedy Nazir wrócił z plaży, od wejścia obwieszczając swój powrót głośnym kaszlem i odchrząkiwaniem, byliśmy już wykąpani i przebrani. Uśmiechnął się – ten uśmiech, wielka rzadkość – i powiódł wzrokiem od mnie do niej i z powrotem. Ale na widok zimnego smutku naszych oczu zmarszczki na jego twarzy opadły jak wierzbowe witki rozczarowania. Odwrócił wzrok.

Tej długiej i samotnej nocy przed wyprawą na wojnę Kadira przyglądaliśmy się, jak Karla odjeżdża taksówką, a kiedy Nazir wreszcie spojrzał mi w oczy, pokiwał głową powoli i poważnie. Przez chwilę wytrzymałem to spojrzenie, ale potem to ja odwróciłem wzrok. Nie chciałem widzieć tej dziwnej mieszanki żalu i uniesienia, którą ujrzałem w jego oczach, bo wiedziałem, co ona oznacza. Karla odeszła, tak, ale tej nocy straciliśmy cały świat pełen miłości i piękna. Jako żołnierze sprawy Kadira musieliśmy to wszystko zostawić za sobą. A ten drugi świat, ten niegdyś nieograniczony świat naszych możliwości, kurczył się z każdą godziną, aż do krwistoczerwonego spotkania z kulą.

ROZDZIAŁ 31

Nazir obudził mnie przed świtem i opuściliśmy dom wraz z pierwszym brzaskiem, stapiającym się z odchodzącą nocą. Wysiadając na lotnisku z taksówki, zobaczyliśmy Kadirbaja i Chalida Ansariego przy wejściu na krajowe lotnisko, ale nie przywitaliśmy się z nimi. Kadir opracował skomplikowany plan podróży, zgodnie z którym mieliśmy dotrzeć do granicy Afganistanu po czterech większych zmianach środka transportu. Poinstruował nas, żebyśmy podczas każdej przesiadki sprawiali wrażenie, że podróżujemy, i żebyśmy nie zdradzali w żaden sposób, że się znamy. Wyruszyliśmy wraz z nim, by popełnić dziesiątki przestępstw za trzema międzynarodowymi granicami i by wmieszać się w wojnę afgańskich mudżahedinów z potężnym Goliatem – Związkiem Radzieckim. Zamierzał odnieść sukces, ale dopuszczał także myśl o przegranej. Dopilnował, żeby żaden z nas nie został zabity ani schwytany na żadnym etapie podróży, a nasze związki z Bombajem miały być nieuchwytne jak wiatr.

Była to długa podróż, a zaczęła się w milczeniu. Nazir, jak zawsze skrupulatnie przestrzegający zaleceń Kadirbaja, nie odezwał się ani słowem od Bombaju po Karaczi. Za to godzinę po zameldowaniu się w oddzielnych pokojach w hotelu „Chandni" usłyszałem ciche pukanie. Nazir wśliznął się do środka, zanim drzwi uchyliły się do połowy, i zamknął je dokładnie. Oczy miał rozszerzone nerwowym podnieceniem, a ruchy ożywione, niemal gorączkowe. Ten jego jawny strach wytrącił mnie z równowagi i przejął odrobiną niesmaku. Położyłem mu rękę na ramieniu.

– Wyluzuj, Nazir. Bracie, zaraz zeświruję od tej twojej tajemniczości.

Dostrzegł w moim uśmiechu poczucie wyższości, choć nie zrozumiał w pełni moich słów. Zacisnął szczęki i spojrzał na mnie płonącym wzrokiem. Zaprzyjaźniliśmy się. Otworzył przede mną serce. Ale według niego przyjaźń mierzy się tym, co mężczyźni potrafią dla siebie wytrzymać, nie tym, czym się dzielą i cieszą. Zdumiało go, a nawet dręczyło, że niemal zawsze reagowałem na jego powagę żartobliwie. Ironia sytuacji polegała na tym, że obaj byliśmy w rzeczywistości równie ponurzy i poważni, lecz jego posępna surowość mnie bawiła i budziła dziecinne pragnienie spłatania mu figla.

– Rosja... wszędzie – powiedział cicho, lecz z twardą, świszczącą intensywnością. – Rosja... wie wszystko... zna wszystkich... płaci pieniądze za znać wszystkich.

– Rosyjscy szpiedzy? – spytałem. – W Karaczi...

– Cały Pakistan. – Pokiwał głową i odchylił się, by splunąć na podłogę, nie wiedziałem, czy z pogardy, czy na szczęście. – Za dużo niebezpieczeństwa! Nie mówić z nikim! Idź... Dom Faludy... bazar Bohri... dziś... *saade char baje.*

– Wpół do piątej – powtórzyłem. – Chcesz, żebym spotkał się z kimś w domu Faludy, na bazarze Bohri, o wpół do piatej? Tak? Z kim mam się spotkać?

Uśmiechnął się ponuro i otworzył drzwi. Rozejrzał się szybko i znowu wyślizgnął się tak szybko i cicho, jak się pojawił. Spojrzałem na zegarek. Pierwsza. Musiałem jakoś zabić trzy godziny. Z racji misji z przemycaniem paszportów Abd al-Ghani dał mi pas na pieniądze, zrobiony według jego własnego unikatowego projektu. Był uszyty z wytrzymałego, wodoodpornego winylu, kilkakrotnie szerszy od standardowego pasa na pieniądze. Kiedy się nim opasało brzuch, można było w nim zmieścić do dziesięciu paszportów i masę kasy. Tego pierwszego dnia w Karaczi miałem tam cztery moje dokumenty. Pierwszy angielski, z którym kupowałem bilety i meldowałem się w hotelach. Drugi był czystym paszportem amerykańskim, który Kadirbaj zorganizował dla mnie specjalnie na misję do Afganistanu. Dwa pozostałe, szwajcarski i kanadyjski, były zapasowe, na wypadek nieprzewidzianych okoliczności. Miałem także fundusz dziesięciu tysięcy dolarów, wypłacony z góry, jako część mojego wynagrodzenia za udział w tej niebezpiecznej misji. Zapiąłem gruby pas pod koszulą, włożyłem nóż sprężynowy do pochwy z tyłu i wyszedłem z hotelu, by się rozejrzeć po mieście.

Było gorąco, goręcej niż zwykle w życzliwym ludziom listopadzie, a po drobnym, nietypowym o tej porze roku deszczyku nad ulicami unosiła się duszna mgiełka. Karaczi było wówczas niebezpiecznym, wybuchowym miastem. Junta wojskowa, która od kilku lat rządziła w Pakistanie i doprowadziła do egzekucji wybranego w demokratycznych wyborach premiera Zulfikara Ali Bhutto, rządziła narodem metodą podziału. Wykorzystywano istniejące konflikty etniczne i religijne, doprowadzając do krwawych walk. Szczuto niektóre grupy etniczne – zwłaszcza Sindhów, Pasztunów i Pendżabczyków przeciwko imigrantom, nazywanym Mahadżirami, którzy napływali do Pakistanu. Wojsko potajemnie wspierało ekstremistów z rywalizujących ze sobą grup, faworyzując ich i zaopatrując w broń i pieniądze. A gdy sprowokowane zamieszki wreszcie wybuchały, generałowie rozkazywali policji otworzyć ogień. Wściekłą reakcję na brutalność policji tłumiono za pomocą wojska. W ten sposób armia, której tajne operacje doprowadziły do wybuchów krwawych konfliktów, prezentowała się jako jedyna siła zdolna utrzymać porządek i praworządność.

Gdy masakry i odwety nakręcały spiralę okrucieństwa, porwania i tortury zaczęły się stawać codziennością. Fanatycy z jednej grupy porywali zwolenników innej i poddawali ich sadystycznym torturom. Wielu porwanych umierało w niewoli. Niektórzy znikali bez śladu. A gdy któraś z grup stawała się tak potężna, że mogłaby zakłócić równowagę tej makabrycznej gry, generałowie zaszczepiali konflikty w jej łonie, żeby ją osłabić. Fanatycy zaczynali pożerać sami siebie, zabijać i okaleczać rywali z własnej grupy etnicznej.

Oczywiście przy każdym nowym wybuchu agresji i pragnienia odwetu, bez względu na to, jaki rząd powstawał lub upadał, tylko wojsko zyskiwało na sile i tylko wojsko miało prawdziwą władzę.

Pomimo tego dramatycznego napięcia – i z jego powodu – w Karaczi doskonale prowadziło się interesy. Generałowie, którzy byli jak mafia bez odwagi, stylu i solidarności prawdziwych, szanujących się gangsterów, zdobyli kraj siłą i cały naród trzymali na muszce jak zakładników, a skarbiec złupili. Niezwłocznie zawiadomili wielkie potęgi gospodarcze i innych producentów broni, że wojska pakistańskie są otwarte na ich ofertę. Cywilizowane narody zareagowały entuzjastycznie i przez wiele lat Karaczi gościło grupy handlarzy broni z Ameryki, Wielkiej Brytanii, Chin, Szwecji, Włoch i innych państw. Nie mniej niestrudzeni w dobijaniu targów z generałami byli dostarczyciele nielegalnych usług – handlarze z czarnego rynku, handlarze bronią, przemytnicy i najemnicy. Tłoczyli się w kawiarniach i hotelach, cudzoziemcy z pięćdziesięciu krajów, którym w głowie były tylko przestępstwa, a w sercach przygoda.

W pewnym sensie byłem jednym z nich. Tak jak i oni chciałem zarobić na wojnie w Afganistanie, ale nie czułem się z nimi jak wśród swoich. Przez trzy godziny snułem się od restauracji do hotelu, z hotelu do herbaciarni, siadywałem w okolicy lub z grupami cudzoziemców szukających szybkiego zarobku. Ich rozmowy były przyziemnie wyrachowane. Wojna w Afganistanie, co większość oceniała z radością, mogła potrwać jeszcze parę ładnych lat. Generałowie odczuwali wyraźną presję. Chodziły plotki, że Benazir, córka straconego premiera, zamierza powrócić z wygnania w Londynie do Pakistanu, by stanąć na czele demokratycznego przymierza przeciwko juncie. Jednak, na co liczyli spekulanci, przy odrobinie szczęścia i sprytu armia może jeszcze przez parę lat zachować władzę w kraju, a wraz z nią miały pozostać sprawdzone układy ze skorumpowanymi urzędnikami.

Rozmawiano o dopływie zapasów, co było eufemizmem na towary z przemytu i czarnego rynku, na które wzdłuż całej granicy pakistańsko-afganistańskiej był wielki popyt. Papierosy, zwłaszcza amerykańskie, sprzedawano na przełęczy Chajber za szesnastokrotność i tak już rozdętej ceny w Karaczi. Wszelkie lekarstwa z miesiąca na miesiąc przynosiły coraz większe zyski. Zimowa odzież, nadająca się do zimowych obozów, rozchodziła się jak świeże bułeczki. Pewien przedsiębiorczy niemiecki przemytnik przyjechał z Monachium do Peszawaru furgonetką Mercedesa pełną alpejskich mundurów armii niemieckiej, łącznie z ocieplaną bielizną. Sprzedał wszystko na pniu, razem z furgonetką, z pięciokrotnym przebiciem. Kupującym był afgański watażka, popierany przez zachodnie mocarstwa i agencje, w tym amerykańską CIA. Gruba zimowa odzież, która przebyła tysiące kilometrów przez Niemcy, Austrię, Węgry, Rumunię, Bułgarię, Turcję, Iran i Pakistan, nie dotarła do mudżahedinów w zasypanych śniegiem afgańskich górach. Trafiła do magazynów watażki w Peszawarze, gdzie czekała na zakończenie wojny. Renegat zamierzał przesiedzieć wojnę w bezpiecznej fortecy w Pakistanie. Następnie, gdy prawdziwe walki z Rosjanami się zakończą i wojna zostanie wygrana, chciał sięgnąć po władzę, stojąc na czele własnej małej armii.

Wieści z tego nowego rynku – watażka opłacany przez CIA i spragniony towarów za każdą cenę – obudziły dreszcz emocji w społeczności cudzoziemców – oportunistów w Karaczi. W to jedno popołudnie wysłuchałem trzech nieznacznie różniących się od siebie wersji historii przedsiębiorczego Niemca z ciężarówką pełną zimowych mundurów. Cudzoziemcy, ogarnięci czymś w rodzaju gorączki złota, przekazywali sobie tę legendę z ust do ust. Sami zaś nawiązywali i finalizowali transakcje sprzedaży konserw, beli czesankowej wełny, części silników, całego magazynu kuchenek spirytusowych z drugiej ręki i wszelkiego rodzaju broni, od bagnetów po granatniki. I wszędzie, w każdej rozmowie powtarzał się mroczny, desperacki refren: jeśli ta wojna potrwa jeszcze rok, to wyjdziemy na swoje.

Rozdrażniony, chmurny od kłębiących się mrocznych emocji, wszedłem do Domu Faludy na bazarze Bohri i zamówiłem sobie słodki, technikolorowy drink. Faluda jest nieprzyzwoicie słodką mieszanką kluseczek z białej mąki, mleka, aromatu różanego i innych syropów. Dom Firni w bombajskiej dzielnicy Dongri w pobliżu domu Kadirbaja cieszy się zasłużoną sławą z racji przepysznych napojów faluda, lecz w porównaniu z bajecznymi drinkami podawanymi w Domu Faludy w Karaczi są one mdłe i nijakie. Kiedy przy mojej prawej dłoni stanęła szklanka różowo-czerwono-białego słodkiego mleka, podniosłem wzrok, by podziękować kelnerowi, i ujrzałem Chalida Ansariego z dwoma drinkami.

– Stary, wyglądasz, jakby ci się przydało coś mocniejszego – powiedział z bladym, smutnym uśmiechem i usiadł obok mnie. – Co u ciebie dobrego? A raczej: co złego?

– Nic. – Westchnąłem i także się uśmiechnąłem.

– Daj spokój. Dawaj.

Spojrzałem w jego szczerą, otwartą, poznaczoną bliznami twarz i przyszło mi na myśl, że Chalid zna mnie lepiej niż ja jego. Czy ja zauważyłbym i pojął, że ma kłopoty, gdyby nasze role się odwróciły i to on wszedł do Domu Faludy pogrążony w tak nieprzyjemnych rozmyślaniach? Pewnie nie. Chalid tak często bywał pochmurny, że nie zauważyłbym różnicy.

– No wiesz, chyba się trochę pogubiłem. Rozglądałem się po knajpach i czajchanach, o których mi opowiadałeś – tam gdzie się spotykają goście z czarnego rynku i najemnicy. I to mnie podłamało. Wszyscy oni chcą, żeby wojna się nigdy nie kończyła, i mają gdzieś, kto zginie albo kto zabija.

– Zarabiają. – Wzruszył ramionami. – To nie ich wojna. Nie oczekuję po nich zrozumienia. Tak to już jest na tym świecie.

– Wiem, wiem. Nie chodzi o pieniądze. – Zmarszczyłem brwi. Szukałem słów, nie emocji, które je zrodziły. – Tylko... jeśli szukasz definicji kogoś chorego, jakiegoś naprawdę chorego umysłu, trudno znaleźć coś gorszego od człowieka, który pragnie, by wojna – jakakolwiek – trwała jak najdłużej.

– A ty czujesz się... jakby... skalany... taki jak oni? – spytał łagodnie Chalid, spoglądając w swoją szklankę.

– Może. Nie wiem. Nawet bym się nad tym nie zastanawiał – wiesz, gdybym gdziekolwiek indziej usłyszał, jak ludzie o tym rozmawiają. Gdyby mnie tu nie było, gdybym nie robił dokładnie tego samego co oni, toby mnie tak nie szarpnęło.

– To nie całkiem to samo.

– Całkiem. W dużym stopniu. Kadir mi płaci, czyli zarabiam tak jak oni – i przemycam nowe świństwo na świńską wojnę. Tak jak oni.

– I może zacząłeś sobie zadawać pytanie, co tu robisz, do kurwy nędzy?

– To też. Uwierzyłbyś, gdybym ci powiedział, że nie mam pojęcia? Naprawdę, z ręką na sercu, nie wiem, dlaczego to, kurwa, robię. Kadir poprosił, żebym był jego Amerykaninem, więc to robię. Ale nie wiem, dlaczego.

Przez jakiś czas milczeliśmy, popijając i słuchając jazgotu i szumu tłocznego Domu Faludy. Z wielkiego przenośnego radia płynęły romantyczne gazale w urdu. Klienci nieopodal rozmawiali w trzech albo czterech różnych językach. Nie rozumiałem słów i nie potrafiłem rozpoznać, co to w ogóle za języki: uzbecki, tadżycki, farsi?

– Świetne! – powiedział Chalid, wybierając długą łyżką kluseczki ze szklanki.

– Dla mnie za słodkie – powiedziałem, ale i tak wypiłem.

– Niektóre rzeczy powinny być za słodkie – powiedział i mrugnął, ssąc napój przez słomkę. – Gdyby faluda nie była za słodka, nikt by jej nie pił.

Skończyliśmy napoje i wyszliśmy na słoneczne późne popołudnie. Za drzwiami stanęliśmy i zapaliliśmy.

– Rozejdziemy się w różnych kierunkach – wymamrotał Chalid, przytykając zapałkę do papierosa, którego osłaniałem dłońmi. – Idź tam, na południe, przez parę minut. Dogonię cię. Nie żegnaj się.

Odwrócił się na pięcie i zszedł z krawężnika na pas szybkiego pieszego ruchu pomiędzy chodnikiem i samochodami na ulicy.

Odwróciłem się i ruszyłem w przeciwnym kierunku. Parę minut później, na obrzeżu bazaru, obok mnie zatrzymała się taksówka. Tylne drzwi otworzyły się, wskoczyłem do środka i usiadłem obok Chalida. Na przednim siedzeniu obok kierowcy znajdował się inny mężczyzna. Był tuż po trzydziestce, miał krótkie, ciemnobrązowe włosy, cofające się znad wysokiego, szerokiego czoła. Głęboko osadzone oczy były tak ciemne, że wydawały się czarne, dopóki promień słońca nie prześwietlił tęczówek, ukazując zawirowania czekoladowego barwnika. Te oczy patrzyły wprost, inteligentnie, spod czarnych brwi, które niemal stykały się ze sobą. Nos miał prosty, prawie dotykający krótkiej górnej wargi, usta mocne, znamionujące determinację i wydatny, okrągły podbródek. Najwyraźniej ogolił się dzisiaj, i to niedawno, ale błękitnoczarny cień już teraz omrocznił dolną połowę jego twarzy obok schludnej, ostro zarysowanej linii brody. Była to silna, kanciasta, symetryczna twarz, przystojna dzięki swej mocy i równym proporcjom, jeśli nie ze względu na jakąś uderzającą cechę.

– To Ahmad Zadih – oznajmił Chalid, kiedy taksówka ruszyła.– Ahmadzie, to Lin.

Uścisnęliśmy sobie dłonie serdecznie i z sympatią. Jego tchnąca siłą twarz mogła się wydawać surowa, gdyby nie pewien wyraz, który łagodnie mrużył mu oczy i znaczył policzki zmarszczkami od uśmiechu. W chwilach skupienia, w chwilach dalekich od całkowitego rozluźnienia, Ahmad Zadih miał taki wyraz twarzy, jakby wypatrywał przyjaciela w tłumie obcych. Ta mina była rozbrajająca i natychmiast go za nią polubiłem.

– Wiele o tobie słyszałem – powiedział, wypuściwszy moją dłoń i oparłszy ramię o przednie siedzenie. Akcent rozbrzmiewający w jego niepewnej, lecz wyraźnej angielszczyźnie stanowił melodyjną północnoafrykańską mieszankę francuskiego i arabskiego.

– Mam nadzieję, że nic dobrego – odparłem ze śmiechem.

– Wolałbyś, żeby ludzie mówili o tobie źle?

– Nie wiem. Mój przyjaciel Didier mówi, że chwalenie kogoś za plecami to monstrualny nietakt, bo nie możemy się bronić tylko przed tymi, którzy mówią o tobie dobrze.

– *D'accord!* – Roześmiał się. – Dokładnie!

– Cholera, to mi przypomniało... – przerwał Chalid, grzebiąc w kieszeniach. Po chwili wyciągnął złożoną kopertę. – Omal nie zapomniałem. Widziałem Didiera – w tę noc przed wyjazdem. Szukał cię. Nie mogłem mu powiedzieć, gdzie jesteś, więc prosił, żebym ci to przekazał.

Przyjąłem złożoną kopertę i wsunąłem do kieszeni koszuli, żeby przeczytać na osobności.

– Dzięki – mruknąłem. – Więc co się dzieje? Dokąd jedziemy?

– Do meczetu – wyjaśnił Chalid z tym bladym, smutnym uśmiechem. – Najpierw zgarniemy tam jednego przyjaciela, potem pojedziemy na spotkanie z Kadirem i innymi facetami, z którymi przekroczymy granicę.

– Z iloma facetami?

– Będzie ze trzydziestu. Przeważnie są już w Kwecie albo w Czamanie, tuż przy granicy. Jutro wyjeżdżamy – ty, ja, Kadirbaj, Nazir, Ahmad i jeszcze jeden gość, Mahmud. To mój przyjaciel. Chyba go nie znasz, ale za parę minut go poznasz.

– Mała ONZ, co? – spytał Ahmad retorycznie. – Abd al-Kadir Chan z Afganistanu, Chalid z Palestyny, Mahmud z Iranu, ty z Nowej Zelandii – przepraszam, teraz jesteś naszym Amerykaninem – a ja z Algierii.

– To nie wszystko – dodał Chalid. – Mamy jednego z Maroka, jednego z państw Zatoki, jednego z Tunezji, dwóch z Pakistanu, jednego z Iraku. Reszta to Afgańczycy, ale z różnych części Afganistanu i różnych grup etnicznych.

– Dżihad – powiedział Ahmad z ponurym, niemal trwożnym uśmiechem. – Święta wojna. To nasza święta powinność, walczyć z rosyjskim najeźdźcą i uwolnić muzułmański kraj.

– Nie pozwalaj mu się rozgadać. – Chalid się skrzywił. – Ahmad jest komunistą. Zaraz wyjedzie z Mao i Leninem.

– Nie czujesz się trochę... niekomfortowo? – spytałem prowokacyjnie. – Występując przeciwko wojsku socjalistycznemu?

– Jacy socjaliści? – warknął. – Jacy komuniści? Nie zrozum mnie źle, Rosjanie zrobili w Afganistanie kilka dobrych rzeczy...

– Dobrze mówi – przerwał Chalid. – Zbudowali mnóstwo mostów i wszystkie główne autostrady, i masę szkół.

– I tamy, żeby była świeża woda, i elektrownie – wszystko to dobre rzeczy. A ja ich popierałem, kiedy budowali to wszystko, żeby nam pomóc. Ale kiedy wtargnęli do Afganistanu, żeby siłą zmienić ten kraj, wystąpili przeciwko tym wszystkim zasadom, w które rzekomo wierzyli. Nie są prawdziwymi marksistami ani leninistami. Rosjanie to imperialiści, a ja walczę z nimi w imię Marksa, Lenina, Mao...

– I Allaha. – Chalid się uśmiechnął.

– Tak, i Allaha – potwierdził Ahmad, błyskając do nas białymi zębami i uderzając w oparcie siedzenia.

– Dlaczego tak zrobili? – spytałem.

– To już lepiej wyjaśni Chalid – odpowiedział, przekazując pałeczkę palestyńskiemu weteranowi kilku wojen.

– Afganistan to łup – zaczął Chalid. – Nie ma wielkich zapasów ropy naftowej, złota ani żadnego pożądanego towaru, ale i tak jest smakowitym łupem. Rosjanie pragną go, bo leży przy ich granicy. Usiłowali nad nim zapanować drogą dyplomatyczną, dzięki paczkom, programom pomocy i tak dalej. Obsadzili rząd swoimi ludźmi. Amerykanie nie mogli tego znieść, ze względu na zimną wojnę i prowokacje, więc doprowadzili do destabilizacji, popierając jedyną grupę, którą szczerze wkurzał ten marionetkowy rząd – czyli mułłów i innych religijnych gości. Ci długobrodzi odchodzili od zmysłów, widząc, jak Rosjanie zmieniają kraj – pozwolili kobietom pracować i studiować na uniwersytetach, i chodzić w miejscach publicznych bez burek od stóp do głów. Kiedy Amerykanie dali im broń, bomby i pieniądze, żeby mogli zaatakować Rosjan, od razu na to poszli. Po jakimś czasie Rosjanie postanowili przestać udawać i weszli na teren kraju. No i mamy wojnę.

– A Pakistańczycy – dodał Ahmad Zadih – pragną Afganistanu, bo w coraz szybszym tempie ich przybywa, zbyt szybkim, i potrzebna im ziemia. Chcą stworzyć wielkie państwo, łącząc dwa narody. A Pakistan ze względu na generałów należy do Ameryki. Dlatego Ameryka mu pomaga. Teraz prowadzą szkolenia, trenują bojowników w szkołach religijnych – madrasach – w całym Pakistanie. Tych bojowników nazywają talibami i wyślą ich do Afganistanu, kiedy my wygramy wojnę. A wygramy, Lin. Ale jak będzie z następną – nie wiem.

Odwróciłem się do okna i jakby to był jakiś znak, tamci zaczęli mówić po arabsku. Przysłuchiwałem się tym gładkim, płynnym sylabom i ukołysała mnie ich sycząca muzyka. Ulica za oknem stała się mniej uporządkowana, budynki były nędzniejsze i bardziej zaniedbane. Wiele domów z glinianych cegieł i piaskowca miało tylko jedną kondygnację, i choć najwyraźniej zamieszkiwały je całe rodziny, wyglądały na niewykończone – jakby ludzie wprowadzili się do nich w stanie surowym, byle tylko mieć dach nad głową.

Mijaliśmy całe dzielnice takich niebudzących zaufania, prowizorycznych domostw – dzielnice sypialne, wzniesione, by zaradzić napływowi imigrantów z wiosek do gwałtownie rozrastającego się miasta. Boczne uliczki i równoległe aleje świadczyły o tym, że sobowtóry tych prymitywnych, jednakowych budowli ciągną się po obu stronach głównej drogi aż po horyzont.

Po niemal godzinie powolnej jazdy przez czasami niemożliwie zatłoczone ulice zatrzymaliśmy się na chwilę, by wpuścić kolejnego mężczyznę. Idąc za wskazówkami Chalida, taksówkarz zawrócił i ruszył dokładnie tą samą zatłoczoną trasą.

Nowo przybyły nazywał się Mahmud Milbaf, miał trzydzieści lat i był Irańczykiem. W pierwszej chwili jego twarz – gęste, czarne włosy, wysokie kości policzkowe, oczy koloru piaszczystych wydm o krwistoczerwonym zachodzie słońca – tak dotkliwie przypomniała mi o zmarłym przyjacielu Abdullahu, że wzdrygnąłem się z bólu. Po paru chwilach to wrażenie podobieństwa ustąpiło: Mahmud miał trochę wyłupiaste oczy, usta mniej pełne, a brodę szpiczastą, jakby stworzoną do koziej bródki. Właściwie była to zupełnie odmienna twarz.

Ale ta jasna myśl o Abdullahu Tahirim i przeszywający ból tęsknoty za nim nagle uświadomiły mi, dlaczego – między innymi – wyruszyłem z Chalidem i innymi na cudzą wojnę. Jednym z bardzo ważnych elementów mojej gotowości, by narazić się na ryzyko podczas misji Kadira, było poczucie winy, że dopuściłem, by Abdullah umierał sam, w starciu w wieloma przeciwnikami. Znalazłem sobie ekwiwalent tej sytuacji, otoczyłem się uzbrojonymi wrogami. I w chwili kiedy ta myśl zaistniała, w chwili gdy niewypowiedziane słowo – samobójstwo – wypisało się na szarej ścianie mojego umysłu, odrzuciłem je z dreszczem, który przebiegł mi po skórze. I po raz pierwszy od wielu miesięcy, odkąd zgodziłem się pracować dla Abd al-Kadira Chana, poczułem strach i zrozumiałem, że moje życie jest w tej chwili niczym więcej jak garścią piasku w zaciśniętej dłoni.

Wysiedliśmy z samochodu przecznicę przed meczetem Masdżid-at-Tuba. Idąc gęsiego w dwudziestometrowych odstępach, dotarliśmy do świątyni i zdjęliśmy buty. Stareńki hadżdżi zajął się naszymi butami, mamrocząc medytacyjny *zikkier*. Chalid wcisnął złożony banknot w powykręcaną artretyzmem, stwardniałą rękę staruszka. Wchodząc do meczetu, podniosłem głowę i omal nie krzyknąłem z zaskoczenia i radości.

W meczecie było chłodno i nieskazitelnie czysto. Smukłe filary, zdobne mozaikami łuki i rozległe połacie wzorzystych posadzek lśniły marmurowymi i kamiennymi płytkami. Lecz ponad nimi, wysoko, znajdowała się ogromna kopuła z białego marmuru, z nieodpartą siłą przyciągająca wszystkie spojrzenia. Miała jakieś sto kroków średnicy i była wysadzana malutkimi, polerowanymi lusterkami. Stałem, gapiąc się w zachwycie na jej urodę, a wówczas zapaliły się światła i wielki łuk marmuru nad naszymi głowami zalśnił jak słońce na milionach fal i zmarszczek falującego na wietrze jeziora.

Chalid odszedł po chwili, obiecując, że wróci, kiedy tylko zdoła. Ahmad, Mahmud i ja poszliśmy do alkowy, z której rozciągał się widok na kopułę, usiedliśmy na posadzce z polerowanych kafelków. Od wieczornej modlitwy upłynęło już nieco czasu – jadąc taksówką, słyszałem wezwanie muezina – ale w meczecie zostało jeszcze wielu mężczyzn zatopionych w prywatnych modlitwach. Upewniwszy się, że niczego mi nie brak, Ahmad oznajmił, że wykorzysta okazję, żeby się pomodlić. Przeprosił nas i podszedł do zbiornika z wodą do mycia. Obmywszy rytualnie twarz, ręce i stopy, powrócił na niewielki skrawek wolnej przestrzeni pod kopułą i przystąpił do modlitwy.

Przyglądałem się mu i na widok łatwości, z jaką otworzył się na kontakt z Bogiem, gryzła mnie zazdrość. Nie miałem potrzeby, żeby pójść w jego ślady, ale szczerość jego medytacji sprawiła, że poczułem się jakoś bardzo samotny z tym moim indywidualnym, niepołączonym umysłem.

Ahmad zakończył modlitwę i w chwili, gdy ruszył w naszą stronę, powrócił zatroskany Chalid. Usiedliśmy blisko siebie, niemal stykając się głowami.

– Macie kłopot – szepnął. – W waszym hotelu była policja.

– Gliny?

– Policja polityczna – odpowiedział. – ISI. Wywiad.

– Czego chcieli? – spytałem.

– Ciebie. Nas. Ktoś na nas doniósł. U Kadira też byli. Obaj mieliście szczęście. Nie zastali go w domu, nie mogli go zgarnąć. Co zabrałeś z hotelu? Co zostawiłeś?

– Mam paszporty, pieniądze i nóż – powiedziałem.

Ahmad wyszczerzył zęby.

– Wiesz co, zaczynam cię lubić – szepnął.

– Reszta została – dodałem. – Niewiele tego. Ciuchy, przybory toaletowe, parę książek. Wszystko. A nie, jeszcze bilety – na samolot i pociąg. Zostawiłem w neseserze. Tylko na nich jest nazwisko, jestem pewien.

– Nazir ma twój neseser. Wyniósł go na chwilę przed wejściem glin – powiedział Chalid, kiwając pocieszająco głową. – Ale niczego więcej nie zdążył zabrać. Kierownik to nasz człowiek, ostrzegł Nazira. Pozostaje wielkie pytanie: kto poinformował gliny, że tu jesteśmy? To musiał być ktoś z otoczenia Kadira. Ktoś z wewnątrz, bardzo mu bliski. Niedobrze.

– Nie rozumiem – szepnąłem. – Dlaczego policja tak się nami interesuje? Pakistan popiera wojnę w Afganistanie. Powinni się cieszyć, że przemycamy towar dla mudżahedinów. Powinni nam w tym pomagać.

– Pomagają pewnym Afgańczykom, ale nie wszystkim. Ci, dla których jest nasz towar, ludzie spod Kandaharu, to żołnierze Masuda. Pakistan ich nienawidzi, bo nie akceptują Hekmatjara ani żadnego propakistańskiego przywódcy ruchu oporu. Pakistan i Ameryka wybrali Hekmatjara na następnego władcę Afganistanu, kiedy wojna się skończy. Ale ludzie Masuda spluwają na sam dźwięk jego nazwiska.

– To szalona wojna – dodał Mahmud Milbaf ochrypłym, gardłowym szeptem. – Afgańczycy walczyli ze sobą od dawna, od tysięcy lat. Od walki ze sobą lepsza jest tylko walka... jak to się nazywa... z inwazją. Pokonają Rosjan, to pewne, ale będą walczyć dalej.

– Pakistańczycy chcą mieć pewność, że to oni będą zwycięzcami czasu pokoju, gdy Afgańczycy zwyciężą w czasie wojny. A wtedy zabiorą nam całą broń, lekarstwa i inne dobra, i oddadzą je swoim...

– ...przedstawicielom – mruknął Chalid, a jego nowojorski akcent eksplodował w tym jednym wyszeptanym słowie. – Hej, słyszycie?

Wszyscy nastawiliśmy ucha; gdzieś spoza meczetu dobiegł nas śpiew i muzyka.

– Zaczęli – powiedział Chalid i podniósł się z gracją sportowca. – Pora się zbierać.

Wstaliśmy i poszliśmy w ślad za nim, by zabrać buty. Okrążając budynek w gęstniejącym mroku, zbliżyliśmy się do śpiewających.

– Ja... ja już słyszałem ten śpiew – odezwałem się do Chalida.

– Znasz Ślepych Śpiewaków? No tak, oczywiście. Byłeś w Bombaju z Abd al-Kadirem, kiedy dla nas śpiewali. Wtedy widziałem cię po raz pierwszy.

– Też tam byłeś?

– Jasne. Wszyscy tam byliśmy. Ahmad, Mahmud, Siddiki – jeszcze go nie znasz. I masa innych, którzy z nami wyruszą. Wszyscy tam byli. To było pierwsze wielkie zebranie w sprawie tej wyprawy do Afganistanu. Dlatego się wtedy spotkaliśmy. W tym celu zorganizowano to spotkanie. Nie wiedziałeś?

Powiedział to ze śmiechem, tonem jak zwykle pozbawionym podtekstów i naturalnym, ale i tak mnie to dźgnęło. Nie wiedziałeś? Nie wiedziałeś?

Kadir planował tę podróż od dawna, pomyślałem, już tej pierwszej nocy, kiedy go poznałem. Wielka, zadymiona sala, w której Ślepi Śpiewacy dali prywatny koncert, stanęła mi przed oczami z krystaliczną wyrazistością. Przypomniałem sobie, co jedliśmy, jaki *charras* paliliśmy. Przypomniałem sobie te nieliczne znane twarze, które rozpoznałem tamtego wieczora. Czy wszyscy byli zaangażowani w tę misję? Przypomniałem sobie młodego Afgańczyka, który powitał Kadirbaja z taką rewerencją, kłaniając się tak nisko, że spod fałdów szala ukazał się pistolet.

Nadal myślałem o tym pierwszym wieczorze i wciąż gnębiły mnie pytania, na które nie potrafiłem odpowiedzieć, gdy wtem ujrzeliśmy dużą grupę setek mężczyzn siedzących po turecku na obszernym, wykładanym płytkami dziedzińcu przed meczetem. Ślepi Śpiewacy skończyli śpiewać i wszyscy nagrodzili ich okrzykami. *Allah! Allah! Subhaan Allah!* Chalid zaprowadził nas przez tłum do względnie zacisznej alkowy, gdzie siedział Kadir w towarzystwie Nazira i kilku innych.

Spojrzałem mu w oczy, a on podniósł rękę i skinął, żebym do niego dołączył. Kiedy znalazłem się przy nim, chwycił moją dłoń i przyciągnął mnie na miejsce u swego boku. Wiele głów odwróciło się w naszą stronę. W moim znękanym sercu kłębiły się sprzeczne uczucia: strach, że mój związek z Kadirem Chanem jest tak oczywisty, i fala dumy, że mnie wyróżnił wśród innych.

– Koło zatoczyło pełny obrót – szepnął prosto do mego ucha, położywszy mi rękę na ramieniu. – Poznaliśmy się przy Ślepych Śpiewakach, a teraz znowu ich słuchamy, przystępując do tego ważnego zadania.

Jakby czytał w moich myślach. Byłem pewny, choć nie wiem, skąd wziąłem tę pewność, że działał z wyrachowaniem, że doskonale zdawał sobie sprawę z oszałamiającego wpływu swoich słów. Nagle mnie rozgniewał, rozdrażnił, nie mogłem znieść nawet dotyku jego ręki.

– Czy zamówiłeś na dziś Ślepych Śpiewaków? – spytałem, wpatrzony przed siebie, nie usuwając z głosu ostrego tonu. – Wiesz, tak jak zaaranżowałeś wszystko podczas naszego pierwszego spotkania?

Milczał, aż musiałem na niego spojrzeć. A kiedy nasze oczy się spotkały, oczy zapiekły mnie od łez; powstrzymałem je, zaciskając mocno szczęki. Udało się; oczy paliły, lecz pozostały suche, choć w głowie miałem zamęt. Ten człowiek o skórze barwy cynamonowego brązu, z siwą, schludnie przystrzyżoną brodą wykorzystywał mnie i manipulował mną i wszystkimi innymi, jakbyśmy byli jego niewolnikami. A jednak w jego złotych oczach dojrzałem tyle miłości, że dla mnie było to wszystko, czego kiedykolwiek pragnąłem w najgłębszych zakamarkach serca. Miłość jego łagodnie uśmiechniętych, bardzo zatroskanych oczu była miłością ojcowską, jedyną, jaką poznałem.

– Od tej chwili zostaniesz z nami – szepnął, nie odwracając wzroku. – Nie możesz wrócić do hotelu. Policja ma twój rysopis i nadal cię szuka. To moja wina i jestem ci winien przeprosiny. Ktoś z naszego bliskiego otoczenia zdradził. Mieliśmy szczęście – a on pecha – że nie wpadliśmy w pułapkę. Zostanie ukarany. Popełnił błąd, który go zdekonspirował. Wiemy, kto to, wiemy, co należy z nim uczynić. Ale to może poczekać, dopóki nie wrócimy z misji. Jutro wyruszymy do Kwety. Musimy tam pozostać przez jakiś czas. W odpowiedniej porze przeprawimy się do Afganistanu. I od tego dnia, dopóki nie opuścisz Afganistanu, za twoją głowę będzie wyznaczona cena. Rosjanie dobrze płacą za schwytanie cudzoziemców, którzy pomagają mudżahedinom. A w Pakistanie mamy niewielu przyjaciół. Sądzę, że musimy zdobyć dla ciebie jakieś miejscowe odzienie. Przebierzemy cię za młodzieńca z mojej wioski – Pasztuna, tak jak ja. Tak, zakryjemy czapką twoje białe włosy, a na twoje szerokie ramiona i pierś zarzucimy szal *pattu*. Wtedy być może ujdziesz za mojego niebieskookiego syna. Co sądzisz?

Co sądziłem? Ślepi Śpiewacy hałaśliwie odchrząknęli i grupa muzyków rozpoczęła przygrywkę do nowej pieśni, pełnej rozpaczliwego łkania fisharmonii i burzącej krew namiętności tabli. Przyglądałem się długim, smukłym palcom muzyka grającego na tabli, uderzającego i pieszczącego drżącą skórę bębnów – i myśli odpłynęły ode mnie w hipnotyczny trzepot i nurt muzyki. Mój rodzimy australijski rząd wyznaczył nagrodę za informację, która doprowadzi do mojego aresztowania. A tutaj, na drugim końcu świata, moja głowa także zyskała cenę. Jeszcze raz, gdy Ślepi Śpiewacy rzucili słuchającemu tłumowi swój dziki żal i uniesienie, gdy oczy tego tłumu zalśniły ekstazą, jeszcze raz poddałem się przeznaczeniu i poczułem, że wraz z całym moim życiem obracam się na tym kole.

Potem przypomniałem sobie, że w kieszeni mam karteczkę: list od Didiera, który Chalid dał mi w taksówce dwie godziny temu. Obezwładniony przesądną myślą o zbiegu okoliczności i powtarzającej się historii, nagle zapragnąłem natychmiast przeczytać list. Wyjąłem go i przysunąłem do oczu, do bursztynowego światła, które rzucały lampy wysoko nad naszymi głowami.

Drogi Linie

Chcę Cię powiadomić, mon cher ami, że odkryłem, kim ona jest – ta kobieta, która wydała cię policji i wysłała do więzienia, gdzie tak cię pobito. To straszne! Jeszcze teraz jestem zdruzgotany! A więc kobietą, która jest za to odpowiedzialna, jest madame Zhou, właścicielka Pałacu. W tej chwili nie wiem jeszcze, dlaczego to zrobiła, lecz choć nie rozumiem motywów, które pchnęły ją do uczynienia ci tej strasznej rzeczy, wiem z najlepszego źródła, że to prawda.

Mam nadzieję, że wkrótce się do mnie odezwiesz.

Twój oddany przyjaciel
Didier

Madame Zhou. Dlaczego? Odpowiedź pojawiła się w mojej głowie jednocześnie z pytaniem. Nagle przypomniałem sobie twarz, wpatrzoną we mnie z niewytłumaczalną nienawiścią. Rajan, eunuch madame Zhou. Przypomniałem sobie, że obserwował mnie w dniu powodzi, kiedy łódką Vinoda uwoziliśmy Karlę z hotelu „Tadż Mahal". Przypomniałem sobie złośliwą nienawiść jego spojrzenia, kiedy widział mnie z Karlą w taksówce Shantu. Wieczorem tego samego dnia zostałem aresztowany i zaczęły się tortury. Madame Zhou ukarała mnie za to, że wystąpiłem przeciwko niej, że ośmieliłem się rzucić jej wyzwanie, udając urzędnika z amerykańskiego konsulatu, że odebrałem jej Lisę Carter, i – tak – być może za miłość do Karli.

Podarłem list, a kawałki schowałem do kieszeni. Byłem spokojny. Strach zniknął. Pod koniec tego długiego dnia w Karaczi zrozumiałem, dlaczego wybieram się na wojnę Kadira i dlaczego z niej powrócę. Jechałem, bo moje serce było głodne miłości Kadirbaja, tej ojcowskiej miłości, która lała się z jego oczu i wypełniała puste miejsce po ojcu w moim życiu. Po stracie tak wielu ukochanych – rodziny, przyjaciół, Prabakera, Abdullaha, nawet Karli – widok miłości w oczach Kadira był dla mnie wszystkim, był całym światem.

Może się wydawać głupie – bo to jest głupie – żeby iść na wojnę z miłości. On nie był świętym ani bohaterem, i wiedziałem o tym. Nie był nawet moim ojcem. Ale wiedziałem, że pójdę za nim na tę i każdą inną wojnę dla paru sekund kochającego spojrzenia. I nie jest to ani trochę bardziej głupie od przeżycia z nienawiści i powrotu dla zemsty. Bo do tego się to sprowadzało: kochałem go na tyle, żeby zaryzykować życie, a jej nienawidziłem na tyle, żeby to życie ocalić i pomścić swoją krzywdę. I wiedziałem, że się zemszczę, jeśli uda mi się przeżyć wojnę Kadira: znajdę madame Zhou i ją zabiję.

Kurczowo chwyciłem się tego postanowienia, tak jak kurczowo zaciska się rękę na trzonku noża. Ślepi Śpiewacy wypłakiwali radości i cierpienia swojej miłości do Boga. Obok mnie, wokół mnie, w odpowiedzi serca unosiły się do nieba. Kadirbaj odwrócił głowę i spojrzał mi w oczy. Skinął powoli głową. Uśmiechnąłem się do tych złotych oczu pełnych maleńkich, rozkołysanych płomyków lamp i tajemnic, i świętych rozkoszy, jakie obudził śpiew. I, Boże wybacz, byłem zadowolony, pozbawiony trwogi i niemal szczęśliwy.

ROZDZIAŁ 32

W Kwecie spędziliśmy miesiąc – długi miesiąc oczekiwania i frustrujących falstartów. Za tę zwłokę odpowiedzialny był dowódca mudżahedinów, niejaki Asmatullah Aczakzaj. Był przywódcą Aczakzajów z regionu Kandaharu, który stanowił cel naszej wyprawy. Aczakzajowie byli klanem pasterzy owiec i kóz, wywodzącym się z dominującego klanu Durrani. W roku 1750 założyciel nowożytnego Afganistanu, Ahmad Szah Abdali, oddzielił Aczakzajów od Durranów i utworzył z nich osobny klan. Było to zgodne z afgańską tradycją, dopuszczającą oddzielenie się mniejszego klanu od klanu-matki, jeśli osiągnął on wystarczające rozmiary lub siłę. Było to także potwierdzenie wielkiego wojownika i założyciela narodu, Ahmada Szaha, że Aczakzajowie to potęga, z którą należy się liczyć i postępować z szacunkiem. Przez dwa wieki Aczakzajowie budowali swoje znaczenie i siłę. Zasłużyli sobie na reputację zaciekłych wojowników, a każdy mężczyzna w klanie był bezwarunkowo lojalny wobec przywódcy. W początkach wojny z Rosjanami Asmatullah Aczakzaj utworzył ze swoich ludzi dobrze uzbrojoną, zdyscyplinowaną straż obywatelską. Na swoim terenie stali się przyczółkiem walki o niepodległość, dżihadu w sprawie wypędzenia sowieckich najeźdźców.

Pod koniec 1985 roku, kiedy my przygotowywaliśmy się w Kwecie do przekroczenia granicy Afganistanu, Asmatullah zaczął tracić przekonanie do tej wojny. Jego oddziały miały tak wielkie znaczenie, że kiedy wycofał je z czynnej służby i przystąpił do potajemnych rokowań pokojowych z Rosjanami i ich afgańskim marionetkowym rządem w Kabulu, załamał się cały zbrojny opór w regionie Kandaharu. Inne oddziały mudżahedinów, niebędące pod rozkazami Asmatullaha, na przykład ludzie Kadira w górach na północy miasta, pozostały na swoich pozycjach, ale były osamotnione, a każda trasa, jaką dostarczano im zapasy, była niebezpiecznie wystawiona na atak Rosjan. Niepewność zmusiła nas do czekania, czy Asmatullah postanowi kontynuować dżihad, czy też przejdzie na stronę Rosjan. Nikt nie potrafił przewidzieć jego decyzji.

Choć długie oczekiwanie wszystkich drażniło i niepokoiło – dni leniwie stawały się tygodniami i czas dłużył się w nieskończoność – ja nie marnotrawiłem czasu. Uczyłem się zwrotów w języku farsi, urdu i paszto, a nawet podchwyciłem parę słów tadżyckich i uzbeckich. Codziennie jeździłem konno. Choć nigdy nie udało mi się pozbyć błazeńskich, wiatrakowatych ruchów rąk i nóg przy zatrzymywaniu konia lub nakłaniania go do skrętu w pożądanym kierunku, czasami udawało mi się lądować na ziemi z własnej woli, a nie po efektownym locie z siodła.

Codziennie czytywałem książki z dziwacznego, eklektycznego wyboru Ajuba Chana, Pakistańczyka i jedynego z naszej grupy rodowitego kwetejczyka. Ponieważ uznano, że nie powinienem ryzykować i opuszczać naszej kryjówki na położonym pod miastem ranczu, Ajub przywoził mi książki z biblioteki centralnej. Była zaopatrzona w niespotykane i fascynujące angielskojęzyczne książki, spadek po czasach kolonialnych. Sama nazwa miasta – Kweta – wywodziła się z pasztuńskiego słowa *kwatta*, oznaczającego fort. Ze względu na bliskość trasy przez przełęcz Czaman do Afganistanu i trasy przez przełęcz Bolan do Indii, Kweta od tysięcy lat miała znaczenie strategiczne i ekonomiczne. Brytyjczycy zajęli stary fort w roku 1840, lecz byli zmuszeni go opuścić, kiedy choroby wśród żołnierzy i zaciekły opór Afgańczyków zaczęły wycieńczać siły wojsk kolonialnych. Ponownie zdobyli go w 1876 roku i tym samym stał się bezdyskusyjnie największym trofeum wojennym Wielkiej Brytanii na północno-zachodniej granicy Indii. Założono tu Imperialną Szkołę Oficerską dla oficerów armii w Indiach Brytyjskich, a w pięknym, naturalnym amfiteatrze otaczających miasto gór rozkwitł bujny handel. W ostatnich dniach maja 1935 roku większą część miasta zniszczyło katastrofalne trzęsienie ziemi, w którego wyniku zginęło dwadzieścia tysięcy osób, ale Kweta została odbudowana i dzięki czystym, szerokim bulwarom i przyjemnemu klimatowi stała się jedną z najbardziej popularnych miejscowości wczasowych w północnym Pakistanie.

Dla mnie, uwięzionego na dziedzińcu rancza, główną atrakcją miasta była przypadkowa kolekcja książek, którą przywoził mi Ajub. Co parę dni stawał u moich drzwi z uśmiechem pełnym nadziei i podawał mi paczkę z książkami, jakby to były skarby wykopane przez archeologów.

I tak się to utarło, że za dnia jeździłem konno i przyzwyczajałem się do rozrzedzonego powietrza na poziomie powyżej tysiąca pięciuset metrów nad poziomem morza, a w nocy czytywałem pamiętniki i dzienniki od dawna nie żyjących badaczy, bibliofilskie wydania greckich klasyków, zaopatrzone w ekscentryczne przypisy tomy Szekspira i obłędnie namiętne przekłady *Boskiej komedii* Dantego.

– Niektórzy nasi uważają, że jesteś znawcą świętych tekstów – powiedział Abd al-Kadir Chan, stając pewnego wieczoru w drzwiach mego pokoju. Byliśmy w Kwecie już od miesiąca. Zamknąłem książkę, którą czytałem, i natychmiast wstałem na jego powitanie. Ujął moją rękę i zamknął w obu dłoniach, po czym wyszeptał błogosławieństwo. Usiadł na podsuniętym krześle, a ja zająłem miejsce na stołeczku, oddalonym na wyciągnięcie ręki. Kadir miał pod pachą paczkę owiniętą w kremową irchę. Położył ją na moim łóżku i usadowił się wygodnie.

– Czytanie w moim rodzinnym kraju nadal stanowi wiedzę tajemną, a także budzi pewien lęk i przesądy – powiedział ze zmęczeniem, przesuwając dłonią po zmęczonej, smagłej twarzy. – Tylko czterej mężczyźni na dziesięciu znają litery, a w przypadku kobiet – dwa razy mniej.

– Gdzie nauczyłeś się... wszystkiego? – spytałem. – Na przykład skąd tak dobrze znasz angielski?

– Uczył mnie pewien bardzo szlachetny angielski dżentelmen. – Roześmiał się cicho i rozpogodził się na to wspomnienie. – Tak jak ty uczyłeś mojego małego Tarika.

Wyjąłem z paczki dwa *bidi*, zapaliłem tą samą zapałką i podałem mu jednego.

– Mój ojciec był przywódcą klanu – ciągnął. – Surowym, lecz także sprawiedliwym i mądrym. W Afganistanie mężczyźni zostają przywódcami za swe zasługi – są dobrymi mówcami, mądrze zarządzają pieniędzmi, a w razie potrzeby dzielnie walczą. Nie istnieje prawo dziedziczenia władzy, a jeśli synowi przywódcy brak mądrości, odwagi lub umiejętności przemawiania do ludu, zostanie pominięty na rzecz innego, bardziej utalentowanego. Mojemu ojcu bardzo zależało na tym, żebym odziedziczył władzę po nim i kontynuował dzieło jego życia, którym było wydźwignięcie ludu z ciemnoty i zabezpieczenie mu dobrobytu. Pewien wędrowny suficki mistyk, stary świątobliwy mąż, który zjawił się w naszych okolicach w czasie mojego przyjścia na świat, powiedział ojcu, że stanę się jasną gwiazdą w historii mego ludu. Ojciec uwierzył w to całym sercem, niestety, nie zdradzałem żadnego talentu ani chęci do nauki. Krótko mówiąc, sprawiłem mu gorzki zawód. Wysłał mnie do wuja, który mieszkał tutaj, w Kwecie. A wuj, wówczas dobrze prosperujący kupiec, oddał mnie pod opiekę Anglika, który stał się moim guwernerem.

– Ile miałeś lat?

– Dziesięć, gdy opuściłem Kandahar. Pięć lat spędziłem jako uczeń szanownego pana Iana Donalda Mackenziego.

– Musiałeś być dobrym uczniem.

– Być może – odparł w zamyśleniu. – Jednak sądzę, że to raczej szanowny pan Mackenzie był bardzo dobrym nauczycielem. Po naszym rozstaniu dowiedziałem się, że mieszkańcy Szkocji są znani z niemiłego i surowego usposobienia. Czasami mówiono mi, że mieszkańcy Szkocji są pesymistami, którzy wolą iść cienistą stroną słonecznej ulicy. Sądzę, że jeśli nawet pod pewnymi względami jest to prawda, nie wyjawia ona, że dla mieszkańców Szkocji ta ciemna strona wszystkiego bywa bardzo, bardzo śmieszna. Mój szanowny pan Mackenzie nosił śmiech w oczach, choć wobec mnie bywał bardzo surowy. Za każdym razem, kiedy o nim myślę, przypominam sobie śmiech w jego oczach. A Kweta go zachwycała. Kochał góry i zimne powietrze w zimie. Jego krzepkie, mocne nogi były stworzone do wspinania się po górskich ścieżkach, i przemierzał te wzgórza co tydzień, często za jedynego towarzysza mając mnie. Był to szczęśliwy człowiek, który potrafił się śmiać i był wielkim nauczycielem.

– Co się wydarzyło, kiedy przestał cię uczyć? Wróciłeś do Kandaharu?

– Tak, lecz nie był to ów radosny powrót, na jaki liczył mój ojciec. Widzisz, nazajutrz po wyjeździe mego drogiego, szanownego pana Mackenziego, zabiłem człowieka na bazarze przed magazynem mojego wuja.

– Mając piętnaście lat?

– Tak. Mając piętnaście lat, zabiłem po raz pierwszy.

Zamilkł, a ja zamyśliłem się nad znaczeniem tego zwrotu – po raz pierwszy...

– Wydarzyło się to z przyczyny, która nie była prawdziwą przyczyną, raczej figlem przeznaczenia – w bójce zrodzonej z niczego. Ten człowiek bił dziecko. Dziecko było jego i nie powinienem się mieszać. Jednak bił je bardzo okrutnie i nie mogłem znieść tego widoku. Pełen przeświadczenia o swojej ważności, gdyż byłem synem przywódcy wioski i bratankiem jednego z najbogatszych kupców w Kwecie, rozkazałem mu przestać bić dziecko. Oczywiście obraził się i rozpoczęła się kłótnia. Kłótnia zmieniła się w bójkę. I nagle tamten zginął, od ciosu w pierś własnym sztyletem – sztyletem, którym zamachnął się na mnie.

– To była samoobrona.

– Tak. Było wielu świadków. Rzecz działa się na głównej ulicy bazaru. Mój wuj, który w owym czasie miał wielkie wpływy, porozmawiał o mnie z władzami i w końcu umożliwił mi powrót do Kandaharu. Niestety, rodzina mężczyzny, którego zabiłem, nie zgodziła się przyjąć rekompensaty od wuja i wysłała za mną w pościg dwóch mężczyzn. Wuj mnie ostrzegł, więc zaatakowałem pierwszy. Zabiłem obu ze starej strzelby mojego ojca.

Znowu zamilkł na chwilę, wpatrzony w jakiś punkt w posadzce pomiędzy naszymi stopami. Z zewnątrz dochodziła muzyka, daleka i stłumiona. Wokół dziedzińca, większego, lecz mniej wspaniałego niż ten w bombajskim domu Kadira, płonęło wiele świateł w oknach. Z któregoś z bliższych pokoi dochodził cichy, wodny bulgot rozmowy i perkusyjny warkot śmiechu. W pokoju obok, pokoju Chalida Ansariego, rozlegał się charakterystyczny szczęk AK-74, odpalonego na sucho po oczyszczeniu.

– W krwawym odwecie, który rozpoczął się po tych zabójstwach – i po zamachach na mnie – ginęli i moi, i ich krewni – powiedział Kadir. Był poważny i wydawało mi się, że przez jego spuszczone oczy wysącza się chęć życia. – Jeden nasz, dwóch od nich. Dwóch po naszej stronie, jeden po ich. Mój ojciec wiele razy usiłował znaleźć jakiś sposób, żeby zakończyć waśń, ale to było niemożliwe. To był demon, który przenosił się z jednego człowieka na drugiego i każdego opętywał miłością do zabijania. Chciałem wyjechać z domu, bo to przeze mnie zaczął się konflikt, ale ojciec nie pozwalał mi odejść, a nie mogłem mu się sprzeciwić. Konflikt ciągnął się latami, zabijaliśmy się latami. Straciłem dwóch braci i obu wujów, braci ojca. Kiedy wreszcie ojciec odniósł ciężkie rany i nie mógł mnie już powstrzymywać, kazałem rodzinie rozpuścić plotkę, że zostałem zabity. Opuściłem rodzinny dom. Krwawa waśń zakończyła się nieco później i między obiema rodzinami zapanowała zgoda. Ale moja rodzina uznała mnie za zmarłego, bo przysiągłem matce, że nigdy nie wrócę.

Wiatr, wpadający przez okno w metalowej framudze, wieczorem chłodzący mi skórę, nagle ochłódł. Wstałem, żeby zamknąć okno, a potem nalałem szklankę wody z glinianego dzbanka przy łóżku. Kadir przyjął wodę, wyszeptał modlitwę i napił się. Oddał mi pustą szklankę. Nalałem do niej wody i usiadłem na stołku, by wypić. Nie odzywałem się, bałem się, że jeśli zadam niewłaściwe pytanie lub zrobię nietrafną uwagę, Kadir przestanie mówić i wyjdzie. Był spokojny i jakby zupełnie rozluźniony, ale w jego oczach zabrakło jasnego, roześmianego światełka. Zwierzenia na własny temat niepokojąco do niego nie pasowały. Rozmawiał ze mną godzinami o Koranie, życiu proroka Mahometa lub naukowych, racjonalnych podstawach swojej filozofii moralnej, ale jeszcze nigdy nie słyszałem, żeby opowiadał – mnie czy komukolwiek innemu – tak obszernie o sobie. W dłużącym się milczeniu patrzyłem na tę szczupłą, żylastą twarz i starałem się oddychać jak najciszej, żeby mu nie przeszkadzać.

Obaj byliśmy ubrani w typowy afgański strój, składający się z długiej, luźnej koszuli i szerokich spodni. Jego ubranie miało odcień jasnej, spłowiałej zieleni, a moje – bladego mlecznego błękitu. Obaj mieliśmy skórzane sandały, służące za obuwie domowe. Choć byłem cięższy i miałem szerszą pierś od Kadirbaja, obaj byliśmy mniej więcej tego samego wzrostu i mieliśmy tak samo szerokie ramiona. Jego krótkie włosy i broda były srebrnobiałe, moje krótkie włosy – białopłowe. Skórę miałem opaloną na odcień podobny do naturalnego, migdałowego brązu jego karnacji. Gdyby nie błękit moich oczu i mulisty brąz jego, moglibyśmy uchodzić za ojca i syna.

– Jak trafiłeś z Kandaharu do bombajskiej mafii? – spytałem w końcu, kiedy zacząłem się obawiać, że to przedłużające się milczenie, a nie moje pytania, skłoni go do odejścia.

Spojrzał na mnie. Jego uśmiech promieniał: nowy, łagodny, zwyczajny uśmiech, którego nigdy wcześniej nie widziałem.

– Kiedy uciekłem z domu, przemierzyłem Pakistan i Indie, aż zatrzymałem się w Bombaju. Jak milion innych, jak miliony innych, miałem nadzieję, że zbiję fortunę w mieście bohaterów hinduskich filmów. Początkowo mieszkałem w slumsach – takich, jakie teraz posiadam w pobliżu World Trade Centre. Codziennie uczyłem się hindi i robiłem szybkie postępy. Po jakimś czasie zauważyłem, że można zarobić, kupując bilety na popularne filmy i sprzedając je z zyskiem, kiedy zabraknie ich w kasie. Postanowiłem zainwestować moje skromne oszczędności w bilety na najbardziej popularny hinduski film w Bombaju. Potem stanąłem przed kinem i kiedy na kasie pojawił się napis „Brak biletów", sprzedałem wszystko z dużym zyskiem.

– Byłeś konikiem – powiedziałem. – Tak to nazywamy. To fantastyczny zarobek – czarnorynkowy – przed większością meczów futbolowych w moim kraju.

– Tak. I przez pierwszy tydzień pracy miałem doskonałe zyski. Już zacząłem marzyć o przeprowadzce do wspaniałego mieszkania i ubieraniu się w najlepsze stroje, a może i o samochodzie. Potem, pewnego wieczora, gdy stałem przed kinem z biletami, podeszli do mnie dwaj potężni mężczyźni, pokazali mi broń – miecz i tasak do mięsa – i kazali mi iść ze sobą.

– Miejscowi *goonda*. – Roześmiałem się.

– *Goonda* – powtórzył, także ze śmiechem. Dla nas, którzy znaliśmy go jako pana Abd al-Kadira Chana, szefa mafii, władcy kryminalnego światka w Bombaju, wizja zawstydzonego osiemnastolatka prowadzonego przez dwóch ulicznych oprychów była obłędnie śmieszna.

– Zabrali mnie na spotkania z Chuta Gulabem, Małą Różą. To imię zyskał ze względu na znak na policzku, ślad po kuli, która przeszła mu przez twarz na wylot, wybijając większość zębów i zostawiając bliznę jak stulony pączek róży. W owym czasie był panem całej tej okolicy, i przed pobiciem mnie na śmierć – dla przykładu i ostrzeżenia – chciał się przyjrzeć temu bezczelnemu smarkaczowi, który wdarł się na jego teren. Był wściekły. „Co ty sobie wyobrażasz, że sprzedajesz bilety na moim terenie?" – spytał, mieszając hindi z angielskim. Angielski był kiepski, ale chciał mnie nim onieśmielić, jakby był sędzią z prawdziwego sądu. „Wiesz, ilu ludzi umarło, ilu musiałem zabić, ilu dobrych ludzi straciłem, żeby zapanować nad czarnym rynkiem biletów we wszystkich kinach w tej okolicy?".

Byłem przerażony, przyznaję, i myślałem, że mam przed sobą tylko parę minut życia. Więc porzuciłem rozsądek i przemówiłem śmiało: „Więc musisz wyeliminować jeszcze jedną przeszkodę, Gulabdżi – powiedziałem o wiele lepszą angielszczyzną – bo nie mam innego sposobu zarabiania pieniędzy, nie mam rodziny i nie mam nic do stracenia. Chyba że masz jakąś przyzwoitą pracę, którą mógłby wykonywać dla ciebie lojalny i pomysłowy młodzieniec".

A on roześmiał się głośno i spytał, gdzie tak dobrze nauczyłem się mówić po angielsku. Wyjaśniłem mu to, opowiedziałem całą swoją historię, a on natychmiast dał mi pracę. Potem pokazał mi powybijane zęby, otworzywszy szeroko usta, żebym mógł ujrzeć złote protezy. Prawo zajrzenia w usta Chuta Gulaba było uważane za prawdziwy zaszczyt i niektórzy najbliżsi mu *goonda* byli bardzo zazdrośni o to, że podczas pierwszego spotkania dostąpiłem tak intymnej prezentacji. Gulab mnie polubił i stał się dla mnie kimś w rodzaju ojca, ale od chwili kiedy uścisnąłem mu rękę, wokół mnie zaroiło się od wrogów. Byłem jego żołnierzem, walczyłem pięściami, mieczem, toporem i młotem, by umocnić jego rządy w okolicy. To były trudne dni, jeszcze przed wprowadzeniem systemu rad, i walki toczyły się dniem i nocą. Po jakimś czasie jeden z jego ludzi nabrał do mnie wyjątkowej odrazy. Wściekły o mój bliski kontakt z Gulabdżi, znalazł powód, żeby wszcząć ze mną bójkę. Więc go zabiłem. A kiedy zaatakował mnie jego najbliższy przyjaciel, zabiłem także jego. A potem zabiłem człowieka z rozkazu Chuta Gulaba. I znowu. I jeszcze raz.

Zamilkł, wpatrzony w miejsce, gdzie podłoga stykała się ze ścianą z glinianych cegieł. Po jakimś czasie się odezwał:

– I jeszcze raz.

Powtarzał to zdanie w ciszy, która gęstniała wokół nas i jakby napierała na moje płonące oczy.

– I jeszcze raz.

Patrzyłem, jak brnie przez przeszłość, z oczami pełnymi wspomnień. Potem otrząsnął się i wrócił do rzeczywistości.

– Już późno. Masz, to prezent dla ciebie.

Otworzył pakunek owinięty irchą i pokazał mi pistolet w kaburze, kilka magazynków, pudełko amunicji i metalową skrzynkę. Uniósł jej wieko i pokazał mi zestaw do czyszczenia ze smarem, grafitowym proszkiem, malutkimi pilnikami, pędzlami i nowym, krótkim wyciorem.

– To pistolet Steczkin APS – wyjaśnił. Ujął broń i wyjął magazynek. Sprawdził, czy w komorze nie został nabój, i podał mi pistolet. – Rosyjski. Na zabitych Rosjanach można zyskać mnóstwo amunicji, jeśli będziesz musiał z nimi walczyć. To broń dziewięciomilimetrowa, z magazynkiem na dwadzieścia nabojów. Możesz strzelać seriami albo pojedynczo. Nie jest to najlepsza broń na świecie, ale godna zaufania, a tam gdzie się wybieramy, jedyną lekką bronią z większą liczbą naboi jest kałasznikow. Chcę, żebyś go nosił, od tej pory eksponując przy każdej okazji. Noś go, jedząc, śpiąc, a kiedy się myjesz, miej go w zasięgu ręki. Chcę, żeby wszyscy, którzy nam towarzyszą, i każdy, kto nas zobaczy, wiedział, że to masz. Rozumiesz?

– Tak – mruknąłem, gapiąc się na pistolet.

– Powiedziałem ci, że za głowę każdego cudzoziemca, który pomaga mudżahedinom, jest nagroda. Chcę, żeby każdy, komu przyjdzie na myśl ta nagroda i zapragnie twojej głowy, pomyślał także o steczkinie u twego boku. Umiesz czyścić pistolet automatyczny?

– Nie.

– Nic nie szkodzi. Pokażę ci, jak to się robi. Potem postaraj się zasnąć. O piątej ruszamy do Afganistanu – przed świtem jutrzejszego ranka. Oczekiwanie mamy za sobą. Nadeszła pora.

Kadirbaj pokazał mi, jak się czyści steczkina. Było to bardziej skomplikowane, niż się spodziewałem, i prawie godzinę uczył mnie konserwacji, napraw i zasad używania broni. Była to porywająca godzina i każdy, kto ma coś wspólnego z przemocą, zrozumie mnie, gdy powiem, że ta rozkosz mnie upoiła. Przyznaję się z niemałym wstydem, że ta godzina z Kadirem, uczącym mnie używania i czyszczenia pistoletu automatycznego, sprawiła mi więcej radości niż setki godzin strawione z nim na filozoficznych dysputach. I nigdy nie czułem się mu bliższy niż tego wieczora, kiedy pochyleni nad moim kocem rozkładaliśmy i składaliśmy śmiercionośną broń.

Po jego wyjściu wyłączyłem światło i ległem na pryczy, ale nie mogłem zasnąć. Mój umysł był czujny jak po kofeinie. Początkowo myślałem o opowieściach Kadira. Podróżowałem po innych czasach tego miasta, które poznałem tak dobrze. Wyobrażałem sobie Chana jako młodzieńca, silnego, niebezpiecznego, zabijającego w imieniu Chuta Gulaba, wielkiego gangstera z małą różą na policzku. Znałem inne części historii Kadira – słyszałem je od niektórych *goonda*, którzy pracowali dla niego w Bombaju. Opowiedzieli mi, jak Kadirbaj zawładnął małym imperium Gulaba, kiedy człowiek z blizną zginął pod jednym ze swych kin. Opisali wojny gangów, które wybuchły w całym mieście, i rozwodzili się nad odwagą Kadira i bezwzględnością, z jaką miażdżył wrogów. Wiedziałem także, że Kadirbaj należał do pomysłodawców systemu rad, dzięki któremu po podzieleniu terenów i łupów między ocalałe gangi w mieście zapanował spokój.

Leżąc w ciemnościach, wśród woni pasty do podłogi, surowego płótna i smaru, zastanawiałem się, dlaczego Kadirbaj idzie na tę wojnę. Nie musiał – setki ludzi takich jak ja były gotowe oddać za niego życie. Pamiętam ten dziwnie promienny uśmiech, z którym opowiedział mi o pierwszym spotkaniu z Chuta Gulabem. Przypomniałem sobie, jak szybkie i młode stały się jego dłonie, kiedy pokazywał mi, jak się czyści i używa broni. I uświadomiłem sobie, że może towarzyszy nam, narażając życie, bo po prostu jest głodny dzikich dni swojej młodości. Ta myśl mnie zaniepokoiła, bo byłem pewien, że przynajmniej w części jest prawdziwa. Ale ten drugi motyw – że uznał, iż nadszedł koniec jego wygnania i pora powrócić do rodziny i domu – niepokoił mnie jeszcze bardziej. Nie mogłem zapomnieć, co mi powiedział. Krwawa waśń, w której zginęło tak wielu i która wygnała go z domu, zakończyła się dopiero wtedy, gdy przysiągł matce, że nigdy nie wróci.

Po jakimś czasie moje myśli odpłynęły i znowu przeżywałem, chwila po chwili, tę długą noc przed ucieczką z więzienia. To także była bezsenna noc. To także była noc kłębiących się lęków, uniesienia i przerażenia. I tak jak tamtej nocy, wstałem z łóżka przed pierwszym brzaskiem i w ciemnościach zacząłem się przygotowywać.

Tuż po świcie wsiedliśmy do pociągu jadącego na przełęcz Czaman. Było nas dwunastu, ale żaden nie odezwał się przez tę kilkugodzinną podróż. Nazir siedział obok mnie i przez większą część drogi byliśmy sami, ale on trwał w kamiennym milczeniu. Ja, ukrywszy jasne oczy za ciemnymi szkłami okularów, gapiłem się w okno i chłonąłem piękny widok.

Podróż pociągiem z Kwety do Czamanu stanowi jedną z atrakcji barwnego systemu dróg żelaznych. Tory wiły się przez głębokie wąwozy i przecinały rzeki niebywałej urody. Przyłapałem się na powtarzaniu – jakby to były wiersze – nazw miast, przez które przejeżdżaliśmy. Z Kuchlaagh do Bostaanu, a potem przez małą rzekę w Yaaru Kaarez, a potem w górę do Shaadizai. W Gulistanie czekała nas następna wspinaczka i szeroki zakręt, zza którego wyłoniło się stare wyschnięte jezioro w Qila Abd Allah. A klejnotem w podwójnej obrączce tego miasta był oczywiście tunel Khojak. Zbudowany przez Anglików w ciągu kilku lat pod koniec dziewiętnastego wieku, przebijał na wylot cztery kilometry litej skały i był najdłuższy na całym subkontynencie.

W Khaan Kili pociąg pokonał wiele ostrych zakrętów, a na ostatniej dalekiej stacji przed Czamanem wysiedliśmy wraz z paroma zakurzonymi tubylcami i wspięliśmy się na ekstrawagancko ozdobioną ciężarówkę, która ruszyła główną drogą do Czamanu. Jednak przed miastem skręciliśmy w boczną drogę, która zakończyła się nagle koło kępy drzew, wśród obsypanych krzakami pastwisk, jakieś trzydzieści kilometrów na północ od głównej drogi i przełęczy Czaman.

Zsiedliśmy z ciężarówki i kiedy nas minęła, przysiedliśmy w cieniu drzew wraz z główną grupą, która tu na nas czekała. Po raz pierwszy zebraliśmy się w komplecie. Było nas trzydziestu i przez chwilę przypomnieli mi się więźniowie, którzy gromadzili się na więziennym dziedzińcu w takich samych grupach. Wojownicy byli twardzi i zdeterminowani i choć szczupłość wielu graniczyła z chudością, wszyscy robili wrażenie zdrowych i sprawnych.

Zdjąłem okulary. Wodząc wzrokiem po twarzach, napotkałem spojrzenie człowieka, który gapił się na mnie z samego serca mroku. Był mocno po czterdziestce, może nawet trochę po pięćdziesiątce i należał do najstarszych w grupie po Kadirbaju. Jego włosy pod brązową, okrągłą afgańską czapeczką, dokładnie taką jak moja, były krótkie i siwe. Krótki, prosty nos dzielił pociągłą twarz o szpiczastej brodzie, pod zapadniętymi policzkami pobrużdżoną zmarszczkami głębokimi jak blizny po maczecie. Pod oczami miał wielkie wory. Jego brwi unosiły się teatralnie jak skrzydła czarnego nietoperza, ale to jego oczy przykuły moją uwagę i nie pozwoliły odwrócić wzroku.

Kiedy zwarłem się z nim spojrzeniem, mężczyzna zaczął sunąć ku mnie. Po pierwszych ociężałych krokach jego ciało zaczęło się poruszać sprawniej i pokonał dzielące nas trzydzieści metrów długimi, przyczajonymi, kocimi krokami. Zapomniałem o broni u boku; moja ręka instynktownie sięgnęła po nóż, cofnąłem się o krok. Znałem takie oczy. Znałem to spojrzenie. Ten człowiek chciał się bić, może nawet zabić.

Kiedy znalazł się przy mnie i krzyknął coś w niezrozumiałym dla mnie dialekcie, nie wiadomo skąd pojawił się Nazir, który stanął między nim a mną. Krzyknął na napastnika, który go zignorował i spoglądając ponad jego głową, powtarzał to samo pytanie, raz za razem. Nazir powtórzył odpowiedź, podniesionym głosem, podobnie jak tamten. Szalony wojownik usiłował go odepchnąć z drogi, ale równie dobrze mógłby odpychać drzewo. Masywny Afgańczyk stawił opór i szaleniec po raz pierwszy musiał przenieść spojrzenie ze mnie na niego.

Wokół nas zebrał się tłum. Nazir wytrzymał szalony wzrok tamtego i odezwał się łagodnie, perswadująco. Czekałem, spięty, gotowy do walki. Jeszcze nie przeszliśmy przez granicę, pomyślałem, a już jeden z naszych chce mnie zasztyletować...

– Pyta, czy jesteś Rosjaninem – wymamrotał Ahmad Zadih u mojego boku. Literę „r" wymawiał warcząco, po algiersku. Zerknąłem na niego; wskazał moje biodro. – Broń. I twoje jasne oczy. Uważa, że jesteś Rosjaninem.

Kadirbaj wkroczył między nas i położył wariatowi rękę na ramieniu. Ten natychmiast się odwrócił i oczami, które zdawały się gotowe do płaczu, spojrzał Kadirowi prosto w twarz. Kadir powtórzył to, co szeptał Nazir, równie kojącym tonem. Nic z tego nie rozumiałem, ale sens był jasny. Nie. To Amerykanin. Amerykanie przyjeżdżają, żeby nam pomóc. Przyjechał, żeby walczyć z Rosjanami. Pomoże nam zabijać Rosjan. On nam pomoże. Razem zabijemy wielu Rosjan.

Kiedy tamten znowu na mnie spojrzał, wyraz jego twarzy zmienił się tak drastycznie, że zdjęła mnie litość, choć przed chwilą byłem gotów wbić mu nóż w pierś. Oczy miał nadal szalone, nienaturalnie rozszerzone i wytrzeszczone, ale jego furia zmieniła się w tak znękaną, żałosną rozpacz, że jego twarz skojarzyła mi się z tymi zrujnowanymi kamiennymi chatkami, których tyle mijaliśmy po drodze. Znowu spojrzał na Kadira i mięśnie jego twarzy poruszył uśmiech, urywany, jak elektryczny impuls. Odwrócił się i ruszył przez tłum. Twardzi mężczyźni rozstępowali się przed nim nieufnie, a współczucie walczyło w ich oczach ze strachem.

– Przepraszam, Lin – powiedział cicho Abd al-Kadir. – To Habib. Habib Abd ar-Rahman. Jest nauczycielem – a raczej był, w wiosce po drugiej stronie tych gór. Uczył dzieci, te najmłodsze. W czasach rosyjskiej inwazji, przed siedmioma laty, był szczęśliwy, miał młodą żonę i dwóch zdrowych synów. Wstąpił do ruchu oporu, jak każdy młody mężczyzna w okolicy. Dwa lata temu wrócił z misji i dowiedział się, że Rosjanie napadli na jego wioskę. Posłużyli się jakimś gazem paraliżującym.

– Zaprzeczają temu – wtrącił Ahmad Zadih – ale podczas tej wojny testowali nową broń. Użyli tu mnóstwo broni, min lądowych, rakiet, i wszystko to była nowa broń w fazie eksperymentów, jeszcze nigdy niestosowana podczas wojny. Taki był ten gaz, którym zaatakowali wioskę Habiba. Takiej wojny jeszcze nie było.

– Habib szedł samotnie przez wioskę – ciągnął Kadir. – Wszyscy byli martwi. Wszyscy mężczyźni, kobiety i dzieci. Wszystkie pokolenia jego rodziny – dziadkowie z obu stron, rodzice, rodzice żony, wujowie i ciotki, bracia i siostry, jego żona, jego dzieci. Wszyscy umarli w tej samej godzinie tego samego dnia. Nawet zwierzęta, kozy, owce, kury, wszystkie. Nawet owady i ptaki. Nic się nie poruszało. Nic nie ocalało, nic nie przeżyło.

– A on zrobił... pogrzeb... wszystkie mężczyźni... wszystkie kobiety... wszystkie dzieci... – dodał Nazir.

– Pochował wszystkich – Kadir pokiwał głową. – Całą rodzinę, przyjaciół z dzieciństwa, sąsiadów. Zajęło mu to tak dużo czasu – bo był sam – że wyszło mu to bardzo źle. Potem, kiedy już skończył, wziął broń i dołączył do oddziału mudżahedinów. Ale ta strata straszliwie go odmieniła. Stał się kimś innym. Tym razem robił wszystko, co mógł, żeby pochwycić Rosjanina albo afgańskiego żołnierza walczącego po stronie Rosjan. A kiedy już go pojmał – a pojmał wielu, bo po tym wszystkim nabrał wprawy – kiedy już go pojmał, torturował go na śmierć, wbijając go na pal, na ostry stalowy kolec zrobiony z łopaty, którą wykopał grób dla swojej rodziny. Nadal go ma. Zobaczysz, przypasał go do plecaka. Przywiązuje więźniów do pala za związane z tyłu ręce, a szpikulec dotyka ich pleców. W chwili kiedy tracą siły, a szpikulec zaczyna się wbijać w ich ciało, aż wyjdzie przez brzuch, Habib pochyla się nad nimi, zagląda im w oczy i pluje w otwarte w krzyku usta.

Chalid Ansari, Nazir, Ahmad Zadih i ja staliśmy w milczeniu zmąconym tylko szmerem głębokich oddechów. Czekaliśmy, aż Kadir znowu się odezwie.

– Nikt nie zna tych gór i rejonów stąd do Kandaharu lepiej od Habiba – ciągnął Kadir, wzdychając ciężko. – To najlepszy przewodnik. Ocalał z setek misji w tym rejonie i doprowadzi nas do naszych w Kandaharze. I nie ma człowieka bardziej lojalnego i godnego zaufania od niego, bo nie ma w Afganistanie człowieka, który bardziej nienawidzi Rosjan od Habiba Abd ar-Rahmana. Ale...

– On całkiem oszalał – dokończył Ahmad Zadih z bardzo francuskim wzruszeniem ramion i poczułem nagle, że go lubię, i jednocześnie, że tęsknię za moim przyjacielem Didierem. Dokładnie tak pragmatyczne i brutalnie szczere podsumowanie zrobiłby Didier.

– Tak – zgodził się Kadir. – Oszalał. Rozpacz zniszczyła mu umysł. I choć go bardzo potrzebujemy, pozostaje faktem, że nieustannie musimy na niego uważać. Wyrzucono go z każdego oddziału mudżahedinów stąd do Heratu. Walczymy z armią afgańską, która opowiedziała się po stronie Rosjan, ale to przecież Afgańczycy. Większość informacji dostajemy od żołnierzy z armii afgańskiej, którzy chcą nam pomóc w pokonaniu ich rosyjskich dowódców. Habib nie rozumie takich subtelności. Rozumie tylko jedno: wszystkich ich trzeba jak najszybciej... lub jak najwolniej zabić. Preferuje wolny sposób. Jest w nim tyle okrucieństwa, że sprzymierzeńcy boją się go nie mniej niż wrogowie. Dopóki jest przy nas, trzeba na niego uważać.

– Będę nad nim czuwać – oznajmił Chalid Ansari zdecydowanie i wszyscy odwróciliśmy się w jego stronę. Na jego twarzy malowały się cierpienie, gniew i determinacja. Cała skóra wokół oczu, od brwi do brwi, mocno się napięła, a usta zacisnęły się w szeroką, płaską, kategoryczną krechę.

– Doskonale... – zaczął Kadir i pewnie powiedziałby więcej, ale po tym jednym słowie Chalid odwrócił się i podszedł do zgarbionego, opuszczonego Habiba Abd ar-Rahmana.

Odprowadziłem go wzrokiem. Nagle przeszyła mnie gwałtowna instynktowna potrzeba, żeby krzyknąć, powstrzymać go. Głupota – irracjonalny przeszywający strach, że go stracę, stracę kolejnego przyjaciela. Było to tak idiotyczne, tak małostkowe w swej zazdrości, że ugryzłem się w język i milczałem. Patrzyłem, jak siada naprzeciwko Habiba. Patrzyłem, jak wyciąga rękę i unosi obwisłą twarz okrutnego szaleńca, jak spogląda mu w oczy – i zrozumiałem, że Chalida już straciliśmy.

Oderwałem wzrok od tej dwójki, tak jak się odrywa kawał mięsa. W ustach mi wyschło. Serce tłukło mi się w piersi jak więzień. Nogi miałem jak z ołowiu, jakby wrosły w ziemię korzeniami wstydu i zgrozy. A kiedy poniosłem wzrok na gładkie, niepokonane góry, poczułem, że przyszłość wnika we mnie drżeniem, tak jak echo grzmotu drży w gałęziach i omdlewających girlandach wierzby.

ROZDZIAŁ 33

W tamtych czasach główna droga z przełęczy Czaman przecinała dopływ rzeki Dhari na trasie do Spin Baldak, Dabrai i Melkarez, prowadzącej do Kandaharu. Cała trasa liczyła nie mniej niż dwieście kilometrów. Samochodem pokonalibyśmy ją w parę godzin. Oczywiście nie jechaliśmy szosą i nie mieliśmy samochodów. Jechaliśmy konno przez setki górskich przełęczy i sama podróż zajęła nam ponad miesiąc.

Pierwszy dzień spędziliśmy pod drzewami. Bagaż – towar, który przemycaliśmy do Afganistanu i nasze prywatne zapasy – leżał rozrzucony na pobliskim pastwisku, ukryty pod owczymi i kozimi skórami, żeby z powietrza wydawał się żywym stadem. Pomiędzy kudłatymi tobołami przywiązano nawet parę prawdziwych kóz. Kiedy wreszcie mrok zdusił słoneczne światło, nasze obozowisko ożyło. Wkrótce rozległo się stłumione stukanie kopyt naszych koni. Było ich dwadzieścia i piętnaście koni jucznych. Były nieco mniejsze od tych, na których uczyłem się jeździć, co natchnęło mnie nadzieją, że może łatwiej nad nimi zapanuję. Większość mężczyzn natychmiast zabrała się do przywiązywania bagażu na grzbietach jucznych koni. Chciałem im pomóc, ale Nazir i Ahmad Zadih zbliżyli się z dwójką wierzchowców.

– To mój – oznajmił Ahmad. – A to twoja.

Nazir podał mi cugle i sprawdził strzemiona niskiego, wąskiego afgańskiego siodła. Upewniwszy się, że wszystko jest jak należy, skinął aprobująco głową.

– Koń dobry – oznajmił.

– Każdy koń dobry – odpowiedziałem. – Każdy człowiek niedobry.

– Koń jest doskonały – przebił nas Ahmad, przyglądając się z podziwem mojej klaczce. Była kasztanowa, miała mocną pierś i silne, grube, stosunkowo krótkie nogi. Patrzyła czujnie i bez lęku. – Nazir wybrał ją specjalnie dla ciebie. On pierwszy do niej dopadł i paru naszych bardzo się zawiodło. Nazir wie, co dobre.

– Liczę, że mamy trzydziestu ludzi, ale na pewno nie trzydziestu jeźdźców – zauważyłem, klepiąc moją klaczkę po karku, żeby nawiązać z nią pierwszy kontakt.

– Tak, niektórzy będą jechać konno, a inni iść – powiedział Ahmad. Włożył lewą stopę w strzemię i jednym lekkim ruchem znalazł się w siodle. – Będziemy się zmieniać. Prowadzimy kozy, dziesięć kóz, ludzie będą je pędzić. A po drodze nas ubędzie. Te konie to dar dla ludu Kadira. Lepiej jechałoby nam się na wielbłądach. Według mnie na wąskich przełęczach najlepiej sprawdziłyby się osły, ale konie to wielce pożądane zwierzęta. Kadir nalegał, by jechać konno, bo nasz pierwszy kontakt z dzikimi klanami jest bardzo ważny – ci ludzie będą chcieli nas zabić i zabrać nam broń i lekarstwa. Dzięki koniom wydamy się im ważni. Konie będą prestiżowym darem dla ludu Kadira Chana. Chce je oddać w drodze powrotnej z Kandaharu. Do Kandaharu pojedziemy konno, ale wrócimy piechotą!

– Powiedziałeś, że nas ubędzie? – spytałem, marszcząc brwi.

– Tak! – Roześmiał się. – Niektórzy nas zostawią i wrócą do swoich wiosek. Ale tak, może się zdarzyć, że niektórzy zginą podczas tej wyprawy. Ale my, ty i ja, przeżyjemy, *Inszallah*. Mamy dobre konie. To dobry początek!

Zawrócił sprawnie konia i oddalił się cwałem do grupy jeźdźców, którzy zebrali się wokół Kadirbaja jakieś pięćdziesiąt metrów dalej. Zerknąłem na Nazira. Dał mi znak głową, żebym dosiadł konia, zrobił zachęcającą minę i wymamrotał modlitwę. Obaj spodziewaliśmy się, że klacz mnie zrzuci; Nazir zaczął już przymykać oczy, żeby na to nie patrzeć. Włożyłem nogę w strzemię i odbiłem się od ziemi prawą nogą. Wylądowałem w siodle z większym rozmachem, niż planowałem, ale klacz zareagowała przychylnie; dwa razy kiwnęła głową, jakby spieszyło się jej ruszyć w drogę. Nazir otworzył oko i ujrzał mnie siedzącego w siodle. Zachwycony, zdjęty nieegoistyczną dumą, rzucił mi uśmiech, który tak nieczęsto u niego widywałem. Ściągnąłem wodze i ubodłem piętami końskie boki. Klacz zareagowała spokojnie, choć ze stylową, zgrabną, niemal pląsającą elegancją ruchów. Od razu przeszła w pełen gracji cwał i dowiozła mnie do Kadirbaja bez dalszych targów.

Nazir ruszył za nami, trochę z tyłu, na lewo ode mnie. Obejrzałem się przez ramię i wymieniliśmy równie zdumione, niedowierzające spojrzenia. Na tym koniu prezentowałem się nieźle. Wszystko będzie dobrze, szepnąłem do siebie ze świadomością, że właśnie zapeszyłem. Angielskie powiedzenie „Duma poprzedza upadek" wywodzi się z Księgi Przysłów – „Przed porażką – wyniosłość, duch pyszny poprzedza upadek". To zdanie przypisywane jest Salomonowi. Jeśli naprawdę to on tak powiedział, to musiał doskonale znać konie, o wiele lepiej niż ja, kiedy dołączyłem do grupy Kadira z taką miną, jakbym wiedział – albo kiedykolwiek miał się dowiedzieć – co właściwie robię na końskim grzbiecie.

Kadir rozdzielał ostatnie polecenia w paszto, urdu i farsi. Pochyliłem się do Ahmada Zadiha.

– Gdzie jest przełęcz? W ciemnościach nie widzę – szepnąłem.

– Jaka przełęcz? – odszepnął.

– Górska.

– Czaman? – spytał zdziwiony. – Tam, trzydzieści kilometrów za nami.

– Nie, chodzi mi o to, którędy przejdziemy przez góry do Afganistanu? – spytałem, wskazując głową gładką skalistą ścianę, która wznosiła się niespełna kilometr dalej i ginęła w mroku czarnego nocnego nieba.

– Nie jedziemy przez góry – odpowiedział Ahmed, robiąc ostry gest cuglami. – Tylko nad nimi.

– Nad... nimi...

– *Oui.*

– Dziś w nocy.

– *Oui.*

– W ciemnościach.

– *Oui* – powtórzył poważnie. – Ale to nie problem. Habib, *fou*, szaleniec, zna drogę. On nas przeprowadzi.

– Cieszę się, że mi powiedziałeś. Już się martwiłem, ale teraz bardzo mi ulżyło.

Błysnął do mnie białymi zębami i na znak Kadira ruszyliśmy, z wolna tworząc pojedynczą kolumnę, ciągnącą się przez niemal sto metrów. Mieliśmy dziesięciu piechurów, dwudziestu jeźdźców, piętnaście jucznych koni i dziesięć kóz. Zauważyłem z głębokim smutkiem, że Nazir znalazł się pomiędzy piechurami. Było to absurdalne i nawet nienaturalne, że tak doskonały jeździec idzie piechotą, podczas gdy ja wiozę się konno. Przyglądałem się, jak idzie daleko przede mną w ciemnościach. Obserwowałem rytmiczne ruchy jego masywnych, trochę krzywych nóg i przysiągłem sobie, że na pierwszym popasie przekonam go, żeby jechał ze mną na zmianę. W końcu mi się to udało, ale ustąpił wbrew sobie, a jadąc, łypał na mnie żałośnie spode łba i rozpogadzał się dopiero, gdy nasze role się zmieniały i to on szedł.

Oczywiście nie można wjechać na szczyt góry konno. Trzeba konia ciągnąć, wlec, a czasami nawet go dźwigać. Zbliżając się do stóp tej prawie pionowej ściany, która wznosi się przy przełęczy Czaman i oddziela Afganistan od Pakistanu, dostrzegliśmy, że tak naprawdę przebijają ją szczeliny i ścieżki. To, co wydawało nam się litym blokiem skalnym, po dokładniejszych oględzinach okazało się nieruchomą falą rozpadlin i schodkowanych wyrw. Te kamieniste zbocza przecinały kamienne ścieżki i inkrustowana piaskowcem goła ziemia. Miejscami ścieżki były tak szerokie i płaskie, że wyglądały jak zbudowane ludzką ręką jezdnie. Gdzie indziej stawały się tak poszarpane i wąskie, że każdy krok koni i ludzi był poprzedzony dogłębnym, niespokojnym namysłem. A wszystko to razem, cała ta chwiejna, pełna potknięć i poślizgów przeprawa przez górską granicę odbywała się w zupełnych ciemnościach.

Nasza karawana była mała w porównaniu z niegdysiejszymi potężnymi procesjami plemion, które przemierzały Jedwabny Szlak między Turcją, Chinami i Indiami, ale jak na wojenne czasy i tak było nas nadzwyczaj wielu. Nieustannie nękał nas strach, że ktoś nas zobaczy z powietrza. Kadirbaj zaprowadził bezwarunkowe zaciemnienie: żadnych papierosów, pochodni i latarek. Tej pierwszej nocy księżyc był w pierwszej kwadrze, ale niebezpieczne ścieżki czasami wiodły przez wąskie wąwozy, w których gładkie kamienne ściany wznosiły się stromo, rzucając gęsty cień. W tych czarnych korytarzach nie widziałem własnej ręki uniesionej tuż przed twarzą. Cała nasza kolumna posuwała się centymetr za centymetrem wzdłuż skał; ludzie, konie i kozy mocno opierali się o kamienne ściany i wpadali na siebie nawzajem.

W połowie takiego czarnego wąwozu dobiegł mnie cichy, zawodzący dźwięk, który szybko przeszedł w wyższe rejestry. Szedłem, a raczej potykałem się, pomiędzy dwoma końmi. W prawej ręce trzymałem cugle mojej klaczy, a wokół lewej dłoni owinąłem sobie ogon konia idącego z przodu. Policzkiem szorowałem po granitowej ścianie, a ścieżka była nie szersza niż długość mojego ramienia. W miarę jak dźwięk zaczął się stawać coraz cieńszy i intensywniejszy, oba konie stanęły dęba, posłuszne temu samemu instynktowi, a ich kopyta wystukały staccato strachu. Zawodzenie nagle eksplodowało w ryku, który zatrząsł całą górą i rozsypał się we wrzaskliwy, szatański hałas bezpośrednio nad naszymi głowami.

Koń z lewej strony wierzgnął i stanął dęba przede mną, wyszarpując mi z ręki swój ogon. Usiłowałem go ponownie złapać, w ciemnościach straciłem równowagę i osunąłem się na kolanach, mocno szorując twarzą po skalnej ścianie. Moja klacz bała się tak samo jak ja i parła przed siebie wąską ścieżką, posłuszna instynktowi nakazującemu jej uciekać. Trzymałem jej cugle i podciągnąłem się na nich do pozycji stojącej, ale koń z przodu znowu na mnie wpadł i zrozumiałem, że zsuwam się tyłem ze ścieżki. Strach chwycił mnie za pierś, wpił mi się w serce, kiedy runąłem ze ścieżki w mroczną przepaść. Runąłem jak kamień; zatrzymały mnie cugle, które ściskałem ze wszystkich sił.

Wisiałem w powietrzu nad czarną przepaścią. Czułem, że skrzypiące rzemienne cugle puszczają, milimetr po milimetrze, a ja osuwam się coraz niżej. Słyszałem krzyki mężczyzn, zebranych na skraju przepaści nade mną. Usiłowali uspokoić zwierzęta i nawoływali przyjaciół. Konie rżały ze strachu i parskały, by wyrazić swój sprzeciw. W wąwozie zrobiło się gęsto od odoru końskiego moczu, kału i potu przerażonych mężczyzn. I słyszałem zgrzyt i chrobot kopyt mojej klaczki, usiłującej utrzymać równowagę. Nagle zdałem sobie sprawę, że choć bez wątpienia by mnie utrzymała, jej pozycja na kruszącej się, nierównej skalnej ścieżce była tak chwiejna, że mogłem ją ściągnąć w dół.

Młócąc lewą ręką w nieprzeniknionych ciemnościach, chwyciłem cugle i zacząłem się wspinać na ścieżkę. Udało mi się wbić palce jednej ręki w krawędź kamienistego progu, a potem ze zduszonym krzykiem znowu osunąłem się w czarną przepaść. Wodze ponownie mnie utrzymały i zawisłem nad przepaścią, ale sytuacja była rozpaczliwa. Klacz, bojąc się upadku, gwałtownie wstrząsała i podrzucała głową. Inteligentne zwierzę usiłowało się pozbyć uzdy i cugli. Wiedziałem, że za chwilę jej się to uda. Z wrzaskiem wściekłości jeszcze raz wywindowałem się na ścieżkę.

Wydźwignąłem się na czworakach, zziajany, spocony, wykończony i nagle, dźgnięty intuicją, która rodzi się ze strachu i wyostrza pod wpływem zastrzyku adrenaliny, poderwałem się na równe nogi i uskoczyłem w prawo. Jednocześnie koń obok wierzgnął w nieprzeniknionym mroku. Gdybym się nie usunął, trafiłby mnie w skroń i moja wojna skończyłaby się raz na zawsze. Tymczasem, dzięki temu unikowi, dostałem tylko w biodro i udo. Cios rzucił mną o skalną ścianę. Zderzyłem się z głową mojej klaczy. Zarzuciłem zwierzęciu ręce na kark, w równym stopniu po to, by pocieszyć się jego ciepłem, jak i po to, by się podtrzymać. Nadal tuliłem się do niego, kiedy za moimi plecami rozległy się szurające kroki i czyjeś ręce ześliznęły się ze skalnej ściany na moje barki.

– Lin! To ty? – spytał Chalid Ansari w ciemnościach.

– Chalid! Tak. Z tobą wszystko w porządku?

– Jasne. Myśliwce! W mordę! Dwa. Niedaleko. Może ze trzydzieści metrów nad nami, stary, nie więcej. Kurwa! Naprawdę przekroczyli barierę dźwięku! Co za ryk!

– Rosjanie?

– Nie sądzę. Nie tak blisko granicy. Raczej Pakistańczycy, amerykańskie samoloty z pakistańskimi pilotami. Naruszają granicę, żeby Rosjanie się nie nudzili. Za daleko się nie zapuszczają. Piloci rosyjskich migów są zbyt dobrzy. Ale Pakistańczycy lubią im przypominać o swojej obecności, tak dla sportu. Na pewno wszystko z tobą dobrze?

– No pewnie – skłamałem. – A będzie dużo lepiej, jak się wydostaniemy z tych cholernych ciemności. Może jestem pierdoła, ale lubię widzieć, dokąd idę, kiedy prowadzę konia po gzymsie dziesięciopiętrowego budynku.

– Ja też. – Chalid się roześmiał. Był to cichy, smutny śmiech, ale chwyciłem się go rozpaczliwie. – Kto był za tobą?

– Ahmad. Ahmad Zadih. Słyszałem, jak klnie po francusku. Chyba wszystko z nim w porządku. Za nim szedł Nazir. I wiem, że gdzieś w pobliżu był jeszcze Mahmud, ten Irańczyk. Za mną było około dziesięciu, wliczając w to dwóch przy kozach.

– Pójdę sprawdzić – powiedział Chalid i klepnął mnie pokrzepiająco po ramieniu. – A ty idź dalej. Wzdłuż skały przez jakieś sto metrów. To niedaleko. Jak wyjdziesz z wąwozu, będzie jeszcze trochę księżyca. Powodzenia.

I przez parę chwil, kiedy dotarłem do jasnej oazy księżycowego światła, czułem się bezpieczny i pewny siebie. Potem ruszyliśmy dalej, przytuleni do zimnego, szarego kamienia tego kanionu-silosu, i po dziesięciu minutach znowu weszliśmy w czerń i nie było nic prócz wiary, strachu i woli przeżycia.

Tak często jechaliśmy w ciemnościach, że czasami wydawało mi się, że brniemy do Kandaharu po omacku, jak ślepcy badając drogę dłońmi. I jak ślepcy, bezwarunkowo ufaliśmy Habibowi, bo był naszym przewodnikiem. Żaden Afgańczyk z naszej grupy nie mieszkał na terenach przygranicznych, więc oni także byli uzależnieni od jego znajomości tych tajnych przejść i godnych zaufania skalnych półek.

Ale kiedy Habib nie szedł na czele kolumny, budził już znacznie mniej zaufania. Raz natknąłem się na niego podczas postoju, kiedy wspiąłem się na skałę, by się wysikać w ustronnym miejscu. Klęczał przed surowym złomem kamienia i bił w niego czołem. Skoczyłem, żeby go powstrzymać, i przekonałem się, że płacze, zanosi się szlochem. Krew z czoła spływała po twarzy i zmieszana ze łzami wsiąkała w brodę. Zwilżyłem skraj mojego szala wodą z manierki i obmyłem mu czoło, by zbadać ranę. Była poszarpana i brudna, ale raczej powierzchowna. Bez sprzeciwów pozwolił mi się odprowadzić do obozu. Chalid natychmiast wybiegł nam na spotkanie i pomógł mi go opatrzyć.

– Zostawiłem go samego – wymamrotał, kiedy skończyliśmy. – Myślałem, że się modli. Powiedział, że chce się pomodlić. Ale coś mi mówiło...

– Myślę, że się modlił – powiedziałem.

– Niepokoję się – wyznał Chalid, spoglądając mi w oczy z gorączkową mieszanką bólu i strachu. – Ciągle zastawia pułapki na ludzi. Pod tym płaszczem ma ze dwadzieścia granatów. Usiłowałem mu tłumaczyć, że pułapka nie ma sumienia – równie dobrze może zabić miejscowego pasterza albo kogoś z nas, jak rosyjskiego lub afgańskiego żołnierza. Wczoraj obwiesił parę koni ładunkami wybuchowymi. Powiedział, że to po to, by Rosjanie ich nie dostali. A my, spytałem go. A jeśli Rosjanie złapią nas? Czy też mamy się obwiesić dynamitem? Powiedział, że ten problem nie daje mu spokoju – jak ma dopilnować, że na pewno będziemy martwi, zanim Rosjanie nas dopadną, i jak zabić kolejnych Rosjan, kiedy już będziemy trupami.

– Kadir wie?

– Nie, staram się panować nad Habibem. Wiem, przez co przechodzi, znam to. Przez pierwsze parę lat po śmierci mojej rodziny byłem tak samo szalony jak on. Wiem, co się w nim dzieje. Myśli o tych przyjaciołach i wrogach, że zafiksował się na jednym celu – zabijaniu Rosjan – i dopóki mu nie przejdzie, muszę spędzać z nim jak najwięcej czasu i pilnować drania.

– Chyba trzeba powiedzieć Kadirowi. – Westchnąłem, kręcąc głową.

– Powiem – odpowiedział, również wzdychając. – Powiem. Niedługo. Niedługo z nim porozmawiam. Jemu się polepszy. Habibowi. Już mu się polepsza. Już całkiem nieźle się z nim porozumiewam. Wyjdzie z tego.

Ale tygodnie podróży mijały, a wszyscy przyglądaliśmy się Habibowi coraz uważniej, z coraz większym strachem i stopniowo zdaliśmy sobie sprawę, dlaczego tak wiele oddziałów mudżahedinów wyrzuciło go ze swoich szeregów.

Z wszystkimi zmysłami wytężonymi w oczekiwaniu niebezpieczeństwa, zewnętrznego i wewnętrznego, podróżowaliśmy nocą, a czasami za dnia, na północ, ku górskiej granicy i Pathan Khel. W pobliżu *khelu*, czyli wioski, skręciliśmy na północ–północny zachód, w bezludny górzysty teren, pocięty żyłami zimnych, świeżych, słodkowodnych strumieni. Habib prowadził nas trasą omijającą miasta i większe wioski, zawsze unikając głównych traktów. Przepełzliśmy między Pathan Khel i Khairo Thana, między Humai Kharez i Hadżdżi Aga Muhammad. Przekroczyliśmy rzeki między Loe Karez i Yaru. Zygzakiem ominęliśmy Mulla Mustafa i wioseczkę Abd al-Hamida.

Miejscowi bandyci trzy razy zatrzymywali nas i żądali haraczu. Za każdym razem pokazywali nam się na wzniesieniach, celując w nas z broni, po czym inne oddziały wyłaniały się z kryjówek i odcinały nam drogę ucieczki. Za każdym razem Kadir powiewał zielono-białą flagą mudżahedinów z cytatem z Koranu:

> *Inalillahey wa ina illai hi raijaon*
>
> *Pochodzimy od Boga i do Boga wrócimy*

Choć tubylcy nie znali sztandaru Kadira, szanowali jego język i motto. Jednak nie zmieniali wojowniczych, groźnych postaw, dopóki Kadir, Nazir i nasi afgańscy bojownicy nie wytłumaczyli im, że cała grupa podróżuje z Amerykaninem – i pod jego opieką. Wówczas miejscowi rabusie sprawdzali mój paszport, wpatrywali się intensywnie w moje szaroniebieskie oczy, po czym witali nas jako towarzyszy broni i zapraszali na herbatę i ucztę. Zaproszenie to było eufemizmem zaszczytnego obowiązku zapłacenia im haraczu. Choć żaden ze spotkanych rabusiów nie chciał zdenerwować napadem na sponsorowaną przez Amerykanów karawanę niezwykle ważnych amerykańskich sprzymierzeńców, którzy wspierali ich podczas długich lat wojny, było nie do pomyślenia, żebyśmy przeszli przez ich terytorium, nie odstąpiwszy im nieco łupów. Kadir przywiózł specjalnie w tym celu cały zapas najróżniejszych dóbr. Wieźliśmy jedwabie w kolorze pawich błękitów i zieleni, bogato przetykane złotą nitką. Wieźliśmy topory, noże o grubych ostrzach i przybory do szycia. Wieźliśmy lornetki Zeissa – Kadir dał mi jedną i korzystałem z niej codziennie – i powiększające okulary do czytania Koranu, a także solidne, hinduskie automatyczne zegarki. A dla przywódców klanów wieźliśmy mały zapasik złotych monet o masie jednej toli – czyli dziesięciu gramów sztuka, każdą z afgańskim wawrzynem.

Kadir nie tylko przewidział te rabunkowe napady, on wręcz na nie liczył. Po zakończeniu formalnych uprzejmości i negocjacji w sprawie haraczu z każdym przywódcą klanu uzgadniał warunki rekompensaty. W ramach tej rekompensaty otrzymywaliśmy racje żywności na podróż, a także jedzenie dla nas i zwierząt w zaprzyjaźnionych wioskach, będących pod kontrolą lub opieką przywódcy klanu.

Ta rekompensata była dla nas bardzo ważna. Przewożona przez nas amunicja, części maszyn i lekarstwa były najważniejsze, wskutek czego brakowało już miejsca na dodatkowe bagaże. Wieźliśmy nieco obroku dla koni – racje starczające najwyżej na dwa dni – ale nie było miejsca na żywność dla nas. Każdy wiózł manierkę z wodą, lecz było jasne, że jest to zapas na czarną godzinę, który oszczędnie wydzielaliśmy sobie i koniom. Czasami mijały całe dnie, kiedy piliśmy tylko jedną szklankę wody i zjadaliśmy jeden mały kawałek chleba *naan*. Rozpocząłem tę podróż jako wegetarianin, choć nie fanatyczny. Przez wiele lat wolałem żywić się owocami i jarzynami, jeśli były dostępne. Po trzech tygodniach drogi, wlokąc się przez góry i lodowate rzeki, dygocząc z głodu, rzucałem się na jagnięcinę i koźlęcinę od rabusiów i zębami rwałem z kości na pół surowe mięso.

Strome górskie zbocza były jałowe, kąśliwe zimowe wichry wymroziły z nich wszelkie życie, ale na każdym płaskim terenie, choćby najmniejszym, wyrastała bujna, żywa zieleń. Kwitły polne kwiaty jak czerwone gwiazdki i inne, z główkami jak błękitne pompony. Rosły niskie, rosochate krzaki o malutkich żółtych listeczkach, bardzo atrakcyjnych dla kóz, a także wiele odmian dzikich traw z suchymi kłosami dla koni. Wiele kamieni porastał cytrynowozielony mech i jaśniejsze porosty. Uroda tych subtelnych, umajonych dywanów pomiędzy falującym w nieskończoność krokodylim grzbietem nagich kamiennych gór miała na nas o wiele większy wpływ niż bardziej żyzny i przyjazny krajobraz. Na widok każdego kobierca na łagodnym zboczu czy liściastym trzęsawisku reagowaliśmy z jednakową przyjemnością – była to głęboko zakorzeniona, podprogowa reakcja na witalność zieleni. Niejeden twardy, zaprawiony w bojach wojownik, wlokący się pomiędzy końmi, zatrzymywał się, pochylał i zrywał małą kępkę kwiatów tylko po to, by poczuć ich piękno w zgrubiałych od odcisków rękach.

Dzięki temu, że odgrywałem rolę Amerykanina, zdołaliśmy przemierzyć tereny miejscowych rabusiów, ale z tego samego powodu straciliśmy cały tydzień podczas trzeciego i ostatniego spotkania z bandą. Nasz przewodnik Habib, chcąc ominąć wioskę Abd al-Hamid, zaprowadził nas w niewielki wąwóz, na tyle szeroki, że mieścił trzy lub cztery jadące pierś w pierś konie. Po obu stronach ścieżki wznosiły się strome kamienne ściany i ciągnęły się niemal przez kilometr do o wiele przestronniejszej, szerszej doliny. Było to idealne miejsce na zasadzkę i spodziewając się jej, Kadir jechał na czele naszej kolumny pod rozwiniętym zielono-białym sztandarem.

Niebezpieczeństwo pojawiło się, kiedy przemierzyliśmy pierwsze sto metrów wąwozu. Wysoko nad nami rozległo się mrożące krew w żyłach zawodzenie – to mężczyźni podnieśli głosy, naśladując piskliwy, łkający okrzyk wioskowych kobiet – i nagle przed nami posypała się mała lawina drobnych kamieni. Tak jak inni, odwróciłem się w siodle i ujrzałem oddział miejscowych wojowników, przyczajony z najróżniejszą bronią wycelowaną w nasze plecy. Zatrzymaliśmy się natychmiast. Kadir powoli przemierzył samotnie jakieś dwieście metrów. Tam się zatrzymał, wyprostowany w siodle, ze sztandarem furkoczącym na silnym, zimnym wietrze.

Mijały sekundy tej długiej minuty, kiedy tamci mierzyli z broni w nasze plecy i celowali w nas z góry kamieniami. Potem pojawiła się samotna postać na wysokim wielbłądzie i zaczęła się zbliżać w stronę Kadira. Choć baktrian jest wielbłądem rdzennie afgańskim, jeździec siedział na grzbiecie dromadera z odmiany hodowanej z gatunku hodowanego na północy Tadżykistanu do ujeżdżania w wyjątkowo zimnych terenach. Łeb wielbłąda wieńczył wiecheć włosów, na szyi jeżyła się gęsta i kudłata grzywa, a nogi były długie i silne. Mężczyzna, który siedział na tej budzącej podziw bestii, był wysoki i chudy, i wydawał się co najmniej dziesięć lat starszy od krzepkiego, sześćdziesięcioparoletniego Kadira. Miał na sobie długi biały kaftan na białych afgańskich spodniach i sięgający kolan bezrękawnik z czarnej serży. Jego głowę zdobił śnieżnobiały, niezwykle duży turban. Siwobiała broda była wygolona wokół górnej wargi i ust i spływała aż na chudą pierś mężczyzny.

Niektórzy moi bombajscy przyjaciele nazywali takie brody *wahabi*, na cześć ortodoksyjnych muzułmanów z Arabii Saudyjskiej, noszących takie brody w naśladownictwie Proroka. Dla nas, czekających w wąwozie, był to znak, że obcy w równym stopniu dysponuje władzą moralną, jak doczesną. Tę ostatnią podkreślał spektakularny widok staroświeckiej strzelby *dżazail* o długiej lufie, którą trzymał pionowo, wspartą na biodrze. Ładowana od przodu strzelba była ozdobiona na całej długości lśniącymi krążkami, zwojami i rombami wyciętymi z mosiężnych i srebrnych monet i wypolerowanymi do olśniewającego blasku.

Mężczyzna zatrzymał się przy Kadirbaju, zwrócony do nas twarzą, na wyciągnięcie ręki od naszego Chana. Zachowywał się władczo i stało się jasne, że przywykł do szacunku. Był nawet jednym z bardzo nielicznych znanych mi mężczyzn, którzy dorównywali Abd al-Kadirowi Chanowi szacunkiem – może nawet uwielbieniem – jaki budzili w innych samym tylko zachowaniem i czystą mocą swego bez reszty spełnionego życia.

Po długiej dyskusji Kadirbaj łagodnie zawrócił konia w naszą stronę.

– Panie John! – krzyknął do mnie po angielsku, posługując się imieniem z fałszywego amerykańskiego paszportu. – Proszę do mnie!

Spiąłem konia i wydałem okrzyk, mam nadzieję, że pokrzepiający. Oczy wszystkich – tych na ziemi i nad nami – były wlepione we mnie. Czułem to i w tych nabrzmiałych napięciem, cichych sekundach stanęła mi przed oczami wizja klaczy zrzucającej mnie na ziemię do stóp Kadira. Jednak zareagowała eleganckim, pląsającym cwałem i ruszyła wzdłuż kolumny jeźdźców, by zatrzymać się u boku Kadira.

– To jest Hadżdżi Muhammad – oznajmił Kadir. Zrobił szeroki gest otwartą dłonią. – Jest Chanem, przywódcą swego ludu, wszystkich klanów i wszystkich rodzin.

– *As-salam alajkum* – odpowiedziałem, przykładając dłoń do serca w geście szacunku.

Przywódca nie odpowiedział, uznawszy mnie za niewiernego. Prorok Mahomet nakazał swoim wyznawcom odpowiadać na pokojowe powitanie wiernych jeszcze uprzejmiejszą formułką. Z tego powodu zwrot „Pokój z tobą" powinien się spotkać co najmniej z odpowiedzią *Wa alajkum as-salam wa rahmat Allah* – „I niech z tobą będzie pokój i łaska Allaha". Tymczasem starzec zmierzył mnie surowym spojrzeniem z wyżyn wielbłąda i rzucił na powitanie twarde pytanie:

– Kiedy dacie nam stingery, byśmy mogli walczyć?

Z tym samym pytaniem każdy Afgańczyk zwracał się do mnie, Amerykanina, od czasu, gdy wkroczyliśmy na teren tego kraju. I choć Kadirbaj znowu przetłumaczył te słowa, zrozumiałem je i wypowiedziałem wyćwiczoną odpowiedź:

– Wkrótce, jeśli Allah pozwoli, a wówczas na niebie zapanuje równa swoboda, jak w górach.

To była dobra odpowiedź i zadowoliła Hadżdżi Muhammada, ale pytanie było o wiele lepsze i zasługiwało na coś lepszego niż moje budzące nadzieje kłamstwo. Afgańczycy, od Mazar-i Szarif po Kandahar, wiedzieli, że gdyby Amerykanie dali im stingery na samym początku wojny, mudżahedini pokonaliby najeźdźców w ciągu paru miesięcy. Stingery oznaczały strącenie z nieba znienawidzonych i śmiertelnie skutecznych rosyjskich helikopterów. Nawet straszliwe myśliwce MiG były bezbronne wobec wystrzeliwanych ręcznie stingerów. Pozbawieni przewagi ataku z powietrza Rosjanie i ich afgańscy przedstawiciele byliby zmuszeni walczyć na ziemi z mudżahedinami – a tej wojny nie mogliby wygrać.

Afgańscy cynicy sądzili, że Amerykanie odmawiają im stingerów od siedmiu lat, ponieważ chcą, żeby Rosjanie na tyle zaangażowali się w wojnę, by zagalopowali się w wydatkach i poświęceniach. Gdyby stingery w końcu się pojawiły, klęska kosztowałaby Rosjan tyle ludzi i środków, że cały Związek Radziecki musiałby upaść.

I niezależnie od tego, czy cynicy mieli rację, czy nie, ta śmiertelna gra toczyła się dokładnie w tym kierunku. Stingery, kiedy wreszcie nadeszły parę miesięcy po naszej wyprawie z Kadirem do Afganistanu, naprawdę zmieniły bieg wypadków. Rosjanie byli tak osłabieni wojną toczoną z tymi i milionami innych afgańskich wieśniaków, że ich monstrualne, kaligulijskie imperium rozpadło się w gruzy. Udało się, zadziałało – za cenę życia miliona Afgańczyków. Za cenę jednej trzeciej populacji, wypędzonej z ojczyzny. Za cenę jednej z największych przymusowych migracji w historii człowieka – trzech i pół miliona uchodźców, którzy przeszli przez przełęcz Chajber do Peszawaru, i miliona wygnanego do Iranu, Indii i muzułmańskich republik Związku Radzieckiego. Za cenę pięćdziesięciu tysięcy mężczyzn, kobiet i dzieci, którzy w wybuchu min lądowych stracili jedną lub więcej kończyn. Za cenę afgańskiego serca i duszy.

A ja, poszukiwany przestępca, pracujący dla mafijnego bossa, odgrywałem Amerykanina i spoglądałem tym ludziom w oczy, i opowiadałem kłamstwa o broni, której nie mogłem im dać.

Hadżdżi Muhammad był tak zadowolony z mojej odpowiedzi, że zaprosił naszą grupę na weselną uroczystość swego najmłodszego syna. Z obawy, że odmowa mogłaby być dla niego obelgą, i autentycznie wzruszony tym serdecznym zaproszeniem, Kadir je przyjął. Wyznaczono wysokość haraczu – Hadżdżi Muhammad targował się zaciekle: zażądał i otrzymał konia samego Kadira jako dodatkowy, osobisty podarek – a następnie Kadirbaj, Nazir i ja zgodziliśmy się towarzyszyć przywódcy w drodze do *halu*.

Reszta naszych rozbiła obóz na pastwisku, gdzie było pod dostatkiem świeżej wody. Ta przerwa w podróży była okazją do zadbania o siebie i konie. Zwierzęta juczne wymagały nieustannej troski; nasz ładunek ukryto w strzeżonej grocie, a uwolnione od brzemienia zwierzęta wypuszczono wolno, by brykały i pasły się na łące. Nasi ludzie przygotowali posiłek złożony z czterech pieczonych owiec, aromatycznego indyjskiego ryżu i świeżej zielonej herbaty, którą otrzymaliśmy od wioski Hadżdżiego jako ich wkład w nasz dżihad. Dopełniwszy praktycznych negocjacji, starszyzna z wioski Hadżdżiego Muhammada – jak wszyscy przywódcy klanów, których poznaliśmy w tej podróży – powitała nas jako wojowników za tę samą sprawę i zaoferowała nam wszelką możliwą pomoc. Gdy wraz z Kadirem i Nazirem jechałem do *halu*, goniły nas odgłosy śpiewów i śmiechów, następujące po sobie radosne echa. Po raz pierwszy od dwudziestu trzech dni podróży w sercach naszych ludzi zawitała radość.

Wioska Hadżdżiego Muhammada była w trakcie świętowania. Zyskowne, bezkrwawe spotkanie z naszą karawaną zbrojnych obudziło w zebranych przyjemny dreszczyk oczekiwania. Kadir wyjaśnił, jakie skomplikowane rytuały afgańskich zaślubin odbywały się przez wiele miesięcy przed naszym przybyciem. Rodziny narzeczonego i narzeczonej składały sobie wzajemne wizyty. Przy każdej okazji wymieniano drobne upominki: chusteczki lub pachnące słodycze, świadczono także ściśle określone uprzejmości. Wiano panny młodej, a mianowicie fantastycznie haftowane ubrania, importowane jedwabie, perfumy i biżuterię, wystawiono na publiczny widok, a następnie przekazano na przechowanie rodzinie pana młodego. Pan młody odwiedził w tajemnicy swoją przyszłą żonę i podczas rozmowy wręczył jej osobiste upominki. Zgodnie ze zwyczajem podczas tej wizyty pod żadnym pozorem nie mógł go zobaczyć żaden mężczyzna z jej rodziny, lecz tradycja wymagała też, by pomagała mu matka dziewczyny. Kadir zapewnił mnie, że matka sumiennie towarzyszyła parze podczas tej rozmowy i była ich przyzwoitką. Dopełniwszy tych wszystkich formalności, para była gotowa na kulminację samej ceremonii zaślubin, która trwała trzy dni.

Kadir zapoznał mnie z najdrobniejszymi szczegółami obrzędów i wydawało mi się, że w jego zwykle łagodnym, profesorskim zachowaniu wyczuwam jakąś natarczywość. Początkowo sądziłem – chyba słusznie – że to emocje ponownego zapoznania się ze zwyczajami swego ludu po pięciu długich dekadach wygnania. Od nowa przeżywał sceny z okresu swojej młodości i udowadniał sam sobie, że pozostał Afgańczykiem w każdym odruchu. Ale te lekcje ciągnęły się jeszcze przez parę dni i ich intensywność nie słabła. Wreszcie zdałem sobie sprawę, że te długie wyjaśnienia i historie są skierowane bardziej do mnie niż do niego. Dawał mi skondensowany kurs kultury swego kraju, w którym mogłem zginąć i zostać pogrzebany. W jedyny znany mu sposób nadawał sens mojemu życiu z nim i ewentualnej śmierci. A zrozumiawszy to, choć nigdy z nim o tym nie rozmawiałem, słuchałem sumiennie i uczyłem się wszystkiego, co mogłem.

W tych dniach do wioski Hadżdżiego napływały tłumy krewnych, przyjaciół i innych gości. Cztery główne budynki podobnego do fortecy męskiego *kalla*, czyli domostwa, były wysokie, kwadratowe, z glinianych cegieł. Otaczały je wysokie mury, a w każdym rogu stał jeden budynek. Kobiecy *kalla* stanowił osobny kompleks budynków za jeszcze wyższymi murami. W domostwie mężczyzn spaliśmy na podłodze i przygotowywaliśmy sobie osobne posiłki. Kiedy zjawiliśmy się, ja, Kadir i Nazir, było już i tak ciasno, ale w miarę napływu nowych przybyszów z dalekich wiosek po prostu bardziej się tłoczyliśmy. Spaliśmy w ubraniu, z głową przy nogach sąsiada. Zgodnie z pewną teorią nocne chrapanie jest podświadomym odruchem obronnym – ostrzegawczym dźwiękiem, który odstrasza potencjalne drapieżniki od groty, w której spali nasi bezbronni przodkowie z paleolitu. Ta społeczność afgańskich nomadów, wielbłądników, pasterzy owiec i kóz, rolników i partyzantów udowodniła prawdziwość tej teorii, bo wszyscy chrapali tak grzmiąco i z tak nieustępliwą zaciekłością przez całą długą, zimną noc, że na ten dźwięk nawet dumne, wygłodniałe lwy czmychnęłyby jak wystraszone myszki.

Za dnia ci sami mężczyźni przyrządzali wyrafinowane dania na piątkowe wesele. Wśród potraw znajdowały się jogurty o różnych smakach, pikantne sery z koziego i owczego mleka, pieczone w piecu ciasta z mąki kukurydzianej, daktyle, orzechy i miód dzikich pszczół, biszkopty z masła z koziego mleka i, oczywiście, najróżniejsze mięsa *halal* i warzywne pilawy. Widziałem, jak mężczyźni wywlekają na otwartą przestrzeń szlifierkę z nożnym napędem, a pan młody przez pełną napięcia godzinę nadawał ostrość brzytwy wielkiemu, ozdobnemu sztyletowi. Ojciec panny młodej ocenił krytycznym okiem jego dzieło. Upewniwszy się, że broń faktycznie niesie śmierć, w powadze przyjął dar od młodzieńca.

– Pan młody naostrzył nóż, żeby ojciec mógł go ukarać, jeśli kiedykolwiek źle potraktuje żonę – wyjaśnił mi Kadir.

– Bardzo dobry zwyczaj – zauważyłem.

– To nie zwyczaj – poprawił mnie Kadir ze śmiechem. – To pomysł ojca panny młodej. Nigdy dotąd nie widziałem czegoś takiego. Ale jeśli się sprawdzi, może stanie się obyczajem.

Codziennie mężczyźni ćwiczyli obrzędowe zbiorowe tańce z udziałem muzyków i śpiewaków, których wynajęto do uświetnienia formalnych, publicznych uroczystości. Miałem wówczas okazję poznać nowe, zupełnie niespodziewane oblicze Nazira, który rzucił się w wirujący tłum z gracją i zapamiętaniem. Co więcej, mój niski, krzywonogi przyjaciel, którego pękate bary jakby wyrastały z pnia grubego karku i korpusu, okazał się bezsprzecznie najlepszym tancerzem w towarzystwie i szybko zasłużył sobie na podziw zebranych. Całe sekretne i niewidzialne życie wewnętrzne, cały jego twórczy i duchowy potencjał wyraził się w tańcu. A ta twarz – kiedyś powiedziałem, że nie widziałem żadnej ludzkiej twarzy, na której uśmiech poniósłby tak sromotną klęskę – ta twarz napiętnowana ponurymi zmarszczkami w tańcu przeszła metamorfozę, a jej autentyczna uroda była tak promienna, że w oczach stanęły mi łzy.

– Powiedz mi jeszcze raz – polecił Abd al-Kadir Chan z łobuzerskim uśmiechem w oczach, przyglądając się tancerzom z cienia pod murem.

Roześmiałem się. Spojrzałem na niego; także się śmiał.

– Powiedz – ponaglił. – Zrób mi przyjemność.

– Przecież mówiłem ci to już dwadzieścia razy. Może byś raczej odpowiedział na moje pytanie?

– Powiedz jeszcze raz, a potem odpowiem.

– No dobrze. Zaczynam. Wszechświat powstał około piętnastu miliardów lat temu i rozpoczął się od niemal absolutnej prostoty. Od tego czasu zmierza ku coraz większej złożoności. Ruch od prostoty do złożoności jest spleciony z siecią i osnową wszechświata i nazywa się tendencją do złożoności. My jesteśmy jej owocem, podobnie jak ptaki, pszczoły, drzewa, gwiazdy i nawet galaktyki. I gdyby miała nas unicestwić kosmiczna eksplozja, na przykład zderzenie z planetoidą lub coś w tym guście, gdzie indziej pojawi się inny wyraz naszego poziomu złożoności, bo tak właśnie funkcjonuje wszechświat. I prawdopodobnie tak właśnie dzieje się w całym wszechświecie. Dobrze mi idzie?

Czekałem, ale nie odpowiedział, więc podjąłem opowiadanie.

– No dobrze, więc ostateczna lub finalna złożoność – punkt, do którego zmierza cała ta złożoność – jest tym, co – lub kogo – możemy nazwać Bogiem. I wszystko, co sprzyja, ułatwia lub przyspiesza ten ruch ku Bogu, jest dobrem. Wszystko, co wstrzymuje, przeszkadza lub mu zapobiega, jest złem. A jeśli chcemy poznać, czy coś jest dobre czy złe – na przykład wojna, zabijanie lub, dajmy na to, przemycanie broni dla mudżahedinów – zadajemy sobie pytanie: Co by się stało, gdyby wszyscy tak postępowali? Czy w naszym skrawku wszechświata to by pomogło w postępie czy go wstrzymało? Wówczas zyskamy całkiem jasne pojęcie, czy jest to dobro, czy zło. Co ważniejsze, będziemy wiedzieć, dlaczego jest to dobre lub złe. No i co?

– Bardzo dobrze – powiedział, nie patrząc na mnie. Kiedy streszczałem jego kosmologiczny model, zamknął oczy i kiwał głową z ustami wydętymi w półuśmiechu. Skończyłem, a on spojrzał na mnie i uśmiech się rozszerzył, a w jego oczach błysnęło zadowolenie i figlarne rozbawienie. – Wiesz, gdybyś chciał, mógłbyś wyrazić tę ideę w każdym calu tak dobrze i precyzyjnie jak ja. A ja pracowałem nad nią i obmyślałem ją niemal przez całe życie. Nie potrafię wyrazić, jak bardzo jestem szczęśliwy, słuchając, jak streszczasz ją własnymi słowami.

– Moim zdaniem to twoje słowa, Kadirdżi. Tak często mnie uczyłeś... Ale mam parę problemów. Czy teraz mi odpowiesz?

– Tak.

– Dobrze. Na świecie istnieją twory martwe, na przykład kamienie, i żywe, jak drzewa, ryby i ludzie. Twoja kosmologia nie wyjaśnia, skąd pochodzi życie i świadomość. Jeśli skały składają się z tej samej materii co ludzie, to dlaczego kamień nie jest żywy, a człowiek jest? Chcę spytać, skąd pochodzi życie?

– Znam cię na tyle dobrze, że jestem pewien, iż pragniesz usłyszeć krótką, jasną odpowiedź.

– Chciałbym usłyszeć krótką, jasną odpowiedź na każde pytanie – odparłem ze śmiechem.

Uniósł brew w reakcji na tę niemądrą, powierzchowną odpowiedź i powoli pokręcił głową.

– Znasz angielskiego filozofa, Bertranda Russella? Czytałeś jego książki?

– Tak, niektóre. Na studiach i w więzieniu.

– Mój szanowny pan Mackenzie szczególnie go sobie upodobał – powiedział z uśmiechem. – Nieczęsto zgadzam się z wnioskami Bertranda Russella, ale podoba mi się droga, którą do nich dochodzi. W każdym razie powiedział: „Wszystko, co da się zmieścić w skorupce orzecha, powinno w niej pozostać". I w tym przyznaję mu rację. A teraz odpowiedź na twoje pytanie brzmi następująco: życie jest właściwością wszystkich istnień. Możemy nazwać ją cechą charakterystyczną, co jest jednym z moich ulubionych angielskich zwrotów. Jeśli angielski nie jest twoim rodzimym językiem, słowo „charakterystyczny" ma zadziwiające brzmienie – jak werbel lub łamanie drzewa na rozpałkę. Kontynuując, każdy atom wszechświata ma charakterystyczną cechę, jaką jest życie. Im bardziej złożoną postać przybierają skupione razem atomy, tym bardziej złożony jest wyraz tej cechy charakterystycznej. Kamień to bardzo prosty układ atomów, więc życie kamienia jest tak proste, że nie potrafimy go dostrzec. Kot to bardzo złożony układ atomów, więc życie kota jest bardzo oczywiste. Ale życie jest we wszystkim, nawet w kamieniu, nawet kiedy nie potrafimy go dostrzec.

– Skąd wziąłeś tę myśl? Z Koranu?

– Szczerze mówiąc, jest to koncepcja pojawiająca się w tej czy innej postaci w większości wielkich religii. Nieco ją zmieniłem, żeby pasowała do tego, czego dowiedzieliśmy się o świecie przez ostatnie kilkaset lat. Jednak Koran daje mi inspirację w takich badaniach, ponieważ nakazuje mi badać wszystko i uczyć się wszystkiego, bym mógł służyć Allahowi.

– Ale skąd pochodzi ta cecha charakterystyczna życia? – spytałem uparcie, pewien, że wreszcie zapędziłem go w ślepy zaułek.

– Życie i wszystkie inne cechy charakterystyczne wszystkich istnień wszechświata, jak świadomość, wolna wola i tendencja ku złożoności, a nawet miłość, pojawiły się we wszechświecie dzięki światłu, na początku czasu, jaki znamy.

– Podczas Wielkiego Wybuchu? O to ci chodzi?

– Tak. Wielki Wybuch miał miejsce w punkcie zwanym osobliwością – moje kolejne ulubione długie angielskie słowo – który jest niemal bezgranicznie skupiony i niemal bezgranicznie gorący, a jednak nie zajmuje czasu ani przestrzeni – takich jak je rozumiemy. Ten punkt to kocioł wrzącej energii światła. Coś spowodowało jego rozdęcie – na razie nie wiemy, co to było – i z tego światła powstały wszystkie cząsteczki i atomy, a także przestrzeń, czas i inne znane nam siły. Światło dało każdej cząstce na początku wszechświata zestaw cech charakterystycznych, a gdy te cząstki scaliły się w bardziej złożone twory, cechy charakterystyczne zaczęły się ujawniać w coraz bardziej złożonej postaci.

Zamilkł, przyglądając się mojej twarzy, gdy z wysiłkiem zmagałem się z nowymi koncepcjami, pytaniami i emocjami. Znowu mi uciekł, pomyślałem, nagle zły, że jednak miał odpowiedź na moje pytanie, i pełen podziwu z tej samej przyczyny. W mądrych wykładach – czasem przypominały kazania – szefa mafii Abd al-Kadira Chana zawsze było coś upiornie niestosownego. Siedzieliśmy pod kamiennym murem w wiosce, która zatrzymała się prawie w erze kamienia łupanego, w pobliżu spoczywał ładunek przemycanej broni i antybiotyków, a spokojny, głęboki dyskurs Kadira o dobru i złu, świetle, życiu i świadomości stanowił taki gryzący dysonans z tym wszystkim, że ogarnęło mnie desperackie rozdrażnienie.

– Przed chwilą wyjaśniłem ci związek między świadomością i materią – oznajmił Kadir i znowu milczał, dopóki na niego nie spojrzałem. – To rodzaj sprawdzianu i już to rozumiesz. To sprawdzian, któremu można poddać każdego, kto twierdzi, że zna sens życia. Każdy guru, którego spotkasz, każdy nauczyciel, prorok i filozof powinien odpowiedzieć ci na te dwa pytania: „Jak brzmi obiektywna, powszechnie akceptowana definicja dobra i zła?" oraz „Jaki jest związek między świadomością i materią?". Jeśli nie potrafi odpowiedzieć na te dwa pytania, tak jak to przed chwilą uczyniłem, to wiesz, że nie przeszedł sprawdzianu.

– Skąd znasz fizykę? – spytałem. – Skąd wiesz to wszystko o cząstkach, osobliwościach i Wielkim Wybuchu?

Wbił we mnie spojrzenie, doskonale dał mi odczuć pełną wagę tej niezamierzonej obelgi: skąd afgański gangster tyle wie o naukach ścisłych i wyższej wiedzy? Patrzyłem na niego, wspominając ten dzień w slumsach z Johnnym Cygaro, kiedy popełniłem okrutny błąd, uznając go za ignoranta tylko dlatego, że był biedny.

– Istnieje takie powiedzenie: kiedy uczeń jest gotowy, pojawia się nauczyciel. – Roześmiał się. Wydawało mi się, że śmieje się ze mnie, nie ze mną.

– Tak – syknąłem cierpliwie przez zaciśnięte zęby.

– Hm... Na pewnym etapie moich studiów filozoficznych i religijnych, kiedy zacząłem potrzebować specjalistycznej wiedzy naukowej, pojawił się w moim życiu pewien naukowiec. Wiedziałem, że nauka o życiu, gwiazdach i chemii dostarczy mi wiele odpowiedzi. Jednak na nieszczęście nie były to przedmioty, których uczył mnie mój drogi szanowny pan Mackenzie, może jedynie ich najbardziej podstawowych elementów. Potem poznałem pewnego fizyka, człowieka, który pracował w Centrum Badań nad Atomem Baba w Bombaju. Był to bardzo dobry człowiek, lecz wówczas miał słabość do hazardu. Znalazł się w wielkich kłopotach. Stracił mnóstwo pieniędzy, które nie należały do niego. Grał w klubie, którego właścicielem był mój dobry znajomy – człowiek dla mnie pracujący, jeśli tego potrzebowałem. Miał też inne problemy. Ten naukowiec uwikłał się w związek z kobietą – zakochał się w niej i z tej miłości popełnił głupie rzeczy, więc znalazł się w poważnym niebezpieczeństwie. Kiedy do mnie przyszedł, rozwiązałem jego problemy i zachowałem tę sprawę między nami. Nikt nigdy nie poznał szczegółów jego nierozważnych postępków ani mojej roli w zaradzeniu im. A on w zamian udzielał mi nauk. Nazywał się Wolfgang Persis i jeśli sobie tego życzysz, wkrótce po powrocie mogę was ze sobą skontaktować.

– Jak długo cię uczył?

– Studiowaliśmy wspólnie raz w tygodniu przez siedem lat.

– Jezu!– jęknąłem z minimalną podłą satysfakcją, że nawet mądry i potężny Kadir musiał przysiąść fałdów. Ułamek sekundy później zawstydziłem się. Kochałem Kadira Chana tak, że poszedłem dla niego na wojnę. Czy nie jest możliwe, że tamten naukowiec także go pokochał? A kiedy o tym pomyślałem, stałem się zazdrosny o tego człowieka, którego nie znałem i pewnie nie miałem nigdy poznać. Zazdrość, podobnie jak niedoskonała miłość, która ją rodzi, nie szanuje czasu, przestrzeni ani rozsądnych argumentów. Zazdrość jednym nienawistnym ruchem ożywia zmarłych lub każe nienawidzić kogoś zupełnie obcego za samo brzmienie jego imienia.

– Pytasz o życie – odezwał się łagodnie Kadir, zmieniając taktykę – bo myślisz o śmierci. Myślisz też o odebraniu życia, jeśli przypadkiem będziesz musiał zastrzelić człowieka. Czy się nie mylę?

– Nie – mruknąłem. Miał rację, ale zabijanie, które zajmowało moje myśli, nie miało się wydarzyć w Afganistanie. Życie, które chciałem odebrać, siedziało na tronie w tajnym pokoju groteskowego burdelu zwanego w Bombaju Pałacem madame Zhou.

– Pamiętaj – powiedział Kadir natarczywie i dla podkreślenia tych słów położył mi rękę na ramieniu. – Czasami konieczność nakazuje, by uczynić zło z dobrych pobudek. Ważne jest, by się upewnić, że nasze pobudki są dobre i że przyznajemy się do popełnienia zła, że nie będziemy się okłamywać i przekonywać, że to, co uczyniliśmy, jest dobre.

A później, kiedy na zaślubiny wytańczono się i wyśpiewano do ostatniego radosnego dźwięku, kiedy dołączyliśmy do naszych i ruszyliśmy w męczącą, wytężoną, niebezpieczną drogę przez nowe góry, starałem się rozplątać cierniową girlandę, którą Kadir zacisnął na moim sercu. Zło z dobrych pobudek... Znowu sprawił mi ból tym sformułowaniem. Przeżuwałem je w myślach, tak jak niedźwiedź żuje rzemienne więzy na łapach. Przez całe życie popełniałem złe uczynki niemal zawsze ze złych powodów. Nawet dobre uczynki, które miałem na koncie, zbyt często wynikały ze złych pobudek.

Ogarnął mnie ponury nastrój. Nie potrafiłem się otrząsnąć z tego przygnębienia i zwątpienia i kiedy zanurzaliśmy się w głąb zimy, często myślałem o Anandzie Rao, moim sąsiedzie ze slumsów. Przypomniałem sobie jego twarz, uśmiechającą się przez metalową siatkę w pokoju widzeń w więzieniu Arthur Road; tę przystojną twarz, tak pogodną i ułagodzoną spokojem, który ogarnął jego serce. On postąpił źle z dobrych pobudek – tak to widział. Spokojnie przyjął karę, na którą zasłużył, jakby to był przywilej czy prawo. I w końcu, po zbyt wielu dniach i nocach rozmyślań, zacząłem przeklinać Ananda. Przeklinałem go, żeby wypędzić go z moich myśli, bo jakiś głos – mój lub może mego ojca – ciągle mi powtarzał, że nigdy nie poznam takiego spokoju. Nigdy nie przybędę do tego edenu duszy, gdzie zgoda na karę i świadomość zła i dobra wykorzeniają troski, które leżą jak kamienie na jałowym polu serca wygnańca.

Zmierzając nocami na północ, przemierzyliśmy wąską, wysoko położoną przełęcz Kussa w górach Hada. Droga, licząca trzydzieści kilometrów w linii prostej, nam wydała się bliższa stu pięćdziesięciu kilometrom wspinaczki i schodzenia po zboczach. Potem, w pełni widoczni pod otwartym niebem, niemal przez pięćdziesiąt kilometrów podążaliśmy przez bardziej płaskie tereny i trzy razy przeprawialiśmy się przez rzekę Afghastan i jej dopływy, zanim znaleźliśmy się u stóp przełęczy Szahbad. I tam, kiedy nadal gryzłem się sprawami dobra i zła, po raz pierwszy nas ostrzelano.

Tego zimnego wieczora Kadir rozkazał, żebyśmy bez odpoczynku przystąpili do wspinaczki przełęczą Szahbad, co uratowało życie wielu ludziom, w tym także mnie. Byliśmy wyczerpani po długim marszu przez otwarte równiny. Każdy miał nadzieję, że u stóp przełęczy odpoczniemy, ale Kadir kazał iść dalej; przejechał wzdłuż całej kolumny, krzycząc, żebyśmy szli dalej, dalej, w tempie. Dlatego kiedy padły pierwsze strzały, byliśmy w ruchu. Usłyszałem ten dźwięk: głuche metaliczne bębnienie, jakby ktoś stukał miedzianym kablem w pusty kanister na benzynę. Początkowo jak idiota nie skojarzyłem tych dźwięków ze strzałami i szedłem dalej, ciągnąc klacz za wodze. Potem znaleźliśmy się w zasięgu strzału i kule zaryły się w ziemię, uderzyły w nas i w skały dokoła. Wszyscy rozpierzchli się w poszukiwaniu kryjówki. Padłem na ziemię, wtuliłem twarz w kamienistą ścieżkę i zacząłem sobie wmawiać, że to nie dzieje się naprawdę, że nie widziałem padającego przede mną człowieka z rozszarpanymi plecami. Nasi ludzie zaczęli odpowiadać ogniem. I raptem, z piaskiem w ustach i duszą na ramieniu, znalazłem się na wojnie.

Pewnie bym tak został, z twarzą w piasku i sercem łomoczącym w ziemię, gdyby nie moja klacz. Wypuściłem cugle i stawała dęba ze strachu. Z obawy, że mnie stratuje, pozbierałem się z ziemi i złapałem śmigające w powietrzu rzemienie. Klacz, która do tej chwili była tak wyjątkowo posłuszna, nagle stała się najbardziej kłopotliwa w grupie. Stawała dęba, wierzgała, tupała i zapierała się wszystkimi nogami. Miotała się, zataczała małe kółka, usiłując znaleźć dobrą pozycję, żeby mnie kopnąć. Nawet mnie ugryzła, a to ukąszenie w bark mocno zabolało pomimo trzech warstw ubrania.

Rozejrzałem się po innych. Dwaj mężczyźni najbliżej przełęczy ruszyli w jej stronę biegiem, ciągnąc swoje konie ku kamienistym półkom. Moi sąsiedzi z przodu i tyłu zdołali zmusić konie do położenia się i sami ukryli się obok lub za nimi. Tylko moja klaczka szalała, doskonale widoczna ze wszystkich stron. Nie będąc doświadczonym jeźdźcem, cholernie się napociłem przy nakłanianiu jej, żeby się położyła, choć wokół świstały kule. Inne konie rżały ze strachu i przy każdym przerażonym kwiku moja klacz panikowała coraz bardziej. Chciałem ją ratować, ściągnąć na ziemię, tak by była mniej widoczna, ale bałem się o siebie. Pociski odbijały się od skał nade mną i obok mnie i przy każdym świście wzdrygałem się jak jeleń zraniony cierniem.

Było to dziwaczne uczucie – czekać, aż któraś kula w końcu mnie trafi. Jedyne, co mi się z nim kojarzy, to ta chwila oczekiwania, zanim otworzy się spadochron. Ta chwila ma szczególny smak, zupełnie wyjątkowy. Skóra zaczyna inaczej pachnieć. Oczy twardnieją i nagle stają się jak z metalu. W chwili gdy dałem za wygraną i postanowiłem zostawić klacz samą sobie, nagle bez sprzeciwu ugięła nogi i dała się ściągnąć w dół. Runąłem na ziemię obok niej, a jej wzdęty brzuch posłużył mi za tarczę. Chcąc ją uspokoić, dotknąłem jej grzbietu. Moja dłoń zagłębiła się w miąższ rany. Dopiero teraz zorientowałem się, że klacz oberwała dwoma pociskami, jednym wysoko nad łopatką, drugą w brzuch. Przy każdym jej ciężkim oddechu z ran lały się strugi krwi, a moja klaczka płakała – nie ma na to innego słowa. Wydawała świszczące, jęczące łkanie. Przytuliłem skroń do końskiego łba i objąłem jej szyję.

Mężczyźni z mojej grupy skoncentrowali ostrzał na górskiej półce jakieś sto pięćdziesiąt metrów od nas. Mocno wparty w ziemię, wyjrzałem zza grzywy klaczki i ujrzałem pyliste pióropusze, tryskające i rozwiewające się w oddali przy każdym strzale.

I nagle się skończyło. Usłyszałem Kadira, wykrzykującego w trzech językach, żeby przestać strzelać. Czekaliśmy parę długich minut w ciszy, która jęczała, stękała i łkała. W pobliżu usłyszałem chrzęst kamieni pod butami. Podniosłem głowę i zobaczyłem Chalida Ansariego, który biegł w moją stronę, zgięty wpół.

– Lin, żyjesz?

– Tak – odpowiedziałem, po raz pierwszy zastanawiając się, czy i ja nie dostałem. Przesunąłem rękami po nogach i rękach. – Tak, wszystko całe. Chyba dalej jestem w jednym kawałku. Ale postrzelili moją klacz. Ona chyba...

– Liczę głowy! – przerwał, podnosząc obie ręce, żeby mnie uspokoić i uciszyć. – Kadir kazał mi sprawdzić, czy wszystko z tobą dobrze i policzyć ludzi. Zaraz wrócę. Zostań tu, nie ruszaj się.

– Ale ona...

– Wykończyli ją! – syknął i zaraz złagodniał. – Już po niej, Lin. Jest załatwiona. Nie tylko ona. Habib je wykończy. Ty zostań i nie podnoś głowy. Zaraz wrócę.

Odbiegł, pochylony, zatrzymując się tu i tam przy kolumnie za moimi plecami. Moja klacz zipała ciężko, kwiląc cicho przy co trzecim lub czwartym chrapliwym oddechu. Wykrwawiała się powoli, lecz systematycznie. Z rany na brzuchu sączył się ciemny płyn, ciemniejszy od krwi. Usiłowałem ją uspokoić, głaszcząc po szyi, a potem zdałem sobie sprawę, że nie nadałem jej imienia. Z jakiegoś powodu wydało mi się straszliwym okrucieństwem, że będzie musiała umrzeć bezimienna. Przetrząsnąłem umysł, a kiedy wyciągnąłem sieć z czarnogranatowej głębi, znalazłem w niej imię, migotliwe i prawdziwe.

– Nazwę cię Claire – szepnąłem w jej ucho. – Była piękną dziewczyną. Przy niej zawsze dobrze wyglądałem, gdziekolwiek byliśmy. Z nią zawsze wyglądałem tak świetnie, jakbym wiedział, co robię. A zacząłem ją kochać naprawdę dopiero wtedy, kiedy odeszła ode mnie po raz ostatni. Powiedziała, że interesuję się wszystkim i nie przywiązuję do niczego. Tak mi kiedyś powiedziała. I miała rację. Miała rację.

Gadałem bez sensu, bez tchu, w szoku. Teraz już wiem, co to za objawy. Po raz pierwszy widziałem ludzi pod ostrzałem. Bardzo nieliczni dokładnie wiedzą, co robić; ich broń odpowiada ogniem, zanim ciała zakończą instynktowne manewry przypadania do ziemi i turlania się po niej. Inni zaczynają się śmiać i nie mogą przestać. Niektórzy płaczą, wzywają matkę, żonę albo Boga. Jeszcze inni tracą mowę, zamykają się w sobie, tak że nawet ich przyjaciele się ich boją. A niektórzy paplą, tak jak ja paplałem do mojej konającej klaczy.

Habib zbliżył się do mnie posuwistym, zygzakowatym biegiem i zobaczył, jak mówię klaczy do ucha. Zbadał ją starannie, przesunął palcami po ranach, nacisnął mocno nabrzmiałą żyłami skórę, by wyczuć kule. Wyjął nóż. Był długi, zakrzywiony. Położył go na gardle klaczy i zatrzymał się. Jego szalone oczy spojrzały w moje. Wokół źrenic miał promieniste złote kreski, które zdawały się pulsować i wirować. Te oczy były i tak duże, ale szaleństwo je powiększyło, wysadziło z orbit, jakby chciało je wystrzelić na zewnątrz. A jednak był na tyle świadomy, że wyczuł moją bezradną rozpacz – i podał mi nóż.

Możliwe, że wziąłbym ten nóż i zabił moją klacz. Może tak by zrobił dobry, troskliwy człowiek. Nie potrafiłem. Spojrzałem na nóż, na dygoczące gardło klaczy i nie mogłem. Pokręciłem głową. Habib wbił nóż w końską skórę i zrobił subtelny, niemal elegancki ruch nadgarstkiem. Klacz zadrżała, ale pozwoliła się uspokoić. Kiedy nóż oderwał się od jej gardła, krew bluznęła jej na pierś i mokrą ziemię potężnymi fontannami prosto z serca. Powoli zaciśnięte szczęki klaczy rozluźniły się, oczy się zaszkliły i wielkie serce przestało bić.

Przeniosłem wzrok z tych łagodnych, martwych, nieulękłych oczu klaczy na chorobę kłębiącą się w oczach Habiba i ta nasza wspólna chwila była tak naładowana emocjami, tak surrealistycznie obca światu, który znałem, że moja dłoń sięgnęła mimowolnie do broni w kaburze. Habib wyszczerzył się w zębatym pawianim uśmiechu, niemożliwym do rozszyfrowania, i poczołgał się wzdłuż szeregu do następnego rannego konia.

– W porządku?

– W porządku?

– W porządku?

– Co?

– Spytałem: w porządku? – powtórzył Chalid i chwycił mnie za ubranie na piersi, aż w końcu spojrzałem mu w oczy.

– Tak. Jasne. – Skupiłem wzrok na jego twarzy. Ciekawe, jak długo gapiłem się na moją martwą klacz, z ręką spoczywającą na jej przebitym gardle. Przeniosłem wzrok na niebo. Noc była blisko, o parę minut od nas. – Jaka... jaka sytuacja?

– Straciliśmy jednego. Madżida. Tubylca.

– Widziałem. Był tuż przede mną. Kule otworzyły go jak puszkę. Kurwa, ależ to szybko poszło. W jednej chwili jest żywy, a potem plecy mu się rozdarły i upadł jak marionetka. Na pewno umarł, zanim dotknął kolanami ziemi. Tak to szybko poszło!

– Na pewno wszystko z tobą dobrze? – spytał Chalid, kiedy zrobiłem pauzę dla zaczerpnięcia oddechu.

– Kurewsko dobrze! – warknąłem z czysto australijskim akcentem. Błysk w jego oczach sprowokował mnie i omal na niego nie wrzasnąłem, ale potem zobaczyłem jego życzliwość i troskę i zamiast krzyczeć, roześmiałem się. Roześmiał się razem ze mną, wyraźnie odetchnąwszy. – Nic mi nie jest. I poczuję się o wiele lepiej, jak przestaniesz się tak dopytywać. Jestem tylko trochę... gadatliwy... i tyle. Odpuść mi, jak rany! Z jednej strony zginął facet, z drugiej koń, nie wiem, czy mam pecha czy właśnie szczęście.

– Szczęście – odpowiedział szybko Chalid. Głos miał poważniejszy od roześmianego spojrzenia. – Jest bałagan, ale mogło być gorzej.

– Gorzej?

– Nie walą z ciężkich dział, moździerzy ani ciężkich karabinów maszynowych. Użyliby ich, gdyby je mieli, i zrobiłoby się dużo gorzej. Czyli pewnie był to mały patrol, prawdopodobnie afgański, nie rosyjski, który tylko nas sprawdził, albo próbował szczęścia. Na razie mamy trzech rannych i straciliśmy cztery konie.

– Kto jest ranny?

– Są tam, na przełęczy. Chcesz ich zbadać?

– Jasne. Jasne. Pomóż mi z tymi manelami.

Ściągnęliśmy siodło i uzdę z martwej klaczy i truchtem przebiegliśmy wzdłuż szeregu ludzi i koni do wąskiej przełęczy. Ranni leżeli pod osłoną skalnego występu. Kadir stał obok, przyglądając się ze zmarszczonymi brwiami równinie za moimi plecami. Ahmad Zadih delikatnie, lecz w pośpiechu zdejmował ubranie rannemu. Zerknąłem na mroczniejące niebo.

Jeden mężczyzna miał złamaną rękę. Jego koń się przewrócił, kiedy trafiła go kula. Złamanie było brzydkie, złożone, w pobliżu nadgarstka. Kość przemieściła się pod obrzydliwie nienaturalnym kątem, ale nie przebiła skóry. Można było ją nastawić. Ahmad Zadih zdjął koszulę drugiemu rannemu i ujrzeliśmy dwie rany. Obie kule ugrzęzły w jego ciele, zbyt głęboko, żeby ich dosięgnąć bez poważnej operacji. Jedna roztrzaskała obojczyk, druga przebiła brzuch, zrobiwszy rozległą i niewątpliwie śmiertelnie niebezpieczną ranę od biodra do biodra. Trzeci ranny, wieśniak Siddiki, miał poważną ranę głowy. Koń rzucił nim o skały i Siddiki uderzył ciemieniem w głazy. Miał krwotok i wyraźne pęknięcie czaszki. Dotknąłem krawędzi złamanej kości, tłusto-wilgotnej od krwi. Skóra na głowie pękła w trzech miejscach; jeden kawał był oddarty do tego stopnia, że gdybym za niego pociągnął, zostałby mi w ręce. Tylko sklejone krwią włosy zlepiły razem kawałki czaszki. A u podstawy głowy, na karku, miał grube obrzmienie. Był nieprzytomny i wątpiłem, żeby jeszcze otworzył oczy.

Znowu zerknąłem na niebo. Zostało tak niewiele dziennego światła, tak mało czasu, że musiałem podjąć decyzję, dokonać wyboru i pomóc jednemu z rannych przeżyć – być może – a innych zostawić na śmierć. Nie byłem lekarzem, nie miałem doświadczenia w leczeniu ran postrzałowych. Ta funkcja spadła na mnie chyba dlatego, że miałem odrobinę więcej wiedzy niż inni i byłem chętny. Poczułem chłód. Klęczałem w lepkiej kałuży krwi, która przesiąkała mi przez spodnie na kolanach. Podniosłem głowę, a Kadir skinął głową, jakby czytał mi w myślach. Chory z wyrzutów sumienia i strachu, okryłem Siddikiego kocem, żeby nie zmarzł, i zostawiłem go, by zająć się człowiekiem ze złamaną ręką.

Chalid otworzył zestaw pierwszej pomocy i położył go mi pod ręką. Rzuciłem na ziemię pod stopy Ahmada Zadiha, stojącego obok mężczyzny z ranami postrzałowymi, plastikową butelkę antybiotyku w pudrze, płynu dezynfekcyjnego, bandaże i nożyczki i warknąłem, żeby oczyścić i opatrzyć rany. Ahmad zabrał się do pracy, a ja zająłem się złamaniem. Mężczyzna powiedział coś do mnie gwałtownie. Znałem go z widzenia. Miał wyjątkowy talent do zaganiania rozbrykanych kóz i często przyglądałem się, jak kapryśne stworzenia idą za nim grzecznie i z własnej woli.

– Co powiedział? Nie rozumiem.

– Spytał, czy będzie boleć – wymamrotał Chalid, usiłując zachować obojętną, krzepiącą minę i ton.

– Raz mi się to zdarzyło – odpowiedziałem. – Coś podobnego. Dokładnie wiem, jak to boli. Tak bardzo, że lepiej mu, bracie, zabierz broń.

– Aha. Cholera.

Chalid uśmiechnął się szeroko i przesunął dłonią po ziemi koło rannego, stopniowo odsuwając kałasznikowa poza jego zasięg. Potem, kiedy otoczyły nas ciemności, a pięciu przyjaciół rannego unieruchomiło go w mocnym chwycie, tak długo ciągnąłem i wykręcałem jego połamaną rękę, aż znów stała się podobna do tej niegdyś prostej, zdrowej kończyny, którą nigdy nie miała się znowu stać.

– *Allah! Allah!* – krzyczał przez zaciśnięte zęby.

Obandażowaliśmy złamaną rękę, zamknęliśmy ją w łupkach z twardego plastiku i opatrzyliśmy drugiego rannego. Pospiesznie obandażowałem głowę nieprzytomnego Siddikiego. Natychmiast ruszyliśmy w drogę wąską przełęczą. Bagaże rozdzieliliśmy sprawiedliwie między pozostałe konie. Ranny jechał na koniu, podtrzymywany z obu stron przez przyjaciół. Siddikiego przywiązano do jucznego konia, podobnie jak ciało Madżida, Afgańczyka, który zginął podczas ataku. Reszta szła piechotą.

Wzniesienie było strome, lecz krótkie. W rozrzedzonym powietrzu dyszałem i dygotałem z zimna, przeszywającego mnie do szpiku kości. Pchałem i ciągnąłem stawiającego opór konia tak samo, jak pozostali. Afgańscy wojownicy ani razu nie okazali niezadowolenia czy słabości. Na zboczu bardziej stromym niż jakiekolwiek dotąd zatrzymałem się w końcu, by odzyskać siły. Dwaj mężczyźni odwrócili się i wrócili do mnie, choć zmarnowali w ten sposób bezcenne, wywalczone metry. Z szerokimi uśmiechami, klepiąc mnie pokrzepiająco po plecach, pomogli mi wciągnąć konia po zboczu, a potem przyspieszyli, by pomóc idącym z przodu.

– Z tymi Afgańczykami może nie żyje się najlepiej – wydyszał Ahmad Zadih, sunąc u mego boku – ale za to jak się umiera!

Po pięciu godzinach dalszej wspinaczki dotarliśmy do celu, obozu w górach Szar-i Safa. Był osłonięty od góry potężnym skalnym występem. Teren został tak pogłębiony, że powstała potężna jama, wiodąca do labiryntu pieczar. Kilka małych, zakamuflowanych bunkrów otaczało jaskinię pierścieniem sięgającym na obrzeża kamienistego górskiego płaskowyżu.

Kadir zarządził postój w świetle wschodzącego księżyca. Habib powiadomił obóz o naszym nadejściu i mudżahedini już czekali, bardzo ożywieni, na nas i towary, które wieźliśmy. Mnie, idącemu w środku kolumny, posłano wiadomość, że Kadir mnie wzywa. Pobiegłem truchtem.

– Wjedziemy do obozu tą ścieżką. Chalid, Ahmad, Nazir, Mahmud i paru innych. Nie wiemy dokładnie, kto jest w obozie. Atak na przełęczy Szahbad świadczy, że Asmatullah Aczakzaj znowu zmienił front i przyłączył się do Rosjan. Przełęcz należy do niego od trzech lat i powinniśmy tu być bezpieczni. Habib twierdzi, że ludzie z obozu są przyjaźnie nastawieni, że to nasi, że na nas czekają. Jednak ukrywają się i nie wyjadą na nasze powitanie. Myślę, że będzie lepiej, jeśli nasz Amerykanin pojedzie z nami, na czele, za mną. Nie mogę ci tego rozkazać, mogę tylko prosić. Pojedziesz z nami?

– Tak – odparłem. Miałem nadzieję, że to potwierdzenie wydało im się bardziej zdecydowane niż mnie.

– Dobrze. Nazir i pozostali już przygotowali konie. Wyjedziemy natychmiast.

Nazir przyprowadził parę koni i zmęczeni wspięliśmy się na siodła. Kadir musiał być bardziej wyczerpany ode mnie i musiało go trapić więcej dolegliwości, ale trzymał się w siodle prosto i mocno dzierżył zielono-biały sztandar u boku. Wziąłem z niego przykład, wyprostowałem się i spiąłem konia piętami. Nasz krótki szereg wyruszył powoli w srebrzonym świetle księżyca, tak silnym, że rzucaliśmy cienie na szare skalne ściany.

Droga do obozu od południowej strony prowadziła przez wąską kamienistą ścieżkę, zataczającą łagodny, równy łuk z prawej strony na lewą. Za ścieżką po lewej stronie znajdowało się trzydziestometrowe urwisko o dnie zasłanym pokruszonymi głazami. Po prawej ciągnęła się gładka kamienna ściana. Mniej więcej w połowie ścieżki, kiedy jechaliśmy pod czujnymi spojrzeniami naszych ludzi i mudżahedinów z obozu, w prawym biodrze poczułem irytujące odrętwienie. Odrętwienie szybko zmieniło się w supeł przeszywającego bólu; im bardziej starałem się nie zwracać na niego uwagi, tym bardziej mi dokuczał. Usiłując go złagodzić, wyciągnąłem prawą nogę ze strzemiona i rozprostowałem nogę. Przeniosłem ciężar ciała na lewą stopę i trochę podniosłem się w siodle. Nagle, bez ostrzeżenia, straciłem oparcie, bo stopa wyśliznęła się ze strzemienia, i poczułem, że spadam z siodła na kamienie.

Instynkt samozachowawczy uruchomił moje kończyny, które zaczęły młócić powietrze. Chwyciłem konia za szyję i wierzgnąłem wolną prawą nogą. W czasie wystarczającym tylko na zaciśnięcie zębów zdążyłem wypaść z siodła i zawisnąć na końskiej szyi. Ścieżka była tak wąska, a przepaść tak stroma, że byłem przeświadczony, iż spadnę, jeśli rozluźnię chwyt. A koń szedł dalej. Wisiałem więc mu na szyi, trzymając się rękami, z nogą zahaczoną o jego kark, a jego głowa łagodnie kołysała się tuż przy mojej twarzy.

Pierwsi zaczęli się śmiać nasi. Był to ten bezradny, prychający, zduszony śmiech, po którym żebra bolą jeszcze przez wiele dni. A potem usłyszałem śmiech mudżahedinów z obozu. Wygiąłem kark i ujrzałem Kadira, oglądającego się na mnie i śmiejącego się równie głośno jak reszta. I wreszcie sam zacząłem się śmiać, a kiedy ze śmiechu osłabły mi ręce, roześmiałem się jeszcze bardziej. Gdy wydusiłem ochrypłe, rozpaczliwe „Prr! Stać! *Band karo!*" – tamci zaczęli się zaśmiewać jeszcze bardziej.

I tak wjechałem do obozu mudżahedinów. Wojownicy natychmiast mnie obstąpili, pomogli mi się odczepić od końskiej szyi i stanąć na równe nogi. Nasi przeszli przez wąską ścieżkę i zaczęli mnie klepać po plecach i ramionach. Na widok takiej bezceremonialności mudżahedini dołączyli do grupy klepiących i minął cały kwadrans, zanim uwolniłem się od ostatniego i mogłem usiąść, żeby dać wytchnienie roztrzęsionym nogom.

– Twój wjazd do obozu nie był najlepszym pomysłem świata – powiedział Chalid Ansari, zsuwając się po skale i siadając obok mnie, plecami do kamienia. – Ale, kurwa, człowieku, po tym występie jesteś superpopularny. Ci faceci w życiu nie widzieli nic śmieszniejszego.

– O Boże – westchnąłem, wydychając ostatnie spazmy chichotów. – Przez ten miesiąc przejechałem sto gór i dziesięć rzek, przeważnie po ciemku, i wszystko grało. A do obozu wjechałem, wisząc koniowi na szyi jak jakaś cholerna małpa.

– Tylko mnie znowu nie rozśmieszaj! – parsknął Chalid i chwycił się za bok.

Roześmiałem się razem z nim, ale choć byłem zmęczony, nie chciałem się już dłużej śmiać. Obejrzałem się w prawo, by uniknąć jego spojrzenia. Nasi ranni spoczywali pod płócienną *szamianą* w maskujących kolorach. Obok, w cieniu, mężczyźni zdejmowali juki z koni i nieśli je do jaskini. Za szeregiem pracujących ludzi Habib ciągnął coś długiego i ciężkiego, głęboko w mrok.

– Co... – zacząłem, jeszcze chichocząc – ...co robi Habib?

Chalid natychmiast skoczył na równe nogi. Jego niepokój dodał mi sił; skoczyłem za nim. Pobiegliśmy do skał na skraju górskiego płaskowyżu, a gdy wyłanialiśmy się zza nich, ujrzeliśmy, jak klęczy okrakiem nad ciałem człowieka. To był Siddiki. Kiedy uwaga wszystkich skupiła się na fascynujących paczkach naszego ładunku, Habib wyciągnął nieprzytomnego spod płóciennego daszku. W chwili kiedy do niego dobiegliśmy, właśnie wbił długi nóż w szyję rannego i przekręcił go delikatnie. Nogi Siddikiego lekko zadrżały i znieruchomiały. Habib wyciągnął nóż i odwrócił się w naszą stronę. Nasze przerażenie i wściekłość tylko podsyciły płonące szaleństwo w jego oczach. Wyszczerzył do nas zęby.

– Kadir! – ryknął Chalid z twarzą bladą jak skąpane w księżycu głazy dokoła – Kadirbaju! *Iddar ao!* „Chodź tu!".

Zza naszych pleców dobiegła odpowiedź, ale się nie ruszyłem. Wpatrywałem się w Habiba. Odwrócił się do mnie, przestąpił przez zamordowanego i przykucnął, jakby chciał się na mnie rzucić. Wariacki uśmiech przywarł mu do twarzy, ale oczy pociemniały – może ze strachu, może z przebiegłości. Szybko odwrócił głowę, przekrzywił ją pod dziwacznym kątem, jakby nasłuchiwał z drapieżną wnikliwością słabych odgłosów nocy. Ja nie słyszałem nic prócz odgłosów obozu i cichego zawodzenia wiatru w wąwozach, kanionach i skalnych szczelinach. W tej chwili ten kraj, te góry, cały Afganistan wydały mi się tak rozpaczliwe, tak wyprane z urody i czułości, że stał się krajobrazem Habibowego szaleństwa. Czułem się jak uwięziony w kamiennym labiryncie jego obłąkanego umysłu.

Kiedy on nasłuchiwał ze skupieniem, przycupnięty jak zwierzę, z twarzą odwróconą ode mnie, ja rozpiąłem kaburę i wyjąłem broń. Oddychając ciężko, automatycznie wypełniłem instrukcje Kadira, nie zdając sobie z tego sprawy, dopóki nie odbezpieczyłem pistoletu i nie odwiodłem iglicy. Na ten szczęk Habib odwrócił się do mnie. Spojrzał na broń w mojej ręce. Celowałem w jego pierś. Spojrzał mi w oczy, powoli, niemal powłóczyście przesuwając spojrzenie. Nadal trzymał ten długi nóż. Nie wiem, jaki wyraz pojawił się na mojej twarzy w tym księżycowym świetle. Pewnie niesympatyczny. Byłem zdecydowany: jeśli ruszy się choć milimetr w moją stronę, nacisnę spust tyle razy, żeby go wykończyć.

Jego uśmiech przeszedł w śmiech – przynajmniej to coś wyglądało na śmiech. Poruszał ustami i kręcił głową, ale nie wydawał żadnego dźwięku. A jego oczy, kompletnie omijające Chalida, przesłały mi wiadomość. I wtedy go usłyszałem, usłyszałem jego głos w mojej głowie. Widzisz? – powiedziały do mnie jego oczy. Miałem rację, że wam nie ufałem... Chcecie mnie zabić... Wszyscy... Chcecie mojej śmierci... I dobrze... Mnie to nie przeszkadza... Daję ci na to zgodę... Chcę, żebyś to zrobił...

Za naszymi plecami rozległ się jakiś dźwięk, kroki. Chalid i ja podskoczyliśmy i odwróciliśmy się w panice. Kadir, Nazir i Ahmad Zadeh szli do nas pospiesznie. Kiedy znowu się odwróciliśmy, Habiba już nie było.

– Co się stało? – spytał Kadir.

– Habib... – odezwał się Chalid. Rozejrzał się w ciemnościach, wypatrując szaleńca. – Zwariował... Zupełnie... Zabił Siddikiego... Zaciągnął go tutaj i poderżnął mu gardło.

– Gdzie on jest? – spytał gniewnie Nazir.

– Nie wiem – odparł Chalid, kręcąc głową. – Widziałeś, jak uciekł, Lin?

– Nie. Odwróciłem się razem z tobą, a kiedy się obejrzałem, już... zniknął. Chyba skoczył w przepaść.

– Nie mógł skoczyć. – Chalid zmarszczył brwi. – Ta przepaść ma pięćdziesiąt metrów. Nie mógł w nią skoczyć.

Abd al-Kadir ukląkł przy zmarłym i zaczął szeptać modlitwę, unosząc obie dłonie.

– Poszukamy go jutro – oznajmił Ahmad, pocieszająco dotykając ramienia Chalida. Spojrzał w nocne niebo. – Niedługo zajdzie księżyc. Mamy jeszcze mnóstwo roboty. Nie martw się. Jeśli jeszcze tu jest, znajdziemy go jutro. A jeśli nie znajdziemy, jeśli gdzieś przepadł, to chyba nie będzie najgorzej, *non*?

– Niech straże wypatrują go przez całą noc – rozkazał Chalid. – Nasi, ludzie, którzy dobrze go znają, nie tutejsi.

– *Oui* – zgodził się Zadih.

– Niech do niego nie strzelają, jeśli to będzie możliwe – ciągnął Chalid – ale niech i nie ryzykują. Sprawdźcie cały jego bagaż – juki i plecak. Zobaczcie, jaką broń lub materiały wybuchowe mógł mieć przy sobie. Przedtem nie przyjrzałem się dobrze, ale zdaje się, że miał coś pod płaszczem. Kurwa, co za gówno!

– Nie martw się – mruknął Zadih i znowu położył rękę na ramieniu Chalida.

– Nic na to nie poradzę – odparł Palestyńczyk, spoglądając na niego w ciemnościach. – Kurewsko zły początek. Chyba gdzieś tam się czai i właśnie się na nas gapi.

Kadir odmówił modlitwę i zanieśliśmy zwłoki Siddikiego pod płócienną *szamianę*. Owinęliśmy je płótnem. Następnego dnia mieliśmy go pogrzebać. Przepracowaliśmy jeszcze parę godzin, a potem legliśmy w jaskini, ramię w ramię. Wyczerpani mężczyźni głośno chrapali i rzucali się przez sen, ale ja nie mogłem zasnąć z innych powodów. Nieustannie wracałem spojrzeniem w to tonące w mroku miejsce, z którego zniknął Habib. Chalid miał rację. Źle się zaczęła ta wojna Kadira. Te słowa odbijały się echem w moim niespokojnym mózgu. Zły początek...

Usiłowałem skupić wzrok na krystalicznych, idealnych gwiazdach na czarnym niebie tej fatalnej nocy, ale nie potrafiłem, a mój wzrok ciągle uciekał na ciemną krawędź płaskowyżu. I zrozumiałem, tak jak rozumiemy bez jednego słowa, że straciliśmy miłość, albo nagle i bez wahania pojmujemy, że przyjaciel jest kłamcą i wcale nas nie lubi, że wojna Kadira zakończy się dla nas wszystkich dużo gorzej, niż się zaczęła.

ROZDZIAŁ 34

Przez dwa zimne i coraz zimniejsze miesiące mieszkaliśmy z wojownikami w grotach gór Szar-i Safa. Pod wieloma względami były to trudne miesiące, ale nasza górska twierdza nigdy nie znalazła się pod bezpośrednim ostrzałem i byliśmy względnie bezpieczni. Obóz znajdował się zaledwie pięćdziesiąt kilometrów w linii prostej od Kandaharu, dwadzieścia kilometrów od głównej drogi do Kabulu i jakieś pięćdziesiąt kilometrów na południowy wschód od zapory Arghandab. Rosjanie okupowali Kandahar, ale ich władza w południowej stolicy nie była zbyt pewna i miasto nieustannie znajdowało się w oblężeniu. Jego centrum bombardowano, a partyzanckie walki na obrzeżach regularnie zbierały żniwo wśród ludzi. Główna szosa znajdowała się w rękach kilku dobrze uzbrojonych oddziałów mudżahedinów. Jadące z Kabulu do Kandaharu rosyjskie konwoje czołgów i ciężarówek z dostawami musiały się przebijać przez barykady... i czasem im się udawało. Zawodowe wojsko afgańskie, lojalne wobec kabulskiego marionetkowego rządu, broniło strategicznie istotnej zapory Arghandab, ale częste ataki nadwątlały jego siły. W ten sposób znajdowaliśmy się mniej więcej w środku trójkąta utworzonego przez strefy działań wojennych, z których każda gwałtownie potrzebowała ludzi i broni. Góry Szar-i Safa nie dawały naszym wrogom strategicznej przewagi, więc walki nas nie dosięgły, gdyż dobrze się ukryliśmy w zamaskowanych górskich grotach.

Przez kolejne tygodnie zbliżaliśmy się do zimnego serca srogiej zimy. Śnieg padał gęsto i nasze wielowarstwowe mundury przemakały. Lodowata mgła snuła się przez góry tak powoli, że czasami godzinami wisiała w jednym miejscu, nieruchoma, biała i nieprzejrzysta jak mrożone szkło. Ziemia zawsze była błotnista lub zamarznięta i nawet kamienne ściany naszych mieszkalnych jaskiń zdawały się dzwonić i drżeć od lodowatego chłodu.

Wśród towarów przywiezionych przez Kadira znajdowały się ręczne narzędzia i części maszyn. W pierwszych dniach po przybyciu założyliśmy dwa warsztaty i pracowaliśmy w nich przez całe dłużące się zimowe tygodnie. Mieliśmy małą tokarkę, przyśrubowaną do skleconego własnoręcznie stołu. Uruchamiał ją silnik diesla. Wojownicy byli pewni, że w zasięgu słuchu nie ma żadnych wrogich oddziałów, ale i tak wytłumiliśmy hałas, otaczając silnik małym igloo z jutowych worków, w którym zrobiliśmy otwory wentylacyjne do wpuszczania powietrza i wypuszczania spalin. Ten sam silnik napędzał szlifierkę i wysokoobrotową wiertarkę.

Z takim parkiem maszynowym wojownicy mogli naprawiać broń i czasami ją przerabiać, by nadawała się do nowych, odmiennych celów. Na pierwszy ogień poszły moździerze. Po samolotach i czołgach najskuteczniejszą bronią w Afganistanie były rosyjskie 82-milimetrowe moździerze. Partyzanci kupowali je, kradli albo zdobywali w walce, często za cenę życia. Broń, którą Rosjanie ściągali do ich kraju, by go zdobyć, zwracała się przeciwko swoim właścicielom. W naszych warsztatach rozkładaliśmy ją na części, przerabialiśmy i w nawoskowanych workach wysyłaliśmy w strefy działań wojennych, tak dalekie, jak Zarang na zachodzie i Kunduz na północy.

Oprócz obcęgów i narzędzi do nacinania nabojów, a także amunicji i środków wybuchowych, w ładunku Kadira znajdowały się też nowe części do kałasznikowów, które nabył na bazarach z bronią w Peszawarze. Rosyjski AK – automat Kałasznikowa – stworzył w latach czterdziestych Michaił Kałasznikow w odpowiedzi na nową niemiecką broń. Pod koniec drugiej wojny światowej generałowie niemieckiej armii nie posłuchali wyraźnych rozkazów Adolfa Hitlera i kazali wyprodukować karabin automatyczny. Projektant broni, Hugo Schmeisser, posłużył się zalążkiem wcześniejszego pomysłu Rosjanina i opracował broń krótką, lekką, o magazynku mieszczącym trzydzieści pocisków, wystrzeliwanych w praktyce z prędkością stu na minutę. Hitler był pod takim wrażeniem broni, której produkcji zakazał, że nazwał ją *Sturmgewehr*, czyli bronią szturmową i natychmiast skierował do masowej produkcji. Dla hitlerowców osiągnięcie to było zbyt małe i zbyt spóźnione, lecz pistolet maszynowy Schmeissera zapoczątkował kierunek rozwoju broni maszynowej do końca tego stulecia.

AK-47 Kałasznikowa, najbardziej rozpowszechniony typ, kieruje pewną część gazów wytwarzanych przez wystrzelony nabój do cylindra nad lufą. Gaz uruchamia suwadło, które odryglowuje zamek i napina kurek. Karabin waży jakieś pięć kilogramów, w wygiętym metalowym magazynku mieści trzydzieści pocisków kalibru 7,62-milimetra i wystrzeliwuje je z prędkością siedmiuset metrów na sekundę. W trybie automatycznym wystrzeliwuje ponad sto nabojów na minutę i około czterdziestu w półautomatycznym.

Ma także swoje ograniczenia, o których niezwłocznie powiedzieli mi mudżahedini. Mała prędkość wylotowa ciężkiego pocisku powoduje, że opada on podczas lotu, co z kolei wymaga skomplikowanych poprawek, by trafić w cel oddalony o trzysta lub więcej metrów. Rozbłysk z lufy AK, zwłaszcza tego z nowej serii 74, był tak jasny, że w nocy oślepiał strzelającego i zdradzał jego pozycję. Lufa szybko się przegrzewała i nie można jej było dotknąć. Czasami nabój rozgrzewał się w komorze tak, że wybuchał strzelającemu w twarz. Dlatego wielu partyzantów podczas operacji wojennych trzyma karabin z dala od ciała albo nad głową.

Za to karabin działa bez zarzutu po całkowitym zanurzeniu w wodzie, błocie czy śniegu i pozostaje jedną z najskuteczniejszych i niezawodnych maszyn do zabijania w historii świata. W ciągu pierwszych czterech dekad po jego wynalezieniu wyprodukowano pięćdziesiąt milionów egzemplarzy – więcej niż jakiejkolwiek innej broni w historii. Kałasznikow we wszystkich swoich odmianach jest ulubioną bronią rewolucjonistów, zawodowych żołnierzy, najemników i gangsterów w całym walczącym świecie.

Oryginalny AK-47 był z kutej i walcowanej stali. Produkowany w latach siedemdziesiątych AK-74 składał się z elementów z tłoczonego metalu. Niektórzy co starsi afgańscy wojownicy lekceważyli nowszy model, o mniejszych, 5,45-milimetrowych nabojach i magazynku z pomarańczowego plastiku, preferując solidność cięższego AK-47. Co młodsi wojownicy wybierali model 74, gdyż starszy uważali za zabytek. Broń tę produkowano w Egipcie, Syrii, Rosji i Chinach. Choć karabiny zasadniczo były identyczne, wojownicy mieli swoje upodobania i handel bronią nawet w tym samym oddziale był kwitnący i intensywny.

W warsztatach Kadira reperowano i przerabiano kałasznikowy każdego modelu. Cieszyły się one popularnością. Afgańczycy niezmordowanie dążyli do poznania broni i nabycia nowych umiejętności. Nie była to ciekawość obłąkanych dzikusów. Umiejętność obchodzenia się z bronią stanowiła zwykłą konieczność w kraju, który przetrwał najazd Aleksandra Wielkiego, Hunów, Saków, Scytów, Mongołów, Mogołów, Safawidów, Anglików i Rosjan – między innymi. I ucząc się w warsztatach lub pomagając przy pracy, mężczyźni gromadzili się, by wypić razem herbatę przyrządzoną na kuchenkach spirytusowych, wypalić papierosa i porozmawiać o ukochanych.

Przez dwa miesiące pracowałem z nimi codziennie. W małej kuźni topiłem ołów i inne metale. Pomagałem zbierać drewno na rozpałkę, nosiłem wodę ze źródła u wejścia do pobliskiego wąwozu. Brnąc w śniegu, wykopywałem nowe latryny i starannie je zasłaniałem i maskowałem, gdy się wypełniły. Toczyłem nowe części na rewolwerówce i topiłem opiłki metalu, z których robiliśmy nowe części. Rankami oporządzałem konie, które zajmowały inną jaskinię w górach. Kiedy przychodziła moja kolej na dojenie kóz, robiłem masło i pomagałem piec chleb *naan*. Jeśli ktokolwiek potrzebował pomocy przy opatrzeniu rany, otarcia czy naciągniętej kostki, wyciągałem apteczkę i robiłem, ile mogłem, żeby go wyleczyć.

Nauczyłem się refrenów paru piosenek i wieczorami, gdy gasiliśmy ogniska i siadywaliśmy blisko siebie, było cieplej, śpiewałem z innymi równie cicho jak oni. Słuchałem opowieści, które szeptali w mroku, a które tłumaczyli mi Chalid, Mahmud i Nazir. Każdego dnia podczas modlitw klękałem razem z innymi i milczałem. A w nocy, otoczony chrapiącymi partyzantami, oddychałem powietrzem – w którym mieszała się woń dymu, smaru, taniego sandałowego mydła, moczu, kału, przesiąkniętej potem mokrej wełny, niemytych ludzkich i końskich włosów, maści i oliwy do siodła, kminku i kolendry, miętowego proszku do zębów, czaju, tytoniu i stu innych – śniłem razem z nimi o domach i ludziach, których pragnęliśmy znowu zobaczyć.

Potem, gdzieś pod koniec drugiego miesiąca, kiedy naprawiliśmy i przerobiliśmy ostatnie sztuki broni, a zapasy, które przywieźliśmy, były na wykończeniu, Kadir rozkazał nam przygotować się do długiej podróży powrotnej. Zamierzał ruszyć okrężną trasą na zachód, w stronę Kandaharu, z dala od pakistańskiej granicy, by dostarczyć niektóre konie do swojej rodzinnej wioski. Następnie, z lekkim bagażem i bronią, mieliśmy maszerować nocami, dopóki nie dotrzemy do bezpiecznej pakistańskiej granicy.

– Konie już objuczone – zameldowałem Kadirowi. – Chalid i Nazir zaraz skończą. Kazali cię powiadomić.

Znajdowaliśmy się na płaskim szczycie pagórka, z którego roztaczał się doskonały widok na doliny i puste równiny, ciągnące się od stóp gór aż do Kandaharu na horyzoncie. Mgły i śnieg na moment przestały zasłaniać widok i mogliśmy wreszcie ujrzeć całą panoramę. Na schodzie zgromadziły się ciemne, ciężkie masy chmur, a w zimnym powietrzu wisiał mokry zapach deszczu i śniegu, które miały ze sobą przynieść – ale przez jedną chwilę widzieliśmy wszystko aż po koniec świata i nasze osmagane zimowym wichrem oczy pławiły się w jego urodzie.

– W listopadzie tysiąc osiemset siedemdziesiątego ósmego roku, w tym samym miesiącu, w którym rozpoczęła się nasza misja, Brytyjczycy przedarli się przez przełęcz Chajber i zaczęła się druga wojna afgańska – odezwał się Kadir, jakby nie usłyszał mojego meldunku albo może reagując na niego na własny sposób. Wpatrywał się w falującą mgłę na horyzoncie, zrodzoną z dymu i ognia dalekiego Kandaharu. Niektóre rozbłyski i migotania na horyzoncie mogły być wybuchami rakiet, wystrzelonych w miasto przez ludzi, którzy niegdyś mieszkali w nim jako nauczyciele i kupcy. Na wojnie przeciwko rosyjskim najeźdźcom stali się wygnanymi demonami, ziejącymi ogniem na własne domy, sklepy i szkoły. – Przez przełęcz Chajber przeszedł budzący największy strach, najbardziej odważny i brutalny żołnierz wojsk kolonialnych. Nazywał się Roberts, lord Frederick Roberts. Podbił Kabul i zaprowadził w nim bezlitosny stan wojenny. Pewnego dnia kazał powiesić na miejskim placu osiemdziesięciu siedmiu afgańskich żołnierzy. Burzono budynki i rynki, palono wioski, zabijano setki Afganów. W czerwcu pewien afgański książę, Ajub Chan, ogłosił dżihad z intencją wypędzenia Brytyjczyków. Wyruszył z Heratu z dziesięcioma tysiącami ludzi. Był moim przodkiem, pochodził z mojej rodziny, a wielu moich krewnych należało do jego wojska.

Zamilkł i zerknął na mnie; jego złote oczy lśniły pod srebrzystymi brwiami. W jego głosie brzmiał uśmiech, ale szczęki były zaciśnięte, a usta zmieniły się w tak wąską kreskę, że pobielały na krawędziach. Sprawdziwszy, czy go słucham, znowu spojrzał na dymny horyzont i podjął opowiadanie.

– Brytyjski oficer, który w owym czasie dowodził Kandaharem, niejaki Burrows, miał sześćdziesiąt trzy lata, tyle samo, ile ja w tej chwili. Wyruszył z Kandaharu na czele tysiąca pięciuset żołnierzy brytyjskich i hinduskich i spotkał się z księciem Ajubem w miejscowości Maiwan. Przy dobrej pogodzie widać ją z tego miejsca. Podczas starcia obie strony strzelały z dział, niosąc setkom żołnierzy najstraszliwszą z możliwych śmierć. Kiedy wreszcie starli się wręcz, strzelali do siebie z tak bliska, że kule przechodziły przez nich na wylot i trafiały w następnych. Brytyjczycy stracili połowę żołnierzy. Afganowie – dwa tysiące pięciuset. Ale to oni wygrali, a Brytyjczycy zostali zmuszeni do wycofania się do Kandaharu. Książę Ajub natychmiast otoczył miasto i zaczęło się oblężenie.

Na wietrznym wzgórzu było zimno, przejmująco zimno, choć słońce świeciło niezwykle mocno. Ręce i nogi mi zdrętwiały i bardzo chciałem wstać i rozruszać się, ale nie chciałem mu przerywać. Zapaliłem dwa *bidi* i podałem mu jednego. Przyjął go, unosząc brwi w podziękowaniu. Zanim podjął opowieść, zaciągnął się głęboko dwa razy.

– Lord Roberts – wiesz co, Lin, mój pierwszy nauczyciel, mój drogi szanowny pan Mackenzie, zawsze powtarzał: „Bobs twój wujek", nieustannie, i ja także zacząłem tak mówić, żeby być taki jak on. Potem, pewnego dnia powiedział, że to powiedzenie pochodzi od niego, od lorda Fredericka Robertsa, ponieważ człowiek, który zabijał setki moich rodaków, był tak dobry dla własnych żołnierzy, że nazywali go wujem Bobsem. I mówili, że jeśli to on dowodzi, to wszystko będzie dobrze – „Bobs twój wujek". Od tego czasu nigdy więcej tak nie powiedziałem, ani razu. I jest coś dziwnego – mój drogi, szanowny pan Mackenzie był wnukiem człowieka, który walczył pod rozkazami lorda Robertsa. Jego dziadek i moi rodacy walczyli ze sobą podczas drugiej wojny Brytyjczyków w Afganistanie. To dlatego szanowny pan Mackenzie tak się fascynował historią mego kraju i tak wiele wiedział o wojnach. I, dzięki Allahowi, był moim przyjacielem, moim nauczycielem, choć jeszcze żyli ludzie noszący blizny wyniesione z wojny, w której zginął i jego, i mój dziadek.

Znowu zamilkł i słychać było tylko wiatr, pierwszy chłód nadchodzącego śniegu, który się do nas zbliżał; ten dygoczący wiatr zrodził się w dalekim Bamijanie i niósł ze sobą śnieg, lód i mroźne powietrze ze wszystkich gór w drodze do Kandaharu.

– I tak lord Roberts wyruszył z Kabulu, z dziesięcioma tysiącami żołnierzy, by przerwać oblężenie Kandaharu. Dwie trzecie jego wojska stanowili Hindusi – indyjscy sipajowie, i byli to dobrzy żołnierze. Roberts przemierzył z nimi w dwadzieścia dwa dni prawie pięćset kilometrów z Kabulu do Kandaharu. Sporą część tej drogi powtórzyliśmy, ty i ja, podczas naszej podróży, z przełęczy Czaman – a wiesz, że nam zajęło to miesiąc, a mieliśmy dobre konie i po drodze pomagali nam mieszkańcy wiosek. A oni maszerowali z lodowatych, przysypanych śniegiem gór na płonącą pustynię, a potem, po dwudziestu dniach tego niewiarygodnego marszu przez piekło, stoczyli wielką bitwę z wojskiem księcia Ajuba Khana i pokonali go. Roberts uratował Brytyjczyków w oblężonym mieście i od tego dnia, nawet gdy mianowano go feldmarszałkiem wszystkich żołnierzy Imperium Brytyjskiego, zawsze nazywano go Robertsem z Kandaharu.

– Czy książę Ajub zginął?

– Nie. Uciekł. Potem Anglicy osadzili jego bliskiego krewnego Abd ar-Rahmana Chana na tronie Afganistanu. Abd ar-Rahman Chan, również mój przodek, rządził krajem z tak wyjątkową mądrością, że Brytyjczycy nie mieli prawdziwej władzy w Afganistanie. Sytuacja była dokładnie taka jak przedtem – zanim wielki żołnierz i wielki zabójca, Bobs twój wujek, przedarł się przez przełęcz Chajber, by przystąpić do wojny. Ale morał tej historii, kiedy tu siedzimy i patrzymy na ogień w moim płonącym mieście, jest taki, że Kandahar to klucz do Afganistanu. Kabul to jego serce, ale Kandahar to dusza tego narodu i kto rządzi Kandaharem, rządzi Afganistanem. Kiedy Rosjanie będą musieli opuścić moje miasto, przegrają tę wojnę. Ale nie wcześniej.

– To wszystko świństwo. – Westchnąłem, pewien, że nowa wojna nic nie zmieni, że wojny tak naprawdę nic nie zmieniają. To pokój zadaje najgłębsze rany, pomyślałem. I pamiętam, jak to myślałem – przypominam sobie, że to zdanie wydało mi się inteligentne, i miałem nadzieję, że uda mi się rzucić je w rozmowie. Pamiętam każdą chwilę tamtego dnia. Pamiętam każde słowo i wszystkie te głupie, próżne, pozbawione czujności myśli – pamiętam to tak dobrze, jakby los rzucił mi je w tej chwili w twarz. – To wszystko świństwo i cieszę się, że dzisiaj wracamy do domu.

– Kto jest tu twoim przyjacielem? – spytał. Zaskoczył mnie, nie potrafiłem odgadnąć jego intencji. Zauważył moją dezorientację, która go wyraźnie rozbawiła, i spytał znowu: – Z tych, których tu poznałeś, na tej górze, kto jest twoim przyjacielem?

– No, oczywiście Chalid i Nazir...

– Ach, więc Nazir jest teraz twoim przyjacielem?

– Tak. – Roześmiałem się. – To przyjaciel. I lubię Ahmada Zadiha. I Mahmuda Milbafa, Irańczyka. Sulajman jest w porządku i Dżalalad – dziki szczeniak – no i Zahir Rasul, rolnik.

Kadir kiwał głową, ale ponieważ nie skomentował, poczułem, że muszę mówić dalej.

– Chyba wszyscy oni są dobrymi ludźmi. Wszyscy, którzy tu są. Ale ci... z nimi dogaduję się najlepiej. Czy o to pytałeś?

– Co jest tu twoim ulubionym zajęciem? – spytał, zmieniając temat tak szybko i niespodziewanie, jak zrobiłby to jego przysadzisty przyjaciel Abd al-Ghani.

– Moje ulubione... to szaleństwo, nigdy nie sądziłem, że to powiem, ale chyba najbardziej lubię doglądać koni.

Uśmiechnął się, a ten uśmiech przeszedł w śmiech. Przyszło mi do głowy, nie wiem dlaczego, że przypomniało mu się, jak wjechałem do obozu, zwisając z końskiej szyi.

– Tak, tak – mruknąłem. – Nie jestem najlepszym jeźdźcem świata.

Roześmiał się jeszcze głośniej.

– Ale naprawdę zaczęło mi ich brakować, kiedy kazałeś nam je zgromadzić w grocie. To śmieszne – przyzwyczaiłem się do ich obecności i jakoś zawsze czułem się lepiej, kiedy szedłem je zobaczyć, wyszczotkować i nakarmić.

– Rozumiem – mruknął i spojrzał mi badawczo w oczy. – Powiedz, kiedy inni się modlą, a ty się do nich przyłączasz – czasami cię widywałem, jak klęczysz za nimi, w pewnym odstępie – jakie słowa wypowiadasz? Czy to modlitwa?

– Ja... chyba nic nie mówię – powiedziałem, marszcząc brwi. Zapaliłem dwa nowe *bidi*, nie dlatego, że ich potrzebowałem, ale żeby się czymś zająć i ogrzać w ich małych ogienkach.

– To co myślisz, skoro nie mówisz? – spytał i przyjął drugiego papierosa, odrzuciwszy niedopałek pierwszego.

– Nie nazwałbym tego modlitwą. Raczej nie. Myślę na ogół o ludziach, o mojej matce... i o mojej córce. Myślę o Abdullahu... i Prabakerze... opowiadałem ci o nim, to mój przyjaciel, który umarł. Wspominam przyjaciół i ludzi, których kocham.

– Myślisz o matce. A o ojcu?

– Nie.

Powiedziałem to szybko – może za szybko – i poczułem na sobie jego uważne spojrzenie.

– Czy twój ojciec żyje?

– Chyba tak. Ale... nie mam pewności. Zresztą to mnie nie obchodzi.

– Ojciec musi cię obchodzić – oznajmił, znowu odwracając wzrok. Wówczas wydawało mi się to takie przemądrzałe. Nie znał mojego ojca, nie wiedział, jakie miałem z nim układy. Tak bardzo ugrzęzłem w niechęci, starej i nowej, że nie usłyszałem bólu w jego głosie. Nie zdawałem sobie sprawy – wiem to dopiero teraz – że on także był wygnanym synem, który mówi o swoim ojcu.

– Ty jesteś dla mnie ojcem bardziej niż on – powiedziałem i niemal poczułem, że to prawda, a gdy otworzyłem przed nim serce, słowa zabrzmiały niechętnie i niemal nienawistnie.

– Nie mów tak! – warknął i rzucił mi ostre spojrzenie. Jeszcze nigdy nie okazał mi uczucia tak bliskiego gniewowi i mimowolnie wzdrygnąłem się od tej nagłej zaciekłości. Natychmiast złagodniał, położył mi rękę na ramieniu. – A twoje sny? O czym ty śnisz?

– Sny?

– Tak. Opowiedz mi o swoich snach.

– Nieczęsto je miewam – powiedziałem, zastanawiając się intensywnie. – Wiesz, to dziwne, ale od dawna śnię koszmary... właściwie od ucieczki z więzienia. Koszmary o tym, że mnie złapali albo że z nimi walczę, żeby mnie nie złapali. Ale odkąd tu jestem... nie wiem, czy to przez to rozrzedzone powietrze, czy przez to, że idę spać tak cholernie zmęczony i zmarznięty, czy może przez troskę o wojnę... nie mam już koszmarów. Tu ich nie mam. A nawet zdarzyło mi się parę dobrych snów.

– Opowiedz.

Nie chciałem w to wnikać – sny były o Karli.

– To... radosne sny, o miłości.

– Dobrze – mruknął i pokiwał głową. Zabrał rękę z mojego ramienia. Wyglądał na zadowolonego z mojej odpowiedzi, ale oczy miał spuszczone i niemal ponure. – Ja także mam tu sny. Śniłem o Proroku. Widzisz... my, muzułmanie, nie powinniśmy nikomu mówić, że przyśnił nam się Prorok. To bardzo dobrze, to cudownie, i często się zdarza wśród wiernych, lecz nie wolno nam mówić o tych snach.

– Dlaczego? – spytałem, drżąc z zimna.

– Dlatego, że opisywanie rysów Proroka jest surowo zakazane, podobnie jak rozmowa o nim jako o kimś, kogo można zobaczyć. Takie było życzenie Proroka – by żaden mężczyzna ani kobieta nie oddawali mu czci i nie poświęcali uczuć, które są winni Bogu. To dlatego nie ma wizerunków Proroka – ani rysunków, ani obrazów, ani posągów. A ja o nim śniłem. Przecież nie jestem wzorowym muzułmaninem, prawda? Bo opowiadam ci o moim śnie. Stał, szedł dokądś. Jechałem za nim konno – to był doskonały, piękny biały koń – i choć nie widziałem twarzy, wiedziałem, że to on. Więc zsiadłem z konia i oddałem go Prorokowi. Z szacunku przez cały czas miałem spuszczoną głowę. Ale w końcu podniosłem wzrok i zobaczyłem, jak odjeżdża w świetle zachodzącego słońca. Taki miałem sen.

Był spokojny, ale znałem go na tyle, by dostrzec cień przygnębienia w jego oczach. Było w nich też coś jeszcze, coś tak nowego i dziwnego, że dopiero po paru chwilach dotarło do mnie, co to jest – strach. Abd al-Kadir Chan się bał.

Mnie też ścierpła skóra. To było niewyobrażalne. Aż do tej chwili wierzyłem z całego serca, że Kadirbaj niczego się nie boi. Zdenerwowany, strapiony, pospiesznie zmieniłem temat.

– Kadir, wiem, że mówię o czym innym, ale czy możesz odpowiedzieć na to pytanie? Zastanawiałem się nad czymś, co powiedziałeś jakiś czas temu. Powiedziałeś, że życie i świadomość, a także wszystko inne zrodziło się ze światła podczas Wielkiego Wybuchu. Czy chcesz powiedzieć, że to światło jest Bogiem?

– Nie – powiedział i to nagłe, lękliwe przygnębienie ulotniło się z jego twarzy, rozproszone uśmiechem, który mogę opisać tylko jako kochający. – Nie sądzę, by to światło było Bogiem. Myślę, że można twierdzić, że światło jest językiem Boga. Światło może być sposobem, w jaki Bóg przemawia do wszechświata i do nas.

W nagrodę za pomyślną zmianę tematu i nastroju wstałem. Zacząłem przytupywać nogami i zacierać ręce, by pobudzić krew do krążenia. Kadir poszedł w moje ślady i ruszyliśmy w krótką drogę powrotną do obozu, dmuchając w zgrabiałe dłonie.

– To dziwne światło, skoro o świetle mowa – wysapałem. – Słońce świeci, ale to zimny blask. Nie ma w nim ciepła; czuję się jak uwięziony między zimnym słońcem i jeszcze zimniejszym cieniem.

– A my na plaży, w migotaniu... – zacytował Kadir. Obejrzałem się na niego tak gwałtownie, że coś mi strzeliło w karku.

– Co powiedziałeś?

– To cytat – odparł powoli, wyczuwając, że to dla mnie ważne. – Fragment wiersza.

Wyjąłem z kieszeni portfel, otworzyłem i wysupłałem karteczkę. Była tak wymięta i wytarta, że na złożeniach się miejscami przedarła. To był wiersz Karli, ten sam, który przepisałem z jej dziennika przed dwoma laty, gdy siedziałem w jej mieszkaniu z Tarikiem w Noc Dzikich Psów. Od tego czasu nie rozstawałem się z nim. W więzieniu Arthur Road oficerowie zabrali mi tę kartkę i podarli. Gdy Vikram mnie wykupił, odtworzyłem wiersz z pamięci i nosiłem go przy sobie codziennie, wszędzie. Wiersz Karli.

– Ten wiersz – rzuciłem gwałtownie, pokazując mu podarty, furkoczący karteluszek – napisała kobieta. Karla Saaranen. Ta, którą wysłałeś do Gupty z Nazirem, żeby... żeby mnie przywiozła. To zadziwiające, że go znasz. Niewiarygodne.

– Nie, Lin – odpowiedział spokojnie. – To wiersz sufickiego poety, Sadika Khana. Znam wiele jego wierszy na pamięć. To mój ulubiony poeta. Także Karli.

Te słowa zamknęły się wokół mojego serca jak lód.

– Ulubiony poeta Karli?

– Tak sądzę.

– Czy... czy dobrze znasz Karlę?

– Bardzo dobrze.

– Myślałem... myślałem, że poznałeś ją, kiedy mnie wydobyłeś od Gupty. Powiedziała... A raczej wydawało mi się, że powiedziała, że przedtem cię nie znała.

– Nie, Lin, to nie było tak. Znam Karlę od lat. Pracuje dla mnie. A raczej pracuje dla Abd al-Ghaniego, a Ghani pracuje dla mnie. Ale przecież musiała ci o tym powiedzieć, prawda? Nie wiedziałeś? To mnie bardzo dziwi. Byłem pewien, że Karla opowie ci o mnie. Ja rozmawiałem z nią o tobie wiele razy.

W głowie latały mi ryczące odrzutowce, odrzutowce nad czarną przepaścią – sam wrzask i czarne lęki. Co powiedziała Karla, kiedy leżeliśmy obok siebie, walcząc ze snem, podczas zmagań z epidemią cholery? „W samolocie poznałam biznesmena, hinduskiego biznesmena, i moje życie zmieniło się na zawsze...". Czy chodziło o Abd al-Ghaniego? Czy to o nim mówiła? Dlaczego częściej nie pytałem ją o pracę? Dlaczego sama mi o niej nie opowiedziała? I co robiła dla Abd al-Ghaniego?

– Co ona dla ciebie robi... dla Al-Ghaniego?

– Wiele rzeczy. Ma wiele talentów.

– Znam jej talenty – warknąłem. – Co robi dla ciebie?

– Między innymi – odpowiedział, powoli i precyzyjnie – wynajduje użytecznych i utalentowanych cudzoziemców, takich jak ty. Znajduje ludzi, którzy mogliby w razie potrzeby dla nas pracować.

– Co? – wykrztusiłem, jakby to słowo nie było słowem, tylko strzępem mojego ciała, zlodowaciałym ochłapem mojego serca.

Znowu zaczął mówić, ale szybko mu przerwałem.

– Chcesz powiedzieć, że Karla mnie zwerbowała... dla ciebie?

– Tak. Tak było. I bardzo się z tego cieszę.

Ten lód nagle wdarł się w moje ciało, popłynął żyłami, a moje oczy zmieniły się w śnieg. Kadir szedł dalej, ale zatrzymał się, kiedy zauważył, że mu nie towarzyszę. Odwrócił się jeszcze uśmiechnięty. W tej samej chwili zbliżył się do nas Chalid Ansari. Głośno zatarł dłonie.

– Kadir! Lin! – powitał nas ze smutnym, bladym uśmiechem, który nauczyłem się kochać. – Podjąłem decyzję. Zastanawiałem się, Kadir, tak jak radziłeś, ale postanowiłem zostać. Chociaż na jakiś czas. Habib był tutaj wczoraj w nocy. Strażnicy go widzieli. Robił takie rzeczy... To, co rosyjskim więźniom, a nawet niektórym afgańskim jeńcom na drodze do Kandaharu... no, to ohydne gówno, a na mnie trudno zrobić wrażenie. To taki obłęd, że ludzie chcą z tym coś zrobić. Boją się tak, że zastrzelą go, jak tylko się nawinie. Chcą na niego zapolować, jak na dzikie zwierzę. Muszę... muszę mu jakoś pomóc. Zostanę i postaram się go odnaleźć, i namówię, żeby wrócił ze mną do Pakistanu. Więc... ruszajcie beze mnie, a ja... ja was dogonię za parę tygodni. I... i to tyle. Nie mam nic więcej do powiedzenia.

Po tej krótkiej przemowie zapanowało milczenie. Gapiłem się na Kadira i czekałem, aż coś powie. Byłem wściekły i przestraszony. To taki szczególny strach – jakby arktyczne przerażenie, które potrafi obudzić tylko miłość. Kadir wpatrywał się bacznie w moją twarz. Chalid wodził wzrokiem między nami, zbity z tropu i zatroskany.

– A tamta noc, kiedy poznałem ciebie i Abdullaha? – spytałem przez zęby, zaciśnięte z powodu zimna i jeszcze zimniejszego strachu, który szarpał mną jak skurcze.

– Zapomniałeś – odpowiedział Kadir Chan z odrobiną surowości. Twarz miał równie mroczną i zdeterminowaną jak ja. Wtedy nie przyszło mi do głowy, że on także czuje się zawiedziony i zdradzony. Zapomniałem o Karaczi i nagonce policji. Zapomniałem, że w jego otoczeniu znalazł się zdrajca, ktoś mu bliski, kto chciał doprowadzić do schwytania lub zabicia jego i nas wszystkich. Nie dostrzegłem w jego ponurym przygnębieniu nic poza okrutną obojętnością na to, co się ze mną działo. – Spotkałeś Abdullaha na długo przed wieczorem, kiedy się spotkaliśmy. Poznałeś go w świątyni Stojących Baba, prawda? Był tam, żeby strzec Karli. Nie znała cię dobrze. Nie była cię pewna, nie wiedziała, czy może ci ufać w nieznanym miejscu. Chciała, żeby ktoś przy niej był, na wypadek gdybyś nie miał wobec niej dobrych zamiarów.

– Był jej ochroniarzem... – wymamrotałem, myśląc: Nie ufała mi...

– Tak. Był, i to dobrym. Rozumiem, że tego wieczora doszło do gwałtownych czynów. Abdullah zrobił coś, by ją ratować... a być może i ciebie. Czy nie tak? To było jego zadanie – ochrona. Dlatego go wysłałem za tobą, kiedy mój siostrzeniec Tarik miał zamieszkać u ciebie w *zhopadpatti*. I tej samej nocy obronił was przed zdziczałymi psami, czyż nie? A przez cały pobyt Tarika u ciebie Abdullah przebywał blisko was, tak jak mu kazałem.

Nie słuchałem. W moim mózgu świstały wściekłe strzały, lecące wstecz, do dawniejszych czasów i miejsc. Szukałem Karli – bo to ją znałem i kochałem – lecz każda spędzona z nią chwila zaczęła zdradzać swoje sekrety i kłamstwa. Przypomniałem sobie nasze pierwsze spotkanie, ten pierwszy moment, kiedy powstrzymała mnie przed wejściem pod koła autobusu. To było na Arthur Bunder Road, na rogu Causeway, niedaleko Indyjskiego Domu Gościnnego, w samym środku dzielnicy turystycznej. Czy kręciła się tam, polując na cudzoziemców takich jak ja, szukając użytecznych rekrutów dla Kadira? Oczywiście. Sam tak robiłem – w pewnym sensie – mieszkając w slumsach. Snułem się w poszukiwaniu cudzoziemców, którzy dopiero co wysiedli z samolotu i chcieli wymienić pieniądze lub kupić *charras*.

Nazir podszedł do nas. Ahmad Zadih podążał parę kroków za nim. Stanęli przy Kadirbaju i Chalidzie, zwróceni do mnie. Nazir z grymasem powiódł wzrokiem po niebie od południa po północ, oceniając chwile pozostałe do nadejścia śnieżnej zadymki. Bagaże były już spakowane i sprawdzone, a jemu spieszyło się wyruszyć.

– A jak mi pomagałeś w klinice? – spytałem. Było mi niedobrze i czułem, że jeśli rozluźnię mięśnie nóg, przewrócę się na ziemię. A kiedy Kadir nie odpowiedział, powtórzyłem: – A klinika? Dlaczego pomagałeś mi w klinice? Bo coś planowałeś? Tę wyprawę?

Lodowaty wicher powiał przez szeroki płaskowyż i wszyscy zadrżeliśmy, zachwialiśmy się, gdy smagnął nas przez twarze i szarpnął nas za ubrania. Niebo błyskawicznie pociemniało; brudna, szara ława chmur przepełzła przez góry i poczołgała się nad daleką równiną ku migoczącemu, konającemu miastu.

– Robiłeś tam coś dobrego – powiedział.

– Nie o to pytam.

– Nie sądzę, żeby to była właściwa pora na taką rozmowę.

– Właśnie, że jest – uparłem się.

– Pewnych rzeczy nie zrozumiesz – oznajmił, jakby już to wielokrotnie przemyślał.

– Powiedz, i tyle.

– Doskonale. Wszystkie lekarstwa, które przywieźliśmy do tego obozu, wszystkie antybiotyki i penicylina dla walczących pochodzą od trędowatych Randżita. Musiałem się przekonać, czy można ich bezpiecznie używać.

– Jezu... – jęknąłem.

– Wykorzystałem nadarzającą się sposobność, ten dziwny fakt, że ty, cudzoziemiec, bez kontaktu z rodziną czy ambasadą, założyłeś klinikę w moich slumsach. Wykorzystałem tę szansę, by przetestować ich lekarstwa na mieszkańcach *zhopadpatti*. Musiałem zyskać pewność, zanim przywiozłem lekarstwa walczącym.

– Na miłość boską!

– Musiałem...

– Tak postąpiłby tylko jakiś świr!

– Spokojnie, Lin! – warknął na mnie Chalid. Inni stężeli po obu stronach Kadira, jakby myśleli, że rzucę się na niego. – Przesadziłeś, stary!

– Ja przesadziłem? – powiedziałem przez dzwoniące zęby. Usiłowałem zmusić zdrętwiałe kończyny, żeby były posłuszne umysłowi. – Ja przesadziłem! On zrobił sobie z ludzi w slumsach króliki doświadczalne czy szczury, czy co tam jeszcze, żeby przetestować antybiotyki – i wykorzystał mnie, bo mi wierzyli – ale to ja przesadziłem?

– Nikt nie ucierpiał! – krzyknął Chalid. – Lekarstwa były dobre, twoja praca była dobra. Ludzie wyzdrowieli.

– Po co tak stoimy na zimnie i gadamy – wtrącił szybko Ahmad Zadih, starając się nas pogodzić. – Kadir, musisz przeczekać zadymkę, zanim wyruszycie. Nie stójmy na dworze.

– Musisz zrozumieć – powiedział mocno Kadir, nie zwracając na niego uwagi. – To była decyzja wojenna – życie dwudziestu osób dla uratowania życia tysiąca, życie tysiąca dla ratowania miliona. I musisz mi uwierzyć, wiedzieliśmy, że te lekarstwa są dobre. Możliwość, że trędowaci dostarczą skażone lekarstwa, była bardzo niewielka. Mieliśmy niemal całkowitą pewność, że lekarstwa są dobre, kiedy ci je dawaliśmy.

– Opowiedz mi o Sapnie. – Oto wydusiłem z siebie najstraszniejszą obawę o niego i moje bliskie z nim kontakty. – Czy to także twoje dzieło?

– Nie byłem Sapną. Ale odpowiedzialność za jego morderstwa spada na mnie. Sapna zabijał dla mnie – za tę sprawę. A jeśli chcesz usłyszeć całą prawdę, to z krwawego dzieła Sapny odniosłem wielkie korzyści. Z jego powodu, z powodu jego istnienia i z powodu tego, jak się go bali – i ponieważ zobowiązałem się go znaleźć i powstrzymać, politycy i policja pozwolili mi wywieźć broń z Bombaju do Karaczi i Kwety. Krew, którą rozlał Sapna, naoliwiła nam koła. I zrobiłbym to jeszcze raz. Wykorzystałbym jego morderstwa, popełniłbym inne, własnymi rękami, gdyby to wspomogło naszą sprawę. To sprawa nas wszystkich, Lin, wszystkich tu obecnych. I będziemy walczyć, żyć, a być może także umrzemy za te sprawę. Jeśli zwyciężymy w tej walce, zmienimy całą historię, na zawsze, od tej chwili, z tego miejsca, w tych starciach. To nasza misja – zmienić cały świat. A jaka jest twoja? Co jest twoją misją, Lin?

Było mi strasznie zimno. Pierwsze płatki śniegu zawirowały wokół nas, a ja dygotałem tak, że szczękały mi zęby.

– A... a madame Zhou... kiedy Karla kazała mi udawać Amerykanina. To był twój pomysł? Twój plan?

– Karla prowadzi z Zhou prywatną wojnę i miała swoje powody. Ale zaaprobowałem jej plan wykorzystania ciebie przy wydostaniu jej przyjaciółki z Pałacu. Chciałem sprawdzić, czy sobie poradzisz. Już wtedy przyszło mi na myśl, że będziesz w Afganistanie moim Amerykaninem. I sprawdziłeś się, Lin. Niewielu tak dobrze poradziło sobie ze Zhou w jej pałacu.

– Ostatnia rzecz. Kiedy byłem w więzieniu... miałeś z tym coś wspólnego?

Zapadła twarda cisza, taka śmiertelna, oddychająca cisza, która zapada w pamięć głębiej niż najbardziej przenikliwe dźwięki.

– Nie – odrzekł w końcu. – Ale prawda wygląda tak, że mogłem cię stamtąd uratować już po pierwszych tygodniach, gdybym tak postanowił. Dowiedziałem się o wszystkim niemal natychmiast. I miałem możliwość ci pomóc, ale tego nie zrobiłem. Nie zrobiłem tego wtedy, kiedy mogłem.

Spojrzałem na Nazira i Ahmada Zadiha. Odpowiedzieli spokojnym spojrzeniem. Przeniosłem oczy na Chalida Ansariego. Patrzył na mnie z bolesnym, gniewnie wyzywającym grymasem, który ściągnął całą jego twarz w poszarpaną, rozdzierającą bliznę.

Wszyscy o tym wiedzieli. Wszyscy wiedzieli, że Kadir mnie tam zostawił. I dobrze, Kadir nie był mi nic winny. To nie on mnie tam posłał. Nie musiał mnie ratować. A przecież w końcu uratował, wydobył mnie z więzienia i uratował mi życie. Tylko że tyle razy mnie pobito, mnie i innych, za to, że usiłowałem go zawiadomić... a nawet gdyby nam się udało, gdybyśmy zdołali przesłać mu wiadomość, on by na nią nie odpowiedział, zostawiłby mnie tam do czasu, kiedy był gotowy działać. Tylko że ta nadzieja była daremna, pusta, bez znaczenia. A kiedy udowodnimy komuś, że jego nadzieja była płonna, że płonne były jego rachuby, zabija się w nim tę jasną, ufną część duszy, która pragnie miłości.

– Chciałeś mieć pewność, że będę... będę... ci wdzięczny. Dlatego mnie tam zostawiłeś. Tak było?

– Nie. To był zły los, twój *kismet*. Miałem układ z madame Zhou. Pomagała nam w spotkaniach z politykami i zjednywaniu pewnego generała z Pakistanu. Był jej... kontaktem. Szczerze mówiąc, był specjalnym klientem Karli. To jego najpierw przyprowadziła madame Zhou. I był to bardzo ważny kontakt. Ten generał miał wyjątkowe znaczenie dla moich planów. A madame Zhou była na ciebie tak zagniewana, że nie zadowoliłoby jej nic oprócz więzienia. Chciała, żeby cię tam zabili. Kiedy tylko zakończyłem zadanie, z samego rana, wysłałem do ciebie twojego przyjaciela Vikrama. Musisz mi uwierzyć, gdy mówię, że nie zamierzałem ci zrobić krzywdy. Lubię cię. Ja...

Nagle urwał, bo położyłem rękę na kaburze. Chalid, Ahmad i Nazir znieruchomieli i unieśli głowy, ale byli za daleko, żeby mnie dopaść jednym skokiem i zdawali sobie z tego sprawę.

– Jeśli teraz się nie odwrócisz i nie odejdziesz, przysięgam Bogu, klnę się na Boga, że wykończę nas obu. Nie obchodzi mnie, co się stanie ze mną, bylebym nigdy więcej nie musiał patrzeć na ciebie, rozmawiać z tobą ani cię słuchać.

Nazir zrobił powolny, niemal niedbały krok i stanął przed Kadirem, osłonił go własnym ciałem.

– Przysięgam Bogu, Kadir. W tej chwili niespecjalnie mnie obchodzi, czy przeżyję, czy nie.

– Ale przecież wyruszamy do Czaman, kiedy przestanie padać – powiedział Kadir i był to jedyny raz, kiedy usłyszałem drżenie jego głosu.

– Mówię serio. Nie jadę z tobą. Zostaję tutaj. Sam sobie poradzę. Albo już nie wrócę. To nie ma znaczenia. A ty... spieprzaj mi... z oczu. Rzygać mi się chce na sam twój widok!

Stał jeszcze przez chwilę, a ja walczyłem z pragnieniem sięgnięcia po broń i zastrzelenia go; to pragnienie zalewało mnie zimnymi, dygoczącymi falami wstrętu i wściekłości.

– Musisz to wiedzieć – odezwał się w końcu. – Cokolwiek uczyniłem złego, zrobiłem to z dobrych pobudek. Nigdy nie uczyniłem ci więcej, niż mógłbyś znieść. I powinieneś wiedzieć – musisz wiedzieć – że zawsze byłeś mi przyjacielem i ukochanym synem.

– A ty powinieneś wiedzieć – odpowiedziałem, a śnieg osiadał grubą czapą na mojej głowie i ramionach – że nienawidzę cię z całego serca. Cała ta twoja mądrość w rezultacie służy tylko do tego, nie? Do budzenia nienawiści. Spytałeś, jaka jest moja misja. Moja jedyna misja to wolność. A w tej chwili to oznacza uwolnienie się od ciebie – na zawsze.

Twarz zesztywniała mu z zimna. Śnieg osiadł na wąsach i brodzie i nie sposób było odczytać wyrazu jego twarzy. Ale jego złote oczy lśniły przez szarobiałą mgłę i nadal była w nich dawna miłość. Potem się odwrócił i odszedł. Pozostali odeszli razem z nim i zostałem sam w zadymce, z ręką przymarzniętą i dygoczącą na kaburze. Rozpiąłem ją, wyjąłem steczkina i odbezpieczyłem, szybko i wprawnie, tak jak mnie nauczył. Trzymałem go z boku, wycelowany w ziemię.

Mijały chwile – straszne chwile, kiedy mogłem zabić jego i siebie. I usiłowałem wypuścić broń, ale nie chciała wypaść z odrętwiałych, zlodowaciałych palców. Starałem się wyłuskać broń lewą ręką, ale palce miałem tak zaciśnięte, że się poddałem. I w kopule wirującego śniegu, którą stał się mój świat, uniosłem ręce ku białemu deszczowi, tak jak kiedyś zrobiłem na ciepłej ulewie w wiosce Prabakera. Byłem sam.

Dawno temu, kiedy wspinałem się na więzienny mur, było tak, jakbym się wspinał na mur na krańcu świata. Skacząc w wolność, straciłem cały znany i ukochany świat. W Bombaju usiłowałem nieświadomie stworzyć nowy kochający świat, który przypominałby tamten utracony, a nawet by go zastąpił. Kadir był moim ojcem, Prabaker i Abdullah braćmi, Karla kochanką. A potem straciłem ich, jedno po drugim. Straciłem kolejny świat.

Przyszła do mnie, niewołana, wyrazista myśl. Zrozumiałem, dlaczego Chalid Ansari był tak zdeterminowany, by pomóc Habibowi. Nagle zrozumiałem z doskonałą pewnością, co tak naprawdę zamierzał Chalid. On ratuje siebie, powtórzyłem parę razy, a moje zdrętwiałe wargi drżały od tych słów, które słyszałem tylko w myślach. I zrozumiałem, wypowiadając te słowa głosem i w myślach, że nie czuję nienawiści do Kadira ani Karli, że nie potrafię ich znienawidzić.

Nie wiem, dlaczego moje serce odmieniło się tak nagle i tak całkowicie. Może przez tę broń w ręku – przez moc odbierania życia lub oszczędzania go – i instynkt, zakorzeniony w najbardziej pierwotnej naturze, który powstrzymał mnie przed zrobieniem z niej użytku. Może to przez utratę Kadirbaja. Bo kiedy odszedł ode mnie, poczułem we krwi – we krwi, której zapach wisiał w tym gęstym białym powietrzu, we krwi, której smak czułem w ustach – że to już koniec. Bez względu na powody zmiana przeszła przeze mnie jak monsun przez bazar żelazny i nie zostawiła śladu tej morderczej nienawiści, którą żywiłem jeszcze przed chwilą.

Nadal byłem zły, że tak wiele synowskiej miłości zainwestowałem w Kadira i że moja dusza, wbrew życzeniu świadomego umysłu, błagała o jego miłość. Byłem zły, że spisał mnie na straty, że wykorzystał, by osiągnąć cel. I wściekałem się, że zabrał mi jedyną rzecz w całym moim życiu – moją działalność slumsowego doktora – która mogłaby odkupić moje grzechy, chociażby tylko we własnych oczach, jeśli nie w oczach innych, i mogłaby choć trochę zrównoważyć to zło, którego się dopuściłem. Nawet ta odrobina dobra została skażona i splamiona. Ten mój gniew był twardy i ciężki jak bazalt i wiedziałem, że minie wiele lat, zanim zacznie się kruszyć – a jednak nie czułem nienawiści.

Okłamali mnie i zdradzili, przestałem im ufać i już nie podziwiałem ich ani nie szanowałem, ale nadal kochałem. Nie miałem wyboru. Zrozumiałem to z idealną jasnością, stojąc na tym pustkowiu w śniegu. Miłości nie można zabić. Nawet nienawiścią. Można zabić zakochanie i kochanie. Można je zamordować albo odrętwić stężonym, ołowianym żalem, ale nie można zabić samej miłości. Miłość jest namiętnym poszukiwaniem prawdy innej niż własna prawda, a kiedy się ją poczuje, szczerze i całkowicie, miłość będzie trwać wiecznie. Każdy akt miłości, każda chwila serdecznego gestu to uniwersalne dobro, to Bóg lub to, co nazywamy Bogiem – i nie może umrzeć.

Kiedy zadymka ustała, obserwowałem, stojąc w pewnym oddaleniu od Chalida, jak Kadirbaj, Nazir i reszta wyjeżdżają z obozu. Wielki Chan, mafijny boss, mój ojciec, siedział wyprostowany na koniu. Trzymał sztandar, owinięty wokół drzewca. I nie obejrzał się ani razu.

Decydując się odłączyć od Kadirbaja i zostać z Chalidem i resztą ludzi w obozie, narażałem się na większe ryzyko. Bez Chana byłem słabszy niż w jego towarzystwie. Myśl, że nigdy nie wrócę do Pakistanu, wydawała się rozsądna. Powiedziałem to nawet na głos: nigdy mi się nie uda... nigdy mi się nie uda...

Ale nie czułem strachu, gdy pan Abd al-Kadir Chan znikał w chłonącym światło śniegu. Pogodziłem się z losem i nawet cieszyłem się z niego. W końcu pomyślałem: dostanę to, na co zasługuję. Z jakiegoś powodu ta myśl mnie oczyściła. Zamiast strachu poczułem nadzieję, że Kadir będzie żyć. Skończyło się, wszystko dobiegło końca i nigdy więcej nie chciałem go już widzieć, ale przyglądając się, jak wjeżdża w dolinę białych cieni, miałem nadzieję, że przeżyje. Modliłem się o jego bezpieczeństwo. Słałem mu w modlitwie ból mojego złamanego serca – i kochałem go. Kochałem go.

ROZDZIAŁ 35

Mężczyźni wypowiadają wojnę dla zysku i zasad, ale toczą ją dla ziem i kobiet. Prędzej czy później inne przyczyny i powody toną we krwi i tracą znaczenie. Prędzej czy później śmierć i pragnienie przeżycia zagłuszają zmysły. Prędzej czy później przetrwanie staje się jedyną logiką, a śmierć jedynym głosem i wizją. Wówczas, kiedy najlepsi przyjaciele umierają z krzykiem, a dobrzy ludzie, obłąkani z bólu i wściekłości, tracą rozum w krwawej łaźni, kiedy wszystko, co na tym świecie godziwe, sprawiedliwe i piękne, ginie wraz z rękami, nogami i głowami braci, synów i ojców – wówczas tym, co każe mężczyznom walczyć dalej, umierać i nie ustawać w umieraniu, rok po roku, jest wola obrony ziemi i kobiet.

Kiedy się ich słucha przed wyruszeniem do walki, wie się, że tak jest naprawdę. Wszyscy mówią o domu i ukochanych kobietach. I wie się, że to prawda, kiedy się widzi ich śmierć. Jeśli umierający mężczyzna ma w swoich ostatnich chwilach ziemię w zasięgu ręki, nabierze jej w dłoń. Jeśli może, podniesie głowę, żeby spojrzeć na górę, dolinę czy równinę. Jeśli jest daleko od domu, będzie o nim myślał i mówił. Opowie o swojej wiosce czy rodzinnej miejscowości lub wielkim mieście, w którym dorastał. W ostatecznym rozrachunku liczy się tylko ziemia. W ostatnich chwilach nikt nie krzyczy o swojej sprawie. W ostatniej minucie życia będzie się szeptać lub krzyczeć imię siostry, córki, kochanki lub matki, jednym tchem z imieniem Boga. Koniec jest zwierciadlanym odbiciem początku. Na końcu jest kobieta i miasto.

Trzy dni po wyjeździe Kadirbaja, trzy dni po chwili, kiedy odjechał w zamieć, strażnicy z południowego punktu obserwacyjnego od strony Kandaharu krzyknęli, że ktoś się zbliża. Pobiegliśmy na południowy skraj obozowiska i ujrzeliśmy gruzłowaty, zawiły kształt, być może dwie lub trzy ludzkie postaci, brnące pod górę stromym zboczem. Kilku jednocześnie sięgnęło po lornetki. Rozróżniłem postać mężczyzny, który czołgał się centymetr po centymetrze na kolanach i ciągnął za sobą dwa leżące ciała. Po paru chwilach rozpoznałem te potężne ramiona, krzywe nogi i charakterystyczny szaro-niebieski mundur. Wcisnąłem lornetkę Chalidowi Ansariemu i zacząłem zbiegać po zboczu, ślizgając się i tracąc równowagę.

– To Nazir! – krzyczałem. – To chyba Nazir!

Dopadłem go jeden z pierwszych. Leżał twarzą w śniegu, ciężko dyszał. Nogi miał zaryte w śniegu, ręce zaciśnięte kurczowo na ubraniu przy szyjach dwóch mężczyzn. Przywlókł ich aż tutaj, leżących na wznak, ciągnąc każdego jedną ręką.

Nie potrafiłem odgadnąć, jak długą drogę przebył, ale chyba daleką, przeważnie pod górę. Mężczyzną, którego ciągnął lewą ręką, był Ahmad Zadih. Żył, ale był ciężko ranny. Drugim mężczyzną był Abd al-Kadir Chan. Martwy.

Trzeba było trzech mężczyzn, żeby oderwać palce Nazira od ubrań. Był tak zmęczony i zmarznięty, że nie mógł mówić. Otwierał i zamykał usta, ale wydobywał z siebie tylko przeciągłe, drżące skrzeczenie. Dwaj mężczyźni chwycili go za ramiona i powlekli do obozu. Ja obnażyłem pierś Kadira, chcąc go ratować, ale kiedy dotknąłem ciała, poczułem jego lodowate zimno, twardość i zesztywnienie. Zmarł wiele godzin temu, może nawet poprzedniego dnia. Zwłoki były sztywne. Nogi i ręce trochę się zginały w łokciach i kolanach, a palce były zakrzywione jak szpony. Ale twarz miał spokojną i nieskalaną pod cienkim całunem śniegu. Oczy i usta były zamknięte, jak podczas spokojnego snu, i tak łagodnie zanurzył się w śmierć, że moje serce nie wierzyło w jego odejście.

Chalid Ansari potrząsnął mnie za ramię. Ocknąłem się jak ze snu, choć odkąd strażnicy wszczęli alarm, przez cały czas miałem świadomość, że to nie sen. Klęczałem w śniegu, przy zwłokach Kadira, tuliłem jego piękną głowę do piersi, ale nie przypominałem sobie, że to zrobiłem. Ahmad Zadih został przeniesiony do obozu. Chalid, Mahmud i ja na wpół zawlekliśmy, na wpół zanieśliśmy ciało Kadira do wielkiej jaskini.

Przyłączyłem się do trzech mężczyzn, którzy zajęli się Ahmadem Zadihem. Ubrania Algierczyka w okolicy brzucha zesztywniały od zamarzniętej krwi. Zdejmowaliśmy je, jedno po drugim, a kiedy dotarliśmy do poszarpanych, posiekanych, zakrwawionych ran, otworzył oczy i spojrzał na nas.

– Jestem ranny... – powiedział po francusku, arabsku i angielsku.

– Tak, bracie – odparłem, patrząc mu w oczy. Chciałem się uśmiechnąć, ale wyszło drętwo i niezręcznie i na pewno nie dodałem mu otuchy.

Miał co najmniej trzy rany, ale trudno to było określić. Cały jego brzuch był straszną, głęboką wyrwą, być może po szrapnelu. Kawałki metalu mogły ugrzęznąć w jego ciele, blisko kręgosłupa. Na udach i lędźwiach miał inne ziejące dziury. Stracił tyle krwi, że ciało wokół ran było szare i pomarszczone. Nie potrafiłem nawet w przybliżeniu określić, w jakim stopniu ucierpiał jego żołądek i inne narządy wewnętrzne. Czuliśmy mocny odór odchodów i innych płynów. Chyba tylko cudem jeszcze nie umarł. Być może przy życiu utrzymało go zimno. Ale jego godzina już wybiła, zostały mu już tylko minuty, a ja nie mogłem mu pomóc.

– Jest bardzo źle?

– Tak, bracie. – Nic na to nie poradzę, głos mi się załamał. – Jestem bezradny.

Teraz żałuję, że to powiedziałem. Na liście stu rzeczy, których nie powinienem powiedzieć czy zrobić w moim podłym życiu, ten nagły atak prawdomówności zajmuje jedno z pierwszych miejsc. Nie zdawałem sobie sprawy, do jakiego stopnia trzyma go przy życiu nadzieja. A moje słowa strąciły go w czarne jezioro. Jego skóra poszarzała, a ten wysiłek woli, który napinał mu mięśnie, ustąpił i ciało zwiotczało od szczęk po kolana. Chciałem mu przygotować zastrzyk z morfiny, ale wiedziałem, że jestem świadkiem jego śmierci, i nie potrafiłem się zmusić do wypuszczenia go z uścisku.

W oczach mu błysnęło i rozejrzał się po ścianach jaskini, jakby dopiero teraz je zobaczył. Po jednej jego stronie znajdował się Mahmud z Chalidem, ja klęczałem z drugiej. Spojrzał na nas. Ze strachu oczy wychodziły mu z orbit. To było to przerażenie człowieka bezradnego, który wie, że jego przeznaczenie dobiegło końca i śmierć już szybkim krokiem nadchodzi. To spojrzenie w późniejszych tygodniach i latach poznałem aż za dobrze. Ale tego dnia było dla mnie nowością i włosy zjeżyły mi się na głowie ze zgrozy równie wielkiej jak jego przerażenie.

– Trzeba było wziąć osły – wyrzęził.

– Co?

– Kadir powinien wybrać osły. Mówiłem mu od początku. Słyszałeś. Wszyscy słyszeliście.

– Tak, bracie.

– Osły... tylko osły. Ja jestem z gór. Znam góry.

– Tak, bracie.

– Trzeba było wziąć osły.

– Tak – powiedziałem znowu, bo nic lepszego nie przychodziło mi do głowy.

– Ale był zbyt dumny. Kadir Chan. Chciał się czuć... jak... powracający bohater... u swoich... chciał im przywieźć konie... wiele pięknych koni.

Zamilkł, wstrząsnęły nim ciche, gardłowe westchnienia, które zaczęły się w jego poszatkowanym żołądku i zagrzechotały w piersi. Z nosa i kąta ust wypłynęły mu strużki ciemnego płynu, krwi z żółcią. Jakby tego nie zauważył.

– Dlatego... tylko... jechaliśmy do Pakistanu od niewłaściwej strony... żeby dostarczyć konie jego ludowi, pojechaliśmy na śmierć.

Zamknął oczy, jęknął, ale zaraz uniósł powieki.

– Gdyby nie te konie... jechalibyśmy na wschód, do granicy, dokładnie do granicy. To przez... przez jego dumę, rozumiecie?

Podniosłem wzrok, wymieniłem spojrzenie z Chalidem i Mahmudem. Chalid spojrzał mi w oczy, ale szybko przeniósł wzrok na umierającego przyjaciela. Mahmud patrzył na mnie tak długo, aż obaj pokiwaliśmy głowami. Był to ruch tak nieznaczny, że pewnie niedostrzegalny dla obserwatora, ale obaj wiedzieliśmy, co oznacza, i zgodziliśmy się z tym poprzez to jedno skinienie głowy. To duma doprowadziła do upadku tego wielkiego człowieka. I choć komuś może się to wydać dziwne, właśnie wtedy, zrozumiawszy rolę dumy w tym upadku, przyjąłem do wiadomości śmierć Kadirbaja i doświadczyłem ziejącej pustki, jaka po nim została.

Ahmad mówił jeszcze przez jakiś czas. Powiedział, jak nazywa się jego wioska, i wyjaśnił, jak jest położona względem najbliższego większego miasta. Opowiedział nam o swoich rodzicach, siostrach i braciach. Chciał, żebyśmy ich powiadomili, że umarł myśląc o nich. I rzeczywiście. Ten dzielny, roześmiany Algierczyk, który zawsze wyglądał tak, jakby wypatrywał przyjaciela wśród obcych, rzeczywiście umarł z imieniem matki na ustach. I z imieniem Boga, wyszeptanym przy ostatnim oddechu.

Byliśmy zziębnięci, przemarznięci na kość, bo kiedy Ahmad umierał, siedzieliśmy przy nim bez ruchu. Inni zajęli się obmyciem jego ciała, zgodnie z wymogami muzułmańskiego pochówku. Chalid, Mahmud i ja zajrzeliśmy do Nazira. Nie był ranny, ale tak straszliwie i rozpaczliwie wyczerpany, że leżał jak w śpiączce.

Usta miał otwarte, a przez szczeliny między powiekami widać było białka. Ciało miał ciepłe i wyraźnie dochodził do siebie po tej ciężkiej próbie. Zostawiliśmy go i obejrzeliśmy zwłoki naszego Chana.

Kula weszła w jego bok pod żebrami i przebiła się chyba prosto do serca. Nie było rany wylotowej, ale po lewej stronie piersi znajdował się wielki skrzep krwi i siniak. Kule z rosyjskiego AK-74 miały w tamtych czasach pusty czubek. Stalowy rdzeń naboju przenosił środek ciężkości w stronę tylnego końca, wskutek czego pocisk wirował w powietrzu. Zamiast przeszyć ciało, rozrywał je i miażdżył. Prawo międzynarodowe zakazuje używania takiej amunicji, ale niemal każdy poległy w walce Afgańczyk nosił ślady po takich strasznych nabojach. Tak też wyglądał nasz Chan. Kula rozszarpała jego ciało. Ziejącej, postrzępionej ranie w boku towarzyszył łańcuch zasinień na piersi, kończący się sinoczarnym lotosem nad sercem.

Wiedząc, że Nazir będzie chciał osobiście przygotować ciało Kadirbaja do pochówku, owinęliśmy Chana w koce i zostawiliśmy go w płytkim, wygrzebanym w śniegu rowie przy wejściu do jaskiń. Ledwie skończyliśmy, kiedy poderwał nas świszczący świergot. Spojrzeliśmy na siebie ze strachem, zdezorientowani. Potem potężny wybuch zatrząsł ziemią pod naszymi stopami i bluznął pomarańczowym i brudnoszarym dymem. Pocisk z moździerza uderzył w ziemię ponad sto metrów od nas, w przeciwległy kraniec obozowiska, ale powietrze wokół nas od razu wypełniło się smrodem i dymem. Potem nastąpił drugi i trzeci wybuch. Wybiegliśmy z jaskini, rzuciliśmy się w rozedrganą ludzką ośmiornicę, która już się utworzyła przed nami. Nogi, ręce i głowy zderzały się ze sobą, gdy skuliliśmy się na ziemi, przerażeni. Moździerze rozdzierały kamienistą ziemię jak papier.

Było źle i odtąd z każdym dniem robiło się gorzej. Po ostrzale sprawdziliśmy osmalony krater, który pozostał z obozowiska. Dwaj ludzie zginęli. Jednym z nich był Karim, ten, któremu nastawiłem złamane ramię. Dwaj inni odnieśli tak poważne rany, że ich śmierć wydawała się pewna. Wiele zapasów było zniszczonych. Najważniejsze były kanistry paliwa do prądnicy i piecyków. Piecyki i lampy odgrywały zasadniczą rolę w ogrzewaniu i gotowaniu. Straciliśmy prawie całe paliwo i cały zapas wody. Zabraliśmy się do usuwania zniszczeń – mój zestaw medyczny był osmalony i nadpalony – i znieśliśmy ocalone zapasy do wielkiej groty. Wszyscy milczeli, przestraszeni i zmartwieni. Nie bez powodu.

Podczas gdy inni zajęli się pracą, ja opatrzyłem rannych. Jeden stracił stopę i nogę pod kolanem. W karku i barku utknęły mu odłamki szrapnela. Miał osiemnaście lat.

Miesiąc przed naszym przyjazdem przyłączył się do oddziału razem ze starszym bratem. Jego brat zginął podczas ataku na rosyjski przyczółek pod Kandaharem. Chłopiec umierał. Długą pincetą z nierdzewnej stali i cęgami zwędzonymi mechanikowi wyciągnąłem metalowe odłamki z jego ciała.

Jego zmasakrowanej nogi nie mogłem uratować. Oczyściłem ranę i wyciągnąłem tyle odłamków kości, ile mogłem. Jego krzyki osiadały mi na skórze jak oleisty pot; przy każdym powiewie lodowatego wichru dygotałem. Tam gdzie czysta, twarda skóra była wystarczająco wytrzymała, założyłem szwy, ale w zaden sposób nie mogłem scalić ziejącej rany. Z posiekanego mięsa sterczał gruby kawał kości. Przyszło mi do głowy, że powinienem wziąć piłę i uciąć tę długą kość, ale nie byłem pewien, czy tak należy postąpić. Nie wiedziałem, czy przez to jego rana nie stałaby się jeszcze gorsza. Niczego nie byłem pewien... a kiedy nie ma się pewności, nie ma się też odwagi, by doprowadzać kogoś do krzyku. W końcu zasypałem ranę antybiotykiem w pudrze i opatrzyłem gazą.

Drugi ranny dostał w twarz i gardło. Oczy miał wypalone, stracił większą część nosa i warg. Na swój sposób przypominał trędowatych Randżita, ale rany miał tak świeże i krwawiące, a zęby tak zdruzgotane, że przy nim oszpecenia trędowatych wydawały się umiarkowane. Wyjąłem mu odłamki metalu z oczu, skóry głowy i gardła. Rana na szyi była bardzo poważna i choć oddychał w miarę równo, podejrzewałem, że jego stan się pogorszy. Opatrzyłem mu rany, po czym zaaplikowałem obu mężczyznom penicylinę i ampułkę morfiny.

Najbardziej martwił mnie krwotok i potrzeba transfuzji. Żaden z mudżahedinów nie wiedział, jaką ma grupę krwi. Dlatego nie mogłem znaleźć dawcy ani zorganizować banku krwi. Ponieważ sam miałem grupę 0, jak wiadomo uniwersalną dla wszystkich, byłem jedynym dawcą; sam stałem się chodzącym bankiem krwi dla całego oddziału.

Na ogół podczas jednej sesji można pobrać około pół litra krwi. W ludzkim organizmie krąży jej około sześciu litrów, więc można z niego pobrać niespełna jedną dziesiątą. Ja wtoczyłem ponad pół litra w każdego rannego, wykorzystując dożylne sączki, które przywiózł Kadir. Wkłuwając sobie i rannym wojownikom igły, przechowywane w zbiorczym pojemniku, a nie w jednorazowych opakowaniach, zastanawiałem się, czy to towar od Randżita i trędowatych. Podczas transfuzji straciłem prawie dwadzieścia procent krwi. Za dużo. Kręciło mi się w głowie i trochę mnie mdliło. Nie wiedziałem, czy to autentyczne objawy, czy tylko podstępne sztuczki mojego strachu. Wiedziałem, że przez jakiś czas nie będę mógł dokonywać transfuzji, i beznadziejność tej sytuacji – mojej i ich – legła mi kamieniem na sercu.

To była brudna, przerażająca robota, w której nie miałem doświadczenia. Kurs pierwszej pomocy, który ukończyłem w młodości, był rozległy, lecz nie dotyczył ran odniesionych na wojnie. A doświadczenie ze slumsowej kliniki nie na wiele przydało mi się w tych górach. Poza tym działałem instynktownie – ten sam instynkt, by pomagać i leczyć, skłonił mnie do ratowania narkomanów z mojego miasta, którzy przedawkowali – kiedyś, w innym życiu. Oczywiście w dużej mierze kryło się w tym działaniu sekretne pragnienie – jak w przypadku Chalida z szaleńcem Habibem – żeby uratować i uleczyć samego siebie. I choć nie było to wiele, choć było to za mało, więcej nie potrafiłem. Robiłem to najlepiej jak umiałem, starając się nie wymiotować, nie płakać, nie okazywać lęku – a potem umyłem ręce w śniegu.

Kiedy Nazir doszedł do siebie, uparł się pochować Abd al-Kadira Chana zgodnie z najsurowszymi wymogami obrządku. Zrobił to, nie zjadłszy posiłku, nie wypiwszy nawet szklanki wody. Przyglądałem się, jak Chalid, Mahmud i Nazir obmywają się, razem odmawiają modlitwę, a potem przygotowują zwłoki Kadirbaja do pochówku. Zielono-biały sztandar gdzieś zginął, ale któryś mudżaheddin oddał własną flagę, która posłużyła jako całun. Na zwyczajnym białym tle widniało zdanie:

La ilaha illa Allah

Nie ma boga prócz Boga

Mahmud Milbaf, Irańczyk, który towarzyszył nam od podróży taksówką w Karaczi, zajmował się zwłokami z taką czułością, oddaniem i miłością, że oczy wilgotniały mi raz za razem na widok jego spokojnej, promieniującej siłą twarzy. Nie mógłby być łagodniejszy ani delikatniejszy, grzebiąc własne dziecko – i od tego momentu zacząłem sobie cenić jego przyjaźń.

Pod koniec ceremonii pochwyciłem spojrzenie Nazira i natychmiast spuściłem wzrok na zamarzniętą ziemię. Nazir zagubił się w ostępach rozpaczy i wstydu. Żył tylko po to, by bronić Kadira Chana i mu służyć. Ale Chan zginął, a on przeżył. Co gorsza, nie był nawet ranny. Jego życie, sam fakt jego egzystencji na tym świecie, wydawało się dowodem zdrady. Każde uderzenie serca było nowym aktem zdrady. I ta żałoba wraz ze zmęczeniem kosztowały go tak wiele, że doprowadziły do poważnej choroby. Wyglądał, jakby stracił dziesięć kilo. Policzki mu się zapadły, pod oczami pojawiły się czarne sińce. Wargi miał spękane i łuszczące się. Zaniepokoiłem się na widok jego rąk i stóp. Przyjrzałem się im i zrozumiałem, że nie odzyskały właściwego koloru i ciepła. Przyszło mi do głowy, że mógł je odmrozić, pełznąc przez śniegi.

Nazir miał jednak w owym czasie zadanie, które nadało jego życiu cel, jeśli nie sens. Ale wówczas tego nie wiedziałem. W ostatnich chwilach życia Kadirbaj powierzył mu misję, ostatni obowiązek. Wymienił nazwisko człowieka i kazał Nazirowi go zabić. Nazir wykonał jego ostatnią wolę, pozostając przy życiu na tyle długo, by dokonać tego zabójstwa. To ono dawało mu siły, a całe jego życie skurczyło się do tej jednej jedynej obsesji. W tych zimnych dniach po pogrzebie Kadira nie wiedziałem o tym i nieustannie martwiłem się o zdrowe zmysły twardego, lojalnego Afgańczyka.

Chalid Ansari zmienił się po śmierci Kadira w sposób niezbyt oczywisty, lecz głęboki. W większości byliśmy tak wstrząśnięci, że wykonywaliśmy nasze obowiązki jak w transie. Tymczasem on nabrał energii. Gdy ja często pogrążałem się w przemyśleniach o człowieku, którego kochaliśmy i utraciliśmy, Chalid niemal codziennie podejmował się nowych zadań i nigdy nie tracił koncentracji. Jako weteran wielu wojen przejął rolę Kadirbaja – doradcy dowódcy mudżahedinów Sulajmana Szahbadiego. Był skupiony, niezmordowany, sprawiedliwy i niemal śmiertelnie poważny. Nie były to nowe jego cechy – Chalid zawsze był poważny i skoncentrowany – ale po śmierci Kadira zyskał nadzieję i wolę walki, których nigdy u niego nie dostrzegałem. I zaczął się modlić. Od dnia pogrzebu Chana Chalid był pierwszy do zwoływania mężczyzn na modlitwy i ostatni, który podnosił się z zamarzniętego kamienia.

Sulajman Szahbadi, najstarszy Afgańczyk z naszej grupy – było nas dwudziestu, licząc z rannymi – był niegdysiejszym przywódcą, czyli *kandidarem,* w garstce wiosek pod Ghazni, leżących w dwóch trzecich drogi do Kabulu. Miał pięćdziesiąt dwa lata i spędził pięć lat na wojnie. Miał doświadczenie we wszystkich rodzajach walki, od oblężenia po partyzanckie ataki. Ahmad Szah Masud, nieoficjalny przywódca narodowej wojny przeciwko Rosjanom, osobiście wyznaczył Sulajmana na dowódcę południowych rejonów pod Kandaharem. Wszyscy wojownicy z naszego etnicznie eklektycznego oddziału bardzo podziwiali Masuda. A ponieważ Sulajman był mianowany przez samego Masuda, Lwa Pandżiru, otaczano go równie czołobitnym szacunkiem.

Nazir po trzech dniach wydobrzał na tyle, że mógł zdać pełen raport. Sulajman Szahbadi zwołał spotkanie. Był niski, miał wielkie dłonie i stopy i smutny wyraz twarzy. Jego wysokie, szerokie czoło przecinało siedem głębokich zmarszczek, jak bruzdy w ziemi. Łysą głowę osłaniał grubo zwinięty biały turban. Ciemna, przetykana siwizną broda była wygolona wokół ust i krótko przycięta na podbródku. Uszy miał trochę szpiczaste – co było jeszcze bardziej widoczne na tle bieli turbanu – i ten chochlikowaty wygląd w połączeniu z szerokimi ustami wskazywał, że niegdyś człowiek ten mógł mieć skłonność do żartów. Jednak teraz na jego twarzy malował się tylko smutek. W oczach miał morze smutku, smutku starego, któremu zabrakło już łez. Był to wyraz budzący współczucie, lecz trzymający nas na dystans. Choć poza tym był to człowiek mądry, dzielny i dobry, smutek zakorzenił się w nim tak głęboko, że nikt nie odważyłby się go dotknąć.

Poza czterema strażnikami pełniącymi wartę wokół obozowiska i dwoma rannymi w grocie zgromadziło się nas czternastu, gotowych wysłuchać przemowy Sulajmana. Było wyjątkowo zimno – zero stopni lub poniżej – i stłoczyliśmy się, by się ogrzać własnym ciepłem.

Żałuję, że podczas długiego oczekiwania w Kwecie nie przykładałem się bardziej do nauki dari i paszto. Zebrani rozmawiali w obu tych językach. Mahmud Milbaf tłumaczył Chalidowi dari na arabski, a ten z arabskiego na angielski, najpierw wychylając się w lewo, by wysłuchać Mahmuda, a potem w prawo, by wyszeptać słowa do mnie. Był to proces długi i powolny. Dziwiło mnie i upokarzało, że wszyscy czekają cierpliwie na koniec każdego komunikatu dla mnie. Popularne europejskie i amerykańskie karykatury Afgańczyków, dzikich i złaknionych krwi – które ich samych nieodmiennie zachwycały – po każdym bezpośrednim kontakcie z nimi obnażały swój fałsz. Ci ludzie okazywali się serdeczni, przyjaźni, uczciwi i wyjątkowo uprzejmi. Na tym pierwszym zebraniu – i wielu następnych – nie odezwałem się ani słowem, a oni i tak uwzględniali mnie w rozmowie.

Wieści Nazira były alarmujące. Kadir opuścił obóz z dwudziestoma sześcioma ludźmi oraz końmi wierzchowymi i jucznymi, po czym ruszył rzekomo bezpieczną trasą do swojej rodzinnej wioski. Drugiego dnia, kiedy od wioski dzieliła ich jeszcze cała doba podróży, musieli się zatrzymać z powodu, jak sądzili, rutynowego przekazania haraczu lokalnemu przywódcy klanu.

Na zebraniu intensywnie wypytywano o Habiba Abd ar-Rahmana. Przez te dwa miesiące, odkąd nas opuścił, po zamordowaniu biednego, nieprzytomnego Siddikiego, Habib wszczął jednoosobową akcję terrorystyczną w nowej dla niego strefie działań – w górach Szar-i Safa. Zamęczył na śmierć rosyjskiego oficera. Podobną – według niego – sprawiedliwość wymierzał afgańskim żołnierzom i każdemu mudżahedinowi, którego uznał za nie dość oddanego sprawie. Straszne tortury budziły przerażenie we wszystkich w okolicy. Powiadano, że był upiorem, Szejtanem, samym szatanem, który przychodzi po ciała mężczyzn i zdziera im twarze z czaszek. We względnie spokojnym korytarzu między dwoma wojennymi strefami raptem zaroiło się od przerażonych, wściekłych żołnierzy i innych wojowników, którzy przysięgli odnaleźć i zabić demona Habiba.

Uświadomiwszy sobie, że znalazł się w pułapce zastawionej na Habiba i że otaczający go ludzie są wrogo nastawieni do jego misji, Kadirbaj usiłował zakończyć sprawę pokojowo. Oddał cztery konie w ramach haraczu i zebrał swoich ludzi. Byli już niemal poza granicami terenu wroga, kiedy w małym wąwozie padły pierwsze strzały. Walka trwała pół godziny. Po jej zakończeniu Nazir doliczył się osiemnastu trupów. Niektórzy zostali dobici. Mieli poderżnięte gardła. Nazir i Ahmad Zadih ocaleli tylko dlatego, że leżeli pod ciałami koni i ludzi i wyglądali na martwych.

Jeden koń przeżył starcie, odniósł tylko ranę. Nazir podniósł go z ziemi i przytroczył mu do siodła zwłoki Kadira i umierającego Ahmada. Koń wlókł się przez śniegi przez cały dzień i połowę nocy, a potem padł jakieś trzy kilometry od naszego obozu. Wówczas Nazir wlókł oba ciała tak długo, aż go znaleźliśmy. Nie miał pojęcia, co się przydarzyło pięciu mężczyznom, którzy znikli z grupy Kadira. Sądził, że mogli uciec lub trafić w niewolę. Jedno było pewne: trupy wrogów miały mundury afgańskiej armii i nowy rosyjski sprzęt.

Sulajman i Chalid Ansari założyli, że atak moździerzy na nasze pozycje miał związek z bitwą, w której stracił życie Abd al-Kadir. Podejrzewali, że oddział afgańskiego wojska przegrupował się i być może ruszył śladem Nazira albo też, wykorzystując informacje zdradzone przez więźniów, przystąpił do ataku. Sulajman założył, że ataków będzie więcej, ale wątpił, żeby wróg przypuścił frontalne natarcie na nasze pozycje. Kosztowałoby one życie wielu ludzi i nie musiałoby zakończyć się sukcesem. Jednak jeśli żołnierze rosyjscy zaopatrywali oddziały armii afgańskiej, to można się było spodziewać ataków helikopterów, kiedy tylko niebo się rozpogodzi. W każdym razie czekały nas straty w ludziach. A z czasem mogliśmy utracić także obozowisko.

Po rozważeniu naszych ograniczonych możliwości Sulajman postanowił przypuścić dwa kontrataki z użyciem naszych moździerzy. W tym celu potrzebowaliśmy wiarygodnych informacji o pozycjach wroga i sile jego oddziałów. Tę drugą misję powierzył młodemu, silnemu nomadzie Dżalaladowi i zaczął wydawać mu instrukcje, ale nagle zamilkł, wpatrzony w wejście do groty. Wszyscy odwróciliśmy się i wytrzeszczyliśmy oczy na sylwetkę dzikiego, rozczochranego mężczyzny na owalnym, jasnym tle nieba. Był to Habib. Zakradł się do obozu niedostrzeżony przez strażników – wyjątkowo trudne zadanie – i stanął o dwa kroki od nas. Z radością mówię, że nie ja jeden sięgnąłem po broń.

Chalid rzucił się na niego z tak szerokim i serdecznym uśmiechem, że poczułem niechęć, a jeszcze większą do Habiba – za to, że to on wywołał ten uśmiech. Chalid wprowadził szaleńca do groty i posadził go koło zaskoczonego Sulajmana. A wówczas Habib zaczął mówić, całkowicie spokojnie i rozumnie.

Powiedział, że zna pozycje wroga i jego siły. Przyglądał się atakowi moździerzy na nasz obóz, a następnie zakradł się do obozu przeciwnika tak blisko, że usłyszał, jak żołnierze zastanawiają się, co zjeść na obiad. Mógł nas zaprowadzić na nowe pozycje, z których możemy wystrzelić pociski. Chce tylko jasno zaznaczyć, że ci, którzy nie zginą na miejscu, należą do niego. To jego cena.

Zebrani zaczęli się zastanawiać nad propozycją Habiba, mówiąc bez skrępowania w jego obecności. Niektórzy niepokoili się, że wydajemy się w ręce tego samego wariata, przez którego potworne tortury wojna odnalazła naszą kryjówkę. Mieliśmy pecha związać się z tym szatanem, mówili; to pech i niegodziwość. Inni martwili się, że zabijemy wielu żołnierzy z zawodowej armii afgańskiej.

Jedną z dziwacznych sprzeczności tej wojny było to, że Afgańczycy walczyli ze swoimi rodakami niechętnie i szczerze żałowali każdego zabitego. Rozdźwięki i konflikty etniczne i klanowe mają w Afganistanie tak długą historię, że nikt – z wyjątkiem Habiba – nie czuł prawdziwej nienawiści do Afgańczyków walczących po stronie Rosjan. Prawdziwa nienawiść, tam gdzie w ogóle istniała, była zarezerwowana dla afgańskiej wersji KGB, znanej jako KHAD. Afgański zdrajca Nadżibullah, który w końcu przejął władzę i mianował się władcą kraju, od lat stał na czele tej niesławnej policji i był odpowiedzialny za liczne, niewyobrażalne tortury. W całym kraju nie było ani jednego partyzanta, który nie marzyłby o powieszeniu go na suchej gałęzi. Jednak żołnierze i nawet oficerowie armii afgańskiej stanowili odrębną kwestię; to byli rodacy, często przymusowo wcieleni do wojska, którzy robili to, co musieli robić, żeby ocalić życie. Często to oni przekazywali mudżahedinom ważne informacje na temat ruchów wojsk rosyjskich albo bombardowań. Bez ich potajemnej pomocy wojna nigdy by się nie rozstrzygnęła. A atak z zaskoczenia na oddziały odnalezione przez Habiba kosztowałby życie wielu Afgańczyków.

Długa dyskusja zakończyła się decyzją podjęcia walki. Uznano, że powaga sytuacji nie daje nam wyboru. Musimy kontratakować i odepchnąć wroga od naszej góry.

Plan był dobry i powinien się powieść, ale jak wiele innych podczas tej wojny zaowocował tylko chaosem i śmiercią. Czterej strażnicy zostali w obozie, by go strzec. Ja także, by czuwać nad rannymi. Czternastu partyzantów z oddziału uderzeniowego podzieliło się na dwa zespoły. Pierwszy prowadził Chalid z Habibem, drugi – Sulajman. Za radą Habiba ustawiono moździerze jakiś kilometr od obozów wroga – w maksymalnie skutecznym polu rażenia. Ostrzał rozpoczęto o świcie i kontynuowano przez pół godziny. Oddziały uderzeniowe, które weszły do zrujnowanych obozów, znalazły ośmiu afgańskich żołnierzy. Nie wszyscy byli martwi. Habib zajął się tymi, którzy przeżyli. Nasi ludzie, nie mogąc patrzeć na to, na co mu pozwolili, wrócili do obozu w nadziei, że nigdy więcej nie zobaczą tego szaleńca.

Nie minęła godzina od ich powrotu, a na nasz obóz przeprowadzono kontratak.

Po ucichnięciu złowieszczych świstów, gwizdów, huku eksplozji, wypełzliśmy z kryjówek i usłyszeliśmy dziwny, wibrujący pomruk. Chalid znajdował się parę metrów ode mnie. Przez jego posiekaną bliznami twarz przemknęło przerażenie. Ruszył biegiem ku małej kryjówce w skalnej szczelinie naprzeciwko grot.

Krzyczał do mnie i machał ręką, żebym biegł za nim. Zrobiłem krok w jego stronę i znieruchomiałem, bo znad krawędzi naszego obozu wyłonił się rosyjski helikopter niczym jakiś ogromny, potworny owad. Nie potrafię opisać, jak ogromne i drapieżne wydają się te maszyny, kiedy jest się obiektem ich ostrzału. Ten potwór hipnotyzuje oko i umysł i przez parę chwil na całym świecie nie istnieje nic oprócz tego metalu, tego hałasu i tej grozy.

Ledwie się pojawił, strzelił w naszą stronę i odleciał jak sokół spadający na ofiarę. Dwie rakiety osmaliły ziemię, śmignęły jak błyskawice w stronę jaskiń. Przemieszczały się z niewiarygodną prędkością, nie nadążałem za nimi wzrokiem. Obróciłem się i zobaczyłem, że jedna uderza w kamienny klif nad wejściem do zespołu jaskiń. Wybuchła w deszczu płomieni, kamieni i odłamków metalu. Zaraz potem do jaskini wpadła druga rakieta. Nastąpił wybuch.

Fala uderzeniowa grzmotnęła mnie jak coś namacalnego, jakbym stał na krawędzi basenu i ktoś mnie popchnął. Runąłem na plecy, łapiąc powietrze, które upadek wycisnął mi z płuc. Miałem dobry widok na wejście do grot. Leżeli w niej ranni. Kryli się w niej także inni mężczyźni. Zaczęli wybiegać lub wpełzać przez czarny dym i płomienie. Jednym z nich był pasztuński handlarz, Alef. Kadir bardzo go lubił za żarty i bezceremonialne kpiny z pompatycznych mułłów i miejscowych polityków. Jego plecy, od karku po uda, stały w ogniu. Jego ubranie płonęło przyklejone do nagiego, pękającego mięsa. Kości – biodrowa i łopatka – znalazły się na wierzchu, poruszały się w otwartych ranach, kiedy się czołgał.

Wołał o pomoc. Zacisnąłem zęby i spiąłem się do biegu, ale helikopter powrócił. Przemknął z rykiem nad nami, dwa razy zatoczył małe kółko, by zaatakować pod nowym kątem. Potem zawisł z arogancką, wyzbytą lęku nonszalancją nad krawędzią płaskowyżu, który był naszym schronieniem. W chwili gdy zacząłem pełznąć przed siebie, wystrzelił w groty dwie rakiety, a potem jeszcze dwie. W ułamku chwili całe wnętrze jaskiń stanęło w płomieniach, a kłęby ognia i rozpalone do białości metalowe odłamki stopiły śnieg. Jeden odłamek wylądował o wyciągnięcie ręki ode mnie. Wpadł w śnieg i syczał przez parę sekund. Odpełzłem ku Chalidowi i wcisnąłem się w wąską skalną szczelinę.

Helikopter otworzył ogień z karabinów maszynowych, przeczesał odsłonięty teren, posiekał ciała leżących tam rannych. Potem rozległy się inne karabiny, o innym brzmieniu, i zrozumiałem, że to któryś z naszych strzela do helikoptera. To był dźwięk PK, naszego rosyjskiego karabinu maszynowego. Zaraz po nim rozległ się inny, przeciągły jazgot innego PK. Dwaj nasi strzelali do helikoptera. W pierwszym odruchu chciałem się ukryć przed okrutnie skuteczną machiną do zabijania, ale tamci nie tylko zdradzili swoje pozycje, ale rzucili wyzwanie bestii i ściągnęli na siebie jej ostrzał.

Gdzieś za moimi plecami ktoś krzyknął, a potem ujrzałem smugę zostawioną przez rakietę, mknącą w stronę helikoptera. To była rakieta z AK-74, wystrzelona przez któregoś z naszych. Nie trafiła, podobnie jak dwie następne, ale ta odpowiedź przekonała pilota, że pora się zbierać.

Nasi podnieśli wielki krzyk: *Allah akbar! Allah akbar! Allah akbar!* Chalid i ja wyłoniliśmy się ze szczeliny i ujrzeliśmy czterech mężczyzn, biegnących i strzelających w stronę helikoptera. Cienka strużka rdzawoczarnego dymu wysnuwała się z kadłuba maszyny, która oddalała się od nas z metalowym zgrzytem dziko pracującego silnika.

Młodzieńcem, który rozpoczął kontratak, był Dżalalad, nomada z Hazarbuz. Oddał ciężki PK przyjacielowi, chwycił AK–74 z przyklejonym taśmą drugim magazynkiem i ruszył w poszukiwaniu wrogich żołnierzy, którzy pod osłoną helikoptera mogli się zakraść do obozu. Dwaj inni młodzieńcy pobiegli za nim, ślizgając się i skacząc po zaśnieżonym zboczu.

Zaczęliśmy szukać ocalonych. Przed atakiem mieliśmy dwudziestu ludzi, w tym dwóch rannych. Po ataku zostało jedenastu: Dżalalad i dwaj młodzieńcy, Juma i Hanif, którzy pobiegli z nim na poszukiwaniu afgańskich lub rosyjskich żołnierzy; Chalid, Nazir, bardzo młody wojownik Ali ad-Din, trzej ranni, Sulajman i ja. Straciliśmy dziewięciu – o jednego więcej niż afgański oddział, który zaatakowaliśmy moździerzami.

Nasi ranni byli w złym stanie. Jeden miał tak ciężkie oparzenia, że palce stopiły mu się jak szczypce kraba, a twarz straciła ludzki wygląd. Oddychał przez dziurę w czerwonej skórze twarzy. Możliwe, że ten drżący otwór był ustami, ale nie mieliśmy pewności. Oddychał z trudem, rzężąc, coraz ciszej. Dałem mu morfinę i zająłem się następnym. Był to wieśniak z Ghazni, Zahir Rasul. Kiedy czytałem książkę albo robiłem notatki, zawsze przynosił mi zieloną herbatę. Był życzliwy i skromny, miał czterdzieści dwa lata – zaliczał się już do starszyzny w kraju, gdzie średnia długość życia mężczyzny wynosiła czterdzieści pięć lat. Pocisk urwał mu rękę i rozerwał brzuch od piersi po prawe biodro. Nie sposób było się domyślić, jakie odłamki metalu czy kamienia ugrzęzły w tych ranach. Powtarzał *zikkir*:

Bóg jest wielki
Bóg mi wybaczy
Bóg jest litościwy
Bóg mi wybaczy

Mahmud Milbaf przytrzymywał opaskę uciskową na poszarpanym kikucie ramienia. Kiedy ją puścił, krew bluznęła mocnym, ciepłymi strugami. Znowu przytrzymał opaskę. Spojrzałem mu w oczy.

– Tętnica – powiedziałem z przygnębieniem, bo wiedziałem, co mnie czeka.

– Tak. Pod ramieniem. Widzisz?

– Tak. Trzeba to zaszyć, zacisnąć albo co. Musimy powstrzymać krwotok. Już i tak stracił za dużo krwi.

Na kawałku płótna u moich stóp leżały poczerniałe, osmalone szczątki zestawu pierwszej pomocy. Znalazłem igłę chirurgiczną, zardzewiałe szczypce mechanika i jedwabną nić. Skostniały z zimna, gołymi, zesztywniałymi rękami zaszyłem tętnicę i skórę, i cały kikut, rozpaczliwie starając się zatamować gorący, czerwony strumień. Nić parę razy się zaplątała. Moje zlodowaciałe palce dygotały. Ranny był przytomny i świadomy, straszliwie cierpiał. Na zmianę krzyczał i wył, ale zawsze powracał do modlitwy.

Pomimo kąśliwego zimna pot zalewał mi oczy, gdy dałem znak głową Mahmudowi, że może puścić opaskę. Przez szwy sączyła się krew. Krwotok był mniej obfity, ale wiedziałem, że na dłuższą metę i ta mała strużka doprowadzi do śmierci rannego. Obłożyłem ranę kłębami bandaży, a potem zacząłem rozwijać opaskę uciskową, ale Mahmud mocno chwycił mnie zakrwawionymi rękami za przegub. Podniosłem wzrok i przekonałem się, że Zahir Rasul już się nie modli i nie krwawi. Był martwy.

Dyszałem ciężko. Takie dyszenie wyrządza więcej szkody niż pożytku. Nagle przypomniałem sobie, że nie jadłem od zbyt wielu godzin i że jestem bardzo głodny. I z tą myślą o głodzie po raz pierwszy nadeszły mdłości. Przetoczyły się przeze mnie; potrząsnąłem głową, żeby się od nich uwolnić.

Spojrzeliśmy na poparzonego. On także się poddał. Zakryłem nieruchome ciało płócienną płachtą maskującą. Moje ostatnie spojrzenie na tę osmaloną, stopioną, pozbawioną rysów twarz stało się dziękczynną modlitwą. Jedną z bolesnych prawd, o których dowiaduje się lekarz polowy, jest ta, że równie intensywnie i prawie równie często modli się o śmierć jak o życie. Trzecim rannym był sam Mahmud Milbaf. W jego plecach, karku i potylicy utkwiły malutkie szaroczarne odłamki metalu i chyba stopionego plastiku. Na szczęście ten rozpalony deszcz przebił tylko górną warstwę skóry, mniej więcej jak drzazgi. Mimo to wydłubywałem je przez godzinę. Obmyłem rany i zasypałem je antybiotykiem w pudrze, a tam gdzie to było możliwe, nałożyłem opatrunki.

Sprawdziliśmy zapasy. Na początku ataku mieliśmy dwie kozy. Jedna uciekła i nigdy więcej jej nie widzieliśmy. Drugą znaleźliśmy ukrytą w ślepym zaułku między wysokimi skalistymi ścianami. Ta koza stała się naszym jedynym źródłem pokarmu. Mąka spaliła się na popiół razem z ryżem, *ghi* i cukrem. Zapasy paliwa były zupełnie wykończone. Pociski trafiły w instrumenty medyczne z nierdzewnej stali, które stopiły się i zdeformowały. Z pogorzeliska wygrzebałem jakieś antybiotyki, środki dezynfekcyjne, maści, bandaże, igły, nici, strzykawki i ampułki z morfiną. Mieliśmy amunicję i trochę lekarstw, mogliśmy stopić śnieg na wodę, ale brak jedzenia stanowił bardzo poważny problem.

Było nas dziewięciu. Sulajman i Chalid postanowili, że musimy opuścić obóz. W innej górze, jakieś dwanaście godzin marszu na wschód, znajdowała się inna jaskinia i mieli nadzieję, że będzie ona stanowić wystarczającą osłonę przed atakiem. Za parę godzin Rosjanie z pewnością wyślą kolejny helikopter. Siły naziemne nie pozostaną daleko w tyle.

– Każdy napełni śniegiem dwie manierki i schowa pod ubranie, blisko ciała – powiedział Chalid, tłumacząc mi rozkazy Sulajmana. – Zabieramy broń, amunicję, lekarstwa, koce, paliwo, jakieś drewno i kozę. Nic więcej. Idziemy!

Wyruszyliśmy z pustymi żołądkami i do tego stanu musieliśmy przywyknąć przez najbliższe cztery tygodnie, które spędziliśmy w nowej jaskini. Jeden z młodych przyjaciół Dżalalada, Hanif, był w swojej rodzinnej wiosce rzeźnikiem. Tuż po naszym przybyciu na miejsce zarżnął, obdarł ze skóry, wypatroszył i poćwiartował kozę. Drewno z poprzedniego obozu i odrobina spirytusu z lampy posłużyły do rozpalenia ogniska. Upiekliśmy mięso – każdy kawałeczek, z wyjątkiem niektórych części, na przykład nóg poniżej kolan, uważanych za *haram*, czyli żywność zakazaną dla muzułmanów. Starannie przyrządzone mięso było następnie wydzielane w małych, dziennych porcjach. Całą pieczeń przechowywaliśmy w zaimprowizowanej lodówce, pod stertą śniegu i lodu. I tak przez cztery tygodnie skubaliśmy suche mięso i wstrząsały nami skurcze, gdy spazmy głodu skręcały nam żołądki i domagały się dodatkowej porcji pożywienia.

Tylko dyscyplinie i wzajemnej życzliwości należy przypisać fakt, że mięso z jednej kozy przez cztery tygodnie utrzymywało przy życiu dziewięciu mężczyzn. Wiele razy usiłowaliśmy się wykraść z obozu i dotrzeć do pobliskich *kheli*, by prosić o jedzenie. We wszystkich wioskach stacjonowały jednak wrogie wojska, a cały łańcuch górski otaczały patrole afgańskiej armii pod wodzą Rosjan. Tortury Habiba w połączeniu z naszym atakiem na helikopter wywołały wściekłość Rosjan i Afgańczyków. Podczas jednej z misji zwiadowczych nasi ludzie usłyszeli, jak jakiś Afgańczyk mówiący w paszto przez głośnik umocowany do dżipa opisywał nas jako bandytów i przestępców. Twierdził, że wysłano specjalne oddziały, by nas złapały. Za nasze głowy wyznaczono nagrodę. Nasi zwiadowcy zamierzali ostrzelać pojazd, ale doszli do wniosku, że to może być pułapka obliczona na wywabienie nas z kryjówki. Dali mu przejechać, a słowa myśliwych odbijały się echem od kamiennych wąwozów jak wycie polujących wilków.

Rosjanie, najwyraźniej korzystając z fałszywych informacji, a może idąc szlakiem krwawych egzekucji Habiba, skupili swoje poszukiwania na innym łańcuchu górskim, na północ od naszej kryjówki. Wydawało się, że będziemy bezpieczni, jeśli nie opuścimy naszej groty. Toteż czekaliśmy, uwięzieni, głodujący, przestraszeni, przez cztery najzimniejsze tygodnie roku. Ukrywaliśmy się, za dnia pełzaliśmy w cieniu, nocą kuliliśmy się razem, bez światła i ogrzewania. I stopniowo, godzina za godziną, nóż wojny odcinał wszystkie nadzieje i marzenia, aż w końcu została nam, dygoczącym we własnych ramionach, tylko osamotniona wola przetrwania.

ROZDZIAŁ 36

Nie potrafiłem zmierzyć się z utratą Kadirbaja, mojego ojcowskiego ideału. Pochowałem go własnymi rękami, gdyż tak nakazuje Bóg. Ale nie odprawiłem żałoby, nie opłakałem go. Nie było we mnie dość prawdy na taki smutek, bo moje serce nie chciało uwierzyć w jego śmierć. Tamtej wojennej zimy sądziłem, że za bardzo kochałem Kadirbaja, żeby tak po prostu przestał istnieć, umarł. Skoro tyle miłości może zniknąć w ziemi bez jednego słowa, bez jednego uśmiechu, to miłość jest niczym. A w to nie mogłem uwierzyć. Byłem pewien, że musi istnieć jakaś rekompensata, i ciągle na nią czekałem. Wtedy nie wiedziałem tego, co wiem teraz – że miłość to droga jednokierunkowa. Miłość, tak jak szacunek, nie służy do brania, tylko do dawania. Ale w tych gorzkich tygodniach nie wiedziałem tego, nie myślałem w ten sposób. Odwróciłem się od wyrwy, którą zostawiły w moim życiu miłość i nadzieja, i nie zgodziłem się doświadczyć tęsknoty ani utraty. Kuliłem się pod płachtą maskującą śniegu i cienia gór. Żułem wyschnięte ochłapy koziego mięsa. I z każdą chwilą oddalałem się od żałoby i prawdy.

Oczywiście w końcu nasz zapas mięsa się skończył i zwołano zebranie, by przedyskutować możliwości. Dżalalad i młodsi Afgańczycy chcieli zaryzykować, przebić się przez linie wroga i uderzyć na pustynny region prowincji Zabul, blisko pakistańskiej granicy. Sulajman i Chalid niechętnie się zgodzili, że nie ma innego wyjścia, ale przed podjęciem decyzji o miejscu ataku chcieli dostać wyraźne informacje na temat sił wroga. W tym celu Sulajman wysłał młodego Hanifa z misją zwiadowczą, w trakcie której miał zatoczyć szeroki łuk z południowego zachodu na północ i z południowego wschodu do naszego obozowiska. Rozkazał mu wrócić po dwudziestu czterech godzinach i iść tylko nocą.

Czekaliśmy na jego powrót głodni i zmarznięci. Piliśmy wodę, ale głód ustępował tylko na parę minut, a potem powracał jeszcze silniejszy. Dwadzieścia cztery godziny zmieniły się w dwa dni, a potem w trzeci, a Hanif się nie pojawił. Rankiem trzeciego dnia uznaliśmy, że zginął albo trafił do niewoli. Juma, wielbłądnik z malutkiej tadżyckiej enklawy na południowym zachodzie Afganistanu, blisko granicy z Iranem, zgłosił się na ochotnika do misji poszukiwawczej. Hanif i Dżalalad byli mu bliscy – takie przywiązanie rodzi się wśród mężczyzn na wojnie i w więzieniu.

Tadżycki klan wielbłądników, z którego wywodził się Juma, tradycyjnie rywalizował z klanem Hanifa i Dżalalada, Muhammad Hazarbuz, w transporcie towarów. Gwałtowny postęp w Afganistanie zaostrzył tę rywalizację. W roku

1920 jeden na trzech Afgańczyków był nomadą. Dwa pokolenia później, w latach siedemdziesiątych, tylko jeden procent ludności prowadził koczowniczy tryb życia. Ci trzej, choć byli rywalami, podczas wojny zostali zmuszeni do ścisłej współpracy i stali się nierozłącznymi przyjaciółmi. Ta przyjaźń umacniała się podczas nudnych miesięcy, pomiędzy walkami i wielokrotnie sprawdziła się w boju. Podczas najbardziej udanej potyczki zniszczyli rosyjski czołg granatami i minami lądowymi. Od tej pory każdy z nich nosił na rzemyku mały kawałek metalowego pancerza.

Kiedy Juma oznajmił, że wyrusza na poszukiwanie Hanifa, wszyscy wiedzieliśmy, że nikt go nie powstrzyma. Sulajman zgodził się z ciężkim westchnieniem. Juma nie zwlekał do zmroku; zarzucił broń na ramię i natychmiast wykradł się z obozu. Obywał się bez jedzenia od trzech dni jak my wszyscy, ale oglądając się, po raz ostatni rzucił Dżalaladowi uśmiech pełen mocy i odwagi. Odprowadziliśmy go wzrokiem, ten chudy, rozpływający się cień na śnieżnej płachcie u naszych stóp.

Z powodu głodu zimno stawało się jeszcze dotkliwsze. Zima była długa i surowa, śnieg padał codziennie. Za dnia temperatura oscylowała wokół zera, ale nocami spadała dużo poniżej. Ręce i stopy nieustannie bolały mnie z zimna. Skóra twarzy stwardniała i popękała jak stopy mężczyzn z wioski Prabakera. Sikaliśmy sobie na ręce, żeby złagodzić palące ukąszenia mrozu, i na jakiś czas odzyskiwaliśmy w nich czucie. Ale było tak zimno, że oddawanie moczu stawało się poważnym problemem. Przede wszystkim baliśmy się w ogóle rozpinać ubranie. Po drugie, opróżnienie pęcherza z ciepłego płynu powodowało wychłodzenie organizmu. Temperatura ciała gwałtownie spadała, więc zawsze odkładaliśmy sprawę na ostatnią chwilę.

Juma nie wrócił także tej nocy. O północy, nie mogąc zasnąć z głodu i strachu, wszyscy poderwaliśmy się na równe nogi, słysząc cichy trzask w ciemnościach. Siedem luf skierowało się w tamtą stronę. A potem jęknęliśmy na widok twarzy wyłaniającej się z mroku znacznie bliżej, niż się spodziewaliśmy. To był Habib.

– Co robisz, bracie? – spytał łagodnie Chalid w urdu. – Bardzo nas przestraszyłeś.

– Oni tu są – odpowiedział Habib rozsądnym, spokojnym głosem, należącym jakby do innej osoby z innego miejsca, jakby był przemawiającym w transie medium. Miał upaćkaną twarz. Wszyscy byliśmy brudni i zarośnięci, ale ta maź na twarzy Habiba była jakoś odrażająca i tak gęsta, że było w niej coś szokującego. Jak jad sączący się z zainfekowanej rany, jakby jakiś stan zapalny jego duszy wyciskał tę ohydę przez pory jego skóry. – Są wszędzie, dookoła. I idą tutaj, żeby was złapać, pozabijać, gdy tylko nadejdą posiłki, jutro albo pojutrze. Niedługo. Wiedzą, gdzie jesteście. Wszystkich was zabiją. Teraz jest tylko jedno wyjście.

– Jak nas tu znalazłeś, bracie? – spytał Chalid głosem równie spokojnym i obcym, jak głos Habiba.

– Przyszedłem z wami. Zawsze byłem blisko was. Nie widzieliście mnie?

– A moi przyjaciele – odezwał się Dżalalad – Juma i Hanif, widziałeś ich?

Habib nie odpowiedział. Dżalalad ponowił pytanie, z większą siłą.

– Widziałeś? Są w obozie Rosjan? Złapali ich?

Czekaliśmy w milczeniu gęstym od naszego strachu i jadowitego odoru gnijącego ciała, który przywarł do Habiba. Habib jakby medytował, a może nasłuchiwał czegoś słyszalnego tylko dla niego.

– Powiedz, *bach-e-kaka* – odezwał się łagodnie Sulajman, nazywając Habiba mianem siostrzeńca – co to znaczy, że teraz jest tylko jedno wyjście?

– Są wszędzie – odpowiedział Habib. Twarz zniekształcił mu rozdziawiony, wariacki grymas. Mahmud Milbaf szeptem tłumaczył mi każde słowo. – Nie mają dość żołnierzy. Zaminowali wszystkie najłatwiejsze drogi. Na północy, na wschodzie, na zachodzie, wszystko zaminowane. Tylko ta na południowy wschód jest czysta, bo uważają, że tędy nie będziecie uciekać. Tą drogą chcą przyjść po was.

– Nie możemy iść tą trasą – odezwał się do mnie szeptem Mahmud, kiedy Habib nagle urwał. – Rosjanie są w dolinie na południowy wschód stąd. To ich droga do Kandaharu. Kiedy po nas przyjdą, to właśnie z tej strony. Jeśli tam pójdziemy, wszyscy zginiemy, a oni o tym wiedzą.

– Teraz są na południowym wschodzie. Ale jutro, przez jeden dzień, będą po drugiej stronie góry, na północnym zachodzie – powiedział Habib. Głos miał nadal spokojny i opanowany, ale uśmiechał się demonicznie jak chimera. Ten kontrast niepokoił. – Jutro zostanie ich tylko kilku, a reszta zaraz o świcie odejdzie, żeby zaminować zbocza od północnego zachodu. Idźcie na nich, zaatakujcie, uderzcie od południowego wschodu, będzie tylko paru. Możecie się przedrzeć i uciec. Ale tylko jutro.

– Ilu ich jest? – spytał Dżalalad.

– Sześćdziesięciu ośmiu. Mają moździerze, rakiety i sześć cekaemów. Za wielu, żebyście się przekradli nocą.

– Ty się przekradłeś – zauważył Dżalalad.

– Mnie nie widzą – odparł Habib z niezmąconym spokojem. – Jestem dla nich niewidzialny. Nie zobaczą mnie, dopóki nie wbiję im noża w gardło.

– Bzdura! – syknął Dżalalad. – To żołnierze. Ty też jesteś żołnierzem. Jeśli ty potrafisz się przekraść, to my też.

– Czy wasi ludzie wrócili? – spytał Habib i po raz pierwszy skierował swoje obłąkane spojrzenie na młodego wojownika. Dżalalad otworzył usta, ale nic nie powiedział. Spuścił oczy i pokręcił głową. – Czy potrafisz wejść do tego obozu tak, żeby cię nikt nie zobaczył i nie usłyszał, jak ja to zrobiłem? Jeśli spróbujesz się przekraść, zginiesz tak, jak twoi przyjaciele. Nie możesz się przekraść. Ja mogę, ty nie.

– Ale uważasz, że zdołamy się przedrzeć? – Chalid zadał to pytanie łagodnie i spokojnie, ale wszyscy usłyszeliśmy brzmiące w nim napięcie.

– Tak. To jedyny sposób. Byłem wszędzie na tej górze i zbliżyłem się do nich tak, że słyszałem, jak się drapią. Dlatego tu jestem. Przyszedłem wam powiedzieć, jak możecie się uratować. Ale moja pomoc ma swoją cenę. Wszystkich, których jutro nie zabijecie, wszyscy, którzy przeżyją, są moi. Oddacie mi ich.

– Tak, tak – zgodził się kojąco Sulajman. – Proszę, *bach-e-kaka*, powiedz nam wszystko, co wiesz. Chcemy skorzystać z twojej wiedzy. Usiądź z nami i opowiedz, co wiesz. Nie mamy jedzenia, więc nie możemy cię poczęstować. Przepraszam.

– Jest jedzenie – przerwał Habib, wskazując cień na skraju naszego obozu. – Tam czuję jedzenie.

Rzeczywiście, rozkładające się szczątki kozy – części *haram* – leżały na małej stercie w śniegowej brei. Pomimo mrozu i śniegu już dawno zaczęły gnić. Z daleka ich nie czuliśmy, ale Habib najwyraźniej miał lepszy węch.

Jego słowa sprowokowały długą dyskusję o religijnych zakazach i nakazach dotyczących jedzenia *haram*. Nasi ludzie nie byli fanatykami. Modlili się codziennie, ale nie przestrzegali ściśle pór tych trzech sesji obowiązujących szyitów ani pięciu sesji sunnickich. Byli ludźmi wierzącymi, nie dewotami. Mimo to w czasie wojny, wobec wielkiego niebezpieczeństwa, nie chcieli występować przeciwko woli bożej. Byli bożymi wojownikami, mudżahedinami, wierzyli, że w chwili śmierci w bitwie zostaną męczennikami i że mają zapewnione miejsce w raju, gdzie będą im usługiwać piękne hurysy. Nie chcieli się skazić zakazaną żywnością, skoro byli już tak blisko wyścigu do nieba. Świadectwem ich wiary był fakt, że sama dyskusja o mięsie *haram* zaistniała dopiero po miesiącu postu i pięciu dniach przymierania głodem.

Ja z kolei wyznałem Mahmudowi Milbafowi, że od pięciu dni bez przerwy myślę o tym porzuconym mięsie. Nie byłem muzułmaninem, nie było dla mnie zakazane, ale żyłem w wojownikami tak blisko i od tylu bolesnych tygodni, że nasze losy się połączyły. Nie mógłbym niczego zjeść, kiedy oni głodowali. Chciałem zjeść to mięso, ale tylko wtedy, gdyby zgodzili się pożywić razem ze mną.

Sulajman wydał rozstrzygającą opinię. Przypomniał wojownikom, że aczkolwiek muzułmanin nie może jeść zakazanej żywności, to jeszcze gorszym postępkiem byłoby zagłodzić się na śmierć, mając dostęp do mięsa *haram*. Postanowiono, że przed pierwszym świtem ugotujemy gnijące mięso w zupie. Potem, wzmocnieni tym posiłkiem, skorzystamy z informacji Habiba i przedrzemy się przez góry.

Podczas długich tygodni ukrywania się i czekania bez ognia i gorącej żywności zabawialiśmy się i podtrzymywaliśmy nawzajem na duchu opowieściami. Ostatniej nocy po paru historiach znowu nadeszła kolej na mnie. Na pierwszą opowieść, wiele tygodni temu, wybrałem historię mojej ucieczki z więzienia. Choć zgorszyło ich wyznanie, że jestem *guna*, czyli grzesznikiem, i że byłem w więzieniu, z przejęciem wysłuchali relacji, i wielu innych. Druga opowieść dotyczyła Nocy Zabójców: tego, jak Abdullah, Vikram i ja wyśledziliśmy nigeryjskich zabójców, jak wdaliśmy się w bójkę, jak ich pokonaliśmy, a potem wygnaliśmy z kraju; jak wytropiłem Maurizia, który ściągnął nam ich na głowę, i pobiłem go; jak chciałem go zabić, ale oszczędziłem, by potem pożałować swojej litości, bo napadł na Lisę Carter i sprowokował Ullę do zadania mu śmiertelnego ciosu.

Ta historia także spotkała się z dobrym przyjęciem, a kiedy Mahmud Milbaf usiadł obok mnie, by tłumaczyć trzecią opowieść, zacząłem się zastanawiać, co mogłoby na nowo obudzić ich entuzjazm. Przebiegłem myślami listę bohaterów. Było ich wielu, tak wiele mężczyzn i kobiet, zaczynając od mojej matki, której odwaga i poświęcenie miały swoją historię. Ale kiedy zacząłem mówić, z moich ust popłynęły słowa o Prabakerze. Były jak rozpaczliwa modlitwa, która sama wypłynęła z mojego serca.

Opowiedziałem, jak Prabaker opuścił swoją rajską wioskę i jako dziecko zamieszkał w mieście, jak powrócił jako nastolatek, z dzikim ulicznikiem Raju i innymi przyjaciółmi, by stawić czoło dakoitom, jak Rukhmabaj, jego matka, dodała odwagi mężczyznom z wioski, jak mały Raju wystrzelił z rewolweru, idąc na chełpliwego przywódcę dakoitów i jak strzelał, dopóki tamten nie padł trupem, jak Prabaker kochał świętowanie, taniec i muzykę, jak uratował ukochaną kobietę podczas epidemii cholery, jak ją poślubił i jak umarł na szpitalnym łóżku, w otoczeniu nas, którzy go kochaliśmy.

Kiedy Mahmud przetłumaczył ostatnie słowa, zapadło długie milczenie. Słuchacze rozmyślali nad opowieścią. Już myślałem, że życie mojego małego przyjaciela wstrząsnęło nimi tak jak mną, kiedy zaczęły się pierwsze pytania.

– A ile kóz mieli w tej wiosce? – spytał Sulajman ze śmiertelną powagą.

– On chce wiedzieć, ile kóz... – zaczął Mahmud.

– Rozumiem, rozumiem. – Uśmiechnąłem się. – O ile się zorientowałem, tak z osiemdziesiąt, może nawet sto. W każdym domu były dwie lub trzy, ale niektórzy mieli nawet sześć lub osiem.

Ta informacja obudziła krótką dyskusję, w której było więcej ożywienia i zaciekłości niż w jakiejkolwiek politycznej i religijnej debacie, jakie od czasu do czasu wybuchały w naszym obozie.

– Jakiego... koloru... były te kozy? – spytał Dżalalad.

– Kolory – wyjaśnił poważnie Mahmud. – Chce znać kolor sierści tych kóz.

– Hm... o rany... były brązowe... chyba... i białe... i było parę czarnych.

– Czy to były duże kozy, takie jak w Iranie? – przetłumaczył Mahmud pytanie Sulajmana. – Czy takie chude jak w Pakistanie?

– No, jakieś takie... – powiedziałem niepewnie, pokazując ich rozmiar.

– A ile mleka – spytał Nazir, wbrew samemu sobie porwany duchem rozmowy – dawały te kozy codziennie?

– E... nie znam się na kozach...

– Spróbuj – uparł się Nazir. – Przypomnij sobie.

– Cholera. No... Ale to będzie takie zgadywanie. Powiedziałbym, że parę litrów dziennie... – zaryzykowałem i rozłożyłem bezradnie ręce.

– Ile ten twój przyjaciel zarabiał jako taksówkarz? – spytał Sulajman.

– Czy spotykał się z tą kobietą sam na sam, zanim ją poślubił? – chciał wiedzieć Dżalalad, na co wszyscy parsknęli śmiechem, a niektórzy cisnęli w niego kamykami.

I w ten sposób zadawano pytania na wszystkie interesujące tematy, aż w końcu wymówiłem się i znalazłem sobie względnie odosobnione miejsce, w którym mogłem obserwować mglisty przestwór zamarzniętego, zasnutego nieba. Usiłowałem zwalczyć strach szarpiący moim pustym żołądkiem i sięgający ostrymi szponami do serca w klatce żeber.

Jutro. Jutro będziemy się przedzierać. Nikt tego nie powiedział, ale wiedziałem, że wszyscy są pewni naszej śmierci. Byli zbyt weseli, zbyt odprężeni. Całe napięcie i zgroza minionych tygodni ulotniły się wraz z decyzją o podjęciu walk. Nie była to radosna ulga ludzi, którzy wiedzą, że są uratowani. To było coś innego – coś takiego widziałem w lustrze w mojej celi, tej nocy przed desperacką ucieczką z więzienia, coś takiego widywałem w oczach więźnia, który uciekł razem ze mną. To było uniesienie człowieka, który naraża wszystko, stawia swoje życie na szalę. Za jakiś czas, jutro, będziemy wolni albo martwi. Ta sama decyzja, która rzuciła mnie za mury więzienia, teraz rzucała mnie prosto pod lufy wroga; lepiej umrzeć w walce, niż zdechnąć jak szczur w pułapce. Uciekłem z więzienia, przemierzyłem cały świat i po latach znalazłem się w towarzystwie ludzi, którzy na temat wolności i śmierci mieli identyczne poglądy.

A jednak się bałem; że zostanę ranny, że dostanę postrzał w kręgosłup i będę sparaliżowany, że schwytają mnie żywcem i znowu strażnicy będą mnie torturować w więzieniu. Przyszło mi do głowy, że Karla i Kadirbaj mieliby mi do powiedzenia coś mądrego na temat strachu. A pomyślawszy o tym, zdałem sobie sprawę, jak dalecy są od tej chwili, od tej góry i ode mnie. Zdałem sobie sprawę, że nie potrzebuję już ich błyskotliwości, ona mi nie pomoże. Cała inteligencja tego świata nie pomoże mojemu żołądkowi, który skręcał się z przerażenia. Kiedy się wie, że idzie się na śmierć, inteligencja nie daje pocieszenia. Pociecha, jeśli w ogóle nadchodzi, bierze się z dziwnej mieszanki czasu, miejsca i uczucia, które na ogół nazywamy mądrością. Dla mnie tej ostatniej nocy przed bitwą pocieszenie niósł dźwięk głosu mojej matki i życie, i śmierć mojego przyjaciela Prabakera... Niech Bóg da ci wieczny odpoczynek, Prabakerze. Ciągle cię kocham, a kiedy o tobie pomyślę, w moim sercu i oczach zapalają się jasne gwiazdy żałoby... Pociechą w tych lodowatych górach było wspomnienie uśmiechniętej twarzy Prabakera i głos mojej matki: cokolwiek będziesz robił, rób to odważnie i nie zapędzaj się w zło...

– Hej, masz – powiedział Chalid, kucając przy mnie. Podał mi dwie połówki papierosa.

– Jezu! – Wytrzeszczyłem oczy. – Skąd je wziąłeś? Myślałem, że skończyły się w zeszłym tygodniu.

– Bo się skończyły – odpowiedział i zapalił papierosy małą gazową zapalniczką. – Zostały te. Zachowałem je na specjalną okazję. To chyba ona. Mam złe przeczucie. Bardzo złe przeczucie. Tkwi we mnie i nie potrafię się go pozbyć.

Po raz pierwszy od wyjazdu Kadira zamieniliśmy ze sobą więcej niż parę niezbędnych słów. Pracowaliśmy i spaliśmy obok siebie dniem i nocą, ale prawie nigdy nie spoglądałem mu w oczy i unikałem rozmowy z nim, tak że i on zaczął milknąć w mojej obecności.

– Słuchaj... Chalid... jeśli chodzi o Kadira i Karlę... nie myśl... to znaczy, ja nie...

– Nie – przerwał. – Masz wiele powodów, żeby się wściekać. Potrafię na to spojrzeć z twojego punktu widzenia. Kiepsko to wyszło i powiedziałem o tym Kadirowi przed jego odjazdem. Powinien ci zaufać. Śmieszne – człowiek, któremu ufał najbardziej, jedyny człowiek na całym świecie, któremu zaufał bezwarunkowo, okazał się szalonym mordercą, który sprzedał nas wszystkich.

Ten nowojorski akcent z arabską gładkością przetoczył się po mnie jak ciepła, pienista fala. O mało co nie chwyciłem Chalida w objęcia. Tęskniłem za pewnością, którą zawsze odnajdywałem w tym głosie, i za jawnym cierpieniem, które dostrzegałem w tej posiekanej bliznami twarzy. Tak strasznie się cieszyłem, że odzyskałem jego przyjaźń, iż nie zrozumiałem do końca, co powiedział. Uznałem, nie zastanawiając się nad tym, że mówi o Abdullahu. Ale nie mówił i tę szansę, jak sto innych, by dowiedzieć się prawdy podczas jednej rozmowy, także straciłem.

– Dobrze znałeś Abdullaha? – spytałem.

– Dość dobrze – odpowiedział, a jego blady uśmiech zmienił się w pytający grymas: dokąd zmierzasz?

– Lubiłeś go?

– Nie bardzo.

– Dlaczego?

– W nic nie wierzył. Był buntownikiem bez powodu w świecie, w którym jest zbyt mało buntowników z prawdziwymi powodami. Nie lubię i nie ufam ludziom, którzy w nic nie wierzą.

– Czy także mnie?

– Nie. – Roześmiał się. – Ty wierzysz w wiele rzeczy. Dlatego cię lubię. Dlatego Kadir cię kochał. Bo wiesz, on cię kochał. Tak mi powiedział, parę razy przy różnych okazjach.

– A w co ja niby wierzę? – parsknąłem.

– W ludzi – odparł szybko. – Ta sprawa z kliniką w slumsach i tak dalej. To, co dzisiaj opowiedziałeś ludziom, o wiosce. Zapomniałbyś o tym badziewiu, gdybyś nie wierzył w ludzi. Ta praca w slumsach, kiedy tam panowała cholera – Kadir był zachwycony, ja też. Cholera, przez jakiś czas nawet Karla wierzyła ludziom. Musisz zrozumieć, Lin. Gdyby Kadir miał wybór, gdyby istniał lepszy sposób zrobienia tego, co musiał zrobić, toby go wybrał. Wszystko potoczyło się tak, jak musiało. Nikt nie chciał cię wydymać.

– Nawet Karla? – Uśmiechnąłem się, zaciągnąłem się z rozkoszą po raz ostatni i zgniotłem niedopałek na ziemi.

– No, może Karla – przyznał z cichym, smutnym śmiechem. – Ale Karla taka jest. Nie wydymała chyba tylko Abdullaha.

– Byli razem? – spytałem, tak zaskoczony, że nie zdołałem opanować dźgnięcia zazdrości, która zmarszczyła mi czoło w drobne, twarde fałdy.

– No, nie powiedziałbym, że razem – odpowiedział spokojnie, spoglądając mi w oczy. – Ale ja byłem. Kiedyś. Kiedyś z nią żyłem.

– Że co?

– Mieszkałem z nią przez pół roku.

– I co się stało? – spytałem. Zacisnąłem zęby, choć czułem się jak idiota. Nie miałem prawa do gniewu i zazdrości. Nigdy nie pytałem Karli o jej romanse, a ona nie pytała mnie o moje.

– Nie wiesz co?

– Nie pytałbym, gdybym wiedział.

– Rzuciła mnie – powiedział powoli – mniej więcej wtedy, kiedy się pojawiłeś.

– O cholera...

– W porządku. – Uśmiechnął się.

Przez jakiś czas milczeliśmy, obaj podróżowaliśmy w czasie. Przypomniałem sobie Abdullaha na falochronie przy meczecie Hadżdżi Ali w nocy, kiedy spotkałem go razem z Kadirbajem. Przypomniałem sobie, że pewna kobieta nauczyła go zgrabnego zdania po angielsku. To musiała być Karla. Oczywiście, że ona. I przypomniałem sobie sztywne zachowanie Chalida, kiedy go poznałem, i raptem zdałem sobie sprawę, że wówczas cierpiał albo może miał do mnie pretensję. Dopiero teraz pojąłem, ile musiało go kosztować przyjazne zachowanie w stosunku do mnie.

– Wiesz – dodał po chwili – z Karlą trzeba bardzo uważać. Ona jest... rozgniewana... wiesz? I cierpi. Bardzo cierpi, pod wszystkimi względami, które się liczą. Kiedy była mała, solidnie ją popaprali. Trochę od tego oszalała. A w Stanach, zanim przyjechała do Indii, coś zrobiła. I to także ją popaprało.

– Co zrobiła?

– Nie wiem. Coś bardzo poważnego. Nigdy mi nie powiedziała. Omijaliśmy ten temat. Chyba Kadirbaj wiedział, to on poznał ją pierwszy.

– Nie, tego nie wiedziałem – odparłem i zmarszczyłem brwi, myśląc, jak niewiele wiem o kobiecie, którą kocham tak długo. – Dlaczego... dlaczego nigdy nie powiedziała mi o Kadirbaju? Znam ją od dawna, oboje pracowaliśmy dla niego, a ona nie wspomniała o tym ani słowem. Ani razu nie wymieniła jego imienia.

– Chyba z lojalności, wiesz? Nie sądzę, żeby chodziło o ciebie. Ona jest niewiarygodnie lojalna... no, była, wobec niego. Uważała go chyba za ojca. Jej prawdziwy ojciec umarł, kiedy była mała. A ojczyma także straciła w dzieciństwie. Kadir zjawił się w samą porę, żeby ją uratować, więc musiał zostać jej ojcem.

– Powiedziałeś, że to on pierwszy ją poznał?

– Tak, w samolocie. Trochę dziwna historia, przynajmniej tak mi ją opowiedziała. Nie pamiętała, jak się znalazła w tym samolocie. Uciekała przed czymś – przed czymś, co zrobiła – i miała kłopoty. Przez parę dni zmieniała samoloty. A raptem znalazła się w maszynie lecącej do Singapuru z... nie wiem skąd... I chyba miała jakieś załamanie nerwowe czy coś w tym rodzaju, bo się załamała, a kiedy odzyskała przytomność, była w jaskini w Indiach, z Kadirbajem. Potem zostawił ją z Ahmadem, który się nią opiekował.

– Powiedziała mi o nim.

– Naprawdę? Nieczęsto o tym mówi. Lubiła go. Pielęgnował ją niemal przez pół roku, aż się pozbierała. To on ją przywrócił do życia... do światła, można powiedzieć. Bardzo się zbliżyli. Pewnie był dla niej kimś w rodzaju brata.

– Byłeś z nią... to znaczy znałeś ją, kiedy go zabili?

– Nie wiem, czy go zabili – oznajmił Chalid, zagłębiony we wspomnieniach. – Wiem, że tak uważa Karla, że madame Zhou go zabiła, i tę dziewczynę...

– Christine.

– Tak, Christine. Ale ja znałem Ahmada dość dobrze. Był bardzo łagodny – bardzo prosty, wrażliwy człowiek. Dokładnie taki typ mógłby się otruć razem z dziewczyną jak w romantycznym filmie, gdyby tylko wbił sobie do głowy, że nigdy nie będą wolni. Kadir przyjrzał się tej sprawie bardzo dokładnie, bo Ahmad był jego człowiekiem. Był pewien, że Zhou nie miała z tym nic wspólnego. Oczyścił ją z zarzutów.

– Ale Karla tego nie przyjęła do wiadomości?

– Nie, nie kupiła tego. I kiedy to wszystko się razem na nią zwaliło, ześwirowała. Powiedziała ci, że cię kocha?

Zawahałem się trochę dlatego, że nie chciałem rezygnować z tej drobnej przewagi nad nim, gdyby sądził, że to od niej usłyszałem, a trochę z lojalności wobec Karli – bo to w końcu była jej sprawa. Ale odpowiedziałem. Musiałem wiedzieć, dlaczego mnie o to spytał.

– Nie.

– Szkoda – oznajmił sucho. – Myślałem, że to będziesz ty.

– Że to będę ja?

– Że to ty jej pomożesz. Przełamać się. Z tą dziewczyną stało się coś bardzo złego. Przydarzyło się jej wiele złych rzeczy. A Kadir jeszcze pogorszył sprawę.

– Jak?

– Dał jej pracę. Ocalił ją podczas tego pierwszego spotkania i chronił przed tym, czego się bała, przed tym czymś ze Stanów. Ale potem poznała jednego faceta, polityka, który się w niej cholernie zakochał. Kadir go potrzebował, więc kazał jej pracować dla niego, a nie sądzę, żeby się do tego nadawała.

– Co to była za praca?

– Wiesz, jaka jest piękna... te zielone oczy i bielusieńka skóra.

– Cholera. – Westchnąłem. Przypomniałem sobie wykład Kadira na temat zawartości przestępstwa w grzechu i grzechu w przestępstwie.

– Nie wiem, co wstąpiło w Kadira – zakończył Chalid. Sam kręcił głową z powątpiewaniem i zdumieniem. – To było takie... nie w jego stylu, delikatnie mówiąc. Szczerze mówiąc, nie sądzę, żeby uważał, że robi jej krzywdę. Ale ona jakby zamarzła – w głębi duszy. Był dla niej jak ojciec... i kazał jej to zrobić. Chyba mu tego nigdy nie wybaczyła. Ale była wobec niego niewiarygodnie lojalna. Nigdy tego nie rozumiałem. No i tak się zeszliśmy – widziałem, co się dzieje, i żałowałem jej, rozumiesz. Po jakimś czasie jedno doprowadziło do drugiego. Ale nigdy naprawdę do niej nie dotarłem. Ty też nie. Chyba nikt nie dotrze. Do końca życia.

– Do końca życia to bardzo długo.

– Dobrze, masz rację. Po prostu cię ostrzegam. Bo nie chcę, żebyś dłużej cierpiał, bracie. Za dużo razem przeszliśmy, *na*? I nie chcę, żeby ona cierpiała.

Znowu zamilkł. Gapiliśmy się na kamienie i zamarzniętą ziemię, unikając spoglądania na siebie. Minęło parę minut. W końcu Chalid westchnął głęboko, wstał, roztarł zdrętwiałe dłonie i tupnął. Ja także wstałem, dygocząc z zimna, i zacząłem przytupywać zdrętwiałymi nogami. W ostatniej chwili, z tak impulsywnym pośpiechem, jakby wypadł z plątaniny pnączy, chwycił mnie w ramiona i uścisnął. Siła jego uścisku była miażdżąca, ale jego głowa powoli oparła się na mojej, łagodnie, jak głowa śpiącego dziecka.

Wreszcie wypuścił mnie z objęć i odsunął się z odwróconą twarzą, tak że nie widziałem jego oczu. Odszedł. Poszedłem za nim wolniejszym krokiem, ogrzewając ręce pod pachami. Dopiero kiedy zostałem sam, przypomniałem sobie, co powiedział: mam złe przeczucie, Lin. Bardzo złe przeczucie...

Postanowiłem z nim o tym pogadać, ale właśnie w tej chwili z cienia wynurzył się Habib. Podskoczyłem ze strachu.

– Kurwa! – syknąłem. – Wystraszyłeś mnie na śmierć! Nie rób tak więcej!

– W porządku, w porządku – odezwał się Mahmud Milbaf, stając obok szaleńca.

Habib wybełkotał coś do mnie, tak szybko, że nie rozróżniłem ani jednej sylaby. Oczy prawie wychodziły mu w orbit, przez co jeszcze wyraźniejsze stawały się ciemne, ciężkie wory pod oczami, obciążające dolne powieki i odsłaniające zbyt dużo białka pod pożyłkowanym, popękanym krążkiem tęczówki.

– Co?

– W porządku – powtórzył Mahmud. – Chce porozmawiać ze wszystkimi. Dziś rozmawia z każdym. Przychodzi do mnie. Chce, żebym uczynił angielskie słowa dla ciebie. Ty jesteś ostatni, przed Chalidem. Z Chalidem chce porozmawiać na końcu.

– Co powiedział?

Mahmud poprosił go o powtórzenie. Habib znowu przemówił, w ten sam zbyt gwałtowny sposób, wpatrzony w moje oczy, jakby się spodziewał, że wyskoczy z nich jakiś potwór. Odpowiedziałem spojrzeniem o podobnej intensywności; bywałem już zamknięty w jednej celi z agresywnymi wariatami i wiedziałem, że nie wolno od nich odwracać wzroku.

– Mówi, że silni ludzie tworzą bycie szczęśliwego zbiegu okoliczności – przetłumaczył Mahmud.

– Co?

– Silni ludzie sami go tworzą, szczęśliwy zbieg okoliczności.

– Silni ludzie sami tworzą szczęśliwy zbieg okoliczności? O to mu chodzi?

– Tak, dokładnie. Silny człowiek może stworzyć szczęśliwy zbieg okoliczności.

– Co to znaczy?

– Nie wiem – odpowiedział Mahmud z cierpliwym uśmiechem. – Tak mówi.

– Chodzi po obozie i mówi tak każdemu? Że silny człowiek tworzy swoje szczęście?

– Nie. Mnie powiedział, że Prorok, pokój z Nim, był wielkim żołnierzem, zanim został wielkim nauczycielem. Dżalaladowi powiedział, że gwiazdy świecą, bo są pełne tajemnic. Każdemu co innego powiedział. I bardzo mu się spieszy. To dla niego bardzo ważne. Nie rozumiem, Lin. Myślę, że to dlatego, że jutro walka.

– Powiedział coś jeszcze? – spytałem zdumiony.

Mahmud powtórzył Habibowi moje pytanie. Ten zabełkotał coś w paszto i farsi.

– Mówi tylko, że nie ma czegoś takiego jak szczęśliwy zbieg okoliczności. Chce, żebyś mu uwierzył. I znowu powtarza, że silny człowiek...

– Sam tworzy szczęśliwy zbieg okoliczności – dokończyłem. – No to mu powiedz, że dziękuję za wiadomość.

Mahmud przemówił, a Habib przez parę chwil gapił się na mnie jeszcze intensywniej, szukając w moich oczach zrozumienia lub spodziewanej reakcji. Odwrócił się i oddalił, przygięty do ziemi, przyczajony, w pozycji, która wydawała mi się jakoś bardziej przerażająca i niepokojąca niż buzujące w jego oczach szaleństwo.

– A teraz co zamierza? – spytałem Mahmuda. Ulżyło mi, że Habib zniknął.

– Pewnie znajdzie Chalida – odpowiedział.
– Cholera, ale zimno.
– Tak, mnie też zimno, jak tobie. Przez cały dzień marzę, że to zimno odchodzi.
– Byłeś w Bombaju, kiedy poszliśmy posłuchać z Kadirbajem Ślepych Śpiewaków, prawda?
– Tak. To było dla nas wszystkich pierwsze wspólne spotkanie. Wtedy zobaczyłem cię raz pierwszy.
– Przepraszam. Nie przedstawiłem się tamtej nocy, nie zauważyłem cię. Chciałem spytać, skąd znasz Kadirbaja.
Mahmud się roześmiał. Tak rzadko słyszałem jego głośny śmiech, że odruchowo się uśmiechnąłem. Podczas tej misji wychudł – jak my wszyscy. Twarz mu się zapadła, skóra napięła się na wysokich kościach policzkowych i spiczastym podbródku, pokrytym gęstą czarną brodą. Oczy, nawet w zimnym świetle księżyca, miały lśniący brąz świątynnej czary.
– Stoję na ulicy w Bombaju i robię interesy paszportowe z moim przyjacielem. Ręka na moim ramieniu. To Abdullah. Mówi, że Kadir Chan mnie wzywa. Idę do Kadira, który siedzi w samochodzie. Jedziemy razem, rozmawiamy, a potem – jestem jego człowiekiem.
– Dlaczego cię wybrał? Co sprawiło, że on wybrał ciebie, a ty zgodziłeś się pracować dla niego?
Mahmud zmarszczył brwi i wyglądało na to, że po raz pierwszy się nad tym zastanawia.
– Byłem przeciwko szachowi Pahlawiemu – zaczął. – Tajna policja szacha, SAVAK, zabiła wielu ludzi, i wielu posłała do więzienia na bicie. Mój ojciec zabity w więzieniu. Moja matka zabita w więzieniu. Za walkę przeciwko szachowi. Byłem wtedy mały. Kiedy byłem duży, walczyłem z szachem. Dwa razy w więzieniu. Dwa razy bicie, elektryczność na ciało, zbyt wiele bólu. Walczę o rewolucję w Iranie. Ajatollah Chomeini czyni rewolucję w Iranie, jest nową władzą, kiedy szach ucieka do Ameryki. Ale SAVAK się nie zmienia. Teraz pracują dla Chomeiniego. Znowu idę do więzienia. Znowu bicie i elektryczny ból. Ci sami ludzie szacha – ci sami z więzienia – teraz pracują dla Chomeiniego. Wszyscy moi przyjaciele umierają w więzieniu lub na wojnie z Irakiem. Ja uciekam, przyjeżdżam do Bombaju. Czynię biznes, czarny rynek, z innymi ludźmi z Iranu. Potem Abd al-Kadir Chan robi mnie swoim człowiekiem. W mym życiu poznałem tylko jednego wielkiego człowieka. Był nim Kadir. Teraz nie żyje...
Zdusił resztę słów, rękawem grubej kurtki otarł łzę z każdego oka.
To było długie przemówienie, zamarzaliśmy na mrozie, ale wypytywałbym go dłużej. Chciałem dowiedzieć się wszystkiego, co wypełniłoby lukę między tym, co powiedział mi Kadirbaj, i tajemnicami, które wyjawił Chalid. Ale w tej samej chwili rozległ się przeszywający, żałosny wrzask przerażenia. Urwał się jak nożem uciął, jakby ktoś przeciął nożycami nitkę dźwięku. Spojrzeliśmy na siebie i jednocześnie sięgnęliśmy po broń.
– Tam! – krzyknął Mahmud i rzucił się przez śnieżną breję, drobiąc ostrożnie nogami.

Dotarliśmy do źródła dźwięku jednocześnie z innymi. Nazir i Sulajman przedarli się przez tłum, by sprawdzić, na co patrzymy. Zamarli w milczeniu. Chalid Ansari pochylał się nad ciałem Habiba Abd ar-Rahmana. Wariat leżał na plecach. Był martwy. W gardle, z którego przed paroma chwilami wydostały się słowa o szczęśliwym zbiegu okoliczności, tkwił nóż. Ten nóż został wbity i obrócony, tak jak Habib uczynił z Siddikim. Ale to nie na jego broń, sterczącą z grzęzawiska żylastej szyi, gapiliśmy się w oszołomieniu. Wszyscy dobrze znaliśmy ten nóż. Wszyscy setki razy widywaliśmy tę charakterystyczną, rzeźbioną rękojeść z rogu. To był sztylet Chalida.

Nazir i Sulajman wzięli Chalida pod pachy i unieśli go łagodnie. Przez chwilę dawał się prowadzić, ale potem odtrącił ich i znowu ukląkł przy zwłokach. Habib miał zawiązany na piersiach szal *pattu*. Chalid wyjął coś spod jego kurtki. Był to metal, dwa kawałki metalu, które Habib zawiesił na szyi na rzemykach. Dżalalad przypadł do niego i wyrywał mu je. To były odłamki pancerza czołgu, który zniszczyli Hanif i Juma, wisiorki jego przyjaciół.

Chalid wstał i powoli odszedł od trupa. Kiedy mnie mijał, położyłem mu rękę na ramieniu i odszedłem razem z nim. Za moimi plecami rozległo się wściekłe wycie – to Dżalalad zaczął tłuc zwłoki Habiba kolbą kałasznikowa. Obejrzałem się; pod miażdżącymi ciosami broni oczy szaleńca eksplodowały. Poczułem, że za sprawą jakiejś perwersji litościwego serca żal mi Habiba. Sam chciałem go zabić, i to nie raz, i cieszyłem się z jego śmierci, ale moje serce było tak przepełnione litością, że w tej chwili zacząłem go opłakiwać, jakby był moim przyjacielem. Kiedyś był nauczycielem, pomyślałem ni stąd, ni zowąd. Najbardziej okrutny i niebezpieczny człowiek, jakiego znałem, kiedyś uczył dzieci. Nie mogłem się pozbyć tej myśli – jakby to była jedyna prawda, jaka w tej chwili się liczyła.

A kiedy inni wreszcie odciągnęli Dżalalada, nie zostało nic, prócz krwi, śniegu, włosów i odłamków kości tam, gdzie przed chwilą spoczywało życie i udręczony umysł.

Chalid wrócił do naszej groty. Mamrotał coś po arabsku. Oczy mu lśniły, pełne rozjaśniającej je wizji, a posiekana bliznami twarz przybrała niemal przerażająco zdecydowany wyraz.

W grocie zdjął pas z manierką. Upuścił go na ziemię. Zdjął przez głowę pas z nabojami i także go rzucił. Następnie zaczął grzebać w kieszeniach, opróżniając je jedna po drugiej, aż pozbył się wszystkich przedmiotów z wyjątkiem ubrania. U jego stóp leżały fałszywe paszporty, pieniądze, listy, portfel, broń, biżuteria i nawet poplamione, pozaginane fotografie nieżyjących od dawna krewnych.

– Co on mówi? – spytałem rozpaczliwie Mahmuda. Przez cztery tygodnie unikałem spojrzenia Chalida i lodowato odtrącałem jego przyjaźń. Nagle przeraziłem się, że go stracę, że już go straciłem.

– To Koran – szepnął Mahmud. – Recytuje sury z Koranu.

Chalid wyszedł z jaskini i ruszył na skraj obozu. Pobiegłem, żeby go powstrzymać, pociągnąłem go za ubranie. Odwrócił się w moją stronę. Chwyciłem go w objęcia, odciągnąłem do tyłu o parę kroków. Nie oponował. Wpatrywał się przed siebie, jakby w jakąś wizję, i przez cały czas powtarzał hipnotycznie poetyczne wersy Koranu. A kiedy go puściłem, ruszył poza teren obozu.

– Pomóżcie! – krzyknąłem. – Nie widzicie? On odchodzi! Odchodzi!

Mahmud, Nazir i Sulajman podeszli, ale zamiast powstrzymać Chalida, chwycili mnie za ręce i delikatnie od niego odciągnęli. On natychmiast ruszył przed siebie. Wyszarpnąłem się, znowu za nim pobiegłem. Krzyknąłem, uderzyłem go w twarz, żeby go otrzeźwić. Nie stawiał oporu, nie reagował. Po zziębniętej twarzy popłynęły mi gorące łzy, które paliły moje popękane usta. Łkanie płynęło z mojej piersi jak rwąca rzeka, szumiąca na wygładzonych kamieniach, ciągle, ciągle, ciągle. Trzymałem go mocno, jedną ręką wokół szyi, drugą w pasie, z dłońmi splecionymi na jego plecach.

Nazir, choć wychudzony i osłabiony, był ode mnie silniejszy. Jego stalowe ręce chwyciły mnie za nadgarstki i rozgięły moje ręce. Mahmud i Sulajman pomogli mnie przytrzymać, choć się rzucałem i usiłowałem chwycić kurtkę Chalida. A potem patrzyliśmy, jak wychodzi z obozu w zimę, która w ten czy inny sposób zniszczyła i zabiła nas wszystkich.

– Nie widziałeś? – spytał Mahmud, kiedy Chalid zniknął. – Nie widziałeś jego twarzy?

– Widziałem, widziałem – załkałem, wlokąc się do jaskini, gdzie pogrążyłem się w rozpaczy.

Leżałem tam godzinami, bez snu, brudny, głodny, zły, ze złamanym sercem. Mógłbym tam umrzeć – czasami ból odejmuje władzę w rękach i nogach – ale ożywił mnie zapach jedzenia. Nasi uznali, że nie można zwlekać z ugotowaniem gnijącego mięsa. Warzyli je w garnku przez wiele godzin, odganiając dym i kryjąc płomienie za kocami.

Zupa była gotowa na długo przed świtem i każdy dostał miskę, szklankę lub kubek. Smród rozkładającego się mięsa był początkowo ponad siły naszych pustych żołądków. Wszyscy zwymiotowaliśmy ohydną, śmierdzącą maź, którą przed chwilą wypiliśmy. Ale głód ma własną wolę, o wiele starszą niż ta, którą hołubimy i gościmy w pałacu umysłu. Byliśmy zbyt wygłodniali, by zrezygnować z jedzenia, i po trzecim podejściu – a u niektórych po piątym – udało nam się zatrzymać w żołądku odrażającą, cuchnącą paćkę. Ból, który spowodowała gorąca zupa wypita na pusty żołądek, był przenikliwy, jakbyśmy się nałykali wędkarskich haczyków, ale i on minął i każdy zdołał przełknąć po trzy dokładki, i przeżuć gumowate, gnijące kawałki mięsa.

Potem przez dwie godziny na zmianę pędziliśmy za kamienie, gdy zupa zaczęła wędrować naszymi wnętrznościami.

W końcu doszliśmy do siebie i kiedy wszyscy odmówili modlitwy i byliśmy gotowi, zebraliśmy się w pobliżu południowo-wschodniego krańca obozowiska, w miejscu, które doradził nam Habib. Zapewnił nas, że strome zbocze jest jedyną możliwą trasą ku wolności, a ponieważ zamierzał walczyć razem z nami, nie mieliśmy powodu nie ufać jego radzie.

Było nas sześciu, oprócz mnie Sulajman, Mahmud Milbaf, Nazir, Dżalalad oraz młody Ala ad-Din. Był to nieśmiały dwudziestolatek z chłopięcym uśmiechem i spłowiałymi zielonymi oczami starca. Pochwycił moje spojrzenie i kiwnął mi głową z otuchą. Uśmiechnąłem się i także skinąłem głową, a on uśmiechnął się szerzej i pokiwał jeszcze energiczniej. Odwróciłem wzrok, zawstydzony, że spędziłem z nim tyle czasu, całe trudne miesiące, i ani razu nie próbowałem wciągnąć go w rozmowę. Mieliśmy razem zginąć, a nic o nim nie wiedziałem. Nic.

Świt podpalił niebo. Pędzone wichrem chmury, strumieniem przepływające przez daleki nieboskłon, stały w płomieniach, szkarłatne od pierwszych palących pocałunków porannego słońca. Uścisnęliśmy sobie dłonie, wzięliśmy się w objęcia, jeszcze raz sprawdziliśmy broń i ruszyliśmy stromymi zboczami w stronę wieczności.

Koniec, kiedy nadchodzi, zawsze pojawia się zbyt szybko. Skóra napięła mi się na twarzy, naciągnięta mięśniami karku i szczęk, które z kolei naciągnęły mięśnie ramion, barków i odmrożonych rąk, zaciśniętych kurczowo na broni.

Sulajman wydał rozkaz. Mój żołądek fiknął koziołka, zacisnął się i zamarzł na kamień, twardszy od zimnej, nieczułej ziemi pod moimi butami. Wstałem, podszedłem do krawędzi skały. Ruszyliśmy w dół. Dzień był fantastyczny, najpiękniejszy i najpogodniejszy od wielu miesięcy. Pamiętam, jak dawno temu myślałem, że w grotach Afganistanu, tak jak w więzieniu, nie ma świtów ani zachodów słońca. Jednak świt tego dnia był piękniejszy od wszystkich innych. Kiedy strome zbocza stały się łagodniejsze, przyspieszyliśmy tempo, a ostatnie połacie różanego śniegu i szarozielonej ziemi przebiegliśmy truchtem.

Pierwsze wybuchy rozległy się zbyt daleko, żeby nas przestraszyć. No dobrze. Zaczyna się. To już to... Słowa klekotały mi w głowie, jakby wypowiedział je ktoś inny, jakby ktoś, jak trener, przygotowywał mnie na koniec. Potem eksplozje się zbliżyły, a wrogie moździerze rozszerzyły pole rażenia.

Spojrzałem na naszych; biegli szybciej ode mnie. Tylko Nazir był nadal u mojego boku. Usiłowałem przyspieszyć. Nogi miałem jakby drewniane, bez czucia. Widziałem, że się ruszają, ale ich nie czułem. Musiałem się zdobyć na gigantyczny wysiłek woli, żeby przesłać im wiadomość i zmusić do szybszego biegu. W końcu mi się udało.

Dwa pociski wybuchły blisko mnie. Biegłem dalej i czekałem na ból, na śmiertelnie śmieszny żart losu. Serce łomotało mi w piersi, dyszałem, a powietrze uchodziło ze mnie białymi chmurkami zimnego powietrza. Nie widziałem pozycji wroga. Moździerze miały zasięg ponad kilometra, ale wiedziałem, że muszą się znajdować bliżej. A potem zaszczekały pierwsze serie z AK-74 – ich i naszych. Byli na tyle blisko, żeby nas zabić, i dość blisko, żeby dać się zabić nam.

Moje oczy gorączkowo przeczesywały ziemię, szukały rozpadlin albo głazów, najbezpieczniejszej trasy. Ktoś na lewo ode mnie upadł. Dżalalad. Biegł obok Nazira, niespełna sto metrów ode mnie. Pocisk z moździerza wybuchł dokładnie przed nim i rozerwał go na strzępy. Znowu spuściłem wzrok, przeskoczyłem głazy i kamienie, potknąłem się, ale nie upadłem. Sulajman, pięćdziesiąt metrów ode mnie, chwycił się za gardło, przebiegł jeszcze parę kroków, zgięty wpół, jakby szukał czegoś na ziemi i upadł na twarz.

Z twarzy i gardła, strzaskanych, rozerwanych, lała się krew. Usiłowałem go ominąć, ale teren był trudny, kamienisty, i musiałem go przeskoczyć.

Zobaczyłem pierwsze błyski ognia z wrogich kałasznikowów. Były daleko, co najmniej dwieście metrów od nas, znacznie dalej, niż się spodziewałem. Obok mnie syknęła kula, zaledwie o krok od mojej lewej ręki. To się nie mogło udać. Nie mogło się udać. Nie było ich zbyt wielu, niewiele karabinów strzelało – ale mieli dużo czasu, żeby wziąć nas na cel i wystrzelać. Musieli nas wszystkich pozabijać. A potem dziki grad wybuchów wdarł się w szeregi wroga. Idioci! Rozerwą nas naszymi własnymi moździerzami, pomyślałem. Zewsząd wybuchały fajerwerki ostrzału. Nazir podniósł strzelbę i zaczął strzelać w biegu. Przede mną strzelał Mahmud Milbaf, biegnący po prawej, na miejscu Sulajmana, i ja także podniosłem broń i nacisnąłem spust.

Gdzieś bardzo blisko rozległ się straszny, mrożący krew w żyłach skowyt. Zrozumiałem, że to ja, ale nie potrafiłem zamilknąć. Spojrzałem na innych, na tych dzielnych i pięknych mężczyzn u mojego boku, biegnących prosto na lufy wroga, i – Boże, wybacz mi tę myśl i to, że ją wyrażę – to była chwała, chwała, jeżeli chwała oznacza doskonałe, wniebowzięte uniesienie. Taka powinna być miłość, gdyby była grzechem. Taka powinna być muzyka, gdyby mogła zabijać. Przy każdym kroku przeskakiwałem kolejny więzienny mur.

A potem, w świecie nagle głuchym jak najgłębsze morze, moje nogi znieruchomiały, a gorąca, ziarnista, cuchnąca, eksplodująca ziemia zalepiła mi oczy i usta. Coś uderzyło mnie w nogi. Coś twardego, gorącego i okrutnie ostrego. Upadłem na twarz, jakbym biegł w ciemnościach i potknął się o pień zwalonego drzewa. Pocisk z moździerza. Metalowe odłamki. Ogłuszenie po wybuchu. Osmalona skóra. Oślepiająca ziemia. Walka o oddech. Głowę wypełnił mi zapach. To był zapach mojej śmierci – pachnie krwią, morską wodą, wilgotną ziemią i popiołem ze spalonego drewna – a potem upadłem na ziemię z takim rozmachem, że pogrążyłem się w głębokiej czerni bez snów. I upadek trwał całą wieczność. I nie było tam żadnego światła.

CZĘŚĆ PIĄTA

ROZDZIAŁ 37

Zimne, martwe oko obiektywu, w które się wpatrujemy, zawsze zniekształca prawdę. Na czarno-białej fotografii widać prawie wszystkich mężczyzn z oddziału mudżahedinów Kadira, zebranych na jednym z tych zbiorowych portretów, na których mieszkańcy Afganistanu, Pakistanu i Indii wydają się bardziej sztywni i ponurzy, niż są w istocie. Patrząc na tę fotografię, nie sposób odgadnąć, że ci ludzie uwielbiali się śmiać i że byli zawsze skorzy do żartów. Ale żaden nie spoglądał prosto w obiektyw. Wszyscy oprócz mnie wzrok kierowali trochę za wysoko lub za nisko, trochę za bardzo w lewo lub w prawo. Tylko moje oczy spoglądały wprost na mnie, kiedy trzymając zdjęcie w obandażowanych dłoniach, wspominałem imiona tych mężczyzn, zebranych na tle poszarpanego górskiego łańcucha.

Kamieniarz Mazdur Gul, którego imię oznacza robotnika i który miał dłonie na stałe poszarzałe od dziesięcioleci pracy z granitem... Daoud, który lubił angielską wersję swojego imienia, David, i który marzył, że kiedyś pojedzie do wielkiego miasta Nowy Jork i zje posiłek w eleganckiej restauracji... Zamaanat, którego imię oznacza zaufanie, a który za odważnym uśmiechem ukrywał wstyd, że cała jego rodzina mieszka w nędzy i głodzie w Dżalozaj, ogromnym obozie dla uchodźców pod Peszawarem... Hadżdżi Akbar, który pełnił obowiązki doktora w naszym oddziale tylko dlatego, że kiedyś przez dwa miesiące leżał w szpitalu w Kabulu, i który moją pomoc przyjął dziękczynną modlitwą i radosnym tańcem derwisza... Alef, łobuzerski prześmiewca i pasztuński handlarz, który umarł, czołgając się w śniegu, z rozdartymi plecami i płonącym ubraniem... Juma i Hanif, dwaj dzicy chłopcy, których zabił obłąkany Habib... Dżalalad, ich nieustraszony przyjaciel, który zginął podczas ostatniej szarży... Ala ad-Din, którego imię w angielskiej skróconej wersji brzmi Aladyn i który wyszedł z bitwy bez jednego draśnięcia... Sulajman Szahbadi z pobrużdżonym czołem i smutnym spojrzeniem, który zginął, prowadząc nas w ogień.

A w środku tej grupy znajduje się mniejsza, ściślejsza, zebrana wokół Abd al-Kadira Chana. Ahmad Zadih, Algierczyk, który umarł, jedną rękę zaciskając na zamarzniętej ziemi, a drugą na mojej dłoni... Chalid Ansari, który zamordował obłąkanego Habiba, a potem ruszył w zaginiony świat głuszącego wszystko śniegu... Mahmud Milbaf, który z tej ostatniej szarży wyszedł jak Ala ad-Din, bez jednej rany, bez jednego draśnięcia... Nazir, który nie zważając na własne rany, zawlókł mnie nieprzytomnego w bezpieczne miejsce... i ja. Stoję za plecami Kadirbaja, z lewej strony, minę mam pewną siebie, rezolutną i nieustraszoną. A mówią, że obiektyw nie kłamie.

Uratował mnie Nazir. Pocisk moździerza, który wybuchł tak blisko nas, rozdarł powietrze i zatrząsł ziemią. Od fali uderzeniowej pękł mi bębenek w lewym uchu. W tej samej głuchej chwili odpryski pocisku śmignęły obok nas jak rozpalona metalowa zadymka. Żaden większy nie trafił we mnie, ale osiem małych kawałków szrapnela ugrzęzło w moich nogach poniżej kolan – pięć w jednej nodze, trzy w drugiej. Dwa mniejsze odłamki trafiły w korpus – jeden w brzuch, drugi w pierś. Przebiły się przez grube warstwy ubrań, rozdarły nawet gruby pas na pieniądze i solidny rzemień torby z lekarstwami, i wbiły się w ciało. Inny uderzył mnie w czoło tuż nad lewym okiem.

Były małe – największy miał rozmiar twarzy Lincolna na amerykańskim cencie. A jednak leciały z taką prędkością, że mnie przewróciły. Fontanny ziemi bryznęły mi w twarz, oślepiły mnie i zadławiły. Gruchnąłem jak długi, ledwie zdążywszy odwrócić twarz w bok, by uniknąć zderzenia. Niestety, uderzyłem o ziemię uchem z pękniętym bębenkiem, który od tego wstrząsu ucierpiał jeszcze bardziej. Zemdlałem.

Nazir, ranny w nogi i ramię, zaciągnął mnie w płytką, podobną do okopu rozpadlinę w ziemi. Osłaniał mnie własnym ciałem, dopóki ostrzał z moździerzy nie ustał. Kiedy tak leżał z rękami na moim karku, dostał w prawe ramię. Ten odłamek miał trafić mnie, być może by mnie zabił, gdyby nie strzegła mnie miłość człowieka Kadira. Po wszystkim zaciągnął mnie w bezpieczniejsze miejsce.

– To Sajjid, tak? – spytał Mahmud Milbaf.

– Słucham?

– To Sajjid zrobił to zdjęcie, prawda?

– Tak. Tak. Sajjid. Nazywali go Kiszmiszi...

Na dźwięk tego słowa nadpłynęły wspomnienia o nieśmiałym, młodym Pasztunie. Kadirbaj był dla niego ucieleśnieniem wszystkich bohaterów – wojowników. Chodził za nim jak pies, spuszczając szybko oczy, kiedy Chan na niego spojrzał. W dzieciństwie przeszedł ospę i twarz miał usianą dziesiątkami małych, brązowych, okrągłych plam. Przezwisko Kiszmiszi, którym obdarzyli go z czułością starsi wojownicy, oznaczało „rodzynki". Nie śmiał pozować do fotografii, więc zgłosił się jako fotograf.

– Był przy Kadirze – wymamrotałem.

– Tak, do końca. Nazir widział jego zwłoki, blisko Kadira, bardzo blisko. Myślę, że chciałby mu towarzyszyć, nawet gdyby jeszcze przed atakiem wiedział, że zginie. Chyba chciałby tak umrzeć. I nie on jeden.

– Skąd to masz?

– Chalid miał rolkę filmu. Pamiętasz? Tylko jemu Kadir pozwolił wziąć aparat. Ten film znajdował się między innymi przedmiotami, które wyrzucił z kieszeni. Zabrałem go. W zeszłym tygodniu oddałem do wywołania. Dziś rano dostałem zdjęcia. Pomyślałem, że chętnie je zobaczysz przed wyjazdem.

– Przed wyjazdem? Dokąd wyjeżdżamy?

– Musimy się stąd zbierać. Jak się czujesz?

– Dobrze – skłamałem. – Wszystko gra.

Usiadłem na pryczy i spuściłem nogi na ziemię. Kiedy jej dotknęły, moje golenie przeszył ból tak ostry, że głośno jęknąłem. Inny palący ból zapulsował w moim czole. Grubo obandażowanymi palcami dotknąłem opatrunku pod mięsistymi zwojami bandaża, który opasywał mi głowę jak turban. W lewym uchu też mnie zabolało. Bolały mnie ręce, a stopy, otulone w trzy lub więcej warstwy skarpet, piekły jak przypalane ogniem. Paliło mnie lewe biodro, w które kopnął mnie koń, kiedy – wiele miesięcy temu – odrzutowce zatrzęsły niebem nad nami. Ta rana nigdy się nie zagoiła jak należy; podejrzewałem, że opuchnięte ciało kryje pękniętą kość. Miałem zdrętwiałe ramię w okolicach łokcia, tam gdzie wystraszona klacz mnie ugryzła. Ta rana także pochodziła sprzed wielu miesięcy i nie zdążyła się porządnie wyleczyć.

Zgięty wpół, z łokciami opartymi na udach, poczułem, jaki jestem chudy i jakie mam cienkie nogi. Po głodówce w górach wychudłem. Za bardzo. W sumie byłem w rozsypce. Potem pomyślałem o bandażach na rękach i dźgnęło mnie coś bardzo bliskiego paniki.

– Co robisz?

– Muszę to zdjąć – wymamrotałem, szarpiąc zębami bandaże.

– Czekaj! Czekaj! – krzyknął Mahmud. – Ja zdejmę.

Powoli rozwinął pękate opatrunki; pot spływał mi z czoła na policzki. W końcu bandaże znikły, a ja ujrzałem zniekształcone szpony, w które zmieniły się moje dłonie. Poruszyłem nimi, zgiąłem palce. Od odmrożeń popękały na stawach; te sinoczarne rany były obrzydliwe, ale wszystkie palce i opuszki znajdowały się na swoim miejscu.

– Możesz podziękować Nazirowi – rzekł cicho Mahmud, badając moje popękane, obłażące ze skóry ręce. – Chcieli ci odciąć te palce, ale nie pozwolił. I nie pozwolił cię zostawić. Wyleczyli twoje rany. Zmusił ich, żeby leczyli te odmrożenia na twojej twarzy. Miał kałasznikowa i twój automat. Masz – miałem oddać, jak się obudzisz.

Podał mi owiniętego w gazę steczkina. Usiłowałem go ująć, ale nie mogłem utrzymać go w dłoniach.

– Przechowam – powiedział Mahmud z wymuszonym, bladym uśmiechem.

– Gdzie on jest? – spytałem, ciągle oszołomiony i obolały, choć z każdą minutą czułem się coraz lepiej.

– Tam. – Wskazał głową. Odwróciłem się i ujrzałem Nazira, który spał na boku na pryczy takiej jak moja. – Wypoczywa, ale jest gotowy ruszać. Musimy wkrótce wyjechać. Nasi przyjaciele mogą się zjawić w każdej chwili, musimy być gotowi.

Rozejrzałem się. Byliśmy w dużym, płowym namiocie o drewnianej podłodze. Stało tu jakieś piętnaście składanych prycz. Między nimi chodziło kilku mężczyzn w afgańskich strojach – luźnych spodniach, tunikach i długich bezrękawnikach w tym samym odcieniu bladej zieleni. Wachlowali rannych, myli ich wodą z mydłem i wynosili odchody. Niektórzy ranni jęczeli lub wyrażali swój ból w językach, których nie rozumiałem. Powietrze na tej pakistańskiej równinie – po miesiącach w zaśnieżonych afgańskich górach – było gęste, rozpalone i ciężkie. Zbyt wiele mocnych zapachów nakładało się na siebie; moje zmysły odrzuciły je i skupiły się na jednym, szczególnie upajającym: charakterystycznej woni pachnącego hinduskiego ryżu basmati, gotującego się gdzieś w okolicach namiotu.

– Stary, ale jestem głodny, mówię ci.

– Niedługo będziemy jeść dobrą żywność – zapewnił Mahmud i pozwolił sobie na śmiech.

– Tak...? To jest Pakistan?

– Tak. – Roześmiał się znowu. – Ile pamiętasz?

– Niewiele. Biegliśmy. Krzyczeli do nas... z daleka. Wszędzie moździerze. Pamiętam... że dostałem...

Dotknąłem grubych opatrunków na łydkach, od złożonych kolan po kostki.

– I upadłem. Potem... pamiętam... jakiś dżip? Czy ciężarówka? Było tak?

– Tak. Zabrali nas. Ludzie Masuda.

– Masuda?

– Ahmada Szaha. Samego Lwa. Jego ludzie zaatakowali tamę i te dwie główne drogi – do Kabulu i Kwety. Otoczyli Kandahar. Nadal tam są, oblężenie trwa, i nie zrezygnują, dopóki ta wojna się nie skończy. Trafiliśmy w sam jej środek, przyjacielu.

– Uratowali nas...

– Bo... jak to się mówi... byli nam to zwinni.

– Byli nam to winni?

– Tak. Bo to oni nas zabili.

– Co?

– Tak. Kiedy uciekaliśmy z góry, kiedy zbiegaliśmy, afgańskie wojsko do nas strzelało. Ludzie Masuda nas widzieli i myśleli, że jesteśmy wrogami. Byli daleko. Zaczęli nas ostrzeliwać z moździerzy.

– Nasi do nas strzelali?

– Wszyscy strzelali – wiesz, wszyscy razem. Afgańscy żołnierze też do nas strzelali, ale to nasze moździerze nas trafiły. I chyba dlatego afgańscy i rosyjscy żołnierze uciekli. Ja zabiłem dwóch. Ludzie Ahmada Szaha Masuda mieli stingery. Amerykanie im dali w kwietniu i od tego czasu Rosjanie nie mają helikopterów. Teraz mudżahedini walczą wszędzie. Wojna się skończy za dwa lata, może za trzy, *Inszallah*.

– Od kwietnia... Jaki miesiąc mamy?

– Teraz jest maj.

– Jak długo tu jesteśmy?

– Cztery dni – powiedział łagodnie.

– Cztery dni... – Myślałem, że jedną noc, jedną długą, przespaną noc. Znowu obejrzałem się na śpiącego Nazira. – Z nim na pewno wszystko w porządku?

– Ma ranę tu... i tu...... ale jest silny i może się ruszać. Będzie dobry, *Inszallah*. Jest jak *szotor*! – Roześmiał się. W farsi to słowo oznacza wielbłąda. – Jak się uprze, nikt go nie przekona.

Też się roześmiałem, po raz pierwszy od przebudzenia. I zaraz ręce same mi skoczyły do głowy, by powstrzymać bolesne pulsowanie.

– Nie chciałbym być tym, który ma go przekonać do zmiany decyzji, kiedy już ją podjął.

– Ja również nie – zgodził się Mahmud. – Żołnierze Masuda zanosili ciebie i Nazira, ja też, w samochód, dobry rosyjski samochód. Po samochodzie zanosiliśmy ciebie i Nazira do ciężarówki, na drogę do Czaman. W Czaman Pakistańczycy, strażnicy z granicy, chcą zabrać Nazirowi broń. Daje im pieniądze, trochę twoich, z twojego pasa, i zostawili mu broń. Ukryliśmy cię pod kocami, z dwoma trupami. Położyliśmy zwłoki na tobie i pokazaliśmy strażnikom, i powiedzieliśmy, że chcemy im zrobić dobry muzułmański pogrzeb. Potem przyjeżdżamy do Kwety, do tego szpitala, i znowu chcą zabrać Nazirowi broń. I znowu daje im pieniądze. Chcieli ci obciąć palce, przez ten zapach...

Obwąchałem ręce. Przez bandaże nadal przesiąkał trupi smród rozkładu. Słaby, ale na tyle wyraźny, że przypomniał mi rozkładające się kozie mięso, które było naszą ostatnią wieczerzą w górach. Mój żołądek wyprężył się jak zjeżony kot. Mahmud szybko złapał metalową miskę, przystawił mi ją pod nos. Zwymiotowałem, z ust bluznęła mi czarnozielona żółć. Bezsilnie zgiąłem się wpół i upadłem na kolana.

Mdłości w końcu minęły. Znowu usiadłem na pryczy, z wdzięcznością zaciągnąłem się papierosem, który podał mi Mahmud.

– Dalej – wybełkotałem.

– Co?

– Mów... dalej... o Nazirze...

– A tak, tak. Wyciąga spod *pattu* kałasznikowa i celuje w nich. Mówi: wszystkich pozabija, jeśli ci utną. Chcą wezwać straż, policję obozową, ale Nazir, on stoi w wejściu namiotu, z bronią. Nie mogą przejść obok. A ja stoję z drugiej strony, kryję go. Więc cię leczą.

– Cholernie świetne ubezpieczenie zdrowotne – Afgańczyk z kałasznikowem wycelowanym w lekarza.

– Tak – zgodził się bez ironii. – A potem leczą Nazira. A potem, po dwóch dniach bez snu, z wieloma ranami, Nazir śpi.

– Nie wezwali strażników, kiedy zasnął?

– Nie. To wszyscy Afgańczycy. Lekarze, ranni, strażnicy, każdy Afgańczyk. Ale nie policja. To Pakistańczycy. Afgańczycy nie lubią pakistańskiej policji. Mają wielki problem z pakistańską policją. Każdy ma problem z pakistańską policją. Dawali mi pozwolenie, a ja zabieram Nazirowi broń, kiedy on śpi. I opiekuję się nim. I tobą. Czekaj – to nasi przyjaciele!

Długa klapa wejścia do namiotu uniosła się i do środka wpadło oślepiające, żółte światło ciepłego dnia. Weszło czterech mężczyzn. To byli Afgańczycy, zaprawieni w walce, twardzi, którzy spojrzeli na mnie jak przez celownik długiej, ozdobnej lufy *dżezaila*. Mahmud wstał na ich powitanie, wyszeptał parę słów. Dwaj przybysze obudzili Nazira. Spał twardo, ale przy pierwszym dotyku oprzytomniał, chwycił natręta, gotów do walki. Uspokoił się na widok ich łagodnych twarzy. Widząc, że jestem przytomny i siedzę, uśmiechnął się tak szeroko, że u kogoś tak nieprzywykłego do uśmiechów wyglądało to trochę niepokojąco.

Dwaj przybysze pomogli mu wstać. Do prawego uda miał przywiązany kłąb bandaży. Wzięli go pod pachy i wynieśli na słońce. Dwaj inni pomogli wstać mnie. Usiłowałem iść, ale nogi odmówiły mi posłuszeństwa. W najlepszym razie mogłem się zdobyć na chwiejne człapanie. Po paru sekundach tego żenująco niemrawego drobienia w miejscu mężczyźni zrobili z rąk krzesełko i bez wysiłku unieśli mnie z ziemi.

Przez następne sześć tygodni nasza rekonwalescencja przebiegała według ustalonego planu: parę dni, najwyżej tydzień pobytu w jednym miejscu, po czym szybkie przenosiny do nowego namiotu, chaty w slumsach lub ukrytego pomieszczenia. Pakistańska tajna policja, ISI, prześladowała każdego cudzoziemca, który podczas wojny bez ich pozwolenia znalazł się na terenie Afganistanu. Mahmud Milbaf, który podczas tych tygodni bezbronności był naszym opiekunem, musiał się zmagać z fascynacją, którą nasza historia budziła w udzielających nam gościny uchodźcach i wygnańcach. Przyciemniłem moje jasne włosy i niemal nie zdejmowałem ciemnych okularów, ale bez względu na ostrożność i dyskrecję w slumsach i obozach zawsze znalazł się ktoś, kto znał moją tożsamość. Pokusa rozmowy o amerykańskim przemytniku broni, który walczył po stronie mudżahedinów i został ranny, była nieodparta. A takie historie wystarczyły, żeby obudzić zainteresowanie każdego wywiadowcy z każdej agencji. Gdyby tajna policja mnie znalazła, pewnie by odkryła, że ten Amerykanin jest tak naprawdę zbiegłym więźniem z Australii. Dla niektórych to oznaczało awans, a dla innych, którzy mogli mnie torturować przed przekazaniem australijskim władzom – dreszczyk emocji. Toteż często zmienialiśmy miejsce pobytu i szybko przenosiliśmy się z miejsca na miejsce, nie rozmawiając z nikim oprócz paru zaufanych ludzi, którym powierzyliśmy nasze życie.

Stopniowo wyłaniały się kolejne szczegóły; historia bitwy, w którą wtargnęliśmy, i naszego ocalenia stawała się coraz bardziej kompletna. Rosyjscy i afgańscy żołnierze, którzy otoczyli naszą górę, stanowili większą część kompanii, a zatem prawdopodobnie na ich czele stał kapitan. Jedynym celem ich operacji w górach Szar-i Safa było pochwycenie i zabicie Habiba Abd ar-Rahmana. Za jego schwytanie ogłoszono wielką nagrodę, ale zgroza, którą budziły jego zbrodnie, zmieniła wojskową misję w zupełnie prywatne polowanie. Żołnierze byli tak poruszeni jego dziką nienawiścią i tak opętani myślą o jego pochwyceniu, że nie zauważyli ukradkowego nadejścia oddziałów Ahmada Szaha Masuda. Kiedy wyrwaliśmy się na wolność, wykorzystując informację Habiba, że prawie wszyscy Rosjanie i Afgańczycy będą zajęci zaminowywaniem drugiej strony zbocza, zaskoczeni strażnicy z opuszczonego obozu otworzyli ogień. Być może wydawało im się, że to sam Habib ich atakuje, bo ostrzał był dziki i niezdyscyplinowany. Ta akcja uprzedziła atak mudżahedinów Masuda, którzy pewnie uznali, że Rosjanie strzelają, ponieważ ich dostrzegli. Wybuchy, które widziałem i słyszałem, biegnąc na wroga – „rozerwą nas naszymi własnymi moździerzami" – były w rzeczywistości ostrzałem z moździerzy Masuda, skierowanym precyzyjnie na pozycje Rosjan. To, że pociski padły na nas, było czystym przypadkiem, przyjacielskim ogniem, jak powiadają.

I to właśnie był ten moment uniesienia, który podczas biegu pod lufy karabinów nazwałem w myślach chwałą, ten przyjacielski ogień. Nie było w tym nic chwalebnego. Nigdy nie ma, z reguły. Jest tylko odwaga, strach i miłość. A wojna zabija to wszystko, po kolei. Chwała należy się Bogu, oczywiście, to jest prawdziwe znaczenie tego słowa. A Bogu nie można służyć z bronią w ręku.

Kiedy upadliśmy, ludzie Masuda ruszyli w pościg za uciekającym wrogiem i natknęli się na powracającą kompanię, która zaminowywała zbocze. To, co się wówczas rozpętało, to przypominało masakrę. Żaden z żołnierzy mających złapać i zabić Habiba Abd ar-Rahmana nie ocalał. Jemu by się to spodobało – szaleńcowi – gdyby żył i mógł się o tym dowiedzieć. Wiem, jak by się uśmiechnął, jak jego szerokie usta rozdziawiłyby się bezgłośnie, a obłąkane z bólu oczy wybałuszyłyby się z nienawiści.

Przez cały ten zimny dzień, aż po nagle zapadający wieczór, Nazir i ja leżeliśmy na polu bitwy. Kiedy my dygotaliśmy w szybko zapadającym zmroku, mudżahedini i nasi, którzy ocaleli, powrócili po nas. Mahmud i Ala ad-Din znieśli zwłoki Sulajmana i Dżalalada z nagiego górskiego zbocza.

Ludzie Masuda przyłączyli się do niezależnych wojowników Aczakzajów w drodze na przełęcz Czaman aż po granice strefy rosyjskiej wokół oblężonego Kandaharu, niespełna pięćdziesiąt kilometrów od miasta. Ewakuacja przez Czaman do Pakistanu nastąpiła błyskawicznie i bez wypadków. Jechaliśmy ciężarówką, ze zwłokami zmarłych przyjaciół, i po paru godzinach dotarliśmy do punktu granicznego – tą samą drogą, którą z końmi Kadira przemierzaliśmy miesiąc.

Nazir błyskawicznie dochodził do siebie. Zaczął nabierać ciała. Rany ręki i barku dobrze się goiły i nie sprawiały mu bólu. Ale większe i głębsze obrażenie prawego uda najwyraźniej kryło uszkodzenie więzadeł i ścięgien od biodra aż po kolano. Udo zesztywniało i Nazir ciągle kulał. Był jednak we względnie dobrym nastroju i spieszyło mu się wrócić do Bombaju – tak bardzo, że jego gorączkowe zabiegi wokół mnie, wolniej dochodzącego do zdrowia, zaczęły mnie irytować. Parę razy warknąłem na niego, bo te ponaglenia: „Lepiej? Już dobrze? Już jedziemy?" – stały się nie do wytrzymania. Wówczas jeszcze nie wiedziałem, że w Bombaju czeka na niego zadanie, ostatni rozkaz Kadira. Tylko ta misja utrzymywała w ryzach jego rozpacz i wstyd, że przeżył Kadira. I codziennie, kiedy nasz stan się poprawiał, zobowiązanie wobec Kadira coraz silniej chwytało go za gardło, a zaniedbanie obowiązków – gdyż tak to widział – coraz głośniej wzywało o pomstę do nieba.

Ja miałem własne troski. Rany na nogach goiły się dość dobrze, a skóra na czole zamknęła się bezpiecznie na niewielkim, gruzłowatym zgrubieniu kości, ale w pęknięty bębenek wdała się infekcja, sprawiająca mi stały i niemal nieznośny ból. Każdy kęs jedzenia, każdy łyk wody, każde wypowiedziane słowo, każdy hałas przeszywały moje mięśnie twarzy i szyi jadowitym ukłuciem skorpiona, sięgającym w sam środek mojego rozgorączkowanego mózgu. Po każdym ruchu ciała czy samej głowy czułem ból, od którego pot występował mi na skórę. Każdy wdech, kichnięcie, kaszel powiększały torturę. Wystarczyło, że przypadkiem uraziłem ucho we śnie, a zrywałem się z pryczy ze skowytem, który budził wszystkich w promieniu pięćdziesięciu metrów.

A potem, po trzech tygodniach tych doprowadzających do obłędu tortur i potężnych, zaordynowanych samowolnie dawek penicylin i innych antybiotyków, rana się zagoiła i ból zgasł jak wspomnienie, jak latarnia na dalekim zamglonym wybrzeżu.

Martwa tkanka na kostkach palców się wygoiła. Oczywiście prawdziwe odmrożenia nigdy się nie goją. Mimo to w cieplejszym klimacie Pakistanu moje palce zginały się, prostowały i były mi posłuszne – gotowe do pracy, która na mnie czekała, do mojej małej bombajskiej zemsty. Choć po tej ciężkiej próbie byłem chudszy, stałem się także twardszy i odporniejszy niż w miesiącach poprzedzających wyruszenie na wojnę z Kadirem.

Nazir i Mahmud zarządzili, że powrócimy kilkoma pociągami. W Pakistanie zdobyli mały arsenał i zamierzali go przemycić do Bombaju. Ukryli broń w belach tkanin i powierzyli je opiece trzech Afgańczyków, płynnie władających hindi. Jechaliśmy w osobnych wagonach i nie przyznawaliśmy się do znajomości z nimi, ale nie przestawaliśmy myśleć o nielegalnym ładunku. Siedziałem w wagonie pierwszej klasy i ile razy przyszła mi na myśl ironia tej sytuacji – wyruszyliśmy, by przeszmuglować broń do Afganistanu, a wracaliśmy, przemycając ją do Bombaju – tyle razy nie mogłem powstrzymać śmiechu. Ale to był gorzki śmiech i pozostawiał na mojej twarzy grymas, na który współpasażerowie nie chcieli patrzyć.

Powrót do Bombaju zajął nam trochę ponad dwa dni. Posługiwałem się fałszywym paszportem brytyjskim, tym, który okazałem przy wjeździe do Pakistanu. Z pieczęci wynikało, że moja wiza wygasła. Posługując się resztkami uroku, jaki mi pozostał, i ostatnimi dolarami od Kadira, przekupiłem celników po stronie pakistańskiej i indyjskiej, nie ściągając na siebie nawet odrobiny uwagi. Godzinę po świcie, osiem miesięcy od wyruszenia, weszliśmy w gęsty upał i gorączkowy, kłębiący się ruch mojego ukochanego Bombaju.

Nazir i Mahmud Milbaf nadzorowali – utrzymując dyskretny dystans – rozładunek i transport militarnego ładunku. Obiecałem Nazirowi, że spotkamy się tego wieczoru w „Leopoldzie", i zostawiłem ich na stacji.

Wsiadłem do taksówki. Byłem upojony dźwiękami, kolorami i fantastyczną płynną ruchliwością tego miasta. Ale musiałem się skupić. Byłem prawie spłukany. Kazałem taksówkarzowi jechać do punktu odbioru czarnorynkowej waluty w rejonie Fortu. Zaczekał, a ja wbiegłem po trzech kondygnacjach wąskich drewnianych schodów do kantoru. Wspomnienie Chalida rozdarło mi serce – kiedyś wbiegałem po tych schodach razem z Chalidem, z Chalidem, z Chalidem – i zacisnąłem zęby dokładnie tak, jak je zaciskałem, gdy bolały mnie zranione nogi. Dwaj potężni mężczyźni na podeście przed kantorem rozpoznali mnie. Uścisnęliśmy sobie ręce, szeroko się uśmiechnęli.

– Jakie wieści od Kadirbaja? – spytał jeden.

Spojrzałem w jego surową młodą twarz. Nazywał się Amir. Wiedziałem, że jest dzielny, odpowiedzialny i oddany Chanowi. Przez ułamek sekundy wydawało mi się, że zażartował ze śmierci Kadira, i naszła mnie gniewna, błyskawiczna chęć, by go uderzyć. Potem zdałem sobie sprawę, że po prostu o niczym nie wie. Jak to możliwe? Dlaczego nie wiedzą? Instynkt doradził mi nie odpowiadać. Ukryłem oczy za twardym, nieczułym uśmieszkiem i wyminąłem go.

Otworzył mi niski, gruby, łysiejący mężczyzna w białym podkoszulku i *dhoti*. Natychmiast wyciągnął obie dłonie, w które uchwycił moją rękę. To był Rajubaj, kontroler zbiórki waluty dla rady Abd al-Kadira Chana. Wciągnął mnie do pokoju i zamknął drzwi. Ten kantor stanowił serce jego prywatnego i zawodowego wszechświata, w którym spędzał dwadzieścia godzin z każdej doby. Cienki, spłowiały, różowobiały sznureczek na ramieniu pod jego podkoszulkiem sygnalizował, że mam przed sobą pobożnego hinduistę, jednego z wielu pracujących w muzułmańskim imperium Kadira.

– Linbaba! Jak dobrze cię widzieć! – powiedział z radosnym uśmiechem. – Gdzie jest Kadirbaj?

Opanowałem zaskoczenie. Rajubaj był starszym pracownikiem. Miał swoje miejsce na zebraniach rady. Jeśli on nie wiedział o śmierci Kadira, to nie wie o niej nikt w mieście. A jeśli śmierć Kadira jest wciąż tajemnicą, bo Mahmudowi i Nazirowi pewnie zależało na zachowaniu tej wiadomości w tajemnicy. Nie wspomnieli mi o tym. Nic nie rozumiałem. Bez względu na ich zamiary, postanowiłem z nimi współdziałać i zachowałem milczenie.

– *Hum akela hain* – odparłem, także z uśmiechem. „Jestem sam".

Nie była to odpowiedź na jego pytanie. Zmrużył oczy.

– *Akela*... – powtórzył. „Sam...".

– Tak, Rajubaj, i potrzebuję szybko pieniędzy. Taksówkarz czeka.

– Dolarów?

– *Nahin. Sirf rupia.* – „Nie. Tylko rupie".

– Ile?

– *Do-do-teen hazar* – odpowiedziałem slangowym określeniem „dwa-dwa-trzy tysiące", co zawsze oznaczało trzy.

– *Teen hazar!* – sapnął, bardziej z nawyku niż prawdziwego strapienia. Trzy tysiące rupii to znaczna suma dla ulicznych posłańców albo mieszkańców slumsów, ale w kontekście handlu czarnorynkową walutą stanowi drobnostkę. Do kantoru Rajubaja codziennie wpływały sumy stokrotnie wyższe. Często wypłacał mi sześćdziesiąt tysięcy rupii jako pensję i honorarium.

– *Abi, bhai-ya, abi!* – „Szybko, bracie, szybko!".

Rajubaj odwrócił głowę i dał znak brwiami jednemu urzędnikowi. Ten podał mi trzy tysiące rupii w używanych, lecz czystych sturupiowych banknotach. Rajubaj przeliczył mały zwitek – z nawyku – i podał mi pieniądze. Dwa banknoty włożyłem do kieszeni koszuli, a resztę wepchnąłem w głębszą kieszeń długiego bezrękawnika.

– *Shukria, chacha.* – Uśmiechnąłem się. – *Main jata hu.* – „Dziękuję, wujku. Zbieram się".

– Lin! – krzyknął i chwycił mnie za rękaw. – *Hamara beta Chalid, haisa hain?* – „Jak się ma nasz syn Chalid?".

– Chalida nie ma z nami – odpowiedziałem, z wysiłkiem zachowując obojętny głos i minę. – Wyruszył w podróż, *yatra,* i nie wiem, kiedy go znowu zobaczymy.

Zbiegłem po dwa stopnie naraz, przy każdym czując wstrząs w nogach. Taksówkarz natychmiast włączył się w uliczny ruch. Kazałem mu pojechać do sklepu z ubraniami na Kolaba Causeway. Jedną z sybaryckich wspaniałości Bombaju jest nieograniczony wybór stosunkowo niedrogich ubrań doskonałej jakości, nieustannie zmieniających się w pogoni za najnowszymi indyjskimi i zagranicznymi trendami. W obozie uchodźców dostałem od Mahmuda Milbafa długi, niebieski bezrękawnik z serży, białą koszulę i robocze brązowe spodnie. Te ubrania służyły mi podczas powrotu z Kwety, ale na Bombaj były za grube i dziwaczne; zwracały na mnie uwagę, a mnie był potrzebny modny, maskujący strój. Wybrałem czarne dżinsy o dużych, głębokich kieszeniach, sportowe buty i luźną koszulę z białego jedwabiu, noszoną na dżinsy. Przebrałem się na miejscu; pochwę z nożem wsunąłem za pasek i ukryłem pod koszulą.

Czekając przed kasą, niespodziewanie zauważyłem samego siebie w przekrzywionym lustrze, w którym moja twarz odbijała się *en trois-quarts*. Była to twarz tak twarda i nieznajoma, że gdy się rozpoznałem, przeżyłem szok. Przypomniałem sobie zdjęcie, które zrobił nam nieśmiały Kishmishi, i znowu przyjrzałem się sobie. Miałem wyraz zimnej obojętności – może determinacji – której nie było w oczach, tak śmiało spoglądających w obiektyw aparatu Chalida. Chwyciłem okulary słoneczne i zakryłem oczy. Czy aż tak się zmieniłem? Miałem nadzieję, że gorący prysznic i zgolenie gęstej brody doda mi ogłady. Ale prawdziwa twardość tkwiła we mnie i nie wiedziałem, czy jestem tylko szorstki i surowy, czy też mam w sobie jakieś okrucieństwo.

Taksówkarz zatrzymał się przed drzwiami „Leopolda". Zapłaciłem mu i przez minutę stałem na ruchliwej Causeway, wpatrzony w drzwi restauracji, gdzie tak naprawdę rozpoczęły się moje naznaczone przeznaczeniem związki z Karlą i Kadirbajem. Każde drzwi tego portalu wiodły zarówno przez czas, jak i przestrzeń. Te same drzwi, które są wejściem i wyjściem z pomieszczenia, pełnią także funkcję wejścia do przeszłości tego pokoju i jego niezmordowanie rozwijającej się przyszłości. Ludzie to kiedyś wiedzieli, to tkwi głęboko w praumyśle, w prawyobraźni. Nadal w każdym kraju można spotykać takich, którzy ozdabiają drzwi i oddają im cześć – od Irlandii po Japonię. Ja wszedłem na jeden, potem drugi schodek i wyciągnąłem prawą rękę, by dotknąć framugi, a potem swojej piersi nad sercem, pozdrawiając przeznaczenie i oddając hołd zmarłym przyjaciołom i wrogom, którzy weszli przez te drzwi razem ze mną.

Didier Levy siedział tam gdzie zwykle, z widokiem na gości i ruchliwą ulicę. Rozmawiał z Kawitą Singh. Nie patrzyła na mnie, ale on podniósł głowę i dostrzegł mnie, kiedy zbliżałem się do stołu. Nasze spojrzenia się spotkały i przez chwilę znieruchomiały, kiedy nawzajem odczytywaliśmy swoje zmieniające się miny, jak wróżowie odnajdujący znaczenie w rozrzuconych kościach.

– Lin! – zawołał i rzucił się ku mnie, chwycił mnie w ramiona i pocałował w oba policzki.

– Dobrze cię widzieć, Didier.

– Ba! – prychnął i wytarł usta wierzchem ręki. – Jeśli takie brody obowiązują świątobliwych wojowników, to się cieszę, że jestem ateistą i tchórzem!

Jest trochę więcej siwizny w tych ciemnych kędziorach muskających kołnierz jego kurtki, pomyślałem. Jego bladoniebieskie oczy były trochę bardziej zmęczone, odrobinę bardziej przekrwione. Ale łobuzerska, nieprzyzwoita figlarność nadal unosiła mu brew, a żartobliwy uśmieszek, który tak dobrze znałem i kochałem, nadal wyginał jego górną wargę. To był ten sam człowiek z tego samego miasta i dobrze było wrócić do domu.

– Cześć, Lin – powitała mnie Kawita i odsunęła Didiera, żeby mnie objąć.

Była piękna. Gęste, ciemnobrązowe włosy miała zmierzwione i rozczochrane, plecy – wyprostowane, oczy – jasne. I kiedy trzymała mnie w objęciach, zwyczajny, przyjacielski dotyk jej palców na moim karku wydawał się tak czułą pieszczotą – po tej krwi i śniegu Afganistanu – że do tej pory go czuję, po tylu latach.

– Siadaj, siadaj! – krzyknął Didier i machnął na kelnerów. – *Merde*, słyszałem, że nie żyjesz, ale nie wierzyłem! Ależ się cieszę! Upijemy się dzisiaj bajecznie, *non*?

– Nie – odparłem. Rozczarowanie w jego oczach sprawiło, że złagodziłem ton, choć nie zmieniłem nastroju. – Trochę za wczesna pora, muszę lecieć dalej. Mam coś... do załatwienia.

– Dobrze – ustąpił z westchnieniem. – Ale musisz wypić ze mną jednego. Nie będziesz chyba tak niecywilizowany, żeby mnie opuścić, nie pozwalając mi chociaż troszeczkę nadpsuć twojego świętego wojującego jestestwa. W końcu po co wracać spomiędzy zmarłych, jeśli nie dla napicia się gorzałki z przyjaciółmi?

– No dobrze – skapitulowałem. Uśmiechałem się, ale nie usiadłem. – Jeden drink. Whisky, podwójna. Czy to twoim zdaniem wystarczające zepsucie?

– Ach, Lin. – Wyszczerzył zęby. – Czy w tej słodkiej zgniliźnie świata istnieje ktoś wystarczająco dla mnie zepsuty?

– Póki życia, póty nadziei, Didier. Kto szuka, ten zbłądzi.

– Oby – powiedział i obaj parsknęliśmy śmiechem.

– Zostawiam was – oznajmiła Kawita. Pocałowała mnie w policzek. – Muszę wracać do redakcji. Spotkajmy się, Lin. Wyglądasz... dziko. I wyglądasz mi na dobry temat, *yaar*, już ja się na tym znam.

– Jasne. – Uśmiechnąłem się. – Mam parę tematów. Oczywiście nieoficjalnie. Pewnie wystarczy na cały obiad.

– Jak najszybciej – powiedziała i posłała mi spojrzenie na tyle przeciągłe, bym poczuł je w kilku miejscach jednocześnie. Potem błysnęła uśmiechem do Didiera. – Bądź dla kogoś paskudny. Nie chcę usłyszeć, że się rozkleiłeś, *yaar*, tylko dlatego, że Lin wrócił.

Wyszła, odprowadzana przeze mnie wzrokiem, a kiedy kelner przyniósł drinki, Didier uparł się, żebym przynajmniej z nim usiadł.

– Mój drogi przyjacielu, możesz jeść na stojąco – skoro musisz – i możesz się kochać na stojąco – jeśli potrafisz – ale nie można pić whisky na stojąco. To barbarzyństwo. Człowiek, który pije na stojąco alkohol tak wyborny jak whisky, jeśli nie wznosi toastu za jakąś szlachetną rzecz lub sprawę, jest bestią, która nie zawaha się przed niczym.

Usiedliśmy zatem, a on natychmiast uniósł kieliszek w toaście.

– Za żywych!

– I umarłych? – spytałem. Moja szklanka stała na stole.

– I umarłych! – dodał, z szerokim ciepłym uśmiechem.

Uniosłem szklaneczkę, stuknąłem się z nim i wychyliłem podwójną whisky jednym haustem.

– A teraz – powiedział zdecydowanie, porzucając uśmiech równie szybko, jak szybko go przywołał. – Co to za problem?

– Od czego mam zacząć? – warknąłem.

– Nie, przyjacielu, nie mówię tylko o wojnie. Tu chodzi o coś innego, o jakąś zawziętość w twoich oczach, a ja chcę znać jej przyczyny.

Patrzyłem na niego w milczeniu, w głębi duszy zachwycony, że znowu jestem w towarzystwie kogoś, kto rozumie mnie bez słów.

– No, Lin. Masz zbyt wiele strapienia w oczach. W czym problem? Jeśli chcesz, jeśli tak jest najłatwiej, możesz zacząć od relacji, co się wydarzyło w Afganistanie.

– Kadir nie żyje – powiedziałem drewnianym głosem, gapiąc się na pustą szklankę, którą nadal tuliłem w ręce.

– Nie! – jęknął, ze strachem i jednocześnie jakby nienawiścią.

– Tak.

– Nie, nie, nie. Coś bym wiedział... całe miasto by wiedziało.

– Widziałem jego zwłoki. Pomogłem je zawlec na górę, do obozu, pomagałem go grzebać. Nie żyje. Wszyscy nie żyją. Tylko my wróciliśmy – Nazir, Mahmud i ja.

– Abd al-Kadir... Nie może być...

Didier poszarzał, a ta szarość rozlała się nawet na jego oczy. Był wstrząśnięty – wyglądał, jakby ktoś go mocno spoliczkował. Osunął się na krześle, usta mu się otworzyły. Zaczął się przechylać i już się bałem, że się przewróci albo dostanie zawału.

– Tylko spokojnie – rzekłem cicho. – Tylko mi się tu nie rozklejaj. Wyglądasz jak śmierć. Otrząśnij się, człowieku!

Jego zmęczone oczy spojrzały powoli w moje.

– Istnieją takie rzeczy, Lin, które są po prostu niemożliwe. Jestem w Bombaju od dwunastu... trzynastu lat i Abd al-Kadir Chan był od zawsze...

Znowu spuścił wzrok i popadł w głębokie zamyślenie. To mnie martwiło. Już widywałem ludzi, którzy się załamali. Widziałem, jak się w sobie zapadają, jak łamie ich strach i wstyd, jak zarzyna ich samotność. Ale to cały proces – trwa tygodniami, miesiącami, latami. Didier załamał się w ciągu paru sekund, na moich oczach. Wystarczyło parę uderzeń serca.

Przesiadłem się, zająłem miejsce u jego boku, objąłem go ramieniem.

– Didier! – syknąłem ostro. – Muszę iść. Słyszysz? Przyszedłem dowiedzieć się o moje rzeczy – te, które ci zostawiłem, kiedy byłem u Nazira na odwyku. Pamiętasz? Zostawiłem ci mój motocykl, mojego enfielda. I paszporty, i pieniądze, i inne rzeczy. Pamiętasz? To bardzo ważne. Potrzebuję tych rzeczy. Didier! Pamiętasz?

– Tak, ależ oczywiście – powiedział i otrząsnął się. – Twoje rzeczy są bezpieczne. Nie lękaj się. Mam wszystko.

– Nadal mieszkasz przy Merriweather Road?

– Tak.

– Tam są moje rzeczy? Tam je trzymasz?

– Co?

– Na miłość boską, Didier! Oprzytomnij! Chodź. Idziemy do twojego mieszkania. Muszę się ogolić i ogarnąć. Muszę załatwić coś... coś ważnego. Potrzebuję cię, stary. Nie wypinaj się na mnie!

Zamrugał, odwrócił głowę w moją stronę, a jego górna warga wygięła się w znajomym kpiącym uśmieszku.

– Jak mam rozumieć tę uwagę? – spytał z urazą. – Didier Levy na nikogo się nie wypina! Oczywiście, chyba że jest bardzo, bardzo wczesny ranek. Wiesz, Lin, nienawidzę rannych ptaszków niemal jak policji. *Alors*, idziemy!

U Didiera wziąłem prysznic, ogoliłem się i przebrałem w nowe ciuchy. Didier uparł się, że da mi coś do zjedzenia. Zrobił omlet, a ja przejrzałem dwa pudła mojego dobytku. Znalazłem mój zapasik pieniędzy – około dziewięciu tysięcy dolarów – kluczyki do motocykla i najlepszy fałszywy paszport, kanadyjski, z moją fotografią. Fałszywa turystyczna wiza straciła ważność. Musiałem ją szybko odnowić. Gdyby to, co planowałem, nie powiodło się, zapas pieniędzy i dobre, czyste papiery byłyby mi potrzebne.

– Dokąd teraz? – spytał Didier, kiedy wepchnąłem ostatni kęs omleta do ust, wstałem i opłukałem talerze.

– Najpierw muszę podrasować paszport – odparłem, jeszcze żując. – Potem idę na spotkanie z madame Zhou.

– Co proszę?

– Idę się rozprawić z madame Zhou. Muszę wyrównać rachunki. Chalid dał mi... – urwałem. Głos mnie zawiódł, a myśl o Chalidzie Ansarim na chwilę zaćmiła mi umysł. Zawirowała w nim biała zadymka emocji, gdy przypomniałem sobie, jak odchodził w noc i śnieg. Przedarłem się przez nią wysiłkiem woli. – Chalid dał mi w Pakistanie list od ciebie. Tak przy okazji, dziękuję. Nadal nie rozumiem, co ją tak wkurzyło, że musiała mnie wsadzić do więzienia. Z mojej strony to nie była osobista rozgrywka. Ale teraz jest. Cztery miesiące w Arthur Road to dość, żeby sprawa stała się cholernie osobista. Dlatego potrzebny mi motocykl. Nie chcę taksówki. I dlatego muszę uporządkować paszport. Jeśli gliny mnie zatrzymają, muszę mieć czyste papiery.

– To nie wiesz? W zeszłym tygodniu... nie, dziesięć dni temu... napadnięto na madame Zhou. Tłum zaatakował Pałac i zniszczył go. Był wielki pożar. Tłum wdarł się do budynku, zniszczył wszystko, a potem podpalił. Sam budynek jeszcze stoi. Schody i pokoje na piętrze istnieją. Ale wszystko jest zrujnowane i nigdy się nie odbuduje. Niedługo ktoś to zburzy. To już koniec Pałacu, Lin, i koniec jej, *La Madame*.

– Nie żyje? – spytałem przez zaciśnięte zęby.

– Żyje. I podobno nadal tu jest. Ale jej potęga legła w gruzach. Nie ma nic. Jest nikim. Żebraczką. Jej służący szukają na ulicy ochłapów jedzenia dla niej, a ona czeka, aż budynek się rozpadnie. To koniec madame Zhou, Lin.

– Nie całkiem. Jeszcze nie.

Podszedłem do drzwi. Pobiegł za mną. Jeszcze nie widziałem, żeby się tak szybko ruszał. Uśmiechnąłem się, bo to był dziwny widok.

– Proszę cię, Lin, może zmienisz zdanie... posiedzimy, osuszymy butelkę lub dwie, *non*? Uspokoisz się.

– Już teraz jestem całkiem spokojny – odpowiedziałem z uśmiechem na widok tej jego troski. – Nie wiem... co zrobię. Ale muszę to zakończyć. Nie mogę tak po prostu machnąć na to ręką. Chciałbym to potrafić. Ale zbyt wiele rzeczy... no, nie wiem... jakoś się z tym łączy.

Nie potrafiłem mu tego wytłumaczyć. To było coś więcej niż tylko zemsta, tyle wiedziałem. Chodziło o sieć związków między Zhou, Kadirbajem, Karlą i mną, tak lepką od wstydu, tajemnic i zdrad, że nie potrafiłem spojrzeć na nią bezpośrednio ani opowiedzieć o niej przyjacielowi.

– *Bien*. – Westchnął na widok determinacji w moich oczach. – Skoro musisz do niej iść, to ja pójdę z tobą.

– Nie ma mo... – zacząłem, ale przerwał mi wściekłym gestem.

– Lin! To ja powiedziałem ci o tym... o tej okropności, którą ci wyrządziła. Teraz idę z tobą albo będę musiał wziąć odpowiedzialność za wszystko, co się wydarzy. A wiesz, mój przyjacielu, że odpowiedzialności nienawidzę prawie jak policji.

ROZDZIAŁ 38

Didier Levy był najgorszym motocyklowym pasażerem mojego życia. Wczepił się we mnie tak kurczowo i sztywno, że z trudem panowałem nad maszyną. Kiedy zbliżaliśmy się do samochodów, zaczynał wyć, a kiedy przyspieszaliśmy, żeby je wyminąć, piszczał. Podczas trudnych zakrętów podrygiwał z przerażenia i usiłował wyprostować motor z koniecznego nachylenia. Za każdym razem, kiedy zatrzymywaliśmy się na światłach, stawiał obie stopy na ziemi, wyciągał nogi i jęczał, że zdrętwiały mu biodra. Za każdym razem, kiedy ruszałem, stopy ciągnęły mu się po asfalcie i przez parę sekund miotał się, nie mogąc znaleźć dla nich oparcia. A kiedy taksówki lub inne samochody ośmieliły się zanadto zbliżyć, wierzgał w ich stronę albo wymachiwał pięściami w gorączkowym oburzeniu. Zanim dotarliśmy do celu, obliczyłem, że trzydzieści minut z Didierem podczas godziny szczytu jest, z grubsza biorąc, ekwiwalentem miesiąca życia pod ostrzałem w Afganistanie.

Zatrzymałem się pod warsztatem moich przyjaciół ze Sri Lanki, Villu i Kriszny. Coś było nie tak. Szyldy się zmieniły, a podwójne drzwi stały otworem. Wszedłem po schodkach i zajrzałem do środka; warsztat zniknął. Jego miejsce zajął zakład produkcji kwietnych girland.

– Coś nie tak? – spytał Didier, gdy znowu usiadłem na motocyklu i kopnąłem rozrusznik.

– Aha. Musimy pojechać w inne miejsce. Przenieśli go. Muszę spytać Ghaniego, gdzie jest nowy warsztat.

– *Alors* – jęknął i ścisnął mnie tak mocno, jakbyśmy spadali na jednym spadochronie. – Koszmar czas zacząć!

Parę minut później zostawiłem go z motocyklem przed drzwiami domostwa Abd al-Ghaniego. Strażnik mnie rozpoznał i zasalutował teatralnie. Włożyłem mu w dłoń dwadzieścia rupii; otworzył drzwi i wszedłem do chłodnego, cienistego holu, gdzie powitało mnie dwóch służących. Dobrze mnie znali; zaprowadzili mnie na górę, szeroko i przyjaźnie się uśmiechając, małą pantomimą komentując długość moich włosów i moją chudość. Jeden zapukał do drzwi wielkiego gabinetu Abd al-Ghaniego i zaczekał z uchem przyłożonym do drzwi.

– *Ao!* – zawołał Ghani. „Wejść!".

Służący wszedł, zamknął za sobą drzwi, a po paru chwilach wrócił. Zakołysał na mnie głową i otworzył szeroko drzwi. Wszedłem. Drzwi się zamknęły. Olśniewające słońce wlewało się przez wysokie, łukowate okna. Włócznie i szpony cieni sięgały przez lśniącą posadzkę. Ghani siedział w wysokim fotelu odwróconym do okna; widać było tylko jego pulchne ręce, złożone razem, jak piramidka serdelków na wystawie u rzeźnika.

– Czyli to prawda.

– Co? – spytałem i stanąłem przed fotelem. Ze wstrząsem przekonałem się, jak bardzo postarzał się dawny przyjaciel Kadira przez te dziewięć miesięcy rozstania. Gęste włosy stały się siwe i zupełnie białe, a brwi wyglądały jak oszronione srebrem. Cienki nos otaczały głębokie bruzdy, sięgające po obu stronach ust ku obwisłej brodzie. Jego usta, niegdyś tak zmysłowe, były popękane i wyschnięte jak usta Nazira w zaśnieżonych górach. Wory pod oczami obwisły do połowy kości policzkowych; nieprzyjemnie skojarzyły mi się z oczami obłąkanego Habiba. A same oczy – te roześmiane, złociste, bursztynowe oczy – przygasły, utraciły radość i płochość, która niegdyś rozświetlała jego namiętne życie.

– Jesteś tu – odpowiedział tym znajomym oksfordzkim akcentem, nie patrząc na mnie. – I to jest prawda. Gdzie Kadir?

– Przykro mi... Nie żyje – odparłem bez wahania. – Zabili go... Rosjanie. Zmierzał do swojej wioski, w drodze do Czaman, chciał tam dostarczyć konie.

Abdul chwycił się za pierś i rozszlochał się jak dziecko. Beczał i jęczał coś niezrozumiale, a łzy wielkie jak groch toczyły się z jego dużych oczu. Po paru chwilach doszedł do siebie i spojrzał na mnie.

– Kto jeszcze przeżył? – spytał i czekał z rozchylonymi ustami.

– Nazir... i Mahmud. I pewien chłopiec, Ala ad-Din. Tylko my czterej.

– A Chalid nie? Gdzie jest Chalid?

– Chalid... ostatniej nocy odszedł z obozu i nie wrócił. Nasi słyszeli później strzały gdzieś daleko. Nie wiem, czy to do niego strzelano. Nie wiem, co się z nim stało.

– Więc to będzie Nazir... – wymamrotał.

Znowu się rozszlochał i ukrył twarz w pulchnych dłoniach. Przyglądałem się mu skrępowany, nie wiedząc, co zrobić czy powiedzieć. Od chwili kiedy na ośnieżonym górskim skłonie tuliłem ciało Kadira w objęciach, nie przyjmowałem jego śmierci do wiadomości. I nadal byłem na niego zły. Dopóki osłaniałem się tym gniewem jak tarczą, rozpacz i miłość do Kadira były daleko ode mnie. Dopóki byłem zły, mogłem walczyć ze łzami i żałosną tęsknotą, która tak złamała Al-Ghaniego. Dopóki byłem zły, mogłem się skupić na bieżących zadaniach – zdobyciu informacji o Krisznie, Villu i fabryczce paszportów. Miałem już spytać o to Al-Ghaniego, kiedy znowu się odezwał.

– Czy wiesz, ile nas kosztowała... nie licząc jego samego... jego wyjątkowego życia... klątwa bohatera Kadira? Miliony. Ta wojna kosztowała nas miliony. Od lat ją wspieraliśmy w ten czy inny sposób. Może myślisz, że nas na to stać. Ta suma w końcu nie jest aż tak wielka. Ale się mylisz. Nie istnieje taka organizacja, która mogłaby wspierać równie obłąkaną klątwę bohatera. Nie potrafiłem go przekonać. Nie potrafiłem go uratować. Pieniądze nic dla niego nie znaczyły. Zgodzisz się ze mną? Jeśli pieniądze nie mają znaczenia, nie ma cywilizacji. Nie ma nic.

Jego głos zmienił się w niezrozumiałe mamrotanie. Łzy łączyły się na jego policzkach w małe strumyki i skapywały poprzez żółte światło na jego kolana.

– Al-Ghani – odezwałem się po jakimś czasie.

– Co? Kiedy? Już? – spytał z nagłym przerażeniem. Jego dolna warga zesztywniała w okrutnym, złośliwym wyrazie, którego nigdy u niego nie widziałem i o który aż do tej pory go nie podejrzewałem.

– Al-Ghani, chciałbym wiedzieć, gdzie przeniosłeś warsztat. Gdzie są Kriszna i Villu? Poszedłem pod dawny adres, ale tam nikogo nie ma. Trzeba coś poprawić w moim paszporcie. Chciałbym wiedzieć, gdzie ich szukać.

Strach zmalał do iskierek w jego oczach i zamigotał. Usta wydęły się w uśmiechu podobnym do tego dawnego. Spojrzał mi w oczy z żywym, głodnym skupieniem.

– Pewnie, że chciałbyś wiedzieć. – Uśmiechnął się i wytarł łzy rękami. – Jest tutaj, w tym domu. Przebudowaliśmy piwnicę. W kuchennej podłodze jest klapa. Iqbal cię zaprowadzi. Chłopcy są przy pracy.

– Dziękuję – powiedziałem i zawahałem się przez chwilę. – Mam coś do zrobienia, ale... dziś w nocy wrócę albo najpóźniej jutro. Chciałbym się z tobą spotkać.

– *Inszallah* – powiedział cicho i odwrócił się do okna. – *Inszallah*.

Zszedłem do kuchni, podniosłem ciężką klapę. Do oświetlonej piwnicy prowadził tuzin schodków. Kriszna i Villu powitali mnie wesoło i natychmiast zajęli się moim paszportem. Niewiele spraw na tym świecie ożywiało ich bardziej od trudnego fałszerskiego zadania; przez chwilę dyskutowali zaciekle, zanim zgodzili się co do najlepszej metody.

Czekając, aż skończą, obejrzałem nowy warsztat Al-Ghaniego. Był duży – o wiele większy od samej piwnicy domu Al-Ghaniego. Przemierzyłem od trzydziestu do pięćdziesięciu metrów między podświetlarkami, drukarniami, fotokopiarkami i szafkami. Przypuszczałem, że ta piwnica łączy się z piwnicą sąsiedniego wielkiego domu. Możliwe, że go wykupił i połączył ich piwnice. Jeśli tak, to założyłem, że w warsztacie istnieje drugie wyjście, prowadzące do sąsiedniego domu. Rozglądałem się za nim, kiedy Kriszna zawołał, że moja pospiesznie przerobiona wiza jest gotowa. Zaintrygowany tajemnym przejściem pod domami obiecałem sobie, że przy najbliższej okazji wrócę i dokładnie sprawdzę warsztat.

– Przepraszam, że kazałem ci czekać – wymamrotałem do Didiera, siadając na motocyklu. – Zeszło dłużej, niż sądziłem, ale paszport gotowy. Możemy ruszać prosto do madame Zhou.

– Nie ma pośpiechu. – Westchnął i znowu wczepił się we mnie ze wszystkich sił. – Zemsta, tak jak seks, najlepsza jest powolna, należy ją zaspokajać z otwartymi oczami.

– To Karli? – krzyknąłem przez ramię, przyspieszając.

– *Non*, chyba moje! Ale... mogę się mylić – odkrzyknął i obaj roześmialiśmy się z miłości do niej.

Zaparkowałem na podjeździe pod wieżowcem o przecznicę od Pałacu. Ruszyliśmy po drugiej stronie ulicy i minęliśmy budynek. Wypatrywałem śladów czyjejś obecności. Jego fasada wydawała się nietknięta, nienaruszona, choć okna, zasłonięte arkuszami blachy i dykty oraz zabite deskami, świadczyły o zniszczeniach, jakie tłum poczynił wewnątrz. Zawróciliśmy i znowu minęliśmy Pałac, szukając wejścia.

– Jeśli tam jest i jeśli służący przynoszą jej jedzenie, to przez te drzwi na pewno nie wchodzą.

– Też tak myślę – zgodził się Didier. – Musi istnieć inne wejście.

Znaleźliśmy wąską uliczkę wiodącą na tyły budynków przy tej ulicy. W przeciwieństwie do dumnej, czystej alei od frontu zaułek tonął w brudzie. Ostrożnie omijaliśmy cuchnące, maziste czarne kałuże i sterty oślizłych niezidentyfikowanych szczątków. Zerknąłem na Didiera; miał taką minę, jakby szacował, ile trzeba będzie drinków, żeby się pozbyć tego wżerającego się w nozdrza smrodu. Mury i płoty po drugiej stronie zaułka były z kamienia, cegieł i cementu, łatane od dziesiątków lat i zarośnięte wijącymi się jak robactwo pnączami, mchami i zielskiem.

Licząc budynki od zakrętu, jeden po drugim, znaleźliśmy zaplecze Pałacu i pchnęliśmy niską drewnianą furtkę osadzoną w wysokim kamiennym murze. Otworzyła się od razu. Znaleźliśmy się na przestronnym dziedzińcu, przed atakiem tłumu będącym zapewne luksusowym, pięknym zakątkiem. Ciężkie gliniane donice były wywrócone i roztrzaskane, ziemia i kwiaty zasłały ziemię. Ogrodowe sprzęty zostały rozbite na kawałki. Nawet płyty posadzki były w wielu miejscach pęknięte, jakby tłum bił w nie młotami.

Odnaleźliśmy prowadzące do domu osmalone drzwi. Nie były zamknięte na klucz. Otworzyły się do środka, skrzypiąc zrzędliwie.

– Zaczekasz tutaj. – Mój ton wykluczał jakąkolwiek dyskusję. – Ubezpieczaj mnie. Jeśli ktoś tędy wejdzie, zajmij go czymś albo daj mi sygnał.

– Jak chcesz. – Westchnął. – Tylko szybko. Nieciekawe miejsce. *Bonne chance.*

Wszedłem. Drzwi zamknęły się za mną; pożałowałem, że nie przyniosłem latarki. Wszędzie panowały ciemności, a na podłodze leżały zdradzieckie, roztrzaskane talerze, donice, garnki i inne naczynia, czarne garby mebli i rozrzuconych belek. Powoli lawirowałem między nimi przez kuchnię na parterze, aż wyszedłem na długi korytarz, który zaprowadził mnie na front tego wielkiego budynku. Minąłem parę spalonych pokojów. W jednym ogień był tak wielki, że strawił podłogę; osmalone belki ciągnęły się rzędami jak żebra wielkiego zwierzęcia.

Odnalazłem frontowe schody, którymi wiele lat temu szedłem razem z Karlą, by uratować Lisę Carter. Comptonowska tapeta, o niegdyś tak bogatych barwach i teksturze, była osmalona i odłaziła od pokrytych pęcherzami ścian. Same schody były zwęglone, chodnik rozpadał się na włókniste pasma popiołu. Wchodziłem powoli, wypróbowując każdy stopień, zanim stanąłem na nim całym ciężarem. W połowie schodów jeden zapadł się pode mną; resztę drogi na podest przebyłem z pośpiechem.

Na pierwszym piętrze musiałem zaczekać, aż oczy przywykną mi do ciemności. Po paru chwilach dostrzegłem rozpadliny w podłodze i ruszyłem slalomem między nimi. Ogień całkowicie strawił niektóre części domu, wyżarł je lub zmienił w poczerniałe pieńki, podczas gdy inne ominął. Te nieskalane fragmenty były tak czyste i identyczne z tymi, które zapamiętałem, że jeszcze bardziej spotęgowały upiorną atmosferę. Jakbym poruszał się między przeszłością sprzed pożaru i teraźniejszością ruin, jakby to moje wspomnienia tworzyły te wspaniałe, nietknięte fragmenty ocalonych pokoi.

W pewnym punkcie szerokiego korytarza na piętrze stąpnąłem na cienki jak papier fragment przepalonej podłogi i przebiłem go stopą; odruchowo odskoczyłem i wpadłem na ścianę za moimi plecami. Rozpadła się; upadłem jak marionetka, machając rękami i nogami, by znaleźć wśród tych kruszących się ruin jakiś solidny punkt oparcia. Ściana, przez którą się przebiłem, wydawała się równie masywna jak inne, lecz okazała się arkuszem zwykłej dykty, obitym wszechobecną comptonowską tapetą.

Wstałem i otrzepałem się. Znalazłem się w bardzo wąskim, niskim korytarzyku, wijącym się i opisującym kształty pomieszczeń, które okrążał. W ściany pokoi były wprawione metalowe ażury. Niektóre znajdowały się nisko, tuż nad podłogą, inne wyżej. Do tych wyższych prowadziły schodki. Stanąłem na najniższym i przez otworki w kształcie serc zajrzałem do sąsiedniego pomieszczenia. Miałem doskonały widok na wszystko: popękane lustro na ścianie, spalone, zapadnięte łóżko i przerdzewiałą metalową szafkę przy nim. Wyobraziłem sobie, jak madame Zhou przykuca na schodkach powyżej i tłumi oddech, patrząc, patrząc, patrząc.

Korytarzyk zakręcał parę razy; straciłem orientację, nie wiedziałem już, czy w tych ciemnościach zawędrowałem na tyły, czy na front domu. W pewnym miejscu korytarz ostro wspinał się w górę. Metalowe ażury znikły; dotarłem w ciemnościach do niewielkich schodków. Po omacku doszedłem do jakichś drzwi. Były małe, z drewnianych płyt – niewielkie i idealnie proporcjonalne, jak w dziecięcym domku na drzewie. Przekręciłem gałkę. Obróciła się bez oporu. Otworzyłem je i natychmiast się cofnąłem, bo ze środka bluznęło światło.

Wszedłem do pokoju na poddaszu, do którego światło wpadało przez rząd czterech witrażowych okien, strzelistych jak w kaplicy i sięgających ponad zewnętrzny dach. Ogień dotarł do pokoju, ale go nie zniszczył. Osmalił ściany, rzucił na nie strugi brudnych cieni, a podłoga miejscami zapadła się, ukazując pustkę między sufitem pokoju na niższym piętrze. Jednak fragmenty tego długiego pomieszczenia były dość solidne, nietknięte płomieniami. Na tych wyspach egzotycznego dywanu i nieskalanych ścian stały nienaruszone, nienaznaczone meble. A w fotelu podobnym do tronu, z twarzą wykrzywioną obłąkanym grymasem, siedziała madame Zhou.

Podchodząc, zdałem sobie sprawę, że to nienawistne spojrzenie nie jest skierowane na mnie. Wpatrywała się z nienawiścią i złością w jakiś punkt w przeszłości, jakiś przedmiot lub postać, które przykuły jej umysł tak nieustępliwie, jak łańcuch przykuwa tańczącego niedźwiedzia. Na twarzy miała grubą warstwę kosmetyków. To była maska – z powodu szalonego przerysowania bardziej tragiczna niż groteskowa. Malowane usta były większe od jej warg. Nagryzmolone brwi szersze od prawdziwych. Różane rumieńce znajdowały się powyżej kości policzkowych. Zbliżywszy się na wystarczającą odległość, zauważyłem, że z ust sączy się jej na kolana strużka śliny. Zapach alkoholu, nierozcieńczonego ginu, otaczał ją i splatał się z innymi, bardziej cuchnącymi i mdlącymi wyziewami. Włosy miała niemal zupełnie zakryte peruką. Gęste pukle czarnej, spiętrzonej fryzury trochę się przekrzywiły, ukazując siwe, rzadkie, krótko obcięte włosy. Madame była ubrana w chińską sukienkę z zielonego jedwabiu. Sztywny kołnierz krył jej szyję niemal po brodę. Nogi były podwinięte, stopy spoczywały na siedzeniu krzesła nieopodal. Stópki miała malutkie jak dziecko, obute w miękkie jedwabne pantofelki. Ręce, zwiędłe i bezwładne jak jej obwisłe usta, leżały na podołku niczym śmieci wyrzucone z morza.

Nie sposób było określić jej wieku czy pochodzenia. Mogła być Hiszpanką. Albo Rosjanką. Albo Hinduską – niepełnej krwi – albo Chinką, albo nawet Greczynką. Karla miała rację – kiedyś rzeczywiście była piękna. Była to ta uroda, która promieniuje ze wszystkich rysów, nie z jakiejś charakterystycznej cechy, uroda, która zachwyca oko, lecz nie serce, uroda, która więdnie, jeśli nie zasili ją wewnętrzna dobroć. A w tamtej chwili madame nie była piękna. Była brzydka. Didier też miał rację: była złamana, pokonana, skończona. Dryfowała po czarnym jeziorze i wkrótce mroczna woda miała ją wciągnąć. Tam gdzie kiedyś był jej umysł, zapadła głęboka cisza, a czarna, pozbawiona pragnień pustka zastąpiła jej okrutne, podstępne życie.

Stojąc przed nią, niewidzialny dla jej oczu, ze zdumieniem i zaskoczeniem poczułem, że nie czuję już gniewu ani chęci zemsty, tylko wstyd. Wstydziłem się, że myślałem o zemście. To, co mnie popychało do... Co? Czy naprawdę chciałem ją zabić?... – było bardzo podobne do niej. Spojrzałem na nią i zrozumiałem, że patrzę na samego siebie, na własną przyszłość, na moje przeznaczenie, jeśli nie pozbędę się z serca mściwości.

I zrozumiałem także, że zemsta, którą się karmiłem, którą planowałem przez wszystkie tygodnie w Pakistanie, miała uderzyć nie tylko w nią, ale i we mnie i w wyrzuty sumienia, z którymi zdołałem się zmierzyć dopiero w tej haniebnej chwili, patrząc na madame. To były wyrzuty sumienia po śmierci Kadira. Byłem jego Amerykaninem – jego gwarancją bezpieczeństwa przed watażkami i bandytami. Gdybym był przy nim, tak jak powinienem, kiedy wiózł konie do swojej wioski, może nikt by do niego nie strzelał.

Takie myślenie było głupie i jak to zwykle bywa z wyrzutami sumienia, ukazywało tylko jedną stronę historii. Trupy wokół Kadira miały rosyjskie mundury i broń. Tak powiedział Nazir. Moja obecność pewnie nic by nie zmieniła. Złapaliby mnie albo zabili, a dla Kadira wszystko skończyłoby się tak samo. Ale rozsądek nie odgrywał wielkiej roli w tym poczuciu winy, które gryzło mnie głęboko w sercu od chwili, kiedy spojrzałem w twarz martwego Kadira przykrytego całunem śniegu. Od tej chwili nie potrafiłem się otrząsnąć ze wstydu. I to poczucie winy i smutek jakoś mnie zmieniły. Kamień wypadł z ręki, która chciała go rzucić. Poczułem się lekki i ta lekkość mnie jakoś uniosła, podniosła na duchu. I poczułem się wolny – na tyle wolny, że zlitowałem się nad madame Zhou, a nawet jej wybaczyłem. I wtedy usłyszałem wrzask.

Przeszywający kwik, przenikliwy jak głos dzikiej świni. Odwróciłem się i ujrzałem Rajana, eunucha madame Zhou. Pędził na mnie jak pocisk. Zderzyliśmy się; zatoczyłem się do tyłu, a on objął moją pierś oburącz i razem wpadliśmy w okno. Zawisłem, wychylony, spoglądając na szaleńca na tle nieba i dachówek. Na potylicy, którą rozbiłem szybę, czułem charakterystyczną wilgoć krwi. Kawałki szkła sypały się na nas, kiedy się ze sobą zmagaliśmy; uchylałem się, by uratować oczy. Rajan wpił się we mnie, pchał mnie do przodu, drobiąc dziwnie nogami, jakby w miejscu. Dopiero po chwili zrozumiałem, że usiłuje mnie wypchnąć na zewnątrz – spaść razem ze mną. I już mu się prawie udało. Pod jego ciężarem moje stopy zaczęły się odrywać od podłogi. Nieco bardziej wysunąłem się na zewnątrz.

Warcząc z furii i desperacji, chwyciłem framugę i wcisnąłem nas obu do pokoju. Rajan upadł na plecy i z zadziwiającą prędkością zerwał się z podłogi. Znowu rzucił się na mnie z wrzaskiem. Nie miałem szansy uskoczyć, więc zwarliśmy się w morderczym chwycie. Chwycił mnie za gardło. Lewą ręką sięgnąłem do jego twarzy, do oka. Miał długie, zakrzywione paznokcie, które przebiły mi skórę na szyi. Krzycząc z bólu, odnalazłem jego ucho i przyciągnąłem jego głowę na tyle blisko, żeby zdzielić ją pięścią. Wbiłem ją w jego twarz, sześć, siedem, osiem razy, aż wyszarpnął mi się, z uchem oderwanym do połowy.

Cofnął się i znieruchomiał, zziajany, łypiąc na mnie z nienawiścią sięgającą poza rozsądek czy strach. Twarz miał zakrwawioną. Usta miał rozcięte, stracił jeden ząb, a skóra nad okiem, na zgolonej brwi, rozchyliła się w brzydkiej ranie. Jego łysa głowa – tam gdzie uderzył nią o szybę – krwawiła. Miał też krew w oku, i był chyba złamany nos. Powinien już się poddać. Musiał. Ale się nie poddał.

Z przeraźliwym i dziwacznym kwikiem rzucił się na mnie. Ustąpiłem, zdzieliłem go mocno prawą ręką w skroń, ale padając, wyciągnął pazurzastą łapę i wpił ją w moje spodnie. Pociągnął mnie za sobą, a potem wczołgał się na mnie jak krab, sięgnął do mojej szyi. I znowu wbił szpony w moje ramię i gardło.

Był chudy, ale wysoki i silny. Na wojnie Kadira tak wynędzniałem, że nasze siły się wyrównały. Przetoczyłem się raz, dwa razy, ale nie zdołałem się uwolnić. Głowę miał tak blisko mojej, że nie mogłem mu zadać ciosu. Poczułem na szyi jego usta i zęby. Wyciągał szyję, tłukł mnie głową i kąsał. Długie, ostre szpony wbił mi w kark po opuszki palców.

Namacałem nóż. Wyszarpnąłem go i wbiłem w Rajana. Ostrze trafiło go w udo, wysoko, koło biodra. Rajan poderwał głowę, zawył z bólu – a wtedy dźgnąłem go w szyję, blisko barku. Nóż wbił się głęboko w ciało, zgrzytnął na kości i chrząstce. Rajan chwycił się za gardło i sturlał się ze mnie. Toczył się po podłodze aż pod ścianę. Pokonałem go. Nie miał już ochoty walczyć. Skończyło się. I wtedy usłyszałem wrzask.

Obejrzałem się gwałtownie. Rajan wypełzał przez dziurę w zniszczonej podłodze, wyczołgiwał się ze szpary między podłogą a sufitem pokoju poniżej. Ten sam człowiek – a raczej tak mi się zdawało – lecz nietknięty, bez jednej rany. Ta sama łysa głowa, ogolone brwi, ozdobione oczy i paznokcie jak szpony, pomalowane jadowitą zielenią zaskrońca. Szybko odwróciłem się; Rajan leżał w dawnym miejscu, zwinięty w kłębek pod ścianą. Bliźniak, pomyślałem w ogłupieniu. Ich jest dwóch. Dlaczego nikt mi nie powiedział? I znowu się odwróciłem, a jednocześnie eunuch rzucił się na mnie z wrzaskiem. Ale ten miał nóż.

Unosił cienkie, zakrzywione ostrze jak miecz, opisywał nim w powietrzu zaciekłe łuki. Uskoczyłem przed wariackim zamachem i przypadłem do tamtego, wbiłem nóż. Trafiłem w jego ramię i bark, ale go nie obezwładniłem. Ciął mnie sztyletem. Był szybki – zranił mnie w ramię. Krew bluznęła natychmiast, a furia pchnęła mnie do walki. Młóciłem prawą pięścią, zadawałem ciosy nożem.

I nagle czarny ból o smaku krwi wstrząsnął moją głową. Ktoś uderzył mnie od tyłu. Odwróciłem się; przede mną stał ranny Rajan w koszuli splamionej krwią. W ręce trzymał kawał drewna. W uszach mi dzwoniło od siły ciosu. Krew ciekła mi z ran na głowie, szyi, ramieniu i miękkiej wewnętrznej strony ramienia. Bliźniacy jednocześnie zaczęli zawodzić i zrozumiałem, że zaraz znowu zaatakują. Małe ziarenko zwątpienia dojrzało we mnie i pękło po raz pierwszy od rozpoczęcia tego dziwacznego konkursu – mogę nie zwyciężyć...

Wyszczerzyłem zęby w uśmiechu. Przygotowałem się na ich atak, unosząc pięści i stając w wykroku. No dobrze, pomyślałem, to jedziemy. Skończmy z tym raz, a dobrze. Rzucili się na mnie, znowu z tym cienkim zawodzeniem. Ten z drewnianą pałką, Rajan, zamachnął się w moją stronę. Zablokowałem cios prawym ramieniem. Mocno nim wstrząsnął, ale jednocześnie zdołałem trzasnąć Rajana pięścią w twarz. Przewrócił się na plecy, a kolana ugięły się pod nim, zanim runął na podłogę. Jego brat świsnął nożem przed moją twarzą. Pochyliłem się i uskoczyłem, ale nóż przeciął mi skórę na karku. Ominąłem jego gardę i wbiłem mu nóż w bark, aż po rękojeść. Celowałem w pierś, ale i tak dobrze trafiłem, bo ręka mu omdlała, a z gardła wyrwał się wrzask paniki.

Lata gniewu wybuchły – cały więzienny gniew, który wtłoczyłem w płytki grób samokontroli. Krew z ran i draśnięć na głowie zalewała mi twarz, krew jak płynny gniew, gęsty, czerwony, prosto z mózgu. W mięśnie ramion, barków i pleców wstąpiła mi siła furii. Powiodłem wzrokiem od Rajana i jego bliźniaka do wariatki w fotelu. Pozabijam, pomyślałem, wciągając powietrze przez zaciśnięte zęby i znowu warcząc. Pozabijam wszystkich.

Ktoś mnie wołał, wzywał ze skraju przepaści, w którą runął Habib i wszyscy jemu podobni.

– Lin! Lin, gdzie jesteś?

– Tutaj, Didier! – odkrzyknąłem. – Na strychu! Bardzo blisko! Słyszysz?

– Słyszę! – odkrzyknął. – Natychmiast przybywam!

– Uważaj! – rzuciłem, dysząc. – Jest ich dwóch i są... kurwa... niezbyt mili!

Rozległy się kroki i przekleństwo, kiedy potknął się w ciemnościach. Wcisnął się w drzwiczki i wszedł pochylony. W ręce miał broń, a mnie jego widok bardzo ucieszył. Widziałem jego minę, kiedy objął szybkim spojrzeniem to wszystko – moją zakrwawioną twarz i ramiona, zakrwawionych bliźniaków, śliniącą się kobietę w fotelu. Zaskoczenie stwardniało i skamieniało w ponurym, gniewnym zaciśnięciu ust. I wtedy usłyszał wrzask.

Brat Rajana, ten z nożem, rzucił się na niego z przeraźliwym lamentem. Didier bez wahania strzelił mu w pachwinę, blisko biodra. Eunuch zgiął się wpół i rzucił w bok z zawodzącym skowytem. Poturlał się po podłodze, skulony nad krwawiącą raną. Rajan pokuśtykał do fotela-tronu i zasłonił madame Zhou własnym ciałem. Wpił się nienawistnym wzrokiem w Didiera i zrozumieliśmy, że jest gotowy przyjąć kulę, byle ją ochronić. Didier zrobił krok w jego stronę i wymierzył pistolet w jego serce. Twarz miał wykrzywioną grymasem, ale oczy spokojne, jasne, lśniące chłodem i kompletnym opanowaniem. To był prawdziwy mężczyzna, stalowe ostrze w zniszczonej, niepozornej pochwie. Didier Levy, jeden z najbardziej niezawodnych i niebezpiecznych ludzi w Bombaju.

– Chcesz to zrobić? – spytał mnie głosem zimniejszym niż cokolwiek w tym pomieszczeniu.

– Nie.

– Nie? – rzucił, nie odwracając wzroku od Rajana. – Popatrz. Popatrz, co zrobili. Powinieneś ich zastrzelić.

– Nie.

– Przynajmniej zranić.

– Nie.

– Niebezpiecznie jest zostawić ich przy życiu. Nie masz z nimi dobrych doświadczeń.

– W porządku – wymamrotałem.

– Powinieneś zastrzelić przynajmniej jednego, *non*?

– Nie.

– Doskonale. Więc ja ich zastrzelę.

– Nie – uparłem się. Byłem wdzięczny, że nie pozwolił im mnie zabić, ale znacznie bardziej za to, że nie pozwolił mnie zabić ich. Szarpały mną fale mdłości i ulgi, a furia uchodziła za mnie gwałtownie. Zadrżałem, a przez moje oczy przemknął ostatni uśmiech wstydu. – Nie chcę ich zastrzelić... i nie chcę, żebyś ty ich zastrzelił. W ogóle nie chcę już z nimi walczyć. I nie walczyłbym, gdyby mnie nie zaatakowali. Sam bym postąpił jak oni, gdybym ją kochał. Oni jej bronią. Nie chodzi im o mnie, tylko o nią. Dajmy im spokój.

– A co z nią?

– Miałeś rację – powiedziałem spokojnie. – To jej koniec. Ona już nie żyje. Szkoda, że cię nie posłuchałem. Chyba... musiałem to zobaczyć na własne oczy.

Położyłem rękę na broni Didiera. Rajan wzdrygnął się i spiął. Jego bliźniak, płacząc z bólu, odczołgiwał się od nas wzdłuż ściany. Powoli opuściłem dłoń Didiera, aż lufa pistoletu wymierzyła w ziemię. Rajan spojrzał mi w oczy. W ich czerni zobaczyłem zaskoczenie i strach, rozpływające się w uldze. Wytrzymał to spojrzenie jeszcze przez chwilę, a potem pokuśtykał do brata.

Ruszyłem tajnym korytarzem ku osmalonym schodom. Didier trzymał się tuż za mną.

– Jestem twoim dłużnikiem – przyznałem, uśmiechając się w ciemności.

– A pewnie – odparł i schody zapadły się pod nami. Runęliśmy w spalone, połamane drewno i gruchnęliśmy o podłogę.

Kaszląc i plując sadzą i fruwającymi w powietrzu włóknami, wyczołgałem się spod Didiera i usiadłem. Kark miałem sztywny i obolały; upadłem na rękę i naciągnąłem sobie przegub i bark, choć chyba ich nie złamałem. Didier wylądował na mnie. Jęczał płaczliwie.

– W porządku, stary? Jezu, co za lot! Żyjesz?

– Dość tego – warknął Didier. – Wracam i zastrzelę tę babę!

Parsknęliśmy śmiechem i razem wykuśtykaliśmy ze zrujnowanego Pałacu. Ten śmiech towarzyszył nam jeszcze przez parę godzin, kiedy obmywaliśmy rany i opatrywaliśmy je. Didier dał mi czystą koszulę i spodnie. Garderobę miał zaskakująco stylową i barwną jak na kogoś, kto w „Leopoldzie" występował zawsze w tak smętnym uniformie. Wyjaśnił, że większość tych kolorowych nowych strojów to spadek po kochankach, którzy nie wrócili po swoje ubrania. Pomyślałem o Karli, która dała mi stroje swoich kochanków. Przy posiłku w „Leopoldzie", gdy Didier opowiadał o swoich najnowszych sercowych katastrofach, znowu zaczęliśmy się śmiać. Zaśmiewaliśmy się, kiedy z ulicy wbiegł Vikram Patel, machając rękami jak wiatrak w rozentuzjazmowanym powitaniu.

– Lin!

– Vikram!

Wstałem i wszedłem w zasięg jego wiatrakowego uścisku. Odsunął mnie na odległość ramion, obejrzał, zmarszczył brwi na widok pokancerowanej głowy i twarzy.

– Kurwa, stary, co ci się przydarzyło? – spytał. Nadal ubierał się na czarno w kowbojskim stylu, ale był to styl o wiele bardziej stonowany i subtelny. Pewnie pod wpływem Lettie. Choć z tym nowym umiarkowaniem było mu do twarzy, z ulgą i otuchą przekonałem się, że ukochany kapelusz nadal wisi mu na rzemyku na szyi.

– Szkoda, że nie widziałeś tamtych – odpowiedziałem, zerkając na Didiera.

– Dlaczego nie powiedziałeś, że wróciłeś?

– Bo wróciłem dzisiaj i byłem trochę zajęty. Co u Lettie?

– Fantastycznie, *yaar* – odpowiedział wesoło i usiadł. – Weszła w ten biznes, w te multi – kurwa – media, z Karlą i jej nowym chłopakiem. To będzie cholerny sukces.

Odwróciłem się i spojrzałem na Didiera, który wzruszył nonszalancko ramionami i łypnął na Vikrama z wyszczerzonymi wściekle zębami.

– O cholera! – przeraził się Vikram. – Myślałem, że wiesz. Myślałem, że Didier ci powiedział, *yaar*.

– Karla wróciła do Bombaju – wyjaśnił Didier, uciszywszy Vikrama kolejnym grymasem. – Ma nowego faceta... chłopaka, tak na niego mówi. Nazywa się Randżit, ale lubi, żeby go nazywać Jeet.

– Nie jest zły – dodał Vikram z uśmiechem pełnym nadziei. – Chyba go polubisz.

– Vikram, do cholery! – syknął Didier, krzywiąc się w moim imieniu.

– W porządku – powiedziałem i uśmiechnąłem się do każdego po kolei.

Pochwyciłem spojrzenie kelnera, skinąłem głową, zamawiając nową kolejkę. Milczeliśmy, dopóki drinki nie zostały nalane, a potem, z kieliszkiem w powietrzu, wzniosłem toast.

– Za Karlę! Oby miała dziesięć córek i oby wszystkie dobrze wyszły za mąż!

– Za Karlę! – podchwycili. Trąciliśmy się kieliszkami i wypiliśmy do dna.

Byliśmy przy trzecim toaście – chyba za czyjegoś psa, ale nie jestem pewien – kiedy do hałaśliwej, radosnej, rozgadanej knajpy wszedł Mahmud Milbaf i obrzucił mnie spojrzeniem, które jeszcze nie wróciło z tej skutej lodem wojennej góry.

– Co ci się stało? – spytał szybko, widząc rany na mojej twarzy i głowie. Wstałem na jego powitanie.

– Nic. – Uśmiechnąłem się.

– Kto to zrobił? – spytał bardziej natarczywie.

– Miałem krótkie spięcie z chłopakami madame Zhou – odparłem. Trochę się uspokoił. – Bo co? Co się dzieje?

– Nazir powiedział, że tu będziesz – szepnął z bolesnym grymasem. – Cieszę się, że cię znalazłem. Nazir przekazuje ci: nigdzie nie chodź. Nic nie rób przez jakiś czas. Tu jest wojna – wojna gangów. Walczą o schedę po Kadirze. Nie jest bezpiecznie. Trzymaj się z dala od *dundah*.

Słowo *dundah* – interesy – było slangowym określeniem wszystkich czarnorynkowych operacji Kadira w Bombaju. Najwyraźniej stały się celem ataków.

– Co się stało? O co chodzi?

– Zdrajca Al-Ghani nie żyje – odpowiedział. Głos miał spokojny, lecz oczy twarde i zawzięte. – Jego ludzie, ludzie z gangu Kadira, także zginą.

– Al-Ghani?

– Tak. Masz pieniądze?

– Jasne – wymamrotałem, myśląc o Abd al-Ghanim. Był z Pakistanu. Musiało chodzić o to. To on musiał mieć kontakt z tajną policją, z pakistańską ISI. Oczywiście, że to on. Oczywiście, że to on był zdrajcą. Oczywiście, że to on chciał doprowadzić do naszego aresztowania i zamordowania w Karaczi. To o nim mówił Chalid w noc przed bitwą: nie o Abdullahu, lecz o Abd al-Ghanim...

– Masz mieszkanie? Bezpieczne?

– Co? Tak.

– Dobrze – powiedział i serdecznie uścisnął mi dłoń. – Do zobaczenia w tym samym miejscu za trzy dni, za dnia, o pierwszej, *Inszallah*.

– *Inszallah* – odpowiedziałem. Wyszedł. Kształtną głowę trzymał wysoko, szedł śmiało, odważnie, wyprostowany.

Usiadłem, unikając spojrzenia przyjaciół tak długo, aż udało mi się ukryć przerażenie.

– Co jest? – spytał Didier.

– Nic – skłamałem. Pokręciłem głową i uśmiechnąłem się fałszywie. Sięgnąłem po kieliszek, uniosłem go. – Na czym stanęliśmy?

– Mieliśmy wypić toast za psa Randżita – przypomniał Vikram, uśmiechając się szeroko – ale jeśli nie jest za późno, chciałbym wypić i za jego konia.

– Nie wiesz, czy ma konia – zaoponował Didier.

– Nie wiemy, czy ma psa – zwrócił mu uwagę Vikram – ale to dla nas żadna przeszkoda. Za psa Randżita!

– Za psa Randżita! – zawtórowaliśmy.

– I jego konia! – dodał Vikram. – I konia jego sąsiada!

– Za konia Randżita!

– I... konie... jako takie!

– I za wszystkich kochanków! – zaproponował Didier.

– I za wszystkich... kochanków – odpowiedziałem.

Ale jakoś, z jakiegoś powodu, miłość we mnie umarła i nagle to sobie uświadomiłem z gwałtowną pewnością. Moje uczucie do Karli nie skończyło się zupełnie. Nigdy. Ale nie było we mnie zazdrości, którą kiedyś poczułbym o tego nieznajomego Randżita. Nie byłem na niego wściekły, nie cierpiałem przez nią. Byłem jak odrętwiały, pusty, jakby wojna, utrata Kadirbaja i Chalida, i spotkanie z madame Zhou i bliźniakami wpompowały mi w serce środek znieczulający.

I zamiast bólu pojawiło się zdumienie – nie potrafię inaczej opisać swojego uczucia – że Abd al-Ghani zdradził. A oprócz tego niemal uduchowionego zdziwienia pojawił się tępy, pulsujący, fatalistyczny strach. Bo już wtedy krwawa przyszłość, którą przemocą ściągnęła na nas jego zemsta, zaczęła się rozwijać i rozrastać w naszym życiu, jak nagle rozkwitająca po suszy czerwona róża na suchej, twardej ziemi.

ROZDZIAŁ 39

Nie minęła godzina, odkąd opuściłem dom Abd al-Ghaniego i wyruszyłem na spotkanie z madame Zhou, a Nazir wraz z trzema najbardziej zaufanymi ludźmi wyważył drzwi domu w sąsiedztwie i przeszedł długim warsztatem w piwnicy. Mniej więcej wtedy, kiedy ja przedzierałem się przez gruzy zrujnowanego Pałacu, Nazir i jego ludzie w czarnych wełnianych maskach podnieśli klapę w podłodze kuchni Al-Ghaniego i weszli do jego domu. Obezwładnili kucharza, ogrodnika, dwóch służących i fałszerzy Villu i Krisznę, zamknęli ich w małym pomieszczeniu w piwnicy. Kiedy ja wspinałem się po osmalonych schodach na strych, Nazir zakradał się do wspaniałego gabinetu Al-Ghaniego i stanął przed nim, płaczącym i nieruchomym w fotelu. Potem, mniej więcej wtedy, kiedy ja rozwarłem zaciśnięte pięści i poczułem litość do pokonanego wroga, śliniącej się madame, Nazir pomścił siebie i Kadir Chana, zabijając zdrajcę.

Dwaj trzymali Al-Ghaniego pod ręce. Trzeci odchylił mu głowę i zmusił do otwarcia oczu. Nazir zdjął maskę. Patrząc swej ofierze prosto w oczy, wbił mu nóż w serce. Al-Ghani musiał wiedzieć, że czeka go śmierć. Siedział w samotności i czekał na swoich zabójców. Ale jego krzyk brzmiał podobnie, jakby dochodził z piekła.

Wyrzucili jego ciało z fotela, na lśniącą podłogę. A kiedy na strychu po drugiej stronie miasta ja walczyłem z Rajanem i jego bliźniakiem, Nazir i jego ludzie masywnymi tasakami odrąbywali zdrajcy ręce, stopy i głowę, rozrzucali jego szczątki po wielkim domu, tak jak on rozkazał mordercom spod znaku Sapny uczynić z ciałem zamordowanego, lojalnego starego Madżida. I gdy ja opuszczałem zrujnowany Pałac z lekkim sercem po raz pierwszy od zbyt wielu opętanych myślą o zemście miesięcy, Nazir i jego ludzie wypuścili Krisznę, Villu i służących – z których żaden nie brał udziału w zdradzie – i wyszli z domu, by dopaść wspólników Ghaniego i wszystkim odebrać życie.

– Al-Ghani świrował już od dawna, *yaar* – powiedział Sanjay Kumar, gładko tłumacząc urdu Nazira na angielski. – Myślał, że Kadir oszalał. Myślał, że miał, e... obsesję, tak? Myślał, że Kadir straci wszystkie interesy, roztrwoni pieniądze i władzę rady. Myślał, że Kadir zbyt wiele czasu poświęca na Afganistan, na wojnę i tak dalej. I wiedział, że Kadir zaplanował wszystkie misje – na Sri Lance, w Nigerii i tak dalej. Więc kiedy nie potrafił go przekonać ani namówić do zmiany, postanowił wykorzystać tego Sapnę. Ten Sapna to była operacja Al-Ghaniego, od samego początku.

– Wszystko? – spytałem.

– Jasne. Kadir i Al-Ghani, obaj. Ale ten drugi dowodził. Wykorzystali tego Sapnę, żeby dostać od glin i rządu to, czego chcieli.

– Jak?

– Ghani chciał wszystkich wystraszyć – gliny, polityków, inne rady – dając im wspólnego wroga, czyli Sapnę. Kiedy ten Sapna zaczął szatkować ludzi i gadać o rewolucji, i jak to jest królem złodziei i tak dalej, wszyscy się zmartwili. Nikt nie wiedział, kto za tym stoi. Musieli współpracować z nami, żeby złapać skurwiela, w zamian za naszą pomoc. Ale Al-Ghani chciał ustrzelić samego Kadira.

– Nie wiem, czy od początku – wtrącił Salman Mustan i pokręcił głową dla lepszego efektu. – Chyba zaczął jak zawsze, na całego popierając Kadira. Ale ten Sapna... to było dziwne, i chyba, no wiesz, trochę mu to pomieszało w głowie.

– Nieważne – ciągnął Sanjay, obojętny na subtelności. – Na to samo wychodzi. Ghani miał ten gang, ludzi Sapny, własny gang, który słuchał tylko jego. I zaczął zabijać różnych dziadów. Na ogół i tak chciał się ich pozbyć, dla dobra interesów. Więc wszystko idzie jak po sznurku, *yaar*. Całe, kurwa, miasto świruje z powodu tego dziada Sapny, a tradycyjni wrogowie Kadira w podskokach pomagają mu przemycać z Bombaju broń, środki wybuchowe i inne ciężkie badziewie, bo chcą, żeby on pomógł im w znalezieniu tego Sapny i zlikwidowaniu dziada. Szalony, kurwa, plan, ale skuteczny, *yaar*. Potem pewnego dnia przychodzi do niego jeden gliniarz. Patil – znasz go, Lin, – podinspektor Suresh Patil. Pracował w Kolabie. Straszny fiut.

– Ale ma łeb – mruknął z szacunkiem Salman.

– A tak, łeb ma. Fiut z wielkim łbem. I mówi Ghaniemu, że mordercy Sapny zostawili ślad na miejscu ostatniego morderstwa i że ten ślad prowadzi do rady Kadira Chana. Ghani spanikował. Widzi wyraźnie, że wszystko wskazuje na niego, więc postanowił, że trzeba będzie coś poświęcić. Kogoś z rady samego Kadira Chana, z samego jej, kurwa, serca, żeby Sapna go poszatkował i odstraszył gliny. Doszli do wniosku, że jak gliny zobaczą, że i na naszego trafiło, to pomyślą, że ten Sapna to nasz wróg.

– I wybrał Madżida – dokończył Salman. – I udało się. To Patil był odpowiedzialny za tę sprawę, to on był na miejscu, kiedy pakowali kawałki Madżida do foliowych worków. Wiedział, jak blisko był Madżid z Kadirbajem. Ojciec Patila – no, to dopiero twardy gliniarz, *yaar* – miał na pieńku z Kadirbajem. Kiedyś wsadził go do pudła.

– Kadirbaj siedział? – spytałem z rozczarowaniem, że sam nigdy nie spytałem o to Kadira, choć tak często rozmawialiśmy o więzieniu.

– No jasne. – Salman się roześmiał. – Nawet uciekł, rozumiesz, z Arthur Road.

– Chyba, kurwa, żartujesz!

– Nie wiedziałeś?

– Nie.

– To świetna historia, *yaar* – oznajmił Salman, entuzjastycznie kołysząc głową. – Poproś kiedyś Nazira, to ci opowie. W czasie ucieczki pomagał Kadirowi z zewnątrz. W tamtych czasach dokazywali jak cholera, Nazir i Kadirbaj, *yaar*!

Sanjay klepnął Nazira w plecy, mocno i dobrotliwie. Niemal dokładnie tam, gdzie Nazir odniósł ranę. Takie klepnięcie musiało zaboleć, ale Nazir nawet nie drgnął. Za to wpatrywał się w moją twarz. To było moje pierwsze formalne zebranie od śmierci Abd al-Ghaniego i schyłek dwutygodniowej wojny gangów, w której życie straciło sześciu ludzi, a władza wróciła w ręce organizacji Nazira i Kadira. Spojrzałem mu w oczy i powoli skinąłem głową. Jego surowa, pochmurna twarz na chwilę złagodniała, a potem znowu skamieniała.

– Biedny stary Madżid. – Sanjay westchnął ciężko. – Miał im... jak to nazywacie? Z tym mydłem?

– Zamydlić oczy – podsunąłem.

– Tak, miał im być mydłem w oku. Gliny – ten fiut Patil i jego ludzie – uznały, że nie ma związku między Sapną i radą Kadira. Wiedzieli, jak bardzo Kadir kochał Madżida, i zaczęli szukać gdzie indziej. Zeszli z karku Al-Ghaniemu, a za jakiś czas jego ludzie znowu zaczęli zarzynać dziadów. Normalne interesy.

– Co o tym sądził Kadir?

– O czym? – spytał Sanjay.

– O zabójstwie Madżida – wtrącił Salman. – Prawda?

– Tak.

Wszyscy trzej spojrzeli na mnie z lekkim wahaniem. Ich twarze skamieniały w ponurym, niemal gniewnym milczeniu, jakbym zadał niegrzeczne, krępujące pytanie. Ale ich oczy, rozświetlone tajemnicami i kłamstwami, wydawały się pełne żalu i smutku.

– Nie ruszyło go to – odpowiedział Salman. Serce mi zastukało mocniej, wymruczało swój ból.

Siedzieliśmy w „Mocambo", restauracji i kawiarni w okolicach Fortu. Była czysta, z dobrą obsługą, modnie artystyczna. Bogaci biznesmeni z Fortu siedzieli w sąsiedztwie gangsterów, prawników i gwiazd filmu i telewizji. Lubiłem ten lokal i ucieszyło mnie, że Sanjay wybrał go na nasze spotkanie. Zaliczyliśmy już wielki, ale zdrowy obiad i *kulfi* na deser i piliśmy drugą kawę. Nazir siedział po mojej lewej ręce, plecami do kąta sali, twarzą zwrócony do drzwi wychodzących na główną ulicę. Obok miał Sanjaya Kumara, młodego twardego gangstera z przedmieść Bandra, z którym niegdyś ćwiczyłem na siłowni. Wypracował sobie stałą pozycję w ocalałej radzie mafijnej Kadira. Miał trzydzieści lat, był wysportowany i masywny, miał gęste, ciemnobrązowe włosy, które układał pracowicie na szczotce na wzór napuszonych fryzur kinowych gwiazdorów, i był przystojny. Jego szeroko rozstawione piwne oczy, głęboko osadzone pod nawisem wysokiego czoła, spoglądały z humorem i pewnością siebie. Nos miał szeroki, usta stworzone do uśmiechu i łagodnie zaokrąglony podbródek. Był skory do śmiechu i zawsze był to dobry, ciepły śmiech, bez względu na to, jak często rozbrzmiewał. I był hojny – w jego towarzystwie nie sposób było zapłacić za siebie, nie dlatego, o co podejrzewali go niektórzy, że chciał się popisać, lecz ponieważ instynkt nakazywał mu dzielić się z innymi. Był także dzielny i godny zaufania, zarówno w trudnych chwilach, jak i każdego powszedniego dnia. Łatwo go było polubić i polubiłem go, i od czasu do czasu musiałem sobie przypominać – z rozsądku – że to ten sam człowiek, który rzeźniczym toporem odrąbał dłonie, stopy i głowę Abd al-Ghaniego.

Czwartym przy naszym stole był jego najlepszy przyjaciel Sanjaya Salman. Salman Mustan urodził się w tym samym roku co Sanjay i dorastał z nim na gwarnych, zatłoczonych przedmieściach Bandra. Przedwcześnie dojrzał, jak mi powiedziano, i zaskoczył ubogich rodziców, osiągając najlepsze oceny w każdym szkolnym przedmiocie. Jego sukces wydawał się tym bardziej wybitny, że odkąd skończył pięć lat, pracował przez dwadzieścia godzin w tygodniu razem z ojcem w lokalnej drobiowej fermie, gdzie skubał kurczaki i zamiatał.

Dobrze znałem jego historię, zestawioną z różnych opowieści i wyznań, które wymienialiśmy, ćwicząc razem z Abdullahem. Kiedy Salman oznajmił, że musi zrezygnować ze szkoły, żeby dłużej pracować na utrzymanie rodziny, nauczyciel znający Abd al-Kadira Chana poprosił go o interwencję. Salman został jednym ze stypendystów Kadira – tak jak mój doradca z czasów kliniki w slumsach, doktor Hamid – i zdecydowano, że powinien być przygotowywany do kariery prawnika. Kadir zapisał go do katolickiego liceum jezuickiego i od tej pory chłopiec ze slumsów codziennie przebierał się w czysty biały mundurek i zasiadał wśród synów bogaczy. Został dobrze wykształcony – jego angielszczyzna była płynna i bogata, a ogólna wiedza obejmowała historię, geografię, literaturę, nauki ścisłe oraz historię sztuki. Jednak pozostała w nim dzikość i nieukojony głód rozrywki, którego nie potrafiły opanować nawet mocne ręce i twarde trzciny jezuitów.

Podczas gdy Salman zmagał się z jezuitami, Sanjay dostał pracę w gangu Kadirbaja. Pracował jako goniec, przenosząc między mafijnymi punktami w mieście wiadomości i kontrabandę. W pierwszych tygodniach pracy dostał cios nożem podczas bójki z rywalizującym gangiem, który usiłował go okraść. Chłopiec nie ustąpił, ocalił paczkę i doniósł ją do punktu zbiorczego Kadira, ale był ciężko ranny i dochodził do siebie przez dwa miesiące. Salman, jego przyjaciel, nie mógł sobie darować, że nie było go przy Sanjayu, i natychmiast rzucił szkołę. Przebłagał Chana, by pozwolił mu pracować razem z przyjacielem jako posłaniec. Kadir się zgodził i od tej chwili chłopcy pracowali razem przy każdym zleceniu z bogatej listy rady.

Mieli wówczas szesnaście lat. Na tydzień przed naszym spotkaniem w „Mocambo" skończyli trzydziestkę. Łobuziaki stały się twardymi mężczyznami, hojnie obsypującymi swoich krewnych podarunkami i żyjącymi w dość jarmarcznym, agresywnym stylu. Choć zapewnili siostrom prestiżowe małżeństwa, sami nie mieli żon – w kraju, gdzie samotne życie jest w najlepszym razie niepatriotyczne, a w najgorszym – świętokradcze. Nie chcieli się ożenić, jak powiedział Salman, bo obaj uważali, że zginą gwałtowną śmiercią w młodym wieku. Ta perspektywa ich nie przerażała ani nie martwiła. Uważali, że jest to rozsądna transakcja: kolorowe życie, władza i dostatek zapewniony rodzinom za krótkie życie, zakończone od ciosu nożem lub pocisku. A kiedy grupa Nazira przystąpiła do wojny przeciwko ludziom Al-Ghaniego, obaj przyjaciele trafili do nowej rady, młodzi mafijni bossowie.

– Al-Ghani chyba usiłował ostrzec Kadirbaja, co mu chodzi po głowie – odezwał się zamyślony Salman wyraźną, gładką angielszczyzną. – Mówił o tej klątwie bohatera od roku albo i dłużej, zanim zdecydował się stworzyć Sapnę.

– Pieprzyć go, *yaar* – warknął Sanjay. – Jak śmiał dawać ostrzeżenia Kadirbajowi? Jak śmiał wrobić nas wszystkich w tę aferę z Patilem, po której musiał wykończyć starego Madżida? A potem jeszcze poszedł do pakistańskich glin i nas sprzedał, *yaar*. Pieprzyć go. Gdybym mógł wykopać *madachudha* i zabić ponownie, tobym to zrobił jeszcze dziś. I robiłbym codziennie. To byłoby moje hobby.

– Kto był prawdziwym Sapną? – spytałem. – Kto konkretnie zabijał dla Ghaniego? Pamiętam, że raz, po śmierci Abdullaha, Kadir powiedział mi, że znalazł prawdziwego Sapnę. I że go zabił. Kto to był? I dlaczego Kadir go zabił, skoro Sapna pracował dla niego?

Dwaj młodsi mężczyźni spojrzeli na Nazira. Sanjay zadał mu parę pytań w urdu. Był to akt szacunku wobec starszego: znali fakty równie dobrze jak sam Nazir, ale zwrócili się do niego, włączając go do rozmowy. Zrozumiałem prawie całą odpowiedź, ale zaczekałem, aż Sanjay ją przetłumaczy.

– Nazywał się Jeetendra. Nazywali go Jeetudada. Był nożownikiem z Delhi. Al-Ghani go tu ściągnął, razem z czterema innymi. Kazał im mieszkać w pięciogwiazdkowych hotelach, dziadom – przez dwa lata! *Bahinchudh!* I on śmiał zrzędzić, że Kadir wydaje pieniądze na mudżahedinów, wojnę i tak dalej! A sam przez dwa lata płacił za pięciogwiazdkowe hotele dla tych psycholi!

– Jeetudada upił się po śmierci Abdullaha – dodał Salman. – To go naprawdę ubodło, że wszyscy mówili o śmierci Sapny. Odgrywał Sapnę prawie od dwóch lat i zaczęło mu się mieszać w głowie. Zaczął wierzyć w to udawanie.

– Głupie imię, *yaar* – wtrącił Sanjay. – Dziewczyńskie! Sapna. To tak jakbym ja kazał się nazywać Lucy czy podobnie. Co za chory fiut każe się nazywać dziewczyńskim imieniem, *yaar*?

– Taki, który zabija jedenaście osób – odpowiedział Salman – i zawsze mu to uchodzi na sucho. W każdym razie w noc po śmierci Abdullaha, kiedy ludzie zaczęli gadać, że Sapna nie żyje, spił się jak świnia i rozpuścił gębę. Wszystkim, którzy chcieli słuchać, opowiedział, że to on jest prawdziwym Sapną. Siedział w barze w hotelu „President". Potem zaczął krzyczeć, że wszystko opowie – kto stoi za morderstwami Sapny, rozumiesz, kto je zaplanował i za wszystko zapłacił.

– Cholerny *gandu* – warknął Sanjay, co w slangu oznacza palanta. – Jeszcze nie spotkałem psychopaty, który by nie był kablem, *yaar*!

– Na nasze szczęście tego wieczoru w barze siedzieli głównie cudzoziemcy, więc nie zrozumieli. Był też jeden z naszych i powiedział Jeetu, żeby zamknął mordę. Jeetudada odparł, że nie boi się Abd al-Kadira Chana, bo ma plany także wobec niego. Oznajmił, że Kadir także skończy poćwiartowany, tak jak Madżid. I zaczął wymachiwać spluwą. Nasi od razu powiadomili Kadira. A Chan załatwił to osobiście. Wyruszył z Nazirem, Chalidem, Faridem i Ahmadem Zadihem, a także młodym Andrew Ferreirą i paroma innymi.

– A ja się nie załapałem, kurwa! – warknął Sanjay. – Od pierwszego dnia, a już zwłaszcza od Madżida, chciałem załatwić tego *madachudha*. Ale miałem robotę w Goa. No i Kadir ich załatwił.

– Znaleźli ich w pobliżu parkingu hotelu „President". Jeetudada i jego ludzie się bronili. Była wielka strzelanina. Dwaj nasi dostali. Jednym z nich był Husajn – znasz go, prowadzi teraz totalizator w Ballard Pier. Tak stracił ramię – dostał z obu luf obrzyna i dosłownie oderwało mu rękę. Gdyby Ahmad Zadih go nie zaciągnął do szpitala, wykrwawiłby się na śmierć na miejscu. Wszyscy czterej – Jeetudada i ta jego trójka – zaliczyli rozwałkę. Kadir osobiście wpakował im ostatnie kule w głowy. Ale jeden gość z grupy Sapny nie znalazł się na parkingu i ocalał. Nigdy go nie wyśledziliśmy. Uciekł do Delhi i rozpłynął się. Od tej pory o nim nie słyszeliśmy.

– Lubiłem tego Ahmada Zadiha – odezwał się cicho Sanjay i skwitował ten niezwykły w jego ustach komplement cichym, smutnym westchnieniem.

– Tak – zgodziłem się. Przypomniałem sobie człowieka, który zawsze wyglądał, jakby wypatrywał przyjaciela w tłumie; człowieka, który umarł, ściskając moją rękę. – To był dobry człowiek.

Nazir znowu przemówił, jak zwykle wywarkując słowa jak groźby.

– Kiedy pakistańska policja dostała cynk o Kadirbaju – przetłumaczył Sanjay – stało się jasne, że za wszystkim musi stać Abd al-Ghani.

Skinąłem głową. Faktycznie, to było oczywiste. Abd al-Ghani pochodził z Pakistanu. Jego koneksje sięgały głęboko i wysoko. Nieraz opowiadał mi o nich, kiedy u niego pracowałem. Nie rozumiem, dlaczego nie dostrzegłem tego, kiedy policjanci zrobili zasadzkę w pakistańskim hotelu. W pierwszej chwili uznałem, że po prostu lubiłem go za bardzo, żeby go podejrzewać – i tak było. Ale słuszniej będzie powiedzieć, że jego uwaga mi pochlebiała: Al-Ghani był moim drugim po Kadirze patronem, inwestował w naszą przyjaźń czas, energię i uczucie. W Karaczi było coś jeszcze, co mogło mnie rozproszyć: miałem głowę pełną myśli o zemście i wstydzie – tyle zapamiętałem z wizyty w meczecie, kiedy wraz z Kadirbajem i Chalidem słuchałem Ślepych Śpiewaków. Przypomniałem sobie, jak przeczytałem list Didiera i postanowiłem w tym migotliwym, żółtym świetle lamp, że zabiję madame Zhou. Przypomniałem sobie, jak to postanowiłem, a potem odwróciłem się i ujrzałem miłość w złotych oczach Kadira. Czy ta miłość i gniew przysłoniły coś tak ważnego, tak oczywistego, jak zdrada Al-Ghaniego? A jeśli to przegapiłem, to czy nie zauważyłem czegoś jeszcze?

– Kadir miał nie wrócić z Pakistanu – dodał Salman. – Kadirbaj, Nazir, Chalid, nawet ty. Abd al-Ghani uznał, że to okazja skasowania całej rady za jednym zamachem... wszystkich, którzy nie grali z nim w jednej drużynie. Ale i Kadirbaj miał przyjaciół w Pakistanie, którzy go ostrzegli. I tak uniknęliście pułapki. Od tego dnia Al-Ghani musiał wiedzieć, że jest skończony. Ale zachował spokój i nic nie robił. Pewnie miał nadzieję, że Kadir i wy wszyscy jednak zginiecie na wojnie...

Nazir przerwał, zniecierpliwiony angielszczyzną, której nie znosił. Chyba zrozumiałem, co powiedział, i przetłumaczyłem jego słowa, wzrokiem pytając Sanjaya, czy nie popełniłem błędu.

– Kadir kazał Nazirowi zachować prawdę o Al-Ghanim w tajemnicy. Powiedział, że jeśli coś mu się przydarzy, Nazir ma wrócić do Bombaju i pomścić go. Tak?

– Tak. – Sanjay zakołysał głową. – Zrozumiałeś. A kiedy to zrobiliśmy, musieliśmy załatwić resztę jego ludzi. Już ich nie ma. Wszyscy nie żyją albo spieprzyli z Bombaju w cholerę.

– I tu dochodzimy do sedna. – Salman się uśmiechnął. Nieczęsto mu się to zdarzało, ale to był dobry uśmiech: uśmiech zmęczonego człowieka, człowieka nieszczęśliwego, uśmiech twardego mężczyzny. Pociągłą twarz miał trochę nieregularną, jedno oko było na grubość palca niżej od drugiego, nos przekrzywiony i uniesiony kącik warg w miejscu, gdzie szew zbyt mocno ściągnął skórę. Krótkie włosy otaczały jego czoło idealnym półkolem, jak ciemna aureola, opierająca się na trochę odstających uszach. – Chcemy, żebyś przez jakiś czas zajmował się paszportami. Kriszna i Villu bardzo nalegają. Trochę...

– Panikują jak cholera – przerwał Sanjay. – Rozum im odjęło ze strachu, bo w całym Bombaju zarzynają ludzi, począwszy od Al-Ghaniego, prawie na ich oczach. Wojna się skończyła, wygraliśmy, ale oni dalej panikują. Nie możemy ich stracić. Chcemy, żebyś z nimi pracował i uspokoił ich. Ciągle o ciebie pytają, chcą, żebyś z nimi pracował. Lubią cię, stary.

Spojrzałem na nich i zatrzymałem wzrok na Nazirze. Jeśli dobrze rozumiałem, oferta była kusząca. Zwycięska frakcja Kadira zreformowała miejscową radę mafijną pod rządami starego Subhana Mahmuda. Nazir zyskał pełne członkostwo, podobnie jak Mahmud Milbaf. Poza tym znaleźli się w niej Sanjay i Salman, Farid i trzech innych urodzonych w Bombaju bossów. Każdy z nich mówił w marathi równie dobrze jak w hindi i po angielsku. Dzięki temu miałem z nimi wyjątkową, bardzo istotną płaszczyznę porozumienia, bo byłem jedynym *gora* ze znajomością marathi. Byłem jedynym znanym im *gora*, który siedział w Arthur Road z kajdanami na nogach. I byłem jednym z bardzo nielicznych, śniadych czy białych, którzy wrócili żywi z wojny Kadira. Lubili mnie. Ufali mi. Uznali mnie za cenny nabytek. Wojna gangów dobiegła końca. W nowym Pax Mafia, który zapanował w mieście, można było budować fortuny. A ja potrzebowałem pieniędzy. Żyłem z oszczędności, które już mi się kończyły.

– Co konkretnie miałbym robić? – spytałem Nazira, wiedząc, że odpowie mi Sanjay.

– Będziesz się zajmować papierami, pieczątkami, wszystkimi paszportowymi sprawami, a także prawami jazdy, zezwoleniami i kartami kredytowymi – odpowiedział szybko. – Dostaniesz zupełną swobodę. Tak jak z Al-Ghanim. Żadnych cholernych problemów. Cokolwiek będzie ci potrzebne, dostaniesz. Dostaniesz trochę akcji – myślę o pięciu procentach, ale możemy pogadać, jeśli uważasz, że to mało, *yaar*.

– I będziesz mógł bywać na posiedzeniach rady, kiedy zechcesz – dodał Salman. – W roli obserwatora, jeśli mnie rozumiesz. I co powiesz?

– Będziecie musieli przenieść warsztat z piwnicy Ghaniego – oznajmiłem cicho. – Nigdy nie poczułbym się tam swobodnie i nie zdziwiłoby mnie, gdyby Villu i Kriszna też się bali tego miejsca.

– Nie ma problemu. – Sanjay roześmiał się i uderzył dłonią w stół. – I tak zamierzaliśmy sprzedać ten dom. Wiesz, Lin – bracie, ten gruby pierdziel Ghani zapisał te dwa duże domy – swój i ten w sąsiedztwie – na swego szwagra. Nie ma w tym nic złego – kurwa, wszyscy tak robimy – ale one są warte dziesiątki milionów. To normalne, kurwa, pałace. Jak już posiekaliśmy tego tłustego fiuta, jego szwagier uznał, że nie odda nam domów. I zaczął się stawiać, i gadać z prawnikami i policją. Musieliśmy go powiesić nad wielkim *dubba* z kwasem. I przestał się stawiać. Teraz nie może się już doczekać, żeby nam podarować te domy. Tę sprawę przydzieliliśmy Faridowi. On się tym zajął. Ale tak się wkurzył za ten brak szacunku, który nam okazał szwagier Al-Ghaniego, i tak się zezłościł, że ten *madachudh* zmusił go do wystawienia beczki z kwasem i tak dalej... Nasz brat Farid lubi prostotę, a ta cała afera z wieszaniem fiuta nad kwasem była trochę... jak to się nazywa, Salman? Jak brzmi to słowo?

– Tandetna – podpowiedział Salman.

– Właśnie. Tan-kurwa-detna, kompletnie. Farid lubi szacunek albo łapie za broń i załatwia gnoja na miejscu. Jak się tak rozzłościł, to już przy okazji zabrał temu szwagrowi i jego dom – kazał mu przepisać na nas jego własny dom, za to, że był takim wielkim *madachudhem* w sprawie domu Al-Ghaniego. I teraz szwagier nie ma nic, a my mamy trzy domy zamiast jednego.

– Straszna dżungla ten rynek nieruchomości – podsumował Salman z krzywym uśmiechem. – Przeprowadzę nas, jak najszybciej się da. Przejmujemy jedną z wielkich agencji. Dam tę robotę Faridowi. Dobra, Lin, jeśli nie chcesz pracować u Al-Ghaniego, to gdzie byś wolał?

– Lubię Tardeo – podsunąłem. – W okolicach Hadżdżi Ali.

– Dlaczego Tardeo? – spytał Sanjay.

– Bo mi się tam podoba. Jest czysto... i spokojnie. I blisko do Hadżdżi Ali. Mam sentyment do tego miejsca.

– *Thik hain* – zgodził się Salman. – Więc Tardeo. Powiemy Faridowi, żeby od razu zaczął szukać. Coś jeszcze?

– Będę potrzebował paru posłańców – zaufanych. Chciałbym wybrać własnych kandydatów.

– Kogo masz na myśli?

– Nie znasz ich. Są z zewnątrz. Ale to dobrzy ludzie. Johnny Cygaro i Kishore. Ufam im i wiem, że mogę na nich polegać.

Sanjay i Salman wymienili spojrzenie i obejrzeli się na Nazira. Skinął głową.

– Nie ma problemu – oznajmił Salman. – To wszystko.

– Jeszcze jedna rzecz – dodałem, zwracając się do Nazira. – Chciałbym, żeby Nazir był moim łącznikiem z radą. Jeśli będą jakieś problemy, jakiekolwiek, chciałbym najpierw rozmawiać z Nazirem.

Nazir znowu kiwnął głową i obdarzył mnie mgnieniem uśmiechu w głębi oczu.

Uścisnąłem im po kolei rękę dla przypieczętowania umowy. Wyszło trochę bardziej oficjalnie i uroczyściej, niż się spodziewałem; musiałem zacisnąć zęby, żeby się nie roześmiać. I ta ich powaga i moja niesforna chętka parsknięcia śmiechem odzwierciedliły różnicę między nami. Choć lubiłem Salmana, Sanjaya i innych – a Nazira po prostu kochałem i zawdzięczałem mu życie – mafia była dla mnie środkiem do celu, a nie celem samym w sobie. Dla nich mafia była rodziną, nierozerwalną więzią, która łączyła ich ze sobą w każdej minucie aż do ostatniego tchu. Ich powaga przekazywała to uświęcone zobowiązanie, ale wiedziałem, że ani przez chwilę nie uważają, żeby dotyczyło ono mnie. Przyjęli mnie, pracowali ze mną – z białym facetem, z dzikim *gora*, który poszedł na wojnę z Abd al-Kadirem Chanem – ale spodziewali się, że prędzej czy później ich zostawię i wrócę do innego świata, do swoich wspomnień, do ludzi mojej krwi.

Ja tak nie uważałem i nie spodziewałem się tego, bo spaliłem wszystkie mosty, które mogłyby mnie zaprowadzić do domu. I choć musiałem powstrzymywać śmiech na widok tej powagi naszej małej ceremonii, nasz uścisk dłoni formalnie włączył mnie w szeregi zawodowych przestępców. Aż do tej chwili popełniałem przestępstwa w służbie Kadira Chana. Trudno to zrozumieć komuś z zewnątrz, ale w pewnym sensie mógłbym powiedzieć z całą szczerością, że popełniałem je z miłości do niego: oczywiście, także dla zapewnienia sobie bezpieczeństwa, ale przede wszystkim dla tej ojcowskiej miłości, którą tak pragnąłem od niego otrzymać. Po jego odejściu mogłem zupełnie zerwać wszystkie więzy. Mogłem odejść... niemal dokądkolwiek. Mogłem robić cokolwiek innego. Ale tak nie zdecydowałem. Połączyłem swój los z ich przeznaczeniem i zostałem gangsterem wyłącznie dla pieniędzy, władzy i ochrony, które zapewniało mi ich braterstwo.

Łamanie prawa dla zarobku było tak bardzo zajęciem czasochłonnym, że udało mi się niemal nie myśleć o moich uczuciach. Od tego zebrania w „Mocambo" wydarzenia następowały jedno po drugim. Farid w ciągu tygodnia znalazł nowe lokum. Piętrowy budynek o parę kroków od dryfującego meczetu Hadżdżi Ali był niegdyś archiwum filii zarządu miejskiego. Kiedy zarząd przeniósł się do większych, nowocześniejszych biur, większość starych ław, biurek, katalogów i półek zostawiono w pomieszczeniach. Dla nas nadawały się doskonale i przez tydzień nadzorowałem pracę sprzątaczy i robotników, którzy odkurzyli i wypolerowali każdą powierzchnię, a także przemeblowali wnętrza, by zrobić miejsce na przyrządy i podświetlarki z piwnicy Ghaniego.

Nasi ludzie przewieźli specjalistyczny sprzęt wielką krytą furgonetką i wyładowali go w środku nocy. Ulica była nietypowo pusta, gdy masywna ciężarówka tyłem podjechała do rozsuwanych drzwi naszej nowej fabryczki. Jednak po chwili w oddali rozległy się sygnały alarmowe i syreny wozów strażackich. Spojrzałem w głąb pustej ulicy, w stronę tego gorączkowego dźwięku.

– To musi być wielki pożar – mruknąłem do Sanjaya, który głośno się roześmiał.

– Farid podłożył ogień – wyjaśnił Salman, wyręczając przyjaciela. – Powiedzieliśmy mu, że nie chcemy, by ktoś zobaczył, jak przewozimy tu sprzęt, więc dla odwrócenia uwagi podłożył ogień. Dlatego ulica jest tak pusta. Kto żyw, pobiegł do pożaru.

– Podpalił konkurencję. – Sanjay się roześmiał. – Teraz oficjalnie działamy w handlu nieruchomościami, bo nasi najwięksi rywale właśnie zamknęli interes z powodu pożaru. Od jutra otwieramy nową agencję. A dziś żaden ciekawski fiut nie będzie węszyć wokół naszego warsztatu. Farid upiekł dwie pieczenie przy jednym pożarze, *na*?

I tak, gdy ogień i dym osmalały nocne niebo, a syreny zawodziły jakiś kilometr dalej, my kierowaliśmy przenoszeniem ciężkiego sprzętu do nowej fabryczki. A Kriszna i Villu niemal natychmiast zabrali się do pracy.

Podczas mojej długiej nieobecności Al-Ghani posłuchał mnie i zajął się równocześnie produkcją zezwoleń, certyfikatów, dyplomów, licencji, listów uwierzytelniających, przepustek i innych dokumentów. Była to żyła złota w tętniącym życiem rynku Bombaju i często pracowaliśmy do świtu, żeby zaspokoić zapotrzebowanie. To źródło nigdy nie wysychało: kiedy władze w reakcji na nasze podróbki zmieniały wzory dokumentów, niezwłocznie je kopiowaliśmy i znowu podrabialiśmy, za dodatkową opłatą.

– Trochę jak wyścig Czerwonej Królowej – powiedziałem raz do Salmana Mustana, gdy nasza nowa fabryczka miała za sobą sześć pracowitych miesięcy działalności.

– *Lal ka Rani*? – powtórzył. „Czerwona Królowa?".

– Aha. To jak coś z biologii. Nosiciele, na przykład ludzkie organizmy, i pasożyty, wirusy i tak dalej. Uczyłem się tego, kiedy prowadziłem klinikę w *zhopadpatti*. Nosiciele – nasze ciała – i wirusy – każde draństwo, przez które chorujemy – prowadzą ze sobą wyścig. Kiedy pasożyt atakuje, nosiciel wytwarza mechanizm obronny. Potem wirus się zmienia, żeby pokonać ten mechanizm, na co nosiciel wykształca nowy. I tak w nieskończoność. Nazywają to wyścigiem Czerwonej Królowej. To z takiej książki, wiesz, *Alicja w Krainie Czarów*.

– Wiem – powiedział Salman. – Przerabialiśmy to w szkole. Ale nigdy tego nie rozumiałem.

– Nie przejmuj się, nikt nie rozumie. Chodzi o to, że ta mała dziewczynka, Alicja, spotyka Czerwoną Królową, która biegnie niewiarygodnie szybko, ale donikąd nie dociera. Królowa mówi Alicji, że w jej kraju należy biec ze wszystkich sił, żeby pozostać w tym samym miejscu. I tak samo jest z nami i władzami od paszportów, komisjami od licencji i bankami całego świata. Oni bez przerwy zmieniają paszporty i inne dokumenty, żeby nam utrudnić życie. A my ciągle znajdujemy nowe metody podrabiania, fałszowania i dostosowywania dla naszych potrzeb. To wyścig Czerwonej Królowej i wszyscy musimy pruć jak odrzutowce, żeby stać w tym samym miejscu.

– Ty nie stoisz w miejscu – odparł. Głos miał cichy, lecz pewny. – Robisz tu cholernie dobrą robotę. Te dokumenty to zabójczo... bardzo duży rynek. Nienasycony. I dobrze się sprawiasz. Na razie wszyscy użytkownicy twoich papierów posługują się nimi bez problemów, *yaar*. I właśnie dlatego cię zaprosiłem na ten obiad. Mam dla ciebie niespodziankę, coś w rodzaju prezentu, i pewnie ci się spodoba. To taki wyraz wdzięczności, *yaar*, za świetną robotę.

Nie spojrzałem na niego. Szliśmy szybko, ramię w ramię, przez Mahatma Gandhi Road ku Regal Circle. Było upalne, bezchmurne popołudnie. Tam gdzie klienci gromadzący się wokół ulicznych straganików zastępowali nam drogę, schodziliśmy na jezdnię, pomiędzy jadące z wolna i bez przerwy pojazdy. Nie spojrzałem na Salmana, bo przez te pół roku poznałem go na tyle, że wiedziałem, iż ta pochwała go krępuje. Salman był urodzonym przywódcą, ale, jak wielu mężczyzn obdarzonych darem dowodzenia i instynktem rządzenia, wyjątkowo krępował go każdy przejaw sztuki przywództwa. W głębi serca był skromny i dzięki tej skromności stał się człowiekiem honoru.

Lettie powiedziała kiedyś, że to dziwne i nielogiczne nazywać przestępców, morderców i mafiosów ludźmi honoru. Myślę, że błąd w rozumowaniu popełniła ona, nie ja. Pomyliła honor z cnotą. Cnota odnosi się do tego, co robimy, honor –

do tego, jak to robimy. Można walczyć podczas wojny w sposób honorowy – z tego właśnie powodu powstała konwencja genewska – i można zaprowadzać pokój metodami niemającymi nic wspólnego z honorem. Krótko mówiąc, honor to sztuka bycia skromnym. A gangsterzy, tak jak policjanci, politycy, żołnierze i świątobliwi mężowie, osiągają biegłość w swoim fachu dopiero wtedy, gdy pozostają skromni.

– Wiesz – zauważył, kiedy lawirowaliśmy na szerszym chodniku naprzeciwko klasztornych zabudowań uniwersyteckich – dobrze, że nie wyszło z twoimi przyjaciółmi... tymi, których chciałeś na początku ściągnąć do pomocy przy paszportach.

Zmarszczyłem brwi i milczałem, dostosowując krok do jego szybkiego tempa. Johnny Cygaro i Kishore nie chcieli do mnie dołączyć, co mnie zaskoczyło i rozczarowało. Przypuszczałem, że chętnie skorzystają z szansy zarobku – większego, niż kiedykolwiek mogliby osiągnąć sami. Nie spodziewałem się tych smutnych, urażonych min, które starły im uśmiechy z twarzy, gdy wreszcie zrozumieli, że proponuję im fantastyczną możliwość popełniania przestępstw w moim towarzystwie. Nigdy nie przyszło mi do głowy, że mieliby coś przeciwko temu. Nigdy mi nie zaświtało, że nie zgodzą się pracować z przestępcami i dla przestępców.

Pamiętam, jak odwróciłem się od ich kamiennych, niedostępnych, zażenowanych uśmiechów. Pamiętam pytanie, które przemknęło mi przez głowę: czy aż tak oddaliłem się od myśli i uczuć przyzwoitych ludzi? To pytanie wracało do mnie jeszcze przez pół roku. Odpowiedź nadal gapiła się na mnie z lustrzanych wystaw sklepowych, które mijaliśmy po drodze.

– Gdyby ci goście się zgodzili – ciągnął Salman – nie przydzieliłbym ci Farida. A cholernie się cieszę, że go przydzieliłem. Teraz jest o wiele szczęśliwszy. I o wiele bardziej rozluźniony. On cię lubi.

– I ja go lubię – odparłem szybko, uśmiechając się mimo strapienia. I tak było. Naprawdę lubiłem Farida i cieszyło mnie, że zostaliśmy przyjaciółmi.

Farid, nieśmiały, lecz zdolny młodzik, którego poznałem ponad trzy lata temu podczas pierwszej wizyty na zebraniu rady Kadira, zmienił się w twardego, nieustraszonego, gniewnego mężczyznę, który uczynił lojalność sensem swojego życia. Kiedy Johnny Cygaro i Kishore odrzucili moją propozycję, Salman przydzielił mi Farida i Goańczyka Andrew Ferreirę. Andrew był wesoły i gadatliwy, ale niechętnie rozstawał się z młodymi przyjaciółmi i nie zbliżyliśmy się do siebie. Natomiast Farid spędzał ze mną większość dni i wiele nocy. Poznaliśmy i polubiliśmy się nawzajem.

– Po śmierci Kadira, kiedy musieliśmy sprzątnąć ludzi Ghaniego, był na krawędzi – wyznał Salman. – Było dość drastycznie, pamiętasz... wszyscy zrobiliśmy pewne... niezwykłe rzeczy. Ale Farid oszalał. Zaczął mnie martwić. W naszym fachu trzeba czasami być brutalnym. Tak to już jest. Ale kiedy zaczyna ci to sprawiać przyjemność, to masz problem, *na*? Musiałem z nim porozmawiać. „Farid – powiedziałem – ćwiartowanie ludzi nie powinno stać na pierwszym miejscu. Powinno się znajdować na samym dole listy". Ale on dalej to robił. Wtedy przydzieliłem go tobie. I teraz, po sześciu miesiącach, jest dużo spokojniejszy. Wszystko się rozeszło po kościach, *yaar*. Chyba będę ci musiał przydzielać samych złych i szalonych sukinsynów, żebyś mi ich prostował.

– Obwiniał się, że nie było go przy Kadirze w chwili jego śmierci – powiedziałem, kiedy skręcaliśmy przy przykrytej kopułą Galerii Sztuki Dżahangira. Wykorzystaliśmy małą lukę między pojazdami i przebiegliśmy przez skrzyżowanie na Regal Circle, lawirując między samochodami.

– Jak my wszyscy – mruknął cicho Salman, kiedy znaleźliśmy się przed kinem Regal.

Te trzy słowa były frazesem, nie wnosiły nic nowego do tego, co już wiedziałem. A jednak to krótkie zdanie rozległo się w moim sercu jak grzmot i lawina rozpaczy zaczęła dygotać, ruszać, osuwać się. Niemal przez rok, aż do tej chwili, mój gniew na Kadirbaja osłaniał mnie przed bólem żałoby. Inni załamywali się, poddawali, szaleli z szoku i smutku po jego śmierci. Ja byłem tak zły na niego, że mój przydział rozpaczy nadal tkwił wysoko, pod tym duszącym śniegiem, w górach, w których umarł. Miałem poczucie straty. Cierpiałem prawie od samego początku. I nie czułem do niego nienawiści – zawsze go kochałem i w tej chwili, kiedy staliśmy pod kinem, czekając na przyjaciół, czułem tę samą miłość. Ale nigdy go nie opłakałem – nie tak, jak opłakałem Prabakera czy nawet Abdullaha. W jakiś sposób przypadkowa uwaga Salmana, że wszyscy winimy siebie za to, że nie było nas z Kadirem w chwili jego śmierci, ruszyła mój zlodowaciały smutek z miejsca i ból serca zaczął narastać – powoli, nieubłaganie, właśnie w tamtej chwili i miejscu.

– Chyba jesteśmy za wcześnie – zauważył wesoło Salman. Wzdrygnąłem się, ale z wysiłkiem wróciłem do teraźniejszości.

– Aha.

– Oni w samochodzie, my na nogach, a jednak jesteśmy pierwsi.

– To był dobry spacer. Wieczorem jest jeszcze lepiej. Często chodzę przez Causeway do VT i z powrotem. To jedna z moich ulubionych tras.

Salman spojrzał na mnie z uśmiechem na wargach i zmarszczeniem brwi, podkreślającym lekkie przechylenie jego migdałowo-beżowych oczu.

– Ty serio kochasz to miasto, co?

– No pewnie – odpowiedziałem trochę obronnym tonem. – To nie znaczy, że wszystko mi się podoba. Wiele rzeczy mi się nie podoba. Ale kocham to miasto. Kocham Bombaj i chyba nigdy nie przestanę.

Uśmiechnął się i spojrzał na ulicę. Usiłowałem zapanować nad twarzą, zachować spokojną minę, ale było za późno. Opłakiwanie się rozpoczęło.

Teraz już wiem, co się ze mną działo, co mnie opanowało, co mnie pożarło i prawie zniszczyło. Didier ma nawet na to nazwę – bandycka rozpacz: taka, która czeka utajona i atakuje z zasadzki, bez ostrzeżenia i bez litości. Teraz wiem, że bandycka rozpacz potrafi ukrywać się latami, a potem uderzyć niespodziewanie, w najpogodniejszy dzień, bez wyraźnej przyczyny. Ale tego dnia, po sześciu miesiącach pracy w fabryczce paszportów i niemal rok po śmierci Kadira, nie potrafiłem pojąć tego mrocznego, rozdygotanego nastroju, który nadciągnął, ciężki od tak długo negowanego smutku. Nie potrafiłem tego zrozumieć, więc starałem się z nim walczyć tak, jak się walczy z bólem lub rozpaczą, ale nie można opanować zabójczej rozpaczy, nie można siłą woli zmusić jej do odejścia. Wróg skrada się za tobą, krok za krokiem, i zna twój każdy ruch, zanim go zrobisz. Tym wrogiem jest twoje rozpaczające serce – a kiedy uderzy, nigdy nie chybia.

Salman znowu na mnie spojrzał. W jego bursztynowych oczach lśniło zamyślenie.

– Wtedy, gdy wydaliśmy wojnę ludziom Al-Ghaniego, Farid starał się zostać nowym Abdullahem. Wiesz, on go kochał. Kochał go jak brata. I chyba usiłował być Abdullahem. Chyba wbił sobie do głowy, że potrzebujemy nowego Abdullaha, który wygra dla nas tę wojnę. Ale to się nie mogło udać, prawda? Usiłowałem mu to wytłumaczyć. Tłumaczę to wszystkim młodym, zwłaszcza tym, którzy starają się mnie naśladować. Można być tylko sobą. Im bardziej starasz się naśladować kogoś innego, tym bardziej przeszkadza ci w tym twoja osoba. Hej, są nasi!

Przed nami zatrzymał się biały ambasador. Wysiedli z niego Farid, Sanjay, Andrew Ferreira i czterdziestoletni muzułmanin z Bombaju, Amir. Uścisnęliśmy sobie dłonie. Samochód odjechał.

– Zaczekajmy chwilę, chłopaki, dopóki Fajsal nie zaparkuje – zaproponował Sanjay.

To prawda – Fajsal, zajmujący się wraz z Amirem ochroną, musiał zaparkować samochód. Prawdą – ważniejszą – było także to, że Sanjay doskonale się bawił, stojąc z nami w to ciepłe popołudnie i zbierając ukradkowe, lecz ogniste spojrzenia prawie każdej mijającej nas dziewczyny. Byliśmy *goonda*, gangsterami, o czym wiedzieli niemal wszyscy. Nasze stroje były nowe i drogie, skrojone zgodnie z ostatnim krzykiem mody. Wszyscy byliśmy w formie, pewni siebie, uzbrojeni i niebezpieczni.

Fajsal wyłonił się zza rogu i zakołysał głową na znak, że samochód jest bezpiecznie zaparkowany. Podeszliśmy do niego i razem, ławą, ruszyliśmy do hotelu „Tadż Mahal". Droga z Regal Circle do „Tadż Mahalu" prowadzi przez przestronne, otwarte, zatłoczone place. Szliśmy ramię w ramię, a tłum rozstępował się przed nami. Głowy odwracały się w naszą stronę, szepty ciągnęły się w ślad za nami.

Weszliśmy po białych marmurowych stopniach „Tadż" i ruszyliśmy do restauracji „Shamiana" na parterze. Dwaj kelnerzy zaprosili nas do długiego zarezerwowanego stołu pod wysokim oknem z widokiem na dziedziniec. Ja siedziałem na skraju, najbliżej wyjścia. Ten dziwny, obezwładniająco mroczny nastrój, który obudziło we mnie tych parę słów Sanjaya, gęstniał z każdą minutą. Nie mogłem się doczekać, kiedy będę mógł wyjść, nie psując nastroju. Kelnerzy powitali mnie szerokimi uśmiechami, nazywając mnie *gao-alay*, rodakiem, hinduskim odpowiednikiem włoskiego *paisano*. Dobrze mnie znali – *gora* mówiący w marathi – i przez jakiś czas gawędziliśmy wioskowym dialektem, którego nauczyłem się w Sunderze przed ponad czterema laty.

Przyniesiono jedzenie i moi towarzysze zaczęli zajadać z apetytem. Ja także byłem głodny, ale nie mogłem jeść, więc tylko rozgrzebywałem jedzenie, żeby nie zachowywać się niegrzecznie. Wypiłem dwie filiżanki czarnej kawy i starałem się skierować mój znękany, wzburzony umysł na rozmowę. Amir opisywał widziany wczoraj film – bollywoodzki film o gangsterach, którzy byli krwiożerczymi zbirami, a bohater pokonał wszystkich gołymi rękami i w pojedynkę. Opisywał szczegółowo każdą sekwencję, a reszta wyła ze śmiechu. Amir miał dużą głowę i mnóstwo blizn, a także gęste, krzaczaste brwi i wąsy wznoszące się nad wydatną górną wargą półkolistą falą, jak ślad za kaszmirską łodzią. Uwielbiał się śmiać i opowiadać, a jego energiczny, dźwięczny głos przykuwał uwagę.

Jego nieodstępny towarzysz Fajsal był mistrzem boksu w lidze młodzików. W dniu dziewiętnastych urodzin, po roku ostrych zawodowych walk, dowiedział się, że jego menedżer zdefraudował i roztrwonił wszystkie pieniądze, które miał dla niego zbierać. Fajsal go odnalazł, uderzył i nie przestawał bić, aż zabił. Odsiedział za to osiem lat i dostał dożywotni zakaz udziału w zawodach sportowych. W więzieniu ten naiwny gorącokrwisty nastolatek stał się wyrachowanym, opanowanym młodzieńcem. Jeden z pracujących dla Kadirbaja łowców talentów zwerbował go w więzieniu i Fajsal zaliczył okres czeladniczy przez ostatnie trzy lata odsiadki. W czwartym roku, już na wolności, zaczął pracować jako główny goryl Amira w rozkwitającej ochronie. Był szybki, bezwzględny i gotów osiągnąć sukces bez względu na rodzaj powierzonego zadania. Jego spłaszczony, złamany nos i wąska blizna, dzieląca na pół lewą brew, nadawały mu odstraszający wygląd i dodawały chropowatości twarzy, która bez nich wydawałaby się zbyt regularna i gładka.

To były młode wilki, nowi mafijni bossowie, nowi panowie miasta. Sanjay, skuteczny zabójca o urodzie gwiazdora filmowego, Andrew, wesoły goańczyk, który marzył o zajęciu miejsca w radzie mafii, Amir, z gruba ciosany weteran z darem opowiadania, Fajsal o zimnym sercu, który otrzymawszy zadanie, miał tylko jedno pytanie: palec, ręka, noga czy kark?, Farid, znany jako Złota Rączka, który rozwiązywał problemy ogniem i strachem i który sam jeden wychował szóstkę dużo młodszego rodzeństwa, bo jego rodzice umarli podczas epidemii cholery w slumsach, oraz Salman, milczący, skromny, urodzony przywódca, który miał władzę nad życiem setek mieszkańców małego imperium, odziedziczonego i utrzymanego siłą.

Byli moimi przyjaciółmi, więcej niż przyjaciółmi, byli moimi braćmi z braterstwa zbrodni. Łączyły nas więzy krwi – nie tylko cudzej – i bezgraniczna lojalność. Gdybym ich potrzebował – bez względu na to, co bym miał na sumieniu, bez względu na to, czego bym od nich zażądał – oni by przybyli. Gdyby oni mnie potrzebowali, wchodziłem do gry bez wykrętów i żalu. Wiedzieli, że mogą na mnie liczyć. Wiedzieli, że kiedy Kadir poprosił, żebym poszedł z nim na wojnę – poszedłem i naraziłem własne życie. A ja wiedziałem, że mogę liczyć na nich. Kiedy potrzebowałem, Abdullah pomógł mi się pozbyć zwłok Maurizia. To znamienny sprawdzian – poprosić kogoś o pomoc w pozbyciu się trupa. Niewielu z niego wychodzi obronną ręką. Każdy z zebranych przy tym stole zdał ten swoisty egzamin, niektórzy więcej niż raz. To była wypróbowana ekipa. Idealne towarzystwo dla mnie, wyrzutka, za którego głowę wyznaczono cenę. Nigdy nie czułem się tak bezpiecznie, nawet pod ochroną Kadirbaja, i nigdy nie czułem się samotny.

Ale byłem – z dwóch powodów. Mafia należała do nich, nie do mnie. Dla nich organizacja zawsze stała na pierwszym miejscu. Ale ja byłem lojalny wobec ludzi, nie mafii, wobec braci, nie bractwa. Pracowałem dla mafii, ale się do niej nie przyłączyłem. Nie należę do tych, co się do czegoś przyłączają. Nigdy nie znalazłem klubu, klanu ani idei ważniejszych dla mnie od mężczyzn i kobiet.

Była jeszcze jedna różnica między mną i tymi mężczyznami – różnica tak istotna, że przyjaźń nie mogła jej zatuszować. Byłem jedynym obecnym przy stole, który nigdy nikogo nie zabił, w afekcie czy na zimno. Nawet Andrew, przyjazny i wesoły młody Andrew, strzelił z beretty do przypartego do muru wroga – jednego z morderców z gangu Sapny – i władował mu w pierś siedem nabojów – aż tamten, jak powiedziałby Sanjay, umarł dwa lub trzy razy.

W tamtej chwili ta różnica nagle wydała mi się ogromna, nie do pokonania – o wiele większa i ważniejsza niż setki talentów, pragnień i dążeń, które nas łączyły. Odstawałem od nich, oddalałem się dokładnie wtedy, przy tym długim stole w „Tadż". Kiedy Amir opowiadał, a ja starałem się kiwać głową, uśmiechać się i śmiać wraz z innymi, rozpacz upomniała się o mnie. Ten dzień zaczął się dobrze i powinien być jak każdy inny, ale zepsuły go słowa Salmana. W pomieszczeniu było ciepło, lecz ja marzłem. Byłem głodny, ale nie mogłem jeść. W wielkiej, tłocznej restauracji otaczali mnie przyjaciele, ale byłem bardziej samotny niż strażnik mudżahedinów w długą noc przed bitwą.

Wtedy właśnie podniosłem głowę i ujrzałem wchodzącą do restauracji Lisę Carter. Ścięła swoje długie, jasne włosy. Nowa fryzura pasowała do jej otwartej, uczciwej, ładnej twarzy. Była ubrana w bladobłękitne – jej ulubiony kolor – spodnie i luźną koszulę, z niebieskimi okularami słonecznymi założonymi na gęste włosy jak opaska. Wyglądała jak jakieś świetliste stworzenie, jak istota składająca się z nieba i czystego, białego światła.

Nie myśląc o tym, co robię, wstałem, przeprosiłem przyjaciół i odszedłem. Zauważyła mnie, kiedy do niej szedłem. Twarz rozpromienił jej uśmiech fantastyczny jak obietnica hazardzisty; wzięła mnie w ramiona. A potem zrozumiała. Jedną ręką dotknęła mojej twarzy, jej opuszki odczytały braila moich blizn. Druga dłoń wzięła mnie pod rękę. Wyprowadziła mnie z restauracji do holu.

– Nie widziałam cię od dawna – powiedziała, gdy razem usiedliśmy w kącie. – Co się stało?

– Nic – skłamałem. – Przyszłaś na obiad?

– Nie, na kawę. Mam tu pokój, w starszej części, z widokiem na Wrota. Widok za milion dolarów i świetny pokój. Będę tu przez trzy dni, dopóki Lettie nie ubije transakcji z wielkim producentem. To jedna z ubocznych korzyści.

– Jak ci leci?

– Świetnie. – Uśmiechnęła się. – Lettie jest w swoim żywiole. Teraz robi interesy z wytwórniami i agentami dystrybucji. Radzi sobie lepiej ode mnie. Za każdym razem otrzymuje lepsze warunki. A ja załatwiam turystów. Ten interes bardziej mi odpowiada. Lubię się z nimi spotykać i pracować.

– A podoba ci się, że prędzej czy później, choćby byli nie wiadomo jak mili, zawsze odchodzą?

– Tak. To też.

– Co u Vikrama? Nie widziałem go od... odkąd ostatnio spotkałem się z tobą i Lettie.

– Wszystko gra. Znasz Vikrama. Teraz ma o wiele więcej czasu. Tęskni za kaskaderką. Był w tym świetny i strasznie to lubił. Ale Lettie odchodziła od zmysłów. Zawsze wyskakiwał z ciężarówek w biegu, wypadał przez okna i tak dalej. A ona się zamartwiała. Więc kazała mu przestać.

– Co on teraz robi?

– Jest szefem, wiesz? Jakby wiceprezesem firmy – tej, którą założyła Lettie, z Kawitą, Karlą i Jeetem. I ze mną. – Urwała, jakby coś cisnęło się jej na usta. Zdecydowała się. – Ona pyta o ciebie.

Patrzyłem na nią bez słowa.

– Karla – wyjaśniła. – Chyba chce się z tobą spotkać.

Milczałem. Podobało mi się – do pewnego stopnia – że tak wiele emocji przepływa przez łagodny, nieskalany krajobraz jej twarzy.

– Widziałeś jego popisy? – spytała.

– Vikrama?

– Tak. Sporo tego nakręcił, zanim Lettie mu kazała odejść.

– Byłem zajęty. Ale bardzo chcę się z nim spotkać.

– To czemu się nie spotkasz?

– Zrobię to. Słyszałem, że codziennie kręci się przy rynku Kolaba i chciałem się z nim zobaczyć. Pracuję nocami i nie bywam ostatnio w „Leopoldzie". Po prostu... mam dużo pracy.

– Wiem – powiedziała łagodnie. – Może zbyt dużo. Nie wyglądasz dobrze.

– Daj spokój. – Westchnąłem i spróbowałem się roześmiać. – Codziennie siłownia, co drugi dzień boks albo karate. Już lepszej kondycji mieć nie będę.

Nie dała się zbyć.

– Wiesz, o co mi chodzi...

– Aha, wiem, o co ci chodzi. Słuchaj, nie będę cię zatrzymywać...

– Nie będziesz.

– Nie będę? – powtórzyłem z nieprawdziwym uśmiechem.

– Nie. Pójdziesz razem ze mną do mojego pokoju. Tam się napijemy kawy. Chodź. Idziemy.

I miała rację. Widok był fantastyczny. Promy turystyczne płynęły ku jaskiniom na Elefancie lub wracały z wyspy na ląd, kołysały się na falkach i sunęły dumnie. Setki mniejszych łódek śmigały po płytkich wodach jak polujące ptaki, a ogromne statki towarowe, zakotwiczone na horyzoncie, trwały nieruchomo na tej połaci spokojnej wody, gdzie ocean stawał się zatoką. Na ulicy u naszych stóp szeregi turystów wiły się jak kolorowe girlandy dokoła wysokiej, kamiennej galerii pomnika Wrót.

Lisa zrzuciła buty i usiadła po turecku na łóżku. Przycupnąłem obok niej na skraju posłania. Wbiłem wzrok w podłogę pod drzwiami. Przez chwilę milczeliśmy, nasłuchując odgłosów, które przynosił wietrzyk, unoszący, nadymający i opuszczający firanki.

– Uważam – zaczęła, biorąc głęboki wdech – że powinieneś się tu przenieść i zamieszkać ze mną.

– A to...

– Wysłuchaj mnie – przerwała mi i uniosła obie ręce. – Proszę.

– Ja tylko nie sądzę...

– Proszę.

– Dobrze. – Uśmiechnąłem się i przesunąłem się na łóżku, by oprzeć się o wezgłowie.

– Znalazłam nowe mieszkanie. W Tardeo. Wiem, że lubisz Tardeo. Ja też. I wiem, że to mieszkanie ci się spodoba, bo jest dokładnie takie, jakie oboje lubimy. I chyba zmierzam do tego albo staram się powiedzieć, że... oboje lubimy te same rzeczy. I mamy wiele wspólnego. Oboje wyszliśmy z prochów. To cholernie trudna rzecz i ty o tym wiesz. Niewielu się to udało. Ale nam tak, obojgu, i chyba dlatego jesteśmy podobni, ty i ja. Będzie nam dobrze, Lin. Będzie nam... bardzo dobrze.

– Nie mogę powiedzieć... z całą pewnością... że wyszedłem z prochów.

– Wyszedłeś.

– Nie. Nie mogę powiedzieć, że nigdy już nie wezmę, więc nie wyszedłem.

– Ale to kolejny powód, żebyśmy ze sobą byli, nie rozumiesz? – powiedziała błagalnie, bliska łez. – Ja ci pomogę wytrzymać. Ja wiem, że nigdy więcej nie wezmę, bo nienawidzę tego gówna. Jeśli będziemy razem, będziemy pracować w filmie, dobrze się bawić i uważać na siebie nawzajem.

– Mam za dużo...

– Słuchaj, jeśli martwisz się o Australię i więzienie, możemy jechać gdzie indziej... tam, gdzie nigdy nas nie znajdą.

– Kto ci powiedział? – spytałem z kamienną miną.

– Karla – odparła spokojnie. – W tej samej pogawędce, kiedy powiedziała, żebym się tobą opiekowała.

– Karla tak powiedziała?

– Aha.

– Kiedy?

– Dawno temu. Spytałam ją o ciebie, co czuje i co zamierza.

– Dlaczego?

– No jak to „dlaczego"?

– No tak to – rzekłem powoli, przykrywając ręką jej dłoń. – Dlaczego spytałaś Karlę, co czuje?

– Bo się w tobie zabujałam, idioto! – prychnęła. Przez chwilę patrzyła mi w oczy i znowu odwróciła wzrok. – Dlatego byłam z Abdullahem, żebyś był zazdrosny albo się zainteresował. I chciałam być poprzez niego blisko ciebie, bo był twoim przyjacielem.

– Jezus. – Westchnąłem. – Przepraszam.

– Nadal Karla? – spytała, śledząc opadającą i wznoszącą się firankę. – Nadal jesteś zakochany?

– Nie.

– A jednak ją kochasz.

– Tak.

– A... a co ze mną?

Nie odpowiedziałem, bo nie chciałem, żeby znała prawdę. Sam nie chciałem jej znać. Milczenie gęstniało, nabierało ciężaru, aż wreszcie poczułem jego mrowiący nacisk na skórze.

– Mam przyjaciela – odezwała się w końcu. – To artysta. Rzeźbiarz. Ma na imię Jason. Znasz go?

– Nie. Chyba nie.

– To Anglik i ma bardzo angielskie poglądy na wszystko. Inaczej niż my, to znaczy Amerykanie. Ma wielkie studio na plaży Juhu. Czasami go odwiedzam.

Znowu zamilkła. Siedzieliśmy, a wietrzyk stawał się na zmianę ciepły i chłodny, dmąc to od strony ulicy, to od zatoki. Jej oczy paliły mnie jak rumieniec wstydu. Gapiłem się na nasze dłonie, złączone, leżące na łóżku.

– Ostatnim razem pracował nad nowym projektem. Wypełniał gipsem puste opakowanie, taką bąbelkową folię, w jaką się pakuje zabawki, wiesz, i styropianowe pudełka po telewizorach. Nazywa je ujemną przestrzenią. Wykorzystuje je jako formę i robi z nich rzeźby. Setki przedmiotów – kształtów z foremek po jajkach, plastikowych oprawek szczoteczek do zębów, i pudełek po słuchawkach.

Spojrzałem na nią. Niebo w jej oczach kryło malutkie burze. Jej usta, strzegące ukrytych myśli, były nabrzmiałe prawdą, które usiłowała mi przekazać.

– Chodziłam po jego studiu i patrzyłam na te białe rzeźby. I pomyślałam, że to ja taka jestem. Że zawsze taka byłam. Przestrzeń ujemna. Zawsze na kogoś albo na coś czekałam, żeby jakieś prawdziwe uczucie wypełniło mnie i dało powód...

Kiedy ją pocałowałem, burza z jej błękitnych oczu przeniosła się do naszych ust, a łzy, które spłynęły po jej pachnącej cytryną skórze, były słodsze od miodu świętych pszczół z ogrodu jaśminowej Świątyni Mombadewi. Pozwoliłem, żeby nad nami płakała. Pozwoliłem jej żyć i umierać w naszym imieniu, w tych powolnych, długich historiach, które opowiadały nasze ciała. Potem, kiedy łzy ustały, otoczyła nas płynną urodą – urodą, która należała tylko do niej – zrodziła się w jej odważnym sercu i przemieniła w prawdę o jej miłości i ciele. I prawie się udało.

Znowu się pocałowaliśmy, kiedy zbierałem się do wyjścia – dobrzy przyjaciele, kochankowie, których zwarcie i pieszczota ciał przyciągnęła do siebie, lecz nie całkiem uleczyła. Jeszcze nie.

– Ona tu ciągle jest, tak? – spytała Lisa, owijając się ręcznikiem, by móc stanąć w nurcie powietrza z okna.

– Jestem dzisiaj smutny. Nie wiem dlaczego. To był długi dzień. Ale to nie ma nic wspólnego z nami. My... było dobrze... przynajmniej mnie.

– Mnie też. Ale uważam, że ona tu ciągle jest.

– Nie. Nie okłamałem cię. Nie jestem w niej zakochany. Kiedy wróciłem z Afganistanu, coś się wydarzyło. A może wcześniej, w Afganistanie. To się... skończyło.

– Coś ci powiem – wymamrotała, a potem odwróciła się i podjęła mocniejszym, wyraźniejszym głosem. – O niej. Wierzę w to, co powiedziałeś, ale chyba powinieneś to wiedzieć, zanim naprawdę powiesz, że z nią już koniec.

– Nie muszę...

– Proszę cię! Dziewczyny tak mają. Muszę ci powiedzieć, bo nie możesz twierdzić, że z nią naprawdę koniec, dopóki nie poznasz prawdy o niej, dopóki się nie dowiesz, co ją kręci. Jeśli ci powiem i to niczego nie zmieni, i nie poczujesz nic innego niż w tej chwili, to będę wiedzieć, że się uwolniłeś.

– A jeśli coś się zmieni?

– To pewnie zasługuje na drugą szansę. Nie wiem. Mogę ci tylko powiedzieć, że w ogóle jej nie rozumiałam, dopóki mi nie wyjaśniła. Wtedy wszystko nabrało sensu. Więc... przypuszczam, że musisz to wiedzieć. W każdym razie, jeśli między nami nic nie będzie, chcę to wyjaśnić... mam na myśli przeszłość.

– Dobrze – ustąpiłem i usiadłem na krześle przy drzwiach. – Mów.

Wróciła na łóżko, podciągnęła kolana, była zawinięta ręcznikiem aż pod brodę. Zaszły w niej zmiany i mimo woli je dostrzegałem – być może w ruchach jej ciała pojawiła się prawda, a jej spojrzenie złagodziła nowa, niemal leniwa swoboda. Te zmiany poczyniła miłość i dlatego były piękne. Byłem ciekaw, czy ona dostrzega jakieś zmiany we mnie, kiedy tak siedziałem cichy i nieruchomy przy drzwiach.

– Czy Karla ci powiedziała, dlaczego wyjechała ze Stanów? – spytała, choć znała odpowiedź.

– Nie – oznajmiłem. Wolałem nie powtarzać tej drobnej wiadomości, którą Chalid wyjawił mi w tę samą noc, gdy wyruszył w śniegi.

– Tak myślałam. Nie zamierzała ci tego wyjawić. A ja uważałam, że oszalała. Powiedziałam, że musi być z tobą fair. Ale nie chciała. Śmieszne, jak to się układa, co? Wtedy chciałam ci to wyjawić, bo byłam zdania, że dzięki temu wybijesz ją sobie z głowy. Teraz ci mówię, żebyś mógł jej dać szansę, jeśli zechcesz. No więc tak: Karla wyjechała ze Stanów, bo musiała. Uciekała... bo zabiła faceta.

Parsknąłem śmiechem. Początkowo to był chichot, ale toczył się i toczył, aż urósł w homerycki śmiech. Zgiąłem się wpół, oparłem ręce na udach, żeby się podtrzymać.

– Przecież to nic śmiesznego. – Zmarszczyła brwi.

– Nie – wykrztusiłem, starając się opanować. – Nie jest... tylko... cholera! Gdybyś wiedziała, ile razy się martwiłem, co sobie pomyśli o moim głupim, spieprzonym życiu! Powtarzałem sobie, że nie mam prawa jej kochać, bo się ukrywam. Musisz przyznać, że to jest dość śmieszne.

Wpatrzyła się we mnie, lekko się kołysząc, obejmując rękami kolana. Nie roześmiała się.

– No dobrze. – Wziąłem się w garść. – Dobrze. Mów.

– Był taki facet – ciągnęła tonem, który wskazywał, że uważa ten temat za poważny. – Ojciec dziecka, którym się opiekowała, kiedy sama była dziewczynką.

– Powiedziała mi.

– Tak? Dobrze, to wiesz. I nikt w tej sprawie nawet palcem nie ruszył. I to ją cholernie popaprało. A potem, pewnego dnia, zdobyła broń, poszła do jego domu, kiedy był sam, i zastrzeliła go. Władowała w niego sześć pocisków. Dwa w pierś, powiedziała, i cztery w krocze.

– Dowiedzieli się, że to ona?

– Nie wiedziała na pewno. Wie, że nie zostawiła w tym domu żadnych odcisków palców. I nikt jej nie widział, kiedy wychodziła. Pozbyła się broni. I uciekła z kraju, błyskawicznie. Nigdy więcej nie wróciła, więc nie wie, czy rozesłali za nią listy gończe.

Wyprostowałem się i przeciągle, powoli westchnąłem. Lisa przyglądała mi się uważnie, lekko zmrużonymi błękitnymi oczami. Przypomniało mi się, jak patrzyła na mnie tamtej nocy przed laty, w mieszkaniu Karli.

– Coś jeszcze?

– Nie – odparła, powoli kręcąc głową, lecz nie spuszczając ze mnie spojrzenia. – To wszystko.

– Dobrze. – Westchnąłem. Przesunąłem ręką po twarzy, wstałem. Podszedłem do niej, uklęknąłem na łóżku, pochyliłem się nad nią. – Cieszę się, że mi powiedziałaś. Dzięki temu wiele... rozumiem... chyba. Ale to nie zmienia moich uczuć. Chciałbym jej pomóc, jeśli potrafię, ale nie mogę zapomnieć... co się wydarzyło... ani wybaczyć. Chciałbym. To by mi ułatwiło sprawę. Niedobrze jest kochać kogoś, komu się nie wybaczyło.

– Nie aż tak, jak kochać kogoś, kogo nie można mieć – sprzeciwiła się. Pocałowałem ją.

Windą zjechałem na parter, samotny w tłumie moich lustrzanych odbić: obok mnie, za mną, nieruchome, milczące, a żadne nie potrafiło spojrzeć mi w oczy. Za szklanymi drzwiami zszedłem po marmurowych schodach, przez szeroki dziedziniec pomnika Wrót ku morzu. W jego łukowatym cieniu oparłem się o falochron i spojrzałem na łodzie powracające z turystami na przystań. Ilu z nich, pomyślałem, przyglądając się ludziom pozującym sobie nawzajem do zdjęć, ma szczęśliwe, beztroskie i... po prostu swobodne życie? Ilu z nich żyje w smutku? Ilu...

I wtedy zamknęła się wokół mnie czerń tego długo odsuwanego żalu. Poczułem, że od jakiegoś czasu zaciskam zęby tak mocno, że mam zesztywniałą, obolałą szczękę. Nie potrafiłem rozluźnić mięśni. Odwróciłem się i zobaczyłem ulicznika, którego dobrze znałem, ubijającego interes z młodym turystą. Chłopiec, Mukul, zerknął na prawo i lewo, szybko jak jaszczurka, i przekazał turyście białą paczuszkę. Tamten miał jakieś dwadzieścia lat, był wysoki, silny i przystojny. Przypuszczałem, że to niemiecki student, a miałem dobre oko. W mieście przebywał od niedawna. Rozpoznawałem te oznaki. To była świeża krew, nowe pieniądze do wyrzucenia i cały świat nowych, dostępnych mu doświadczeń. A kiedy odszedł do przyjaciół, poruszał się energicznie. Tyle tylko, że w tej paczuszce niósł truciznę. Jeśli nie zabije go od razu, gdzieś w hotelowym pokoiku, to zapuści w jego życie korzenie, tak jak w moje, aż zatruje mu każdą sekundę.

Nie obchodził mnie ani on, ani ja sam, ani nikt inny. Poczułem głód. Głód narkotyku, natychmiast, silniejszy niż cokolwiek na świecie. Moja skóra pamiętała to satynowe muśnięcie ekstazy i liszajowate narastanie gorączki i strachu. Ten zapacho-smak był tak silny, że zacząłem nim rzygać. Głód zapomnienia, bez bólu, bez poczucia winy, bez smutku wirował we mnie, pulsował z kręgosłupa do grubych, zdrowych żył moich rąk. Pragnąłem jej, tej złocistej minuty w długiej, ołowianej heroinowej nocy.

Mukul pochwycił moje spojrzenie i uśmiechnął się z nawyku, ale ten uśmiech zbladł z niepewności. A potem Mukul był już pewien. On też miał dobre oko. Żył na ulicy, znał to spojrzenie. Jego uśmiech powrócił, ale inny. Teraz było w nim kuszenie: mam to przy sobie... przy sobie... dobry towar... chodź i weź... i cichutki, wredny, triumfalny śmieszek dilera: nie jesteś lepszy ode mnie... wcale nie jesteś taki ważny... prędzej czy później będziesz mnie błagać...

Dzień konał. Każdy brylantowy blask, iskrzący się na falach zatoki, zmieniał świetlistą biel na róż i gasnącą czerwień krwi. Wpatrywałem się w Mukula oczami, które zalewał pot. Szczęki mnie bolały, usta drżały od wysiłku – od powstrzymywania się od reakcji, od wołania, od skinienia głowy. Usłyszałem jakiś głos albo go sobie przypomniałem: musisz tylko kiwnąć głową, tylko tyle, i będzie po wszystkim... łzy rozpaczy kipiały we mnie, nieustępliwe jak wzbierający przypływ. Ale nie mogłem ich wypłakać i czułem, że utonę w smutku większym niż serce, które starało się go pomieścić. Przycisnąłem dłonie do tego małego górskiego łańcucha szlifowanych kamieni falochronu, jakbym mógł wbić palce w samo miasto i ocalić życie, przywarłszy do niego.

Ale Mukul... Mukul się uśmiechał, obiecywał ukojenie. A istniało wiele sposobów na znalezienie tego ukojenia – mogłem je wypalić w papierosie albo wciągnąć z folii, albo nabić nim *chillum*, albo wkłuć w żyłę, albo po prostu zjeść, przełknąć i czekać na nadpełzające odrętwienie, które zdusi cały ból tej planety. A Mukul, czytając w mojej spoconej męce jak w otwartej, obleśnej i upaćkanej książce, zbliżał się do mnie kroczek za kroczkiem, przysuwał się wzdłuż mokrego kamiennego muru. I wiedział. Wiedział wszystko.

Ręka dotknęła mojego ramienia. Mukul wzdrygnął się jak od kopniaka i odsunął się, a jego pozbawione wyrazu oczy spoglądały w pustą przestrzeń pod płomienistą wspaniałością zachodzącego słońca. A ja odwróciłem głowę i spojrzałem w twarz upiora. To był Abdullah, mój Abdullah, mój zmarły przyjaciel, zabity w policyjnej zasadzce zbyt wiele bolesnych miesięcy temu. Długie włosy miał obcięte krótko, gęste jak u filmowego gwiazdora. Pozbył się czarnego stroju. Nosił białą koszulę i szare, modnie skrojone spodnie. Te ciuchy wyglądały dziwnie – niemal tak dziwnie jak to, że przede mną stał. Ale to był Abdullah Tahiri, jego duch, przystojny jak Omar Sharif w dniu trzydziestych urodzin, śmiertelnie niebezpieczny jak skradający się wielki kot, jak czarna pantera, a te jego oczy miały kolor piasku w zagłębieniu dłoni na pół godziny przed zachodem słońca. Abdullah.

– Dobrze cię widzieć, Lin-bracie. Wejdziemy i napijemy się czaju?

I tyle. Tylko tyle.

– E, ja... nie mogę.

– Dlaczego? – spytał duch, marszcząc brwi.

– No, na początek dlatego – wymamrotałem, osłaniając oczy przed późnym słońcem – że nie żyjesz.

– Żyję, Lin-bracie.

– Nie.

– Tak. Rozmawiałeś z Salmanem?

– Z Salmanem?

– Tak. Umówił mnie na spotkanie z tobą, w restauracji. To była niespodzianka.

– Salman... powiedział... że ma niespodziankę...

– A niespodzianką jestem ja, Lin-bracie. – Uśmiechnął się duch. – Miałeś mnie spotkać. Chciał ci zrobić niespodziankę. Ale wyszedłeś. A tamci na ciebie czekali.

Ale nie wróciłeś, więc poszedłem cię szukać. I zrobiłem ci prawdziwą niespodziankę.

– Nie mów tak – warknąłem, bo przypomniałem sobie coś, co kiedyś powiedział Prabaker. Nadal kręciło mi się w głowie i nie mogłem zebrać myśli.

– Dlaczego?

– Nieważne! Abdullah, do cholery... to... to kurewsko dziwny sen.

– Wróciłem – powiedział spokojnie, z czołem lekko zmarszczonym troską. – Znowu tu jestem. Byłem ranny. Policja. Wiesz.

Nasza rozmowa toczyła się w rzeczowym tonie. W gasnącym niebie za jego głową i w mijających nas przechodniach nie było nic nadzwyczajnego. Nie wyglądało mi to na mglistość snu. A jednak to musiał być sen. Potem duch uniósł białą koszulę i pokazał liczne rany, zabliźnione i zabliźniające się w ciemnych okręgach, wirach i grubych na palec zagłębieniach.

– Patrz, Lin-bracie – powiedział zmarły. – Strzelano do mnie, tak, wiele razy, ale przeżyłem. Zabrali moje ciało z posterunku przy Crawford Market. Na pierwsze dwa miesiące ukryli mnie w Thanie. Potem w Delhi przez rok byłem w szpitalu. To był prywatny szpital pod miastem. Rok wielu operacji. Niedobry rok, Lin-bracie. Potem następny prawie rok, by wyzdrowieć, *naszkuru Allah*.

– Abdullah – powiedziałem i chwyciłem go w objęcia. Jego ciało było mocne. Ciepłe. Żywe. Chwyciłem go mocno, zacisnąłem palce na swoim przegubie za jego plecami. Ucho przyjaciela wcisnęło mi się w twarz; poczułem zapach jego mydła. Usłyszałem jego głos, przenoszący się z jego piersi do mojej jak pomruk oceanu, dźwięczny, szumny, fala za falą przez mokry ubity piasek i noc. Z zamkniętymi oczami, wtulony w niego, podryfowałem ciemną wodą żałoby, którą odprawiłem nad nim, nad nami obydwoma. Z sercem obezwładnionym lękiem, że zwariowałem, że to naprawdę sen, koszmar, trzymałem go, aż silne ręce odsunęły mnie łagodnie na odległość ramion.

– Już dobrze. – Uśmiechnął się. W tym uśmiechu było uczucie, pociecha, być może odrobina zaskoczenia na widok mojego spojrzenia. – Już dobrze.

– Nie jest dobrze! – warknąłem, odrywając się od niego. – Co się z tobą, kurwa, działo? Gdzie byłeś? I dlaczego mi nie powiedziałeś?

– Nie mogłem ci powiedzieć.

– Akurat! Mogłeś! Nie bądź głupi!

– Nie – powtórzył, przesunął dłonią po włosach i zmrużył oczy, spojrzał na mnie z determinacją. – Pamiętasz, jak raz jedziemy motorami i widzimy mężczyzn? Byli z Iranu. Mówię: zostań przy motocyklach, a ty nie słuchasz. Odchodzisz za mną i razem walczymy z tamtymi. Pamiętasz?

– Tak.

– To byli moi wrogowie. I wrogowie Kadira Chana. Mieli kontakt z tajną policją irańską, nowym SAVAKIEM.

– Czy możemy... poczekaj – przerwałem mu, sięgnąłem za siebie i podtrzymałem się muru. – Muszę zapalić.

Otworzyłem pudełko i podsunąłem mu.

– Zapomniałeś? – spytał, uśmiechając się wesoło. – Nie palę papierosów. I ty też nie powinieneś, Lin-bracie. Palę tylko haszysz. Mam trochę, jeśli zechcesz.

Roześmiałem się.
– Nie najaram się w towarzystwie ducha.
– Ci, z którymi wtedy się biliśmy, robili tu interesy. Głównie na narkotykach, lecz także na broni i paszportach. Mieli szpiegów wśród nas, którzy donosili na każdego Irańczyka, zbiegłego przed wojną z Irakiem. Ja zbiegłem przed wojną z Irakiem. Wiele tysięcy Irańczyków ucieka tutaj, do Indii, wiele tysięcy nienawidzi ajatollaha Chomeiniego. Irańscy szpiedzy donosili na nas nowemu SAVAKOWI. I nienawidzą Kadira, bo pojechał pomóc mudżahedinom w Afganistanie i pomógł tak wielu, którzy przybyli z Iranu. Czy ty rozumiesz ten interes, Lin-bracie?
Rozumiałem. Społeczność uchodźców irańskich w Bombaju była wielka, a ja miałem wielu znajomych, którzy stracili ojczyznę i rodzinę i z trudem utrzymywali się na powierzchni. Niektórzy pracowali w mafijnych gangach, takich jak rada Kadira. Inni utworzyli własne gangi i wynajmowali się do mokrej roboty, która z każdym dniem roboczym stawała się coraz bardziej krwawa. Wiedziałem, że irańska tajna policja ma szpiegów wśród uchodźców, którzy donoszą na nich i czasem sami trochę brudzą sobie ręce.
– Mów – powiedziałem, zaciągając się głęboko.
– Kiedy ci ludzie, ci szpiedzy, donieśli, nasze rodziny z Iranie bardzo cierpiały. Niektóre matki, bracia, ojcowie – oni ich zamknęli w więzieniu tajnej policji. Tam się torturuje ludzi. Niektórzy umarli. Moja siostra – torturują ją i gwałcą z powodu raportów o mnie. Mój wuj zostaje zabity, kiedy moja rodzina nie może zapłacić tajnej policji na czas. Kiedy się o tym dowiedziałem, powiedziałem Abd al-Kadirowi Chanowi, że chcę go opuścić i walczyć ze szpiegami z Iranu. On powiedział: nie odchodź, będziemy walczyć z nimi razem. Powiedział, że odnajdzie jednego po drugim, i obiecał, że pomoże mi ich wszystkich zabić.
– Kadirbaj... – odezwałem się, oddychając dymem.
– I znaleźliśmy ich, niektórych, Farid i ja, z pomocą Kadira. Na początku było ich dziewięciu mężczyzn. Znaleźliśmy sześciu. Tych mężczyzn wykończyliśmy. Trzej pozostali przeżyli. Trzej. I wiedzieli coś o nas – wiedzieli, że w radzie jest szpieg, bardzo bliski Kadirowi Chanowi.
– Abd al-Ghani.
– Tak – powiedział i splunął, odwróciwszy głowę. – Al-Ghani, pochodzi z Pakistanu. Miał wielu przyjaciół w pakistańskiej tajnej policji. ISI. Współpracują po cichu z nowym SAVAKIEM, i z CIA, i z Mossadem.
Kiwałem głową, słuchając i myśląc o czymś, co kiedyś powiedział Al-Ghani: wszystkie tajne policje tego świata współpracują ze sobą i to jest ich najgłębszy sekret.
– Więc pakistańska ISI opowiedziała SAVAKOWI o swoim człowieku w radzie Kadira.
– O Abd al-Ghanim. Tak. W Iranie bardzo się martwili. Sześciu dobrych zdrajców zginęło. Nikt nigdy nie znajdzie ciał tych zdrajców. Zostało tylko trzech. Trzech z Iranu, by mogli pracować z Abd al-Ghanim. Powiedział im, jak zastawić na mnie pułapkę. W tamtych czasach, pamiętasz, nie wiedzieliśmy, że ten Sapna pracował dla Al-Ghaniego i chciał być przeciw nam. Kadir nie wiedział. Ja nie wiedziałem. Gdybym wiedział, sam bym wrzucił kawałki tych ludzi Sapny

do jamy Hasana Obikwy. Ale nie wiedziałem. Kiedy wpadłem w pułapkę, przy Crawford Market ci ludzie z Iranu wystrzelili po raz pierwszy z wielce bliskiej odległości. Policja myśli, że ja strzelam. Oni strzelają. Ja umieram. Wiem to, więc biorę broń i strzelam w policję. Resztę znasz.

– Nie wszystko – burknąłem. – Za mało. Tamtej nocy, kiedy cię podobno zastrzelili, byłem w tłumie przed posterunkiem. Wszyscy mówili, że strzelili do ciebie tyle razy, iż nie można rozpoznać twojej twarzy.

– Było wiele krwi. Ale ludzie Kadira mnie znali. Zrobili zamieszanie, wdarli się do posterunku, zabrali moje ciało i zanieśli do szpitala. Kadir miał tam furgonetkę, miał doktora – znasz go, doktor Hamid, pamiętasz? – i uratowali mnie.

– Chalid był tam tego wieczoru. To on cię uratował?

– Nie. On był tym, który czyni zamieszanie. To Farid wyniósł moje ciało.

– Farid Złota Rączka cię wyniósł? – Jęknąłem, zdumiony, że nie pisnął o tym ani słówkiem przez tyle wspólnie przepracowanych miesięcy. – I przez cały czas o wszystkim wiedział?

– Tak. Jeśli masz tajemnicę, powierz ją sercu Farida. On jest z nich najlepszy, mój brat, odkąd Abd al-Kadir odszedł. Po Nazirze Farid jest z nich najlepszy. Nigdy nie zapominaj.

– A tamci trzej? Ci trzej z Iranu? Co się z nimi stało, kiedy cię postrzelili? Czy Kadir ich dopadł?

– Nie. Kiedy Kadir zabił Sapnę i jego ludzi, uciekli do Delhi.

– Jeden od Sapny ocalał. Wiesz o tym?

– Tak, on także udał się do Delhi. Kiedy znów byłem silny – na razie nie całkiem naprawiony, lecz silny na tyle, by walczyć – dwa miesiące temu, zaczynam szukać owych czterech mężczyzn i ich przyjaciół. Znajduję jednego. Jednego z Iranu. Wykańczam go. Teraz jest tyko trzech – dwaj szpiedzy z Iranu, jeden morderca Sapny od Ghaniego.

– Wiesz, gdzie są?

– Tutaj. W tym mieście.

– Jesteś pewien?

– Tak. Dlatego musiałem powrócić do Bombaju. Lecz teraz, Lin-bracie, musimy iść do hotelu. Salman i inni czekają na nas w pokoju. Chcą urządzić przyjęcie. Będą weseli, że cię mogę znaleźć – widzieli, jak wychodzisz wiele godzin temu z piękną dziewczyną, powiedzieli, że cię mogę nie znaleźć.

– To była Lisa – powiedziałem, oglądając się odruchowo przez ramię, na okno pierwszego piętra „Tadżu". – Czy chcesz... ją zobaczyć?

– Nie. – Uśmiechnął się. – Poznałem kogoś... kuzynkę Farida, Aminę. Opiekowała się mną przez więcej niż rok. To dobra dziewczyna. Chcemy się pobrać.

– A idź ty! – Parsknąłem bardziej wstrząśnięty jego zamiarem żeniaczki niż ocaleniem z morderczej strzelaniny.

– Tak. – Wyszczerzył zęby i uścisnął mnie impulsywnie. – Ale chodź, tamci czekają. *Challo.*

– Idź pierwszy – odpowiedziałem, naśladując jego wesoły uśmiech. – Zaraz przyjdę.

– Nie, Lin, chodź – uparł się. – Chodź teraz.

– Tylko chwilkę. Będę za... minutkę.

Wahał się jeszcze przez moment, ale uśmiechnął się, kiwnął głową i odszedł pod kopulastym łukiem w stronę hotelu.

Wieczór przygasił jasną aureolę popołudnia. Mgiełka pylistego dymu i wyziewów zasnuła horyzont, bezgłośnie skwiercząc, jakby niebo na krańcu świata roztapiało się w wodach zatoki. Prawie wszystkie łodzie i promy bezpiecznie przycumowały do przystani u moich stóp. Inne unosiły się, opadały i znowu unosiły, rozkołysane na bezpiecznej uwięzi morskich kotwic. Przypływ posyłał wezbrane fale na długą kamienną ścianę, nad którą stałem. Tu i tam na bulwarze pieniste grzywy wznosiły się jakby z wysiłkiem i bluzgały na chodnik. Przechodnie omijali te niespodziewane fontanny albo uciekali ze śmiechem spod nagłego wodotrysku. A w szaroniebieskich oceanach moich oczu łzy napierały mocno na falochron mojej woli.

Czy to ty go wysłałeś? – szepnąłem do nieżyjącego Chana, mojego ojca. Bandycka rozpacz przyparła mnie do muru, przy którym ulicznicy sprzedawali heroinę. I kiedy było już niemal za późno, pojawił się Abdullah. Czy to ty go przysłałeś, żeby mnie uratował?

Zachodzące słońce, ten stos pogrzebowy na niebie, raziło mnie w oczy. Odwróciłem wzrok i powiodłem nim za ostatnimi wiśniowymi i fioletowymi smugami, płowiejącymi w odbitym w oceanie wieczornym szafirze. A wpatrując się w fale i bałwany zatoki, usiłowałem wpasować moje uczucia w ramy myśli i faktów. Dziwnie, dziwacznie, w tej samej godzinie odnalazłem Abdullaha i ponownie straciłem Kadirbaja. I to doświadczenie, sam jego fakt, narzucone mi przez przeznaczenie, któremu nie sposób uciec, pomogło mi zrozumieć. Rozpacz, której się wyrzekłem, tak długo mnie szukała, bo nie potrafiłem się rozstać z Kadirem. W moim sercu nadal tuliłem go tak mocno jak przed chwilą Abdullaha. W moim sercu nadal byłem w górach, klęczałem w śniegu i kołysałem tę piękną głowę w ramionach.

W milczącej nieskończoności nieba powoli zapalały się gwiazdy, a ja przeciąłem ostatnią cumę rozpaczy i zdałem się na prąd przeznaczenia. Pozwoliłem mu odejść. Wypowiedziałem słowa, te święte słowa: wybaczam ci...

I tak było dobrze. Tak było słusznie. Uwolniłem łzy. Uwolniłem serce, pozwoliłem mu spływać rozpaczą za ojca, tak jak szeroki, biały chodnik tuż obok spływał strugami morskiej wody.

ROZDZIAŁ 40

Nazwa „mafia" pochodzi od sycylijskiego określenia przechwałek. A jeśli spytasz jakiegokolwiek poważnego człowieka, który zarabia na życie popełnianiem poważnych przestępstw, nie usłyszysz od niego nic innego, tylko przechwałki, które w końcu się na nas przeważnie mszczą. Ale nigdy nie nabieramy rozumu. Może nie sposób łamać prawa, nie czując z tego powodu dumy. Oczywiście w tych ostatnich miesiącach dawnej mafii, bractwa założonego, kierowanego i rządzonego przez Kadirbaja, słychać było mnóstwo przechwałek. Były to jednak ostatnie chwile, kiedy każdy w bombajskim podziemiu mógł powiedzieć z całkowitą uczciwością, że jest dumny z bycia gangsterem.

Od śmierci Kadira Chana minęły prawie dwa lata, lecz jego metody i zasady nadal określały codzienne działania rady mafii, którą założył. Kadir nienawidził heroiny i nie zgadzał się na handel narkotykami ani nie pozwalał na niego nikomu z wyjątkiem rozpaczliwie uzależnionych ulicznych ćpunów. Także prostytucja budziła w nim odrazę. Uważał ją za cierpienie kobiet, hańbę mężczyzn i trąd społeczeństwa, które na nią pozwala. Jego wpływ rozciągał się na wszystkie ulice, parki i budynki w promieniu kilku kilometrów kwadratowych. W tym małym królestwie wszyscy, którzy nie ograniczali swoich związków z prostytucją i pornografią do bardzo dyskretnego, bardzo nieznacznego poziomu aktywności, narażali się na karę. Tą zasadą kierowała się także nowa rada pod przewodnictwem Salmana Mustana.

Stary Subhan Mahmud, choć nominalnie nadal przewodniczący rady, był poważnie chory. W latach po śmierci Kadira przeszedł dwa wylewy, po których w dużym stopniu utracił zdolność mowy i ruchu. Rada umieściła go w domu Kadira na plaży w Versova – był to ten sam dom, w którym odbyłem odwyk pod okiem Nazira. Zapewniono staremu bossowi najlepszą opiekę medyczną i posłano po jego rodzinę i służących, by nad nim czuwali.

Nazir powoli szkolił małego Tarika do roli przywódcy, którą przewidywali dla niego niemal wszyscy członkowie rady. Pomimo pochodzenia chłopca, jego dojrzałości i niezwykle poważnego usposobienia – nikt inny, mężczyzna czy chłopiec, nie miał w sobie tej poważnej, żarliwej intensywności, która tak bardzo przypominała mi Chalida – Tarik był zbyt młody, by objąć rolę przywódcy czy choćby brać udział w zebraniach rady. Nazir przydzielił mu obowiązki, dzięki którym chłopiec stopniowo poznawał świat, jakim pewnego dnia mógł rządzić. W sensie praktycznym pod każdym względem to Salman był przewodniczącym rady i władcą mafii Kadirbaja. A Salman, o czym mógł zaświadczyć każdy, kto go znał, był ciałem i duszą oddany Kadirbajowi. Kierował klanem tak, jakby siwowłosy władca nadal tu był, żywy i czujny, i co wieczór wydawał mu polecenia.

Na ogół słuchano go bez sprzeciwu. Wszyscy rozumieli, czym się kieruje, i zgadzali się, że są to zasady warte zachowania. W naszej części miasta słowa *goonda* i gangster nie stanowiły obelgi. Miejscowi mieszkańcy wiedzieli, że nasza gałąź mafii bardziej niż policja broni ulic przed heroiną i rozpustą. Bądź co bądź, policjanci nie byli odporni na łapówki. Mafia Salmana znalazła się nawet w nietypowej sytuacji, kiedy musiała przekupywać policjantów – tych samych, którzy przed chwilą zgarnęli haracz od alfonsów i dilerów – by odwrócili wzrok na czas przyparcia opornego dilera do muru albo zmiażdżenia młotkiem rąk handlarza pornografią.

Starzy mężczyźni z okolicy kiwali głowami i porównywali względny spokój swoich ulic z chaosem na ulicach innych dystryktów. Dzieci patrzyły z podziwem na młodych gangsterów, a czasami wybierały któregoś z nich na miejscowego bohatera. Restauracje, bary i inne lokale witały ludzi Salmana jak stróżów porządku i wysokich standardów moralnych. A odsetek donosów na terenach kontrolowanych przez niego – nieomylny wskaźnik popularności lub niezadowolenia społecznego – był niższy niż w jakiejkolwiek dzielnicy Bombaju. Mieliśmy swoją dumę, zasady i prawie że byliśmy tymi ludźmi honoru, za jakich się uważaliśmy.

A jednak w klanie pojawiały się nieliczne pomruki niezadowolenia i na niektórych zebraniach rady wybuchały zapalczywe, zajadłe kłótnie o przyszłość organizacji. Inne mafie bogaciły się na heroinie. Nowi milionerzy obnosili się w najbardziej ekskluzywnych i drogich częściach miasta z importowanymi samochodami, najmodniejszymi ciuchami i arcydziełami elektroniki. Co ważniejsze, wykorzystywali te niewyczerpane, narkotyczne źródła pieniędzy na wynajęcie nowych pracowników: najemników, opłacanych na tyle dobrze, że podejmowali się brudnej i brutalnej walki. Stopniowo te gangi zaczęły powiększać swoje terytoria poprzez walki, w których zginęło paru najbardziej niebezpiecznych, wielu odniosło rany, a za które gliniarze całego miasta zapalali w podzięce kadzidła.

Równie duże dochody pochodziły z nowych, niewyczerpanych rynków importowanych pornosów *hardcore*. Dzięki nim niektóre konkurencyjne gangi zgromadziły dość środków, by zdobyć ten najważniejszy symbol statusu każdego gangu: broń. Niektórzy ludzie Salmana Mustana – zazdrośni o bogactwo, wściekli za powiększanie terytoriów i zaniepokojeni powiększającą się siłą konkurencji – nakłaniali go do zmiany polityki. Wśród pierwszych krytyków znalazł się Sanjay, najdawniejszy i najbliższy przyjaciel Salmana.

– Powinieneś się spotkać z Chuhą – oznajmił Sanjay z przekonaniem, kiedy razem ze mną, Faridem i Salmanem pił czaj w małej herbaciarni na Maulana Azad Road, tuż przy olśniewających, zielonych mirażach wyścigów Mahalakszmi. Chodziło mu o Aśokę Chandrashekara, ustosunkowanego człowieka silnej ręki z gangu Walidlalli, którego nazywano Chuha – szczur.

– Już się spotkałem z tym palantem, *yaar*. – Salman westchnął. – Nieustannie się z nim spotykam. Kiedy tylko jego ludzie usiłują nam wydrzeć kawałek terytorium, spotykamy się z Chuhą, żeby wszystko wyjaśnić. Jak tylko nasi spotykają się z jego ludźmi i dają im po pyskach, spotykam się z Chuhą. Jak tylko przyjdzie mu do głowy znowu zaproponować nam połączenie rad, spotykam się z Chuhą. Już się z nim dość naspotykałem.

Rada Walidlalli zajmowała tereny graniczące z naszymi. Stosunki między gangami były na ogół pełne szacunku, choć nie serdeczne. Walid, przywódca konkurencyjnej rady, był bliskim przyjacielem Kadirbaja i wraz z nim stworzył system rad. Choć poprowadził swoją radę w handel heroiną i pornografią, którymi niegdyś gardził tak samo jak Kadirbaj, twierdził także, że nie powinno dochodzić do żadnego konfliktu z radą Salmana. Chuha, jego zastępca, miał jednak własne ambicje. Te ambicje doprowadziły do dysput i nawet walk między gangami i zbyt często zmuszały Salmana do spotkań ze Szczurem podczas do bólu oficjalnych kolacji na neutralnym gruncie pięciogwiazdkowego hotelu.

– Nie, ale nie rozmawiałeś z nim tak naprawdę, w cztery oczy, o tym, ile moglibyśmy zarobić. Gdybyś porozmawiał, Salman-bracie, na pewno byś znalazł w jego słowach wiele sensu. On na tym cholernym gównie zarabia krocie! Narkomani nie mają go dość. Zwozi to całymi pociągami! A te pornosy, człowieku – to szaleństwo, przysięgam! Zabójczy biznes, *yaar*. Robi pięćset kopii każdego i sprzedaje je po pięć stów sztuka. To dwieście pięćdziesiąt tysięcy rupii! Za każdy cholerny pornos! Gdybyś mógł zarobić takie pieniądze na zabijaniu, przeludnienie Indii po miesiącu nie byłoby problemem! Tylko z nim porozmawiaj, Salman-bracie.

– Nie lubię go – oznajmił Salman. – I nie ufam mu. Kiedyś będę musiał skończyć z tym *madachudhem* raz na zawsze. To niezbyt obiecujący początek interesów, *na*?

– Jeśli do tego dojdzie, sam zabiję tego *gandu* i sprawi mi to przyjemność. Ale zanim będziemy musieli go zabić, możemy na nim dużo zarobić.

– Nie sądzę.

Sanjay powiódł po zebranych wzrokiem proszącym o pomoc. W końcu zaapelował do mnie.

– Lin, co o tym sądzisz?

– To sprawa rady, Sanjayu – odpowiedziałem, uśmiechając się na widok jego przejęcia. – Nic mi do tego.

– Ale właśnie dlatego cię pytam, Linbaba. Możesz nam przedstawić obiektywny punkt widzenia. Znasz Chuhę. I wiesz, jakie pieniądze można zrobić na heroinie. On potrafi zarabiać, nie sądzisz?

– *Arrey*, nie pytaj go!– wtrącił Farid. – Chyba że chcesz usłyszeć prawdę.

– Nie, mów – uparł się Sanjay. Oczy lśniły mu mocniej. Lubił mnie i wiedział, że też go lubię. – Powiedz mi prawdę. Co o nim sądzisz?

Spojrzałem na Salmana, który skinął głową tak, jak zrobiłby to Kadir.

– Uważam, że Chuha należy do ludzi, przez których przestępczość zyskuje złą sławę – odpowiedziałem.

Salman i Farid prychnęli herbatą i zaczęli się wycierać chusteczkami.

– No dobrze. – Sanjay zmarszczył brwi, choć oczy nadal mu lśniły. – Więc... co właściwie ci się w nim nie podoba?

Znowu spojrzałem na Salmana. Roześmiał się i uniósł brwi i dłonie w geście „nie patrz na mnie".

– Chuha zajmuje się wymuszaniem. A ja takich nie lubię.

– Czym?

– Wymuszaniem, Sanjay. Napada ludzi, którzy nie potrafią się bronić, i zabiera im wszystko.

Sanjay spojrzał na Farida i Salmana z wyrazem zdumionej niewinności.

– Nie widzę problemu.

– Nie, na pewno nie. I dobrze. Nie uważam, że wszyscy powinni myśleć tak jak ja. Prawdę mówiąc, na ogół tak nie jest. I ja to rozumiem. Wiem, że tak żyje wielu. Ale chociaż to rozumiem, nie musi mi się podobać. Kilku takich poznałem w więzieniu. Parę razy próbowali mnie zastraszyć. Dźgnąłem nożem. Żaden więcej się nie wychylił. Wiadomość się rozeszła: spróbuj zacząć z tym facetem, to cię potnie. Dali mi spokój. I o to właśnie chodzi. Miałbym do nich więcej szacunku, gdyby dalej starali się mnie zastraszyć. Nie przestałbym z nimi walczyć – i tak bym ich posiekał, ale podczas tego siekania o wiele bardziej bym ich szanował. Spytaj tego kelnera, Santosha, co sądzi o Szczurze. Przyszli tu w zeszłym tygodniu, Chuha i jego ludzie, i stłukli go za pięćdziesiąt dolców.

Słowo „dolce" w bombajskim slangu oznaczało rupie. Pięćdziesiąt rupii stanowiło sumę, którą Sanjay na ogół zostawiał jako napiwek dla kelnerów i wyróżniających się taksówkarzy.

– Ten facet jest milionerem, jeśli wierzyć w to, co sam ględzi – ciągnąłem – a pastwi się nad przyzwoitym człowiekiem pracy za pięćdziesiąt dolców. Ja takich nie szanuję. I sądzę, że ty, Sanjay, też nie. Nie zamierzam z tym nic robić. To nie moja sprawa. Chuha zarabia na życie wymuszaniem. Ja to rozumiem. Ale gdyby kiedyś spróbował coś wymusić ode mnie, to go potnę. I zapewniam cię, będę się przy tym doskonale bawić.

Zapadła chwila ciszy. Sanjay wydął wargi, zakołysał dłonią, zwróconą wnętrzem do góry, i powiódł spojrzeniem od Salmana do Farida. Potem wszyscy trzej parsknęli śmiechem.

– Spytałeś! – chichotał Farid.

– Dobra, dobra – przyznał Sanjay. – Spytałem niewłaściwą osobę. Lin to dziki człowiek, *yaar*. Ma dzikie poglądy. Pojechał z Kadirem do Afganistanu, stary! Dlaczego spytałem gościa, który jest aż tak szalony? Prowadziłeś tę klinikę w *zhopadpatti* i nie zarobiłeś na tym ani rupii. Przypomnij mi o tym, Lin-bracie, jeśli kiedyś cię spytam o zdanie, *na*?

– I jeszcze jedno – dodałem, bardzo poważnie.

– *Ech, Baghwan!* – zawołał Sanjay. – On ma jeszcze coś do powiedzenia!

– Weź pod uwagę motto, a zrozumiesz, do czego zmierzam.

– Motto? – zaprotestował Sanjay, czym sprowokował przyjaciół do jeszcze bardziej hucznego śmiechu. – Jakie znowu cholerne motto, *yaar*?

– Wiesz, o czym mówię. Motto gangu Walidlalli to *Pahiley shahad, tab julm*. Chyba można to przetłumaczyć jako „Najpierw miód, potem gwałt", albo nawet „masakra". Mam rację? I czy nie tak do siebie mówią?

– Tak, tak, to ich styl.

– A jakie jest nasze motto? Motto Kadira?

Spojrzeli na siebie z uśmiechem.

– *Saatch aur himmat* – powiedziałem za nich. – „Prawda i odwaga". Znam wielu, którym spodobałoby się motto Chuhy. Uważają, że jest zmyślne i zabawne. I robi wrażenie okrutnego, więc uważają, że to oznacza siłę. Ale mnie się ono nie podoba. Wolę motto Chadera.

Na dźwięk silnika enfielda podniosłem wzrok. Abdullah zaparkował motocykl przed herbaciarnią i pomachał do mnie. Musiałem się zbierać.

Powiedziałem prawdę tak, jak ją widziałem, i wierzyłem w każde słowo, ale w najgłębszej głębi serca wiedziałem, że argument Sanjaya, choć nie lepszy, okaże się silniejszy od mojego. Gang Walidlalli pod rządami Chuhy stanowił przyszłość wszystkich mafijnych rad i zdawaliśmy sobie z tego radę. Walid nadal stał na czele rady, która nosiła jego imię, ale był stary i chory. Przekazał tyle władzy swojemu następcy, że tak naprawdę to Chuha rządził. Był agresywny, odnosił sukcesy i co parę miesięcy zyskiwał nowe terytoria dzięki podbojom lub współpracy. Gdyby Salman nie zgodził się na połączenie z gangiem Chuhy, prędzej czy później doszłoby do jawnego konfliktu, a potem do wojny.

Oczywiście miałem nadzieję, że rada Kadira pod rządami Salmana wygra. Ale nawet gdybyśmy wygrali, nie moglibyśmy odebrać terytoriów Chuhy, nie przejmując także jego handlu heroiną, kobietami i pornografią. Taka była nasza przyszłość i nie można jej było uniknąć. Po prostu dlatego, że była zbyt dochodowa. A pieniądze, jeśli jest ich wystarczająco wiele, są podobne do wielkiej partii politycznej: czynią tyle samo zła co dobra, dają zbyt wiele władzy zbyt nielicznym, a im bardziej się do nich zbliżasz, tym bardziej brudzisz sobie ręce. Toteż rzecz sprowadzała się do tego, że Salman mógł albo unikać walki z Chuhą, albo go pokonać i stać się nim. Przeznaczenie zawsze daje ci dwie drogi, powiedział kiedyś George Skorpion. Tę, którą powinieneś pójść, i tę, którą idziesz.

– Ale wiecie – dodałem, wstając – to nie moja sprawa. I szczerze mówiąc, tak naprawdę nic mnie nie obchodzi, jak będzie. Mój powóz czeka. Na razie.

Wyszedłem pomimo protestów Sanjaya i śmiechu jego przyjaciół, przebijającego się przez szczęk filiżanek i szklanek.

– *Bahinchudh! Gandu!* – wołał Sanjay. – Jak śmiesz! Przeszkadza mi gadać głupoty i nagle sobie wychodzi, *yaar*! Wracaj!

Na mój widok Abdullah kopnął rozrusznik i wyprostował motocykl, gotów do drogi.

– Spieszy ci się na trening – zauważyłem, siadając za nim. – Spokojnie. Choćbyś tam nawet pofrunął, i tak będę lepszy, bracie.

Od dziewięciu miesięcy ćwiczyliśmy razem w małej, ciemnej, parnej i bardzo ponurej siłowni przy Bramie Słonia w okolicach przystani Ballard. Była to gangsterska siłownia Husajna, który stracił ramię w starciu Kadira z mordercami z bandy Sapny. Stały tam atlasy i ławy, była mata do judo i ring bokserski. Odór męskiego potu, świeżego i skisłego, wżartego w szwy skórzanych rękawic, pasów i strzemion był tak gryzący, że spośród wszystkich budynków w okolicy tylko tę siłownię szczury i karaluchy omijały z daleka. Ściany i drewniana podłoga były zbryzgane krwią, bo przez tydzień treningów to pomieszczenie widziało więcej ran i obrażeń niż pogotowie w miejskim szpitalu w gorącą sobotnią noc.

– Nie dzisiaj. – Abdullah roześmiał się i skręcił na pas szybkiego ruchu. – Dziś nie będziemy walczyć. Mam dla ciebie niespodziankę. Dobrą niespodziankę!

– Zacząłem się bać! – odkrzyknąłem. – Jaką niespodziankę?

– Pamiętasz, jak zabrałem cię na spotkanie z doktorem Hamidem? Pamiętasz tę niespodziankę?

– No, pamiętam.

– Ta jest dużo lepsza. O wiele lepsza.

– Mhm. Jakoś mnie to nie uspokoiło. Powiedz coś jeszcze.

– Pamiętasz, jak ci wysłałem niedźwiedzia, do uściskania?

– Kano. Jakże bym mógł nie pamiętać.

– Jest jeszcze lepsza!

– Doktor i niedźwiedź! – zawołałem przez warkot silnika. – Sporo ich dzieli. Powiedz coś jeszcze.

– Cha, cha! – roześmiał się i zatrzymał na światłach. – Powiem ci tak: ta niespodzianka jest tak dobra, że przebaczysz mi wszystko, co wycierpiałeś, kiedy myślałeś, że nie żyję.

– Ja i tak ci przebaczam.

– Nie, Lin-bracie. Wiem, że nie przebaczasz. Mam zbyt wiele sińców i za bardzo jestem obolały po naszym boksie i karate.

To nie była prawda. Nigdy nie biłem go tak mocno, jak on mnie. Choć szybko dochodził do siebie, a jego blizny goiły się czysto, nie odzyskał dawnej niezwykłej siły i witalności. A kiedy zdejmował koszulę przed bokserskim starciem, widok jego zmasakrowanego ciała – wyglądało, jakby dostał się w pazury dzikich zwierząt, jakby ktoś go przypalał gorącym żelazem – zawsze hamował siłę moich ciosów. Ale tego nigdy bym mu nie powiedział.

– No dobrze. – Roześmiałem się. – Skoro tak to chcesz rozegrać, to ci nie wybaczam!

– Ale kiedy zobaczysz niespodziankę – zawołał, śmiejąc się razem ze mną – wybaczysz mi zupełnie, całym sercem. No więc już! Przestań już pytać i powiedz, co Salman mówił do Sanjaya na tego wieprza Chuhę?

– Skąd wiesz, że o nim mówiliśmy?

– Widzę minę Salmana! A Sanjay powiedział dziś rano, że chce poprosić Salmana – znowu – o interesy z Chuhą. Więc co mówi Salman?

– Znasz odpowiedź – powiedziałem trochę ciszej, bo znowu przystanęliśmy.

– Dobrze! *Naszkuru Allah!* – „Dzięki Bogu".

– Cholernie nienawidzisz Chuhy, co?

– Nie nienawidzę – sprecyzował i ruszył z innymi pojazdami. – Ja go chcę tylko zabić.

Przez jakiś czas milczeliśmy, wdychając ciepły wiatr, przyglądając się czarnorynkowym interesom na ulicach, po których obaj tak często chodziliśmy. Co chwila, co minutę robiono tu sto dużych i małych interesów i przekrętów, a wszystkie były nam znane.

Utknęliśmy w korku za rozkraczonym autobusem. Spojrzałem na chodnik i dostrzegłem Tadż Raja, kieszonkowca, który na ogół działał w okolicach Wrót przy hotelu „Tadż Mahal". Parę lat temu przeżył atak maczetą, która niemal odrąbała mu głowę. Z powodu tej rany mówił teraz chrypiącym szeptem, a głowę trzymał pod tak niewygodnym kątem, że kiedy nią kołysał twierdząco, prawie się przewracał. Pracował razem z przyjacielem Indrą, z którym wykonywali zwykły numer z wpadaniem na przechodniów. Indra był od wpadania. Nazywano go Poetą, bo prawie zawsze mówił do rymu. Przez parę pierwszych chwil jego słowa były uderzająco piękne, lecz zawsze kończyły się seksualnymi opisami i aluzjami tak perwersyjnymi i odrażającymi, że nawet zaprawieni w bojach twardziele krzywili się, gdy je słyszeli. Legenda głosiła, że niegdyś Indra wyrecytował swój wiersz przez mikrofon podczas ulicznego festiwalu, w wyniku czego z całego rynku Kolaby pierzchli zarówno klienci, jak i sprzedający. Nawet policjanci nie mieli odwagi podejść; dopiero gdy Poetę ogarnęło zmęczenie i umilkł dla nabrania tchu, rzucili się na niego. Znałem ich obu i lubiłem, choć nigdy nie dopuszczałem na odległość ręki do moich kieszeni. I kiedy samochód wreszcie ożył i sznur pojazdów zaczął się przesuwać, Indra udał ślepca – nie było to jego szczytowe osiągnięcie, choć dość udane – i wpadł na jakiegoś cudzoziemca. A Tadż Raj, życzliwy przechodzień, pomógł im obu się podnieść i uwolnił cudzoziemca od brzemienia portfela.

– Dlaczego? – spytałem, gdy znowu ruszyliśmy pełnym gazem.

– Co dlaczego?

– Dlaczego chcesz zabić Chuhę?

– Wiem, że spotykał się... z ludźmi z Iranu! – krzyknął Abdullah przez ramię. – Ludzie mówią, że to tylko interesy – Sanjay mówi, że to interesy. Ale ja myślę, że więcej niż interesy. Myślę, że on dla nich pracuje, przeciwko Kadirowi Chanowi. Przeciwko nam. Z tej przyczyny.

– W porządku! – odkrzyknąłem zadowolony, że moje przeczucia co do Chuhy się potwierdzają, choć niepokoiłem się o mojego dzikiego przyjaciela. – Ale nie rób nic beze mnie, dobra?

Roześmiał się i błysnął ku mnie białym uśmiechem.

– Mówię poważnie. Obiecaj!

– *Thik kain*, Lin-bracie! – odkrzyknął. – Wezwę cię, gdy nadchodzi pora!

Zaparkował motocykl przed „Strand Coffee House", jedną z moich ulubionych śniadaniowych knajpek przy rynku w Kolabie.

– Co jest, do diabła? – spytałem, gdy piechotą ruszyliśmy w stronę rynku. – Też mi niespodzianka! Przychodzę tu prawie codziennie.

– Wiem – odpowiedział z enigmatycznym uśmiechem. – I nie ja jeden to wiem.

– A to co miało znaczyć?

– Dowiesz się, Lin-bracie. Oto twoi przyjaciele.

Na pękatych workach soczewicy przy straganie z nasionami rozparli się Vikram Patel i Zodiakalni George'owie, Skorpion i Bliźniak. Pili ze szklanek czaj.

– Stary! – powitał mnie Vikram. – Przysuń sobie worek, czuj się jak u siebie.

Abdullah i ja uścisnęliśmy ręce wszystkim, a kiedy usiedliśmy na ustawionych rzędem workach, George Skorpion dał znak roznosicielowi herbaty, by przyniósł dwie nowe szklanki. W fabryczce paszportów musiałem często zostawać aż do późnej nocy, bo Kriszna i Villu – obaj obarczeni małymi dziećmi – wymieniali się zmianami, by wygospodarować bezcenne godziny z rodziną za dnia. Przez pracę przy książkach i inne zlecenia rady Salmana nie mogłem wpadać do „Leopolda" tak często jak niegdyś. Kiedy tylko czas pozwalał, spotykałem się z Vikramem i George'ami w okolicach mieszkania Vikrama na skraju rynku Kolaby. Vikram przebywał tam przez większość dni, po obiedzie w towarzystwie Lettie. Dostarczał mi aktualnych ploteczek z „Leopolda" – Didier się zakochał – znowu – a Randżit, nowy chłopak Karli, zyskiwał popularność. George'owie informowali mnie, co się dzieje na ulicach.

– Myśleliśmy, że dziś nie przyjdziesz – powiedział Vikram, kiedy podano czaj.

– Abdullah mnie podwiózł – odparłem, marszcząc brwi na widok tajemniczego uśmiechu przyjaciela – ale były korki. Choć warto było. Miałem okazję podziwiać Tadż Raja i Indrę podczas występu. Niezłe widowisko.

– Nie jest już taki jak kiedyś, ten nasz Tadż Raj – zauważył Bliźniak z akcentem z południowego Londynu. – Stracił zwinność. Od tego wypadku trochę mu szwankuje synchronizacja. No, ale to zrozumiałe, co? Prawie mu łeb obcięli, więc nic dziwnego, że zrobił się mało precyzyjny.

– W tym momencie – przerwał mu George Skorpion, pochylając głowę i przybierając ten poważnie nabożny ton, który wszyscy bardzo dobrze znaliśmy – powinniśmy wszyscy skłonić głowy w modlitwie.

Zerknęliśmy na siebie z niepokojem. Nie było ucieczki. Było nam zbyt wygodnie, żebyśmy się ruszyli, a Skorpion o tym wiedział. Wpadliśmy w pułapkę.

– O Panie... – zaczął Skorpion.

– O nie... – wymamrotał Bliźniak.

– I Pani – ciągnął Skorpion – nieskończony duchu jin-jang, pokornie prosimy, byś zechciał wysłuchać dziś modlitw tych pięciu dusz, które zesłałeś na świat i zostawiłeś na przechowanie Skorpionowi, Bliźniakowi, Abdullahowi, Vikramowi i Linowi.

– Jak to „na przechowanie"? – szepnął Vikram, a ja wzruszyłem ramionami.

– Proszę cię, pomóż nam, Panie – zawodził Skorpion z zamkniętymi oczami i twarzą uniesioną do nieba, które znajdowało się, z grubsza licząc, na środku balkonu trzeciego piętra Akademii Wizażu i Piercingu Veejaya Premnaatha. – Zaprowadź nas do rzeczy dobrych i dobrych czynów. A zacznij, jeśli łaska, od wspomożenia naszego małego interesu z tymi Belgami. Nie muszę ci mówić, Panie i Pani, ile w Bombaju trzeba się napocić, żeby zaopatrzyć klientów w kokainę dobrej jakości. Ale, dzięki twojej opiece, zdołaliśmy znaleźć dziesięć gramów śniegu pierwszej jakości, a zważywszy na posuchę na ulicach, to z twojej strony naprawdę piękny gest, jeśli mogę sobie pozwolić na ten wyraz zawodowego podziwu. A więc Bliźniak i ja bardzo potrzebujemy tego honorarium i byłoby cholernie miło, żeby nas nie oszukali, nie pobili, nie okaleczyli ani nie zabili – chyba że takie masz wobec nas plany. Proszę więc, oświetl nam drogę i napełnij nasze serca miłością. Na razie odkładam słuchawkę, ale nie przerywam połączenia, jak zawsze. Amen.

– Amen! – odpowiedział bliźniak, z wyraźną ulgą, że modlitwa okazała się dużo krótsza od zwykłych produkcji Skorpiona.

– Amen – załkał Vikram i otarł łzę z oka.

– *Astagfir Allah* – wymamrotał Abdullah. „Wybacz mi, Allahu".

– To może coś wtrząchniemy? – zaproponował rześko Bliźniak. – Nie ma to jak odrobina religii dla zaostrzenia apetytu, nie?

W tej chwili Abdullah pochylił się i szepnął mi do ucha:

– Obejrzyj się powoli... nie, powoli! Tam, za sklepem z orzeszkami, na rogu. Widzisz go? To twoja niespodzianka, Lin-bracie. Widzisz go?

I wówczas, wciąż uśmiechnięty, ujrzałem przygarbioną postać, obserwującą nas spod rzucającej cień markizy.

– Jest tu codziennie – szepnął. – I nie tylko tutaj... w innych miejscach, które odwiedzasz, także. Obserwuje cię. Czeka i obserwuje.

– Vikram! – wymamrotałem, szukając potwierdzenia, że widzę to, co widzę. – Patrz! Tam, na rogu!

– Na co mam patrzeć?

Postać, widząc, że ją dostrzegłem, cofnęła się w cień, odwróciła i umknęła, utykając, jakby nie panowała nad całą lewą stroną ciała.

– Widziałeś go?

– Nie. Kogo? – spytał z niezadowoleniem Vikram, wstając razem ze mną i zmrużonymi oczami wpatrując się w ślad za moim gorączkowym spojrzeniem.

– To Modena! – ryknąłem i rzuciłem się za utykającym Hiszpanem. Nie obejrzałem się na Vikrama, Abdullaha ani Zodiaków. Nie odpowiedziałem na wołanie Vikrama. Nie myślałem, co robię ani dlaczego biegnę. W głowie miałem tylko jedną myśl, jeden obraz, jedno słowo. Modena...

Był szybki i dobrze znał te ulice. Kiedy uskakiwał w ukryte bramy i prawie niewidoczne szczeliny między budynkami, przyszło mi do głowy, że jestem pewnie jedynym cudzoziemcem w tym mieście znającym te ulice równie dobrze jak on. Szczerze mówiąc, tylko nieliczni Hindusi – może jedynie naganiacze, złodzieje i narkomani – mogliby dotrzymać mu kroku. Modena wpełzł w dziurę, którą ktoś wybił w wysokim kamiennym murze, by utworzyć przejście z jednej ulicy na drugą. Ominął przepierzenie, z pozoru solidne jak ceglany mur, lecz zrobione z naciągniętego na rusztowaniu, malowanego płótna. Biegł na skróty przez prowizoryczne sklepiki w bramach, lawirował w labiryntach sznurów suszących, jaskrawych sari.

I wreszcie popełnił błąd. Zapuścił się w wąski zaułek opanowany przez bezdomnych mieszkańcy chodników i rodziny, dla których zabrakło mieszkań w zatłoczonych mieszkaniach. Dobrze go znałem. Na tej uliczce mieszkało ze sto mężczyzn, kobiet i dzieci. Sypiali na zmianę na podeście, który zbudowali nad brukowaną uliczką, pomiędzy ścianami przyległych budynków. W tym długim, ciemnym, wąskim pokoju, którym stała się uliczka, toczyło się ich życie. Modena wymijał grupy siedzących i stojących osób, piecyki z gotującym się jedzeniem, kabiny kąpielowe, derki graczy w karty. I raptem, pod koniec tej mieszkalnej uliczki, skręcił w lewo zamiast w prawo. Był to ślepy zaułek, otoczony wysokimi, gładkimi murami. Panowały w nim całkowite ciemności, a kończył się niszą, gdzie czasami umawialiśmy się z dilerami, którym nie ufaliśmy do końca. Zagłębiłem się w niszę i stanąłem, o parę kroków od niego, dysząc i wytężając wzrok w ciemnościach. Nie widziałem go, ale byłem pewien, że musi tam być.

– Modena – odezwałem się cicho w czerń. – Tu Lin. Chciałem z tobą pogadać. Nie chcę... wiem, że tam jesteś. Położę torbę i zapalę *bidi*, dobra? Jednego dla ciebie, jednego dla mnie.

Powoli odłożyłem torbę. Spodziewałem się, że Modena rzuci się pędem do ucieczki. Wyjąłem z kieszeni koszuli paczkę *bidi* i wyciągnąłem dwa. Trzymałem je między trzecim i czwartym palcem, grubymi końcami do wewnątrz, jak każdy biedak w tym mieście. Otworzyłem paczkę zapałek i zapaliłem jedną. Kiedy płomyk przesunął się po papierosach, zaryzykowałem spojrzenie i zobaczyłem, jak kuli się pod ścianą, byle dalej od małego łuku światła zapałki. W chwili gdy zapałka zgasła, wyciągnąłem rękę z żarzącymi się papierosami. W ciemnościach, które znowu zapadły, odczekałem sekundę, dwie, trzy i raptem poczułem jego palce, bardziej miękkie i delikatne, niż się spodziewałem. Objęły moją dłoń i przejęły papierosa.

Gdy się zaciągnął, po raz pierwszy zobaczyłem wyraźnie jego twarz. Była groteskowa. Maurizio zmasakrował ją tak, że sam jej widok budził strach. W bladopomarańczowym światełku zobaczyłem szyderczy uśmiech w oczach Modeny, który dostrzegł moją zgrozę. Ile razy, pomyślałem, widywał tę zgrozę w cudzych oczach – ten jawny, oczywisty wstręt, kiedy ludzie wyobrażali sobie te blizny na własnych twarzach i jego mękę we własnych duszach? Ile razy inni wzdrygali się i cofali z dala od jego ran, jakby to były otwarte, chorobliwe wrzody? Ile razy ludzie zadawali sobie pytanie: w czym zawinił? Co zrobił, że zasłużył na coś takiego?

Maurizio rozciął mu oba policzki. Rany zabliźniły się w długie blizny w kształcie litery Y, ciągnące się od dolnych powiek brązowych oczu i spływające jak ohydne parodie łez. Dolne powieki, wiecznie zaczerwienione i rozjątrzone, zwisały męczeńsko, odsłaniając całe białka. Nozdrza i przegrodę nosową miał rozcięte do kości. Kiedy skóra się scaliła, zrosła się po bokach w zgrubiałe gruzły, ale na środku rozcięcie było zbyt głębokie. Wielki otwór w miejscu, gdzie kiedyś znajdowały się nozdrza, przypominał świński ryj i przy każdym wdechu łopotał. Wokół oczu, szczęk i na całym czole widniały kolejne blizny.

Wyglądało to tak, jakby Maurizio chciał zedrzeć całą skórę z twarzy Modeny; setki blizn wokół jego rysów nabrzmiały i miejscami zrosły się w gruzły długości męskiego palca. Wiedziałem, że pod ubraniem kryją się z pewnością inne blizny i okaleczenia; Modena bardzo niezdarnie poruszał prawą ręką i nogą, jakby stawy łokci, ramienia i kolana zesztywniały od nigdy niewyleczonych do końca ran.

To było potworne okaleczenie, zniekształcenie tak wyrachowane w swoim okrucieństwie, że oniemiałem. Zauważyłem, że wokół ust nie ma żadnych blizn. Zastanowił mnie ten szczęśliwy traf, który ocalił te zmysłowe i pięknie ukształtowane wargi. Potem sobie przypomniałem, że Maurizio założył mu knebel i wyjmował go tylko czasami, rozkazując mówić. I patrząc na zaciągającego się papierosem Modenę, pomyślałem, że te gładkie, nietknięte usta są najgorszą, najstraszniejszą raną.

Wypaliliśmy w milczeniu papierosy; wzrok przywykł mi do ciemności. Stopniowo uświadomiłem sobie, jak mały jest Modena, jak go pomniejszyły te rany po lewej stronie. Czułem się przy nim jak olbrzym. Zrobiłem krok w stronę światła, wziąłem torbę i zachęcająco zakołysałem głową.

– *Garam czaj pio?* – spytałem. „Napijemy się gorącej herbaty?".

– *Thik hain* – odpowiedział. „W porządku".

Poprowadziłem go przez mieszkalną uliczkę do herbaciarni, gdzie pracownicy miejscowego młyna i piekarni wypoczywali między zmianami. Mężczyźni, licznie zebrani, ścieśnili się na drewnianej ławie, by zrobić nam miejsce. Byli upudrowani na biało mąką, która osiadła im na włosach i skórze. Wyglądali jak duchy albo ożywione posągi. Ich oczy, bez wątpienia podrażnione pyłem, były czerwone jak rozżarzone węgle. Wilgotne od herbaty usta na tle upiornie białej twarzy wyglądały jak czarne pijawki. Gapili się na nas z jawną, hinduską ciekawością, ale szybko odwrócili wzrok, kiedy Modena uniósł na nich rozdarte oczy.

– Przepraszam, że uciekłem – odezwał się cicho, ze wzrokiem utkwionym w niespokojnie drgające dłonie na kolanach.

Czekałem, czy nie powie czegoś jeszcze, ale zacisnął usta i oddychał równo, głośno przez ten szeroki, łopoczący nos.

– Czy... u ciebie wszystko dobrze? – spytałem, kiedy podano herbatę.

– *Jarur* – odpowiedział z bladym uśmiechem. „Oczywiście". – A u ciebie?

Myślałem, że ze mnie kpi, i nie kryłem irytacji.

– Nie chciałem cię obrazić – powiedział, znowu się uśmiechając. To był dziwny uśmiech, tak idealny łuk warg i tak zdeformowane, sztywne policzki, obciążające jego dolne powieki. – Proponuję tylko pomoc, jeśli jej potrzebujesz. Mam pieniądze. Zawsze noszę przy sobie dziesięć tysięcy rupii.

– Co?

– Zawsze noszę...

– Tak, tak, słyszałem. – Mówił cicho, ale i tak zerknąłem na naszych sąsiadów, by sprawdzić, czy i oni go usłyszeli. – Dlaczego mnie dzisiaj obserwowałeś?

– Często na ciebie patrzę. Prawie codziennie. Na ciebie, Karlę, Lisę i Vikrama.

– Dlaczego?

– Bo muszę. Tylko tak się dowiem, jak ją znaleźć.

– Kogo?

– Ullę. Kiedy wróci. Nie wie, gdzie jestem. Nie chodzę... nie chodzę już do „Leopolda" ani do innych lokali, gdzie bywaliśmy. Kiedy zacznie mnie szukać, przyjdzie do ciebie albo do tamtych. A wtedy ją zobaczę. I będziemy razem.

Powiedział to tak spokojnie, a potem pociągnął łyk herbaty z tak błogim roztargnieniem, że jego złudzenia zabrzmiały jeszcze dziwaczniej. Jak mógł pomyśleć, że Ulla, która zostawiła go na tym zakrwawionym łóżku na pewną śmierć, wróci z Niemiec, żeby z nim być? A nawet gdyby miała wrócić, czy zareaguje na jego twarz, zdeformowaną jak pogrzebowa maska, uczuciem innym niż zgroza?

– Ulla... pojechała do Niemiec.

– Wiem. – Uśmiechnął się. – To dobrze.

– Nie wróci.

– Wróci – odparł sucho. – Na pewno. Kocha mnie. Wróci dla mnie.

– Dlaczego... – zacząłem i urwałem tę myśl. – Jak żyjesz?

– Mam pracę. Dobrą. Dobrze mi płacą. Pracuję z przyjacielem, Rameshem. Poznałem go, kiedy... kiedy zostałem ranny. Opiekował się mną. Kiedy bogaczom rodzi się syn, idziemy tam, a ja się przebieram. W kostium.

Nacisk, który położył na ostatnim słowie, i mały, fragmentaryczny uśmiech, który mu towarzyszył, obudziły dreszcz, który popełzł mi po ramionach. Echo tego niepokoju zabrzmiało w moim głosie.

– Kostium?

– Tak. Z długim ogonem, ostrymi uszami i sznurem małych czaszek na szyi. Odgrywam demona, złego ducha. A Ramesh odgrywa świętego *sadhu*, przebiera się za świątobliwego męża i przepędza mnie z domu. A ja wracam i udaję, że chcę ukraść dziecko. A kobiety krzyczą, kiedy się zbliżam do dziecka. A Ramesh znowu mnie przepędza. I znowu wracam, i znowu mnie przepędza, aż w końcu bije mnie tak bardzo, że umieram na niby i uciekam. Ludzie bardzo dobrze płacą za takie przedstawienie.

– Nigdy o czymś takim nie słyszałem.

– Aha. To nasz pomysł, Ramesha i mój. Ale kiedy pierwsza bogata rodzina nam zapłaciła, wszystkie inne też chciały mieć pewność, że przepędziły złego ducha od syna. I płacą nam bardzo dobrze, wszyscy. Mam mieszkanie. Oczywiście nie własne, ale zapłaciłem za ponad rok z góry. Jest małe, ale wygodne. Będzie nam się dobrze mieszkało z Ullą. Z największego okna widać morze. Moja Ulla kocha morze. Zawsze chciała mieć dom nad morzem...

Gapiłem się na niego, zafascynowany zarówno samym przemówieniem, jak i jego treścią. Modena był jednym z największych znanych mi milczków. Kiedy obaj byliśmy stałymi gośćmi „Leopolda", czasami nie odzywał się w mojej obecności i przez miesiąc. Ale nowy Modena, ten, ocalony, był gadatliwy. Zapędziłem go do ślepego zaułka, żeby z nim pogadać, ale jak zaczął, jego paplanina stała się dezorientująca. Słuchałem go i przywykałem do tej zdeformowanej, gadatliwej wersji, zacząłem wychwytywać współbrzmienia hiszpańskiego akcentu z hindi i angielszczyzną, które gładko ze sobą mieszał i scalał w język – hybrydę własnego pomysłu. Porwany łagodnością jego głosu zastanawiałem się, czy to właśnie jest klucz do tej tajemniczej więzi między nimi, Ullą i Modeną. Czy gdy byli sami, rozmawiali ze sobą godzinami? Czy byli razem dla tej czułej eufonii, dla tej muzyki głosów?

A potem, tak gwałtownie, że dałem się zaskoczyć, spotkanie się skończyło. Modena wstał, zapłacił rachunek i wyszedł na ulicę. Zaczekał na mnie za drzwiami.

– Muszę iść – oznajmił, zerkając nerwowo w lewo i prawo, zanim podniósł na mnie zranione oczy. – Ramesh już czeka, pod hotelem „President". Kiedy wróci, zamieszka tam... Ulla tam zamieszka. Kocha ten hotel. To jej ulubiony. Kocha Back Bay. A dziś rano z Niemiec przyleciał samolot Lufthansy. Może w nim była.

– Sprawdzasz... każdy lot?

– Tak. Nie wchodzę do środka – wymamrotał, unosząc rękę jakby do twarzy, choć tylko przeczesał krótkie, siwiejące włosy. – Ramesh mnie wyręcza. Sprawdza jej nazwisko – Ulla Volkenberg – i dowiaduje się, czy przyleciała. Pewnego dnia wróci. Wróci.

Odwrócił się, ale położyłem mu rękę na ramieniu.

– Słuchaj, Modena, następnym razem nie uciekaj przede mną, dobrze? Jeśli będziesz czegoś potrzebować, jeśli będę mógł dla ciebie coś zrobić, wystarczy poprosić. Umowa stoi?

– Nie ucieknę – przyrzekł uroczyście. – Po prostu uciekam odruchowo. I to mój odruch od ciebie uciekał. To nie ja uciekałem, tylko mój odruch. Nie boję się ciebie. Jesteś moim przyjacielem.

Odwrócił się, ale znowu go zatrzymałem, przyciągnąłem go blisko, żeby szepnąć mu do ucha:

– Modena, nie mów nikomu, że nosisz przy sobie tyle pieniędzy. Obiecaj mi.

– Nikt więcej się tego nie dowie – zapewnił, uśmiechając się tymi rozdartymi oczami. – Tylko ty. Nikomu więcej nie powiem. Nawet Ramesh nie wie, że mam przy sobie pieniądze. Nie wie, że oszczędzam. Nie wie nawet o moim mieszkaniu. Myśli, że wydaję moją działkę na narkotyki. A ja nie biorę. Ty o tym wiesz. Nigdy nie brałem. Ale niech inni tak myślą. Ty jesteś inny. Jesteś moim przyjacielem. Tobie mogę powiedzieć prawdę. Mogę ci zaufać. Dlaczego mam nie ufać człowiekowi, który zabił samego diabła?

– Jak to?

– Mówię o Mauriziu, moim śmiertelnym wrogu.

– Nie zabiłem Maurizia – powiedziałem, spoglądając w czerwone jaskinie jego oczu.

Jego nieskalane usta uśmiechnęły się porozumiewawczo. Ten uśmiech bardziej naciągnął blizny, które niegdyś były dolnymi powiekami. Te obnażone oczy stanowiły tak niepokojący widok, że musiałem się bardzo pilnować, żeby się nie wzdrygnąć albo nie cofnąć, kiedy wyciągnął dłoń i położył ją na mojej piersi.

– Nie martw się. Nie wyjawię tajemnicy. Cieszę się, że go zabiłeś. Nie tylko z własnych powodów. Znałem go. Byłem jego najlepszym przyjacielem – jedynym przyjacielem. Gdyby po tym, co mi zrobił, żył dalej, jego zło nie miałoby granic. W taki sposób człowiek gubi duszę – traci ostatnie granice swego zła. Patrzyłem na niego, kiedy mnie ciął nożem i kiedy pytał po raz ostatni, i wiedziałem, że stracił duszę. To, co zrobił, kosztowało go duszę... to wszystko, co mi zrobił.

– Nie musisz o tym mówić.

– Nie, teraz mogę. Maurizio się bał. Zawsze się bał. Całe życie przeżył w strachu przed... wszystkim. I był okrutny. Stąd czerpał siłę. Znałem wielu mężczyzn u władzy i wiem jedno – wszyscy się bali i byli okrutni. To ta... mieszanka... daje im władzę nad innymi. Ja się nie bałem. Nie byłem okrutny. Nie miałem władzy. Byłem... no wiesz. To było to, co czuję do mojej Ulli... zakochałem się we władzy Maurizia. A potem, kiedy mnie zostawił na tym łóżku, a Ulla weszła do pokoju, zobaczyłem w jej oczach strach. To on jej go dał. Tak ją przeraził, kiedy zobaczyła, co mi zrobił, że uciekła i mnie zostawiła. A kiedy patrzyłem, jak wychodzi i zamyka drzwi...

Zawahał się, przełknął ślinę, a jego nietknięte wargi zadrżały. Chciałem mu przerwać, oszczędzić mu tego wspomnienia – może sobie także. Ale ledwie zacząłem mówić, nieco mocniej naparł ręką na moją pierś, uciszył mnie, znowu zajrzał mi w oczy.

– Wtedy po raz pierwszy poczułem nienawiść do Maurizia. Mój lud, lud mojej krwi, wystrzega się nienawiści, bo kiedy nienawidzimy, to całą duszą i nigdy nie wybaczamy. Ale znienawidziłem Maurizia i życzyłem mu śmierci, i przekląłem go tym życzeniem. Nie za to, co zrobił mnie, lecz za to, co zrobił mojej Ulli, i za to, co zrobi w przyszłości, jako człowiek bez duszy. Więc nie martw się, nikomu nie powiem, co zrobiłeś. I cieszę się, jestem szczerze wdzięczny, że go zabiłeś.

Jakiś wyraźny głos mówił mi, że powinienem mu powiedzieć całą prawdę. Miał prawo ją znać. Chciałem mu powiedzieć. Uczucie, którego nie rozumiem do końca – ostatnie tchnienie gniewu na Ullę albo pogarda dla niej – kazało mi nim wstrząsnąć, wykrzyczeć mu tę prawdę, zranić go. Ale nie potrafiłem się odezwać ani się poruszyć. A kiedy jego oczy poczerwieniały i łzy popłynęły mu dokładnie tymi kanałami melioracyjnymi na policzkach, nie odwróciłem wzroku, pokiwałem głową i nie powiedziałem ani słowa. On także pokiwał głową, bardzo powoli. Chyba mnie nie zrozumiał. Albo ja nie zrozumiałem jego.

Milczenie potrafi ranić jak bat, powiedział kiedyś poeta Sadik Chan. Ale czasami milczenie jest jedynym sposobem powiedzenia prawdy. Odprowadzając kuśtykającego Modenę wzrokiem, wiedziałem, że ta minuta wspólnego milczenia, kiedy on trzymał rękę na mojej piersi, a jego krwawe, rozdarte oczy spoglądały w moje, zawsze będzie dla nas obu cenniejsza i nawet uczciwsza – choć pełna niezrozumienia – niż zimna, wyzuta z miłości prawda jego lub mojego świata.

I może on ma rację. Może ma rację, zapamiętując Maurizia i Ullę w taki sposób. Na pewno o wiele lepiej rozprawił się z bólem, który mu sprawili, niż ja z tym, co mnie spotkało. Kiedy moje małżeństwo rozpadło się od goryczy i zdrady, zostałem ćpunem. Nie mogłem znieść, że miłość została złamana, że szczęście tak nagle zmieniło się w smutek. Zniszczyłem więc swoje życie i skrzywdziłem wiele osób w długiej drodze na dno. Tymczasem Modena pracował. Oszczędzał i czekał na powrót ukochanej. I myśląc o tym – jak żył z tym, co mu uczyniono – i dziwiąc się temu w długiej drodze powrotnej do Abdullaha i reszty, odkryłem coś, co powinienem wiedzieć, tak jak Modena, od samego początku. Było to coś prostego, tak bardzo, że dopiero ból tak wielki jak Modeny zdołał mną wstrząsnąć na tyle, bym to dostrzegł. Modena zdołał się zmierzyć z bólem, bo pogodził się, że sam miał udział w tym, co go spotkało. Ja nigdy nie zaakceptowałem własnej odpowiedzialności – aż do tej chwili – za to, że moje małżeństwo się rozpadło, czy za cierpienie, które po nim nastąpiło. Dlatego nigdy nie zakończyłem tej sprawy.

I wracając w jasne, rozkrzyczane kłębowisko rynku, w pełni zaakceptowałem tę hańbę i poczułem, że moje serce rozkłada skrzydła, unosi się, wolne od brzemienia strachu, urazy i zwątpienia. Wracałem między zatłoczonymi straganami i kiedy stanąłem przy Abdullahu, Vikramie i George'ach, uśmiechałem się. Odpowiedziałem na ich pytania o Modenę, podziękowałem Abdullahowi za niespodziankę. Miał rację – po niej wybaczyłem mu wszystko. I choć nie potrafiłem znaleźć słów, by mu opowiedzieć, jaka zmiana we mnie zaszła, on chyba wyczuł, że odmienność mojego uśmiechu bierze się z nowego spokoju, który tamtego dnia się we mnie narodził i powoli zaczął rosnąć.

Przeszłość, którą ze sobą nosimy, składa się ze strzępów uczuć. Na ogół potrafimy ją tylko dźwigać na własnych barkach albo wlec za sobą z wysiłkiem. Jednak wszystko ma przyczynę i znaczenie. Każde życie, każda miłość, każdy czyn, uczucie i myśl ma swoje źródło i znaczenie, swój początek i rolę, którą odegrają na końcu. Czasami to nawet dostrzegamy. Czasami widzimy przeszłość tak wyraźnie i tak bezbłędnie odczytujemy każdy wątek, że wszystkie wydarzenia ujawniają swój cel i coś w rodzaju zaszyfrowanej wiadomości. W niczyim życiu, choćby nie wiadomo jak dobrze czy źle przeżytym, nie ma nic mądrzejszego od porażki i wyrazistszego od smutku. I w tej swojej malutkiej, bezcennej mądrości, którą nam dają, nawet ci budzący strach i nienawiść wrogowie, cierpienie i porażka, mają swoje racje i prawo do istnienia.

ROZDZIAŁ 41

Pieniądze śmierdzą. Pliki nowych pieniędzy śmierdzą farbą drukarską, kwasem i wybielaczem, jak pokój na posterunku, gdzie zdejmuje się odciski palców. Stare pieniądze, z patyną nadziei i pożądliwości, śmierdzą stęchlizną, jak zasuszone kwiaty zbyt długo trzymane między stronami taniej powieści. Jeśli zgromadzisz mnóstwo pieniędzy, nowych i starych, w jednym pomieszczeniu – miliony rupii, dwa razy przeliczonych, paczki spięte gumowymi banderolami – zaczynają śmierdzieć. Kocham pieniądze, powiedział kiedyś Didier, ale nie znoszę ich smrodu. Im więcej szczęścia mi dają, tym dokładniej muszę potem myć ręce. Rozumiałem. W mafijnym kantorze wymiany walut, dusznej pieczarze w dzielnicy Fortu, gdzie żarówki świeciły na tyle jasno, że nawet najlepsze fałszerstwa wychodziły na jaw, a wentylatory pod sufitem obracały się tak wolno, że ani jeden banknot nie sfrunął ze stołu, smród pieniędzy buchał jak opary potu i brudu z buciorów grabarza.

Parę tygodni po spotkaniu z Modeną wypadłem z kantoru Rajubaja na dwór, odpychając z drogi osiłków z dziecinną, udawaną brutalnością, którą się popisywaliśmy wszyscy bez wyjątku, i zaczerpnąłem haust świeższego powietrza na schodach. Ktoś mnie zawołał; zatrzymałem się na trzecim schodku, z ręką na drewnianej poręczy. Odwróciłem się. Rajubaj wyglądał przez drzwi. Niski, gruby, łysy szef wymiany walut mafii Kadira – nie, Salmana – był ubrany jak zwykle, w *dhoti* i biały podkoszulek. Wychylał się przez próg – byłem pewien – nie dlatego, że nigdy nie wychodził z kantoru, dopóki nie założył pieczęci, co czynił zawsze w okolicach północy. Kiedy wzywała go potrzeba, korzystał z prywatnej toalety z lustrem weneckim, przez które obserwował pomieszczenie. Był oddanym pracownikiem – najlepszym w mafii – ale to nie tylko profesjonalizm nie pozwalał mu się oddalić od stołów do liczenia waluty. Poza tym gwarnym pomieszczeniem stawał się burkliwym, podejrzliwym, dziwnie wysuszonym człowieczkiem. W kantorze jakimś cudem nabierał ciała i stawał się bardzo pewny siebie. Tak jakby obecność w kantorze dawała mu siłę fizyczną; dopóki choćby jedną nogą stał w tym pomieszczeniu, mógł czerpać energię i siłę pieniędzy.

– Linbaba! – zawołał, do połowy wychylony poza drzwi. – Nie zapomnij o ślubie! Przyjdziesz, tak?

– Jasne. – Uśmiechnąłem się do niego. – Będę!

Szybko zbiegłem po trzech schodach, po drodze przekomarzając się i popychając z *goonda* stojącymi na straży na każdym podeście. Wypadłem obok strażników przy wejściu od ulicy. U wylotu ulicy uśmiechnęli się do mnie dwaj kolejni. Z paroma wyjątkami na ogół młodzi mafijni gangsterzy mnie lubili. Nie byłem jedynym cudzoziemcem zatrudnionym w bombajskiej mafii – w radzie Banry był irlandzki gangster, pewien amerykański wolny strzelec zyskał renomę dzięki wielkim transakcjom narkotykowym, w gangu w Kharze działał Holender, a byli jeszcze inni, ale w radzie Salmana byłem jedynym *gora*. Byłem ich cudzoziemcem. Owe lata, gdy indyjska duma narodowa dopiero kiełkowała niczym zielono-biało-pomarańczowe pnącze ze spalonej postkolonialnej ziemi, należały do ostatnich, kiedy przez samo bycie Anglikiem bądź kimś przypominającym Anglika budziło sympatię i zaciekawienie.

Zaproszenie na ślub córki Rajubaja było wymownym znakiem: zostałem zaakceptowany jako swój człowiek. Od miesięcy pracowałem ramię w ramię z Salmanem, Sanjayem, Faridem, Rajubajem i innymi z rady. Dzięki mojej pracy w sekcji paszportowej rada zarabiała niemal tyle samo co na wszystkich operacjach walutowych. Moi ludzie na ulicy przyczyniali się do wielkich zysków na złocie, towarach i walucie. Co drugi dzień ćwiczyłem w siłowni z Salmanem Mustanem i Abdullahem Tahirim. Wykorzystując znajomość z Hasanem Obikwą, nawiązałem nowe przymierze z jego ludźmi z czarnego getta. Stanowiło ono użyteczny kontakt, dzięki któremu zyskaliśmy nowych pracowników, pieniądze i rynek zbytu. Na życzenie Nazira dołączyłem do delegacji, która przypieczętowała ugodę z uchodźcami afgańskimi w mieście – ugodę, która zapewniła radzie Salmana stałe dostawy broni z semiautonomicznych regionów plemiennych na granicy pakistańsko-afganistańskiej. Miałem przyjaźń, szacunek i więcej pieniędzy, niż chciało mi się wydawać, ale dopiero zaproszenie na wesele córki Rajubaja uświadomiło mi, że zostałem w pełni zaakceptowany. Rajubaj zajmował poczesne miejsce w radzie Salmana. Jego zaproszenie stanowiło przepustkę do wewnętrznego kręgu zaufanych i lubianych. Możesz pracować z mafią i dla mafii, wykonywać funkcje przynoszące najwyższy szacunek, ale nie będziesz jednym z nich, dopóki nie zaproszą cię do domu i nie pozwolą pocałować swoich dzieci.

Przekroczyłem niewidzialne granice dzielnicy Fortu i znalazłem się przy Flora Fountain. Obok mnie zwolniła taksówka; kierowca zapraszał mnie do środka agresywnymi gestami. Machnąłem ręką. Nie zdając sobie sprawy, że mówię w hindi, ruszył obok mnie w tempie powolnego marszu i wychylił się z okna, żeby pogawędzić.

– E, biały siostrojebco, nie widzisz, że jadę na pusto? Co ty sobie wyobrażasz? Czego łazisz w takie gorące popołudnie jak zabłąkana biała koza?

– *Kai paijey tum?* – spytałem w chropawym marathi. „Czego się czepiasz?".

– *Kai paijey?* – powtórzył ze zdziwieniem.

– Co z tobą? – rzuciłem w ulicznym slangu marathi z zakazanych uliczek Bombaju. – Nie rozumiesz marathi? Bombaj jest nasz, Bombaj to my. Jak nie rozumiesz marathi, to co robisz w Bombaju? Masz kozi mózg w tym siostrojebnym łbie?

– *Arrey!* – Wyszczerzył zęby i przerzucił się na angielski. – To ty mówisz w marathi, *baba*?

– *Gora chierra, kala maan* – odpowiedziałem, gestykulując nad twarzą i przy sercu. „Biała twarz, czarne serce". Przeszedłem na hindi, dla uspokojenia go wybierając najuprzejmiejszą formę słowa „ty". – Jestem biały na zewnątrz, bracie, ale w środku jestem czysto indyjski. Tylko spaceruję, dla zabicia czasu. Może poszukasz sobie prawdziwych turystów, a takich biednych hinduskich palantów jak ja zostawisz w spokoju, *na*?

Roześmiał się głośno, wyciągnął rękę przez okno, delikatnie uścisnął moją i odjechał.

Szedłem dalej po jezdni wśród samochodów, by ominąć tłum na chodnikach. Zaciągałem się głęboko moim miastem, w końcu pozbyłem się z nozdrzy smrodu kantoru. Kierowałem się do Kolaby, do „Leopolda", na spotkanie z Didierem. Wolałem się przespacerować, bo cieszył mnie powrót do tej najbardziej ukochanej części miasta. Pracując dla Salmana, wędrowałem po wszystkich dalekich przedmieściach tego olbrzymiego miasta i było wśród nich wiele pięknych miejsc, od Mahalakszmi po Malad, od Cotton Green po Thanę, od Santa Cruz i Andheri po dzielnicę jezior na Film City Road. Ale prawdziwe centrum władzy rady Salmana znajdowało się na tym długim półwyspie, który zaczynał się na łagodnym łuku Marina Drive i ciągnął się sierpem wybrzeża aż po World Trade Centre. I to na tych pulsujących życiem ulicach, oddalonych od morza nie dalej niż o jeden przystanek autobusowy, straciłem głowę dla tego miasta i nauczyłem się je kochać.

Na ulicy panował skwar, taki skwar, że wypalał ze znękanych umysłów nawet najgłębiej zakorzenione myśli. Jak każdy mieszkaniec Bombaju, jak każdy *mumbaiker*, trasę od Flora Fountain do Causeway zrobiłem z tysiąc razy i tak jak oni wiedziałem, gdzie po drodze spotkam chłodny wietrzyk i odświeżający cień. Po paru sekundach na słońcu moja głowa, twarz, koszula ociekały potem – chrzest każdego spaceru za dnia – i ochładzały się po minucie cienia i wiatru.

Wymijając samochody i przebierających w towarach klientów, myślałem o przyszłości. Może to paradoks albo nawet perwersja, ale akurat teraz, kiedy w pełni zaakceptowano mnie w samym sercu Bombaju, miałem najsilniejszą pokusę, by wyjechać. Rozumiałem te dwie siły, choć wydawały się sprzeczne. Bombaj, który kochałem, znajdował się w dużej mierze w sercach, głowach i słowach ludzi – Karli, Prabakera, Kadirbaja i Chalida Ansariego. Wszystkich straciłem, w ten czy inny sposób, a jednak każda ulica, świątynia, każdy fragment wybrzeża, który ukochałem w tym mieście, nieustannie mi o nich przypominał. Choć znalazłem nowe źródła miłości i natchnienia – z zarastających pól rozpaczy i rozczarowania kiełkował nowy początek. Umocniła się moja pozycja w mafii Salmana. W przemyśle filmowym Bollywood, a także na nowych polach telewizji i multimediów, otwierały się dla mnie nowe możliwości. Co tydzień dostawałem nowe oferty pracy. Miałem dobre mieszkanie z widokiem na meczet Hadżdżi Ali, i masę pieniędzy. I noc w noc byłem coraz bliższy pokochania Lisy Carter.

Smutek, który zasnuł wszystkie moje ulubione miejsca, zmuszał mnie do opuszczenia tego miasta – a nowa miłość i pozycja przyciągały mnie bliżej do jego serca. I nie potrafiłem rozstrzygnąć, idąc tą długą trasą od Flory do Causeway, w którą stronę ruszyć. Mogłem się zastanawiać nie wiadomo jak często i głęboko, ale nie umiałem wykonać tego skoku w przyszłość. Czegoś mi brakowało: jakichś danych, jakiegoś dowodu, jakiegoś paralaktycznego widoku mojego życia, dzięki któremu mógłbym wszystko zrozumieć. Tyle wiedziałem na pewno, choć nie wiedziałem, co by to mogło być. Lawirowałem więc wśród samochodów, rowerów, autobusów, ciężarówek i wozów, omijałem turystów i kupujących, a moje myśli puściłem wolno, na żar tej ulicy.

– Lin! – zawołał Didier, kiedy wszedłem przez szeroki łuk i zbliżyłem się do połączonych stolików. – Prosto z treningu, *non*?

– Nie, szedłem piechotą. Zastanawiałem się. Trening umysłu... i może duszy.

– Nie lękaj się! – zakomenderował i dał znak kelnerowi. – Leczę takie przypadłości codziennie. A raczej conocnie. Zrób mu miejsce, Arturo. Przesuń się, niech usiądzie obok mnie.

Arturo, młody Włoch, ukrywający się w Bombaju z powodu tajemniczych problemów z neapolitańską policją, był nową fascynacją Didiera. Arturo był niski, kruchy i miał buzię jak laleczka – mogłaby mu jej pozazdrościć niejedna dziewczyna. Bardzo kiepsko mówił po angielsku i na każdą próbę kontaktu, nawet najbardziej przyjazną, reagował tym samym naburmuszonym, zirytowanym wzruszeniem ramion. Dlatego wielu przyjaciół Didiera ignorowało go i dawało temu związkowi od paru miesięcy – w najlepszym razie – do paru tygodni.

– Rozminąłeś się z Karlą – powiedział ciszej Didier, kiedy uścisnąłem mu dłoń. – Będzie zła. Chciała...

– Wiem. – Uśmiechnąłem się. – Chciała się ze mną spotkać.

Przyniesiono drinki. Didier stuknął szklanką w moją. Pociągnąłem łyk i odstawiłem szklaneczkę na stół.

Przy długim stole siedziało parę osób z ekipy filmowej, pracującej dla Lisy Carter. Świętowali wraz z grupą dziennikarzy z redakcji Kawity Singh. Obok Didiera siedzieli Vikram i Lettie. Oboje byli szczęśliwsi i w lepszej formie niż kiedykolwiek. Zaledwie parę miesięcy temu kupili nowe mieszkanie w sercu Kolaby, tuż przy rynku. Wydali na nie całe oszczędności i musieli zapożyczyć się u rodziców Vikrama, lecz ten zakup był dowodem wiary w siebie i przyszłość rozkwitającego biznesu filmowego. Nadal cieszyła ich ta zmiana.

Vikram powitał mnie ciepło. Wstał i chwycił mnie w objęcia. Powoli pozbył się kowbojskiego stroju – pod naciskiem Lettie i dzięki własnemu dojrzewającemu gustowi. Z kostiumu godnego Clinta Eastwooda pozostał mu tylko srebrny pas i czarne kowbojskie buty. Ukochany kapelusz, którego pozbył się z niemałymi oporami, gdy zaczął częściej bywać w gabinetach dyrektorskich niż wśród kaskaderów, wisiał na haku w moim mieszkaniu. Należał do moich największych skarbów.

Kiedy się pochyliłem, by pocałować Lettie, chwyciła mnie za rękaw koszuli i przyciągnęła, by wyszeptać mi do ucha:

– Tylko spokojnie, stary – wymamrotała tajemniczo. – Tylko spokojnie.

Koło Lettie siedzieli producenci filmowi, Cliff De Souza i Chandra Mehta. Jak to czasami bywa z bliskimi przyjaciółmi, z czasem Cliff i Chandra jakby się wymienili materią swoich ciał: Cliff trochę zeszczuplał i zrobił się bardziej strzelisty, Chandra zaś przytył niemal w idealnej proporcji. Jednak im bardziej różnili się od siebie fizycznie, tym bardziej upodabniali się pod innymi względami. Ci bliscy sobie koledzy, którzy nieraz spędzali wspólnie po czterdzieści godzin przy pracy i zabawie, mieli tak wiele wspólnych gestów, min i wyrażeń, że na planach filmowych nazywano ich Grubym i Chudym Wujem.

Na mój widok obaj unieśli ręce w identycznym entuzjastycznym geście, choć każdy cieszył się na mój widok z własnych powodów. Cliff De Souza poczuł ognisty afekt do Kawity Singh od pierwszej chwili, kiedy ich sobie przedstawiłem, i miał nadzieję, że pod moim wpływem ona spojrzy na niego łaskawszym okiem. Znałem Kawitę dłużej niż on i wiedziałem, że nic na świecie nie zmusi Kawity Singh do czegoś, co nie współgra idealnie z jej wolą i życzeniem. Mimo to wydawało mi się, że lubi De Souzę i na pewno mieli ze sobą sporo wspólnego. Oboje byli pod trzydziestkę, wolni – w owych czasach status tak niezwykły w hinduskiej zamożnej klasie średniej, że ich rodziny opłakiwały ten fakt podczas każdego z licznych świąt. Oboje działali zawodowo w mediach i szczycili się niezależnością i artystycznym polotem. Oboje mieli też wrodzoną otwartość umysłu, która zmuszała ich do rozpatrywania i uczciwego badania racji każdej ze stron we wszelkich ewidentnych konfliktach interesów. I byli atrakcyjni. Kształtna figura Kawity i morderczo uwodzicielskie oczy idealnie uzupełniały smukłą kanciastość Cliffa i jego niedbały, krzywy i chłopięcy uśmiech.

Lubiłem ich oboje. Nie widziałem powodu, żeby nie zabawić się w swata. Mówiłem głośno, że lubię Cliffa De Souzę, a po cichu i dyskretnie wychwalałem go przed nią, jeśli tylko miałem okazję. Według mnie mieli szansę, i to sporą, i z całego serca chciałem dać im przyszłość.

Z kolei Chandra Mehta cieszył się na mój widok, bo byłem jego najbliższym łącznikiem z czarnorynkowymi pieniędzmi rady Salmana, a przy tym jedynym łącznikiem, którego mógłby nazwać przyjaznym. Podobnie jak Kadir, Salman Mustan dostrzegł wielkie możliwości łączące się z zapewnionym przez Chandrę Mehtę dostępem do bombajskiego przemysłu filmowego. Nowe przepisy, obowiązujące na poziomie ogólnopaństwowym i federalnym, zaostrzyły restrykcje wobec przepływu kapitału, co dodatkowo utrudniło pranie czarnorynkowych pieniędzy. Z różnych powodów – z których nieostatnim był nieodparty urok przemysłu filmowego – politycy uchylili wiele finansowych i inwestycyjnych kontroli wobec wytwórni. Były to lata boomu ekonomicznego, a bollywoodzkie filmy przeżywały renesans stylu i popularności. Robiono je z coraz większym rozmachem i były coraz lepsze, zaczęły przenikać na szerszy, światowy rynek. W miarę jednak jak budżety popularnych filmów stawały się coraz większe, producenci wyczerpali tradycyjne źródła finansowania. Zbieżność interesów doprowadziła niejednego producenta filmowego do dziwnych kontaktów z gangsterami: budżet na filmy o mafijnych *goonda* zapewniała mafia, a twardą walutę z przebojów o twardych facetach inwestowano w nowe przestępstwa i prawdziwe morderstwa, które z kolei stawały się tematami nowych scenariuszy i filmów, realizowanych z pieniędzy mafii.

A ja byłem obsadzony, by się tak wyrazić, w roli łącznika Chandry Mehty z Salmanem Mustanem. Ich układ należał do dochodowych. Rada Salmana przepuściła przez wytwórnię Mehty i De Souzy krocie, dziesiątki milionów rupii, i odzyskała je czyściutkie i nieskalane. Ten pierwszy kontakt z Chandrą Mehtą, kiedy poprosił mnie o znalezienie paru tysięcy amerykańskich dolarów na czarnym rynku, osiągnął rozmiary, jakim Mehta nie potrafił się oprzeć. Był bogaty i bogacił się coraz bardziej. Tyle tylko, że ludzie, którzy przepuszczali swoje bogactwo przez jego wytwórnię, przerażali go i każdy kontakt z nimi był skażony nieufnością. Dlatego Chandra Mehta uśmiechał się do mnie i cieszył na mój widok, i kiedy tylko nasze ścieżki krzyżowały się, usiłował mnie zagarnąć w drżący uścisk przyjaźni.

Mnie to nie przeszkadzało. Lubiłem go, lubiłem bollywoodzkie filmy. Pozwoliłem mu wciągać się w strapiony, bogaty świat jego przyjaźni.

Obok niego siedziała Lisa Carter. Gęste, jasne włosy już jej odrosły i opływały owalną kameę jej twarzy. Błękitne oczy były przejrzyste i roziskrzone. Była opalona i w świetnej formie. Nawet trochę przytyła, czemu przeczyła, a co podziwiałem ja i każdy inny mężczyzna. A w jej zachowaniu pojawiło się coś nowego, bardzo odmiennego: ciepło, łagodny uśmiech, szczery śmiech, który pobudzał innych do śmiechu, i pogoda ducha. Od wielu tygodni – miesięcy – obserwowałem, jak te zmiany falują w niej i krzepną, i początkowo sądziłem, że wzięły się z mojego uczucia. Choć formalnie nie zawarliśmy związku – ona mieszkała we własnym mieszkaniu, ja we własnym – łączył nas romans i coś o wiele silniejszego od przyjaźni. Po jakimś czasie zrozumiałem, że te zmiany nie są moją, lecz tylko jej zasługą. Po jakimś czasie zacząłem widzieć, jak głęboka była jej miłość i ile jej szczęścia i pewności siebie zależało od dawania tej miłości. A jej miłość była piękna. Była czystym niebem, które dawały nam te oczy, i letnim porankiem jej uśmiechu.

Przy powitaniu pocałowała mnie w policzek. Oddałem pocałunek, zastanawiając się, dlaczego w jej bławatkowych oczach pojawił się cień.

Przy długim stole siedzieli dziennikarze Dilip i Anwar. Byli młodzi, parę lat po studiach, i jeszcze się uczyli fachu w anonimowych czeluściach „Noonday", bombajskiego dziennika. Wieczorami, wraz z Didierem i jego małym dworem, roztrząsali wielkie sensacje dnia, jakby sami odegrali w nich główną rolę albo osobiście je wyśledzili. Ich poruszenie, entuzjazm, ambicja i bezgraniczna nadzieja na lepszą przyszłość tak zachwycały wszystkich w „Leopoldzie", że Kawita i Didier czuli się zobowiązani do okazjonalnych sardonicznych uwag. Dilip i Anwar reagowali jak należy, ze śmiechem, często odpłacając się pięknym za nadobne, aż wszyscy przy stole zaśmiewali się i z zachwytu bili pięściami w blat.

Dilip był wysoki, o jasnej cerze i migdałowych oczach. Pochodził z Pendżabu. Anwar, bombajczyk w trzecim pokoleniu, był niższy, smaglejszy i bardziej poważny. Młode wilczki, powiedziała do mnie z uśmiechem Lettie parę dni wcześniej. Kiedyś nazywała tak mnie, tuż po moim przybyciu do Bombaju. A kiedy przywitałem się ze wszystkimi i przyjrzałem się tym dwom młodym, perorującym z taką pasją i zaangażowaniem, przyszło mi do głowy, że kiedyś, przed heroiną i przestępstwami, sam taki byłem. Kiedyś byłem tak samo wesoły, zdrowy i pełen nadziei jak oni. I ucieszyłem się, że ich poznałem i że dają radość i nowe nadzieje bywalcom „Leopolda". Powinni się tu znaleźć, tak jak Maurizio powinien odejść, jak powinni odejść Ulla i Modena, i – prawdę mówiąc – jak pewnego dnia odejdę ja.

Uścisnąłem młodym ręce i podszedłem do siedzącej obok nich Kawity Singh. Wstała i wzięła mnie w objęcia. To był czuły, bliski uścisk, jakim kobieta obdarza mężczyznę, gdy może mu ufać, albo kiedy jest pewna, że jego serce należy do kogoś innego. Taki uścisk nawet wśród cudzoziemców zdarza się nieczęsto.

A u Hinduski stanowił wyjątkowo intymne doświadczenie. I miał znaczenie. Mieszkałem tu od lat. Potrafiłem się porozumieć w marathi, hindi i urdu. Mogłem siadywać z gangsterami, mieszkańcami slumsów czy bollywoodzkimi aktorami, mogłem zasłużyć na ich życzliwość, a czasem nawet szacunek, ale rzadko czułem się tak akceptowany w hinduskim świecie Bombaju, jak podczas tego przyjacielskiego uścisku Kawity Singh.

Nigdy jej tego nie powiedziałem. Nie powiedziałem, ile dla mnie znaczy jej czuła i bezwarunkowa akceptacja. Wiele – zbyt wiele – dobrych uczuć więziłem w owych latach wygnania w sercu, w wysokich murach strachu. Teraz mówię o nich głośno. Wiem, że kiedy spotyka nas chwila miłości, trzeba ją pochwycić i opowiedzieć o niej, bo może się nie powtórzyć. A jeśli to, co przekazujemy z serca do serca, pozostanie niewyrażone, nieporuszone, nieprzeżyte, te prawdziwe, autentyczne uczucia schną i rozpadają się nam w dłoniach, kiedy zbyt późno postanowimy po nie sięgnąć.

Tamtego dnia, kiedy szaroróżowy welon wieczoru z wolna zasnuwał popołudnie, nic nie powiedziałem Kawicie. Rzuciłem jej uśmiech jak kamień. A ona wzięła mnie pod rękę i przedstawiła mężczyźnie, który siedział obok niej.

– Lin, chyba nie znasz Randżita – powiedziała. Tamten wstał i uścisnął mi rękę. – Randżit jest... przyjacielem Karli. To jest Randżit Choudry, a to Lin.

Nagle zrozumiałem, co oznaczała enigmatyczna uwaga Lettie – „tylko spokojnie, stary" – i skąd się wziął cień w oczach Lisy.

– Mów mi Jeet – powiedział tamten. Uśmiechał się szeroko, naturalnie, z pewnością siebie.

– Oookej... – odparłem chłodno, bez uśmiechu. – Cieszę się, że cię poznałem, Jeet.

– A ja się cieszę, że poznałem ciebie – odparł z ładnym, melodyjnym akcentem najlepszych prywatnych szkół i uniwersytetów Bombaju, moim ulubionym akcentem, o jaki można wzbogacić angielszczyznę. – Wiele o tobie słyszałem.

– *Achaa?* – rzuciłem odruchowo, dokładnie tak, jak każdy Hindus w moim wieku. Słowo to w dosłownym tłumaczeniu oznacza „dobrze". Ale w tym kontekście i z takim akcentem oznaczało „serio?".

– Tak – powiedział ze śmiechem i puścił moją dłoń. – Karla często o tobie mówi. Uważa cię za bohatera. Na pewno wiesz.

– Zabawne – mruknąłem. Nie wiedziałem, czy gość naprawdę mówi szczerze. – Kiedyś mi powiedziała, że bohaterowie występują wyłącznie w trzech odmianach: martwej, przegranej albo wątpliwej.

Odchylił głowę i ryknął śmiechem; usta otworzył tak szeroko, że miałem sposobność podziwiać komplet idealnych hinduskich zębów. Nie przestając się śmiać, spojrzał mi w oczy i zakołysał głową ze zdziwieniem.

Zatem to między innymi dlatego, pomyślałem. On rozumie żarty Karli, słowne zabawy. Rozumie jej miłość do nich i jej inteligencję. Między innymi za to go lubi. W porządku.

Inne przyczyny były dość oczywiste. Był smukły, średniego wzrostu – mojego wzrostu – a twarz miał szczerą i przystojną. Nie był to tylko zestaw ładnych rysów – wysokie kości policzkowe, wysokie i szerokie czoło, wyraziste oczy w kolorze topazu, mocna linia nosa, uśmiechnięte usta i silny podbródek – była to ta uroda, którą niegdyś nazywano awanturniczą: samotny żeglarz, alpinista, uczestnik wyprawy badawczej. Włosy miał krótkie. Czoło robiło mu się coraz wyższe, ale nawet z tym było mu do twarzy, jakby stanowiło to atrakcyjną kontrpropozycję dla silnych, wysportowanych mężczyzn. I ubranie – dobrze je znałem z wypraw po najdroższych sklepach, które uwielbiali Sanjay, Andrew, Fajsal i inni mafijni bossowie. Nie było w Bombaju żadnego szanującego się gangstera, który na widok ciuchów Randżita nie wydąłby warg i nie zakołysał głową z aprobatą.

– Tak – powiedziałem i chciałem go wyminąć, żeby przywitać się z Kalpaną, ostatnią przyjaciółką przy stole. Pracowała jako pierwszy wicedyrektor w produkcjach Mehty i De Souzy, a niedługo miała zostać niezależnym dyrektorem. Spojrzała na mnie i mrugnęła.

– Czekaj – poprosił Randżit, cicho, lecz szybko. – Chciałem ci powiedzieć... o twoich opowiadaniach... nowelach...

Rzuciłem spojrzenie Kawicie Singh, która schowała głowę w ramiona i uniosła ręce, uciekając wzrokiem w bok.

– Kawita pozwoliła mi je przeczytać i chciałem ci powiedzieć, że są dobre. To znaczy, że według mnie są dobre.

– Wielkie dzięki – mruknąłem, znowu usiłując go wyminąć.

– Naprawdę, przeczytałem wszystkie i uważam, że są świetne.

Niewiele sytuacji bardziej psuje szyki niż spontaniczny wybuch przyzwoitości ze strony kogoś, kogo postanowiliśmy nie lubić bez rzeczywistej przyczyny. Poczułem, że na policzkach rozlewa mi się rumieniec.

– Dzięki – odparłem, po raz pierwszy z przekonaniem. – Cholernie miło to słyszeć, choć Kawita nie powinna ich nikomu pokazywać.

– Wiem – powiedział szybko. – Ale myślę, że powinieneś... no, daj je komuś. Dla mojej gazety one się nie nadają. Nie ten odbiorca. Ale w „Noonday"... ich czytelnicy byliby dla ciebie wymarzeni. I wiem, że zapłaciliby ci za nie bardzo przyzwoicie. Znam Anila, wydawcę „Noonday". Orientuję się, jaki ma gust, i wiem, że twoje opowiadania mu się spodobają. Oczywiście nie pokazałem mu ich. Bez twojej zgody bym tego nie zrobił. Ale powiedziałem, że je czytałem i że według mnie są dobre. On chce cię poznać. Jeśli pokażesz mu opowiadania, na pewno się dogadacie. No to tyle. On czeka na spotkanie z tobą, ale wszystko zależy od ciebie. Cokolwiek zdecydujesz, życzę ci jak najlepiej.

Usiadł, a ja wyminąłem go, przywitałem się z Kalpaną i zająłem miejsce obok Didiera. Byłem tak wytrącony z równowagi spotkaniem z Randżitem – z Jeetem – Choudrym, że jednym uchem wysłuchałem, jak Didier ogłasza, iż wybiera się z Arturo do Włoch. Trzy miesiące, wychwyciłem i pamiętam, jak pomyślałem, że trzy miesiące we Włoszech mogą się zmienić w trzy lata i że go stracę. Ta myśl była tak dziwna, że nie mogłem jej do siebie dopuścić. Bombaj bez Didiera był jak... Bombaj bez „Leopolda", albo bez meczetu Hadżdżi Ali, albo pomnika Wrót. Niewyobrażalny.

Odsunąłem tę myśl i powiodłem wzrokiem po siedzących wokół stołu, roześmianych, pijących, rozgadanych przyjaciołach. Napełniłem tę moją pustą szklankę, dolałem do niej ich sukcesy i nadzieje. I znowu spojrzałem na Randżita, chłopaka Karli. Przez ostatnie miesiące wykułem wszystko na jego temat. Wiedziałem, że jest drugim w kolejności – niektórzy twierdzili, że faworyzowanym – z czterech synów Ramprakasha Choudry, kierowcy ciężarówki, który zbił fortunę na zaopatrywaniu nadbrzeżnych miast w Bangladeszu, zniszczonych przez cyklony. Pierwsi rządowi dostawcy dostali wielkie kontrakty, wymagające całych konwojów ciężarówek, a potem nawet samolotów i statków. Choudry wszedł w posiadanie niskonakładowej bombajskiej gazety podczas fuzji z firmą transportowo-komunikacyjną. Przekazał ją swojemu synowi Randżitowi, gdyż ten właśnie ukończył studia handlowe i był pierwszym przedstawicielem rodziny – z obu stron – który ukończył liceum i jakiekolwiek studia. Randżit od ośmiu lat prowadził gazetę pod zmienionym tytułem „Daily Post". Dzięki odniesionemu sukcesowi mógł zająć się nowym polem działalności – niezależną produkcją telewizyjną.

Był bogaty, miał wpływy i popularność, a także efektowny rozmach w działaniu w prasie, filmie i telewizji; początkujący młody baron medialny. Krążyły plotki, że jego starszy brat Rahul, który jako nastolatek zaczął pomagać ojcu w biznesie transportowym i nie miał szans na prywatne uczelnie, gdzie uczyło się młodsze rodzeństwo, w głębi serca ma do Randżita urazę. Plotki mówiły także o dwóch młodszych braciach, dzikich imprezach, które czasami wyprawiali, i wielkich łapówkach, które chroniły ich przed kłopotami. Jednak nikt nie krytykował Randżita, w żadnym kontekście, i oprócz tych paru mglistych trosk wydawało się niemal, że jego życie jest usłane różami.

Jak to kiedyś określiła Lettie, był tłuściutkim, smakowitym kąskiem. Kiedy go obserwowałem – jak słucha częściej, niż mówi, uśmiecha się częściej, niż marszczy brwi, jak się usuwa w tło, jak zważa na innych, taktowny i wrażliwy – musiałem przyznać, że budzi, cholera, sympatię. I jakoś dziwnie zacząłem się nad nim litować. Jeszcze parę lat lub nawet miesięcy temu byłbym zazdrosny o ten jego urzekający charakter – jakiż to uroczy człowiek, mówiono mi nieraz, kiedy o niego pytałem. Pewnie bym go znienawidził. Ale nic takiego do niego nie czułem. Za to, patrząc na niego, przypominając sobie zbyt dobrze, co czułem do Karli, i myśląc o niej otwarcie po raz pierwszy od... od dawna, zacząłem współczuć temu bogatemu, przystojnemu baronowi mediów i życzyłem mu szczęścia.

Przez pół godziny rozmawiałem z Lisą i innymi, a potem podniosłem wzrok i w szerokim wejściu do knajpy zobaczyłem Johnny'ego Cygaro, który dawał mi znaki. Z zadowoleniem wykorzystałem ten pretekst do odejścia. Odwróciłem się do Didiera i zmusiłem, żeby na mnie spojrzał.

– Słuchaj, jeśli ty poważnie o tych trzech miesiącach we Włoszech...

– Oczywiście, że... – zaczął, ale szybko mu przerwałem.

– I jeśli poważnie chcesz, żeby ktoś się przez ten czas zaopiekował twoim mieszkaniem, to chyba znam odpowiednich kandydatów.

– Ach, tak? A mianowicie?

– George'ów. Zodiakalnych George'ów. Bliźniaka i Skorpiona.

Didier był wstrząśnięty.

– Ale ci... ci tak zwani George'owie... są... jak mam to ująć?

– Godni zaufania – podsunąłem. – Uczciwi. Czyści. Lojalni, Odważni. A nade wszystko, najważniejsza zaleta w takiej sytuacji, są absolutnie niezainteresowani pozostaniem w twoim mieszkaniu choćby minutę dłużej, niż sobie życzysz. Prawdę mówiąc, cholernie się napociłem, żeby ich w ogóle namówić. Oni lubią ulicę. Nie chcieli się zgodzić. Ale jeśli będą myśleli, że wyświadczają mi przysługę, to może się zgodzą. Dobrze się zaopiekują twoim mieszkaniem, a sami przez trzy miesiące przechowają się w przyzwoitym miejscu.

– Przyzwoitym? – prychnął Didier. – Jak to „przyzwoitym"? Moje mieszkanie nie ma sobie równych w Bombaju. Dobrze o tym wiesz. „Niezrównanym" – z tym mógłbym się zgodzić. „Nadzwyczajnym" – owszem. Ale „przyzwoite" – *non*! To tak, jakbyś twierdził, że mieszkam na rybnym rynku i, e... jak to się mówi... codziennie go zmywał szlauchem!

– No to jak uważasz? Bo muszę już lecieć.

– Przyzwoite! – prychnął.

– No daj spokój, nigdy się nie odczepisz?

– No cóż... Być może masz rację. Nic do nich nie mam. George z Kanady – Skorpion – mówi trochę po francusku. To prawda. Tak, tak. Powiedz im, że według mnie to dobry pomysł. Powiedz, że chcę się z nim spotkać, porozmawiać... i przekazać bardzo precyzyjne instrukcje.

Pożegnałem się ze śmiechem i dołączyłem do Johnny'ego Cygaro. Przyciągnął mnie do siebie.

– Możesz iść ze mną? Teraz?

– Jasne. Piechotą czy taksówką?

– Taksówką, Lin.

Przebrnęliśmy przez burzliwe fale przechodniów i złapaliśmy taksówkę. Wsiadałem do niej uśmiechnięty. Od wielu miesięcy usiłowałem pomóc Bliźniakowi i Skorpionowi skuteczniej niż pieniędzmi, które im czasami dawałem. Wyjazd Didiera z Arturo dostarczył mi idealnej możliwości. Wiedziałem, że dzięki tym trzem miesiącom w mieszkaniu Didiera ich życie wydłuży się o parę lat: trzy miesiące bez stresu ulicznego życia, z zabezpieczeniem zdrowia, które zapewnia tylko dach nad głową i domowe jedzenie. Wiedziałem także, że świadomość, iż w jego mieszkaniu rozlokowali się Zodiakalni George'owie, tak udręczy Didiera, że jego powrotu będziemy mogli się spodziewać raczej wcześniej niż później.

– Dokąd? – spytałem Johnny'ego.

– World Trade Centre – rzucił taksówkarzowi. Uśmiechnął się do mnie, ale wyraźnie coś zaprzątało jego myśli.

– Co jest?

– Problem w *zhopadpatti*.

– W porządku – powiedziałem, wiedząc, że nie powie nic więcej, dopóki nie nadejdzie odpowiednia pora. – Jak się miewa mały?

– Dobrze, bardzo dobrze. – Roześmiał się. – Strasznie mocno łapie mnie za palec. Będzie duży i silny – większy od ojca, to pewne. A synek Prabakera, dziecko siostry mojej Sity, Parwati, także jest bardzo piękny. Bardzo podobny do Prabakera... z twarzy i uśmiechu.

Nie chciałem myśleć o moim zmarłym, kochanym przyjacielu.

– A jak Sita? I dziewczynki?

– Wszystkie zdrowe, Lin, wszystkie zdrowe.

– Będziesz musiał uważać – ostrzegłem. – Trójka dzieci w niespełna trzy lata – ani się obejrzysz, a będziesz tłustym staruszkiem w otoczeniu dziewięciorga krasnali.

– Piękne marzenie. – Westchnął błogo.

– Jak praca? Jak... jak zarabiasz?

– Wszystko świetnie, bardzo świetnie. Wszyscy płacą podatki i nikomu się to nie podoba. Moje interesy idą dobrze. Sita i ja pragniemy kupić dom w sąsiedztwie i zbudować większy dom dla naszej rodziny.

– Fantastycznie! Nie mogę się doczekać, kiedy go zobaczę.

Zapadła chwila milczenia. Johnny odwrócił się do mnie z troską, niemal udręką.

– Lin, kiedy prosiłeś, żebym dla ciebie, z tobą pracował, a ja odmówiłem...

– W porządku, Johnny...

– Nie, nie w porządku. Chcę ci powiedzieć. Powinienem się zgodzić i pracować razem z tobą.

– Masz kłopoty? – spytałem, nie rozumiejąc. – Interesy nie idą tak dobrze, jak mówiłeś? Potrzebujesz pieniędzy?

– Nie, nie, u mnie wszystko dobrze. Ale gdybym wtedy z tobą był, gdybym nad tobą czuwał, może nie pracowałbyś tyle miesięcy w czarnym biznesie, z tymi *goonda*.

– Nie, Johnny.

– Codziennie się tym gryzę, Lin. – Krzywił usta w bolesnym grymasie. – Myślę, że prosiłeś, bym z tobą pracował, żebym był twoim przyjacielem, bo wtedy potrzebowałeś przyjaciela. Byłem złym przyjacielem i gryzę się tym. Codziennie mam sobie za złe. Bardzo przepraszam, że cię zawiodłem.

Położyłem mu rękę na ramieniu, ale nie spojrzał mi w oczy.

– Johnny, musisz zrozumieć. To, co robię... nie jestem z tego dumny, ale nie mam oporów. Ty masz i ja to szanuję. I podziwiam. I jesteś dobrym przyjacielem.

– Nie – wymamrotał ze spuszczonymi oczami.

– Tak – oznajmiłem z naciskiem. – Kocham cię, stary.

– Lin! – Chwycił mnie za ramię z nagłą, natarczywą troską. – Proszę, proszę, bądź ostrożny z tymi *goonda*. Proszę!

Uśmiechnąłem się, żeby go uspokoić.

– Stary, może mi wreszcie powiesz, po jakiego grzyba nam ta podróż?

– Niedźwiedzie! – oznajmił.

– Niedźwiedzie?

– No, właściwie, rozumiesz, tylko jeden niedźwiedź. Znasz Kano? Niedźwiedzia Kano?

– No jasne, że znam. *Bahindchudh* niedźwiedź... co z nim? Znowu wylądował w pudle?

– Nie, nie. Nie siedzi w pudle.

– Dobrze. Przynajmniej nie stał się recydywistą.

– Widzisz, bo on uciekał z pudła.

– Cholera...

– I teraz jest zbiegiem, z nagrodą za głowę albo łapy, albo jakąkolwiek jego złapaną część.

– Kano uciekł?

– Tak. Jest nawet list goniony.

– Co?!

– List goniony – wyjaśnił cierpliwie. – Zrobili mu zdjęcie, temu Kano, z dwoma niebieskimi niedźwiedziowymi *wallahami*, kiedy ich znowu aresztowali. Teraz to zdjęcie jest na liście gonionym.

– Kto go ściga?

– Rząd, maharacka policja, siły ochrony pogranicza i organizacja ochrony dzikich zwierząt.

– Jezu Chryste, w co ten Kano wdepnął? Kogo zabił?

– Nie zabił. Historia, która się wydarzyła, jest taka, że organizacja ochrony zwierząt ma nową politykę, żeby nie dręczyć tańczących niedźwiedzi. Nie wie, że niedźwiedziowi *wallahowie* go tak kochają, jak starszego brata, i on także kocha ich i nigdy by ich nie skrzywdził. Ale polityka to polityka. Więc ci organizacyjni *wallahowie* złapali Kano i zabrali jego do zwierzęcego więzienia. I on płakał i płakał za niebieskimi niedźwiedziowymi *wallahami*, a niedźwiedziowi *wallahowie* stali pod więzieniem i oni także płakali i płakali. I dwaj organizacyjni *wallahowie*, dwaj strażnicy, oni się bardzo zdenerwowali o to płakanie, więc wyszli na dwór i zaczęli bić *lathi* niebieskich ludzi od Kano. Zbili ich na jabłko. A Kano, jak zobaczył, że ci jego dwaj niebiescy ludzie dostają bicie, po prostu wyszedł z siebie. I wyszedł z klatki, i uczynił ucieczkę. Dwaj niedźwiedziowi *wallahowie* dostali wielkiej odwagi i pobili *wallahów* z organizacji, i uciekli z Kano. Teraz się ukrywają w naszym *zhopadpatti*, w tej samej chacie, która była twoim domem. I musimy ich wyprowadzić z miasta tak, żeby ich oni nie złapali. Naszym problemem jest, jak doprowadzić tego Kano z *zhopadpatti* na Nariman Point. Tam czeka furgonetka i kierowca zgodził się zabrać Kano z niedźwiedziowymi *wallahami*.

– Nie będzie łatwo – mruknąłem. – I jeszcze ten cholerny goniony list. Jezus!

– Czy nam pomożesz? Bardzo żałujemy tego niedźwiedzia. Miłość to szczególna rzecz na tym świecie. Kiedy dwaj mężczyźni mają tyle miłości w sercach, że aż wystarczy dla niedźwiedzia, to trzeba ją chronić, tak?

– No...

– Tak?

– Pewnie, że tak. – Uśmiechnąłem się. – No pewnie. Chętnie pomogę, jeśli zdołam. A ty możesz mi wyświadczyć przysługę.

– Co zechcesz.

– Skombinuj mi ten goniony list ze zdjęciem niedźwiedzia i niebieskich facetów. Muszę go mieć.

– List?

– Tak. To długa historia. Nie przejmuj się. Jak go zobaczysz, to go zwiń. Masz jakiś plan?

Taksówka zatrzymała się przed slumsami. Wieczór, gdy zabrakło światła zachodzącego słońca, na tyle mroczny, że ukazały się pierwsze gwiazdy, przepłoszył piszczące, błaznujące dzieci do chat, z których w chłodniejące powietrze unosiły się pióropusze dymu z piecyków.

– Plan – oznajmił Johnny, zmierzając szybkim krokiem przez znajome uliczki, kiwając głową i uśmiechając się do znajomych po drodze – jest taki, żeby przebrać niedźwiedzia.

– No, nie wiem – powiedziałem z powątpiewaniem. – Jeśli dobrze pamiętam, jest bardzo wysoki i dość potężny.

– Najpierw włożyliśmy mu kapelusz i płaszcz, i nawet był wiszący na płaszczu parasol, żeby wyglądał jak osobistość z biura.

– I jak się prezentował?

– Nie za dobrze – oznajmił Johnny bez cienia ironii czy sarkazmu. – Nadal bardzo wyglądał jak niedźwiedź, tylko w ubraniu.

– Co ty powiesz.

– Tak. Więc teraz plan jest taki, żeby zdobyć taką wielką muzułmańską suknię, wiesz jaką? Z Afganistanu? Co zakrywa całe ciało i ma tylko parę dziurek do patrzenia.

– Burkę.

– Dokładnie. Chłopcy poszli na Muhammad Ali Road, żeby kupić największą. Pewnie już... a! Patrz! Już są i możemy spróbować, zobaczyć, jak to wygląda.

Zbliżyliśmy się do tuzina mężczyzn i mniej więcej tylu kobiet i dzieci przy chacie, w której kiedyś mieszkałem i pracowałem niemal przez dwa lata. I choć opuściłem *zhopadpatti* przekonany, że nigdy więcej tu nie zamieszkam, zawsze z dreszczem przyjemności patrzyłem i stawałem obok tej małej skromnej chatynki. Ci nieliczni cudzoziemcy, których zabrałem do slumsów – i nawet Hindusi, jak Kawita Singh i Vikram, gdy mnie tu odwiedzili – byli przerażeni i wstrząśnięci na samą myśl, że z własnej woli zostałem tu tak długo. Nie mogli zrozumieć, że przy każdym powrocie do slumsów miałem ochotę oddać się prostszemu, biedniejszemu życiu, które było jednak bogatsze w szacunek, miłość i fizyczną jedność z otaczającym morzem ludzkich serc. Nie rozumieli, o co mi chodzi, kiedy mówiłem o czystości slumsów, a sami widzieli ich brud i nędzę. Nie dostrzegali żadnej czystości. Ale oni nie mieszkali na tych bajecznych terenach, nie dowiedzieli się, że aby przeżyć w tym kłębowisku nadziei i smutku, ludzie muszą być skrupulatnie i rozdzierająco uczciwi. Stąd bierze się ich czystość: przede wszystkim są ze sobą szczerzy.

Z dygotem nieuczciwego serca na myśl o bliskości mego niegdysiejszego i ulubionego domu dołączyłem do grupy i jęknąłem na widok potężnej, zawoalowanej postaci, która wyłoniła się z chaty.

– Jasna cholera! – wyrwało mi się, kiedy wybałuszyłem oczy na górującą nad nami, potężną sylwetę. Niebieskoszara burka okrywała wyprostowanego niedźwiedzia od głowy aż do ziemi. Zacząłem się zastanawiać nad rozmiarami kobiety, którą miał okryć ten strój, bo niedźwiedź był o dobrą głowę wyższy od najwyższego mężczyzny z naszej grupy. – Jasna cholera!

Na naszych oczach bezkształtna postać zrobiła parę ociężałych kroków i wpadła na stołek z garnkiem z wodą.

– Może – odezwał się pomocnie Jeetendra – to bardzo wysoka, gruba... niezdarna kobieta.

Niedźwiedź nagle pochylił się i opadł na przednie łapy. Wszyscy powiedliśmy za nim wzrokiem. Postać w niebieskoszarej burce dreptała na czworakach, co chwila wydając niski, warczący jęk.

– Może – skorygował Jeetendra – to mała, gruba... warcząca kobieta.

– Warcząca kobieta? – zaprotestował Johnny Cygaro. – Jaka, do cholery, warcząca kobieta?

– Nie wiem – zakwilił Jeetendra. – Chciałem tylko pomóc.

– Pomożecie temu niedźwiedziowi wrócić do pudła – mruknąłem – jak go tak wyprowadzicie.

– Może jednak spróbować z tym kapeluszem i płaszczem – podsunął Joseph. – Może większy kapelusz i... i... modniejszy płaszcz.

– Nie sądzę, żeby moda stanowiła sedno problemu. – Westchnąłem. – Johnny mówi, że musicie przeprowadzić Kano na Nariman Point, nie zwracając uwagi glin, tak?

– Tak, Linbaba – odpowiedział Joseph. Pod nieobecność Kasima Alego Husajna, który zrobił sobie półroczne wakacje w rodzinnej wiosce wraz z większą częścią rodziny, Joseph pełnił funkcję przywódcy slumsów. Człowiek, którego sąsiedzi niegdyś pobili i ukarali za okrutny atak na żonę, został ich naczelnikiem. Od czasu kary zupełnie rzucił picie, odzyskał miłość żony i zasłużył na szacunek sąsiadów. Brał udział w każdej ważnej naradzie i należał do wszystkich komitetów, i pracował ciężej niż ktokolwiek. Jego przemiana i poświęcenie rodzinie i społeczności były tak wielkie, że kiedy Kasim Ali wyznaczył Josepha na tymczasowego zastępcę, nikt nie zgłosił kontrkandydata. – W okolicach Nariman Point stoi ciężarówka. Kierowca mówi, że zabierze Kano i wywiezie go poza miasto, poza stan także. Odwiezie niedźwiedzia i niedźwiedziowych *wallahów*, skąd przyszli, do Uttar Pradeś, aż na stronę Gorakhpur w okolicach Nepalu. Ale ten kierowca boi się zbliżać tu, by odebrać Kano. On pragnie, żebyśmy zabrali tego niedźwiedzia do niego jedynie. Ale jak to zrobić, Linbaba? Jak przenieść takie wielkie niedźwiedzie? Oczywiście policyjny patrol ujrzy Kano i go posadzi na areszcie. I nas także posadzą na areszcie, za pomoc uciekającym niedźwiedziom. A potem? Co potem? Jak to zrobić, Linbaba? Oto problem. Dlatego myślimy o przebraniach.

– *Kano – walleh kahan hey?* – spytałem. „Gdzie są opiekunowie Kano?".

– Tu, *baba*! – odparł Jeetendra, wypychając dwóch niedźwiedników naprzód.

Zmyli z siebie jaskrawoniebieski barwnik, który zwykle pokrywał ich całe ciało, i pozbyli się srebrnych ozdób. Długie dredy i ozdobne warkocze ukryli pod turbanami, włożyli zwykłe białe koszule i spodnie. Bez ozdób i kolorów wyglądali jak pozbawieni duszy, jak mniejsi i wątlejsi od tych fantastycznych istot, które poznałem w slumsach.

– Powiedzcie, czy Kano usiądzie na platformie?

– Tak, *baba*! – odparli dumnie.

– Jak długo wytrzyma bez ruchu?

– Przez godzinę, jeśli jesteśmy z nim, blisko, i rozmawiamy z nim. Może więcej niż godzinę – chyba że będzie musiał siusiu. Ale jeśli, to zawsze najpierw nam mówi.

– Dobrze. Czy wysiedzi na małej, ruchomej platformie – na kółkach – jeśli będziemy ją ciągnąć?

Rozgorzała dyskusja, w trakcie której usiłowałem wyjaśnić, jaką konkretnie platformę mam na myśli: blat na kółkach, na którym w slumsach rozwożono owoce, warzywa i inne towary. Kiedy to uzgodniliśmy, znaleziono mi odpowiednią platformę i przytoczono na placyk, niedźwiednicy z ożywieniem zakołysali głowami: tak, tak, tak. Kano usiądzie na takim ruchomym stole. Dodali, że mogą go przywiązać sznurami i że nie obrazi się za te więzy, jeśli najpierw mu wyjaśnią, że to konieczne. Ale chcieli wiedzieć, na czym polega mój plan.

– Jadąc tu z Johnnym, minąłem warsztat starego Rakeshbaby – wyjaśniłem szybko. – Paliło się w nim światło i widziałem mnóstwo rzeźb Ganeśa, niektóre bardzo duże. Wykonywane są z papier-mâché, więc nie są bardzo ciężkie, i wszystkie są wydrążone. Myślę, że zdołalibyśmy włożyć którąś na Kano i ukryć go w środku, jeśli będzie siedział spokojnie. Trochę jedwabiu na dole, jakieś girlandy do ozdoby...

– Więc... myślisz... – zająknął się Jeetendra.

– Przebierzemy Kano za Ganeśa – zrozumiał Johnny Cygaro – i zawieziemy na wózku, jak na Ganpatti, aż do Nariman Point, samiuteńkim środkiem ulicy. Świetny pomysł!

– Ale Ganeśa Chautruthi skończył się w zeszłym tygodniu – sprzeciwił się Joseph. Mówił o dorocznym festiwalu, na którym przewożono setki posągów Ganeśa – niektórych tak małych, że mieściły się w dłoni, innych dochodzących do dziesięciu metrów – aż do Chopatty Beach, gdzie spychano je do morza na oczach tłumu liczącego pewnie z milion osób. – Sam byłem w mela na Chopatty. Pora przeminęła, Linbaba.

– Wiem. Ja też byłem. Stąd ten pomysł. Chyba nieważne, że festiwal się skończył. Gdybym zobaczył Ganpatti o dowolnej porze roku, nie zastanawiałbym się nad tym. Czy ktoś z was by się zainteresował, gdyby zobaczył, że ktoś ciągnie ulicą wózek z Ganeśą?

Ganeśa, bóg o głowie słonia, był bez wątpienia największym faworytem w hinduistycznym panteonie. Byłem pewien, że nikomu nie przyszłoby do głowy zatrzymać i zrewidować małą procesję, ciągnącą posąg tego bóstwa.

– Ma rację – zgodził się Jeetendra. – Nikt nie powie słowa o Ganeśi. W końcu Pan Ganeśa to Pan Przeszkód, *na*?

Słoniowogłowy bóg był znany jako Pan Przeszkód i Wielki Likwidator Problemów. Ludzie w potrzebie zwracali się do niego mniej więcej tak, jak niektórzy chrześcijanie zwracają się do świętych patronów. Był także boskim opiekunem pisarzy.

– Przewiezienie Ganeśa do Nariman Point nie będzie problemem – potwierdziła Maria, żona Josepha. – Ale jak przebrać tego niedźwiedzia Kano? Już ubrać go w suknię było bardzo trudno.

– Suknia mu się nie podobała – wyjaśnił rozsądnie niedźwiednik. – To mężczyzna, rozumiecie, jest drażliwy w takich sprawach.

– Ale przebranie Ganeśi nie będzie mu przeszkadzać – dodał jego przyjaciel. – Na pewno uzna, że to bardzo dobra zabawa. Muszę przyznać, że jest łasy na popularność. To jeden z jego dwóch złych nawyków. Drugim są flirty z dziewczynami.

Mówili w hindi; ostatnie zdanie okazało się dla mnie za szybkie.

– Co powiedział? – spytałem Johnny'ego. – O złym nawyku Kano?

– Flirty – odparł Johnny. – Z dziewczynami.

– Flirty? O co mu chodzi?

– Nie wiem dokładnie, ale myślę...

– Nie! – przerwałem mu pospiesznie. – Proszę cię... nie chcę wiedzieć.

Rozejrzałem się po otaczających mnie wyczekujących ludziach. Przez chwilę poczułem dreszcz zdumienia i zazdrości, że ta mała społeczność sąsiadów i przyjaciół tak bardzo się przejmuje problemami dwóch wędrownych niedźwiedników – i ich niedźwiedzia, rzecz jasna. To spontaniczne zaangażowanie, ta niewymuszona pomoc – większa niż współpraca ludzi z wioski Prabakera – oto co utraciłem, opuszczając slumsy na rzecz wygodnego, bogatszego świata. Nigdy nie znalazłem tego nigdzie indziej, może tylko u mojej matki. Ponieważ kiedyś tego zaznałem, żyjąc na tych wyjątkowych i udręczonych terenach, nigdy nie przestałem tego pragnąć i szukać.

– Nic lepszego nie przychodzi mi do głowy. – Westchnąłem po raz kolejny. – Gdybyśmy go tylko przykryli szmatami, owocami czy czymś jeszcze i usiłowali go przewieźć, mógłby się poruszyć, wydać jakiś dźwięk. A wtedy by nas zatrzymali. Ale jeśli zrobimy go na Ganeśa, będziemy wołać, śpiewać i tłoczyć się wokół niego, i hałasować, ile tylko zechcemy. I wtedy gliniarze nas nie powinni zatrzymać. A co ty sądzisz, Johnny?

– Podoba mi się – oznajmił Johnny z radosnym uśmiechem. – To doskonały plan i uważam, że trzeba zaryzykować.

– Tak, także ja tak sądzę – powiedział Jeetendra z oczami rozszerzonymi rozradowaniem. – Ale wiecie, lepiej się spieszmy – ciężarówka będzie czekać jeszcze tylko jedną, może dwie godziny. Tak sądzę.

Wszyscy pokiwali lub zakołysali głowami: Satish, syn Jeetendry, Maria, Faruk i Raghurram, dwaj przyjaciele, którzy kiedyś się pokłócili i z rozkazu Kasima Alego zostali za karę związani razem, Ayub i Siddhartha, dwaj młodzieńcy, którzy od czasu mojego odejścia prowadzili darmową klinikę. W końcu Joseph uśmiechnął się i wyraził zgodę. Z Kano, drepczącym za nami na czterech łapach, ruszyliśmy w zapadającym zmroku do dużej podwójnej chaty, w której mieścił się warsztat starego Rakeshbaby.

Stary rzeźbiarz na nasz widok uniósł krzaczaste brwi, ale nie zaszczycił nas ani słowem. Nadal wygładzał i polerował dopiero co ukończoną część religijnego fryzu z włókna szklanego, długości jakichś dwóch metrów. Pracował przy długim stole z grubych desek z budowy, związanych i spoczywających na dwóch kozłach. Strużyny drewna i włókna szklanego zaścielały blat i płożyły się – krótkie odpryski i zawiłe spirale wraz z serpentynami papier-mâché – u jego bosych stóp. Części wyrzeźbionych, ukształtowanych form – głów, kończyn, korpusów o wypiętych, okrągłych brzuchach – leżały na podłodze wśród najróżniejszych tablic, reliefów, posągów i innych przedmiotów.

Artysta kazał się prosić. Był notorycznym pieniaczem i początkowo uznał, że chcemy się natrząsać z bogów i z niego. W końcu przekonały go trzy argumenty: pierwszym był wzruszający apel niedźwiedników do rozwiązującego wszystkie problemy Ganeśa, Pana Przeszkód. Słoniowogłowy był, jak się okazało, najbardziej ulubionym mieszkańcem gęsto zamieszkanego boskiego świata. Drugim – subtelna aluzja Johnny'ego, że być może zadanie przerasta możliwości twórcze starego rzeźbiarza, co okazało się celnym ciosem. Rakeshbaba wrzasnął, że potrafiłby ukryć w rzeźbie Ganeśi nawet Tadż Mahal, gdyby naszedł go taki kaprys, a przebranie tego niedźwiedzia stanowi błahostkę dla tak utalentowanego artysty, za jakiego go ma cały świat. Trzecim, być może najważniejszym, był sam Kano. Najwyraźniej nudziło mu się na dworze, więc wdarł się do chaty i położył na grzbiecie przed Rakeshbabą, z czterema łapami w powietrzu. Zrzędliwy rzeźbiarz w mgnieniu oka zmienił się w rozchichotane, uszczęśliwione dziecko. Podrapał zwierzę po brzuchu i pobawił się z jego łagodnie przebierającymi w powietrzu łapami.

W końcu się wyprostował i wyrzucił z chaty wszystkich z wyjątkiem niedźwiedników i Kano. Drewniany wózek wtoczono do środka i siwowłosy artysta zaciągnął w drzwiach trzcinową matę.

Strapieni, choć rozemocjonowani, czekaliśmy na dworze, opowiadając sobie różne historie i najnowsze informacje. Slumsy przetrwały niedawne monsuny prawie bez strat, powiedział Siddhartha, i nie było też poważnych epidemii. Kasim Ali Husajn, świętujący narodziny czwartego wnuka, zabrał całą rodzinę do swojej rodzimej wioski w stanie Karnataka. Był zdrowy i w dobrym humorze, jak potwierdzili wszyscy. Jeetendra najwyraźniej doszedł do siebie, na ile to było możliwe, po śmierci żony. Choć przysiągł, że nigdy więcej się nie ożeni, pracował, modlił się i śmiał na tyle często, że jego oczy nie utraciły blasku. Jego syn Satish, który przez jakiś czas po śmierci matki chodził naburmuszony i drażliwy, w końcu przezwyciężył rozpacz i zaręczył się z dziewczyną, którą znał od najwcześniejszego dzieciństwa. Narzeczeni byli jeszcze za młodzi, by wziąć ślub, ale zaręczyny sprawiły radość im obojgu i stanowiły obietnicę przyszłości, radującą serce Jeetendry. I kolejno, każdy na swój sposób, wszyscy chwalili Josepha, odkupionego Josepha, nowego przywódcę, który skromnie spuszczał wzrok i ponosił oczy tylko po to, by wymienić zawstydzony uśmiech ze stojącą u jego boku Marią.

W końcu Rakeshbaba odsunął trzcinową matę i zaprosił nas do warsztatu. Całą grupą wkroczyliśmy w złociste światło lamp. Na widok ukończonej rzeźby wyrwało nam się westchnienie – jedni gwałtownie wciągnęli powietrze, inni je wypuścili. Kano był nie tylko przebrany – został przemieniony w słoniogłowego boga. Jego łeb krył się w ogromnej głowie, spoczywającej na różowym ciele o wydatnym brzuchu. U dołu postać tonęła w zwojach jasnoniebieskiego jedwabiu. Girlandy kwiatów piętrzyły się na płaskim blacie i wokół szyi bożka, kryjąc połączenie z głową.

– On tam naprawdę jest? Ów Kano – niedźwiedź? – upewnił się Jeetendra.

Na dźwięk jego głosu niedźwiedź odwrócił łeb. Ujrzeliśmy ożywionego boga, Ganeśa, który zwrócił swoją słoniową głowę i spojrzał na nas namalowanymi oczami. Oczywiście to był ruch zwierzęcia, całkowicie nieludzki. Cała grupa, włącznie ze mną, wzdrygnęła się z zaskoczenia i strachu. Dzieci pisnęły i schowały się za nogi i ręce dorosłych.

– *Bhagwaaaaan* – wyjęczał Jeetendra.

– Ja cię... – zgodził się Johnny Cygaro. – Co sądzisz, Lin?

– Do... dobrze, że nic nie paliłem – wymamrotałem, gapiąc się na boga, który przechylił głowę i wydał cichy, jękliwy głos. Z wysiłkiem zmusiłem się do działania. – No to do roboty!

Wraz z tłumem pomocników wytoczyliśmy wózek ze slumsów. Za World Trade Centre, na bulwarze prowadzącym do Back Bay, zaczęliśmy nieśmiało śpiewać. Idący najbliżej wózka pomagali go pchać i ciągnąć. Ci, którzy jak Johnny i ja znaleźli się na skraju grupy, trzymali się innych i śpiewali. Szliśmy coraz szybciej, a nasz śpiew nabierał wigoru. Po jakimś czasie wielu pomocników jakby zapomniało, że przemycamy niedźwiedzia i zapamiętało się w pobożnych, namiętnych pieśniach, bez wątpienia nie mniej uduchowionych niż na prawdziwej pielgrzymce.

Idąc, pomyślałem, że w slumsach nie widziałem jakoś bezpańskich psów. Na uliczkach nie zauważyłem ani jednego. Pamiętałem, jak gwałtownie zareagowały na pierwszą wizytę Kano. Poczułem się w obowiązku wspomnieć o tym Johnny'emu.

– *Arrey, kutta nahin* – powiedziałem. „Kurczę, żadnych psów".

Johnny, Narayan, Ali i paru innych, którzy mnie usłyszeli, szybko na mnie spojrzeli oczami pełnymi rozbawienia i strapienia. I rzeczywiście, zaraz potem z lewej strony dobiegło przeraźliwe, jękliwe wycie. Jakiś pies wypadł z ukrycia i rzucił się na nas z furiackim jazgotem. Był to mały, parszywy, wyliniały kundel, nie większy od średnio dorodnego bombajskiego szczura, choć ujadał tak głośno, że przebił się przez nasze śpiewy.

Oczywiście nie minęło parę sekund, a do jazgotu dołączyły się inne bezpańskie psy. Nadbiegały ze wszystkich stron, pojedynczo i grupami, ujadały, wyły i ohydnie warczały. Zaczęliśmy śpiewać głośniej, żeby je zagłuszyć, nie odrywając wzroku od ich kłapiących szczęk.

Zbliżając się do Back Bay, minęliśmy otwarty majdan, czyli plac, na którym odbywała się próba weselnych muzyków w jaskrawych czerwono-żółtych strojach i wysokich kapeluszach z piórami. Nadejście naszej procesji uznali za doskonałą możliwość do poćwiczenia gry w marszu i dołączyli do nas. Zaczęli grać dziarską, acz dość fałszywą wersję popularnej pieśni religijnej. Nasza grupa przemytnicza zaczęła przyciągać wesołe dzieci i pobożnych dorosłych, którzy schodzili z chodników i dołączali do nas całymi szeregami. W końcu zebrało się nas ponad sto osób.

Kano, bez wątpienia poruszony tym dzikim tłumem i gorączkowym ujadaniem, kołysał głową i odwracał ją w stronę najgłośniejszych dźwięków. W pewnej chwili minęliśmy grupkę idących spacerowym krokiem policjantów. Odważyłem się zerknąć: stanęli z otwartymi ustami i powiedli za nami wzrokiem, obracając głowami jak szereg manekinów.

Po zbyt długich minutach tego ujadania i zamieszania dotarliśmy na tyle blisko Nariman Point, że widać było już hotel „Oberoi". Przestraszony, że nie zdołamy się pozbyć muzyków, pobiegłem do nich i wcisnąłem plik banknotów w dłoń kierownika zespołu. Poprosiłem, żeby skręcili w prawo, odłączając się od nas, i pomaszerowali przez Marina Drive. W pobliżu morza kierownik zaprowadził swój zespół w prawo, a my skręciliśmy w lewo. Oddalający się ku jaśniejszym latarniom deptaku muzycy, być może zachęceni udanym występem, zaczęli grać wiązankę przebojów. Niemal cały roztańczony tłum podążył za nimi. Nawet psy, wywabione zbyt daleko ze swoich terenów, odczepiły się od nas i znikły w złych cieniach, które je wydały na świat.

A my ciągnęliśmy wózek wzdłuż drogi biegnącej równolegle do morza, ku opustoszałemu miejscu, gdzie czekał na nas samochód. Właśnie wtedy usłyszałem klakson samochodu. Serce mi się ścisnęło; myślałem, że to policja. Powoli odwróciłem głowę. Zamiast policjantów ujrzałem Abdullaha, Salmana, Sanjaya i Farida przy samochodzie Salmana. Zaparkowali na przestronnym żwirowanym parkingu, gdzie stał tylko ich pojazd.

– Wszystko w porządku, Johnny? – spytałem. – Poradzicie sobie beze mnie?

– Jasne – powiedział. – Ciężarówka jest tam, na wprost, widzisz? Poradzimy.

– Dobrze, to ja spadam. Daj mi znać, jak poszło. Do zobaczenia jutro. Aha, słuchaj, tylko nie zapomnij o tych gonionych listach, bracie!

– Nie ma sprawy. – Roześmiał się i odszedł.

Przebiegłem na drugą stronę jezdni, do Salmana, Abdullaha i innych. Jedli dania na wynos z któregoś z licznych samochodów na Nariman, zaparkowanych tuż przy falochronie. Przywitałem się z nimi. Farid zgarnął pojemniki i papierowe serwetki z dachu samochodu na żwir. Poczułem typowe dla człowieka zachodu ukłucie sumienia i musiałem sobie przypomnieć, że śmiecie zbierają tu śmieciarze, dla których to zadanie jest źródłem utrzymania.

– Coś ty tam wyprawiał z tym cyrkiem? – spytał Sanjay, kiedy już wymieniliśmy powitania.

– Długa historia. – Uśmiechnąłem się.

– Cholernie przerażający Ganpatti – dodał. – W życiu nie widziałem nic podobnego. Strasznie realny. Prawie się poruszał. Aż mnie przeszły religijne dreszcze. Słowo daję, chyba zapalę *bahinchudhowi* kadzidło, jak tylko wrócę do domu.

– No mów – dodał Salman. – O co to chodziło, *yaar*?

– No... – Jęknąłem, wiedząc, że żadne wyjaśnienie nie wyda się im prawdopodobne. – Musieliśmy potajemnie wywieźć niedźwiedzia ze slumsów, bo policja wydała na niego list gończy i chce go aresztować.

– Co wywieźć? – spytał uprzejmie Farid.

– Niedźwiedzia.

– A... jakiego?

– Tańczącego, oczywiście – odparłem z urazą.

– Wiesz, Lin – oznajmił Sanjay, z radosnym uśmiechem czyszcząc zęby zapałką – wdajesz się w cholernie dziwne pierdoły.

– Mówisz o moim niedźwiedziu? – spytał Abdullah z nagłym zaciekawieniem.

– Tak, niech cię szlag. To wszystko twoja wina, jeśli chcesz wiedzieć.

– Dlaczego mówisz, że to twój niedźwiedź? – chciał wiedzieć Salman.

– Bo to ja go załatwiłem – wyjaśnił Abdullah. – Posłałem go, dawno temu, do Lin-brata.

– Dlaczego?

– A... chodziło o uścisk – zaczął Abdullah ze śmiechem.

– Nie zaczynaj – wysyczałem półgębkiem, rzucając mu ostrzegawcze spojrzenie.

– O co chodzi z tymi niedźwiedziami? – spytał Sanjay. – Dlaczego w kółko gadamy o niedźwiedziach?

– O cholera! – wtrącił Salman, spoglądając Sanjayowi nad ramieniem.– Fajsal się cholernie spieszy. I jest z nim Nazir. Chyba są kłopoty.

Kolejny ambasador zatrzymał się obok nas w fontannach żwiru. Za nim, z dwusekundowym opóźnieniem, nadjechał drugi samochód. Z pierwszego wyskoczyli Fajsal i Amir, z drugiego Nazir i Andrew. Zauważyłem, że z samochodu Fajsala wysiadł jeszcze jeden mężczyzna. Przystanął, obserwując jezdnię. Rozpoznałem szlachetne rysy mojego przyjaciela Mahmuda Milbafa. W drugim samochodzie czekał masywny gangster Raj wraz z małym Tarikiem.

– Są! – oznajmił bez tchu Fajsal. – Mieli przyjechać jutro, wiem, ale już są. Właśnie dotarli do Chuhy i jego chłopaków.

– Już? Ilu? – spytał Salman.

– Tylko oni. Jeśli ruszymy teraz, dostaniemy wszystkich. Reszta gangu jest na weselu w Thanie. To jak znak z nieba czy coś. W życiu nie będziemy mieć lepszej szansy. Ale trzeba się zwijać.

– Nie mogę uwierzyć – wymamrotał Salman jakby do siebie.

Żołądek mi się ścisnął. Doskonale wiedziałem, o czym mówią i co to dla nas oznacza. Od wielu dni dochodziły do nas raporty i wieści, że Chuha z gangiem z rady Walidlalli skontaktował się z ocalałym bandytą Sapny i dwoma jego krewnymi, bratem i szwagrem. Planowali atak na naszą grupę. Granica między naszymi terytoriami stała w ogniu. Chuha był głodny.

Spiskowcy związani z Sapną i Iranem, ocaleni ze zdradzieckiej grupy Abd al-Ghaniego, dowiedzieli się o zatargu między radami i pojawili się w najlepszym momencie, by wykorzystać chciwość i ambicję Chuhy. Obiecali mu broń, nowe karabiny i lukratywne kontakty z pakistańskimi dostawcami heroiny. Działali na własną rękę; mordercy z bandy Sapny pracowali bez Abd al-Ghaniego, a Irańczycy nie mieli oficjalnego wsparcia SAVAKU. To nienawiść skupiła ich razem. Pragnęli zemsty za śmierć przyjaciół i ta nienawiść w połączeniu z nienawiścią Chuhy zrodziła myśl o morderstwie.

Sytuacja była napięta od dawna; Salman zdążył umieścić w gangu Chuhy swojego człowieka, Małego Tony'ego, nieznanego w Bombaju gangstera z Goa. Dostarczał on informacji z samego środka gangu. To dzięki jego raportom Salman wiedział o przymierzu Sapny z Irańczykami i zbliżającej się napaści. Po wieściach Fajsala zrozumieliśmy, że Salman może wybrać tylko jedno: ostateczne załatwienie morderców Sapny i irańskich szpiegów, raz na zawsze. Wykończenie Chuhy. Zagarnięcie jego terytoriów. Przejęcie jego interesów.

– Kurwa, człowieku! Uwierzysz w takie szczęście? – zachłystywał się Sanjay, a jego oczy lśniły w szarobiałym świetle latarni.

– Jesteś pewien? – spytał Salman, rzucając swojemu przyjacielowi Amirowi, starszemu mężczyźnie, najbardziej surowe ze spojrzeń.

– Jestem – powiedział przeciągle Amir i przesunął dłonią po krótkich siwych włosach na masywnej głowie. Tą samą ręką podkręcił końce sumiastych wąsów. – Sam ich widziałem. Ludzie Abdullaha, Irańczycy, przybyli pół godziny temu. Te fiuty Sapny były tu przez cały dzień, rozumiecie. Przyjechali rano. Mały Tony powiadomił nas najszybciej jak mógł. Obserwowaliśmy ich przez dwie godziny, u Chuhy. Za ostatnim razem Tony powiedział, że ma być zebranie – Chuhy i jego najbardziej zaufanych, tych od Sapny i tych z Iranu. Czekali na Irańczyków, a potem postanowili zaatakować. Niedługo. Może jutrzejszej nocy. Może pojutrze, najpóźniej. Chuha powiadomił wielu innych. Zjeżdżają się z Delhi i Kalkuty. Mają jakiś plan, zamierzają uderzyć w dziesięciu miejscach jednocześnie, żebyśmy nie zdołali się obronić. Kazałem Tony'emu wracać i dać nam znak, kiedy Irańczycy tu dotrą. Obserwowaliśmy ich jak zwykle. Potem ich zobaczyliśmy – o dzień za wcześnie, ale to oni. Niedługo potem Mały Tony wyszedł i zapalił papierosa. To był sygnał. To oni – ci, którzy ścigają Abdullaha. Teraz nie brakuje już nikogo, a my jesteśmy o parę minut stąd. Wiem, że jest wcześnie, ale musimy ruszać. Salman, to trzeba zrobić teraz, w ciągu pięciu minut.

– Ilu ich razem jest? – spytał Salman.

– Chuha i jego chłopaki – odpowiedział Amir niespiesznie. To chyba przez ten jego powolny, lekko cedzący słowa sposób mówienia wszyscy zyskali nową otuchę; nie był, albo przynajmniej nie wydawał się tak zdenerwowany jak my. – To razem sześciu. Jeden, Manu, jest dobry. Znasz go. To on skasował braci Harshan, wszystkich trzech, sam jeden. Jego kuzyn Bichchu także dobrze się bije – nie nazywają go Skorpionem za darmo. Reszta, włącznie z Chuhą, tym *madachudhem*, to patałachy. No i ci od Sapny. Trzech więcej. I ci z Iranu, dwóch. To jedenastu. Może jeszcze jeden, góra dwóch. Husajn obserwuje dom. Powiadomi nas, jeśli ktoś się pojawi.

– Jedenastu – wymamrotał Salman, unikając spojrzeń swoich ludzi, dopóki rozważał sytuację. – A nas jest... jedenastu... z Małym Tonym dwunastu. Ale będziemy musieli zostawić dwóch na ulicy przed domem Chuhy, po jednym z każdej strony, żeby zatrzymali gliniarzy, jeśli na nas się rzucą. Zanim wejdziemy, powiadomię ich, żeby się trzymali z daleka, ale musimy mieć pewność. Chuha może także ściągnąć swoich, więc na zewnątrz musimy mieć co najmniej dwóch. Nie szkodzi, że będziemy się musieli wedrzeć siłą, ale nie chcę się przebijać na zewnątrz, jeśli nie będę musiał. Husajn już tam jest. Fajsal, ty będziesz drugi na ulicy, w porządku? Nikt z wyjątkiem nas nie wejdzie do tego domu.

– Nie ma sprawy – zgodził się młody wojownik.

– Sprawdź broń, razem z Rajem. Przygotujcie wszystko.

– Już – rzucił i odebrał broń naszym. Truchtem pobiegł do samochodów, przy których czekał Raj i Mahmud.

– A wy dwaj musicie wrócić do domu Kadira z Tarikiem – dodał Salman.

– To Nazir wpadł na pomysł, żeby go przywieźć – wtrącił Andrew. – Nie chciał go zostawiać, kiedy Fajsal i Amir powiedzieli, co się kroi. Mówiłem, żeby nie brał dzieciaka, ale wiesz, jaki jest, jak sobie raz coś wbije do głowy.

– Nazir może zabrać chłopca do domu Subhana Mahmuda w Versova i dopilnować go – oznajmił Salman. – A ty pojedziesz razem z nim.

– Przestań! – sprzeciwił się Andrew. – Muszę? Dlaczego mam stracić taką akcję?

– Potrzebuję dwóch ludzi do pilnowania starego Subhana i chłopca. Zwłaszcza chłopca, Nazir miał rację, że go nie zostawił. Tarik jest celem. Dopóki żyje, rada pozostanie radą Kadira. Jeśli go zabiją, Chuha zyska dużą władzę. To samo dotyczy starego Subhana. Zabierzcie chłopca z miasta i pilnujcie jego i Subhana Mahmuda.

– Ale dlaczego to mnie ma ominąć cała akcja? Dlaczego akurat mnie? Wyślij kogoś innego. Pozwól mi iść z tobą na Chuhę.

– Będziesz się ze mną kłócić? – spytał Salman, odsłaniając w grymasie zęby.

– Nie, stary – warknął Andrew z urazą. – Dobrze. Zabiorę małego.

– Więc jest nas ośmiu – podsumował Salman. – Sanjay i ja, Abdullah i Amir, Raj i Mały Tony, Farid i Mahmud...

– Dziewięciu – wtrąciłem. – Jest nas dziewięciu.

– Ty się lepiej w to nie mieszaj – powiedział cicho Salman, spoglądając mi w oczy. – Właśnie chciałem cię poprosić, żebyś wsiadł w taksówkę i przekazał wieści Rajubajowi i chłopcom z fabryczki paszportów.

– Nie zostawię Abdullaha – oznajmiłem sucho.

– Może powinieneś pojechać z Nazirem – podsunął Amir, który był przyjacielem Andrew.

– Raz już go zostawiłem – oznajmiłem. – To się nie powtórzy. To jak przeznaczenie czy coś w tym rodzaju. Mam przeczucie, Salman. Mam przeczucie, że nie powinienem zostawiać Abdullaha. Wchodzę. Nie zostawię też Mahmuda Milbafa. Jestem z nimi. Jestem z tobą.

Salman spoglądał mi długo w oczy, w zamyśleniu marszcząc brwi. Pomyślałem, jak idiota, że ta lekko przekrzywiona twarz – jedno oko trochę niżej od drugiego, nos przekrzywiony po brzydkim złamaniu, usta z blizną w kąciku – odzyskuje piękną symetrię tylko wtedy, gdy ciężar myśli wykrzywia mu ją zdeterminowanym grymasem.

– W porządku – zgodził się w końcu.

– Co to ma być? – wybuchnął Andrew. – On może, a ja mam pilnować małego?

– Uspokój się – powiedział łagodnie Farid.

– Nie, kurwa! Mam kurewsko dość tego *gora*! Kadir go lubił, pojechał do Afganistanu, i co, kurwa, z tego? Kadir nie żyje, *yaar*! Jego dni przeminęły.

– Uspokój się – wtrącił Amir.

– Jakie „uspokój"? Pieprzyć Kadira i pieprzyć jego *gora*!

– Uważaj, co mówisz – mruknąłem przez zaciśnięte zęby.

– Uważać? – Podskoczył ku mnie. – Pieprzę twoją siostrę! I jak ci się podoba to, co mówię? No?

– Nie mam siostry – powiedziałem spokojnie w hindi. Paru się roześmiało.

– To może powinienem wydymać twoją matkę – warknął – i zrobić ci siostrę!

– Dość tego – warknąłem i stanąłem w pozycji do walki. – No? Walcz! Jazda!

Byłoby paskudnie. Nie byłem dobry w walce wręcz, ale znałem chwyty i miałem sporo siły. A w tamtych czasach w razie prawdziwych kłopotów nie bałem się wbić przeciwnikowi nóż tam, gdzie by go nie chciał. Andrew był sprawny. Z bronią w ręku śmiertelnie sprawny. A kiedy Amir stanął tuż za jego prawym ramieniem, Abdullah zajął taką samą pozycję u mojego boku. Ta bijatyka mogła się źle skończyć. Wszyscy o tym wiedzieliśmy. Ale młody Goańczyk nie podniósł rąk do walki i z jednej sekundy oczekiwania zrobiło się pięć, dziesięć i piętnaście. Wyglądało na to, że nie jest taki mocny w rękach jak w gębie.

Chwilę napięcia przerwał Nazir. Stanął między nami, chwycił Andrew za nadgarstki i mankiet. Dobrze znałem ten chwyt. Wiedziałem, że Andrew musiałby zabić masywnego Afgańczyka, jeśli chciał się wyrwać. Nazir rzucił mi zdumiewająco dziwne spojrzenie, trochę surowe, trochę dumne, trochę gniewne i trochę wzruszone, po czym wepchnął młodego Goańczyka w krąg innych. W samochodzie kazał mu usiąść za kierownicą, a sam usiadł z tyłu z Tarikiem. Andrew włączył silnik i ruszył z piskiem opon, spod których bryzgał żwir i unosiły się kłęby kurzu. Pomknął ku Marina Drive. Mignęła mi twarz Tarika. Była blada, i tylko oczy, jak odciśnięte w śniegu ślady łap dzikiego zwierzęta, zdradzały jego myśli i nastroje.

– *Mai jata hu* – powtórzyłem, kiedy samochód nas minął. „Idę". Wszyscy się roześmieli. Nie wiedziałem, czy chodziło o mój zawzięty ton, czy o prostotę tego zdania.

– Już do nas dotarło – powiedział Salman. – To chyba bardzo jasne, *na*? Dobrze, będziesz z Abdullahem, na tyłach. Za domem Chuhy jest zaułek – Abdullah, znasz go. Można do niego dotrzeć co najmniej dwoma uliczkami, jedną od głównej ulicy, drugą zza rogu, od strony sąsiedniego domu. Na tyłach domu Chuhy jest podwórko. Widziałem je. W dwóch oknach są mocne kraty i tylko jedne drzwi. Z dwoma schodkami. Wy odpowiadacie za dom od tyłu. Nikt tam nie ma prawa wejść, jak zaczniemy. Jeśli się nam uda, niektórzy będą próbować tamtędy uciec. Nie pozwólcie im. Zatrzymajcie ich na podwórku. Reszta wejdzie od frontu. Jak tam broń, Fajsal?

– Siedem – odpowiedział. – Dwie krótkie strzelby, dwa automaty, trzy rewolwery.

– Daj mi automat – rozkazał Salman. – Abdullah, ty weź drugi. Będziesz się musiał nim podzielić. Strzelby wewnątrz są do niczego – będziemy się musieli bardzo zbliżyć i chcemy mieć całkowitą pewność, do kogo strzelamy. Strzelbami będziecie nas osłaniać z ulicy. Fajsal, ty weźmiesz strzelbę, i daj jedną Husajnowi. Kiedy skończymy, wyjdziemy tylnymi drzwiami, do Abdullaha i Lina. Nie będziemy wychodzić od frontu, więc roznieście wszystko, co stanie w drzwiach, kiedy już wejdziemy. Trzy pozostałe strzelby są dla Farida, Amira i i Mahmuda. Raj, będziesz musiał się z nami wymieniać. W porządku?

Wszyscy pokiwali i zakołysali głowami.

– Słuchajcie, jeśli zaczekamy, dołączy do nas trzydziestu innych i trzydzieści gnatów. Wiecie o tym. Ale możemy ich nie znaleźć. I tak już rozmawiamy o dziesięć minut za długo. Jeśli teraz uderzymy, szybko i mocno, zanim się zorientują, skasujemy ich i nikt nie ucieknie. Chcę ich wykończyć i załatwić tę sprawę raz na zawsze. Ale decyzję zostawiam wam. Nie chcę was zmuszać, jeśli nie macie ochoty. Chcecie, żebyśmy zaczekali na wsparcie czy ruszamy teraz?

Wszyscy przemówili kolejno, pospiesznie, na ogół jednym słowem. *Ahi* – czyli teraz. Salman skinął głową, przymknął oczy i wymamrotał arabską modlitwę. Kiedy je otworzył, był zdecydowany. Oczy płonęły mu nienawiścią i przerażającą żądzą mordu, nad którą do tej pory panował.

– *Saatch... aur himmat* – powiedział, spoglądając każdemu w oczy. „Prawda... i odwaga".

– *Saatch aur himmat* – odpowiedzieli.

Bez dalszego gadania wszyscy wzięli broń, wsiedli do samochodów i po kilku minutach byliśmy już pod domem Chuhy na ulicy Sardar Patel Road. Nie zdążyłem uporządkować myśli, nawet zastanowić się, co właściwie robię, a już się skradałem wąską uliczką z Abdullahem, w ciemnościach tak głębokich, że oczy rozbolały mnie od wytrzeszczania. Potem przeskoczyliśmy drewniany płot i wylądowaliśmy na terytorium wroga.

Przez parę chwil staliśmy w ciemnościach, sprawdzając podświetlane tarcze zegarków i nasłuchując. Nasz wzrok przyzwyczajał się do ciemności. Omal nie wyskoczyłem ze skóry, kiedy Abdullah odezwał się szeptem.

– Nic – tchnął. Jego głos zaszemrał, jakby ktoś przesunął dłonią po wełnianym kocu. – Nikogo nie ma, nikogo w pobliżu.

– Chyba w porządku – odpowiedziałem. Czułem, że mój głos aż skrzypi ze strachu. W oknach i za niebieskimi drzwiami na tyłach domu nie paliło się żadne światło.

– Dotrzymałem słowa – szepnął enigmatycznie Abdullah.

– Co?

– Kazałeś mi przysiąc, że kiedy pójdę zabijać Chuhę, zabiorę cię ze sobą. Pamiętasz?

– Tak – odparłem, a serce biło mi w tempie niespotykanym u zdrowych ludzi. – Chyba musisz uważać.

– Będę, Lin-bracie.

– Nie... chodziło mi o to, że musisz uważać, czego sobie życzysz, *na*?

– Spróbuję otworzyć te drzwi – szepnął Abdullah. – Jeśli są otwarte, wejdę.

– Co?

– Ty zaczekaj tutaj, blisko drzwi.

– Co?!

– Zaczekaj tutaj...

– Mieliśmy czekać obaj! – syknąłem.

– Wiem – mruknął i podkradł się do drzwi jak drapieżny kot.

Poszedłem za nim, bardziej niezdarnie, raczej jak kot, który przed chwilą obudził się z długiego snu. Znalazłem się przy dwóch szerokich schodkach pod drzwiami, kiedy Abdullah otworzył drzwi i wniknął do domu jak cień atakującego ptaka. Bezszelestnie zamknął je za sobą.

Sam, w ciemnościach, wyjąłem nóż z pochwy na krzyżu i chwyciłem go mocno, trzymając ostrzem w dół. Wpatrzyłem się w mrok, a całą uwagę skupiłem na biciu serca; siłą woli usiłowałem spowolnić zbyt gwałtowny łomot. Po jakimś czasie nawet mi się udało. Poczułem, że bicie staje się wolniejsze, i uspokoiłem się jeszcze bardziej, obracając w myślach medytacyjną frazę. Była to myśl Kadirbaja, fraza, którą tak często kazał mi powtarzać. Zło z dobrych pobudek. I powtarzając te słowa w przesiąkniętych strachem ciemnościach, zrozumiałem, że walka z Chuhą, wojna, zmaganie o władzę, to zawsze jedno i to samo, wszędzie i zawsze jest złe.

Salman i inni, nie mniej niż Chuha, mordercy od Sapny i cała reszta, udawali, że w swoich małych królestwach są królami, że walka o władzę daje im jakąś moc. A to nie była prawda. Nie mogła być. Dostrzegłem to tak wyraźnie, jakbym po raz pierwszy rozwikłał matematyczny problem. Jedyne królestwo, w którym człowiek jest królem, to królestwo jego duszy. Jedyna moc, która ma jakieś znaczenie, to moc zmieniania świata na lepsze. I tylko ludzie tacy, jak Kasim Ali Husajn i Johnny Cygaro są królami i mają tę moc.

Zdenerwowany, przestraszony, przyłożyłem ucho do drzwi i z natężeniem zacząłem nasłuchiwać głosu Abdullaha lub czyjegokolwiek. Strach, który mnie ogarnął, nie był strachem przed śmiercią. Nie bałem się śmierci. Bałem się, że zostanę ranny, że nie będę mógł biec, że oślepnę lub że z innego powodu nie zdołam uniknąć schwytania. Nade wszystko bałem się właśnie tego – ponownego schwytania, wsadzenia do klatki. Przyciskając ucho do drzwi, modliłem się, żeby żadna rana mnie nie obezwładniła. Niech to się stanie tutaj, modliłem się. Pozwól mi przez to przejść albo pozwól mi tutaj umrzeć...

Nie wiem, skąd się zjawili. Poczułem na sobie ich ręce, zanim cokolwiek usłyszałem. Dwaj mężczyźni chwycili mnie i rzucili o drzwi. Instynktownie uderzyłem prawą ręką.

– *Chaku! Chaku!* – krzyknął jeden. „Nóż! Nóż!".

Nie zdołałem się zamachnąć tak szybko, żeby ich powstrzymać. Jeden przyparł mnie do drzwi, trzymając za gardło. Był wielki i bardzo silny. Drugi obiema rękami usiłował mi wydrzeć nóż. Nie był aż takim mocarzem i nie zdołał mnie rozbroić. Potem po schodkach zbiegł trzeci i wspólnymi siłami wyłuskali mi nóż z rąk.

– *Gora kaun hai?* – spytał ten nowy. „Kim jest ten biały?".

– *Bahinchudh! Malum naki* – odparł ten potężny. „Siostrojebca! Nie wiem".

Przyjrzał mi się, najwyraźniej zdumiony, że natknął się na cudzoziemca, podsłuchującego pod drzwiami i uzbrojonego w nóż.

– *Kaun hai tum?* – spytał prawie przyjaźnie. „Kim jesteś?".

Nie odpowiedziałem. Potrafiłem myśleć tylko o tym, że muszę jakoś ostrzec Abdullaha. Nie rozumiałem, jakim cudem doszli aż tutaj, nie robiąc żadnego hałasu. Brama musiała się otwierać bezszelestnie. Buty lub *chappale* mieli pewnie podzelowane miękką gumą. Nieważne. Pozwoliłem się zaskoczyć i musiałem ostrzec Abdullaha.

Nagle szarpnąłem się, jakbym chciał się wyrwać. Zmyłka zadziałała. Wszyscy trzej krzyknęli i trzy pary rąk rzuciły mną o niebieskie drzwi. Po lewej stronie pojawił się jakiś mały facecik, który przygwoździł moją lewą rękę do drzwi. Drugi, niski, przytrzymał prawą. Podczas przepychanki zdołałem mocno kopnąć trzy razy w drzwi. Abdullah na pewno to usłyszał, pomyślałem. Już dobrze... ostrzegłem go... musi wiedzieć, że coś jest nie tak...

– *Kaun hai tum?* – ponowił pytanie ten potężny. Zdjął rękę z mojego gardła i złowrogo przysunął ją do mojej głowy, zwiniętą w pięść, tuż poniżej oczu. „Kim jesteś?".

Znowu nie odpowiedziałem, wpatrzyłem się w niego. Ich ręce, twarde jak kajdany, przykuwały mnie do drzwi.

Trzasnął mnie pięścią w twarz. Zdołałem odsunąć głowę, odrobinkę, ale po szczęce i policzku pociekła mi krew. Na palcach miał pierścienie albo kastet. Nie widziałem, ale dobrze poczułem metal kruszący kość.

– Co tu robisz? – spytał po angielsku. – Kim jesteś?

Milczałem. Znowu mnie uderzył, prosto w twarz, trzy razy. Ja to już znam... pomyślałem. Ja to znam... Znowu znalazłem się w więzieniu, w Australii, na bloku karnym – pięści, buty i pałki... Ja to już znam...

Zrobił przerwę, dał mi szansę na wypowiedź. Ci dwaj mniejsi wyszczerzyli do niego zęby, potem do mnie. *Aur*, powiedział jeden. „Jeszcze". Uderz go jeszcze. Ten wielki zamachnął się i zaczął mnie bić. To były powolne, przemyślane, profesjonalne ciosy. Powietrze uszło mi z płuc, i czułem, że samo życie ze mnie wycieka. Bił coraz wyżej, od piersi przez gardło i twarz. Już brodziłem w tej czarnej wodzie, w którą upadają znokautowani bokserzy. Już było po mnie.

Nie miałem do nich pretensji. Spieprzyłem sprawę, pozwoliłem się zaskoczyć, zajść od tyłu. Przyszedłem walczyć, powinienem być czujny. To była moja wina. Jakimś cudem ich nie zauważyłem i spieprzyłem sprawę, i to wszystko była moja wina. Chciałem tylko ostrzec Abdullaha. Słabo kopnąłem w drzwi w nadziei, że to usłyszy i ucieknie, ucieknie, ucieknie...

Spadałem w idealnej czerni, a ciężar całego świata spadał razem ze mną. Uderzając o podłogę, usłyszałem krzyki i zdałem sobie sprawę, że Abdullah otworzył drzwi, a my wszyscy razem runęliśmy do środka, na niego. W ciemnościach usłyszałem dwukrotny wystrzał i błysk. Potem świat znowu się rozświetlił, zamrugałem oczami, a gdzieś otworzyły się inne drzwi i w naszą stronę ruszyli ludzie. Znowu dwa wystrzały, trzy wystrzały, a ja wytoczyłem się spod tego wielkiego i zobaczyłem mój nóż, lśniący na ziemi przy otwartych niebieskich drzwiach.

Wyciągnąłem po niego rękę w chwili, kiedy jeden z tych mniejszych usiłował przepełznąć po mnie do drzwi. Nie myśląc, zrobiłem zamach i wbiłem mu nóż w biodro. Wrzasnął, a ja rzuciłem się na niego i ciąłem go przez twarz, obok oczu.

Zdumiewające, jak niewiele cudzej krwi, albo wiele, jeśli się uda, przywraca siłę rękom i tłumi adrenaliną ból ran. Odwróciłem się, wściekły, i ujrzałem Abdullaha zwartego w walce z dwoma mężczyznami. Na podłodze pomieszczenia leżały ciała, nie wiem ile. Dookoła nas i nad nami słychać było strzały. Dochodziły jakby z kilku miejsc jednocześnie. Były krzyki i piski. Śmierdziało gównem, szczynami i krwią. Ktoś dostał w brzuch, miałem nadzieję, że nie ja. Lewą ręką obmacałem brzuch.

Abdullah bił się z tamtymi na pięści. Siłowali się, bili, gryźli. Ruszyłem w ich stronę, ale ktoś chwycił mnie za nogę i ściągnął z powrotem. Ręka była silna. Bardzo silna. To musiał być ten potężny.

Dostał, byłem pewien, ale na jego koszuli i spodniach nie widziałem krwi. Ciągnął mnie jak żółwia w sieci. Kiedy dociągnął mnie do siebie, uniosłem nóż do ciosu, ale on trzasnął mnie pięścią w prawą pachwinę. Nie trafił dokładnie w punkt, ale i tak zwinąłem się z potwornego bólu. Wgniótł mnie w ziemię swoim ciężarem, opierając się o mnie przy wstawaniu. Poturlałem się po ziemi, rzygnąłem żółcią. Olbrzym wstał i zrobił krok w stronę Abdullaha.

Nie mogłem do tego dopuścić. Myśl o samotnej śmierci Abdullaha w pierścieniu karabinów zbyt często doprowadzała mnie do rozpaczy. Przebiłem się przez ból, poderwałem się niezdarnie, pokracznie i wbiłem potężnemu nóż w plecy. Uderzyłem wysoko. Tuż pod łopatką. Poczułem drżenie kości pod ostrzem, które ześliznęło się na bok, ku ręce. Facet był silny. Zrobił jeszcze dwa kroki, pociągnął mnie za sobą jak ryba wędkarza, i dopiero wtedy zachwiał się i padł. Upadłem na niego. Rozejrzałem się za Abdullahem. Wbijał palce w oczy przeciwnika, na kolanie odchylał mu głowę do tyłu. Tamten się poddał; jego kark trzasnął jak chrust.

Jakieś ręce chwyciły mnie, powlokły do tylnych drzwi. Uderzyłem, ale mocne, łagodne dłonie wysupłały nóż z moich palców. Potem usłyszałem głos, głos Mahmuda Milbafa, i zrozumiałem, że jestem bezpieczny.

– Chodź, Lin – powiedział, szybko i zbyt cicho, pomyślałem, jak na tak krwawą jatkę, która toczyła się wokół nas.

– Chcę broń – wymamrotałem.

– Nie, już po wszystkim.

– Abdullah? – spytałem, wywleczony na podwórko.

– Pracuje – odpowiedział Mahmud. Krzyki cichły, jeden po drugim, jakby ptaki zasypiały, w miarę jak mrok zapada nad jeziorem. – Możesz stać? Możesz iść? Musimy się zbierać.

– Jasne, że tak! Dam radę.

Byliśmy przy furtce, kiedy minął nas oddział naszych. Fajsal i Husajn nieśli między sobą jakiegoś człowieka. Farid i Mały Tony drugiego. Sanjay dźwigał czyjeś ciało na ramieniu. Szlochał i przyciskał ciało do piersi i ramienia.

– Straciliśmy Salmana – oznajmił Mahmud, idąc za moim spojrzeniem. – I Raja też. Z Amirem źle... żyje, ale jest ciężko ranny.

Salman. Ostatni głos rozsądku w radzie Kadira. Ostatni człowiek Kadira. Pobiegłem uliczką do czekających samochodów, czując, że życie ze mnie uchodzi, tak jak wtedy, gdy ten potężny bił mnie pod niebieskimi drzwiami. Wszystko skończone. Ze śmiercią Salmana skończyła się dawna mafia. Wszystko się zmieniło. Spojrzałem na pozostałych. Mahmud, Farid, ranny Amir. Wygrali tę wojnę. Mordercy z bandy Sapny wreszcie zginęli. Rozdział, który otworzyło imię Sapny, zamknął się na zawsze. Kadir został pomszczony. Zdrada Abd al-Ghaniego wreszcie została wymazana z historii. A Irańczycy, wrogowie Abdullaha, zginęli tak cicho, jak cichy był ten skąpany we krwi milczący dom, gdzie Abdullah... pracował. Gang Chuhy był rozbity. Wojna o terytorium dobiegła końca. Wszystko się skończyło. Koło zatoczyło pełny obrót i nic już nie będzie takie samo. Wygraliśmy, ale oni wszyscy płakali. Wszyscy płakali.

Oparłem głowę o siedzenie. Noc, tunel świateł łączący obietnicę z modlitwą, mijała nas za oknami. Powoli, ponuro, nasz czyn rozgiął zaciśniętą pięść. Gniew przeszedł w smutek jak zawsze. I nic z naszych pragnień, które mieliśmy jeszcze przed godziną, nie miało w sobie tyle nadziei i znaczenia, co jedna łza.

– Co? – spytał Mahmud, pochylając się do mnie. – Co powiedziałeś?

– Mam nadzieję, że niedźwiedziowi się udało – wymamrotałem zmiażdżonymi, krwawiącymi wargami; złamany duch zaczął się ulatniać z mojego poranionego ciała, a sen, jak mgła w lesie o poranku, przepływał przez moją tonącą w żalu głowę. – Mam nadzieję, że niedźwiedziowi się udało.

ROZDZIAŁ 42

Słońce rozbryznęło się na wodzie, rozsypało kryształowe drzazgi na falach toczących się po rozległym menisku zatoki. Stada ptaków, płonących w nadchodzącym zachodzie słońca, krążyły i zawracały jak jeden, jakby ktoś machał jedwabnym sztandarem. Na ogrodzonym niskim murem dziedzińcu białej marmurowej wyspy meczetu Hadżdżi Ali obserwowałem pielgrzymów i pobożnych miejscowych mieszkańców, jak odchodzą ze świątyni na stały ląd, jak mrówczymi szeregami maszerują po ścieżce z płaskich kamieni. Nadchodzący przypływ niedługo zaleje tę ścieżkę i do domu będzie można wrócić tylko łodziami. Rozpaczający lub proszący o wybaczenie, podobnie jak wszyscy, którzy tu byli w minionych dniach, rzucali girlandy kwiatów do płytszego, cofającego się morza. Powracające fale przynosiły z powrotem te pomarańczowoczerwone i popielatobiałe kwiaty, ozdabiały ścieżkę girlandami miłości, rozpaczy i pragnienia, które tysiące złamanych serc powierzały wraz z modlitwą wodzie każdego dnia, zależnego od przypływów i odpływów.

A my, braterski gang, przyszliśmy do świątyni na ostatnie pożegnanie i modlitwę za duszę naszego przyjaciela Salmana Mustana. Po raz pierwszy od nocy jego śmierci zebraliśmy się całą grupą. Rozproszyliśmy się na wiele tygodni po walce z Chuhą i jego gangiem, ukrywaliśmy się lub leczyliśmy rany. Oczywiście prasa podniosła krzyk. Słowa „rzeź" i „masakra" grubo okraszały strony bombajskich dzienników, jak masło słodką bułkę więziennego strażnika. Wzywano do wymierzenia bliżej nieokreślonej sprawiedliwości i nieubłaganej kary. I nikt nie miał wątpliwości, że bombajska policja powinna dokonać aresztowań. Z pewnością wiedzieli, który gang pozostawił te małe sterty ciał w domu Chuhy. Ale mieli cztery dobre powody do bezczynności – powody bardziej przekonujące niż święte oburzenie prasy.

Po pierwsze, nikt obecny w domu, na ulicy czy gdziekolwiek w Bombaju nie zamierzał zeznawać przeciwko nam, nawet nieoficjalnie. Po drugie, w walce zginęli mordercy z bandy Sapny, których policjanci sami chętnie by zlikwidowali. Po trzecie, gang Walidlalli pod przewodnictwem Chuhy zabił parę miesięcy temu policjanta, który trafił na jedną z ich poważnych narkotykowych transakcji przy Flora Fountain. Oficjalnie sprawa pozostała nierozwiązana, bo policjanci nie mieli żadnych liczących się w sądzie dowodów. Ale niemal od pierwszej chwili wiedzieli, że to Chuha ma krew na rękach. Rzeźnia w domu Chuhy stanowiła coś bardzo bliskiego zamiarom glin wobec Szczura i jego ludzi – zamiarom, które prędzej czy później zostałyby zrealizowane, gdyby Salman nie okazał się szybszy. I po czwarte, krocie rupii z operacji Chuhy, hojnie przekazane w liczne dłonie pracowników wydziału zabójstw, wydatnie przyczyniły się do nagłego przypływu bezradności.

Sanjay, który został nowym przywódcą rady Kadira Chana, dostał dyskretny cynk od policjantów, że wyrok na niego już zapadł, więc postawił wszystko na jedną szalę. Oni chcieli pokoju – i stałych dochodów, rzecz jasna – a gdyby nie opanował swoich ludzi, wyręczyliby go. A tak na marginesie, powiedzieli, kiedy już zainkasowali dziesięć milionów rupii łapówki, a jeszcze nie wykopali go na ulicę, ten cały Abdullah z twojego towarzystwa... nie chcemy go tu widzieć. Nigdy więcej. Raz już zginął w Bombaju. Tym razem, jeśli go spotkamy, umrze na dobre...

Jeden po drugim, po tygodniach w ukryciu, wróciliśmy do miasta i do zadań, które pełniliśmy w gangu Sanjaya, znanemu odtąd pod tą nazwą. Ja wróciłem z kryjówki w Goa i zająłem się operacjami paszportowymi wraz z Villu i Kriszną. Gdy w końcu dostaliśmy wezwanie do Hadżdżi Ali, pojechałem do świątyni na moim enfieldzie i razem z Abdullahem i Mahmudem Milbafem przeszedłem po falach zatoki.

Mahmud prowadził modły, klęcząc na czele grupy. Na małym balkoniku, jednym z wielu otaczającym meczet na wyspie, byliśmy sami. Zwrócony twarzą do Mekki, z białą koszulą wydymającą się na wietrze, Mahmud przemówił w imieniu wszystkich, którzy klęczeli lub stali za nim:

Chwała Bogu, Panu Wszechświata,
Współczującemu, Miłosiernemu
Panu Dnia Sądu Ostatecznego!
Ciebie jednego czcimy, Ciebie jednego o pomoc prosimy.
Prowadź nas prostą ścieżką...

Farid, Abdullah, Amir, Fajsal i Nazir – muzułmańskie serce rady – klęczeli za Mahmudem. Sanjay był hinduistą, Andrew chrześcijaninem. Klęczeli obok mnie, za grupą. Ja stałem, z pochyloną głową i splecionymi rękami. Znałem słowa modlitw i prosty rytuał wstawania, klękania i oddawania pokłonów. Mogłem do nich dołączyć. Mahmud i pozostali byliby zachwyceni. Ale nie mogłem się zmusić, żeby przy nich klęknąć. Ten rozdział, dla nich tak łatwy i instynktowny – to moje życie przestępcze, a to moje życie religijne – dla mnie był niedostępny. Ale rozmawiałem z Salmanem, wyszeptywałem moją nadzieję, że gdziekolwiek jest, odnalazł spokój. Zbyt dotkliwie zdawałem sobie sprawę z mroku mojego serca, by zaofiarować mu coś więcej niż ten strzęp modlitwy. Stałem więc w milczeniu jak intruz, jak szpieg na wyspie pobożności, a ametystowy wieczór błogosławił złotoliliowym światłem tych, którzy modlili się na balkonie. A słowa Mahmuda tak dobrze pasowały do mojego nadszarpniętego honoru i gasnącej dumy: ci, którzy cię zagniewali... ci, którzy zbłądzili...

Na zakończenie modlitwy uścisnęliśmy się, jak nakazuje obyczaj, i ścieżką wróciliśmy na brzeg. Mahmud szedł na czele. Odmówiliśmy modlitwę, każdy na własny sposób, opłakaliśmy Salmana, ale nie wyglądaliśmy jak inni pobożni pątnicy. Wszyscy nosiliśmy ciemne okulary. Mieliśmy nowe ubrania. Wszyscy, z wyjątkiem mnie, byli obwieszeni złotymi łańcuchami, zegarkami, pierścieniami i bransoletami, wartości co najmniej rocznych zarobków przemytnika. No i mieliśmy te ruchy. Wszyscy chodziliśmy z fasonem, tym tanecznym krokiem gangstera, który ma broń. Stanowiliśmy dziwny widok, tak odstraszający, że musieliśmy się zdrowo napocić, żeby zawodowi żebracy na ścieżce ośmielili się przyjąć grube pliki rupii, naszą ofiarę.

Pozostali przyjechali trzema samochodami, które stały przy falochronie. Niemal dokładnie w tym miejscu stałem z Abdullahem tego wieczoru, kiedy poznałem Kadirbaja. Mój motocykl parkował za nimi; zatrzymałem się, żeby się pożegnać.

– Zjedz z nami, Lin – zaproponował Sanjay z prawdziwą serdecznością.

Ten posiłek po melancholijnych modłach byłby wesoły; na pewno byłyby na nim narkotyki i ładne, wesołe, głupie dziewczyny. Byłem wdzięczny za propozycję, ale odmówiłem.

– Dzięki, stary, ale mam z kimś spotkanie.

– *Arrey*, przyprowadź ją, *yaar*. To dziewczyna, nie?

– Tak. To dziewczyna. Ale... musimy pogadać. Do zobaczenia później.

Abdullah i Nazir powiedzieli, że odprowadzą mnie do motocyklu. Zrobiliśmy zaledwie parę kroków, kiedy Andrew nas dogonił i zatrzymał.

– Lin – powiedział pospiesznie, nerwowo – wtedy, na parkingu, wiesz... Chcę... chcę powiedzieć... przepraszam, *yaar*. Chciałem, no... przeprosić, wiesz?

– W porządku.

– Nie, nie w porządku.

Wziął mnie za ramię, nad łokciem, odprowadził na tyle, żeby Nazir nie słyszał. Pochylił się i powiedział cicho i szybko:

– Nie przepraszam za to, co powiedziałem o Kadirbaju. Wiem, że był szefem i tak dalej, a ty... ty go jakoś kochałeś...

– Tak. Jakoś tak.

– Ale i tak nie przepraszam. Wiesz, te jego święte kazania, a jednak oddał starego Madżida Al-Ghaniemu i tym od Sapny, bo potrzebował ofiary, żeby gliny mu zeszły z głowy. Madżid był niby jego przyjacielem, *yaar*. Ale pozwolił go zarżnąć, żeby gliny się odwaliły.

– No...

– I te jego zasady, tego nie, tamtego nie i tak dalej, no wiesz, to wszystko na nic... Sanjay oddał mi dziewczyny i filmy Chuhy. I Fajsalowi, i Amirowi, prowadzą *garad*. Będziemy robić straszną kasę. Awansowałem do rady, oni też. Tym samym czasy Kadirbaja się skończyły, tak jak powiedziałem.

Zajrzałem w jego oczy koloru wielbłądziej wełny i westchnąłem głęboko. Od czasu tej nocy na parkingu antypatia narastała. Nie zapomniałem, co powiedział i jak bliscy byliśmy bójki. Ta jego przemowa jeszcze bardziej mnie rozzłościła. Gdybyśmy przed chwilą nie odmawiali modłów za przyjaciela, którego obaj lubiliśmy, pewnie już bym go uderzył.

– Wiesz, Andrew – mruknąłem bez uśmiechu – muszę powiedzieć, że niewielką mam pociechę z tych twoich przeprosin.

– To nie są przeprosiny – wyjaśnił z zaskoczeniem. – Przepraszam twoją matkę, za to, co o niej powiedziałem. Przepraszam, stary. Bardzo, bardzo żałuję tego, co powiedziałem. To było cholerne świństwo, powiedzieć tak o twojej matce – o czyjejkolwiek matce. Nikt nie powinien gadać takich świństw o niczyjej matce. Miałeś prawo mnie zastrzelić. I... cholernie się cieszę, że nie zastrzeliłeś. Matki są święte, *yaar*, i jestem pewien, że twoja jest bardzo szlachetną damą. Proszę, proszę cię, no wiesz... przyjmij moje przeprosiny.

– W porządku – powiedziałem i wyciągnąłem rękę. Chwycił ją w obie dłonie i potrząsnął energicznie.

Abdullah, Nazir i ja ruszyliśmy do mojego motocykla. Abdullah był dziwnie milczący. Niósł to milczenie jak jakiś złowrogi, niepokojący przedmiot.

– Wracasz dziś do Delhi? – spytałem.

– Tak. O północy.

– Mam cię odprowadzić na lotnisko?

– Nie. Dziękuję, lepiej nie. Gliny nie powinny na mnie zwracać uwagi. A jak ty tam będziesz, to zwrócą. Ale może odwiedzisz mnie w Delhi. Na Sri Lance jest robota – może weźmiemy ją razem?

– No, nie wiem – mruknąłem, zaskoczony jego powagą i dlatego uśmiechnięty. – Na Sri Lance jest wojna.

– Nie ma człowieka ani kraju bez wojny – odparł. Uderzyły mnie te słowa. Nigdy nie usłyszałem od niego nic tak poważnego. – Nam zostaje tylko wybrać stronę i walczyć. To jedyny nasz wybór – z kim i z czym walczymy. To jest życie.

– Mam... mam nadzieję, że nie całe, bracie. Ale, cholera, może i masz rację.

– Powinieneś to zrobić ze mną – powtórzył, najwyraźniej zażenowany swoją prośbą. – To ostatnie zadanie dla Kadirbaja.

– Jak to?

– Kadirbaj... prosił, żebym to zrobił, kiedy... jak to się... chyba znak, albo wiadomość... kiedy przyjdzie ze Sri Lanki. Teraz nadeszła – wiadomość.

– Przepraszam cię, bracie, nadal nie rozumiem, o czym mówisz – szepnąłem, nie chcąc go jeszcze bardziej zawstydzić. – Powoli, wyjaśnij od początku. Jaka wiadomość?

Szybko powiedział coś do Nazira w urdu. Ten parę razy kiwnął głową i rzucił coś o nazwiskach, albo żeby nie wymieniać nazwisk. Spojrzał na mnie i zaszczycił mnie szerokim ciepłym uśmiechem.

– Na wojnie w Sri Lance – wyjaśnił Abdullah – jest walka... Tamilskie Tygrysy przeciwko wojsku. Tygrysy to hinduiści. Syngalezi to buddyści. Ale w środku są inni – tamilscy muzułmanie, bez broni, bez wojska. Wszyscy ich zabijają, nikt o nich nie walczy. Trzeba im paszportów i pieniędzy – złotych pieniędzy. Musimy im pomóc.

– Kadirbaj – dodał Nazir – to jego plan. Tylko trzech ludzi: Abdullah i ja, i jeden *gora* – ty. Trzech. Jedziemy.

Byłem mu coś winien. Nazir nigdy by o tym nie powiedział i nie miałby do mnie żalu, gdybym z nimi nie pojechał. Zbyt wiele razem przeszliśmy. Ale zawdzięczałem mu życie. Byłoby mi bardzo trudno odmówić. I było coś jeszcze – coś w tym nieczęstym u niego, szerokim uśmiechu, chyba jakaś mądrość i żarliwa serdeczność. Wydawało mi się, że proponuje mi coś dużo ważniejszego niż szansa odpracowania długu wdzięczności. Uważał, że to on jest odpowiedzialny za śmierć Kadira, ale wiedział, że nadal czuję się winny i zhańbiony, że nie było mnie przy Kadirbaju, że nie udawałem jego Amerykanina, kiedy umierał. Daje mi szansę, pomyślałem, wodząc spojrzeniem od niego do Abdullaha i z powrotem. Daje mi szansę zamknięcia rozdziału.

– To kiedy ruszacie? Mniej więcej?

– Niedługo. – Abdullah się roześmiał. – Za parę miesięcy, później nie. Jadę do Delhi. Wyślę kogoś po ciebie, gdy nadejdzie czas. Dwa, trzy miesiące, Lin-bracie.

W mojej głowie rozległ się głos – a może właściwie nie głos, lecz same słowa, jak kamienie wpadające w nieruchome jezioro – zabójca... to zabójca... nie zgadzaj się... uciekaj... natychmiast... i ten głos miał oczywiście rację. Stuprocentową. Żałuję, że decyzja nie zajęła mi więcej niż parę chwil.

– Dwa, trzy miesiące – powtórzyłem i podałem mu dłoń. Uścisnął ją, przykrywając ją drugą ręką. Spojrzałem na Nazira, uśmiechnąłem się i dodałem: – Zrobimy to dla Kadira. Zakończymy to.

Nazir mocno zacisnął zęby, aż mięśnie żuchw nabrzmiały i podkreśliły opadające kąciki ust. Rzucił gniewne spojrzenie swoim stopom w sandałach, jak niesfornym szczeniakom. I nagle zmiażdżył mnie w bolesnym uścisku. To był gwałtowny, zapaśniczy chwyt człowieka, którego ciało nigdy nie mówiło językiem serca – pominąwszy chwile, gdy tańczył – i zakończył się równie gwałtownie i brutalnie, jak się zaczął. Nazir rozplótł masywne ramiona i odepchnął mnie piersią, potrząsnął głową, wzdrygnął się, jakby obok niego w płytkiej wodzie przepłynął rekin. Szybko na mnie zerknął i ciepło jego zaczerwienionych oczu połączyło się z ponurym, ostrzegawczym wyrazem tej podkówki pecha, jego ust. Wiedziałem, że gdybym kiedykolwiek wrócił do tej chwili czułości albo zrobił do niej jakąkolwiek aluzję, straciłbym jego przyjaźń na zawsze.

Kopnięciem obudziłem motocykl, dosiadłem go, odepchnąłem się od krawężnika i ruszyłem do Nana Chowk i Kolaby.

– *Saatch aur himmat!* – zawołał Abdullah, gdy go mijałem.

Pomachałem i skinąłem głową, ale nie mogłem odpowiedzieć. Nie wiedziałem, ile prawdy czy odwagi było w mojej decyzji, by przyłączyć się do ich misji na Sri Lance. Coś mi się zdawało, że nie za dużo. Opuściłem ich, wszystkich, i zanurzyłem się w ciepłą noc, w ruch uliczny.

Krwisty księżyc wynurzał się z wody, gdy dotarłem do drogi na Back Bay, prowadzącej do Nariman Point. Zaparkowałem przy straganie z zimnymi napojami, zapiąłem łańcuch i rzuciłem kluczyki sklepikarzowi, którego znałem ze slumsów. Z księżycem za plecami wyruszyłem ścieżką wzdłuż długiego łuku piaszczystej plaży, gdzie rybacy często naprawiali sieci i zniszczone łodzie. Tej nocy w okolicach Sassoon Dock odbywał się festiwal. Uroczystości zwabiły wielu miejscowych z chat i bud na plaży. Ulica, którą szedłem, była niemal wyludniona.

Wtedy ją zobaczyłem. Siedziała na brzeżku starej rybackiej łodzi, do połowy zarytej w piasku. Z piaszczystych fal wystawał tylko dziób i parę metrów długich burt. Była ubrana w długi zalwar i luźne spodnie. Kolana podciągnęła pod brodę, którą oparła na splecionych rękach. Wpatrywała się w mroczną wodę.

– Wiesz, za to cię lubię – powiedziałem, siadając obok niej na relingu łodzi rybackiej.

– Cześć, Lin – powiedziała z uśmiechem. Jej zielone oczy były równie mroczne jak woda. – Miło cię widzieć. Myślałam, że nie przyjdziesz.

– Twoja wiadomość była dość... alarmująca. Mało brakowało, a bym jej nie dostał. Przypadkiem wpadłem na Didiera, kiedy już jechał na lotnisko.

– Szczęśliwy traf zdarza się, kiedy los zmęczy się czekaniem – wymamrotała.

– Pieprzę cię, Karla. – Parsknąłem śmiechem.

– Przyzwyczajenie drugą naturą. – Uśmiechnęła się. – Tak jak kłamstwo.

Przez chwilę przesuwała spojrzeniem po moich rysach, jakby szukała znajomego miejsca na mapie. Jej uśmiech z wolna zbladł.

– Będę tęsknić za Didierem.

– Ja też – mruknąłem, myśląc, że pewnie już leci do Włoch. – Ale coś mi się zdaje, że niedługo wróci.

– Dlaczego?

– Zostawiłem w jego mieszkaniu Zodiakalnych George'ów, żeby się nim zaopiekowali.

– Uuuuu...! – Skrzywiła się, a jej idealne wargi ułożyły się do idealnego pocałunku.

– Właśnie. Jeśli to go nie skłoni do szybkiego powrotu, to już nie ma nadziei. Wiesz, jak kocha to mieszkanie.

Nie odpowiedziała, ale spojrzenie wyostrzyło się jej w skupieniu.

– Chalid tu jest. W Indiach – oznajmiła sucho, obserwując moje oczy.

– Gdzie?

– W Delhi... no, właściwie pod Delhi.

– Kiedy?

– Raport nadszedł dwa dni temu. Sprawdziłam go. To chyba on.

– Jaki raport?

Odwróciła wzrok na morze i westchnęła przeciągle, powoli.

– Jeet ma dostęp do wszystkich agencji informacyjnych. Jedna wysłała raport o nowym duchowym przywódcy, niejakim Chalidzie Ansarim, który przybył aż z Afganistanu i gdziekolwiek się pojawi, przyciąga wielkie tłumy zwolenników. Zobaczyłam to i poprosiłam Jeeta, żeby to sprawdził. Jego ludzie przysłali rysopis. Pasuje.

– Kurczę... dzięki Bogu... dzięki Bogu.

– No, może – mruknęła. W jej oczach zalśnił jakiś cień dawnej przekory i tajemniczości.

– I jesteś pewna, że to on?

– Tak pewna, że mogę tam osobiście pojechać.

– Wiesz, gdzie jest? To znaczy w tej chwili?

– Nie całkiem, ale chyba wiem, dokąd się wybiera.

– Dokąd?

– Do Varanasi. Mieszka tam nauczyciel Kadirbaja, Idriss. Jest już bardzo stary, ale nadal naucza.

– Nauczyciel Kadirbaja? – powtórzyłem osłupiały. Spędziłem z Kadirem setki godzin, słuchałem jego wykładów filozoficznych, a ani razu nie usłyszałem tego imienia.

– Tak. Raz go spotkałam, na samym początku, kiedy przyjechałam do Indii z Kadirem. Byłam... no, nie wiem... Chyba można powiedzieć, że miałam załamanie nerwowe. No i ten samolot do Singapuru. Nawet nie wiem, jak się w nim znalazłam. I załamałam się – po prostu coś we mnie pękło. A Kadir też leciał tym samolotem. Otoczył mnie ramieniem. Opowiedziałam mu wszystko... absolutnie... wszystko. I zaraz potem ocknęłam się w grocie z wielkim posągiem Buddy i jego nauczycielem, Idrissem... Nauczycielem Kadira.

W chwili ciszy, która nastąpiła, Karla pozwoliła wspomnieniom zagarnąć się w przeszłość. Otrząsnęła się z nich, wróciła do teraźniejszości.

– Uważam, że Chalid zmierza właśnie tam – na spotkanie z Idrissem. Zawsze go fascynował ten stary guru. Obsesyjnie chciał się z nim spotkać. Nie wiem, dlaczego nigdy do tego nie doszło, ale myślę, że teraz postanowił to zrobić. Idriss nauczył Kadira wszystkiego o teorii rozdrobnienia i...

– O czym?

– O teorii rozdrobnienia. Kadir tak to nazywał, ale powiedział, że to określenie Idrissa. To była jego, Kadira, filozofia życiowa o tym, że wszechświat zawsze zmierza ku...

– Złożoności – przerwałem. – Wiem. Rozmawiałem z nim o tym wiele razy. Ale nie nazywał tego teorią rozdrobnienia. I nigdy nie mówił o Idrissie.

– To zabawne, bo myślę, że go kochał, wiesz? Jak ojca. Kiedyś nazwał go nauczycielem nad nauczycielami. I wiem, że chciał tam na starość zamieszkać, niedaleko Varanasi, z Idrissem. No więc myślę, że tam zacznę szukać Chalida.

– Kiedy?

– Jutro.

– Oookej – mruknąłem, unikając jej oczu. – Czy... czy to ma coś wspólnego z... no, z tobą i Chalidem, z dawnych czasów?

– Czasami potrafisz być strasznym fiutem, Lin, wiesz o tym?

Spojrzałem ostro, ale nie odpowiedziałem.

– Wiesz, że Ulla jest w mieście? – spytała po chwili.

– Nie. Kiedy przyjechała? Widziałaś się z nią?

– To tyle. Dostałam od niej wiadomość. Mieszkała w „Prezydencie", chciała się ze mną natychmiast spotkać.

– Poszłaś?

– Nie chciałam – odparła w zamyśleniu. – Gdyby wysłała wiadomość tobie, poszedłbyś?

– Chyba tak – powiedziałem wpatrzony w zatokę, gdzie światło księżyca spoczywało na wężowych grzbietach łagodnie falującego morza. – Ale nie dla niej. Dla Modeny. Widziałem się z nim jakiś czas temu. Nadal za nią szaleje.

– Widziałam go dziś wieczorem – szepnęła.

– Dziś?

– Tak. Niedawno. Z nią. Przeraziłam się. Poszłam do hotelu, do jej pokoju. Był tam jeszcze jakiś gość, nazywał się Ramesh...

– Modena mi opowiadał. Przyjaźnią się.

– No, więc otworzył drzwi, weszłam i zobaczyłam Ullę. Siedziała na łóżku, plecami oparta o ścianę. A Modena... leżał jej na kolanach, z głową na jej ramieniu. Ta twarz...

– Wiem. W kiepskim stanie.

– To było dziwne. Przestraszyłam się całej tej sceny. Nie wiem dlaczego. A Ulla... opowiedziała, że ojciec zostawił jej masę pieniędzy... są bardzo bogaci, rozumiesz, rodzina Ulli. Praktycznie całe miasto należy do nich – w Niemczech, gdzie się urodziła – ale odcięli jej fundusze, jak się umoczyła w narkotykach. Nigdy nie dostała od nich ani grosza – aż do śmierci ojca. Kiedy więc dostała ten spadek, przyszło jej do głowy wrócić i poszukać Modeny. Powiedziała, że miała wyrzuty sumienia i nie potrafiła z tym żyć. I znalazła go. Czekał na nią. I kiedy przyszłam na to spotkanie, byli razem, jak... jak w jakimś romansie.

– Cholera, więc się nie mylił. Powiedział... powiedział, że ona na pewno po niego wróci, i faktycznie. Nie wierzyłem w to ani przez sekundę. Myślałem, że po prostu zwariował.

– Siedzieli razem, on na jej kolanach... Widziałeś Pietę? Michała Anioła? Dokładnie w tej pozycji. To było cholernie dziwne. Aż mnie trzasnęło. Czasem coś jest tak dziwne, że aż cię to wkurza, znasz to?

– Czego chciała?

– Jak to?

– Dlaczego wezwała cię do hotelu?

– A, już łapię. – Uśmiechnęła się. – Ulla zawsze czegoś chce.

Uniosłem brew, patrząc na nią bez słowa.

– Chciała, żebym załatwiła Modenie paszport. Jest tu od lat. Wiza straciła ważność. I ma parę problemów z policją w Hiszpanii. Musi mieć nowy paszport, żeby wrócić do Europy. Mógłby uchodzić za Włocha. Albo Portugalczyka.

– Zostaw to mnie – powiedziałem spokojnie. Pomyślałem, że wreszcie wiem, dlaczego chciała się ze mną spotkać. – Będzie gotowy na jutro. Wiem, jak się z nim skontaktować w sprawie fotek i tak dalej – choć trudno będzie pomylić jego twarz. Wszystko załatwię.

– Dzięki. – Spojrzała mi w oczy z tak żarliwą intensywnością, że serce zaczęło mi się tłuc o żebra. Tylko idiota, powiedział kiedyś Didier, popełnia ten błąd, żeby zostać sam na sam z kimś niegdyś kochanym. – A ty co, Lin?

– A ja siedzę z tobą – powiedziałem ze śmiechem.

– Nie, co zamierzasz? Zostaniesz w Bombaju?

– Bo co?

– Miałam cię spytać... czy chcesz ze mną pojechać, żeby odnaleźć Chalida.

Roześmiałem się, ale dołączyła do mnie.

– To prawie najlepsza oferta, jaka mnie dziś spotkała.

– Prawie? – przeciągnęła. – A ta najlepsza?

– Ktoś mnie zaprosił na wojnę w Sri Lance.

Zacisnęła usta, ale wtedy uniosłem ręce w geście kapitulacji i szybko dodałem:

– Żartuję tylko, żartuję. Nie wkurzaj się. To znaczy, z tym zaproszeniem to prawda, ale... no wiesz.

Uspokoiła się i znowu się uśmiechnęła.
– Wyszłam z wprawy. Dużo czasu minęło.
– Więc... skąd to zaproszenie?
– Dlaczego nie?
– To za mało, dobrze wiesz.
– No dobrze. – Westchnęła, zerknęła na mnie i spojrzeniem pobiegła za wiatrem, rysującym wzory na piasku. – Chyba miałam nadzieję na coś takiego jak... jak w Goa.
– A... Jeet? – spytałem, pomijając tę szansę, którą mi podsunęła. – Co on sądzi o tym, że wyruszasz na poszukiwanie Chalida?
– Żyjemy swoim życiem. Robimy, co chcemy. Jedziemy, dokąd chcemy.
– Dość... niekrępująco – rzekłem z wysiłkiem, wybierając słowo niekłamliwe i nieobraźliwe. – Didier mówił, że chodzi o coś poważniejszego... mówił, że ten gość poprosił cię o rękę.
– Poprosił – powiedziała sucho.
– I?
– I co?
– I zgodzisz się? Wyjść za niego?
– Tak. Chyba tak.
– Dlaczego?
– Dlaczego nie?
– Nie zaczynaj.
– Przepraszam – odparła ze zmęczonym uśmiechem. – Prowadzam się z innym towarzystwem. Dlaczego wyjdę za Jeeta? Bo jest miły, zdrowy i przy kasie. I słuchaj, chyba potrafię lepiej wydawać jego pieniądze niż on.
– Czyli mówisz mi, że jesteś gotowa oddać życie za tę miłość.
Roześmiała się i spojrzała na mnie, nagle poważna. Jej oczy, rozświetlone księżycowym światłem, jej oczy, zielone lilie wodne po deszczu, jej długie włosy, czarne jak kamienie w leśnej strudze, jej włosy, które w moich palcach były jak sama noc, jej usta, rozgwieżdżone nieugaszonym blaskiem, usta o miękkości płatków kamelii, ogrzane tajnymi szeptami. Piękna. Kochałem ją. Kochałem ją bardzo mocno, ale bez żaru i serca. Ta upadająca miłość, ta bezradna, śniąca, szybująca miłość przeminęła. I nagle, w tych chwilach... zimnej adoracji, chyba to była właśnie ona... zrozumiałem, że ta władza, którą niegdyś nade mną miała, także przeminęła. A co więcej, jej władza przeszła we mnie, stała się mną. To ja miałem wszystkie asy. I zapragnąłem się dowiedzieć. Nie wystarczała mi prosta akceptacja tego, co się zdarzyło między nami. Chciałem wiedzieć o wszystkim.
– Dlaczego mi nie powiedziałaś?
Westchnęła cicho, boleśnie, wyprostowała nogi i zanurzyła bose stopy w piasku. Patrząc na małe kaskady miękkich ziarenek, przesypujących się między jej palcami, zaczęła mówić sucho, bezbarwnie, jakby układała list – albo może przypominała sobie list, niegdyś napisany i nigdy niewysłany.
– Wiedziałam, że mnie spytasz, i chyba dlatego tak długo zwlekałam z tym spotkaniem. Dałam wszystkim znać, że tu jestem i pytam o ciebie, ale nigdy tak naprawdę nic nie zrobiłam, aż do dziś, bo... wiedziałam, że mnie spytasz.

– Jeśli to ci ułatwi – przerwałem ostrzej, niż zamierzałem. – Wiem, że to ty spaliłaś dom madame Zhou.

– Ghani ci powiedział?

– Ghani? Nie. Sam się domyśliłem.

– Ghani to dla mnie zrobił – on to załatwił. Wtedy po raz ostatni z nim rozmawiałam.

– Ja rozmawiałem z nim na godzinę przed jego śmiercią.

– Powiedział ci o niej? – spytała, być może w nadziei, że nie będzie musiała mi mówić wszystkiego.

– O madame Zhou? Nie. Ani słowa.

– A mnie powiedział... dużo. – Westchnęła. – Uzupełnił parę pustych miejsc. To chyba przez Ghaniego podjęłam ostateczną decyzję. Powiedział, że kazała Rajanowi cię śledzić i że pociągnęła za parę sznurków, żeby gliny cię aresztowały, kiedy Rajan jej doniósł, że się ze mną kochałeś. Zawsze jej nienawidziłam, ale to przeważyło. Po prostu... o jedną kroplę za dużo. Nie mogła mi darować tego czasu z tobą. Nie pozwoliła mi się tym nacieszyć. Weszłam więc w kontakt z Ghanim i on to zaaranżował. Zamieszki. Wielki pożar. Sama podłożyłam ogień.

Urwała, wpatrzona w stopy w piasku, zacisnęła szczęki. W jej oczach lśniły odbite światła. Przez chwilę wyobrażałem sobie, jak musiały wyglądać te zielone oczy, kiedy odbijała się w nich czerwona łuna pożaru Pałacu.

– Wiem i o Stanach – dodałem po chwili. – Wiem, co się tam stało.

Zerknęła na mnie szybko, badawczo.

– Lisa – szepnęła. Nie odpowiedziałem. A ona, w ułamku chwili zrozumiawszy wszystko, jak to kobiety, uśmiechnęła się. – To dobrze. Lisa i ty. Ty i Lisa. To... bardzo dobrze.

Nie zmieniłem wyrazu twarzy. Jej uśmiech pierzchnął, znowu spojrzała w piasek.

– Zabiłeś kogoś, Lin?

– Kiedy? – spytałem, nie wiedząc, czy chodzi jej o Afganistan, czy o znacznie mniejszą wojnę z Chuhą i jego gangiem.

– W ogóle.

– Nie.

– To dobrze. – Odetchnęła. – Chciałabym...

Znowu zamilkła na jakiś czas. Z głębi pustej plaży dobiegły odgłosy festiwalu: radosne śmiechy przebijające się przez ryk orkiestry dętej. Znacznie bliżej muzyka oceanu szemrała przy miękkim, ustępliwym brzegu, a palmy nad naszymi głowami drżały na oziębiającym się wietrze.

– Kiedy tam poszłam... do jego domu, do tego pokoju, gdzie stał, uśmiechnął się do mnie. On... po prostu się... cieszył na mój widok. I na ułamek sekundy zmieniłam zdanie i pomyślałam, że... to koniec. Potem zobaczyłam w tym jego uśmiechu coś jeszcze, coś obleśnego i... i powiedział... wiedziałem, że ci będzie mało... czy coś takiego. I... tak jakoś zaczął się rozglądać, jakby się upewniał, czy nikt nas nie zaskoczy...

– Nie trzeba...

– A kiedy zobaczył broń, zrobiło się gorzej, bo zaczął... nie prosić... ale przepraszać... i stało się jasne, zupełnie jasne, że wiedział, co mi zrobił... dokładnie... w każdym szczególe, wiedział, jakie to złe. I to było o wiele gorsze. A potem umarł. Nie było dużo krwi. Myślałam, że będzie. Może później. I reszty nie pamiętam, i nagle znalazłam się w samolocie, a Kadir obejmował mnie ramieniem.

Umilkła. Pochyliłem się, podniosłem stożkowatą muszelkę, spiralami spływającą ku ostremu, nadkruszonemu czubkowi. Wciskałem ją w dłoń aż do krwi, a potem rzuciłem na pofałdowany piasek. Kiedy znowu spojrzałem na Karlę, patrzyła na mnie ze zmarszczonymi brwiami.

– Czego chcesz? – spytała obcesowo.

– Chcę wiedzieć, dlaczego nigdy nie opowiedziałaś mi o Kadirbaju.

– Prosto z mostu?

– Oczywiście.

– Nie mogłam ci zaufać – oznajmiła, znowu uciekając wzrokiem. – To nie całkiem tak. To znaczy: nie wiedziałam, czy mogę ci zaufać. Myślę... teraz... wiem... że powinnam, od samego początku.

– W porządku.

– Chciałam ci powiedzieć. Usiłowałam cię namówić, żebyś został ze mną w Goa. Wiesz.

– To żadna różnica – warknąłem, ale potem westchnąłem, tak jak ona, i złagodziłem ton. – Może by się coś zmieniło, gdybyś mi powiedziała, że dla niego pracowałaś... że to ty mnie zaangażowałaś.

– Kiedy uciekłam... kiedy pojechałam do Goa, byłam w złym stanie. Ta historia z Sapną... to był mój pomysł. Wiedziałeś?

– Nie. Jezu.

Przyjrzała się mojemu gniewnemu rozczarowaniu i zmrużyła oczy.

– Nie morderstwa – wyjaśniła, chyba wstrząśnięta, że aż tak jej nie rozumiałem i że uznałem ją za zdolną do zaplanowania morderstwa. – To był pomysł Ghaniego, jego wkład twórczy. Chcieli transportować towar przez Bombaj i potrzebna im była pomoc ludzi, którzy nie byli skłonni do pomocy. Wpadłam na pomysł, żeby stworzyć wspólnego wroga – Sapnę – żeby wszyscy pomagali nam go pokonać. Miały być plakaty, graffiti i jakieś fałszywe ostrzeżenia o atakach bombowych – żeby wyglądało na to, że w mieście jest niebezpieczny, charyzmatyczny przywódca. Ale Al-Ghani uznał, że to zbyt mało straszne. Dlatego zaczął zabijać.

– A ty wyjechałaś... do Goa.

– Tak. Wiesz, gdzie po raz pierwszy dowiedziałam się o morderstwach? Co Al-Ghani zrobił z moim pomysłem? W Wiosce w Niebie... Kiedy mnie zabrałeś na to przyjęcie. Twoi przyjaciele o tym mówili. I to mną wstrząsnęło. Przez jakiś czas usiłowałam temu zaradzić, jakoś to powstrzymać, ale nie miałam szans. A potem Kadir powiedział, że jesteś w więzieniu... ale musisz tam zostać, dopóki madame Zhou nie zrobi tego, czego od niej chciał. A potem... potem kazał mi pracować nad tym Pakistańczykiem, młodym generałem. Był moim kontaktem, lubił mnie. Więc... posłuchałam. Rozpracowałam go, kiedy ty byłeś w więzieniu, aż Kadir dostał to, czego chciał. A potem po prostu... rzuciłam to. Miałam dość.

– Ale do niego wróciłaś.

– Chciałam, żebyś ze mną został.

– Dlaczego?

– Jak to?

Zmarszczyła brwi; to pytanie ją zirytowało.

– Dlaczego chciałaś, żebym z tobą został?

– Czy to nie oczywiste?

– Nie. Przepraszam. Czy ty mnie kochałaś? Nie pytam, czy mnie kochałaś tak, jak ja ciebie. Pytam... czy w ogóle to była miłość? Czy ty mnie w ogóle kochałaś?

– Lubiłam cię...

– Jasne.

– Nie, naprawdę. Lubiłam cię bardziej niż kogokolwiek. Jak na mnie to bardzo wiele.

Mocno zaciskałem zęby i odwróciłem od niej głowę. Czekała parę chwil, a potem znowu zaczęła mówić.

– Nie mogłam ci powiedzieć o Kadirze. Nie mogłam. Czułabym, że go zdradziłam.

– Zdradzić mnie to pewnie zupełnie co innego?

– Lin, do cholery, to nie tak. Gdybyś ze mną został, oboje uwolnilibyśmy się od tego świata, ale nawet wtedy nie mogłabym ci powiedzieć. No, to nieważne. Nie zostałeś, więc myślałam, że nigdy więcej cię nie zobaczę. Potem dostałam od Kadira wiadomość, że jesteś u Gupty, zabijasz się w wielkim stylu i że mam cię stamtąd zabrać. I tak wróciłam. To dlatego do niego wróciłam.

– Nie rozumiem.

– Czego nie rozumiesz?

– Jak długo pracowałaś dla niego i Al-Ghaniego przed sprawą Sapny?

– Jakieś cztery lata.

– Więc musiałaś widzieć wiele rzeczy, musiałaś przynajmniej o tym słyszeć. Jak pragnę zdrowia, pracowałaś dla bombajskiej mafii albo dla jej filii. Pracowałaś dla jednego z największych gangsterów w Bombaju, tak samo jak ja. Wiedziałaś, że zabijają ludzi, zanim Ghani ześwirował z Sapną. Dlaczego po tym wszystkim tak się oburzyłaś akurat z powodu Sapny? Nie rozumiem.

Przyglądała mi się uważnie. Była dość inteligentna, żeby zrozumieć, że ją atakuję, ale jej oczy zdradziły mi, że dostrzega dużo więcej. Choć usiłowałem to ukryć, wiedziałem, że wychwyciła w moim głosie sceptycyzm najeżony cnotliwym zgorszeniem. Kiedy skończyłem perorować, wzięła głęboki wdech, chcąc odpowiedzieć, ale raptem zrobiła pauzę, jakby musiała się jeszcze zastanowić.

– Myślisz, że odeszłam – zaczęła w końcu, z nieznacznym grymasem zaskoczenia – i pojechałam do Goa, bo chciałam... co... wybaczenia za to, co zrobiłam? Albo za współuczestnictwo? O to chodzi?

– A tak było?

– Nie. Chciałam wybaczenia i nadal chcę, ale nie za to. Zostawiłam ich, bo te morderstwa Sapny nie obudziły we mnie żadnego uczucia. Zupełnie. Byłam wstrząśnięta i... trochę... przestraszona, że Ghani aż tak wywrócił mój pomysł do góry nogami. I nie byłam zadowolona. Uznałam, że to głupie. Uznałam, że to niepotrzebne i że będziemy mieli kłopoty, których nam nie potrzeba. Usiłowałam nakłonić Kadirbaja, żeby się z tego wycofał. Usiłowałam ich namówić, żeby przestali. Ale nic nie czułam, nawet kiedy zabili Madżida. A przecież... nawet go lubiłam, wiesz? Lubiłam starego Madżida. Był z nich najlepszy... pod pewnymi względami. Ale kiedy go zabili, nie obeszło mnie to. I nie czułam nic, zupełnie nic, kiedy Kadir powiedział, że pozwoli ci gnić w więzieniu i obrywać od strażników. Lubiłam cię – bardziej niż kogokolwiek – ale nie czułam smutku ani żalu. Mniej więcej rozumiałam, że tak musi być i że po prostu masz pecha. Nic nie poczułam. I wtedy mnie to uderzyło. Wówczas zrozumiałam, że muszę uciekać.

– A co z Goa? Nie powiesz mi, że to było nic.

– Nie. Kiedy przyjechałeś do Goa i odnalazłeś mnie, tak jak przewidziałam, było mi... dość dobrze. Zaczęłam myśleć, więc to tak... więc to o tym mówią... Ale potem nie chciałeś zostać. Musiałeś wracać – do niego – i wiedziałam, że on cię chce, może nawet potrzebuje. I nie mogłam ci powiedzieć, co o nim wiem, bo byłam mu coś winna i nie wiedziałam, czy mogę ci ufać. Dlatego cię wypuściłam. A kiedy wyjechałeś, też nic nie poczułam. Kompletnie. Nie chciałam wybaczenia za to, co zrobiłam. Chciałam – i nadal chcę, i dlatego jadę do Chalida i Idrissa – wybaczenia za to, że nie czułam żalu i niczego nie żałuję. Jestem w środku zimna, Lin. Lubię ludzi, lubię różne rzeczy, ale nikogo nie kocham – nawet samej siebie – i tak naprawdę nikt mnie nie obchodzi. I wiesz, najdziwniejsze jest to, że nawet tego nie żałuję.

I już. Miałem wszystko – całą prawdę ze szczegółami, które chciałem znać od tamtego dnia w górach, na tym przeraźliwym śniegu, gdy Kadir mi o niej opowiedział. Chyba się spodziewałem, że zmusiwszy ją do wyznania, co zrobiła i dlaczego, poczuję... zaspokojenie głodu, a może chęci zemsty. Chyba liczyłem, że poczuję się uwolniony, uratowany przez sam fakt, że usłyszę jej słowa. Ale nic z tego. Poczułem pustkę: taką pustkę, która jest smutkiem, lecz nie niepokojem, litością, lecz nie bólem złamanego serca, pęknięciem, ale jakoś dającym czystość i klarowność. A potem zrozumiałem, co to jest, ta pustka: ona ma nazwę, słowo, którego często używamy, nie zdając sobie sprawy z kosmosu spokoju, jaki w sobie kryje. To słowo brzmi „wolność".

– Nie wiem, ile to dla ciebie warte – rzekłem, kładąc jej rękę na policzku. – Wybaczam ci, wybaczam i kocham cię, i zawsze będę cię kochać.

Nasze usta spotkały się jak fale, które stapiają się ze sobą na burzliwym morzu. Czułem, że się wyzwalam, że się wreszcie wyzwalam z tej miłości, która otworzyła się we mnie jak wielopłatkowy lotos. I razem osunęliśmy się po wstędze jej czarnych włosów na jeszcze ciepłą plażę za zasłoną zasypanej łodzi.

Kiedy nasze wargi się rozdzieliły, ten pocałunek zapalił gwiazdy w jej oczach koloru zielonego morza. Te oczy przekazały mi ogrom pragnienia. Ogrom namiętności przeszedł z moich szarych oczu do jej. Cały głód, całe cielesne i duchowe pragnienie przepłynęło z oczu do oczu: chwila naszego spotkania, Stojący Baba, Wioska w Niebie, cholera, rój szczurów, tajemnice, które wyszeptywała mi na krawędzi snu z wyczerpania, śpiewająca łódź pod Wrotami podczas powodzi, burza, kiedy po raz pierwszy się kochaliśmy, radość i samotność w Goa i nasza miłość, odbita w szkle w tę ostatnią noc przed wojną.

Nie było już słów. Nie było już mądrości, kiedy odprowadzałem ją do taksówki. Znowu ją pocałowałem. Długi pocałunek, pożegnalny. Uśmiechnęła się. To był dobry uśmiech, piękny uśmiech, prawie jej najlepszy. Czerwone światła taksówki rozmyły się i rozpłynęły w moich oczach, a potem zginęły w głębi nocy.

Sam na tej dziwnie cichej ulicy ruszyłem do slumsów Prabakera – zawsze nazywałem je slumsami Prabakera i dalej je tak nazywam – po mój motocykl. Moje cienie tańczyły pod każdą latarnią, ciągnęły się za mną jak tren, a potem pędziły naprzód. Pieśń oceanu ucichła. Droga snuła się wybrzeżem w szerokie, obsadzone drzewami ulice nowego, wydartego morzu półwyspu, wybudowanego przez wiecznie rozrastające się miasto-wyspę.

Z ulic wokół mnie dochodziły dźwięki uroczystości. Festiwal się zakończył i ludzie wracali do domów. Ryzykanci na motorach śmigali między idącymi, zbyt szybko, lecz nigdy nawet nie muskając niczyjego rękawa. Niemożliwie piękne dziewczyny w jaskrawych, nowych sari płynęły pomiędzy spojrzeniami młodzieńców, których koszule, jak również skóra, pachniały mydłem sandałowym. Dzieci spały w ramionach dorosłych, ich rączki i nóżki dyndały jak mokre pranie. Ktoś śpiewał miłosną piosenkę i dziesiątki głosów podchwytywały każdy refren. Mężczyźni i kobiety, wracający do slumsów lub pięknego mieszkania, uśmiechali się, słysząc romantyczne, niemądre słowa.

Trzej młodzieńcy, śpiewający obok mnie, zobaczyli, że się uśmiecham, i unieśli ręce w pytającym geście. Ja też uniosłem i zaśpiewałem refren, połączyłem mój głos z innymi, zaskakując ich i radując tym, że znam piosenkę. Więc zarzucili mnie, obcemu, ręce na ramiona i ruszyliśmy, śpiewając, do niepokonanej ruiny slumsów. Każdy na calutkim świecie, powiedziała kiedyś Karla, był Hindusem co najmniej w jednym wcieleniu. I roześmiałem się na myśl o niej.

Nie wiedziałem, co z sobą pocznę. Pierwszy etap był dość jasny – musiałem spłacić dług Nazirowi. Raz, kiedy rozmawiałem z nim o wyrzutach sumienia za śmierć Kadira, powiedział do mnie: dobra broń, dobry koń, dobry przyjaciel, dobra walka – znasz lepszy sposób, żeby Wielki Chan umarł? I mały strzępek tej myśli czy uczucia miał zastosowanie także do mnie. W jakiś sposób wydało mi się słuszne – choć nie potrafiłbym tego wyjaśnić nawet samemu sobie – i odpowiednie, że powinienem narazić życie w towarzystwie przyjaciół dla ważnej sprawy.

Musiałem się jeszcze tyle dowiedzieć, tyle rzeczy, których chciał mnie nauczyć Kadirbaj. Wiedziałem, że jego nauczyciel fizyki, o którym opowiedział mi w Afganistanie, przebywał w Bombaju. A ten drugi nauczyciel, Idriss, w Varanasi. Jeśli uda mi się wrócić ze Sri Lanki, otwierał się przede mną cały świat spraw odkryć i radości.

Na razie miałem zapewnione miejsce w radzie Sanjaya. Miałem tu pracę, pieniądze i odrobinę władzy. Na jakiś czas byłem bezpieczny przed długim ramieniem australijskiej sprawiedliwości. Miałem przyjaciół w radzie i w „Leopoldzie", i w slumsach. I tak, może nawet miałem szansę na miłość.

Minąłem motocykl i ruszyłem w głąb slumsów. Nie wiedziałem dlaczego. Kierował mną instynkt i, być może, księżyc w pełni. Wąskie uliczki, te kręte ścieżki marzeń i trudu, były mi znane i tak kojąco bezpieczne, że zdumiewałem się na myśl, jaki strach kiedyś tu czułem. Wędrowałem bez celu i planu, od uśmiechu do uśmiechu mężczyzn, kobiet i dzieci, którzy kiedyś byli moimi pacjentami i sąsiadami. Chodziłem we mgle zapachów jedzenia i mydła, zwierzęcych kojców, lamp naftowych, kadzidła i drewna sandałowego, snujących się z tysiąca świątynek w tysiącach chatynek.

Na zakręcie ścieżki zderzyłem się z jakimś mężczyzną i zanim jeszcze przywołaliśmy na twarze wyraz skruchy, rozpoznaliśmy się w ułamku sekundy. Był to Mukesh, młody złodziej, który pomógł mi w areszcie i więzieniu; ten sam, którego wolności zażądałem, gdy Vikram przyszedł wykupić mnie z więzienia.

– Linbaba! – zawołał, podtrzymując mnie za ramiona. – Jak dobrze cię widzieć! *Arrey!* Jak tam?

– Przyszedłem w odwiedziny – odparłem ze śmiechem. – A co ty tu robisz? Świetnie wyglądasz! Jak się miewasz, do diabła?

– Nie problem, *baba*! *Bikul fit, hain!* – „Jestem w świetnej formie".

– Jadłeś coś? Napijesz się czaju?

– Dzięki, *baba*, nie. Spieszę się spotkać.

– *Achcha?* – mruknąłem. „Ach, tak?".

Zbliżył się i szepnął:

– To tajemnica, ale tobie mogę ufać. Mam spotkanie z tymi samymi, co byli z Sapną, królem złodziei.

– Co?

– Tak – szepnął. – Ci ludzie naprawdę znali Sapnę. Mówią o nim codziennie.

– Niemożliwe – powiedziałem.

– O tak. To jego przyjaciele. I tworzymy armię – armię biedaków. Nauczymy tych muzułmanów, kto pan w Maharasztrze! Ten Sapna zabił szefa mafii, Abd al-Ghaniego, w jego własnym domu, i porozrzucał go w kawałkach po wszystkich pokojach! A muzułmanie już wiedzą, że nas się bać trzeba. Muszę iść. Zobaczymy się niezadługo, prawda? Do widzenia, Linbaba!

Pobiegł uliczkami. Ruszyłem dalej bez uśmiechu, nagle przestraszony, zły i samotny. I wtedy, jak zwykle, to miasto, Bombaj, mój Mumbaj, podtrzymało mnie i pocieszyło. Dotarłem do tłumu zgromadzonego przed nową, dużą chatą Niebieskich Sióstr. Ludzie w ostatnich rzędach stali, ci bliżej progu klęczeli lub siedzieli. A w drzwiach, otoczone aureolami światła lamp i otulone wstęgami niebieskiego kadzidlanego dymu, stały Niebieskie Siostry we własnych osobach. Promienne. Spokojne. Istoty tak współczujące, pełne tak niezrównanego spokoju, że w głębi mego złamanego, wygnanego serca przysiągłem im miłość, tak jak każdy mężczyzna i kobieta, którzy je widzieli.

Ktoś pociągnął mnie za rękaw koszuli. Obejrzałem się i zobaczyłem ducha: gigantyczny uśmiech, do którego dołączony był bardzo malutki mężczyzna. Duch uściskał mnie, radośnie uśmiechnięty, a ja go objąłem i szybko pochyliłem się, by dotknąć jego stóp w tradycyjnym powitaniu ojca lub matki. To był Kishan, ojciec Prabakera. Wyjaśnił, że przyjechał do miasta na święta razem z Rukhmabaj, matką Prabakera, i Parwati, wdową.

– Shantaram – upomniał mnie, kiedy zacząłem mówić w hindi. – Czy całkiem utraciłeś swój piękny marathi?

– Wybacz, ojcze! – Roześmiałem się, przechodząc na ten język. – Po prostu bardzo się ucieszyłem na twój widok. Gdzie Rukhmabaj?

– Chodź! – odpowiedział i wziął mnie za rękę jak dziecko.

Dotarliśmy do małego stadka chat, także mojej, otaczających herbaciarnię Kumara nad półkolistym brzegiem morza. Byli tam Johnny Cygaro, Jeetendra, Kasim Ali Husajn i Maria, żona Josepha.

– Właśnie o tobie mówimy! – zawołał Johnny, gdy już przywitałem się z wszystkimi. – Właśnie mówimy, że twoja chata jest znowu pusta – i wspominamy pożar, tego pierwszego dnia. Wielki, *na*?

– Tak – mruknąłem, myśląc o Raju i innych, którzy w nim zginęli.

– Shantaram – rozległ się za moimi plecami karcący głos. – Jesteś teraz zbyt ważny, żeby porozmawiać ze swoją prostą matką ze wsi?

Odwróciłem się i ujrzałem Rukhmabaj. Pochyliłem się do jej stóp, ale mnie powstrzymała i złożyła dłonie w powitaniu. Była smutniejsza i starsza pomimo czułego uśmiechu, a rozpacz przysypała szarością czarną gładź jej włosów. Ale te włosy już odrosły. Długie włosy, które na moich oczach upadły na ziemię jak cień, odrosły i w ich gęstej, sterczącej grzywie była żywa nadzieja.

Wtedy Rukhmabaj pokazała mi wzrokiem stojącą obok niej kobietę we wdowiej bieli. To była Parwati z dzieckiem – synem – u boku. Mały trzymał się jej sari, żeby nie upaść. Przywitałem się z Parwati, spojrzałem na chłopca, zajrzałem mu w twarz. Byłem tak wstrząśnięty, że usta same mi się otworzyły. Spojrzałem na dorosłych – wszyscy się uśmiechnęli i zakołysali głowami z takim samym zdumieniem, bo dziecko było wierną kopią Prabakera. Nie tylko go przypominało, było wręcz sobowtórem człowieka, którego wszyscy kochaliśmy nad życie. A kiedy się do mnie uśmiechnął, w tej małej, idealnie okrągłej buźce ujrzałem uśmiech Prabakera, ogromny, obejmujący cały świat.

– *Baby dijiye?* – spytałem. „Mogę go wziąć na ręce?".

Parwati kiwnęła głową. Wyciągnąłem do niego ręce; przyszedł bez sprzeciwu.

– Jak się nazywa? – spytałem, kołysząc chłopca na biodrze i wpatrując się w jego uśmiech.

– Prabu – odpowiedziała Parwati. – Nazywamy go Prabaker.

– Och, Prabu. Pocałuj wujka Shantarama – rozkazała Rukhmabaj.

Chłopiec szybko cmoknął mnie w policzek, a potem zarzucił mi rączki na szyję i uścisnął z ogromną siłą. Przytuliłem go i przygarnąłem do serca.

– Wiesz, Shantu – podsunął Kishan, klepiąc się po okrągłym brzuchu i uśmiechając na cały świat – twój dom jest pusty. Wszyscy tu jesteśmy. Mógłbyś zostać z nami na noc. Mógłbyś tu spać.

– Zastanów się dobrze, Lin – ostrzegł Johnny Cygaro z uśmiechem. W oczach odbijał mu się księżyc w pełni i perlił się na jego mocnych białych zębach. – Jeśli tu zostaniesz, wszyscy się dowiedzą. Najpierw będzie zabawa, a jak się obudzisz, będzie cholernie długa kolejka pacjentów, *yaar*.

Oddałem chłopca Parwati i przesunąłem dłonią po twarzy i włosach. Patrząc na tych ludzi, słuchając dyszącej, falującej, roześmianej, wytężonej muzyki slumsów wokół mnie, przypomniałem sobie jedno z ulubionych powiedzonek Kadirbaja. Każde uderzenie ludzkiego serca, mawiał wielokrotnie, jest kosmosem możliwości. I wydawało mi się, że wreszcie dokładnie zrozumiałem, o co mu chodziło. Usiłował mi przekazać, że każdy człowiek może odmienić swój los. Zawsze myślałem, że przeznaczenie to coś niezmiennego, ustalonego dla każdego z chwilą jego narodzin, nieruchomego jak orbity gwiazd. Ale nagle pojąłem, że życie jest dziwniejsze i piękniejsze. Prawda wygląda tak, że niezależnie od gry, w jaką się zaangażujesz, niezależnie od szczęścia czy pecha, zawsze możesz zupełnie odmienić swoje życie jedną myślą lub jednym aktem miłości.

– W spaniu na ziemi wyszedłem z wprawy – powiedziałem, uśmiechając się do Rukhmabaj.

– Weź moje łóżko – zaproponował Kishan.

– O nie, tylko nie to! – zaprotestowałem.

– O tak, tylko to! – uparł się i przeniósł pryczę ze swojej chaty do mojej. Johnny, Jeetendra i pozostali chwycili mnie i przytrzymywali, niby przemocą, a nasze krzyki i śmiech toczyły się aż po odczyniającą czas wieczność morza.

Bo tak właśnie postępujemy. Robimy krok, a po nim następny. Podnosimy oczy na grymas i uśmiech świata. Myślimy. Działamy. Czujemy. Dodajemy nasze małe znaczenie do fal dobra i zła, które zalewają świat i cofają się. Ciągniemy nasze krzyże w nadziei, że dotrwamy do następnej nocy. Niesiemy nasze odważne serca w obietnicę nowego dnia. Z miłością: namiętnym poszukiwaniem prawdy innej niż nasza. Z pragnieniem: czystą, niewysłowioną tęsknotą za zbawieniem. Bo dopóki los czeka, żyjemy dalej. Niech nam Bóg pomoże. Niech nam Bóg wybaczy. Żyjemy dalej.

SPIS TREŚCI